MONVMENTA
ECCLESIAE
LITVRGICA

EDIDERVNT ET CVRAVERVNT

FERDINANDVS CABROL

HENRICVS LECLERCQ

PRESBYTERI ET MONACHI BENEDICTINI

CONGREGATIONIS GALLICAE

VOLVMEN QVINTVM

LE
LIBER ORDINVM

EN USAGE

DANS L'ÉGLISE WISIGOTHIQUE ET MOZARABE
D'ESPAGNE

DU CINQUIÈME AU ONZIÈME SIÈCLE

LE
LIBER ORDINVM

EN USAGE

DANS L'ÉGLISE WISIGOTHIQUE ET MOZARABE
D'ESPAGNE

DU CINQUIÈME AU ONZIÈME SIÈCLE

PUBLIÉ POUR LA PREMIÈRE FOIS

AVEC UNE INTRODUCTION, DES NOTES, UNE ÉTUDE SUR NEUF CALENDRIERS MOZARABES, ETC.

PAR

D. MARIUS FÉROTIN
BÉNÉDICTIN DE FARNBOROUGH

PARIS
LIBRAIRIE DE FIRMIN-DIDOT ET CIE
IMPRIMEURS DE L'INSTITUT

1904

Complete set – S.B.N. – GB: 576.99850.8
This volume – S.B.N. – GB: 576.99902.4

Republished in 1969 by Gregg International Publishers Limited
Westmead, Farnborough, Hants., England

Printed in Israel

DÉDIÉ

A

SA MAJESTÉ LA REINE

MARIE-CHRISTINE

D'ESPAGNE

SOMMAIRE DU VOLUME

Pages.

1. Avant-Propos IX
2. Introduction XI
3. Table des matières du Liber Ordinum XXXIX
4. Texte et Notes 1
5. Appendices.
   I. Étude sur neuf calendriers mozarabes 450
   II. Le sacre des Rois de Tolède 498
   III. La dédicace des églises 506
   IV. L'annonce des fêtes 516
   V. Un *Horologium* mozarabe 530
   VI. Doxologies diverses 534
   VII. Additions 542
6. Index.
   I. Index biblique 551
   II. Index philologique 559
   III. Index alphabétique des formules 579
   IV. Index général 751

AVANT-PROPOS

On trouvera dans ce volume le *Liber Ordinum,* c'est-à-dire le rituel en usage dans l'Église d'Espagne avant la conquête musulmane de 712 et qui ne fut abandonné que dans les dernières années du onzième siècle. Depuis longtemps, les érudits, les liturgistes surtout, considéraient comme à jamais perdue cette partie si importante de l'ancien rite mozarabe. Un silence de plus de huit siècles et des recherches en vain renouvelées depuis près de deux cents ans semblaient leur donner définitivement raison. J'ai été assez heureux pour retrouver enfin deux manuscrits en caractères wisigothiques de ce rituel : l'un à Madrid dans la bibliothèque de l'Académie d'Histoire, l'autre à Silos, bourgade située dans un coin peu accessible de la Vieille Castille. Vers le milieu du onzième siècle, alors que l'existence du rite mozarabe était menacée, quatre manuscrits, choisis entre tous par les évêques d'Espagne et renfermant, dans leur type le plus parfait, les formules principales de l'antique liturgie nationale, furent présentés à Rome et approuvés par le pape Alexandre II. Le premier était le *Liber Ordinum,* le second le *Liber Orationum,* le troisième le *Liber Missalis,* le quatrième le *Liber Antiphonarum.* Dans ses Prolégomènes aux œuvres de saint Isidore (t. II, p. 134), le très docte Arévalo écrivait, vers 1795, au sujet de ces quatre livres : « Vtinam quatuor illi codices alicubi inueniri possent! » Ses vœux sont enfin en partie réalisés. C'est en effet le premier de ces manuscrits, l'original lui-même soumis à l'examen personnel du pape, que je crois avoir découvert et qui forme la base de la présente publication. Le lecteur qui prendra la peine de parcourir l'introduction placée en tête de ce volume, ne trouvera pas, j'en ai la confiance, cette prétention exagérée. — On ne saurait compter sur une pareille bonne fortune pour les trois autres manuscrits. Leur perte heureusement n'est pas irréparable. Bianchini a publié en 1741 le *Libellus Orationum* (recueil des oraisons de l'office du matin et du soir), d'après un manuscrit beaucoup plus ancien que celui dont il est question ci-dessus. Le *Liber Missalis* (apparemment un Sacramentaire) se retrouve, du moins dans son ensemble, dans le *Missale mixtum* publié en 1502 par Ximénès. Sans doute, des changements, des additions et des suppressions le défigurent trop souvent; mais il ne serait pas trop malaisé, grâce aux manuscrits connus, à ceux de Tolède surtout, de le ramener à sa pureté première. Quant au *Liber Antiphonarum* ou recueil des antiennes de la messe et de l'office, j'espère pouvoir le publier quelque jour.

Il est un autre livre que l'épiscopat espagnol n'avait pas besoin de soumettre à l'approbation de l'Église romaine. C'est le *Liber Comicus,* qui renferme les passages de la Bible dont la lecture se faisait à haute voix pendant la première partie de la messe. Dom Germain Morin en a donné récemment une bonne édition, d'après un texte du onzième siècle.

Plusieurs essais furent faits au cours du XVIIIe siècle pour publier, d'après les manuscrits, une édition critique de tous les livres de la liturgie primitive de l'Église d'Espagne. Azevedo en 1748, Assemani en 1749, Burriel en 1754, les Bénédictins espagnols en 1772, quelques autres encore se laissèrent tenter par l'entreprise. Plusieurs firent de superbes promesses, lancèrent même dans le public de beaux programmes de leurs futurs travaux. Commissionné par l'Académie royale d'Histoire, le docte Villanueva reprit en 1802 l'œuvre diplomatico-liturgique de Burriel. De leur côté, les Bénédictins renouvelèrent leur projet dans leur chapitre général de 1828. Il faut par malheur répéter, à propos de ces diverses tentatives, ce que Zaccaria dit assez plaisamment de la plus hardie de toutes, celle d'Azevedo : « Sed heu ! insignis isthaec collectio magno Liturgicae rei detrimento *librorum promissorum* indicem tantummodo augebit[1] ».

1. Sur tous ces projets de publication de la liturgie wisigothique, on peut consulter les ouvrages suivants : Pour Azevedo et Assemani, ZACCARIA, *Bibliotheca Ritualis*, t. I, p. 2-7; cf. *P. L.*, t. LXXXI, col. 254; pour Burriel, ARÉVALO, *Sancti Isidori opera omnia*, t. I, p. 309-326 (lettre de Burriel lui-même), dans *P. L.*, t LXXXI, col. 242-256; LA FVENTE, *Historia eclesiástica de España*, t. VI, p. 162; pour Ibarreta et les Bénédictins espagnols, FÉROTIN, *Histoire de l'abbaye de Silos*, p. 248-249; pour Villanueva, cet écrivain lui-même, dans son *Viage literario à las Iglesias de España*, t. I, Prólogo [p. 7 non numérotée]. — Dans une lettre de Burriel, datée de 1752, on lit : « Entretanto se van copiando á la letra los misales y breviarios muzárabes de sus originales góticos *prout iacent*, para que puedan imprimirse á la letra, como lo hizo Mabillon con la Liturgia gallicana, Muratori con la Liturgia romana, y ahora proyectan los Assemanis hacer con todas. Pero de las nuestras cómo, si yo no lo hago primero? » (NAVARRETE, *Coleccion de documentos inéditos para la historia de España*, t. XIII, p. 234). Sur ce qui nous reste de ces copies, aujourd'hui à la *Biblioteca nacional* de Madrid, voy. *ibid.*, p. 342-344. En somme, le Père Burriel, qui était si bien préparé pour nous donner une excellente édition des manuscrits de Tolède, mourut sans avoir rien publié. La disgrâce de son confrère le célèbre Père Rávago, confesseur du roi, en fut la principale cause.

INTRODUCTION

CHAPITRE PREMIER

Quelques notions générales sur le rite mozarabe.

I. La Liturgie wisigothique ou mozarabe. — II. Le Missel et le Bréviaire. — III. Le Rituel mozarabe.

CHAPITRE SECOND

Le Liber Ordinum wisigothique de l'Église d'Espagne au septième siècle.

I. Le manuscrit de Silos : 1° Son histoire. 2° Les sources du texte. 3° Son contenu et son importance. — II. Le manuscrit de Madrid. — III. Le manuscrit de l'année 1039. — IV. Le *Rituale antiquissimum*.

CHAPITRE TROISIÈME

Étude sur quelques calendriers mozarabes.

CHAPITRE PREMIER

Quelques notions générales sur le rite mozarabe.

I

LA LITURGIE WISIGOTHIQUE OU MOZARABE.

La liturgie wisigothique ou mozarabe est l'ensemble des formules et des rites en usage dans l'Église d'Espagne, depuis la conversion de ce pays au christianisme jusqu'au onzième siècle, époque où, sous l'influence de la papauté et avec le concours des Bénédictins français de Cluny, fut introduite la liturgie romaine *proprement dite* [1].

1. Je me sers intentionnellement de cette expression, pour ne pas paraître trancher à la légère le problème des origines de la liturgie wisigothique et en faire une chose totalement différente de la liturgie romaine des premiers siècles, dont les livres peuvent être considérés comme perdus sans retour. Cette question très complexe, qui ne saurait être tranchée (si tant est qu'elle le soit quelque jour) qu'après de très longues études, ne sera pas traitée ici. Elle demanderait pour être résolue une compétence très spéciale qui me fait manifestement défaut. Tout au plus est-il permis de faire dès aujourd'hui quelques prudentes hypothèses.

On donne d'ordinaire à cette liturgie le nom de *mozarabe,* en raison de l'usage qu'en ont fait les Mozarabes (mieux : *Mostarabes* ou Arabisants), c'est-à-dire les chrétiens qui vécurent sous la domination des Arabes, après la chute de l'Espagne chrétienne dans les premières années du huitième siècle. Bien que j'emploie souvent cette expression au cours de ce volume, je lui préfère cependant celle de *wisigothique*. C'est en effet sous la monarchie des Wisigoths, particulièrement au sixième et au septième siècle, qu'elle se développe, se complète et arrive à l'état où nous la retrouvons dans les manuscrits parvenus jusqu'à nous [1]. Il ne paraît pas douteux, toutefois, que l'ensemble des formules de cette liturgie ne soit bien antérieur à cette date. Une opinion relativement récente a voulu voir dans saint Léandre et saint Isidore les auteurs de l'office wisigothique. Personne aujourd'hui n'oserait soutenir une semblable théorie, quoique ces deux grands docteurs aient contribué pour leur part, saint Léandre surtout, à l'enrichir de mélodies et de formules nouvelles.

Je n'ai pas l'intention de disserter ici sur l'origine du rite wisigothique. Ce travail, déjà bien avancé par les recherches de Florez et de Lesley, sera peut-être repris quelque jour et poussé plus à fond, grâce aux textes nouveaux et à une étude plus attentive des sources manuscrites. Le moment n'est pas encore venu. Mais je crois pouvoir affirmer dès aujourd'hui que dans son ensemble la liturgie wisigothique n'est pas d'origine orientale. C'est une liturgie d'Occident, dont le cadre général et de nombreux rites ont été importés d'Italie, vraisemblablement de Rome, par les premiers prédicateurs de l'Évangile en Espagne. Le reste, c'est-à-dire le choix des lectures, les formules des prières, les mélodies, est l'œuvre des évêques, des docteurs, des lettrés et des mélodes de la Péninsule : œuvre à laquelle il faut ajouter, d'après toute apparence, quelques emprunts aux liturgies des Églises voisines de l'Afrique et des Gaules.

On a beaucoup loué la richesse et la splendeur des formules de l'antique liturgie espagnole. Celles qui font l'objet de la présente publication ne peuvent que confirmer un pareil jugement. Ce qu'on ne saurait y trouver, c'est une seule ligne, un simple mot qui justifie l'accusation d'hérésie portée contre elle par des personnages qui ne la connaissaient que très imparfaitement, parfois sur le témoignage intéressé, plus que suspect, d'un hétérodoxe comme l'évêque Élipand de Tolède. Ce prélat, il n'est pas trop téméraire de le croire, s'appuyait pour soutenir des erreurs sur des textes de sa composition et qui disparurent avec lui. Il ne m'a pas été possible d'en retrouver la trace dans les nombreux manuscrits que j'ai étudiés à Tolède, à Madrid et ailleurs.

Disons maintenant quelques mots du Missel et du Bréviaire wisigothiques, avant d'aborder le Rituel, objet particulier de ce travail.

II

LE MISSEL ET LE BREVIAIRE.

Il en est de la liturgie wisigothique d'Espagne comme des autres liturgies anciennes. Les textes divers, qui servirent plus tard à former le Missel plénier ou *mixte* [2] et le Bréviaire, se trouvaient répartis dans plusieurs livres distincts. Leur nombre pouvait varier selon l'usage de

1. Les additions faites au vieux rite national de l'Espagne du VIIIe siècle à la fin du XIe, doivent être d'une extrême rareté et peu importantes. L'abbé Salvus d'Albelda, au Xe siècle, est vraisemblablement le seul écrivain qui ait enrichi la liturgie wisigothique de quelques formules nouvelles pendant cette longue période de quatre cents ans. Encore son œuvre est-elle aujourd'hui considérée avec vraisemblance comme totalement et définitivement perdue.

2. C'est dans ce sens qu'il faut comprendre le titre de *Missale mixtum,* donné au Missel mozarabe publié par le cardinal Ximénès.

chaque église. Il suffisait parfois de la volonté d'un simple copiste, qui au gré de son caprice en réunissait deux ou trois dans le même manuscrit ou les dispersait en autant de volumes qu'il y avait de parties principales dans l'ensemble des formules liturgiques.

Voici les divers livres de la messe et de l'office mozarabes, tels qu'ils se rencontrent dans les manuscrits et dans les anciens catalogues liturgiques publiés ou inédits.

Le Missel.

Pour le Missel, je trouve les livres suivants :

1° L'*Antiphonaire,* ou recueil de tous les morceaux de chant qui précédaient, accompagnaient et suivaient l'offrande des saints mystères. Les exemplaires de ce recueil doivent être extrêmement rares[1]. Pour ma part, j'avoue n'en avoir jusqu'ici découvert qu'un seul, mais très soigné et qui, je l'espère, sera publié quelque jour. Il commence par ces mots : *In nomine Domini nostri Ihesu Christi, incipit Liber Antiphonarium de toto anni circulo, a festiuitate sancti Aciscli usque in finem*[2]. Outre les chants de la messe, il renferme aussi les parties notées de l'office du jour et de la nuit. Ce manuscrit est le même que celui d'où j'ai extrait le calendrier **D** et dont il est question un peu plus loin.

2° Le *Comes,* appelé en Espagne *Liber Comicus, Liber Comitis,* et plus souvent *Comicus,* recueil des lectures liturgiques de l'Ancien et du Nouveau Testament. Les messes mozarabes ont généralement trois de ces lectures : la première presque toujours empruntée à l'Ancien Testament (parfois cependant à l'Apocalypse), la seconde aux Épîtres ou aux Actes des Apôtres, et la troisième à l'un des quatre Évangiles. A ma connaissance, il existe encore quatre manuscrits du *Comes* mozarabe. Le plus ancien, du neuvième ou du dixième siècle, est conservé à la cathédrale de Tolède (bibliothèque, n° **35.8**). Il est malheureusement incomplet au commencement : *Legendum in Dominico post Infantum,* et à la fin : *Legendum in sabbato* (in III^a hebd. Quadragesime) *ad Matutinum.* — Le second manuscrit est du onzième siècle et antérieur à l'année 1067. Il a appartenu à l'abbaye de Silos et se trouve aujourd'hui à Paris (Bibliothèque nationale, Nouvelles acquisitions latines, **2171**). Dom Germain Morin l'a publié il y a quelques années[3]. — Un troisième *Comes* arrivé jusqu'à nous est celui de la cathédrale de Léon, écrit peu avant l'année 1071, date à laquelle il fut offert à cette église par l'évêque Pélage[4]. Il commence :

1. J'entends les exemplaires tant soit peu complets et dégagés de tout alliage étranger. On trouve, en effet, des morceaux de l'Antiphonaire épars çà et là dans un certain nombre de manuscrits mozarabes.

2. La fête de saint Acisclus tombait au 17 novembre. Voy. à ce sujet nos calendriers mozarabes à la fin du présent volume, p. 487, note.

3. *Liber Comicus, siue lectionarius missae, quo Toletana Ecclesia ante annos mille et ducentos utebatur*, Maredsoli, in monasterio Sancti Benedicti, 1893. — Cette publication est faite avec soin. Par malheur, le savant éditeur n'a connu qu'un seul manuscrit du Comes. La comparaison des quatre manuscrits aurait doublé l'importance de ce travail et rendu possible une édition définitive du lectionnaire wisigothique.

4. Voici le texte de la charte de donation, tel que je l'ai copié il y a quelques années sur une feuille détachée qui se trouve au commencement du manuscrit. Elle est en caractères wisigothiques, et d'un style assez barbare. « Seruus Domini seruorum seruus licet indignus, Pelagius episcopus hunc *Libellum Comicum* de toto anni circulo ad perfectum facere decreui et Deo iuuante compleui. Quod tamen sic eum in presenti sede offero, ut ibi sit perpetualiter mansurum. Et dum ... habundauerit in presenti ecclesia a tesaurario legendi deportetur. Si, quod absit, potestas hostis uel fures eum ceperint et in cuius eumdem ma[nus] peruenerit et hanc series testamenti legerit, uel legendi audierit, et statim hunc librum in predicta sede non reportauerit, sit anathema in perpetuum : cum Dathan et Abiron lugeat penas, et cum Iuda Scariot possideat piceas in tenebras, et careat amborum luminum lucernas. Quod si adduxerit uel dis..... in premio ecclesie, reducat eum Deus de tartaro gaudentem cum angelis, et ibi s[it] in perpetuum. Amen. — Factum testamentum sub die XVI° kalendas ianuarii, era ICVIIII. »

Peu de manuscrits ont eu la bonne fortune de celui-ci. Offert à l'église cathédrale en 1071 par un évêque de

In primo dominico de Aduentu Domini, et finit par les lectures *in XXIIII dominico* [*de cotidiano*]. Très riche pour les messes votives, il est très incomplet pour tout le reste. — Mentionnons enfin un quatrième manuscrit, de tous le mieux conservé et de beaucoup le plus complet. Il porte la date de 1073 et est aujourd'hui à Madrid (Académie d'Histoire, n° **22**, ancien n° *F.* **192**). Il provient de la célèbre abbaye bénédictine de San Millan de la Cogolla. On lit au folio 12 : *In nomini Domini nostri Ihesu Christi incipit Liber Comicus de toto circulo anni,* et au folio 193 verso : *Explicitus est hic Liber Comitis a domni Petri abbatis sub era ICXI*[a].

3° Le *Sacramentaire* renfermait les formules à l'usage du célébrant, évêque ou simple prêtre. Je n'ai trouvé qu'un seul exemplaire du Sacramentaire proprement dit, celui de la cathédrale de Tolède (bibliothèque, n° **35.3**). Il est l'œuvre d'un certain abbé *Elenus* et semble dater de la seconde moitié du dixième siècle[1]. Plusieurs autres manuscrits de Tolède renferment des oraisons de la messe, mais mélangées à d'autres textes liturgiques. On en trouvera ailleurs encore, particulièrement dans nos Rituels wisigothiques. C'est à l'aide de ces divers manuscrits des églises de Tolède que fut publié en 1500, par ordre du cardinal Ximénès de Cisneros, le premier missel plénier de la liturgie mozarabe : MISSALE MIXTVM SECVNDVM REGVLAM BEATI ISIDORI, DICTVM MOZARABES, *Toleti, per Petrum Hagembach alemanum.* L'éditeur, Alfonso Ortiz, visait avant tout à présenter son missel comme un livre de liturgie pratique, pour l'usage des prêtres et des clercs chargés de faire revivre le rite mozarabe. Pour atteindre son but, il ne s'en tient pas, au grand regret des liturgistes, aux manuscrits qu'il a sous les yeux. Outre de nombreuses fêtes inconnues à l'antique liturgie, il ajoute des formules et des rubriques plus modernes, qu'il emprunte, sans jamais en avertir le lecteur, aux missels Romano-tolétains de son temps. Aussi, faut-il avoir une certaine habitude des manuscrits wisigothiques, pour distinguer sans trop de peine ce qui leur est étranger dans l'édition de ce missel. Les éditions suivantes, que je signale rapidement en note, n'ont pas remédié à ce grave défaut[2]. Pour aucune d'elles les manuscrits n'ont été mis à contribution, pas même pour celle du savant P. Lesley, d'ailleurs si remarquable par sa préface et plus encore par ses notes, qui en font un véritable trésor d'érudition liturgique. C'est avouer que l'édition définitive du missel mozarabe est encore à faire. Mais ce sera une œuvre difficile, et qui osera commencer une pareille entreprise?

Léon, il n'a pas changé de propriétaire, après plus de huit siècles écoulés. — Ce n'est pas le seul livre liturgique dont il enrichit son église. Voy. dans RISCO, *España sagrada*, t. XXXVI, Append., p. LIX, un acte de donation où l'évêque dit : « ... Comparaui... librum in ecclesia necessarium de prophetis, epistolis et euangeliis, qui *Comicus* dicitur, et cum his duos libros Orationum, et alium librum Missarum, et duos libros Ordinum... et textum euangeliorum. »

1. Le nom du copiste se lit sur la première lettre de l'office de la chaire de saint Pierre : « ELENVS ABBA ACSI INDIGNVS SCRIPSIT. » On peut voir un dessin, peu fidèle du reste, de cette lettre ornée dans la dissertation du P. Pinius sur la liturgie mozarabe (*Acta SS. Bolland.*, t. VI Iul., p. 110).

2. Voici ces éditions dans leur ordre chronologique :

A. Édition du P. Lesley (Alexander Lesley ou Leslie, jésuite, Écossais d'origine, 1694-1758) : *Missale Mixtum, secundum regulam beati Isidori, dictum Mozarabes,* Rome, 1755, gr. in-4°, XCVI-640 pages. Lesley fut secondé dans ce travail par un Espagnol d'une rare érudition, Manuel Acevedo (Voy. ZACCARIA, *Bibliotheca Ritualis*, t. I, p. 63). Reproduite « ad litteram » dans MIGNE, *Patrologia Latina*, t. LXXXV, Paris, 1862.

B. Édition de Lorenzana : *Missa gothica seu Mozarabica et officium itidem gothicum, diligenter ac dilucide explanata, ad usum percelebris Mozarabum sacelli Toleti, a munificentissimo cardinali Ximenio erecti, et in obsequium illmi. perinde ac uenerab. D. Decani et capituli sanctae Ecclesiae Toletanae Hispaniarum et Indiarum primatis.* Angelopoli (Puebla de los Angeles, au Mexique), typis seminarii, 1770. Volume in-folio, de 198 pages.

Publication incomplète qui comprend : une préface, « praeparatio missae, missae offerentium, explicatio missae, horae minores diurnae et commune sanctorum ». Il en a paru une « editio nouissima » à Tolède, en 1875, sous ce titre : *Missae Gothicae et officii muzarabici dilucida expositio a DD. Franc. Ant. Lorenzana archiep. Mexicano et a DD. Franc. Fabian y Fuero episc. Angelopolitano, ad usum sacelli Muzarabum.*

C. Autre édition de Lorenzana : *Missale Gothicum secundum regulam beati Isidori, jussu card. Franc. Ximenii de Cisneros, in usum Mozarabum priùs editum, denuo operâ et impensâ card. Fr. Lorenzanae recogni-*

Le Bréviaire.

Voici maintenant les divers livres dont l'ensemble formait ce que nous appelons aujourd'hui le Bréviaire mozarabe. Je ne cite que pour mémoire les manuscrits de la *Bible,* les *Homiliaires,* les *Passionnaires,* employés dans la liturgie wisigothique et dont un bon nombre, plusieurs d'un très grand intérêt, sont arrivés jusqu'à nous. Il m'a été assez aisé de faire le catalogue des plus importants d'entre eux dans de fréquentes visites aux archives d'Espagne, et dans des recherches faites dans ce but à Paris et à Londres.

Quelques mots seulement sur les autres livres de l'office proprement dit :

1° L'*Antiphonaire,* ou recueil des morceaux chantés aux divers offices de la nuit et du jour. — Je ne pense pas qu'il en existe un seul manuscrit parfaitement pur de tout mélange. On le trouve parfois avec l'Antiphonaire de la messe, plus souvent avec d'autres parties du Bréviaire.

2° Le *Psautier* et les *Cantiques,* presque toujours réunis dans le même manuscrit. — Chaque psaume est parfois précédé d'une antienne notée, et suivi d'une oraison. Vient ensuite une autre antienne notée, avec une seconde prière. On retrouve la plupart de ces oraisons éparses dans l'édition du Bréviaire mozarabe. C'est là que Tommasi les a recueillies pour les publier à part avec le psautier et les cantiques[1]. Le British Museum (ms. addit. **30.851**) renferme un précieux manuscrit wisigothique de cette partie de la liturgie mozarabe. La *Henri Bradshaw Society,* fondée à Londres pour publier les textes liturgiques rares, se propose d'en donner bientôt une édition. Je connais plusieurs autres exemplaires du psautier mozarabe dans les bibliothèques d'Espagne.

3° L'*Hymnaire* mozarabe se rencontre souvent avec d'autres formules de l'office, quelquefois avec le psautier et les cantiques. Les manuscrits en sont assez rares et un bon nombre des hymnes qu'ils nous ont conservées étaient encore inédites jusqu'à ces dernières années. Le P. Clément Blume a donné une excellente édition des hymnes de la liturgie mozarabe dans son *Hymnodia gotica, Die mozarabischen Hymnen des alt-spanischen Ritus* (Leipzig, in-8°, 1897).

4° Le *Liber Orationum* de l'office, qu'il ne faut pas confondre avec les oraisons du psautier, dont il vient d'être question. Un très grand nombre de ces formules ont pris place dans le Bréviaire mozarabe de 1502. L'édition de beaucoup la plus complète et la meilleure est celle de Bianchini (*Thomasii Opera,* t. I, 1741, p. 1-136), faite d'après un manuscrit de Vérone[2].

tum et recussum, Romae, 1804. Gros in-folio, de XVI pages et 1500 colonnes. — Gams (*Kirchengeschichte v. Spanien,* t. I, p. 102) suppose que cette édition périt tout entière lors de l'invasion de Rome par les troupes de Napoléon. Dans une addition, p. 414, il dit cependant que la bibliothèque de Munich en possède un exemplaire. J'en connais plusieurs autres. L'un d'eux a été mis en vente en 1892 par la librairie Ebrard, de Lyon (Catalogue de Septembre, n° 3458), pour la modeste somme de 22 francs. Un autre est au British Museum de Londres.

1. Le travail de Tommasi a eu au moins cinq éditions, mais toutes conformes à la première, qui n'est elle-même que la reproduction partielle du Bréviaire de 1502. Pas un manuscrit n'a été consulté pour en améliorer et en compléter le texte. Voici ces éditions : Celle de Tommasi lui-même, Rome, 1697; celle de l'abbaye d'Einsiedeln, 1727; celle de Vienne, 1735; celle de Bianchini (*Thomasii Opera,* t. I, seul paru), 1741; enfin celle de Vezzosi (*Thomasii opera,* t. III), 1748. — Le cardinal Lorenzana a publié dans son édition du Bréviaire mozarabe, le Psautier, les Hymnes et les Cantiques, tels qu'ils se trouvent dans l'ancien manuscrit **30.1** de la bibliothèque capitulaire de Tolède, aujourd'hui à la Bibliothèque nationale de Madrid.

2. Bianchini (p. CXXXVII) pense que ce manuscrit date du VIIe siècle environ. Le fac-similé qu'il en donne (p. CXXXI) me porte à le croire moins ancien. Deux photographies qu'a bien voulu me communiquer D. Antonio Spagnolo, me confirment dans la même opinion. M. Léopold Delisle, dont j'ai pris l'avis sur ce point, le croit aussi de beaucoup postérieur à la date indiquée. — On peut voir au British Museum (addit. **30.852**) un fort beau manuscrit du *Libellus Orationum,* très probablement du IXe siècle, mais dont le texte est beaucoup moins correct que celui du codex de Vérone. Le Rév.

Le *Bréviaire mozarabe* a été publié en 1502 par les soins du cardinal Ximénès sous ce titre : BREVIARIVM SECVNDVM REGVLAM BEATI HYSIDORI, *Toleti, 1502, per Magistrum Petrum Hagembach alemanum*. Le P. Lesley, après son édition du Missel, se préparait à publier le Bréviaire mozarabe annoté. Plusieurs feuilles étaient même déjà imprimées, lorsqu'il fut interrompu par la mort (Voy. ARÉVALO, *Isidoriana,* dans MIGNE, *P. L.*, t. LXXXI, col. 254). — En 1775, Lorenzana publia à Madrid le *Breviarium Gothicum,* avec une courte préface et quelques additions, mais sans aucune des notes qu'on était en droit d'attendre du docte éditeur. Voy. aussi *P. L.*, t. LXXXVI.

Je termine ce chapitre par la liste des noms des livres liturgiques, telle que j'ai pu l'établir à l'aide des documents contemporains du rite mozarabe, c'est-à-dire antérieurs aux dernières années du onzième siècle. Ils sont classés d'après l'ordre alphabétique.

Antiphonarium, liber antiphonarium, antifonale (parfois divisé en « Antiphonarium ex cotidianis et antiphonarium maius »). — *Cantica,* liber canticorum. — *Comicus,* liber comicus, liber comitis. — *Homiliarum* liber. — *Immorum* liber. — *Lectionarium.* — *Libellum* officiale. — *Manuale,* manuale ordinum, liber manualis. — *Martirologium,* et un « martirologium Romense ». — *Missale*, librum missale, liber missarum. — *Orationum* liber. — *Ordinum,* ordinum liber, liber ordinum sacerdotalium. — *Passionarium,* passionum liber, uite sanctorum, uite patrum. — *Precum* liber. — *Psalterium,* liber psalmorum. — *Responsorium.* — *Sermonum* liber.

Je n'ose renvoyer aux nombreuses chartes de donation et autres actes (beaucoup sont encore inédits), d'où j'ai extrait cette aride nomenclature et que j'ai sous les yeux. Il me faudrait des pages entières pour préciser tant soit peu les citations. — Et j'ai hâte d'arriver au Rituel mozarabe.

III

LE RITUEL MOZARABE.

On semble avoir perdu aujourd'hui tout souvenir du Rituel et du Pontifical de l'antique liturgie wisigothique. A Tolède même, les membres du clergé de la célèbre chapelle fondée par le cardinal Ximénès et des diverses paroisses mozarabes ne sont pas peu surpris, lorsqu'ils entendent dire qu'il y eut jadis dans l'Église d'Espagne un Rituel et un Pontifical différents de ceux de l'Église romaine. Quelques hispanisants et tout au plus cinq ou six liturgistes, qui ont étudié de près le rite mozarabe, savent que ces livres ont existé; mais ils les considèrent comme à tout jamais perdus. Un fragment de quelque importance, publié au dix-huitième siècle parmi les pièces justificatives d'un travail d'histoire monastique, mêlé du reste à d'autres formules qui n'ont rien de mozarabe, est passé aussi complètement inaperçu que s'il était encore inédit [1].

J'ai pris la peine de relever la mention du Rituel wisigothique dans une série de textes, tant imprimés que manuscrits, qui s'étend du quatrième concile de Tolède (633) jusqu'à la charte de donation de Pélage, évêque de Léon (1073). Il s'y trouve trente-deux fois, et je ne prétends pas avoir épuisé toutes les sources d'information. On le rencontre seize fois sous le titre de *Liber Ordinum,* ou simplement *Ordinum* et *Ordo,* une fois sous celui de *Liber Ordinum sacerdotalium,* treize fois sous celui de *Manuale, Liber Manualis* et *Manuale Ordinum,* une fois sous celui de *Baptismi supplementum,* enfin une fois sous le titre de *Libellum officiale.*

Voici le passage où il est question de ce dernier livre, dans les actes du quatrième concile de

W. C. Bishop prépare une nouvelle édition du *Libellus Orationum,* qui ne tardera pas à paraître et qui, on doit l'espérer du docte éditeur, sera définitive.

1. Voy. BERGANZA, *Antigüedades de España*, t. II, *apéndice, seccion tercera.* — Berganza était un Bénédictin de l'abbaye de Cardeña, près de Burgos.

Tolède, canon XXVI : « *De officiali libello parochitanis presbyteris dando.* — Quando presbyteres in parochias ordinantur, LIBELLVM OFFICIALE a sacerdote suo (*id est* episcopo) accipiant, ut ad ecclesias sibi deputatas instructi succedant, ne per ignorantiam etiam ipsis diuinis sacramentis offendant : ita ut quando ad litanias uel ad concilium uenerint, rationem episcopo suo reddant, qualiter susceptum officium celebrant uel baptizant ». D'après ce texte et une rubrique du manuscrit qui fait l'objet de cette publication (voy. ci-après, col. 55, et la note), il semble qu'il faille voir un seul et même livre dans le *Libellum officiale,* dont il est ici question, et le *Manuale* ou *Liber manualis* si souvent mentionné dans les anciens catalogues de manuscrits liturgiques. Ce livre, que l'évêque remettait au prêtre en lui conférant l'ordination, c'est le Rituel proprement dit.

Quant au *Liber Ordinum,* il renfermait, en outre, les fonctions liturgiques réservées à l'évêque. On y trouvait donc tout à la fois un Rituel et un Pontifical. C'est ce *Rituel-Pontifical* que nous allons étudier sommairement, avant d'en publier le texte jusqu'ici inédit.

CHAPITRE SECOND

Le Liber Ordinum wisigothique de l'Église d'Espagne au septième siècle.

Deux manuscrits principaux ont été mis à contribution pour l'édition du Liber Ordinum mozarabe : celui de Silos, qui sert de base à la présente publication, et celui de Madrid, qui a été mis à profit pour en améliorer le texte, parfois défiguré par le copiste, plus souvent encore pour le compléter. Il importe de les faire connaître ici avec quelque détail. Je terminerai cette étude par une notice sur deux autres manuscrits de moindre valeur, qui m'ont fourni plus d'une formule omise dans les deux précédents.

I

LE MANUSCRIT DE SILOS

(Codex *B*)

1° Son histoire. — 2° Les sources du texte. — 3° Son contenu et son importance.

1° *Son histoire.* — Le manuscrit de Silos, intitulé : *Liber Ordinum,* est un gros volume de 305 millimètres de hauteur sur 220 de largeur. Il se compose de 42 cahiers, qui forment un ensemble de 344 folios à marges très amples, d'un beau et fort parchemin parfaitement conservé et dont le grain est d'une grande finesse. Si quelques pages n'avaient été coupées — je ne sais trop à quelle date, mais sûrement avant le dix-huitième siècle — on pourrait croire que ce codex, vieux de 850 ans, vient de sortir depuis quelques années à peine de l'atelier du copiste. Peu de manuscrits de cette époque sont arrivés jusqu'à nous avec un pareil aspect de fraîcheur et de jeunesse. C'est tout à l'honneur du copiste, qui y a employé, avec son talent d'*écrivain,* des matériaux de premier choix, et aussi des archivistes de la vieille abbaye castillane, qui l'ont gardé avec un soin jaloux[1]. L'écriture, tracée d'une main sûre, est une belle wisigothique largement espacée et les abréviations y sont relativement rares. Les nombreuses rubriques, qui ajoutent

1. Il convient d'ajouter à ces causes de préservation une explication qui a bien sa valeur : je veux dire l'usage d'une durée relativement très courte, qui fut fait de ce volume. Environ un demi-siècle après sa composition, le rite romain venait supplanter la liturgie wisigothique et reléguer dans l'armarium monastique les recueils des anciennes formules. Cette circonstance contribua en partie au salut des manuscrits de Silos.

encore à la valeur de ce document, sont partout tracées au minium, d'une minuscule plus fine et plus serrée que celle du texte courant, mais d'une parfaite netteté. Le texte est constamment écrit à l'encre noire. Pour les titres, le scribe ajoute assez souvent aux deux couleurs précédentes l'encre bleu foncé.

L'inscription qu'on va lire se trouve au verso du folio 331 et au recto de la page suivante. Elle nous apprend quelque chose de l'histoire du Liber Ordinum :

EXARATVM EST HVNC ORDINEM LIBRVM
PER IVSSIONEM DOMNO DOMINICVS PRESBITER
QVI ET ABBA EX CENOBIO SANCTI PRUDENTII
AMMINICVLANTE SANTIO GARSEIZ
DE MONTE ALBO SIMVL CVM SVA VXORE
BIZINNINA VT FIAT REMEDIO ILLORVM
ANIME EGO BARTOLOMEVS LICET INDIGNVS
PRESBITERII TAMEN ORDINE FVNCTVS
HVNC ORDINVM EXARAVI BREBI
FORMVLA COMPACTVM SED VALDE ORDI
NIBVS ECLESIASTICIS ABTVM
FELICITER CURRENTE ERA TLXLA
XV KALENDAS IVNIAS VNDE HVMILITER PRECAMVR
PRESENTIVM ET FVTVRORVM PIAM IN CHRISTO
DILECTIONEM QVI IN HOC LIBELLO SACRIFICIVM DEO
OBTVLERITIS PREDICTOS NOS FLAGITIORVM
MOLE GRABATOS MEMORARE NON DESISTATIS
QVALITER ADIVTI PRECIBVS VESTRIS ERVI MEREAMVR
AB ARDORE AVERNI ET VIVERE CVM CHRISTO
IN SECVLIS SEMPITERNIS AMEN

Notre Liber Ordinum fut donc écrit de la main du prêtre Barthélemy, par ordre de Dominique, abbé du monastère de Saint-Prudence. Les dépenses exigées par ce travail et pour l'achat du parchemin furent couvertes, grâce à la générosité d'un certain *Santius Garceiz* d'Albelda [1] et de sa femme *Bizinnina* [2].

Le copiste nous apprend en outre qu'il termina son long travail le 18 mai 1052, de l'ère espagnole alors en usage l'an 1090.

D'après toute apparence, ce manuscrit est celui-là même qui fut présenté vers 1065 au pape Alexandre II, alors que ses Légats en Espagne voulaient supprimer la liturgie mozarabe. Je tire

1. Dans le texte de l'inscription, Albelda est désigné par le nom de *Mons Albus,* à cause de la couleur blanchâtre de la colline crayeuse sur laquelle s'élevaient la forteresse et le monastère de Saint-Martin. *Albelda,* ou mieux *Albayda,* est un nom arabe.

2. Ce nom de *Bizinnina* vaut la peine d'être signalé, car je ne pense pas qu'on le rencontre dans la nomenclature des vieux noms espagnols. Il faut, à n'en pas douter, lire *Pisinnina,* diminutif de *pisinnus, pisinna* (petit, petite). Ce mot latin, partout ailleurs très rare, se trouve plusieurs fois dans la relation de la pèlerine espagnole du quatrième siècle, publiée jusqu'ici sous le titre inexact de *Peregrinatio Silviae.* Il est fait mention dans ce récit d'une *ecclesia pisinna,* d'un évêque *a pisinno in monasterio nutritus,* de nombreux *pisinni* chantant debout le Kyrie eleison. (Voy. Geyer, *Itinera Hierosolymitana,* 1898, p. 52, 49, 72. — Sur la vierge Éthéria, l'auteur vraie de la *Peregrinatio,* je prends la liberté de renvoyer à une étude que j'ai publiée récemment dans la *Revue des questions historiques,* octobre 1903.) *Bizinnina* répond donc assez bien à l'épithète espagnole *pequeña* et à son diminutif *pequeñina.*

cette importante conclusion des circonstances suivantes, que je vais exposer aussi clairement et aussi brièvement que possible.

Le monastère de Saint-Prudence de Laturce, dont l'abbé fit écrire notre Liber Ordinum, était à l'époque qui nous occupe une simple dépendance de la célèbre abbaye de Saint-Martin d'Albelda, située dans le voisinage[1]. Au onzième siècle, Albelda avait la réputation de posséder quelques-uns des textes les plus purs de la liturgie mozarabe[2]. Aussi, peu après **1064**, lorsque les évêques d'Espagne, voyant l'existence de leur liturgie nationale menacée par les Légats du pape, voulurent pour sa défense présenter à Alexandre II un ensemble très fidèle de ces formules, s'empressèrent-ils de recourir à la bibliothèque de cette abbaye. C'est de là que fut tiré le Liber Ordinum, un des quatre volumes du rite wisigothique envoyés à Rome, et le seul qui fut examiné par le pape lui-même. Le résultat de cet examen fut l'approbation sans réserve de la liturgie mozarabe, déclarée légitime et parfaitement orthodoxe. Voici, dans le récit contemporain de cet événement, le passage qui vise directement notre Rituel : « Ex libris quos portauerunt ad Romam unum (*sic*) fuit ORDINVM MAIORIS ALBALLDENSIS CENOBII, ubi continetur baptismum et sepultura. Et tenuit papa Alexandrus, et fuit bene laudatum »[3].

Or, il est à noter que parmi les trois évêques députés à Rome pour soumettre au pape les manuscrits en question se trouvait Eximius (appelé aussi Simeon, Simenus) de Burgos, qui fut pendant de longues années l'ami dévoué de saint Dominique, abbé de Silos[4]. Le monastère de Silos

1. Ce monastère, disparu depuis longtemps, se trouvait près de Clavijo, à deux lieues environ de la ville de Logroño, dans la province actuelle de ce nom. La charte d'union de Saint-Prudence à Saint-Martin d'Albelda remonte à l'année 950. On peut en voir le texte dans Yépés, *Coronica general de la Orden de San Benito*, t. V, « apéndice X ». — L'abbé d'Albelda était à cette date un certain Salvus, que l'on peut considérer comme le dernier écrivain ayant enrichi de pièces nouvelles la liturgie mozarabe. Voici ce que nous dit de lui un anonyme, qui me semble bien voisin de cette époque : « Saluus abbas Albaidensis, uir lingua nitidus et scientia eruditus, elegans sententiis, ornatus uerbis, scripsit sacris uirginibus regularem libellum, et eloquio nitidum et rei nouitate perspicuum. Cuius oratio nempe *in hymnis, orationibus, uersibus ac missis*, quas illustri ipse sermone composuit, plurimum cordis compunctionem et magnam suauiloquentiam legentibus audientibusque tribuit... Obiit IV id. febr. era millesima, sana doctrina prestantior cunctis... » Voy. Nicolas ANTONIO, *Bibliotheca Hispana uetus*, t. I (1788), p. 518, n° 351 ; cf. p. 519, n° 357. — J'ai cherché à découvrir quelque trace des compositions liturgiques de Salvus dans le Liber Ordinum. Je n'y ai pas réussi, et il est très probable que ces formules sont à jamais perdues.

2. Les manuscrits copiés dans le scriptorium monastique d'Albelda sont regardés comme contenant le type le plus parfait de l'écriture wisigothique. Ceux-là ont pu s'en convaincre qui ont eu la bonne fortune d'admirer à la bibliothèque de l'Escurial (**d. I. 2**) le *codex Albeldensis* des conciles d'Espagne, appelé aussi *codex Vigilanus*, du nom de son auteur le moine Vigila. Notre Bibliothèque nationale (fonds latin, **2855**) possède aussi un des meilleurs manuscrits d'Albelda. (Voy. DELISLE, *Le cabinet des Manuscrits*, t. I, p. 514.)

3. Je donne ici un texte plus complet de ce document d'une importance capitale pour le sujet qui nous occupe : « Pro qua re (le projet de la suppression du rite mozarabe) Ispaniarum episcopi uehementer irati, consilio inito, tres episcopos Romam miserunt, scilicet Munionem Calagurritane et Eximium Auccensem (l'ancien évêché d'Auca, alors transféré à Burgos) et Fortunium Alabensem. Hi ergo cum libris officiorum Ispanarum Ecclesiarum se Domino pape Alexandro presentarunt, libros quos portauerant obtulerunt, id est : *Librum Ordinum*, et *librum Missarum*, et *librum Orationum*, et *librum Antifonarum*. Quos libros domnus papa et omne concilium suscipiens, diligenter perscrutantes et sagaci studio perquirentes, bene catholicos et omni heretica prauitate mundos inuenerunt : et ne quis amplius officium Ispane Eclesie inquietaret, uel damnaret, uel mutare presumeret, apostolica auctoritate proibuerunt et etiam interdixerunt. Et data benedictione super prefatos episcopos eos, ad propria redierunt. — Ex libris quos portauerunt ad Romam unum fuit ORDINVM maioris Alballdensis cenobii, ubi continetur baptismum et sepultura, et tenuit papa Alexandrus, et fuit bene laudatum. Alium librum *Orationum* de monasterio Iraze (Hirache, en Navarre), et tenuit abba Sancti Benedicti, et fuit bene laudatum. Et librum *Missale* fuit de Santa Gemma. Et librum *Antifonarum* de Iraze. Ita diuiserunt, decem et nouem diebus tenuerunt et cuncti laudauerunt ». (*Codex Æmilianus Conciliorum*, à la bibliothèque de l'Escurial, **d. I. 1**, fol. 395 *verso*. Cf. FLOREZ, *España sagrada*, t. III, p. 390.)

4. C'est l'évêque de Burgos qui reçut le dernier soupir du saint thaumaturge (20 décembre 1073) et fit trois ans plus tard élever un autel sur son tombeau. Voy. VERGARA, *Vida y milagros de santo Domingo de Silos*, p. 368 et suivantes. Je dois aussi renvoyer pour

était au onzième siècle un foyer de sainteté et de culture littéraire, et tout semble indiquer que le Liber Ordinum, resté entre les mains de l'évêque de Burgos, fut confié par lui à son pieux ami ou à quelqu'un de ses disciples.

Quoi qu'il en soit de cette hypothèse, qui touche de si près à la certitude historique, ce volume est un des plus beaux manuscrits liturgiques de l'Espagne, qui en conserve de si remarquables. Le soin extrême apporté dans sa transcription par le moine copiste, la qualité supérieure du parchemin, l'élégante régularité des caractères wisigothiques, une rare sûreté de main dans les nombreux morceaux de notation musicale, tout, jusqu'à l'ampleur anormale des marges, le désignait pour être placé sous les yeux du juge suprême, qui devait décider sans appel du sort de la vieille liturgie des églises d'Espagne.

Venu à Silos dès le onzième siècle, le Liber Ordinum est mentionné dans la plupart des catalogues anciens et modernes des manuscrits de ce monastère. Au dix-neuvième siècle seulement, il dut sortir à trois reprises de cet asile; mais ce fut pour échapper au pillage des guerres de l'Indépendance et, un peu plus tard, à la mainmise de l'État sur les propriétés monastiques, qui suivit la suppression du monastère (1835). Près de vingt ans après, les deux ou trois moines castillans autorisés par le gouvernement à demeurer à Silos pour régir la paroisse, ayant disparu — le dernier fut nommé à l'évêché de Ségovie en 1857 —, le précieux manuscrit resta chez le neveu de l'un d'eux, alors propriétaire de l'ancienne pharmacie de l'abbaye. C'est dans cette vénérable *botica*, qui rappelle si bien les grandes boutiques d'apothicaires du bon vieux temps, que j'ai eu la bonne fortune de le découvrir en 1886[1].

2° *Les sources du texte.* — Le copiste du Liber Ordinum n'a pas puisé à une source unique pour composer son volumineux manuscrit. Il paraît plutôt avoir voulu former un recueil des formules les plus importantes qu'il rencontrait dans les divers Rituels de l'ancienne Église gothique. Le

tout ceci à mon *Histoire de l'abbaye de Silos* (p. 62) et au *Recueil des chartes* de ce même monastère (p. 14, 16, 20 et 22).

1. Sur les manuscrits de Silos, qui formaient autrefois une collection de beaucoup la plus riche du monde en livres wisigothiques, je prends encore la liberté de renvoyer à mon *Histoire de l'abbaye de Silos* (p. 257 288) et à deux curieux articles, pimentés d'un peu de polémique « pro domo sua », mais pourtant beaucoup trop flatteurs pour moi, parus dans la *Revue bénédictine*, année 1897, p. 210 et 242.

Voici quelques détails inédits sur la découverte du Liber Ordinum. Pendant mon séjour à Silos, je connus beaucoup Don Francisco Palomero, le pharmacien du *pueblo*. C'était un vieillard plein d'esprit, aimant à parler des souvenirs de sa jeunesse, dont il gardait encore tout le feu sous la neige de ses cheveux blancs. Il se plaisait à causer des vieux Bénédictins, auxquels il devait sa carrière et la position honorable qu'il occupait dans ce coin perdu de la Vieille Castille. Un jour, nous étions à la *sala de los Huéspedes* (salon des hôtes), sous la voûte de la salle des Archives, qui forme en cet endroit comme une forteresse aux épaisses murailles et dont la porte et les fenêtres sont bardées de fer. Don Francisco dégustait, avec sa sobriété ordinaire, un petit verre d'Alicante et la conversation roulait, comme d'habitude, sur les moines du temps jadis et les antiquités de la vieille et chère abbaye. On en vint à parler de la *Cámara Santa*, je veux dire de la chambre où mourut en 1073 saint Dominique, abbé de Silos. On causa aussi des manuscrits précieux qu'on y gardait autrefois et qu'il était interdit de faire sortir de ce lieu sacré sous peine d'excommunication. Une bulle papale, clouée à la porte, en avertissait l'imprudent qui eût osé tenter l'aventure. Don Francisco savait tout cela : il avait ouï « hâbler » des vieux livres en parchemin « con letras góticas » et promit, à ma très grande stupéfaction, d'en apporter un le jour suivant. Le lendemain, il arrivait, en effet, avec un petit volume de 90 feuillets, daté de l'an 1059. C'était un lectionnaire mozarabe, renfermant le traité *de Virginitate beate Marie* de saint Ildephonse, divisé en six leçons pour l'office de la nuit, l'épître de Sulpice Sévère *ad Bassulam* sur la mort de saint Martin, et l'office de saint Michel (29 septembre). Il avait à la maison d'autres manuscrits en parchemin, mais si lourds, si lourds, qu'il ne pouvait les apporter. L'invitation à une visite était discrète, mais elle fut comprise, et on n'eut garde d'y manquer. Le R. P. Dom Alphonse Guépin, alors prieur, depuis abbé de Silos, voulut bien prendre part à l'expédition. Nous en revînmes chargés de riches dépouilles : un énorme volume de Smaragde *in Regulam sancti Benedicti*, écrit en 945, « sous le consulat de Fernan Gonzalez, comte de Castille », un codex de moindre taille intitulé : *Ritus et Missae*, écrit en 1039, et enfin le plus précieux de tous, notre *Liber Ordinum*.

texte le dit assez clairement. C'est bien, du reste, ce qu'il semble indiquer lui-même, en intitulant son travail : *Liber Ordinum ex Patrum ordine collectum.*

Toutefois, et ceci ressort de plusieurs passages du manuscrit, il est un Rituel auquel il a peut-être plus emprunté qu'à tout autre : celui d'une église de Tolède, placée sous le vocable des saints apôtres Pierre et Paul. Cette église, plus connue sous le nom de *basilica Praetoriensis*, est célèbre par les conciles qui se réunirent dans son enceinte, de 653 à 702[1]. C'est là que les rois wisigoths venaient à la tête de leur armée recevoir la croix d'or de la main de l'évêque, au moment de partir pour la guerre. On trouvera plus loin les détails si curieux de cette grandiose cérémonie militaire. C'est là aussi que Wamba reçut l'onction royale, en l'année 672. Le pieux monarque s'éprit même d'une telle affection pour cette basilique, qu'il voulut y faire installer un évêque. Les métropolitains de Tolède ne pouvaient tolérer longtemps ce siège nouveau créé par la fantaisie du roi dans un faubourg de la capitale. Son existence fut de courte durée : et le concile national de 681 blâme avec une sévérité que l'on peut juger excessive — elle était du reste inspirée par la passion politique — la tentative de l'infortuné Wamba.

Outre le cérémonial du départ de l'armée royale et de sa rentrée à Tolède, à la fin de la campagne, notre manuscrit parle encore de cette église dans la bénédiction du Primicier, *quem in clero primum in ecclesia sanctorum Petri et Pauli preesse uolumus.* — Tous ces textes sont copiés à la lettre, sans aucune modification, pas même dans les rubriques, et apparemment sans autre souci de la part du scribe que celui de nous conserver une collection de vieux textes liturgiques.

Voilà donc datée une partie de notre Liber Ordinum. Elle remonte aux rois wisigoths catholiques et à la seconde moitié du septième siècle. Une partie de l'*Ordo quid conueniat obseruare clericis ciuitatis illius, cuius episcopus in ultima egritudine positus fuerit* (col. 139), a dû être composée vers le même temps. Il en est de même de l'*Oratio post nomina offerentium dicenda in quacumque missa* (col. 331) : du moins quant à l'obligation de la réciter à toutes les messes. Il est des formules plus anciennes, rédigées à l'époque des Wisigoths ariens et remontant tout au moins au siècle précédent. La *Missa omnium tribulantium* (col. 344), la formule rédigée pour la réconciliation des Ariens, celles de l'ordination du diacre (*ut sanctus Stephanus speciali gratia preditus, semper aduersarios fidei catholice superet et uincat*), d'autres textes encore, peuvent être rangés dans cette catégorie. Un nombre beaucoup plus considérable me semblent appartenir à une époque antérieure à l'invasion des Barbares, sauf quelques additions de peu d'importance. Si je ne craignais d'être trop affirmatif sur un sujet particulièrement difficile, je compterais volontiers parmi ces formules tout le rituel du baptême (à l'exception de quelques cérémonies de l'*Ordo baptismi celebrandus omni tempore*), la plupart des ordinations et des bénédictions, la pénitence publique, l'onction des infirmes, une bonne partie du long et magnifique cérémonial de la sépulture, l'ensemble des offices de la semaine sainte, la *missa omnimoda* et plusieurs messes votives : en somme, une portion considérable du manuscrit et la plus importante.

Quelques parties sont évidemment moins anciennes. Tout ce qui concerne l'état monastique, par exemple, ne peut guère remonter au delà du septième ou du sixième siècle (Voy. col. 42, 46, 57, etc.). Il me paraît toutefois à peu près certain que tous ces passages — presque tous du moins — sont antérieurs au huitième siècle et à la chute de l'empire wisigoth[2]. On ne saurait en dire autant du premier exorcisme par lequel débute le copiste du onzième siècle et de quelques autres formules très rares. Leur rédaction détonne avec l'ensemble du manuscrit et porte la marque

1. Voyez, pour plus de détails, les notes du Liber Ordinum, col. 150-151; cf. col. 53.

2. Je renvoie, pour ce qui se rapporte à la vie monastique en Espagne, aux notes dont sont accompagnés la plupart des textes signalés ci-après. Voy. surtout, col. 57 et 59; cf. col. 85 et 135.

d'une époque plus récente. Le texte du Rituel a été étudié dans son ensemble au point de vue du *cursus,* si important parfois pour fixer la date de certains documents. S'il était vrai, comme on l'a prétendu, que les règles du cursus n'aient guère été connues de la fin du septième siècle jusqu'au commencement du douzième, ce serait une nouvelle preuve de l'antiquité du Liber Ordinum. Ces règles y sont, en effet, presque partout fidèlement suivies. Par malheur, cette théorie est loin d'être à l'épreuve d'une analyse attentive des textes de cette période, et je crois prudent de n'en tirer aucune conclusion précise en faveur de nos manuscrits wisigothiques.

J'ai gardé, du reste, pour tout ce qui touche à la chronologie des nombreuses formules de ce recueil une grande réserve, que justifient trop bien la difficulté du sujet et l'horizon très limité de mes connaissances. On ne saurait tout exiger d'un éditeur. De plus doctes viendront après lui, qui sauront, grâce à des études spéciales sur tel ou tel point de la liturgie, faire la pleine lumière là où il a dû se contenter, parfois bien malgré lui, d'une douteuse pénombre.

3° *Son contenu et son importance.* — La liturgie représentée dans notre manuscrit est sans aucun doute celle de Tolède[1]. Pour la partie du Rituel qui nous vient de la *basilica Praetoriensis,* la preuve n'est pas à faire : c'est de toute évidence. Pour le reste, nous en sommes réduits à des indices, qui conduisent avec une force probante plus ou moins grande à la même conclusion. Celuici par exemple. J'ai déjà mentionné l'*Oratio post nomina offerentium dicenda in quacumque missa.* Or la rubrique ajoute : *Hec oratio recitata est per ordinationem sancti Iuliani a domno Felice metropolitano Toletano.* Une des rubriques du samedi saint ordonne que l'eau destinée au baptême soit tirée *non de cisternis, sed de fluminibus.* Tolède, ramassée sur un haut plateau, n'avait pour l'usage ordinaire que l'eau de ses citernes. C'eût été un rude travail que d'aller puiser celle du Tage, qui, comme une ceinture d'azur, entoure aux trois quarts l'énorme masse de rochers sur laquelle s'élève l'antique cité impériale. — Ailleurs, au vendredi saint, il est question d'une relique de la vraie croix, que l'on transportait ce jour-là, vers l'heure de Tierce, de l'église cathédrale *ad ecclesiam Sancte Crucis,* et que le clergé de la ville ramenait dans l'après-midi, en chantant des psaumes, *ad thesaurum principalis ecclesie.* L'église de la Sainte-Croix, dont il est fait ici mention, pourrait bien être la célèbre petite église appelée de nos jours *El Cristo de la Luz,* mais dont le vrai nom est *El Cristo de la Cruz*[2].

Quant à l'église de Saint-Jean, où avait lieu le samedi saint la cérémonie du baptême, on ne saurait tirer de sa mention par notre manuscrit aucune conclusion relativement à l'origine de la liturgie qu'il renferme. La plupart des baptistères étaient dédiés au Précurseur, en Espagne aussi bien que dans les autres pays du monde chrétien.

Il est inutile de signaler ici en détail les pièces si nombreuses et si diverses que renferme le Liber Ordinum. Le texte de ce volume parle assez par lui-même de l'importance et de la variété de cette partie nouvelle de la liturgie mozarabe. Il vaut mieux renvoyer à ces formules, ainsi qu'aux si curieuses rubriques qui les accompagnent et qui, en expliquant leur signification et leur usage, en rehaussent encore la valeur et l'intérêt. — Il est à remarquer que le Rituel est très complet et se partage en deux portions sensiblement égales, séparées par les grandes fonctions de la semaine sainte. La première nous offre le rituel proprement dit : rites de l'administration des sacrements,

1. Un passage de l'office des funérailles, cité par saint Euloge, nous prouve qu'au IXe siècle notre Liber Ordinum était, pour cette partie du moins, en usage parmi les Mozarabes de Cordoue. On trouvera ce texte ci-dessous, col. 123.

2. D'après une tradition, malheureusement trop peu appuyée par l'histoire, ce joyau de l'art arabe primitif, restauré au XIe siècle par l'archevêque Bernard d'Agen, aurait remplacé une église antique, déjà debout vers le milieu du VIe siècle.

bénédictions, funérailles, etc. La seconde renferme les messes votives, qui répondent à quelques-unes des plus importantes de ces cérémonies diverses. Cette dernière partie est particulièrement remarquable par la majesté et l'ampleur de ses formules [1].

Disons toutefois que ces textes sont de nature à fixer l'attention de plus d'une catégorie d'érudits et de doctes lecteurs. Les théologiens y chercheront l'expression authentique et officielle des croyances de l'antique Église d'Espagne. En dépit du témoignage intéressé de quelques hérétiques et de plus d'un catholique trompé par leurs affirmations ou en quête d'arguments pour expliquer la suppression du vieux rite national, ils y trouveront une doctrine parfaitement saine, pure de toute erreur et exprimant avec une admirable précision, parfois dans un merveilleux langage, les mystères les plus élevés de la foi orthodoxe.

Les liturgistes, qui ont déploré la perte de cette partie si considérable de la liturgie wisigothique, y découvriront un riche trésor de rites et de formules jusqu'ici inexploré et qui leur ménage sans aucun doute plus d'une surprise. En présence d'un texte si ancien et si soigneusement préservé de toute altération moderne, ils sentiront le regret (je l'ai bien des fois éprouvé) que le savant Lesley se soit contenté pour son édition du missel mozarabe, si remarquable d'ailleurs, du texte, trop souvent modernisé et infidèle, publié en 1500 par l'archevêque de Tolède.

Plus d'une page ne manquera pas de piquer la curiosité de l'historien : celles par exemple qui décrivent le cérémonial du départ pour la guerre de l'armée wisigothe, et que j'ai déjà signalées. Il y verra la mention de décrets des conciles nationaux de Tolède, dont le texte est aujourd'hui perdu (col. 332). Plusieurs passages du calendrier jettent aussi un peu de lumière sur des événements jusqu'ici mal connus ou même entièrement ignorés. La philologie médiévale elle-même pourra faire une ample moisson à travers tant de formules nouvelles et augmenter encore l'arsenal des glossaires, déjà si considérable.

Tout cela est signalé dans les notes qui accompagnent presque à chaque page le texte de ce volume, autant du moins qu'il m'a été possible de le faire. Je n'ai pas la prétention, même sur ce domaine restreint, de tout savoir et de tout expliquer. Il faut que les spécialistes, tout comme les simples mortels, se résignent à ignorer beaucoup de choses. A d'autres, mieux préparés ou plus perspicaces, de suppléer par plus de pénétration et de lumières à ce que ce travail présente forcément de fragmentaire et d'incomplet.

Dans le manuscrit du Liber Ordinum le texte proprement dit ne commence qu'avec le folio 9. Les huit premiers feuillets renferment les pièces que voici :

1° Un calendrier, appelé d'ordinaire dans les manuscrits mozarabes *Martyrumlegium* (fol. 1-3).

2° Un *Orelegium* ou horloge solaire d'un type très primitif (fol. 4 recto).

3° Un recueil de formules destinées à l'annonce des principales fêtes de l'année (fol. 4 v°-5).

4° Les *Breues* ou table des matières du Liber Ordinum (fol. 6-8).

On trouvera cette table des matières en tête du présent volume. Tout le reste est renvoyé en appendice, avec les additions et les commentaires jugés les uns indispensables, les autres simplement utiles. Ceci me dispense d'en parler dès à présent.

1. Il est intéressant de constater dès maintenant, à propos de ces messes votives, qu'elles passaient déjà au VIIe siècle pour une des parties les plus riches de la liturgie gothique. Écrivant à l'évêque de Tarragone, qui lui demandait une messe de ce genre, saint Eugène de Tolède décline cet honneur et s'excuse de n'oser en composer, à cause de l'extrême perfection de celles qui existaient déjà dans cette église. « Missam sancti Hippolyti uel orationes, si nobis oratu uestro uita comes adfuerit, ut potuero, pro uestra iussione parabo ; missam uero uotiuam ideo non scripsi, quia in hac patria tam accurati sermonis habentur atque sententiae, ut simile non possim excudere, et superfluum iudico inde me aliquid dicere, unde meliores recolo iam dixisse » (*Epistola Eugenii ad Protasium Tarraconensem*, dans *P. L.*, t. LXXXVII, col. 412).

Ajoutons enfin, pour les musicologues, que notre Liber Ordinum renferme un grand nombre de morceaux liturgiques notés en neumes (Voy. sur ce sujet le dernier paragraphe de la notice consacrée au manuscrit suivant, page XXVII). — Au cours de ce volume, le Liber Ordinum de Silos est désigné par l'abréviation : *Rituel B,* ou simplement *B,* dans l'apparatus par *Cod.*

Je ne puis clore cette notice sur le Liber Ordinum sans mentionner ici le nom du restaurateur de Saint-Dominique de Silos, le Rme Dom Alphonse Guépin. C'est à son initiative, à une persévérance qu'aucun obstacle n'a pu décourager, que le vieux monastère castillan doit sa nouvelle jeunesse. C'est grâce à lui également que j'ai pu puiser à pleines mains dans les archives de l'abbaye et y recueillir tout ce qui a trait au Rituel wisigothique. Je me fais un devoir de lui en témoigner ici publiquement ma respectueuse gratitude.

II

LE MANUSCRIT DE MADRID

(Codex *M*)

Sous le titre moderne de *Manuale mozarabicum,* la bibliothèque de l'Académie royale d'Histoire de Madrid (nº **56**, ancien nº **F. 224**) possède un Liber Ordinum non daté, mais qui doit être à peu près contemporain du précédent. C'est un petit volume in-folio de 260 millimètres sur 170, renfermant 155 feuillets de parchemin, et qui provient de l'antique abbaye de San Millan de la Cogolla[1]. Une note, placée en marge du folio 123, nous indique le nom et la qualité du copiste :

DOMINICVS SCRIPTOR MEMORARE
TV SACRIFICIORVM OFFERTOR
INFIRMITATE SVBIACENS
A MOLE MEORVM PECCATORVM OPPRIMENS
PRESVITER VOCOR
INDIGNVM NOMINE FVNGOR
QUESO ME ADESSE MEMOR.

Ce Liber Ordinum, dont j'ai pu prendre une copie intégrale, est à la fois plus et moins complet que celui de Silos. Bon nombre de pièces du manuscrit de Madrid ne se retrouvent pas dans le second, qui en revanche possède toute une série de formules qui lui sont propres. Pour les morceaux qui sont communs aux deux manuscrits, il m'a été aisé de reconnaître par une collation rigoureuse que le texte Silésien est d'ordinaire préférable : aussi, n'ai-je pas hésité à le prendre comme base de cette publication. Celui de l'Académie d'Histoire a fourni, toutefois, de précieuses variantes, qui sont soigneusement relevées : en sorte que son texte se trouve de fait intégralement reproduit dans le présent volume. Quant à sa valeur, je n'ai qu'à renvoyer aux pages qui précèdent.

Pour ne rien laisser perdre de ce précieux manuscrit, j'en donne ici la table des matières avec renvois aux pages de ce travail, ce qui permettra d'en reconstituer facilement le texte tout entier. — Voici d'abord quelques morceaux isolés, inscrits sur le premier folio (non numéroté) et qui

1. Outre ce Liber Ordinum et le Comes mentionné plus haut, l'Académie d'Histoire possède plusieurs autres manuscrits de liturgie mozarabe de même provenance. Je signalerai en particulier un recueil d'offices du XIe siècle et un *liber Missarum* un peu plus ancien. Tous ces manuscrits sont en écriture wisigothique. J'y ai remarqué aussi un sacramentaire romain en lettres onciales minuscules du IXe siècle.

indiquent la provenance du Rituel. Je leur laisse les incorrections grammaticales de l'original. Ces fragments sont en écriture wisigothique, comme tout le reste du manuscrit.

Recto (titre en majuscules) : « ITEM ANTIFONE SECVNDVM ROMANOS ». Page de chant, dont il ne reste plus que quelques traces et qu'il n'est pas possible de déchiffrer. On lit pourtant au bas de la page : « ITEM ALIVM ANTIFONE SECVNDVM ROMANOS ».

Verso : « ... arcangelorum sint pro nobis........ num Mikael et Gabriel similiter et Rafael, ut digni offeramus hostias, amen : et appareamus ante Salbatorem per intercessione nobis [or]dines angelorum, Troni et Dominationes, Principatus et Potestates : quem Cherubim et Serafin, ut ipsi intercedant pro nobis ad Dominum, qui non cessant clamare uocem : Sanctus, Sanctus, Sanctus, Dominus Deus exercituum. Rex Hisrael, qui regnas sine fine, digna nos exaudire. — Alleluia.

« ITEM ANTIFONE AD LIGNVM ADORANDVM. ANT. : O crux, uiride lignum, qui super te mundi Redemptor Hisrael : o quam dulce lignum, tam dulce clauus tam dulce pondus sustinet. Hoc cum pretiosum est lignum, tam pretiosa arbor, qui Cristum meruisti sustinere, per quem totus mundus redemptus est. Alleluia. Per. — Et ne inducas nos. Sceli. Omnis terra adoret te. P. An (?) tibi. Abe Maria gratia plena, Dominus tecum. Pretiosa in con[spectu Domini] mors sanctorum. Dominus sit. Et cum spiritu tuo.

« Or[emus] : Viam sanctorum omnium, Domine Ihesu Criste, qui ad te uenientibus claritatis tua gaudia contulisti, [fol. 1] introitum templi istius Spiritus Sancti luce perfunde : qui locum istum sancti Emiliani confessoris consecrasti, presta quesumus, omnipotens Deus, ut omnes isti in te credentes obtineant ueniam pro delictis suis; impetrent quicquid petierint pro necessitatibus suis, placere semper prebaleant coram oculis tuis : quatenus per te et sanctum Emikaelem (*sic*) tuum militem muniti, aulam paradisi mereamur introire, A[men]. Per Dominum nostrum Ihesum Christum ». — Puis : « Exorcismum olei... », etc.

Voici maintenant les titres des diverses formules du Rituel, avec indication du folio et le renvoi au folio correspondant du Liber Ordinum de Silos[1].

			Cod. B
Folio	1.	Exorcismum olei : « Exorcidio te »	Fol. 22.
—	2.	[Ordo baptismi.] *Fragment*	— 29.
—	4.	Exorcismum incensi : « Eternam hac iustissimam »	— 30.
—	5.	Ordo ad benedicendum eum qui capillos in sola fronte tondere uult : « Te inuocamus, eterne omnipotens Deus »	— 34.
—	6.	Item alia : « Domine Ihesu Christe, qui es caput ».	— —
—	—	Oratio super paruulum, quem parentes ad doctrinam offerunt : « Domine Ihesu, qui os mutorum ».	— 35.
—	7.	Alia benedictio : Benedictio super paruulum, quem in ecclesia ad ministerium Dei detunditur : « Deus, qui cordium arcana ».	— 35.
—	—	Ordo super eum qui barbam tangere cupit.	— 38.
—	9.	Ordo celebrandus super unguentum, quod in sanctorum die Cosme et Damiani conficitur	— 53.
—	10.	Ordo ad uisitandum uel perungendum infirmum.	— 54.
—	11.	Ordo conuersorum conuersarumque.	— 65.
—	13.	Item uiatica super infirmum iubenem.	— 68.

1. Les folios de ce dernier Rituel étant indiqués en marge de notre volume, il sera aisé au lecteur de retrouver les formules correspondantes des deux textes. Au cas où une formule serait propre au manuscrit de Madrid, ce qui arrive assez rarement, je renvoie directement à la colonne du volume.

		Cod. B
Folio 13.	Ordo penitentie	Fol. 68.
— 16.	Castigatio sacerdotis ad eum qui iam penitentiam accepit	— 72.
— 17.	Ordo super penitentes in diebus dominicis : « Deus humilitatis ».	— 73.
— —	Benedictio oblate, que in sacrario benedicunt penitentibus data.	— 74.
— 18.	Ordo super penitentem in diebus dominicis : « Miserere, Domine	— —
— 19.	Ordo ad reconciliandum penitentem	— 75.
— 23.	Oratio super eum qui ad comunionem reuertitur.	— 79.
— —	Ordo in finem hominis diei.	— 84.
— 36.	Ordo ad corpus paruuli conmendandum.	— 99.
— 37.	Ordo quid conueniat obseruare clericis ciuitatis illius, cuius episcopus in ultima egritudine positus fuerit.	— 101.
— 39.	Ordo in conmendatione presbiteri.	— 104.
— —	Oratio ad comendandum corpus deouote uirginis	— 105.
— 40.	Benedictio de uaso.	— 125.
—	[Oratio] super uas in quo aliquid immundum ceciderit	— —
— 40.	Oratio super his qui morticinum comedunt uel suffocatum.	— 126.
— 41.	Benedictio putei.	— 127.
— —	Benedictio nauis.	— —
— —	Benedictio retis	— —
— 42.	Benedictio de area noua.	— 132.
— —	Officium in Cena Domini	— 139.
— 46.	Ordo VI ferie ad Parasceue	— 145.
— 51.	Benedictio Agni (*col. 224*).	
— 53.	Ordo missarum uotibarum de sacerdote pro se dicere debeat[1]	— 178.
— 66.	Missa uotiba, quam sacerdos pro se uel pro aliis dicere debeat.	— 188.
— 69.	Missa, quam sacerdos in tribulatione pro se dicere debeat	— 200.
— 72.	Missa, quam sacerdos pro se uel pro subditis dicere debeat	— 204.
— 82.	Missa, per quam se sacerdos Deo conmendat.	— 196.
— 85.	Missa, qua se sacerdos Deo conmendat in angustiis (*col. 277*).	
— 90.	Ordo misse uotibe, quem dicit episcopus quando presbiterem ordinat.	— 175.
— 94.	Missa uotiba, quam sacerdos pro se, amicis domesticisque dicat	— 225.
— 97.	Missa pro his qui causas Ecclesie exsequuntur : « Maiestatem tuam »	— —
— 99.	Missa, quam sacerdos pro se in egritudine positus dicere debeat (*col. 280*).	
— 102.	Missa, quam sacerdos pro se dicere debeat (*col. 270*).	
— 106.	Missa pro solo episcopo dicenda.	— 210.
— 113.	Ordo pro solo rege.	— 217.
— 118.	Ordo cuiuslibet singularis.	— 229.
— 122.	Missa II pluralis : « Aulam misericordie ».	— 240.
— 125.	Missa III pluralis : « Deus, qui hominem ».	— 243.
— 128.	Missa IIII pluralis : « Deus, omnium fons » (*col. 323*).	
— 130.	Missa V pluralis : « Redemptor humani » (*col. 326*).	

1. Dans le manuscrit ce titre est en très belles majuscules jaunes, bleues, rouges et vertes. — J'avertis ici que je ne reproduis pas toujours dans les titres l'orthographe parfois très capricieuse de l'original.

Cod. B

Folio 132. Missa VI pluralis : « Omnipotentem » (*col. 327*).
— 134. Item ordo misse omnimode. . . . . Fol. 167.
— 141. Ordo de pluralis (*col. 330*).
— 143. Alia missa singularis : « Aulam » (*col. 309*).
— 146. Missa de tribulatis . . . . — 255.
— 151. Missa [alia] de tribulatis. . . . . — 256.
— 154. Ordo iter agenti (*col. 346*).

Le manuscrit est incomplet et s'arrête à l'évangile de cette dernière messe pour les voyageurs (fol. 156). D'après les bandes de cuir qui reliaient le volume, on devine qu'il y manque aujourd'hui cinq ou six cahiers tout au moins.

A remarquer une circonstance notable de ce codex. Comme dans le précédent, un grand nombre de formules sont accompagnées de la notation musicale, propre aux églises d'Espagne avant l'introduction de la liturgie romaine. Or, dans un certain nombre de morceaux (aux folios 24, 26, 28, 29, 30, 31, 32, 33, 34, 35, 36, 37), la notation mozarabe a été effacée avec le grattoir et remplacée par la notation française à points superposés, dite *d'Aquitaine*. Cette seconde notation est du douzième siècle ou de la fin du onzième. Elle peut être attribuée avec une complète certitude aux Bénédictins de Cluny, qui à cette époque apportèrent en Espagne les rites de Rome et la notation du midi de la France. Le fait est très important, car il permet de déchiffrer dans une certaine mesure les passages correspondants, notés en musique mozarabe dans le manuscrit de Silos. C'est un premier pas vers la lecture des neumes mozarabiques, dont le mystère, resté jusqu'à ce jour absolument impénétrable, ne sera vraisemblablement jamais complètement dévoilé. — Je renvoie pour la forme de ces neumes musicaux à la phototypie qui accompagne ce volume.

Don Juan Facundo Riaño a publié un fac-similé de deux morceaux de ce manuscrit en notation française tirés de l'office des funérailles (fol. 29 v° et 33 v°) et d'un folio entier de l'Ordo pro solo Rege. Voy. l'ouvrage intitulé : *Critical and bibliographical notes on early spanish music,* Londres, 1887, page 30 et suivantes.

Dans les notes, l'apparatus critique et les additions de ce volume, le manuscrit wisigothique de Madrid est désigné par l'abréviation : *Rituel M,* ou simplement par *M.*

III

LE MANUSCRIT DE L'ANNÉE 1039

(Codex *A*)

Comme le Liber Ordinum, ce manuscrit est rentré depuis une quinzaine d'années dans les archives de l'abbaye de Silos. Il mesure 255 millimètres sur 186 et se compose de 205 feuillets de parchemin, divisés en 24 cahiers. Une main moderne a écrit sur la reliure le titre : Ritvs et Missae. Il renferme, en effet, une partie du Rituel mozarabe et quelques messes votives. Un dernier cahier, en caractères wisigothiques comme tout le reste, mais qui semble avoir été ajouté plus tard au volume, nous donne le récit de la dormition de la Vierge, récit assez semblable au livre intitulé : *de Transitu Virginis,* longtemps attribué à saint Méliton de Sardes[1].

Le manuscrit est daté du mois de janvier 1077 de l'ère espagnole, 1039 de l'ère chrétienne.

1. Voy. Migne, *Patrologia graeca,* t. V, col. 1231-1240.

Voici, du reste, la signature du copiste et la curieuse formule dont il l'accompagne (fol. **177**) :

VENIMVS AD PORTVM LIBELLI NIMIO SVDORE CONFECTI
QVIA SICVT NAVIGANTI DESIDERABILIS EST PORTVS
ITA SCRIPTVRI NOBISSIMVS VERSVS
TRIA QVIDEM DIGITA SCRIBVNT SED TOTVM CORPVS LABORAT
OBSECRO QVISQVIS LEGERIS RETRO TENE DIGITOS
NE LITTERAM LEDAS [1]
QVI ENIM NESCIT SCRIBERE NVLLVM REPVTAT LABOREM
ORA PRO IHOANNE PRESBITERO SCRIPTORE SI CHRISTVM HABEAS PROTECTOREM
SCRIPTORI VITA LEGENTI PAX POSSIDENTI VICTORIA
FVIT SCRIPTVM IN MENSE IANVARIO IN ERA TLXX^{a} VII^{a}

Les six premiers folios sont remplis par un calendrier, que l'on trouvera en appendice. A la suite de ce calendrier, il manque un cahier, qui contenait une bonne partie des rites du baptême [2]. Je vais, du reste, donner ici la table des matières avec renvois au présent volume :

Folio **1**.	Le calendrier	Col. **450**.
— **7**.	Le rituel du baptême (*incomplet*)	— **26**.
— **13**.	Ordo ad uisitandum uel unguendum infirmum	— **71**.
— **15**.	Ordo ad conmendandum corpus defuncti	— **126**.
— **16**.	Ordo ad conmendandum corpus defunctum infra domum	— **127**.
— **27**.	Ordo ad conmendandum corpus sacerdotis	— **146**.
— **28**.	Ordo ad conmendandum corpus paruuli	— **138**.
— **29**.	Ordo ad conmendandum corpus de una uirgine	— **148**.
— **31**.	De oleo benedicendo	— **23**.
— **33**.	Oratio super paruulum, quando eum parentes ad doctrinam offerunt	— **38**.
— —	Ordo super paruulum, qui in ecclesia tunditur	— **39**.
— **34**.	Benedictio super aliquid licoris pollutum	— **171**.
— —	Oratio super [uas in quod] aliquid inmundum ceciderit	— **171**.
— **35**.	Oratio super his qui morticinium comedant uel suffocatum	— **172**.
— —	Oratio pro uasa altaris uel uestimenta exorcidienda	— **157**.
— **36**.	Benedictio patene	— **157**.
— —	Benedictio calicis	— **157**.
— —	Benedictio corone	— **165**.
— —	Benedictio crucis	— **163**.
— **37**.	Benedictio graneas	— **167**.
— —	Benedictio frugum seminis	— **167**.
— **38**.	Benedictio area noba	— **168**.
— —	Benedictio pane nobo	— **169**.
— —	Benedictio ube	— **169**.
— —	Benedictio pomi	— **170**.
— **39**.	Benedictio arrarum de Nubentibus	— **433**.

1. Cette recommandation du scribe, si touchante dans sa naïveté, a été à peu près suivie pour le texte en général, mais non pas pour l'inscription, qui est presque effacée et d'une lecture passablement difficile.

2. Ce qui en reste commence aux mots : « rationem reddes ». Voy. plus loin, col. 26 et suivantes.

Folio 42 Ordo de Nubentes. . . . . Col. 434.
— 42. Prefatio de persona, que non nubsit, cum persona que iam nubsit. . . . . — 440.
— 42. Ordo [eius] qui secundo nubit . . . . — 441.
— 44. Ad uestem sacerdotis. . . . . — 230.
— — Missa uotiba omnimoda. . . . . — 230.
— 47. Missa uotiba pluralis. . . . . — 325.
— 50. Ordo de infirmis . . . . — 377.
— 57. Ordo de defunctis. . . . . — 399.
— 61. Ordo de uno defuncto. . . . . — 402.
— 67. Missa uotiba de singularis. . . . . — 302.
— 69. Missa uotiba, quam sacerdos pro se dicere debeat. . . . . — 273.
— 74. Missa uotiba de uno infirmo. . . . . — 359.
— 90. Ordo tribulantis : uotiba dicenda. — 339.
— 95. Ordo de iterantibus uia. . . . . — 347.
— 99. Ordo ad missam de sacerdote defuncto. [*Melius :* Missa generalis defunctorum]. . . . . — 417.

Dans les notes qui accompagnent ce travail je désigne le manuscrit de 1039 par la rubrique *Rituel A,* ou simplement *A*.

IV

LE RITVALE ANTIQVISSIMVM

(Codex *R*)

Ce manuscrit, dont le titre donné ci-dessus est assez récent, se compose de 142 feuillets in-4° de parchemin. Il ne porte ni date, ni mention de copiste; mais l'écriture, d'un caractère wisigothique assez négligé, est à n'en pas douter du onzième siècle. Il est mentionné en 1772 parmi les manuscrits du monastère de Silos, catalogués à cette époque par le P. Gregorio Hernandez[1]. Confié à un ami très sûr par le dernier abbé de Silos, D. Rodrigo Echevarría, il resta près d'un demi-siècle dans un village des environs, d'où il est revenu à Silos en 1889.

Ce vieux manuscrit se compose de deux parties bien distinctes et indépendantes l'une de l'autre. La première, qui va du feuillet 1 au feuillet 30 inclusivement, renferme un certain nombre de pièces liturgiques, qui correspondent à quelques-unes de celles que nous avait déjà fait connaître le Liber Ordinum (fol. 1-12, *officium de Infirmis;* fol. 12-30, *officium de Defunctis*. Voy. le Liber Ordinum, col. 377-382). Je lui ai emprunté quelques formules intéressantes, qui complètent le texte déjà si riche des manuscrits précédents.

La seconde partie (fol. 31-142) comprend toute une série de petits offices pour chaque heure de la journée. Elle débute par une sorte de préface, où nous sommes avertis que cet ensemble de formules et de psaumes était presque tout entier réservé à l'usage des communautés monastiques. Je crois utile de donner ce curieux texte, qui jette un peu de lumière sur plus d'un point obscur du rite mozarabe. L'auteur y fait le départ entre le véritable office canonique, qu'il appelle *Cathedralis ordo* et qu'il réduit aux Heures de Laudes ou *matutinum,* Vêpres ou *uespertinum* et Complies ou *completum,* et l'office monastique proprement dit.

La liturgie des moines est beaucoup plus chargée et devait prendre un temps considérable. Elle comprenait, outre l'office ordinaire des clercs mentionné plus haut, les Heures suivantes :

1. Voy. l'*Histoire de l'abbaye de Silos*, p. 257, note.

1. Ordo peculiaris (qui correspond à l'*Aurora* du Bréviaire mozarabe), fol. 32-36.
2. Ordo ad Primam et Secundam, fol. 36-59.
3. Ordo ad Tertiam, fol. 59-66.
4. Ordo ad Quartam et Quintam, fol. 66-72.
5. Ordo ad Sextam, fol. 73-77.
6. Ordo ad Septimam et Octavam, fol. 78-83.
7. Ordo ad Decimam et Vndecimam et Duodecimam, fol. 83-92.
8. Ordo ante Completa, fol. 93.
9. Ordo ad Completa, fol. 93-102.
10. Ordo post Completa, fol. 102-107, suivi de *Preces* ou supplications, fol. 107-115.
11. Ordo ante Lectulum, fol. 115-117.
12. Ordo in Nocturnis, fol. 117-142.

Voici maintenant le texte du prologue que j'ai mentionné plus haut. Je laisse sans commentaires et sans corrections (cela entraînerait ici trop loin) un ou deux membres de phrases d'un sens assez douteux et d'une latinité étonnamment barbare.

« INCIPIT PROLOGVS : Consummato denique matutino officii ordine constituto, aliquid aput monacis peculiariter est canendum : ad futurum diei ad nicilum prebeat ad exsolbendum ministerium subter adnixi. Vnde, hoc quoque subsequente psalmo, cum prenotatis tribus clausulis statim post matutino officii recensentes, non in mero horarum ponimus, set specialiter sicut diximus in supplicationibus, exibemus pro futuro feliciter ordine consummando. Nam Prime et Secunde conexus ordo depromitur; Tertia singulariter; Quarta et Quinta simili modo coniuncte; Sexta namque singulariter; Septime et Octabe gemina promuntur conclusione; Nona singulariter in ordine; ac deinde Decima et Vndecima et Duodecima semper ante Vespera recitatur et pari coniunctione explicatur. A monacus ergo cadedralis Ordo, quod est Matutini et Vespertini sibe Conpleti officium, extra hunc orarum ordine suo est exsolbendum. Inde denique instituta duodecim diurnarum et duodecim noctium ordinarum suarum officium sollicite est exsolbendum monacis. Nunc iam, ut diximus, ita inquatur post matutino : ORDO PECVLIARIS », etc.

CHAPITRE TROISIÈME

Étude sur quelques calendriers mozarabes[1].

Au cours de mes recherches sur les textes de la liturgie primitive des églises d'Espagne, j'ai été assez heureux pour recueillir six calendriers, jusqu'ici inconnus, de l'ancien rite wisigothique. Il importe d'autant plus de les publier dans ce volume que les deux premiers, les calendriers **A** et **B**, sont empruntés aux manuscrits mêmes du Rituel mozarabe.

Peut-être saura-t-on quelque gré à l'éditeur de mettre entre les mains des érudits et des hagiographes de profession l'ensemble de ces textes nouveaux, accompagnés de courtes annotations. Au point de vue liturgique et historique, ils offrent un sérieux intérêt et aident à résoudre plus d'un problème difficile. On ne connaissait guère jusqu'ici que le calendrier de Cordoue, d'une rédaction relativement tardive (961), et celui du Liber Comicus de la Bibliothèque nationale, pu-

1. Les pages suivantes sont destinées à servir de préface aux neuf calendriers, publiés en appendice à la fin de ce volume. Voy. ci-dessous, APPENDICE I, p. 449-497.

blié sans aucune note, en 1893, par Dom G. Morin, dans son édition du *Comes* mozarabe. Je reproduis ces deux calendriers, ainsi que le fragment que nous a conservé Francisco de Pisa.

Le plus récent de ces calendriers est sans aucun doute celui de l'église de Cordoue. Les huit autres sont beaucoup plus anciens. Ils ont dû être rédigés à une date qu'il n'est pas possible de préciser avec certitude, mais qu'on peut sans témérité faire remonter au delà du sixième siècle. Sans doute, quelques rares noms de saints ont été inscrits à une date moins ancienne, saint Ildephonse, saint Pélage, par exemple; mais ce sont là des additions exceptionnelles, qui ne changent guère la physionomie de la rédaction primitive. Il convient même d'ajouter que, à part une vingtaine de saints, la plupart espagnols, tous les autres (et ils se chiffrent par centaines) appartiennent aux quatre premiers siècles de l'Église.

Il reste maintenant à dire quelques mots sur les sources auxquelles j'ai emprunté chacun de ces calendriers. Quant aux nombreuses particularités qui les distinguent, je m'abstiens de les signaler ici. On les trouvera dans les notes qui accompagnent le texte.

I

LE CALENDRIER **A**

(d'après le Codex *A,* de l'an 1039)

Ce calendrier nous a été conservé par un manuscrit wisigothique, dont il a été question plus haut (p. xxvii). Inutile d'y revenir. A remarquer cependant que le Calendrier **A** est, de tous, celui qui renferme le moins de fêtes. Pendant la période de soixante jours qui va du 23 février au 24 avril et au cours de laquelle tombe le Carême, on ne rencontre qu'une seule solennité : celle des saints Emeterius et Celidonius, les deux célèbres martyrs de Calahorra. On sait que les fêtes des saints furent longtemps interdites pendant les semaines de pénitence qui précèdent la fête de Pâques. Avec le temps, on se relâcha de cette observance liturgique, qui avait le mérite de laisser au carême sa physionomie propre et toute son austère sévérité.

II

LE CALENDRIER **B**

(d'après le Rituel *B*, de 1052)

Nous devons ce calendrier au manuscrit le plus complet du Liber Ordinum, celui dont on a vu l'histoire ci-dessus, p. xvii-xxiv. Il est le seul à nous donner la fête de la Purification et quelques fêtes d'origine évidemment française, comme celles de saint Martial de Limoges (30 juin), de la translation des reliques de saint Benoît en France (11 juillet) et de saint Loup de Troyes (30 juillet).

III

LE CALENDRIER **C**

(d'après un manuscrit de Compostelle, de 1055)

Le manuscrit auquel nous empruntons ce troisième calendrier est un véritable chef-d'œuvre de la calligraphie wisigothique. Il fut écrit en l'année 1093 de l'ère espagnole (1055 de l'ère vulgaire) par ordre de la reine Sanche de Castille, femme de Ferdinand Ier. On y voit de très intéressants dessins à la plume, dont quelques-uns couvrent une page tout entière. L'inscription suivante nous fait connaître, outre le nom de la reine, ceux du copiste et de l'artiste à qui est due l'illustration du manuscrit :

SANCIA REGINA VOLVIT
QVOD SVM REGINA PEREGIT
ERA MILLENA NOVIES DENA QVOQVE TERNA
PETRVS ERAT SCRIPTOR
FRICTOSVS DENIQVE PICTOR

Au verso du feuillet 6 se voit un tableau représentant le scribe, debout sous une riche tenture et offrant son livre au roi et à la reine. Au recto se lit cette inscription :

FREDINANDI REGIS SVM LIBER NECNON ET SANCIA REGINA

Le calendrier se trouve aux folios 1-4. Le manuscrit renferme le psautier, des cantiques de l'Ancien et du Nouveau Testament et quelques morceaux de la liturgie mozarabe. Il est conservé aujourd'hui, sous le titre de : *Diurno del rey Fernando I°*, à la bibliothèque de l'Université de Saint-Jacques de Compostelle (*códice n° 1*).

Pour plus de détails sur le contenu de ce manuscrit, je me permets de renvoyer le lecteur à une notice que j'ai publiée, il y a quelques années, dans la *Bibliothèque de l'École des chartes* (octobre 1901, p. 374-387), sous le titre suivant : *Deux manuscrits wisigothiques de la bibliothèque de Ferdinand Ier, roi de Castille*[1].

IV

LE CALENDRIER D

(d'après un manuscrit de Léon, de 1066)

J'emprunte le calendrier **D** au magnifique *Antiphonarium* de la cathédrale de Léon, copié en 1066 sur un manuscrit qu'il faut faire remonter à la première année du règne de Wamba, c'est-à-dire à la seconde moitié du septième siècle. C'est ce qui ressort des divers computs insérés aux folios qui précèdent l'Antiphonaire proprement dit. Voici un texte qui ne laisse aucun doute à ce sujet : « Ab incarnatione Domini usque ad presentem et primum gloriorissimi Wambanis principis annum, qui est era VCCX, sunt anni VCLXXII ». Ce manuscrit wisigothique, dont le texte liturgique est accompagné de neumes à points superposés, renferme 306 folios en parchemin, la plupart dans un état de conservation presque parfait.

J'ai pu copier une partie de ce calendrier, grâce à la bienveillance de M. le Doyen et du chapitre de Léon, qui ont bien voulu consentir, en ma faveur, à laisser ouvertes pour quelques heures les portes derrière lesquelles sont jalousement gardés les rares mais précieux manuscrits de leurs archives. Le reste m'a été communiqué depuis par mon excellent ami, le chanoine-archiviste D. Alejandro Rodriguez.

1. Je profite de l'occasion pour réparer une erreur. La petite composition poétique de Florus, que je donne dans cet article, n'est pas inédite, comme je l'avais pensé tout d'abord. Le titre marqué par le copiste, auquel nous devons le manuscrit de Compostelle : « Florus Ysidoro abbati », est inexact. Il faut lire : « Eldrado abbati Florus supplex », titre sous lequel cette pièce a été publiée d'abord par MVRATORI (*Antiquitates Italicae*, t. III, col. 855 de l'édition in-folio), puis par JAFFÉ-WATTENBACH (*Ecclesiae Coloniensis codices mss.*, p. 108-109), enfin par DVEMMLER (*Poetae Carol.*, t. II, p. 549, dans les *Monumenta Germaniae historica*).

V

LE CALENDRIER E

(d'après un manuscrit de Paris, de 1067)

Ce calendrier nous a été transmis par un exemplaire du *Comes,* ou recueil des passages de l'Ancien et du Nouveau Testament en usage dans la liturgie de la messe mozarabe. Le manuscrit, qui faisait autrefois partie du trésor wisigothique de Silos, est aujourd'hui à la Bibliothèque nationale de Paris (Voy. ci-dessus, p. XIII). Il a été publié, en 1893, par Dom G. Morin, dans le premier volume des *Anecdota Maredsolana.* Le calendrier occupe les pages 28-33 du manuscrit et les pages 393-405 du volume imprimé. Je l'ai revu avec soin sur l'original, ce qui m'a permis de compléter et parfois de corriger sur quelques points le texte imprimé.

VI

LE CALENDRIER F

(d'après un manuscrit de Paris, de 1072)

Un manuscrit wisigothique de la Bibliothèque nationale (nouvelles acquisitions latines, 2169) qui renferme les Étymologies de saint Isidore, nous fournit un autre calendrier presque entièrement conforme au précédent. Le copiste avait certainement le manuscrit de 1067 sous les yeux, quand il composait son travail dans le scriptorium de l'abbaye de Silos, en 1072. On peut consulter sur ce superbe exemplaire des Étymologies l'étude que M. Léopold Delisle lui a consacrée dans ses *Mélanges de Paléographie et de Bibliographie,* p. 103. Je renvoie aussi à mon *Histoire de l'abbaye de Silos*, p. 262-264; cf. p. 45.

VII

LE CALENDRIER DE CORDOUE G

Ce célèbre calendrier fut rédigé en 961 par un évêque d'Elvire, Rabi ben Zaid, et dédié à son protecteur Alhecam II, calife de Cordoue [1]. C'est avant tout un calendrier astronomique et agronomique. Mais, quoique destiné au calife, l'évêque catholique voulut qu'il pût être utile à ses

1. L'évêque Rabi ben Zaid n'est autre que le Recemundus auquel Luitprand de Crémone, qui l'avait connu pendant son séjour à Francfort, dédia son *Antapodosis* (MIGNE, *P. L.*, t. CXXXVI, col. 789). C'est par cette dédicace que nous apprenons qu'il était évêque d'Illiberis ou Elvire. Voy. DOZY, *Die Cordouaner Arib ibn Sad der Secretar, und Rabi ibn Zeid der Bischof* (dans le Journal asiatique allemand, t. XX, p. 595-609); cf. FLOREZ, *España sagrada,* t. XII, p. 176.

Recemundus est le dernier évêque connu d'Elvire sous la domination arabe. Il était né à Cordoue de parents chrétiens dans la première moitié du Xe siècle. Également instruit dans les langues latine et arabe, il obtint une charge de confiance dans le palais d'Abd-er-rahman III. Le calife ayant dû, en 955, envoyer une ambassade à Othon empereur d'Allemagne, confia cette mission à Rabi ben Zaid. Il lui avait donné peu auparavant un siège épiscopal. « Chose étonnante, dit fort judicieusement à ce propos D. Francisco Simonet dans la brochure citée plus loin, les sultans de Cordoue, bien que persécuteurs de l'Église catholique, abritaient la prétention de considérer comme attachés à leur couronne les anciens droits régaliens des monarques wisigoths : tout comme de nos jours des gouvernements impies prétendent exercer des privilèges accordés jadis à de pieux princes protecteurs de l'Église. » Recemundus réussit pleinement dans son ambassade. Quelques années plus tard, le calife l'envoyait à Constantinople et à Jérusalem. Politique, astronome, philosophe (un auteur arabe l'appelle : Rabi ben Zaid *le Philosophe*), il resta toujours un fervent chrétien et un bon évêque. On ignore la date de sa mort.

frères dans la foi. Il y ajouta donc la mention des fêtes religieuses alors en usage dans l'Église mozarabe, et prit soin d'indiquer les sanctuaires où les chrétiens de Cordoue avaient l'habitude de se réunir en plus grand nombre pour les principales solennités du cycle liturgique.

Il y avait un certain courage — et il est piquant de constater que c'est le mécréant Dozy qui en fait la remarque — à omettre toute mention de fête musulmane dans un ouvrage destiné au calife : alors que celles du culte chrétien y étaient soigneusement indiquées, y compris les anniversaires des martyrs qui avaient souffert pour le Christ sous les émirs ou les califes ses prédécesseurs. Cette partie liturgique du calendrier de Cordoue est du plus grand intérêt. Ce n'est pas ici le travail d'un simple compilateur plus ou moins ignorant, mais d'un évêque et d'un évêque qui écrit sur un sujet local, qu'il était à même de connaître mieux que personne. Il complète nos autres calendriers et mentionne plusieurs fêtes inconnues jusque-là dans la liturgie mozarabe. Dans son ensemble, en effet, l'œuvre de Rabi ben Zaid représente une phase liturgique plus récente. Outre quelques fêtes locales (par exemple saint Grégoire de Grenade, les saints Basile et Victor de Séville, la translation de saint Zoïl), on y rencontre celle de la conversion de saint Paul, de saint Grégoire le Grand, de sainte Marie-Magdeleine, de la Nativité de Notre-Dame, de saint Pierre *ad Vincula,* dont nos autres calendriers ne portent pas trace.

On trouvera dans les notes jointes au texte du calendrier de Recemundus quelques éclaircissements sur les églises de Cordoue au dixième siècle. Malgré de terribles persécutions, l'état des Mozarabes y était assez florissant : une vingtaine d'églises et plusieurs monastères s'élevaient tant dans la grande ville arabe que dans le voisinage. L'évêque note avec soin plusieurs localités où reposaient alors des corps saints, et s'inscrit ainsi en faux par avance contre des translations supposées antérieures à cette époque. Ce qu'il dit du culte solennel des Sept Apôtres de l'Espagne (*Septem Nuncii*) est très remarquable. A noter aussi son silence sur la présence du corps de saint Jacques à Compostelle. Il serait pourtant téméraire, injuste même, d'en rien conclure contre la tradition, qui est attestée d'une manière très expresse par des auteurs arabes contemporains.

Le texte du calendrier de Cordoue a été d'abord publié en 1838 par Libri, dans son *Histoire des sciences mathématiques en Italie* (t. I, p. 461), d'après une traduction latine du treizième siècle. Plus tard, Dozy en découvrit le texte arabe, écrit en caractères hébreux, dans un manuscrit de la Bibliothèque nationale de Paris (ancien fonds, n° 462)[1]. Il en signala l'existence à un docte arabisant espagnol, D. Francisco Simonet. Celui-ci s'empressa, en 1871, de publier une traduction castillane de la partie liturgique du calendrier[2]. Il l'accompagna d'excellentes notes et d'une préface que j'ai brièvement résumée ci-dessus. Deux ans plus tard, Dozy lui-même fit paraître le texte arabe et la version latine de tout l'ensemble du calendrier[3].

Notons, en finissant, qu'il devait exister à Cordoue un calendrier très ancien. En effet, d'après Walafrid Strabon, l'empereur Théodose loua hautement, dans une assemblée conciliaire, l'évêque Grégoire de Cordoue de ce qu'il récitait tous les jours à la messe les noms des martyrs dont on célébrait l'anniversaire : « Theodosius, religiosus imperator, in concilio episcoporum laudauit Gregorium Cordubensem episcopum, quod omni die missas explicans, eorum martyrum, quorum

1. Gams (*Kirchengesch. v. Spanien*, t. I, p. 455) pense à tort que ce manuscrit se trouve à la Bibliothèque nationale des Pays-Bas, alors qu'il s'agit de notre Bibliothèque nationale de Paris.

2. *Santoral hispano-mozárabe, escrito en 961 por Rabi ben Zaid, obispo de Iliberis, publicado y anotado por don Francisco Javier Simonet, catedrático de lengua árabe.* Madrid, 1871, brochure de 37 pages in-8°. — Ce travail a paru dans la revue : *La Ciudad de Dios*, t. V, p. 105-116 et p. 192-212. Le texte latin du calendrier a été reproduit dans l'*Historia eclesiástica de España,* par La Fuente, t. III, p. 477 482.

3. *Le calendrier de Cordoue de l'année 961; texte arabe et ancienne traduction latine.* Leyde, 1873, volume in-8° de 107 pages, avec quelques rares notes.

natalitia essent, nomina plurima commemoraret » (*De rebus ecclesiasticis*, cap. XXVIII, dans MIGNE, *P. L.*, t. CXIV, col. 962).

VIII

LE FRAGMENT DE TOLÈDE **H**

Ce fragment de calendrier mozarabe fut imprimé pour la première fois à Tolède, en 1593, par D. Francisco de Pisa. Pinius l'a inséré dans sa dissertation sur l'ancienne liturgie wisigothique (*Acta SS. Bolland.*, t. VI Iul., p. 78), d'où il est passé dans la dernière édition du *Missale mixtum* (*P. L.*, t. LXXXV, col. 1049). Il est à peu près contemporain des premiers calendriers mentionnés ci-dessus; mais Francisco de Pisa ne nous en a donné que les mois de janvier et de février. La seule particularité remarquable qu'il présente, est l'absence des saints Innocents (*Allisio Infantum*) au 8 janvier. Est-ce une omission volontaire de Pisa, étonné de voir cette fête à pareil jour? Je ne saurais le dire; mais la chose est fort possible.

IX

LE FRAGMENT DE MADRID **I**

Ce dernier calendrier se trouve dans un manuscrit de l'Académie d'Histoire à Madrid (**cod. 18**). Il date des dernières années du onzième siècle ou du commencement du siècle suivant. Quoique placé en tête d'un missel romain écrit en caractères wisigothiques (circonstance très rare), il reproduit un calendrier évidemment mozarabe. Il s'arrête au 29 avril, à la fête de sainte Salsa. — Au dernier feuillet (fol. 343) se lisent trois oraisons de saint Thomas de Cantorbéry en écriture française de la fin du douzième siècle. Le manuscrit provient de l'abbaye de San Millan de la Cogolla. C'est sans doute un des premiers livres de la liturgie romaine, introduits en Espagne par les Bénédictins de Cluny. On y trouve, en effet, le nom de saint Mayeul, abbé du célèbre monastère bourguignon.

N. B. — Je ne dis rien dans cette Introduction de l'Annonce des fêtes et de l'*Horolegium*, publiés en appendice à la fin du volume. On trouvera en tête de ces deux Appendices quelques notes qui peuvent être utiles à l'intelligence de ces textes liturgiques d'intérêt secondaire.

Le lecteur a droit à quelques mots d'explication sur la méthode suivie dans la publication du texte du Liber Ordinum. Ce texte, je l'avais préparé tout d'abord en vue d'une édition rigoureusement paléographique. C'est, à peu de chose près, ce qu'a fait pour le *Comes* mozarabe Dom Germain Morin, qui imprime, pour la seule fête de saint Étienne et sans la moindre explication : *huxor tua; a facifiliorum srahel; umiliatum corame; prospicite ex bobis; et elegegrunt; niculaum prositlitum anziozensem; quostatuerunt; dure ceruice*[1], etc. Pour des extraits des Livres saints, et c'est ici le cas, cette fidélité à suivre le manuscrit jusque dans ses pires errements n'est pas bien dangereuse, chacun trouvant dans sa bibliothèque ou même dans sa mémoire la facilité de recourir à une version meilleure. Il en serait autrement s'il s'agissait d'un texte nouveau. Dans son édition du *Livre de Cerne,* Dom Kuypers a été plus fidèle encore à reproduire dans ses moindres détails ce que j'appellerais volontiers la toilette ou plutôt le négligé du manuscrit[2]. Mais ici

1. *Liber Comicus*, p. 31-33. — D'autres mots étranges sont peut-être de simples fautes d'impression, comme par exemple *nastras* pour *nostras* (p. 159).

2. *The prayer book of Aedeluald the bishop, commonly called the Book of Cerne*, Cambridge, 1902. — Ce volume, qui n'est pas un recueil liturgique proprement

le texte, s'il n'est pas parfait, est du moins bien supérieur à celui du *Comes* de Tolède, et sa lecture en est très facile. — Ce premier procédé a du bon, je dirai même qu'il est excellent, quand il s'agit, et c'est le cas du Livre de Cerne, de publier un nombre très restreint de formules. On peut alors se donner le luxe d'imprimer l'œuvre du copiste ligne par ligne, avec ses abréviations, sa ponctuation, ses caprices plus ou moins artistiques, et le reste. C'est pour ainsi dire mettre le lecteur en face du manuscrit original lui-même : et ce n'est certes pas un médiocre avantage. Destinée exclusivement aux érudits, initiés aux mystères de la paléographie, ou à quelques rares amateurs, une publication de ce genre est peut-être préférable à toute autre.

Le second système est presque toujours bienvenu des savants, dont le temps est mesuré et qui ont autre chose à faire qu'à étudier les vieilles formes graphiques du moyen âge. Il leur fournit un texte, qui est encore assurément celui du manuscrit, mais débarrassé des erreurs manifestes et des fantaisies d'une plume à demi barbare, et dans lequel l'éditeur s'efforce d'épargner au lecteur un travail préliminaire de déchiffrement parfois ingrat, qui le fatiguerait sans profit pour son étude. C'est l'histoire du marbre antique purifié, dégagé de la gangue informe qui le défigurait. L'opération sans doute est délicate et ne peut être confiée qu'à des mains exercées. Sans doute aussi, le directeur de musée et l'antiquaire eussent mieux aimé recevoir la statue telle qu'elle était en sortant des ruines, maculée, couverte encore de débris et de boue. On ne saurait cependant l'exposer à l'admiration du public dans cet état, qui, loin d'être une parure, est en somme une imperfection trop manifeste.

Appliquée à un document littéraire ancien cette méthode a ses dangers : elle peut si aisément conduire à corriger là où toute correction deviendrait une cause d'erreur. Et l'éditeur n'est, hélas! pas infaillible. Mais le péril se réduira à bien peu de chose, je devrais dire qu'il aura complètement disparu, s'il a soin d'établir un « apparatus », dans lequel seront relevées avec une scrupuleuse exactitude toutes les leçons, même les plus bizarres, qu'il n'a pas cru devoir conserver dans le texte. Ces leçons, en effet, ne sont pas sans avoir parfois leur importance. Quelque étendue que soit la bonne volonté de l'éditeur, sa science est bornée. Telle forme, telle tournure qui lui paraissent de purs barbarismes, peuvent mettre sur la voie de découvertes intéressantes un philologue, un grammairien de profession. En tout cas, sa parfaite loyauté permettra au critique de contrôler les corrections qu'il a cru devoir adopter et le convaincra qu'il marche sur un terrain parfaitement solide.

C'est cette seconde méthode que j'ai finalement suivie dans le présent volume. De la sorte, le lecteur ordinaire aura sous les yeux un texte qui ne sera plus une série d'énigmes, tandis que le spécialiste trouvera dans l'apparatus tout ce qu'a droit d'exiger sa légitime curiosité. Ce système de corrections n'est pas du reste poussé ici à l'extrême. Je conserve dans le texte des formes qui, pour n'être pas ordinairement reçues dans les éditions classiques, n'en sont pas moins correctes. On lira, par exemple : *unguere* pour *ungere, urgere* pour *urguere, eicere* pour *eiicere, resumta* pour *resumpta, inlata* pour *illata, inriguus* pour *irriguus, inpius* pour *impius, suboles* pour *soboles,* etc. Je garde aussi l'orthographe non commune des manuscrits dans nombre de mots, où ces irrégularités ne peuvent en rien arrêter ou gêner la lecture, comme par exemple : *babtisma, fantasma, karissimi, nicil, obtare, abtare, obponere, presbiter*, et nombre d'autres. Renvoyer de tels mots à l'apparatus est inutile. Quelques tournures rarement en usage ailleurs, mais pourtant bien connues, sont soigneusement maintenues dans le texte. Voici deux exemples de l'accusatif absolu dans l'oraison *post Nomina* de la messe IN GRATIARVM ACTIONE : « Sanctorum Patrum *recen-*

dit, mais plutôt un Livre d'heures, est suivi de notes très doctes et d'une forte originalité, dues à la plume de M. Edmond Bishop, dont la rare compétence en matière de liturgie est bien connue des érudits.

sita uocabula, te Deum electorum omnium Patrem prece flagitamus continua, ut, *reddita letitie tempora*, felicitate fruamur perpetua »[1]. — J'avertis enfin le lecteur que, sauf les cas d'absolue nécessité, je n'introduis pas dans les formules liturgiques citées en note au bas des pages le système de corrections employé dans le corps de l'ouvrage. La chose me paraît là beaucoup moins nécessaire, et me forcerait d'établir toute une série d'étages de sous-notes d'une composition typographique trop compliquée. Quelques lettres italiques, quelque leçon entre parenthèses, çà et là un mot ajouté entre crochets, suffiront à remédier aux défauts du copiste ignorant ou distrait. Je n'aurai recours au *sic* traditionnel qu'à la dernière extrémité.

Ces quelques lignes peuvent suffire pour expliquer le mode de publication adopté dans cet ouvrage. L'index philologique imprimé à la fin du volume servira de guide aux grammairiens, qui voudraient étudier plus à fond le latin de nos manuscrits wisigothiques. Ils y trouveront, à leur rang alphabétique, les diverses formes de mots rares ou tant soit peu anormales, éparses dans le texte, l'apparatus et les notes. Je renvoie aussi aux notes explicatives qui accompagnent le texte et dans lesquelles je me suis efforcé, autant que cela m'était possible de le faire, de préciser le sens de mots jusqu'ici inconnus ou difficiles à comprendre.

La plupart des particularités orthographiques du Liber Ordinum se retrouvent dans les inscriptions composées en Espagne pendant les huit premiers siècles de l'ère chrétienne. Le meilleur guide en cette matière est le grand recueil des *Inscriptiones Hispaniae christianae* publié par Hübner (Berlin, 1871) et surtout le *Supplementum*, qui a paru en 1900 et dont les tables résument si bien l'ouvrage tout entier[2].

1. L'hymne *In sacratione sancti Martini*, que je cite plus loin dans l'appendice sur les calendriers mozarabes (au 11 août, page 475), porte ces deux vers :

Episcopatum accepit,
Nolentes multos inuidos.

Voy. aussi le Missel mozarabe imprimé, dans *P. L.*, t. LXXXV, col. 286, 880 : « *Recensita*, Domine, tuorum fidelium *nomina* », etc. — Les exemples d'accusatifs absolus sont assez nombreux dans nos textes et ont été relevés dans l'*Index philologique*, à la fin du volume.

2. Les philologues et les lexicographes doivent aussi consulter l'étude approfondie, mais encore incomplète, qui se publie depuis quelques années dans le *Muséon* de Louvain (années 1901-1903). Cette étude, intitulée : *Le latin d'Espagne d'après les Inscriptions*, est l'œuvre de M. Carnoy.

Un dernier mot avant de clore cette Introduction. Le présent volume n'est pas l'œuvre d'un jour, on le devine sans peine. Il a été commencé, il y a plus de quinze ans (*grande mortalis aeui spatium!*), dans l'austère et tranquille solitude de Silos, en Espagne. Longtemps interrompu par d'autres devoirs plus urgents, il fut repris à Saint-Pierre de Solesmes, auprès de la bibliothèque de la grande abbaye. Je puis enfin le terminer à Saint-Michel de Farnborough, sur une terre hospitalière qui n'est plus la patrie française, mais où tout homme qui n'est pas un malfaiteur public est assuré de la liberté et de la paix.

D. Marius Férotin, O.S.B.

1er janvier 1904.

The Abbey, Farnborough (Angleterre).

AVIS AU LECTEUR

Au cours de cet ouvrage, je désigne par :

Rituel *A,* le Rituel manuscrit de Silos de 1039 ;

Rituel *B* ou *Codex B* (*Cod* dans l'apparatus), le *Liber Ordinum* manuscrit de Silos de 1052 ;

Rituel *M,* le Rituel manuscrit de Madrid du onzième siècle ;

Rituel *R*, le *Rituale antiquissimum* de Silos du onzième siècle.

TABLE DES MATIÈRES

Breues seu summarium Codicis 1-6

PARS PRIMA

I

Benedictiones olei, salis et aquae.

1° Exorcismus et benedictio olei 7
2° Exorcismi et benedictiones salis et aquae :
a Exorcismus salis 12
b Benedictio salis 13
c Exorcismus aquae . . . . —
d Benedictio eiusdem 14
e Benedictio post mixtionem salis et aquae . . . . —
f Alius exorcismus salis 15
g Item alius exorcismus salis 16
h Alius exorcismus salis 17
i Exorcismus aquae 18
k Alius exorcismus aquae . . . . —
l Benedictio aquae . . . . —
3° [Benedictio domus] 19
4° Exorcismus olei 22
5° Benedictio olei 23
6° Exorcismus olei 24
7° Alius exorcismus . . . . —

II

Ordo Baptismi.

1° Insufflatio 24
2° Signum + in fronte et nominis impositio. 26
3° Effetatio seu oris et aurium unctio . . . 27
4° Manuum impositio . . . . —
5° Traditio symboli 28
6° Benedictio fontis 29
7° Interrogationes 31
8° Immersio 32
9° Chrismatio et manus impositio seu confirmatio 33
10° Communio 35
11° Benedictio de albis . . . . —
12° Manus impositio in uigilia Pasche 36

III

Ritus ad sacros ordines conferendos.

1° Oratio super eum qui capillos in sola fronte tondere uult 37
2° Oratio super paruulum, quem parentes ad doctrinam offerunt 38
3° Benedictio super paruulum, qui ad ministerium Dei in ecclesia detonditur 39
4° Ordo ad ordinandum clericum 40
5° Ordo in ordinatione sacristae 42
6° Ordo in ordinatione eius cui cura librorum et scribarum committitur 43
7° Ordo super eum qui barbam tangere uult . . . . —
8° Benedictio ad ordinandum subdiaconem 46
9° Praefatio ad ordinandum diaconem . . . 48
10° Benedictio ad ordinandum archidiaconum 50
11° Benedictio ad consecrandum primiclericum 53
12° Praefatio ad ordinandum presbyterem . . 54
13° Ordo de archipresbytero ordinando . . . 56
14° Ordo in ordinatione abbatis 57
Supplementum : De Ordinatione episcopi. 60

IV

Benedictio Virginum et Abbatissae.

1° Benedictio uestimentorum Deo uotae . . . 62
2° Ordo ad benedicendum uirginem 63

3° Ordo ad uelandas Deo uotas. 64
4° Ordo ad ordinandam abbatissam. 66

V

De unctione Infirmorum et de exorcizandis ab immundo spiritu uexatis.

1° Ordo super unguentum, quod in die sanctorum Cosmae et Damiani conficitur . . 69
2° Ordo ad uisitandum et ungendum infirmum 71
3° Ordo super eum qui ab immundo spiritu uexatur. 73

VI

Benedictio Viduarum et Conuersorum.

1° Oratio ad sanctificandum uestes nouiter conuersorum. 80
2° Benedictio super uiduas mafortem accipientes . . . . —
3° Ordo conuersorum conuersarumque. . . 82

VII

Ordo paenitentiae et reconciliationis.

1° Oratio super iuuenem infirmum et paenitentem 86
2° Ordo paenitentiae pro infirmis. 87
3° Castigatio sacerdotis ad eum qui iam paenitentiam accepit. 92
4° Oratio super eum qui in itinere progreditur.. 93
5° Oratio super paenitentes in diebus dominicis. 94
6° Benedictio oblatae paenitentibus dandae. —
7° Oratio super paenitentem in diebus dominicis.. 95
8° Ordo ad reconciliandum paenitentem . . 96
9° Oratio super eum qui ad communionem reuertitur. 100
10° Reconciliatio eius qui in haeresi Arriana baptizatus fuerit. . . . . —
11° Manus impositio super eum qui de fide catholica in haeresim baptizatus est. . . 103
12° Reconciliatio Donatistae. 104
13° Oratio super conuertente Iudaeo. . . . 105

VIII

Ordo defunctionis et sepulturae.

1° Communio et ualefactio. 108
2° Preces ante obitum. . . . . —
3° Preces post exitum animae 110
4° Clamor seu *absolutio*. 111
5° Preces et orationes ad portam ecclesiae . 114
6° Consecratio noui sepulcri. 117
7° Depositio corporis et orationes. 122
8° Alius ordo ad commendandum corpus defuncti. 126
9° Ordo ad corpus paruuli commendandum. 136
Alius ordo. 138
10° Quid faciendum, cum episcopus in ultima aegritudine positus fuerit. 139
11° Ordo obseruandus in functione episcopi. 140
12° Ordo in commendatione presbyteri.. . . 146
13° Commendatio corporis deuote uirginis. . 147
14° Ordo super sepulcrum, quando clamore proclamatur. 148

IX

Ritus pro Rege obseruandus.

1° Ordo quando Rex cum exercitu ad proelium egreditur. 149
2° Orationes de regressu Regis. 154
3° Susceptio Regis quando de uicino regreditur 155

X

Benedictiones uariae.

1° Benedictio de his quae offeruntur. . . . 156
2° Oratio pro uasis, uestimentis et uelis altaris. 157
3° Benedictio corporalis. 11
4° — patenae. 157
5° — calicis. . . . . —
6° — super munus, quod quisque ecclesiae offert. 158
7° Consecratio signi basilicae.. 159
8° Benedictio noui fontis.. 161
9° Alia benedictio noui fontis seu baptisterii. 162
10° Benedictio crucis. 163
11° — coronae. 165
12° — seminis. 166
13° — nouarum falcium uinearum. . 167
14° — granorum. . . . . —
15° — frugum . . . . —
16° — primitiarum.. 168
17° — areae nouae . . . . —
18° — manipulorum . . . . —
19° — panis noui. 169
20° — ad omnia quae uolueris . . . . —
21° — uuae . . . . —
22° — pomi 170
23° Oratio de decimis. . . . . —

24° Benedictio super aliquid liquoris pollutum. . . . 171
25° — uasi. . . . . —
26° Oratio super uas, in quod aliquid inmundum ceciderit. . . . . —
27° Oratio super his qui morticinum comedunt uel suffocatum 172
28° Oratio uel benedictio putei noui. . . . . —
29° Benedictio putei, ubi aliquid inmundum ceciderit. 173
30° Benedictio nauis. . . . . —
31° — retis. 174
32° Orationes ad consecrandas cellulas fratrum. . . . . —
33° Alia oratio ex Romano collecta. 175
34° Oratio in introitu domus. 176
35° Benedictio domus nouae. 7
36° Oratio ad consecrandum incensum. . . 177

XI

Ordo in dominica Palmarum.

1° Orationes ad benedicendas palmas. . . . 179
2° Traditio symboli. 184

XII

Officium dicendum per titulos in cena Domini.

1° Missa. 187
2° Altaris denudatio. 190
3° Ritus ad pedes lauandos. 192

XIII

Ordo de VIª feria in Parasceuen.

1° Processio et deosculatio ligni sanctae crucis. 194
2° Versus de Ligno Domini. 195
3° Sermo episcopi et paenitentium preces. . 200
4° Oratio post Indulgentias. 202
5° Oratio super paenitentes. 204

XIV

Ordo die sabbato celebrandus.

Missa per titulos, id est, in minoribus ecclesiis dicenda. 204

XV

Ordo in uigilia Paschae.

1° Benedictio lucernae in sacrario. 209
2° Benedictio cerei in sacrario. 210
3° Benedictio lucernae ad altare. 212
4° Benedictio cerei ad altare. 214
5° Lectiones et ordo baptizandi. 216
6° Benedictio agni. 224

SVPPLEMENTVM AD Iam PARTEM

Ritus ad sponsalia uel nuptias

1° Ordo ad thalamum benedicendum. . . . 433
2° Ordo nubentium. 434
3° Ordo arrarum de nubentibus. . . . . . —
4° Ordo ad benedicendum eos qui nouiter nubunt. 436
5° Benedictio solius puellae. 439
6° Praefatio solius personae, quae primum nubit cum ea persona quae iam nupsit. . 440
7° Ordo de secundis nuptiis. 441

PARS SECVNDA

1° Missa sancti Petri apostoli Romensis. . . . 227
2° Ordo missae omnimodae 229
3° Missa uotiua, quam dicit episcopus quando presbyterum ordinat. 243
4° Missa pro his qui causas Ecclesiae exsequuntur. 246
5° Missa, quam sacerdos pro se dicere debet. 248
6° Item ordo missae, quam sacerdos pro se dicere debeat. 259
7° Item alia missa. 262
8° Item alia missa. 266
9° Item alia missa. 270
10° Item alia missa, quam sacerdos pro se in tribulatione dicere debeat. 273
11° Missa, qua se sacerdos Deo conmendat in angustiis. 277
12° Missa quam sacerdos pro se in aegritudine positus dicere debeat. 280
13° Missa, quam sacerdos pro se uel subditis dicere debeat. 282
14° Missa generalis pro sacerdotibus (*id est* episcopis). 285
15° Missa pro solo episcopo dicenda. 287
16° Ordo missae uotiuae de Rege. 293
17° Missa, quam sacerdos pro se dicere debeat. 297
18° Missa uotiua, quam sacerdos pro se et amicis, uel domesticis, dicere debeat. . . . 299
19° Ordo missae uotiuae singularis. 302
20° Item alia missa singularis. 306
21° Alia missa singularis. 309
22° Ordo missae uotiuae pluralis. 312

23° Alia missa pluralis. 316
24° Missa pluralis, pro eis qui in natalitiis martyrum uota sua Domino offerunt. . . 319
25° Alia missa pluralis. 323
26° Missa uotiua pluralis. 325
27° Missa pluralis. 327
28° Ordo de plurali. 330
29° Oratio post nomina Offerentium dicenda in quacumque missa. 331
30° Ordo missae unius tribulati. 334
31° Ordo de tribulatis pluralibus. 339
32° Missa omnium tribulantium, uel pressuram sustinentium, siue mare transmeantium. 344
33° Ordo de iter agente. 346
34° Ordo de iterantibus. 347
35° Ordo de missa unius paenitentis. 351
36° Missa de Paenitentibus. 355
37° Ordo uotiuus de uno infirmo. 359
38° Ordo de energumeno. 364
39° Item ordo uotiuus de energumeno, id est daemonia sustinente. 365
40° Ordo de infirmis. 371
41° Missa generalis de infirmis. 374
42° Alius ordo de infirmis. 377
43° Missa in gratiarum actione pro reddita prosperitate et pace. 386
44° Missa in finem hominis diei. 391
45° Ordo unius defuncti.. 393
46° Item missa de uno defuncto. 397
47° Ordo de defunctis. 399
48° Ordo de uno defuncto. 402
49° Missa de sacerdote (episcopo) defuncto. . 407
50° Missa de presbytero defuncto. 410
51° Ordo missae de paruulo defuncto. . . . 413
52° Ordo de defunctis sacerdotibus (episcopis). 415
53° Missa generalis defunctorum. 417
54° Missa de sacerdotibus (episcopis) defunctis. 423
55° Item ordo defunctorum. 425
56° Alia missa de defunctis. 429
57° Missa de hostibus. 443
58° Ordo de patribus et fratribus defunctis. . 445
59° Missa uotiua de anniuersario defuncti. . 447

IN NOMINE DOMINI INCIPIT LIBER ORDINVM fol 6

EX PATRVM ORDINE COLLECTVS IN VNVM

INCIPIVNT BREVES EIVSDEM [1].

I. — Exorcismus olei cum benedictione sua ad omnem languorem expellendum in signo et potentia Christi.

II. — Ordo quando sal ante altare ponitur, antequam exorcizetur.

III. — Exorcismus olei.

IIII. — Ordo babtismi celebrandus quolibet tempore.

V. — Oratio manus impositionis in uigilia Pasche.

VI. — Oratio super eum, qui capillos in sola fronte tondere uult.

VII. — Oratio super paruulum, quem parentes ad doctrinam offerunt.

VIII. — Benedictio super paruulum, qui in ecclesia ad ministerium Dei detonditur.

VIIII. — Ordo ad ordinandum clericum.

X. — Ordo in ordinatione sacriste.

XI. — Ordo in ordinatione eius cui cura librorum et scribarum committitur.

XII. — Ordo super eum qui barbam tangere cupit.

XIII. — Ordo ad ordinandum subdiaconum.

XIIII. — Prefatio ad ordinandum diaconem.

XV. — Ordo ad ordinandum archidiaconum.

XVI. — Benedictio ad benedicendum primiclericum.

XVII. — Prefatio ad ordinandum presbiterem.

XVIII. — Ordo de archipresbitero ordinando.

XVIIII. — Ordo in ordinatione abbatis.

XX. — Benedictio de ueste Deo uote.

XXI. — Ordo ad benedicendum uirginem.

XXII. — Ordo uel benedictio ad uelandas Deo uotas.

XXIII. — Ordo ad ordinandum abbatissam [1].

XXIIII. — Ordo celebrandus super unguentum, quod in sanctorum diem Cosme et Damiani conficitur.

XXV. — Ordo ad uisitandum uel perungendum infirmum.

In titulo Cod collectum [1] *Cod* Brebes [2] *Cod* Exorcismum [3] *Cod* langorem [6] *Cod* exorcidietur [7] *Cod* Exorcismum [10] *Cod* manus impositionum... Pasce [16] *Cod* quem in ecclesia.

[8] *Cod* arcediaconum [12] *Cod* arcipresbitero.

1. Je donne ici la table des matières ou *breves,* telle qu'elle se trouve et à la place qu'elle occupe dans le manuscrit qui sert de base à cette publication. Il importait, ce me semble, de lui conserver sa physionomie primitive : ce qui a permis de rédiger sous une forme plus concise et plus complète à la fois la table générale mise en tête de ce volume. Le lecteur doit être averti que le copiste du onzième siècle a pris ces titres dans le corps même du manuscrit qu'il avait sous les yeux, parfois sans en bien comprendre la véritable portée. Aussi lui arrive-t-il d'en omettre d'importants, alors qu'il présente comme tels de courtes rubriques indiquant une simple oraison de rechange, comme par exemple l'*Item alia* du folio 275. Plusieurs renvois sont inexacts.

1. Vers la fin du onzième siècle, ou au commencement du douzième, on a ajouté ici sur la marge du manuscrit les mots suivants, d'une belle minuscule française : « S. Dominici. Sancta Maria. S. Sabastiani. S. Martini. Sancti Gili. S. Maria Magdalena ». Puis en écriture du treizième siècle : « S. Andree. S. Pauli. S. P[etri]. S. Iacobi. S. Iohannis. Sancti Tome ». Les quatre premiers noms sont ceux des patrons et des titulaires du monastère et de l'ancienne basilique de Silos. La plupart des autres saints étaient l'objet d'un culte spécial dans cette même abbaye.

XXVI. — Ordo celebrandus super eum qui ab spiritu inmundo uexatur.

XXVII. — Oratio de ueste sanctificanda eorum qui nouiter conuertunt et religiosum habitum sibi mutare uolunt.

XXVIII. — Benedictio super uiduas mafortem accipientes.

XXVIIII. — Ordo conuersorum conuersarumque.

XXX. — Ordo penitentie.

XXXI. — Oratio super eum qui in iter progreditur.

XXXII. — Oratio super penitentes in diebus dominicis.

XXXIII. — Benedictio oblate, quam in sacrario benedicunt penitentibus dandam.

XXXIIII. — Ordo super penitentem in dominicis diebus.

XXXV. — Ordo ad reconciliandum penitentem.

XXXVI. — Oratio super eum qui ad communionem reuertitur.

XXXVII. — Oratio ad reconciliandum eum qui in heresi arriana babtizatus fuerit.

XXXVIII. — Item manus impositio super eum qui de fide catholica in heresim babtizatus est.

XXXVIIII. — Reconciliatio Donatiste.

XL. — Oratio super conuertente Iudeo.

XLI. — Ordo in finem hominis diei.

XLII. — Ordo ad consecrandum nouum sepulcrum.

fol. 7 XLIII. — Ordo ad corpus paruuli conmendandum.

XLIIII. — Ordo quid conueniat obseruare clericis ciuitatis illius, cuius episcopus in ultima egritudine positus fuerit.

XLV. — Ordo in conmendatione presbiteri.

XLVI. — Oratio ad conmendandum corpus deuote uirginis.

XLVII. — Ordo super sepulcrum quando clamore proclamatur.

XLVIII. — Incipit ordo quando rex cum exercitu ad prelium egreditur.

XLVIIII. — Item orationes de regressu regis.

L. — Oratio de susceptione regis, quando de uicino regreditur.

LI. — Exorcismus de his que in sanctuario Dei offeruntur.

LII. — Item alia oratio pro uasis altaris, uel uestimentis et uelis exorcidiandis et sacrandis.

LIII. — Benedictio patene.

LIIII. — Benedictio calicis.

LV. — Benedictio super munus quod quisquis ecclesie offert.

LVI. — Exorcismus ad consecrandum signum basilice.

LVII. — Benedictio noui fontis.

LVIII. — Benedictio crucis.

LVIIII. — Benedictio corone.

LX. — Benedictio seminis.

LXI. — Benedictio nouarum falcium uinearum.

LXII. — Benedictio primitiarum.

LXIII. — Benedictio aree noue.

LXIIII. — Oratio de manipulis.

LXV. — Benedictio de pane nouo.

LXVI. — Benedictio ad omnia que uolueris.

LXVII. — Benedictio uue.

LXVIII. — Oratio de decimis.

LXVIIII. — Benedictio super aliquid liquoris pollutum.

LXX. — Benedictio de uaso.

LXXI. — Item oratio super uas, in quo aliquid inmundum ceciderit.

LXXII. — Oratio super his qui morticinum comedunt uel suffocatum.

LXXIII. — Oratio uel benedictio putei noui.

LXXIIII. — Benedictio putei, ubi aliquid inmundum ceciderit.

LXXV. — Benedictio nauis.

LXXVI. — Benedictio retis.

LXXVII. — Incipiunt orationes ad consecrandas cellulas fratrum.

LXXVIII. — Item alia oratio ex Romano collecta.

LXXVIIII. — Oratio de introitu domus.

LXXX. — Oratio ad consecrandum incensum.

LXXXI. Ordo in Ramos Palmarum ad missam.

LXXXII. — Incipit officium, quod dicendum est per titulos in Cena Domini.

LXXXIII. — Oratio post pedes lauatos.

LXXXIIII. — Ordo VI ferie in Parasceuen.

LXXXV. — Ordo die Sabbato celebrandus.

LXXXVI. — Ordo die Sabbato in uigilia Pasche.

LXXXVII. — Benedictio agni.

[4] *Cod* nobiter... abitum [14] *Cod* oblate que [15] *Cod* danda [19] *Cod* comunionem [22] *Cod* eresi [24] *Cod* eresem [44] *Cod* Exorcismum de his qui [46] *Cod* pro uasa.

[1] *Cod* uestimenta et uela exorcidianda et sacranda. [6] *Cod* Exorcismum [7] *Cod* uaselice [12] *Cod* nobarum [14] *Cod* area noba [15] *Cod* manipulos [18] *Cod* ube [20] *Cod* aliquis licoris [27] *Cod* nobi [35] *Cod* introytu [41] *Cod* Paracefen [42] *Cod* celebrandum [43] *Cod* Pasce.

ITEM ALIVS ORDO

I. — Missa sancti Petri apostoli Romensis.

II. — Ordo misse omnimode.

III. — Ordo misse uotiue, quam dicit episcopus quando presbiterum ordinat.

IIII. — Missa quam sacerdos pro se dicere debeat digeritur hoc modo.

V. — Item missa, quam sacerdos pro se dicere debeat.

VI. — Item alia.

VII-VIII. — Item alia missa, quam sacerdos pro se in tribulatione dicere debeat.

VIIII. — Missa, quam sacerdos pro se uel pro subditis dicere debeat.

X. — Missa generalis pro sacerdotibus.

XI. — Missa pro solo episcopo dicenda.

XII. — Ordo misse uotiue de rege.

XIII. — Item missa, quam sacerdos pro se dicere debeat.

XIIII. — Missa uotiua, quam sacerdos pro se et amicis uel domesticis dicere debeat.

fol. 8 XV. — Missa uotiua singularis.

XVI. — Item alia singularis.

XVII. — Item ordo uotiui pluralis.

XVIII. — Alia missa pluralis.

XVIIII. — Item alia missa pluralis pro eis qui in nataliciis martirum uota sua Domino offerunt.

XX. — Oratio post nomina offerentium dicenda in quacumque missa.

XXI. — Misse ordo unius tribulati.

XXII. — Ordo de tribulatis pluralibus.

XXIII. — Missa omnium tribulantium, uel pressuram sustinentium, siue mare transmeantium.

XXIIII. — Ordo de uno iterante.

XXV. — Item de iterantibus.

In titulo Item alium ordinem [2] *Cod* missae *quod rarissime invenitur in codice nostro* [7] missa *deest in cod* [16] *Cod* missae botibe [19] *Cod* uotiba [21] *Cod* uotiba [23] *Cod* uotibi [25] *Cod* pro eos [26] *Cod* natalicia [32] *Cod* pressura [33] *Id est* Ordo de iter faciente.

XXVI. — Ordo de missa unius penitentis.

XXVII. — Missa de penitentibus.

XXVIII. — Ordo uotiui de uno infirmo.

XXVIIII. — Item alia missa.

XXX. — Ordo de energumeno.

XXXI. — Item ordo uotiuus de energumeno, id est demonia sustinente.

XXXII. — Ordo de infirmis.

XXXIII. — Item de infirmis.

XXXIIII. — Ordo ad missam in gratiarum actione pro expulsa tribulatione uel egritudine, et reddita prosperitate atque salute.

XXXV. — Missa in finem hominis diei.

XXXVI. — Item ordo unius defuncti.

XXXVII. — Item missa de uno defuncto.

XXXVIII. — Missa de sacerdote defuncto.

XXXVIIII. — Missa de presbitero defuncto.

XL. — Ordo misse de paruulo defuncto.

XLI. — Missa de quinquagenario defuncti.

XLII. — Ordo de defunctis sacerdotibus.

XLIII. — Missa generalis defunctorum.

XLIIII. — Missa de sacerdotibus defunctis.

XLV. — Item ordo defunctorum.

XLVI. — Item alia missa de defunctis [1].

XLVII. — Item missa uotiua de anniuersario defuncti.

[3] *Cod* uotibi [4] *Cod* Item alia [5] *Cod* Ordo de inergumino [6] *Cod* Item ordo uotibi inergumino [7] *Cod* sustinens [19] *Cod* defuncto [25] *Cod* uotiba [26] *Cod* defuncto.

1. Voici quelques titres importants, omis en cet endroit et qui répondent aux folios 332-343 du manuscrit : 1. « Ordo ad talamum benedicendum. — 2. Ordo nubentum. — 3. Ordo arrarum. — 4. Ordo ad benedicendum eos qui nobiter nubunt. — 5. Benedictio solius puelle. — 6. Prefatio solius persone, que primum nubit cum ea persona que iam nubsit. — 7. Item ordo de secundas nubtias. — 8. Missa de hostibus. — 9. Ordo de patribus et fratribus defunctis. — 10. Missa uotiua de anniversario defuncti ».

IN NOMINE DOMINI NOSTRI IHESV CHRISTI

INCIPIT LIBER ORDINVM DE ORDINIBVS ECCLESIASTICIS

---

fol. 9 / IN NOMINE DOMINI ORATIO DE DOMO NOVA[1].

Ingressi uestibulum caritatis in hunc tabernaculum uenerabilis fratris nostri *Illius,* petimus, Domine, ut meditatoria pacis dulcis nobis procedat affectus, et nobis orantibus requiescat hic Spiritus Sanctus. Sit celeste patrocinio communitus; ut in curribus abundantie, sic odor agri pleni quem benedixit Dominus benedictione sua floreat in sacrificium pietatis tue. — Amen.

I. — EXORCISMVS OLEI[2] CVM BENEDICTIONE SVA AD OMNEM LANGVOREM EXPELLENDVM IN SIGNO ET POTENTIA CHRISTI.

In nomine Patris, et Filii, et Spiritus Sancti, regnantis in secula seculorum. — Amen.

In tuo nomine, Deus omnipotens, et Ihesu Christi Filii tui Domini nostri signo, et uirtute Spiritus Sancti, hanc creaturam olei exorcizamus simulque

In titulo Cod eclesiasticis [1] *Cod* de domo nobo [2] *Cod* uestibolum [6] *Cod* commonitus [7] *Cod* habundantie [10] Exorcismum [11] *Cod* langorem.

1. Ces premières formules, jusqu'au rituel du baptême exclusivement, ont trait à la bénédiction de l'eau et du sel destinés à la purification d'une maison construite pour un collège de clercs ou de moines. Toutefois, quelques passages se rapportent à la bénédiction d'une maison ordinaire, par exemple (voy. col. 22) : « Labores et *familias* eorum Dominus multiplicare dignetur ». On y trouve aussi les formules de l'exorcisme et de la bénédiction de l'huile des infirmes, qu'un caprice du copiste a fait suivre de la bénédiction du corporal destiné au sacrifice de la messe.

2. Comme je le dis dans l'Introduction, cet exorcisme et plusieurs des formules qui l'accompagnent, me paraissent d'une rédaction sensiblement postérieure à celle de l'ensemble du texte de notre Liber Ordinum. On retrouve cet exorcisme au jeudi saint dans le Missel de Leofric, contemporain de notre manuscrit wisigothique. Voy. WARREN, *The Leofric Missal, as used in the cathedral of Exeter during the episcopate of its first bishop* (1050-1072), Oxford, Clarendon Press, 1883, pag. 257. Les différences en sont si notables et si nombreuses que je crois devoir donner ici dans son entier ce texte, sans lequel le nôtre serait parfois inintelligible. « ITEM BENEDICTIO EIVSDEM OLEI [PRO INFIRMIS ET ENERGVMINIS], *ad omnem languorem, quocumque tempore, et nulla in huius olei benedictione conclusio dicatur, antequam subinferatur,* Per quem hec. In tuo nomine, Deus Pater omnipotens, et Ihesu Christi Filii tui Domini nostri signo, et in uirtute Spiritus Sancti, hanc creaturam olei exorcizamus simulque sanctificamus, quia ita benignus Dominus per suos apostolos declarare dignatus est, dicens : Si quis infirmatur in uobis, inducat presbiteros et orent super eum unguentes eum oleo in nomine Domini; et si in peccatis sit, dimittetur ei. Et iterum per ipsum omnia possibilia esse credentibus docuisti, et ut cunctum seculum eius claritate saluares, sic per eundem locutus es, dicens : Petite et dabitur uobis; querite et inuenietis; pulsate et aperietur uobis. Quapropter, Domine, tua ineffabili bonitate comperta summissis precibus, credentes nullum alium Deum, nisi te, Domine, qui diues es in misericordia celeriterque subuenis, te peritissimum medicum imploramus, ut, apertis celis, Spiritus Sancti uelocitate deducta, uirtutis tue medicinam in hoc oleum propitius infundas. Descendat super hoc oleum potentie tue donum; descendat claritas et origo uirtutum ; descendat benignitas et puritas sanitatis. Exorcizetur crucis Christi uexillo. Benedicatur dextera maiestatis tue, et corroboretur Filii tui Domini nostri signaculo. Presto sint, Domine, angeli et archangeli, et omnis militia celestis. Assit apostolorum ac martyrum, et fidelium sacerdotum, uel

sanctificamus; quia ita benignus Dominus suis discipulis declarare dignatus est, dicens : Nemo est qui non faciet uirtutem credens in nomine meo. Et iterum omnia possibilia in tuo nomine credentibus docuisti : et ut cunctum seculum tua claritate saluares, sic locutus es, dicens : Petite et accipietis, querite et inuenietis, pulsate et aperietur uobis. Et per Apostolum tuum : Si quis infirmatur in uobis, inducat presbiteres Ecclesie, ungentes eum oleo in nomine Domini, et oratio fidei saluabit infirmum, et si in peccatis sit, dimittetur ei. Quapropter, Domine, hanc tuam ineffabilem [bonitatem] reppertam summis precibus, credentes nullum alium, nisi te, Christe, qui diuersis morborum generibus celeriter subuenis, peritissimum medicum te imploramus, ut apertis celis Spiritus tui / Sancti (fol. 9bis) uelocitate deductam uirtutis tue medicinam in hoc oleo propitiatus infundas. — Amen.

Descendat, Domine, super hoc oleo potentie tue donum. — Amen.

Descendat claritas et origo uirtutis tue. — Amen.

Descendat lenitas et puritas sanctitatis. — Amen.

Exorcizetur tue crucis uexillo; benedicatur tue dextera Maiestatis, et corroboretur Filii tui Domini nostri Ihesu Christi redemtoris articulo. — Amen.

Presint angeli et omnis militia celestis arcangelorum, et apostolorum, ac martirum, et fidelium sacerdotum seruulorum tuorum dignitatis oratio. — Amen.

Sub quorum presentia, dum in tuo nomine hoc unguentum atque potionis admixtum, dum ad leniendum infirmis corporibus dederimus, continuo peragratis uisceribus eorum omnem uiolentiam fellis euomant. — Amen.

Prosit febribus et dysenteria laborantibus. — Amen.

Prosit paraliticis, claudis, cecis, simulque et uexaticis. Quartana, tertiana, cotidiana, nocturna uel diurna excutiat frigora. Mutorum ora resoluat, arentia membra reficiat. — Amen.

Dementiam ad scientiam reuocet. — Amen.

Dolorem capitis, oculorum infirmitatem, manuum, pedum, brachiorum et genuorum, pectoris et intestinorum, atque omnium membrorum, tam intrinsecus quam extrinsecus, medullarum dolorem expellat. — Amen.

Somnum quietis infundat, et salutem conferat sanitatum. — Amen.

Si que uero maligne uel uenenose nascentie in corporibus eorum fuerint generate, tacto hoc unguento omnes radicum eius arefiant sationes. — Amen.

/ Morsus uero bestiarum, canum rabiem, scorpionum, serpentium, uiperarum atque omnium (fol. 10) uenenosarum rerum uel monstruosorum leniat dolorem et superinducat sanitatem, plagarum sopiat cicatrices. — Amen.

[1] *Cod* suisque [12] bonitatem *ego addidi. Hic habes exemplum accusatiui absoluti.*

[2] *Cod* celi [3] *Cod* deducta [8] *Cod* sanctitas [9] *Cod* tua dextera [16] *Cod* prescentia [21] *Cod* desinteria [23] *Cod* paraleticis clodis [25] *Cod* excutiatur frigora. Mutuorum [27] ad *deest in codice* [29] *Cod* peduum braciorum et ienuarum [30] *Cod* intestinarum [35-38] *Cod* Si quas uero malignas uel uenenosas nascentias... generatas, tactu hoc unguentum omnes radicum eius arefaciant sanctiones [39] *Cod* canuum [41] *Cod* rem

etiam aliorum seruorum tuorum dignissima oratio : sub quorum presentia dum in tuo nomine, Domine, Pater inmense, hoc unguentum compositionis atque permixtionis dederimus, liniendis corporibus infirmis, continuo peragratis uisceribus eorum omnem euomant uiolentiam fellis. Prosit, Pater misericordiarum, febribus et dissenteria laborantibus. Prosit paraliticis, cecis et claudis, simulque uexaticis. Quartana, tertiana et cotidiana excutiat frigora. Mutorum ora resoluat; arentia membra reficiat; dementiam mentis ad scientiam reuocet; dolorem capitis, oculorum infirmitatem, manuum, pedum, brachiorum, pectorum simulque et intestinorum atque omnium membrorum, tam extrinsecus quam intrinsecus, et medullarum dolorem expellat; summumque quietis infundat, et salutem conferat sanitatis. Si qua uero maligna uel uenenosa nascentia in corporibus quorumcumque fuerint generata, tactus huius unguenti omnes radicitus eorum arefaciat sationes. Morsus uero bestiarum, canum rabiem, scorpionum, serpentum, uiperarum atque omnium monstruosorum leniat dolores; et superinducta sanitate plagarum sopiat cicatrices. Impetum quoque demonum, uel incursiones inmundorum spirituum, atque legionum malignarum uexationes, umbras, et inpuguationes, et infestationes, artes quoque maleficorum, chaldeorum augurum, et diuinorum incantationes, et uenena promiscua, que spirituum inmundorum uirtute nefanda et exercitatione diabolica conficiuntur, iubeas, Domine, per hanc inuocationem tuam ab imis uisceribus eorum omnia expelli; ut exiens inimicus de corporibus famulorum famularumque tuarum omnium, confusus et excruciatus, et nullam in eis maculam relinquens, a tuis sanctis angelis constringatur, et in inferno sicut eum expectat digna sententia gehenne ignibus mancipetur; nec ultra ad eos habeat ingrediendi locum : sed saluati famuli tui ab his omnibus malis, referant honori tuo laudes in perpetuum sempiternas, et sciant quia tu es Deus, inseparabilis Trinitas, regnans in secula. Per Christum Dominum nostrum. — *Et tunc dicatur :* Per quem omnia », etc.

Impetum uero demonum, uel incursiones spirituum inmundorum, atque legiones, et umbras, et impugnationes demonum, uel inmissiones, artes quoque maleficiorum Caldeorum aut auguriorum, et diuinorum incantationes et uenena promiscua, et que per spiritum inmundum et uirtutem nefandam uel exercitu diabolico efficiuntur, iubeas, Domine, per hanc inuocationem tuam ab imis uisceribus eorum omnia expelli uenena : ut exiens inimicus de corporibus famulorum tuorum *Illorum* confusus et cruciatus atque exterritus, nullam in eis maculam relinquens, a tuis sanctis angelis constringatur, et in infernum, pro quo sicut eum expectat digna sententia, gehenne ignibus mancipetur; nec ultra habeat ad eos ingrediendi locum, sed saluati famuli *Illi,* omnes infirmi ab his omnibus malis liberati, referant nomini tuo laudes in perpetuum sempiternas : ut sciant quia tu es Deus, inseparabilis Trinitas, qui regnas a cunctis seculis, et nunc et semper et [per] inmortalia secula seculorum. Amen. Amen. Amen.

Benedictio corporalis[1].

Clementissime Deus, cuius inenarrabilis uirtus, cuius misteria arcanis mirabilibus celebrantur, tribue quesumus, ut hoc linteamen tue propitiationis benedictione sanctificetur ad consecrandum super illud corpus Dei et Domini nostri Ihesu Christi Filii tui, qui tecum uiuit.

fol. 11 / II. — ORDO QVANDO SAL ANTE ALTARE PONITVR ANTEQVAM EXORCIZETVR.

Offerimus sal ante conspectum Maiestatis tue, Domine sancte, Pater eterne, omnipotens Deus. Hoc est sal, quem[2] primus homo ex terra pauit, ne in morte periret. Hoc est sal, quod famulus tuus Abraham, cum ad pugnam exisset, gustauit et expugnauit reges fortes. Hoc est sal, quod ipse Dominus uestigiis suis calcare dignatus est. Hoc est sal, quod ipse discipulis suis ad probationem carnis obtulit, dicens : Vos estis sal terre; quod si sal infatuatum fuerit, ad nichilum ualet ultra in quo condietur. Descendat, Domine, super hoc sal benedictio Maiestatis tue, ut ubicumque adsparsum fuerit, omnis spiritus inmundus gemens tremensque ab eo loco recedat. In nomine Patris, et Filii, et Spiritus Sancti, regnantis in secula seculorum. — Amen.

Quum uenerit sacerdos ut salem exorcizet, facit hanc crucem ✠ super ipsum salem : et dicit hunc exorcismum contra occidentem :

I

Exorcismus salis[1].

Exorcizo te, creatura salis, in nomine Patris, et Filii, et Spiritus Sancti, qui te per Elisseum in aqua mitti iussit, ut sanarentur aque steriles; qui diuina oris sui uoce ait discipulis suis : Vos estis sal terre; et per Apostolum suum, uas electionis : Sermo uester sit sale conditus. Ideoque efficere sal exorcizatum, ut sis in remissionem peccatorum et sanitatem mentium, in protectionem animi atque corporis, ad confirmationem salutis, ad expel/lendas et excludendas omnes demonum temtationes. In nomine Dei Patris omnipotentis, et Ihesu Christi Filii eius, et Spiritus Sancti, qui in Trinitate. fol. 12

1 *Cod* spiritus 3 *Cod* arte 8 *Cod* hymis 11 *Cod* exterriti 12 *Cod* nulla in eis macula 13 *Cod* constringantur 16 *Cod* ab hec omnia mala 20 per *ipse addidi* 24 *Cod* a carnis *pro* arcanis 27 *Cod* illut.

1. La formule du Liber Ordinum est celle du Rituel romain. On lit cependant dans ce dernier : « Ad consecrandum super illud corpus *et sanguinem* Dei ».

2. Dans ces textes *sal* est tantôt du neutre, tantôt du masculin, ce qui du reste est très classique.

4 *Cod* loquo 7 *Cod* exorcidiet. *Moz* Hic faciat sacerdos signum crucis in ipso sale, et insufflet tribus uicibus. Et postmodum dicat hunc sequentem exorcismum 13 *Bobb* aquam. *Bobb* ut saneretur sterilis. *Moz* Quique 14 *Verba* Discipulis suis *desunt in aliis uersionibus* 15 uas electionis *deest in Bobb.* 16 *Bobb* noster 17 *Helin* ut sis remissio 18 *Helin* animarum 19 *Bobb.* Ideoque efficere sal exorcizatum, ut ubicumque fueris aspersa, prestes omnibus sanitatem mentis in protectionem salutis 22 *Bobb* Per Dominum nostrum Jesum Christum, qui uenturus est iudicare seculum per ignem. *Helin* In nomine Dei Patris omnipotentis et Iesu Christi Filii eius, qui uenturus. *Moz* Qui in Trinitate unus uiuit et regnat in secula seculorum. Amen.

1. Cette formule et les quatre suivantes (exorcismes et bénédictions) se retrouvent dans le Pontifical d'Hélinar (de Lyon), manuscrit du onzième siècle publié par MARTÈNE (*De antiquis Ecclesiae ritibus*, t. II, lib. II, ordo IX) et dans le missel mozarabe imprimé (MIGNE, *Patrol. lat.*, t. LXXXV, p. 105). Les deux premières se lisent aussi dans le Sacramentaire de Bobbio (*Ibid.*, t. LXXII, col. 567). Je donne en note les variantes de ces diverses versions d'un même original, en remarquant que notre texte serre de très près celui du Pontifical de Lyon, de beaucoup préférable au texte du missel de Ximénès. Dans les renvois aux variantes, *Moz.* désigne le Missel mozarabe, *Helin.* le Pontifical d'Hélinar, *Bobb.* le sacramentaire de Bobbio. Il est à noter que le texte de Lyon a écarté les formules finales propres à la liturgie wisigothique. Dans le relevé des variantes, je néglige celles qui sont des erreurs de lecture ou qui n'ont aucune importance.

Benedictio salis.

Ad orientem : Virtutis tue inuictam fortitudinem deprecamur, Domine sancte, Pater eterne, omnipotens Deus, qui inter omnia necessaria, que per Ihesum Christum Filium tuum Dominum nostrum, procreare iussisti, non minimam gratiam conferre dignatus es sali, ut ex illo possint uniuersa condiri, que omnibus ad escam per Filium tuum Dominum nostrum procreasti. Ideoque supplices exoramus, ut hoc sal digneris aspicere, quatenus ex Maiestatis tue uirtute, contra omnes spiritus inmundos ualorem possit accipere. Expellat ab omni loco, ubi tua fuerit inuocatione adsparsum, quicquid potest esse pestiferum, ut exibeat plenum salutis effectum. Deterreat omnes prestigias inimichi, et omnia monstrorum genera longius faciat effugari. Grauedines omnes fantasiasque conpescat, et per signum crucis Filii tui Domini nostri Ihesu Christi tutelam fidelissimam desiderantibus prestet. — Amen.

Exorcismus aque[1].

Ad occidentem : Discede, inmunde spiritus, ab omnibus quibus fides nostra usura est religiosi officii sacramentis. Nec pretendas culpam criminis, qui agnoscis potentiam Saluatoris. Non est meriti confidentia, sed precepti; licet ipsa potestas ministerii dignitas sit ministri. Te igitur, per communem Dominum, aque creatura, conuenio, ut conseruante motu sensibilitatis, intelligens subici seruitio, quo placere Deo nitimur, non recuses. Omnem a te communionem demonum, omne collegium / fol. 13 iniquitatis expurges : totam fantasmatis labem capax dominice protectionis extermines : ut gratia sanctificationis indepta, tuo nostroque pariter Creatori debito famulatu deseruiens, omnem spirituum inmundorum nequitiam, quocumque loco fueris adsparsa deicias, et sancte copiam benedictionis inducas. — Amen.

Per omnipotentem Patrem, cum quo eternus uiuit et regnat per infinita secula seculorum. — Amen.

Benedictio eiusdem.

Ad orientem : Domine Deus, Pater Omnipotens, statutor et conditor omnium elementorum, qui per Ihesum Christum Filium tuum Dominum nostrum elementum hoc aque in salutem humani generis esse uoluisti, te supplices deprecamur, ut exauditis orationibus nostris eam tue pietatis respectu sanctifices. Atque ita omnium spirituum inmundorum ab ea recedat incursio, ut ubicumque fuerit in nomine tuo adsparsa, gratia tue benedictionis adueniat, et mala omnia, te propitiante, recedant. — Amen.

Quia multe miserationis es, Deus noster, qui omnia regis per infinita secula seculorum. — Amen.

Benedictio post mixtionem salis et aque.

Ad orientem. Oremus : Eterne omnipotens Deus, qui nobis a te conditam creaturam aque uiuide distinxisti, ut liquorem simplicem ad lauacrum, salsam soliditatem preberes ad condimentum, quatenus et sordida possint ablui et fatua imbui; quo et noxa tolleretur originalis, et corrigeretur error ad uiam salutis; te officii nostri functione immeriti deprecamur, ut hec salis et aque in tuo nomine facta permixtio, clementie tue sanctificetur obtutu, quodque misterialiter babtismo commodum, culpe traducis inimicum, / sapientie aptum errori prestes fol. 14 aduersum, Sancti Spiritus tui sanctitate reddas san-

1 *Moz* Oratio 2 *Verba* ad orientem *desunt in aliis uersionibus. Bobb* inuictissimam. 3 *Bobb* Pater omnipotens, eterne Deus 5 *Moz* meum. *Bobb* qui inter cuncta, que procreari iussisti 8 *Bobb* hominibus. *Moz* uniuersa condiri omnibus ad escam, filium tuum... procreasti 9 *Bobb pro* procreasti *ponit* dignatus es largiri. *Bobb pro* Ideoque *ponit* Per quem, Domine 10 *Bobb pro* aspicere *scribit* sanctificare 11 *Bobb* ut ex uultu Maiestatis tue uirtutem contra omnes inmundos spiritus possit accipere 12 *Bobb pro* ab omni loco *ponit* a tabernaculis famulorum tuorum 15 *Bobb* Detergat. *Helin* omnia prestigia 16 *Cod* monstruosorum. *Moz* et *Bobb* effugere 17 *Bobb addit* et tranquillitatis in omnibus conferat gratiam 19 *Bobb* prestes 20 *Cod* Exorcismum 22 *Moz* religionis 23 *Cod* sacramenti 24 *Cod* merito. *Moz* Non ex meriti confidentia, sed precepto *Forsitan legendum* Non ex merito confidentia, sed precepto.

1. Sauf la dernière partie et quelques variantes, cet exorcisme est identique à celui du rite baptismal reproduit un peu plus loin, col. 29.

3 *Pro* inmundorum *in Helin et Moz legitur* prauorum 5 *Helin* infundas *Moz* Amen. Per misericordiam tuam, Deus noster, qui es benedictus et uiuis et omnia regis in secula seculorum. Amen. Humiliate uos benedictioni. Dominus sit semper uobiscum. Et. *Helin* Per Dominum nostrum... 10 *Moz :* institutor 11 Filium tuum *deest in Moz* Dominum nostrum *deest in Helin* 14 *Moz ponit* illud *pro* eam 18 *Helin* mala nostra 20 *Moz* Per misericordiam tuam... *Hec aqua iam sanctificata in cruce salis ponitur et dicitur :* Commixtio salis et aque, in nomine Pa+tris et Fi+lii et Spiritus + Sancti, qui regnat Deus in secula seculorum. Amen 22 *Cod* per mixtionem *Forsitan legendum* Benedictio ad permixtionem salis et aque. *Moz* Post mixtionem salis et aque. Oratio 24 *Helin* in fide *pro* uiuide. *Moz* ubi 25 *Cod* licorem. *Helin* ut te licorem 26 *Cod* preueres 27 *Helin* possent 32 *Cod* quomodum 33 *Helin* traduci. *Cod* abtum *Pro* prestes *legitur in Moz* manifestas.

ctificatum. Nec ullo contagio reddatur inmundum, quod tua fieri credimus ex Maiestate beatum; sed ita per te plenum prebeat sanctificationis effectum : ut ubicumque inuocato nomini tuo fuerit manu emissum uel modo quolibet adsumtum, expulsis et explosis omnibus insidiis contrarie potestatis, et non solum cuncta demonum machinamenta ex eodem loco fugata deficiant, sed et sanctorum angelorum custodia semper ibidem mansura consistat. — Amen.

Te prestante.

In nomine sancte et indiuidue Trinitatis hec creatura salis et aque sanctificata permaneat in pace [1].

II

Item alius.

Ad occidentem. : Exorcizo te, creatura salis, per Deum Patrem omnipotentem, et per Ihesum Christum Filium eius, et Spiritum Sanctum, terribilem, fortem, gloriosum et metuendum, qui fecit celum et terram, mare et omnia que in eis sunt; qui te ex liquore aque in sal iussit conuerti, ut efficeris per hoc exorcizatus ac benedictione precipuus : sisque preparatus ad resistendum diabolo, uel ad omnia opera eius. Sis aduersus ministris eius demonibus quicumque sunt uel undecumque aduenerint, siue ex antris, siue ex omnibus locis, siue ex fissuris petrarum, siue ex locis fluminum atque fontium, siue ex sepulcris mortuorum, uel de quocumque aduenerint, aut de quibuslibet abditis locis occurrerint, tu sis eis preparatus ad resistendum, nichilque eos permittas nocere.

Exorcizatur : In nomine Patris, et Filii, et Spiritus Sancti.

Per ipsum Dominum nostrum Ihesum Christum te sanctificatum instituo, et locis adsparsum insto : qui ex utero uirginis Marie nasci dignatus est pro

² Ex *deest in Moz et Helin* ⁶ *Moz* partis *pro* potestatis ⁷ *Cod* macinamenta ¹² *Cod* hac ¹³ *Cod* aqua sanctificatum *Moz* consistat Amen. Per misericordiam, etc. ¹⁵ *Cod* alium ²¹ *Cod* licore ²⁷ *Cod* loca.

1. Il n'est pas inutile de rapprocher de cette bénédiction « post mixtionem salis et aque » le passage suivant de la vie de saint Émilien, écrite au septième siècle par Braulion de Saragosse. Le saint est appelé pour chasser le démon de la demeure du sénateur Honorius. « Ubi Pampilona uenit... indicit ieiunium, colligit ad se illic habitantium ordinem presbyterorum. Tertia die, expleto uoto indicti ieiunii, salem exorcizat et aquae commiscet more ecclesiastico, ac domum ipsam aspergere caepit » (Sancti Braulionis *Vita sancti Aemil.*, c. XVII, *P. L.*, t. LXXX, col. 708-709).

nostra redemptione; / qui misit discipulos suos, fol. 15
nostros autem apostolos, ad resistendum diabolo uel eius ministris, et curare languores et omnes infirmitates in populo.

Per ipsum Dominum nostrum Ihesum te adiuro ut efficiaris exorcizatus sal in salutem credentium, et ubicumque fueris asparsus, omnes uersutias diaboli ab eo loco expellas. Si in domibus, si in parietibus, si in fundamentis domorum, uel ubicumque tetigeris, aut quicumque te gustauerit, mox ab eodem loco diabolus confusus discedat, et morbus omnis recedat. Siue uexationes demonum, inmissiones febrium atque inguinarum tabescant, et omnes inquietudines maligni spiritus diffugiant. Quod si etiam in sepulcris adsparsus fueris, magnam in eis prestabis securitatem, expellens ab eo loco artes demoniorum omnes. Si uero in animalibus morbum ingresserit inimicus, tua curatione ad pristinam redeant salutem.

Omnis igitur etas, sexus uel qualitas, quicumque a te tactus teque fuerit gustatus, gaudeat se tutelam fidei et spem uirtutis incessabiliter et infinite suscepisse. Per quod creatori suo omnipotenti Patri, et Filio, et Spiritui Sancto laudes referat, et gratiarum actiones persoluat, qui in Trinitate uirtutis dignauit salutis tribuere medelam. Ipse quoque sal ubicumque adsparsus fuerit, diabolus aut aeria nequitia eius per eumdem locum transeundi uel conmorandi nullam habeat facultatem; sed confusus et elisus atque expulsus semper abscedat : uidens se sibi ex utraque parte gladium acutum, per quod territus et canora uociferatione / cor- fol.
reptus discedat peremtus : ita ut, ubicumque adsparsus, uel poculo fueris datus, non habeat potestatem ad nocendum, sed fugiat ad loca sibi deputata penalia, adiuratus per eum, qui uenturus est iudicare seculum per ignem.

Ergo, nequissime, da honorem Deo omnipotenti, Patri, et Filio, et Spiritui Sancto. — Amen.

Item alius.

Te deprecor, Domine sancte, Pater eterne, omnipotens Deus, ut hoc sal quod in usum humani generis tribuere iussisti, tu eum per Verbum tuum, Dominum nostrum Ihesum Christum, quem nobis redemtionem misisti, per Spiritum Sanctum respicere et sanctificare digneris; ut cum serui tui ad expellendas demonum potestates uel maligni spiri-

³ *Cod* langores ¹⁰ *Cod* gustaberit ²² *Cod* spe ²⁷ *Cod* salis ²⁸ *Cod* per eodem loco ⁴⁰ *Cod* alium.

tus incursiones, in tuo nomine et Vnigeniti tui et Spiritus Sancti hoc sal benedictum adspargendum conuenerint, tu summa Trinitas Deus, ad benedicendum occurras; et dum a famulis tuis iniectum fuerit in constructione domorum sanctuarii tui, in fundamentis, in stationibus, in salutationibus, in deambulantia, in sepulcra hominum, siue in sterquilinia, aut in quacumque diuersoria uel pauimenta adsparsum fuerit in nomine Ihesu Christi Filii tui, omnis populus in eodem loco ipsius monitione saluentur, sicut ipse adloqui es dignatus[1] : Quicumque inuocauerit nomen Domini saluus erit. Et iterum[2] : Nolo mortem peccatoris, donec conuertatur et uiuat.

Te ergo rogamus, omnipotens Deus, et Ihesum Christum Filium tuum Dominum nostrum, et Spiritum Sanctum, ut generi humano febres, languo- fol. 17 res, / dolores atque frigores, uel omnes inimici inmissiones, atque, quod ipsi meremur, flagella peccatorum nostrorum omnia, tua uirtute moueas, et medellam tue sanitatis impertias. Ut omnes uarias infirmitates languorum omnium conquiescant, siue inquietudines nocturnas, uel omnia mala, tu, Domine Ihesu Christe, qui unus cum Deo Patre et Sancto Spiritu uiuis et regnas, ab omnium corporibus auferendo omnia mala detergas.

III

Deus Abraham, Deus Ysaac et Deus Iacob, qui ad redemptionem nostram unigenitum Filium tuum Dominum nostrum direxisti, qui es inmutabilis et unus Deus cum Filio Pater, unus etiam cum Spiritu Sancto infinitus et inmensus : a te quoque, Domine, accipiat hoc sal benedictionis uirtutem, ut a te sanctificatus et purificatus, a nullo spiritu nequissimo inquinetur, per hoc signum salutis nostre, quo nos unicus tuus Filius Ihesus Christus Dominus noster precepit signare. Sicque quod ego peccator et indignus, tamen tuus seruus, in nomine tuo signo, inimicus diabolus numquam audeat designare; sed tu, Deus omnipotens, hoc sanctificatione infinita iubeas permanere.

Quicumque ergo proficiens iter de hoc sale secum comitatum habuerit, uel nauigantibus marinis fluctibus aut fluminibus, et hoc ut diximus secum detulerit, cum hoc in tuo nomine, Christe Deus, adsparsum fuerit, omnis procella atque uentus conquiescat : qui uentis imperasti et mari, et statim tuo iussu cessauit. Letetur ex hoc ergo sibi omnis creatura / sub signo salutis tue, et ubi hoc fol. 18 sal missum fuerit, sit in tuo nomine, Deus, magna omnibus requies; nec consistendi, seu commorandi in eodem loco diabolus aut ministri eius licentiam habeat, sed confusus semper abscedat.

In nomine Patris, et Filii, et Spiritus Sancti, qui est omnipotens Deus et Dominus dominantium, permanens in gloria sua per infinita semper secula seculorum.

Exorcismus aque.

Ad occidentem : Inuocamus diuine Maiestatis auxilium aduersus te, inimice serpens, ut per nulla uitiorum tuorum uenena in huius aque elemento preualeat ars tua, quod ad saluandas animas, peccatorum crimina abluenda, Patris, et Filii, et Spiritus Sancti misterio preparamus. Ideoque, maledicte diabole, post inuocationem trine sanctificationis, tremebundus abscede, et uniuersa machinamenta de hac aqua euanescant, ut hec aqua pura et inmaculata pro sanctificandis animabus diuina pinguedine sanctificata permaneat.

Per hoc signum crucis Domini nostri Ihesu Christi, qui te iussit ab hinc expelli.

Item exorcismus.

Exorcizo te, creatura aque, in nomine Patris, et Filii, et Spiritus Sancti. Nec communices ullo spiritu inmundo, sed dabis honorem aeque regnanti Patri, et Filio, et Spiritui Sancto : et ubicumque adsparsa fueris, omnis inmundus spiritus ab eo loco recedat, per hoc signum Dominice passionis, qui regnat in secula seculorum.

Benedictio aque.

Oremus : Deus institutor et conditor elementorum, qui fluentem hanc aquam, hunc potum ad opus tuum sanctificatum in nomine tuo in purgatione / locorum et expurgatione diaboli proficere fol. 19 iussisti; te deprecor, Domine, ut nominis tui inuo-

3 *Cod* conuenerit 11 *Cod* salbentur 12 *Cod* inuocaberit nomen Domini salbus 17 *Cod* langores 20 *Cod* mobeas 22 *Cod* langorum 35 *Cod* qui nos 42 *Cod* sal.

1. Act., II, 21.
2. Ezech., XXXIII, 11; cf. XVIII, 23. Vid. SABATIER, *Vetus Italica,* t. II, p. 787.

4 *Cod* ventus 15 *Cod* Exorcismum 17 per *deest in Cod* 19 *Cod* cum *pro* quod 23 *Cod* macinamenta 24 *Cod* de hac aquam 27 *Cod* Per hunc signum 29 *Cod* exorcismum 30 *Cod* creature 32 *Cod* atque 41 *Cod* expurgationem *Forte legendum* impugnatione.

catam Maiestatem, gratiam Sancti Spiritus hec aqua accipiat, atque in procellendis diabolicis artibus per manus serui tui adsparsa fuerit, ad salutem et saluationem fragilitatis humane proficiat, omnisque inmundus spiritus sociato (?), ut hoc benedicto repulsus elimatusque ab omni loco discedat : nec consistendi aut resistendi habere sese sentiat facultatem. Sed ubicumque adsparsa fueris, illi claudetur aditus commorantium, dum a te indicitur aduersantis expulsio per te, Domine, ut ubicumque adsparsum fuerit tribuatur adiutorium, per quem indictum semper postulatur auxilium, qui regnas in secula seculorum.

Benedictio.

Domine Deus, Pater omnipotens, statutor et conditor omnium elementorum, qui per Ihesum Christum Filium tuum Dominum nostrum, elementum... *Retro quere* [*col.* 14].

A[*ntiphona*] : [1] Habitaculo isto circumda, Domine, et angeli tui custodiant portam istam, et famulos tuos exaudi, Omnipotens. — ℣. Qui habitat...

A. Sitientes uenite ad aquas, dicit Dominus, et qui non habetis pretium, uenite et bibite cum letitia. — ℣. Sicut ceruus [2].

A. Scuto circumdabit te ueritas eius, non timebis a timore nocturno. — ℣. Qui habitat.

A. Gregem tuum, Domine, ne deseras, pastor bone, qui dormire nescis, sed semper uigilas. — ℣. Omnes gentes plau[dite]. — II. Beati inmacu[lati].

A. Signum salutis pone, Domine, in domibus istis, ut non permittas introire angelum percutientem. In domibus in quibus uos habitatis pono signum meum, dicit Dominus, et protegam uos et non erit in uobis plaga / nocens. — ℣. Deus deorum fol. 20
Dominus loquu[tus]. In do[mibus].

A. Benedicat Dominus corda et corpora nostra, et det super nos benedictionem, sicut Ysaac benedixit Iacob, manus Domini sit super uos ; mittat angelum suum custodem, qui custodiat uos et custodiat nos in omnibus uiis nostris. — ℣. Benedictio Domini super uos. Domini.

A. Sicut pastor portabat perditum gregem suum, sic portabam et complectebam, dicit Dominus. Ego feci, ego feram, ego creaui uos, ego redemi uos, ego reficiam uos, ego sustinui, ego dimittam peccata uestra. Sanctus, Sanctus, Sanctus, Dominus Deus sabaoth, qui per Spiritum Sanctum descendisti in utero et factus es Dei Filius, redemtor Israhel.

A. Benedic, Domine, domum istam et omnes habitantes in ea : quia tu, Domine, dixisti : Pax huic domui. Benedic, Domine, timentibus te, pusillis cum maioribus ; benedicti uos a Domino, qui fecit celum et terram. — ℣. Adiciet Dominus super uos.

℣. Dominus memor fuit nostri. — II. Benedixit domum Israel. — III. Adiciet Dominus. — IIII. Celum celi Dominum. — ℣. Non mortui lau[dabunt]. K[yrie]. — Dominus memor fuit nostri. — *Dicat* : Gloria. — *Repetitur* : K[yrie].

Deinde dicitur hic uersus : Hic accipiet benedictionem a Domino et misericordiam a Deo salutari suo.

Post hec : Oremus. Saluatorem mundi Dominum nostrum Ihesum Christum cum omni supplicatione rogemus, ut mittat angelum suum sanctum, qui nos in omnibus bonis operibus adiuuare et a cunctis malis propitius liberare dignetur.

Post hec dicitur hec oratio :

[Oratio.]

Deus, qui ubique es et ubique ades ; qui timentibus te promisisti eternam mansionem in celis, sed

1 Inuocatam maiestatem. *Aliud exemplum accusatiui absoluti* 9 *Cod* alitus conmemorantium dum ad te 19 *Cod* Abitaculo 20 *Cod* porta ista 24 *Cod* cerbus.

1. Toutes les antiennes suivantes, jusqu'au verset *Dominus memor fuit nostri,* sont accompagnées de notes musicales dans le manuscrit. La *Paléographie musicale* des Bénédictins de Solesmes (t. I, planche 2, à la suite des planches du manuscrit de Saint-Gall) a publié, en 1889, un fac-similé de cette page de neumes, ainsi que de la *Benedictio* qui les précède.

2. Une inscription du quatrième ou cinquième siècle, trouvée à Martos près de Jaen (Andalousie), fait allusion à cette célèbre antienne, qui a donné son nom au samedi *Sitientes*. Elle peut être aussi bien considérée comme une invitation aux saints mystères, que comme un appel à la fontaine baptismale. Je pense que le sarcophage sur lequel ces trois vers sont gravés se trouvait près de la porte d'une église. Peut-être même faut-il y voir un débris d'ancien baptistère.

PANDITVR INTROITVS SACRATA LIMINA CR[isto].
CVRRITE CERTATIM GENTES POPVLIQVE VE[nite].
ET DONANTE DEO SITIENTES SVMITE VI[tam].

MORENO, *Antigüedades cristianas de Martos*, s. l. n. d. (Granada, 1897), pag. 6. — Cf. HVBNER, *Inscriptiones Hispaniae christianae*, Supplementum (1900), nº 371.

Au jour du samedi saint dans la liturgie wisigothique, c'était pendant la lecture de la leçon d'Isaïe *Omnes sitientes uenite ad aquas*, que l'évêque, accompagné des prêtres et des diacres, se rendait au baptistère. Voy. ci-dessous, fol. 162 du manuscrit.

quamdiu in presenti seculo hoc corpus fragile baiulamus, sicut uictum tegumentumque, ita et domicilium [et] habitaculum indigemus in terris. Pro qua re petimus misericordiam tuam, eterne omnipotens Deus, ut hanc domum famulorum tuorum,
fol. 21 te iuuante fundata[m], / angelica uisitatione cotidie frequenteris. Vox quoque iucunditatis et letitie resonet hic incensanter (incessanter), sicut in tabernaculis patrum nostrorum Abraam, Ysaac et Iacob, qui tibi digne complacuerunt.

Alia oratio [1].

Deus, benedictionis auctor, salutis origo, te supplices deprecamur et quesumus, ut imbrem multimodum gratie tue in hoc domicilio fidelium tuorum, cum abundantia tue benedictionis infundas. — Amen.

Bona omnia largiaris. — Amen.

Prospera tribuas, aduersa repellas. — Amen.

Malorum auctorem demonem destruas. — Amen.

Angelum lucis amicum, bonorum prouisorem defensorem que constituas. — Amen.

Ac per multitudinem propitiationis tue habitatoribus locis huius sit pax cum abundantia. — Amen.

Sobrietas cum modestia. — Amen.

Copia cum misericordia. — Amen.

Semper ex donis tuis, Domine, hic adsit quod omnibus prosit. — Amen.

Semper abundet quod multis redundet. — Amen.

Ut largitatem inueniat inops. — Amen.

Remedium esuriens. — Amen.

Refectionem accipiat egens. — Amen.

Deputa, Domine, huic domicilio angelum sanctum et bonum. — Amen.

Excubitorem, prouisorem atque custodem. — Amen.

Qui resistat malis, prouideat bonis. — Amen.

Ut ab hac domo inquietudo omnis et calamitas longe recedat. — Amen.

Inopia, pestis, languor incursusque malorum, tua semper uisitatione discedant. — Amen.

15 *Cod* habundantia 19 *Cod* demonum dextruas. *In Pontific. Narb.* Malorum fautorem demonem destruas 23 *Cod* habundantia 29 *Cod* habundet 40 *Cod* langor.

1. Cette prière se retrouve, avec des variantes, des additions et aussi des omissions assez importantes, dans un Pontifical du commencement du onzième siècle, provenant de l'église de Narbonne. Elle fait partie des rites de la dédicace d'une église et a été publiée par MARTÈNE, *De antiquis Ecclesiae ritibus*, 2 éd., t. II, c. 736.

Ut ubi inuocatur nomen tuum sanctum, bonorum succedat copia, et malorum tentamenta, te protegente, procul effugiant, sanctorumque patrocinia presidiaque perueniant. — Amen.

/ Benedicere etiam dignare, Domine Deus noster, fol. 22
cibos ac potus que sumturi sunt in hac domo cum gratiarum actione, uel omnem substantiam eorum de tuis donis; ut mereantur angelum pacis, castitatis et ueritatis, qui eos semper ab omnibus malis custodiat, protegat atque defendat. — Pater.

Benedictio.

Benedicat et sanctificet Dominus hoc tabernaculum famulorum suorum, et donet eis diuitias regni celorum. — Amen.

Preces eorum placatus exaudiat, et corda ac mentes eorum benedictionibus repleat. — Amen.

Actus eorum in bono confirmet, et labores ac familias eorum Dominus Ihesus Christus multiplicare dignetur.

Alia.

Benedicat uobis Dominus ex Syon, et beatum propositum uestrum spirituali benedictione conseruet. — Amen.

Tuti semper ab inimicorum infestationibus maneatis, et in habitaculis uestris pax sempiterna permaneat. Cubilibus uestris quietem infundat et in nullo uos aduersariorum formido deterreat. — Amen.

Sua uos protegente gratia diuinitatis sue, qui uiuit.

In nomine sancte Trinitatis in hoc domicilio habitent angeli salutis et pacis.

III. — EXORCISMVS OLEI.

Exorcizo te, inmunde spiritus, hostis humani generis, per Dominum Patrem omnipotentem, et per Ihesum Christum Filium eius, et Spiritum Sanctum conditorem omnium atque creatorem, defensorem et iudicem. Omnis nequissima uirtus aduersarii, omnis uiolenta incursio inimici, omnis inueterata malitia diaboli, omne confusum et cecum fantasma, eradicare et effugare ab hac creatura olei; ut sit omnibus qui fuerint ex eo perunctì in preparatio
nem / consequende salutis animarum et corporum, fol. 23
adoptionem spiritualium filiorum et remissionem

6 *Cod* ciuos ac potus quod sumturi sunt in hac domum 33 *Cod* Exorcismum 34 *A et M* Exorcidio 35 Per *deest in M* 44 *Cod* adobtionem.

omnium peccatorum. In nomine Dei Patris omnipotentis, et Ihesu Christi Filii eius, et Spiritus Sancti, regnantis in secula seculorum.

Benedictio.

Omnipotens Deus, qui creaturam olei naturali pinguedine iussisti ditescere, ut infusa liquidis superferatur potius quam mergatur, nonnulla etiam condiat, inpinguat quoque arida, sterilia ditet faciatque apta uel suauia que lumini, gustui sunt congrua : quesumus potentiam tuam, ut hoc oleum, quod usui dignum creasti, facias etiam misterio congruum. Sit uitale corporibus, animabus quoque remediabile, fiatque benedictionis tue munere sanctificatum, et Spiritus tui adipe uegetatum : sanctificandis uel regenerandis mentibus egrisque corporibus unguentum [1] sanitatis ac suauitatis impertiat. Peccatis obuiet, morbos arceat, pestes expellat, ariditatem fidei uberiori gratia nutriat; ut quicumque liquore huius regenerandi uel curandi tanguntur, salutem corporis animeque recipiant, et peccatorum omnium remissionem obtineant. Te prestante [2].

Item exorcismus olei.

Exorcizo te, omnis spiritus inmunde, per Deum Patrem omnipotentem, uisibilium omnium et inuisibilium conditorem; qui te inter initia creaturarum, dum tua perfidus iactantia tumuisses, a participatione beatitudinis spreuit indignum, et dum superbe disponens diceres : Ponam sedem meam ab aquilone / (fol. 24) et ero similis Altissimo, a summitate celorum deiectus in infimam mutabilitatem nature tue, quam tunc non considerabas elatus, nunc elisus agnoscis.

Alius.

Exorcizo te, inmunde spiritus, per Spiritum Sanctum, qui est consubstantialis Patris et Filii, cuius societatem cum te indignum reddidisses caruisti. Per hanc te ego inseparabilem Trinitatem conuenio, omnis uirtus aduersarii, omnis exercitus diaboli, omnis incursus inimici, omne confusum omneque fantasma Satane, eradicare et effugare ab hoc plasmate Dei, quod ad suam imaginem et similitudinem conditum, ad suam gratiam misericorditer reuocare dignatus est. Recedant insidie tue; recedat uniuersa fallacia. Da locum diuino nomini, quod a me quamuis indigno, ipsius tamen famulo inuocatum est, ante cuius potentiam exterritus consistere non audebis. Nichil ultra tue sortis in hac fidelium uocatione erit admixtio, quam larga Creatoris pietas suo uindicauit iudicio : ut uniuersa a potestate spiritus contrarietate reiecta, uiui eterni Dei sint templum. In ipsius nomine, qui iudicaturus est uiuos et mortuos in Spiritu Sancto, et seculum per ignem. Per Dominum.

IIII. — ORDO BABTISMI CELEBRANDVS QVOLIBET TEMPORE [1].

Oblato infante sacerdoti ut exorcizetur, insufflat ei

[6] *M* pinguendine [9] *Cod* abta *M* gustuique [16] *Cod* suabitatis [19] *Cod* licore [21] *Cod* Te pres.

[1] *Cod* exorcismum [12] *Cod* Alium [28] *Cod* uindicabit

1. Ici s'interrompt le texte du codex *M* (de Madrid), dont plusieurs folios ont été coupés.

2. Le Rituel *A* (fol. 31-33) renferme, sous le titre de De oleo benedicendvm, l'exorcisme « Exorcidio te, inmunde spiritus, hostis humani generis », etc., comme ci-dessus, puis une bénédiction qui lui est propre (plusieurs mots en sont évidemment altérés, de façon à en rendre parfois le sens très obscur) : Benedictio eivsdem oleo : Oremus : Domine Ihesu Christe, qui per Apostolum tuum dixisti : « Si quis infirmatur in uobis inducat presbiteros ecclesie et orent super eum, unguentes oleo in nomine Domini, et oratio fidei saluabit infirmum, et allebabit eum Dominus, et si in peccatis sit, dimittetur ei » : tuis ergo institutis adesto presentis. Sanctifica oleum more illo, quo tibi inpossibile nicil est; uirtute illa, que non solum curare morbos, sed etiam suscitare mortuos potest. Inperti huic creature uigorem Sancti Spiritus tui, in co est omnis plenitudo uirtutis. Sit ab eo perfusum, ut sit in hoc oleo inuocatione nominis tui curatio infirmitatum, gratia sanitatis. — Amen.

« Ungueantur ex eo membra deuilium, curentur ulcera miserorum. — Amen.

« Leuigentur artus astrictio (astricti) doloribus, sanentur bacuanti (uacuati) langoribus. — Amen.

« Omnibus ergo per te morbis, omnibus causis internis externisque hec unctio salutaris occurrat. — Amen.

« Nulla morbus eis nullaque pestis interior exteriorque efficiat, sed omne dirus (uirus) letale expirent. — Amen.

« Subexpurget, excludat, euacuet et uincat, quia in nomine tuo benedicetur, in co omnis creatura salbatur. — Amen.

« Nec enim aliut non est sub celos, in qua nos salbos fieri oportet, nisi in te salbatorem et redemtori nostro, bono et pio, munifico et copioso, diuino et humano. Specialiter ergo te, fons pietatis et bonitatis, rogamus, qui portasti infirmitates nostras et langores curasti quasuis (quamuis) indigni et peccatores per temetipsum, ut huic plage et percussure uel pestis, quam pro peccatis populo tuo infigi iussisti, hoc unguentum remediabile concedas. Et sicut censuram tuam peccantes trement, ita curam sentiant confidentes. — Amen. »

1. Sur les rites du baptême dans l'église gothique, il

ipse cui offertur tribus uicibus in faciem, recitans hunc exorcismum[1] :

Exorcizo te, inmunde spiritus, hostis humani generis, per Deum Patrem omnipotentem, qui fecit celum / et terram, mare et omnia que in eis sunt, fol. 25

faut lire saint Ildephonse, *De cognitione Baptismi* (MIGNE, *Patrologia Latina,* t. XCVI, col. 111-172), particulièrement les chap. XXI et suivants. Voy. aussi saint Isidore, *De ecclesiasticis Officiis*, lib. II, c. XXI-XXVII (*Ibid.*, t. LXXXIII, col. 814-826). Comme le dit le titre de ce chapitre du Liber Ordinum, il ne s'agit ici que des rites du baptême « quolibet tempore ». Il sera question plus loin du baptême conféré le samedi saint.

Le rituel antique de l'Église d'Espagne, tel que nous le donnent les manuscrits du onzième siècle, signale huit rites principaux dans l'administration du baptême aux enfants : 1° l'insufflation; 2° le signe de croix sur le front; 3° l'onction de l'huile à la bouche et aux oreilles ou *effetatio;* 4° l'imposition des mains; 5° la tradition du symbole; 6° la bénédiction de l'eau, que précède un exorcisme; 7° les interrogations; 8° l'immersion. Viennent ensuite la confirmation (onction du saint chrême et la prière ou *manuum impositio*) et la communion.

On doit noter qu'il n'est pas ici question du sel (sal sapientiae), que le prêtre, d'après un usage général en Occident, doit mettre dans la bouche du néophyte, après l'imposition des mains. Saint Ildephonse constate qu'on s'abstenait de ce rite à Tolède : « Ii (catechumeni) in nonnullis locis, ut refertur, sales accipiunt, uelut significato sapientiae condimento » (*De cognit. Baptismi,* cap. XXVI). Son maître saint Isidore en parle comme d'une cérémonie bien connue : « Sales autem in ministerium catechumenis dandos a patribus... institutum est », etc. (*De ecclesiast. Officiis*, l. II, c. XXI); mais il ne paraît pas qu'il fasse ici allusion à ce que pratiquait l'Église gothique. On sait que l'usage du sel est inconnu des Grecs dans le cérémonial du baptême. Il n'en est pas question non plus dans les formules qui nous restent des rites gallicans. — Pour le rite de l'immersion, voyez plus loin, col. 32, note 3.

Il est très intéressant de comparer les formules et les cérémonies de notre rituel avec celles de l'ancien usage romain et du gallican. Le meilleur guide sur ce point est l'ouvrage de Mgr DVCHESNE, *Origines du culte chrétien*, 2e éd., pp. 281-325. Voy. aussi Dom P. de PVNIET, *La liturgie baptismale en Gaule avant Charlemagne*, dans la *Revue des questions historiques*, numéro d'octobre 1902, pp. 382-423.

1. Les divers exorcismes qui suivent répondent très bien à ce que doit être, d'après saint Ildephonse, une prière de ce genre : « Erit exorcismi sermo non turno uerborum, non difficultate intelligentiae, non inusitato contextus eloquio; sed simplex, compositus, ardens, ita uirtutis intentione coruscans, ut uere principem mundi increpationis suae ualore demonstret expellere... » *De cognit. Baptismi*, c. XXIV; *P. L.*, t. XCVI, col. 121.

et per Ihesum Christum Filium eius, et Spiritum Sanctum. Omnis exercitus diaboli, omnis uirtus aduersarii, omnis uiolenta concussio inimici, omne confusum et cecum fantasma eradicare et effugare ab hoc plasmate, ut fiat templum Dei uiui per remissionem omnium peccatorum : iustificante Domino nostro Ihesu Christo et saluatore, qui uenturus est iudicare seculum per ignem. — Amen.

Et signans eum in fronte inponit ei nomen in hunc exorcismum. Et perrecitat hunc secundum, interrogans de nomine eius, et dicit illi[1] :

Accipe, *Ille*, signum crucis, serua diuina precepta. Verbo Dei hodie renasceris, et spiritali luce firmaris. Ingredere templum Dei uiui exutus ab errore tenebrarum, et euasisse te laqueos mortis letus agnosce. Habitet in sensibus tuis omnipotens Deus, qui humana membra composuit, et habitaculum diuini Spiritus conlocauit. Time ergo iussa celestia, et aduentum Vnigeniti nostri Saluatoris expecta, qui uirginali partu est editus et Sancti Spiritus infusione conceptus : cuius luce inluminaris, cuius uirtute firmaris, cuius signo in fronte signaris, ut ad babtismi gratiam, ipso presule, peruenire merearis. Signo ergo te in nomine Patris, et Filii, et Spiritus Sancti, regnantis in secula seculorum. — Amen.

Post hec dicit ei sacerdos exorcismum contra occidentem :

Recordare, Satanas, que tibi maneat pena. Quum uideris hominem, quem Deus et Dominus meus ad suam gratiam uocare dignatus est, confusus / fugias fol. 26
et recedas. Quod si fallaciter gesseris, erit tibi ipse Christus in preparato iudicio. Deo uiuo rationem[2]

1. Cette rubrique et la formule qui suit se retrouvent, quant à la substance, dans le *Codex Sacramentorum Bergomensis* (Solesmes, 1900, p. 164) : « *Hic pone nomen, signa eum et dic nomen eius.* Accipe signum sancte crucis, serua precepta diuina. Verbo Dei hodie renasceris et celesti luce formaris. Ingredere templum Dei uiui et, sublato errore tenebrarum, euasisse te laqueos mortis letus agnosce. Nunc ergo promissa celestia et aduentum Dei omnipotentis expecta, ut possis sperare uenturum Verbum genitum, uirginali partu editum, credentibus annuntiatum. In cuius inuocatione inluminaris ✠ cuiusque signaculo in fronte signaris ✠ per hoc signum quod non designabitur. ✠ In nomine Dei Patris omnipotentis, et in nomine Ihesu Christi Filii eius, qui uenturus est in Spiritu Sancto iudicare seculum per ignem ».

2. A partir du mot *rationem*, nous avons un autre exemplaire du texte des cérémonies du Baptême, celui du Rituel de Silos, daté de l'an 1039, ou manuscrit *A*,

reddes, et uas signatum non designabis : adiuratus in nomine Patris, et Filii, et Spiritus Sancti, cuius est hoc signum et nomen inuictum.

Deinde tangit ei sacerdos de oleo benedicto [1] *os et aures tantum, dicens :*

Effeta [2], effeta, cum Spiritu Sancto in odorem suauitatis, effeta. Bene omnia fecit : et surdos fecit audire et mutos loqui.

Post hec inponit ei manus et dicit [3] :

Benedictus [4] Dominus Deus Israhel, qui uisitas redemptionem populi tui et suscitas cornu salutis

7 *Cod* suabitatis   10 *Cod* Srahel.

fol. 7-13. Nous donnerons en notes les particularités qui distinguent ce texte de celui du Liber Ordinum.

1. Dans le rit romain, la salive du prêtre remplace l'huile dont il est ici question. Notre rituel wisigothique porte : « tangit *os* et aures » ; le romain : « *nares* et aures ». Dans ce dernier texte le mot *nares* a remplacé le mot *os* à une date postérieure, « quia mulieres baptizantur », dit l'auteur du traité *de Sacramentis,* publié parmi les œuvres de saint Ambroise (*P. L.*, t. XVI, col. 436). « Tactus iste, dit aussi saint Ambroise (*de Mysteriis, Ibid.*, col. 407), uirum decebat, feminam non decebat. » Saint Ildephonse explique en ces termes la signification de cette double onction : « Conuertenti ex errore gentili post exorcismos tanguntur auriculae oleo, ut accipiat auditum fidei et sit uere spiritalium dictorum auditor. Similiter tangitur et os, ut cognitionem Redemptoris sui, traditam sibi symboli fidem corde credat ad iustitiam, ore confitens proferat ad salutem ». *De cognitione Baptismi,* c. XXIX, *P. L.*, t. XCVI, col. 124.

A l'époque où le baptême était conféré solennellement aux catéchumènes le samedi saint, le rite de l'ouverture des oreilles ou *effetatio* (c'est le terme dont se sert saint Ildephonse, *loc. cit.*, c. XXXIII) avait lieu, en Espagne, le dimanche des Rameaux. Cette cérémonie se pratiquait dans une assemblée matutinale, où on lisait le récit de la guérison du sourd-muet, d'après l'évangile de saint Marc, VII, 31-37. Voy. sur ceci saint Ildephonse (*P. L.*, t. XCVI, col. 123) et le *Liber comicus* publié par D. Morin, p. 132 et IX. — Il est parlé de ce rite dans notre Liber Ordinum, au folio 56 du manuscrit. On y voit que le clergé, divisé en deux chœurs, assistait à la cérémonie : « Preparant se clerici et diacones seu presbiteres in duos coros, sicut consuetudo est in Effetatione in diem ramos Palmarum ». Voy. plus loin l'*Ordo celebrandus super eum qui ab spiritu inmundo uexatur*.

2. Cette antienne est notée dans le manuscrit.

3. Rituel *A*, fol. 7 : « Post hec inponit ei manus sacerdos, recitans manus impositionis (impositionem) : Benedictus » et le reste, comme ci-dessus.

4. Cette phrase et les suivantes sont formées d'une série de centons empruntés aux trois premiers chapitres de l'évangile de saint Luc.

nobis in domum tuam. Qui ante aduentum Maiestatis tue in spiritu et uirtute Elie premisisti Iohannem puerum tuum, qui prepararet uias tuas, ad dandam scientiam salutis in remissione peccatorum et in reuelationem nominis tui ; qui infideles reduceret ad prudentiam iustorum ; qui prepararet tibi populum perfectum per uiscera misericordie tue ; cuius uox clamantis audita est : « Parate uiam Domino, rectas facite semitas eius ».

Ecce et nos, Domine, humiles, Maiestatis tue mandata seruantes, parauimus uiam, per quam ducimus populum tuum sicut ceruum sitientem ad fontes aquarum. Tu uero, Domine, remissa iniquitate tectisque peccatis, secundum fidem testamenti induc eos easque in terram repromissionis fluentem lac et mel. Tu es Agnus Dei, qui tollis peccata mundi ; tu, qui tribuisti filios Dei fieri cognoscentes te ; tu, qui unctus es a Patre oleo letitie / pre con- fol. 27
sortibus tuis. Infunde, Domine, super homines istos gratiam benedictionis tue. Et ne iterum moriantur in pristinis peccatis suis, abluantur in benedictione fontes aquarum ; renascantur in Spiritu Sancto, et uideant sempiternum altare tuum Iherusalem ; et uirtus Altissimi obumbret eis. Benedicta sit generatio eorum, mater Ecclesia, et benedictus fructus uentris eius ; quoniam magnificabit Dominus seruos suos in bono, et regni eius non erit finis. — Amen.

Finita [1] *manus inpositione, tradit ei simbolum, dicens :*

12 *Cod* cerbum   28 *Cod* manus impositionis.

1. Rituel *A*, fol. 8 : « *Finita manus inpositionis* (*impositione*), *tradet eum* (*ei*) *sacerdos si*[*m*]*bolum :*

« Credit *Ille* in Dominum Patrem omnipotentem ? Et in Ihesum Christum ? *usque in finem.* Credit in Sanctum Spiritum ? Sanctam Eclesiam catholicam ?

« *Post hec confirmans* (*confirmat*) *ei simbolum, dicens hanc* [*orationem*] :

« Sit tibi hec (hoc) simbolum in confirmatione fidei. Maneat in te hec sancta et uera credulitas in remissione omnium peccatorum, ad precipienda premia uite eterne, in nomine Patris, et Filii, et Spiritus Sancti, regnantis in secula.

« *His perhactis, uenit sacerdos ad fonte et exsufflat in fonte tribus uicibus, aut uas ubi babtizaturus est infans, et dicens tribus uicibus :*

« In nomine Patris, et Filii, et Spiritus Sancti, a te renascatur in Spiritum Sanctum.

« *Et recitans hunc exorcismum contra occidentis, et alios septem in parte dextere tenentis :*

« Discede inmunde spiritus, etc. (comme le Rituel *B*, jusqu'aux mots « renatos. Amen », col. 30).

Credet *Ille* in Deum? *usque in finem*[1].

His peractis, ueniens sacerdos ad fontem[2] *exsufflat fontem tribus uicibus, aut uas ubi babtizandus est infans, recitans hunc exorcismum, faciem ad occidentem tenens :*

Discede[3], inmunde spiritus, ab omnibus quibus fides nostra usura est religionis officio sacramenti. Nec pretendas culpam criminis, qui agnoscis potentiam Saluatoris. Non est meriti confidentia, sed precepti; licet ipsa potestas ministerii dignitas sit ministri. Te igitur per communem Deum, aque creatura, conuenio, ut, conseruante motu sensibilitatis, intelligens subici seruitio, quo placere Deo nitimur, non recuses. Omnem a te communionem demonum, omne collegium iniquitatis expurges, totam fantasmatis labem capax dominice preceptionis extermines; ut gratia sanctificationis indepta, tuo nostroque pariter Creatori, quos acceperis culpabiles restituas innocentes. — Amen.

Per Dominum nostrum Ihesum qui uiuit.

Post hec dicit hanc benedictionem :

Benedictio fontis.

fol. 28 / *Hec benedictio in eodem modo dicenda est, sicut in missa solent dicere*[4].

Sanctificare per Verbum Dei, unda celestis; sanctificare, aqua Christi calcata uestigiis, que montibus pressa non clauderis, que scopulis inlisa non frangeris, que terris diffusa non deficis. Tu sustines aridam, portas montium pondera, nec demergis. Tu celorum uertice contineris; circumfusa per totum, lauas omnia, nec lauaris. Tu, fugientibus populis Ebreorum, in glaciem durata constringeris. Tu rursus salis resoluta uerticibus Nili accolas perdis, et hostilem globum freto seuiente persequeris. Una eademque es : salus fidelium et ultio criminosis. Te per Moysen percussa rupes euomuit; nec abdita cautibus latere potuisti, quum Maiestatis imperio iussa prodires. Tu, gestata nubibus imbre iucundo arua fecundas. Per te aridis estu corporibus ducis ad gratiam salutaris, ad uitam potus infunditur. Tu, intimis scaturriens uenis, aut spiritu inclusa, uitalem aut sucum fertilem prestas, ne siccata, exanimata uisceribus sollemnes neget terra prouentus. Per te initium, per te finis exultat, uel potius ex Deo tuum est ut terminum nesciamus.

At tu, Domine, omnipotens Deus, cuius uirtutem non nescii, dum aquarum merita promimus, operis insigna predicamus, suscipe propitius noxios et pietate solita solue captiuos. Redde quod in paradiso Adam perdidit, quod uxor admisit, quod intemperantia gule uoracis absorbuit. / Da salutarem potum, male saturatis acerbitate pomorum : ut indigesta mortalium lues, et annosa pernicies diuino soluantur antidoto. Ablue terre squalentis ingluuiem; discute paradisi maceriam flammeis obicibus fluctuantem. Pateat redeuntibus florei ruris ingressus. Recipiant ymaginem deitatis olim perditam liuore serpentis; ut quicquid criminum de preuaricatione contractum est, huius gurgitis puritate deponant. Surgant ad requiem, producantur ad ueniam; ut misticis innouati liquoribus, et redemtos se nouerint[1], et renatos. — Amen[2]. fol. 29

[11] *Librarius primum scripserat in Cod* Te autem [23] *Cod* Hanc benedictionem... sicut missa [27] *Cod* scopolis [29] *Cod* dimergis [31] *Cod* labas nec labaris [33] *In Gerbert* altis *pro* salis [34] *In Bergom* hostili globo.

1. Notons ici que l'évêque Ethérius et le moine Beatus en appellent contre Elipand de Tolède à l'*Ordo baptismi* et au symbole « sine quo non poterit esse baptismum ». *P. L.*, t. XCVI, col. 983.

2. On peut lire plus loin (fol. 116 du ms.) deux formules de bénédiction pour un nouveau baptistère.

3. Voyez plus haut, col. 13, un texte presque identique.

4. On retrouve en partie cette bénédiction dans le Pontifical romain (*De ecclesiae dedicatione*) et dans le rite ambrosien. Voy. GERBERT, *Monumenta Veteris Liturgiae Alemannicae*, t. 1 (1777), p. 88, et le *Codex Sacramentorum Bergomensis*, p. 67. Je cite dans l'apparatus les variantes de quelque valeur.

[2] *Cod* rupis [5] *Cod* arba. Per te *usque ad* prestas *deest in Gerb et Bergom* [8] *Bergom* siccatis examinata [10] *Berg* A te principium, in te finis [13] *Berg* Neque enim Dne nescii, aquarum merita laudamus, sed in his operis [15] *Cod* solbe [17] *Berg* intemperantia crudelis *Cod* guile [18] *Cod* saturitatis [19] Lues *deest in Berg* [20] *Cod* solbantur [21] *Berg* illuuiem *Cod* inglubiem *Berg* discutite paradisi macheram... floribus ruris [24] *Cod* libore [27] *Berg* ut mystici corporis inuocati et redemptos *Cod* innobati licoribus.

1. Avec les mots *se nouerint* commence ce qui nous reste des rites du baptême dans le Rituel *M* (de Madrid).

2. A la suite de cette « Benedictio fontis », le Rituel *A*, fol. 10, place l'exorcisme et l'oraison que voici (je ne relève pas leurs nombreuses incorrections) :

« EXORCISMVM AQVE FONTIS CONTRA OCCIDENTE. — Exorcidio te, creature aque, in nomine Domini Dei Patris omnipotentis Sabaoth, hoc est uirtute siue omnipotentiam, ut omnis a te inuidia et fantasmas diabolica procul abscedat, omnisque incursus demonum et infestatio Satane ueIociter separentur abs te, aqua sanctificata [ad] ablutionem animarum et emundatione corporum; ut omnis qui ex te fuerint renati, efficiantur uasa munda Deo Patri et templum Ihesu Christi et abitaculum Spiritus Sancti. Amen.

« ITEM ORATIO : — Domine Deus omnipotens, sanctifica

Post hoc facit sacerdos de oleo benedicto crucem in fontem, aut in uas ubi babtizaturus est, dicens :

In nomine Patris, et Filii, et Spiritus Sancti regnantis, Deus, in secula seculorum. — Amen.

Post conmixtionem aque et olei, dicit hanc benedictionem[1] :

Benedictio.

Quamuis flagitiorum squalore sordentes et conscientia mordente facinorum, abiecti et humiles te, Deus omnipotens, deprecamur et quesumus, ut pro tua miseratione adsis benignus, et libens adspires, atque propitius has aquas oleo sanctificationis admixtas uirtutis tue munere benedicas, atque eis ex tuis sedibus gratiam sanctitatis infundas. Ut quicumque, summo inuocato nomine Trinitatis, in hec fluenta descenderint, originali noxa soluantur et benedictione perpetua condonentur, cunctisque emundati a uitiis et confirmati spiritualibus donis, celestibus adnotentur in paginis : / (fol. 30) quatenus ex hoc lauacro noue uite sumentes exordium, et ueteris deponentes elogium, ac per inpositionem manuum promerentes Spiritum Sanctum, et presentibus careant culpis et muneribus potiantur eternis, te iugi ac perpetuo adiutore felices. — Amen[2].

Qui in Trinitate unus Deus uiuis et cuncta dominaris per infinita semper secula seculorum.

Ista peracta, defertur infans nudus sacerdoti, ab eo qui ministrat ei brachiis dependens. Et respiciens ad sacerdotem sic interrogat sacerdos, dicens :

[1] *Cod* post hunc [16] *Cod* solbantur [20] *Cod* labacro [21] *M* impositione [28] *Cod* braciis.

huius aquam fontis [per] aduentum Spiritus tui, ut quiquumque hic fuerit in signo Trinitatis nomine babtizatus, fiat ex hoc tuus in eternum adobtionis filius : ut quosquumque uitalis hic unda babtizatus (baptismatis) abluendos acceperit, ab omni originali peccato purificatos paradiso restituas et celo. Atque per Dominum nostrum Ihesu Christum omnis (omnes) hic cogitationes peccatorum et maculas pristine feditatis careant, et in eternum sanctorum cateruis adgregati patrie perennalis felicitatem possideant, hetereamque capiant sine fine uitam. Amen.

« *Post hanc, facit sacerdos de oleo benedicto hanc crucem* ✠ *in aqua sanctificata, in fonte aut in uas ubi babtizatus est, dicens :*

« In nomine Patris », etc. Le reste comme dans le Rituel *A*. Voy. ci-dessus, col. 28, note 1.

1. Rituel *A*, fol. 10 : « *Post comixtionem autem uero* (sic) *aque et olei, dicit hanc Orationem* : Quamuis flagitiorum », etc., comme dans *B*.

2. Rituel *A*, fol. 14 : « ... felices. Amen. Per tuam et largam. In nomine sancte Trinitatis, hic uas per manus angeli tui sanctiuicatum fiat in pace. — *His peractis defertur infans* », etc., comme dans *B*.

Abrenuncias[1] tu, famule Dei *Ille*, diabolo et angelis eius?

Respondetur a ministris : Abrenuntio.

Interr. : Operibus eius? — *Resp. :* Abrenuntio.

Interr. : Imperiis eius? — *Resp. :* Abrenuntio.

Interr. : Quis uocaris? — *Resp. : Ille.*

Interr. : Credis, *Ille*, in Dominum Patrem omnipotentem?

Resp. : Credo.

Interr. : Et in Ihesum Christum, Filium eius unicum, Deum et Dominum nostrum? — *Resp. :* Credo.

Interr. : Et in Spiritu Sancto? — *Resp. :* Credo.

Et ego te babtizo in nomine Patris, et Filii, et Spiritus Sancti, ut habeas uitam eternam[2]. — Amen.

Babtizato infante[3], *accedit ad sacerdotem ille qui eum de fonte suscepit, tenens ipsum infantem uesti-*

1. Rituels *M* et *A*, fol. 3 et 11 : « Abrenuntiat hic famulus Dei diabolo et angelis eius? *Resp. a ministris :* Abrenuntiat. — Operibus eius? *Resp.* Abrenuntiat. — Imperiis eius? *Resp.* Abrenuntiat. — Quis uocatur? *Ille.* — Credis, *Ille,* in Dominum Patrem omnipotentem? *R.* Credet. — Et in Ihesum, *etc. R.* Credet. — Et in Spiritum sanctum? *R.* Credet. — Et ego eum babtizo in nomine Patris, et Filii, et Spiritus Sancti, ut habeat uitam eternam. Amen. »

2. La formule finale « ut habeas uitam eternam » se retrouve constamment dans le rite gallican du baptême.

3. En même temps qu'il prononçait la formule « et ego te babtizo », le prêtre plongeait l'enfant dans la piscine. C'est ce qu'atteste saint Ildephonse : « At ubi baptizans infantulum sacerdos immerserit » etc. (*De cognit. Baptismi.*, c. CVI). On le revêtait aussitôt après pour l'onction du saint chrême.

Le baptême se conférait en Espagne par une seule immersion : du moins était-ce l'usage le plus généralement suivi. Nous le voyons au sixième siècle par la célèbre lettre de saint Grégoire le Grand à saint Léandre. Malgré la pratique contraire de l'Église romaine, le pape y approuve celle que le métropolitain de Séville avait adoptée sur ce point. Voy. *Sancti Gregorii Regist. Epist.*, lib. I, epist. 43; *P. L.*, t. LXXVII, col. 496. En 633, le 4e concile de Tolède, s'appuyant sur cette lettre, ordonne par son sixième canon de s'en tenir à l'unique immersion : « Simplam teneamus baptismi immersionem ». Un peu plus tard, saint Ildephonse témoigne encore de cet usage, quoiqu'il se garde bien de condamner comme illicite la triple immersion : « In una fide nihil contrarium habet consuetudo diuersa. Sed quia haeretici in hoc numero [trinae] mersionis unitatem solent scindere Dei

tum in dextro brachio, capite discooperto, et crismat eum sacerdos, faciens signum crucis in sola fronte, dicens :

Signum uite eterne, quod dedit Deus Pater omnipotens per Ihesum Christum Filium suum credentibus in salutem. — Amen [1].

Hoc peracto, item imponit ei manus impositionem, *ita* [2] :

Deus, qui unita uirtute misterii in regenerandorum hominum sacramento Sanctum aque Spiritum contulisti, ut Creator imperans creature illius officio tinctos ablueret, quos suo beneficio confirma-
fol. 31 ret, per illum tolleret labem peccati, / per se compleret gratiam sacramenti, atque ideo in traditione

1 *Cod* bracio, capite decooperto *M* bratio 5 *Cod* Xristum 7 *Cod* ei manus inpositionis 12 *M* per illam.

tatis, a Deo potius est quod Ecclesiae Dei unius usum obseruat tantummodo tinctionis. » *De cognit. Baptismi*, c. CXXVII, *P. L.*, t. XCVI, col. 160. — Chose remarquable : les docteurs et les conciles de l'Église d'Espagne s'efforçaient d'imposer à toute la Péninsule, dans le but de protester contre les erreurs des Ariens, une discipline dont il faut, semble-t-il, faire remonter l'origine à des sectes hérétiques d'Orient. Voy. MARTÈNE, *De antiquis Ecclesiae ritibus*, 2e éd., t. I, col. 138. Cf. ERMONI, *L'histoire du baptême de 313 à 692*, dans la *Revue des questions historiques*, numéro d'octobre 1898, p. 315-317.

On peut lire dans AGVIRRE *Collectio Conciliorum Hispaniae*, 1694, t. II, p. 506, une vigoureuse protestation de saint Martin de Braga, écrite vers 575, contre l'usage de l'immersion unique. « Dum uicinitatem, dit-il, tinctionis fugiunt alienae (Arianae), in aliam incauti incidunt prauitatem. » Il s'appuyait sur la lettre du pape Vigile à Profuturus de Braga (538). Voy. TEJADA, *Coleccion de cánones y de todos los concilios de la Iglesia de España y América*, t. II, p. 1021. La sage réponse de saint Grégoire était nécessaire pour mettre fin à ces querelles. — Malgré tout, on n'en continua pas moins à incriminer la « simplex mersio ». Alcuin (Epistola 113, *ad Paulinum*, et 90, *ad Fratres Lugdun.*, dans la *P. L.*, t. C, col. 342 et 289-290) est particulièrement dur et injuste contre des pratiques parfaitement orthodoxes et autorisées par le pape lui-même. Le concile de Worms de 868, canon V, est au contraire très libéral et déclare l'un et l'autre rites légitimes et irrépréhensibles. Voy. MANSI, t. XV, col. 869-971. — Les Ariens eux aussi plongeaient le néophyte dans la piscine. On connaît le récit du baptême forcé de la jeune reine Ingonde, écrit par Grégoire de Tours (*Historia Francorum*, l. V, 38, éd. d'Arndt) : « Iussit [Goisuinda] expoliare [Ingunden] et piscinae immergi ».

1. Toute cette formule est accompagnée de la notation musicale dans les deux « ordines » *B* et *M*.

2. Rituel *A* : « *Hoc pacto (peracto) inponit ei manus sacerdos, recitans hanc manus impositionis* : Deus, » etc., comme dans *B*.

beati babtismatis adiciendam unctionem crismatis precepisti : tuam, Domine, sequentes ut possumus sanctionem, te supplices petimus ac rogamus, ut infundas super his famulis tuis Spiritum Sanctum tuum. — Amen.

Spiritum sapientie et intellectus. — Amen.

Spiritum consilii et fortitudinis. — Amen.

Spiritum scientie et pietatis. — Amen.

Reple eos easque spiritu tui timoris, qui eis custodiam tui precepti salutaris inspirans, auram doni celestis adspiret : Quatenus, confirmati in nomine Trinitatis, et per crisma Christi, et per Christum mereantur effici christiani [1].

10 *M* aulam doni celestis.

1. Cette prière de l'imposition des mains et l'onction qui la précédait constituent le sacrement de la confirmation. (Voy. à ce sujet saint Isidore, *De ecclesiasticis Officiis*, lib. II, c. XXVII, et saint Ildephonse, *De cognitione Baptismi*, c. CXXIII-CXXXI.)

En Espagne, comme ailleurs, l'administration ordinaire du baptême et de la *chrismatio* semble avoir été tout d'abord réservée exclusivement à l'évêque. Nous avons sur ce point, au IVe siècle, le témoignage de saint Pacien, évêque de Barcelone : « Haec (noua generatio) compleri alias nequit, nisi lauacri et chrismatis et antistitis sacramento. Lauacro enim peccata purgantur ; chrismate Sanctus Spiritus superinfunditur : utraque uero ista, manu et ore antistitis impetramus » (*P. L.*, t. XIII, col. 1093). Plus tard, lorsque le baptême fut conféré par de simples prêtres, ceux-ci administrèrent aussi l'onction du saint chrême, contrairement à la pratique de la plupart des églises. (Déjà, au début du IVe siècle, l'évêque ne suppléait *per benedictionem* que dans le cas où un diacre eût osé baptiser et confirmer. Conc. d'Elvire, can. LXXVII). Saint Braulion de Saragosse écrit à ce sujet à Eugène de Tolède : « Optime nouit prudentia tua canonum antiqua esse instituta, ut presbyter chrismare non audeat, quod seruare et Orientem et omnem Italiam hucusque scimus ; sed postea consultum est ut chrismarent presbyteres, sed de chrismate benedicto ab episcopis, ut non uideretur presbyterorum hoc esse priuilegium, cum ab illa unctione sancta populum Dei sacrant, sed episcoporum, quorum benedictione et permissu quasi de manu episcopi in huiusce rei peragunt officia. » Voy. *P. L.*, t. LXXXVII, col. 406-410 et la note. Cf. 1er concile de Tolède (vers 400), can. XX ; 2e conc. de Braga (572), can. LII ; 2e conc. de Barcelone (599), can. II. En Sardaigne le même usage existait. Saint Grégoire le Grand voulut l'abolir ; mais devant la résistance du clergé, il autorisa la *chrismatio* par de simples prêtres, partout où il n'y avait pas d'évêque. (Voy. *Sancti Gregorii* Epist. 26, *P. L.*, t. LXXVII, col. 696.) En résumé, on doit dire : la confirmation était une fonction épiscopale, que les évêques dans l'Espagne entière déléguaient aux prêtres ; mais elle était administrée avec le chrême consacré par l'évêque du diocèse.

Post hec uelantur a sacerdote infantes ipsi qui babtizati sunt caput : quo peracto, communicat eos[1].

Post diem quoque babtismi tertium, adducuntur ipsi infantes ad sacerdotem. Et dicit super eos hanc orationem :

Benedictio de albis.

Domine Ihesu Christe, redemtor mundi, quem uerum hominem ueraciter ex homine natum Deus Pater suum Filium esse signauit, confirma in hos famulos tuos uel famulas, quos tuo nomine signasti atque sacro liquore mundasti, tuoque Spiritu pleni existunt, etiam tuo iam corpore et sanguine satiati atque redemti : ut hec sacramenta que in nouitate uite perceperunt, ita indesinenter ad usum salutis obtineant, ut ad remunerationem beatitudinis ex hoc securi perueniant. — Amen.

Post hanc, oratio dominica non dicitur, sed tantum benedictio :

[**Benedictio**].

Dominus Ihesus Christus, qui uos lauit aqua sui fol. 32 / lateris et redemit effusione cruoris, ipse in uos confirmet gratiam adepte redemtionis. — Amen.

Per quem renati estis ex aqua et Spiritu Sancto, ipse uos celesti consociet regno. — Amen.

Qui dedit uobis initia sancte fidei, ipse conferat perfectionem operis et plenitudinem karitatis. — Amen[2].

[2] *Cod* caput quoopertum communicat eos [11] *M* plini [13] *Cod* nobitate [14] *Cod* husum [16] *M* ex oc [17] *M* post anc.

1. Le Rituel *M*, fol. 4, est plus complet : « *Post hæc uelantur a sacerdote infantes ipsi qui babtizati sunt caput dicens :* Accipe tibi uestem nuptialem, quam presentes ante tribunal Domini nostri Ihesu Christi in uitam eternam. *Quod peractum, communicat eos* ».

La version du Rituel *A*, fol. 12, ajoute encore aux deux autres textes et mérite d'être signalée : « *Qua* (*manuum impositione*) *explicita, uelatur ipse infans qui babtizatus est caput, et dicit* [*sacerdos*] *hanc Orat*[*ionem*] : Accipe tibi uestem candidam, uestem nubtialem, quem inmaculato corde feras ante tribunal Domini nostri Ihesu Christi in uitam eternam. Amen. — *Quo perhactum, communicat eum sacerdos et dicit silentium :* Corpus Domini nostri Ihesu Christi sit salbatio tua. — Sanguis Christi maneat tecum, redemtio tua. *Post diem* », etc., comme dans *B*.

2. Rituel *A*, fol. 13 : « ... plenitudinem caritatis. — Amen. Ipso prestante et adiuuante », etc. Le Rituel *M* ajoute en marge : « In nomine Domini nostri Ihesu Christi, christianus uerus perficiatur in pace ».

Qua explicita, deponit ei sacerdos albas, et post ubi uoluerit discedit[1].

V. — ALIA ORATIO MANVS INPOSITIONIS IN VIGILIA PASCHE.

Sancte Spiritus, omnipotens Deus, qui es Patri et Filio coeternus, et indissecabilis substantie maiestate unitus : qui post resurrectionem nostri Redemtoris et Domini, per pacis eius inestimabilem sanctitatem, apostolorum fueras pectoribus iam locatus; et ut per te ipsum quoque paterne federa promissionis conpleres, eorum post eius Ascensionem clarum inlustrasti conuentum flagrantium uirtute flammarum, et uerticibus insidens iam dicatos per ignitas linguas uariis loquellis ornatas, mundum denuo formasti nascentem : quorum in precatione descendens, uel manuum inpositione te tribuens, post lauacri festa candida, salutaris plena tui carismatis effusione fulsisti. A te fides exoritur, in te fides extenditur, et ex te fides armatur : in te noue uite cognitio : per te ueteris uite purgatio, et uere uite, per uitam te docente, uitalis infunditur scientie plenitudo. Tu pastus animarum ; tu dulcedo credentium; tu es inuisibilis pinguedo iustorum, quorum intercessione / tuam clementiam depreca- fol. 33 mur, ut hos famulos famulasque tuas illa tuarum uisitationum speciali benedictione sanctifices, qua tuis insignibus terribiliter in Apostolis micuisti.

Da eis, Domine, sapientiam, qua conculcent stultitiam sordidantem et astutiam mundi refugiant punientem. Da intellectum, quo seruent celestium medicamina preceptorum et spiritualium extinguant uenena serpentium. Da consilium, ut nouerint te esse quod es, nouerint se esse quod sunt, et in semetipsis fieri concupiscant unde tibi ex toto conplaceant. Da fortitudinem, ut maligni iacula conterant et repellant, armaque uictricia aduersus hostem improbum adprehendant et dimicare non desinant. Da scientiam, ut scire te ambiant et se nescire non lugeant. Da pietatem, que ad omnia salutifera conquirenda utilis esse cognoscitur. Da eis timorem

[3] *Cod* manus inpositionum in uigilia pasce [6] *Cod* quoeternus et indesecabili [8] *Cod* inextimabilem [11] *Cod* promissione [12] *Cod* fraglantium [13] *Cod* uerticis [17] *Cod* labacri [30] *Cod* serbent [37] *Cod* adpreendant.

1. Rituel *A* : « *His explicitis, deponitur ei sacerdos albas, et postea ubi uoluerit discedit.* In nomine sancte Trinitatis christianus perficias in pace. Deo gratias. Confirmet te Deus per manus serui sui, ut abeas uitam eternam. — Amen ».

tuum, quo dum te timuerint, ubi timor non est timere nichil possint.

Concede in eis perpetualiter tue gratie medicinam, ut qui iam caruerunt uulnere genuino, non procumbant iterum repetito. Quique renati sunt sacri babtismatis fonte, schismatum non pereant prauitate : et qui crismate delibuti sunt diuine unctionis, non torpescant oleo peccatoris ; ut ignis tuus qui est uitalis et zelans torporem carnalis hebetudinis in eis excludat, / et uigorem uigilantie spiritua-
fol. 34 lis accendat. Tela urat hostilia, arma porrigat gloriosa, regeneratorum corda succendat, malarum concupiscentiarum flammas extinguat : ut in eis ignis tuus sue fortitudinis uigorem persistens amoris tui flamma preualeat. Per quem te uerum Deum trinum, non triplicem, sed unum, non solitarium confiteantur et credant, ut in eterna tecum regnaturi secula uiuant. — Amen. Per tua magna.

VI. — ORATIO SVPER EVM QVI CAPILLOS IN SOLA FRONTE TONDERE VVLT [1].

Te inuocamus, eterne omnipotens Deus, ut abundantia fontis tue benedicas hunc famulum tuum *Illum* et super caput istius coronam eterne uite inponas, ut tribuas ei longitudinem dierum in seculum seculi : ut gratiam per manus inpositionem accipiat, sicut Dauid per manus Samuelis accepit ; quod in Apostolorum tuorum tipo prefiguratum est. Nos quoque, Domine, indigni famuli tui
fol. 35 rogamus, ut huic famulo tuo *Illo*, / quum ei manum in nomine tuo inponemus, eum Paracliti tui dono repleas, et uite eterne cum omnibus sanctis paginam libri uite adscribas. — Quia Deus es.

[4] ut *deest in Cod* [6] *Cod* scismatum [7] *Cod* prabitate [9] *Cod* euitudinis [21] *Cod* habundantia [25] *M* manuum *Cod* per manus inpositionis. [32] *Cod* dona.

1. Il semble qu'il s'agit ici, non pas de la tonsure cléricale proprement dite, mais d'une simple cérémonie par laquelle un enfant offrait à Dieu les prémisses de sa chevelure. Plus tard, lorsqu'il sera sorti de l'adolescence, une seconde cérémonie aura lieu, pendant laquelle le prêtre prononcera sur lui des formules de bénédiction, le jour où il consacrera à Dieu la première barbe qui ornera son visage d'adolescent. (Voy. ci-dessous, col. 34. — Sur l'usage de la tonsure en Espagne, consulter Tejada, *Colección de cánones*, t. II, p. 290-299. Cf. le 4e Concile de Tolède, can. xli). — Le Rituel *M*, fol. 5, intitule ce chapitre : « Ordo ad benedicendum eum qui capillos in sola fronte tondere uult ».

Postea :

Oratio.

Domine Ihesu Christe, qui es caput nostrum et corona omnium sanctorum, respice propitius super infantiam huius famuli tui *Illius*, qui in tuo nomine sua celebrans uota, capillos capitis sui in sola fronte tonsurus : ut per huius benedictionis copiam ad iuuenilem se etatem peruenire congaudeat, letabundus cum parentibus et magnificus cum omnibus fidelibus : ut de hac uita quandoque ad futuram gloriam tuam saluandus perueniat. — Quo iubente.

Benedictio.

Benedic, Domine, hunc famulum tuum *Illum* nostri oris alloquio et eum tuo locupleta dono. — Amen.

Fideli uoto concrescat, et semper tuo adiutorio floreat. — Amen.

Vitam suam honestissime perducat, et semper in mandatis tuis benedictus adsistat. — Amen.

VII. — ORATIO SVPER PARVVLVM, QVEM PARENTES AD DOCTRINAM OFFERVNT [1].

Domine Ihesu Christe, qui os mutorum aperuisti et linguas infantium fecisti dissertas, aperi, quesumus, os famuli tui *Illius* ad percipiendum sapientie tue donum ; ut in doctrina qua nunc inchoat perfe-

[2] *M* Item alia [4] *M* chorona... respice quesumus [7] *M* tonsura [8] *Cod* iubenilem *In codice M supra uocem* congaudeat *legitur* mereatur [14] *M* tuo dono locupleta [16] *Cod* uota [18] *Cod et M* onestissime. [24] *M* ad percipienda sapientie tue dona [25] *Cod et M* inquoat

1. Rituel *A*, folio 33 : « Oratio svper parvvlvm, qvando evm parentes ad doctrinam offervnt. Oremus Dei omnip[otentis pietatem], ut uisceribus huius famuli *Illius* spiritum sapientie infundere dignetur. Prestante... K[yrie eleison], K. K. — *Completuria :* Domine Ihesu Christe, qui os mutorum aperuisti et linguas infantium », etc., comme dans le Rituel *B*.

Sur les enfants des écoles cléricales en Espagne au temps des Wisigoths, on peut lire le canon i du 2e concile de Tolède (527) et le canon xxiv du 4e concile (633). Voy. le commentaire qu'en a fait le P. Tailhan dans son étude sur *les Bibliothèques espagnoles du haut moyen âge* (dans les « Nouveaux mélanges d'Archéologie » du P. Cahier, p. 223-231. Sur les études du huitième au onzième siècle, p. 278-296). On sait que ces écoles furent très florissantes à Cordoue parmi les Mozarabes. Consulter sur ce point la thèse du cardinal Bourret, *De schola Cordubae christiana sub gentis Ommiaditorum imperio* (1858). Etherius dit des nouveaux baptisés : « Alii traduntur scholae et offeruntur a parentibus Christo, ut possint futuri esse sacerdotes et seruiant Christo... » *Ad Elipandum.*, *P. L.*, t. XCVI, col. 998.

ctissime doceatur, et tibi Domino Ihesu Christo semper laudes et gratias referat. — Pater.

Benedictio.

Benedicat tibi Dominus benedictione celesti, et repleat te septiformis Spiritus Sancti. — Amen.

Det tibi Dominus de rore celi et de pinguedine terre, ut affluens in te exuberet limphas fidei, et documentum catholice ueritatis. — Amen.

Habeat in te sancta et uera mater Ecclesia sui augmentum et iure possessionis mirifice lucrum, que cum Domino et Saluatori nostro expectat obtinere gaudium infinitum. — Amen [1].

VIII. — BENEDICTIO SVPER PARVVLVM, QVI IN ECCLESIA AD MINISTERIVM DEI DETONDITVR [2].

Deus, qui cordium arcana cognoscis et interiora hominum solus inspector intelligis, te supplices petimus et precamur, ut presentem seruum tuum *Illum*, ad te ex seculari uita conuersum, diuinitatis

5 *M* septiformis gratia 7 *Cod et M* limphos 13 *Cod* quem in ecclesia 16 *M* archana.

1. Le Rituel *M*, fol. 6, ajoute : « ALIA BENEDICTIO : Benedic, Domine, hunc famulum tuum *Illum*... » (le reste a été gratté).

2. Les formules dont se sert pour cette cérémonie le Rituel *A*, fol. 33-34, sont toutes différentes de celles du Rituel *B*. — Les voici :

« ORDO SVPER PARVVLVM, QVI IN ECCLESIA TVNDITVR.

« *Ant.* Sinite paruulos uenire ad me, dicit Dominus : talium enim regnum celorum. — *Vers. :* Ex ore infantium... Oremus Dei [omnipotentis clementiam], ut hunc famulum suum *Illum*, in sorte sanctorum suorum adnumerari dignetur. Prestante... K[yrie eleison], K., K.

« *Completuria :* Domine Ihesu Christe, qui dixisti discipulis tuis : « Sinite paruulos uenire ad me : talium est enim regnum celorum »; tuam supplices misericordiam deprecamur super hunc famulum tuum *Illum*, ut placatus eum respicias : ut, qui ad cultum religionis deuotissime propter honorem nominis tui offertur sanctis martyribus *Illis* tuis, ut in Ecclesia tua catholica iugiter deseruiens, per interuentu omnium sanctorum tuorum concedas ei misericordiam tuam, adque profectum bone uite a te mereamur (mereatur) accipere · ut proficiat a te, Christe, in sapientia et castitate, et per bona opera mereatur eterni[tati]s coronam. — Pater.

« *Benedictio :* Deuotionem huius famuli tui *Illius*, Domine, clementer intende et eius uota propitiatus suscipe. Benedictionis tue auxilium gubernetur, et in Ecclesia tuâ rectis semitis gradiatur. — Amen. Ut congressio pudicitie per regula Christi tui suscipiat repromissionis stolam. — Amen.

« In nomine sancte Trinitatis perfice in pace ».

/ tue benedictione locupletes; sensibus eius Spiritum gratie septiformis infundas; cordis eius ignorantiam pellens, mentem tibi placibilem facias, quam iugiter inlustrando possideas : hostisque tentamenta teterrimi et carnis inlecebras ita ab eo repellas, ut et pristina uitiorum contagia careat et perennis regni premia te tribuente percipiat. — Amen. Quia multe pie[tatis]. fol. 36

Item alia oratio de quo supra.

Manda, Deus, benedictionem et uitam usque in seculum huic famulo tuo *Illo*, ut unguentum quod descendit in capite totum maneat et in corpore : eodemque Spiritu famulum tuum pasce, quo caput nostrum Unigenitum tuum dignatus es adimplere. Et ipsa dote sanctificationis ditescat membrorum eius compago, qua floruit nostre sanctificationis origo. — Amen.

VIIII. — ORDO AD ORDINANDVM CLERICVM [1].

In primis, dum uenerit is qui ordinandus est clericus, induit eum sacerdos tunica et alba, et fixis

3 *M* placabilem 5 *M* temtamenta 11 *M* ungentum 13 *Cod* famulo tuo pasce 20 *Cod* albas.

1. Le Liber Ordinum ne nous donne pas le rituel observé pour la collation des Ordres mineurs. Il se peut toutefois que pour plusieurs il y eût des rites et des formules spéciales. Saint Isidore (*De ecclesiast. Officiis*, c. XIII, *P. L.*, t. LXXXIII, col. 793) dit au sujet des exorcistes : « Hi cum ordinantur, accipiunt de manu episcopi libellum, in quo scripti sunt exorcismi, accipientes potestatem imponendi manus super energumenos, siue baptizatos, siue catechumenos. » Mais l'évêque de Séville cite ici un canon du 4e concile de Carthage et ne nous dit pas ce qui se faisait dans son église. — Je ne trouve nulle part dans notre Rituel la mention des acolythes, du moins sous cette appellation, quoique saint Isidore en parle expressément (*Ibid.*, col. 793; cf. col. 896, et *Etymolog.*, l. VIII, c. XII). Par contre il est question des portiers (*ostiarii*) dans l'*Ordo in Ordinatione sacriste*. Une inscription wisigothique de 566, trouvée à Mertola (Portugal), mentionne un lecteur :

+
TYBERIVS LECTO
R FAMVLVS DEI VI
[XI]T ANNOS PLVS MIN
VS XIIII MENSESQVE NO
VEM REQVIEVIT IN PACE
DOMINI DIE XIII KALENDA
S IVNIAS ERA DCIIII

HVBNER, *Inscriptiones Hispaniae christianae*, Sup-

genibus in terra in medio coro, acceptis tonsuriis, sacerdos facit crucem in capite eius, dicens :

In nomine Patris, et Filii, et Spiritus Sancti re[gnantis in secula seculorum].

Statimque imponit hanc antiphonam, premissa tamen prius salutatione :

ANTIPH.[1]. Sinite paruulos uenire ad me, dicit Dominus; talium est enim regnum celorum.

plementum (1900), n° 314 et p. 133; Leite de VASCONCELLOS, *O Archeologo Português*, t. III (1897), p. 291.

Une seconde inscription, un peu plus ancienne que la précédente et de même provenance, est plus curieuse encore. C'est l'épitaphe du chef de chœur (*princeps cantorum*) de l'église de Mertola, mort en 525.

ANDREAS FAMVLV
DEI PRINCEPS CAN
TORVM SACROSAN
CTE AECLISIAE MER
TILLIANE VIXIT
ANNOS XXXVI
REQVIEVIT IN PA
CE SVB DIE TERTEO
KAL APRILES
AERA DLX TRI
SIS

VASCONCELLOS, *l. c.*, p. 292; HVBNER, *l. c.*, n° 304.

L'expression *princeps cantorum* se trouve aussi dans saint Isidore, *De eccles. Officiis*, l. II, c. XII, *de Psalmistis*, dans *P. L.*, t. LXXXIII, col. 792. — Le 1er concile de Tolède, vers l'année 400, parle dans son canon II des *ostiarii* et des *lectores*. Ces derniers sont aussi mentionnés dans le 1er et le 2e concile de Braga (561, 572) canons XI et XLV. — Ce canon XLV vaut la peine d'être cité et nous expliquera peut-être l'absence dans nos rituels mozarabes de formules pour les ordres mineurs : « *Ut non ascendat in pulpitum lector.* Non liceat in pulpito psallere aut legere, nisi qui a presbytero lectores sunt ordinati. » C'était donc un simple prêtre qui, sans l'intervention de l'évêque (sacerdos, episcopus, antistes), ordonnait ces clercs de rang inférieur. Saint Isidore nous dit la même chose des *psalmistae* ou *cantores* : « Solent autem ad hoc officium etiam absque scientia episcopi, sola iussione presbyteri, eligi quique quos in cantandi arte probabiles esse constiterit » (*De eccl. Officiis*, l. II, c. XII, *P. L.*, t. LXXXIII, col. 792). — La cléricature était souvent conférée à des enfants. Voy. dans HVBNER, *Supplem.*, n° 299, l'épitaphe d'un clerc mort à l'âge de dix ans. Cf. *De vitis PP. Emerit.*, c. V. (*Acta SS. Bolland.*, t. I Nov., p. 323-324).

1. Antienne avec notation musicale en neumes dans le manuscrit du Rituel.

VERSVS : Deus deorum. — Gloria.

Oremus ut huius famuli sui cursum, ob utilitatem sancte Ecclesie, in bonis actibus propitius dirigere dignetur.

Oratio[1].

Domine Ihesu Christe, qui dixisti discipulis tuis : « Sinite paruulos uenire ad me, talium est regnum celorum »; tuam misericordiam supplices deprecamur super hunc famulum tuum *Illum*, ut placatus eum respicias : ut qui ad cultum religionis deuotissime propter honorem / nominis tui offertur (fol. 37) martiribus tuis *Illis*, in Ecclesia catholica tua monacus iugiter deseruiens, per intercessum sanctorum tuorum concedas ei misericordiam tuam, atque profectum bone uite a te mereatur accipere : ut proficiat a te, Christe, in sapientia, et humilitate, et castitate, et scientia; ut per bona opera percipere mereatur eternitatis coronam, et in perpetuum tecum obtinere gaudium infinitum. — Piis[sime].

Benedictio.

Deuotionem huius famuli tui, Domine, clementer intende, eiusque uotum propitius suscipe. — Amen.

Benedictionis tue auxilio gubernetur, et in Ecclesia tua rectis gressibus gradiatur. — Amen.

Et qui aperuisti os mutorum et linguas infantium fecisti dissertas, huius famuli tui dignare os aperire ad enarrandam laudem tue diuinitatis eterne. — Amen.

X. — ORDO IN ORDINATIONE SACRISTE.

Quum ordinatur sacrista, adstantibus cunctis, episcopus residens in preparatorio tradit ei anulum[2]

32 *Cod* Qum ordinatur 33 *Cod* anolum.

1. Cette oraison est presque entièrement la même que celle donnée ci-dessus (col. 39) d'après le Rituel *A*, dans l'*Ordo super paruulum qui in ecclesia tunditur.* Une particularité mérite toutefois d'être relevée : dans le rituel *B*, il s'agit non pas d'un simple clerc, mais d'un moine élevé à la cléricature.

2. Cet *annulus*, insigne de la charge qui lui était confiée, était vraisemblablement un de ces anneaux à clef, dont l'antiquité chrétienne nous a légué de curieux spécimens. On peut voir plusieurs dessins de ces *annuli ad claves* ou *ad rerum custodiam* dans BOLDETTI, *Osservazioni sopra i cimiteri dei santi martiri*, pl. IV, n. 36, 37. Voy. aussi MARTIGNY, *Dictionnaire d'antiquités chrétiennes* (1877), p. 49, et SMITH, *Dictionary of*

de sacrario, non tamen ante altarium, sed in preparatorio, dicens ei :

Esto custos sacrorum [1], ianitor adituum et prepositus ostiariorum.

Et sic ille qui ordinatur, osculato pede episcopi, stat in loco ordinis sui.

XI. — ORDO IN ORDINATIONE EIVS, CVI CVRA LIBRORVM ET SCRIBARVM COMMITTITVR.

Quum ordinatur qui librorum et scribarum curam habere possit, simili eodemque modo adstantibus fratribus, in preparatorio residens episcopus tradit ei anulum de scrinlis, dicens illi :

Esto custos librorum et senior scribarum.

Sicque ille, osculato pede episcopi, stat in ordine suo.

XII. — ORDO SVPER EVM QVI BARBAM TANGERE [2] CVPIT.

Quum uenerit is qui barbam benedicere desiderat, explicita secundum morem missa, antequam absoluat fol. 38 *diaconus, accedit ad sacerdotem / iuxta cancellos. Et tollens sacerdos de cereo benedicto ceram, in granos [3] extremos in dextro et in sinistro similiter et in medio mento ponens, dicit :*

In nomine Patris, et Filii, et Spiritus Sancti, re[gnantis].

Post hec dicit antiphonam.

Antiph. [1]. Sicut unguentum a capite quod descendit in barbam, in barbam Aaron, manda huic, Domine, benedictionem et uitam usque in seculum.

Versvs : Ecce quam bonum.

Dicta uero Gloria, *repetit caput antiphone. Deinde dicit has orationes cum sua benedictione :*

Oratio.

Sicut unguentum a capite quod descendit in barbam, in barbam Aaron, descendat quesumus, Domine Deus noster, super hunc famulum tuum *Illum* benedictio Maiestatis tue : ut qui dono misericordie tue ad hanc usque se gaudet iuuenilem peruenire etatem, et in tuo nomine sua celebrat uota, et a tua clementia benedictionem expectat, ita petimus, Domine, ut [per] infusionem Sancti Spiritus tui benedictus, et unitate fidei muniatur, et uirtute celestis gratie decoretur. — Amen.

Alia.

Sanctificator animarum, ineffabilis Deus, cui conplacet equitas et sincera conscientia semper accepta est, tua pia erga presentem famulum tuum pretende suffragia, sanctitatis et puritatis in eo amplifica uota : ut tue claritatis dignatione respectus, et unguenti salutaris persistat imbre perfusus, et a suis maneat prauitatibus absolutus, ut eum dignum ad habitationem gloria tue Maiestatis inueniat, et cor eius possidens atque regens Spiritus Sanctus per secula infinita possideat. — Pater.

Benedictio [2].

Christe Domine, qui es caput in te credentium uirorum : da unguentum uerticis tui in barbam fa-

3 *Cod* Esto custus sacriorum, ianitor edituum 12 *Cod* anolum 18 *Cod* his qui 19 *Cod* more *M* antequam absolua 22 *Cod* sinixtro.

3 *M* Post hec dicit hec A 8 *M* antifone 9 *M* has III orationes 15 *Cod* iubenilem.

Christian Antiquities, t. II (1893), p. 1803. Posidius dit, en parlant de la confiance que saint Augustin plaçait en ses clercs : « Domus ecclesiae curam omnemque substantiam ad uices ualentioribus clericis delegabat, nunquam clauem, nunquam annulum in manu habens » (*Vita sancti Augustini*, in *P. L.*, t. XXXII, col. 53). — Ceci s'applique aussi au *Custos librorum*.

1. Ce titre est celui que saint Isidore donne au sacriste dans son traité *De ecclesiasticis Officiis*. Il a un chapitre intitulé « De custodibus sacrorum », qu'il place entre sa notice sur les diacres et celle sur les sous-diacres. Il débute ainsi : « Custodes sacrarii leuitae sunt » (*P. L.*, t. LXXXII, col. 788). — Le mot « sacrarium », dont parle ici saint Isidore et qui se trouve aussi dans le Liber Ordinum, doit désigner l'endroit le mieux gardé de la sacristie, nommé *preparatorium* dans plusieurs rubriques de notre Rituel. Parfois aussi il désigne la sacristie proprement dite. Voy. plus loin, au fol. 47 du manuscrit du Rituel.

2. « *Tangere barbam*, seu primam lanuginem incidere » (Ducange, *Glossarium mediae et infimae latinitatis*, au mot Barba).

3. Le mot *grani* a ordinairement la signification de *tresses* dans le latin du haut moyen âge. Il faut plutôt l'interpréter ici par *moustaches*. C'est dans ce sens, semble-t-il, que le prend le canon xi du 1er concile de Braga (561) : « Item placuit, ut lectores in ecclesia habitu seculari ornati non psallant, neque granos gentili ritu dimittant ». En parlant des inconvénients qu'il y a à donner aux laïcs la communion sous les deux espèces, Ernulphe de Rochester écrit : « Euenit enim frequenter, ut barbati et prolixos habentes *granos*... prius liquore pilos inficiant, quam ori liquorem infundant ». Tout ceci peut aussi s'entendre fort bien d'une chevelure longue tombant en boucles sur le visage. Voy. Ducange, *Glossarium*, au mot Grani.

1. Antienne avec notation musicale en neumes.

2. Avant cette « Benedictio », on lit dans le Rituel *M*,

fol. 39 muli tui / cum tua gratia et benedictione decoris perfectionisque descendere. — Amen.

Ut tum operum suorum, quam sensuum innouatione, te duce, in uirum perfectum ualeat peruenire. — Amen.

Quo et unitate fidei in se habitatione per te consociet, et consummatione uite significatione sanctificet — Amen.

Ista explicita, intromittit in anulo aureo barbam cum cera, et in anulo barbam et ceram capulat[1] *qui barbam tangit, dicens :*

In nomine Patris, et Filii, et Spiritus Sancti.

Et accipit in linteo nitido. Peracta ista omnia, absoluit diaconus, dicens :

Missa acta est[2].

1 *M* famuli tui Illius 3 *Sic M In Cod* sensum innobatione 7 *Post* sanctificet *inveniuntur in M litterae* h l. 13 *Cod* accepit *M* et accipitur.

fol. 8 : « Alia benedictio. Dominus Ihesus Christus sit adiutor tuus et Omnipotens benedicat te. Precem tuam ... exaudiat ... » (le reste est effacé).

1. « Capulare » se rencontre avec le sens de *couper, retrancher*. Voy. Ducange, *Glossarium,* au mot Capulare.

2. A cet endroit du manuscrit se trouve (en marge et entourée d'un filet rouge) la formule suivante : « Anathema sit qui biberit barbam alienam : quia consuetudo est hereticorum ». Je ne puis découvrir à quelle secte hérétique cette pratique extravagante est attribuée dans ce curieux passage.

Mon très docte ami, le R. P. Fita, me suggère de lire *uiuere* au lieu de *bibere* et d'interpréter *alienam* par *more alieno*, en donnant un sens actif au verbe *uiuere*. Nous aurions alors la phrase suivante : « Anathema sit qui uiuerit (*i. e.* qui *nutriuerit*) barbam alienam (*i. e. more alieno*) : quia consuetudo est hereticorum. » Il s'agirait d'un usage adopté par certains hérétiques et qui était encore suivi en Galice, à une date antérieure au 4e concile de Tolède (633). Les Pères de ce concile, présidé par saint Isidore et où siégeaient les évêques de la Galice, le condamnèrent dans les termes suivants (canon xli) : « Omnes clerici uel lectores, sicut leuitae et sacerdotes, detonso superius toto capite, inferius solam circuli coronam relinquant : non sicut hucusque in Gallaeciae partibus facere lectores uidentur, qui prolixis ut laici comis, in solo capitis apice modicum circulum tondunt : *ritus enim iste in Hispaniis haereticorum fuit.* Unde oportet, ut pro amputando Ecclesiae scandalo, hoc signum dedecoris auferatur, et una sit tonsura uel habitus, sicut totius Hispaniae est usus. Qui autem hoc non custodierit fidei catholicae reus erit. »

La seule difficulté à cette explication est dans la signification à donner au verbe *uiuere*. Quant à la lecture *uiuere* pour *bibere*, elle est assez naturelle, comme on peut le voir dans nos variantes des manuscrits wi-

Et post hec, si est monacus, radet barbam.

Et dum ceperit ambulare ac de ecclesia egredi, decantatur ei a clero hec antiphona, aut si uoluerint subsequens Alleluiaticum[1] :

Ant. [2]. — Benedictus es in ciuitate, et benedictus in agro, et benedicte reliquie tue. Benedictus eris ingrediens et regrediens. — Gloria.

Ant. — Gloriam et magnum[3].

XIII. — BENEDICTIO AD ORDINANDVM SVBDIACONEM.

In primis datur ei ab archidiacono ministerium ad manus lauandas, et patena et calix[4].

Deinde dicitur ei hec oratio :

2 *Cod et M* egredere 11 *Cod* arcediacono.

sigothiques. L'épigraphie nous a révélé depuis longtemps que le souhait : *Bibas in eternum!* était non moins connu en Espagne qu'à Rome. Je citerai, en terminant, un dicton un peu vulgaire et qu'on sera surpris de lire dans un livre de ce genre, mais qui est pourtant bien ici à sa place : O felix Iberia! ubi uiuere est bibere.

1. L'Alleluiaticum était une antienne accompagnée de l'Alleluia et dont la mélodie avait d'ordinaire quelque chose de vif et de triomphal. On lit dans la vie de saint Ildephonse écrite au huitième siècle par Cixila, évêque de Tolède : « Clerus uehementer psallebat Alleluiaticum (version du *Codex Aemilianus*), quod ipse dominus Hildefonsus nuper fecerat : *Speciosa facta est, alleluia* » (*P. L.*, t. XCVI, col. 45; cf. t. LVIII, col. 197).

2. Antienne avec notation musicale en neumes.

3. Cette antienne ou *Alleluiaticum* se retrouve jusqu'à neuf fois dans le missel mozarabe imprimé. La voici dans sa forme la plus ordinaire : « Gloriam et magnum decorem impones super eum, alleluia, et dabis eum in benedictionem et in seculum seculi, alleluia, alleluia. Vitam petiit a te : tribuisti ei, Domine, in longitudinem dierum in eternum. Et in seculum seculi, alleluia, alleluia. »

4. Il semble que, jusqu'à une époque assez tardive, on se soit contenté pour l'ordination des sous-diacres de la simple tradition du calice. C'est ce que nous voyons à Rome au commencement du sixième siècle : « Cuius hic apud nos ordo est, dit le diacre romain Jean, ut accepto sacratissimo calice, ... subdiaconus iam dicatur » (*P. L.*, t. LIX, col. 405). Cependant l'absence de toute solennité dans la collation du sous-diaconat entraîna bientôt de graves inconvénients. Les sous-diacres ne croyaient enfreindre aucune loi canonique en se mariant, « asserentes, dit le canon vi du 8e concile de Tolède (653), hoc ideo sibi licere, quia benedictionem a pontifice se nesciunt percepisse ». Aussi, le concile crut-il devoir prendre à ce sujet la décision suivante : « Proinde, omni excusationum discisso uelamine, id praecipimus obseruari, ut quum iidem subdiacones ordinantur, cum uasis ministerii benedictio eis ab epi-

Oratio.

Deus, qui ministros tabernaculo tuo indesinenter parare mandasti ac te eorum sortem esse remunerator indulgentissimus prestitisti, ut de mundo nicil cogitantes, in sacrario tuo die noctuque persisterent, ibique officii sui munere in sacro ministerio iugiter fungerentur : respice, quesumus, super hunc famulum tuum *Illum,* quem ad subdiaconii officium prouehimus testimonio seniorum. Tu eum, Domine, tua benedictione perlustra et Sancti Spiritus tui infusione sanctifica :
fol. 40 ut in / conspectu Maiestatis tue dignus semper minister adsistat, atque ad sublimioris officii gradum, te adiuuante, promereatur ascendere et ad eterne beatitudinis premium, te duce, ualeat peruenire.

Completuria eiusdem.

Domine Deus omnipotens, sanctifica hunc famulum tuum *Illum,* quem ad ministerium subdiaconii officio manuum nostrarum, te propitio, consecramus. Sit in conspectu Maiestatis tue humilis, quietus atque pacificus. Prebe illi tuum subsidium, ut mundo corde tibi deseruiat. Karitatis in se, te opitulante, conseruet premium : ut mortificata uitia uirtutibus crescat, et bene conuersando ad superiorem gradum, te annuente, perueniat. — Amen.

Qua finita, dat ei episcopus codicem Pauli apostoli, et dicit ei hanc confirmationem :

Confirmatio post ordinatum subdiaconem.

Accipe documenta apostolica et annuntia in Ecclesia Dei. Vide quoque, ut quod ore annuntias corde credas : ut quod corde credes operibus expleas. — Amen.

9 *Cod* proueimus 14 *Cod* adiubante 25 *Cod* conseruando 30 *Cod* confirmationem.

scopo detur, sicut in quibusdam ecclesiis uetustas tradit antiqua ». C'est sans doute à la suite de ce décret du concile national de Tolède, que furent rédigées les formules de notre Rituel wisigothique.

Il est déjà question de la tradition du calice et de la patène aux sous-diacres dans le canon XXVIII du 4e concile de Tolède (633), comme d'un rite en usage depuis longtemps : « Si subdiaconus, [recipiat] patenam et calicem ». — Le concile d'Elvire (vers l'an 300) fait mention, dans ses canons XXX et XXXIII, des sous-diacres et de l'obligation où ils sont de garder la continence, ainsi que les autres ministres de l'autel.

XIIII. — PREFATIO AD ORDINANDVM DIACONEM[1].

Mox uenerit ut ordinetur, inponit ei episcopus orarium[2] in sinistro humero, et sic dicit super eum has tres orationes :

Oratio.

Commune uotum[3] communis oratio prosequatur, ut Ecclesie prece is qui in diaconatus ministe-

8 *Cod* his qui.

1. Les divers offices du diacre dans la liturgie wisigothique sont très nettement résumés dans le passage suivant de la lettre de saint Isidore à Leudefred : « Ad diaconum pertinet assistere sacerdotibus, et ministrare in omnibus quae aguntur in sacramentis Christi, in baptismo scilicet, in chrismate, in patena et calice ; oblationes inferre et disponere in altario, componere mensam Domini atque uestire, crucem ferre, praedicare Euangelium et Apostolum. Nam sicut lectoribus Vetus Testamentum, ita diaconibus Nouum praedicare praeceptum est : ad ipsum quoque pertinet officium precum, recitatio nominum ; ipse praemonet aures ad Dominum habere, ipse hortatur clamore, pacem ipse annuntiat » (*P. L.*, t. LXXXII, col. 895).

2. Il est plusieurs fois question de l'*orarium* ou étole dans les conciles espagnols du sixième et du septième siècle. En Espagne, cet insigne était réservé aux évêques, aux prêtres et aux diacres. A Rome, on considéra l'*orarium* comme d'une importance tout à fait secondaire jusqu'au dixième siècle, son usage étant commun aux clercs des ordres mineurs, aussi bien qu'à ceux des ordres majeurs. (Voy. DVCHESNE, *Origines*, p. 376.) Il en était tout autrement en Espagne. En 561, le 1er concile de Braga publie le décret suivant : « *De orario diaconi :* Item placuit, ut quia in aliquantis huius prouinciae ecclesiis diacones absconsis infra tunicam utuntur orariis, ita ut nihil differri a subdiacono uideantur, de cetero superposito scapulae, sicut decet, utantur orario » (Canon IX). Le 4e concile de Tolède (633), après avoir signalé l'*orarium* et l'*alba,* comme les insignes du diacre (canon XXVIII), a un canon spécial (XL) sur le premier : « Orariis duobus nec episcopo quidem licet nec presbitero uti, quanto magis diacono qui minister eorum est ! Unum igitur orarium oportet leuitam gestare in sinistro humero, propter quod orat, id est praedicat ; dexteram autem partem oportet habere liberam, ut expeditus ad ministerium sacerdotale discurrat. Caueant igitur amodo leuitae gemino uti orario, sed uno tantum et puro, nec ullis coloribus aut auro ornato. » — On verra un peu plus loin, dans les rubriques du Liber Ordinum, que l'évêque remettait au diacre le livre des Évangiles. Dans le rituel des funérailles que nous publions ci-dessous (fol. 87 du manuscrit), il est dit que l'on déposait sur la poitrine du diacre défunt un exemplaire des Évangiles.

3. Cette formule se rapproche de celles du Ponti-

rium preparatur, adiutus a Domino, leuitice benedictionis clarescat officio : atque inter uernantia sacri altaris lilia spiritali cum benedictione prefulgens, gratia sanctificationis eluceat.

Item alia benedictio.

fol. 41 Deus, uniuersitatis auctor, uite / indultor, scrutator mentium, sanctificator animarum, respice super hunc famulum tuum *Illum* et adesse dignare, quem tibi et sacrosancto altario tuo suppliciter offerentes, in officium diaconii dedicamus. Et nos quidem, Domine, tamquam homines, diuini sensus inscii et humane conscientie prorsus ignari, innocentiam huius in quantum possumus existimantes, adhibemus in fratrem qualecumque iudicium. Te ignota non transeunt, te occulta non fallunt. Tu cognitor pectorum, tu scrutator es animarum. Tibi deseruiunt omnia, tibi cuncta famulantur. Tu adhibere in hoc potes celeste iudicium, tu Paraclito Spiritu permanere. Tu digno uel indigno donare que petimus : ut erectus a paruo et adleuatus in magno, mirabili dextera tua gradum eclesiastice dignitatis obtineat, instar illorum, quos Apostoli tui in septenario numero eligentes, pacis ac ministerii nuntios dedicauerunt.

Adsit preparatus altaribus tuis, sicut Ihesus Moysi famulo tuo adstitit, et ut Samuel in templo adolescentior ministrauit. Abundet in eo perfectus ordo uirtutum : pudor, auctoritas, innocentia, disciplina. Firmus in Christo perseueret et stabilis, dignoque successu semper a paruo ad maiora prouehi mereatur : ut Sancti Spiritus gratia comitante, deuotus in iudicio Filii tui Domini nostri, integram sibi ratio-
fol. 42 nem gaudeat constitisse. / Rogamus gloriam tuam, piissime Pater, qui in Trinitate unus Deus gloriaris in secula seculorum. — Amen.

Item alia oratio.

Deus, qui templi tui ministerium in Leui electione firmasti; qui Leuitarum ordinem ad seruiendum nomini tuo in ministerio esse uoluisti : benedic, quesumus, huic famulo tuo *Illi* Leuitarum ordini sociando. Legem tuam diebus ac noctibus meditetur et doceat : et ut sanctus Stephanus speciali gratia preditus, semper aduersarios fidei catholice superet et uincat. Habeat uirtutem Spiritus Sancti, ut dignus gratie effectus, calicem tuum sitientibus porrigat semper idoneus. — Amen.

[13] *Cod* extimantes adibemus [17] *Cod* Tu adibere [26] *Cod* adulescentior [27] *Cod* Habundet [30] *Cod* prouei [31] *Cod* commitante.

fical romain et du *Missale Francorum* (dans Tommasi, *Opera,* t. VI, p. 345; voy. aussi le Pontifical d'Egbert d'York, éd. de 1853, p. 20); mais il s'y rencontre de notables différences. Notre Rituel est plus complet et donne seul le passage « atque inter uernantia altaris lilia ».

Completuria eiusdem.

Perfice, Domine, que rogamus et comple que petimus : atque ita semper esto propitius, ne nobis desis aliquatenus inuocatus. — Amen.

Qua finita, dat ei episcopus Euangelium, et dicit ei hanc confirmationem :

Confirmatio post ordinatum diaconem.

Ecce, fili, Euangelium Christi accipe, ex quo annunties bonam gratiam fideli populo : et habeto potestatem ministrandi cuncta diuini ministerii cerimonia ad altare Dei. Obserua igitur tui ordinis gradum, et scito te ipsum esse ita presbiteri sicut et episcopi ministrum[1]. Habeto pudicitiam et lingue cautelam, castimoniam et sobrietatem, ac fidei ministerium et conscientiam puram : et sic ministra, ut presentis et future uite promissionem a Deo, cui minister factus es, habeas adtributam.

Ista explicita, osculatur episcopum / ipse qui fol. 43
ordinatus est.

XV. — BENEDICTIO AD ORDINANDVM ARCHIDIACONVM[2].

Rerum conditor et omnipotens Domine, qui cuncta dispositione ineffabili et sapientia ita pre-

[14] *Cod* annuncies [26] *Cod* arcediaconum [28] *Cod* ineffabili sapientia ita prelinias.

1. Ce sont les termes mêmes dont se servent les *Statuta Ecclesiae antiqua,* recueil de canons disciplinaires et liturgiques, publié dans les collections conciliaires sous le titre de 4e concile de Carthage et qui représente les usages de l'église d'Arles vers la fin du cinquième siècle : « Diaconus ita se presbyteri ut episcopi ministrum esse cognoscat » (canon XXXVII, dans *P. L.*, t. LXXXIV, col. 203). La recommandation n'était pas inutile, vu l'importance attachée alors à l'office de diacre. J'ai cité plus haut le canon XL du 4e concile de Tolède. Le canon XXXIX est plus instructif encore, et commente bien le texte de notre Rituel : « Nonnuli diacones in tantam erumpunt superbiam, ut sese presbyteris anteponant atque in primo choro ipsi priores stare presumant, presbyteris in secundo choro constitutis : ergo, ut sublimiores sibi presbyteros agnoscant, tam hi quam illi in utroque choro consistant ».

2. Les rites de l'*ordinatio* d'un archidiacre, d'un archiprêtre et d'un « primiclericus », sont une des parties

finis atque ordinas, ut omnes uie tue et aspere carnalibus et blande repperiantur spiritualibus; qui sic labores miseratus humanos respicis, ut adiutoria, quibus precepta tua impleri possint inpertiaris : respice super hunc famulum tuum *Illum*, quem et concordia fratrum et electio subiectorum ad archidiaconatus officii dignitatem, pura et unanimitate adspirante elegit conspiratione. Muni uias in seruitute tua uite eius, ut nec callidi hostis iaculis uulneretur, et presentis uite callem tuto pede gradiatur. Esto ei in Deum protectorem et in locum munitum, ut in omnibus ei tu salus, tu saluatio, quia tua est salus et tu es salus. Suscipiat per manum uisibilem nostram inuisibilem benedictionem tuam. Dona ei Spiritum sapientie, Spiritum caritatis et concordie, Spiritum discipline et pacis : Spiritum Sanctum tuum, in quo sunt thesauri totius beatitudinis. Sit baculum nobis et uirga indisciplinatis. Tribue in dispensationis eius moderamine et uinum quod putrida purget, et oleum quod purgata sanitate restauret. Sit sermone cautus et scientia prouidus. Sit laboris nostri opitulator, ut tu bone mercedis existas remunerator : cunctaque sibi credita ita in Ecclesia disponat, ut cum electis fol. 44 et predestinatis in regno tuo fructum / operis capiat : atque ita eum dono et uirtute fortitudinis tue circumda, ut et humilitatis iugo tolerabiliter

[6] *Cod* arcediaconatus [20] *Cod* et oleo.

les plus intéressantes de notre Liber Ordinum. Peut-être n'en trouve-t-on pas d'analogues, excepté (pour les deux premières dignités) dans la liturgie des Syriens maronites. (Voy. Martène, *De antiquis Ecclesiae ritibus*, t. II, éd. de 1736, pp. 286 et 290.) — Le concile de Mérida (666) ordonne par son canon x que, dans cette province ecclésiastique, chaque église cathédrale ait son archiprêtre, son archidiacre et son primicier. Ce canon mérite de trouver place à côté des formules du Rituel : « Communi deliberatione sancimus, ut omnes nos episcopi infra nostram prouinciam constituti in cathedralibus nostris ecclesiis singuli nostrum archipresbyterum, archidiaconum et primiclerum habere debeamus; sanctus quippe est ordo et a nobis per omnia obseruandus. Ideoque placuit huic magnae synodo, ut quicumque ad hoc officium peruenerit humilitatem pontifici suo et reuerentiam praebeat, ne quolibet modo superbiae fastum quilibet ex his incurrat, sed in ordine quo quisque fuerit constitutus benigne persistat, et sui dignitatem officii per omnia teneat. Si quis », etc. Voy. *P. L.*, t. LXXXIV, col. 619. — Nous rencontrons dans la plupart des conciles de Tolède des archiprêtres et des archidiacres siégeant dans ces assemblés, comme délégués de leurs évêques.

perferet aduersa, et prudentie uerbo doctrine redundet copia : ut et conuersionis exemplo et adloquutionis precepto sit correptor et corrector : prauis suauis, et suasor ad obtima probi : quatenus et tibi placeat et nos reficiat, ut et tibi minister dignus adsistat, et nobis adiutor sancti laboris existat.

Qua explicita, tradet ei episcopus ferulam, dicens hoc :

Ecce, frater, accipe ferulam, que et indicium tibi honoris prebeat, et subditum tibi fraternitatis conuentum sub reuerentia faciat munere deuotum[1].

[4] *Cod* suabis [12] *Cod* referentia.

1. Les fonctions de l'archidiacre étaient multiples. Pour montrer en quoi elles consistaient en Espagne au sixième et au septième siècle, nous ne saurions mieux faire que de laisser la parole à saint Isidore. Voici ce qu'il en dit dans son épître à Leudefred, évêque de Cordoue : « Archidiaconus imperat subdiaconibus et leuitis, ad quem ista ministeria pertinent : Ordinatio uestiendi altaris a leuitis, cura incensi et sacrificii deferendi ad altare, cura subdiaconorum de subinferendis ad altare in sacrificio necessariis, sollicitudo quis leuitarum Apostolum et Euangelium legat, quis preces dicat seu responsorium in dominicis diebus aut solemnitatum. Sollicitudo quoque parochitanorum, et ordinatio, et iurgia ad eius pertinent curam; pro reparandis diaecesanis basilicis ipse suggerit sacerdoti; ipse inquirit parochias cum iussione episcopi, et ornamenta uel res basilicarum parochitanorum, gesta libertatum ecclesiasticarum episcopo idem defert. — Collectam pecuniam de communione ipse accipit et episcopo ipse defert, et clericis partes proprias ipse distribuit. Ab archidiacono nuntiantur episcopo excessus diaconorum; ipse denuntiat sacerdoti in sacrario ieiuniorum dies atque solemnitatum : ab ipso publice in ecclesia praedicantur. Quando autem archidiaconus absens est, uicem ejus diaconus sequens adimplet ». Voy. *P. L.*, t. LXXXIII, col. 896.

Sur le rôle des archidiacres aux conciles de Tolède et autres attributions d'un intérêt plus général, on peut consulter Adrien Gréa, *Essai historique sur les Archidiacres* (dans la *Bibliothèque de l'École des Chartes*, IIIe sér., t. II, 1851, pp. 39-67 et 214-247). Voy. aussi le long et très docte article du Rév. Edwin Hatch dans le *Dictionary of christian antiquities*, au mot Archdeacon. — Il est déjà question d'un archidiacre au Ier concile de Tolède (vers 400), canon xx. Plus encore que le diacre, l'archidiacre était exposé à abuser de la situation prépondérante que lui faisait sa charge. On en voit un exemple curieux et vraiment typique à Mérida, au cours du septième siècle. Voy. *De uitis PP. Emerit.*, c. xx, in *Act. SS. Bolland.*, t. I Nov., p. 337.

XVI. — BENEDICTIO AD CONSECRANDVM PRIMICLERICVM[1].

Christe Dei Filius, gloriosum Ecclesie caput, et pax uera cordium humanorum, qui discreta officiorum ministeria intra Ecclesie tue septa conponens, alios aliis regendi sublimitate preponis : quo dum in clero primus preeligitur rector, primatum dignitatis ipse sibimet ad superos ascendens uindicet ordo : da huic famulo tuo *Illi*, quem in clero primum in ecclesia sanctorum Petri et Pauli preesse uolumus, spiritum discretionis omnimode, ineffabilem tue sapientie lucem, celestis gratificam medicaminis ubertatem : quo et se cauta sollicitudinis cura ab inlicitis seruet, et commissum cleri gregem et uerbo instruat, et moribus ad meliora conponat. Da ei uberem tui gratiam uerbi, quo putrida sanet,
fol. 45 sana conroboret, dissociata connectat, discordantia iungat, sordida expiet, seipsum subditis ad obediendum exemplum, et totius bone operationis prebeat documentum : quo in adiutorium nostrum preelectum, et laboris nostri onera infatigabilis dignusque operarius exerceat et mercedis cumulet bonum, uel coronam pro effectis, te iudicante, omnibus adipiscatur. — Amen.

14 *Cod* serbet 18 *Cf. col. 57 lin. 3* ad obediendi exemplum 19 *Cod* et totus 21 *Cod* honera 22 *Cod* exercet.

1. D'après le texte même du Rituel, il s'agit ici du *primiclericus* de l'église des saints Pierre et Paul, ou *ecclesia Praetoriensis*. C'est là que fut sacré en 672 le roi Wamba et que se tinrent les conciles 8e, 12e, 13e, 14e, 15e, 18e de Tolède. Elle était située dans un faubourg de la ville (suburbium). Voy. l'Introduction de ce volume.

Sur l'office du primicier, voici ce que dit saint Isidore : « Ad primicerium pertinent acolythi et exorcistae atque lectores, signum quoque dandum pro officio clericorum, pro uitae honestate, et officium meditandi, et peragendi sollicitudo. Lectiones, benedictiones, psalmum, laudes, offertorium, et responsoria quis clericorum dicere debeat; ordo quoque et modus psallendi in choro pro solemnitate et tempore; ordinatio pro luminariis deportandis; si quid etiam necessarium pro reparatione basilicarum, quae sunt in urbe, ipse denuntiet sacerdoti; epistolas episcopi pro diebus ieiuniorum parochitanis per ostiarios iste dirigit; clericos quos delinquere cognoscit iste distringit : quos uero emendare non ualet, eorum excessus ad agnitionem episcopi defert. Basilicarios ipse constituit, et matriculas ipse disponit. Quando autem primicerius absens est, ea quae praedicta sunt ille exequitur, qui ei aut loco est proximus, aut eruditione in his expediendis intentus » (*Epist. ad Leudefr.*, *P. L.*, t. LXXXIII, col. 896-897). — Le *Missale gallicanum uetus* (*P. L.*, t. LXXII, col. 348 et suiv.) mentionne le *Primicerius* comme chargé d'instruire les catéchumènes.

XVII. — PREFATIO AD ORDINANDVM PRESBITEREM.

Quum uenerit is qui ordinandus est presbiter, appenditur ei orarium super ceruicem, et uestitur casulla[1] *: et, genu dextro fixo ante altare, ponunt super eum presbiteres manus, et sic ab episcopo benedicitur his tribus benedictionibus*[2] :

[**Benedictio.**]

Sit nobis[3] ad Deum, fratres, communis oratio, ut hic, qui in adiutorium nostrum et utilitatem uestre salutis eligitur, presbiterii benedictionem diuini indulgentia muneris consequatur, et Spiritus Sancti munificentia fecundetur, dignitatemque honoris atque uirtutem ne in aliquo reprehendatur obtineat. — Amen. Prestante Domino.

Oratio ad ordinandum presbiterem.

Deus, qui seniorum ordinem, qui preessent Ecclesie tue in tabernaculum templi tui constituendum esse iussisti : sanctifica hunc famulum tuum *Illum*, quem presbiterii honore[4] in ecclesia *Illa*

3 *Cod* his qui 10 *Cod* ut huic.

1. L'étole (*orarium*) et la chasuble (*casulla* ou *planeta*) sont les deux insignes attribués aux prêtres par le canon XXVIII du 4e concile de Tolède : « Si presbyter, [recipiat] orarium et planetam ».

2. Dans une lettre d'Eugène de Tolède à saint Braulion au sujet de l'ordination d'un prêtre, il est question de trois rites : 1° « ductio ad altarium », 2° « manus impositio », 3° « benedictionis effusio, in excelso cantantibus clericis ». *P. L.*, t. LXXX, col. 680-682.

3. Cette formule se retrouve dans plusieurs anciens pontificaux, celui d'Egbert, par exemple, qui date du huitième siècle; mais elle n'est nulle part ailleurs aussi complète que dans notre Rituel. Voy. Martène, *De antiquis Ecclesiae Ritibus*, t. II (éd. de 1736), pp. 101, 128, 181, 191, 221.

4. Expression à rapprocher de celle d'une inscription funèbre du septième siècle, découverte près de Baeza :

+ IN OS TVMVLOS QVO
S. CERNITIS. REQVIE.
IN PACE FAMVLV
S. DEI. TELEMACIO R SA
VIXIT ANOS XLVIIII. M
ANSIT. IN. ONOREM. DIA
CONII ANNOS SEX. PRE
BITERII. DECEM ET. OCTO.

HVBNER, *Inscript. Hispaniae Christ.*, n° 174.

manuum nostrarum officio consecramus. Conseruet disciplinam sancte Ecclesie cum custodia bone uite. Expleat acceptum officium sine crimine, et sit clarus in documentis honestissime uite. Doctor plebium et rector subiectorum, teneat ordinate catholicam
fol. 46 fidem, et cunctis annuntiet ueram salutem. / Semetipsum quoque mente erudiat, et carnem castificet. Lectionem opere conpleat, et opus in lectione multiplicet. Sufficiat illi ad uitam fides, ad presbiterium castitas, ad humilitatem quies : ut conuersans in castitate et fide, tam doctrinis sibi creditis erudiat, quam operum exempla instituat. — Amen. Te annuente, Saluator.

Conpleturia.

Conple nunc, Domine, misterii tui summam, et sacerdotem tuum ornamentis totius clarificationis instructum celestis unguenti odore sanctifica. — Amen.

Hac explicita, dat ei manualem[1]*, et dicit ei hanc confirmationem :*

Confirmatio post ordinatum presbiterum.

Ecce, frater, factus es ad docendum Christi misteria collega ordinis nostri. Habeto ergo aditum et potestatem accedere ad altare Dei. Vide ut sancta misteria sanctificans corde, et ore conficiens, cunctis fidelibus ad sanctificationem distribuas. — Amen.

Ista explicita, osculatur eum episcopus, et stat in ordine suo[2].

[4] *Cod* onestissime [17] *Cod* ungenti.

1. Le *liber manualis* était un rituel pour l'administration des sacrements. Il en est souvent question dans les catalogues de manuscrits du huitième au onzième siècle, sous les noms de « manuale, manual, manualis, liber manualis, manualium », très rarement sous celui de *officialis*. Ce dernier titre est pourtant celui dont se sert le 4e concile de Tolède, quand il ordonne à l'évêque de donner un exemplaire de ce livre à tout prêtre auquel il confie le soin d'une paroisse. Le canon, que j'ai déjà cité dans l'Introduction, mérite d'être rappelé ici : « Quando presbyteres in parochias ordinantur, *libellum officiale* a sacerdote suo accipiant, ut ad ecclesias sibi deputatas instructi succedant, ne per ignorantiam etiam ipsis diuinis sacramentis offendant : ita ut, quando ad litanias uel ad concilium uenerint, rationem episcopo suo reddant qualiter susceptum officium celebrant uel baptizant » (can. XXVI). Lors des funérailles d'un prêtre on déposait le *manuale* sur la poitrine du défunt (voy. plus loin, fol. 87 du manuscrit). — Le nom de *manual* sert encore aujourd'hui en Espagne à désigner le Rituel.

2. On trouvera plus loin (fol. 175 du manuscrit) la messe que disait l'évêque lorsqu'il conférait l'ordre de la prêtrise (*quando presbiterum ordinat*).

XVIII. — ORDO DE ARCHIPRESBITERO ORDINANDO.

Dum uenerit is qui ordinandus est archipresbiter, primum coram omnibus fratribus in preparatorio ab episcopo eligitur, et ab eo instigatur qualiter humilitate prepolleat, et acceptum ordinem cum summa et bona mentis intentione adimpleat.

Deinde coram altario principali, adstantibus cunctis in ordinem clericis, fixo genu dextro ante altare, ipse qui ordinandus est archipresbiter benedicitur ab episcopo benedictione ista subexarata :

Benedictio.

Christe Dei Filius[1], gloriosum Ecclesie caput et pax uera cordium humanorum, qui discreta officiorum ministeria intra Ecclesie tue septa conponens, alios aliis regendi sublimitate preponis, quo dum / in clero primus preeligitur rector, primatum digni- fol. 47
tatis ipse tibimet ad superos ascendens uindicet ordo : da huic [famulo tuo] *Illi*, quem in presbiteris primum in hac ecclesia sancte Iherusalem[2] sub nos preesse uolumus, spiritum discretionis omnimode, ineffabilem tue sapientie lucem, celestis gratificam medicaminis ubertatem; quo et se cauta sollicitudinis cura ab inlicitis seruet, et commissum presbiterii gregem et uerbis instruat et moribus ad meliora conponat. Dona ei uberem tui gra-

[1] *Cod* Ordo arcipresbitero *et in seq. lineis* [8] *Cod* principale [15] *Cod* sceptra [18] *Cf. supra, col. 53,* sibimet.

1. Cette formule est presque identique à celle dont l'évêque se servait pour la bénédiction du *Primiclericus*. Voy. ci-dessus, col. 53.

2. Le titre de « Ecclesia sancta Iherusalem » était donné en Espagne aux églises cathédrales des métropoles seulement. Nous en connaissons plusieurs autres exemples : 1° pour Séville (le 2e concile de Séville se tint en 619, « in secretario *sacrosanctae Ierusalem* Hispalensis ecclesiae »); 2° pour Mérida (« in thesauro ecclesiae senioris, quae uocatur *Sancta Hierusalem* », *Acta SS. Bolland.*, t. I Nov., p. 326 et 331; un concile de Mérida eut lieu en 666 « in *sanctae Ierusalem* ecclesia », *P. L.*, t. LXXXIV, col. 615); 3° pour Tarragone (« psallendo uadunt usque ad *sancta Iherusalem*, que [completuria] in Sancto Fructuoso dicenda est : Letare Iherusalem » etc., *Libellus Orationum*, Bianchini, p. 65). Le *Liber Comicus* (p. 392, éd. de D. Morin) en fournit un quatrième exemple pour une autre église qui doit être, comme dans notre Liber Ordinum, celle de Tolède. On retrouve également cet usage en Italie. Voy. *Acta SS. Bolland.*, t. I Nov., p. 327.

tiam uerbi, quo putrida sanet, sana corroboret, dissociata connectat, discordantia iungat, sordida expiet, seipsum subditis obediendi exemplum bone operationis prebeat documentum : quo in adiutorium nostrum preelectum, et laboris nostri onera infatigabiliter dignusque operarius exerceat, et mercedem boni cumulet, uel coronam pro effectis, te iudicante, omnibus adipiscatur. — Amen.

Hac explicita benedictione, tradet ei episcopus librum Orationum cum ferula inuestita, dicens ei :

Dominus custodiat te ab omni malo, custodiat animam tuam Dominus.

Et dat ei pacis osculum, et stat in ordine suo.

XVIIII. — ORDO IN ORDINATIONE ABBATIS [1].

Quum uenerit is qui ordinandus est abba, exquiritur primum de honestate uite, siue de sancta regula ecclesiastici ordinis, uel de sanctorum Patrum regularum sententiis : et sic postea ad subsequendum et percipiendum ordinem accedet.

Quum uenerit episcopus ad abbatem ordinandum, induit eum staminia, pedules et sucellos [1] in sacrario, dicens illi :

In nomine Patris, et Filii et Spiritus Sancti, fiat tibi indumentum hoc in sanctificatione animi et corporis tui : ut de tempore iudicii non tibi confusionis damnatione, sed expiate seruitutis affectu, eternam Dominus proteget libertatem.

fol. 48 / *Tunc ipse qui consecrandus est abba tradet episcopo placitum suum, tam pro se, quam pro subditis, de honestate uite regularis [2].*

[5] *Cod* honera [6] *Cf. supra* infatigabilis [16] *Cod* his qui.

[14] *Cod* onestate.

1. Les monastères furent nombreux en Espagne au temps des Wisigoths. Toutefois, nous ne connaissons aucun texte historique qui permette d'établir l'existence de monastères proprement dits avant le milieu du sixième siècle, date vers laquelle furent fondés celui de Dumium, près de Braga, et le « monasterium Seruitanum », situé, pense-t-on, dans les environs de Valence. En 546, le concile de Lérida (can. VI) parle des moines et de leurs abbés. Au 1er concile de Saragosse de 380, il est déjà fait mention de moines en Espagne; mais ce texte ne parle pas d'une communauté proprement dite. On peut consulter sur la question des origines du monachisme en Espagne la « Dissertatio VI » de Cenni, dans son ouvrage *De antiquitate Ecclesiae Hispanae*, t. II (1741), p. 272-331. — Les monastères se multiplièrent rapidement. Voici, par exemple, ce que put faire en quelques années le seul évêque de Mérida, vers 572. Il s'agit du métropolitain Masona, un des plus grands prélats de l'Église gothique d'Espagne. « Postquam... ordinatus est pontifex [Masona], statim in exordio episcopatus sui *monasteria multa fundauit*, praediis magnis locupletauit, basilicas plures miro opere construxit et multos ibidem Deo animas consecrauit » (*De uitis Patrum Emeritensium*, éd. du R. P. de Smedt, dans les *Acta SS. Bolland.*, t. I Nov., p. 327). Peu après, l'auteur contemporain du *Chronicon Biclarense* nous dit de Récarède (ad annum 586) : « Recaredus rex... ecclesiarum et monasteriorum conditor et ditator efficitur ». Voy. Florez, *España sagrada*, t. VI (éd. de 1773), p. 392. Dans une lettre à saint Grégoire le Grand (*P. L.*, t. LXXVII, col. 998) Récarède écrit : « Post hoc ad uos *ex monasteriis abbates elegimus*, qui usque ad tuam praesentiam praecederent ».

Les abbés de ces monastères jouissaient d'une grande autorité. On ne voit pas cependant qu'ils aient pris part aux conciles à côté des évêques avant le grand concile national de Tolède de 653. La plupart signent les décrets conciliaires en leur nom propre; quelques-uns seulement comme délégués d'évêques absents. Les signatures du 8e et du 9e concile (653 et 655) nous montrent au nombre des abbés le primicier et l'archidiacre de Tolède. En 675, le 11e concile de Tolède interdit aux abbés de célébrer les offices les plus importants, c'est-à-dire vêpres, l'office du matin et la messe, ailleurs que dans l'église principale (can. III). S'agit-il ici de la cathédrale ? Cela ne paraît guère douteux; mais une pareille mesure ne pouvait atteindre que les monastères situés dans le voisinage de l'église épiscopale. — Le chapitre que saint Isidore consacre à l'élection des abbés dans sa *Regula monachorum* (cap. II) n'offre rien d'intéressant pour notre Rituel. — Parmi les inscriptions gravées sur les tombeaux des abbés wisigoths je relève la suivante du sud de l'Espagne :

IN NOMINE DOMINI HIC TVMVLVS HO
NORII ABBAT
RESPICIS ANGVSTVM PRECISA RVPE SEPVL
CRVM HOSPITIVM BEATISSIMI HONORII ABBA
TIS CELESTIA REGNA TENENTIS IN SECVLA
SECVLORVM AMEN.

HVBNER, *Inscript. Hispaniae Christ.*, p. 17, n° 49; cf. *Supplementum* (1900), p. 41.

1. Pour « soccellos », de *socci*, sorte de brodequins. « Socci, dit saint Isidore, cuius diminutiuum *socelli*, appellati inde quod *saccum* habeant, in quo pars plantae iniicitur » (*Etymolog.*, lib. XIX, c. 34., *P. L.*, t. LXXXII, col. 706). — Au sujet des *pedules* et de la *staminia* dont il est ici question, voyez plus loin, col. 59, note 1.

2. Qu'était-ce au juste que ce *placitum?* Vraisemblablement le *pactum* d'obéissance que les religieux faisaient à leur abbé, à la suite de son élection, pacte renouvelé par tout moine nouveau agrégé à la communauté. Plusieurs de ces formules sont parvenues jusqu'à nous. La plus ancienne, qui date du septième

Oratio.

Omnipotens Christe Domine, a quo est omnis uera paternitas et honorum omnium dignitas, te supplices imploramus, ut huic famulo tuo *Illi*, quem abbatis officio nunc preficimus ouibus tuis in monasterio sancti *Illius*, qui est in loco discreto sancti regiminis, et uiscera digneris concedere pietatis. Regat sibi creditum gregem instanti uigilantia et uigilanti constantia. Neminem de manu eius hostis callidi uersutia rapiat, aut uite secularis tentatio calamitosa decipiat. Ad exhortationem eius inobediens discat obedientiam, lasciuus deserat petulantiam, abiciat furiosus insaniam, adprehendat incontinens castimoniam, omnis errans sectetur et teneat disciplinam. Sit hic, te propitiante, omnipotens Deus, moribus placidus, conuersatione nitidus, et hospitalitate precipuus : ut tua in omnibus protectione munitus, et de subditorum nullatenus actione confusus, quum iudex adueneris metuendus, in sanctorum letetur societate securus. — Amen.

Hac explicita, tradetur ei baculum ab episcopo et liber Regularum[1], *dicens ei :*

Accipe baculum ad sustentationem tue honestissime uite.

Accipe hunc librum Regularum, studens ad tuam uel ad subiectorum disponendam sanctissimam uitam.

Et sic postea in ordine suo stabit. Datque pacis osculum episcopo et fratribus omnibus[1].

11 *Cod* exortationem 12 *Cod* lascibus 13 *Cod* auiciat furiosus 17 *Cod* ospitalitate 23 *Cod* et librum.

siècle, accompagne la *Regula monastica communis* de saint Fructueux (*P. L.*, t. LXXXVII, col. 1127-1130). Nicolas Antonio en a publié un du commencement du neuvième siècle (voy. *Ibid.*, col. 1093) et Berganza (*Antigüedades de España*, t. I, p. 300, et t. II, p. 411) deux autres de 960 et de 975.

L'auteur de la vie de saint Fructueux, écrite au septième siècle, signale dans la consécration des abbés un rite intéressant, dont ne parle pas le Liber Ordinum : celui de l'imposition des mains. Le saint évêque mourant se fait porter à l'église, puis : « iussit eum (discipulum suum Decentium) uocari, *et imponens ei manus,* ordinauit eum abbatem in praecipuum monasterium » (*Sancti Fructuosi uita*, apud FLOREZ, *Esp. sagr.*, t. XV, éd. de 1787, p. 466, et *P. L.*, t. LXXXVII, col. 469). — Peut-être cette imposition des mains avait-elle lieu pendant la prière *Omnipotens Christe*.

1. On a longuement discuté et disputé pour savoir quelle règle suivaient les moines d'Espagne avant l'invasion des Arabes. Malgré tous les efforts tentés pour arriver à le démontrer, il est peu probable qu'on ait gardé, même au septième siècle, la règle de saint Benoît. Quant à celle de saint Isidore, c'est un simple résumé, qui suppose la connaissance et l'observance d'autres règles reçues dans toutes les communautés. Ces règles ne sont autres que celles des monastères d'Orient et d'Égypte, parmi lesquelles chaque abbé choisissait ce qui lui semblait mieux convenir à la direction et au gouvernement de son troupeau. Le *liber Regularum* que l'évêque remettait à l'abbé le jour de son ordination ne saurait s'entendre autrement.

Le *baculum*, ou crosse abbatiale, dont il est ici question, vaut la peine d'être signalé. Peut-être ne rencontre-t-on nulle part ailleurs dans l'Église latine un texte aussi ancien qui mentionne la tradition du bâton pastoral par l'évêque à un abbé. — Un passage du *Penitentiale* de Théodore de Tarse, évêque de Cantorbéry (660-690), mérite d'être mis ici en parallèle avec notre *Ordinatio abbatis*. Peut-être est-il contemporain du Rituel gothique : il faut le regarder en tout cas comme fort peu postérieur. « In ordinatione abbatis, dit-il, episcopus debet missam agere et eum benedicere, inclinato capite, cum duobus testibus de fratribus suis, *et donet ei baculum et pedules* » (*P. L.*, t. XCIX, col. 928-929). A remarquer l'usage des *pedules* comme insigne abbatial, au septième siècle, en Angleterre aussi bien qu'en Espagne. Ces « pedules », sorte de bas liturgiques (caligae), sont en effet marqués un peu plus haut dans les rubriques de notre Rituel. On y voit aussi mentionné un vêtement nommé *staminia*, que je n'ai découvert nulle part ailleurs comme insigne de la dignité abbatiale ou épiscopale. « Staminea » est un mot assez connu dans les textes du moyen âge, où il désigne un vêtement intérieur, c'est-à-dire une chemise de laine. (Voy. Ducange, au mot STAMINIA.) C'était apparemment, dans le cas présent, un ornement en forme de dalmatique, tel qu'en portent aujourd'hui encore les évêques et les abbés mitrés lorsqu'ils officient pontificalement.

1. NOTE SUR L'ORDINATION D'UN ÉVÊQUE.

C'est après l'*Ordinatio abbatis* que devait se trouver, dans les Pontificaux de l'Église gothique, le cérémonial de la consécration des évêques. Notre Liber Ordinum ne nous en a pas transmis la formule et il m'a été impossible de la découvrir dans les nombreux manuscrits mozarabes que j'ai étudiés. Il faut espérer qu'on retrouvera quelque jour l'*ordo* de ce rite si important, dont nous parlent plusieurs passages de saint Isidore, et plus souvent encore les canons des conciles de Tolède et autres textes anciens. Saint Isidore (*De eccles. Offic.*, l. II, c. 5) dit à ce sujet : « Huic (episcopo) dum consecratur, datur baculus, ut eius indicio subditam plebem uel rigat, uel corrigat, uel infirmitates infirmorum sustineat. Datur et annulus propter signum pontificalis honoris, uel signaculum secretorum ». Dans ce même chapitre il est question : 1° de la « manus impositio », 2° de l'« ordinatio a cunctis comprouincialibus episcopis ». Plus loin (c. 26) il est écrit à propos du chrême : « Iam non solum pontifices et reges, sed omnis Ecclesia unctione chrismatis consecratur ». Les conciles de Tolède appellent cette cérémonie tantôt *consecratio* (4e concile, can. XIX), tantôt *ordinatio* (11e concile, can. VII). A part ces textes conciliaires, dans lesquels il est déjà question de l'anneau et de la crosse comme propres à la dignité épiscopale (4e concile, can. VIII), on ne sait presque rien de ce rite solennel.

Toutefois, un manuscrit de Léon de 1066 (l'Antiphonaire, dont il est question ailleurs) nous fait connaître le *Sono* ou antienne, que l'on chantait en cette circonstance: « In ordinatione episcopi, *Sono:* Exaudiat », etc. (fol. 270). Le *Codex Compostelanus* nous donne aussi le « canticum in ordinatione episcopi », tiré de la 1re épître à Timothée : « Adprehende uitam eternam, in qua uocatus es et confessus bonam confessionem coram multis testibus. Exemplum esto fidelium in uerbo, in conuersatione, in caritate, in fide et castitate. Dum uenio adtende lectioni, exortationi, doctrine. Noli neclegere (*sic*) gratiam que in te est, que data est tibi per Spiritum prophetie in impositione manuum. Hec meditare, in his esto, ut profectus tuus manifestus sit omnibus. Adtende tibi et doctrine : insta in illis. Hoc enim faciens et teipsum saluum facies et qui te audiunt » (Manuscrit no 1 de la Bibliothèque de l'Université de Santiago de Compostela, fol. 61).

Un manuscrit (codex 64 *bis*) de l'Académie d'Histoire, à Madrid, intitulé : *Psalterium cum canticis*, renferme (au folio 125 vo) ce même cantique sous la rubrique : « In ordinatione episcopi, canticum Pauli apostoli ». On le retrouve dans un « Liber canticorum de toto circulo anni » (Bibl. privée du roi, à Madrid, ms. 2. j. 5), *Canticum de Aepiscopo*, « canticum LXI ». Il est reproduit également dans l'édition de Lorenzana du Bréviaire mozarabe, dans *P. L.*, t. LXXXVI, col. 874, mais sous ce titre : *Canticum de Apostolo*, qui est une mauvaise lecture du manuscrit de Tolède, d'où il est tiré, et qui nous laissait ignorer son usage véritable. — Le *Comes* de la Bibliothèque nationale de Paris renferme les leçons « in ordinatione Aepiscopi ». Elles ont été publiées par D. Morin (*Liber comicus*, pp. 299-301). Le Bréviaire mozarabe imprimé nous donne aussi deux longues hymnes « in ordinatione episcopi ». Voy. *P. L.*, t. LXXXVI, col. 916-917.

Je relève dans notre Liber Ordinum les titres suivants donnés à l'évêque (les chiffres renvoient aux folios du manuscrit) : *episcopus*, 101-104, 210-216; *sacerdos*, 103, 307, 310; *antistes*, 214, 309, 310; *temporalis pastor gregis*, 215, 307, 309; *temporalis sacri agminis dux*, 310; *pater*, 212, 310, 311. Le mot *pontifex* ne s'y trouve pas; mais on lit à plusieurs reprises : « pontificatus, pontificale culmen, regimen pontificatus, pontificalis militia ». Voy. ci-dessus, col. 57, note 1, le mot *pontifex* dans un auteur du septième siècle. Dans les inscriptions wisigothiques en vers, je trouve en outre *uates* (à Mérida en 641, HVBNER, *I. H. C., Supplem.*, no 333; à Tarragone au VIe s., ROSSI, *Inscript. Vrbis Romae*, p. 294; à Séville au VIIIe s., *Ibid.*, p. 296) et *celebs pontifex sacerdos* (à Valence au VIe s., ROSSI, p. 293). — Sur ces titres divers, moins le dernier, cf. Isidor., *Etymol.*, l. VII, c. 12.

XX. — BENEDICTIO DE VESTE DEO VOTE [1].

Quum uenerit que uestem religiosam cupit accipere, in primis offert ipsam uestem episcopo aut presbitero.

Sur les vêtements pontificaux, voy. plus loin (folio 102 du manuscrit) les rubriques de la sépulture d'un évêque et les notes explicatives.

1. D'après les rubriques et les prières qui se trouvent un peu plus loin (*Ordo ad uelandas Deo uotas*), on voit qu'il faut entendre par le mot *Deo uota* une vierge consacrée à Dieu dans un monastère gouverné par une abbesse. — Les canons des conciles d'Espagne ne nous apprennent rien sur le rite de la consécration des vierges. En 380, le canon VIII du 1er concile de Saragosse défend de leur donner le voile avant l'âge de 40 ans : « Item lectum est : Non uelandas esse uirgines, quae se Deo uouerint, nisi quadraginta annorum probata aetate, quam sacerdos comprobauerit. Ab uniuersis episcopis dictum est : Placet ». Voy. *P. L.*, t. LXXXIV, col. 318. Ce décret fut sanctionné, en 458, par une loi impériale (*Novellae Major.*, t. 8), et au commencement du sixième siècle par le canon XIX du concile d'Agde. Vers 400, le 1er concile de Tolède, dans son VIe canon, parle des vierges consacrées à Dieu (puellae Dei), mais vivant séparément dans leurs propres maisons. Il est question de monastères de vierges (monasterium puellarum) dans le canon XXVIII du concile d'Agde, convoqué en 506 avec l'autorisation d'Alaric (*P. L.*, t. LXXXIV, col. 267). Le 2e concile de Séville (619) parle longuement des monastères de vierges et des moines qui ont la charge des biens temporels des « sœurs » ou « servantes du Christ » et le soin de leurs âmes (*Ibid.*, col. 598). Saint Léandre, évêque de Séville, écrivit vers 584 une Règle pour les vierges vivant en communauté. Elle est adressée à sa sœur Florentine (*P. L.*, t. LXXII, col. 874-894). Dans le chapitre qu'il consacre aux vierges (*De eccles. Offic.*, l. II, c. 18), saint Isidore se pose cette question : « Cur feminae uirgines *in benedictione uelantur?* » Et il répond : « ... Quia uirgo est et carnem suam sanctificare proposuit, idcirco uelaminis uenia fit illi, ut in ecclesiam notabilis uel insignis introeat et honorem sanctificati corporis in libertate capitis ostendat, atque *mitram* quasi coronam uirginalis gloriae in uertice praeferat. » — Le 6e concile de Tolède (638), dans son canon VI : *De uiris et feminis sacris propositum transgredientibus sacrum*, mentionne les monastères de vierges *ayant revêtu l'habit religieux* de leur plein gré (spontanee). La vierge infidèle sera contrainte de retourner à son monastère : « puella monasterio redintegretur ». Au cas où un puissant protecteur l'aiderait à échapper à cette mesure et à manquer à ses engagements, l'évêque devra excommunier le séducteur.

Sur l'organisation d'un monastère de vierges au commencement du sixième siècle, dans une contrée politiquement rattachée à l'Espagne à cette époque, il faut lire la *Regula ad Virgines* écrite par saint Césaire d'Arles.

Et tunc episcopus, accepto sale exorcizato, iactat fol. 49 / *super ipsam uestem, et dicit hanc orationem :*

Oratio.

Deus, Pater ingenite, qui per seruum tuum Aaron pontificem precepisti sanctificare uestimenta, quibus indueretur Eleazar filius eius, ut accepto pontificali honore tibi rite legis offerret sacrificium : te imploramus, ut hec uestimenta lini et lane cultu religiositatis abtata, quibus se famula tua *Illa* indui cupit, tuam benedictionem in ea celeste infundere digneris : ut, [dum] hoc humilitatis suscepto habitu, fideliter tibi suam humiliauerit uitam, te custodiente, peruenire mereatur ad celestia regna. — Amen.

XXI. — ORDO AD BENEDICENDVM VIRGINEM.

Quum uenerit uirgo, que accipere cupit benedictionem, uestita ueste religionis, quam a sacerdote sanctificata accepit, iactat se in oratione.

Et dicit presbiter : Oremus.

Respondit clerus : Agios, Agios, Agios, Domine Deus eterne, tibi laudes et gratias.

Et post hec dicit episcopus has tres orationes :

Oratio.

Domine Ihesu Christe, unigenite Filius Dei Patris, te supplices deprecamur, ut sacre huius uirginis, quam in hoc nobili die[1] sponsam tibi offert sanctitas, in gremium tue uirginitatis digneris amplectere : ut que pugnam sancti agonis in se tibi placitare suscepit, in die aduentus regni tui repositam sibi coronam, Agnum se quotidie secutura percipiat. — Amen.

Alia oratio.

Deus, qui ita corporis diligis castitatem, ut ei que se tibi immaculatam seruauerit, regni tui perennem non deneges uitam : qui, dum felle iam repleto orbe terrarum, in seculis post uirginibus ostendere gloriam, ipse quoque ueniens nasci dignaris de uirgine : te ergo, Domine, nunc supplices deprecamur, ut hanc famulam tuam, que tibi cupit magis placere quam seculo, et benedictionem / ex nobis percipere, te donante, festinat, tu eam placidus respice, Deus. fol. 50

Sit imitatrix Anne uidue, quam angelicus sermo dignatus est predicare. Infunde in eam munus incorruptum, fidei roborem, mentis sanctitatem. Tu, eam sanctifica tua sapientia, et uirtute tua corrobora. Tu, ab illa incentiuam carnem extingue. Moriatur in ea quicquid aduersus animam militat. Non eam iracundia precipitet : non liuor offuscet. Committetur in ea Spiritus Sanctus. Orationibus semper incumbat, et quod uouit numquam amittat.

XXII. — ORDO VEL BENEDICTIO AD VELANDAS DEO VOTAS[1].

Benedictio ita eis datur, que post abbatissam in ordine sequuntur. Accedens Deo uota, que hanc be-

[1] *Cod* exorcidiato [5] *Cod* qua indueretur [6] *Cod* pontificale [9] *Cod* qua se famula.

Voy. *P. L.*, t. LXVII, col. 1107 et suiv.; cf. MALNORY, *Saint Césaire* (1894), pp. 257-282.

On trouvera plus loin, dans une note au sujet du rituel de la sépulture, l'épitaphe d'une vierge, morte en 649, après avoir vécu dès son enfance dans un monastère.

1. Allusion à la solennité au cours de laquelle devait avoir lieu la consécration des vierges. « La cérémonie de la *uelatio* était réservée à l'évêque, comme l'ordination. Elle se faisait en grande pompe, les jours de fête solennelle. Dans le curieux discours *Ad uirginem lapsam*, qui figure parmi les œuvres de saint Ambroise, l'évêque rappelle à une vierge déchue sa consécration solennelle à la fête de Pâques, au milieu des néophytes vêtus de blanc et portant des cierges allumés. A Rome, on choisissait les solennités de Noël ou de l'Épiphanie, du lundi de Pâques, de la Saint-Pierre, jours où la station avait lieu dans la basilique du Vatican » (DVCHESNE, *Origines du culte chrétien*, 2e éd., p. 408).

Voy. plus loin, au rituel de la sépulture, l'épitaphe d'une vierge morte en 588. La défunte y est appelée « uirgo astans cenobio cum uirginibus sacris »

[3] *Cod* sibi cotidie sequutura [6] *Cod* ut ei qui [7] *Cod* immaculata seruaberit... perhennem [8] *Cod* dum uelle [10] *Cod* hostendere [16] *Cod* immitatrix Anne uidue quem [20] *Cod* incentibam [22] *Cod* libor [24] *Cod* quod uobit [27] *Cod* qui post [28] *Cod* qui hanc.

1. La bénédiction précédente peut s'appliquer à une vierge consacrée vivant dans le monde, comme l'ont fait tant de vierges chrétiennes durant les premiers siècles de l'Église. Celle-ci, au contraire, est propre à la consécration d'une vierge vivant dans un monastère. La formule elle-même et les rubriques l'indiquent nettement. Trois épitaphes du temps des Wisigoths portent le qualificatif de *Deo uota* ou *deuota*. La première, trouvée en Portugal, est datée de l'an 485 (ère 523) :

IN NE DNI PERFECTVM EST
TEMPLVM HVNC PER
MARISPALLA DEO VOTA
SVB DIE XIII K. AP. ER. D XXIII.
REGNANTE SERENISSIMVS
VEREMVNDVS REX

HVBNER, *Inscript. Hispaniae Christ.*, p. 43, n° 135; *Supplement.*, p. 65.

nedictionem cupit accipere, fixis genibus, uelat eam super caput idem episcopus, et dicit hanc orationem :

Oratio.

Christe Domine, auctor uirginitatis et immaculate uirginis proles, qui seruantibus continentiam carnis animarum gaudia repromittis et premia sempiterna concedis : te supplicatione qua possumus oramus, ut has famulas tuas, quas ad obsequium tue seruitutis sacro palliamus uelaminis tegumento, propitia benignitate perlustres et Sancti Spiritus infusione clarifices. Concede eis, Domine, ita tibimet deseruire, ut per hoc ad regna celestia ualeant peruenire. Dona eis, contra humani generis inimicum, firmum tue defensionis auxilium : ut caput illius tua possint uirtute calcare, et istarum calcaneum nec temtet nec preualeat nocendi artifex in-
fol. 51 pedire. Nitescant pulcritudine / cordis, seruando pudicitiam carnis, tuis obediendo preceptis, maiorum obtemperando mandatis, habendo uiscera pietatis : ut, omnibus te iuuante peractis, connexe tue

9 *Cod* uelamine 20 *Cod* conexe 20 *Cod* iubante.

La seconde est de 552 (ère 590) et a été trouvée près de Jerez de los Caballeros (Estramadure) :

MACONA DE
VOTA FAMVLA
DEI VIXIT AN
NOS LII REQVIE
VIT IN PACE
SVB DIE XIII KA
L. MARTIAS
ERA DLX

Ibid., n° 51; *Supplem.*, p. 41; Fita, *Boletin de la Academia*, t. XXX (1897), p. 350.

La troisième est celle de sainte Florentine, sœur de saint Léandre et de saint Isidore, et se lit dans l'*Anthologia Hispana* du VIIIe siècle publiée par Rossi, *Inscript. christ. Vrbis Romae*, 1888, p. 296. Je cite seulement le troisième vers de cette épitaphe :

TERCIA FLORENTINA SOROR DEO VOTA PERENNIS.

Notons aussi que le 2e concile de Braga (572) a un décret spécial sur la pénitence à imposer à une *deuota* tombée dans une faute grave (*P. L.*, t. LXXXIV, col. 579). En 599, le 2e concile de Barcelone prend une décision dans le même sens : « Si qua uirgo propria uoluntate, abiecta laicali ueste, deuotarum more induta castitatem seruare promiserit... » (*Ibid.*, col. 610). Cf. le canon LV du 4e concile de Tolède (*Ibid.*, col. 379). — Je dois avertir ici que *Deo uota* (c'est l'orthographe ordinaire des inscriptions) est toujours écrit *deouota* dans le manuscrit du Liber Ordinum.

consortio Genitricis [1], coronam mereantur accipere immarcessibilem sanctitatis. — Piissime.

Benedictio.

Christus Dominus, qui nasci dignatus est de utero uirginis Marie, has famulas suas florere faciat in uirtutibus sacris : ut decorem uirginitatis seruantes in seculo, cum sacris uirginibus mereantur regnare in celo. Et ita custodiant pudicitiam cordis et corporis, ut in celo post transitum feliciter uiuere possint cum omnibus sanctis. — Amen.

Post hec, osculato pede episcopi, abbatissam in ordinem sequuntur. Et salutat episcopus, dicens :

Dominus sit semper uobiscum.

Respondit et dicit diaconus :

Missa [acta est].

XXIII. — ORDO AD ORDINANDAM ABBATISSAM [2].

Quando ordinatur abbatissa, uestitur a Deo uotis in sacrario ueste religionis et inponitur ei in capite

6 *Cod* ut decore 14 *Cod* Resp. et.

1. Saint Léandre appelle Marie « mater et dux uirginum » (*Regula*, ap. *P. L.*, t. LXXII, col. 878); saint Isidore : « Feminarum uirginum caput » (*De eccl. Offic.*. *P. L.*, t. LXXXIII, col. 804).

2. Quoiqu'il y eût en Espagne de nombreux monastères de vierges au temps des Wisigoths, il est à remarquer qu'on n'y rencontre que très rarement le titre d'*abbatissa* donné à la supérieure d'une de ces communautés. Saint Léandre (*Regula*, c. XIII) l'appelle constamment *senior* et nomme les vierges qu'elle dirige *sorores* ou simplement *uirgines*. Le canon XI du 2e concile de Séville (619) désigne la supérieure par les mots « ea que preest uirginibus » et les religieuses par les noms de *sorores* ou *famule Christi*. Saint Fructueux de Braga (vers 660) mentionne cependant dans sa *Regula communis* (c. XVII) une *abbatissa* ou supérieure d'un monastère de filles (puellarum monasterium). Saint Braulion, évêque de Saragosse, a une lettre adressée *ad Pomponiam abbatissam* (*P. L.*, t. LXXX, col. 664). — Au neuvième siècle, il y avait à Cordoue et aux environs plusieurs monastères de vierges mozarabes. Le martyr saint Euloge, qui en parle à diverses reprises et nous raconte la vie de quelques-unes de celles qui versèrent leur sang pour le Christ, semble n'avoir pas connu non plus le titre de *abbatissa*. A propos du « coenobium Pinamelariense », dans lequel s'était retirée sainte Colombe, il dit de la supérieure : « Venerabilis Elisabeth, quae prior et totius erat *mater* uera monasterii » (*Memoriale Martyrum*, ap. *P. L.*, t. CXV, col. 809).

Ce mot *abbatissa*, fréquemment usité ailleurs, semble ne s'être acclimaté que lentement en Espagne. Il n'y avait pas d'« episcopa », de « sacerdotissa », de

mitra[1] *religiosa; et precedentes ac subsequentes eam alie Deo uote cum cereis, tacentes ueniunt ad chorum. Adplicans tamen eam episcopus ad altare, cooperit eam pallio per caput, et dicit super eam hanc orationem :*

Oratio.

Omnipotens[2] Domine Deus, apud quem non est discretio sexuum, nec ulla sanctarum disparilitas animarum; qui ita uiros ad spiritalia certamina corroboras, ut feminas non relinquas : pietatem tuam humili supplicatione deposcimus, ut huic

[2] *Cod* corum [7] *Cod* aput.

« presbytera » dans l'Église : on éprouvait sans doute quelque répugnance à donner droit de cité à ce titre nouveau. Le nom de *Mère*, qui traduit du reste si bien le mot *abbatissa*, est précisément celui dont se sert l'évêque dans la formule de notre rituel : « In cenobio *matrem* fieri preoptamus ». C'est aussi par ces mots *uirgo, uirginum mater* qu'elle est désignée dans une inscription découverte vers 1894 à Mérida et qui mérite d'être reproduite ici. Elle porte la date de 641 (ère 679).

 FELIX EVGENIA XPI FAMVLA
NOVA CONSTRVXIT IANVE PORTAM
CVIVS DEDICATIO CLAVSTRI CONTINET VIR
GINVM VOTA PATEBVNT LIMINVM ADITA
CREATVRE FIDELI ATRIA DNI HEC VIRGO VIRGINVM MATER
SACRO COMPLEVIT OPERE SVB HORONTIO VATE ERA DCL-
[XXVIIII

Fita, *Boletin de la Academia*, t. XXV, 1894, p. 83; Hvbner, *Inscript. Hispan. Christ.*, Supplem., 1900, p. 22, nº 333, avec fac-similé. — Parlant de la vierge africaine Maxima, un écrivain du cinquième siècle la qualifie de *uirgo, mater multarum uirginum Dei* (Victor Vitensis, *De Persecutione Vandalica*, l. I, c. xi, *P. L.*, t. LVIII, col. 195).

1. Sur ce mot de *mitra*, voyez ci-dessus (col. 62, note 1) la signification que lui donne saint Isidore. Ajoutons ici ce qu'il en dit dans ses Étymologies (lib. XIX, c. xxxi) : « *Mitra* est pileum Phrygium caput protegens, *quale est ornamentum capitis deuotarum* ». Arevalo, le savant éditeur de saint Isidore, n'a pas songé à rapprocher ces deux textes, qui nous disent bien ce qu'était cette « mitre » des vierges consacrées. — En Afrique, il est question de la *mitra*, comme signe distinctif des vierges consacrées, longtemps avant saint Isidore. Saint Optat de Milève en parle à plusieurs reprises (vers 380), tantôt avec le nom même de *mitra* (puella, cui mitram ipse [episcopus] imposuerat), plus souvent sous la forme diminutive de *mitella* (ut uirgines Dei... iamdudum professae... mitellas proicerent). Voy. *Sancti Optati Mileuitani libri VII*, éd. Ziwsa, Vienne, 1893, p. 54, 149, etc.

2. Une partie de cette formule se retrouve dans le

famule tue, quam sacrosancto gregi uirginum, nostrarum inpositione manuum et hoc uelaminis tegumento, in cenobio matrem fieri preobtamus, clementia tua roboratrix adueniat, et adiutrix perpetuo non recedat.

Da ei, Domine, fortitudinem [ad] spiritualia bella / gerenda, ut quondam Debbore bellatrici procinctum certaminis contra Sisare hostilem cuneum tribuisti : ut sicut ducatu illius Israhelitici populi aduersarii perierunt, ita uigilantia huius multitudo demonum [que] aduersus animas sanctas quotidie dimicatur et militat, uirtute tua penitus disturbetur et pereat. Adsit ei tua dextera consolatrix, que Iudit uidue in perniciem non defuit Olofernis. Ita, Domine, sermonibus piis et tui adiutorio nominis, exterminet usquequaque Satan, ut Ester humilis infestum tuis plebibus exterminauit Aman. Da ei, Domine, castimonie custodiam indefessam et karitatis sincerissimam dulcedinem gratiosam. Sit sollers in creditarum sibi regimine animarum, et celer in suarum correctione culparum. Ita subditas sibi spiritali zelo coerceat, et materne pietatis affectu refoueat, [ut] nec blanditia dissolute, nec nimia coercione reddantur pusillanimes aut proterue. Da ei, Christe Domine, Spiritum discretionis omnimode, ut nec honesta dilaceret, nec inhonesta delectetur : atque ita, te inluminante, sibi creditam multitudinem tuo sancto nomini iugiter admonendo faciat inseruire, ut quum nube flammiuoma mundum ueneris iudicare, postrema subditarum profectibus gloriosa, et de nullius perditione confusa, tue Genitricis adiungatur gloriosa cetibus, letabunda cum suis omnibus feliciter coronanda. — Amen.

(fol. 52)

Te prestante.

Qua explicita, osculatur eam episcopus, et tradit ei librum Regule et baculum[1]. *Ac postea salutat episcopus : et dicit diaconus :*

Missa acta est.

[2] *Cod* inpositio [6] Ad *ipse addidi* [9] *Cod* Srahelitici [10] *Cod* aduersarii preire [11] que *ipse addidi* *Cod* cotidie [14] *Cod* Olofornis [23] *Cod* refobeat, ut *ipse addidi* [26] *Cod* onesta... inonesta [29] *Cod* flamiuoma.

sacramentaire de Bobbio. Voy. Mabillon, *Museum italicum*, t. I, p. 388; dans la *P. L.*, t. LXXII, col. 569.

1. Cette rubrique est particulièrement intéressante. On y remarquera d'abord l'accolade épiscopale. Nous n'avons vu nulle part ailleurs la mention d'une cérémonie de ce genre : elle semble propre à notre Rituel wisigothique. La tradition de la crosse est moins caractéristique, bien qu'il soit malaisé de la rencontrer dans des monuments aussi anciens. Sur le *baculum* et la *regula*.

fol. 53 XXIIII. — / ORDO CELEBRANDVS SVPER VNGVENTVM, QVOD IN SANCTORVM DIEM COSME ET DAMIANI CONFICITVR [1].

Ad uesperum, leuato lumine, portatur ab abbate, aut presbitero, siue diacono, ad episcopum unguen-

[4] *Cod* lebato.

je renvoie à ce qui en a été dit plus haut à propos des abbés (col. 60, note).

J'ai copié à Madrid dans un manuscrit de l'an 976, aujourd'hui à l'Académie Royale d'Histoire (codex 62, fol. 63), un document, qui me semble inédit, sur l'*ordinatio abbatissae*. Il vaut la peine d'être signalé ici, quoique sa composition ne remonte pas, d'après toute apparence, au delà du huitième siècle, peut-être même du neuvième. Il est tiré d'un texte de la Règle de saint Benoît, adapté à l'usage d'une communauté de vierges. C'est ainsi qu'à la place des mots *abbas*, *frater*, etc., on lit : *abbatissa*, *soror*, etc. — Le copiste, qui paraît avoir été le Père spirituel (nous dirions aujourd'hui l'aumônier) d'un monastère de religieuses, nous apprend qu'il fut écrit « in era MXIIII, III kal. decembr. ». Il signe : « Eneco Garseani, licet indignus, presbiteri tamen ordine functus in ascisterio Sancte Nunilonis et Olodie (Alodie) ». La position du monastère ne nous est pas connue; mais la provenance du manuscrit (San Millan de la Cogolla) indique qu'il se trouvait vraisemblablement dans la basse Navarre. Voici ce passage : « *De ordinatione et electione abbatisse* ». Suit le texte bien connu de la Règle bénédictine : *De ordinando abbate*. Puis : « Sit enim mulier sancta, discreta, grauis, casta, dilecta, humilis, mansueta, amabilis et docta, etiamque diuinis experta documentis. In omnibus prefatis rebus plenissime erudita : que in abstinentia precellat, in doctrina prefulgeat, exquisitas epulas mense lautiores consuetudine menteque contemnat. Vini nimis perceptionem respuat, cunctisque in commune sororibus ut mater piissima fiat; quam nec ira inmoderata deiciat, nec superbia extollat ».

1. Il est question dans les formules suivantes de la bénédiction d'une espèce particulière de *chrisma* ou *unguentum* pour les infirmes. Le texte ne laisse aucun doute sur son usage. Il est suivi, du reste, dans deux de nos Rituels wisigothiques (*B* et *M*) de l'*Ordo ad uisitandum et perungendum infirmum*, qui est accompagné à son tour dans le Rituel *A* de l'*Ordo ad commendandum corpus defuncti*. Je ne pense pas qu'il s'agisse de l'huile proprement dite des infirmes. Ce n'est pas une huile simple, mais un mélange d'huile, d'encens pilé et d'autres parfums. Le titre seul d'*unguentum* l'indique assez clairement, ainsi que les mots « suauibus pigmentis, aromatibus », employés pour la bénédiction. — On a vu plus haut (col. 7-11 et col. 22-24; cf. col. 23, note 2) plusieurs formules d'exorcismes et de bénédiction de l'huile des infirmes. Il se peut toutefois que ces dernières, rédigées en un latin assez barbare, ne soient qu'une addition postérieure.

tum in gabata [1] *et episcopus mittit ibidem incensum tritum, signans et dicens :*

In nomine Patris, et Filii, et Spiritus Sancti.

Et ponet ipsum uasculum cum unguento sub altare, et ibi residet tota uespera et tota uigilia usque ad missam. Explicita uero missa, postquam omnes communicauerint, antequam absoluantur, ponendum est uas super altare, in quo fuerit unguentum. Et faciens episcopus de grafio hanc crucem, imponit hanc antifonam :

ANT. : Sicut [2] unguentum in capite, quod descendit in barbam, in barbam Aaron, manda hoc nobis, Domine, in benedictionem et uitam usque in seculum. — VERS. : Sicut ros Ermon.

Vbi, cum Gloria *dicta fuerit et caput iterum repetierint, sic oratio ista colligitur, absque oratione Dominica :*

Oratio.

Deus, Pater omnipotens, qui miseratus humanis languoribus et delictis, misisti Filium tuum Dominum nostrum Ihesum Christum in humilitate humanitatis adsumte, ut de uulnere corporis sui sanaret uulnus et carnis et anime nostre : infunde liquori

[4] *Cod* ipsut uasculum cum ungento [7] *Cod* communicaberint... absolbantur [13] *M* munda hoc [16] *M* Vbi quum [21] *Cod et M* langoribus [23] *Cod* adsunte *M* adsumpte [24] *Cod et M* licori.

C'est une pensée touchante que celle qui a inspiré a l'antique Église d'Espagne d'assigner, pour la bénédiction de l'huile des malades, le jour même de la fête des deux frères médecins saint Cosme et saint Damien. On remarquera avec quel appareil solennel avait lieu cette belle cérémonie, qu'on ne trouve nulle part ailleurs, que je sache, à pareille date et avec un rite semblable. — Dans l'Église wisigothique d'Espagne (et cet usage ne lui était pas particulier à cette date), la bénédiction du chrême proprement dit pouvait se faire « omni tempore », vers la fin du quatrième siècle (voy. le 1er concile de Tolède, can. XX; cf. le 2e concile de Braga, can. LI). D'après saint Isidore (*De eccl. Offic.*, l. I, c. 29), il semble que ce rite ait été dans la suite réservé, même en Espagne, au jeudi saint. Ce devait être, du moins, la pratique de l'Église de Séville.

1. Le mot *gabata* signifie un plat creux, une écuelle. « Lancis, *gauata*, quasi cauata, *g*. pro *c*. littera posita », dit saint Isidore (*Etymol.*, l. XX, c. 4). « Gabata, patena, uas, quasi cauata » (Papias). — La rubrique « leuato lumine » indique que le vase renfermant l'*unguentum* était porté à l'évêque accompagné d'un acolythe ayant un flambeau à la main.

2. Cette antienne est notée en neumes dans le Liber Ordinum.

isti sanctificationem ad omnimodam salutem. Remedium, quod ex hoc pia fides quesierit, euidentia peruentionis adtingat. Ex hoc inlita caro, careat omni morbo. Per uim benedictiònis tue omni repulsa peste, omnique ablato languore, obtineat fides fructum petitionis, anima confidentiam salutis, caro gratiam sanitatis; quatenus, sanctificatio tui Spiritus sanctorumque tuorum Cosme et Damiani uirtus animam in ubertatem benedictionis possideant, et corpora in remedium saluationis inducant.

Per gratiam.

Benedictio eiusdem.

fol. 54 Omnipotens Deus, benedic et sanctifica hoc / unguentum, et infunde in eum de ore tuo suauibus pigmentis (*sic*), qui ualitudinem sanitatis conferat uniuersis. Condi unguentum hoc, Domine, aromatibus sanctitatis : unde omnes languidi medellam percipiant sanitatis; ut omnes qui ex hoc fuerint peruncti, ueniam delictis, gratiam tue pietatis et medicinam percipiant sanitatis. — Amen.

Post hec absoluit diaconus :

Missa acta est. In nomine Domini nostri Ihesu Christi, eamus cum pace.

XXV. — ORDO AD VISITANDVM VEL PERVNGVENDVM INFIRMVM.

Ingrediens sacerdos ad infirmum, facit ei signum crucis in capite de oleo benedicto, dicens :

In nomine Patris, et Filii, et Spiritus Sancti regnantis in secula seculorum. — Amen.

Et dicit has tres antiphonas subter digestas, demumque orationem in ordine :

Ant. : Sana me [1], Domine, turbata sunt ossa mea, et anima mea turbata est ualde. Tu, Domine, conuertere, et eripe animam meam. — Vers. : Domine ne in ira.

Hec antiphona dicitur cum plures fuerint infirmi :

Ant. : Sana, Domine, omnes languores nostros, alleluia : redime de interitu uitam nostram, alleluia, alleluia. — Vers. : Vt confiteamur.

5 *Cod et M* langore 12 *M addit* Oratio 14 *Cod et M* ungentum *Ib Cod* suabibus 16 *Cod* condigni ungentum *M* medelam 19 *Cod* perhuncti 26 *Cod* faciens *sed M recte* facit 34 *Cod* anima mea 38 *Cod* langores 40 *Cod* Vt confi *M* Domine, ne [in ira tua].

1. Les trois premières antiennes qui suivent sont notées en neumes dans les Rituels *B* et *M;* la quatrième dans *M* seulement.

Ant. : Dominus locutus est discipulis suis : Accipite Spiritum Sanctum : in nomine meo demonia eicite, et super infirmos inponite manus uestras et bene habebunt. — Vers. : Deus deorum Dominus.

[Ant.] : Dominus erigit elisos, Dominus soluet conpeditos. Dominus sanat infirmos. — Vers. : Qui sanat contritos Dominus.

Oremus Dei omnipotentis [misericordiam], ut uulnera famuli sui (famulorum suorum) propitius curare ac sanare dignetur [1].

Oratio.

Ihesu, saluator noster et Domine, qui es uera salus et medicina, et a quo et cuius est uera salus et medicina, qui Apostoli tui uoce nos instruis, ut morbidos olei liquore tangentes, tuam postulamus misericordiam pietatis : aspice propitius super hunc famulum tuum (hos famulos tuos) *Ill.* ab illa / mi- fol. 55 rabili summitate celorum; ut quem (quos) languor curuat ad exitum, et uirium defectio iam pertrahit ad occasum, medella tue gratie restituat castigatum (castigatos). Et extingue in eum (eos), Domine, libidinum et febrium estus, dolorum stimulos ac uitiorum obtere cruciatus.

Egritudinum et cupiditatum tormenta dissolue. Superbie inflationem tumoresque compesce. Vlcerum uanitatumque putredines euacua. Viscerum interna cordiumque tranquilla. Medullarum et cogitationum sana discrimina. Conscientiarum atque plagarum abducito cicatrices. Fisicis tipicisque adesto periculis. Veteres inmensasque remoue passiones. Opera carnis ac sanguinis materiamque conpone, ac delictorum illi ueniam propitiatus adtribue. Sicque illum (illos) tua iugiter custodiat pietas, ut nec ad correptionem aliquando sanitas, nec ad perditionem, te auxiliante, nunc perducat

1 *Cod* Accipite Spiritum Sanctum in nomine meo : demonia eicite 5 *Cod* solbet 8 misericordiam *ipse addidi* 11 *In A pro* Oratio *legitur* Completuria 15 *Cod* licore... postulamus *M recte* postulemus 18 *Cod* sumitate... quem langor curbat 19 *Cod* pertrait 20 *M* medela 22 *Cod* liuidinum 25 *Cod* superuie *M* tumoremque 30 *Cod* remobe 32 *M* illis ueniam.

1. Dans le Rituel *A*, fol. 13, cette dernière formule renferme quelques variantes et des additions qui méritent d'être signalées : « *Preces.* Oremus Dei omnipotentis, ut uulnera famulorum *Illorum* per angelum suum sanctum sanare et confortare dignetur. Prest[ante]. K[yrie], K. K. » — Les mots « famulorum tuorum » et autres de ce genre, ici et dans les textes qui suivent, sont entre parenthèses dans le manuscrit.

infirmitas : fiatque illi (illis) hec olei sacra perunctio concita morbi presentis expulsio et peccatorum omnium exoptata remissio. — Pater.

Benedictio.

Propitietur Dominus cunctis iniquitatibus tuis, et sanet omnes languores tuos (uestros). Redimat de interitu uitam tuam (uestram), et satiet in bonis desiderium tuum (uestrum). — Amen.

Atque ita tibi (uobis) Dominus cordis et corporis medellam adtribuat, ut ipsi semper gratias referas (referatis). — Amen. Qui solus in Trinitate.

In nomine sancte et indiuidue Trinitatis uisitet uos angelus salutis et pacis [1].

XXVI. — ORDO CELEBRANDVS SVPER EVM QVI AB SPIRITV INMVNDO VEXATVR.

Inprimis, constituunt uirum siue mulierem qui hoc patitur ad partem occidentis, ita ut contra altare faciem teneat. Deinde, preparant se clerici et diaco-
fol. 56 *nes seu presbiteres in duos choros, sicut / consuetudo est in effetatione in diem Ramos palmarum* [2].

Post hec, stans diaconus ante chorum, faciem contra predictum egrotum tenens, et manu crucem faciens, recitat ac decantat clara uoce hunc exorcismum :

Exorcismus.

Recordare [1], Satanas, que tibi maneat pena. Quum uideris hominem, quem Deus et Dominus meus ad suam gratiam uocare est, confusus fugias et recedas. Quod si fallaciter gesseris, erit tibi ipse Christus in preparato iudicio. Deo uiuo rationem reddes, et uas signatum non designabis [2] : adiuratus in nomine Patris, et Filii, et Spiritus Sancti, cuius est hoc signum et nomen inuictum.

Respondunt in choro hanc antiphonam :

Resistite diabolo et fugiet a uobis. Adpropinquate Deo et adpropinquabit uobis.

Deinde dicit diaconus : Recordare, Satanas.

Respondunt in choro : Resistite diabolo.

Ex hinc dicit tertio diaconus : Recordare, Satanas.

Respondunt in choro : Resistite diabolo.

Deinde egreditur episcopus, aut sacerdos senior qui interfuerit, de intra altare et stat ante chorum, ubi antea diaconus stetit, exorcismum recitando hec tria capitula, faciens crucem contra occidentem ad iam dictum hominem egrotantem :

I. — Increpet Dominus in te, Satan : et increpet Dominus in te, qui elegit Iherusalem.

II. — Tibi dicitur, Satanas : Vade retro.

III. — Vicit Leo de tribu Iuda, radix Dauid.

Sic tamen quando hoc episcopus dicit, aut alius sacerdos qui interfuerit, manu crucem facit contra occidentem : et paululum inter capitulum pausetur. Statim tamen cum ille explicuerit, diaconus cum clericis inponit recitando hos exorcismos :

Exorcismus.

Deprehense sunt insidie tue, maledicte damnabilis zabule, nec iam poteris ultra fallere quos pu-

6 *Cod* langores 13 *Cod* coros 20 *Cod* corum 23 *Cod* recitans ac decantans.

1. Rituel *A*, fol. 14 : « ... gratias referatis. — Amen. Qui solus in Trinitate uiuit et regnat ». Puis la prière suivante : « ALIA COMPLETVRIA AD MVLIER[EM] INFIRMAM : Domine Ihesu Christe, qui facis mirabilia, te supplices exoramus, ut huius famule tue *Illius* langorem intendas, et medicina[m] qua sanetur et propitiantem inpendas. Iube eam misericorditer uisi[tari?], qui mulierem ab spiritu inmundo dignatus es [cura]re. Sana eam, Domine, tua solita medicina, sicut mulieris Cananee dignatus es salbam facere filiam. Gaudeat se ad salutem prestinam redisse, sicut mulier dracmam quam perdiderat leta[ta] est inuenisse. Sacris enim presentatur altaribus, ut tuis semper mereatur replere (repleri) benedictionibus. Pater... Propitietur Dominus cunctis », etc. Dans notre Rituel *A*, ce chapitre est intitulé : ORDO VISITANDVM VEL VNGVENDVM INFIRMVM. — Dans les manuscrits *B* et *M* on trouve un peu plus loin (voy. ci-dessous, col. 86 et 87) une *Oratio uiatica super infirmum iuuenem*. Voy. aussi l'*Ordo in finem hominis diei* (col. 107 et suivantes). C'est le rituel très minutieux à observer au moment de la mort, suivi du cérémonial complet des funérailles.

2. Sur l'*effetatio* ou *aperitio aurium* qui se faisait le dimanche des Rameaux, dans une réunion matutinale, voy. ce qui a été dit ci-dessus, col. 27, note 1.

10 *Cod* in coro hanc antiphona 14 *Cod* coro 19 *Cod* ante coro 27 *Cod* manum.

1. Cet exorcisme est entièrement noté en neumes dans le manuscrit, ainsi que les prières qui l'accompagnent, jusqu'à ces mots de la rubrique : *Deinde egreditur episcopus*.

2. Il faut voir dans ce mot le contraire de *signare*, c'est-à-dire « enlever au chrétien le signum salutis », le signe du Christ. Ce mot, pris avec la signification qu'il a ici, est extrêmement rare. Il se retrouve un peu plus loin (col. 76, l. 31) dans l'exorcisme « Adgredimur ». Mon jeune confrère Dom P. de Puniet me le signale dans le Missel de Stowe (éd. Warren, *The liturgy and ritual of the Celtic church*, 1881, p. 207) : « per hoc signum crucis quod tu, diabule, nunquam adetis (*leg.* audebis) *designare* ». Cf. Priscillien, éd. Schepss, p. 49. Voy. l'index à la fin de ce volume.

tabas te perpetua malorum tuorum infelicitate uicisse. — Congredimur aduersus tuam, diabole, perfurentem insaniam, et aduersus tuas, inmunde spiritus, nequitias concertamur. Tue insidie, hostis fol. 57 antique, / prodantur, ut dicata Christo pectora ab omnibus operibus tuis purgentur. Erroris tui ab istis insania conquiescat, nec ultra malitie tue eos error inuoluat. Recede ab his famulis Christi confusus, et per Spiritum adoptionis seclusus. Discede per uerum Deum adiuratus, et de obsessis fuge corporibus. Nichil in eis iam ultra audeas, nec tui operis eos deinceps incitatione decipias : sed tenebris nequitie tue deditus, et penam gehenne seuientis expectans, ab his qui a Domino rediṃuntur abscedas. Et ideo exi, insanabilis, ab his qui tibi renuntiauerunt et Dominum Christum corde et corpore menteque conceperunt. Habita igitur extra humanam conuersationem, et da ei qui uiuit in secula seculorum honorem.

Alius.

Adgredimur aduersus te, diabole, spiritualibus uerbis et igneis sermonibus. Latebras tuas quibus occultaris incendimus. Proprii quidem oris sermone, sed Dei nostri te torquemus uirtute. Rebellis, fuge, inimice. Quamdiu te inflat superbia tua? Quousque aduret inuidia? Non reminisceris, miser, propterea te ab angelorum societate seclusum, et Dei omnipotentis sententia de celo cecidisse prostratum? Cur non inponis criminibus tuis modum? Cur creaturam Dei, quam Deus non uult perire, tu ipse persequeris? Time, miser, time diem iudicii, qui igne tibi reuelabitur : time Christum punitorem tuorum scelerum. Nicil tibi sit cum genere humano, pro quo Christus mortuus est et resurrexit.

Interdicimus tibi, per ipsum qui populum suum de seruitute Egipti liberauit. Interdicimus tibi, per fol. 58 ipsum in cuius nomine / Rubri maris est unda diuisa, et contra naturam fluentis elementi tamquam murus aqua est solidata. Interdicimus tibi, per ipsum in cuius nomine regum fortium regna prostrata sunt. Interdicimus tibi, per ipsum qui tres pueros in camino ignis ardentis, sub oculis infesti regis, conseruare dignatus est : per ipsum in cuius nomine Daniel leones fame rabidos subacta feritate calcauit : per ipsum qui cecis oculos aperuit, surdos audire fecit, paraliticos ad sua membra reduxit : per ipsum qui linguas mutorum resoluit : per ipsum qui demonio uexatos sanauit : per ipsum qui claudos currere fecit, qui mortuos suscitauit. Interdicimus tibi, per ipsum qui super aquas pedibus ambulauit, qui mare fundauit et terminum ei posuit, dicens : « Usque hic (*sic*) uenies, et hic confringes tumentes fluctus tuos ». Ipsius te uirtute conuenimus, cui ipse nomen tuum quod esses Legio prodidisti. Ipsius te uirtute conuenimus, qui Lazarum morte resolutum, quum iam in putredine se caro resoluisset, uite ac saluti restituit et in gaudio lamentum mutauit.

Audisti ergo, maledicte, magnalia et uirtutes Domini. Time, miser, exteriores tenebras et ignem eternum qui tibi est preparatus incendii. Fuge, Satanas, fabricam Dei et opus diuine similitudinis conparatum relinque.

Adiuramus te, inmunde spiritus, per Deum Patrem omnipotentem et Agnum inmaculatum, Dei Altissimi Filium, qui uenit peccata nostra abluere per babtismum et Spiritum Sanctum, et nos perducere ad regnum eternum : qui patriarcas elegit : qui prophetas / constituit, apostolos predestinauit : fol. 59 qui tenet clauem Dauid et claudit quod nemo aperit, et aperit quod nemo claudit : qui te ob superbiam tuam damnatum proiecit de regno celorum, et deputauit tenebris inferorum. Ipsius te uirtute exorcizamus +, inmunde spiritus, per Deum Patrem, in cuius nomine hii sacratissimo signo + signantur (signatur). Non ultra eos (eum) audeas designare, diabole, qui uexillo Christi ad tutelam salutis notantur (notatur).

Interdicimus tibi coram Christo et angelis eius, quia non tenes istos (istum) ultra nec possideas, nec eos peruertas a uia ueritatis : quia tibi renuntiantes serui Dei facti sunt, et ad Deum uiuum refugium fecerunt, ut possint magnificari atque mundari aque lauacro et Spiritu Sancto; ut possint plenissime cognoscere Deum uiuum, Dominum et Saluatorem nostrum, qui est benedictus in secula seculorum.

Agimus aduersus te, zabole, auctor criminum, celi refuga, animarum infelicium parricida, temtator seculi, iustorum inuide, castitatis et continentium inimice, demon inmunde, spiritus multiformis, subdole hostis, serpens horrende damnabilis. Vrget te ab his (hoc) discedere Christi nomen inuic-

[8] *Cod* inboluat [13] *Cod* geene [16] *Cod* renuntiaberunt [22] *Cod* ueruis [24] *Cod* Reuellis, fuga [25] *Cod* superuia [29] *Cod* quur [30] *Cod* quur [34] *Cod* generi [46] *Cod* oculis.

[4] *Cod* clodos [12] *Cod* salute [26] *Cod* superuiam [39] *Cod* labacro [40] *Cod* uibum [47] *Cod* urguet.

tum, ac potestatis eius insigne uexillum. Ministri Dei sumus, Dei te inuocato nomine persequimur. Eiceris arsurus, malorum caput, inlusor mentium, fictor omnium criminum, maledicte temtator audax, in fetoribus uiuens, in sordibus habitans. Vrgemus te, diuine potestatis contemtor; conminamur ut exeas, cogimus ut recedas; contra te religiosa fol. 60 habemus / certamina, non cum humili hoste, sed cum antiquo gladiatore.

Tu es, qui per tumorem cordis Deum contemnens, non solum eius equalem te esse, sed etiam superiorem existere uoluisti. Tu, ab initio statim mundi hominem fefellisti, et uerbis mendaciis blandiens rudes animas decepisti. Tu, Dominum ipsum temtare conatus, quasi obreperes rursus et falleres latenter adgressus es. Intellectus tamen es et retrusus, et ideo prostratus, quia agnitus atque detectus. Tu, lapideos et ligneos deos tecum pariter arsuros, ut colerentur instituisti. Tu, miserorum mentes blandienti facis errore, imples superbia, dissoluis libidine. Tu, corda hominum cupiditate excecas, discordia exasperas, ira precipitas. Tu, itinera latronibus claudis, predonibus obsides maria, et toto orbe terrarum excitas mutuo sanguine bella.

Discede, ulcus seculi, truculente, inmunde, horrende cunctique humani generis inimice. Exi, procul fuge, fuge inter celum et terram, qui perdidisti tribunal celi, ubi quondam angelus fueras. Iam enim salus gentium uenit, et sospitandis hominibus salutare lumen effulsit. Aspice idola tua derelicta, et per fidem credentium populorum sedes tuas ac templa deserta. A solo terre te Dei Filius excludit : uentis raperis, turbinibus inuolueris. Te Christus ab omnibus istis excludit : discede in tartara; discede ultra trans maria. Agnosce Dominum, da illi honorem, pertimesce tuum atque omnium creatorem, qui pro nobis corpus induit, ut nos de fol. 61 / corporalibus uitiis liberaret teque de corporibus nostris excluderet. Ecce nunc ipse torquet te, quem torquendum esse dicebas. Ecce nunc saluat homines, quem solum hominem extimabas. Ecce nunc fateris inuictum, quem olim prodideras persequendum.

Discede, fuge imperio nominis eius, cuius iussu elementa famulantur, uenti seruiunt, maria obediunt, inferi cedunt : cuius terrore atque imperio nominis eius, tu et cuncta demonia a corporibus obsessis eiciuntur. Hunc pertimesce factorem seculi, ducem regni, lucis principem, salutis auctorem : qui mundum ortu suo inluminauit, passione sua redemit : qui solus inter mortuos liber fuit, et a morte teneri non potuit : qui tartarea claustra conminuit, eosque quos captiuos in infernum tenebas, potentia sue maiestatis eripuit : qui, deuicta morte, carnem quam a terris adsumsit in celum post mundi uictoriam deportauit : qui sedet ad dexteram Patris, accipiens ab eo eternam regni potestatem : qui uenturus est e celo, ad penam tuam censoris uigorem et iudicis potestatem [ostendens], reddere iustis premia, tibique et omnibus inpiis eterne pene supplicia.

Huius nominis inuocatione ab his (hac) tu eiceris : huius salutifero signo + a membris eius excluderis. Ipse te nunc latentem atque absconsum intra medullas corporis persequitur extorquendum. Ne ultra audeas has animas (hanc animam) aduocare, et ad superstitionem tuam a fidei ueritate diuertere. / Ne fol. 62 ultra eos (eum) a preceptis Dei secludas, et peccatorum sordibus polluas. Remoue, miser, a Christi seruis nequitie tue imperium : caput enim tuum Christus calcauit, mundus exhorruit, fides comminuit. Recede de corporibus innocentium; Christi nomen hic habet hospitium. Viator, non habitator intrasti; recede spontaneus, nam proiceris inuitus. Non moreris, inimice : exi, fuge : fuge inter celum et terras, ubi quondam dignitatem tuam perdens detrusus es. A solo terre te Dei Filius excludit, teque proiectum in tartara ima demergit. Pete inferos : habes illuc destinatas animas inpiorum, quibus aut particeps hereas, aut tortor in penis existas.

Recede a corporibus hominum; nox te perpetua habeat, caligo eterna conuoluat : ut proiectus per signum Christi, habeant fideles anime pacem et corpora eternam salutem : ut adiuratus in nomine Patris, et Filii, et Spiritus Sancti, per signum + sacre unctionis, uestigia eorum numquam sequaris.

Hos explicitos, orat episcopus aut quislibet sacerdos super eum[1] *hanc orationem :*

6 *Cod* urguemus 13 mendaciis *ex inusit. adiectiuo* mendacius (*pro* mendax), *forsitan leg.* mendacii 15 *Cod forma uulg.* obriperes 17 *Cod* igneos 20 *Cod* superuia 21 *Cod* liuidine 25 *Cod* orrende 28 *Cod* ubi condam 33 *Cod* inuolberis 44 *Cod* cuius iussa.

5 *Cod* orto suo 8 *Cod* captibos 11 *Cod* deportabit 14 Ostendens *ipse addidi* 17 Ab hac, *i. e.* anima, *ut infra, l. 21* 22 *Cod* ad subprestitionem 24 *Cod* remobe 26 *Cod* exorruit 28 *Cod* ospitium 31 *Cod* condam 32 *Cod* imma conuolbat 42 Hos explicitos *exemplum accusatiui* 37 *Cod absoluti.*

1. L'auteur, ou le copiste plus probablement, emploie d'ordinaire dans les exorcismes qui précèdent des

Oratio.

Omnipotens Pater omnium Deus, qui populi tui damna miseratus Ihesum Christum Filium tuum, ob custodiam carnis et anime, ad perditas oues domus Israhel destinasti : ut, quia tibi esset cura seruandi homines inimicus agnosceret erubescens, dominumque uereret in famulis, memento, Domine, operis tui, memento creati a te plasmati hominis, memento decepti. Tuere signa+culum tuum, defende priuilegium : recognosce tui nominis caracter inpressum.

Quolibet hic fuerit incautus errore deceptus, fol. 63 quamlibet / insidiis et temtationibus obnoxius, tu obliuiscere quod elapsus est, recordare quod tuus est. Ecce nunc dimersus est, Domine, in limo profundi et non est illi substantia consistendi. Adpetierunt fortes animam eius, et circumdederunt eum uituli multi. Exerce nunc opera tua, Domine, que in Sarra obsessa quondam exercuisti; que in Maria Magdalene potentialiter ostendisti; que in unius uiri corpore, superata diabolica legione, oculis hominum comprobasti. Tua est enim, Domine, tua in cuiuslibet captiui liberatione uictoria. Ad auxilium tuum contra hostem incurrimus, et admotas fabrice tue inpugnationis machinas pugnaculi tui expugnatione repellimus. Hic, Domine, minimus, hic abiectus; quia tamen aliquantula familie tue pars est, tibi soli sit debitus, ne in hac proculcatione captiuum possidens insultet tibi Domino inimicus.

Hanc igitur amissam ouem, pie Pastor, inquire, gregique tuo reformare dignare : ad iniuriam deputans si quid de tuo inprobus ereptor admordeat, et ad gloriam tuam cumulans quod ex faucibus lupi uoracis extorqueas.

Infunde nunc, Domine, his uisceribus ac medullis uim Sancti Spiritus et salutis. Nunc alienum coerce predonem, et a sedibus tibi dicatis impetus infesti insidiatoris exclude. Protege, Domine, possessionem tuam, ne intra prefixa postibus tuis sacra signacula + fur inportunus introeat, et in oppresso dominatum exercens, insultabundus adrideat.

fol. 64 Adsit, Domine, / uirtutis tue maxime gloria : adsit potens languentium medicina, que omnes his uisceribus demonice temtationis morbos excludat.

[5] *Cod* Srahel [29] *Cod* captibum [37] *Cod* alienum quoerce.

formules indiquant qu'il s'adresse à plusieurs démoniaques. Parfois, cependant, il s'oublie et parle à un seul, passant même sans s'en douter du pronom masculin au pronom féminin.

Sentiat, Domine, persecutor fidelium nequissimam uirtutis sue audaciam nicil ualere, dum oues domus tue non audet inlicita depopulatione uastare, cui iam necesse est ubi tu inuocaris abscedere. Expauescat et fugiat a te conditum et redemtum per lignum crucis atque signaculum +. Illam nunc uerbi tui maiestatem persentiat, qua fluctus rediens contumaciam Farahonis inmersit; qua tubis clangentibus Iherico ruibunda contremuit; qua Asmodeus demon ui propulsatus abscessit. Muniatur ergo, Domine, signo sacratissime crucis +, et custodem mereatur angelum pietatis. — Amen.

Presta, summe Pater, per Ihesum Christum.

XXVII. — ORATIO DE VESTE SANCTIFICANDA EORVM QVI NOVITER CONVERTVNTVR[1], ET RELIGIOSVM HABITVM SIBI MVTARE VOLVNT.

Christe Deus, a cuius contactu fimbrie torridi riuus cruoris continuo abstractus exaruit, et uis inueterate egrimonie fidei ardentis ostentui mirabiliter cessit : infunde super hec uestimenta benedictionis tue omnimodam gratiam; ut que per tactum manus nostre nominis tui inuocatione benedicuntur, benedictionem tue Maiestatis plenissimam consequantur : ut hec ipsa benedictionis tue decore nitescant, et induentibus se sanctitatis ambitionem infigant. Quatenus, dum hec indumenta pie deuotionis / fol. 65 is qui ea nunc temporaliter benedicenda poposcit induerit, tempore iudicii tui non illi confusionis eterne damnationem pro abusione adcumulent, sed pro expiate seruitutis affectu, eternam illi prorogent libertatem. — Amen.

XXVIII. — BENEDICTIO SVPER VIDVAS MAFORTEM ACCIPIENTES[2].

Consolationis tue, omnipotens Deus, emitte solacium, qui semper cor et corpus diligis castum : ut

[1] *Cod* persequutor [4] *Cod* expabescat *Forte leg.* fugiat ante conditum *uel* a te condito et redemto *Cod* illa... maiestate [9] *Cod* Nasmodeus, *cf. Iob, XXXVIII, 11* [15] *Cod* nobiter [16] *Cod* abitum [17] *Cod* contractu [18] *Cod* ribus cruoris [27] *Cod* his qui.

1. Il semble qu'il y ait ici une allusion au texte de la Règle de saint Benoît : « Nouiter ueniens quis ad conuersionem », etc. (*Regula*, c. LVIII; cf. c. I). Sur le mot *Conuersus*, voyez un peu plus loin, col. 82.

2. Il serait hors de saison de s'occuper ici des veuves, qui formaient aux premiers siècles de l'Église un ordre à part dans la communauté chrétienne, l'*ordo uiduarum*, comme les qualifient des textes du troi-

harum famularum tuarum *Illarum* et *Illarum* spiraminibus sacris inlustres arcanum, et secundum post uirgines conferas locum. Sint imitatrices Anne uidue, quam euangelicus sermo dignatus est predicare. Orationibus semper incumbant, et quod uouerunt numquam amittant. Non delectentur pristinas uoluptates, sed celestes conquirant mansiones : ut miserationis et pietatis persoluentes munera, expleant diuina precepta, conquirentes sibimet uitam eternam. — Amen.

[3] *Cod* post uirginibus *Ib. Cod* immitatrices [6] *Cod* noberunt... ammittant [7] *Cod* celestis.

sième et du quatrième siècle. On trouvera dans Smith, *Dictionary of christian Antiquities*, au mot Widows, une bibliographie à peu près complète du sujet. — En Espagne, les canons des conciles de Tolède nous parlent plusieurs fois de ces veuves. Ils distinguent dans l'Église deux sortes de veuves : 1° Celles qui se préparent à convoler à de secondes noces : « Seculares uiduae sunt quae adhuc disponentes nubere, laicalem habitum non deposuerunt ». 2° Les veuves religieuses, engagées par vœu à la continence : « Sanctimoniales [uiduae] sunt quae iam mutato habitu sub religioso cultu in conspectu sacerdotis uel Ecclesiae apparuerunt » (canon LVI du 4e concile de Tolède tenu en 633). Leur consécration était irrévocable. Si elles refusaient de s'amender et de faire pénitence, la violation de leurs promesses était regardée comme une véritable apostasie et l'Église les frappait d'anathème : « Vere ut apostatae coram Ecclesia anathematis sententia condemnentur » (*Ibid.*, can. LV). Un peu plus tard, le 10e concile de Tolède (656) promulgue un décret, par lequel il impose à la veuve qui renonce au monde un engagement écrit, signé de sa main, et un costume qui la distingue aisément des autres femmes et dont elle ne devra jamais se séparer : « Vidua quae sanctae religionis obtinere propositum uoluerit, sacerdoti uel ministro, ad quem aut ipsa uenerit aut quem ad se uenire contigerit (ceci suppose une cérémonie faite sans solennité), scriptis professionem faciat a se aut signo aut subscriptione notatam, continentem se et religionis propositum uelle et hoc perenniter inuiolate seruare », etc. (can. IV). Elle devait se couvrir la tête d'un voile noir ou violet (palleo purpurei uel nigri coloris), comme marque de la sainteté de son état.

Dans le texte de notre Rituel, le mot *mafors* (on trouve ailleurs *mauors, maforte, mauortium, mafortium*, cf. le mot grec μαφόριον) désigne ce palleum ou voile, qui devait retomber largement sur les épaules, à la manière de la mantille moderne des dames espagnoles. C'est sans doute la couleur, plutôt que son nom et sa forme, qui en faisait l'ornement distinctif des veuves. Saint Jérôme en parle, en effet, comme d'un vêtement particulier aux vierges : « Super humeros hyacinthina laena *maforte* uolitans... Haec est apud illas tota uirginitas » (*Epist. ad Eustochium*, ap. *P. L.*, t. XXII, col. 402). —

XXVIIII. — ORDO CONVERSORVM CONVERSARVMQVE [1].

Si quis de laycali habitu ad religionis ordinem cupit peruenire, tam uiris quam feminis iste ordo opportunus est custodire.

In primis, ut postulet sacerdotem a quo se religiosum exoptat fieri. Tradit ei tonsurias [2], *si uir fuerit; si autem mulier, uestem religionis. Ille uero induit eam uestem religionis, dicens :*

[3] *Cod* abitu *M* laicali habitu [5] *Cod* oportunus [9] *M* eum.

Pour saint Isidore le *mafors* est, au contraire, le voile des femmes mariées : « Feminae dum maritantur uelantur, scilicet ut nouerint se per haec uiris suis esse subiectas et humiles : inde et ipsum uelamen uulgo *mauortem* uocant, id est Martem, quia signum maritalis dignitatis ac potestatis in eo est » (*De eccl. Officiis*, l. II, c. XX, n° 6; cf. *Etymol.*, c. XXV, n° 4). Parfois c'est un tissu quelconque : « Ampulla cum balsamo inuoluta cum *mafortio* serico ». (D'après un Ordo romain du huitième siècle, dans Duchesne, *Origines du culte chrétien*, p. 450.) — Cf. *P. L.*, t. LXXIV, col. 462.

1. Le *conuersus*, dont il est ici question, est le laïc qui abandonne le siècle pour embrasser la vie religieuse. Il se distingue par là des moines élevés dès leur jeune âge dans le cloître : ceux-ci n'ayant pas eu à *se détourner* d'un monde qui leur était à peu près inconnu. Ce mot, ou celui de *conuersio*, fut employé de bonne heure dans ce sens. Saint Benoît en fait plusieurs fois usage (*Regula*, c. I et LVIII). Saint Grégoire nous parle d'un « conuersus » (*Dialogor.*, l. II, c. XVIII). Saint Isidore intitule *De conuersis* un long chapitre de sa Règle des moines (c. IV). Un peu plus tard, saint Fructueux consacre aux *conuersi* trois chapitres de sa première Règle (*Regula*, c. XXI-XXIII). — Quant aux *conuersi*, ou Frères lais, leur institution est de beaucoup postérieure et ne remonte guère au delà du onzième siècle.

On doit noter dans notre *Ordo conuersorum* deux cérémonies bien distinctes. La première est pour ceux qui voulaient professer la vie religieuse, sans pour cela s'engager à vivre en communauté et sans s'isoler des chrétiens ordinaires. Ils se distinguaient des simples fidèles par leur tonsure, leur habit et l'observance des conseils évangéliques. La deuxième partie (depuis la rubrique : *Monachus uero*, etc.) concerne uniquement les moines, qui s'engageaient à obéir à un abbé et à une règle dans un monastère.

2. Il faut voir dans *tonsuriae*, mot que je ne trouve pas dans les lexiques, l'équivalent de « tonsoria ferramenta » des classiques. On peut croire, d'après le texte, que c'est le *conuersus* lui-même qui présentait à l'évêque ou au prêtre les ciseaux qui devaient servir à lui couper la chevelure « en forme de croix », comme s'exprime un peu plus loin la rubrique. La *conuersa*, elle, offrait l'habit dont on allait la revêtir. Le contexte

In nomine Patris, et Filii, et Spiritus Sancti regnantis in secula seculorum.

Et fixis genibus tondit eum : ita ut, dum crucem tonsionis in capite eius facit, hanc orationem tacite dicat :

Oratio.

Presta queso, omnipotens Deus, ut sicut hic famulus tuus *Ille* comam cupit amittere capitis, uitia cordis simul amittat et corporis : ut, corpore pariter innouatus et mente, tecum feliciter / ualeat in eternum regnare. — Amen.

fol. 65

Post hec salutat et dicit hunc responsum :

Lavdes : Conuerte nos, Deus, ad te et conuertemur. Renoua dies nostros sicut antea. — Vers. : Conuerte nos, Deus salutaris noster, et auerte iram tuam a nobis. Renoua... Gloria. Kirie...

Deinde dicitur hec antiphona :

Ant. : Conuerte nos, Deus Saluator noster, et auerte iram tuam a nobis. — Vers. : Benedixisti, Domine.

Hic psalmus totus pro uersu est recitandus, cum Gloria.

Deinde dicit diaconus : Oremus ut huic famulo suo gratiam misericordie sue, et delictorum ueniam propitius tribuere dignetur.

Oratio.

Clementissime [1] dominator Domine, tuam inuocamus pietatem super hunc famulum tuum *Illum*,

[10] *Cod* innobatus [12] *M* hunc responsurium [13] *M* Respons. Conuerte [16] *Cod* renoba [23] *M* Oremus Dominum nostrum [26] *M* Completuria.

indique en effet le « convers » ou la « converse » comme sujet du verbe *tradit*. Les mots « crucem tonsionis » marquent une cérémonie analogue à celle qui se pratique encore de nos jours. Voy. Catalani, *Rituale romanum*, éd. Paris, 1850, t. I. p. 140.

Il est instructif de comparer ces rites avec ceux qu'on observait pour les pécheurs qui demandaient la pénitence publique, d'après les textes des conciles de l'Église wisigothique. Le canon xii du grand concile national de 589 impose la tonsure aux hommes, le changement d'habit aux femmes. Le concile de Barcelone, de 599, dit dans son canon vi : « Penitentes uiri (ils vivaient « in domibus suis », dit le canon suivant) *tonso capite et religioso habitu utentes* ieiuniis et obsecrationibus uitae tempus peragant. »

1. Cette prière et les belles formules de supplication qui la suivent ne sont pas inédites, du moins dans leur ensemble. Dom Martène les a publiées, d'après un Rituel du treizième siècle de l'abbaye d'Aniane (voy. *De antiq. monachorum Ritibus*, éd. de 1738, p. 649). Tout

quem e seculo conuersum in numero sanctorum arcessire dignatus es. Quesumus, ut conuersionis sue fidem digne custodiat, et quicquid pro salute anime sue fuerit deprecatus accipiat. — Amen.

Sit uite probabilis. — Amen.
Sit sapiens et humilis. — Amen.
Sit scientia uerus. — Amen.
Obedientia clarus. — Amen.
Conueniens in doctrina [1]. — Amen.
In increpationibus inmobilis. — Amen.
In grauitate decorus. — Amen.
In conpassione piissimus. — Amen.
In operatione cauta dispositione sollicitus. — Amen.
In temtationibus fortis. — Amen.
In iniuriis patiens. — Amen.
In pace fixus. — Amen.
In elemosinis promtus. — Amen.
In orationibus frequens. — Amen.
In misericordia efficax. — Amen.
In subditis pius. — Amen.

Nec sit inmemor quod abs te de suis erit factis tuo iudicio iudicandus.

Huius quoque, Domine, precamur, ut munera

[2] *An* (*i. e. Anian. codex*) accersire... conuersationis [3] *M* quicquic [5] *Cod* prouabilis [7] Amen *ipse addidi ex cod M. Haec supplic. deest in An* [12] *An* n passione [13] *An* In operatione cautus. Amen. — In dispositione sollicitus. Amen. [20] *An* in morte efficax [22] *An* quod a te... factis iudicandus. Amen.

porte à croire que ce texte reproduisait sur ce point un manuscrit beaucoup plus ancien, remontant à l'époque où la domination des Wisigoths s'étendait des bords du Rhône aux légendaires colonnes d'Hercule, près de Cadix. Plusieurs passages du texte ne conviennent guère, du reste, à l'entrée en religion d'un simple moine vivant en communauté, par exemple : « in elemosinis promtus, in subditis pius » : formules qui s'appliquent beaucoup mieux à un *conuersus* retiré chez lui, ayant des biens au soleil et des serviteurs.

Je note ici en passant que cette prière et ces supplications, sauf un certain nombre, ont été insérées dans le *Cérémonial de la vêture et de la Profession dans les monastères de la Congrégation de France de l'Ordre de saint Benoît*, Solesmes, éd. de 1897, p. 73. Dom Guéranger, qui les avait empruntées au Rituel d'Aniane, était bien éloigné de leur soupçonner une pareille origine. — On trouvera dans l'apparatus, sous la rubrique *An*, les variantes de ce Rituel, en mettant le texte du pluriel au singulier pour mieux l'harmoniser avec celui du Liber Ordinum et du Rituel de Madrid.

1. D'accord sur la doctrine avec son évêque, avec l'Église catholique.

placatus suscipias, et quicquid a te petierit clementer inpertias. — Pater[1].

Benedictio.

Benedicat Dominus huic famulo suo *Illi* benedictione perenni, et gratia spirituali. — Amen.

fol. 67 Vestem, quam in dignitatem religionis / adsumsit, in testimonio benedictionis conseruet. — Amen.

Et qui religatur ad obsequium sanctitatis, remuneretur premio eterne sanctificationis. — Amen.

His finitis, datur ei sancta communio, et ad locum quem uoluerit succedit.

Similiter et in feminis, excepto[2] *tonsura pro sexuum discretione, iste ordo seruatur.*

Monacus uero[3] *in cenobio, quum hunc predictum ordinem primitus susceperit, ita ut stabilitatem professionis sue per adnotationem sui nominis firmet, hic ordo seruabitur : Postquam enim* Ad accedentes *communicauerit*[4], *tota iam explicita missa, accedit in choro ad abbatem, et roborato proprio nomine in pactionis libello per manum abbatis, suscipiunt eum deducendum ad altare presbiter et diaconus, qui eo die ministrauerunt, dicentes hunc uersum :*

Versvs : Suscipe me, Domine, secundum eloquium tuum ut uiuam : et ne confundas me ab expectatione mea.

Gloria. — Kirie.

Sicque, posito super altare testamenti libello, prosternit se ante altare : ipsoque figente genu, dicitur super eum a sacerdote hec oratio :

Oratio.

Suscipe queso, Domine, hunc famulum tuum *Illum*, ad te de procella seculi huius laqueisque diaboli fugientem : ut a te susceptus, instanti seculo saluatum, et in futuro se gaudeat a te feliciter muneratum. — Amen[1].

/ ITEM ORATIO VIATICA SVPER INFIRMVM IVVENEM[2]. fol. 68

Deus omnipotens, qui diuersam humani generis necessitatem prospiciens, multimoda consolatio-

5 *Cod* perhenni 8 *M* religantur 9 *M* remunerentur 11 *M addit* Per suam 19 *Cod* communicaberit.

1 *Cod* coro 2 *M* paccionis *Cod* per manu 18 *Post hanc orationem, media pagina uacua in Codice inuenitur* 21 *Cod* diuersim.

1. Dans le Rituel d'Aniane on trouve *Per* (sans doute une mauvaise lecture du mot *PR* « Pater »), puis une formule de bénédiction d'une facture moins ancienne.

2. Je ne pense pas qu'il faille voir ici une faute de copiste. *Excepto* est pris parfois pour un adverbe (hormis) à l'époque de la basse latinité. « Excepto diuina natura », dit saint Isidore. Voy. Dvcange, *Glossarium*, au mot Excepto.

3. Ici commence le rite de la profession d'un *conuersus* dans un monastère. Plusieurs passages de ce cérémonial semblent inspirés par le chapitre lviii de la règle de saint Benoît intitulé : « De disciplina suscipiendorum Fratrum ». A noter, par exemple, la promesse de stabilité, l'engagement pris par écrit et signé, l'action de déposer sur l'autel la charte de profession, enfin le chant du verset *Suscipe me, Domine*. On trouvera à la suite de la Règle de saint Fructueux (*P. L.*, t. LXXXVII, col. 1127) la formule d'un « pactum » (la *pactio* ou le *libellus testamenti* de nos manuscrits), par lequel les moines s'engageaient, par une charte solennelle signée de leur main, à vivre dans le monastère sous l'autorité de la Règle et sous l'obéissance de l'abbé. Les sanctions pénales en sont très curieuses.

4. Il faut, pour comprendre ce passage, se rappeler un usage très ancien et qui est encore pratiqué dans la liturgie mozarabe et quelques rites orientaux. Au moment où le peuple fidèle s'avançait pour recevoir la communion, le chœur chantait en temps ordinaire une antienne commençant par ces mots du Psaume xxxiii : « Gustate et uidete quoniam (*quam*, dit le mozarabe) suauis est Dominus », etc. Cette antienne portait le titre de *Ad accedentes* (voy. plus loin la « Missa omnimoda », folio 173 du manuscrit). C'est notre *Antiphona ad communionem*. L' « accedens » est donc le communiant, nous dirions mieux aujourd'hui « celui qui s'approche » de la sainte table. La cérémonie marquée dans nos Rituels wisigothiques avait ainsi lieu à l'issue de la messe, après que le *conuersus* avait reçu, au moment ordinaire, le corps et le sang du Seigneur. Sur le chant eucharistique du *Gustate et uidete* dans les anciennes liturgies, voy. Brightman, *Liturgies eastern and western*, p. 466 ; cf. p. 63 et 25, et surtout la *Paléographie musicale*, t. V (Solesmes, 1896), pag. 22, note. Saint Jérôme dit à ce sujet quelques mots qu'il faut citer ici : « Quotidie coelesti pane saturati, dicimus : Gustate et uidete, quam suauis est Dominus » (*P. L.*, t. XXIV, col. 86). Voy. aussi dans mon *Histoire de l'abbaye de Silos* (pag. 50) un témoignage bien authentique de la seconde moitié du onzième siècle, qui prouve que cet usage était encore fidèlement observé à cette date.

1. Le Rituel wisigothique de Madrid, fol. 13, termine ce chapitre des *conuersi* par la rubrique suivante : *Demumque procidens ad pedes abbatis : et sic eum osculatur abbas atque omnes fratres per ordinem, postque stat in ordine suo.*

2. Dans le manuscrit de Madrid : « item viatica svper infirmvm ivvenem ». — Il s'agit dans ce rite du viatique administré à un mourant. Beaucoup de fidèles s'enga-

num tuarum genera contulisti : te supplices deprecamur, ut hunc famulum tuum horrende mortis periculo proximum propitia pietate respicias; ut cui nos pro iuuenili etate uel incerta professione iugum penitentie inponere non audemus, huius supplicationis uiatica professione subuenias, eique communionem dominici corporis ac sanguinis inpertias : stipendio uite suprestitis [1] ad agendam legitime penitentiam supplicamus ut tribuas, aut si eum accersiri preceperis, fidelium tuorum gregi eterne uite participatione coniungas. — Amen [2].

Post hec communicat eum sacerdos:

XXX. — ORDO PENITENTIE [3].

Si egrotans quis penitentiam cupit accipere, ingrediens sacerdos in primis detondit eum. Deinde communicat. Post hec, cooperit de cilicio [1], *et sic faciat crucem de cinere, et dicit hunc responsum :*

² *M* tuum illum *Cod* orrende ⁴ *Cod* iubenili ⁸ *Cod* uite supprestis ¹⁰ *Cod* acersire ¹⁵ *Cod* communicat.

geaient alors, en cas de grave maladie, à la « pénitence », c'est-à-dire à garder, s'ils revenaient à la santé, les pratiques imposées aux pénitents dans l'ancienne discipline de l'Église. Cette promesse, malheureusement, était souvent oubliée, surtout quand le malade guéri était encore jeune. Aussi, la rigueur de cet engagement avait-elle été adoucie. Au cinquième siècle, une lettre de saint Léon à Rusticus de Narbonne (458-459, voy. Jaffé, *Regesta*, t. I, p. 74) autorise, bien qu'avec une extrême réserve, l'usage du mariage aux pénitents de ce genre. (Voy. *S. Leonis opera*, éd. de Venise, 1753, t. I, p. 1425, tit. XI : « In adolescentia constitutus, si urgente metu mortis... penitentiam gessit » etc.) En 506, le concile d'Agde dit (can. xv) : « Iuuenibus etiam paenitentia non facile committenda est, propter aetatis fragilitatem : uiaticum tamen omnibus in morte positis non negandum ». — En Espagne, il semble que la règle primitive fut maintenue. Le 1er concile de Barcelone (v. 540) oblige, par son canon viii, les pénitents sans distinction à rester fidèles à leurs promesses. Puis il promulgue le décret suivant (can. ix) : « Iubemus uero in infirmitate positis, uiaticam benedictionem percipiant » (*P. L.*, t. LXXXIV, col. 607). Ceci était utile à dire pour l'intelligence de la formule de nos Rituels, où l'on voit exprimée la crainte d'imposer « le joug de la pénitence » *pro iuuenili etate, uel incerta professione*. — Pour les rites de la Pénitence ordinaire, réclamée pour les moribonds, voy. l'*Ordo Penitentie*, au chapitre suivant.

1. La forme *sup estes* (pour *superstes*) est assez employée au temps de la décadence. Voy. Dvcange, *Glossarium*, à ce mot.

2. Le manuscrit de Madrid ajoute la conclusion : *Per ineffabilem*.

3. Dans le rite suivant, il est uniquement question de la pénitence à laquelle s'engage pour la vie une personne gravement malade, si la santé lui est rendue. Voy. ci-dessus, col. 86, note 2. — Il serait aisé d'indiquer ici un certain nombre de décrets sur cette pénitence demandée *in extremis*. Signalons seulement les deux suivants empruntés aux conciles d'Espagne : Vers 504, canon vi du 1er concile de Barcelone (cf. en 506, le canon xv du conc. d'Agde); en 589, canon xii du 3e concile de Tolède. Ces textes indiquent, comme signes distinctifs de l'état de Pénitent, la tonsure (forme monastique) pour les hommes, et un costume particulier pour les femmes.

On tenait beaucoup à ce genre de pénitence et plusieurs épitaphes contemporaines de nos Rituels wisigothiques en font mention. Ces inscriptions nous apprennent aussi que cet acte d'humble expiation était loin de supposer une vie antérieure scandaleuse et chargée de crimes. En voici une de 578, trouvée à Mérida :

SATVRNINVS PENITENS
FAMVLVS DEI QVI IN HOC
SECVLO MVNDAM TRAN
SEGIT VITAM : VIXIT ANN.
PLVS MINVS LXVIII, ACCEP
TA POENITENTIA REQVI
EVIT IN PACE SVB DIE XVII
KAL. IANVARIAS ERA
DCXVI

Hvbner, *Inscriptiones Hispaniae Christianae*, p. 10, avec fac-similé; cf. p. 9, nº 29. — La suivante, trouvée à Oliva (Andalousie), est de 662, ère 700 :

TEODEMIRVS
FAMVLVS DEI VIXIT
IN HOC SECVLO LXXVI
ANN. ACCEPTA PE
NITENTIA QVIEVIT
IN PACE SVB DIE XVII KALD. NOVEMB. ERA DCC

(*Ibid.*, p. 18.)

Dans une troisième, découverte à Arjona (à l'est de Cordoue) et datée de 650, il est question d'une pénitente :

MARIA FIDELIS XPI IN VITA SVA
HVNC DILIGENS LOCVM ...
CVM PENITENTIA RECESSIT IN PACE ...
SECVNDO RECCISVINTI REGNANTIS CVM PATRE PRINCIPIS
ANNO.

(*Ibid.*, p. 34, avec fac-similé.)

1. Le concile d'Agde (can. xv) parle de ce cilice, dont on voilait le malade pénitent, et ajoute à ce rite celui de l'imposition des mains : « Penitentes, tempore quo penitentiam petunt, impositionem manuum et cilicium super caput a sacerdote *sicut ubique constitutum est* consequantur. » On trouve, en effet, de très anciens textes qui témoignent de cet usage, dont parle déjà Tertullien et qui remonte, du reste, à l'Ancien Testa-

LAVDES[1] : Deus, qui das locum penitentie, tu dona ueniam peccatis nostris. Quis enim dicet tibi : Quid fecisti? aut quis stabit contra iudicium tuum? Non est enim alius Deus preter te, cui cura est de omnibus. — VERS. : Tu es Deus, et in te est Deus et non est alius. Preter.

Oremus : ut huic famulo suo remissionem peccatorum, penitentie fructum et uite eterne remedium propitius tribuere dignetur.

Deinde dicit sacerdos hanc orationem absque oratione dominica :

Oratio.

Iungentes nostros cum fletibus fletus, fratres karissimi, misericordi Domino pariter supplicemus, ut hunc famulum suum, quem ad penitentie remefol. 69 dium / satisfactionis excitat uotum, ipse qui perire neminem patitur, suscipere in hac humiliatione dignetur. Videat gemitus eius, et lacrimas nostras miseratus aspiciat : ut conuersis in eum clementie sue oculis, et fructu eum penitendi et spe foueat indulgendi. — Amen.

Post hanc orationem psallit quinquagesimum psalmum cum antiphona hac, usque ubi dicit : Ne proycias me.

ANTIPHONA[2] : Memento mei Domine, dum ueneris in regnum tuum.

2 *M* peccatis meis 7 *M* Oremus Dei [omnipotentis misericordiam]. 9 *Cod* p. tribuere *M* ppts. tribuere 20 *Cod* fobeat.

ment. Saint Optat de Milève (éd. Ziwsa, p. 66) dit des pénitents des deux sexes : « Super eorum uel earum capita uelamina paenitentiae tendisti. »

En Espagne, cette pratique, dont parle saint Isidore (*De ecclesiast. Offic.*, l. II, c. 17), se maintint longtemps après la chute du royaume wisigoth. Voici comment l'ancien rite, à peine modifié, fut observé en 1065 à l'égard de Ferdinand le Grand, roi de Castille et de Léon. Le pieux monarque se fait conduire à la basilique de Saint-Isidore, où il prie Dieu de recevoir son âme : « Et hec dicens exuit regalem clamydem, qua induebatur corpus, et deposuit gemmatam coronam, atque cum lacrymis ecclesie solo prostratus pro delictorum uenia Dominum attentius exorabat. Tunc ab episcopis accepta penitentia, induitur cilicio pro regali indumento, et aspergitur cinere pro aureo diademate : cui in tali permanenti penitentia duobus diebus uiuere a Deo datur ». (*Chronicon monachi Silensis,* dans FLOREZ, *España sagrada,* t. XVII, 2e éd., p. 323.)

1. Antienne notée en neumes dans nos deux manuscrits *B* et *M*.

2. Cette antienne et tous les versets suivants, tirés du Psaume 50, sont accompagnés de la notation musicale dans nos deux Rituels. La seconde antienne (*Auerte*) est notée dans le Rituel *B* seulement.

Miserere mei Deus secundum magnam misericordiam tuam : et secundum multitudinem miserationum tuarum dele iniquitates meas. — Dum.

Vsquequaque laua me ab iniustitia mea, et a peccato meo munda me. — Dum.

Quoniam iniquitatem meam ego agnosco, et peccatum meum contra me est semper.

Tibi soli peccaui et malum coram te feci, ut iustificeris in sermonibus tuis et uincas dum iudicaris.

Ecce enim in iniquitatibus conceptus sum, et in peccatis peperit me mater mea. K[yrie eleison].

Ecce enim ueritatem dilexisti, incerta et occulta sapientie tue manifestasti mici. K[yrie eleison].

Adsparges me ysopo et mundabor, lauabis me et super niuem dealbabor. — Dum.

Auditui meo dabis gaudium et letitiam, et exultabunt ossa humiliata. — Dum.

Auerte faciem tuam a peccatis meis, et omnes iniquitates meas dele. — Dum.

Cor mundum crea in me Deus : spiritum rectum innoua in uisceribus meis. — Dum.

Ne proycias me a facie tua : Spiritum sanctum tuum ne auferas a me. — Dum.

[ANTIPHONA] : Memento mei, Domine, dum ueneris in regnum tuum.

Si uero hora mortis urguerit, recitatur premissa antiphona.

/ ANTIPHONA : Auerte faciem tuam a peccatis meis, Domine. fol. 70

Miserere mei Deus.

Deinde has tres Orationes :

Oratio.

Exaudi, Domine, supplicum preces, et tibi confitentium parce peccatis : ut quos conscientie reatus accusat, indulgentie tue miserationis absoluat.

Oratio IIa.

Omnipotens et misericors Domine, miserere tibi confitenti famulo tuo *Illi*, nec plus ei ualeat conscientie reatus ad penam, quam indulgentie tue pietatis ad ueniam.

3 *M* dum ueneris 4 *Cod* laba 7 *M* semper. Memento 8 *Cod* peccabi 10 *M* iudicaris. Dum 12 *M* mea. Memento mei, Domine 14 *M* mici. Memento mei 15 *Cod* lababis 17 *M* dauis 22 *Cod* innoba 25 *M* K[yrie] Memento 28 *M* hac antifona 36 *Cod* absolbat *M* (*fol. 15*) *addit* Amen 41 *M addit* Amen.

Oratio III[a].

Precamur, Domine, tue clementie Maiestatem, ut huic famulo tuo peccata sua et facinora confitenti, ueniam concedere et preteritorum criminum culpas relaxare digneris. Qui humeris tuis ouem perditam reduxisti : qui publicani precibus et confessione placatus es, tu etiam huic placare, Domine, et tu eius precibus benignus adspira : ut in confessione flebili permanens, gemitibus et lacrimis exoret tuam uelociter pietatem, sanctisque altaribus et sacrariis restitutus, eterne rursus spei et celesti gloria mancipetur. — Pater.

Benedictio.

Propitietur Dominus cunctis iniquitatibus tuis, et sanet omnes languores tuos. — Amen.

Redimat de interitu uitam tuam, et satiet in bonis desiderium tuum. — Amen.

Atque ita tibi Dominus cordis et corporis medellam adtribuat, ut ipsi semper gratias referas. Amen. — Qui solus in Trini[tate].

Consummata oratione dominica, aufertur cilicium, et si spatium fuerit uiuendi suspenditur[1] *a communione. Si uero mortis periculum instat, mutatis uestibus nitidis, recitatur aut canitur de psalmo* L° *quod*
fol. 71 *remansit*[2] / *cum hac antiphona, ab eo loco ubi dicit :* Redde mici, *usque in finem.*

Ant. : Parce, Domine, quia spreui precepta tua, qui das post peccata indulgentiam.

Redde michi letitiam salutaris tui : spiritu principali confirma me. — Qui das.

Doceam iniquos uias tuas, et impii ad te conuertentur. — Qui das.

Libera me de sanguinibus, Deus, Deus salutis mee; laudabit lingua mea iustitias tuas. — Qui.

Domine, labia mea aperies, et os meum annuntiabit laudem tuam. — Qui das.

Quoniam si uoluisses sacrificium, dedissem utique : holocaustis uero non delectaberis. — Qui.

Sacrificium Deo spiritus contribulatus; cor contritum et humiliatum Deus non spernit. — Qui.

[3] *M* famulo tuo *Illi* [13] *Haec Benedictio est in casu plurali in M* (*fol. 20*) [15] *Cod* langores [22] *Cod* communione [28] *Cod* indulgentiam [38] *Cod* olocaustis.

1. On doit entendre par les mots « suspenditur a communione » que, au cas où le danger n'était pas imminent, la communion devait être différée.

2. C'est-à-dire qu'on reprend le psaume L au verset où on l'avait laissé un peu plus haut. Cette suite est également notée dans les deux Rituels.

Benigne fac, Domine, in bona uoluntate tua Syon, ut edificentur muri Iherusalem. — Qui.

Tunc acceptabis sacrificium iustitie oblationes et holocausta; tunc inpones super altare tuum uitulos. — Qui. K[yrie]. Parce.

[Completuria.]

Deus misericors, Deus clemens, qui multitudinem miserationum tuarum nulla temporum lege concludis, sed pulsantem misericordie tue ianuam, etiam sub ipso uite termino, non repellis : respice super hunc famulum tuum *Illum* propitius, remissionem sibi omnium peccatorum tota cordis confessione poscentem. Renoua in eum, piissime Pater, quicquid diabolica fraude uiolatum est, et unitati corporis Ecclesie tue membrum remissione perfecta restitue. Miserere gemituum, miserere lacrimarum, et non habentem fiduciam, nisi in misericordia tua, ad sacramentum reconciliationis eum admitte.

Benedictio.

Omnipotens Dominus, qui fidelissimum famulum suum corporali corripit uulnere, ipse et illum et
uos a corporis mentisque / egritudinibus expiet. fol. 72
— Amen.

Quique nostram in se suscepit infirmitatem, ipse uobis et illi tribuat tolerantie sine fine mercedem. — Amen.

Sicque omnes in commune eius pietas foueat, ut nec corruptioni nostra salus deseruiat, nec desperationi infirmitas inlata subcumbat. — Amen.

Explicita benedictione, dat ei communionem, et dicit hanc orationem :

Oratio.

Propitiare, Domine, supplicationibus nostris, et famulo tuo, cui preterita peccata donare dignatus es, custodia pietatis tue propitiatus intende[1].

CASTIGATIO[2] SACERDOTIS AD EVM QVI IAM PENITENTIAM ACCEPIT.

Accepta penitentia, iam admonet eum sacerdos his admonitionibus, dicens :

[6] *Addidi ex cod M* [9] *Cod* set *M* et [13] *Cod* renoba [19] *M addit* Pater [22] *M* suum *Illum* [27] Amen *deest in M* [28] *Cod* fobeat [29] *Cod* disperationi [35] *M Illi.*

1. Dans le Rituel *M* on a ajouté le mot « Amen ». Puis vient la rubrique suivante : *Ac post aliquis religiosus accipit eum in manu; qui eum cotidie admoneat, ut se ab omnibus inlicitis custodiat.*

2. Ce titre et la rubrique qui l'accompagne ne se

fol. 73 / Hec secundum petitionem tuam data est tibi penitentia; et ideo moneo te, ut quamdiu in corpore isto uixeris, et peccare iam caueas, et propter preterita peccata timere, lugere et flere non desinas, et perpetrata mala plangere, et plangenda non perpetrare. Sed stude, ergo, amodo caste et iuste, honeste et sobrie, et pie, et temperanter in seculo uiuere. Caue omnem impudicum sermonem et operam. Nullis seculi causis te admisceas : nicil temporale desideres : esto iam uelut mortuus huic mundo. Custodi temetipsum ab omni concupiscentia oculi, et ab omni lasciuia lingue, et ab omni praue cogitationis errore. Quicquid tibi uis ab aliquo fieri, hoc fac et tu alteri. Quod non uis alter ut faciat tibi, nec tu facias alteri. Hoc quod dico fac : cogita de temetipso. Si enim hoc custodire uolueris, et in te habebis gaudium, et feliciter uenies ad regnum celorum. — Amen.

XXXI. — ORATIO SVPER EVM QVI IN ITINERE PROGREDITVR [1].

Deus, indulgentissime Pater, qui tam uelociter in auxilium supplicantium uenis, ut adsistas antequam depreceris : qui Tobiam sanctum itinera incerta subeuntem angelo duce saluasti; presta his famulis tuis talem uiam, ne periculis fluminum, aut periculis latronum, aut periculis ferarum forte subiaceant; et cum securi atque saluati ad loca sibi desiderata peruenerint, ymolent tibi hostiam laudis, future semper gratie debitores. — Pater.

Benedictio [2].

Exaudi, Domine, preces nostras, et proficiscentis huius famuli tui itinera misericordiam tuam implorantis adcumula, eique tuum semper ubique presta auxilium, ut ab omnibus aduersationibus dextere tue opitulatione sentiat esse defensum. — Amen.

Justorumque consequatur effectum et sanitatis egressum, atque usque ad nos simillime regressum, benedicentes te, qui es uia, ueritas et uita, regem omnium seculorum.

XXXII. — ORATIO SVPER PENITENTES IN DIEBVS DOMINICIS [1].

Deus, humilitatis adiutor, confessionis absolutor, penitentie suffragator, qui publicanum in templo propria peccata pandentem dignatus es exaudire : qui Raab alienigenam, delictis grauibus oneratam, quod in te famulis tuis tantum fidelis hospitii onera confessa est, apostoli societate non perituram ad plebis tue salutare collegium transtulisti; dimitte, quesumus, quod admisisse se dolent, indulge quod rogant, conple quod sperant : ut qui in suis erroribus ingemescunt, tuis, Domine, muneribus gratulentur. — Amen.

Saluator mundi qui in Trini[tate].

XXXIII. — / BENEDICTIO OBLATE [2], QVAM IN SACRARIO BENEDICVNT, PENITENTIBVS DANDE. fol. 74

Domine Deus miserator et misericors, qui uariis languoribus multimodam per Ihesum Christum sa-

3 *Cod* cabeas 4 *Cod* propter preteritis peccatis 6 *M* set stude 9 *M* et operum 11 *Cod* temedipsum *M* tametipsum 29 *Cod* deuictores 31 *Cod* proficiscenti.

9 *M* (*fol. 17*) ordo super 14 *Cod* honeratam 15 *Cod* ospitii 16 *Cod* confessus es 23 *Cod* oblate que 25 *M* data *Cod* danda 27 *Cod* langoribus multimoda.

trouvent pas dans le Rituel *B*; ils se lisent seulement dans le manuscrit de Madrid. — Dans le Rituel *B*, le texte de cette « castigatio » est placé par erreur à la suite de la prière *Super eum qui in itinere progreditur*. Mais une note marginale du copiste a soin d'en avertir le futur *amanuensis*, qui pourrait copier à son tour ce recueil liturgique : *Scribe prius :* Hec secundum petitionem tuam, *et perge ante te ad scribendum*.

1. La liturgie wisigothique possède une série de prières d'une très grande richesse pour les fidèles qui sont à la veille d'entreprendre un long voyage, ou qui ont déjà commencé sur terre ou sur mer un pénible et dangereux itinéraire. Voy. plus loin (à la suite du folio 260 du manuscrit *B*) les messes votives composées dans ce but.

2. On remarquera que cette formule est au singulier, pour un seul voyageur, tandis que la précédente est pour plusieurs.

1. A partir de cette prière, particulièrement dans le chapitre intitulé : *Ordo ad reconciliandum penitentem*, il ne s'agit plus de la pénitence volontaire ou de dévotion, telle qu'on l'a vue un peu plus haut, mais de la pénitence imposée pour des fautes très graves. C'est la pénitence ordinaire, dont les textes liturgiques anciens nous parlent si souvent. — Le disciple de saint Césaire d'Arles qui a écrit la vie de cet évêque († vers 550), fait allusion à une cérémonie analogue à celle que nous a conservée dans ce chapitre le texte de nos Rituels wisigothiques. « Quotiescumque paenitentiam dedit, saepe *die dominico* ad eum turba uaria confluebat » (*P. L.*, t. LV, col. 1233). Voyez plus loin (folio 268 du manuscrit) une *Missa de Penitentibus*. L'*Oratio* dont il est ici question est vraisemblablement celle que l'évêque faisait avant de congédier les Pénitents, à la fin de la messe, et dont Sozomène parle déjà. Voy. MIGNE, *Patrol. Graeca*, t. LXVII, col. 1460 et suiv.

2. Le texte de cette bénédiction nous apprend qu'il

lutis contulisti medicinam, ut originalis debiti culpam, quam uniuersus error contraxerat hominis, per lauacrum ablueret gratia Redemtoris : quique eum etiam adhuc actuali eius ac proprio deinceps miseratus peccato, quod post emundationem sacri babtismatis deliquit, ne contractum prepositum tanto honore conditus homo usquequaque periret, salubre penitentie remedium pius miserator prestitisti : pari nunc itaque pietate dignatus pro annuis festiuitatis huius gaudiis, et sanctificatione humilium penitentium, bonitatis tue clementiam deprecamur, ut hanc alimonie creaturam benedicere et sanctificare digneris; ut his famulis tuis qui legitima Eucharistie sacramenta ob iugum penitentie accipere ab altario minime possunt, saltim huius in tuo nomine benedicere digneris oblate portionem, ut te propitiante, ad eternam eis proficiat ad salutem. — Amen.

XXXIIII. — ORATIO SVPER PENITENTEM IN DOMINICIS DIEBVS[1].

Miserere, Domine, misero, miserere subiecto; quia[2] de bonorum operum paupertate oppressum, sola in consolatione tua confisum; quia Deus es, qui opera tua perire non cupis; qui confitentibus liber ignoscis, qui temtari ultra tolerantiam non permittis; qui misericordiam in ira non aufers. Qui cum lenitate corripis peccatores, sic corrige ut prospiciant. / Interitum non requiras, qui

fol. 75

[4] *Cod* aduc   [6] *Cod* deliquid, nec   [8] *Cod* salubrem   [9] *Cod* pro annua festiuitate huius gaudia. *In Cod etiam inuenies :* pro requiem, pro peccata, pro animas, etc.   [14] *Cod* Eucaristie   [19] *M* Ordo super   [25] *Forsitan legendum :* libenter   [26] *Cod* non auferes.

s'agit dans ce rite des eulogies, ou pain bénit, que l'on distribuait les jours de fêtes aux pénitents, auxquels était interdite la sainte communion. Je n'ai pas trouvé ailleurs la moindre trace de cette cérémonie. Un écrit de saint Augustin ferait allusion à la distribution d'eulogies aux catéchumènes. Du moins est-ce ainsi que plusieurs auteurs entendent la phrase suivante : « Quod accipiunt [catechumeni], quamuis non sit corpus Christi, sanctum est tamen, et sanctius quam cibis quibus alimur, quoniam sacramentum est » (*De peccatorum meritis et remissione, P. L.,* t. XLIV, col. 176). Il est plus naturel d'y voir, avec les meilleurs commentateurs, une allusion au sel que l'on donnait aux catéchumènes.

1. Voy. plus haut, col. 94, note 1.

2. Il faut sous-entendre ici quelque chose, comme : « coram te uides miserum ». La phrase, quoique incomplète, a du reste un sens très clair.

penitentium [culpas] requirere studes et non personas. Conuertere aliquantulum, et exorabilis esto super hunc famulum tuum *Illum*, ut ferientis sententiam parcentis auertat clementia, eiusque luctus mutetur in gaudium. Dele mortis causam, dum non contemnis fragilitatis offensam. — Amen.

Alia pluralis.

Ignosce, Domine, lapsis, et confitentibus dimitte peccata : quia qui in tuis castris militant de sua desertione suspirant. Tu es enim, Domine Deus noster, uenie dator, indulgentie promissor, salutis arbiter, supplicum misericors et orantium exauditor. Petimus ut ab his famulis tuis peccata delere uel facinora abluere digneris. Exaudi gemitus lacrimasque dolentium : ut ii qui preteriti temporis commissa deplorant, per indulgentiam tuam inferni carceris futuram penam non sentiant. — Amen.

XXXV. — ORDO AD RECONCILIANDVM PENITENTEM[1].

Dum uenerit is qui a penitentia soluendus est, siue uir seu mulier, in loco conpetenti constitutus, instigatur a sacerdote, ut susceptum donum penitentie sic semper in sua retineat mente, ne ultra iam illi liceat secularia desideria repetere, et arta ista

[1] culpas *in M*   [3] *Cod* sententia   [5] *Cod* causa   [6] *Cod* offensa, Amen *om.*   [8] *M* confitentibus te   [15] *Cod* hii   [17] *Cod* futura pena   [21] *Cod* his... solbendus   [24] *M* mentem.

1. On trouvera plus loin les rites de la réconciliation solennelle des pénitents, tels qu'ils se pratiquaient en Espagne pendant la soirée du vendredi saint. Dans les formules et cérémonies qui suivent, il s'agit de la réconciliation publique d'un pénitent, accomplie à une date quelconque, aussitôt après que la pénitence imposée au coupable était terminée. Quoique ces formules soient très particulières et propres à notre liturgie wisigothique, on y voit les quatre rites principaux de la réconciliation : la prière, la bénédiction (c.-à-d. l'absolution ou imposition des mains), l'admission dans l'assemblée des fidèles, la réception de l'Eucharistie. Pour la Pénitence dans l'antiquité chrétienne et le rite de la réconciliation, on peut consulter BINGHAM, *Antiquitates ecclesiasticae,* l. XVIII et XIX, et MORIN, *De Paenitentia,* l. VIII. Voy. aussi l'excellent article du *Dictionary of christian Antiquities,* au mot PENITENCE.

En Espagne, comme ailleurs, la réconciliation des pénitents était presque toujours réservée à l'évêque. (Voy. le canon VII du concile de Séville de 619.) Elle avait lieu à la messe. Lire plus loin (fol. 262-268 du manuscrit) l'*Ordo de Missa unius Penitentis.*

itinera conseruare : ut post uite huius exitum ad eternam uitam mereatur peruenire.

Deinde, fixis genibus ante altare, indutus uestibus mundis religiosis, iacet in oratione, et dicitur hoc responsurium[1] :

Lavdes : Deus, cuius ire nemo resistere potest, aufer a me uirgam tuam, nec pauor tuus me terreat; Domine, noli me condemnare. Numquid tibi bonum uidetur, si calumnieris et opprimas me, ut queras iniquitatem meam, et peccatum meum scruteris. Memento quia manus tue fecerunt me :
fol. 76 / te deprecor, miserere mei. — Vers. : Numquid oculi carnei sunt tibi, aut sicut homo uidet et tu uides. Vt [queras].

Deinde dicitur : Oremus [Dei omnipotentis clementiam] ut huic famulo suo gratiam misericordie [sue propitius tribuere dignetur].

Oratio.

Deus, inestimabilis Maiestas, infinita miseratio : quem iustum iudicem agnoscimus et misericordem Dominum confitemur; uiuificator mortuorum, sanator egrotantium, lapsorum pius medicus, uenia delinquentium : quem parciturum te peccatoribus et ad te conuertentibus a principio per sacra testaris eloquia. Sic enim, Domine, Dauid famulum tuum in turpis admissis flagitiis deprecantem, dum humili uoce peccare se diceret, de morte eum ad uitam reuocare dignatus es : qui Niniuitis nuntiato excidio delicti per prophetam, quum dignam eorum penitentiam aspiceres, pepercisti; et cum non solum sua, sed et paruulorum ieiunia detulissent, de exitiabili interitu ad misericordie ianuam peruenire fecisti. Sic nunc famulum tuum, peccata sua et crimina confitentem, ad aulam indulgentie tue propitius admitte : et qui non letaris in perditione uiuorum, nec quemquam a te perire pateris, hunc quoque famulum tuum lamentantem benignus suscipias euntem ad pietatem, qua misereris indignis : bonitate qua curas infirmos, miseratione qua confortas inualidos, ei propitius miserere.

Sit de eius conuersatione gaudium angelorum, ut de eius salute confusus doleat inimicus. Atque pro eo nostras propitius adtendas lacrimas, tuoque reconciliatus altario de reparatione eius mater sancta letetur Ecclesia.

Post istam orationem, dicitur hec antiphona] :

Ant. : Cor mundum / crea in me Deus..., *et de* fol. 77
ipso uersu totum psalmum usque in finem. 6

Et post dicitur hec oratio :

Oratio.

Placabilem semper ac mitem clementie tue indulgentissimam bonitatem supplices exoramus, Domine sancte, Pater eterne, omnipotens Deus, qui es ad misericordiam pronus, ad indulgentiam quoque concitus : qui uix punis et frequenter ignoscis; qui neminem perire cupis, insuper et perditos queris; qui post gratiam nobis concessam babtismi, aliam quoque prouidere dignatus es lapsis, ut dominatum semper excluderes mortis : atque, ut propitius circa nos inmeritos permaneres, propitiatorem penes te Christum dignatus es prouidere, quem possis nostris pro delictis libenter audire. Per quem te, Domine, deprecamur. ut respicias famuli tui *Illius* uiscera fatigata : et indulgentie saturitate confirma. Da requiem post laborem et stolam primam post perditatam uestem, ut a te indumentum accipiat nuptiale. Reforma quod lapsum fuerat in ruinam, et templi tui fundamenta restaura, ut ad proprium habitaculum Spiritus Sanctus redeat et sedis sue pristinam domum : ut, expiatis parietibus, tam nouus habitator mundet, habitet et defendat, ut omnis de illo gratuletur Ecclesia.

Concedeque ei, Domine Deus noster, ab hodierno die sancto tuo altario adherere, ut liceat [ei] deinceps sacrificia laudum per manus sacerdotum tuorum sincera mente offerre, et ad cibum mense tue celestis accedere; nec sinas eum ulterius a tua ueritate ac monitis mandatorum oberrare : ut consequutus pacem, immortalitatis gratiam mereatur accipere.

Item alia Oratio.

/ Letifica, Pater, bonitatis indicium, renoua sanc- fol. 78
tificationis annulum, ut ymaginis tue intemera- 41
tum possit custodire signaculum. Spiritale donetur

[1] *M* huius uite [4] *Cod* in orationem [6] *Pro* Laudes *leg. in M* RS, *i. e.* responsorium [7] *Cod* pabor [14] *M* ut que [15] *omnes uoces additae in codice M leguntur* [18] *M* Completuria *pro* Oratio [19] *Cod* inextimabilis [28] *Cod* Ninnebitis *M* Nineuitis [29] *Cod* exidio.

1. Ce répons et le verset qui le suit sont notés en neumes dans les deux Rituels.

[3] *M* Ecclesia. Amen [22] *M* indulgentie tue [24] *Cod* perditatem *M* perditatam, *uox rara pro* perditam [25] *M* nuptialem [29] *Cod* nobus [32] *Cod et M* aderere : ei *addidi ex Cod M* [36] *Cod* et *M* ac monita [38] *M* accipere. Amen [40] *Forte legendum :* Letifica, Pater bonitatis, iudicium, *quamuis in B et M leg.* indicium. *Cf. tamen infra :* indicium reconciliationis *Ib. Cod* renoba... anolum.

tuo famulo *Illi* gaudium, ut cernat sancta Ecclesia filium inuentum, quem nouerat perditum; et quem lugebat mortuum, gaudeat suscitatum. Introduc eum, Domine, ad tuum conuiuium sanctum, pro quo mactasti uitulum saginatum. Non remaneat ultra famelicus ab altaris sacris dapibus separatus; ut, qui delictorum inluuie sordidatus, panem, uinum calicemque preclarum non poterat accipere, ad indicium reconciliationis absolutione mundatus accedere mereatur ad celestis regni premium sempiternum : ut de mense tue saginatum se esse gratuletur copia ciborum, qui se de siliquis gaudet euasisse porcorum. Recte illorum nomini [adsociatum], ut adobtiuo protegatur brachio tuo excelso, fac eum, Domine, in conuiuio filiorum tuorum discumbere : ut stola glorie tue indutus, mereatur laudis ymnum tibi cum sanctis omnibus decantare.

Deinde [dicit] hanc orationem cum benedictione :

Oratio.

Ab occultis nostris munda nos, Domine, et ab alienis parce seruis tuis : ut digne tibi dicere mereamur orationem, quam Dominus noster Ihesus Christus Filius tuus, absolutionem [ad] criminum et remissionem omnium peccatorum, ad reconciliandas animas superbientium, et purificationem omnium delictorum, ad suspendenda flagella iustorum iudiciorum, ad consolationem peregrinationis nostre, sacro ore constituit clamare et dicere : Pater.

Benedictio.

Propitietur Dominus cunctis... *Supra quere hanc benedictionem* [1].

Deinde communicat eum, et dicit has tres orationes. fol. 79 */ Seu, quando reconciliandus penitens uenerit in ecclesia communicare per tempora, has orationes dicit :*

Oratio.

Ignosce, Domine, lapsis et confitentibus tibi dimitte peccata, qui in tuis sacris altaribus militant, et de sua desertione suspirant. In tantum enim se perisse non credunt, qui in te penitendo confidunt : et ideo, reuertentes ad altare tuum quicquid perdiderunt, te propitiante, recognoscant.

Alia singularis.

Adiuuate me in orationibus uestris, fratres karissimi, pro famulo suo *Illo,* quem hodierna die Dominus Ihesus Christus in gremio sancte Ecclesie sue reconciliare dignatus est. Deleat ei pessimum morbum usque ad nouissimum quadrantem. Renouet eum sibi Dominus sine ulla macula in Ecclesia sua catholica, nec ultra in eum habeat diabolus potestatem. Liceat illi ad altare Domini sanctum accessum habere, et partem corporis et calicis accipere, sicut antea accipere consueuerat.

Per te piissime.

Benedictio.

Omnipotens Dominus Deus ueniam famulo suo tribuat, et culpam eius per sacrum corpus eius quod accepit parcendo dimittat. — Amen.

Peccata eius ab eo suspendat, et delicta eius cuncta omittat. — Amen.

Criminum eius maculas abluat, et indulgentiam ei sua miseratione concedat. — Amen.

XXXVI. — ORATIO SVPER EVM QVI AD COMMVNIONEM REVERTITVR [1].

Omnipotentem Deum bonum et pium supplices exoremus, ut huic famulo suo *Illi,* quem hodie ad conmunionem corporis et sanguinis Domini nostri Ihesu Christi reuocamus, omnia illius peccata delere dignetur, et diuino eum in libro rescribere. Absoluatur ab omni peccato inmundo, ut gaudeat de illo Pater in celo. — Amen.

/ XXXVII. — ORATIO AD RECONCILIANDVM EVM QVI IN HERESI ARRIANA BABTIZATVS FVERIT [2]. fol. 80

In primis interrogat eum nomen suum, et dicit ei :

Inter. : Abrenuntias heresim Arrianorum, in qua te huc usque fuisse penitet?

[4] *Cod* conbibium [7] *Cod* inlubie [12] *Cod* ciuorum... seliquis [13] adsociatum *ipse conieci* [14] *Cod* adobtibo protegatur bracio [15] *Cod* conbibio [17] *M* decantare. Amen [18] dicit *in M legitur* [19] *Pro* Oratio *M habet* Completuria [22] *M* quam nos : ad *ipse addidi* [25] *Cod* superuientium [32] *Cod* comunicat eum et dicit has III[es] orationes [33] *Cod* reconciliandi penitens.

1. Voy. plus haut, col. 91.

[3] M Alia singularis oratio [4] *Cod* adiubate [9] *Cod* renobet [13] *Cod* consueberat [14] *M* per te piissime Pater [16] *Cod* Domine [22] *M* Amen. Per suam magnam [24] *Cod* comunionem [29] *M* in libro uite scribere [30] *Cod* absolbatur.

1. Cette courte prière, qui forme un chapitre spécial dans notre Rituel, est évidemment une simple formule supplémentaire au rite de la réconciliation des pénitents donné ci-dessus.

2. Malgré quelques divergences dans les églises

Resp. : Abrenuntio.

[*Inter.*] : Abrenuntias iis qui Filium Dei dicunt minorem esse Patri?

[*Resp.*] : Abrenuntio.

[*Inter.*] : Abrenuntias iis qui Spiritum Sanctum Deum esse non credunt, uel minorem Patri aut Filio dicunt?

[*Resp.*] : Abrenuntio.

Iterum interrogat eum nomen suum, et dicit ei :

[*Inter.*] : *Ille,* credis in Deum Patrem omnipotentem?

Resp. : Credo.

Inter. : Credis in Ihesum Christum Filium eius?

Resp. : Credo.

Inter. : Credis et in Spiritum Sanctum, Deum indiuidue Trinitatis unius essentie, uirtutis atque potentie?

Resp. : Credo.

Et ego te chrismo in nomine Patris, et Filii, et Spiritus Sancti, in remissione omnium peccatorum, ut habeas uitam eternam. — Amen.

Post hec inponit ei manum[1], *et dicit orationem confirmationis :*

Oratio.

Deus, qui in fide tua cor unum et anima una omnes in te credentes habere uoluisti, et nullis dissensionibus uulneratis uel fornicarentur in Christo, uel adulterarent in schismate, uel in sectis adsisterent parricide, diuidentes Filium a Patre, aut incarnationem negantes in Filium, uel Spiritum Sanctum separantes : sed indiuisam parilemque diuinitatem in Trinitate uenerantes, unum Deum factorem omnium uisibilium et inuisibilium confitentes [in] remissionem omnium peccatorum, carnis etiam crederent resurrectionem : respice, quesumus, super hunc famulum tuum, quem tibi simpliciter offerentes hostiam uiuam qui iam ad te conuersus est immolamus, qui diu oberrans a ueritate tandem ouilibus tuis intulit pedem. Per te siquidem intraturus ad te, communionemque Ecclesie tue, ex hoc in ea permansurus, meruit, / festinans ad matrem suam Ecclesiam, in qua hereses nulla, peruersitas nulla, diuisio nulla, nullaque manet inpietas; sed pax uera atque perpetua, quam diuina gratia instituit et apostolorum doctrina firmauit et sancta fides obtinuit. fol. 81

Da ergo ei, Domine, spiritum sapientie et intellectus, spiritum consilii et fortitudinis, spiritum scientie et pietatis, et confirma in eum spiritum diuini timoris : ut, coniunctus fideli populo tuo et

2 *Cod* his qui 5 *Cod* his qui.

2 *Cod* crismo 5 *Cod* dicet 11 *Cod* scismate 16 in *ipse addidi* 20 *Cod* uibam 21 *Cod* ouibus tuis.

d'Afrique, de Syrie et d'Asie Mineure, divergences qui amenèrent une très vive controverse entre le pape saint Étienne et saint Cyprien, l'usage général de l'Église catholique était de ne pas renouveler le baptême conféré par des hérétiques. On se contentait de la réconciliation par la profession de foi et l'imposition des mains. C'est la cérémonie que nous donne notre Rituel, dans lequel est mentionnée aussi l'onction du saint chrême.

Dans les Gaules, il est question de l'onction pour la réconciliation des Ariens. Grégoire de Tours écrit (*Hist. Franc.*, l. II, 31) au sujet de Lanthechilde, sœur de Clovis : « Conuersa est enim et alia soror eius, Lanthechildis nomine, quae in haeresim Arianorum dilapsa fuerat : quae *confessa aequalem Filium Patri et Spiritum Sanctum chrismata est* ». Voy. aussi (*ibid.*, l. II, 34; l. IV, 27 et 28) la conversion de Brunechilde et de Galsuinthe, fille du roi arien Athanagilde. Gennade, de son côté, dit que l'on imposait les mains aux hérétiques : on y ajoutait l'onction pour les enfants et les infirmes (*infantibus uel imbecillibus*) baptisés dans l'hérésie. (*P. L.*, t. LVIII, col. 993.) Dans une lettre aux évêques d'Espagne, saint Grégoire le Grand dit aussi : « Quilibet apud haeresim in Trinitatis nomine baptizantur, cum ad sanctam Ecclesiam redeunt, aut unctione chrismatis, aut impositione manus, aut sola professione fidei ad sinum matris Ecclesiae reuocantur. Vnde Arianos per impositionem manus Occidens, per unctionem uero sancti chrismatis ad ingressum sanctae Ecclesiae catholicae Oriens reformat » (*Epist. LXVII, ad Quiricum, P. L.*, t. LXXVII, col. 1204-1205). — Le Bréviaire mozarabe (éd. de 1502, fol. 86) nous a conservé une prière pour la conversion des Ariens : « *Pro Arrianis.* Nomen tuum, Domine, credere semper et inuocare nos facito, nec cum corde insipientium sentiamus, qui infideli uoce adclamant : Non est Deus. Corruptionem mentis eorum ad ueritatem conuerte fidelium : ut fideles eorum prauitas non subuertat, et fideles illos doctrina pietatis acquirant : ut infideles sectam abominabilem respuant et cum fidelibus Trinitatis essentiam corde integro fateantur et credant, et cum iustis generationibus deputentur, et cum sanctis tuis beatitudinis gloria potiantur ». Cf. *P. L.*, t. LXXXVI, col. 275.

1. L'imposition des mains était par excellence le signe de l'admission de l'hérétique repentant au sein de l'Église catholique. (Voy. aussi un peu plus loin, colonne 103.) C'est ce que saint Augustin explique en ces termes : « Manus impositio si non adhiberetur ab haeresi uenienti, tanquam extra omnem culpam esse iudicaretur : propter charitatis autem copulationem, quod est maximum donum Spiritus Sancti, sine quo non ualent ad salutem quaecumque alia sancta in homine fuerint, manus haereticis correctis imponitur » (*De baptismo contra Donatistas*, lib. V, cap. 23; *P. L.*, t. XLIII, col. 193; cf. col. 149). Voy. également *P. L.*, t. XIII, col. 1133.

electis tuis adgregatus, tue obediat uoluntati, nemoque eum de manu tua rapiat, sed in uera fide atque catholica, ad quam te inspirante accessit, in ea te custodiente per omnia perseueret : ut et in hoc seculo a malis tua protectione custodiatur, et in futuro tua dextera coronetur. — Amen.

XXXVIII. — ITEM MANVS INPOSITIO SVPER EVM QVI DE FIDE CATHOLICA IN HERESIM BABTIZATVS EST [1].

Deus misericors, Deus clemens, qui secundum multitudinem miserationum tuarum peccata penitentium deles, et preteritorum criminum noxas uenia remissionis euacuas, respice propitius super hunc famulum tuum, remissionem omnium peccatorum tota cordis contritione poscentem. Renoua in eum, pissime Pater, quidquid terrena fragilitate corruptum, quidquid diabolica fraude uiolatum est, et in unitatem corporis Ecclesie tue membrum perfecta remissione restitue. Miserere gemituum, miserere lacrimarum, et non habentem fiduciam nisi in misericordia tua, tu eum ad sacramentum reconciliationis admitte : ut qui hereticorum damnationem ita per conditionem captiuitatis expauit, / ut iterari in se lauacrum regenerationis admit- fol. 82
teret, in reparationem salutis conuersus tuam misericordiam consequatur; quia nullius anime hoc in corpore constitute apud te tarda curatio est. Fidelis enim es in uerbis tuis, qui conuersum peccatorem non longa temporum spatia differendo, sed mox [ut] ingemuisset, promisisti esse saluandum.

XXXVIIII. — RECONCILIATIO DONATISTE [1].

Deus, qui Ecclesiam tuam catholicam, non partibus diuisam, sed in toto orbe diffusam, sicut pro-

[1] *Cod* uolumtati [7] *Cod* imposio *Cod* heresem.

[2] *Cod* uenie [4] *Cod* renoba [9] *Cod* fiducia [13] *Cod* labacrum... amitteret *pro* ammitteret *seu* admitteret [19] ubi *ipse addidi*.

1. Cette formule de réconciliation date au moins du sixième siècle. On sait que les Wisigoths Ariens avaient apporté d'Orient la pratique de conférer le baptême à tous ceux qui se joignaient à leur secte; ils l'appliquèrent même à ceux qui avaient été baptisés dans l'Église catholique. En Espagne, ils y renoncèrent seulement en 580, à la suite du mariage d'Herménégilde avec Ingonde, fille du roi d'Austrasie. On connaît les scènes violentes qui suivirent l'arrivée de la jeune princesse catholique à la cour arienne de Tolède, et les indignes traitements dont elle fut victime. Toute ensanglantée encore des coups infligés par la reine Gosuinde, elle fut jetée dans la piscine des Ariens pour y recevoir de force un nouveau baptême. (Voy. Grégoire de Tours, *Historia Francorum*, l. V, 39; n° 38 de l'éd. d'Arndt, dans les *Monum. Germaniae hist.*, 1885, p. 229-230.) Pour éviter le retour de pareils scandales, Léovigilde, qui les avait tout au moins tolérés, prit un moyen dont il pouvait attendre, en outre, des conséquences d'une portée beaucoup plus considérable. A la date indiquée, un concile d'évêques ariens se réunit à Tolède par son ordre et décida, dans le but d'attirer les catholiques (*les Romains*, disait-on dès lors) à leur communion, de ne pas rebaptiser ceux d'entre eux qui embrasseraient l'Arianisme. Le procédé était habile et, au témoignage d'un contemporain, l'artifice n'eut que trop de succès. Voici sur cette affaire les paroles de saint Jean de Biclar, une des victimes de la persécution arienne. Elles méritent d'être citées : « Leovigildus rex in urbem Toletanam synodum Episcoporum secte ariane congregat et antiquam heresim novello errore emendat, dicens : De Romana religione ad nostram catholicam fidem uenientes non debere baptizari, sed tantummodo per manus impositionem et communionis perceptionem ablui, et gloriam Patri per Filium in Spiritu Sancto dari. Per hanc ergo seductionem plurimi nostrorum cupiditate potius quam impulsione in arianum dogma declinant » (*Chronicon Ioannis Biclarensis*, ad an. 580, dans Florez, *España sagrada*, t. VI, p. 389).

Le Sacramentaire gélasien renferme une formule analogue à celle de notre Rituel, mais d'une rédaction différente. Elle est intitulée : « Benedictio super eos, qui de ariana ad catholicam redeunt unitatem ». (Voy. Wilson, *The Gelasian Sacramentary*, pp. 130-132, et *P. L.*, t. LXXIV, col. 1137; cf. Delisle, *Mémoire sur d'anciens Sacramentaires*, 1886, p. 94.) Elle est suivie de trois autres, dont les deux dernières ont également trait à l'hérésie arienne. Ces formules ont le titre général de « Reconciliatio rebaptizati ab hereticis ». — On peut voir également dans le Sacramentaire Gélasien (Wilson, p. 131) une formule intitulée : « Pro eis qui de diuersis heresibus redeunt ». — Les Donatistes, dont il est question un peu plus loin, renouvelaient eux aussi le baptême des catholiques qui abandonnaient l'Église pour embrasser leur schisme. Voy. Optat de Milève, l. V, éd. Ziwsa, 1893, pp. 118 et suivantes, et saint Augustin, *De baptismo contra Donatistas*, passim.

Ajoutons que la première partie de la formule de notre Rituel (jusqu'aux mots : *ut qui hereticorum damnationem*) se retrouve, avec diverses variantes, dans les Sacramentaires gélasien et grégorien, sous la rubrique : « Reconciliatio paenitentis ad mortem ». Voy. Mvratori, *Liturgia Romana uetus*, t. I, p. 552 et t. II, p. 213.

1. Le texte de cette réconciliation d'un Donatiste se trouve admirablement commenté d'avance par Optat de Milève, au livre II de son histoire de ce schisme, qui troubla si profondément l'Église d'Afrique au quatrième et au cinquième siècle. (Voy. pp. 32 et suiv. de l'édition

phetarum uaticiniis predixisti, ita et[4] sacramentis celestibus implesti; ut, qui uenisti non mundum perdere sed saluare, non partem mundi, sed totum mundum, sanguine fuso, te redemisse monstraris : idcirco schismaticorum conuenticula, que se de Ecclesie tue choro inpiissime preciderunt, abhorres, et quasi membra mortua nisi ad te redeant despicis. Clementiam ergo tuam supplices in Ecclesiam tuam deprecamur, omnipotens Deus, ut hec ouicula, [tua] uirtute abstracta a luporum rabie, fugiens, introytum tuum reseratum inueniat; ut bonus Pastor ueniendi ad te per te aditum pandas : ut coniuncta gregi tuo, non Donatiste uel cuiuslibet, sed tui sit nominis christiana. Catholica pascua in te inueniat; sub manu tua ingrediens et regrediens abundantiam habeat, et uitam eternam accipiat nemoque eam ulterius de inuicta manu tua rescutiat [1].

XL. — ORATIO SVPER CONVERTENTE IVDEO [2].

Christe Deus, qui in te credentibus presto es, qui crassa septus caligine, et ut queraris inuitas;
fol. 83 is quem Natanahel, salutifera Maiestatis tue / proditione commonitus meruit a te sub arborem uideri, unde ad primum tue diuinitatis indicium fidelis enituit, et quem ei in lege superficies littere gentis absconderat, unius signi manifestatio patefecit : quem Dei Patris Filium Nicodemus confitendo, per latebras noctis pacem desiderabat agnoscere, cum metuens populum Sinagoge conspecto legis lumine titubans doctor erraret, formidolose dilectionis offendiculo cespitans [1] de gratia secunde originis desperabat, et ignorans uitam cum uite loquebatur auctore; sed babtismi prescrutando misterium catechizatus, meruit te docente tenebras infidelitatis abicere. Vnde, gloria Trinitatis Sabaoth, fortissime Emmanuel, te inuocamus, ut famulum tuum diuulsum amplexibus Synagoge et pio euangelico gladio separatum, castis uberibus matris Ecclesie admoueas : ut quem ignorabat in lege, fide eruditus agnoscat. Discussoque uelamine et incredulitatis nube submota, dum te Dei Patris lumen et sapientiam confitetur, uere Deum Patrem in te, quem nesciebat, intellegat.

Tu, perfice in eum initiate fidei sacramentum, et proterui generis prolem spirituali promotione exaltaturus humilia. Pande sui cordis arcanis misteria ueteris Testamenti, ut beatissimus uates te canuisse

5 *Cod* scismaticorum 6 *Cod* coro... aborres 9 tua *ipse addidi* 10 *Cod* a luporum rabiem 15 *Cod* habundantiam 21 *Cod* qui grassa 22 *Cod* his quem.

7 *Cod* conspectu 8 *Cod* formido se dilectionis, *quod in hac sententia significationem habere non potest.* 12 *Cod* catazizatus 13 *Cod* glorie 17 *Cod* admobeas.

Ziwsa.) Il ne paraît pas toutefois que les Donatistes aient eu de nombreux partisans en Espagne, quoique l'instigatrice du schisme fût une grande dame espagnole, établie à Carthage. On connaît le portrait si vivant qu'a laissé de cette fausse dévote saint Optat de Milève (*Ibid.*, p. 18). — M. Menéndez y Pelayo ne mentionne aucun disciple de Donat en Espagne dans les quelques notes de sa si remarquable *Historia de los Heterodoxos Españoles,* où il parle des Donatistes (t. I, p. 78). Dans une lettre de Constantin à Aelafius (probablement son vicaire d'Afrique), l'empereur ordonne que les évêques africains catholiques et donatistes, convoqués au concile d'Arles, se rendent dans cette ville en passant par l'Espagne (Optat de Milève, pp. 204-206). Osius, le célèbre évêque de Cordoue et conseiller de Constantin, joua un rôle important dans l'affaire du schisme. Il se montra très décidé contre les partisans de Donat, qui se vengèrent en le calomniant. (Voy. Eusèbe, *Historia Ecclesiastica,* l. X, c. 6, dans la *Patrologia graeca,* t. XX, col. 891, et saint Augustin, *Contra Parmenianum,* l. I, c. 4, *P. L.*, t. XLIII, col. 38.)

1. Peut-être faut-il voir ici le premier exemple de l'emploi du verbe *rescutere,* qui d'après le Glossaire de Ducange ne se rencontre qu'à une date plus récente. C'est un synonyme de *recuperare, eripere.* A rapprocher de l'expression classique *recutere.*

2. En Occident, on ne trouve pas, a ma connaissance, de formulaire particulier pour l'abjuration d'un juif converti à la foi chrétienne. L'Église grecque, au contraire, nous en fournit plusieurs, qui ne paraissent pas, il est vrai, remonter à une haute antiquité. Voy. Goar, *Rituale Graecorum,* p. 344-45, et surtout Galland, *Bibliotheca ueterum Patrum,* t. II, p. 328-331. — Il est souvent question des Juifs convertis dans les canons des conciles de Tolède, surtout dans celui de l'an 633 (can. LIX-LXIV). Ce dernier concile défend expressément (can. LVII) de les forcer à embrasser le christianisme, comme l'avait fait peu auparavant, par un zèle mal éclairé (*non secundum scientiam,* dit saint Isidore, *P. L.*, t. LXXXIII, col. 1073), le vaillant et pieux roi Sisebutus. Ces conversions tournaient presque toujours au détriment de la religion, et l'Église avait assez à faire par ailleurs pour maintenir dans la bonne voie ceux qui venaient librement à elle. Le canon XXXIV du concile d'Agde (506) leur impose un long catéchuménat de huit mois et se défie d'une conversion hâtive, qui finissait trop souvent par l'apostasie.

1. Le mot de *cespitare,* qui n'a rien de classique, se rencontre dans plusieurs anciens glossaires avec le sens de « trébucher, broncher sur le gazon », qu'il a dans ce passage de notre rituel. Voy. Dvcange, *Glossarium,* à ce mot.

Euangelio inluminatus inueniat : ac dum ciuitatem suam rugitu cordis inlacrimat, regredi ad tenebras parentales merite lucis amore despiciat; tetrum fetorem horreat Sinagoge, quem ydolorum spurcitiis inquinata lupanari prostitutione collegit. Fiat Christi fol. 84 bonus odor et uitreo latice / benedicti liquoris albus, quum per sacri fontis profundum exoriatur, eternam secunde uite beatitudinem perfruatur. Circumcisionem carnis, quam in lege initiatus accepit, factus impresso crucis tue signaculo christianus, ad spiritualem referat actionem atque interiorem in se hominem legitima circumcisione castificet : ut gratia babtismatis innouatus, Spiritum Sanctum, qui ex te et ex Deo Patre descendit, per hoc signum passionis sanctificatus accipiat. — Amen.

XLI. — ORDO IN FINEM HOMINIS DIEI[1].

Quum uenerit aliquis ex fratribus ad extremum uite huius, statim dato signo concurrunt fratres uniuersi ubi frater egrotus iacuerit, et si tempus fuerit communicat eum sacerdos, et dant ei omnes osculum pacis. Sicque, expleta ualefactione[1] *supreme salutationis, incipiunt congruos recitare psalmos : id est tertium psalmum :*

P[salmus] III. — Domine quid multipli[cati].
— IIII. — Quum inuocarem te.
— VIIII. — Confitebor tibi Domine.
— XII. — Vsquequo, Domine, obliu[isceris].
— XVII. — Diligam te Domine.
— XXII. — Dominus regit me.
— XXIIII. — Ad te, Domine, leuaui animam.

[4] *Cod* orreat Sinagoge que [5] *Cod* lupariari [6] *Cod* licoris aluus [13] *Cod* innobatus [16] *Cf. titulum codicis A :* Ordo ad conmendandum corpus defuncti. Infra domum. [17] *M* (*fol. 23*) Dum uenerit.

[1] *M* huniuersi [3] *Cod* suppreme [5] *Cod* tertio psalmo [9-12] *Cod* XI XVI XXI *in M recte* XII XVII *et* XXII [13] *Cod* levabi.

1. On devrait intituler le long cérémonial qui va suivre : *Ordo functionis et sepulturae*. Le titre de nos Rituels wisigothiques est assez extraordinaire. A rapprocher l'expression *in finem hominis diei* avec ces mots qui se lisent plus loin (fol. 104 du manuscrit) dans le rite des funérailles d'un évêque : « *Ob recordationem diei* patris nostri *Illius* episcopi ».

Le Missel et le Bréviaire mozarabes, qui renferment plusieurs messes et des prières pour les défunts, ne nous disent rien des cérémonies de la mort et des funérailles. C'est ailleurs, du reste, qu'il était naturel de les chercher. Nous les trouvons heureusement très complètes dans nos trois Rituels wisigothiques, avec toutes leurs magnifiques formules et leurs curieuses rubriques. — Je donne d'abord le texte des manuscrits *B* et *M* (dans *M* aux folios 23-35), qui ne diffèrent entre eux que par quelques variantes. Le texte du manuscrit *A*, qui s'éloigne beaucoup des précédents et est trop étendu pour être donné en note, sera publié à la suite des deux premiers.

Un manuscrit liturgique de la cathédrale de Tolède (35. 7), qui parait être du neuvième siècle, nous fournit le passage suivant relatif aux funérailles (fol. 44). Le répons du commencement est accompagné de la notation musicale. Je donne ici ce texte inédit :

« ORDO AD COMENDANDVM CORPORA DEFVNCTORVM.

« *R*[*esponsu*]*s :* Orietur in tenebris lumen uobis et tenebre uestre erunt sicut meridies, et requiem uobis dabit Dominus semper. — *Versus :* Et implebit splendoribus animas uestras et ossa uestra liberabit. — Per Domi[num].

« Deus, apud quem mortuorum spiritus uiuunt et in quo electorum anime, seposito carnis honere, plena felicitate letantur, presta supplicantibus nobis, ut anime famulorum tuorum *Illorum*, que temporalem caruerunt per corpus uisionis huius luminis, eterne illius solatio potiantur. Non eas tormentum mortis adtingat, non dolor horrende uisionis afficiat, non penalis timor excruciat, non reorum proxima cutem (catena?) constringat. Sed concessa sibi a te delictorum ueniam, obtate quietis consequantur gaudia repromissa. P.

« *Benedictio :* Cunctarum Redemptor animarum Dominus Ihesus Christus benedicat uos et donet uobis remissionem peccatorum. De inferni claustro animas famulorum suorum eruat et in celestia regna habitare permittat. Omnia eis prospera omniaque leta concedat et a nobis mala cuncta repellat. »

On trouvera plus loin (fol. 297-300 du manuscrit) la *Missa in finem hominis diei,* c'est-à-dire la messe proprement dite des funérailles.

1. L'expression *ualefactio* (adieu, salut) est inconnue dans le latin classique. On la retrouve, au sixième siècle, dans une lettre d'Italius, évêque de Barcelone, à Julien de Tolède. (Voy. *P. L.*, t. XCVI, col. 815.) — Il est intéressant de rencontrer en Espagne cette *ualefactio supreme salutationis* gravée sur une tombe chrétienne du cinquième siècle, découverte à Emporia (Ampurias) :

IN XPI NOMINE
MAXIME
AVE VALE

HVBNER, *I. H. C.*, *Supplem.* (1900), n° 414; cf. CABROL-LECLERCQ : *Monumenta Liturgica,* t. I (n° 2872) : AVE DVLCIS ANIMA BENE VALEAS CVM TVIS IN PACE. Inscription chrétienne de Rome, datée de 282.

[Psalmus] XXVI. — Dominus inluminatio.
— XXVII. — Ad te, Domine, clamaui.
— XXVIIII. — Exaltabo te, Domine.
— XXX. — In te, Domine, speraui.
— XXXVIIII. — Expectans expectaui.
— XLI. — Sicut ceruus desiderat.
— LIIII. — Exaudi, Deus, orationem meam et ne des[pexeris].
— LV. — Miserere mei, Domine, quoniam con[culcauit].
— LVI. — Miserere mei, Deus, mise[rere mei].
— LX. — Exaudi, Deus, depreca[tionem].
— LXX. — Deus, in te speraui.
— LXXXIII. — Quam amabilia sunt.
— LXXXV. — Inclina, Domine.
— LXXXVII. — Domine Deus salutis.
— CI. — Domine, exaudi ora[tionem meam] et cla[mor].
— CII. — Benedic anima et omnia.
— CIII. — Benedicanima, Domine Deus.
— CVII. — Paratum cor meum.
— CXIIII. — Dilexi, quoniam exaud[iuit].
— CXV. — Credidi, propter quod lo[cutus sum].
— CXVIIII. — Ad Dominum cum tri[bularer].
— CXX. — Leuaui oculos meos.
CXXI. — Letatus sum in his.
— CXXXVII. — Confitebor tibi, Domine, quoniam ex[audisti].
— CXXXVIII. — Domine, probasti me.
— CXXXVIIII. — Eripe me, Domine, ab homine.
— CXLI. — Voce mea ad Dominum cla[maui].
— CXLII. — Domine, exaudi oratio[nem].
— CXLIII. — Benedictus Dominus Deus meus.
— L. — Miserere mei Deus secundum.

Quod si distulerit aliquantisper mori, recitentur psalmi per ordinem.

fol. 85 *Continuo uero cum egressa fuerit / anima e corpore, salutante presbitero, dicitur hic responsus :*

[6] *Cod* cerbus [8] *Cod* et ne dis [27] *Cod* CXVIII [29] *Cod* CXVIIII *M* leuaui oculos meos ad montes [45] *Cod* hunc **resp.** *M* hunc responsum. RESPONSVS.

LAVDES : Ecce ego[1] uiam uniuerse carnis ingressus sum, ut dormiam cum patribus meis, et amplius iam non ero. Memento mei, Domine, de regno tuo. — VERSVS : Dies quibus peregrinatus sum super terram pauci et mali, et non peruenerunt usque ad dies patrum meorum. Memento. K[yrie eleison].

Oremus, ut animam famuli sui inter agmina beatorum propitius conlocare dignetur.

Oremus.

Suscipe[2], Domine, animam serui tui *Illius* e seculo reuertentem, et mitte angelos tuos sanctos in obuiam illius, et uias iustitie demonstra ei. Aperi ei portas iustitie, et repelle ab eo principes tenebrarum. Agnosce, Domine, depositum fidele, quod tuum est. Suscipe, Domine, creaturam tuam, non ex diis alienis creatam, sed a te solo Deo uiuo ac uero : quia non est alius Deus preter te, et non est secundum opera tua. Letifica, Domine, animam serui tui *Illius* migrantem e seculo. Clarifica eum, Domine, et ne memineris iniquitatum eius antiquarum, et ebrietatum quas suscitauit furor mali desiderii. Licet enim peccauit, Patrem tamen, et Filium, et Spiritum Sanctum non negauit, sed credidit, et zelum Dei habuit, et te Deum in Trinitate esse omni corde et ore adorauit.

Veste celesti indue eum, et laua eum sancto fonte uite eterne : ut inter gaudentes gaudeat; inter sapientes sapiat; inter martires coronatus sedeat, et inter patriarcas et prophetas proficiat; inter apostolos Christum sequi gaudeat, inter arcangelos claritatem Dei prouideat, et inter paradisi rutilos lapides gaudeat, et notitiam Dei / misterio- fol. 86
rum agnoscat, et inter Cherubin et Seraphin clari-

[9] *M* Oratio CNPA (Completuria). *Cf. infra folium 96 Codicis* [11] *M* emitte *pro* et mitte [14] *Cod* fidelem [16] *Cod* uibo [21] *Cod* quem suscitabit. *Forte intellig.* eius... quem [25] *A hic iterum addit :* « Suscipe, Domine, animam famuli tui » ; *cf. Muratori, t. I, col. 748.* [26] *Cod* celeste... laba [30] *M* sequi studeat [33] *Cod* Cerubim.

1. Ce répons et le verset qui suit sont notés. Dans le manuscrit *B*, le chant est en neumes d'origine espagnole. Dans le manuscrit *M*, cette notation primitive a été grattée et remplacée au douzième siècle par la notation française, dite *d'Aquitaine*.

2. On retrouve cette longue formule dans le Sacramentaire gélasien, avec de nombreuses variantes, que donne parfois le Rituel de Madrid. Voy. MVRATORI, *Liturgia romana uetus* (1748), t. I, col. 748-749. Une prière du Missel mozarabe imprimé nous en donne aussi de courts fragments. (*P. L.*, t. LXXXV, col. 1022-1023.) Voy. aussi plus loin, col. 123.

tatem Dei obtineat, et inter uiginti et quattuor seniores cantica canticorum audiat.

Inter lauantes stolas in fontem luminis uestem lauet, et inter pulsantes pulsans portas celestis Iherusalem reperiatur; et inter uidentes Deum facie ad faciem uideat. Inter cantantes canticum nouum cantet, et inter audientes auditu celestem sonum audiat.

Suscipe eum, Domine, in requiem sempiternam et da ei gratiam uisionis tue et regnum eternum, id est Iherusalem celestem : ut in sinibus patriarcarum nostrorum Abrae, Ysaac et Iacob eum conlocare digneris : et partem habeat in prima resurrectione, et inter surgentes resurgat et inter suscipientes corpora in diem resurrectionis suum corpus suscipiat : ut cum benedictis ad dexteram Dei Patris ueniat, et inter possidentes uitam eternam possideat, et inter agmina beatorum locum inueniat. — Piissime Pater.

Benedictio.

Christus Dominus, qui innocens pertulit mortem pro impiis, ipse huic famulo suo *Illi* ianuam aperiat uite celestis. — Amen.

Et qui corpus nostre mortalitatis induit, ut nos a corporalibus erueret uitiis, ipse huius famuli sui *Illius* animam nunc egredientem e corpore clementer suscipiat in sinu quietis eterne. — Amen.

Vt in illa beatitudine eum permittat ingredi exemtum ab omni metu Auerni, ubi ipse cum sanctis omnibus regnat feliciter sine fine. — Amen.

Prestet ipse Dominus et misericors, qui cum Deo Patre et Sancto Spiritu unus Deus gloriatur in se[cula seculorum. — Amen].

Absoluit diaconus : In nomine Domini nostri Ihesu Christi anima eius requiescat in pace. — Deo gratias.

Statimque omnes una uoce simul conclamant Deo clamorem, ita :

Kirie eleison; *prolixe.*

fol. 87 | *Deinde similiter :* Indulgentiam. *Seu etiam :* Deus miserere. *Post repetant :* Kirie eleison, *tribus uicibus.* — VERS. : Requiem eternam det ei Dominus, et lux perpetua luceat illi.

Oremus :

[3] *Cod* labentes *M* labantes [4] Et inter pulsantes pulsans, portas caelestis Hierusalem apertas reperiat (*Sacram. Gelas., ap. Muratori, col. 748-749*). [5] *Cod* repperiatur [6] *Cod* nobum [14] *M* inter surgentes surgat [33] *M* se[cula seculorum. Amen] [39] *Cod* Kirieleison [41] *Cod* Kirieleison IIIbus.

[Oratio.]

Suscipe, Domine, animam famuli tui *Illius* de erumna huius seculi ad te reuertentem, et gratiam uisionis tue ei ostende clementer. Angeli lucis tue eam, Domine, suscipiant deducendam, qui tue Maiestati atque clementie representent inlesam : ut eruta ab exterminio impiorum, tecum se sine fine uiuere gratuletur in consortio beatorum. — Amen.

Deinde, si ordine fuit sacerdotali, librum ei Manualem ponant in pectore. Si uero diaconus extitit, Euangeliorum librum.

Hoc interdum est obseruandum, ut quislibet sit, ab exitu mortis usque dum ad monumentum ducatur, semper ad caput lectuli sacram habeat crucem.

Quum uero fuerit ex more corpus lauatum, uestitur ueste qualis ordinis hic uiuens extitit. Sicque indutum conponitur in feretro, et adductum ante fores ecclesie, sonantibus signis, clamor personatur a cunctis.

Expleto etenim clamore, incensatur a diacono corpus, et salutante presbitero, inponitur hoc responsum :

LAVDES : Dies mei [1] transierunt, cogitationes mee dissipate sunt. Putredini dixi : Pater meus es; mater mea et soror mea, uermibus. Libera me Domine, et pone me iuxta te. — VERSVS : Putredini dixi : Pater meus es; mater mea et soror mea, uermibus. Libera.

LAVDES : Requiem eternam det tibi Dominus. Lux perpetua luceat tibi, et repleat splendoribus animam tuam, et ossa tua reuirescant de loco suo. — VERSVS : Aperiat tibi Dominus paradisi ianuam, ut ad illam patriam reuertaris, ubi mors non est, ubi dulce gaudium perseuerat. Et repleat. Gloria. K[irie eleison].

Oremus, ut animam famuli sui de loco ardoris eruat, et in locum lucis et refrigerii propitius conlocare dignetur.

[1] *M* Oremus. Oratio [8] *M* beatorum. Te prestante [14] *M* ad capud [15] *Cod* labatum [16] *M* uiuens uestiuit [18] *Cod* clamorem [21] *Cod* salutat presbitero *M* salutante [23] *Pro* Laudes *M dicit* RS (responsus) [28] *M* Libera me. K[irie eleison] [31] *Cod* anima tua [37] *M* Oremus Dei omnipoten[ti]s [misericordiam] *M* famuli sui Illius.

1. Répons noté dans les deux Rituels. Le manuscrit *M* porte la notation française. Voy. ci-dessus, col. 110, note 1. Le second répons est également noté, mais dans le manuscrit *B* seulement.

Oratio.

fol. 88 / Rogamus sanctam clementiam tuam, Pater omnipotens, misericors Deus, propter animam famuli tui (famulorum tuorum) quam (quas) ex huius uite fragoribus subtrahere uoluisti, ut eam (eas) electorum tuorum congregationi adsocies, et ab inferorum ergastulis ereptam (ereptas) celestibus habitaculis conloces, eiusque (eorumque) caro (carnes) que nunc iacet (iacent) exanimis (exanimes), tempore iudicii tui euigilet (euigilent) felicior (feliciores) cum omnibus sanctis.

Non sit (sint) penarum atrocitatibus obnoxia (obnoxie); sed Sancti Spiritus defensione munita (munite), beatam obtineat (obtineant) uitam. Omnia facta eius (eorum), Domine, dicta et cogitata, pia benignitate indulge : ut per Vnigeniti tui gratiam, et partem accipiat (accipiant) glorie, et plenitudinem felicissime resurrectionis in futurum ualeat (ualeant) obtinere. — Pater.

Benedictio.

Dominus Ihesus Christus, qui uite et mortis potestatem dispensat, ipse huic (his) famulo suo (famulis suis) *Illi* (*Illis*), pro quo (quibus) supplicamus, requiem impertiat, et uobis per conuersationem melioris uite criminum [ueniam] adtribuat. Illi (illis) omne peccatum in carne contractum omittat, et uobis inspiramine suo uiam salutis aperiat. Illi (illis) nunc relictis offensis, in resurrectionem suam ostendat gloriam, et uobis sine confusione suam contemplari permittat presentiam.

Hac explicita, precedente cruce, perducunt eum ad ecclesiam foris, cancello posito. Canuntur a clericis hae preces[1] *:*

1 *In M pro* Oratio *legitur* Completuria 4 *M* tui Illius 5 *Cod* subtraere 23 *Cod* per quem (quos) 25 ueniam *ipse addidi* 27 *Cod* ommittat 29 *Cod* hostendat 30 *M* presentiam. Per sua 33 *Cod* has preces.

1. Comme on le verra plus loin, ces *Preces* sont intitulées *Abcra* ou *Abecedaria* par le Rituel *A* (fol. 18 et 25), en raison de l'ordre alphabétique de la première lettre de chacune de ces invocations. Elles sont toutes notées dans *M*; les deux premières seulement dans *B*. — L'ordre alphabetique suivi dans ces invocations, aussi bien que la cadence de la phrase et la rime entre la médiante et le mot final de chaque strophe, avaient surtout pour but de venir en aide à la mémoire. On retrouve particulièrement cet ordre alphabétique dans des compositions poétiques, par ex. le psaume 118 en hébreu, les Lamentations de Jérémie et de nombreuses hymnes. Voy. ci-dessous (fol. 146 du manuscrit) l'hymne *De ligno Domini*. On connait aussi le psaume à strophes alphabétiques de saint Augustin *Contra partem Donati* (*P. L.*, t. XLIII, col. 24-32). La liturgie mozarabe a des psaumes alphabétiques d'un tout autre genre. Tous les versets sont tirés du psautier ou des cantiques et commencent par le même mot, v. g. « *Domine,* dilexi decorem domus tue et locum habitationis gloriae tuae. — *Domine,* seruabis nos, etc. » (*P. L.*, t. LXXXVI, col. 982-987). Je ne trouve pas trace de ce genre de psaumes dans l'office des Défunts publié à la suite du folio 307 de notre Liber Ordinum.

Preces.

Deus miserere, Deus miserere. O Ihesu bone! tu illi (illis) parce.

Ad te clamantes exaudi, Christe. O Ihesu bone! tu illi (illis) parce. — Deus.

Benigne Deus, aurem appone. Ruitum nostrum pius intende. — K[irie eleison].

Celitus alme rex omnis terre, ianuam uite tu illi (illis) pande. — K[irie eleison].

Dira peccata quod gessit (gesserunt) tanta, nos deprecantes tu iam condona. — Deus.

Exaudi, Christe, ruitum nostrum pro hoc (his) defuncto (defunctis) famulo (famulis) tuo (tuis). — Deus.

Fixis genibus te deprecauit (deprecauerunt) aliquotiens dum tribulauit (tribulauerunt). — Deus.

/ Genitor alme, rex omnis terre, ianuam uite tu fol. 89 illi (illis) pande. — Deus.

Inclite Christe, Redemtor sancte, delictum (delicta) eius (eorum) celitus dele. — Deus.

Lugentes, Deus, celitus audi, et illi (illis) dele quicquid peccauit (peccauerunt). — Deus.

O rerum, Deus, conditor bonus, citius dele delictum eius (eorum). — Deus.

Oratio.

Obsecramus pietatem tuam, clementissime Deus, pro anima (animabus) famuli (famulorum) tui (tuorum) *Illius* (*Illorum*), que imperio Maiestatis tue e corpore transmigrauit (transmigrauerunt), ut ei (eis) omnium scelerum suorum indulgentiam concedas.

Requiem eternitatis inpertias, et in uitam perpetuam cum electis tuis perpetim iucundari propitiatus permittas. — Amen.

Aliae preces.

Indulgentia! dicamus omnes[1], Domine, tu dona ei (eis) ueniam. — K[irie eleison].

1 *Titulus* Preces *inuenitur in M* 6 *M* Rugitum nostrum 7 *M* intende. Deus 9 *M* pande. Deus 12 *M* rugitum nostrum 14 *Cod* deprecabit 15 *M* alicotiens *Cod* tribulabit 18 *Cod* Criste 23 *M* delicta 33 *Titulus sumitur e codice M* Alias Preces.

1. Les trois premières invocations sont seules notées

Rex altissime et perennis Domine, tu dona ei (eis) ueniam. — Indulgentia!

Sacerdotibus auditum adcommoda, et dona ei (eis) ueniam. — K[irie eleison].

Vnigenite, quem timemus iudicem, tu dona ei (eis) ueniam. — K[irie eleison].

Quem angelice potestates metuunt, tu dona ei (eis) ueniam. — K[irie eleison].

Egros uisita et captiuos reuoca, et dona ei (eis) ueniam. — K[irie eleison].

Nos peccauimus et a te recessimus, sed dona ei (eis) ueniam. — K[irie eleison].

Tu piissime, tu prostratos subleua, et dona ei (eis) ueniam. — K[irie eleison].

Penitentibus miserere, Domine, et dona ei (eis) ueniam. — Indulgentia!

Deus uiuorum et mortuorum, Deus spes et resurrectio omnium christianorum, exaudi nos supplices tibi pro spiritu (spiritibus) famuli (famulorum) tui (tuorum) *Illius* (*Illorum*), quem (quos) carnali uinculo absolutum (absolutos) hodie conditio mortis excepit. Remitte illi (illis), Domine misericors et miserator, quos in hac uita habuit (habuerunt) carnis errores. Tribue illi (illis) ueniam delictorum suorum, qui es largitor omnium bonorum. Dimitte illi (illis), Domine, debita sua mala, que ille dimisit (dimiserunt) debitoribus suis : ut ab omni metu gehenne atque ab eterni iudicii pena absolutus (absoluti), inter electos tuos resurgere bonisque iungi concedas, et Abrahe sinu receptus (recepti) paradisi letitia fruatur (fruantur) et re-
ol. 90 quiescat (requiescant) in secula / sempiterna.

Aliae preces [1].

Miserere, miserere, miserere illi Deus, Christe redemtor, ueniam ei concede. — Mise[rere]...

Mundi rector et redemtor, Ihesu Christe, rerum auctor. — Christe. K[irie eleison].

Qui exaudis obsecrantes et gementes intueris. — Christe. K[irie].

Qui expectas penitentes, et peccata deplorantes. — Christe. K[irie].

Parce nostris iam delictis, fauens uultu pietatis. — Christe. K[irie].

Sacerdotum audi preces, aures tuas inplorantes. — Christe. K[irie].

Oratio.

Te deprecamur, Domine sancte, Pater eterne, omnipotens Deus, creator omnium rerum, pater animarum, per quem omnia nascuntur et ad quem cuncta reuertuntur. Misericordie tue inploramus auxilium, ut placido uultu mittere digneris angelum tuum sanctum, qui suscipiat spiritum famuli tui (spiritus famulorum tuorum) *Illius* (*Illorum*), quem (quos) hodierno die ad te accersire dignatus es. Horrende noctis nesciat (nesciant) stationem; eternos transeat (transeant) conclauos; casus euadat (euadant) ab origine letus, paradisi redditus (redditi) sinu. Nudetur (nudentur) maculis omnium delictorum, ut liber (liberi) ingrediatur (ingrediantur) in congregatione omnium beatorum. Patriarcharum iungatur (iungantur) consortio, et Apostolorum plenitudini copuletur (copulentur) : ut quum dies ille magnus resurrectionis aduenerit tumulis ruptis perpetuam surgat (surgant) ad uitam. Condona ei (eis), Domine, omnia debita delictorum, quia tu es omnium resuscitator animarum. — Amen.

Aliae preces.

Deus miserere [1], miserere illi Deus et parce Ihesu redemtor ueniam ei concede. — Deus.

Angeli sancti obuient eum (eos), Redemtor, in pace, quibus in sede locetur (locentur) beate uite. — Deus.

Tu, clemens Christe, nostram pro defuncto (defunctis) precem accepta, pro quibus crucis subisti indebitam mortem. — K[irie eleison].

Prece beati Petri apostoli, cui dedisti claues celestis regni atque paradisi. — K[irie eleison].

Tu pietate solita defunctum (defunctos) solue a

3 *Cod* adcomoda 4 *M* ueniam. Indulg. 6 *M* ueniam. Indulg. *Ita usque ad finem* 13 *Cod* prostratus subleba 21 *Cod* condicio 26 *Cod* Dimite 27 *Cod* qua ille dimisit deuitoribus 30 *Cod* Abrae 33 *Cod* Alias preces 34 *Cod* Criste 36 *Cod* Criste.

dans le manuscrit *B*, tandis qu'elles le sont toutes dans *M*, jusqu'à « Penitentibus miserere », où le manuscrit s'interrompt (un folio a été arraché) pour reprendre au mot « ille magnus » de l'*Oratio* suivante « Te deprecamur ».

1. Ces *Preces* sont toutes notées en neumes dans le manuscrit *M*.

2 *Cod* Criste 4 *Cod* Criste 5 *Cod* fabens 8 *Cod* Xriste 17 *Cod* acersire 18 *Cod* Orrende 19 *Cod* eternis transeant conclabis 23 *Cod* Patriarcarum 28 *Cod* deuita 29 *M* Amen. Per tua 30 *Cod* Alias *M* Preces 32 *M* concede. K[irie] 33 *Cod* obient 34 *M* uite. K. 36 *Cod* Xriste 38 *Cod* deuitam 39 *Cod* Precem... clabes *M* Prece.

1. Les trois premières strophes de ces *preces* sont notées dans le manuscrit *B;* toutes dans *M*.

fol. 91 pena, / et mansionem eterne uite concede. — K[irie].

Qui morte tua claustra inferni resoluis potenter, et celi uiam pandis electis ad uitam. — K[irie].

Oratio.

Exurgentibus nobis, Domine, in similitudinem crucis, locum prime resurrectionis ostende : ut quum in concilio iustorum [tuam] ostenderis faciem, secunda in nobis mors non habeat potestatem. Atque ita deprecamur, Domine, ut respectu tue Maiestatis in animam (animas) famuli (famulorum) tui (tuorum) miseratus intendas, eique (eisque) dones requiem sempiternam; ut educta (educte) de carcere (carceribus) tenebrarum, patriarcharum mansionibus iubeas adgregare. — Amen.

Post hec, ducitur corpus ad tumulum[1], *indulgentiam postulando, et has antiphonas psallendo per uiam, uel alias, que ad hoc ipsum conueniunt.*

Ant. . Educ[2], Domine, de carcere animam (animas) meam (nostras), ad confitendum nomini tuo : me (nos) expectant iusti donec retribuas michi (nobis).

Ant. : Emitte manum tuam, Domine, de alto; eripe et libera me (nos) de manu filiorum alienorum.

XLII. — ORDO AD CONSECRANDVM NOVVM SEPVLCRVM[3].

In primis salutat sacerdos, et dicit hanc antiphonam.

[3] *M* K. Deus miserere [7] tuam *inuenitur in M* [11] *M* tui Illius [13] *Cod* patriarcarum [14] *M* adgregare. Per inefabilem bonitatem [17] *Cod* hoc ipsut [20] *M* mici [26] *Cod* hec antiphona *M* et dicit hanc antifonam.

1. Le copiste du Rituel *M* a écrit d'abord *sepulcrum,* mot auquel il a substitué ensuite celui de *tumulum,* comme dans le Rituel *B.*

2. Ces antiennes notées dans les deux Rituels. Le manuscrit *M* porte la notation française, la notation primitive ayant été grattée au douzième siècle.

3. Quoique formant un chapitre nouveau dans notre manuscrit, le rite de la bénédiction du sépulcre n'interrompt que pour un instant la cérémonie des funérailles, qui reprend un peu plus loin (col. 120), à la rubrique : *Post hec ponitur corpus,* etc.

Toutes les sépultures chrétiennes chez les Wisigoths d'Espagne étaient surmontées de l'image de la croix, comme on peut le voir d'après celles qui sont arrivées jusqu'à nous à peu près intactes. L'une d'elles (du vi[e] ou viie siècle), dont la partie supérieure manque, porte encore l'inscription suivante, consacrée tout entière à louer le signe sacré de la croix :

FLECTE GENV EN SIGNVM PER QVOD VIS VICTA TIRANI
ANTIQVI ATQVE EREBI CONCIDIT IMPERIVM

Ant. : Exurgat[1] Deus et dissipentur inimici eius (eorum). — Versvs : Et fugiant qui ode[runt], *usque in finem, cum* Gloria.

Et adspargitur sal in sepulcro. Et dicit hanc orationem :

Oratio.

Domine Ihesu Christe, qui es memor redemtionis nostre, natus, passus, mortuus, ac ueraciter crederis esse sepultus : memorare exaltatus a terris. Hoc ergo sepulcrum (hec sepulcra) corpori apparatum casuro (corporibus apparata casuris) nulla uis diaboli uisitatione obsideat, nulla malignorum spirituum fictione conmaculare uel obripere audeat. Sed angelus pacis ob defensationem e celis ita semper miserans aspiciat, quatenus nulla in eo pestis inimici insidiantis introeat. — Amen.

Ant. : In protectione Dei celi conmorabitur (conmorabuntur). Dicit (dicunt) Deo / susceptor meus fol. 92
(noster) es. — Versvs : Qui habitat, *usque in finem, cum* Gloria.

Oratio[2].

Omnipotens Deus Pater, qui per Ade primi hominis culpam de paradiso nos expulisti, dicens : Puluis es et in puluerem ibis; qui pro redemtione humani generis unicum Filium tuum nostre similitudinis formam percipere iussisti, et per eius mortem nos redemisti : dignare in hac hora a summis celorum respectu clementie tue intueri in hoc monumento (his monumentis) nouitatis, quod ad corpusculum serui tui (corpuscula seruorum tuorum) preparatur (preparantur); qualiter benedictionem

[4] *Cod* Et dicit hec oratio [12] *Cod* nulla uim *M* uis [13] *Cod* finctione [15] *Cod* miserantis [16] *M* Amen. Protegente [27] *M* hac ora [28] *Cod* intuere [30] *Cod* corpusculi.

HOC TV SIVE PIVS FRONTEM SIVE PECTORA SIGNES
NEC LEMORVM INSIDIAS EXPECTARAQVE TIME.

Hvbner, *Inscript. Hispaniae Christianae,* p. 5, n° 10, avec fac-similé. — On trouvera dans cet ouvrage et dans son Supplément (1900) un grand nombre de facsimilés de pierres tombales wisigothiques, ornées tantôt du chrismon ou monogramme du Christ, tantôt d'une simple croix.

1. L'Antienne *Exurgat* et les deux suivantes *In protectione* et *In pace* sont notées dans les manuscrits. Les deux premières sont en notation française dans le rituel *M,* dont les neumes primitifs ont été grattés au douzième siècle. Voy. plus loin, col. 128.

2. La seconde partie de cette prière est riche en fautes de grammaire. Le texte n'en demeure pas moins très aisé à comprendre.

tuam percipiens (percipientes), ab omnibus diaboli insidiis siue tartareis cruciatibus anima et corpus (anime et corpora) liberatum (liberata), hoc ipsum quod corpus (hec ipsa corpora) eius (eorum) hic depositum (deposita) tibi conmendatur, in patriarche Abrahe sinum receptus (recepti), perennem paradisi letitiam perfruatur (perfruantur). — Amen.

Ant. : In pace in idipsum obdormiam (obdormiemus) et requiescam (requiescemus); quoniam tu, Domine, singulariter in spe constituisti me. — Vers. : Portio, *usque in finem, cum* Gloria.

Oremus Dominum nostrum, ut hoc tumulum nouitatis (hos tumulos nouitatum) per angelum suum sanctum semper propitius uisitare dignetur.

Oratio.

Ineffabilis Dei Patris unigenite Filius, qui humanitatem nostre fragilitatis adsumens, ideo in sepulcro requiescere passus es, ut nos de sepulcris uitiorum eiceres, et tue tibimet resurrectionis gloria sociares : adesto supplicationibus nostris et faue uotis humillimis; quatenus hunc tumulum (hos tumulos), quem purificare curauimus per adsparsionem salis ad receptaculum functe carnis (functarum carnium), respectu tue benignissime pietatis intuendo sanctifices, incursus ab eo (eis) omnium aerium potestatum dissocies, et temta- fol. 93 menta hostis calidi propitiatus / elonges : ut tam eum, quam hunc locum in quo positus fuerit, quem in nominis tui potentia dedicauimus, tui ueri luminis inpensione perlustrans, sine ulla caligine peccatorum corpora, que in illo (illis) fuerint recondita, sancte quietis remuneratione confoueas, et ex eo resuscitata ad gloriam future examinationis deducas. — Pater.

Benedictio.

Omnipotens Dominus hunc locum semper uisitet, et in hoc tumulo quiescentium corpora animasque quiete sempiterna conseruet. — Amen.

Procul ab hinc prestigia effugiat demonum, et succedat celestium claritas angelorum. — Amen.

Vt cum dies illa iudicii tremenda aduenerit, fidelium corpora, que in hoc fuerint sepulcro recondita, ab omnibus delictorum sordibus expiet, et cum sanctis omnibus resurgant perpetim uiuitura. Amen. — Prestet ipse Dominus et misericors qui in Trini[tate].

In nomine sancte Trinitatis hoc tumulo (his tumulis) nouitatis uisitent eum angeli salutis et pacis.

Deo gratias.

Post hec ponitur corpus in sinistra sepulcri, et dicitur hoc responsum :

Lavdes : De manu inferni[1], Deus, libera animam eius (animas eorum), dum acceperis eam (eas). — Vers. : Propter nomen tuum, Domine, uiuificabis eum (eos) in equitate tua, et educes de tribulatione. Animam.

Oremus, ut animam famuli sui (animas famulorum suorum) *Illius* (*Illorum*) ab omni formidine demonice potestatis eripiat, et in consortio sanctorum angelorum propitius conlocare dignetur.

Oratio.

Nemo, Domine, mortalium pro mortuo rogare presumeret, aut futurus puluis pro iam facto puluere supplicaret, si non de tua benignissima pietate presumeret. Sed quia mortis casu perterritus audaciam subeo moriturus, non tam meriti mei / fiducia fretus, quam tue abundantie bonitatis fol. 94 roboratus, ad misericordie tue fontem concurro cum lacrimis. Audi ergo, Pater omnipotens, gemitum supplicantis, et ab hoc famulo tuo *Illo* (et ab his famulis tuis *Illis*), cuius nos tam corpus (corpora) deflemus quam cineres, penas remoue tartaree ultionis. Dimitte illi (illis) quod deliquit (deliquerunt) in seculo, et dona ei (eis) quod electis tuis promisisti post transitum. Dilue propitius culpam (culpas), extingue flammam (flammas), cohibe penam (penas), et pro tua pietate concede ei (eis) coronam (coronas) : ut quia suo (suis) diffidit merito (diffidunt meritis), tuo se gratuletur (gratulentur) munere iustificari gratuito. Et quia te dum uiueret (uiuerent) in Trinitate unum Deum credidit (crediderunt) simul et coluit (coluerunt), perenniter ac sine fine tecum exultet (exultent). — Pater.

[4] *Cod* liberati hoc ipsud (hii ipsi) [5] *Cod* depositos ... in patriarce Abrae [7] *M* perfruatur. Largiente clementia diuinitatis tue [11] *M* Portio mea, Domine [13] *Cod* nobitatis (nobitatum) [14] *M* dignetur. Presta [15] *M* Completuria *pro* Oratio [16] *Cod* unigente Dei filius. Dei *non legitur in M et recte* [19] *M* et tua [21] *Cod* fabe [27] *M* ostis [32] *Cod* confobeas [38] *Cod* conserbet [41] *M* ut quum [42] *Cod* qui in hoc.

[5] *Cod* nobitatis *M* habitent *pro* uisitent [10] *M pro* Laudes *habet* Responsus [21] *Cod* pulbis... pulbere [27] *M post* lacrimis, *addit :* quia nicil bonis meis recordor ex meritis [31] *Cod* deliquid [34] *Cod* coibe [36] *M* ex merito [40] *Cod* perhenniter *M* Pater noster.

1. Répons en notation française dans le manuscrit *M*. La notation primitive a été grattée.

Benedictio.

Dominus Ihesus Christus, qui se a peccatoribus exorari precepit, ipse petitionibus uestris in cunctis aurem adcommodet. Famulum *Illum* (famulos *Illos*) paradisi amenitate confoueat, et uos sue gratie protectione custodiat. Illi (illis) post onera carnis indulgentiam tribuat criminis, uobisque perpetuam gloriam conferat summe felicitatis.

ANT. : Credo[1] quia Redemtor meus resuscitabit me, et in carne mea uidebo Dominum meum. — VERS. : Ad te, Domine, leuaui, *usque in finem.*

[**Oratio**].

Quemadmodum, Domine Deus, pro aliis temere intercedere audemus, qui pro nobis interpellare nequaquam digni sumus; sed quia tu suauis ac mitis es et multum misericors inuocantibus te : ob hoc supplices quesumus, Domine, pro anima famuli tui *Illius,* quam de corpore ad te uocare precepisti, ut
fol. 95 mittas manum tuam de alto / et liberes eam de inferno inferiori, tribuasque illi angelum precessorem, qui ei comitetur eamque de angelorum teterrimorum eripiat ditione, et in loco lucifluo pascue uel requiei superfluente refectionis, te suffragante, restituat : et Abrahe sinu residens in die illa, quando resuscitaturus es omnes, sine metu uel formidine ad preparata sanctorum premia alacriter peruenire mereatur. — Te prestante.

ANT. : Memorare, Domine, quoniam puluis sumus; homo sicut fenum dies eius, et quasi flos feni, ita defloruit. Tu autem, Domine, in eternum permanes et anni tui non deficient. — VERS. : Benedic anima mea Domino, et omnia, *usque in finem, cum* Gloria.

[5] *Cod* confobeat [8] *M* felicitatis. Amen. Ipse Dominus et redemptor [11] *Cod* leuabi *M* leuaui, et in [12] *Hic titulus legitur in M* [15] *Cod* suabis [22] *Cod* dictione *M* ditione [24] *Cod* Abrae *M* Abrahe [27] *M* mereatur. Adiuuante clementia. *Manus secunda addidit :* Te prestante [29] *M* sicut flos feni.

1. Toutes les Antiennes qui suivent, jusqu'à l'« Ordo ad corpus paruuli commendandum », sont notées dans les deux Rituels *B* et *M*. Dans ce dernier, la notation wisigothique a été grattée et remplacée, vers le commencement du douzième siècle, par la notation française.

Je trouve dans une épitaphe du sixième siècle découverte près de Marchena, en Andalousie, un complément de l'antienne de notre Rituel emprunté au livre de Job : « Credo quod redemptor / meus uiuet et in nouissimo die / de terra sussitabit pelem meam, / et in carne mea uidebo Domi/num. Iusta famula Dei ui/xit annos plus minus L. /Recessit in pace die VIII / idus febr. » HVBNER, *Inscript. Hispaniae Christianae,* p. 27, nº 95.

Oratio.

Memor esto, Domine, fragilitatis nostre miseriam, qui es miserator et misericors, et famulo tuo ad te de hoc puluere humano reuertenti succurre propitius : ut, qui in eternum permanes gloriosus, cuiusque anni sine defectu perseuerant in perpetuum, animam famuli tui, cuius corpus hoc in loco deponimus, tecum sine fine mansuram celesti in sede suscipere digneris placatus. — Amen.

ANT. : In sinu Abrahe amici tui conloca eum Domine in eternum. — VERS. : Lauda anima mea Dominum.

Oratio.

Deus, apud quem omnia morientia uiuunt, et non pereunt moriendo corpora nostra, sed mutantur in melius : te supplices deprecamur, ut suscipi iubeas animam famuli tui *Illius* per manus angelorum deducendam in sinu amici tui Abrahe patriarche, resuscitandam in die nouisimo magni iudicii. Et si quid de regione mortali contraxit contrarium contra fallentem diabolum, tua pietas abluat indulgendo. Amen. — Per ineffa[bilem].

/ Post hec, incensatur corpus simulque et sepul- fol. 96
crum, et sic, decantantibus clericis hanc antiphonam, deponitur corpus in sepulcro.

ANT. : Si ascendero in celum, Domine, tu ibi es : et si descendero in infernum, ades. Mitte manum tuam, Domine; libera me ex inferno inferiori. — VERS. : Domine probasti me et cognouisti me. Quo fugiam? Si ascendero.

Oratio.

Christe Dei Filius, cui et celestia patent et inferna non latent : qui humaniter moriens ad inferos descendisti, et captiuos Auerni tecum remeans ad superos reportasti; precamur ut huius famuli tui animam, cuius hic modo corpus deponimus, letaturam suscipias in eternis sedibus. Sicque eum resurgere facias in die nouissimo, ut transformatus in gloria inmortalitatis, infinitum tecum potiatur regnum omnibusque cum sanctis. — Amen.

[4] *Forte leg.* Memor esto fragilitatis nostre; miserere, qui es *M* tuo Illi [9] *M* tui Illius [11] *M* Amen. Per ineffabilem [12] *Cod* Abrae [13] *Voces* in eternum *desunt in M et A* [16] *In M supra* morientia *legitur* spiritus. *Cf. superius, col. 108, notam* [20] *Cod* Abrae patriarce resuscitanda [24] *M* Amen. Per tuam magnam mi[sericordiam]. Dominus sit [27] *M* in sepulcrum [31] *Cod* cognobisti [40] *Cod* nobissimo [42] *M* Amen. Concedente.

Ant. : Manus tua, Deus, deducet me, et tenebit me dextera tua, Domine. — Vers. : Tu formasti me et po[suisti super me manum tuam]. Et tene[bit]. Gloria.

Oratio.

Suscipe, Domine, animam serui tui reuertentem ad te. Emitte angelos tuos sanctos in obuiam illius, et uiam iustitie demonstra ei. Aperi ei portas iustitie, et repelle ab eo principes tenebrarum. Agnosce, Domine, depositum fidele, quod tuum est. Suscipe, Domine, creaturam tuam, non ex diis alienis creatam, sed a te solo Deo uiuo et uero : quia non est alius Deus preter te, et non est secundum opera tua. Letifica, Domine, animam serui tui. Clarifica, Domine, famulum tuum. Ne memineris, Deus, iniquitatum eius antiquarum, et ebrietatum quas suscitauit furor mali desiderii. Licet enim peccauit, Patrem, et Filium, et Spiritum Sanctum non negauit, sed credidit, et zelum Dei habuit, et
fol. 97 Deum qui / fecit omnia adorauit. — Amen.

Ant. : In pace in idipsum obdormiam et requiescam; quoniam tu, Domine, singulariter in spe constituisti me. — Vers. : Portio mea.

Oratio.

In te, Christe Deus, qui es pax angelorum et requies omnium electorum, clementer fac quesumus requiescere famulum tuum : ut tempore iudicii tui suscitatum a mortis dormitione, tecum se celesti in gloria letetur uiuere sine fine. — Amen.

Ant. : Aperiat tibi Dominus paradisi ianuam; ut ad illam patriam reuertaris, ubi mors non est, ubi dulce gaudium perseuerat [1]. Vers. : Dominus regit me et nicil deerit, et in loco uiridi, ibi me conlocauit. — Vbi dulce.

II. Super aquam refectionis, ibi me conuertit. — Vbi dulce.

III. Deduxit me super semitam iustitie, propter nomen. — Vbi dulce.

IIII. Nam etsi ambulem in medio um[bre mortis] : tu mecum es. — Vbi dulce.

V. Virga tua et baculus tuus, ipsa me consola[ta sunt]. — Vbi dulce.

VI. Et misericordia tua subsequetur me omnibus diebus uite. — Vbi dulce.

VII. Vt inhabitem in domo Domini in longitu[dine]. — Vbi dulce.

Gloria et honor [1]. — Aperiat tibi Dominus.

Oratio.

Domine Ihesu Christe, redemtor humani generis et reparator, famulo tuo *Illi*, ad te de hac luce redeunti, propitius aperi ianuam paradisi : ut, erutus ab inferorum tormentis ad illam celestem patriam feliciter se grațuletur reuersum, ubi nulla mors nullaque tristitia, sed dulce potius gaudium et infinita letitia perseuerat in eternum. Amen. Te prestante.

Ant. : Requiem eternam det tibi Dominus, et lux perpetua luceat tibi. — Vers. : Dominus custodiat te ab omni malo; custodiat animam tuam Dominus. Et lux.

Oratio.

Te, Domine sancte, Pater eterne, omnipotens Deus, supplices deprecamur pro spiritu et anima famuli tui *Illius*, quam de uoraginibus huius seculi ad te accersire precepisti : ut digneris dare ei locum lucidum, locum refrigerii et quietis. Liceat ei, Domine, / transire portas inferorum et uias tene- fol. 98

3 Posuisti, *etc. ex codice M* 6 *Vide superius, col. 110, lin. 9-25* 10 *M* agnose *Cod* depositum fidelem 14 *M* tui Illius 17 *Cod et M* quem suscitauit 19 *Cod* negabit 20 *M* adorauit. Per tuam magnam misericordiam 29 *M* fine. Te prestante, summe.

1 *Cod* in loco uiride, ibi me conlocabit 4 *Post* ubi, *uerbum* dulce *ubique leg. in M* 11 *M* subsequatur.

1. Nous lisons dans la Vie de sainte Colombe, écrite par le martyr saint Euloge de Cordoue, un trait qu'il convient de citer à propos de cette antienne. On y voit quel usage savait faire des formules et des cantilènes de la liturgie cette humble vierge, qui versa son sang pour la foi de Jésus-Christ : « Christum corde, Christum ore sepius meditans [Columba], illam frequentius cum omni affectu *canebat Antiphonam, quam in laudem sanctorum beati Patres suaui cantu aptarunt :* « Aperi mihi, Domine, paradisi ianuam : ut ad « illam patriam reuertar, ubi mors non est, ubi dulce « gaudium perseuerat » (*Memoriale Sanctorum,* lib. III, c. 10, dans *P. L.*, t. CXV, col. 808-809). Ce témoignage en faveur de l'antiquité de la liturgie et des mélodies sacrées en usage dans l'Église mozarabe de Cordoue au neuvième siècle méritait d'être signalé.

De cette série de sept antiennes, la première seule est notée dans le Rituel *M*.

1. Le Rituel *M* donne une doxologie un peu plus complète : « Gloria et honor Patri — in secula seculorum. Amen » La voici dans son intégrité : « Gloria et honor Patri, et Filio, et Spiritui Sancto, in secula seculorum. Amen ». (*P. L.*, t. LXXXVI, col. 109, 478 et 521). « Quicumque non dixerit : *Gloria et honor Patri, et Filio, et Spiritui Sancto*, anathema sit ». (III conc. Tolet., *P. L.*, t. LXXXIV, col. 347). Voy. aussi les canons XV et XVI du 4ᵉ concile de Tolède (*Ibid.*, col. 371 et 372).

brarum : maneatque in mansionibus sanctorum Moysi, Eleazari, Elie et Simeonis, omniumque sanctorum, in lucem illam sanctam, quam olim promisisti Abrahe et semini eius. Nullam lesionem sustineat spiritus eius : sed quum magnus dies ille surrectionis aduenerit, resuscitare eum digneris, Domine, una cum sanctis et patriarchis et electis. Dele ei delicta sua atque peccata usque ad nouissimum quadrantem, ut secunda mors in eum non habeat potestatem, sed tecum gaudium inmortalis uite, et regnum consequatur eternum. — Amen.

Ant. : Terra, terra, audi uerbum Domini : Suscipiant te angeli Dei. — Vers. : Domini est terra.

Completo uero omni opere sepulcri, et diligenter cooperto, dicitur hunc uersum :

Versvs : Hec requies mea in seculum seculi : hic habitabo, quoniam preelegi eam.

Deinde :

Oremus pium et exaudibilem Dominum nostrum Ihesum Christum cum omni supplicatione rogemus : ut animam famuli sui ab omni tormento inferni eruat, et cum electis suis celesti in regno propitius conlocare dignetur.

Oratio.

Temeritatis quidem est, Domine, ut homo hominem, mortalis mortalem, cinis cinerem tibi Domino Deo nostro audeat commendare. Sed quia terra suscipit terram, et puluis conuertitur in puluerem, donec omnis caro in suam redigatur originem : inde tuam, Deus piissime, lacrimabiliter quesumus pietatem, ut huius famuli tui *Illius* animam, quam de huius mundi uoragine cenulenta iam perennem ducis ad patriam, Abrahe amici tui sinu recipias, et refrigerii rorem perfundas. Sit ab extuantis gehenne truci incendio segregatus, et beate requiei te donante coniunctus. Si que illi sunt, Domine, digne fol. 99 cruciatibus culpe, tu eas / gratissime lenitatis indulge. Nec peccati recipiat uicem, sed indulgentie tue piam sentiat bonitatem. Quumque, finito mundi termino, supernum cunctis inluxerit regnum, sanctorum omnium cetibus adgregatus, cum electis resurgat in parte dextera coronandus. — Piissime.

2 *M* Helie 4 *Cod* Abrae 7 *Cod et M* patriarcis 8 *Cod et M* nobissimum 10 *M* quadrantem tecumque gaudium 13 *Vide infra Rituale A folio* 25 17 *Cod* hauitabo 24 *M pro* Oratio *habet* Completuria 28 *Cod* pulberem 33 *Cod* Abrae *M* Habrae 34 *M* extuantibus... incendio 36 *Cod et M* si qua illi.

Benedictio.

Suscipe, Deus piissime, in sinu Abrahe patriarche animam famuli tui *Illius,* eamque cum sanctis omnibus et electis tuis adiunge : nec ei noceant culpe carnis ad penam, sed prosit illi tua gratia miserationis ad ueniam. — Amen.

Vt, eterne quietis placabilitate susceptus, in illa felici beatorum sede constitutus, beatificatum se resurrexisse gratuletur. — Amen.

Per Dominum nostrum Ihesum Christum, qui tecum et cum Spiritu Sancto unus Deus gloriatur in secula seculorum. — Amen.

Conplet diaconus : In nomine Domini nostri Ihesu Christi anima eius requiescat in pace.

ORDO AD CONMENDANDVM CORPVS DEFVNCTI.

[EX CODICE SILENSE, ANNO MXXXIX EXARATO [1]]

Ecce ego uiam uniuerse carnis... ad dies patrum meorum. (*Vide supra, col. 110.*)

Ne elonges a me, Domine Deus meus, ne discedas a me. — Vers. : Quia tribulatio proxima est, et non est qui adiuuet. Deus meus.

Oremus Dei Patris om[nipotentis clementiam], ut animam famuli sui *Illius* inter agmina beatorum propitius conlocare dignetur.

Conpleturia.

Suscipe, Domine, animam serui tui. (*Vide ibid.*)

Benedictio.

Domine Ihesu Christe, qui es spes et resurrectio mortuorum, quesumus ut famulum tuum, quem absolutio excipit mortis, inter electorum confessorum choros eum adsociare digneris. — Amen.

Et ita tibi cum benemeritis seruis coronatus iungatur, ut in collegio eorum receptus paradisi tui letitia perfruatur. — Amen.

Atque, omissis quicquid minus strenue sacro peregit in ordine constitutus, in tuum eum transfer regnum cum sanctis omnibus letaturum. — Amen.

2 *Cod* Abrae patriarce 4 *M* noceat culpa 13 *Rubrica deest in M* 14 *M* in pace. Deo gratias 18 *Cum notis musicis in A* 19 *Cum notis musicis* 22 *A* adiubet 23 clementiam *ipse addidi* 32 *A* coro. *Vox* eum *hic redundare uidetur* 37 *A* in tuum enim 37 *A* eum transfera.

1. Ce troisième Rituel des funérailles est emprunté aux folios 15-27 du manuscrit *A*, dont il est assez longuement question dans l'Introduction. — Disons ici une fois pour toutes, que le texte en est particulièrement incorrect.

ORDO AD CONMENDANDVM CORPVS DEFVNCTVM.

Infra domum.

In primis salutat presbiter et incensat diaconus. Et dicitur hoc responsum, crucem et canulas[1] *in manus tenentes* [*ante*] *corpus presbiter et diaconus.*

LAVDES[2] : Dies mei transierunt, cogitationes mee dissipate sunt. Putredini dixi : Pater meus es : mater mea et soror mea, uermibus. Libera me et pone me iuxta te. — VERS. : Induta est caro mea putredine, et sordibus pulueris cutis mea aruit et contracta est. Libera me.

Conpleturia

Rogamus sanctam clementiam tuam, Pater omnipotens... (*Vide supra, col. 113.*)

Benedictio.

Dominus noster Ihesus Christus, qui uite et mortis... (*Vide ibid.*)

Preces per titulos.

Indulgentia! dicamus omnes... (*Vide col. 114.*)

Oratio.

Deus uiuorum et mortuorum... (*Vide col. 115.*)
Miserere, miserere, miserere illi... (*Vide ibid.*)

[3] *Textus permale corruptus :* Et dici hunc resp crux et canulas in manus tenentes corpus presbiter et diaconus. *Vt potui emendaui* [10] *A* pulberis.

1. S'il n'y a pas erreur de copiste, j'avoue que je ne sais quelle signification donner au mot *canulas,* qu'on ne trouve guère ailleurs. Papias le mentionne pourtant dans ce passage : « CHORAVLES, princeps chori, uel qui *canulis, id est fistulis,* canit. Choraule enim græce *canula* dicitur ». (Texte cité par DVCANGE, *Glossarium,* d'après un manuscrit de Bourges). — Le canon XXII du 3e concile de Tolède (589) parle de la coutume invétérée d'accompagner les morts en chantant un « carmen funebre », à la manière des païens. Y avait-il aussi des flûtes ou « tibicines » à la façon antique? Le fait est fort possible. Le canon du concile interdit absolument ce chant funèbre aux funérailles des moines. Pour les simples fidèles, les évêques devront le prohiber également, dès qu'ils le pourront. Faut-il voir une allusion à ces rites dans les *canulae* que notre rubrique met entre les mains du prêtre ou du diacre? Je n'en crois rien, et il serait téméraire de vouloir l'affirmer sur le témoignage d'un texte aussi mutilé que celui de notre manuscrit. Si la sépulture était accompagnée de ces instruments de musique, il paraît tout à fait invraisemblable de les voir en de telles mains. — Le plus simple serait assurément de lire *candelas,* au lieu de *canulas.* C'est bien le mot que semble exiger l'ensemble de la rubrique.

2. Répons noté en neumes, ainsi que le verset qui l'accompagne.

Peccauimus tibi, Deus, indulgentiam postulamus. — Christe.

Oratio.

Te deprecamus, Domine sancte... (*Vide col. 116.*)

Alia abecedaria.

Deus miserere, Deus miserere... (*Vide col. 114.*)

Oratio.

Exurgentibus nobis, Domine... (*Vide col. 117.*)

Post hoc sic ducitur corpus ad tumulum indulgentiam postulando, et has antifonas psallendo per uiam. Ponitur corpus ad sinistram sepulcri.

ANT. : Educ, Domine, de carcere... (*Vide col. 117.*)

In primis salutat sacerdos et dicit hanc antiphonam[1] :

Exurgat Deus et dissipentur inimici eius. Effugiant qui oderunt eum a facie eius.

Sicut defecit fumus deficient, sicut fluit cera a facie ignis, sic pereant peccatores a facie Dei.

Et iusti epulentur : exultent in conspectu Dei et in letitia.

Cantate Deo et psalmum dicite nomini eius : iter facite ei qui ascendit ab occasu, Dominus nomen est ei.

Gaudete in conspectu [eius] : turbabuntur a facie eius, patris orfanorum et iudicis uiduarum.

Deus in loco sancto suo : Deus qui habitare facit unanimes in domo.

Qui educit uinctos in fortitudine : similiter et eos qui in ira prouocant, qui habitant in sepulcris.

Deus cum egredieris coram populo tuo : dum transgredieris per deserto.

Terra mota est, enim celi distillauerunt a facie Dei : mons Syna a facie Dei Israhel.

Pluuiam uoluntariam segrega, Deus : etenim infirmata est. Tu uero perfecisti eam : animalia tua in ea.

Parasti in dulcedine tua pauperi, Deus : Dominus dabit uerbum euangelizantibus in uirtutibus multis.

Reges uirtutum dilecti : et species domus diuidere spolia.

Si dormiatis inter medios cleros penne columbe deargentate : et posteriora dorsi eius in specie auri.

[5] *A* abcra [10] *A* indulgentia... per uia [11] *A* ad sinistra sepulcris [24] eius *deest in A* [32] *A* distillaberunt [33] *A* Srahel [34] *A* Plubiam [41] *A* pinne.

1. Avec cette antienne commence la cérémonie de la bénédiction du sépulcre. Voyez ci-dessus, col. 117, 118 et 119.

Dum discernit celestis reges super terram, niue dealbabuntur in Selmon : montem Dei, montem uberem.

Mons coagulatus, mons uberi : ut quid suspicamini montem uberem?

Mons in quo beneplacitum est Deo habitare in eo : etenim Dominus habitabit usque in finem[1].

Oratio.

Domine Ihesu Christe, qui es memor redemptionis nostre... (*col. 118*).

Ant. : In protectione Dei celi... (*ibid.*).

Oratio.

Exoramus inuisibilem tuam clementiam, Domine Deus omnipotens, (quia audaciter dignos tenaciter exuberes, aer bonitatem?)[2], qui hominem ad imaginem et similitudinem tuam fabricare dignatus es, ut conloces eum in locum lucis eterne, et in sinibus Abraham, Isahac et Iacob, qui tibi placuerunt, mansiones lucidas prestes. — Amen.

Antiphona[3] : In pace in idipsum obdormiam et requiescam : quoniam tu, Domine, singulariter in spe constituisti me.

Portio mea, Domine, dixi custodire legem tuam.

Deprecatus sum faciem tuam de toto corde meo; miserere mei secundum eloquium tuum.

Quia cogitaui uias tuas, et conuerti pedes meos in testimonia tua.

Paratus sum, et non sum turbatus custodire mandata tua.

Funes peccatorum plexerunt me, et legem tuam non sum oblitus.

Media nocte surgebam ad confitendum tibi, super iudicia iustitie tue.

Particeps sum ego hominum timentium te, et custodientium mandata tua.

Misericordia tua, Domine, plena est terra : iustificationes tuas doce me. — In spe [constituisti me].

Preces.

Oremus Dei Patris omnipotentis [misericordiam], ut in hoc tumulo quiescentem famulum suum *Illum*

4 *A* quoagulatus 17 et *ipse addidi* 24 tuam *ipse addidi* 26 *A* cogitabi 39 misericordiam *addidi.*

1. Le copiste interrompt ici le Psaume lvii, vraisemblablement parce qu'il a pris pour une rubrique les derniers mots du verset : « usque in finem ».

2. Je mets entre parenthèses ce bout de phrase trop dénaturé par le copiste pour que je puisse lui trouver un sens quelconque.

3. Antienne notée en neumes dans le manuscrit.

angelum lucis propitius deputare dignetur. — Prestante.

K[irie, eleison], K[irie, eleison], K[irie, eleison].

Completuria.

Ineffabilis Dei Patris unigenite Filius... (*col. 119*).

Benedictio.

Omnipotens Deus hunc locum semper uisitet, et in hoc tumulo... (*Vide ibid.*).

In nomine sancte Trinitatis in hoc monumento nouitatis habitet ibi angelus sanctus salutis et pacis. — Amen.

Lavdes[1] : De manu inferni, Deus, libera animam eius, dum acceperis eam. — Vers. : Propter nomen tuum, Domine, uiuificabis me in equitate tua, et educes de tribulatione. Animam...

Preces.

Oremus Dei Patris [omnipotentis misericordiam], ut spiritum et animam famuli sui *Illius* inter agmina beatorum propitius conlocare dignetur.

K[irie eleison], K[irie eleison], K[irie eleison].

Completuria.

Temeritatis quidem est, Domine... (*col. 125*).

(*Hic deest in codice unum folium.*)

... alacriter peruenire mereatur. Amen. (*Cf. supra, col. 121.*)

[Antiph.] : Memorare, Domine... (*col. 121*).

Benedic anima Domino, et omnia interiora mea nomini sancto eius.

Benedic anima mea Domino, et noli obliuisci omnes retributiones eius.

Qui propitius fit cunctis iniquitatibus tuis : qui sanat omnes languores tuos.

Qui redimit de interitu uitam tuam : qui satiat in bonis desiderium tuum.

Qui coronat te in miseratione et misericordia : renouabitur sicut aquile iuuentus tua.

Faciens misericordiam Dominus, et iudicium omnibus iniuriam patientibus.

Oratio.

Deprecamur[2] inmensam pietatem tuam, Domine sancte, Pater eterne, omnipotens Deus, pro anima

9 *A* in hac 10 *A* cum salutis 29 *A* noli obliuiscimini 32 *A* langores 33 *A* redimat 35 *A* renobabitur... iubentus 40 *A* Te precamur inmense.

1. Ce morceau est accompagné de neumes.

2. Comparer cette prière avec celle publiée plus haut et commençant par ces mots : « Te, Domine sancte, Pater eterne » (col. 124-125).

famuli tui *Illius*, quam de uoraginibus huius seculi ad te accersire iussisti. Liceat enim ei, Domine, transire portas inferorum et uias tenebrarum : ut quum dies ille magnus resurrectionis aduenerit, non cum impiis et iniquis, sed cum sanctis eum adsociare digneris. — Amen.

Antiphona : In sinu Abrahe amici tui conloca eum, Domine, alleluia. — Vers. : Lauda anima mea Dominum, laudabo Dominum in uita mea : psallam Deo meo quamdiu ero.

Nolite confidere in principibus, neque in filiis hominum, in quibus non est salus.

Exiet spiritus eorum et reuertetur in terram suam : in illa die peribunt cogitationes eorum.

Oratio.

Domine Ihesu Christe, qui dignatus es in hac hora a summitate celorum, respectu clementie tue intuere propitius in hoc monumento nouitatis, quod ad receptaculum corpusculi famuli tui est preparatum : qualiter benedictionem tuam percipiens, ab omnibus diaboli insidiis siue a tartareis cruciatibus animam et corpus eius tu liberes. Dum hic depositum tibi fuerit corpus conmendatum, spiritus quoque eius in patriarcharum sinu receptus, paradisi letitia perfruatur, et hic angelus pacis ob defensionem e celis idem semper aspiciat. — Amen.

Denique incensat corpus ac sepulcrum, et deponitur corpus, et dicit hanc [*antiphonam*] :

Ant. : Si ascendero in celum, Domine, tu ibi es, si descendero in infernum ades. Mitte manum tuam, Domine, libera me ex inferno inferiori.

Psallendvm : Domine, probasti me et cognouisti me : tu cognouisti sessionem meam et resurrectionem meam.

Tu intellexisti cogitationes meas de longe : semitam meam et limitem meum tu inuestigasti.

Et omnes uias meas preuidisti : quia non est dolus in lingua mea.

Ecce tu, Domine, nouissima et antiqua cognouisti omnia : tu formasti me et posuisti super me manum tuam.

Mirabilis facta est scientia tua ex me : confortata est, nec potero ad eam.

[2] *A* licet [4] *A* illa magnus [9] *In margine legitur:* Psallendum [13] *A* reuertatur [17] *A* in hanc oram ad summitatem. *Cf. supra, col. 118, lin. 27, eamdem orationem* [19] *A* corpusculum [20] est *ipse addo* [22] *A* cruciantibus anima... tu libera [40] *A* nobissima.

Quo ibo ab spiritu tuo, et a facie tua quo fugiam? Si ascendero...

Oratio.

Domine Ihesu Christe, exaudi me orantem et petentem, sicut exaudisti sanctos. Auge pietatem tuam in animam famuli tui *Illius*. Inuoco nomen sanctum tuum super omnia membra corporis eius. Exaudi nos petentes et orantes. Sicut exaudisti sanctos tuos Apostolos, sic animam et spiritum famuli tui *Illius* liberare digneris de spirituum iurgiis, de spirituum maledicentiis : per duodecim Apostolos, per septem liberos, per iudicium unum, per Dauid triumphantem, sic animam famuli tui *Illius* et spiritum reformare digneris in spiritum sanctum, spiritum iustum, spiritum rectum, spiritumque perpetuum. — Amen.

Ant. : Terra, terra, audi uerbum Domini : suscipiant te angeli.

In ista antiphona deponitur terra in tumulo[1].

Domini est terra et plenitudo eius : orbis terrarum et uniuersi qui habitant in ea.

Ipse super maria fundauit eam, et super flumina preparauit illam.

Quis ascendet in montem Domini, aut quis stabit in loco sancto eius?

Innocens manibus et mundo corde; qui non accepit in uano animam suam, nec iurauit proximo suo in dolo.

Hic accipiet benedictionem a Domino, et misericordiam a Deo salutari suo.

Hec est generatio querentium Dominum, requirentium faciem Dei Iacob.

Tollite portas principes uestras, et eleuamini portae eternales, et introibit rex glorie.

Quis est iste rex glorie? Dominus fortis et potens, Dominus potens in prelio.

Tollite portas principes uestras, et eleuamini portae eternales et introibit rex glorie.

Quis est iste rex glorie? Dominus uirtutum ipse est rex glorie.

[1] *A* co ibo [6] in *ipse addidi* [7] *A* omne membra [11] *A* de spiritum iurgiis... maledicentis [12] *A* apostolis [14] et *ipse addidi* [19] *A* In sta antifona [21] *A* qui abitant [23] *A* preparabit [33] *A* portas [35] *A* est ste [37] *A* portas.

1. Cette rubrique est inscrite de la main du copiste en marge du manuscrit, vis-à-vis de l'antienne *Terra, terra*. L'antienne est notée en neumes, comme la plupart des précédentes.

Oratio.

Te deprecamur Domine sancte Pater eterne... *Require iuxta Abecederias* [1].

Ant. : Aperiat tibi Dominus paradisi ianuam, ut ad illam patriam reuertaris : Vbi mors non est, ubi dulce gaudium perseuerat.

Psallendvm : Dominus regit me et nicil mici deerit, et in loco uiride, ibi me conlocauit. — Vbi mors...

Super aquam refectionis — Vbi mors [non est].

Deduxit me super semi[tas]. — Vbi mors.

Nam et si ambulem... — Vbi mors.

Virga tua et bacu[lus]... — Vbi mors.

Parasti in conspectu... — Vbi mors.

Inpinguasti... — Vbi mors.

Et misericordia tua... — Vbi mors.

Vt inhabitem in domo... — Vbi mors.

Gloria et honor. K[irie eleison]. Aperiat.

Dominus sit semper uobiscum.

Et cum spiritu tuo.

Ant. : Requiem eternam dona ei, Domine, et lux perpetua luceat ei. *Tribus uicibus.* — Vers. : Hec requies mea in [seculum]...

Oremus Dominum nostrum, ut animam famuli sui *Illius* in sinu Abrahe patriarche propitius conlocare dignetur. — Prestante.

K[irie eleison, K[irie eleison], K[irie eleison].

Completuria [2].

Temeritatis quidem est, Domine, ut homo hominem, mortalis mortalem, cinis cinerem tibi Domino Deo nostro audeat conmendare. Sed quia terra suscipit terram et puluis conuertitur in puluerem, donec omnis caro in suam redigatur originem : inde tuam obsecramus misericordiam, eterne omnipotens Deus, quia circa dignos et indignos diues es pietate : qui hominem ad imaginem et similitudinem tuam dignatus es fabricare, et propter eum Dominum nostrum Ihesum Christum passus es humiliari.

Quamobrem, Domine Deus noster, conmendantes tibi spiritum et animam famuli tui *Illius*, quem hodierna die arcessire dignatus es, ut ei dare digneris angelum mitem et misericordem, angelum pacis et patientie, qui ei per labores et turbines seculi sit ducator. Non ei dominentur umbre mortis, non eum tangat chaos et caligo. Transfer eum de loco ardoris in locum lucis et refrigerii, in sinu Abrahe patris nostri : ut cum dies ille magnus agnitionis ac remunerationis aduenerit, quando resuscitaturus es omnes, ibi inueniatur cum sanctis tuis patriarchis, et prophetis, ac martiribus tuis gloria celesti coronatus, corporeque reddito, facias eum in lumine decoratum.

Ignorantias eius dona, negligentias purga, culpas ignosce et uniuersa peccata dimitte. Gaudeat se percepisse quod in hac uita fideliter credidit. Mereatur insultare penis ultricibus quas euasit, delens et dimittens ei cirographum delictorum usque ad nouissimum quadrantem; ut mors secunda in eum non habeat potestatem. — P[iissime].

Benedictio.

Benedicat uos omnipotens Dominus, qui ad receptaculum functe carnis conuenistis, et spiritui et anime eius tribuat remissionem peccatorum. Ipse Dominus cum sanctis omnibus eum faciat in paradisi amenitate iucundari, et uobis tribuat obtabilem glorie dignitatem. — Amen.

Concedat famulo suo *Illi* refrigerium et bone pausationis locum, et uobis tribuat penitendi uotum et penitentie fructum. — Amen.

In nomine Domini nostri Ihesu Christi anima eius requiescat in pace [1].

[3] *A* abedrias [4-18] *Cf. supra, col. 123-124* [25] *A* patriarce p. con. dgtr. [32] *A* pulbis... in pulberem [39] *A* humiliare.

[2] *A* odierna [4] *Forsitan melius leg.* post labores [6] *A* caos... Transfera. eum *ipse addidi* [8] *A* agnitionis hac [10] *A* inueniantur cum... patriarcis... glorie celestis coronatus corporaque reddito [14] *A* negligencias [19] *A* nobissimum [23] *A* spiritu [26] *A* iucundare.

1. Renvoi du copiste à la prière *Abecedaria* ou alphabétique qui suit l'*Oratio* « Te deprecamur ». Voy. ci-dessus, col. 128 et 114; cf. col. 113, note.

2. Cette belle prière commence comme celle des Rituels *B* et *M* (voy. ci-dessus les fol. 98-99 du manuscrit *B;* col. 125), mais en diffère presque entièrement pour le reste.

1. Il ne sera pas inutile de terminer ce chapitre de la sépulture par quelques inscriptions funéraires contemporaines de nos textes liturgiques.

1° *Épitaphe d'un évêque :* + In hoc tumulo / iacet famulus Dei / Gregorius, qui ui/xit annos plus minus / LX. Recessit in pace die II nonas Febr. / era DLXXXII / (an. 644). — Inscription trouvée à Alcalá del Rio, Andalousie. Voy. Hvbner, *Inscript. Hispaniae Christianae,* p. 19, n° 60, avec fac-similé.

2° *Épitaphe d'un abbé.* Voy. ci-dessus, col. 58, note.

3° *Épitaphe d'un prêtre :* + Seuerus / presbiter, fam/ulus Christi, ui/xit annos LV /. Requieuit / in pace Domini / XI kal. nouembres, / era DCXXII / (an. 584). — A Béja, Portugal. *Ibid.,* p. 4.

Oratio post sepulcrum clausum.

Domine Ihesu Christe, Filius Dei uiui, qui ad sepulcrum Lazari [uenire] dignasti et ad monumentum quadriduanum iam fetentem suscitasti, animam famuli tui *Illius* tempore iudicii tui non ad penam, sed ad gloriam resuscitare eum digneris eternam. Amen. — Concedente misericordia tua.

4° *Épitaphe d'un diacre :* + Reccisuinthus / diacunus, fam/ulus Christi, uixit annos / plus minus / numero XXV. / Recessit in pa/ce sub die pridie / idus iulias, / era DCLXXXI / (an. 643). — A Montoro, Andalousie. *Ibid.*, p. 35, n° 120, avec fac-similé.

5° *Épitaphe d'un moine :* Fulgentius mona/cus, famulus Christi, uix/it annos plus minus / XLV. Recessit in pace / die VI kal. ianuari/as, era DLXXXI / (an. 543). — A Arahal, Andalousie. *Ibid.*, p. 26, n° 93.

6° *Épitaphe d'une abbesse.* Voy. ci-dessus, col. 67, note.

7° *Épitaphe d'une vierge :* + Florentia, uirgo / Christi, uixit annos XXI et ui/ta breui expleuit te/mpora multa. Obdormi/uit in pace Iesu, quem dile/xit, kal. April., era DCXXVI / (an. 588). — A Seixas, près Lamego. *Ibid.*, p. 7, n° 21; cf. *Ibid.*, *Supplementum*, 1900, n° 364.

8° *Épitaphe d'une vierge cénobite :* + Vius (huius) namque tumulo procumbit Seruande post funera corpus. / Parua dicata Deo permansit corpore uirgo. / Astans cenobio cum uirginibus sacris nobile cetu. / Hic sursum rapta celesti regnat in aula/... era DCLXXXVII (an. 649). — A Medina-Sidonia, Andalousie. *Ibid.*, p. 25, n° 86, avec fac-similé.

9° *Épitaphe d'un simple fidèle* (forme commune) : + Depositio Pauli, famuli Dei, uixsit annos L et uno, requieuit in pace die idus Martias, era DLXXXII (an. 544). — A Évora. *Ibid.*, p. 5, n° 11.

10° *Autre épitaphe d'un simple fidèle* (forme spéciale) : + Sinticio famulus Dei / cognomento *Dei Donum* / paterno, traens lineam Getarum, / huic rudi tumulo iacens. / Qui hoc seculo XII compleuit lustros, / dignum Deo in pace conmendauit ispiritum, / sub die VI idus Agustas, era DCLXX (an. 632). Tibi detur pax a Deo. / — A Alcacer do Sal, Portugal. *Ibid.*, p. 3, n° 2, avec fac-similé.

11° *Épitaphe d'un enfant* (fragment d'inscription) : + Salustius uixit men/ses XX, baptidiatus (baptizatus) /. Sixième ou septième siècle. — A Cabra, Andalousie. *Ibid.*, p. 29, n° 103, avec fac-similé.

12° Voici une épitaphe, qui rappelle plusieurs de nos formules liturgiques : + Domine Ihesu Christe, / famule tuae / Quinigie in hoc / loco quiescentis / omnia peccata / dimitte. / Vixit annos XXX / Requieuit in pace / die VI idus / Martias, era DCC / (an. 662). — A Mérida. *Ibid.*, p. 10, n° 31, avec fac-similé. — On a vu plus haut (col. 88, note) trois *épitaphes de Pénitents.*

Je termine cette série par une inscription beaucoup plus récente que les précédentes, mais qui a le mérite d'être purement *mozarabe.* C'est l'épitaphe d'une vierge de Cordoue, morte en 927, et de sa mère. Le *titulum*

XLIII. — ORDO AD CORPVS PARVVLI CONMENDANDVM [1].

Vt supra iam continetur, sanctificato sepulcro, dicitur hoc responsum :

Laudes.

In hoc cognoui quoniam uoluisti me, quia non gaudebit inimicus meus super me. — Vers. : Propter innocentiam autem meam suscepisti me, Deus, et confirmasti me in conspectu tuo in eternum. Quia [non gaudebit].

Oremus, ut animam famuli sui *Illius* paruuli in sinu Abrahe patriarche propitius conlocare dignetur.

Oratio.

Domine Deus, Pater omnipotens, creator omnium rerum et conditor, qui ita etas nascentium moderaris, et aliquantorum breuians uite spatium, longeue conuersationis occasione pollui non permittis : rogamus sanctam clementiam tuam pro anima famuli tui *Illius* paruuli, quam post babtismi gratiam et regenerationis stolam ad te accersire dignatus es : ut eam in gremio beati senis / Abrahe (fol. 100) suscipere et conlocare digneris, atque sanctis Bethlemiticis pueris tuis in illa primitiuorum Ecclesia simplicitatis et innocentie merito iungas; ut qui antiqui parentis debitum in babtismo relaxasti, regni tui eum consortem efficere digneris. — Pater.

Benedictio.

Dominus Ihesus Christus, qui animam famuli sui post regenerationis stolam carneo exemit e uin-

5 *In M (fol. 36) pro* Laudes *leg.* Responsus 12 *Cod* Abrae patriarce 14 *Pro* Oratio *in M leg.* Completuria 17 *Cod* brebians 24 *Cod* primitiborum. *M* in illam primitiuorum ecclesiam 29 *M non habet* Christus *M* famuli sui Illius.

original est aujourd'hui au musée de cette ville (Museo Ceballos) : « Hic Speciosa condita / simul cubat cum filia / Tranquilla, sacra uirgine, / quae nouies centesima / quintaque sexagesima / iera subiuit funera; / post quam mater millesima / quarta recessit ultima ». (*Ibid.*, p. 73, n° 222, avec fac-similé. Autres épitaphes mozarabes de Cordoue, p. 71-75.)

1. La cérémonie des funérailles d'un enfant chez les Wisigoths d'Espagne se trouve dans nos trois Rituels, presque identique dans les manuscrits *B* et *M*, assez différente dans le codex *A*. Les antiennes sont notées dans les trois manuscrits. Dans le Rituel *M*, l'antienne « Sinite paruulos » est en notation française. Je donne dans l'apparatus les principales variantes de *M*. — On trouvera en note le texte du Rituel *A*.

culo, clementer illam eruat a supplicio. Abrahe nunc iubeat conlocari in gremio, et resurrectionis tempore iustorum omnium adnumeret in consortio : quo in anima simul et corpore inmortaliter permansurus promissa diuinitus beatitudo possideat in eternum. — Amen.

Post hec, dicunt has antiphonas :

ANT. : Sinite paruulos uenire ad me, dicit Dominus; talium est enim regnum celorum. — VERS : Deus deorum.

ANT. : Aperiat tibi Dominus. — VERS. : Dominus regit me, *et omnes uersiculos simul cum* Gloria.

ANT. : In sinu Abrahe. — VERS. : Lauda anima [mea Dominum...].

Post incensatur corpusculum et sepulcrum, statimque deponitur.

Et inponitur hec antiphona :

ANT. : Si ascendero in celum. — VERS. : Domine, probasti me. (*Vide col. 122.*)

ANT. : In pace in idipsum. — VERS. : Portio mea [Domine]. (*Vide col. 123.*)

ANT. : Terra, terra. — VERS. : Domini est terra. (*Vide col. 125.*)

Post hec dicitur :

VERS. : Requiem eternam dona ei Domine, et lux perpetua luceat illi.

Oremus, ut animam famuli sui inter agmina beatorum propitius conlocare dignetur.

Oratio.

Domine Ihesu Christe, qui humano generi salutis remedium conferens, pro nobis mori dignatus es in adsumta carne nostre fragilitatis, ut nos a dominatu eriperes eterne mortis : precamur clementiam tuam, ut animam famuli tui *Illius* innocentis suscipere iubeas in locum refrigerii et lucis : ut inter electos tuos accipiat gloriam decoris, qui te
fol. 101 ubique secuntur in uestibus / albis. Et qui paruo tempore in hoc seculo positus, uiam nunc ingressus est uniuerse carnis, tu qui gloriosa es Trinitas et lumen eternum, regnaturum eum adsocia celicolis in perpetuum. — Pater.

Benedictio.

Dominus Ihesus Christus animam famuli sui *Illius* recipiat, et uite eterne heredem efficiat. — Amen.

Det ei consortium angelorum suorum, et in resurrectionem futuram participem reddat omnium beatorum. — Amen.

Promissam gratiam confirmet in eum, et tribuat illi regnum eternum [1].

1 *M* suplicio *Cod* Abrae 5 *Cod* permansurum 6 *M* in eternum. Prestet ipse Dominus et Redemptor noster, qui cum Patre et Spiritu Sancto unus Deus gloriatur in secula seculorum 10 *M* Deus deorum Dominus locutus est. Sinite. Gloria. Talium 15 *M* Post hec 18 *Cod* Ant. Si ascendero. Vers. *caetera addidi ex M* 27 beatorum, *etc. ex M* 29 *M* Completuria *pro* Oratio 32 *M* adsumpta.

6 *M* eternum. Amen. Ipse Dominus et misericors, qui cuncta regit.

1. Voici maintenant le rituel des funérailles d'un enfant, tel qu'on le lit dans le manuscrit *A*, folios 28-29 :

Ordo ad commendandum corpus paruuli.

LAVDES : In hoc cognoui ... (*comme au Rituel B*).

PRECES : Oremus Dei omnipotentis [misericordiam], ut animam... (*Ibid.*). Prestante.... K[irie] eleison. K. K.

CONPLETVRIA : Domine Deus, omnium creator et conditor ... (*Ibid.*).

BENEDICTIO : Ob recordationem diei famuli sui *Illius* benedicat uobis omnipotens Dominus, et propitietur in omnibus. Amen. — Illum paradisi amenitate confobeat, et uos sue gratie protectione custodiat. Amen. — Illi tribuat consortium beatorum, et uobis omnibus indulgentiam peccatorum. (*N. B. On retrouve cette* « Benedictio », *avec quelques variantes sans importance, dans la* Missa paruulorum defunctorum *du Missel mozarabe. Voy. P. L.*, t. LXXXV, col. 1028. *Cf. ci-dessous, col. 145.*)

Deducitur infans (leg. corpus) paruuli ad sepulcrum. Dicitur per uiam hec Antiphona :

ANT. : Sinite paruulos uenire ad me, dicit Dominus, talium enim regnum celorum. — VERS. : Ex ore infantium...

Ad sepulcrum. — In primis salutat presbiter, et dicit :

LAVDES : Iherusalem ciuitas sancta, suscipe me; quia non noui seculum, nec penetrabi malum de uentre matris mee, qui concepit me, ut uiderem laborem et dolorem. — VERS. : Quoniam pater meus et mater me dereliquerunt me, Dominus autem adsumsit me. De uentre...

CONPLETVRIA : Innox, Domine, etas absciditur, ut ab erumne (erumna) uite cassiuibis extimatur (casibus eximatur) : consolens (consulens) humane fragilitatis (fragilitati), ne usu temporis trista (trita) eternis mereatur rogaris (rogis) absorbi.

Ob inde tui inutiles deprecamur ministri, ut animam huius parbuli *Illius* sanctorum iubeas turmis adiungi. Et quoniam hactualis uoluntaria ex diliberatione non adgrabat culpa, nec ipsa nesciat (sciat quod?) ex tuo subtili iudici[o] implicet pena. Nec sit ulterius delicti inlata eius cruciatione multatio, quem tuo redemisti sanguine sacro. — Pater noster.

BENEDICTIO : Dominus noster Ihesus Christus, quem illi secuntur quocumque ierit qui non inquinauerunt uestimenta sua, huius animam famuli tui *Illius*, animam mundam sacri babtismatis et innocentie candore conspicuam, carneaque iam claustra solutam, celesti probeat in se[de] locandam. — Amen.

Absque doloribus inferorum efficiat alienam, et elec-

XLIII. — ORDO QVID CONVENIAT OBSERVARE CLERICIS CIVITATIS ILLIVS, CVIVS EPISCOPVS IN VLTIMA EGRITVDINE POSITVS FVERIT[1].

Scilicet, ne pigri sint ad aduocandum episcopum alium. Qui antequam episcopus prius ipsorum ab hac luce discedat, ante alius episcopus ad sepeliendum eum occurrat.

Hic subnexa concilii instituta cognoscat :

Ex concilio Toletano VII°, era[2] *III*ª, *ubi et locum dicit :*

« Si quis sacerdotum, secundum statuta Tole« tani[3] concilii, ad humandi decedentis episcopi « membra uenire commonitus pigra uolumtate dis« tulerit, appellantibus clericis obeuntis episcopi « apud sinodum siue ad metropolitanum episco« pum, tempore anni unius, nec faciendi missam « nec communicandi habeat licentiam. Presbiteres « autem siue clerici, quibus maior honoris locus « apud eandem ecclesiam fuerit, cuius sacerdos « obierit, si omni sollicitudine pro obsequiis, aut « iam mortui, aut continuo morituri, ad conmo« nendum episcopum tardi inueniantur, aut per « quamcumque molestiam animi id negligere con« probentur, totius anni spatio ad penitentiam in « monasteriis deputentur. »

¹ *Cod* conueniad ¹³ *Textus editus* ad humanda.

³ *Text. ed.* siue apud ⁵ *Ib.* omnino licentiam ⁶ *Ib.* ceteri clerici ⁷ *Cod* aput ⁸ *T. ed.* exsequiis ⁹ *Ibid.* antistitis morituri ¹⁵ *Cod* Ora.

ORDO OBSERVANDVS IN FVNCTIONE EPISCOPI.

Hora quisquis ille episcopus mortuus fuerit, siue per diem, siue per noctem, statim signum publice in ecclesia seniore sonabit[1] *: simulque per omnes / ec-* fol. 102

torum caterbis adnumeret sociandam : ut canticum illut uirgineum, inmaculutum sequendo Agnum, indefesso concinat iubilo in eternum. — Amen.

Post, hanc inponit Antiphonam : In sinu Abrahe... VERS. : Deus regit... *usque in finem.* — *Post hec,* Oratio, *quale uult.*

1. Le texte de cet *Ordo,* pour la mort et la sépulture d'un évêque, diffère à peine dans le Rituel *M* (fol. 37-38) par deux ou trois variantes de celui du manuscrit *B.* Il est moins complet, toutefois, par suite de la perte d'un folio, qui comprenait vraisemblablement la citation du concile de Tolède et la rubrique suivante, jusqu'aux mots « Deinde leuatur corpus ».

2. Le mot *Era* a parfois la signification de « numerus, sectio capitis », ici plus exactement celle de « canon ». (Cf. DVCANGE, *Glossarium,* au mot ERA.) M. Paul FOURNIER (*Études sur les Pénitentiels,* dans la « Revue d'Histoire et de littérature religieuses », juillet-octobre, 1901) pense que cette expression n'a été usitée qu'en Gaule. Ce passage du Liber Ordinum prouve qu'elle n'était pas inconnue en Espagne. — Je place ici le commencement de ce canon, que ne donne pas dans son entier notre Rituel : « DE EXSEQVIIS MORIENTIS EPISCOPI : Ea que competunt honestati contingit sepe quorumdam desidia non compleri. Proinde, quia notum est que dignitas in exsequiis morientis episcopi ex canonibus conseruetur traditione moris antiqui, hoc tantum adiicimus, ut si quis sacerdotum, etc. » Pour le reste, lire le texte de notre Rituel. On trouvera dans l'apparatus les variantes du texte imprimé. Ce 7ᵉ concile de Tolède eut lieu en 646.

3. Il faut lire : *Valletani* (id est *Valentinensis*). Il s'agit ici du concile réuni à Valence, en Espagne, le 4 décembre 546. Le texte de son IVᵉ canon est très important pour mieux comprendre notre cérémonial wisigothique des funérailles d'un évêque. Il mérite d'être cité ici tout au long : « DE EXSEQVIIS MORIENTIS EPISCOPI QVALITER HVMETVR. Illud etiam prouido consilio decernentes, ut quia sepe sanctorum Antistitum per absentiam commendatoris episcopi exsequie differuntur, ita ut ueneranda Pontificis membra, dum tardius funerantur, iniurie omnino subiaceant, episcopus, qui post mortem fratris ad sepeliendum eum solet inuitatus occurrere, infirmum magis et adhuc in corpore positum admonitus uisitare non differat : ut aut de releuatione consacerdotis amplius gaudeat, aut certe de ordinatione domus sue fratrem admoneat eiusque probabilem uoluntatem in effectum transmittat, ac recedentem a seculo, post oblatum in eius commendationem sacrificium Deo, mox sepulture tradat diligentissime et superius constituta canonica non differat adimplere. Si autem, ut fieri solet, Antistes obitu repentino discesserit, et collimitanei sacerdotes de longinquo minime adesse potuerint, uno die tantum cum nocte exanimatum corpusculum Sacerdotis, non sine fratrum ac religiosorum frequentia uel psallentium excubatione seruatum, a presbyteris cum omni diligentia in loculo conditum seorsum non statim humetur, sed honorifice commendetur, donec sine mora inuitato undecumque Pontifice, ab ipso ut condecet solemniter tumuletur, ut et iniurie tollatur occasio et mos antiquus in sepeliendis Sacerdotibus seruetur. » — Ce canon est précédé de deux autres, auxquels il est fait allusion ci-dessus, et qui règlent la conduite à tenir en ce qui concerne les biens du défunt et de son église. Voy. aussi sur ce point le canon IX du 9ᵉ concile de Tolède (655).

1. Ce passage de la rubrique, qui ordonne d'annoncer par le son des cloches la mort d'un évêque, me semble remarquable. Il doit être rapproché de la rubrique donnée ci-dessus (col. 112, ligne 18) dans le rite ordinaire de la sépulture. Peut-être ne trouverait-on pas ailleurs un témoignage plus ancien de notre pratique de faire connaître « sonitu campanae » le

clesias, que possunt infra duo milia esse, signum similiter sonaturum est.

Deinde, aliquibus ex clero per girum sollicite ac deuote aut recitantibus aut psallentibus, exuitur corpus morientis episcopi a presbiteris uel diaconibus. Deinde, lauato corpore, aut tuta secundum morem posteriora, uestitur solitis uestimentis secundum morem, id est : tunica, deinde femoralia et pedules; post hec capello et sudario[1]*. Deinde inponitur ei alba et orarium per ceruicem et ante pectus, sicuti quum solet sacerdos missam celebrare. In manu quoque ei ampulla*[2] *ponitur. Deinde pollices manuum de institis ligantur, id est de paruis linteolis aut nastulis*[3]*. Similiter et pedes ei ligantur. Post hec, inponitur ei casulla alba.*

Deinde, substrato de subtus linteo mundissimo,

[6] *Cod* labato *Pro* aut tuta *propono leg.* haud tacta.

décès des fidèles. Le seul texte à peu près contemporain de celui-ci, qui en fasse mention, se trouve dans le récit de la mort de sainte Hilda (673) par le vénérable Bède : « Audiuit subito in aere notum sonitum campanae, quo ad orationes excitari uel conuocari solebant, cum quis eorum de saeculo fuisset euocatus » (*Historia ecclesiastica*, lib. IV, c. 23, dans *P. L.*, t. XCV, col. 211). Nos Rituels wisigothiques notent que le signal partait de la cathédrale (ecclesia seniore) et que toutes les églises, situées dans un rayon de deux milles, devaient y répondre par une sonnerie. — Sur les cloches, voy. plus loin (col. 159) l'exorcisme *ad consecrandum signum basilice.*

1. Le *capellum* était une sorte de coiffe ou capuce, placé sur la tête du défunt. Le *sudarium*, dont il est souvent question, au sujet des morts, dans les textes anciens, servait à couvrir le visage. Voy. Dvcange, *Glossarium* (ad haec verba), et le *Dictionary of christian Antiquities*, t. II, p. 1429.

2. L'ampoule était placée entre les mains du défunt, en signe de la dignité épiscopale. On sait qu'à l'évêque seul était réservé le droit de consacrer les saintes huiles et d'en faire usage pour la dédicace des églises, des autels et pour l'onction du front sur les nouveaux baptisés. Voy. pour l'Espagne ce qui a été dit plus haut à propos de la confirmation, et aussi les conciles suivants : 1er de Tolède (v. 400), canon XX; 1er de Braga (561), c. XIX; 2e de Braga (572), c. LII, et 2e de Séville (619), c. VII. Cf. la lettre très vive de Montanus de Tolède (523-531) au clergé du territoire de Palencia, où quelques simples prêtres s'étaient permis de consacrer le saint chrême (*P. L.*, t. LXV, col. 52; Florez, *España sagrada*, t. V, p. 390).

3. Le mot *nastula*, qu'on ne rencontre pas dans les classiques, a, comme celui d'*instita*, le sens de bandelette, peut-être avec quelques ornements en plus. Voy. Dvcange, *Glossarium*, au mot Nastalae.

ponitur corpus in feretro, recitantibus semper aut psallentibus presbiteris, diaconibus et omni clero, cum oblato semper incenso.

Sic deinde in choro ecclesie ubi prefuit, cum precedentibus et subsequentibus luminariis, ponitur. Ac deinde, supra pectus eius euangelium plenarium[1] *ponitur, ita ut supra euangelium aliud uelamentum non ponatur, sed ipsum euangelium super palleum agnabum*[2] *ei desuper in pectore ponitur.*

Sicque fit, ut siue per diem, siue per noctem, mors ei contingat, sine intermissione semper super eum psallendum aut recitandum sit; donec, hora diei debita, sacrificium Deo pro eius requie in principali altario offeratur.

Deinde leuatur corpus eius a diaconibus cum illo euangelio supra eius pectus posito; et sic usque ad sepulcrum cum luminariis precedentibus et subsequentibus perducitur, cantantibus omnibus qui ex clero sunt antiphonas, aut responsuria, que solent de mortuis decantare.

Post hec, celebrata iterum missa in ecclesia illa ubi sepeliendus est[3]*, in sepulcro eius sal exorcizatum*

[4] *Cod* coro [8] *Cod* ipsud [15] *Cod* lebatur [16] *Cod* supra eius pectore [22] *Cod* sepelliendus... exorcidiatum.

1. C'est-à-dire le texte complet des saints Évangiles et non pas simplement les extraits qu'on en faisait, sous le nom de *Comicus* ou *Liber Comitis*, pour l'usage liturgique ordinaire.

2. *Agnabus* ou *agnauus*, mot que je ne trouve dans aucun lexique, mais dont l'étymologie ne paraît pas douteuse. Le « palleus agnauus » était vraisemblablement une étoffe en laine fine.

3. Un document des plus célèbres sur l'emplacement des sépultures est le canon XVIII du 1er concile de Braga (561) : « Placuit ut corpora defunctorum nullo modo intra basilicam sanctorum sepeliantur : sed, si necesse est, de foris circa murum basilicae usque adeo non abhorret. Nam si firmissimum hoc priuilegium usque nunc retinent ciuitates, ut nullo modo intra ambitus murorum cuiuslibet defuncti corpus humetur, quanto magis hoc uenerabilium martyrum debet reuerentia obtinere? » Les évêques, toutefois, étaient souvent ensevelis dans des églises. La rubrique de nos Rituels wisigothiques ne fait que constater une pratique, dont on retrouve ailleurs plus d'une trace. En 544, un évêque du nom de Grégoire reçoit la sépulture dans une église de l'antique Ilipa, aujourd'hui Alcalá del Rio, à quelques kilomètres au nord de Séville. (On peut voir l'inscription de son tombeau dans Hvbner, *Inscript. Hispaniae Christianae*, p. 19, n° 60. Voy. ci-dessus, col. 134, note.) Au témoignage de saint Ildephonse, Eugène III de Tolède (+ 657) fut inhumé dans l'église de Sainte-Léocadie : « In basilica sanctae Leocadiae tenet habitatione sepulcrum » (*Lib. de uiris illustr.*, c. XIV,

adspargitur, et incensum intus in ipso sepulcro of-
fol. 103 *fertur. Deinde, / tollitur euangelium de pectore eius, et deponitur corpus a diaconibus in sepulcrum, cantantibus aliis religiosis antiphonam hanc :*

Ant. : In sinu Abrahe amici tui conloca eum, Domine... (*Vide supra, col. 122.*)

Sicque, iterum oblato incenso super corpore ipso, accedit episcopus qui ad eum humandum uenerit, et aperiens ei os, mittit crismam in ore[1], *dicens ei ita :*

[8] *M* umandum [9] *M* mittit ei... dicens illi.

P. L., t. XCVI, col. 206). C'est là que vint le rejoindre Ildephonse dans les derniers jours de janvier 667 : « In ecclesia beatae Leocadiae tumulatur, ad pedes sui conditus decessoris » (*Ibid.*, col. 44). Il paraît même que saint Martin, l'inspirateur du concile de Braga cité plus haut, eut son tombeau dans l'église de son monastère de Dumium. Voy. Florez, *Esp. sagr.*, t. XV, p. 136.

On sait que saint Ambroise avait préparé sa tombe sous l'autel de la nouvelle basilique élevée par ses soins. Il en donne la raison, qui a une portée générale : « Hunc locum praedestinaueram mihi; dignum est enim ut ibi requiescat sacerdos, ubi offerre consueuit » (*Epistola ad Marcellinam sororem, P. L.*, t. XVI, col. 1023). Sur les sépultures des papes autour de la confession de saint Pierre, sous l'atrium de la basilique Vaticane, dans les Catacombes et dans les sanctuaires de la banlieue de Rome jusqu'au huitième siècle, voy. Dvchesne, *Le Liber Pontificalis,* t. I, p. clv-clix. L'usage des églises d'Afrique au cinquième siècle était aussi d'ensevelir les évêques dans les basiliques. Voy. Victor de Vite, *Historia persecutionis Africanae prouinciae*, éd. de Petschenig, Vienne, 1881, p. 20.

1. Ce rite, qui consiste à répandre le chrême dans la bouche de l'évêque défunt, déjà couché dans le tombeau, semble d'abord très extraordinaire. Il ne se retrouve, à ma connaissance, dans la liturgie d'aucune autre Église. Sa signification mystique n'en est pas moins touchante et très élevée. Au jour de son sacre, tout évêque a entendu une formule analogue ou semblable à celle du Pontifical romain : « Accipe Euangelium, et uade, praedica populo tibi commisso. » Le livre des Évangiles déposé sur la poitrine du défunt exprimait déjà cette mission de l'évêque. L'huile sainte versée sur ses lèvres est un hommage suprême à cette bouche qui a été l'organe du Saint-Esprit, qui a prêché, consacré, sanctifié. On remarquera que l'évêque seul pouvait donner cette onction suprême.

L'usage de répandre de l'huile sur les morts existe de nos jours dans l'Église grecque. « Et cadauer in monumento deponitur... His peractis cadaueri superinfundunt lampadis oleum, aut e thuribulo cinerem » (Goar, *Rituale Graecorum*, p. 538; editio secunda, an. 1730, p. 433). Un passage bien connu du traité *De Ecclesiastica Hierarchia,* attribué à saint Denys (c. vii, § 8-9), nous prouve que ce rite était déjà pratiqué, au cinquième siècle tout au moins, dans l'église d'Alexan-

Hoc pietatis sacramentum sit tibi in participatione omnium beatorum.

Et sic deinde ab eodem episcopo inponitur hec antiphona :

Ant. : In pace in idipsum obdormiam et requiescam. (*Vide col. 123.*)

Deinde dicitur unus iste uersus :

Vers. : Expectans expectaui Dominum, et respexit me. Et exaudiuit deprecationem meam, et eduxit me de lacu miserie et de luto fecis. Statuit supra petram pedes meos, et direxit gressus meos. Et inmisit in os meum canticum nouum.

Ita tamen, ut sub uno unus uersus iste dicatur. Et sic caput repetitur. Dicta Gloria, *caput antiphone repetitur. Et postquam tertia uice dicta fuerit, non repetitur; sed statim ab episcopo oratio ista colligitur.*

Oratio.

Consolare, Domine, animam serui tui sacerdotis, qui tibi sacris deseruiuit officiis : ut qui Christo Filio tuo militauit degens in corpore in hac mortalitatis erumna, tecum et cum ipso eum uiuere prestes in gloria sempiterna.

[1] *M* A[ntiphona]. Hoc, *etc.* [12] *Cod* nobum [20] in corpore *deest in M.*

drie, comme une des dernières cérémonies des funérailles : « Post salutationem, pontifex defuncto oleum affundit ». Il compare cette effusion de l'huile à celle du baptême; puis il ajoute : « Et tunc quidem olei unctio baptizandum ad sacra certamina euocabat; nunc autem affusum oleum declarat eum qui defunctus est sacris certaminibus exactis functum esse » (Migne, *Patr. graec.*, t. III, col. 566). Un écrit attribué à saint Jean Chrysostome parle « de l'huile répandue sur les morts au moment de leurs obsèques ». (Voy. Lambecivs, *Comment. de Biblioth. Caes. Vindebonensi*, t. VIII, 1782, p. 949.) — Les *Capitula* de Théodore de Cantorbéry témoignent d'une pratique analogue suivie à Rome au septième siècle, quoique dans une mesure beaucoup plus restreinte : « Mos est apud Romanam Ecclesiam monachos uel homines religiosos defunctos in ecclesiam portare *et cum chrismate ungere pectora* » (d'Acheri, *Spicilegium*, t. IX, p. 60, c. xc).

Au témoignage de Balsamon, patriarche d'Antioche, cet usage existait encore à Alexandrie au douzième siècle pour les prêtres et les évêques : « Vsus hic in Alexandrinorum regione ab antiquo inualuit, ut sacerdotum et pontificum mortuorum corpora sacro chrismate ungerent et tumulo reconderent. » (Voy. Goar, *Rituale Graecorum*, 2a ed., p. 467.) — Disons, en finissant cette note, que pour étrange que puisse paraître au lecteur cette effusion du chrême dans la bouche d'un mort, elle est beaucoup moins surprenante qu'un ancien usage bien connu : celui de donner l'Eucharistie aux défunts.

Post hec dicit diaconus :

Oremus Dominum, ut animam famuli sui patris nostri *Illius* episcopi inter agmina patriarcharum, prophetarum, Apostolorum atque omnium beatorum propitius conlocare dignetur.

Oratio.

Pietatis inmense Pater et Domine, presta supplicantibus nobis, ut famulus tuus *Ille* pater noster episcopus, cuius hodie conmemoratio fit, ab omni nexu culpe propitiatus indemnis, percipiat gratiam premii pro gratia sacramenti : eumque post pugnam
fol. 104 / aduersus diabolum gestam, gaudentem triumphus excipiat. Post sollicitos pie seruitutis exercitus, quies leta confoueat. Sit consors digne tibi seruientium sacerdotum; sit omnium particeps beatorum. Cum Vnigenito tuo celeste possideat regnum, cuius gestauit fideliter in terra uexillum : ut in quo fleuit corpore gaudeat, in quo mortis debitum soluit feliciter uiuat, in quo humiliatus est regnet, in quo grauatus gemuit glorificatus exultet.

Piissime Pater.

Benedictio.

Ob recordationem diei patris nostri *Illius* episcopi benedicat uobis omnipotens Deus, et propitietur in omnibus. Illum paradisi amenitate confoueat, et uos sue gratie protectione custodiat. — Amen.

Illi tribuat consortium beatorum, et uobis omnibus indulgentiam peccatorum. — Amen.

Prestet ipse.

Post hec secundum morem sepulcrum cooperitur et cera marmoratur [1]. — *Hec ipsa oratio conuenit et in conmendatione presbiteri.*

2 *M* Oremus ut 5 *M* dignetur. Presta 12 *M* gaudente (gaudenter?) 13 *Cod* triumphos 17 *Cod* gestabit 18 *Cod* deuitum 20 *Cod* grabatus 24 *M* omnipotens Dominus 25 *Cod* confobeat 31 *M* sepulcrum operitur.

1. L'expression *cera marmorare sepulcrum* ne peut, semble-t-il tout d'abord, signifier ici autre chose que « apposer un sceau de cire sur le tombeau ». On ne la rencontre pas ailleurs. Au cas où l'interprétation serait la vraie, voulait-on, en scellant ainsi le sépulcre des évêques, prévenir une violation sacrilège ou un pieux larcin? S'inspirait-on du souvenir du tombeau du Seigneur? Je ne saurais le dire. On peut croire toutefois qu'il s'agit ici simplement du scellement du couvercle sur les quatre côtés du sarcophage, de façon à empêcher l'odeur du cadavre de se répandre dans l'église. On se serait servi dans ce but d'un mélange de cire et de marbre pilé, ce qui expliquerait suffisamment le mot *marmoratur*. Saint Ildephonse (*De cognitione Baptismi,*

XLV. — ORDO IN CONMENDATIONE PRESBITERI.

Quum fuerit corpus ex more conpositum atque uestitum, sicut mos ei fuit missam celebrare, tunica, pedulibus, femoraliis, alba, et super pectus orario atque casulla, ueniunt omnes clerici et ponunt eum in feretro, et offerunt ei incensum.

Deinde dicitur hoc responsum :

Lavdes : Patientiam habe in me, Domine, quia tu fecisti me; posuisti mici nomen nouum; et dixisti mici : Vade in terram et reuertere uelociter, quia puluis es et in puluerem reuerteris. — Vers. : Tu formasti me et posuisti super me manum tuam. Et dixis[ti mici]. G[loria].

Oremus, ut animam famuli sui *Illius* presbiteri inter agmina patriarcharum...

Oratio.

Pietatis inmense Pater et Domine, / presta sup- fol. 105
plicantibus nobis, ut famulus tuus *Ille* pater noster sacerdos... *cum sua benedictione. Et perconplet omnia sicut in priori ordine continetur digestum*

3 *Cod* missa... pedules, femoralias... orarium 8 *M* [*fol.* 39] *pro* Laudes *habet* Responsus 9 *Cod* nobum 11 *Cod* pulbis... pulberem 15 *M* agmina beatorum 16 *M pro* Oratio *habet* completuria.

c. cvi) nous apprend, en effet, qu'on scellait les jointures des tables de marbre destinées à renfermer l'eau baptismale « gypso et calce, *cera* quoque *et marmoris puluere* ». Cette interprétation est la plus simple et la plus vraisemblable. — Quoi qu'il en soit, on trouverait difficilement ailleurs un autre exemple d'un rite de ce genre.

Pour les funérailles d'un évêque, le texte du Rituel A, fol. 27-28, diffère notablement de celui des deux autres. Le voici :

Ordo ad commendandum corpus sacerdoti.

Quando corpus de domo eicitur (educitur?) salutat [et] dicit per uiam presbiter hunc resp[onsum] :

Lavdes : Ne elonges a me... (*Voy. col. 126.*)

Post hec orat diaconus : Oremus Dominum nostrum, ut spiritum et animam famuli sui *Illius* sacerdoti de locum ardoris eruat et in sinu Abrahe patriarce propitius conlocare dignetur.

Et dicit hanc Orat[ionem] : Quemadmodum... (*Voy. col. 121 et 130.*)

Deinde salutat presbiter et diaconus : In nomine Domini nostri Ihesu Christi anima eius requiescat in pace.

Et post hec incensat corpus : et perget cantando hunc resp[onsum] :

Ecce ego uiam uniuerse carnis... (*Voy. col. 110 et 126.*)

Completvria : Pietatis immense Pater et Domine,

XLVI. — ORATIO AD COMMENDANDVM CORPVS DEVOTE VIRGINIS.

Domine Ihesu Christe, qui cum Patre et Sancto Spiritu in principio omnia uerbo condidisti; cuius nutu ac dispositione extant[1] omnes anime, quique de Patre sine tempore natus, ex utero Virginis in fine seculorum nasci dignatus es : precamur clementiam tuam, ut huius tibi dicate uirginis animam suscipere digneris inter sanctarum uirginum agmina : ut, qui es uirginitatis auctor et castitatis amator, animam famule tue, cuius corpus hic religiose sepulture tradimus, sapientium puellarum numero iubeas adglomerare propitius. Sicque te auctorem lucis fontemque reperiens perpetui luminis, uirginum choris qui te ubique cum laudibus sequuntur adiuncta, celestem se adipisci gratuletur letitiam infinitam.

Quia te iubente dicimus : Pater.

Benedictio.

Christus Dominus, qui uirgineo ortus ex aluo uirginum pudicitia delectatur, famulam suam *Illam* secum sibi regnaturam adsciscat, et pius omnibus nobis peccata dimittat. — Amen.

Angelorum cateruis eam celico amictam inserat indumento, et nobis post transitum superne beatitudinis tribuat perfrui loco. — Amen.

Quique eam uirginem sibi militare fecit in hoc seculo, si quid culpabile ei adfuit, miseratus indulgeat, et nos ab eterno supplicio clementer eripiat. — Amen.

Ipse Dominus et misericors, qui cum Deo Patre et Sancto Spiritu unus Deus gloriatur in secula seculorum.

| *Et perficitur omnis ordo sepulture*[1]. fol. 106

XLVII. — ORDO SVPER SEPVLCRVM, QVANDO CLAMORE PROCLAMATVR[2].

Lavdes : Requiem eternam det tibi Dominus : lux perpetua luceat tibi, et repleat splendoribus animam tuam, et ossa tua reuirescant de loco suo. — Vers. : Aperiat tibi Dominus paradisi ianuam, ut ad illam patriam reuertaris, ubi mors non est, ubi dulce gaudium perseuerat. Et repleat...

Oremus, ut animam famuli sui *Illius* inter agmina [beatorum propitius conlocare dignetur].

Oratio.

Christe rex, Vnigenite Patris altissimi, qui es lux angelorum et requies omnium in te credentium ani-

[1] *Cod* comendandum [2] *M* Deo uote [15] *Cod* coris [16] *Cod* celesti se adipiscere gratuletur letitia infinita [20] *Cod* ex albo.

presta supplicantibus nobis et (ut) famulus tuus *Ille*, cuius odie comemoratio fit, ab omni culpe nexu propitiatus indemnis, percipiat gratiam premii pro gratiam sacramenti : eumque post pugnam aduersus diabolum gestam gaudentes triumphos excipiat. Post sollicitus excursus (*B* post sollicitos pie seruitutis exercitus), quies leta confobeat. Sit consors digne serbientium sacerdotum. Sit omnium particeps beatorum. Et cum Vnigenito tuo celeste possideat regnum, cuius gestabit fidei (*B* fideliter) in terra uexillum : ut in loco (*B* in quo) flebit corpore gaudeat, in quo mortis deuitum soluit feliciter uibat, in quo humiliatus est regnet, in quo grabatus iemuit (*B* gemuit) glorificatus semper exultet.

Post hanc orationem dicitur :

Benedictio : Ob recordationem diei famuli sui *Illius*, benedicat uobis omnipotens Dominus, et propitietur in omnibus. Amen. — Illum paradisi amenitate confobeat, et uos sue gratie protectione custodiat. Amen. — Illi tribuat consortium beatorum, et uobis omnibus indulgentiam peccatorum.

1. Le Rituel de Madrid s'interrompt à ce mot. Un cahier tout entier (correspondant, d'après toute apparence, au texte du manuscrit *B*, fol. 105-125) a été enlevé. Le texte reprend aux mots : « credentes sumere » du chapitre LXVIIII du Rituel *B*, intitulé : *Benedictio super aliquid licoris pollutum.* (Voy. ci-dessous, col. 171, fol. 125 du manuscrit.)

[3] *Cod* katerbis [21] *Cf. supra, fol. 97 Cod.*

1. Voici le texte de la sépulture d'une vierge consacrée à Dieu, d'après le Rituel *A*, fol. 29 :

Ad conmendandum corpus de una Virgine.

Domine Deus, cui placitum est uel acceptum qui Agni tui uestigia prosequitur, concede supplicationibus nostris, ut anima famule tue *Illius*, quam ad te arcessire iussisti, in cetum sanctarum uirginum recolligi mereatur, ubi nulle sunt tenebre tediorum : sed letetur cum omnis (cum omni choro?) paruulorum et multitudo credentium populorum. Pater noster. [O]b recordation[em]... (*Voy. col. 115 et 117, note.*)

2. Je ne trouve rien de mieux que de comparer cet *Ordo super sepulcrum* à notre absoute pour les défunts, telle qu'elle se lit dans le Missel romain. L'expression *clamor* appliquée à ce rite, et que nous avons rencontrée déjà à plusieurs reprises (voy. ci-dessus, col. 111 et 112), n'est pas signalée dans les glossaires. Je la vois néanmoins reparaître avec le même sens au douzième siècle dans un document espagnol : « Omnis... conuentus pro eius anima nouem diebus continuis *clamorem* deuotissime teneat » (Charte de *Hermandad* entre les moines de Silos et ceux de San Millan de la Cogolla, juillet 1190. Voy. Dom Férotin, *Recueil des Chartes de l'abbaye de Silos*, p. 112).

marum, lacrimabiliter quesumus, ut nostras nunc pius orationes exaudias, et famulo tuo requiem eternam lucemque perpetuam apud te cum sanctis omnibus feliciter obtinere concedas. Sicque animam eius nunc splendoribus reple in regione uiuentium ut tempore iudicii, sumto corpore quod hoc detinetur in tumulo, a te se gratuletur suscipi celesti in regno. Ossa quoque eius, que modo casu corruptibilitatis hoc in sepulcro iacent recondita, supremo examinis die reuirescentia resurgant in gloria inmortalitatis induta : atque ab exitio mortis secunde ereptus, gaudium uite perpetue potiatur securus, ut electorum numero insertus, angelorum cateruis unitus rura paradisi uernantia mereatur ingredi letus. Ibique ei uiuere liceat sine fine, ubi tecum omnes glorientur sancti, uultus tui fulgore inluminati. Et ita illi felicitatem perpetuam tribuas possidere inter agmina beatorum in celis, ut et nos
fol. 107 benignus / exaudias ad te nunc proclamantes e terris : Pater noster.

Benedictio.

Christus Dominus, qui pro nobis omnibus iniuriam sustulit crucis, famulo suo ianuam uite celestis clementer aperiat, et nostrorum uincula scelerum miseratus absoluat. — Amen.

Illum suscipiat celesti in patria, ubi dulce gaudium fruuntur omnes electi, ab omni corruptione mortalitatis exutum, nobisque cum eo concedat post transitum perfrui regnum sine fine mansurum. — Amen.

Sicque illi inpertiat gratiam sue uisionis in regione uiuorum, ut nobis potioris uite conuersationem, et indulgentiam tribuat peccatorum. —Amen.

Prestet ipse Dominus et misericors, qui cum Deo Patre et Sancto Spiritu unus Deus gloriatur in secula seculorum.

In nomine Domini nostri Ihesu Christi, cuius conmemoratio facta est, anima eius requiescat in pace.

XLVIII. — INCIPIT ORDO QVANDO REX CVM EXERCITV AD PRELIVM EGREDITVR [1].

Quando rex ad ostium ecclesie accesserit, duo diacones albis induti regi incensum offerunt. Omnes tamen diacones siue clerus albis induti in choro stabunt, exceptis illis qui cum cruce ante regem precessuri sunt.

In primis, cum ingressus fuerit rex in ecclesia et prostratus in orationem, quum ei uisum fuerit ut a terra se ab oratione erigere uelit, inponitur uersus iste :

Sit Deus in itinere uestro, et angelus eius comitetur uobiscum.

Post hec dicitur hec oratio :

Oratio.

Deus exercituum, fortitudo uirtutum et uirtus potentium, propugnator hostium, uictoria humilium, propagator uictoriarum, sublimitas regum, administrator regnorum : esto presenti religioso principi nostro *Illi* cum subiectis sibimet populis ductor salutaris itineris, uia pacis, inspiratio bone dispositionis. Habeat, te concedente, Domine, exer-

[3] *Cod* aput te [7] *Cod* se gratulatur suscipere [14] *Cod* caterbis [26] *Cod* celeste [42] *Cod* osteum ecclesie.

[1] *Cod* coro [2] *Cod* ante rege.

1. Ce chapitre est sans contredit un des plus curieux de notre Rituel. On y voit prise sur le vif la scène du départ d'un roi wisigoth pour la guerre, à la tête de son armée. Le prince arrive à la porte de l'église : deux diacres vêtus de blanc l'encensent : tout le clergé est debout dans le sanctuaire. Entré dans l'église, le roi se prosterne et prie en silence. Il se relève bientôt au chant d'une antienne, qui implore la protection céleste sur son entreprise. L'évêque prie à son tour, mais à voix haute. Il demande pour le roi la victoire; pour l'armée et ses chefs (*duces*) la force, la confiance, la fidélité, la concorde des cœurs; pour tous enfin, le retour triomphal dans cette même basilique des saints apôtres Pierre et Paul, d'où ils vont partir pour le combat.

Un diacre prend alors une croix d'or, qui renferme une relique du bois de la croix du Seigneur. Il la donne à l'évêque, qui la présente au roi. Celui-ci la passe aussitôt au prêtre ou au diacre, qui a mission de la porter devant lui pendant toute la durée de la campagne. La croix sera ainsi l'enseigne royale par excellence. Aussitôt ce « signum » arboré, au chant d'une antienne et de versets appropriés à la circonstance, les porte-enseignes s'approchent de l'autel : chacun à son tour reçoit un étendard des mains de l'évêque et sort du sanctuaire, à la porte duquel tous se trouvent bientôt réunis. Le diacre élève alors la voix : « Humiliamini benedictioni », et l'évêque prononce la longue formule de la bénédiction. Il espère les revoir un jour, couronnés par la victoire, à cette place où il leur donne le baiser de la paix. Puis le diacre reprend : « In nomine Domini nostri Ihesu Christi ite in pace ». Le roi embrasse l'évêque, monte à cheval, toute l'armée se met en marche et l'on part pour la guerre.

Un passage particulièrement intéressant de ce texte, est celui où il est dit que cette fonction solennelle avait lieu dans l' « église des saints apôtres Pierre et Paul ». Ce ne peut être que la célèbre « ecclesia » ou « basilica praetoriensis sanctorum apostolorum Petri et Pauli », dans laquelle se réunirent, de 653 à 702, six au moins

fol. 108 citus fortes, / duces fidos, concordes animos, quo ualeat uirtute superare aduersos, ualitudine defendere suos, expugnare aduersa, defendere propria. Da ei, Domine, de spiritu tuo et cogitare que decent, et que conueniunt adimplere : ut manus tue protectione munitus, cum subiectis populis gradiens, et ab hinc de presentia ecclesie apostolorum tuorum Petri et Pauli procedens, ita munitus custodiis angelicis, acta belli ualenter exerceat : ut de hostibus tibi semper inherens triumphator existat, et nobis te precantibus ex hoc remeans cumulum letitie salutaris restituat. — Piissime...

Benedictio.

Spiritus bonus Dei per diuinitatis ineffabilem gratiam deducat uos in uiam rectam. — Amen.

des grands conciles nationaux de Tolède (les conciles 8e, 12e, 13e, 15e, 16e et 18e) et le concile provincial de 684. On ignorait jusqu'ici d'où lui venait son titre d'*église prétorienne*. Le Rituel nous en fait connaître le motif : c'était l'église officielle de l'armée, plus particulièrement de la garde royale, la seule véritable armée permanente des monarques wisigoths. On sait la manie qui portait la plupart des conquérants barbares à s'affubler des titres et à adopter les noms et toute la terminologie de la vieille Rome. Les Goths ne firent pas exception. Comme les Romains, ces civilisés d'hier, vainqueurs de l'Empire, qualifiaient volontiers de *Barbares* les peuples auxquels ils faisaient la guerre : et notre Liber Ordinum s'est fait l'écho discret de cette vanité. Le *praetorium* était, chez les Romains, la tente du général en chef de l'armée. A partir d'Auguste, les Prétoriens devinrent les gardes du corps des empereurs. Il y eut donc à Tolède, comme à Rome, un *praetorium* et des Prétoriens.

Wamba, qui avait reçu, en 672, l'onction royale dans l'église prétorienne (voy. à la fin de ce volume l'Appendice sur l'*Ordinatio regis*), voulut pour en relever l'importance lui donner un évêque particulier. Il eût été, en même temps que l'évêque de la cour, quelque chose comme le grand aumônier de l'armée wisigothe. Le canon IV du 12e concile de Tolède (réuni dans cette même basilique en 681) condamne cette prétention en termes très durs pour le malheureux prince, alors déchu du trône et retiré au monastère de Pampliega.

L'église prétorienne était située dans un des faubourgs de Tolède (*in suburbio Toletano,* dit le canon mentionné ci-dessus). Son emplacement ne nous est pas autrement connu. On a vu plus haut (col. 53) la formule de l'ordination du *Primiclericus* de cette église. — Disons enfin que le 6e concile de Tolède (638) appelle aussi *praetorium* la basilique de Sainte-Léocadie. Peut-être les rois wisigoths avaient-ils là, à cette date, une partie de leur garde : peut-être aussi y possédaient-ils un palais ou une « villa », le mot de *praetorium* ayant eu cette triple signification.

Sit ductor idem uestri itineris, qui uia uoluit esse nostre salutis. — Amen.

Vt, qui per fiduciam fidei uestram conscientiam Deo uouistis, eius auxilio protecti uiam salutaris itineris euoluatis.

Auxiliante ipsius misericordia Dei nostri, qui in Trini[tate]...

Post hec non statim absoluitur; sed mox accedit diaconus ad altare, et leuat crucem auream, in qua lignum beate Crucis inclusum est, que cum rege semper in exercitu properat, et adducit eam ad episcopum. Tunc episcopus, lotis manibus, tradit eam regi, et rex sacerdoti, qui eam ante se portaturus est. — Mox tamen episcopus ut eandem crucem in manu regis tradiderit, inponunt hanc antiphonam, decantando cum uersibus :

ANT. : Accipe de manu Domini pro galea iudicium certum, et armetur creatura ad ultionem inimicorum tuorum. — VERSVS [I] : Sume scutum inexpugnabile equitatis. Ad ultionem.

II. — Quoniam data est uobis potestas a Domino et uirtus ab Altissimo. Ad ultionem.

Hoc secundo uersu explicito, accedentes unusquisque accipiunt de post altare a sacerdote bandos suos; et statim / egrediuntur foras, cantantibus clericis in choro eandem antiphonam cum his uersibus : fol. 109

III. — Benedictus Israhel : quis similis tibi, popule, qui saluaris a Domino? scutum auxilii tui et gladius glorie tue. Ad ultionem.

IIII. — Negabunt te inimici tui, et tu eorum colla calcabis. Ad ultionem.

V. — Non det in conmotione pedem tuum, neque dormitet qui custodit te. Ad ultionem.

VI. — Ecce non dormitabit neque obdormiet qui custodit Israhel. Ad ultionem.

VII. — Dominus custodiat te, Dominus protectio tua super manum dextere tue. Ad ultionem.

VIII. — Per diem sol non uret te, neque luna per noctem. Ad ultionem.

VIIII. — Dominus custodiat te ab omni malo : custodiat animam tuam Dominus. Ad ultionem.

X. — Dominus custodiat introitum tuum et exitum tuum. Ad ultionem.

Postquam omnes bandos suos leuauerint, et foris ostium ecclesie egressi fuerint, statim Gloria *in predicta antiphona inponunt. Nam etiamsi uersi de-*

4 *Cod* uobistis 5 *Cod* uia... euolbatis 20 *Cod* inexpugnabilem 23 *Cod* uerso *forma antiq.* 26 *Cod* coro 27 *Cod* Srahel 35 *Cod* Srahel 44 *Cod* lebauerint 45 *Cod* osteum.

ficiant, tamdiu singulariter ipsa sola cantabitur, quamdiu omnes qui ipsos bandos portant foras egrediantur. Vbi, postquam Gloria *fuerit finita, et ipsa antiphona a capite repetita, statim, dicente diacono :* Humiliate uos benedictioni, *dicitur ab episcopo benedictio ista :*

Benedictio.

Signum salutaris claui et ligni, quod deuotis manibus, sacrate princeps, suscepisti, sit tibi ad tutelam salutis et incrementum perpetue benedictionis.

Egressum tuum in pace directurum excipiat, et per uiam tuis exercitibus crux Christi semper adsistat.

Religiosa uobis consilia referat, et fortia bellice promtionis [1] preparet instrumenta.

Lignum quoque hoc, per quod Christus spoliauit principatus et potestates triumphans eos in semetipso, cum fiducia efficiatur uobis ad singularis glorie uictoriam propugnandam. — Amen.

Vt per uictoriam sancte Crucis et ceptum abhinc fol. 110 iter feliciter peragatis / et florentes ad nos triumphorum uestrorum titulos reportetis. — Amen.

Qualiter in osculo pacis, quo uos abhinc uale facientes deducimus, feliciori reditu in hoc loco cum uictoriarum uos laudibus receptemus. — Amen.

Prestante Domino nostro Ihesu Christo.

Post hanc benedictionem, absoluit diaconus : In nomine Domini nostri Ihesu Christi, ite in pace. — Deo gratias.

Et sic rex episcopum uale facit, uel ceteros quos iusserit. Et statim imponitur hec antiphona ab his qui cum illa cruce ante regem ambulant :

Ant. : Domine Deus, uirtus salutis mee, obumbra caput meum in die belli.

Et cantant eam ante regem euntes, quamdiu rex foras ostium ecclesie egrediatur. Ille tamen sacerdos uel diaconus, qui crucem ipsam a rege acceperit, ante regem semper, quamdiu in equo ascendat, precessurus erit.

Sicque ingrediuntur iter.

9 *Cod* sacre princeps 19 *Cod* semedipso 37 *Cod* osteum.

1. Le mot *promtio,* que je ne trouve dans aucun lexique latin, est évidemment dérivé du verbe *promere* (produire au dehors, faire sortir). *Bellica promptio* doit signifier ici une manifestation guerrière, une sortie militaire, la marche en avant d'une armée, plus simplement une expédition, une campagne.

XLVIIII. — ITEM ORATIONES DE REGRESSV REGIS [1].

Rex Deus, a quo regum regitur regnum, quo gubernante sublime, quo deserente fit fragile, famulo tuo regi sollers moderator adsiste. Da ei, Domine, fidei rectitudinem firmam, et legis tue custodiam indefessam. Ita morum honestate prepolleat, ut tue Maiestati conplaceat. Ita nunc presit populis, ut coronetur post transitum cum electis. — Quia te iubente dicimus : Pater.

Benedictio.

Omnipotens Deus, qui gressus uestros ad nos reduxit in pace, animas uestras perducat ad eternam hereditatem. — Amen.

Et qui uos hic redire fecit clementer, ad se uos

1. Il s'agit ici du retour du roi et de son armée, à la suite de l'expédition dont il a été question au chapitre précédent. — Pendant toute la durée de la campagne, on priait dans les églises pour le succès de l'armée du prince. Nous avons sur ce point le témoignage du canon III du concile de Mérida, tenu en 666 sous le règne de Récesvinthe : « Instituit sanctum concilium, ut quandocumque eum (regem) causa progredi fecerit contra hostes suos, unusquisque nostrum in ecclesia sua hunc teneat ordinem : ita ut omnibus diebus per bonam dispositionem sacrificium omnipotenti Deo pro eius suorumque fidelium atque exercitus sui salute offeratur et diuine uirtutis auxilium impetretur, ut salus cunctis a Domino tribuatur et uictoria illi ab omnipotenti Deo concedatur. Tamdiu hic ordo tenendus est, quamdiu cum diuino iuuamine ad suam redeat sedem ».

La guerre terminée, le roi revenait à la tête de ses troupes dans cette même église des Saints-Apôtres. Le Rituel nous offre ici le formulaire des prières faites en cette circonstance, mais sans les rubriques qui donnent tant de vie à la cérémonie du départ. L'entrée du prince à Tolède se faisait parfois avec un appareil imité du *triumphus* des généraux ou des empereurs romains. Saint Julien de Tolède nous a laissé la description de la pompe militaire déployée par Wamba, à la suite de son expédition victorieuse contre le comte Paul. On peut lire le récit de cette rentrée triomphale, décrite par un témoin oculaire, dans l'histoire de la rébellion de Paul contre ce prince. (Voy. *Liber de historia Galliae, P. L.*, t. XCVI, col. 795-798.) — Sur les fêtes religieuses qui suivaient l'annonce d'une victoire des armées royales, lire pour le sixième siècle le récit de celles célébrées à Mérida en 588, après la défaite des rebelles de Narbonne par Recarède. (*De uitis PP. Emerit.*, in Act. SS. Bolland., t. I Nov., p. 337.) Il n'est pas sans intérêt de noter ici que, d'après un calcul du P. Tailhan (*L'Anonyme de Cordoue,* p. 107), l'armée réunie autour du roi, pour une campagne en temps ordinaire, pouvait s'élever jusqu'à cent mille soldats environ.

faciat quandoque peruenire feliciter. — Amen.

Vt cui pro reditu uestro hic lacrimas funditis, ei pro conlato uobis munere eterno perennes gratias peragatis. — Amen.

Oratio.

fol. 111 / Deus, cui subiacent omnia, cui famulantur cuncta, temporibus fidelissimi famuli tui *Illius* principis concede pacifica tempora, et amoue clementer barbarica bella : ut, quem prefecisti tuo populo principem, te duce in cunctis gentibus obtineat pacem.

Oratio.

Te inuocamus, Domine, precibus nostris esse propitium, qui es Rex regum et Dominus dominantium, ut principem nostrum *Illum* de sede tue Maiestatis ben[ignus] aspicias, et cui dedisti subditam in regimine plebem, tribuas etiam in omnibus tuam facere uoluntatem.

[**Benedictio**].

Christus Dominus preces fidelissimi famuli sui *Illius* principis nostri sereno uultu intendat, et regnum eius in pace custodiat. — Amen.

Thronum eius iustitia firmet, et populum in pace multiplicet. — Amen.

Sit in salutem terre et in defensionem patrie sue. — Amen.

L. — ORATIO DE SVSCEPTIONE REGIS QVANDO DE VICINO REGREDITVR[1].

Rex regum, cuius administratione reguntur qui gubernandi ceteros potestatem accipiunt, ingressum gloriosi principis nostri *Illius* ubertate benedictionis tue perlustra, et desideria eius semper in bonis adcumula. Inspira ei, Domine, placide benignitatis consilia, uota innoxia, dispositionem tibi in omnibus placituram : ut pie subditos regendo, et cum subditis beate uiuendo, celesti mereatur cum sanctis omnibus adunari consortio. — Piissime.

Benedictio.

Ingressum gloriosi principis nostri *Illius* Trinitas beata sanctificet, et cor eius diuini muneris ubertate letificet. — Suspendat ab eo quicquid est noxium, et preces pro salute eius effusas exaudiat singulorum. Vt cum omnibus beate uiuens in seculo, / pre omnibus mereatur conletari in seculo post futuro. — Amen. fol. 112

Prestante ipsius misericordia Dei nostri, qui in Trinitate unus Deus gloriatur in secula seculorum.

LI. — EXORCISMVS DE HIS QVE IN SANCTVARIO DEI OFFERVNTVR[1].

Adiuro te, nequissime spiritus et inmunde, per diuine Maiestatis insuperabile nomen, ut discedas ab hac deuoti famuli Christi oblatione fideli : quatenus ea que usibus templi Domini preparantur, nulla tue uesanie contagione polluantur. Sed sacrosancta Domini benedictione suscepta, et ipsa percipiant sanctitatem, et offerentibus subsidium conferant et salutem. — Amen. Per Dominum.

Item Benedictio.

Sancte Domine, qui in sanctuario tuo offerri tibi munera precepisti : non quod ipse egeres aliquo dono, sed ut offerentium acceptum tibi redderes uotum : respice a summitate celorum, et quod tuis

[8] *Cod* amobe [19] Benedictio *ipse suppleui* [23] *Cod* Tronum... populus.

1. Il est question dans ces prières de la rentrée du roi dans sa capitale, après une absence dans le voisinage, ou dans quelque province de ses États. Je retrouve sous le titre de *Oratio de susceptione Regis,* ces mêmes formules dans un manuscrit mozarabe du Musée britannique (mss. addition. 30851, folio 180), qui renferme des cantiques et des hymnes. — On peut voir dans le Bréviaire mozarabe publié par Lorenzana (p. CXI; *P. L.*, t. LXXXVI, col. 918) une hymne intitulée : *Ymnus de profectione exercitus, qui usque in reuersione dicendus est diebus letaniarum.* Elle commence par ces mots : « O uerum regimen Christe fidelium ». Voy. aussi dans BLVME, *Hymnodia gothica,* p. 269.

[1] *Cod* uota nnoxia [15] *Cod* Exorcismum de his qui [29] *Cod* sumitate.

1. On sait que les offrandes faites à l'église par les fidèles consistaient avant tout en pain et en vin, matière du sacrifice. On offraît encore, pour l'usage des clercs et des pauvres, de l'huile, des fruits, etc. Le canon XIV du concile de Mérida (666) parle aussi de dons en argent (Tertullien en fait déjà mention, *Apologetica adu. Gentes*, c. 39; *P. L.*, t. I, col. 533) et ordonne d'en faire trois parts égales : l'une pour l'évêque, l'autre pour les prêtres et les diacres de l'église, la troisième pour les sous-diacres et les clercs inférieurs. Pour les détails, voy. MARTÈNE, *De antiquis Ecclesiae Ritibus,* t. I, p. 385, 309, 313, etc., et un résumé dans la *Dictionary of Christian Antiquities,* au mot OBLATIONS. Saint Augustin nous apprend (*Retract.*, lib. II, cap. XI) qu'il avait écrit un livre, aujourd'hui perdu, pour justifier l'usage, récemment introduit à Carthage, de chanter des hymnes tirées du psautier, avant l'offrande et pendant sa distribution au peuple.

inspirasti fidelibus ut offerrent, benedictionis tue sanctifica largitate. Sit itaque, Domine, tuis oculis acceptabile quod offertur, et offerentibus, te parcente, remissibile quod erratur. Atque ita, qui hoc offert in conspectu tue glorie gloriosus existat; ut feliciter in presenti polleat, et ad beate uite gaudia post diuturna tempora sine confusione perueniat. — Amen. Te pres[tante].

LII. — ITEM ALIA ORATIO PRO VASIS ALTARIS, VEL VESTIMENTIS ET VELIS EXORCIZANDIS ET SACRANDIS[1].

Omnipotens sempiterne Deus, a quo omnia inmunda purgantur et in quo omnia purgata clarescunt : supplices famuli tui tuam Omnipotentiam inuocamus, ut ab hoc uaso uel uestimento, que tibi
fol. 113 offerunt famuli tui *Illi*, omnis / spiritus inmundus confusus longe discedat, et per fidei benedictionem huic sancto altario tuo sint perfecta et utilia, et ad opus ministerii tui, te iubente, sanctificata permaneant. — Amen. Te pres[tante].

LIII. — BENEDICTIO PATENE[2].

Domine Deus omnipotens, qui per Moysen famulum tuum tabernaculi tui altare et uasa omnia diuino cultui mancipasti : clementiam tuam supplices exoramus, ut hoc uas abtum cultibus tuis dignumque altaribus reddas; ut sanctificata in nomine tuo corporis tui [ad] pretiosum ferculum deputetur. — Amen.

LIIII. — BENEDICTIO CALICIS[3].

Deus, qui Moysi famulo tuo, in Horeb monte seruanda populo tuo precepta disponens, templum sanctum tuum qualiter edificaret instituisti, sacra quoque uasa que inferri altario tuo deberent ad instar uasorum celestium docuisti : precamur, ut hunc calicem in quo celebraturi sumus sacrosancta misteria, emissione Sancti Spiritus tui celesti benedictione sanctifices, gratumque et acceptabile habeas atque benedicas, ac digne sociatum uasculis tuis, et acceptabilem deferat famulatum, et dignis tuis misteriis consecretur. — Amen.

LV. — BENEDICTIO SVPER MVNVS QUOD QVISQUE ECCLESIE OFFERT[1].

Deus, cuius uerbo et potentia facta sunt omnia, cuius dono percipimus que ad uite remedium possidemus : te supplices nixis precibus exoramus, ut de sede Maiestatis tue huic oblationi fidelium sanctificator accedas. Suscipe de manu famulorum tuorum *Illorum* munus oblatum, quod a tua clementia benedictum, in huius sanctuarii tui / usum maneat fol. 114
consecratum. Sint hec in conspectu tuo libenter accepta, sicut quondam Abel famuli tui uel Melchisedec munera tibi placuerunt oblata. Et quia, ob honorem tui amoris, ecclesiam tuam summis nituntur decorare obsequiis, tu eis, Domine, magna pro

[1] *Cod* offerent [9] *Cod* pro uasa altaris, uel uestimenta et uela exorcidianda et sacranda [26] *Leg.* sanctificata [patena] *uel* sanctificatum [27] ad *ipse addidi. Melius legeretur* pretioso ferculo [30] *Cod* in Orep *A* in Coreph.

[20] *Cod* condam... Melcisedec [23] *Cod* decorari obsequis.

1. Le Rituel *A*, fol. 35-36, renferme la même formule de bénédiction, sous ce titre : *Oratio pro uasa altaris uel uestimenta exorcidianda.* Elle est suivie d'une seconde oraison intitulée : *Alia*, identique à la « Benedictio super munus, quod quisque ecclesie offert » du Rituel *B*, publiée un peu plus loin (col. 158). A la fin, au lieu de « Amen. Tua protegente... », on lit : « In nomine Trinitatis sanctificata et benedicta maneat in pace. — Deo [gratias] ».

2. On lit le même titre et la même formule dans le Rituel *A*, fol. 36.

3. Le même titre et la même formule se retrouvent aussi dans le Rituel *A*, fol. 36.

On conserve plusieurs calices espagnols, qui remontent à l'époque où la liturgie mozarabe était encore en usage et qui ont sans doute été consacrés avec la formule de notre Rituel. Je mentionnerai les suivants : 1° Celui de la cathédrale de Braga, qui peut dater du neuvième ou du dixième siècle. M. Rohault de Fleury en a donné un dessin dans son ouvrage : *La Messe*, t. IV, planche 314. Il le croit, bien à tort pensons-nous, du douzième siècle. — 2° Celui de Léon, offert au onzième siècle à la collégiale de San Isidoro de cette ville par l'infante Urraca, fille de Ferdinand le Grand. Il est en agate montée sur or et orné de pierres précieuses. On y lit cette inscription : IN NOMINE DOMINI. VRRACCA FREDINANDI. Voy. un dessin de ce calice dans Rohault de Fleury, *Ibid.*, pl. 312, et dans QVADRADO, *Asturias y Leon*, p. 486. — 3° Celui de Silos, calice ministériel, offert vers 1050 par saint Dominique à saint Sébastien, patron de l'église de cette abbaye. Il conserve encore sa patène, ornée de filigranes et de pierres précieuses, qui est vraisemblablement d'une date un peu postérieure. On lit sous le pied du calice : IN NOMINE DOMINI OB HONOREM SANCTI SABASTIANI DOMINICO ABBAS FECIT. On trouvera un dessin du calice et une héliogravure de la patène dans Dom ROVLIN, *L'Ancien trésor de l'abbaye de Silos*, planches V et IX. Voy. aussi Dom FÉROTIN, *Histoire de l'abbaye de Silos*, p. 337, et planches IV et V.

1. Voy. ci-dessus, col. 157, note 1. — Dans cette nouvelle formule, il s'agit plus particulièrement d'objets offerts pour le culte et la décoration du sanctuaire.

paruis reconpensa : ut deuotionem eorum accipiens, peccata dimittas, fide repleas, indulgentia foueas, misericordia protegas, aduersa destruas, prospera concedas. Habeant in hoc seculo bone actionis documentum, karitatis studium, sancti amoris affectum, et in futuro cum sanctis angelis adipiscantur perpetuum regnum. — Amen.

Tua protegente misericordia.

LVI. — EXORCISMVS AD CONSECRANDVM SIGNVM BASILICE[1].

Adiuro te, nequissime spiritus et inmunde, per diuine Maiestatis insuperabile nomen, ut uotum nostre humilitatis confusus agnoscas, et Christi a nobis inuocata uirtute precipitatus abscedas atque fugias ab hoc metallo, cui Deus condens indidit sonum et fortitudinem. Sicut te nosti nicil contulisse creando, ita ab eo cum omnium tuarum euanescas contagiis pollutionum : ut[2] eius cultibus seruiat

[2] *Cod* fobeas [3] *Cod* dextruas [9] *Cod* Exorcismum [10] *Cod* uaselice [15] fugias *ego addidi* *Cod* condiens [18] *Cod* contagia pollutum.

1. Nous avons vu ci-dessus (col. 140), que l'on annonçait par le son des cloches la mort d'un évêque. Il en est aussi question (col. 112) pour la sépulture ordinaire des fidèles. Les présentes formules sont destinées à l'exorcisme et à la bénédiction d'une cloche assez puissante pour se faire entendre au loin. Elle devait, en effet, nous dit le texte du Rituel, avertir les fidèles de l'heure des réunions dans la basilique, leur rappeler dans leurs occupations journalières l'observance de la loi divine, remplir les Juifs et les hérétiques (*perfidi*) d'une terreur salutaire, consoler et soulager les affligés et les infirmes, éloigner enfin les fléaux. En 646, le roi Cindasvinthe donne au monastère de Complutum (par un acte qui nous semble authentique pour le fond, quoique altéré au neuvième ou au dixième siècle) un « signum fusile eneum bone modulationis, demulcens auditum ». (Voy. YEPES, *Chroniques de l'Ordre de saint Benoist*, t. II, Appendice, escrit. XIV, p. 18.) Dans la règle écrite vers la même époque par saint Fructueux, il est dit que « la cloche était mise en branle » pour le réveil des moines : *signum moueatur* (*Regula*, c. 2; *P. L.*, t. LXXXVII, col. 1100).

A remarquer que le seul mot pour désigner ici une cloche est celui de *signum*, d'où notre vieux mot français *seint* et notre moderne *tocsin*.

Ce texte est peut-être le plus ancien que nous connaissions pour la bénédiction des cloches d'une église. Il diffère de toutes les formules publiées ou manuscrites que j'ai rencontrées. Celle du Pontifical d'Egbert (huitième siècle) est totalement différente.

2. La dernière partie de cette formule est évidemment altérée.

expiatum, qui operatus est uerbo quod suis in ministeriis formatur fauore et intellectu.

Benedictio eiusdem.

Omnipotens Domine Deus, qui precepisti Moysi famulo tuo opus formare ductilium tubarum, qui[bus] perstrepentibus certo discretoque sono, Israhelitici populi cognosceret multitudo quo se in sollemnitatibus letabunda curreret, quandoque ad terram / repromissionis gradiens, quod ceperat fol. 115 iter perageret, uel aduersus bella gentium perditarum armata prosiliret : figurans per hec omnia quod melius in Ecclesia que nunc est catholica perficeretur sub gratia. Respice nunc propitius pietate solita, et hoc uas, concretum generibus metallorum, sanctifica more tubarum illarum, quibus precedentibus Israhel tuus ad hereditatem perducitur, quam ei parauerat tua diuina pollicitatio; earumque ueritatem habeant, quam in ueste summi pontificis Aaron tintinnabula habuerunt innexa. Vt his sonantibus, que tibi dedicamus, domus tue pandatur ingressus, et ad laudandum ac deprecandum te fidelis adunetur conuentus : quibusque tinnientibus hoc tua uirtus conferat auditoribus, ut cordis secretum timor penetret tuus.

Sancte crucis signaculo aduersus inpugnationes diaboli totus uictor muniatur homo, et ad capescendam in celestibus hereditatem pollicitam mens spei robore suffulta alacriter currat : fiatque legis tue recordatio, et rememoretur preceptorum tuorum obseruatio; et, ut non a mandatis tuis deuientur, sit hic fidelibus tuis semper in signum sonus. Torpor et pigredo huius fugiant concusse sono; libidinum euanescant incendia; ira absistat mortificata et omnia uitia contabescant : ut purificata corda et corpora sacerdotum et ministrorum, et omnis Ecclesie membra, tempore orationis ad promerendam indulgentiam corde contrito genua flectant, et indul/gen- fol. 116 tiam quam deprecati fuerint obtineant.

Sit etiam signorum istorum sonitus, Domine, Iudeis et perfidis terrificatio ualida resipiscenda a malitia; languidis et mestis consolatio et releuatio obtata. Et qui posuisti signum tuum arcum in nubibus, pollicens ne ultra per diluuii aquas humanum genus deleas, in his que offerimus propitius adtende et misericordie tue non abnuas pietatem : ut cum ista tibi in suo seruierint tinnitu, omnem pla-

[2] *Cod* fabore [6] *Cod* prestrepentibus [7] *Cod* Srahelitici... qua se [16] *Cod* Srahel [18] *Cod* qua in ueste [25] *Cod* signaculum [31] *Cod* hoc... sonus [43] per *ipse addidi*.

gam omnemque flagellum, quod excipere peccatores merentur, preueniente misericordia, sic tua operetur pietas, ut omnia aduersa fidelis populus euadat, et gratie tue muneribus se percepisse congaudeat. — Amen. Per tua.

LVII. — BENEDICTIO NOVI FONTIS [1].

Quantum superat uires nostras misterii magnitudo, quantum (tantum) nobis augetur, conscientia testante, formido. Multum quidem metuimus, Domine Deus noster, ne dum tuis obtutibus corda maculosa deferimus, iusti furoris in nos uerbera concitemus. « Si enim dixerimus quia peccatum non habemus, ipsi nos seducimus, et ueritas in nobis non est. Si autem confiteamur peccata nostra, fidelis est et iustus, ut remittat nobis peccata et mundet nos ab omni iniquitate ». Verumtamen nec confiteri possumus, nisi confessionis affectum tuo munere sumserimus. Tu itaque, Domine, qui ad te potes humana gratis corda dirigere, prauum germen a nostris / (fol. 117) cordibus noxie presumtionis euelle, et gratiam nobis humillime confessionis infunde; et dum nos conscientia nostra in conspectu tue Maiestatis accusat, misericordie tue dono pie remissionis absoluat : ut, cum a nobis aduersum

6 *Cod* nobi 11 *Cod* berbera 13 I Ioan., I, 8 24 *Cod* absolbat.

1. Les deux formules suivantes, dont la seconde surtout a un parfum d'antiquité vraiment remarquable, sont celles de la bénédiction, non pas de l'eau baptismale (on l'a vue plus haut, col. 29), encore moins d'une fontaine ordinaire ou d un puits (Voy. plus loin, col. 172), mais du baptisterium lui-même, particulièrement du bassin (*puteus*, dit notre texte) destiné à recevoir l'eau du baptême, dans laquelle seront plongés les néophytes. Du quatrième au huitième siècle, les baptistères formaient ordinairement des édifices isolés, ayant parfois les proportions d'une basilique, mais presque toujours de forme hexagonale. Ils étaient consacrés comme les autres églises, d'ordinaire sous le vocable de saint Jean-Baptiste (v. g. « In Antissiodoro, *Dedicatio baptisterii*, qui est iuxta basilica sancti Germani », MARTÈNE, *Thesaurus Anecd.*, t. III, p. 1576). — En Espagne, le canon II du 17e concile de Tolède ordonne que le baptistère soit fermé, au commencement du Carême, de la main même de l'évêque, et scellé de son anneau. On ne l'ouvrait pas de nouveau, à moins d'une grave nécessité, avant le jeudi saint. (Cf. Sancti Ildephonsi, *De cogn. Baptismi*, c. CVII, *P. L.*, t. XCVI, col. 156.) Sur les piscines baptismales remplies miraculeusement la veille de Pâques, surtout en Espagne, et qui ont donné lieu à bien des controverses, voy. *Ibid.*, col. 150-156, et DVCHESNE, *Les Origines du culte chrétien*, p. 309.

nos culpa nostra dicitur, a te nobis clementer indulgentia recitetur.

Disrumpe, Domine, uincula quibus nos ipsi deuinximus. Dilue maculas, quibus nos inquinauimus. Remoue ab oculis tuis quicquid male fecimus, et misericorditer tribue que rogamus. « Cor mundum crea in nobis, Deus, et spiritum rectum innoua in uisceribus nostris ». Omnis ab animabus nostris culpa praue cogitationis, gratia subueniente, depereat, et ad te munda oratio nostre humilitatis ascendat.

Fac, Domine Deus, in hac hora, qua te supplices exoramus, extincta inuidia, animositate sublata, expulso liuore, in cunctis fidelibus tuis firmo karitatis robore cor mundum atque animam permanere.

Redemturus captiuos, quesumus custodias iam redemtos : ut dum familie tue renascentium numerus adicitur, renascentium cetus tua obpitulatione seruetur. Sic de perditorum inuentione sancta mater letetur Ecclesia, ut de inuentis nulla umquam perferat detrimenta. Quo cuncti in Christi tui corpore permanentes, a dominio mortis et iniquitate erepti, nostrorum mereamur capiti in future beatitudinis eternitate coniungi. — Amen. Te prestante.

ITEM ALIA BENEDICTIO NOVI FONTIS.

Omnipotens sempiterna Trinitas, Deus une, totius auctor mundi / (fol. 118) et creature conditor uniuerse, qui maiestate omnia semel, hominem uero bis pietate fecisti, dum eum et formando creas, et inspirando sanctificas, dum et nascendo producis ad uitam, et renascendo perducis ad gloriam. Cui per peccatum originale decepto, quo uetus ille coluber ianuam clauserat paradisi, celi portam patere iussisti, quando in illa Crucis arbore Mediatore confixo decepta, mors perdidit hominem reum propter hominem Deum. Te oramus et quesumus, te obsecramus et poscimus, ut super hunc fontem Spiritu septiformi inlapso benigne tribuas que rogamus.

Iste sit ille puteus olim mistice figuratus, ad quem spiritualis Rebecca semini Abrahe, in quo benedicuntur omnes tribus terre nuptura, id est Ecclesia Christo socianda descendat.

Iste sit ille puteus, ad quem oculi Agar ancillule patefiant, ut Ismael suus sitire desistat : quo uidelicet legalis obseruantie sinagoga deposito famulatu,

5 *Cod* remobe 6 Psalm. L, 12 7 *Cod* innoba 14 *Cod* libore 16 *Cod* captibos 32 *Cod* deceptum 38 *Cod* septiformis (*forsitan* Spiritu septiformis gratiae) 40 *Cod* seminis Abrae 44 *Cod* Smael.

hic uideat fidei oculis aquas gratie, quibus filium, id est populum suum, confortatura uiuificet.

Iste sit ille puteus, a patre multarum gentium fossus, a filio repromissionis eruderatus, quem Bersabe, id est *Longitudinis,* conpulit nuncupari uocabulo, gentium per aquas crediturarum prefigurata diffusio.

Iste sit ille puteus, de cuius labro superpositum Iacob lapidem tulisse narratur, quum dilecte sibi Rachel osculis iungeretur, Christum non sermone fol. 119 sed agnitione prenuntians, qui / legis in lapide scripte remouendo duritiam, sponse sue gregem, circa uesperum mundi huius ad babtismi currentem profunditatem reserati misterii, satiauit.

Iste sit ille puteus, de quo Madianitarum pastores Moyses uictor expellens, Ethiopissam sibi Seforam iunxit uxorem, Ihesum Christum Dominum conubio uaticinante significans, qui pastoribus inprobis, id est hereticis doctoribus effugatis, nigram sibi de gentibus coniugem non aspernatur adiungere. Que tamen putei huius perfusa liquore, recepit pura confessione quem perdiderat eluenda natiuitate candorem.

Hinc transeant, Domine, fluenta Yordanis ex fide qui, Ihesu nostro duce, terram merebuntur repromissionis intrare. Illo se gurgite hic renati nouerint christiani, ubi Christus ad Iohannem, Deus ad hominem, Dominus ad clientem, iudex ad preconem, lux ad lucernam, non erubuit properare. Ad istum puteum ueniant legati ex Egypto, Ethiopia festinet dare munus Deo : quo, infidelium anime perfidie nigrore deposito et catholice fidei candore recepto, te uerum Deum se reperisse letentur. Ad istum Siloam ueniant ab utero ceci, quibus hec sit sanari quod elui, uidere quod credere, hoc profiteri quod nosse. — Amen.

LVIII. — BENEDICTIO CRVCIS [1].

Christe Domine, qui es bonorum conlator munerum et bonorum omnium adtributor : qui largiris famulis tuis unde ad laudem Nominis tui debita tibi oblata persoluant, cuiusque prius offerentium fides conplacet, deinde sanctificatur oblatio : consecra / tibi munus hoc famuli tui, fol. 120 tropheo scilicet uictorie tue, redemtionis nostre. Accipe hoc signum crucis insuperabile, quo et diaboli exinanita potestas est, et mortalium restituta libertas. Fuerit licet aliquando in pena, nunc uersa est in honore per gratiam ; et que quondam reos puniebat supplicio, nunc obnoxios absoluit a debito. Vnde et serui tui per hoc tibi placere nisi sunt, per quod tibi placuit nos redimere. Nullum tibi, Domine, dilectum amplius munus est, quam quod tui corporis dicauit affixio ; nec tibi est magis familiaris oblatio, quam que manuum tuarum extentione sacrata est.

In illis ergo manibus hanc accipe, quibus illam amplexus es, et de sanctitate illius hanc sanctifica. Ac sicuti per illam mundus expiatus est a reatu, ita offerentium anime deuotissime huius signi merito, omni careant perpetrato peccato.

Si crux tantum simplex est, usque hic legitur hec oratio. Si autem cum ornato est, usque in finem legitur.

Rutilet huius muneris auro ignita sinceritas offerentium. In margaritis nitescat fidei candor. In lapidibus iaspidinis bone spei uiror appareat. In hyacinthinis nitescant celestia, spiritualisque con-

3 *Cod* puteus, pater 4 *Cod* filio... Versabe 10 *Cod* Racel 12 *Cod* remobendo 16 *Cod* Eziopissam 21 *Cod* licore 27 *Cod* noberint 30 *Cod* Eziopia.

2 *Cod* deuita... persolbant 9 *Cod* condam 22 *Haec rubrica in margine codicis scribitur Cadem manu qua et textus. Forma* ornato *perraro apud classicos inuenitur* 28 *Cod* iacintinis.

1. Formule pour bénir les croix votives, offertes à une église par les fidèles. Quelques-unes de ces croix, dons des rois wisigoths ou autres grands personnages, étaient, d'après la rubrique du Rituel, en or incrusté de pierres précieuses. Elles recevaient alors une bénédiction spéciale. Après la chute des Wisigoths, les premiers princes Asturiens gardèrent les traditions des anciens rois. On conserve encore dans le trésor de la cathédrale d'Oviedo (où j'ai pu les admirer en 1897) deux merveilleuses croix en or, données à cette église, l'une en 808 par Alphonse le Chaste (la croix dite *des Anges*), l'autre en 908 par Alphonse le Grand (la croix dite *de Pélage* ou *de la Victoire*). — Au dixième siècle, Fernan Gonzalez, premier comte indépendant de Castille, enrichissait aussi l'abbaye d'Arlanza d'une belle croix en or à double croisillon ornée de filigranes. Cette croix, que j'ai vue chez Don Manuel Gomez y Salazar, archevêque de Burgos, en 1889, est un joyau historique de premier ordre. La tradition raconte qu'elle fut offerte au célèbre comte, vers 930, par le pape Jean XI ; mais nous sommes ici en pleine légende. Léguée par Don Manuel à son frère l'évêque de Léon, celui-ci en fit hommage, quelques années plus tard, à S. S. le pape Léon XIII. — Le musée archéologique de Madrid possède un beau crucifix en ivoire donné, vers le milieu du onzième siècle, à la cathédrale de Léon par le roi Ferdinand Ier et la reine Sanche. On y lit l'inscription : FREDINANDVS REX. SANCIA REGINA.

uersatio demonstretur. Sic enim tota huius metalli qualitas spiritalium sacramentorum uirtute ornetur, ut quod hic uariatur generum specie multimoda offerentium proficiat ad salutem, et omnibus uirtutibus bonis presenti in euo repleti, in eternum cum sanctis mansionem accipiant a Deo Patre omnipotenti, et a te Domino Ihesu Christo simulque ab Spiritu Sancto[1].

LVIIII. — BENEDICTIO CORONE[2].

Ihesu Domine, qui es corona sanctorum, hanc fol. 121 / coronam benedicendo sanctifica : ut pro decore

[11] *A* (*fol. 36*) sanctificando sanctifica.

1. Le Rituel *A*, folios 36-37, renferme une formule semblable à la précédente, quoique moins correcte. La deuxième partie, qui s'arrête à ces mots : *proficiat ad salutem. — Amen*, offre les quelques variantes que voici : « Rutilent in huius muneribus (*sic*) auro argentoque lucidior ignita sinceritas offerentium. In margaritis nitescant (*sic*) fidei candor; in lapidibus parsinis (*de Paros?*) bone spei uigor appareat..... »

2. Il s'agit ici des couronnes destinées à décorer les autels. (Voy. plus loin folio 161 du manuscrit.) Ces couronnes étaient parfois d'une très grande valeur. Il n'était pas rare au septième siècle de voir les rois de Tolède et les plus hauts personnages du royaume, ducs ou comtes, faire hommage de leurs couronnes au Christ, à la sainte Vierge ou aux saints, comme protecteurs de leurs États et de leurs provinces. Plusieurs de ces couronnes sont arrivées jusqu'à nous. Elles sont toutes en or pur, ornées de perles et d'un grand nombre de pierres précieuses (saphirs, rubis, opales, émeraudes, etc.). La plus ancienne est celle du roi Swintila (621-631), aujourd'hui à l'*Armeria real* de Madrid; elle porte l'inscription suivante : + SVINTILANVS REX OFFERET. (Voy. Amador de los Rios, *El arte latino-bizantino*, 1861.) La plus remarquable de toutes est sans contredit la couronne du roi Réceswinthe (649-672), le plus beau joyau de l'orfèvrerie des Wisigoths d'Espagne qui nous soit parvenu. Découverte en 1858 dans un caveau de l'ancien cimetière de Guarrazár (7 kilom. environ à l'ouest de Tolède), elle est aujourd'hui à Paris, au Musée de Cluny, avec sept autres couronnes de moindre valeur, trouvées dans la même cachette. On croit avec raison qu'elles faisaient partie du trésor de la cathédrale de Tolède, enfoui à la hâte en 712, au moment de l'invasion des Arabes. Au-dessous de la couronne de Réceswinthe on lit : + RECCESVINTHVS REX OFFERET. Toutes ces couronnes gardent encore les chainettes d'or destinées à les suspendre au-dessus de l'autel. Presque toutes « couronnaient » une très riche croix, attachée par une chainette à la tige de suspension. L'une d'elles porte l'inscription suivante : IN DEI NOMINE OFFERET SONNICA SANCTE MARIE IN SORBACES. Une autre : IN NOMINE DOMINI IN NOMINE SANCTI

domus tue et tui honore ac ornamento altaris, accepta hec munera feras, et de manibus offerentium respectu hilari et pia benignitate suscipias. — Amen.

LX. — BENEDICTIO SEMINIS[1].

Creator omnium creaturarum, omnipotens Deus, qui omnium seminum gignendi serendique atque fructificandi condicionem dedisti : te deprecamur, ut pius ad precem nostram respicias, et ita demum in serendis seminibus amplificatam gratiam tribuas; ut centupliciter augmentata magisque recurrentibus annis reddas fecunda : quatenus dum bonis donisque tuis repleueris, a creatura tua hic et in eternum incessabiliter conlauderis. — Amen[2].

[3] *Cod* ylari [13] *Cod* repleberis.

OFFERET LVCE PIVS (lecture douteuse). Sur une couronne très simple : OFFERET MVNVSCVLVM SANCTO STEPHANO THEODOSIVS ABBA. — Sur tout ceci, voy. LASTEYRIE, *Description du trésor de Guarrazar*, 1860; LABARTE, *Les Arts industriels du Moyen Age*, t. I, p. 490; La FVENTE, *Historia eclesiástica de España*, t. II, p. 285-290; de la RADA, *Museo Español de antigüedades*, t. IV, p. 113, et *Monumentos arquitectónicos de España*, fascic. 21 et 45; FERNANDEZ-GVERRA, *Historia do España desde la invasion de los pueblos germanicos hasta la ruina de la monarquia Visigoda*, t. I, p. 437-474, et t. II, p. 64-83; PEIGNÉ-DELACOVRT, *Recherches sur le lieu de la bataille d'Attila*, 1860 (très belles chromolithographies des 8 couronnes du Musée de Cluny et détails); HVBNER, *I. H. C.*, p. 50-51, n°s 159-163. Pour la comparaison avec d'autres monuments du même genre, voy. *Dictionary of Christian Antiquities*, au mot CROWN.

1. Presque toutes les formules de bénédictions ou de prières contenues dans les vingt et un chapitres suivants sont propres à nos Rituels wisigothiques. J'excepte le texte d'une *Oratio ad consecrandas cellulas fratrum*, qui est signalé expressément comme emprunté aux livres romains, et un ou deux autres. Il est inutile de comparer ici cette série de bénédictions avec celles qu'on trouve ailleurs et qui sont bien connues. (Voy. GOAR, *Rituale Graecorum*, 1647, p. 691 et suiv.; les Sacramentaires gélasien et grégorien, dans MVRATORI, *Liturgia romana uetus*, t. I, p. 742-747; t. II, p. 227-233; et surtout le grand ouvrage de D. MARTÈNE, *De antiquis Ecclesiae ritibus*, index, au mot BENEDICTIO). Il est presque oiseux de renvoyer aux bénédictions du Rituel romain. Le plus curieux de ces rituels pour l'intelligence de nos textes wisigothiques est incontestablement celui des Grecs.

2. Dans le Rituel *A*, fol. 37-38, cette *Benedictio seminis* est précédée d'une autre bénédiction, celle, semble-t-il, des premiers épis de blé. La voici, avec les fautes dont elle fourmille (ainsi du reste que la formule suivante), et qu'il faut attribuer à un copiste d'une

LXI. — BENEDICTIO NOVARVM FALCIVM VINEARVM [1].

Deus, qui uineam ex Egypto transtulisti, eiecisti gentes et Trinitatis fide plantasti eam : te supplices exoramus, eterne inmense Deus, ut quicquid falces iste per chrisma benedictionis tue peruncte incidendo tetigerint, tue benedictionis gratiam in germine uitis et pomorum infundere digneris, et propagines radi cesque eorum uberrimas facias, et palmites eorum extendas in botros, et fructus eorum ubertate repleas.

Vnde neque aeris uiolentie intemperantia, neque a grandinis percussione, neque a radio igniti solis flagellentur; sed animata rore celesti, ad maturitatem uindemie, angelo tuo iugi[ter] custodiente, perducere digneris : ut, dum hec a te Deo creatore omnia nobis donantur in terris, Deus noster glorificeris in celestibus regnis.

[6] *Cod* crisma.

ignorance peu commune. Comme le sens se laisse aisément deviner, il est inutile de corriger. Ici pas plus qu'ailleurs, je ne puis me permettre le luxe d'un triple étage de notes explicatives.

BENEDICTIO GRANEAS.

« Domine Ihesu Christe, qui in utero Virginis peruenisti ut ad celos ascenderes, et populus tuus dedisti imbrem terre, et dedisti ut germinaret terra erbam, et ad maturitatem perduxisti : sanctifica hanc spicarum granea famuli tui *Illius*, ut cursum sibi [in]dictum et a[nte] conspectu[m tuum] sine macula et ruga perueniat. — Amen.

BENEDICTIO DE FRVGVM SEMINIS.

« Te, Domine, petimus et rogamus, ut hoc fructum seminis tui oculis serenisque uultibus aspicere digneris. Sicut enim testatus es Moysi famulo tuo in terra Egypti, dicens : Dic filiis Srahel, cum ingressi fuerint in terra repromissionis, quam eis Dominus Deus dabit, initium fructu[u]m suorum offerant sacerdotibus qui fuerint in tempore illo, et benedicat ea sacerdos et erunt benedicta. Ita et nos exoramus, Domine... super hunc fructum, quod ad serendum profertur, ut non grando succedat, non turbinis subuertat, non uis tempestatis detruncat, non aeris innundatio exterminet; sed culmen perabondanti propter usum animarum et corporum omnium ad plenissimam maturitatem perducas. — Amen. »

1. Bénédiction d'un instrument destiné à tailler les vignes et les arbres fruitiers. Je n'ai trouvé nulle part ailleurs une formule analogue.

/ LXII — BENEDICTIO PRIMITIARVM. fol. 122

Te inuocamus, Domine sancte, Pater eterne, omnipotens Deus, super has primitias terre tue, pomorum uel quodcumque generis alimenti, quod tibi offerimus famuli tui. Tu enim Moysi famulo tuo locutus es, dicens : « Primitias terre tue offeres in domo Dei tui, ut benedicat tibi Dominus Deus tuus super terram ». Pro qua re petimus clementiam tuam, Domine Deus noster, ne sol urat, ne grando cedat, ne tempestas excutiat; sed, te protegente, ad maturitatem perducas, ut populus tuus benedicat te per omnes dies uite sue.

LXIII. — BENEDICTIO DE AREA NOVA.

Omnipotens Domine Ihesu et Christe Deus, qui precepisti homini ut operaretur terram et saturaretur pane : proinde rogamus sanctam clementiam tuam, ut sicut illi frumenti, uini et olei uel horrei pleni pinguedine, et cellaria sua dono tue gratie replere iussisti; ita nobis famulis tuis adesse digneris, ut descendat angelus benedictionis tue fertilis super hanc aream uel circulum, quam in nomine tuo edificauit famulus tuus ad preparandum frumentationis uictum. — Amen.

Per gratiam pietatis.

LXIIII. — ORATIO DE MANIPVLIS.

Domine Deus omnipotens, qui precepisti famulo tuo Moysi, ut post sollemnitatem pascalem septem hebdomadibus rite peractis, manipulos noue messis offerret, benedicito hunc famulum tuum, qui tua iussa implere ex uoto desiderans, spicarum primitiua ex sua obtulit sata [1]. Sanctifica igitur, quesumus, hanc nouam frugem, ut omnis qui ex ea sumserit acceptabilem tibi deferat laudem. Atque poscimus, ut cunctorum / fidelium segetes sic ad culmen plenitudinis perueniant, ut tua opitulante clementia, eas nec grando, nec tempestas deiciat : qualiter hic sine offensione tibi tua seruiat creatura, (fol. 123)

[13] *Cod* Benedictio area noba *M* Benedictio de area noua *A* Benedictio area noba [14] *M* omnipotens Domine qui [18] *Cod* orrei [21] *Cod* circulo [22] *Cod* edificabit *M* hedificauit [25] *Cod* de manipulos [27] *Cod* post sollemnitate pascali [28] *Cod* ebdomadis rite perhactis... nobe.

1. *Sata*, mot de basse latinité, très rarement employé pour l'expression classique *satus* (semailles). Ducange ne l'a pas connu; mais Diefenbach en cite plusieurs exemples dans son *Glossarium latino-germanicum*, p. 513.

et cum abundantia bonorum operum ad te perueniat in secula post futura.

LXV. — BENEDICTIO DE PANE NOVO.

Te, Domine, supplices exoramus, ut hos panes primitiarum frugum tuarum ex munere diuersorum offerentibus famulis tuis inter sancta libamina benedicere et suscipere atque sanctificare digneris; ut cernant fructus suos pinguedine celesti letantes, et de laboribus eorum iniquam famem Christus elonget, et adipe frumentorum horrea eorum semper redundent. — Amen.

LXVI. — BENEDICTIO AD OMNIA QVE VOLVERIS.

Benedic, Domine, creaturam istam, ut sit remedium salutare generi humano; et presta per inuocationem Nominis tui, ut quicumque ex ea sumserit, corporis sanitatem et anime tutelam percipiat[1].

LXVII. — BENEDICTIO VVE.

Respice, Domine, super huius uitis generationem, quam Ihesu Naue et Caleb serui tui terram repromissionis intrantes propter significantiam fecunditatis in manu botrum retulerant, a quo manantibus racemis humor expressus est. Sanctificatam ergo a te uuam nobis ac populo tuo ex uinea Sabaoth diuina largitate distribue. — Amen.

Item alia.

Deus, cui et per quem parent omnia seruiendo mandatis, sanctimoniis, et iustitie uiam tenendo
fol. 124 florescunt, solemni more studioque placendi / has tibi uue primitias offerimus; quia ipse Moysi famulo tuo locutus es, dicens : « Primitias non tardabis michi offerre ». Non quod his indigeas, Domine, quia omnia reples et contines. Accipe ergo in his salutaribus tuis per Spiritum Sanctum tuum has primitie nouitates, quas in atriis tuis offerunt tibi tui fideles. Veniat benedictio tua et sanctificatio in has primitias, et fecundum germinis huius fluxum ideo fertilis botrus erumpat, cuius botrui humor passionis Christi stolam candidam reddidit et roseo colore amictum eius in purpuram demutauit, calicemque pretiosum temperans, cunctorum corda credentium deebriauit. — Amen[1].

LXVIII. — ORATIO DE DECIMIS.

Venientes qui decimas offerunt, ponunt eas ante altare. Veniens sacerdos uocat illum qui decimas dedit, et iuxta se eum facit stare. Et orat tantum diaconus. Et dicit sacerdos hanc orationem :

Oratio.

Domine Ihesu Christe, qui per seruum tuum Salomonem loquutus es populo tuo, dicens : « In omni mandato hilarem fac uultum tuum, et in exultatione cordis sanctifica decimas tuas, et septies reddam tibi ». Proinde, oblatas tibi has decimas altaribus tuis sereno uultu, tu Deus noster, intuere : ut hii famuli tui *Illi*, qui te Dominum de suis iustis honorificant laboribus, offerendo tibi decimas fructuum, auxisse sentiant suarum substantiam facultatum : ac, sicut promisisti, horrea eorum frumento reple, et uino torcularia redundare concede.

Quia, te iubente, dicimus : Pater.

Benedictio.

Omnipotens Deus, in cuius sanctuario has frugum / uestrarum decimas benedicendas offertis, fol. 125
ipse et has libens suscipiat, et uos propitius benedicat. — Fruges quoque laborum uestrorum multiplicet, et uos ipsos in celesti promtuario glorificandos admittat. — Vt qui ex uestris opibus eius sancto Nomini decimas dedicatis, denarium ab eo eterne uite cum sanctis omnibus potiatis. — Amen.

Per Christum Dominum et redemtorem.

[1] *Cod* habundantia [3] *Cod* nobo *A* Benedictio pane nobo [10] *Cod* orrea [17] *Cod* ube [19] *Cod* Nabc et Caleph [23] *Cod* ubam [29] *Cod* ube [30] Exod., XXII, 29 [34] *Id est* primitiarum nouitates [36] *Cod* fluxim.

1. Le Sacramentaire grégorien (MVRATORI, t. II, p. 229) renferme une formule de bénédiction *Ad omnia que uolueris,* identique à celle-ci.

[1] *Cod* amictam... demutabit, calicem quem [3] *Cod* deebriabit [11] Eccli., XXXV, 11 et 13 [12] *Cod* ylarem [18] *Cod* substantia [19] *Cod* hac... orrea.

1. Dans le Rituel *A*, fol. 38-39, cette bénédiction est accompagnée de la belle formule suivante, dont le texte a été très maltraité par le copiste :

BENEDICTIO POMI.

« Tibi enim uirentibus ramis arborum fetus obsequitur, diuersis coloribus prata pinguntur, et in nouam uirifacient uarietatem pinture (pictura?) felici arba mutantur, succideat etas (succedat estas) in frugibus, grauibus racimis palmites [s]armentorum flecte[n]tur, et pacificum uenisse germen fecundis frugibus oliba denuntiat. Hanc si in omne diuersitatum g[enere] tempus agnoscimus, proinde petimus et rogamus ut hanc pomum a tua benedictum clementia edendum percipiamus. — Amen. »

LXVIIII. — BENEDICTIO SVPER ALIQVID LIQVORIS POLLVTVM.

Deus omnipotens, qui omnia nobis uictui nostro conlata uerbo tuo credimus esse sanctificata : precamur tuam clementiam, ut si qua huius liquoris inmunda contagione polluta sunt, per inuocationem Nominis tui, Deus Pater omnipotens, et Ihesu Christi Filii tui Domini nostri, et Spiritus Sancti, ab omni pollutione mundata, omnes in te credentes[1] sumere mereantur, hoc tuo uerbo sanctificata. — Amen.

LXX. — BENEDICTIO DE VASO[2].

Domine Deus omnipotens, qui omnia munda elegit, hoc uas ab omni pollutione emundet. — Amen.

Fiat in nomine Domini nostri Ihesu Christi sanctificatum, et ab omni inmunditia segregatum. — Amen.

Vt spiritus nequam in hoc uas non habeat accesum nec dominatum. — Amen.

LXXI. — ITEM ORATIO SVPER VAS IN QVO ALIQVID INMVNDVM CECIDERIT[3].

Misericordiam tuam, omnipotens Deus, supplices deprecamur, ut descendat super hoc uas benedictio tua et sit quesumus, te concedente, nostris usibus abtum : ut si quis in eum miserit oleum, aquam, uinum, mel, uel alicuius liquoris, ita sanctificatum sit, ut membra nutriat, non polluat, leniat pectora, corda mulceat, recreet uiscera, non sordeat, nicil-
fol. 126 que amarum uel nefarium inueni/atur in eo amplius; et quicumque ex eo hauserint uel sumserint potum, consecrationem a te consueta gratia percepisse se gratulentur. — Amen[1].

[2] *Cod* licoris [4] *A* colata [5] *Cod* licoris [25] *M* si quid [26] *Cod* licoris [30] *Cod* auserint *M* uel perceperint.

1. Avec le mot « credentes » reprend le texte du Rituel de Madrid, fol. 40, interrompu par l'enlèvement d'un cahier, depuis l'« Oratio ad comendandum corpus deuote uirginis ». Voy. ci-dessus, col. 147.

2. Il s'agit probablement ici de vases antiques, que l'on croyait avoir servi à des usages païens. Le Sacramentaire grégorien renferme une formule intitulée : *Oratio super uasa in loco antiquo reperta*. Voy. MVRATORI, *Liturgia Romana uetus*, t. II, p. 217.

3. Le Sacramentaire de Bobbio (du septième siècle) donne, sous la rubrique : *Benedictio ubi aliquid immundum ciderit in uas*, une formule qui débute comme celle de nos trois Rituels wisigothiques et dont quelques expressions sont identiques. Voy. *P. L.*, t. LXXII, col. 571-572.

LXXII. — ORATIO SVPER HIS QVI MORTICINVM COMEDVNT VEL SVFFOCATVM[2].

Deus clemens, qui transgressiones hominum longanimiter toleras, differens ultionem donec reparationis tribuas facultatem; qui peccata uoluntatis necessitatisque discernis, et solita ac paterna Dei miseratione subuenis : quesumus, ut presenti huic famulo tuo *Illi* gratuitam misericordiam tuam donare digneris, quem immolatice ac suffocatice carnis inpia gentilitatis necessitas inquinauit. Da ei, omnipotens Deus, misericordie gratiam, et tribue emendationis plenissimam medicinam : ut, exutis ab eo maculis et pollutionibus inmunditiisque coinquinationis, paterna se gaudeat a tua pietate purgatum.

LXXIII. — ORATIO VEL BENEDICTIO PVTEI NOVI.

Deprecamur, Domine, clementiam pietatis tue, ut aquam putei huius celesti benedictione sanctifices, et ad communem uitam concedas salubrem : et ex eo fugare digneris omnem diabolice temtationis incursum, ut quicumque ex eo abhinc hauserit biberitque, uel in quibuslibet necessariis usibus hausta aqua usus fuerit, totius uirtutis ac sanitatis dulcedinem perfruatur; ut tibi semper sanctificatori

[5] *M* transgressionis [6] *M* tolerans [11] tuam *deest in M Ib.* immolaticie ac suffocaticie [12] *Cod* inpia gentilitas necessitatis [19] *Cod* nobi [24] *Cod* auserit [26] *Cod* austa.

1. Le Rituel *A*, fol. 35, complète comme il suit la formule précédente : « *Post hec accipiat oleum benedictum, et dicit sacerdos :* In nomine Patris, et Filii, et Spiritus Sancti, sanctificatum permaneat in pace. — Deo gratias ».

2. Il est souvent question des *morticina* et des suffocata dans les Pénitentiels du moyen âge. « Qui manducat carnem immundam aut morticinam aut dilaceratam a bestiis », dit un canon de Théodore de Cantorbéry, « quadraginta dies peniteat » (Voy. *P. L.*, t. XCIX, col. 944, cf. col. 943). A consulter sur tout ceci SCHMITZ, *Die Bussbücher und die Bussdisciplin der Kirche* (2 volumes : nombreuses références de la table des matières, aux mots *Thiere verunreinigte* pour les *morticina;* au mot *Ersticktes* pour les *suffocata*). Chez les Orientaux, voy. quelques canons disciplinaires du même genre dans DENZINGER, *Ritus Orientalium*, 1863, t. I, p. 481, 483, 491. Toutes ces prescriptions s'appuyaient sur l'autorité des saintes Écritures. Cf. Levit., XVII, 15; Act., XV, 20 et 29, XXI, 25.

et saluatori omnium Domino gratias agere mereatur [1].

LXXIIII. — BENEDICTIO PVTEI, VBI ALIQVID INMVNDVM CECIDERIT [2].

Domine Sancte, Pater eterne, omnipotens Deus, fol. 127 qui Abraham, Ysaac et Iacob patres / nostros, puteos etiam federis fodere, atque ex eis aquam bibere propitia diuinitate docuisti : te supplices exoramus, ut hac aqua et puteo hoc, uas ubi morticinum quicquam fuit, omni diabolice temtationis incursu effugato semper repellas, et putei huius aquam ad communem uitam celesti benedictione sanctifices; ut quicumque deinceps ex ea biberint, totius suauitatis dulcedine satientur. — Amen [3].

LXXV. — BENEDICTIO NAVIS.

Domine Ihesu Christe, qui in similitudinem nauis Ecclesie tue arcam fieri iussisti, ut inundante diluuio, soli qui in ea inuenti sunt saluarentur, quique etiam Petro mergenti dexteram de naui dignatus es porrigere : rogamus clementiam tuam, ut ab hac naue omnium uentorum aduersitatem procul auertas, procellas fluctuum tua inuicta uirtute conpescas; quatenus in ea nauigantes Maiestatis tue protec-

[6] *Cod* Abraam [7] *Cod* fodiri atque [10] *Cod* omne [12] *Cod* benedictioni [13] *Cod* suabitate [14] *M* dulcedinem [17] *Cod* dilubio [18] *Cod* salbarentur.

1. La formule du Rituel de Madrid, fol. 41, est toute différente :

Benedictio pvtei nobi.

« *Oratio :* Discede, inmunde spiritus et impure, ab hac aqua, que usibus tuorum (suorum) humanis Maiestate diuina est adtributa : sicque tua tuorum[que] incursio ab hac (*sic*) puteo effugata dispereat, ut nullius orum qui ex ea biberint nocenti... que piales erit (pia lex erit?). Amen. In nomine Patris, et Filii, et Spiritus Sancti, regnantis in secula seculorum. *Deinde adspargit sal in puteo.* »

2. Dans le Rituel *M*, simplement : Benedictio pvtei.

3. Le Sacramentaire de Bobbio nous donne, sous la rubrique *Benedictio super puteum*, une formule puisée à la même source que celle de nos deux Rituels. La voici : « Domine sancte, Pater omnipotens, aeterne Deus, qui Abraham, Isaac et Iacob patres nostros puteos foederis fodere, atque ex his aquam bibere propicia diuinitate docuisti, te supplices deprecamur, ut aquam putei huius ad communis uitae utilitatem caelesti benedictione sanctifices, ut fugato ab ea omni diaboli temtationis seu pollutionis incursu, quicumque ex ea deinceps biberit, benedictionem Domini nostri Iesu Christi percipiat. Per.

tione muniti, ad portum tranquillissimum peruenire mereantur illesi. — Amen.

LXXVI. — BENEDICTIO RETIS.

Omnipotens sempiterne Pater et Domine, qui es summe pietatis indultor, eterne gratie contributor et placitus clementer tuos ditificas glorioso munere laureandos, nostris precibus fauens pium prebe studium, et hoc rete, quod coram sacro tuo deferimus altario consecrandum, te benedicente officii sui affatim nobis prebeat alimentum. Non eum sinas aduersantium arte aliqua inligare, nec uerbis incantantium pessimis inretiri. Quique beatissimis tuisque sanctis / Apostolis sagenam iactanti- fol. 128 bus in mari dedisti copiam piscium a marinis gurgitibus abstrahere, quo et hic satiarentur presentium dape ciborum, et post redderentur captores hominum in futuro : nos quoque ut ita reddi iubeas efficaces efflagitantes poscimus indefesse. Presta nobis, Deus, ut huius retis exhibitione repleamur, et gratie tue muneribus gratulemur : qualiter et cibo temporali refecti, eterno in premio debitam tibi semper copiam gratiarum pandamus.

Pater noster.

Benedictio.

Ihesu Deus, in quo est gratie plenitudo et benedictio copiosa, hoc rete sanctifica, et nos eterno munere dita. — Amen.

Cunctorum accipe uota, et miseratus concede suffragia postulata. — Amen.

Vt et in presenti seculo copia satiemur ciborum, et post ad mansiones perducamur sidereas angelorum.

LXXVII. — INCIPIVNT ORATIONES AD CONSECRANDAS CELLVLAS FRATRVM.

Deus, in cuius meditatione nullum sufficit tempus, nulla sufficiunt horarum spatia, apud quem sine intermissione orandum, petendum, pulsandumque docetur : petimus itaque, Domine, prece qua possumus, humilitate qua ualemus, ut hoc tabernaculum, in quo ob honorem Nominis tui a famulis tuis introducimur, tua benedictione sancti-

[2] *M* inlesi [6] *Cod* placidus [12] *M (fol. 41)* Quique beasimotis Petro tuisque [13] *Cod et M* sagena [14] *Cod* copia [15] *Cod* abstraere *M* saciarentur [18] *Cod* possumus *M recte* poscimus [19] *Cod* exibitione [31] *M* angelorum. Amen [35] *Cod* nullus [36] *Cod* aput quem [39] *Cod* ut hunc.

fices. — Sit eis in loco isto iugis meditatio mandatorum tuorum : hic spiritali exercitatione, apum more, diuini eloquii melle edificentur : hic lutum concupiscentie, quod in plateis huius seculi occasione fragilitatis colligitur, lacrimarum ablutione
fol. 129 purgetur : hic per iugem / meditationem sancta adquiratur karitas; sine intermissione orando pellatur discordia : hic numquam uel leuis fraterna sit obtrectatio; sed dulcis ac iugis apud te Deum premittatur oratio, per quam non solum gaudeant se laqueis diaboli liberatos, sed et glorientur etiam in regna celorum fuisse translatos. — Amen.

LXXVIII. — ITEM ALIA ORATIO EX ROMANO COLLECTA[1].

Deus, qui renuntiantibus seculo mansionem paras in celo, dilata huius sancte congregationis temporale habitaculum celestibus bonis : ut fraterne teneantur conpagine karitatis, unanimes continentie precepta custodiant, sobrii, simplices et quieti, gratis sibi datam gratiam fuisse cognoscant. Concordet illorum uita cum nomine : professio sentiatur in opere.

Benedictio.

Benedicat uobis Dominus ex Syon, et beatum propositum uestrum spiritali benedictione conseruet. — Amen.

Tuti semper ab infestationibus maneatis, et in habitationibus uestris pax iugiter quieta permaneat. — Amen.

3 *Cod* mella edificetur 6 *Cod* per iugi meditatione 9 *Cod* aput 23 *Haec* Benedictio *referri debet ad cap. LXXVII; nihil enim* ex Romano *habet* 25 *Cod* prepositum.

1. Nous retrouvons la prière suivante, à l'exclusion de la *Benedictio* qui l'accompagne, dans plusieurs livres liturgiques anglais du huitième au dixième siècle, tantôt dans le cérémonial de la vêture d'un novice, tantôt dans celui de la profession monastique. (Voy. Martène, *De antiquis Ecclesiae ritibus*, éd. de 1788, t. II, p. 162-163.) On y remarque toutefois quelques variantes assez notables. La formule (p. 165) qui se rapproche le plus de celle de notre Rituel (on y lit : « dilata huius *conuersationis* habitaculum temporale », au lieu de : « dilata huius *sancte congregationis* temporale habitaculum ») est empruntée à un Pontifical espagnol de la fin du douzième siècle, ayant appartenu à l'église de Cuenca. — Voyez pour les livres romains le Sacramentaire gélasien (Muratori, 742; Wilson, 290) et le Grégorien de Pamélius, p. 440. Quelques variantes du premier texte montrent que nos manuscrits wisigothiques ont puisé à la source grégorienne.

Cubilibus uestris quietem securitatis infundat, ut in nullo uos aduersariorum formido deterreat.

LXXVIIII. — ORATIO IN INTROITV DOMVS[1].

Habitantibus, Domine, in hoc tabernaculo, pacis tue largire solacium : quo et omnia sinistra ab ipsis repellas, et temporum prosperitatem cum abundantia rerum eis adtribuas. — Amen.

LXXX. — ORATIO AD CONSECRANDVM INCENSVM[2].

Adgredimur aduersum te, inmunde spiritus, fidentes per insuperabile nomen omnipotentie Dei-

3 *Cod* introytu 4 *Cod* Abitantibus ...tabernaculum 6 *Cod* habundantia.

1. Cette formule est à rapprocher d'une inscription récemment découverte à Mérida et qui date du sixième siècle. Elle se trouvait très probablement sur la porte d'entrée de l'hospice élevé (vers 572) par Masona, près de la basilique de Sainte-Eulalie.

+
HANC DOMVM IV
RIS TVI PLACATA POSSIDE
MARTIR EVLALIA
VT COGNOCENS INIMICVS
CONFVSVS ABCEDAT
VT DOMVS HEC CVM HABI
TATORIBVS TE PROPITIANTE
FLORESCANT
AMEN

Fita, *Boletin de la Academia*, t. XXV (1894), p. 80. Hvbner, *Inscrip. Hisp. Christ.*, Supplementum (1900), nº 334.

2. Cette *Oratio* est remplacée dans les Rituels *A*, fol. 30, et *M*, fol. 4, par les bénédictions suivantes, dont le texte (je donne celui de *A*) est très altéré :

Benedictio incensi.

« Eternam hac iustissimam pietatem tuam deprecamur, Domine sancte, Pater omnipotens, eterne Deus (*M* Pater eterne, omnipotens Deus), ut benedicere digneris hanc speciem timiamatis, *uel qualibet species*, ut sit incensum Maiestatis tue in odorem suabitatis acceptum et a te, Domine, benedictum; ita ut, ubicumque odor eius peruenerit, stricetur (stringatur) et effugetur omne genus demoniorum, sicut fumus gecoris (*M* iecoris) piscis, quam Rafael arcangelus tuus Tobie famulo tuo docuit occidi at (*M* ad) Sarre liberationem. Descendat super hanc speciem (*M* hac specie) incensi plena benedictio (*M* benedictione) tua, ut sit tibi acceptus sicut ille de co Dauid propheta tuus cecinit, dicens : « Dirigatur oratio mea sicut incensum in conspectu tuo ». Sit nobis odor consolationis, suabitatis et gratie, ut fumus (*M* eius) effugiet omni fantasie mentis fol. 140 tatis, exorcizantes te, / hostis humani generis, ut discedas ab hac creatura incensi cum omni uiolentia tua omnique aduersitate uirtutis tue, et cum omni inueterata malitia fantasiisque omnibus tuis, et effugias confusus cum actibus tuis prauis; qualiter efficiatur in ministerio altaris benedictum et omni ecclesie odorem redolens congruum, ut odorantibus sit omnibus in preparatione consequende salutis animarum et corporum, remissionem omnium peccatorum, per signaculum gloriose crucis Domini nostri Ihesu Christi, regnantis cum Deo Patre et Sancto Spiritu in secula seculorum.

Alia.

Domine Deus omnipotens, cui adstat exercitus angelorum cum tremore, quorum seruatio in uento et igni conuertitur : dignare, Domine, respicere et benedicere hanc creaturam incensi, ut omnes languorum insidie odorem ipsius sentientes effugiant, et separentur a plasmate tuo, quod pretioso sanguine redemisti, ut numquam ledantur a morsu antiqui serpentis.

Alia [1].

Deus, qui decorasti Ecclesiam tuam ut turrem,

[7] *Cod* hodorem... hodorantibus [17] *Cod* langorum insidias [23] *A et M* ut turre Dauid quam.

et corporis, ut simus Pauli apostoli tui uoce (*M* uocem) boni odoris Deo. Effugiet a facie incensus omni[s] demonum incursus, sicut puluis a facie uenti et sicut fumus a facie ignis. — Presta hoc, piissime Pater, per Vnigenitum Filium tuum, cum eo regnans (*M* cum quo regnas) cum Sancto Spiritu infinita semper secula seculorum. — Amen. »

Alia.

« Domine Deus omnipotens, cui adstat exercitus angelorum cum tremore, quorum seruitio adinuentum est (*M* quorum seruatio in uento) et igne conuertitur; dignare, Domine, respicere et benedicere ad odorem (*M* ex odore) hanc creaturam incensi; ut omnes langorum (*M* omnis diaboli) insidias odorem (*M* ex odore) ipsius sentientes effugiant, et separentur a plasma tua, quos (*M* a plasmate tuo quod) pretioso sanguine redemisti, ut numquam ledantur a morsu antiquo serpentis [et] pereant : semper (*leg.* sed per) Dominum nostrum Ihesum Christum in odorem uius incensi salbentur et uibant atque laudent seculis sempiternis (*M* a morsu antiqui serpentis, sed uiuant teque laudent seculis sempiternis). — Amen. »

Alia.

« Deus, qui decorasti Ecclesiam tuam, ut turre Dauid. quam, » etc., *ut in cod. B*.

1. Toute la formule suivante a particulièrement souffert de l'incurie des copistes dans nos trois manuscrits wisigothiques. Le sens général est aisé à saisir; mais je ne vois pas qu'il soit possible de reconstituer, avec quelque chance de succès, le texte primitif.

quam speciosam sine reprehensione [in] ornamento suo Salomon conlaudat, et odor unguentorum suorum affatus est sicut odor Libani et super omnia aromata : effice hunc incensum Libani siue thus, uel cuiuslibet sit generis, sanctificatum ex thuribulis Ecclesie tue redolere ut fiale aromatum, et cum eo populi preces ut fumus thymiame boni odoris ad te usque peruenire. — Amen.

Sit ita Libanus / iste electus et a te, Domine, benedictus fumo incensi, odorificans et delectabilem myrrham uel thus thymiamaque redolens bonis odoribus, et lex tua de corde cunctorum fidelium, sicut propago uitis in sacrificium tibi odorem emittat. — Amen. fol. 131

Obmutescant in nos omnes actus maligni hostis [cum] heresibus suis aura incensi huius a te, Domine, sanctificati, ut cum Zacaria Sancto Spiritu repleti, benedicamus te sanguine tuo redemti, dicentes : Benedictus Dominus quia prospexit et populum suum redemit. — Amen.

Sit in thuribulis sanctum et in populi salutem abtum. — Amen.

Fiat hoc incensum ita a te, Domine, benedictum, ut animas sanctificet et corporibus fomentum salutis inpertiat. — Amen.

Sit offerenti ad gratiam, et odorantibus ad medellam. — Amen.

Sanctificetur gratie tue dono, suauiterque redoleat in sanctorum tuorum domum.

LXXXI. — ORDO IN RAMOS PALMARVM AD MISSAM [1].

Ambulat omnis populus ad ecclesiam unde palme leuantur, et psallendo ad aliam ubi et missa conple-

[1] *Cod* ad quam [3] *uerba* et super omnia... Libani *desunt in M* [5] *Cod* tus uel quolibet *Ib. M* ex tura timiama... et fiale [7] *Cod* timiame boni hodoris [9] *M pro* benedictus *habet* benientis [10] *Cod* hodorificans [11] *Cod* mirra uel tus timiameque [12] *M* de corda [13] *Cod* hodorem [15] *Cod* omnis hactus maligni hostis heres suos ora *A* Obmutescat... actos... hostis cum ereses suos. [18] *A* benedicimus [21] *Cod* turibulis... populis [24] *Cod* corpora [26] *M* adorantibus [28] *M* donum... in sanctorum dominorum. Oratio super eum. Amen (?) [33] *Cod* lebantur.

1. Le titre *Ad missam* veut dire simplement que la cérémonie des Palmes et la tradition du symbole avaient lieu à l'heure de la messe. La messe proprement dite,

bitur peraccedunt. Dum uero omnis populus adgregati fuerint unde palme ramique leuantur, tunc ingrediens episcopus aut sacerdos in ecclesiam et ponuntur palme ramique super altare, et benedicet eos ita :

Orationes ad benedicendas palmas.

Oremvs : Domine sancte, Pater eterne, omnipotens Deus, qui per Ihesum Christum Filium tuum Dominum nostrum cuncta ex nicilo procreasti, et uirtute Sancti Spiritus uariis ac multimodis creaturis mundi machinam perarmasti, ut homo a te conditus ac tue eternitatis lumine inlustratus, tuorum intuens fol. 132 opera mirabilium / tibi laudes pro cunctis persolueret conditori omnium rerum : te supplices inploramus ac petimus, ut uiriditatis arbuscule ramos palmarum, salicum uel oliuarum tua uirtute benedicere ac sanctificare digneris, ut eorum exemplo, qui tibi Iherosolimam properanti occurrentes cum ramis palmarum, conplentes uaticinia àc prophetarum laudibus gloriam concinuerunt, nos quoque mente eorum innocentiam possidentes, acceptabiles tibi nostrarum mereamur offerre sacrificium laudum : ut quum [ad] iudicandum ueneris mundum, adipiscentes cunctorum ueniam delictorum, sicut nunc coram te horum tenuerimus ramuscula frondium, ita mereamur percipere palmas uictoriarum. — Amen.

Te prestante, summe Deus, qui in Trinitate unus Deus gloriaris in secula seculorum.

[2] *Cod* lebantur [11] *Cod* macinam [13] *Cod* persolberet.

qui venait aussitôt après, ne s'y trouve pas. (Voy. la rubrique finale.) Sur le rite de l'onction et de l'ouverture des oreilles ou *Effetatio*, qui avait lieu en ce jour dans une réunion matutinale, pour préparer les catéchumènes à la réception du symbole, je renvoie à ce qui a été dit ci-dessus (col. 27, note; cf. col. 73) et au traité de saint Ildephonse, *De cognitione Baptismi*, c. XXVII-XXIX.

Si cette partie de notre Rituel wisigothique est de la même date que l'ensemble des formules précédentes, ce qui ne paraît guère douteux, nous avons entre les mains le cérémonial le plus ancien de la bénédiction et de la procession des Palmes. On ne connaissait jusqu'ici, se rapprochant sensiblement de cette date, qu'un texte incomplet du Sacramentaire de Bobbio, qui date de la fin du septième siècle. (Voy. *P. L.*, t. LXXII, col. 572, *Benedictio palme et olivae super altario*.) Saint Isidore (*De ecclesiast. Officiis*, l. I, c. XXVIII) mentionne « la célébration du jour des Palmes » et fait allusion d'une façon assez claire à l'usage de porter des rameaux. D'après notre Rituel, l'évêque bénissait les palmes (ou les branches de saule et d'olivier) dans une église de la ville; puis la procession s'organisait et, accompagné de tout le peuple portant des rameaux, il se rendait dans une autre église, où avait lieu la tradition du symbole aux catéchumènes, suivie de la messe, à l'ordinaire. — Les rubriques et les formules que nous publions sont presque toutes différentes de celles du Missel imprimé. Ces dernières sont empruntées en partie aux manuscrits wisigothiques de la cathédrale de Tolède (codex 35.5), en partie au missel romano-espagnol, en usage dans cette église vers la fin du quinzième siècle. Les éditeurs, qui ont fait ce singulier amalgame, ne nous donnent malheureusement aucune indication pour distinguer le texte wisigothique du texte plus moderne. Le docte P. Lesley lui-même, qui n'a connu que le *Missale mixtum* imprimé, ne sait la plupart du temps comment retrouver son chemin dans ce dédale de pièces liturgiques de dates et de mérites si divers.

Alia oratio.

Oremvs : Alme Pater, omnipotens Rex, omnium creator et domine, cuius super ethera sedis est, quem nullus cernit, et omnis laudat in excelsis celica dulci fragore potestas : qui, ut genus humanum a crimine mortis erueres, et paradisi gaudiis participem faceres, Vnigenitum Filium tuum Dominum nostrum Ihesum Christum ineffabili pietate plenum ad terras mittere es dignatus, ut prisce legis sacramenta et profetica adimplens, sedens super pullum asine Iherusalem ciuitatem intraret, et ab omni populo laudis concentum consona uoce Osanna clamantis audiret : ob hoc et nos indigni laudes eius omni cum leti/tia concinentes, te supplices fol. 133 quesumus, te humiles flagitamus, ut nos adminuculo dextere tue a cunctis malis liberatos ab omni etiam desiderio auertas erroris, et suffragiis tue gratie circumseptos perenniter iubeas conseruare timoris. — Amen.

Per te, qui es pius et misericors, Domine Deus noster, uiuens et regnans in secula seculorum. — Amen.

Alia oratio.

Oremvs : Domine Deus omnipotens, qui cuncta regis, contines et disponis, te supplices quesumus, ut in hac tue plebis deuota sollemnitate tu sublimissimo tue diuinitatis intuitu clementer adsistas, et fidelis turbe celebritatem, quam in tui Vnigeniti ueneratione dependunt dignanter accipias, hancque tui officii creaturam, quam tipica legalis obseruantie prefiguratione exultationis et letitie preconiis

[8] *Cod* nostrarum... laudis [20] *Cod* dulcium [23] *Cod* ineffabile [41] *Cod* te sublimissimo [43] *Cod* et fideli.

dedicasti, solita propitiationis tue misericordia benedicas : ut sit nobis tuis famulis sacre fidei stigmata, presignatis uera letitia, sempiterna iucunditas, inmortale gaudium et perenne deuicta uitiorum hostilitate triumphum. Atque ita interna nostrorum pectorum arcana purificans indesinenter ipse custodias, ut sicut palma nos in conspectu tue Maiestatis florere precipis, et uota nostra equalia illis Hebraicis pueris concedas, qui olim tenerrimis adhuc fidei uocibus Ihesu Christo Domino nostro religiose laudationis officia corporaliter detulerunt : nosque fidei operibus et castis actibus decoratos, omnique
fol. 134 delictorum labe / purificatos in illo superne curie senatu glorifico ita miseratus adscribas, ut ad laudandum te perpetim ualentes efficias quos tua, Pater alme, misericordia regas ac iugiter protegendo custodias. — Amen.

Alia oratio.

Domine Deus, Pater omnipotens, qui ueteris legis ad Moysen famulum tuum promulgans precepta, instituisti ut in sollemnitate feriarum sanctarum sumeret plebs Israhelitica fructus arboris pulcherrime spatulasque palmarum et ramos ligni densarum frondium, ac letarentur in te Domino Deo suo : quique etiam Filio tuo, Domino nostro, Iherosolimis in adsumtam humanitatem descendisti, et Hebreorum pueris inspirasti, ut cum ramis et palmis ei occurrerent clamantes : Osanna in altissimis! quesumus adclines, ut nos famulos tuos fide uberiori te Deum Patrem cum Verbo et Spiritu Sancto in unitate essentie et substantie permanere et glorifica Maiestate regnare fatemur, atque incunctanter credimus, misteria Domini nostri Ihesu Christi Filii tui nobis celebrantibus ac tropheum triumphi eius, quo aerias potestates debellans obtinuit, alacriter predicantibus, miserationum tuarum copiam prebe propitius, cunctaque nostra delicta dele benignus, et orationum nostrarum preces exaudi placatus : ut Resurrectionis eius festiuitatem, mundati a nostrorum delictorum sordibus, cumulatiori letitia celebremus et ad palmam superne uocationis, te obpi-
fol. 135 tulante, / perueniamus inlesi. — Amen.

Tua nos protegente gratia diuinitatis tue.

Alia oratio.

Oremvs : Christe Ihesu, redemptor humani generis, qui Verbum caro factum in mundo apparere dignatus es, et adpropinquante passionis tempore Iherosolimam passurus ingrederis, ut turba que ad diem festum uenerat gaudens tibi occurreret cum ramis et palmis, et uestimenta prosternerent cernuo affectu mentis, simulque conclamarent : « Osanna! fili Dauid, benedictus qui uenit in nomine Domini », uocibus continuatis : ad instar illorum, huius nostre obsequelle suscipe uotum et spirituali nos dita gaudio indefesso ; ut sollemnem diem correptis uite meritis celebrantes ad te, qui es eminens cornu altaris, accedere mereamur ouantes, et celestibus adunati cum turmis glorie ymnum tibi promamus uocibus indefessis. — Amen.

Annuente clementia diuinitatis tue, Domine Deus noster, qui omnia regis in secula seculorum.

Deinde dicit diaconus, qui ipso die ad missam ministrat, hanc precem :

Oremus, ut hos ramos palmarum, salicum uel oliuarum dextera diuinitatis sue propitius sanctificare dignetur. Presta. — Kirie. Kirie. Kirie.

Colligitur ab episcopo hec oratio :

Oratio [1].

Domine Ihesu Christe, qui ante mundi principium cum Deo Patre et Spiritu Sancto regnas unus, et regni tui finis est nullus; qui per legem et prophetas predicatus es uenturus, et in plenitudine temporum pro mundi salute uenisti incarnatus; qui asellum residens ad diem festum in ciuitate Iherusalem iussisti uenire; cui Hebreorum pueri cum ramis floribusque palmarum et frondibus densarum
arborum / occurrerent in uia clamantes : « Osyanna fol. 136
filio Dauid! benedictus qui uenit in nomine Domini » : tuam supplices inploramus Maiestatem, ut precibus nostris placatus digneris adesse, et petitionis nostre iubeas effectum prestare. Peccatorum nostrorum uincula benignus resolue, aduersa cuncta procul remoue et prospera omnia tribue. Aerium temperiem frugumque ubertatem dispensator largus concede. Hos quoque ramos et flores palmarum, quos in ecclesia tua asportari conspicis pro huius diei festi consuetudine, benignitate solita

8 *Cod* precipias 9 *Cod* illius Ebraycis 22 *Cod* Srahelitica... pulcerime 29-32 *Sententia imperfecta* 43 *Cod* gratie.

11 *Cod* obantes 19 *Cod* olibarum 28 *Perraro inuenies accusatiuum post uerb.* resideo 31 Osyanna *forma uicinior hebraicae pronuntiationi* 37 *Cod* remobe.

1. L'auteur de cette prière s'est certainement inspiré de la même formule, dont s'est servi l'auteur de la prière analogue du missel mozarabe imprimé. Quelques courts passages sont même identiques. Voy. *P. L.*, t. LXXXV, col. 389.

benedicere et sanctificare digneris; populum quoque tuum, qui ob amorem Maiestatis tue, per manus seruitutis nostre id cupit accipere, ab omni malo defende et tibi placitum effice, nosque omnes, qui ministerii ordine hoc peragimus opus, cum fideli populo tuo a cunctis insidiis inimici defende placatus, et ad diem sacre Resurrectionis tue mundatos a crimine inlesos facito peruenire.

Quia, te iubente, dicimus : Pater.

Benedictio.

Benedicat uobis Dominus Ihesus Christus, qui ad redimendum genus humanum ex uirginali utero homo nasci uoluit gloriosus. — Amen.

Et qui pro uobis uoluntarie uenit ad passionem, ipse uos gratie sue dono locupletet. — Amen.

Quique uos peruenire fecit ad huius diei festiuitatem, ipse uos ad sancte Resurrectionis sue letitiam cum gratulationis uoto faciat peruenire. — Amen.

Ipse Dominus et misericors, qui cum Deo Patre et Sancto Spiritu uiuit et regnat in secula seculorum. — Amen.

Salutante episcopo, conplet diaconus, dicens [1] :

. . . .

. . . .

. . . .

fol. 137 ... / humilitatis nostre ascendenti obuiam cum ramis olearum, salicum atque palmarum digne Osanna clamare uoluisti, memores eorum mirabilium tuorum ad hodiernam festiuitatem perduxit : exultantes precamur Omnipotentiam tuam, ut nos Maiestatis tue uirtute respicias et dulcedine gratie et benedictionis tue respergas, immo uiriditate et flore uirtutum repleas : quatenus tibi in olearum fascis pinguedine, sanctis desideriis et orationibus offeramur; in salicum specie, pulcritudinis stabilitate decoremur, atque in palmarum dactilis, fructus

[33] *Cod* ymmo [35] *Cod* facis [37] *Cod* daptilis.

1. Une feuille du manuscrit a été déchirée en cet endroit. D'après les fragments qu'il en reste, on voit qu'elle renfermait quatre antiennes, au moins, et quelques autres formules : c'est-à-dire, ce qui a trait à la procession des Palmes, dont il est question dans la rubrique du commencement de ce chapitre, et à l'arrivée dans la seconde église, où devait se poursuivre la solennité de ce dimanche. Le texte du manuscrit reprend vers le milieu d'une oraison, dont les paroles indiquent une formule très belle, par laquelle se terminait la procession des Rameaux.

uictorie reportemus : ut perenni iubilo, officio indefesso, gloriam decantemus. — Amen.

Te prestante, summe Deus.

Post hec legitur lectio Exodi : Suscepi uos [1].

Deinde PSALLENDVM : Venite, filii [2].

Postque APOSTOLVM : Karissimi, qui dicit se.

Deinde EVANGELIVM : Proximum erat.

Atque post legitur hic sermo, cum Simbolo Apostolico :

Sermo.

Karissimi, accipite regulam fidei, quod Simbolum dicitur; et cum acceperitis, in corde scribite et cotidie dicite apud uosmetipsos. Antequam dormiatis, antequam procedatis, uestro Simbolo uos munite. Simbolum enim nemo scribit, ut legi possit; sed ad recensendum, ne forte deleat obliuio quod non tradidit lectio [3]. Sit uobis codex uestra memoria. Quod audituri estis, hoc credituri; et quod credituri, hoc etiam lingua reddituri. Ait enim Apostolus : « Corde creditur ad iustitiam, oris autem confessio fit in salutem. »

Hoc enim Simbolum quod credituri / estis et reddituri [4]. Signate ergo uos et respondite : fol. 138

[4] Exod., XIX, 4 [6] Ep. I Ioan., II. 9 [7] Euang. Ioan., XI, 55 [14] *In margine Cod legitur :* [uestro Simbolo uos] circumdate [16] *Cod* oblibio [19] *Cod* ayt [20] Rom., x, 10.

1. Les trois lectures de l'Ancien et du Nouveau Testament indiquées dans notre Rituel sont les mêmes que celles du *Liber comicus* de Silos, aujourd'hui à la bibliothèque Nationale de Paris (fol. 211-215; p. 134-138 de l'édition de Dom Morin). Les lectures du Missel mozarabe imprimé, sauf pour le texte de l'Évangile, sont entièrement différentes.

2. Voy. cette formule et le *Sermo* suivant dans le Missel mozarabe, *P. L.*, t. LXXXV, col. 394.

3. Saint Ildephonse parle de cet usage très ancien de confier le symbole non au parchemin, mais à la mémoire : « Sancti Patres hoc [symbolum] non membranis, sed memoriae commendare iusserunt; ut non hoc lectio teneat, quae ad ipsos etiam infideles solet idipsum aliquando deferre, sed ex ipsius sanctae apostolicae definitionis traditione commendatum semper maneat fidelibus tenacitate memoriae » (*De cognit. Baptismi*, c. XXXIII). Voyez aussi les formules du Missel gallican (dans *P. L.*, t. LXXII, col. 349 et 356), du Sacramentaire gélasien (*Ibid.*, t. LXXIV, col. 1089) et du Sacramentaire de Bobbio (*Ibid.*, t. LXXII, col. 489). Plusieurs sermons des Pères mentionnent aussi cette pratique bien connue. Voyez surtout saint Augustin, sermons 212-214, et saint Pierre Chrysologue, sermons 56 et 61, cf. serm. 57 et 58.

4. Cette première partie de l'allocution est empruntée presque littéralement au début du sermon de saint

Credo in Deum Patrem omnipotentem [1].

Et in Ihesum Christum Filium eius unicum, Deum et Dominum nostrum.

Qui natus est de Spiritu Sancto et Maria Virgine.

Passus sub Pontio Pilato, crucifixus et sepultus.

Descendit ad inferna.

Tertia die resurrexit uiuus a mortuis.

Ascendit in celos, sedet ad dexteram Dei Patris omnipotentis.

Inde uenturus est iudicare uiuos et mortuos.

Credo in Sanctum Spiritum.

Sanctam Ecclesiam Catholicam.

Remissionem omnium peccatorum [2].

Carnis huius resurrectionem, et uitam eternam. — Amen.

Vt facilius memorie uestre possint inherere que dicta sunt, textum Simboli ordinemque repetamus :

Credo in Deum Patrem omnipotentem.

Tertio quoque textum Simboli recenseamus; ut quia fidem diuine Trinitatis Simbolus in se continet, ipse numerus repetitionis cum sacramento conueniat Trinitatis :

Credo in Deum Patrem omnipotentem.

Hanc sancte fidei regulam, quam uobis nunc tradidit sancta mater Ecclesia, firmissima mentis uestre retinete sententia, nec aliquis in corde uestro dubitationis scrupulus oriatur. Quia si, quod absit, in hoc uel tenuiter dubitatur, omne fidei fundamentum subruitur, et anime periculum generatur. Et ideo si aliquem uestrum inde quippiam mouet, sibi reputet quia hoc intelligere non possit; uera tamen esse credat omnia que audiuit.

/ Deus autem omnipotens ita cor uestrum inlu- fol. 139
minet, ut credendo et intelligendo que diximus, et 21
fidem rectam custodiatis, et sanctis operibus fulgeatis : ut per hec ad beatam uitam peruenire possitis.

Ipso auxiliante, qui in Trinitate unus Deus gloriatur in secula seculorum. — Amen.

Deinde dicuntur Lavdes. *Postque* Sacrificivm.

In prima quoque petitione misse dicendum est :

Agie, Agie, Agie, Domine Deus.

Et quando Nomina Offerentium recitantur, respondendum est a clero. Hoc solum custoditur, ut

15 *Cod* tenuiter dubitanter 17 *Cod* mobet.

Augustin, *De symbolo ad Catechumenos* (*P. L.*, t. XL, col. 827). — On voit par notre Rituel que la tradition du symbole aux catéchumènes avait lieu le dimanche des Palmes dans les églises d'Espagne. C'était aussi la pratique du rite gallican, d'après le texte du Sacramentaire de Bobbio, du Missel gallican et du *Missale gothicum*. (Voy. *P. L.*, t. LXXII, col. 487-348 et 263.) A Milan, d'après le témoignage de saint Ambroise lui-même, on suivait le même usage. Voy. *Epist. XX ad Marcellinam sororem* (*P. L.*, t. XVI, col. 1037). Le *Capitulare Euangeliorum* d'Aquilée (VIIIe s.), qui représente sur ce point le rite ambrosien, appelle ce dimanche *In simbolo*. (Voy. *Revue bénédictine*, janv. 1902, p. 6.) Quant à la *Redditio symboli*, ou récitation par cœur du symbole dans l'assemblée des fidèles, elle avait lieu le jeudi saint. Saint Ildephonse le dit expressément : « Hoc symbolum, quod competentes in die unctionis accipiunt, aut per se, si maiores aetate sunt, aut per ora gestantium, si paruuli sunt, quinta feria ante Pascha sacerdoti recitant atque reddunt » (*De cogn. Baptismi*, cap. XXXIV; cf. c. XXVII). Voy. aussi le concile de Braga, canon XLIX : « Qui baptizandi sunt symbolum discant, quinta feria nouissimae septimanae episcopo uel presbytero reddant ». Cf. *Concilium Laodic.*, canon XLVI.

1. Je n'ai pas à faire ici une étude comparative des divers textes du symbole des Apôtres. On peut voir sur ce sujet le troisième volume de Caspari, *Quellen zur Geschichte des Taufsymbols*, Christiania, 1875; Kattenbusch, *Das Apostolische Symbol*, Leipzig, 1894-1900, et les notes de Lesley sur le symbole du Missel mozarabe. Disons seulement que le texte de notre Rituel se rapproche beaucoup plus que celui inséré au Missel mozarabe du symbole commenté par saint Ildephonse dans son traité du Baptême (c. XXXVI-LXXXIII) et de celui transcrit par Éthérius et Beatus dans leur lettre à Élipand de Tolède (*P. L.*, t. XCVI, col. 906 : on lit un mot de plus dans notre Rituel : « Carnis *huius* resurrectionem »).

2. L'addition *omnium* (peccatorum) se retrouve deux fois (aux fol. 35 et 51) dans le manuscrit de Silos intitulé : *Rituale antiquissimum*, que je cite plusieurs fois dans ce volume; au dimanche des Rameaux dans le Missel imprimé (*P. L.*, t. LXXXV, col. 395); dans les actes du 11e concile de Tolède (an. 675); dans Éthérius (*P. L.*, t. XCVI, col. 906), lequel parle ici du symbole donné aux néophytes. Vers 420, les Pélagiens ayant accusé les catholiques de croire que le baptême ne remettait pas tous les péchés, saint Augustin les réfuta par son écrit *Contra duas Epistolas Pelagianorum* (l. I, XIII, 26; XXIII, 41; l. III, III, 5, dans *P. L.*, t. XLIV, col. 562, 570, 590). L'Église d'Espagne voulait-elle ainsi protester contre des calomnies de ce genre, dirigées contre la pureté de sa doctrine par les hérétiques? Je ne saurais le dire. Mais il est remarquable de voir avec quelle insistance les formules de notre Liber Ordinum reviennent sur l'expression *omnium peccatorum*. Voy. col. 23 (deux fois), 26, 28, note, 99, 102, 104, 116, etc. — Les deux passages du *Rituale antiquissimum* auxquels je renvoie ci-dessus, se lisent parmi les formules liturgiques de deux offices du matin intitulés : *Ordo peculiaris* (cf. l'Introduction, chap. II, § 4) et : *Ordo ad recitandum Prima et Secunda*. Le premier nous donne le symbole de Nicée, le second le symbole de Constantinople.

Simbolum non dicatur[1]. *Oratio uero Dominica ab omnibus sicut cotidie recitatur. Et missa legitime celebratur.*

LXXXII. — INCIPIT OFFICIVM QVOD DICENDVM EST PER TITVLOS IN CENA DOMINI[2].

Lectio libri Iheremie prophete.

In diebus illis locutus est Iheremias, dicens : Dominus mecum est quasi bellator fortis. Idcirco, qui persequuntur me cadent et infirmi erunt. Confundantur uehementer, quia non intellexerunt obprobrium sempiternum, quod numquam delebitur. Et tu, Domine exercituum, probator iusti, qui uides renes et cor, uideam, queso, ultionem tuam ex eis; tibi enim reuelaui causam meam.

Psallendvm : Domine, orationem meam exaudi. — Vers. : Quia persequutus est inimicus animam meam, uelociter exaudi me.

Epistola Petri apostoli ad Gentes.

Karissimi, in hoc uocati estis, quia Christus passus est pro uobis, relinquens uobis exemplum, ut sequamini uestigia eius. Qui cum malediceretur, non remaledicebat; qui cum pateretur, non comminabatur. Tradebat autem se / iudici iudicanti iniuste. fol. 140
Qui peccata nostra portauit in corpore suo super lignum, ut a peccatis mortui iustitie uiueremus, cuius liuore sanati sumus. Eratis enim sicut oues errantes, sed conuersi estis nunc ad pastorem et uisitatorem animarum uestrarum.

Lectio sancti Euangelii secundum Iohannem.

In illo tempore, loquuti sunt discipuli ad Dominum Ihesum, dicentes : Ecce nunc palam loqueris et prouerbium nullum dicis. Nunc scimus quia scis omnia, et non opus est tibi ut quis te interroget. In hoc credimus quia a Deo existi. Respondit eis Ihesus : Modo creditis; ecce ueniet hora et iam uenit, ut dispargamini unusquisque in propria et me solum relinquatis. Et non sum solus, quia Pater mecum est.

Lavdes[1] : Fortitudo mea et laus mea Dominus; factus est mici in salute. — Vers. : Inpulsus sum ut caderem, et Dominus suscepit me. In sa[lute].

Sacrificivm : In simplicitate cordis mei, Domine, letus offeram sacrificium tibi. — II : Domine Deus meus, custodi populum istum cum ingenti gaudio, ut ego letus offeram [sacrificium tibi][2].

Missa eiusdem[3].

Diligamus et sequamur, fratres karissimi, iustitiam sempiternam, manducare cupientes Domi-

[6] Ier., xx, 11-12 *M* profete [7] *M* loquutus [8] *M* uellator [10] *Cod* ueementer [18] I Petr., ii, 21-25.

[6] *M* sanati estis [9] Ioan., xvi, 29-32 [17] *M* mecum est. Amen [23] *M* tibi. Versvs : Domine.

1. C'est-à-dire que le dimanche des Palmes on ne disait pas le symbole de Constantinople avant l'Oraison dominicale, comme cela se pratiquait les autres dimanches de l'année. (Voy. le canon ii du 3e concile de Tolède.) Le symbole des Apôtres, récité trois fois un peu auparavant, le remplaçait en cette circonstance. Ce fait va à l'encontre de l'opinion de M. Harnack, qui pense que dès le sixième siècle on *livrait* aux catéchumènes non pas le symbole des Apôtres, mais celui de Constantinople. Voy. Kattenbvsch, *Das Apostolische Symbol.*, t. II, p. 802, note 67.

2. Le titre du Rituel *M*, fol. 42, est plus complet et explique fort bien la rubrique *per titulos :* « Incipit officium, quod dicendum est in Cena Domini ante missam principalem per titulos, *siue longe positas ecclesias*, quando altaria exuenda sunt ». Voici ce que dit saint Ildephonse, en parlant des églises paroissiales (*tituli*, cf. Ducange, à ce mot) assez éloignées de l'église épiscopale pour qu'il fût permis d'y célébrer le baptême à Pâques et à la Pentecôte : « Per parochiarum autem ecclesias longe positas conuenienter licet ut fiat » (*De cognit. Baptismi*, c. cviii). Le *Liber comicus* de Tolède (éd. Morin, p. 158) donne, à la suite du « Legendum in Cena Domini ad missam », le « Legendum in Cena Domini per titulos », dont les trois lectures de l'Ancien et du Nouveau Testament sont les mêmes que celles de notre Rituel, avec quelques variantes de texte. Voy. sur les *tituli*, ci-dessous, l'*Ordo die sabbato celebrandum*, fol. 153 du manuscrit.

1. Antienne notée dans les deux manuscrits *B* et *M*. Quant au *Sacrificium* qui suit, il est seulement noté dans le manuscrit *B*.

2. Le Rituel *M* ajoute les antiennes suivantes : « III. Ascendit sacerdos in domum Domini, et pandens manus suas ad Dominum, dicens : Deus Abraam, rex celi, letus offeram... — *Sacrificium :* Sacrificium Deo spiritus contribulatus; cor contritum et humiliatum Deus non despicit. — II : Benefac, Domine, in bona uoluntate tua Syon, ut edificentur muri Iherusalem. Cor con[tritum]... — III : Acceptauis sacrificium iusticie, oblationes et olocausta. Cor con[tritum]... — *Sacrificium* : Memor [esto] sacrificii nostri, Domine, et olocaustum nostrum pingue fiat. — II : Exaudiat nos Dominus in tribulationis die : protegat nos nomen Dei Iacob. Vt olocaustum », etc.

3. Cette prière et les suivantes (sauf la formule *Ad orationem dominicam*, qui est différente) se retrouvent, mais beaucoup plus longues, dans le texte imprimé du Missel mozarabe. L'éditeur de ce missel les a empruntées (ainsi que l'antienne *Ad confractionem panis :*

nicam Cenam. Sacrificium penitentie ieiunantes orantesque soluamus, ut securi semper ad celeste conuiuium festinemus.

Alia.

Occurrentes cum cetu totius populi, ut sollemne Pasche celebremus initium, expurgatos nos ab omni fol. 141 cibo malitie / in nouam conuerte prosapiem : ut cum tua gratia, et uictu terreno, et celesti pane mereamur in tuo saturari conuiuio.

Post Nomina.

Pietatis tue, Christe Domine, rogamus clementiam, ut hec ad altare tuum nomina recitata liber uite obtineat. Fiatque hoc Cene tue sacrificium defunctis ad requiem et uiuentibus ad salutem.

Ad Pacem.

Pax nostra, omnipotens Christe, sincere nobis osculum pacis attribue : ut non cum Iuda traditore rei, sed tue mereamur pacis haberi discipuli.

Inlatio.

Dignum et iustum est nos tibi, Domine sancte, Pater omnipotens, gratias agere, et Ihesu Christo Filio tuo : cuius nos humanitas colligit, humilitas erigit, traditio absoluit, pena redemit, crux saluificat, sanguis emaculat, caro saginat; qui seipsum pro nobis hodie tradidit, et culpe nostre uincula relaxauit. — Cui merito.

Post Sanctus.

Vere sanctus, uere benedictus Dominus noster Ihesus Christus Filius tuus, qui traditus ac mortuus est propter peccata nostra et resurrexit propter iustificationem nostram. — Christus Dominus.

Post Pridie.

Predicamus, Domine, nec tacemus pro nostra te redemtione traditum, mortuum et sepultum, ad celos ascendisse post transitum et ad iudicium in fine uenturum. Vnde petimus ut hec oblata sanctifices, et sumentium pectora propitiatus emacules. — Amen.

Ad Orationem.

Via que nos duxit ad te, ueritas que nos confirmauit in te, uita que nos uiuificauit in te, sacro ore fol. 142 / constituit quid petamus a te, piissime Pater.

³ *Cod* conbibium *M* festinemus. Amen ⁵ *M* Occurrentes, Domine ⁶ *Cod* Pasce ⁷ *Cod* ciuo ⁹ *Cod* conbibio *M addit* Amen ³⁹ *M* ad orationem dominicam.

Dominus Ihesus misit discipulos) au codex 35.5 des archives de la cathédrale de Tolède. Plusieurs de ces prières se voient aussi à Tolède dans le codex 35.3.

Benedictio.

Christus Dominus, qui pro salute hominum hodie se tradi permisit, ipse uos sue gratie dono locupletet; et qui per bucellam panis suum prodidit traditorem, ipse uos sui panis perceptione sibi faciat complacere. Quique discipulorum pedes eluere dignatus est hodie, ipse uos ab omnibus delictis emaculet, et cetui discipulorum adsociet. — Amen.

Explicita missa, stans presbiter ante altare inponit hanc antiphonam[1] :

Ant. : Ecce uenit hora ut dispargamini.

Et pro uersu totus hic psalmus sine Gloria *recitatur :* Vers. : Deus, laudem meam...

Explicito psalmo, repetit eandem antiphonam : Tristis est anima mea ualde.

Et decantantur ab omnibus semel aut tribus uicibus sine aliquo uersu aut Gloria, *quousque altare exuatur.*

ITEM DE EODEM DIE.

Eodem uero die ad missam omni tempore monendum erit signum ad sex semipedes. Et incipienda erit lectio legere ad sep[tim]um. — Et erit post totum officium expletum, siue altare expoliatum, exiendum ad uiginti duos pedes; et accedendum est ad cenam post pedes lauatos, sole iam occidente[2].

⁵ *M* faciad ¹¹ *Cod* uenit ora ¹³ *Psalm.* cviii ²¹ *Cod* monendus erit signus ²² *Cod* ad septimo (sepº)

1. Avec cette antienne commence la cérémonie du dépouillement des autels, suivie du *Mandatum* ou lavement des pieds. Le canon ii du 17ᵉ concile de Tolède (694) parle du dépouillement des autels, comme d'un rite bien connu et déjà ancien : « In Cenae Domini celebritate, quando more solito altaria assolent deuestiri ». Saint Isidore dit qu'on lavait ce jour-là les autels, les murs et le pavé du temple, et qu'on purifiait les vases consacrés au Seigneur (*De eccles. Officiis,* lib. I, c. xxix). — Quant au lavement des pieds, le même concile de Tolède consacre un canon spécial (le canon iii) pour en confirmer la pratique dans les églises qui la gardaient encore et l'imposer à celles qui ne la connaissaient pas, ou qui l'avaient simplement oubliée. On voit par notre Rituel *B* (le ms. *M* ne les donne pas) que ces deux rites suivaient le sacrifice de la messe.

2. J'avoue ne pas saisir le sens précis de cette rubrique. Il s'agit d'abord d'un avertissement donné au peuple fidèle, très probablement par le son d'une cloche ou *signum* (voy. ci-dessus, pag. 159, note 1). La messe terminée, l'évêque accompagné de douze diacres portant des flambeaux dépouillait l'autel de ses ornements. On éteignait les luminaires fixés à la base de l'autel : puis tous se prosternaient, pendant que l'évêque

Igitur in prima petitione misse respondendum est a clero :

Agie, Agie, Agie.

Ad Pacem uero, dicente diacono : Inter uos pacem tradite, *dicitur hec antiphona :*

Pacem relinquo uobis.

Inlatione quoque explicita, respondendum est a clero :

Sanctus, Sanctus, Sanctus.

Ad Confractionem uero panis, dicitur hec antiphona tribus uicibus :

Memor esto nostri, Christe, in regno tuo, et dignos fac nos de Resurrectione tua [1].

Postea Simbolum.

Ad Accedentes enim dicitur hec antiphona cum prenotatis uersibus de Euangelio :

Desiderio desideraui hoc Pascha.

Explicita missa, nicil de ornamento altaris ante tollitur; sed ornatum relinquentes altare, uadunt omnes in unum precedentes episcopum, usque ad preparatorium [2]. Et acceptis cereis duodecim diacones,
fol. 143 */ moram quoque modicam facientes, progrediuntur omnes, precedentes episcopum usque ad altare.*

Dum uero circumdatum a clero fuerit altare ex omni parte, stat in medio episcopus et inponit hanc antiphonam :

Ant. : Ecce uenit hora ut dispargamini et me solum relinquatis; sed non sum solus, quia Pater mecum est. Confidite, ego uici mundum. — Vers. : Deus laudem meam.

Hic psalmus in tribus clausulis recitatur, et caput antiphone supradicte, iisdem clausulis explicitis, repetitur. Gloria *omnino in hac antiphona non dicitur.*

Hac explicita, item inponit episcopus hanc antiphonam :

6 *Cod* relinco 12 *Cod* Criste 28 *Cod* uenit ora.

priait à voix basse. Sa prière terminée, le prélat se rendait avec tout le clergé (les laïcs étaient exclus) au lieu où devait se faire le lavement des pieds. Il semble bien que c'est dans ce sens qu'il faut entendre les mots *ad viginti duos pedes* (on excluait le représentant du traître Judas); mais cette interprétation présente plus d'une difficulté et semble au premier abord un peu subtile. Après la cérémonie, c'est-à-dire vers le coucher du soleil, on pouvait enfin rompre le jeûne.

1. Cette antienne et les six suivantes, c'est-à-dire jusqu'à la fin du chapitre, sont notées en neumes.

2. Lieu où les prêtres et les ministres de l'autel avaient coutume de « se préparer » pour les cérémonies liturgiques.

Tristis est anima mea ualde, tristis est usque ad mortem. Sustinete hic et uigilate mecum.

Et decantatur ab omnibus tribus uicibus, ita ut singulis quibusque uicibus cantatur, altare sanctum similiter singulis uestibus denudetur. Statimque tota luminaria ad radicem altaris fixa extinguuntur.

Deinde, prostrati omnes coram altare, colligit episcopus hanc orationem tacite :

Oratio.

Occurrentes cum cetu totius populi, ut sollemne Pasche celebremus initium, nos propitiatus Deus adtende, supplicantes humiliter et rogantes, ut qui ab huius operis fatigatione cordis amictu sordentes ac fermenti ueteris accedimus, a te mulciscati [1], ad tuam ut reficiamus sacratissimam conuenimus Cenam, et expurgatos nos ab omni malitia in nouam conuerte prosapiem : ut excluso uictu terreno in tuo mereamur saturari conuibio.

Peracta hec omnia, uadit episcopus cum presbiteris ac diaconibus uel omni clero ad atrium, et sedilia iuxta consuetudinem posita, clausis ostiis et laycis omnibus foras eiectis, succingit se episcopus linteo. Et inponit abba aut archipresbiter, quibus pedes lauantur, hanc antiphonam [2] :

Ant. : Bone magister, laua me a facinore meo, et a peccato meo munda me.

Pro uersibus autem dicuntur littere [3] in ordine, id est : Beati inmaculati. *Et locis conpetentibus antiphona replicatur.*

Ant. : Si ego Dominus et magister uester laui pedes uestros, et uos debetis alter alterius lauare.

Ant. : Si hec scitis, beati eritis si feceritis ea.

6 *Cod* extinguntur 11 *Cod* Pasce 13 *Forte leg.* ad huius operis fatigationem 14 *Cod* accidit 16 *Cod* nobam... ut exclusu 18 *Cod* conbibio 19 *Cod* perhacta *casus accusatiui absoluti. Alius infra :* sedilia posita 21 *Cod* osteis 23 *Cod* arcipresbiter 24 *Cod* labantur.

1. « Attirés, alléchés », de *mulcisco* (dérivé de *mulceo*), verbe à peu près inconnu, même des écrivains de la basse latinité. — Sur cette oraison, voy. *P. L.*, t. LXXXV, col. 415.

2. On retrouve cette même rubrique dans le Missel mozarabe imprimé, mais avec des variantes qui sont parfois des fautes de lecture manifestes, et en dénaturent complètement la signification. Voici, par exemple, comment est transcrit le passage du Liber Ordinum : « et imponit *abba* aut arcipresbiter... hanc antiphonam ». L'éditeur du Missel a lu et imprimé : « Et imponit *albam*, et presbiteri... cantant hanc antiphonam ».

3. L'expression *littere* désigne le psaume *alphabetique* CXVIII.

In has antiphonas Gloria *non dicitur; sed subsalmatur :* Beati eritis.

Qui uero pedes lauerit, episcopus aut abba, extergit eos atque deosculatur. Similiter et cui pedes lauantur caput lauatoris osculatur.

Ad ultimum uero qui post priorem fuerit, prioris ipsius, qui aliorum pedes lauit diligenter lauet. Et tunc omnes singillatim osculantur manus et pedes eius, et ille omnium capita.

Hoc expletum, dicit episcopus hanc orationem :

LXXXIII. — ORATIO POST PEDES LAVATOS.

Domine Ihesu Christe, Filius Dei, qui in tempore nuntiatus et ante omnia tempora ex Patre es genitus; quique etiam post multa secula nasci dignatus es de Virgine Matre Maria; qui formam serui adsumens in similitudine hominis, qui nunquam defuisti de sinu ingeniti Patris; quique non es dedignatus pedes lauare discipulorum, qui es etiam Deus angelorum : quesumus igitur Omnipotentiam tuam, clementissime Deus, ut nostrorum deleas facinora peccatorum : quatenus abluti delictis, mereamur eorum effici participes in regno celorum.

Alia.

Te deprecamur, Domine sancte, Pater eterne, omnipotens Deus, ut hos famulos tuos, quos per passionem Filii tui redimere et uiuificare dignatus
fol. 145 es, intellectu instruas, opere confirmes. / Sit animus eorum ad obedientiam promptus, ad humilitatem mansuetus, ad misericordiam largus. Sequantur Abrahe fidei gloriosa uestigia; immitentur Iob inexpugnabilem patientiam; discant Tobie imitabilem misericordiam. Sint in temtationibus fortes, in necessitate magnanimes, in tribulationibus patientes. Maioribus honorem prebeant, coequales diligant, minoribus tribuant exempla uirtutum. A delictis mundialibus ad celum oculos tollant; festinent ad paradisum, properent ad regnum, et per te illic, Domine, mansiones obtineant angelorum.

LXXXIIII. — ORDO DE VI^a FERIA IN PARASCEVE.

Die VI^a feria ad Matutinum signum non monitur; sed Matutinum silentio celebratur, sicut in libro Antiphonarum continetur.

3 *Cod* laberit 5 *Cod* labantur... labatoris 10 *Casus accusatiui absoluti* 11 *Cod* labatos 18 *Cod* labare 30 *Cod* Abrae 31 *Cod* ymitabilem 34 *Cod* quoequales 39 *Cod* Ordo VI feria in Parascefen 42 *Cod* in libro antiphonarium *M recte* antifonarum.

Hora huius diei tertia, lignum sancte Crucis in ecclesia principali in patena ponitur super altaris aram. Exinde leuatur a diacono hoc ipsum lignum. Crux aurea cum reliquiis clausa portatur et adfertur ad Sancte Crucis ecclesiam, decantando :

Ant.[1] : Signum habentes salutis ad commemorationem mandati legis tue, exiguo ligno credimus animas nostras, ut transeuntes mare liberemur per te omnium Saluatorem.

Ant. : Iter facimus, ligno portante nos, inuocantes te, Pater, ut transeuntes mare per lignum liberemur.

Ant. : Benedictum est lignum, per quod fit iustitia. In hoc autem ostendisti, Domine, inimicis nostris, quia tu es qui liberas ab omni malo.

Et ibi similiter, decantantibus episcopis, presbiteris, et diaconibus, cleris vel cunctis fidelium populis, sanctum ipsum lignum osculantur.

Versvs : / Ecce lignum gloriosum, in quo dudum fol. 146
pensa sunt Christi Saluatoris membra mundum redimentia. Fletu producentes omnes preces hic prosternite[2].

Hymnus.

Crux fidelis, inter omnes arbor una nobilis.
Nulla talem silua profert, flore, fronde et germine.
Dulce lignum, dulce clauum, dulce pondus sustinet[3].

1 *M* Item ad III^a 4 *M* cum reliquis 17 *Haec rubrica deest in M* 19 Versus *legitur in M* 20 *Cod* Cristi 23 *Titulus* Hymnus *ex M* 25 *M* fronde, germine 26 *Cod* clabum.

1. Les trois antiennes suivantes sont accompagnées de la notation musicale dans les Rituels *B* et *M*.

2. A rapprocher de cette formule l'inscription suivante, trouvée à Cordoue et qui semble dater du temps des Wisigoths :

CRVX VENERANDA HOMINVM REDEMPTIO
SEMPER IN QVA CHRISTVS PENDENS
HOMINES REDEMIT CVNCTOS TEQUE IN
GESTANTES POSSIDENT CAELVM NVNC
MELIVS GAVDEMVS CHRISTI MORTE REDEMPTI
DVM COELVM ET PARADISVM SINA ACIPIT HOMO

Hvbner, *Inscrip. Hisp. christ.*, n° 125; *Supplementum* (1900), p. 58; cf. ci-dessus, col. 117, note 3, une autre inscription en l'honneur de la croix.

3. Voyez la meilleure édition critique de cette hymne de Venance Fortunat dans les *Monumenta Germaniae :* « Fortunati Opera poetica », éd. Fr. Leo, Berlin, 1881, p. 28-29. — Cette strophe (la VIIIe) et toutes celles de

Versus de Ligno Domini [1].

Ab ore Verbum prolatum,
Nuntiante angelo,
Alti Genitoris sacrum
Inlustrauit uterum
Marie Virginis alme
Ad salutem gentium.

l'hymne alphabétique qui suit sont notées en neumes dans le Rituel *B*.

1. Cette hymne me paraît inédite : du moins ne la trouve-t-on dans aucun recueil de poésie liturgique. Elle n'est pas mentionnée non plus dans le grand *Repertorium hymnologicum* de M. le chanoine Chevalier. Les strophes sont placées dans un ordre rigoureusement alphabétique, la première commencant par un *A* et la dernière par un *Z*. A remarquer, toutefois, une strophe intercalée entre la lettre *X* et la lettre *Z*. La première lettre de cette strophe est une *F*, par laquelle l'auteur a voulu évidemment traduire le Ψ grec, qui occupe cette place dans l'alphabet hellénique.

A la suite de cette hymne, le Rituel de Madrid, fol. 47, ajoute une pièce poétique de Venance Fortunat, entièrement notée en neumes. Il y manque le titre et le premier vers, que j'emprunte à l'édition des œuvres de Fortunat par Fr. Leo (p. 27), ainsi que les strophes 3, 6, 7 et 9, omises dans le manuscrit. Celui-ci, par contre, enrichit ce petit poème d'une strophe (la Xe) jusqu'ici inédite et qui me paraît bien authentique. Notre texte fournit aussi quelques bonnes variantes.

De Crvce Domini.

[I]. Crux benedicta nitet, Dominus qua morte pependit
Atque cruore sus uulnera nostra lauit.
— Crux benedicta...

[II]. Mitis amore pio pro nobis uictima factus,
Traxit ab ore lupi que sacer Agnus oues.
— Crux benedicta...

[III]. Transfixis palmis ubi mundum a clade redemit
Atque suo clausit funere mortis iter :

[IV]. Hic manus illa fuit clauis confixa cruentis,
Que [e]ripuit Paulum crimine, morte Petrum.
— Crux benedicta...

[V]. Fertilitate potens, o dulce nobile lignum,
Quando tuis ramis noua poma geris!
— Crux...

[VI]. Cuius odore nouo defuncta cadauera surgunt
Et redeunt uite qui caruere diem.

[VII]. Nullum uret estus sub frondibus arboris huius,
Luna nec in noctem sol neque in meridie.

[VIII]. Tu plantata micas, secus est ubi cursus aquarum,
Spargis et ornatas flore recente comas.
— Crux...

[IX]. Appensa est uitis inter tua brachia, de qua
Dulcia sanguineo uina rubore fluunt.

Beata uirtus celestis,
Que suscepit fragile
Corpus, ut ruentem sursum
Eleuaret hominem,
Quod male priscorum culpa
Parentum prostrauerat.

Cesus ictu flagellorum
Sustulit opprobria,
Sputis uultum sorditatus,
Laureatus uepribus,
Deputatus cum iniquis
Ad mortem crudeliter.

Delicta tulit et cuncta
Diluit facinora
Xristus Redemtorque pius,
Dei Patris unicus,
Per crucis alme tropheum
Lauit omne seculum.

Exaltatus Ihesus Christus
In crucis patibulo,
Austu fellis et aceti
Propinatus poculo,
Lancea latus perfossum
Profluit miraculum.

Fugiens sol obscuratur
Cernens mortem Domini
Luctuosam, infert mundo
Tenebre caliginem :
Monumenta patuerunt,
Velum templi scissum est.

Gaudium fessis laturus,
Fregit portas inferi,
Antra Erebi inlustrans
Spoliauit tartara,
Eruit uicto serpente
Beatorum animas.

Hebrei tunc a Pilato
Postulant custodiam

8 *Cod* oprobria 17 *M* trofeum 19 *Cod* Cristus 30 *Cod* scisum 33 *Cod* hereui *M* ereui 37 *Post* Hebrei tunc *interrumpitur M, cuius unum folium est ablatum.*

[X]. Tu benedicta manes; super omnes ualde refulges
Arbores, et signo tuos a morte saluas.
— Crux benedicta...

Et ibi, similiter respondentibus Ecce lignum *et* Crux fidelis *episcopis, presbiteris et diaconibus, clericis uel cunctis fidelium populis, sanctum ipsut lignum osculantur. — Hoc uero* » etc. (comme dans le Rituel *B*, fol. 148).

Militum, qui ad sepulcrum
Excubarent uigiles :
Quos terruit et fugauit
Visio angelica.

Illico, surgente Christo,
Omnis terra tremuit,
Mortuos olim sepultos
Tunc uiuentes reddidit :
Nuntius celestis inquit :
Resurrexit Dominus.

Karorum discipulorum
Corda mulcens loquitur;
Hortans pie ac benigne
Sacris mulieribus,
Vt irent in Galilea
Viderentque Dominum.

fol. 147 / Leti cernunt Regem regum
Magistrum discipuli,
Quos per dies quadragenos
Visitauit sepius :
Demumque regna celorum
Ascendit in gloriam.

Munus inde mittens suis
Spiritus Paracliti,
Cuius accensi calore
Loquuti discipuli
Cunctis gentibus stupenda
Diuina magnalia.

Nostris ipse Ihesus Christus
Finem ponat scandalis,
Qui pro nobis dira probra
Sustulit ab inpiis :
Omne facinus explodat
Hic a nobis miseris.

Orrida procul remota
Auerni supplicia,
Adepturos nos adsumat
Paradisi gaudia,
Potiri ut mereamur
Celi habitacula.

Preferente signum crucis
Angelorum agmina
Cernui uenturo Regi

[9] *Cod* inquid [13] *Cod* ortans [29] *Cod* Cristus [35] *Casus accusatiui absoluti* [43] *Cod* uenturo regni.

Prebentes obsequia,
Terrore concussa ruet
Cuncta mundi machina.

Quum terribili clangore
Tubarum uox celitus
Sonuerit, ut extinctos
Terra reddat mortuos,
Reddituri rationem
Christo Regi Domino :

Radiis solis ad instar,
Christus iudex ueniet,
Conlaturus piis regnum,
Inpiis supplicium.
Crux nos tunc alma protegat
Et ab ira eruat :

Sanctis ut simul uniti
Euadamus tartara,
Proculque leua deserta
Teneamus dexteram :
Vt cum Christo potiamur
Infinitam gloriam.

Terram uiuorum ingressi
Cum choro angelico,
Liberi a maledicto
Erebi supplicio,
Exules effecti procul
A mortis exitio.

Vltra nec mortem passuri
Nec doloris stimulos,
Nulla restabit mundana
Fragilis occasio,
Nec supererit antiqui
Hostis conluctatio.

Xristus erit salus nostra,
Xristus gloriatio,
Xristus uita atque regnum
Dulcisque refectio :
Qui pro nobis semetipsum
Tradidit supplicio.

Fixis genibus prostrati,
Adoremus inclitam
Crucem, quam ascendit olim
Pro mundi nequitia :

[3] *Cod* macina [11] *Cod* ueniat [20] *Cod* Cristo [23] *Cod* coro [38] *Cod* semedipsum.

Vt contrita lederetur
Zabuli superbia.

Zelo draconis subacto,
Polorum fastigia
Penetrauit, secum ferens
Electorum agmina :
Cum quibus nobis concedat
Viuere per secula.

fol. 148 *Hoc uero obseruandum est, ut unusquisque / antequam sanctum lignum osculetur, hanc orationem infra se tacite dicat :*

Oratio.

Domine Ihesu Christe, gloriose Conditor mundi, qui cum sis splendor glorie, equalis Patri Sanctoque Spiritui, carnem inmaculatam adsumere dignatus es, et gloriosas tuas sanctas palmas in crucis patibulum permisisti configere, ut claustra dissipares inferni et humanum genus liberares de morte : miserere mei oppresso [nostri oppressis] facinore sordidatum [sordidatos] peccatis. Non me [nos] digneris derelinquere, piissime Domine, sed dignam indulgentiam de malo quod gessi [gessimus] michi [nobis] tribue. Exaudi me prostratum [nos prostratos] coram adorandam sanctam gloriosissimam tuam Crucem : ut in his sacris sollemnitatibus merear [mereamur] coram te adsistere mundus [mundi].

Qui uiuis cum Deo Patre et Sancto Spiritu, unus Deus regnans in secula seculorum.

Et mox ut omnes explicuerint, discedunt exinde. Clerus uero de ecclesia Sancte Crucis in eodem die ante Nonam ipsum lignum psallendo deportant ad thesaurum principalis ecclesie.

Eo uero die[1], *hora nona, signum sonat. Et, siue quando temporanea, seu quando serotina pascha*[1] *fuerit, hora legitime None ingrediendum est ad officium, quando legimus Christum in cruce positum emisisse spiritum. Et discinctis religiosis omnibus, lignum sancte Crucis leuatur a diacono in patena ad preparatorium, precedendo episcopum ante Euangelium sine cooperturio.*

Mox autem [ut] ipsum lignum positum fuerit super altare, episcopus cum presbiteris et diaconibus in pulpitum[2]*... — Et inponitur ab episcopo cum diaconibus hic uersus :*

Popule meus[3].

Et dicuntur omnia per ordinem, usque dum Euangelium perlegatur.

Post hec, dicit episcopus hunc sermonem :

Sermo[4].

Karissimi, hodie Dominus Deus noster in statera / crucis pretium nostre salutis appendit, et humana fol. 149
morte uniuersum mundum redemit. Sicut omnium conditor, ita hominum reparator absoluit. Denique inter redemtum et redimentem dispensatio fuit, conpensatio non fuit. Plus enim ualuit quod dedit, quam ualuit quod redemit. Dedit enim sanguinem

[2] *Cod* superuia [5] *Cod* penetrabit [29] *Cod* Deus regnas [30] ut *ipse addidi* [32] *Cod* ipsud *M* ipsut [33] *Cod* tesaurum.

1. Avec cette rubrique commence le rite *Pro Indulgentia* ou réconciliation des Pénitents, qui se pratiquait le vendredi saint dans l'Église wisigothique et probablement aussi dans celle de Milan. (Voy. sur ce dernier point Mgr Dvchesne, *Les Origines du culte chrétien*, 2e éd., p. 426-428.) « Oportet, dit le canon vii du 4e concile de Tolède (638), eodem die [feriae sextae Passionis Domini] mysterium crucis, quod ipse Dominus cunctis annuntiandum uoluit, praedicare, *atque indulgentiam criminum clara uoce omnem populum postulare :* ut paenitentiae compunctione mundati, uenerabilem diem dominicae resurrectionis, remissis iniquitatibus, suscipere mereamur, corporisque eius et sanguinis sacramentum mundi a peccato sumamus. »

[1] *Cod* pscha *M* pascua [1] [5] *Cod* lebatur [8] *Cod* ipsud.

1. On trouve dans quelques classiques latins le mot « pascuum » avec la signification d'aliment, de nourriture pour l'homme. *Pascha* et *pascagium* ont aussi au moyen âge le sens de *conuiuium, refectio* (Voy. Dvcange, *Glossarium*, aux mots Pascha et Pascagivm). C'est probablement cette signification qu'il faut donner aux mots *pascha* et *pascua* de nos deux Rituels. — Le 4e concile de Tolède ordonne par son canon viii de ne pas rompre le jeûne du vendredi saint avant la fin des « preces indulgentiae », qui se terminaient tard dans la soirée. C'est à cette réfection qu'il faudrait appliquer les termes de « pascha serotina » de nos manuscrits; tandis que ceux de la « pascha temporanea » se rapporteraient au repas de none, que la rubrique semble ainsi autoriser, du moins pour une certaine classe de fidèles.

2. Le Missel mozarabe imprimé, si différent de notre Rituel, porte toutefois la rubrique suivante : « Mox cum episcopus cum presbyteris et diaconibus decincti iuxta consuetudinem ascenderint ad sedes, et leuitae in ordinem suum... steterint : a clerico incipiatur prophetia » (*P. L.*, t. LXXXV, col. 421).

3. Voyez dans le Bréviaire mozarabe (*P. L.*, t. LXXXVI, col. 610) la suite de ce *Sono*. Comme au Missel, cet office y est intitulé : *Ad nonam pro Indulgentia*.

4. Le canon vii du 4e concile de Tolède ordonne de « prêcher le mystère de la croix », le vendredi de la passion du Seigneur.

innoxium, et redemit hominem peccatis obnoxium. Qui ergo non habebat peccata propria, digne tulit aliena. Et quidem, si quis hominum in amicitia Dei sanguinis effusione preelectus est, carnis sue iacturam ac uite temporalis expensam in salutem suam tantum contulit, atque in propria lucra consumsit. Solus Christus uictima pro omnibus cecidit, ut omnes releuaret; et qui debitum solus non habuit, recte pretium sui sanguinis pro debitoribus erogauit. Perpendite ergo, Fratres, qui talem pro nobis dedit pecuniam, qualem a nobis sit exacturus usuram. Hodie itaque, fidelis profetice adnuntiationis uox inpleta est, dicentis : « Corpus meum dedi percutientibus et genas meas uellentibus. Faciem meam non auerti a feditate sputorum ». Suscepit mala nostra, ut tribueret bona sua. Agnosce ergo, homo, quantum ualeas, et quantum debeas; et dum tantam redemtionis tue prospicis dignitatem, ipse tibi indicito peccandi pudorem. Ecce pro impio pietas flagellatur, pro stulto sapientia inluditur, pro
fol. 150 mendacio ueritas abnegatur. / Damnatur iustitia pro iniquo, cruciatur innocentia pro reo, moritur uita pro mortuo. Nam, quid de pietate illius loquar, qui ut nemo desperare deberet, latronem iam morientem et se confitentem in paradiso suscepit? Cuius latronis si socii esse uolumus, nos quoque similiter cum gemitu proclamemus, atque ita dicamus :

Resp. : Memento mei, Domine, dum ueneris in regnum tuum [1].

Deinde quinquagesimus inponitur psalmus, et prout spatium temporis fuerit, aut explicitis uersibus, subsalmatur, aut etiam caput singulis uicibus iteratur. Explicito isto uersu : Ne proicias me, *caput iterum a diaconibus replicatur.*

Exinde iterum repetit episcopus sermonem ab hoc loco. Et dicit :

Hanc ergo confessionem sancti illius latronis, karissimi fratres, quam decantando protulimus et respondendo propriam fecimus mentionem, deuotione promtissima proferamus. Et sic dicamus ut audiamur, sic confiteamur ut saluemur. Fide ergo dicamus, corde clamemus. Ipse autem Dominus Deus noster audiet profecto uocem nostri clamoris, si integram deuotionem probauerit mentis. Ipse aperiat ianuam paradisi, qui confregit portas inferni. Ipse perducat ad arborem uite, qui eruit de lacu miserie. Ipse populum suum eruat a flagello, qui se teneri permisit a Pontio preside Pilato. Ipse in regno suo perducat confitentes, qui pati dignatus est pro inpiis innocens. Nos autem, Fratres, ea que diximus cum gemitu repetamus :

[Resp. :] Memento mei, Domine, dum ueneris in regnum tuum.

Post que descendit / episcopus de pulpito. Et inponit ita : fol. 151

Tu pastor bone [1].

Igitur, omne officium et penitentium preces expletas, mox ut diaconus dixerit et omnes una uoce : Indulgentiam a Domino postulemus, *statim alter diaconus inponit clara uoce, dicens ita :*

Indulgentiam.

Et omnis populus simul conclamat :

Indulgentiam, *non plus quam septuaginta et duabus uicibus* [2].

His explicitis, silentium datur. Et accedens episcopus aut senior presbiter ad altare, orat silentio hanc orationem :

Oratio post Indulgentias [3].

Ingeniti Patris Vnigenite Christe, qui pro nobis inpiis hodie occideris innocens : tui sanguinis reminiscere pretium et totius populi dele peccatum. Quique pro nobis perferre dignatus es sputa, probra, uincla, colaphos, alapas et flagella, crucem, clauos, amaritudinem, mortem, lanceam, ac nouis-

[8] *Cod* relebaret [9] *Cod* deuitoribus [11] *Cod* nobis sic [13] Isai., L, 6 [24] *Cod* disperare [45] *Cod* prouaberit.

1. Ce répons est noté en neumes dans notre Rituel wisigothique.

[13] *Cod* officio [14] *Casus accusatiui absoluti* [29] *Cod* colafos [30] *Cod* clabos... nobissime.

1. Le Bréviaire et le Missel imprimés complètent cette formule : « Tu Pastor bone, animam tuam pro ouibus posuisti ».

2. D'après les livres mozarabes imprimés, il y avait trois séries d'exclamations. Pour la première on pouvait crier *Indulgentia!* jusqu'à trois cents fois, pour la seconde jusqu'à deux cents, et pour la troisième jusqu'à cent fois seulement. Notre Rituel s'en tient au nombre de soixante-douze, ce qui est déjà un chiffre raisonnable.

3. Nous retrouvons cette oraison dans le Bréviaire mozarabe, mais à l'office de Tierce, tandis que le *Libellus Orationum* de Vérone, publié par Bianchini, le donne sous cette rubrique : « Oratio dicenda in Parasceben *post Indulgentias* explicitas ». Cette prière est suivie (dans le *Libellus*) de la courte oraison « Exaudi, Domine, supplicum preces », identique à celle que notre Rituel donne un peu plus loin, sous le titre de « Oratio super penitentes ».

sime sepulturam, nobis miseris, pro quibus hec passus es, celestis regni tribue beatitudinem infinitam : ut qui passionem tuam uenerando prosternimur, Resurrectionis tue gaudiis ad celestia subleuemur.

Alia Oratio.

Quas tibi, Domine, pro cruce lacrimas, que pro sanguinis effusione lamenta uel suspiria rependimus? Que premia, que uota reddimus? Ecce nunc caperis pro nobis penis cruciandus indebite, seu caperis expuendus expueris, flagellandus flagellaris, crucifigendus crucifigeris, deridendus derideris, aceto propinandus propinaris, moriturus moreris, mirabiliter resurrecturus.

Parce nobis, Christe Domine, parce, rogamus per admirabilem sancte Passionis ac Resurrectionis tue uirtutem : ut, sicut paradisi ciuem hodie fecisti la-
fol. 152 tronem intrare, ita / per Crucis uictoriam, uniuersam a te conditam redimas creaturam; ac nos miseros, quos conscientiarum obscuritas prostrauit in luctu, Resurrectionis tue claritas suscitet in gaudium sempiternum.

Alia Oratio.

Maiestati tue, omnipotens Deus, salutari obsecratione famulantes, rationabile seruitutis nostre presentamus obsequium, qui Dominum nostrum Ihesum Christum Filium tuum, apud te ante secula uerum Deum, eumdemque postea hominem uerum ad redemtionem nostram uenire uoluisti, ut humilitate sublimi humanum genus eueheret ad celos. Propter quod nostre carnis suscepit obprobrium : qui alapis cesus est, ut nobis delicta operum nostrorum patientie sue uirtute dimitteret. Sputis sordidatus est, ut humilitatis gloria cecorum oculos aperiret. Flagellis uerberatus est, ut nos plagarum suarum liuore sanaret. Spinis coronatus est, ut spinas et tribulos nostrorum euelleret peccatorum. Exaltatus est in ligno et crucis pertulit passionem, ut cruci nostra peccata configeret. Cum iniquis deputatus est, ut nos ab iniquitate saluaret. Amaritudinis nostre felle et aceto potatus est, ut nos salutare sui sanguinis poculo propinaret. Mortificatus est, ut nos eternitati uite donaret. Sol refugit in tenebras, eternam noctem secula cruenta timuerunt; uelum templi scissum est, ut occulta preteritis temporibus apparerent Sancta Sanctorum, et uelamine spiritalis / scientie reserato, celestium sa- fol. 153
cramentorum pateret agnitio. Terra contremuit, ut Dominum suum generatio terrena cognosceret : per quem annuntiatam Domini nostri Ihesu Christi Filii tui pro nobis inenarrabilem claritatem, prout possumus mortali ore celebrantes, te, Pater sancte omnipotens, deprecamur, ut in Spiritu uiuifices humiles et in carne destruas aduersantes.

Oratio super penitentes.

Exaudi, Domine, supplicum preces, et tibi confitentium parce peccatis : ut quos conscientie reatus accusat, indulgentia tue miserationis absoluat.

In his supradictis orationibus nemo respondit : Amen.

Sabbato *ingrediente, ad Matutinum sic in eo ordine celebrandum est : silentio, sine lumine et salutatione aut responsione, sicut et die sexta feria.*

LXXXV. — ORDO DIE SABBATO CELEBRANDVS [1].

Si necessitas exegerit, ante Vigilie sollemnitatem, per titulos infra ecclesiam principalem constitutos, seu per ecclesias in conuicinitate principalis ecclesie sitas, accedens presbiter ad ecclesiam ubi altare uestiendum est, incipit dicere lectionem. Et dum lectio legitur, aut psalmus canitur, induit altare uestimentis suis, et sic missa in ordine suo completur.

Lectio libri Apocalipsin Iohannis.

In diebus illis, ego Iohannes seruus Ihesu Christi, fui in spiritu, et audiui uocem de celo dicentem

[10] *Cod* indeuite [11] *Cod* expuendus expuens [17] *Cod* cibem [21] suscitet *ipse conieci* [23] Oratio post Indulgentias explicitas (*ex codice* Orationes sancte, *Mus. Britan., n° addit. 30.852, fol. 77*) [24] *Cod* maiestatis *Mus. Br.* maiestati [27] *Cod* aput [32] *Cod* quia lapis cesus [36] *Cod* libor [38] *Mus. Br.* pertulit penas [41] *Ibid.* salutaris... eternitati donaret.

[2] *Cod* cruenta tenuerunt *Mus. Br.* timuerunt [12] *Cod* dextruas *Mus. Br.* uiuifices suplices... dextruas aduersantes. Per gra[tiam] [31] Apoc., I, 9-10, 17-18.

1. La messe qui suit devait se célébrer avant la solennité de la vigile de Pâques, « lorsque la nécessité l'exigeait », dit la rubrique. Elle ne se lit pas dans le Missel imprimé, non plus que dans le *Libellus Orationum;* mais on la trouve dans nos deux Rituels *B* et *M* (en partie seulement dans ce dernier, mutilé à cet endroit). Le *Liber comicus* (p. 169 de l'édition de Dom Morin) donne aussi de cette messe les trois lectures du Nouveau Testament, sous la rubrique : « Legendum die Sabbato per titulos ». Sur les *tituli* où se disait cette messe, voyez ci-dessus, col. 187, note 2.

mici : Ego sum primus, et ego nouissimus : et uiuus, et fui mortuus, et ecce sum uiuens in secula seculorum.

Psallendvm : Deus noster in celo et in terra : omnia quecumque uoluit fecit. — Vers. : In exitu Israel ex Egypto, domus Iacob de populo barbaro. Omnia [quecumque uoluit fecit].

fol. 154 / **Epistola Pauli apostoli ad Colossenses.**

Fratres, si consurrexistis cum Christo, que sursum sunt querite, ubi Christus est in dextera Dei sedens; que sursum sunt sapite, non que super terram. Mortui enim estis, et uita uestra abscondita est cum Christo in Deo.

Lectio sancti Evangelii secundum Matheum.

In illo tempore, Dominus noster Ihesus Christus loquutus est mulieribus, dicens : Nolite timere. Ite, nuntiate fratribus meis ut eant in Galileam. Ibi me uidebunt. Que cum abiissent, ecce quidam de custodibus uenerunt in ciuitatem, et nuntiauerunt principibus sacerdotum omnia quecumque facta fuerant. Et congregati cum senioribus, consilio accepto, pecuniam copiosam dederunt militibus, dicentes[1] : Dicite quia discipuli eius nocte uenerunt, et furati eum, nobis dormientibus. Et si hoc auditum fuerit a preside, nos suadebimus ei, et securos uos faciemus. At illi, accepta pecunia, fecerunt sicut erant docti. Et diuulgatum est uerbum istud apud Iudeos usque in hodiernum diem. Vndecim autem discipuli abierant in Galileam, in montem ubi constituerat illis Ihesus : et uidentes eum adorauerunt; quidam autem dubitauerunt. Et accedens Ihesus loquutus est eis, dicens : Data est mici omnis potestas in celo et in terra. Euntes ergo, docete omnes gentes, babtizantes eos in nomine Patris, et Filii, et Spiritus Sancti.

Lavdes : Laudate Dominum, qui timetis eum, in medio ecclesie. — Vers. : Laudabunt Dominum qui requirunt eum, in [medio ecclesie][2].

6 *Cod* Srahel 8 Col., III, 1-3 *Cod* Colosenses 14 Matth., XXVIII, 10-19 19 *Cod* nuntiaberunt 30 *M* eis *pro* illis.

1. Avec le mot *dicentes* reprend le texte du Rituel de Madrid, interrompu, par l'enlèvement d'un ou de plusieurs folios, depuis les mots *emisisse spiritum* (Voy. ci-dessus, col. 200, ligne 4).

2. Le Rituel *M*, fol. 47, ajoute sept autres *Laudes* avec leurs versets : « Lavdes : Labia mea laudabunt te, Domine. Sic benedicam te in uita mea, et in nomine tuo leuabo manus meas. Versvs : Sicut adipe et

/ Sacrificivm : In simplicitate[1]. fol. 155

Missa eiusdem.

Deum, generali cunctarum rerum operatione factorem et speciali miseratione hominum redemtorem, omnis cetus sancte Ecclesie concorditer exoremus; ut qui cuncta creauit in genere, saluet specialiter homines in adsumta humanitatis specie.

Alia.

Deus omnipotens, qui creando cuncta uirtute pretendis, et redimendo homines inmensam miserationem ostendis, da nobis et redemtorem habere propitium, et redemtionis nostre digne percipere sacramentum.

Post Nomina.

Conmenda tibi, Deus Pater, sacrificium singulare, in quo tantum te confidimus nobis posse placari : precantes, ut sicut unicum dilectum Filium tuum singulariter propitiationem fecisti pro peccatis nostris, ita specialiter sicut filiis nobis miserearis, cunctis offensionum nostrarum inimicitiis abolitis.

Ad Pacem.

Deus, qui per sanguinem crucis Domini nostri Ihesu Christi Filii tui dedisti pacem hominibus in celestium collegio angelorum, da nobis et tue pacis

6 *Cod* salbet.

pinguedine repleatur anima mea, et labia exultationis laudabunt te, Domine. — Lavdes : Gaudebunt labia mea dum cantauero tibi, Deus, laudem tuam. Vers. : Et ego confitebor tibi : in uasis psalmorum, Deus, laudem tuam. — Lavdes : Benedic, anima mea, Domino, et omnia interiora mea nomini sancto eius. Vers. : Benedic, anima mea, Domino, et noli obliuisci omnes retributiones eius. — Lavdes : Cantabo Domino in uita mea : psallam illi quamdin ero. Vers. : Suabis sit elaudatio mea, ego uero delectabor in Domino. — Lavdes : Laudate pueri Dominum; laudate nomen Domini. Vers. : Sit nomen Domini benedictum, ex hoc nunc et usque in seculum. Laudate... — Lavdes : Confitemini Domino, quoniam bonus, quoniam in seculum misericordia eius. Vers. : Confitemini Deo deorum, quoniam bonus, quoniam in seculum misericordia eius. — Lavdes : Laudate Domino, quoniam bonus est psalmus : Deo nostro iucunda sit laudatio. Vers. : Qui sanat omnes contritos corde et alligat contritiones eorum ». A remarquer que tous ces morceaux sont accompagnés de la notation musicale.

1. Dans le Rituel *M* on lit : « *Sacrificium :* Serbiamus Domino Deo nostro, et iuris nostri sit offerre olocausta et uictimas pacificas et hostias. — II : Confortamini et estote perfecti; ut custodiatis cuncta que scripta sunt in uolumine legis Moysi. Et iuris... »

ubertate repleri, et angelice societatis unitate letari.

Inlatio.

Debitum satis est premio saluationis humane, et dignum merito laudationis diuine, te, omnipotens Domine Ihesu Christe, in excelsis glorificare, in terris amore pietatis amplectere, et omnium rerum Dominum unius imperii potentia predicare. Qui singulariter miseratus humanam naturam, que a te
fol. 156 bene / condita et a te male dissociata, recesserat post perditionis casum, tibimet in unitate persone conectis, in ueritate carnis adsumis, in potentia diuine operationis exerces, in humilitate passionis exaltas, in uictoria crucis sublimas, in sanguine abluis, in morte uiuificas, in resurrectione clarificas. Per cuius miserationis obtentum, petimus, tribue nobis, ita his nostre redemtionis inherere misteriis, ut letemur in gloria resurgentis, et habentes partem prime resurrectionis, exultemus in hac uocatione remunerantis, quum pauendi terror aduenerit iudicis. — Cui me[rito tibi omnes].

Post Sanctus.

Vere satis preclarum et satis est dignum, omnique deuotionis intentione iucundum, tibi, Ihesu Domine, gratiarum actiones persoluere, tibi gloriam et honorem perenniter dare, qui hec celestium sacramenta misteriorum, dum in te consumas, in nobis conmendas : et ita per resurrectionis gloriam in te clarificata conseruas, ut in nobis clarificanda semper intendas. Da ergo, ut sicut his sacrificiis officio ministrationis innectimur, ita horum sanctificationibus pietatis remedio misceamur.

Christe Domine.

Post Pridie.

Damus tibi, Domine Ihesu Christe, gloriam et honorem in paterna equalitate et in Sancti Spiritus unitate manenti : qui nos tam potentialiter redemisti, ut in sanguine tuo a cunctis peccatis elueres, et in resurrectionis tue consortio eterne beatitudini sociares. — Amen.

Ad Orationem Dominicam.

fol. 157 Omnes qui redemtionis nostre misterium / colimus, iniquitatum pondera deuitemus; et qui abluti sumus uulnere crucis, predicemus gloriam resurgentis. Quo fide mundatis cordibus nostris, exclamemus e terris : [Pater].

21 rito tibi omnes *ex M* 25 *Cod* persolbere.

Benedictio.

Christus Dominus, qui pro nobis suscepit iniuriam crucis, letitia uos innouet sue resurrectionis. — Amen.

Et qui pendenti secum in cruce latroni omisit delictum, uos soluat a cunctis nexibus peccatorum. — Amen.

Vt redemtionis uestre misterium et digne conseruetis in opere, et locupletius eterna fruamini mercede.

LXXXVI. — ORDO DIE SABBATO IN VIGILIA PASCHE[1].

Die sabbato, ingrediente uigilia, hora diei nona signum sonat. Et congregatis omnibus, induunt se diacones uel clerici albas; et sedens episcopus in sede ad conscensorium[2], *accedunt presbiteres, diacones, clerus omnisque populus ad episcopum et accipiunt ab eo cerea. Et stantes in locis suis, ingreditur episcopus, cum presbiteris et diaconibus tantum, in thesaurum*[3].

Et clausis ostiis uel fenestris a uelis, ut nec modicum quidem lumen foris uideatur, offertur episcopo a thesaurario petra, et esca, et excussorium ignis. Et mox ut ipse manu sua ignem excusserit, accenditur stuppa, exinde teda, ex ea iterum lucerna; de hac quoque lucerna cereum. Et, nemine suum cereum accendente, accedit episcopus benedicere lucernam, tenente eam diacono, qui eam in choro postea benedicturus est.

Et dicit episcopus benedictionem hanc[4] :

3 *Cod* innobet 6 *Cod* solbat 15 *Librarius primum scripsit* et clerici; *postea emendauit :* uel clerici 15 *Cod* sedens...in sedem 19 *Cod* in thesauro... osteis 24 ut *ipse adieci* 26 *Cod* suo cereo 28 *Cod* coro.

1. Ici commence l'office du soir, c'est-à-dire le véritable office de la vigile de Pâques, qui à une époque plus ancienne se célébrait pendant la nuit. Cet office diffère beaucoup de celui du Missel imprimé, avec lequel il est très intéressant de le confronter, surtout au point de vue des rubriques. Voy. *P. L.*, t. LXXXV, col. 436-478.

2. Le mot « conscensorium », que je ne trouve pas ailleurs, signifie évidemment dans ce passage l'estrade sur laquelle était placé le siège de l'évêque.

3. C'est-à-dire la sacristie, ou du moins une des salles de la sacristie, où se trouvaient gardés les objets les plus précieux (*thesaurus*) de la cathédrale. Les rubriques du Missel mozarabe imprimé, du *Libellus Orationum* de Vérone et de celui de Londres (cité ci-dessous) portent « in sacrario », au lieu de « in thesauro ».

4. Dans le manuscrit wisigothique (addition. 30.852

Benedictio lucerne in sacrario.

Exaudi nos, lumen indeficiens, Domine Deus noster, unici luminis lumen, fons luminis, lumen auctor luminum, que creasti et inluminasti, lumen Angelorum tuorum, Sedium, Dominationum, Principatuum, Potestatum et omnium intelligibilium; qui creasti lumen sanctorum tuorum. Sint lucerne tue
fol. 158 / anime nostre; accendantur a te et inluminentur abs te. Luceant ueritate, ardeant caritate. Luceant et non tenebrescant; ardeant et non cinerescant. Benedic hoc lumen, o Lumen! quia et hoc quod portamus in manibus tu creasti, tu donasti. Et sicut nos per hec lumina que accendimus de hoc loco expellimus noctem : sic et tu expelle tenebras a cordibus nostris. Simus domus tua lucens de te, lucens in te. Sine defectu luceamus, et te semper colamus. In te accendamur, et non extinguamur.

Post hec accedit alter diaconus ad episcopum, portans eum quem benedicturus est cereum. Et faciens

[8] *Codex Mus. Brit. et Lib. Orat. Veron.* accedant ad te et inluminentur. [19] *Cod* eum quod *Notandum est quod codex noster nunc* cereum (*neutri generis*) *nunc* cereus (*masc. g.*) *habet.*

du British Museum), intitulé *Orationes sancte* et qui date au plus tard du dixième siècle, cette bénédiction est précédée (fol. 78 v°) d'une prière que je n'ai pas vue ailleurs : « *Oratio ante benedictionem lucerne in sacrario :* Cuncti Dominum pariter deuota mente precemur, etiam unanimes coniuncto lumine pacis certo uinculo, fratres, eterni Patris preclari, excelso, et metuendum nomen purgatis fidei sentibus inuocemur : ut exclusa ex animis nostris obseni temtationis ira perf... seculi tristes semperque improuidas ardor secedat animis, ut uacet tempus orandi. Quisquis in ira fuerit, deponat peccatoris ignem, nec frater fratri insimulet, nec proximo quisquam. Sed magis intrepido germano seminato cordis amore puro sectantes munere laudis, magnum et metuendum nomen Domini summi potentis, sincere mentis studio premissis fletibus exoremus; ut Dominus semper, qui Deus pietate placandus, in nostras miserando preces adcommodet aurem. » Après cette oraison (dont le texte est malheureusement très altéré), vient l'*Oratio lucerne in sacrario dicenda :* « Exaudi nos, lumen indeficiens », etc... On trouve à la suite, fol. 79, une *Oratio post lucerne benedictionem*, particulière à ce manuscrit. En voici le texte : « Desideratum lucerne splendorem obtutu corporeo conspicientes, magnificas grates nomini sancto tuo, omnipotens Deus, referimus. Te deprecamur itaque, splendorem tue Maiestatis perpetue, ut nos ministros tuos et hic populum tuum peruigiles in tua laude esse concedas, et sponsum de talamo monumenti aduenientem cum cereis et lampadibus expectare ».

in ipso cereo episcopus hanc crucem, benedicit eum benedictione ista ·

Benedictio cerei in sacrario[1].

Offerimus tibi, Domine, cerei huius rutilantis speciem diuino igne succensam, quam per multimodam materiam nutui tuo produci iussisti apibus. Eum indignis manibus nostris oblatum accendimus : precantes bonitatem tuam, ut emissione Spiritus Sancti tui, qui quondam in similitudinem ignis diuisionemque linguarum in Apostolorum tuorum corda perspicuus fulgensque apparuit, eum benedicere et sanctificare digneris. Et, sicut hic cereus exuberans larga uisione, noctis huius iugulat cecitatem, et deuotissime plebis tue resplendet obtutibus : ita et nos, Domini nostri Ihesu Christi Filii tui splendore repleti, internis mentibus fulgeamus; ut peccatorum nostrorum cecitate detersa, lux in nobis sempiterne fidei perseueret. — Amen.

Hac explicita, incendit episcopus cereum suum de cereo benedicto, et ingrediens / occulte clerus in sa- fol. 159
crario, ut nec modicum quidem foris de incensis luminibus uideatur. Et accendunt presbiteres et diacones a cereo benedicto cerea sua; similiter et omnis clerus.

Et mox ut tota perincensa fuerint, stat episcopus iuxta ostium, et diaconus ante eum, tenens ipsum cereum, quem postmodum benedicturus est. Et subito, leuato uelo ostii, inponit episcopus :

Deo gratias.

Et sic ab omnibus non plus quàm tribus uicibus replicatur.

Et postmodum inponit hanc antiphonam :

Ant. [2] : Lumen uerum inluminat omnem homi-

[5] *In codice Veron.* succensum quem [6] *Cod et Veron.* iussisti a quibus [9] *Cod* condam [13] *Cod* exuberens [20] *forte legendum :* et ingreditur [24] ut *ipse conieci* [25] *Cod* osteum [27] *Cod* lebato.

1. On remarquera que dans notre Rituel il y a deux bénédictions : 1° celle d'une lampe (lucerna), dont la formule se trouve un peu plus haut; 2° celle du cierge pascal (cereus). Toutes deux étaient données dans la sacristie par l'évêque; tandis que les bénédictions qui avaient lieu ensuite dans l'église, en présence des fidèles, étaient chantées par deux diacres. On voit par le canon IX du 4e concile de Tolède que cet usage remontait en Espagne à une haute antiquité. Sur l'usage de tirer le feu nouveau de la pierre le samedi saint et sa signification mystique, cf. Prudence, *Cathemerinon*, hymne 5 : « Inuentor rutili, dux bone, luminis », vers 7 et suivants. Voy. aussi les annotations de Bianchini au *Libellus Orationum* de Vérone, p. CCXXI-CCXXXIV.

2. Antienne avec notation neumatique.

nem in hunc mundum uenientem. — Vers. : Quoniam apud te est, Domine, fons uite, et in lumine tuo uidebimus lumen. Gloria et honor.

Et post Gloriam, *antequam ad chorum perueniant, dum hec antiphona fuerit explicata, accedunt seniores populi et accendunt a cereo benedicto cerea sua. Et sic unus ab alio, totius populi cerei inluminantur.*

Cum autem peruentum fuerit ad altare, dicit ipse diaconus qui lucernam benedicturus est :

Erigite uos. — In nomine Domini nostri Ihesu Christi, lumen cum pace.

Respondit clerus : Deo gratias.

Post lumen leuatum, dicit episcopus hanc orationem :

Oratio.

Prima tibi et principalia Deus, Pater omnipotens, hec luminum munera in exordio uenerande huius noctis obtulimus, et ob honorem Dominice resurrectionis LUCERNAM ET CEREUM[1] claritatis aptauimus, que Vnigenitus tuus Dominus noster aduentus sui faciat misteriis luminata. Per quem te, Deus, supplices exoramus, ut hoc sanctum munus libens accipiens, his famulis tuis quos ad enarrandam laudem destinauimus luminis, propitius ac benignus adspires, efficiasque tibi placita que in honore tuo eorum fuerint sermone prolata : in nobis quoque
fol. 160 peruigilem / deuotionem flagrantia spiritali succendens, omnes tetre noctis insidias lucis tue candore discutias. — Amen.

Post hanc orationem, dicit diaconus : Aures ad Dominum.

Respondit clerus : Habemus ad Dominum nostrum.

Item ille : Deo ac Domino nostro Ihesu Christo Filio Dei, qui est in celis, dignas laudes et gratias referamus.

Responditur a clero : Equum et iustum est, dignum et iustum est.

His dictis, inponit diaconus benedictionem lucerne : Dignum et iustum est... *Et per ordinem benedictio usque in finem consummatur*[1].

[*Dicat presbiter :* Dominus sit semper uobiscum. *Resp.* Et. In nomine Domini nostri Iesu Christi, uotum uestrum sit acceptum cum pace. *Resp.* Deo gratias. *Post hec uadit episcopus post altare et sedet in sella, presbyteri uero iuxta eum stantes. Ac deinde diachonus* (leg. *diachones*) *ante uestibulum iuxta cancellos adstant* [*et*] *in ordinem suum silentium admonent septies. Post hec, accedent diachones et benedicent lucernam hac benedictione.* Benedictio lvcerne. Dignum et iustum est : uere dignum et sanctum est nos tibi semper gratias agere laudesque referre, Domine sancte, Pater omnipotens et Christe Deus; quo mihi tribuas, ut in tuis laudibus semper resonent fauces meae : qui erigis a terra inopem et ab stercore exaltas pauperem. Da directum et bene sonantem in ore meo ministrari sermonem. Omnipotentem Deum, substantiae uitalis cordium, creaturae uniuersalis auctorem Dominum, Saluatorem opificem, uocalis Ecclesiae personet canora laudatio : ut ipsi rependat lingua mysterium, de cuius imperio sumpsit officium. Dignum est, ut Sponsi coruscantis aduentum accensis prestoletur fidelis turba luminibus : ne nuptialis habitaculi respuat habere consortes, quos sub ueterum umbraculo peccatorum inuenerit dormientes. Quid dignius, quidue sublimius, quam ut tibi uigilet in spe eternitatis resuscitata mortalitas? cui totum ex origine, totum debet ex munere, uel quod formatur ex nihilo, uel quod reparatur ex perdito. Tu, uas quod pronum culpa dederat in ruinam, figuli miserantis affectu de fauillis cineribusque collectum [per] Spiritum uiuificantem saluasti : ut faceres ex adoptione liberos, quos retineri uideras ex preuaricatione captiuos. Tu nouelle uitis germina fecunda plantasti, ut antiquorum tabesceret suauitas amara pomorum. Nunc de cibo sumitur, uita non labitur. Soluit gratia quos uincit inlecebra. De arbore creata nox cri-

[2] *Cod* aput [4] *Cod* corum [13] *Cod* lebatum [21] *Concordant codices et ferunt* luminata *pro* illuminata [24] *Codex Mus. Brit.* destinasti [27] *Cod* fraglantia [29] *Cod* Cristo.

1. Les mots *lucernam* et *cereum* sont écrits au minium dans le manuscrit de Londres. — Notons ici que cette prière est intitulée dans le même manuscrit : « Oratio ad lumen leuatum » et dans celui de Vérone : « Oratio que in eodem die post lumen leuatum ante altare dicitur ». Le titre est plus précis dans le Missel mozarabe : « Ad benedicendos diachones Oratio ». Les formules des manuscrits de Londres et de Vérone sont presque identiques à celles de notre Rituel. Elles sont plus longues que celles du Missel mozarabe.

1. Le Rituel ne donne que ces premiers mots de la *Benedictio lucerne,* dont le Missel mozarabe nous a conservé la formule complète. Je reproduis ci-dessus ce passage, avec les rubriques qui le précèdent, depuis la fin de l'oraison *Prima tibi.* — A noter que cette Bénédiction est attribuée à saint Isidore par Elipand de Tolède (VIIIe siècle), dans sa lettre *Ad Albinum :* « Nam et ipsi canimus in uigilia Paschae, beato Isidoro dicente : Induit carnem, sed non exuit maiestatem, nostram substantiam expetens, sed propriam non relinquens ». (Voy. *P. L.,* t. XCVI, col. 875.)

minis, sed de ligno genita lux salutis. Vetuisti opera manuum tuarum, clemens operator, interfici perpetue mortis excidio. Paradisi ianuam, quam piaculum letale damnauerat, dextra mysterii celestis aperuit : id perfecte indicans esse pietatis, ut quibus ad uitam fueras largitus introitum, tribueres et regressum. Mortificantur ex lapsu qui uiuificantur ex precio : redempti clementius quam creati. Namque ibi Deus operatus est ut faceret, hic passus est ut prodesset. Induit carnem, sed non exuit maiestatem : nostram substantiam expetens, sed propriam non relinquens. Cum corpore editus, sed intemerato pudore conceptus : temporalis ex Virgine, sed coeternus ex Patre : humilians diuina, ut possit eleuare terrestria. Cui tanti fuit saluatio, ut ne nos perderemus celum, ille pateretur infernum. Suscepit mors quem tenere non potuit : amplificata successu, sed euacuata spolio : exultauit in raptu, sed occidit in tropheo. In se refusa defecit extremitas, postquam uite appetere tentauit auctorem : et dum ambit inlicita, perdidit adquisita. Adest nox lumine donata, perpetuo Dominicis sanctificata uictoriis. Que recidiuum mundi sortita natalem, debellata funeris regione, triumphos Christi resurgentis excepit. Que transgressionis maculas fluento lauacri salutaris abstersit : que ueternosa criminis indumenta tactu liquidi resoluit elementi : in qua mercedem sanguinis presentat unda baptismatis, et dum uetus culpa decidit nouus homo consurgit.]

Post hanc, orat episcopus hanc orationem :

Oratio [1].

Deus, qui filios Israhel educis ex Egypto, palpabiles Egypti tenebras relinquendo; Deus, qui duce luminis gratia pondus horrende noctis exterminas; Deus, qui precedente angelo tuo in columna nubis in diem, eodemque in columna ignis in noctem posteriora seruantem, curam nostre salutis exequere. Teque nobis in eo presta, in quo lucere nos lumine scientie iubes. Fac diuinitatis tue fieri consortes, et larga tua pietate ex inuisibilibus bonis uisibilia dona concede, que nos et offerre doceant, et tuam in omnibus conplere faciant uoluntatem. — Amen.

19 *Forsitan pro* extremitas *legendum est* exterminatio, *uel* iniquitas 32 *Cod* Srahel 34 *Cod* orrende.

1. Les manuscrits de Londres et de Vérone intitulent cette prière : *Oratio que post benedictionem lucerne ante altare dicitur.*

Christe Deus noster, qui cum Deo Patre et Spiritu Sancto gloriosa diuinitate uiuis et dominaris per infinita semper secula seculorum.

Explicita oratione, stat ille diaconus, qui lucernam benedixit in loco suo. Post hunc accedit alter diaconus, et benedixit cereum[1] *benedictione hac :* Equum et iustum est... *usque in finem*[2].

[Equum et iustum est : uere, Domine, satis dignum et pulcrum est, in quantum nos munere tuo illustras, tibi semper gratias agere : apud quem est fons uite : in cuius lumine uidebimus lumen. Preuia tot tantisque uirtutibus circa tue Maiestatis resplendens altaria serenat lux cerei. Premittunt iudicia (indicia?) ignea miracula secura lympharum. Nunciatur ex lumine quod nascatur ex fonte : patescunt actu quo (que ?) fuerant figurata mysterio. Instar columne ueteris fomes iste prefulget : aquis populum docet esse saluandum, per quas et liberatio tribuatur ad salutem, et regeneratio donetur ad requiem. Ascendat, Domine, in conspectu glorie tue obsecratio deuota famulorum : uisitentur benedictionis dono que sacro dedicantur obsequio. Non hic thureis adoletur flamma uirgultis, nec in Sabeicis proscinduntur ligna nemoribus, que suauitatem cinamomi orantes (rorantis) exhalant. Sed cera famulatur ex lumine, que non polluitur ex parente : cuius natura de flore, cuius ortus ex uirgine. Cui illa dat genitrix natiuitatis originem, que corruptionis nescit errorem. Papyrus, cum etiam niueo adoperta sub tegmine, flammarum exequitur incremento. Neque hoc sine celestis agitur operatione uirtutis, quod fauet ignibus res nutrita gurgitibus. Agnoscunt cuncta te Dominum, tibique se sciunt debere quod nata sunt. Dedisti, pie opifex, creature sensum, quo suum possit intelligere et honorare factorem. Intende propitius, Domine, ad huius cerei deuotissimam seruitutem : ut, qui flammam gignere cernitur, usuali tue benedictionis serenatus ex lumine, cunctis sit expedibilis ad salutem. Resoluat grauium fomenta languorum : asperitates casuum remedii tranquillitate confringat. Omnia uotis largiantur humanis, que de tuis benedictionibus sumpsere officium. Tribue etiam, Domine sancte, Pater [eterne], omnipotens Deus, ut diei huius solemnia

1. A noter ici que d'après la rubrique de notre Rituel, transcrite un peu plus loin, le cierge était orné de feuillage et de couronnes, dont on décorait ensuite l'autel pendant la lecture de la première prophétie.

2. Le Rituel ne donne pas le texte de cette bénédiction, que j'emprunte au Missel mozarabe.

sacri paschatis, in qua Redemptoris nostri gloria predicatur et gratia, cum antistite nostro A., cum gloriosis principibus, cum presbyteris, diaconibus, clero atque omni fideli populo, sub multorum celebrare curriculo mereamur annorum. *Resp.* Amen. — Presta per Dominum nostrum Iesum Christum Filium tuum, cum quo tibi est una et coequalis essentia in unitate Spiritus Sancti, in secula seculorum. *R.* Amen. — Amen, Amen, Amen ad te descendat. *R.* Amen. — Pax in celo. *R.* Amen — Pax in terra. *R.* Amen. — Pax et plenitudo tua, Domine, super nos descendat. *R.* Amen. — Pax regibus et potestatibus fidelibus seculi huius. *R.* Amen. — Pax Ecclesie tue catholice, que est in hunc locum constituta et per uniuersum orbem terrarum in pace diffusa. *R.* Amen.]

Post hanc benedictionem, orat episcopus hanc orationem :

Oratio [1].

Expectati temporis, dilectissimi fratres, festiua sollemnitas et annuum per secula sacre resurrectionis arcanum uotiue noctis aduenit. Hoc illud est, quod in perennem memoriam consecratum credentibus populis altissima / de celis gratia spiritualis adtribuit. Hilares uigilias gloriosis laudibus preferamus, diemque uincentes, qua funalibus crebris Ecclesia sancta resplendens coruscat in lumine, preconia Dominice passionis indefessis precibus celebremus. Intendentes auditu lectionibus sanctis, ac sedulis obsecrationibus patientiam non negantes : ut ille regalis solii habitator altissimus, a sede arcis etheree populo suo, qui sollemnia redditurus ad hec festa conuenit, per Spiritum suum Sanctum clementer inlapsum placabilis ac propitiatus adspiret. — Amen.

(fol. 161)

Post hec, accedunt ipsi duo diacones et adorant episcopum osculantes eum. Ille uero, gratias eis agens, salutat idem episcopus.

Et statim [2] *ascendit diaconus lecturus lectionem*

21 *Cod* annua *Codex Mus. Br.* annuum 25 *Cod* Ilares 32 *Cod* etherie.

1. Cette formule est intitulée dans les textes de Londres et de Vérone : *Oratio que post benedictionem cerei ante altare dicitur.*

2. Ici commencent les Lectures, interrompues un peu plus loin par l'administration du baptême. Dans les anciens manuscrits liturgiques du rite romain le nombre de ces leçons a beaucoup varié. Plusieurs n'en

hanc libri Genesis : In principio creauit Deus celum et terram...

Dum hec lectio legitur, expoliatur cereum benedictum illis foliis quibus circumdatus est et coronis; et positis in patena, accedit episcopus et sedet in ostio chori. Accedentesque presbiteri cum diaconibus, clerusque et omnis populus ad episcopum, accipiunt ab eo cerea benedicta. Sicque in hac lectione altare uestitur et corone desuper appenduntur [1].

Explicita lectione prima, dicitur a sacerdote hec oratio :

Oratio.

Anniuersaria, Fratres dilectissimi, festiuitatis sollemnia inchoantes, auxilium Domini poscamus e celis, ut digni habeamur ecclesiastice functionis officiis. Inminet enim illi cura pro cunctis, [pro] omnibus supplicemus ei, qui mori pro omnium salute dignatus est. — Amen.

1 Gen., I 5 *Cod* in osteo cori 12 *Codex Mus. Brit. (fol. 80)* : Orationes que per singulas lectiones in uigilia Pasce dicitur (*sic*). Explicita lectione prima dicitur hec oratio 13 *Cod Mus. Brit. et Veron. :* festa uotis solemnibus incoantes.

donnent que quatre, tandis que le ***Missale gallicanum uetus*** en compte jusqu'à treize. Le chiffre de douze est cependant le plus ordinaire. (Voy. Martène, *De antiquis Ecclesiae ritibus,* éd. 1788, t. III, p. 148; cf. Mvratori, *Liturgia Romana uetus*, t. I, p. 566 et t. II, p. 147, 586, 737. Voy. aussi *P. L.*, t. LXXII, col. 194 et t. LXXVIII, col. 87.) — Quant à nos livres mozarabes, ils ne sont guère plus d'accord entre eux. Le Missel imprimé porte onze leçons, ainsi que le manuscrit de Londres cité plus haut (col. 208, n. 4) et le *Libellus Orationum* de Vérone (éd. Bianchini, 1741, p. 100). Du moins ces deux derniers textes n'ont-ils que onze oraisons. Le *Liber Comicus* (p. 171-201) en compte douze. Notre Rituel s'arrête brusquement après la neuvième leçon, plusieurs feuillets manquant à cet endroit. Il est très probable qu'il en avait onze, comme les manuscrits de Vérone et de Londres, avec lesquels il est en parfait accord dans le choix des formules. Les oraisons du Rituel sont identiques à celles de ces deux documents. (Sur les invitations à prier « Pro pace Ecclesiarum », etc., voy. Dvchesne, *Les Origines du culte chrétien*, p. 187.) Le Missel imprimé s'éloigne beaucoup des recueils que nous venons de mentionner, tant pour le texte, que pour la disposition des formules. — On trouvera dans le *Liber Comicus* tout l'ensemble de ces lectures, dont notre *Liber Ordinum* ne donne que les premiers mots.

1. Sur les couronnes qui servaient à la décoration des autels au temps des Wisigoths, on peut voir ce qui a été dit ci-dessus, col. 165, note.

Post hec, clamat diaconus, dicens :

Pro solemnitate Pascali precemur Dominum [1].

Post hec dicitur hec oratio [2] :

[**Oratio.**]

Sanctifica, Domine, famulos tuos, ut sanctificate noctis huius obsequiis seruiamus.

Post hec salutat episcopus. Et accedens alius, legit hanc lectionem Genesis :

Lectio IIª : — Formauit...

[**Oratio.**]

fol. 162 / Ecclesiastica unitate connexi, Dominum Deum Patrem petamus, ut eandem Ecclesiam concordie uinculo coherentem atque in diuina claritate flagrantem nunc studiis, post premiis muneretur. — Amen.

Post hec, accedit item diaconus, dicens :

Pro pace Ecclesiarum et quiete populi precemur Dominum.

Oratio.

Deus, qui Ecclesie tue fide et utilitate letaris, dona ei perfecte religionis affectum, quam sancte congregationis honore donasti. — Amen.

Post hanc, salutat. Et accedens alius, legit hanc lectionem Esaye prophete :

[Lectio IIIª :] — Omnes sitientes...

In hac lectione tertia egreditur episcopus ad Fontem sacrum babtismum celebrare.

ORDO BABTIZANDI [3].

Fons in hoc die, siue in alio tempore quo babtizandum est, non de cisternis, sed de fluminibus implendus est. Denique, post initium supradicte lectionis tertie, progreditur episcopus cum presbiteris et diaconibus tantum ad Sanctum Iohannem [1], *tenentes omnes cerea sua, sedente* [2] *chrisma uel sacra communione super altare Sancti Iohannis.*

Et descendentes ad Fontem, stant diacones in circuitu Fontis, et infantibus in agnile [3] *per ordinem constitutis, exurgit episcopus et orat orationem istam :*

Oratio.

Ad uenerabilem salutis eterne fontem gressibus concitis properantes, obsecramus magnificentiam tuam, dominator omnipotens Deus, ut fontem signatum [4] clauibus indulgentie tue nobis reserari

4 *Titulus in codice Mus. Brit.* Alia 9 Gen., II 11 *Cod* conexi 12 *Cod* eclesiam 13 *Cod* coerentem... fraglantem *Cod Veron.* coherentem, indiuidue caritatis nunc studiis 17 *Cod* pro pace eclesiarum et quietem populi 25 Isai., LV.

4 *Cod* crisma 11 *Cod* preparantes 13 *Cod* clabibus.

1. Cette invitation à la prière est notée en neumes dans le manuscrit, ainsi que les suivantes.

2. La seconde prière après chaque lecture est toujours intitulée dans le *Libellus* de Vérone, et quelquefois dans le manuscrit de Londres : *Collectio eiusdem*. Elle ne se trouve pas dans le Missel mozarabe imprimé.

3. On a vu plus haut (col. 24) le rituel ordinaire du baptême. C'est celui qu'on suivait la vigile de Pâques, en le faisant précéder des deux oraisons ci-jointes, et en l'accompagnant de l'imposition des mains particulière à ce jour et dont nous avons donné ci-dessus (col. 36) la formule solennelle, sous le titre : *Alia oratio manus impositionis in uigilia Pasche*. D'après notre Rituel, le baptême avait lieu à la suite de la lecture d'Isaïe : « Omnes sitientes, uenite ad aquas », si admirablement appropriée à la circonstance. — Sur cette lecture et sur l'antienne *Sitientes*, voyez ce j'ai dit plus haut, col. 19, note 3.

A remarquer, dans la rubrique suivante, le passage qui ordonne de puiser l'eau baptismale non dans les citernes, mais dans le fleuve. Tolède, située sur une hauteur escarpée au pied de laquelle roule le Tage qui l'entoure de trois côtés, était alors, plus encore que de nos jours, abondamment pourvue de vastes citernes.

1. « Ad Sanctum Iohannem », c'est-à-dire au baptistère. La plupart des baptistères formaient dans les temps anciens des édifices à part, parfois de dimensions considérables, placés d'ordinaire dans le voisinage de l'église principale. Presque tous étaient sous le vocable de saint Jean, en souvenir du baptême du Sauveur. Il en était ainsi du baptistère de Mérida, au septième siècle; mais il touchait à la cathédrale et un même toit les abritait : « Ante gallorum cantum cum laudibus peruenerunt ad ecclesiam Sanctae Mariae (la cathédrale) ad basiliculam Sancti Ioannis, in qua baptisterium est : quae nimium contigua antefactae basilicae, pariete tantum interposito, utraque uno tecti tegmine conteguntur ». *De uita Patrum Emeritensium*, apud *Acta SS. Bolland.*, t. I Nov., p. 326; *P. L.*, t. LXXX, col. 136.

2. Le verbe *sedere* (d'où dérive le mot castillan *ser*) a ici le sens de « esse », ce qui se rencontre souvent dans le latin de la basse époque. Voy. Diez, *Etymologisches Wörterbuch*, 3e édition, t. I, p. 165.

3. Je ne trouve pas dans le Glossaire de Ducange le mot *Agnile* avec le sens qu'il a ici. C'est bien le nom qui convenait à l'endroit où se réunissaient les néophytes, dont l'Église dit dans sa liturgie paschale : « Isti sunt *agni* nouelli... Modo uenerunt ad fontes, repleti sunt claritate. In conspectu Agni amicti sunt stolis albis et palmae in manibus eorum ».

4. Allusion à la pratique très ancienne de fermer et de sceller avec l'anneau épiscopal, au commence-

precipias, et dulcissimum aque poculum sitientibus inpertias. Intonet super has aquas uox tue diuinitatis, et Spiritus tue sanctificationis inhabitans in eis medellam ualitudinibus conferat uniuersis. Emissiones quoque paradisi nunc ex eo fol. 163 largienter profluant; ut celestium gratiarum / munera noui infantes, te propitiante, percipiant.

Item alia eiusdem [1].

Deum inmortalium munerum et salutarium gratiarum, Fratres dilectissimi, concordi mente et humili oratione poscamus, ut per Verbum, et Sapientiam, et Virtutem suam, Dominum nostrum Ihesum Christum Filium suum, concurrenti ad salutare babtismum plebi sue gratiam noue creationis indulgeat; atque accessum hinc penitus maligne cogitationis auertens, infundat uitali lauacro Spiritum suum Sanctum : ut, dum sitiens fidem populus aquas salutaris ingreditur, uere, ut scriptum est, per aquam et Spiritum Sanctum renascantur; et consepulti in lauacro Redemtori suo, in similitudinem sacri dignique misterii, cui conmoriuntur in babtismum, ei resurgant in regnum. — Amen.

Prestet ipse Dominus.

Ista peracta, babtismum per ordinem celebratur.

Post lectionem uero tertiam, id est : Omnes sitientes, uenite ad aquas, *dicitur hec*

Oratio.

Omnipotentem Deum, qui sacerdotes suos Ecclesiarum presules ordinauit, supplici oratione poscamus, ut fidelis nostre deuotionis obsequio suo queamus respondere iudicio. — Amen.

Post hec dicit diaconus :

Pro sacerdotibus et ministris precemur Dominum.

[6] largienter *uox perrara pro* largiter : *alibi illam formam uidisse non recordor* [7] *Cod* nobi [14] *Cod* nobe *Miss. gall. pro* creationis *habet* regenerationis [16] *Cod* labacro [18] *Miss. gall.* aquas salutares [20] *Cod* labacro [21] *Miss. gall.* sacri diuinique [24] *Cod* perhacta [28] *Cod Mus. Brit.* in sanctam ecclesiam presoles *Cod* eclesiarum [30] *Cod Mus. Br.* fideli [31] *Ibid.* iudicio. Cui est.

ment du Carême, la porte du baptistère, qu'on ne devait plus ouvrir, à moins d'un cas exceptionnel, avant les fêtes de Pâques. Saint Ildephonse parle assez longuement de cet usage (*De cognit. Baptismi*, c. 107 : « Quare et unde fons in Quadragesima clauditur et in Pascha reseratur »), qui fut confirmé en 694 par le canon II du 17e concile du Tolède.

1. On retrouve cette seconde formule dans le *Missale gallicanum uetus*, publié par Tommasi (*Opera omnia*, t. VI, p. 400-401) et réimprimé dans la *P. L.*, t. LXXII, col. 368.

[Oratio.]

Dona, Domine, sacerdotibus tuis, ut conuenire facias fructum operum cum eminentia dignitatum : ut mercedem potius habeant de labore, quam iudicium de honore. — Amen.

Deinde lectio Genesis :

LECTIO IIII[a] : — Noe, quum quingentorum...

[Oratio.]

Pacem Dominicam, pacem quoque nostram, Deum Patrem omnipotentem, qui pacis est auctor, postulemus, ut adsit in ordinatione sua / catholicis fol. 164 ducibus et barbaras gentes refrenet : quatenus, rebus omnibus sua lege conpositis, eius solummodo imperiis seruiamus. — Amen.

Et dicit diaconus :

Pro prosperitate principum et tranquillitate temporum precemur.

[Oratio.]

Deus, qui fidelium pace letaris, dona seruientibus tibi pacem, omnesque eorum actus, qui tibi seruire cupiunt, placabili miseratione compone. — Amen.

Deinde legitur Exodi :

LECTIO [V[a]] : — Armati ascenderunt, *cum cantico* Cantemus Domino.

Post hec dicitur hec oratio :

[Oratio.]

Deum Patrem omnipotentem, agentes ipsi gratias, postulemus pro his, quos seculi necessitas aut inquietudo detentat, uel pro his, qui secundum carnis infirmitatem diuersis egritudinum generibus affliguntur : ut in hac sollemnitate pascali, quia corporibus absunt, animis et utilitatibus misceantur.

Post hec, accedit diaconus, dicens :

Pro his, qui huic sancte sollemnitati interesse non possunt, pre[cemur Dominum].

Oratio.

Deus, cui ea, que nobis sunt absentia, deesse non possunt, et que putantur longe, sunt proxima;

[1] *Cod Mus. Brit.* Collectio eiusdem [7] Gen., v, 31 [8] *Cod Mus. Br.* Oratio de IIII lectione [14] *Ibid.* seruiamus. Cuius reg [17] *Ibid.* precemur Dominum. Coll. eiusdem [23] Ex., XIII, 18 et XV, 1 [27] *Cod Mus. Br.* Oratio de V lectione [32] *Ibid.* afflictantur [34] *Idem codex addit* Per Dominum [38] *Ib.* Collectio eiusdem.

presta, ut famuli tui, quorum necessitates uel infirmitates Ecclesie sollicitudo conmendat, pietatis tue muneribus uel remediis perfruantur. — Amen.

Post hec legitur lectio Genesis :

Lectio VI[a] : — Temtavit Deus Abraam...

Post hec dicitur oratio :

[Oratio.]

Deum fructuum largitorem, aurarum moderatorem, qui in supplementum humani usus terras fecundauit, creauit fruges, aerem temperauit, Fratres karissimi, deprecemur, ut omnia hec, que sponte nostris usibus tribuit, nostris quoque obsecrationibus largiatur.

Post hec dicit diaconus :

fol. 165 Pro abundantia frugum / et tranquillitate aerum precemur Dominum :

[Oratio.]

Deus, creator omnium bonorum, rogamus inmensam misericordiam tuam, ut non tam peccatorum, quam precum considerator, munera tua quibus uiuimus et uiuamus non quia non meremur neges, sed quia precamur amplifices. — Amen.

Per gratiam pietatis tue, Deus noster, qui omnia regis in secula seculorum.

Post hec legitur [lectio] Deuteronomii :

Lectio VII : — Loquutus est Moyses...

[Oratio.]

Deum Patrem omnipotentem pro sacris uirginibus et continentibus deprecemur, ut infirmitati corporum adsit robur animarum : quo uitam ualeant custodire uirtutum mortificatione omnium uitiorum. — Amen.

Post hec dicit diaconus :

Pro uirginibus et continentibus prece[mur Dominum].

Oratio.

Tribue his, Domine Pater sancte, peruenire ad sexagesimi fructus coronam, quibus integritatem uouere tu dedisti. Nulla ex his stultis uirginibus misceatur, sed sint in numero sapientium puellarum,

[3] *Cod Mus. Br.* perfruantur. Quia Deus es [5] Gen., xxii, 1 [7] *Ib.* Oratio de VI lectione [9] *Cod* husus [15] *Cod* habundantia [22] *Cod Mus. Br.* amplifices quia tu es Deus [25] Deuter., xxxi, 28 [26] *Cod Mus. Br.* Oratio VII lect. [31] *Ib.* uitiorum. Adiuban. [38] *Ib.* Collec. eiusdem.

quarum uasa oleum, quo lampades sue inluminentur, exuberent. — Amen.

Lectio VIII Genesis : — Senuit Ysaac...

Oratio.

Pie uoluntatis retributorem Dominum supplicemus, ut Ecclesiam suam bono largitatis accinctam, per studium misericordie ad suam misericordiam iubeat peruenire. — Amen.

Post hec dicit diaconus :

Pro his qui eleemosinas faciunt precemur Dominum.

Oratio.

Deus, qui eleemosinis extingui peccata docuisti, dona famulis tuis sanctam largiendi deuotionem; neque enim non habere poterunt possibilitatem, quibus tu dederis uoluntatem. — Amen.

Per ineffabilem bonitatem tuam.

Lectio VIIII Exodi : — Dixit Dominus ad Moysen.

Oratio.

Certi de promissione diuina pro ingentia peccata deflentibus, piissimum Deum, Fratres karissimi, supplices deprecemur, ut indulgentiam mereantur...[1].

Oratio de VIIII Lect.

Certi de promissione diuina, que ingentia peccata deflentibus indulgendum a se esse promisit, suppliciter Deum rogemus, ut confitentes nomini suo, suo iudicio iudicari non in his que [ante commissa sunt, sed in his quae fuerint correcta, mereantur.

Quia Deus est misericors, et regnat in saecula saeculorum.

Deinde dicit diaconus] :

Pro penitentibus et confitentibus pre[cemur] Dominum.

Collectio eiusdem.

Deus, qui mutare sententiam per misericordiam tuam nosti, cum se peccator emendatione mutauerit; dona his penitentie fructum, quia ad tuam mi-

[2] *Ibid.* exuberent quia Deus [3] Gen., xxvii, 1 [4] *Cod Mus. Br.* Oratio de VIII lectione [10] *Cod* elemosinas [13] *Cod* elemosinis [18] Exod., xii, 1 [30] *Codex male* indigentia.

1. Plusieurs feuillets du manuscrit ont été arrachés en cet endroit. Pour compléter en partie cette lacune du Rituel, je donne ici, d'après un codex du ixe ou xe siècle (manuscrit 30.852 fonds addit. du British Museum), les prières et collectes qui suivent la neuvième leçon. Les passages entre crochets sont empruntés au codex de Vérone.

sericordiam conuolantes, recipiendos se in locum reuertentis filii crediderunt.

Quia mul[te misericordie es, Domine, et regnas in secula seculorum].

[Oratio X Lect.]

Celestium et terrestrium Deum, Fratres dilectissimi, deprecemur, ut [in] fratribus nostris, quicumque peregrinationis necessitatibus subiacent, potenti auxilio suo consolator et redux esse dignetur : neque ab eo peregrinentur, qui uni Deo et nati sunt et renati.

Conceden[te clementia pietatis eius, cuius regnum manet in secula seculorum.

Deinde dicit diaconus] :

Pro peregrinantibus et nauigantibus pre[cemur] Dominum.

Collectio eiusdem.

Supplices tibi, Domine, fundimus preces : ut, qui per omnia Deus es, nos ubique non deseras.

Quia Deus.

Oratio XI Lect.

Deum iudicii eterni, Fratres karissimi, pro spiritibus pausantium deprecemur, ut eos Dominus eterne quietis placabilitate susceptos, in illa felici beatorum sede constituat : qui, sicut ob hoc se renatos esse ut resurgerent crediderunt, ita beatificatos se quia resurrexerunt gratulentur.

Per Dominum [nostrum Iesum Christum, qui cum Deo Patre et sancto Spiritu in unitate gloriatur in secula seculorum.

Deinde dicit diaconus] :

Pro defunctorum requie et quiete precemur Dominum.

Collectio eiusdem.

Precamur te, Deus, ut defunctorum anime in te credentes, ac de tua pietate sperantes, sic a delictis omnibus absoluantur, ut nulla in eternum confusione obnoxie teneantur.

Quia multe [miserationis es, Domine, et regnas in secula seculorum] [1].

[1] *Cod male* recipient [7] *Cod male* potentia [36] *In codice* sic a delictis omnibus absolbantur, et nulla.

1. D'après les *Breves* ou tables des matières placées en tête du Liber Ordinum, l'office de la vigile de Pâques était suivi d'un chapitre (le LXXXVIIe) intitulé : *Benedictio Agni*, que nous donnons ici avec ses rubriques, grâce au Rituel de Madrid, fol. 51-53.

BENEDICTIO AGNI [1].

Die uero alio, id est Dominico, post celebratam missam sacre Resurrectionis, benedicuntur carnes agni his benedictionibus :

OREMVS : Post celebratam sanctam Pasche sollemnitatem, postquam etiam, transactis sacris ieiuniorum diebus, iam animabus spiritualibus dapibus refectis de mensa tue Maiestatis, offerimus famuli tui, pro huius fragilitate corpusculi aliquantulum reparandi, hanc usui nostro concessam creaturam agni : poscentes, ut eum, ore proprio nobis signantibus, benedicas ac dextera tua sanctifices, et uniuersis ex eo ministratis munusculis gratiam effici prestes, atque cum gratiarum actione percepta, te Deum, qui es cibus uite et anime nostre, magis magisque et inhianter desideremus et indefesse fruamur.

Adiuuante clementia...

Alia [2].

OREMVS : Domine Deus, omnipotens Pater, qui populo tuo, quem eduxisti de terra Egypti in manu robusta et brachio forti per fidelissimum famulum

[6] *M* posquam [16] *M* inianter *M* adiubante [22] *M* bracio.

1. La bénédiction des chairs de l'agneau avait lieu, d'après notre Rituel *M*, à la suite de la messe de Pâques. Un manuscrit très ancien de l'église de Tolède (du IXe ou du Xe siècle) témoigne du même usage et ajoute que cette bénédiction se faisait, non pas à l'église, mais dans le *preparatorium* ou sacristie. Voici cette rubrique : « MISSA IN HILARIA PASCHE : Letetur celum », etc. Après la prière intitulée : *Benedictio*, on lit : « *Antequam complet diachonus, uadant ad preparatorio, sanctificentur agni, et sic complet diaconus:* Solemnia completa sunt, in nomine Domini Ihesu Christi eamus in pace ». (D'après la copie du P. Burriel, à la *Biblioteca nacional* de Madrid, manuscrit Dd. 65, messe n° 69. Cf. *P. L.*, t. LXXXV, col. 477.) L'auteur du Micrologue dit de son côté : « Iuxta Romanam auctoritatem, agnus in Pasca benedicitur, non ad altare, sed ad communem mensam » (*P. L.*, t. CLI, col. 1016). C'est comme une protestation contre l'erreur des Grecs, qui accusaient avec insistance les Occidentaux d'offrir un agneau sur l'autel, en même temps que le corps et le sang du Seigneur. Nos manuscrits wisigothiques s'élèvent aussi contre cette accusation. Quant au Missel mozarabe imprimé, il met ce rite, dont la formule diffère des trois données ci-dessus, à la suite de l'office de la vigile de Pâques, mais sans marquer le lieu et le temps où il s'accomplissait.

2. Les premières lignes de cette prière (jusqu'au mot *immolaret*) et quelques autres se retrouvent dans le Sacramentaire de Bobbio publié par Mabillon : « Be-

tuum Moysen, precipere dignatus es, ut Pasche sollemnia celebraret; tuisque preceptis obtemperans, agnum inmaculatum imaginarie, typice, qui in figuram sobolis tui Domini nostri, immolaret ac sub umbra typice legis sacrum Pasche hactenus celebraret : quatenus nostrum Pascha Agnus ille insons immolari non dedignaretur. Qui pro nostris piaculis abolendis, Deus uerus, ueraciter cum hominibus conuersatus, nobilissimi uatis digito ostensus et profetico preconio propalatus, cunctis est luce clarius manifestatus, cum ait : « Ecce Agnus Dei, ecce qui tollit peccatum mundi. »

Ob hoc igitur, supplices quesumus, ut, intercedente unigenito Filio tuo Domino nostro Ihesu Christo, has ferculorum dapes, usibus famulorum tuorum agni carnibus preparatas, celitus benedicere et sanctificare digneris; ut quicumque seruorum tuorum uel ancillarum exinde sumpserint, sentiant sibi protinus inlabi Paracliti caritatis donum.

1 *M* percipere 3 *M* ymaginarie 4 *Bob* figuram ouis tui *M* nostri ymolaret 5 *M* actenus 7 *M* ymmolari... Que hoc nostris 9 *supra* ostensus *legitur uox* inuentus.

nedictio ad Agnum benedicendum in Pascha ». Voy. *P. L.*, t. LXXII, col. 572.

Per tuam magnam [misericordiam, Deus].

Alia.

Oremvs : Domine Ihesu Christe, Filius Dei, qui es Agnus inmaculatus, qui te pro nobis immolare iussisti, ut nos ab eterne mortis interitu eriperes : qui etiam peccata mundi tulisti; te supplices deprecamur et poscimus, ut has agni epulas famulorum tuorum, que pro fouenda fragilitate humani corporis nobis famulis ad signandum exhibite sunt, benedicere atque sanctificare digneris; ut quicumque ex eis sumpserint, tuo adiuti presidio, huius uite tempora ab omni angustia pertranseant, et ad eternam uitam, te iubente, sine confusione perueniant. — Amen.

Te prestante, summe Deus.

Deinde dicit diaconus :

In nomine Domini nostri Ihesu Christi sanctificatum permaneat in pace[1]. »

1 *M* per tua magna 8 *M* quas pro fobenda 9 famulis *supra* nobis *legitur in M* *Ib. M* exhibita sunt 11 *M* ex ea sumpserint 15 *M* te deprecante.

1. Avec la « Benedictio Agni » finissait la première partie du Rituel ou *Liber Ordinum* proprement dit.

ITEM ALIVS LIBER ORDINVM

I. — MISSA SANCTI PETRI APOSTOLI ROMENSIS[1].

. . . .

. . . .

. . . .

fol. 166 / et accepta habere[2], sicuti accepta habere dignatus es munera pueri tui iusti Abel, et sacrificium patriarche nostri Abrahe, et quod tibi obtulit summus sacerdos tuus Melchisedec sanctum sacrificium, inmaculatam hostiam.

Supplices te rogamus, omnipotens Deus, iube hec perferri per manus sancti angeli tui in sublime altare tuum, in conspectu diuine Maiestatis tue; ut, quotquot ex hac altaris participatione sacrosanctum Filii tui corpus + et sanguinem + sumserimus, omni benedictione celesti et gratia repleamur. Per Christum Dominum nostrum.

Memento etiam, Domine, famulorum famularumque tuarum *Illorum, Illarum,* qui nos precesserunt cum signo fidei et dormiunt in somno pacis.

Ipsis, et omnibus in Christo quiescentibus, locum refrigerii, lucis et pacis ut indulgeas deprecamur. Per Christum Dominum nostrum.

[1] *Cod* patriarce... Abrae [2] *Cod* Melcisedhec [7] *Cod* quodquod.

1. D'après la table des matières de notre Rituel, la seconde partie du manuscrit, dont il nous manque tout au moins le premier feuillet, commencait par le titre : ITEM ALIVM ORDINVM. Venait ensuite le premier chapitre de cette nouvelle division, intitulée : *Missa sancti Petri apostoli Romensis.* — Je complète le titre général de cette partie, en ajoutant le mot *liber,* qui se lit au commencement du volume.

2. Le texte du manuscrit reprend vers le milieu du canon de la messe selon le rite romain. A rapprocher de l'édition du Sacramentaire grégorien, publiée par Ménard (*P. L.,* t. LXXVIII, col. 27). Quelques-unes des variantes du manuscrit dont il s'est servi se retrouvent dans notre Rituel, v. g. *Agate, Agne,* pour « Agata, Agnete ». A comparer avec le Sacramentaire gallican de Bobbio, qui porte une *Missa Romensis quotidiana* (*P. L.,* t. LXXII, col. 451-458) et le *Missale Gothicum,* où se trouve un fragment de la même messe (*Ibid.,* col. 318. Cf. le Missel de Stowe, dans WARREN, *The liturgy and ritual of the Celtic Church,* pp. 226-244). Le codex wisigothique 35.3 des archives de l'église de Tolède renferme aussi une *Missa cotidiana,* mais purement mozarabe : « Dominicos dies, dilectissimi fratres, religionis » etc. Cf. *P. L.,* t. LXXXV, col. 24?. — De la présence d'une *Missa Romensis* dans notre Liber Ordinum il est malaisé de tirer une conclusion tant soit peu ferme. Est-il permis d'y voir un reste du canon primitif de l'Église d'Espagne? (A ce propos, il est bon de remarquer que, dans le rite mozarabe, la formule faisant suite au récit de l'institution de l'Eucharistie porte le titre de *Post Pridie.* Or, les mots « *qui pridie* quam pateretur » du canon romain ne se lisent pas dans le canon mozarabe.) Serait-ce, au contraire, un premier pas vers l'adoption de la liturgie romaine? Je n'en sais rien. Mais le fait que plusieurs livres gallicans renferment une messe analogue me permet difficilement de croire à un simple caprice de copiste, qui, ayant sous la main le texte en question, l'aurait sans autre motif inséré dans son recueil. D'autre part, les clercs mozarabes faisaient-ils usage de ce canon romain dans quelques solennités, pour la fête de saint Pierre, par exemple? Nouveau problème, que je laisse à de plus habiles le soin de résoudre. — Il convient de noter la façon un peu brusque, dont se termine cette *Missa Romensis.* Elle n'a même point, à la suite du Pater, l'embolisme qui accompagne partout ailleurs l'oraison dominicale. Par contre, on y a joint une *Benedictio,* dont l'origine espagnole ne paraît pas douteuse et qui se retrouve, adaptée aux fêtes pascales, dans le Missel mozarabe imprimé. (Voy. dans *P. L.,* t. LXXXV, col. 514.)

Nobis quoque peccatoribus famulis tuis de multitudine miserationum tuarum sperantibus, partem aliquam et societatem donare digneris, cum tuis sanctis apostolis et martiribus, cum Iohanne, Stefano, Mathia, Barnaba, Ignatio, Alexandro, Marcellino, Petro, Felicitate, Perpetua, Agata, Lucia, Agnete, Cecilia, Anastasia, et cum omnibus sanctis tuis : intra quorum nos consortium, non estimator meriti, sed uenie, quesumus, admitte.

Ad Orationem Dominicam.

Preceptis salutaribus moniti et diuina institutione formati, audemus dicere : Pater noster qui es in celis.

Benedictio.

Christus Dei Filius, qui sua uos morte redemit, suo uos splendore clarificet. / (fol. 167) Quique pro salute mundi amaro potatus est poculo, ipse uos innouet sue benedictionis sacramento : ut, sacrificia munda ei offerentes, ad beatam uitam perueniatis indemnes. — Amen.

II. — ORDO MISSE OMNIMODE [1].

Quum uenerit sacerdos ut sacrificium offerat, antequam prelegendum decantare incipiat, adclinis ante altare tacite dicit hanc orationem :

Oratio.

Accedam ad te, Domine, in humilitate spiritus mei, loquar de te, quia multam fiduciam et spem dedisti mici. Tu ergo, fili Dauid, qui reuelato misterio ad nos in carne uenisti, qui clauem Dauid aperuisti, secretum cordis mei adaperi. Mitte ad me unum de Serafin, per quem candens carbo ille de altario tuo sublatus sordentia labia mea emundet, mentem enubilet dicendique materiam subministret : ut lingua mea, que proximorum utilitati deseruit, non erroris redoleat occasu, sed uite eterne sine fine preconio resonet.

Per te, Deus meus, qui uiuis et regnas in secula seculorum. — Amen [1].

5 *Cod* Mathian, Barnaban... Alaxandro... Perpetue, Agate, Luciae 7 *Cod* Agne, Cecilie, Anastasie 17 *Cod* innobet.

1. La *Missa omnimoda* était une messe votive commune, qui ne se rattache à aucune solennité spéciale du cycle liturgique. Elle se disait pour tous les besoins de l'Église militante sur la terre et de l'Église souffrante dans le Purgatoire. Ces besoins sont énumérés dans les deux oraisons de ce rite appelées *Missa* et *alia Oratio* (dans notre Liber Ordinum simplement *Alia*). Le prêtre y prie pour lui-même, pour l'Église catholique, pour la paix, la rémission des péchés, les infirmes, pour le relèvement des tombés (*lapsi*), pour ceux qui sont dans la tribulation, les captifs, les opprimés, les voyageurs, pour le repos éternel des fidèles défunts. — Plusieurs manuscrits du Sacramentaire grégorien donnent une messe de ce genre. Le manuscrit de Saint-Gall l'appelle, comme nos trois Rituels, *Missa omnimoda*; dans d'autres elle est intitulée : *Missa pro salute uiuorum*, ou : *Missa pro salute uiuorum et mortuorum*, ou encore : *Missa communis*. (Voy. GERBERT, *Monumenta ueteris Liturgiae Alemannicae*, t. I, p. 268.) Le Sacramentaire gallican de Bobbio renferme aussi une *Missa omnimoda*. Dans la liturgie wisigothique, outre celles de nos Rituels qui diffèrent peu entre elles, et celle très particulière du Missel imprimé (*P. L.*, t. LXXXV, col. 982), je puis signaler encore une *Missa omnimoda uel de sanctis* dans le Sacramentaire mozarabe des archives de la cathédrale de Tolède (codex 35.3). Elle commence par ces mots : « Accedentes ad Domini sacratissimam mensam », etc. Elle n'a rien de commun avec celles que je viens de mentionner et ne renferme que les oraisons principales. — Ce qui donne une particulière importance à la *Missa omnimoda* de notre Liber Ordinum, c'est qu'elle nous offre le texte à peu près complet de l'ordinaire de la messe et du canon mozarabe, sans parler des rubriques, ensemble que l'on trouverait difficilement ailleurs. — A propos du mot *omnimoda*, il peut être de quelque intérêt de relever dans les formules de notre Liber Ordinum des expressions comme celles-ci : *Omnimoda discretio* (col. 53), *omnimoda salus* (col. 71). Voy. aussi un peu plus loin (col. 237, note) : *omnimoda intentione deposco, ut oblationem*, etc.

1. Cette prière est l'œuvre de saint Julien de Tolède (VIIe s.). Voy. *P. L.*, t. XCVI, col. 760; cf. t. LXXXV, col. 113 et 538. Cette formule et la rubrique ci-dessus ne se trouvent pas dans les Rituels *A* et *M*. Par contre, le Rituel *A*, fol. 43-44, fait précéder cette messe, qu'il intitule : *Missa uotiua omnimoda*, des formules suivantes, auxquelles je laisse leurs fautes de copiste, très faciles du reste à corriger :

« AD VESTEM SACERDOTI.

Lababo inter innocentes manus meas, et circumdabo altare tuum, Domine. — VERS. : Adsparges me ysopo.

Ad amictum siue alba: Indue me, Domine, uestimentum salutis et indumentum iustitie semper.

Ad cingulum : Precinge me, Domine, cingulo fidei et uirtute castitatis lumbos corporis mei exicando, extingue in eum humorem libidinis, ut iugiter maneat in eis tener (tenor) totius castitatis.

Ad stolam : Redde mici, Domine, stolam inmortalitatis, quam perdidi in preuaricatione primi parentis, et quia cum hoc ornamentum accessi, quamuis indignus, ad tuum sanctum ministerium, cum eodem letari merear in perpetuum.

Ad casullam : Domine, qui dixisti : « Iugum enim

AL[LELVIA] : Miserere nobis, Domine, alleluia; miserere nobis, alleluia, alleluia. — VERS. : Ad te leuamus...

Oratio.

Miserere nobis, Domine, miserere nobis, et auxilium quod rogaris concede; uota uero, que in nobis sunt, laudationis tue accipe, et lacrimarum nostrarum pius consolator occurre. — Amen[1].

Lectio libri Esaye prophete.

In diebus illis, loquutus est Esayas, dicens : Domine, miserere nostri, te enim expectauimus. Esto brachium nostrum in mane, et salus nostra in tempore tribulationis.

⁹ Is., xxxiii, 2 ¹⁰ *A* orabit Esayas ¹¹ *Cod* expectabimus ¹² *Cod* bracium ¹³ *A* et *M* tribulationis. Amen.

meum suabe est et onus meum lebe »; presta, ut sic deportare ualeam, qualiter consequi possim tuam gratiam.

Quando calicem ponit super altare : Hanc oblationem quesumus, omnipotens Deus, dignanter accipias, et omnia mici peccata dimittas.

Ad panis : Corpus tuum, Domine, sit salbatio mea.

Ad uinum : Corpus et sanguis tuus, Domine Ihesu Christe, maneat mecum in uitam eternam, et remissionem omnium peccatorum. Corpus Domini nostri Ihesu Christi sit salbatio tua. Sanguis Christi maneat tecum redemtio uera.

Quando uestimenta cooperis tibi et initiaberis exsolbere uotibam usque dum expleas, et uestimentum in loco suo opponas, nullis locutionis non sit in te, nisi cum Deo mentem tuam. Exaudiat Deus deprecatio tua. »

1. Au lieu de cette formule, on lit dans le Rituel *A*, fol. 44 :

« ANT. : Miserere nobis, Domine, Alleluia. Miserere nobis, Alleluia, Alleluia. — VERS. : Ad te.

ORATIO : Miserere nobis, Domine, miserere nobis et a cunctis malis preteritis, presentibus et futuris nos eripe. Furorem ire tue, gladium, captiuitatem, pestilentiam, famem, tribulationem et insidias inimicorum nostrorum a nobis elonga. Gratia tua nos a sordibus peccatorum emunda, et omnes in commune iustifica. Tempora concede et dies nostros in tua pace disponendo letifica. Omnium infirmorum ualitudines cura omniumque fidelium defunctorum animabus requiem presta. — Amen.

Erigite uos. — Dominus sit semper uobiscum. — Et cum spiritu tuo.

LECTIO LIBRI ESAYE PROPHETE etc. », comme dans le Rituel *B*.

L'oraison du Rituel *M*, fol. 134, diffère des formules précédentes. La voici : « Concede nobis, Domine, ut qui sanctis altaribus tuis uotibam oblationem offerimus, nosmetipsos offeramus per pacis bonum et karitatis affectum. Prestante lumen (lumine) Diuinitatis tue, Deus noster. — Erigite uos. — Dominus uobiscum ».

PSALLENDVM : Salua plebem tuam et benedicito hereditatem tuam, Domine. — / VERS. : Et rege eam et extolle usque in eternum, Domine. fol. 168

Epistola Pauli apostoli ad Romanos.

Fratres, Deus spei repleat uos omni gaudio et pace in credendo, ut abundetis in spe et uirtute Spiritus Sancti. — Amen.

Lectio sancti Euangelii secundum Iohannem.

In illo tempore, Dominus noster Ihesus Christus loquebatur discipulis suis, dicens : Si manseritis in me et uerba mea in uobis manserint, quequumque uolueritis petite et fiet uobis. In hoc enim clarificatus est Pater meus, ut fructum plurimum afferatis, et efficiamini mei discipuli. Sicut dilexit me Pater, et ego dilexi uos. Manete in dilectione mea. Si precepta mea seruaueritis, et manebitis in dilectione mea, sicut et ego Patris mei precepta seruaui et maneo in eius dilectione. Hec loquutus sum uobis, ut gaudium meum in uobis sit, et gaudium uestrum impleatur in omnibus.

LAVDES[1] : Alleluia. Saluum fac, Domine, populum tuum, et benedic hereditati tue. Alle[luia].

SACRIFICIVM : Eleuauit sacerdos munera super altare, dicens : Suscipe, Deus, sacrificium pro populo tuo, et sanctifica hereditatem tuam. Alleluia.

II. — Et dum staret ante altare ingemuit, dicens : Suscipe...

III. — Benedixit sacerdos omnem populum.

Deo gratias. — Semper agamus[2].

¹ Psallendum *cum notis musicis in Cod* et *M* ² *M* rege eos ⁴ Rom., xv, 13 ⁶ *Cod* habundetis ⁷ *M* Amen. — Silentium facite. Dominus uobiscum ⁸ Ioan., xv, 7-11 ¹² *M* in nomine meo petite ¹⁶ *Cod* serbaberitis ¹⁸ *Cod* seruabi ²³ *Cod* elebauit ²⁸ Benedixit *Vide infra, fol. 238 Cod textum integrum.*

1. Sur le chant des *Laudes* après la lecture de l'Évangile, voy. le canon xii du 4ᵉ concile de Tolède.

2. Ces morceaux, accompagnés de notes musicales, sont beaucoup plus nombreux dans le Rituel *M*. Les voici dans leur teneur originale :

« LAVDES : Alleluia. O Domine, saluos nos fac, o Domine, bona propera, a. e. u. a. (Alleluia). — LAVDES : Alleluia. Miserere nobis, Domine, miserere populo tuo; quia pre timore ire tue conturbati sumus, et liuera nos. Alleluia. — LAVDES : Alleluia. Salua plebem tuam, Domine, et benedic hereditati tue. Alleluia. — LAVDES : Dele, Domine, iniquitates nostras et accepta fiant coram oculis tuis uota nostra. Alleluia.

PSALLENDVM : Da nobis auxilium, Domine, in tribulatione. In Deo faciemus uirtutem, et ipse ad nicilum deducet tribulantes nos. In tribula[tione]. — PSAL-

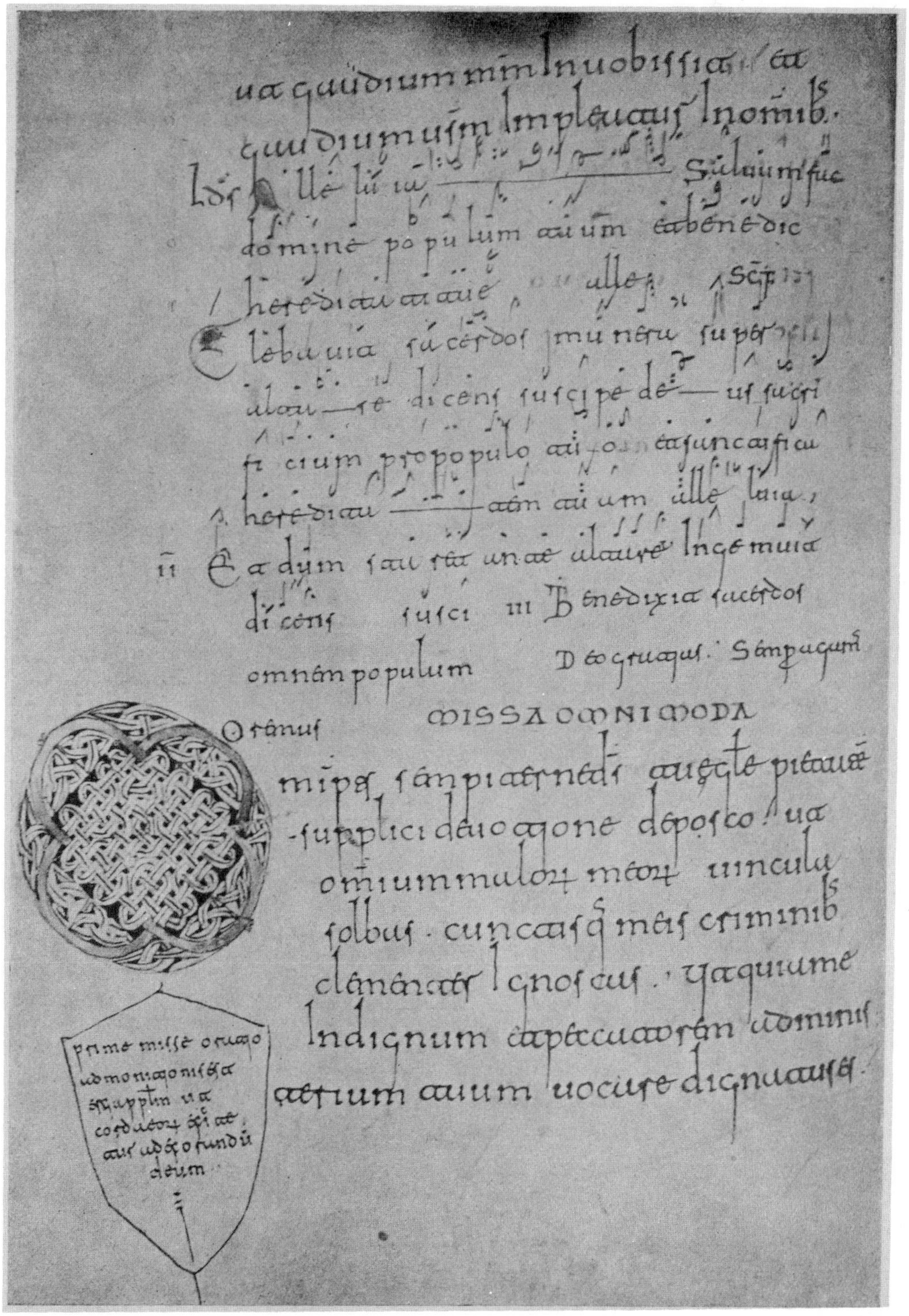

LE "LIBER ORDINUM" DE SILOS (A. D. 1052).

Folio 168, verso.

(Voyez ci-dessus, p. 232-234.)

Missa omnimoda

[In margine legitur haec sententia[1] :] *Prime misse oratio admonitionis est erga populum, ut corda eorum excitentur ad exorandum Deum.*

[1] *M* missa omnimoda apostolica.

LENDVM : Domine, refugium factus es nobis a generatione in progenie, et miserere nobis. — VERS. : Respice de celo, Deus, super seruos tuos et opera manuum tuarum. Et miserere.

« SACRIFICIVM : Offeramus Domino sacrificium laudis, et uictimam iubilationis corde puro et mente deuota. Alleluia. — II. Seruiamus Domino Deo nostro et iuri[s] nostri sint (*sic*) offerre olocausta et uictimas pacificas corde puro. — ALIVM SACRIFICIVM : Eleuauit sacerdos », etc., comme dans le Rituel *B*.

« PSALLENDVM : Deus, nostrum refugium et uirtus, adiutor in tribulationibus, que nos inuenerunt nimis. — VERS. : Propterea non timebimus, dum conturbabitur terra et transferentur montes in corde maris. In tri...

« PSALLENDVM : Iacta in Domino cogitatum, et ipse te enutriet. — VERS. : Reuela ad Dominum uiam tuam, spera in eum. Et ipse... — Ne memor fueris, Deus, iniquitates nostras antiquas : cito adprehendat nos misericordia tua, Domine. — VERS. : Quoniam pauperes facti sumus ualde. Adiuua, Deus salutaris noster. Cito... — Deo gratias. Oremus. Dominus uobiscum.

« MISSA OMNIMODA : Omnipotens », etc., comme dans le Rituel *B*.

1. Les sept notes que l'on trouvera ci-après, en tête de chacune des principales oraisons de la messe, sont placées en marge dans le Rituel *B*. Nous les imprimons en italiques, pour bien les distinguer du texte proprement dit. C'est une brève explication de la prière qui suit. Elles sont empruntées au traité de saint Isidore, *De ecclesiasticis Officiis*, livre I, chapitre XV : « De missa et orationibus ». On les retrouve aussi dans l'épître d'Etherius et de Beatus *ad Elipandum* (*P. L.*, t. XCVI, col. 939). — Les sept oraisons jouent un trop grand rôle dans la messe mozarabe pour que je ne donne pas ici le texte presque tout entier de saint Isidore. J'y introduis entre parenthèses les variantes principales de la lettre à Élipand : « *De missa et orationibus.* Ordo autem missae et orationum, quibus oblata Deo sacrificia consecrantur, primum a sancto Petro est institutus, cuius celebrationem eodemque modo uniuersus peragit orbis. *Prima* earumdem oratio admonitionis est erga populum, ut excitentur ad exorandum Deum. *Secunda* inuocationis ad Deum est, ut clementer suscipiat preces fidelium oblationesque eorum. *Tertia* autem effunditur pro offerentibus, siue pro defunctis fidelibus, ut per idem sacrificium ueniam consequantur. *Quarta* post haec infertur pro osculo pacis, ut caritate reconciliati, omnes inuicem digne sacramento corporis et sanguinis Christi consocientur, quia non recipit dissentionem cuiusquam Christi indiuisibile corpus (*Ep. ad Elip. :* pacis et caritatis, ut reconciliati omnes inuicem consocientur digne per sacramentum, etc.). *Quinta* deinde infertur illatio in sanctificatione oblationis, in qua etiam et ad Dei laudem terrestrium creaturarum uirtutumque celestium uniuersitas (*Ep. ad Elip. :* angelorum uniuersitas) prouocatur, et *Hosanna in excelsis* cantatur, quod Saluatore de genere Dauid nascente, salus mundo (*Ep. ad Elip. :* salus mundi) usque ad excelsa peruenerit. Porro *sexta* exhinc succedit conformatio (*Ep. ad Elip. :* confirmatio) sacramenti, ut oblatio quae Deo offertur, sanctificata per Spiritum Sanctum, Christi corpori et sanguini conformetur (*Ep. ad Elip. :* confirmetur). Harum *ultima* est oratio, qua Dominus noster Iesus Christus discipulos suos orare instituit, dicens : « Pater noster qui es in coelis ». In qua oratione, ut sancti Patres scripserunt, septem petitiones continentur; sed in tribus primis aeterna poscuntur, in sequentibus quatuor temporalia, quae tamen propter aeterna adipiscenda petuntur... Hae sunt autem septem sacrificii orationes commendatae euangelica apostolicaque doctrina, cuius numeri ratio instituta uidetur uel propter septenariam sanctae Ecclesiae uniuersitatem, uel propter septiformem gratiae Spiritum, cuius dono ea quae inferuntur sanctificantur. » — Voy. sur toute cette partie de la messe wisigothique, l'étude comparative de Mgr DVCHESNE, *Origines du culte chrétien*, 2e édition, p. 198-217, et les très curieuses recherches de Dom CAGIN, dans la *Paléographie musicale*, t. V, pp. 193-195. A comparer également avec la messe complète de l'apôtre saint Jacques, dans le Missel mozarabe imprimé (*P. L.*, t. LXXXV, col. 539-568; cf. col. 113-120) et les excellentes notes de Lesley.

OREMVS : Omnipotens sempiterne Deus, tue glorie pietatem supplici deuotione deposco, ut omnium malorum meorum uincula soluas, cunctisque meis criminibus clementer ignoscas : ut quia me indignum et peccatorem ad ministerium tuum uocare dignatus es, / sic me ydoneum tibi ministrum efficias; fol. 169 ut sacrificium de manibus meis placide ac benigne suscipias, electorumque sacerdotum me participem facias, et de preceptis tuis in nullo me oberrare permittas. — Amen.

Tua protegente misericordia, Deus noster, qui uiuis et regnas.

[In margine :] *Secunda inuocationis ad Deum est, ut clementer suscipiat preces fidelium et oblationem eorum.*

Dei omnipotentis misericordiam cum omni supplicatione rogemus; ut Ecclesie sue sancte catholice fidem augeat, pacem tribuat, nobis remissionem et indulgentiam peccatorum concedat. Infirmis salutem, lapsis reparationem, tribulatis gaudium, cabtiuis redemtionem, oppressis releuationem, iteranti-

3 *Cod* solbas 17 *Cod* Eclesie 18 *M* tribuat, defensionemque concedat *Hic finit oratio* 21 *Cod* relebationem.

bus prosperitatem, terre sue pacem et defunctis fidelibus requiem sempiternam propitius tribuere dignetur.

Resp. : Presta, eterne omnipotens Deus.

Et iterum dicit sacerdos : Erigite uos.

Alia.

Adtende, Domine, propitius mee seruitutis obsequium, et miserere fidelibus famulis tuis *Illis,* ut cunctis eorum sceleribus amputatis, ita sint tue miserationis defensione protecti, ut in obseruatione mandatorum tuorum mereantur esse perfecti; quatenus et in hac uita uniuersa facinora careant, et ad conspectum glorie tue quandoque sine confusione perueniant. — Amen.

Precedente lumine diuinitatis tue, Deus noster, qui uiuis.

Nomina Offerentium.

Gloriose sancte Marie perpetue Virginis, Zaccarie, Infantum, Iohannis, Stephani, Petri et Pauli, Andree et Iacobi. Et omnium beatissimorum martirum.

Offerunt sacerdotes Dei nostri oblationem Domino Deo papa Romensis *Ille,* et *Illi,* et reliqui. Item offerunt uniuersi presbiteres et diacones, facientes commemorationem pro se, et omni clero, uel uniuersa fraternitate.

Offert famulus Dei *Ille,* cum uxore et filiis, uel omnibus fidelibus suis : ut eos Dominus in bonis operibus adiuuare et conseruare dignetur.

Offert uniuersus populus, ut Dominus exaudiat preces et orationes eorum.

fol. 170 / Offert Ecclesia Dei sancta catholica, pro spiritibus et animabus omnium fidelium defunctorum : ut eos Dominus inter agmina beatorum propitius conlocare dignetur.

Post Nomina[1].

[In margine :] *Tertia autem effunditur pro offerentibus, siue pro defunctis fidelibus, ut per eorum sacrificium ueniam consequantur.*

Accipe, Deus piissime, tuorum supplicum uota, et nomina, que coram tuo altario conspicis recensiri, in eterne uite libro conscribe. Miserere etiam indigno mici, et omnibus pro quibus te supplex expostulo, perpetuamque requiem tribue famulis tuis *Illis*, uel omnibus fidelibus defunctis : ut in Abrahe gremio conlocati, et nunc penas euadant inferorum, et resurrectionis tempore cetibus [eos] consociari iubeas angelorum.

Ad Pacem.

[In margine :] *Quarta post hec offertur pro osculo pacis; ut caritate reconciliati, omnes inuicem, digne sacramento corporis et sanguinis Christi consocientur : quia non recipit dissentionem cuiusquam Christi indiuisibile corpus.*

Deus, qui karitatis es auctor, et pure pacis ac dilectionis amator, suscipe offerentium oblationes, et infirmorum omnium sana languores : quo, te medicante, et plenitudinem salutis recipiant, et tuis semper sani iussionibus pareant. Id denique obnoxius queso, ut omnes metu territos, inopia afflictos, tribulatione uexatos, morbis obrutos, suppliciis deditos, debitis obligatos, uel quolibet merore contritos, cunctos indulgentia tue pietatis absoluat, morum emendatio releuet et miseratio cotidiana confoueat. — Amen.

Presta per auctorem pacis et karitatis Dominum nostrum Ihesum Christum, Filium tuum, cum quo tibi est una et coequalis essentia, in unitate Spiritus Sancti regnantis, Deus, in secula se[culorum].

Gratia Dei Patris omnipotentis, pax ac dilectio Domini nostri Ihesu Christi, et societas Spiritus Sancti, sit semper cum omnibus uobis.

Et cum hominibus bone uoluntatis.

Aures ad Dominum. — [*Resp. :*] Habemus ad Dominum nostrum.

Sursum corda. — [*Resp. :*] Habemus ad Dominum nostrum.

Deo ac Domino nostro, Patri, et Filio, et Spiritui Sancto, dignas laudes et gratias referamus. — [*Resp. :*] Equum et iustum, dignum / et iustum est. fol. 171

Inlatio.

[In margine :] *Quinta deinde fertur Inlatio, in sanctificationem oblationis, in qua etiam ad Dei laudem terrestrium creatura uirtutumque celestium*

[16] *M* qui uiuis et cuncta regis in secula [18] *cf. infra fol. 247 Codicis* [19] *Cod* Stefani Andre [21] *M* Deo nostro [22] *In M uoces* papa Romensis *deletae sunt, et loco earum scriba posuit* Ille, Ille [23] *M* presbiteri [28] *Cod* adiubare [37] *Cod* sibe. per *ipsa conieci.*

1. Voy. plus loin, fol. 247-249 du manuscrit, une très longue *Oratio post Nomina offerentium, dicenda in quacumque missa.* La notice historique qui la précède sous forme de rubrique est importante.

[4] *Cod* recensire [5] *Cod* Abrae [7] eos *leg. in M* [8] *M* angelorum. Amen [13] *Cod* recipit Deus [14] *Cod* indiuisibilem [17] *Cod* langores [27] *M* Filium tuum, qui tecum uiuit in secula seculorum [28] *Cod* quoequalis [34] Resp. *leg. in M.*

uniuersitas prouocatur et Osanna in excelsis cantatur, quod Saluatore, de genere Dauid nascente, salus mundi usque ad excelsa peruenerit.

Dignum et iustum est, nos tibi semper gratias agere, omnipotens Deus noster, per Ihesum Christum Filium tuum Dominum nostrum, uerum pontificem et solum sine peccati macula sacerdotem. Per quem te, eterne Pater et Domine, omnimoda intentione deposco, ut oblationem hanc famulorum tuorum benigne suscipias[1], egrotantibus medellam salutis inpertias, locum lucis et refrigerii animabus defunctorum fidelium tribuas, nostramque omnium humilitatem intendas, et ubique protegendo custodias : ut, eruti ab aduersitatibus mundi, hic et in eternum sanctificati, te incessabiliter cum angelis conlaudemus, ita dicentes :

Sanctvs, Sanctvs, Sanctvs, Dominus Deus Sabaoth. Pleni sunt celi et terra gloria Maiestatis tue, Osanna, Fili Dauid : benedictus qui uenit in nomine Domini, Osanna in excelsis.

Dicit presbiter : Osanna in excelsis.

Post Sanctus.

[In margine :] *Pro sexta exhinc accedit confirmatio sacramenti, ut oblatio, que Deo offertur, sanctificata per Spiritum Sanctum, Christi corpori ac sanguini conformetur.*

Vere sanctus, uere benedictus es tu, Filius Dei uiui; quia multum es inconparabiliter pius et inextimabiliter gloriosus. Et ideo, tue pietatis gloriam imploramus, et hanc tibi placationis hostiam immolamus; ut nostras nunc orationes exaudias et peccata dimittas : uel quicquid a te secundum tuam uoluntatem exposcimus, uelociter clemens inpertias : quatenus nos a malis omnibus eruas, et bonis repleri concedas.

Christe Domine ac redemtor eterne.

Missa secreta.

Dominus noster Ihesus Christus, in qua nocte tradebatur accepit panem et benedixit, et gratias egit ac fregit, deditque discipulis suis, dicens : Accipite et manducate : Hoc est corpus meum, quod pro vobis tradetur. Hoc facite in meam commemora✠tionem.

Similiter et calicem, postquam cenauit, dicens : Hic calix nouum testamentum est, quod pro multis fol. 171 bis effundetur in remissione peccatorum. Et hoc facite quotienscumque biberitis, in meam commemora✠tionem. Quotienscumque manducaueritis panem hunc et calicem istum biberitis, mortem Domini annuntiabitis donec ueniat in clarita✠te de celis[1].

Resp. : Sic credimus, Domine Ihesu.

Post Pridie.

Sanctifica, Domine, hec tibi sacrificia delibata, et sumentium corda pietate solita a malis omnibus placatus emunda : quo mereamur tibi Domino conplacere, et incessabiliter sine offensione seruire, et eterne uite hereditatem percipere sine fine. — Amen.

[2] *Cod* Salbatore... Dauit [6] *M* uerum eternumque [17] *Cod* Sabahot [23] *Cod* confirmacio [24] *Cod male* sanctificata per Ihesum Christi sanctum corporis ac sanguinis confirmetur [31] *M* exaudias, crimina laxes et peccata dimittas [32] *M* quidquid.

1. D'après le Rituel *A*, fol. 46-57 : « Per que[m] te, eterne Pater et Domine, omnimoda intentione deposco, ut oblationem sancte Ecclesie tue pro diuersis necessitatibus offerentem benigne suscipias, sacerdotum tuorum non crimina, sed precem intendas, leuitarum ministeria in disciplina pacis adsumas, egrotantium medelam sanitatis inpertias, locum lucis et refrigerii animabus defunctorum fidelium tribuas, nostrasque omnes necessitates intendas, humilitatem respicias et ubique protegendo custodias, ut eruti ab aduersitatibus mundi, et hic et in eternum sanctificati, te incessauiliter cum angelis conlaudemus, ita dicentes : Sanctus... »

[4] *M et addit in margine :* Missa secreta, secundum euangelistas Matheus et Marcus, Lucas, et Paulus apostolus [12] *Cod* nobum [15] *Cod* manducaberitis [16] *in M deest* istum [18] *M* Sic credimus Dominum Ihesum.

1. Le manuscrit wisigothique 35.6 des archives de la cathédrale de Tolède renferme (messe de l'Ascension) une formule assez différente : « Missa secreta : Quoniam Dominus Ihesus, in qua nocte tradebatur, accepit panem, et gratias agens fregit et dixit : Accipite et manducate : Hoc est corpus meum, quod pro uobis tradetur. Hoc facite in meam conmemorationem. — Similiter et calicem, postquam cenauit, accepit et gratias egit, et dedit illis, dicens : Hic calix nouum testamentum in meo sanguine, qui pro uobis et pro multis effundetur in remissionem peccatorum. Cumque biberitis, hoc facite in meam conmemorationem. Amen. Quotienscumque panem istum manducaberitis et calicem biberitis, mortem Domini adnuntiabitis, donec ueniat. In claritatem e celis. Sic credimus, Domine Ihesu. » Cf. la *Missa secreta* du Missel mozarabe dans *P. L.*, t. LXXXV, col. 116 et 550. — A remarquer l'absence de la prière « Adesto, adesto, Domine Iesu », que le Missel mozarabe imprimé place entre l'oraison *Post Sanctus* et la *Missa secreta*. C'est la confirmation de l'opinion du P. Lesley (*Ibid.*, col. 549, note) qui regardait la prière « Adesto » comme une interpolation. Cf. *Paléographie musicale*, t. V, pp. 55-56.

Te prestante, summe Deus, qui in Trinitate unus Deus gloriaris in secula seculorum. — Amen[1].

Dominus uobiscum.

Resp. : Et cum spiritu tuo[2].

Lavdes : Suscipiatur, Domine, sacrificium nostrum in conspectu tuo, ut placeat tibi.

Oratio Dominica.

[In margine :] *Septima uero ultima oratio, qua Dominus noster discipulos suos orare instituit, dicens : « Pater noster, qui es in celis. » In qua etiam septem petitiones continentur, propter eternam uitam adipiscendam, ut consortio sanctorum iungamur.*

Oremvs : Deus, qui concedis orandi misterium, tribue orationis effectum. Orantium suscipe uotum, et tribue propitius remedium postulatum; ut non nobis abneges quod rogamus, quum ad te ore proprio proclamauerimus e terris :

Pater noster, *usque in finem.*

Libera nos, Domine[3], ab omnibus malis preteritis, presentibus et futuris : intercedente pro nobis beata et gloriosa semper Virgine Dei genitrice Maria, et beatis apostolis, atque omnibus sanctis tuis. Salua nos propitius, Domine, ab hostis antiqui inpugnatione, et de insidiis animas seruorum tuorum et ancillarum tuarum defende, diesque nostros in tua pace dispone : ut, iugi obstaculo dextere tue muniti, et a peccato simus liberi, et ab omni perturbatione securi. — Obsecramus te quoque, Domine, pro Ecclesia tua sancta catholica, quam pacificare, custodire, adunare et regere digneris toto orbe terrarum in pace diffusa, una cum famulo / tuo patre nostro *Illo* episcopo, et omni clerico- fol. 172 rum ac monachorum eius collegio, uel cum omnibus orthodoxis et apostolice fidei cultoribus.

Memento etiam Domine famulorum famularumque tuarum, *Illorum uel Illarum,* uel omnium infirmorum, tribulatorum, uinculatorum, lapsorum, captiuorum, peregrinorum et pauperum, ac diuersis occasionibus et necessitatibus subiacentium, et multimodis occupationibus laborantium, seu omnium circum adstantium, quorum tibi fides cognita est et nota deuotio, uel qui se nobis in fide tua conmendauerunt, et nomina simul cum calamitatibus, pressuris atque miseriis tibi pio Domino conmendanda, et a te pio Domino releuanda et confouenda nobis exposuerunt.

Tu autem, Domine, omnes in commune respiciendo et consolando letifica, ac singulis necessaria inpende remedia, et quid unicuique sit congruum clementi largire potentia.

Omnes uero consanguineos et familiares nostros, per totam eorum uitam, sic pietatis gremio foue, ut numquam eos in futuro ab electorum sorte extorres patiaris existere Et quia tuum est consilium et equitas, prudentia quoque et fortitudo, ab initio tibi soli debetur [quod] et per te principes imperant et potentes decernunt iustitiam; sic, quesumus, regum et potestatum contine corda, ut cum pietate et equitate populorum disponant iudicia. Eos sane qui nos inuido liuoris stimulo insecuntur, et maliuola mente sinistrum aliquid de nobis uel meditant, uel locuntur, tu, pie Deus omnipotens, ad nostrum conuerte amorem, nosque ad eorum reuocans caritatem, utrosque in tuam conecte dulcedinem; ut per te hic omnes sanctificati, frumamur post transitum requiem paradisi.

Tribue etiam, Domine, requiem eternitatis animabus famulorum famularumque tuarum *Illarum,* uel omnium defunctorum, qui nos precesserunt

1. C'est après la prière *Post Pridie,* et avant le *Pater,* qu'avait lieu la fraction de l'hostie en plusieurs parcelles, que le prêtre disposait en forme de croix et dont chacune portait le nom d'un mystère de la vie du Seigneur. Le Rituel *M* se réfère à ce rite, en écrivant en marge : « I, *Corporatio.* — II, *Natiuitas.* — III, *Passio.* — IIII, *Mors.* — V, *Resurrectio.* — VI, *Gloria.* — VII, *Regnum. Hec sunt septem signacula.* Resp. : Suscipiatur, Domine, sacrificium nostrum in conspectu tuo, ut placeat tibi. » Sur cette fraction de l'hostie, on peut voir le Missel mozarabe imprimé (*P. L.*, t. LXXXV, col. 557 et 118) et surtout Mgr Dvchesne, *Origines du culte chrétien,* p. 208.

2. Le Rituel *M* n'a pas ce *Dominus uobiscum,* mais le répons noté suivant : « Resp. : Querentibus te, Domine, tribue fortitudinem, et querenti te iugiter infunde sanctum amorem. »

3. A la place de la longue prière (ou *embolismus*) qui suit, le Rituel *M* n'a que ces quelques mots : « Liberati ab omni opere malo, seruiamus Deo nostro. Qui uiuis et regnas. » — Le Rituel *A* ne porte rien à cet endroit, et sa formule *Ad Orationem Dominicam* est un peu différente de celle des deux autres manuscrits : « Ad Orationem Dominicam : Deus, qui concedisti orandi misterium, tribue orationis effectum. Orantium suscipe uotum, et tribue propitius remedium postulatum; ut non nobis abneges quod precamur, dum inspicis quod oramus, quum ad te ore proprio proclamauerimus e terris : Pater. »

1 *Cod* de insidias 11 *Cod* ortodoxis 20 *Cod* conmendaberunt 22 *Cod* relebanda et confobenda 29 *Cod* fobe 37 *Cod* liboris 38 *Cod* aliquid de nos.

cum signo fidei et dormiunt in somno pacis : quorum hic et ubique corpora requiescunt; quorum spiritus de hac luce migrare fecisti, quorumque nomina penes nos adnotata sunt, et super altaria fol. 173 / tua posita esse uidentur, uel pro quibus eleemosynas ad exorandum accepimus. Ipsis, Domine, et omnibus in Christo quiescentibus, indultis iniquitatibus, locum refrigerii lucis et pacis, ut indulgeas deprecamur.

Laboriosam quoque serui tui *Illius* uitam dextera tua protege a peccatis, et a malis omnibus erue, et post cum sanctis tuis eternum participium tribue.

Per Christum Dominum nostrum, qui tecum, Deus Pater, et cum Sancto Spiritu, uiuit et regnat gloriosus, pius et misericors, unus in Trinitate Dominus, per infinita secula seculorum. — Amen.

Sicque particulam panis acceptam mittit in calicem, cum silentio dicens :

Sancta cum sanctis. Coniunctio corporis et sanguinis Domini nostri Ihesu Christi sit edentibus et sumentibus in uitam eternam. — Amen.

Humiliate uos benedictioni. — Deo gratias.

Dominus sit semper uobiscum. — Et cum spiritu tuo.

Benedictio.

Deuotionem uestram Dominus clementer intendat, et diuturnam uitam uobis cum tranquillitate concedat. — [Amen.]

Talemque uobis in presenti seculo subsidium tribuat, ut paradisi uos in futuro habitatores efficiat. — Amen.

Et ita corda uestra benedicendo sanctificet, ut uobiscum iugiter habitare delectet. — [Amen.]

Ipse Dominus et misericors, qui uiuit et cuncta regit per infinita semper secula seculorum.

Dominus sit semper uobiscum. — [*Resp.* :] Et cum spiritu tuo.

Locis uestris accedite. — Deo gratias.

Ad Accedentes [1].

Gustate et uidete quam suauis est Dominus. Alleluia. — VERS. : Benedicam Domino in omni tempore, semper laus eius in ore meo. — Alleluia.

In Domino laudabitur anima mea; audiant mansueti et letentur. — Alleluia.

Redimet Dominus animas seruorum suorum, et non derelinquet omnes qui sperant in eum. — Gloria. Amen. — Alleluia.

Repletum est gaudio os nostrum, et lingua nostra exultatione. — Alleluia.

fol. 174 / *De Quadragesima :*

Qui uenit ad me non esuriet, et qui credit in me non sitiet umquam.

Qui manducat meam carnem et bibit meum sanguinem in me manet et ego in illo. — Qui uenit.

Gloria et honor Patri, et Filio, et Spiritui Sancto. — Amen.

Qui uiuit et credit in me non morietur in eternum. — Repletum est gaudio os nostrum et lingua nostra exultatione.

De Resurrectione Domini :

Gaudete populi et letamini. Angelus sedit super lapidem Domini. Ipse uobis euangelizabit. Christus surrexit a mortuis, Saluator mundi, et repleuit omnia suauitate. — Gaudete populi et letamini.

Et accedens, reuoluit lapidem et sedebat super eum. Erat autem aspectus eius sicut fulgur, et uestimenta eius sicut nix. — Gaudete. — Gloria... In secula seculorum. Amen. Gaudete. — Repletum est gaudio...

Conpleturia.

Corpus Domini nostri Ihesu Christi, quod accepimus, et sacer sanguis eius, quo potati sumus, adhereat in uisceribus nostris, eterne omnipotens Deus, ut non nobis ueniat ad iudicium neque ad condemnationem, sed proficiat ad salutem uel remedium anime nostre. — Amen.

Te prestante, summe Deus, qui in Trinitate unus Deus gloriaris in secula seculorum [1].

5 *Cod* elemosinas 28-33 Amen *ex M* 36 Resp. *ex M* 40 *Cum notis musicis in Cod et M usque ad* Completurias

21 *Cod* euangelisabit *M* euangelisauit 22 *Cod* replebit... suabitate 24 *Cod* reuolbit 29 *Cod* completurias 31 *Cod* sacrum sanguinem eius 32 *Cod* adereat.

1. Sur les *Accedentes*, voy. ci-dessus, col. 85-86, note 4. — Quant au moment précis et au lieu où le peuple fidèle recevait la communion, il faut lire le canon XVIII du 4e concile de Tolède, dont voici la teneur : « *Quod post benedictionem populo datam communicare debeant sacerdotes.* Nonnulli sacerdotes post dictam Orationem Dominicam statim communicant, et postea benedictionem populo dant, quod deinceps interdicimus; sed post Orationem Dominicam et coniunctionem panis et calicis benedictio in populum sequatur : et tunc demum corporis et sanguinis Domini sacramentum sumatur; eo uidelicet ordine, ut sacerdos et leuita ante altare communicent, in choro clerus, extra chorum populus ».

1. Bien qu'il marque ensuite trois autres prières, le Rituel *M* donne ici la formule du renvoi : « Domi-

Alia.

Repleatur os nostrum, Domine, laude tua, et cor nostrum gratia tua; ut et uox nostra tuis semper exultet preconiis, et impleatur anima donis. — Amen [1].

Dominus sit semper uobiscum. — Et cum spiritu tuo.

Missa uotiua conpleta est. In nomine Domini nostri Ihesu Christi, eamus cum pace.

Deo gratias.

fol. 175 / III. — ORDO MISSE VOTIVE QVAM DICIT EPISCOPVS QVANDO PRESBITERVM ORDINAT [2].

PRELEGENDVM : Alleluia. Deus meus.

Oratio.

Inmensam bonitatem tuam humiliter exoramus, Domine sancte, Pater eterne, omnipotens Deus, ut huius famuli tui *Illius* cor, quem ad sacerdotii ordinem promouemus, Sancti Spiritus tui dono digneris inlustrare propitius : quatenus tibi in hoc seculo inmaculatum offerens sacrificium, infinitum celeste tecum post transitum possideat regnum. — Amen.

Lectio libri Sapientie Salomonis.

Fili, si quid uouisti.

PSALLENDVM : Respice in me, Deus, et miserere mei; da potestatem puero tuo, Domine, et saluum fac filium ancille tue. — VERS. : Deduc me, Domine, in uia tua, et ingrediar in ueritate tua : letetur cor meum, ut timeat nomen tuum. — Et sal[uum].

Epistola Pauli apostoli ad Romanos.

Fratres, obsecro uos.

Lectio sancti Euangelii secundum Iohannem.

In illo tempore. Si manseritis in me et uer[ba]...

LAVDES : Alleluia. Exaudi, Domine, orationem meam et clamor meus ad te perueniat.

SACRIFICIVM : Quid dignum offeram Domino? Curuabo genua mea Deo excelso. Alleluia. Alleluia.

Missa.

Supplicandi officium, Fratres karissimi, apostolica nobis auctoritate preceptum est a Domino, ut frater pro fratre postulans nicil hesitet in fide : et si sciat eum peccare peccatum non ad mortem, petat pro eo, et dabit ei uitam Deus. Ob inde, dilectissimi Fratres, rogo ut adiuuetis me in orationibus pro hoc famulo Dei, ut ita infundat super eum misericordie sue munera, quatenus et in hac uita recte cursum suum disponat, et de consummato bono opere, peracto termino huius uite, regnum / eternum mereatur habere. — Amen. fol. 176

Alia.

Omnipotens Deus, qui nos humilitatis formam exemplo Vnigeniti tui docuisti, tu doctrinis celestibus famulum tuum imbue, et karitatis atque humilitatis eum muneribus reple : ut iuuatus gratia tua, nulla eum diabolica perfodiant iacula, neque deceptiosa eius aduersus eum preualeant tela. Circummunire eum dignare scuto fidei et galea operis boni, ut superbum ualeat semper euincere hostem. Non eum superbie languor adterat, non inuidia proximi elidat, non infidelitatis turbo corrumpat; sed sancte conuersationis studio ornatus, et tuarum doctrinarum fontibus inrigatus, pro bene gestis siderea potiatur regna securus.

Post Nomina.

Ecce, Ihesu bone, de tua misericordia non diffisi, te postulamus in auxilium famuli tui *Illius*, quem

8 *Cod* uotiba   11 *M* quem dicit   12 *M* quando presbiterem   13 *M* Ad prelegendum... *Ib.* Deus meus in te confido   18 *Cod* promobemus   23 Eccle., v, 3   24 *M* uouisti Deo   25 *Cum notis musicis in Cod.*

5 Rom., XII, 1   6 *M* uos per Dominum   7 Ioan., xv, 7   8 *M* In illo tempore, D. N. I. C. loquebatur discipulis suis, dicens : Amen dico uobis, si manseritis in me   9 Laudes *et* Sacrificium *cum notis musicis in Cod*   13 *M* missa eiusdem   16 *Cod* esitet   19 *Cod* adiubetis   33 *Cod* superuum   34 *Cod* superuie langor   41 *Cod* auxilio.

nus sit uobiscum. — Et cum spiritu tuo. Missa uotiua completa est. In nomine Domini nostri Ihesu Christi, eamus cum pace. » Puis, en marge : « Quorum postulatio facta est, protegat eos angelus salutis et pacis ».

1. Dans le Rituel *M*, au lieu de « Amen », on lit : « Per gratiam ». Puis : « CONPLETVRIA : Post communionem sacramentorum tuorum, Domine, fiat in nobis remissio omnium peccatorum : ut ubi hec pura et sacra ingressa sunt sacramenta, ibi penitus nulla delictorum nostrorum remaneat macula. — COMPLETVRIA : Sumsimus, Domine, beate Marie semper uirginis intercedente (*sic*), et omnium sanctorum tuorum commemorationem facientes, sacramenta celestia : presta, quesumus, Domine, ut quod temporaliter gerimus eternis gaudiis consequamur. Amen. — Per te Dominum et Redemptorem nostrum, qui uiuis cum Patre et regnas cum Sancto Spiritu per numquam finienda semper secula. »

2. Voy. ci-dessus (col. 54-55) le rite de l'ordination d'un prêtre. Nous avons ici la messe qui accompagnait cette importante cérémonie.

ad sacerdotalem cultum fidei ordo adtrahit, ut bonis meritis tua [eum] pietas perornet. Deputa illi in omni uita sua fautricem gratiam tuam, et defunctis fidelibus inpende requiem sempiternam. — Amen.

Ad Pacem.

Saluator mundi, Verbum Patris eterni, fac nos ministros idoneos sacrificii tui, ut quod pro aliis rogantes existimus, in nobis aduenisse protinus sentiamus. Tribue famulo tuo *Illi* pacis incrementum, remissionem peccaminum, et dignum semper tuo altario exhibere famulatum. — Amen.

Inlatio.

Dignum et iustum est, et condecet nobis, ut possumus, tibi humillimas persoluere grates, si tamen fol. 177 tu, omnipotens / et inmense Deus, cuius potestas in secula permanet, iubeas in nos eloquia tibi placita formare, et uite renouationem in nobis iugiter efficere. Tua etenim gratia multiplex ac multimoda permanet, per quam et peccator conpungitur ut corrigatur, et iustus correctus perficitur, ut saluetur. Cuius dono peccator in uulnere recipit medicinam, et iustus peccandi discit euitare ruinam. Hii duo pariter ad fontem misericordie tue recurrunt: unus, ut mala conmissa deflendo tibi detegat, et alius, ut bona que cepit tibi soli conmendet; ut ille quod punit in lacrimis non repetat, iste iam punita non iteret. Dum utrisque hoc a te beneficium prorogatur: ut quod peccator penitendo sibi ad salutem adquirit, hoc iustus a malis actibus se cauendo non perdat.

Respice, quesumus, Deus, et adsiste orationibus nostris, quas tibi offerimus pro salute famuli tui *Illius*, et presta, ut ordinem sacerdotalem, quem adepturus est, ita te opitulante conseruet, ut a ueritatis perpetuitate non deuiet. Infunde, quesumus, Deus, gratie tue Spiritum septiformem in eo, ut in iustitia et ueritate regat Ecclesie tue classem. Abundet in eo pudor innocentie, ut in subditis piam perficiat disciplinam. Sit dono gratie tue preditus, ut a mandatis tuis non recedat deuius, nec a fautori auxilio tuo aliquatenus fiat alienus. Sit ei conlata facultas uirtutum, ut prosit subditis celeste medicamentum, et consequatur / fol. 178 a te eterni premii fructum. — Quia tibi merito.

[1] *Cod* adtrait [2] eum *ipse adieci* [3] *Cod* fauctricem [12] *Cod* exibere [30] *Cod* malis hactibus [31] *Cod* non perdit [35] *Cod* conserbet [38] *Cod* Habundet [41] *Cod* fauctori [45] *M* Quia tibi merito omnes angeli.

Post Sanctus.

Vere sanctus, uere benedictus es tu, Domine Deus noster, qui iustificas peccatores, qui benedicis te confitentes. Te poscimus, te rogamus, ut famulo tuo adesse digneris propitius; ut non iudicium adquirat de honore, sed glorietur se coronam adipiscere de labore, fultus gratia tua. — Christe.

Post Pridie.

Rogamus gloriam tuam, clementissime Deus, ut hec munera respiciendo sanctifices, mala nostra emundes, et famulum tuum uisitando semper inhabites, et cultui tuo dignum ministrum efficias. — Amen.

Suscipiatur [1]...

Oratio Dominica.

Emunda nos, Deus, a commissis piaculis, et famulo tuo *Illi* suffragium largire salutis: ut digno honore in gradibus Ecclesie tue fulgeat, et digna populo tuo predicamenta salutaria subministret. Nos quoque a malis omnibus libera, et fac nos tuis iugiter inherere preceptis; ut cum fiducia tibi dicamus e terris: Pater.

Benedictio.

Precem famuli sui *Illius* suscipiat Christus, et peccata dimittat propitius. Repleat illum spiritu sapientie ad utilitatem Ecclesie sue; ut, gratia Sancti Spiritus in eo manente, reseret sibi et aliis ianuam uite celestis. — Amen.

Adiuuante Domino nostro.

MISSA PRO HIS QVI CAVSAS ECCLESIE EXSEQVVNTVR [2].

Maiestatem tuam cum tremore adorantes exposcimus, Deus Pater omnipotens, ut offensiones nostras a conspectu clementie tue abstergas, et ita pro fratribus nostris supplicationes nostras suscipias, ut beneficia consolationis tue utrisque indefessa bonitate infundas.

[5] *M* tuo Illi [7] *M* Christe Domine [11] *M* tuum Illum [16] *M* piaculis nostris [25] *Cod* spiritus [29] *M* adiubante.

1. Je trouve cette antienne complète dans le Missel mozarabe imprimé : « *Ad confractionem panis Antifona.* Suscipiatur, Domine, sacrificium nostrum in conspectu tuo, ut placeat tibi, sicut sperauimus in te » (*P. L.*, t. LXXXV, col. 986).

2. Cette messe ne se trouve pas dans le Rituel *B*, mais seulement dans celui de Madrid, folios 97-99, à la suite de la précédente.

Alia.

Emissa celitus consolationum adiutoria, quesumus, Domine, famulo tuo impertias : ut quia pro Ecclesie tue responso conuersatione turbatur humana, impertito diuinitus roboretur fomento. Non trepidatio cor *Illius* inuadat, nec prefectio inimica ueritatis responsa eius linguam impediat; sed ita a te in omnibus consilium bonum promereatur, ut contradicentes sibi per fauorem iustitie superet, et ad sinum matris Ecclesie successu prospero inconfusibili redintegretur regressu.

Post Nomina.

Qui suo pro auxilio sanctorum Dei expetunt patrocinium, obsecramus, ut diuinitus uestris meritis circumdentur scuto; atque ita famulo uestro uestra succurrat defensio, ut nec peruersitas iudicantis eum submoueat, aut subruat a uigore iustissime defensionis, sed adiuuet in cunctis propositio ueritatis.

Ad Pacem.

Fraterna permoti dilectione, compellimur a te, Domine, orantes exposcere, ut huius Ecclesie unitatem conserues in pace, et pacis conrobores munere quotquot pro rebus ecclesiarum consurgunt defensores. — Presta per auc[torem].

Inlatio.

Dignum et iustum est, uere equum et iustum est a te, Deus Pater omnipotens, per Ihesum Christum Dominum nostrum consolationem expetere, adiutorium obsecrare, implorare defensionem, misericordiam querere : ut per eum, qui est firmamentum Ecclesie, firmiter ipsa inlesa conseruetur et contueatur Ecclesia. Non illam infidelitas maculet, non hereticorum prauitas commoueat, non malorum cupiditas inminuat. Non adinuentione cuiusquam male uoluntatis effodiat, nec ambitio rerum quemquam in cupiditate succendat, qua instigante, rem auferat, damna inferat, necessitates incutiat, labores inponat; nec pauperum tuorum substantiam rapiat, nec seruientium tibi stipendia cupidus uorator quoquo modo in suis usibus adsumat. Sed offerentium uota eorum tegmine et refectione proficiant, qui te in medio Ecclesie prece conlaudant, ita dicentes : [Sanctus].

[4] *M* responsa [5] *M* impertita... fomenta [9] *M* faborem [10] *M* et a sinu... confusibili redintegretur regressio [15] *M* scutu [18] *M* adiubet [24] *M* quicquid pro rebus ecclesiasticarum [35] *M* brauitas commobeat.

Post Sanctus.

Sanctus et sanctificatorum, Christe Deus et Domine, intende oblationi : et deprecationi nostre infusus, atque sic panem hunc et calicem tuus benedicat consocius cum Patre Deo Spiritus Sanctus, ut sumentibus sic fortitudo permaneas aduersus malignas obpugnationes, ut famulo tuo, pro quo offertur, proueniat ad glorie palmam et triumphi uictoriam.

Post Pridie.

Qui passionem tuam, Christe Saluator omnipotens, quotidiano memoramus sacrificio, iugi passionibus omnibus tue liberemur auxilio Crucis : atque famulus tuus ita dextera tua tueatur, ut tuo in omnibus brachio defendatur; ut nec obiectibus superetur incongruis, nec calumniis obiurgetur iniustis; sed, te gubernante, per uiam iustitie indemnis perducatur ad portum uictorie.

Ad Orationem Dominicam.

Cum sacrificio a te instituto tuo, Domine, consistentes altario deprecamur, ut que per te didicimus orantes petere, a te quum oramus mereamur percipere. — P[ater].

Benedictio

Petitionibus nostris, Deus, faue benignus, et benedicens Ecclesie tue adsiste propitius. Benedic pro ea fideliter pugnantibus et datis tuis bonis refice eos in suis laboribus, atque famulus tuus, qui nunc in laboribus consistit contra emulos, hoc in loco reuertatur sospes et sanus, et ad laudandum te pariter nobiscum consistat uictor et letus.

Auxiliante Domino nostro Ihesu Christo, cuius arma uictricia permanent per nunquam finita secula.

IIII. — MISSA QVAM SACERDOS PRO SE DICERE DEBET DIGERITVR HOC MODO [1].

ALLELVIA : Alleluia. Deus meus, in te confido, non erubescam, alleluia, alleluia. — VERS. : Deus meus es tu et con[fitebor].

[2] Sanctus et *Probabilius ad sententiam anteriorem ita dicentes pertinent* [8] *M* perueniat [12] *M* quotdidiano [13] *M* liueremur [15] *M* bracio [20] *Cod* quum [32] *M* inuictricia [35] *Cod* pro se dici *M* [fol. 55] dicere debeat [35] *Cum notis musicis in Cod et M* [38] confitebor *ex M.*

1. Voy. plus loin (fol. 221-225 et fol. 189-196 du manuscrit) d'autres messes du même genre. — Dans le Rituel *M*, fol. 53-54, avant les messes *Pro seipso Sacer-*

Oratio.

Omnipotens Pater, et misericors Domine, tuam humiliter obsecro inmensam pietatem, ut me ex indigno dignum clementer efficias, et te ad exorandum iugiter idoneum reddas. Sicque, abdicatis
fol. 179 criminibus, coram tuo altario / liber adsistere ualeam, ut non erubescens de malis actibus a te efficiar extraneus; sed in te confidendo, merear tibi sacrificium laudis indesinenter offerre. — Amen.

Per gratiam pietatis tue, Deus meus, qui uiuis et cuncta dominaris in secula seculorum.

Alia [1].

Miserere mei, Deus, et ne despicias me, neque auertas faciem tuam a me; quia non pro iustitia mea peto misericordiam tuam, sed propter clementiam tuam. Respice ad me de sede sancte Maiestatis tue, et tenebras cordis mei radio tui splendoris inlumina. Protege me, Domine, scuto ueritatis ac fidei dono, quod mihi et manum porrigat et lumen ostendat.

Lectio libri Tobie.

In diebus illis, orauit Tobias Dominum, dicens : Iustus es, Domine, et omnia iudicia tua iusta sunt, et omnes uie tue misericordia, et ueritas, et iudicium. Et nunc, Domine, memor esto mei; ne uindictam sumas de peccatis meis, neque reminiscaris delicta mea aut parentum meorum. Quoniam non obedimus preceptis tuis, et traditi sumus in direptionem, et mortem, et inproperium omnibus nationibus. Magna iudicia tua; quia non egimus secundum precepta tua, et non ambulauimus sinceriter coram te. Et nunc, Domine, secundum uoluntatem tuam fac mecum, et precipe spiritum meum in pace recipere; quia cum iratus fueris, misericordiam facies, et in tempore tribulationis peccata dimittis his qui inuocant te.

PSALLENDVM [1] : Ab occultis meis munda me, Domine, et ab alienis parce seruo tuo. — VERS. : Si mei non fuerint dominati, tunc inmaculatus ero, / et fol. 180
mundabor a delicto magno. Et ab a[lienis].

ALIVM : Respice in me, Deus. *Supra quere* (*col. 243*).

Epistola Pauli apostoli ad Hebreos.

Fratres, offeramus hostiam laudis semper Deo, id est fructum labiorum nostrorum confitentium nomini eius. Beneficentie autem et communionis nolite obliuisci : taliuus enim hostiis promeretur Deus. Obedite prepositis uestris et subiacete eis. Ipsi enim peruigilant, quasi rationem pro animabus uestris reddituri : ut cum gaudio hoc faciant et non

5 *Cod* ydoneum 16 *M* de sede sancta.

dote, on lit ce qui suit : « ORDO MISSARVM VOTIBARVM QVAS SACERDOS PRO SE DICERE DEBEAT. *Quum uenerit sacerdos, ut sacrificium offerat, antequam Prolegendum decantare incipiat, adclinis ante altare tacite dicit hanc orationem :* ORATIO. Accedam ad te, Domine, in humilitate spiritus mei. Loquar de te, quia multam fiduciam et spem dedisti michi. Tu ergo, fili Dauit, qui reuelato mysterio ad nos in carne uenisti, qui clauem Dauid aperuisti, secretum cordis mei aperi. Mitte ad me unum de Serafin, per quem candens carbo ille de altario tuo sublatus, sordentia labia mea emundet, mentem enubilet, dicendique materiam subministret : ut lingua mea, que proximorûm utilitati deseruit, non erroris redoleat occasu, set uite eterne sine fine preconio resonet. Per te, Deus meus, qui uiuis et regnas in secula seculorum. (*Cf. col. 230.*) — IN PRIMIS MISSA, QVAM SACERDOS PRO SE DICERE DEBEAT », etc., comme ci-dessus.

1. Le Rituel *M*, fol. 55, ajoute en cet endroit le passage suivant : « ALIA ORATIO. *Quum uenerit sacerdos ut sacrificium offerat, antequam Prelegendum decantare incipiat, adclinis ante altare, tacite dicit hanc orationem :* ORATIO PRO SE. Ante conspectum diuine Maiestatis tue reus adsisto, qui inuocare Nomen sanctum tuum presumo. Miserere mici Domine, homini peccatori; ignosce indigno sacerdoti per cui[us] manus hec oblatio uidetur offeri. Parce peccatorum labe pre ceteris capitalium polluto, et non intres in iudicio cum seruo tuo; quia non iustificabitur in conspectu tuo omnis uiuens. Scilicet uitiis ac uoluptatibus carnis agrauatus sum : recordare, Domine, quod caro sum. In tuo conspectu etiam celi non sunt mundi : quanto magis ego homo terrenus et inmundus, sicut pannis menstruate, indignus, Domine Ihesu Christe, ut uibam. Sed tu, qui non uis mortem peccatoris, da mici ueniam in carne constituto, ut per penitentie laborem uitam eternam perfrui merear in celis. Per Dominum nostrum. »

2 *Cod* scutu 3 *Cod* ac fidei donum, qui 4 *M* ostendat. Amen 5 *Cod* Tobi *M* Lectio libri Tobi. Deo gratias 6 Tob., III, 1-6 et 13 18 *A et M* qui cum 20 *A* inuocant te. Amen 23 *Cod* dominata 26 Hebr., XIII, 15-18 *Cod* Ebreos 29 *A et M* benificientie 30 *Cod* oblibisci... hostis 32 *A et M* quasi rationem uestri reddituri.

1. Ce morceau est accompagné de la notation musicale. Il en est de même du *Psallendum* du Rituel *M*, qui differe du précédent : « PSALLENDVM. Disrumpe, Domine, uincula peccatorum meorum, ut sacrificem tibi hostiam laudis. VERS. : Tribulationem et dolorem inueni et nomen Domini inuocaui. Obsecro, Domine, liuera animam meam, ut [sacrificem]... » — D'après le Rituel *A*, fol. 70 : « PSALLENDVM : Disrumpe, Domine, uincula peccatorum meorum, ut sacrificem tibi hostiam laudis. VERS. : Tribulationem », etc., comme dans le Rituel *M*.

gementes. Hoc enim expedit uobis. Orate pro nobis; confidimus enim quia bonam conscientiam habemus in omnibus bene uolentibus conuersari, per Ihesum Christum Dominum nostrum. — Amen.

Lectio sancti Euangelii secundum Lucam.

In illo tempore, Dominus noster Ihesus Christus loquutus est discipulis suis, dicens : Quis uestrum habens seruum arantem aut oues pascentem, qui regresso de agro dicat illi statim : Transi, recumbe; et non dicat ei : Para quod cenem, et precinge te, et ministra mihi donec manducem et bibam; et post hec, tu manducabis et bibes. Numquid gratiam habet seruo illi, quia fecit que sibi imperabat? Non puto. Sic et uos, quum feceritis omnia que precepta sunt uobis, dicite : Serui inutiles sumus; quod debuimus facere, fecimus. — Dicebat autem ad illos : Quoniam oportet semper orare et nunquam deficere. Et : Omnia quecunque orantes petieritis, credite quia accipietis et ueniet uobis.

Lavdes : Exaudi, Domine, oratione[m meam] [1]. *Retro quere* (*col. 244*).

Aliae : Alleluia. De profundis clamaui ad te,
fol. 181 Domine; Domine exaudi / uocem meam.

Sacrificivm : Ab absconsis meis munda me, Domine, et ab extraneis parce mici seruo tuo, Deus meus. — II : Si mihi non fuerint delicta plurima, tunc saluabor, et mundabor a delictis plurimis. — Parce.

Alivm sacrificivm [2] : In simplicitate cordis mei, Domine, letus offeram sacrificium tibi. — II : Domine Deus meus, custodi populum istum cum ingenti gaudio, ut et ego, letus... — III : Ascendit sacerdos in domum Domini. Expandit manus suas ad Dominum, dicens : Deus Abraham, Rex celi, letus...

2 *M* confidite enim quia 5 Luc., xvii, 7-10 16 Luc., xviii, 1 17 Marc., xi, 24 19 *M* ueniet uobis. Amen 20 Laudes *et* Sacrificium *cum notis musicis in M* 22 *Cod* Alias 25 *Cod* serbo 26 *M* meus. Versvs : Si mihi 28 *M* Parce mici seruo tuo, Deus meus.

1. Dans le Rituel *A*, fol. 71 : « Psallendvm : Alleluia. Domine, exaudi orationem meam et clamor meus ad te perueniat. » On retrouve la même antienne dans le Rituel de Madrid.

2. Le Rituel *M* n'a pas ce second *Sacrificium*. Dans le Rituel *A*, on trouve les trois suivants, dont le premier seul semble complet : « In simplicitate cordis mei, Domine, letus offeram sacrificium tibi. — Auerte, Domine, faciem tuam a pec. — Vota tua Domine redde. »

Missa.

Humo prostratus [1] tuo coram altario, sempiterna Trinitas Deus, tuam cum internis gemitibus exoro potentiam; ut erga me indignum tuam ostendas clementiam, et non me pro meis inmunditiis diuino multeris iudicio, dum me conspicis tuo proximare altario. Ego interim, Domine, mici conscius, contingere ministeriorum tuorum secreta non audeo, quia innumerabilium me inpietatum mole depressum agnosco. Sed et conscientie mee mala me ualde terrificant, quia nulla me prorsus acta gratificant; sed nec ipsi lacrimarum riui tuo me sancto tribunali conmendant. Inde est quod mens in delictis non prosternitur obstinata, quia seuissima parturit semper errata. Succurre ergo mihi, omnipotens et misericors Deus, et de mortis caligine dextera tua reuoca miserum. — Nulla sunt mihi merita, que te ad pietatem conmoueant, nisi tandem solita me respexerit pietas tua. Intende igitur ad liberationem meam, Omnipotens, de excelso; quia me
soli tibi perditum ingemisco : / ut diu anima mea fol. 182
conclusa in tenebris, non tabescat; sed tuo dono tuoque inspiramine reuiuescat. — Amen.

Subsequente lumine Diuinitatis tue.

1 *M* Missa quam sacerdos prosse [*sic*] debeat dicere 4 *Cod* hostendas 8 ministeriorum *forsan pro* misteriorum 18 *Cod* commobeant.

1. Cette *Missa* et la suivante sont différentes de celles du Rituel *A*, fol. 71-72, que voici :

« Missa : Adsiste, Domine clementissime Deus, quamuis indigni serui tui precibus inuocatus; ut oblationem manuum mearum liuenter excipias, orationes meas dignanter intendas, tribulationes cordis mei misericorditer auferas, placabili[s] uota suscipias, libens desideria conpleas, clemens peccata dimittas, crimina benignus abstergas, flagella propitius redimas, langores miseratus excludas, serenissimo uultu petitionibus meis aurem adcommodes, gratiam tuam multipliciter augeas, et misericordiam tuam incessabiliter largiaris. — Amen.

« Alia : Vel si indignus hec offero, piissime Pater, tu pius es, facturam tuam non despicias, nec ab inimicis meis me tribulare permittas. Scio enim grauiter deliquisse et preceptis tuis minime obedisse. Humilis obsecro, ut gratiam tuam mici semper consolatricem adibeas et misericordiam fautricem adponas. Vnde exposco pietatem tuam, ut mea dimittaris peccata : quia plus est misericordia tua ad erigendum, quam fallacia inimici ad decipiendum. Miserere mei, Domine, secundum magnam misericordiam tuam, et unde me erubesco, tu indulgeas, et ea que egisse me penitet, tu clementer ignoscas. — Amen. »

Alia.

Intuere celum oculis non ualeo, sempiterne terribilis et omnipotens Deus; quia inmenso criminum pondere tabidus, uno quodammodo fixus loco, tantummodo terram intueor tremebundus. Paueo, malorum meorum notione perterritus; ne, dum contingere sacri altaris uelamina festino, tuo protinus iusto consummar iudicio. Ob hoc, aliud nil misero conuenit, nisi pectus pro admissis proprio tundere pugno, et coram sanctis pedibus tuis proferre peccatorum meorum sarcinam, a te diuinitus exurendam. Et licet apud tuam Omnipotentiam nequitie mee furua non lateant; tamen tibi, Deus, qui corruptos non spernis in uulnere, mea profero uulnera : que, licet multa sint ,tamen abs te, Deus, si ipse iubes curari possunt. Agnosco igitur, Domine, agnosco me uas uitiorum ruina confractum; tu tamen si uelis solita pietate, non diffido iterum renouandum. Indignus tuis oculis ipse patesco, sed reprobum me ego metipsum tuis obtutibus manifesto. Queso tantum, spei adminiculo fultus, ut, dum me humiliat contritio mea, fortasse me subleuet misericordia tua. — Amen.

Post Nomina [1].

Clarissima, per sanctorum Apostolorum Martirumque tuorum merita, hec munera tibi oblata, omnipotens Ihesu Dei Filius, clementer effice acceptabilia; me quoque electorum tuorum meritis a
fol. 183 uitiorum sordibus purga, et con/flictum mei cordis in te sepe refrigera. Ab inimico humani generis me defende, et tentationum molestias a me protinus submoue. Animam meam crucis tue circumualla presidio, ut eam conterere non ualeat antiqui hostis impulsio. — Aufer a me inpietatis duritiam, et in tue me conuerte seruitutis studia. Et si ipse conuersionis amorem habere nequeo, tu benignus uelle et posse mihi concede. Sapientie tue meditatione cordis mei prohibe socordiam, et ne uetere legis obscuritate prepediar, noua Euangelii tui luce me sepe circumda. Effice me celesti sale conditum, et respiciendo habe me tuo ministerio conquisitum. Pro tua miseratione tibi, Christe, in me habitaculum prepara, et defunctis fidelibus eternam consolationem adcommoda.

Ad Pacem [1].

Consternatus puluere tuoque, Domine, timore coactus, ut non me pro meis meritis punias supplex exposco. Mea, queso, uiscera trementia robora, spei et fidei me incremento conforta. Cum omnibus fidelibus tuis me in pace consolida, et tue karitatis dulcedine spe munifica.

Inlatio [2].

Humiles agere gratias sanctum est, et contriti cordis hostias immolare dignum est tibi, Deus Pater

4 *Cod* tantumodo... Pabeo *Cod* sarcina... exurenda 13 *Cod* furba non 20 *M* me ego medipsum 23 *M* Amen. Quia multe pietatis et bonitatis es, Deus noster, in secula 28 *M* meritis uitiorum sordibus purga.

1. Formule différente dans le Rituel *A*, fol. 72 : « Post Nomina : Sanctorum memoratis nominibus, supplex te, Domine, rogo, ut eorum meritis omnibus peccatis meis propitius esse digneris : saibumque facias me et omnes quos dedisti mici, ut nemo ex eis pereat uel quecumque contulisti alia sine lesione conserua. Teque potius iugiter prosperante, uniuersa de sedibus tuis mea eliminetur plaga; omnis auferatur infirmitas; cuncta propellatur egestas; pestis et interitus proturbe[n]tur; temptationes diabolice fugiant; scandala et aduersitates omnium procul abscedant. Ingrediatur autem ad nos gratia tue bonitatis et pacis : ut sit in tabernaculis meis securitas et requies, salus et uita, ueritas et letitia; iucunda felicitas. Tuaque fortitudine mea sustentetur fragilitas, prolongetur uita, rouoretur iubentus; omnique malitia predamnata, beata uita prosperet. Hanc autem oblationem libens sanctifica, et defunctis omnibus requiem dona. — Amen.

Quia tu es uita. »

2 *M* temptationum 3 *Cod* circumballa 5 *M* Aufers 9 *Cod* proibe M soscordiam 10 *Cod* noba 17 *Cod* pulbere 22 *M addit* Amen. Presta per auctorem pacis 25 *Cod* ymolare.

1. Formule du Rituel *A*, fol. 73 : « Ad Pacem : Mici et omnibus offerentibus, Domine, munera placatus adsume. Sanctorum tuorum suffragio, delictorum meorum ueniam tribue. In Christo quiescentibus locum refrigerii, lucis et pacis concede, et amota a me omni simulatione, da puram omnibus pacem et perpetuam in diebus nostris tribue dulcedinis caritatem.

Quia tu es uera pax nostra. »

2. D'après le Rituel *A*, fol. 73 : « Inlatio : Dignum et justum est, Domine Deus, nos tibi gratias agere per Ihesum Christum Filium tuum, Dominum nostrum, qui ex te natus de uerbo processit in formam deitatis, Deus uenit de celo, et processit in mundo. Deus uerbum arcanum ingreditur, uirginis sugget ubera. Verus Deus ab angelis laudatur, uerus homo in presepio ponitur, uerus Deus in uirtute, uerus homo in humanitate. Verus homo esuriit; uerus Deus de quinque panibus quinque milia uirorum saturabit. Ita, precor clementiam tuam, eterne omnipotens Deus, ut sicut in eis ostensa est (sunt) magnalia tua, ita et mici peccatori tribuas misericordiam tuam, et ab omnibus malis me ereptum esse auxilio sanctorum tuorum efficiar prosequi uestigia tua. — Cui. »

omnipotens : qui cum Ihesu Christo Filio tuo, Domino nostro, Spirituque Sancto, indiscreta, equali et unita permanes Maiestate. Et ideo unus, non solitarius, trinus non triplex a fidelibus crederis deitate : quia tu, Deus, creans omnia ex nicilo a nullo concluderis; sed infra te concludis omnia, et nescit terminum habere potestas tua. Sed ego pul-fol. 184 uis, quales / potero laudes [offerre] sanctissime Trinitati, dum me reum facit multitudo peccati? Inde est, quod pauidus celum oculis prospectare non audeo, propriis iniquitatibus conscius; sed terram tantum cogor intuere curuatus : ne dum indigne a me tibi obsequium persoluitur famulatus, efficiar tuis oculis reprobatus. Tu ergo, omnipotens Deus, extende in me pietatis tue munimina, et animam meam solita miseratione saluifica.

Salua me, Deus, periclitantem intra tuam Ecclesiam, qui in arca hominem saluasti uirtutis tue potentia. Libera me, Deus, a meorum facinorum uinculis, qui liberasti Ioseph a fraternis muscipulis. Subueni mihi, Deus, in tuo sanctuario lacrimanti, qui subuenisti populo Israhelitico rubrum mare transeunti. Libera me a malarum tentationum inprobitate, qui puerum tuum Danielem liberasti de leonum auida feritate. Exaudi me, Deus, te de totis precordiis inuocantem, qui exaudisti Ionam de uentre ceti orantem. Exaudi me iram tuam pauentem, sicut Niniue populum exaudisti gementem. Exaudi me, Deus, ad te de profundis clamantem, qui elegisti Samuelem in templo adstantem. Exaudi me, Domine, in tua misericordia sperantem, qui exaudisti Dauid, quando continuisti angelum populum trucidantem; et sicut ille erectam aduersantis Golie dextruxit audaciam, ita et ego per te ualeam antiquum hostem conterere tue crucis uictoria. Esto mihi semper placatus, et sceleribus fol. 185 / meis miserere propitius.

Miserere mei, Deus, et redime animam meam miseratione gratuita, qui morte tua mundum reseruasti ad uitam. Miserere mei, et audi in tua misericordia confidentem, qui latronem suscepisti sua crimina confitentem. Miserere mei, Deus, misero peccatis obruto, qui Lazarum quarto die excitasti e sepulcro. Require, Deus piissime, a tuis preceptis retractum, qui Matheum uocare dignatus es ex publicano, et facere eum sancti Euangelii tui promulgatorem clarum. Visita animam meam munere celico, qui Cornelium presidio uisitasti angelico; et qui illum Petri apostoli munerasti doctrina, me quoque salutari imbue disciplina.

Ego igitur, Domine, qui indignus sum, ut tuorum acta rememorem, quorum merita tue magnitudo suauitatis clarificat, nequaquam hos in solacio mee necessitatis adhiberem, nisi te et in sanctis gloriosum et in peccatoribus pium omnis creatura confiteretur. Et ideo, sic etiam potens es, Deus, mihi peccatori subuenire, sicut iustis tuis multiplicia iubes premia prelargire. Eorum itaque suffragio, Domine, clemens me ab omni sorde purifica, quorum animas in tuo regno clarificas.

Age hoc, piissime Deus, ut de mea reparatione sanctorum angelorum turbe congaudeant; que tue eternitati solitas has personant laudes, suaui prestrepentes fragore, triplici clamore, pari uoce concordes, ita dicentes : Sanctus.

Post Sanctus [1].

Ineffabilem, uere Dei Filius, tue diuinitatis potentiam corusca angelorum / celsitudo conlaudat in celis, fol. 186 cuius pietas ad ueniam reducit peccatores in terris. Inde est, ut quemcumque tetigerit respectio tua, mox humilem facit contritio sua; et nullo modo illum deicere poterit uanitas, quem tua ad integrum uegetauerit sanctitas. Me quoque, Omnipotens, ut a te talia bona percipiam, nulla me bonitatis actio reddit idoneum; sed, neque ad exorandum te reperitur abta deuotio, quem sepe notat praue cogitationis intentio.

Nunc ergo, clementissime Deus, infunde, queso, lacrimas pectori meo, quibus ipse placeris, qui effundis in terra pluuiam de excelsis. Solue uiscera mea salutari conpunctione, qui in peccatorum non letaris perditione. Satia animam meam munere celico, qui satiare dignatus es ieiunantes

[8] offerre *legitur tantum in M* [9] multitudo peccati *Cf. expressionem Vulgatae* multitudo dulcedinis Ps. xxx, 20 [10] *Cod* pabidus [12] *Cod* curbatus [13] *Cod* persolbitur [17] *Cod* salba [19] *Cod* liuera [22] *Cod* populo Srahelitico rubro mare [24] *Cod* Danielum [27] *Cod* pabentem, sicut Ninibe [39] *Cod* reserbasti.

[8] *Cod* tua magnitudinis suauitate [9] hos *i. e. supranominatos uiros* [10] *Cod* mei necessitatis adiberem [19] *Cod* suabi *M* strepentes [21] Sanctus *in M* [27] *Cod* contrictio *M* contritio [29] *Cod* uegetaberit [31] *Cod* repperitur [36] *Cod* plubiam *M* plubiam de excelso. Solbe.

1. Dans le Rituel *A*, on lit : « Post Sanctvs : Vere sanctus, uere benedictus, Dominus noster Ihesus Christus, Filius tuus, qui potentissimus sanctorum omnium ueneratur in terris et gloriosior pre cunctis angelis gloriatur in coelis. Christus Dominus ac Redemtor. »

in eremo. Conuerte me ocius ad tue dilectionis amorem, qui dudum mutasti aquas in uini saporem. Exime ocius animam meam ab inferis, qui uoce tua clarificas Paulum e superis. Fac me ad tuam gratiam uelociter peruenire, qui dignatus es gentibus subuenire. Dilata in meis sensibus sancte fidei plenitudinem, qui per orbem dilatasti sancte Ecclesie pulcritudinem. Elonga a me heretice prauitatis fomenta, qui per tuos Apostolos confirmasti Ecclesie tue fundamenta. Non me tradas in damnationis supplicio, dum mundum examinaberis in iudicio. Non me ab auditu malo terrifices, sed in dextere tue partem perpetua me saluatione letifices.

Christe Domine.

Post Pridie.

fol. 187 Laudis quidem, Domine, tibi hostiam immolare festino; sed tardiorem me reddit peccatorum meorum formido. Tu ergo, Omnipotens, inspice mei cordis laborem, et iugum iniquitatis a mea ceruice submoue, iugumque tuum suaue perpetim ad portandum humeris meis inpone. Fac me liberum ab omni pondere nequitie, ut merito peruenire merear ad libertatem iustitie. Pelle a me libidinis feditatem, et corporis mei conpaginem perpetua solida castitate. — Effuga a me spiritum blasfemie; remoue tristitie impetum; elonga desperationis inpulsum, elationis ruinam inuidieque spinam. Superbie tumorem, iracundie rancorem, gule delectationem, uel cuncta que sunt maligna a me diuinitus abroga nocentia. — Accinge me gratia tue uirtutis, et deputa in custodiam mihi semper angelum lucis. Luce tua hec munera sanctificando corusca, et interna externaque mea Sancti Spiritus dono perlustra [1].

[1] *Cod* heremo [8] *Cod* prabitatis [16] *Cod* ymolare [20] *Cod* submobe... suabe [22] *Cod* ponderi [23] *Cod* liuidinis [25] *Cod* remobe [26] *Cod* disperationis [28] *Cod* guile.

1. Le Rituel *M* ajoute : « Amen. Per Dominum », et donne en marge le répons noté suivant : « Resp. : Miserere mei, Domine, miserere mei, et ne infirmes cor meum, sed magis conforta; quia gehennam quero euadere et ad te peruenire. » — Dans le Rituel *A*, la formule du *Post Pridie* est suivie aussi d'un répons : « Post Pridie : Ihesu Christe Domine, Altissimi Filius, natus presentia, quum Patris Omnipotentia sempiternus eris (?) tui spiraculi [uirtutem] super hoc altare tuum diffunde, qui et hanc oblationem sanctificans benedicat; et sumentibus ex ea beatos efficiat. Amen. — Lavdes : Audi orationem meam, Domine, et clamorem meum exaudi : ad lacrimas meas ne obsurdescas. Parce mici, ut refrigerer. »

Ad Orationem.

Auxiliare mihi, omnipotens Ihesu Dei Filius, et ubique adesto placatus. Tuo me moderamine contine, atque in omnibus alarum tuarum umbraculo protege. Tribue orandi studium, et proroga saluationis refugium. Dona precibus effectum et quesitum indulgentie fructum : ut a te celitus merear exaudiri, quum in quacumque die supplex te inuocauero, dicens : Pater [1].

Benedictio.

Necessariam mihi, Deus Pater, ueniam inpertire clementer, et ab omnibus malis libera potenter. Eripe me, clemens Christe, a delictorum obprobrio, et perducito in tuorum beatorum consortio. — Amen.

Merear tui Sancti Spiritus habere custodiam, / cuius iuuamine omnes sancti perducuntur ad fol. 188 gloriam. — Amen [2].

Per gratiam pietatis tue. — [Amen. Qui in Trinitate unus Deus gloriatur, in secula seculorum. — Amen.]

Completuria.

Corporis sanguinisque tui, Christe Domine, sacramento refectus, gratias tibi ago coram tuo sancto altario humiliter prostratus. Presta ergo, Domine, ut hec me communio eluat a cunctis uitiorum inlecebris, et gratiam tue dulcedinis indesinenter infundat in uisceribus meis. — Amen.

[Per gratiam pietatis tue Deus noster.]

[1] *M* ad orationem dominicam [8] *Cod* inuocabero [15] Amen *ex M* [18] Amen *etc. ex codice M* [28] *M* Per gratiam *etc. ex M*.

1. Rituel *A*, fol. 74 : « Ad Orationem Dominicam : Munda, Domine, a cuncta piaculorum conlubione cor meum, et ab omni noxia contagione purifica : ut fulgida mentis acie te oraturus adsistens sincerissime dilectionis effectum, quum omnibus filiis tuis tibi mereamur proclamare e terris : Pater. »

2. Rituel *A*, fol. 74 : « Benedictio : Pietatem tuam, Domine, petimus, ut orationem nostram et uota suscipias. Supplicationes seruitutis nostrae placatus adtende, et a diuersis langoribus me eripe. Et que tibi pro meis delictis offerro dignanter suscipe, et eterne uite eredem constitue. Amen. Desiderium meum in bonis operibus amplia; uota adcumula et ab insidiis inimicorum meorum libera me. Amen. » — Cette bénédiction n'est pas suivie de la formule intitulée *Completuria*.

V. — ITEM ORDO MISSA QVAM SACERDOS PRO SE DICERE DEBEAT [1].

ALLELVIA. Inclina, Domine [2].

Lectio libri Regum.

In diebus illis, orauit Salomon Dominum, dicens : Si quis cognouerit plagam cordis sui et expanderit manus suas in domo hac, tu exaudies, Domine, in celo, in loco habitationis tue, et propitiaberis.

PSALLENDVM : Exaudi me, Domine, quoniam benigna est misericordia tua. Intende anime mee et libera eam : propter inimicos meos eripe me, Deus meus. — VERS. : Quoniam pauper et dolens sum ego, et salus uultus tui, Domine, suscepit me. Intende.

Epistola Pauli ad Romanos.

Fratres, obsecro uos per Dominum nostrum Ihesum Christum.

Lectio sancti Euangelii secundum Iohannem.

In illo tempore, Dominus noster Ihesus Christus loquebatur discipulis suis, dicens : Si manseritis in me.

LAVDES : Alleluia. Miserere mei, Domine, miserere mei, quoniam in te confidit anima mea. Alleluia.

SACRIFICIVM : Ego seruus tuus et filius ancille tue; disrupisti uincula mea, tibi sacrificabo sacrificium laudis. Alleluia. — II. Credidi propter quod locutus sum; ego autem humiliatus sum nimis. Tibi.

Missa.

Celesti [3], Fratres karissimi, preceptione communiti, ut inuicem diligamus, inuicem utique necesse est ut oremus : ut, sicut karitatis in alterutro radicari / precipitur, ita uita carorum oratione alterutra fol. 189
muniatur. — Amen.

Auxiliante ipsius misericordia Domini nostri, qui omnia regit in se[cula seculorum].

Alia.

Christe Deus, qui in hoc monstrasti tuos esse discipulos, in quo karitas eos effecerit gloriosos, suscipe precem nostram per interuentum huius sacri libaminis; ut et in nobis et karis fratribus nostris expetita suffragia largiaris : scilicet, ut eorum uita, et a peccatis sit omnibus uacua et uirtutibus plena. Quo, remissis iniquitatibus, ita tibi inhereant, ut ad te nobiscum post transitum sine confusione perueniant : ut, sicut nos communio dilectionis pro alterutro excitat ad rogandum, ita communiter eterna nos gaudia consolentur; ut quos hic fida karitatis compago adglomerat, eterna post transitum beatitudo possideat. — Amen.

Post Nomina.

Deus, qui pacificorum hostiis delectaris, in his, quesumus, placatus respice sacrificiis; ut quicquid caritate interueniente te poscimus, acceptabile habeas cum oramus : quo, dum hanc hostiam pro his quibus offertur tibimet effeceris placitam, nobis quoque pro exhibitione ipsius hostie indulgentiam tribuas copiosam. — Amen.

Ad Pacem.

Pax multa est, Domine, diligentibus legem tuam. Et ideo, profusis te gemitibus deprecamur, ut qui pro fratrum salute solliciti nitimur, tibi has hostias immolare, et nobis et illis hoc quod offertur ad premium eterne karitatis fructificet : ut, omissis criminibus cunctis, tecum habeamus pacem in seculis sempiternis. — [Per auctorem.]

Inlatio.

Dignum et iustum est, nos tibi gratias agere, fol. 190
Domine sancte, Pater eterne, omnipotens Deus, per Ihesum Christum Filium tuum, Dominum nostrum : qui karitatis est auctor et bonorum actuum inspirator. Ipse enim, ex ore illo interminabilis sapientie predicit, quod nemo maiorem habeat karitatem, quam is qui animam suam pro amicis suis conatus fuerit ponere. At nos, o bone Deus!

[4] III Reg., VIII, 38-39 [5] *Cod* orabit [6] *Cod* cognoberit [11] *Cod* liuera [16] Rom., XV, 30 [19] Ioan., XV, 7.

1. Voy. ci-dessus, col. 248-258, et, plus loin, fol. 221-225 du manuscrit. Cette nouvelle messe se trouve aussi dans le Rituel *M*, fol. 66-68, sous la rubrique : *Item de quo supra*, et en marge : *Missa uotiba, quam sacerdos pro se uel pro aliis dicere debeat;* mais sans les chants et les lectures qui précèdent les prières.

2. Cet Alleluia est noté, ainsi que le *Psallendum*, les *Laudes* et le *Sacrificium* qui suivent.

3. On lit ici en marge dans le Rituel *M* : « *Scribe prius* MISSA : Deus fons bonitatis et pietatis origo. *Post Missam, quam dicunt pro Rege inuenies.* » Voy. plus loin, fol. 221 du manuscrit *B*.

[6] *M* monstras [7] *Cod* karitatis, *sed M fert* karitas [11] *M* peccatis omnibus sit [24] *Cod* efficeris *M* effeceris [25] *Cod* exibitione [31] *Cod* ymolare [34] Per *etc. ex M* [36] *M* tibi semper gratias [42] *Cod* his qui.

ecce animas nostras pro dilectis fratribus damus, quum, urguente karitatis stimulo, pro eorum nos saluatione interuentores obponimus. Habeat ergo utrosque letitia infinita, quos karitatis fraterna [compago] conglutinat. Teneat sors beatitudinis in commune post transitum, quibus communis fit hec ipsa oblatio sacrificiorum : ut in omnibus ita placeamus in sanctitate et iustitia tibimet seruientes, ut ad te, post transitum, mereamur peruenire felices, proclamantes atque ita dicentes :

Sanctus, Sanctus, Sanctus.

Post Sanctus.

Vere sanctus, uere benedictus, Dominus noster Ihesus Christus Filius tuus, qui se in corda nostra per Spiritum Sanctum diffudit, quum pro fratrum oneribus coram se nos gemere facit. Ipse est enim et inspirator dulcedinis, et remuneratio karitatis.

Christus Dominus et redemptor eternus.

Post Pridie.

Suscipe, Deus, gratuita huius sacrificii tibimet oblata libamina; quo et qui offerimus, et pro quibus offerimus, ita uitia careamus, et repleamur uirtutibus, ut, interuentu huius hostie, tempore iudicii a dextris Filii tui cum sanctis angelis conlocemur.

Ad Orationem.

fol. 191 Deus, quem nemo nisi per karitatem / uidet, et quem non nisi per dilectionem noscere ualet, prebe nobis atque famulis tuis, ut quod a te tribui poscimus, ad commune nobis emolumentum, id proficere uberius sentiamus, quum ad te proclamauerimus e terris : — Pater.

Benedictio.

Omnipotens Dominus hos, pro quibus oblatum est hoc sacrificium, eternitatis premio muneretur. Det illis ducere quietam uitam in seculo, et post eterno gloriari de premio : ut illic omnimodam felicitatem obtineant, ubi nos cum illis post transitum conletari os nostre mortalitatis exobtat. — Amen [1].

Prestet ipse Dominus.

[2] urguente *forma obsoleta pro* urgente *Cf. col. 76 et 77* [5] compago *ipse conieci* [16] *Cod* honeribus [18] redemptor eternus *leg. in M* [25] *M* ad orationem dominicam [34] *Cod* muneretur [40] *M* Prestante.

1. Dans le Rituel *M*, cette bénédiction est suivie de la formule que voici : « Completvria : Indignum et peccatorem famulum tuum, Domine, tuis coram altaribus officium mysterium (ministerii) explente[m], queso ut corpore et sanguine Filii tui Domini nostri sumentem medelam ad (*sic*) te concessam et sensu capiam et carne. — Per gratiam. »

ITEM ALIA [1].

Conpellor ab officio glorioso tuo Domine ministrare altario, sed delictorum meorum catena constrictus, conscientia prohibente, adpropinquare ibidem nimium pertimesco : ne, dum indignus arcanum et ineffabile tuum audaciter exsoluo misterium, celesti protinus ulciscar iudicio. Vnde tuam, Domine piissime, obsecro Maiestatem, ut reatus mei uincula soluas, peccatorum meorum maculas abluas, et sic demum pro aliis rogaturus adsistam, quia nunc pro me rogare ab aliis uideor. Conforta ergo, Domine, cor trepidum animumque tribue letum; uagam quoque corrige mentem, et omnem prorsus a sensibus meis prauitatem expelle : ut habeam fiduciam de promisso, qui culpas delinquentie mee patenter agnosco, et liber ueniam ad officium, dum tu esse iusseris in auxilium.

/ Simul ergo, Fratres karissimi, rerum omnium fol. 192
in Trinitate Dominum confitentes, eius misericordiam inploremus; ut qui conditionis nostre auctor esse dinoscitur, prius in nostris necessitatibus, in quacumque die eum inuocauerimus, auditor esse dignetur. Vniuersorum suscipiat uota, singulis remedia largiatur; ut nostrorum piamina uulnerum, ipso medicante, sanentur. Ipse eripiat de periculis, ipse tueatur in prosperis. Ipse calidum procul a nobis amoueat inimicum, et rectum faciat solidumque nostrum in sua semita gressum : ut in presenti seculo uinculo caritatis connexi, in eius assidue laudibus adunemur, et in futuro cum iudex aduenerit, ab ipso pariter coronemur.

Te autem queso, Domine, supplicanti mecum

[4] *Cod* proibente [6] *Cod* exsolbo [9] *M* reatus me *Cod* solbas [11] *M* qui nunc [14] *Cod* prabitatem [23] *Cod* inuocaberimus [27] *M* tuetur [28] *Cod* amobeat [30] *Cod* conexi [31] *M* uenerit.

1. Il faut lire, non pas : *Alia Benedictio*, mais : *Alia Missa*. Dans le Rituel *M*, fol. 69, cette messe nouvelle est simplement indiquée par les mots : « Compellor ab officio »; mais on la trouve un peu plus loin (fol. 76), sous la rubrique : « Missa qvam sacerdos prosse dicere debed. *Item de quo supra* ». Les formules sont moins personnelles au prêtre que celles qui précèdent, et se rapprochent de celles de la *Missa omnimoda* donnée plus haut, col. 229-242.

populo tuo quod desiderant tribue; et ut his adiuuantibus merear exaudiri, omnibus culpis et criminibus meis clementer ignosce. — Amen.

Quia Deus es pius et misericors.

Alia.

Ignosce, Domine, quod maculate uite conscientia trepidus, et criminum meorum confusione captiuus, qui pro me ueniam obtinere non ualeo pro aliis rogaturus adsisto. Profero ante te, Domine, captiuorum gemitus, tribulationes plebium, pericula populorum, necessitates peregrinorum, inopia debilium, desperationes languentium, defectus senum, suspiria iuuenum, uota uirginum, lamenta uiduarum. Sed, quoniam me eundemque populum peccati catena constringit, ideo communes lugeo passiones. Non obsit, Domine, populo tuo oratio
fol. 193 subiugata peccatis : per me / tibi offertur uotum, per te meum conpleatur officium. — Amen.

Post Nomina.

Indulge, Domine, quod supplicare non audeo : trepidatio mea de meritis et formido de peccatis est. Nicil enim audet libere petere, qui se agnoscit frequenter errare. Tibi enim committo quod nescio : sed quia ignorantia formido peccati est, ipse instruas quod petamus. Omnes per penitentiam ut ad te reuertantur hortaris, et si diutius tardemus irasceris; carior enim tibi nostri cura quam nobis est. Et ideo, Domine, errantium gressus firmis precipe inherere uestigiis, et sanctorum tuorum meritis offerentium nomina in libro uite celestis adscribe, ac defunctis omnibus requiem sempiternam adtribue.

Ad Pacem.

Oramus te, Domine Deus omnipotens, ut nos, quos ad ministerium tuum accersire dignatus es, in ministerio dignos facias semper adsistere, et singularis atque unice clementie tue largitate tribue nobis pacis et karitatis tue precepta seruare et nostre deprecationis effectum uelociter promereri.

Inlatio.

Dignum quidem et iustum est, Domine, nos tibi semper hic et ubique gratias agere. Sed quid tibi dignum offerat minister indignus, nisi hoc ipsum,

[3] *M* ignosce. Quia Deus es [5] *Cod* Alium [7] *Cod* captibus [10] *Cod* captiborum [13] *Cod* iubenum [18] *M* officium. Auxiliante clementia diuinitatis tue [26] *Cod* ortaris [28] *Cod* percipe *M recte* precipe [36] *Cod* singulari [43] *Cod* hoc ipsud *M* hoc ipsut.

quod tantum indignus habetur officio fideli penitentia fateatur. Sed tu, multe misericordie Deus, ne nos quesumus oris proprii testimonio damnes; sed paterne indulgentie consolatione conrobores, atque a peccatorum precipitio tuis semper manibus reuoces et reformes : leges tuas dando in cordibus nostris easque scribendo mentibus cecis, et ad
exsequenda que iusseris / uires cumulando pusillis, fol. 194
preualendo misericordia debita, reposcendo legitima : ut tibi pro omnibus gratie tue largitate conlatis gratiarum a nobis sacrificia deferantur et in tuis laudibus iugiter exultando, tuumque nomen glorificando, mereamur saltem ueniam delictorum, si non meremur mansionum celestium incolatum. At tu, Domine, qui sanctus et gloriosus ubique es, nostras quoque, quesumus, uoces clemens ac propitius accipe, quibus ad te supplices clamamus, ita dicentes : Sanctus.

Post Sanctus.

Vere sanctus, uere benedictus, uere pius et admirabilis es, Domine Ihesu Christe, qui cum omnium seculorum ac creaturarum sis conditor, et uerus cum Patre et Sancto Spiritu unus in Trinitate permanes Deus, et magnitudo potentie tue sit inenarrabilis, non ilico tamen ex peccatoribus te ulciscis; sed per penitentiam confessionis delicta ignoscis, et perditos clementer requiris. Sic quippe ex publicanis et persecutoribus per emendationem uite apostolos efficis, et per lamentabilem uocem confessionis cunctis paradisum inpertis; dum mulieris peccatricis lacrimas accipis, et per fletum amaritudinis Apostolum iterum in collegio sociorum benignissime recipis, quum quod manifeste errauerat misericorditer tegis. Hec ergo tam clara et enitentia beneficia tue pietatis mens mea recolens, egra peccatis et cor oneratum delictis, orationis precamina fundo, et sacrificii libamen offerens audenter exposco : ut mea abluas crimina, deleas facinora, non reminiscaris scelera, sed diluas / probra; concedas ueniam, nec deneges gra- fol. 195
tiam; emendationem meorum impertias morum, proculque a me omnem repellas fomitem uitiorum; ab occultis delictis meam eluas conscientiam, et ab alienis, Domine, ne sumas ex me uindictam [1].

Christe.

[8] *Cod* exequenda [28] *Cod* persequutoribus [31] *M* lacrimas suscipis [33] *Cod* erraberat [35] *Cod* enitens beneficia [40] *M* sed luas probra *In Cod litt.* di *pene erasae.*

1. La syllabe *dic* du mot *uindictam* est surmontée de

Post Pridie.

Memores sumus, eterne Deus, Pater omnipotens, gloriosissime passionis Domini nostri Ihesu Christi Filii tui, Resurrectionis etiam et eius Ascensionis in celum. Petimus ergo Maiestatem tuam, Domine, [ascendant] preces humilitatis nostre in conspectu tue clementie, et descendat super hunc panem et super hunc calicem plenitudo tue diuinitatis. Descendat etiam, Domine, illa Sancti Spiritus tui inconprehensibilis maiestas, sicut quondam in Patrum hostiis mirabiliter descendebat [1]. Ac presta, Domine, ut huius panis uinique substantia sanis custodiam adhibeat, languentibus medicinam infundat : discordantibus insinuet reconciliationem, et supereminentem pacis augeat karitatem. Stultis infundat sapientiam, et sapientibus ne extollantur tribuat disciplinam; omnibusque ad te confugium facientibus plenissimam conferat sospitatem, et regni celestis plebem tuam faciat coheredem. — Amen.

Per gratiam pietatis.

Lavdes : Quis ego, aut que cognatio mea, ut sacrificium offeram Domino? Sed curuabo genua mea, ut placatus suscipias orationem meam.

Alivm Lavdes : Domine, non ponas mala mea coram oculis tuis, quia grauia sunt onera mea. Precor te, Domine, miserere mei [2].

[6] ascendant *ipse conieci* [10] *Cod* condam [12] *Cod* pani... adibeat [14] *Cod* discordiantibus [18] *M* conferas [20] *M* Amen. Te prestante, Deus noster [22] *M* Ad confractionem panis Resp. [25] *M* Alium Resp. [26] *Cod* grabia sunt honera.

plusieurs notes musicales : ce qui se répète dans beaucoup d'autres oraisons *Post Sanctus* du Rituel *B* pour l'avant-dernière syllabe du dernier mot de la formule. Ce neume musical est tantôt un *scandicus* (deux notes surmontées d'une barre montant de gauche à droite), tantôt un *podatus* (figure en forme de *V* dont le second jambage dépasse de beaucoup le premier). On peut voir dans ce neume une *ecphonèse* ou élévation de la voix, invitant l'assemblée des fidèles à répondre *Amen* à la formule qui terminait la prière du prêtre. Il est à remarquer que ce signe particulier de l'ecphonèse ne se rencontre dans aucune autre oraison de la messe.

1. Cette formule de l'épiclèse est remarquable : d'autant plus que ce genre d'invocation au Saint-Esprit sur les espèces consacrées est très rare dans la liturgie wisigothique. Cf. le *Post Pridie* du fol. 199 du manuscrit. Sur l'Épiclèse, voy. Dvchesne, *Les Origines du culte chrétien*, p. 173, et surtout Dom Cagin, dans la *Paléographie musicale*, t. V, p. 83 et suivantes.

2. Ces deux *Laudes* sont notés en neumes dans les Rituels *B* et *M*.

Ad Orationem Dominicam.

/ Scientes, Fratres karissimi, acceptabile Deo sacrificium esse cordis nostri contritionem, petamus clementiam eius, ut nos a peccatis nostris clementer emundet, et mundatis interioris cordis oculis, liberis ad eum uocibus semper clamemus e terris : Pater. fol. 196

Benedictio.

Pietatem tuam, Domine, peto, ut orationis mee uotum dignanter suscipias et plebem tuam propitius benedicas. Desiderium meum in bonis operibus amplia, uota adcumula, et ab inimicorum meorum me insidiis libera. Supplicationem seruitutis mee placatus adtende, a diuersis languoribus me eripe : et que tibi pro mei delictis offero benignus suscipe, et eterne uite hereditatem constitue. — Amen.

Per ineffabilem bonitatem tuam [1].

VI. — ITEM ALIA MISSA QVAM SACERDOS PRO SE DICERE DEBEAT.

Te inuoco, eterne omnipotens Deus, Pater, et Filius, et Spiritus Sanctus : Deus iustitie, Deus misericordie, Deus inuisibilis, Deus incomprehensibilis, inenarrabilis, eterne, perpetue, benedicte; Deus cuius omnia, sub quem omnia, per quem omnia. Parce anime mee, parce malis meis, parce peccatis meis, parce factis meis atque criminibus. Visita infirmum, cura egrotum, sana languentem. Da cor quod timeat, sensum qui intellegat, oculos qui te uideant. Da scintillam sapientie tue, que mici et iustificationum tuarum iter ostendat, et foueas inimici declinare me doceat. — Amen.

[3] *M* contrictionem [5] *in M forma accusatiui absoluti* et mundatos... oculos [13] *M* supplicationes [14] *Cod* langoribus [16] *M* heredem [19] *M (fol. 82)* Alia missa per quam se sacerdos Deo commendat *M in marg.* ad tuum altare concusso (concurro) *Cf. P. L., t. LXXXV, col. 988* [21] *M* et eterne [25] *M* sub quo [27] *M* parce malis meis, parce factis meis, parce peccatis meis atque criminibus. [28] *M* Visita me infirmum. [29] *M* Da cor qui te timeat, sensum qui te intellegat [31] *Cod* qui mici [32] *Cod* fobeas *M* Amen. Quia Deus es pius et misericors, qui uiuis.

1. Le Rituel *M* ajoute la formule suivante : « Completvria : Deus, qui bonorum es Saluator omnium, qui non uis mortem peccatoris, nec letaris in perditione morientium : te suppliciter deprecor, ut concedas michi ueniam delictorum, ut amissa defleam et postmodum alia non committam. Vt cum mici extrema dies finesque uite aduenerit, emundatus a delictis omnibus, angelus sanctitatis me suscipiat. — Per tua magna. »

Alia.

Miserere mei, Deus, quia peccaui tibi, et propter fol. 197 duritiam cordis mei in ipsa / peccatorum meorum morte perduro. Ego ore, ego corde, ego opere, ego omnibus sceleribus coopertus ueniam peto, quia crimen agnosco. Scelera mea fateor, que et si non confiteor, tamen te latere non potuerunt. Tu enim scrutator cordis et renum es; tibi absconsa reuelantur, et secreta patefiunt. Miserere mei Deus : ne me perire patiaris, ne me sinas eternis tenebris et perpetua morte consumi. Aufer a corde meo alienum sensum, et omnis artus infirmitatis mee arte medicine tu sana. — Amen.

Per inclitam bonitatem.

Post Nomina.

Miserere mei : ne despicias neque auertas faciem tuam a me; quia non pro iustitia mea peto misericordiam tuam, sed propter clementiam tuam. Respice ad me de sancta sede Maiestatis tue, et tenebras cordis radio splendoris inlumina. Protege me scuto ueritatis ac fidei tue, qui mici et manum porrigat et lumen ostendat. — Amen.

Ad Pacem.

Miserere mei, Domine, redintegra cor fractum, sana corruptum et munda uitiatum, ac pro Maiestate tua indulge quod feci; et hoc presta, ne iterum faciam et pacem, quam Apostolis tuis contulisti, nobis propitius largire digneris. — Amen.

Inlatio.

Dignum et iustum est, equum plane et salutare est, nos tibi gratias agere, eterne omnipotens Deus; qui ita dignus es cui agitur, quo ita dignum nos ita quo agitur[1]. Quid enim dignum agat te indignus tecum, etiam si id quod indigne agimus digne agere-

7 *M* confitear 10 *M* eternis penis 11 *Cod* Aufers *M* aufer 13 *Cod* arte medicina 16 *M* mei Deus *Cf. supra, col. 250* 24 *M* redintegra confractum 28 *M* Amen. Presta per auctorem 35 *Cod* etiam sine id quod digne.

1. La première partie de cette *Inlatio* est altérée au point de ne présenter, en plus d'un endroit, aucun sens acceptable. Voici la version du Rituel *M*, qui est un peu moins maltraitée : « ... ut dignus ita non sit a quo agitur. Quid enim agat tecum dignum indignus minister, quum etiam si quod digne agimus digne ageremus? Id quoque tibi deberemus indigni a te facti, ut digne predicemur, te laudare factorem. Sed indignare te facimus, quum digna tibi opera non facientes, nos ipsos facimus »... (ici manque un folio du manuscrit).

mus? Ita quoque / tibi deberemus dignitate facti, fol. 198 ut digne predicemus, te laudare factorem indigne, te facimus cum digna tibi opera facientes nos ipsos facimus indignos, quos dignitatis tue similitudini condignos facere dignatus es, et rationabili inditos intellectu te nosse uoluisti.

Inuoco ergo tuam misericordiam, qui fecisti me, ut non obliuiscaris oblitum tui, et exquirentem te ne deseras. Quis enim similis tibi? Quia [per] mortem omnis erroris reuocas nos [ad] uitam, qui numquam moreris. Qui nouit te, nouit eternitatem. Caritas nouit te.

O eterna ueritas! et uera caritas! et cara eternitas! Deus une, Deus Trinitas, in cuius magnam confido misericordiam, miserere mei propter nomen tuum, et nequaquam deserens precepta tua, consumma inperfecta mea [propter] spem misericordie tue. Potens est enim dextera tua augere magis magisque in me munera tua, ut anima mea sequatur te, ut ingrediar sine macula, sine ruga. Tu es enim honor meus, et laus mea, et fiducia mea. Deus meus, gratias ago tibi in donis tuis, sed mihi eas serua. Ita enim seruabis me et augebuntur et perficientur que dedisti mihi; et eris mecum in omnibus, quia et ut sim et quod sum tu dedisti mihi. Et ego confitebor tibi in ecclesia magna; in populo graui laudabo te. Per ipsum, cui confitentur omnes anime, ut miserearis et sanes eas, et cum Angelis et Arcangelis, Thronis et Dominationibus, ymnum glorie proclamemus humili confessione dicentes : Sanctus.

Post Sanctus.

Vere sanctus, uere benedictus, te inuoco, eterne fol. 199 omnipotens Deus, ut Ecclesiam tuam sanctam catholicam in pace regere et gubernare, sancteque dispensationis tue sacramento digneris protegere. Me quoque indignum et peccatorem, omniumque famulorum tuorum minimum sacerdotem tibi conmendes et serues. Iracundiam meam pius mitiges, gulam temperes, linguam refrenes, mentem referens pacem tribuas, karitatem concedas, fidem augeas, humilitatem impertias, cupiditatem auferas, auaritiam abscidas, mendacium de ore expel-

5 *A uerbo* inditos *usque ad* Post Sanctus *nihil inuenies in M, propter semifolium abscissum* 9 *Cod* quia mortem... nos uitam 17 propter *ipse adieci* 20 *Cod* sine macula, in ruga 23 *Forsan leg.* ea [dona] serua 27 *Cod* confitetur omnis 29 *Cod* tronis 40 *Cod* guilam temperes, linguam refrenes, *M* guilam... mentem gubernes 41 *Post* caritatem concedas *M addit :* castitatem infundas.

las, cogitationes malas de corde abstergas, desideria carnalia procul a me abicias, et pro salute regum et principum orantem exaudias, atque pro omni populo supplicantem intendas. Vt dum orationem meam misericors exaudire dignatus fueris, digne omni populo tuo placabiliter miserearis et suppleas humilitatem supplicum, qui es Dominus angelorum.

Christus Dominus.

Post Pridie.

Recolentes[1] Domini nostri Ihesu Christi beatissimam passionem, necnon et ab inferis resurrectionem, sed et in celis ascensionem, offerimus preclare Maiestati tue hostiam panis et uini : quam sereno uultu respicias et acceptam eam habere iubeas. Descendat itaque super hoc Spiritus tuus Sanctus altare, qui et munera populi tui sanctificet, et sumentium corda placatus emundet.

Ad Confractionem : LAVDES : Quis ego, aut que cogna[tio]...

Ad Orationem.

Aspice, Domine [2], quod abiectus ad sacrificium, non electus, nec probatus; sed mei ministerii impleo functionem. Iussioni enim pareo, nicil pre-
fol. 200 sumo. / Nos, inpositis oneribus, seruimus officiis : tu benedictionem presta misterii. Ille ad te sacrificia perferat, qui nos iussit offerre. Ille conmendet, qui nos orare docuit : Pater.

Benedictio.

Deus[3], qui iustos semper dilexisti, et peccato-

2 *M* a me facias 7 *Cod* humilitate 10 *M* Christi Filii tui 13 *Cod* Maiestatis 14 *Cod* accepto 15 *Cod* tui Sancti *M* Spiritus tuus Sanctus 19 *Cf. supra, col. 265* 22 *Cod* mei misterii 25 *Cod* tue benedictionem 26 *Cod* offerri.

1. Cette prière *Post Pridie* est à comparer avec l'anamnèse ou oraison « Vnde et memores » du Missel romain. Il faut y voir, semble-t-il, deux formules empruntées à une source commune.

2. Formule assez mal conservée, mais que la suivante, tirée du Rituel *M*, nous aide à mieux comprendre : « AD ORATIONEM DOMINICAM. Agnosco, Domine, quod abiectus ab officio, non electus nec probatus, sed ministerii mei impleo functionem. Iussioni pareo nicilque presumo. Nos, impositis honeribus, seruimus officiis : tu benedictionem presta misteriis. Non enim per me sanctificata suscepis; sed ut per te sanctificarentur exibui. Ipse ad te hec sacrificia perferat, qui nos iussit offerri. Ille commendat, qui nos iussit orare et dicere : Pater. »

3. La formule de cette *Benedictio* est toute différente

res numquam despexisti, adesto supplicationibus nostris et benedic me famulum tuum simulque et populum tuum. Dona mihi, ut semper digne tibi ministrem, semperque digne sacrificia tua celebrare dignus sim : ut hec et ego et populus tuus tibi offerentes, semper tibi indesinenter gratias agere mereamur. — Amen.

MISSA QVAM SACERDOS PRO SE DICERE DEBEAT [1].

Offerentes tibi, Domine, hostiam iubilationis pro delictis meis, pietatem tuam exposco, ut placabili pietate petitionibus meis aurem accomodes, uotum meum pia dignatione acceptes, tribulationes cordis mei multiplici misericordia letifices, et que in oratione lingua mea enarrare non sufficit, tu et qui cogitationes cordis agnoscis et renum scrutator es, que desiderat mens deuota suppleat tua misericordia consueta.

Quia multe misericordie.

Alia.

Conuerte me ad te, Domine, et ante altare tuum mea facinora recolentem placatus adtende : ut confessio mea fructum habeat, et uotum meum, quod tue clementie summo cum desiderio offero, ad cumulum bonorum operum miserando perducas, et ab insidiis aduersantium me propitius eripias.

1 *Cod* dispexisti 15 *M* pietatem 26 *M* meum que.

dans le Rituel *M*. La voici, avec la *Completuria* qui l'accompagne : « BENEDICTIO. Pietatem tuam, Domine, peto, ut orationem et uotum meum dignanter suscipias. Supplicationem serbi tui placatus adtende, et ab aduersis langoribus me eripe, et que tibi pro delictis offero dignanter suscipe, et eterne uite heredem constitue. Desiderium meum in bonis operibus amplia, uota adcumula, et ab insidiis inimicorum meorum me libera. Ipse Dominus et Redemptor noster, qui uibit. — COMPLETVRIA : Domine Deus omnipotens, qui es uita et salus fidelium, quem uenturum credimus iudicem uerum, esto nobis propitius : et qui hanc oblationem pro nostra nostrorumque salute, uel pro expiatione peccatorum nostrorum, tibi obtulimus, misericordie opem in nobis diffundi sentiamus. Vt qui per eam refecti sumus, ad mensam (mense) tue conuiuium dono tue (tui) muneris consequi mereamur premium sempiternum. Amen. »

1. Le Rituel *M*, fol. 102-106, renferme encore cette messe *pro Sacerdote*. Comme on ne la trouve pas ailleurs, j'en donne ici le texte, qui vaut la peine de n'être pas laissé dans l'oubli.

Post Nomina.

In honorum sanctorum tuorum, Domine, quorum nomina recitantur, acceptabile tibi fac holocaustum, quod tibi nostris manibus in tuo altario offertur : ut qui pro Christi tui amore sunt passi, et ab eodem sunt coronati, eisdem intercedentibus, uiui gratiam et defuncti mereantur delictorum obtinere ueniam : ut, glorificati a te, in diem resurrectionis in stolis albis ante tribunal iudicis appareant, et nobis solita pietate medelam impertias.

Ad Pacem.

Pacem meam mici, Domine, concede inuicem custodire : ut caritatem tuam, quam ego labiis propino, te miserante, in corde meo firmiter fac tenere; quia tu es pax mea et ueritas incorrupta, Christe Domine Deus meus, qui es uera pax perpetua, caritas uiuens et regnans in secula seculorum.

Inlatio.

Dignum et iustum est, nos tue glorie, omnipotens Deus, insufficienter gratias agere, tibi uouere uotum, tibi pro delictis meis offerre sacrificium. Quia ergo cognosco me male operando tibi manere obnoxium, a te ergo, Domine, ueniam peto, quem iudicem meum esse cognosco; per quem et mea deleantur peccata, fateor et credo. Cui cura est facturam ab insidiatoribus muscipulis liberare, et ut ereptum in dextere tue partem delecteris constitui postulamus. Mici ergo necesse est in conspectu glorie tue uotum uouere, peccata mea tibi pandere : quem in unitate Trinitatis conlaudant Angeli, adorant Dominationes, tremunt Potestates. Atque illa duo animalia, senis alis ornata, pretiosissimum carmen personant, ita dicentes : [Sanctus].

Post Sanctus.

Vere sanctus, uere pius, uere benedictus, uere in omnibus gloriosus es, Domine Ihesu Christe, qui glorificas peccatores; qui ad penitentiam perducis errantes; qui desideria supples fidelium; qui suscipis uota credentium et letaris in confessione iustorum. — Christe.

Post Pridie.

Credimus, omnipotens Deus, Filium tuum Vnigenitum pro nobis passum, mortuum et sepultum : quem de inferis redeuntem celos ascendisse fatemur, et credimus ad dexteram tuam sedentem et sine hesitatione precamur. Cuius misericordia, ut nos a delictis nostris emundes, et hanc oblationem placatus sanctifices, supplices postulamus. Quem tecum, Pater sancte, et equalem, et eternum, immensum in eternitate Sancti Spiritus, toto ex corde credimus.

Qui nunc et in eternum gloriaris.

Ad Orationem Dominicam.

Ignosce, Domine, quia cum rogare te compellor, per inmunda labia mea tuum sanctum nomen adsumo. Tu enim conscientie mee secreta nosti : te cogitationum mearum oculta non latent, et inmunditias meas tu solus agnoscis. Miserere michi peccatori, Domine; quia fidus de tua pietate, postulo quod de meo merito exorare non ualeo. Nec indignum me misericordia tua iudicet, dum pro aliis rogare permittis, sacris uerbis orare et dicere : P[ater].

Benedictio.

Pietatem tuam, Domine, ut supplex imploro, ut orationis mee uotum dignanter suscipias, et hanc plebem propitius benedicas. Desiderium meum in bonis operibus amplia, et ab insidiis inimicorum meorum me libera. Supplicationes cunctorum placatus adtende, Domine, et populum tuum a diuersis languoribus eripe, et que tibi pro delicto meo offero dignanter suscipe.

Christe, qui uiuis cum Patre et Spiritu Sancto, in Trinitate unus Deus, [et] gloriaris in secula seculorum.

Completuria.

Corporis Christi tui, Domine, sanguinisque refecti, gratias tibi referimus, humiles ac deuoti orantes, ut semper te mereamur habere propitium, qui medicus es et refectio animarum.

Per Dominum nostrum, qui tecum uiuit et regnat : cuius regnum inuiolabile permanet in secula seculorum.

Alia Completuria.

Domine Deus omnipotens, qui es uita et salus fidelium, quem uenturum credimus iudicem uerum esto nobis propitius : et qui hanc oblationem pro nostra nostrorumque salute, uel pro expiatione peccatorum nostrorum, tibi obtulimus, misericordie

[3] *M* olocaustum [4] *M* quod te [6] *M* choronati... uiuis gratiam [20] *M* uobere.

[2] *M* esitatione [11] *M* adsummo [27] *M* langoribus [41] *Cf. supra, col. 270 et P. L., t. LXXXV, col. 925, 932, etc.*

opem in nobis diffundi sentiamus; ut qui per eam refecti sumus, ad mense tue conuiuium dono tui muneris consequi mereamur premium sempiternum.

Alia.

Gustantes, Domine, suauitatis tue dulcedinis plenitudinem, quesumus, ut sint hec in remissione peccatorum et salute mentium.

Prestante. — Qui regnas in secula.

Alia.

Deus, perennis salus, beatitudo inextinguibilis, da queso, ut qui ineffabili mun[ere] tuo sancta ac beata sumpserunt, et [sancti] ac beati esse mereantur. — Per Dominum.

Alia.

Effunde, queso, Deus, in uisceribus meis [Spiritum] qui ex te tuoque processit Filio, ut purgatum anime uas tibi efficiat placabile in qui[bus] sancta Trinitas digneris in me perenniter habitare. — Amen.

VII. — ITEM ALIA MISSA QVAM SACERDOS PRO SE IN TRIBVLATIONE DICERE DEBEAT[1].

AD PROLEGENDVM : ANT. : Intende uoci orationis mee, Domine; quoniam ad te orabo, Deus, exaudi uocem meam. — VERS. : Verba mea...

Oratio.

Exaudi, Domine, supplicum[2]...

Lectio libri Esther.

In diebus illis orabit Esther, dicens : ...

PSALLENDVM. : Cogitauerunt aduersum me; ne derelinquas me, Domine, ne forte exaltentur. — VERS. : Eripe me, Domine, ab homine malo, a uiro iniquo libera me. Qui cogitauerunt iniustitias in corde, tota die constituebant bella. Ne de[relinquas].

ALIVM : Ad Dominum cum tribularer clamaui, et exaudiuit me. — VERS. : Domine, libera animam meam a labiis iniquis, et a lingua dolosa. Et exaudi me.

Epistola secunda ad Corinthios.

Fratres, benedictus Deus et Pater...

LAVDES : Conuerte, Domine, planct[um]...

SACRIFICIVM : Sacrificium Deo...

Missa eiusdem.

Adsiste, clementissime Deus, quamuis indigni serui tui precibus inuocatus; ut oblationem/manuum mearum libenter excipias, orationes meas dignanter intendas, tribulationes cordis mei misericorditer auferas, placabilis uota suscipias, libens desideria compleas, clemens peccata dimittas, crimina benignus abstergas, flagella propitius adimas, languores miseratus excludas, serenissimo uultu petitionibus meis aurem adcomodes, gratiam tuam multipliciter augeas, et misericordiam tuam incessabiliter largiaris. fol. 201

Alia[1].

Vel si indignus hec offero, piissime Pater, tu pius facturam tuam ne despicias, nec ab inimicis meis me tribulari permittas. Scio enim me grauiter deliquisse, et preceptis tuis minime obedisse. Humilis obsecro, ut gratiam tuam mihi semper consolatricem adtribuas, et misericordiam fautricem adponas. Vnde, exposco pietatem tuam, ut mea dimittas peccata; quia plus est misericordia tua ad erigendum, quam fallacia inimici ad decipiendum. Miserere mei secundum magnam misericordiam tuam, ut unde me erubesco, tu indulgeas : et ea que egisse me penitet, tu clementer ignoscas. — Amen.

Quia multe miserationis es, Deus noster.

Post Nomina[2].

Sanctorum memoratis nominibus, supplex te Dominum rogo, ut eorum meritis omnibus peccatis

2 *M* ad mensam tue... dono tue 6 *Cf. P. L., t. LXXXV, col. 199, 230, 256, etc.* 13 *M* hac beata *Cf. P. L., t. LXXXV, col. 905* 16 *Vide col. 292 et 297* 22 *Cum notis musicis in Cod* 27 Esth., XIV 28 *Cod* Exter 29 *Cum notis musicis Cod* cogitaberunt 32 *Cod* cogitaberunt.

1. Dans le Rituel *A*, fol. 69-72, cette messe commence seulement à la formule : « Adsiste clementissime ». Elle est intitulée : *Missa quam sacerdos in tribulatione pro se dicere debeat.*

2. Plusieurs oraisons des Sacramentaires léonien et gélasien commencent par ces mots. Voy. dans MVRATORI, *Liturgia Romana uetus*, t. I, p. 304, 412, 421, 517, 624. Cf. les Litanies des Rogations dans la Liturgie romaine et ci-dessus, col. 204.

3 *Cod* clamabi 4 *Cod* liuera 7 II Corinth., I, 3 *Cod* Epistola ad Timoteum secunda 11-39 *Cf. col. 252 et 253* 18 *M* a flagello 19 *Cod* langores 22 *M* largiaris. Amen. Per gratiam pietatis 26 *Cod* grabiter 92 *Cod* fauctricem.

1. En cet endroit, on lit en marge du Rituel *M* la formule que voici : « Oremus, ut me famulum suum a diuersis tribulationibus huius mundi propitius liberare dignetur. »

2. Le copiste a tracé sur la marge du manuscrit, à

meis propitius esse digneris, saluumque facias me et omnes quos dedisti mici, ut nemo ex eis pereat : uel quecumque contulisti alia sine lesione conserua. Teque potius iugiter prosperante, uniuersa de sedibus tuis mea eliminetur plaga, omnis auferatur
fol. 202 infirmitas, cuncta propellatur/egestas, pestis et interitus proturbentur, temtationes diabolice fugiant[1], scandala et aduersitates hominum procul abscedant. Ingrediatur autem ad me gratia tue benedictionis et pacis; ut sit in tabernaculis meis securitas et requies, salus et uita, ueritas et letitia, iucunda felicitas. Tuaque fortitudine mea sustentetur fragilitas, prolongetur uita, roboretur iuuentus, omnique malitia predamnata, beata uita prosperet. Hanc autem oblationem libens sanctifica, et defunctis omnibus fidelibus requiem sempiternam propitius dona.

Àd Pacem.

Mihi et omnibus offerentibus, Domine, munera placatus adsume, sanctorumque tuorum suffragio delictorum meorum ueniam tribue. In Christo quiescentium animabus locum refrigerii, lucis et pacis concede; et amota a me omni simulatione, da puram omnibus pacem, et perpetuam in diebus nostris tribue dulcedinis karitatem. — Amen.

Inlatio.

Dignum et iustum est, equum uere et salutare est, nos tibi semper gratias agere laudesque perpetuas celebrare, per Ihesum Christum Filium tuum Dominum nostrum; qui contriuit laqueos persequentium nos et exinaniuit cogitationes eorum, fecitque fatua consilia insidiantium animam meam. Eripe ergo, Domine, me famulum tuum de angustia atque pressura que me circumquaque uallant : ut honorificem nomen tuum in omni uita mea, et benedicam gloriam tuam in omni opere meo. Confundantur ergo et erubescant omnes insurgentes in me; ut li-
fol. 203 beratus ab omni an/gustia, tibi uota mea in exultatione persoluam, et tibi decantare merear cum omnibus sanctis canticum laudis, pari uoce dicens : Sanctus.

3 *Cod* conserba 13 *Cod* iubentus 14 *M* omnisque... uita beata 17 *M* dona. Amen *Cf. col. 254* 23 *M* lucis concede 25 *M* Amen. Per te qui es uera pax 33 *Cod* pressure *M* pressura 39 *Cod* persolbam.

côté de la formule suivante, un très curieux dessin à la plume, représentant le démon armé et prêt au combat.

Post Sanctus.

Vere sanctus, uere benedictus Dominus noster Ihesus Christus Filius tuus, qui potentissimus sanctorum omnium ueneratur in terris, et gloriosior pre cunctis angelis gloriatur in celis.

Christus Dominus.

Post Pridie.

Ihesu Christe Domine, Altissimi Filius natus per essentiam cum Patris omnipotentia sempiternus, oris tui inspiraculum super hoc altare tuum diffunde, qui et hanc oblationem sanctificans benedicat, et sumentes ex ea beatos efficiat[1]. — Amen.

Per te, qui es pius.

Ad Orationem.

Munda, Domine, ab cuncta piaculorum conluuione cor nostrum, et ab omni noxia contagione purifica; ut, fulgida mentis acie te oraturus adsistens, sincerissime dilectionis affectu cum omnibus filiis tuis tibi merear proclamare e terris : Pater.

Benedictio.

Deus, qui iustos semper diligis, et peccatores numquam despicis, adesto supplicationibus meis, et me populumque tuum propitius benedicere digneris. — Amen.

Dona mihi, ut semper digne tibi ministrem, semperque clare sacrificia tua ualeam celebrare. — Amen.

Vt hoc tibi omnes indesinenter exhibentes seruitutis obsequium, a te nobis post transitum cum sanctis omnibus donetur premium sempiternum. — Amen.

Per ineffabilem bonitatem tuam, Deus noster, qui uiuis et cuncta dominaris in secula seculorum[2].

1-19 *Cf. col. 256-258* 8 *Cod* natus prescentiam cum Patris 13 *M* pius et mi[sericors] 14 *M* ad orationem dominicam 28 *Cod antiq. form.* exibentes.

1. Le Rituel *M* porte en marge le Répons suivant : « Resp. : Domine, non ponas mala mea coram oculis tuis; quia grauia sunt onera mea. Precor te, Domine, miserere mei. »

2. Le même Rituel *M* ajoute après la Bénédiction la prière suivante : « Completvria. Confirma in uisceribus nostris misericordie tue munera, omnipotens Deus, ad augendam fidem nostram, ad corroborandam spem, ad inluminandam scientiam, ad multiplicandam caritatem, ad conseruandam corporis et anime sanitatem. — Prestante ipsius misericordia Dei nostri, qui in Trinitate unus Deus uiuit et gloriatur in... » En marge se lit la formule du renvoi : « Missa uotiba completa est

MISSA [1] QVA SE SACERDOS DEO CONMENDAT IN ANGVSTIIS.

Ad tuum altare concurro, eterne omnipotens Deus, et prece, quam ualeo, tuam misericordiam pro mea populique salute exposco : offerens hoc sacrificium Maiestati tue, quod grate digneris ipse suscipere, eiusque interuentu, quia pius es, petitioni mee effectum concede. Da mici, Domine, peccatori confessionem, que tibi sit placita. Parturi in corde meo innumerabiles lacrimas, que aures possint pulsare tuas. Da mentis mee intentionem, que suscipiat profundam bonitatem tuam. Da sic te petere pro populo, ut tuo se gratuletur muniri se presidio. Da mici lacrimas ex tuo affectu internas, que peccatorum possint exsoluere uincula et adquirere gratiam postulatam. — Amen.

Quia multe miseràtionis es Deus.

Alia.

Audi, Deus meus; audi, lumen oculorum meorum; audi que peto, et da que petam ut audias. Audi me precantem pro populo tuo, et hoc munus oblatum suscipere dignare placido uultu. Concede michi et pro quibus te peto remedium flagitatum. Nam si despicis, pereo; si respexeris, uiuo. Si iustitiam meam intenderis, mortuus feteo; si misericordia respexeris fetentem suscitas de sepulcro. Suscipe ergo precem, quam tibi defero, et tribue remedium quod a te expeto. — Amen.

Post Nomina.

Precanti mici aurem appone tuam, omnipotens Deus, et sacrificium accepta muneris huius. Corripe me in misericordia et non in ira. Quod odis in me procul fac a me, et in tua uoluntate intende in me. Hostem libidinis repelle a me, et spiritum castitatis insere in me. Vitium in me mortifica in me, et animam meam uiuifica in te. Hoc da pro populo tuo petere te, ut petitio implacita nunquam sit apud te. Hoc presta quod ipse semper custodias. Offerentium munera sint oculis tuis placita, eorumque uota ipse gratanter accepta. Defunctis fidelibus requiem adtribue, ut iudicii tempore, alacres ad compectum glorie tu̧e ualeant peruenire.

Ad Pacem.

Deus, qui es pacis auctor et karitatis munificus dispensator, incende cor meum cunctique populi igne karitatis et pacis, que cunctos uepres peccatorum exurat. Non exardescat cor meum in se; sed refrigeretur in te. Tolle nocentia cuncta; doce presentia bona. Salus esto infirmitati mee et uerus suscitator anime mee; ut ditatus pacis bono, merear adsociari electorum tuorum consortio.

Inlatio.

Dignum et iustum est, nos tibi gratias agere, sacrificia spiritualia celebrare, Domine sancte, Pater eterne, omnipotens Deus, qui cum Domino nostro Ihesu Christo Sanctoque Spiritu uerus in Trinitate permanes unus. Qui humanas mentes ita igne tui amoris accendis, ut fideliter a cunctis ipse queraris. Doce me, Domine, patientiam ad sustinenda cuncta aduersa; doce scientiam Scripturarum: ut sic loquar, ne superbiam, sic taceam ne torpescam. Sic contine, nec cadam; sic constringe, ut nunquam dimittas. Placita tibi sint hec sacrificia, et que per manus angeli tui [offerimus] ipse sanctifica. Populum tuum, ut bonus pastor guberna, et peccatorum uincula resoluat gratia tua. Tu qui uera es uia, ad te me [dirige] et de mortis ianua reuoca me; atque erutum a sordibus peccatorum, beatorum collegii fac coheredem.

Quia te conlaudant celestia atque terrena, hunc hymnum dulci modulatione ita dicentes : Sanctus.

Post Sanctus.

Vere sanctus, uere benedictus es tu, Domine Ihesu Christe, qui et iustos eternitatis premio ditas, et peccatores ne pereant per penitentiam saluas. Gemitus mei precem placatus adtende, et postulatum remedium benignus concede. Precepitem esse ne sinas me, sed freno discipline tue constringe me. Quod anime mee est obuium a me repelle, et prosperum misericordie bonitate largire in me. Peccatum omne tolle a me et gratiam timoris amorisque tui infunde in me. Ipsa est uita mea; te ha-

[1] *Haec prima missa partim inuenitur in P. L., t. LXXXV, col. 988-991, sed cum multis differentiis* [14] *M* inumerabiles [37] *M* implacida [38] *M* custodia.

[1] *M* placida [8] *M* cunctas [10] *Missale* perseuerantia bona [19] *M* permanens [26] offerimus *ipse adieci Miss* eaque manu angeli tui ipse sanctifica [29] dirige *conieci* [30] *M* collegium [33] *M* ymnum [37] *M* salbas.

in nomine Domini nostri Ihesu Christi. Protegat me semper angelus salutis et pacis. »

1. Nous insérons ici deux messes votives empruntées au Rituel de Madrid (*M*). Elles ne se trouvent pas dans le Rituel *B*, dont elles viennent ainsi compléter la série.

La première se lit aux folios 85-90; la seconde aux folios 99-102.

bere sufficientia. Ipsa est sanitas; te habere medicina. Vulneratum est cor meum; sed tu es medicus meus. Vulnera mea patent tibi; medicinam tuam ne neges mici. Infusio Sancti Spiritus tui repleat munera huius sacrificii.

Tu es enim Dominus, Saluator meus et Redemptor eternus.

Post Pridie.

Hec hostia panis et uini, que per me indignum tuo est imposita altario, e regalibus sedibus tuis, eterne omnipotens Deus, intuere uultu placabili et benedic per manus angeli gloriosi. Accipe conuersionem fletus mei in sacrificio acceptabili tuo, et contritum fac cor, ut suspiret in uulnere tuo. Medicinam qua sanetur inpende, ut non deseratur in uulnere. Sitque iugis petitio te medicum flagitare uerissimum, in quo nulla est ambiguitas de suscepto. Quod suscipis cura; quod curas sic contine, ne dimittas. Ad exorandum clamor meus inualidus est; sic eum suscita quod perueniat ad te. Crassam nubem scinde peccatorum meorum et sereno intuitu omne nubilum rumpe aduersum; ut sanatus per gratiam tuam, merear tibi laudes persoluere placitas.

Ad Orationem Dominicam.

Agnoscens, omnipotens Deus, flagitia que gessi, uulnera tibi ostendo cordis contriti. Si mala mea, respexeris, tartarea uix tormenta sufficiunt : si pietate intendas solita, poteris me conmutare in melius. Quid non mali ego corruptibilis creatura? Et quid non boni, tu Creator et creature fortissimus innouator? Cecidi de manu tua uitio meo : potens es artifex tibi iterum uas placitum figurare in melius. Queso, Omnipotens, dignum me ex indigno tibi effice; ut, purgatus a mei reatus crimine, merear tibi cum fideli populo tuo e terris clamare libera uoce : Pater.

Benedictio.

Dominus Ihesus Christus, qui est omnium bonorum conlator, ipse uos benedictionis sue repleat dono; et qui peccantes reducit ad uiam salutis, ipse uobis concedat gratiam, quam ab eo postulatis. Quique uos formauit opificio, ipse uos purgatos a crimine, post multorum annorum curricula, adtrahat iustificandos in regno. — Amen.

Completuria.

O perennis salus! beatitudo tua inextimabilis. Da, queso, ut qui ineffabili munere tuo sancta ac beata sumserunt, et sancti ac beati esse mereantur.

[31] M innobator [35] *M* liuera [39] *M* benedictione sue.

Completuria alia.

Huius mici, Domine, sacramenti perceptio et peccatorum sit remissio et tue pietatis optata propitiatio : ut per hec, te opitulante, efficiar sacris misteriis dignus, qui de tua pietate confisus frequentare presumo indignus. — Amen.

Per tuam magnam misericordiam.

MISSA QVAM SACERDOS PRO SE IN EGRITVDINE POSITVS DICERE DEBEAT [1].

Deus magne et terribilis, qui sanas contritos corde eorumque alligas contritiones : respice propitius ad officium seruitutis mee, et hoc sacrificium, quod pro infirmitate et afflictione tibi Domino Deo meo a me indigno conspicis offerri, e manibus meis placatus adsume. Tua te pietas me efficiat placabilem, quem conditio fragilitatis humane constituit in merore. Exaudi, Domine, quia pius es, serui tui preces, et dimitte mici cunctas meas offensiones. Manus fortitudinis tue a cunctis infirmitatibus et angustiis me liberet, ut cum sanctis et fidelibus tuis hic et in eternum iucundari delectem.

Alia.

Multe sunt, Domine, consolationes tue, quorum ope letifices me peccatorem positum in merore. Petitiones meas, quia pius es, placatus adtende, et hoc munus, quod pro me famulo tuo corde contrito offero, propitius acceptare digneris. Intret gemitus meus in tuis, Domine, sacris auribus, et da mici in tribulatione auxilium necessarium, per quod ad letitiam perueniat sempiternam mestus meus animus.

Post Nomina.

Exaudi, omnipotens Deus, me indignum famulum tuum ad te in tribulatione clamantem, et libera me de infirmitatibus, et de afflictionibus, et angustiis pessimis. Accepta, piissime Deus, pro me famulo tuo remedium purum hoc sacrificium, et concede misero mici pietatis tue premium sempiternum. Offerentium nomina in libro uite prenota, et defunctorum animas in pace refrigera.

[8] *M* presummo [11] *M* prosse in [14] *M* contriciones [19] *M* que conditio [23] *M* liueret [37] *M* liuera [40] *M* me famuli tui.

1. Messe tirée du Rituel *M*, comme je l'ai dit ci-dessus.

Ad Pacem.

Pacem tuam, Domine, quam tuis tenendam conmendasti discipulis, concede nobis seruandam in cordibus nostris. Et quia tuum est preceptum, ut nos inuicem diligamus, te quesumus, Domine, ut hoc contribulati cordis sacrificium in odorem suauitatis benignus suscipias, et me seruum tuum a cunctis cruciatibus, et infirmitatibus, et tribulationibus meis propitius eripere digneris.

Quia tu es uera pax.

Inlatio.

Dignum et iustum est nos tibi gratias agere, tibique spiritualia sacrificia celebrare, Domine sancte, Pater eterne, omnipotens Deus, per Ihesum Christum Filium tuum, Dominum nostrum. Per ipsum te, Pater omnipotens, supplex exoro, ut hoc sacrificium acceptes, quod tibi Deo meo offero mee causa salutis. Tuum est, Domine, uulnera nostra sanare; tu esto consolator cordis mei. Placeat iam pietati tue, Domine : eripe me obpressum ab infirmitate et letifica me in diuersis angustiis constitutum. Per ipsum te, summe Pater, expostulo, per quem tecum et cum Spiritu Sancto conlaudant celestia pariter et terrestria, hunc hymnum dulci modulatione proclamantes atque dicentes : Sanctus.

Post Sanctus.

Vere sanctus, uere benedictus, Dominus noster Ihesus Christus Filius tuus, qui factus est mundi salus et morti extitit morsus. Per ipsum te petimus, piissime Deus, ut me famulum tuum de infirmitate constrictum ac in diuersis tribulationibus constitutum, ueloci respectu letifices, et hoc holocaustum in tui corporis et sanguinis transformatione confirmes atque sanctifices. — Christe.

Post Pridie.

Hec sunt uerba, hec sunt sancta carmina, que Domini redemptoris nostri faucibus repleta esse noscuntur. Hec sunt uerba, que obedientiam imperant seruitutis, preces conmemorant tribulatis. Pro qua re, Pater sancte, offerimus tibi hanc uictimam pro remissione criminum, pro ablutione peccatorum, pro consolatione tribulantium et subleuatione oppressorum *Illorum;* ut et illos pietas tua regat, et me offerentem misericordia tua foueat et salutis copiam tribuat : ut nec illi sustineant de infestatione aduersariorum supplicium, nec ego de oppressione infirmitatis interitum. Sicque, peccatorum nostrorum abolita congerie, facias a iudicio securos, quos cognoscis in merore constitutos. Hanc quoque oblationem meam ita dignare misericorditer benedicere et sanctificare, ut tua sanctificatio sit mici laus et defensio contra omnes impugnationes inimicorum meorum.

Ad Orationem Dominicam.

Scimus, Domine, quod nullus apud te per se innocens est; quia sepe insidie inimicorum adsunt conditionis nostre. Sed quia humana fragilitas, que frequenter dilabitur in culpa, ex suo merito non potest euadere aduersantium muscipula, nisi tua eum, cui cura est de omnibus, custodierit pietas sancta : ob hoc, quesumus, omnipotens Deus, misericordiam tuam, ut me famulum tuum in merore et angustiis positum ocius sanet et liberet dextera tua; ut cum omnibus a te liberatis patula uoce et leto corde merear tibi proclamare et dicere : P[ater].

Benedictio.

Benedicat nobis omnipotens Deus, et respiciat propitius gemitus nostros. Petitionibus nostris aurem sue pietatis inclinet, et nos a cuncto merore letificet. Cogitationes nostras miserationis sue subsidio muniat, et remedia gaudii nobis clementer adtribuat.

Ipse Dominus et misericors.

/ VIII. — MISSA QVAM SACERDOS PRO SE fol. 204
VEL PRO SVBDITIS DICERE DEBEAT[1].

Domine Deus omnipotens, ad quem accedere mundi desideramus, et ob cuius gloriam nos in honore tuorum martirum expiari deposcimus, in uiuam nos tibi prepara hostiam, cordiumque nostrorum abdita ab omni crimine laua et spiritali reple letitia; quique coram te et pro nostris et pro fratrum delictis ingemiscimus, exaudiri a te quantocius mereamur. Vt nec nostro puniamur peccato, nec alieno delicto; sed iustitia et sanctitate uestiti, presentemur tibi indemnes in diem iudicii.

6 *M* suabitatis 21 *M* me a diuersis 24 *M* imnum 31 in *ipse adieci* 44 *M* fobeat.

11 *M* insidias 18 *M* liueret 19 *M* liueratis 24 *M antiq. form.* gemitos 35 *Cod* uibam 36 *Cod* laba.

1. Le Rituel *M*, fol. 72, écrit en marge de ce titre : *Quando et como lo subditos increpat et pro ipsis subditis propitiari Deum exoptat.*

Alia.

Dimitte, Deus, quicquid per intemperantiam mordacis lingue incauta oris nostri increpatio momordit in subditos; quicquid minus de boni perfectione diximus, parce; quicquid incongruum uel minus abtum intemperate protulimus, tu ignosce. Non incautum presumtio puniat, sed agnoscentem me iniquitates meas pietas miserationis tue absoluat; et, quia non est mihi alibi fiducia, nisi in misericordia tua, tu et os meum preconio ueritatis perarma, et opus pleniori ubertate sanctifica : ut et indignum me iam salues, et concessum mihi gregem pro tua pietate iustifices. Quicquid in illis uitiatum perspicis, sana; quicquid in me uitiosum perspicis, cura. Si quam uitio tepiditatis mee, uel incuria contraxerunt uel contrahunt, labem omitte. Si qui, etiam me igno-
fol. 205 rante uel cognito, / deciderunt in crimine, atque si exempli mei offendiculo proruerunt, ignosce : et pro culpis talibus misero mici ultionis non restituas uicem. His tamen quibus increpationis uisus sum adhibere iudicium, et increpatio ipsa eis proficiat ad salutem, et oratio hec interpellans commisso reuocet ab errore : ut non perferant tartareos cruciatus, quibus utpote mortales, etsi indiscreti, penitentie induximus leges : quo utrorumque incommodum parcens, et illorum iniquitatibus tribuas ueniam, et meam abluas contractam de regendi incommoditate offensam

Post Nomina.

Prebe, Deus, aurem his sacrificiis nostris, et nomina hec, que a nobis coram altario tuo sunt recitata, celesti a te adnotentur in pagina : quo cum grege mici credito, et cuncto eluar a crimine, et ad te merear peruenire in pace. — Amen.

Ad Pacem.

Pacatum redde, Deus, nostrorum cordium habitaculum expulsione carnalium uitiorum, et qui in subditis conor summam exercere uirtutem, amputatis mentium corporumque incommodis, pacifice merear, te iudicante, coronari cum illis. — Amen.

Per te, qui es uera pax et perpetua karitas.

Inlatio.

Dignum et iustum est nos tibi gratias agere, Domine sancte, Pater eterne, omnipotens Deus, qui facis angelos tuos spiritus, et ministros tuos ignem urentem. Fac nos ergo, quesumus, Domine, Sancti Spiritus tui succensione ardere, et in conspectu tuo ex bonis operibus flammescentes clarescere; ut exemplo beatitudinis, cunctorum ad diligendum te / corda creditorum ualeamus facile excitare po- fol. 206
pulorum : ut, et disciplina nostri regiminis obtineat lucrum, et illorum duritia temperetur per Christum, et uita nostra sanctificetur in ipso.

Cui merito.

Post Sanctus.

Vere sanctus, uere benedictus Dominus noster Ihesus Christus Filius tuus, qui solus magisterii uiam sine peccato tenuit, et exemplum nobis patientie sue demonstrauit.

Ipse Dominus ac Redemtor eternus.

Post Pridie.

Suscipe, Deus, horum libaminum uota; ut per hec, quicquid in subditos pro correctione uerbo uel uerbere exercuimus, non ad discordie usum, sed ad perpetue dulcedinis gaudium et illis et nobis, te propitiante, profecisse letemur.

Ad Orationem.

Ablue nos, Domine, a nostris peccatis clementer, et ab aliorum delictis erue frequenter; ut in utroque spiritalis gratie efficientiam capientes, a te exaudiri mereamur, dum clamauerimus e terris : Pater.

Benedictio.

Omnipotens Deus aperiat cor uestrum in lege sua, et humiliet animas uestras ad capienda mandata celestia. Quicquid uobis pro salute animarum uestrarum os mortalitatis nostre enarrat, acceptum uobis pietas diuina efficiat : ut, diuinis sermonibus animati, cum his qui pro uobis inuigilant, ad Christum mereamini peruenire inlesi.

Ipso auxiliante [qui cum Deo Patre et Sancto Spiritu, unus Deus gloriatur][1].

8 *Cod* absolbat 12 *Cod* salbes 14 *M* uitiosum inspicis 16 *Cod* contraunt... Si quo 21 *Cod* adibere 28 *M* offensam. Amen 43 *Cod* gracias.

30 *M* Omnipotens Dominus 37 qui cum, *etc. ex M.*

1. Le Rituel *M* ajoute à celles qui précèdent la formule suivante : « Completvria. Omnipotens sempiterne Deus, Ihesu Christe Domine, esto propitius peccatis meis, per adsumptionem corporis et sanguinis tui et per intercessionem omnibus sanctis tuis (omnium sanctorum tuorum) : ut, ab omnibus impugnationibus diaboli uel uitiis emundatus, gaudiis celestibus merear esse particeps. — Per tua magna. »

VIIII — MISSA GENERALIS PRO SACERDOTIBVS.

Prelegendum, Lectio, Apostolum et Euangelium in Missa Omnimoda *quere.*

Deum, qui solus nobis inter omnes deos colendus et adorandus sanctorum predicationibus intimatur, Fratres dilectissimi, concorditer exoremus; fol. 207 ut, qui iam / percepimus huius diei ueram cognitionem, adsequamur etiam eius miserationis copiosissimam largitatem.

Alia.

Deus, sancte religionis constitutor et bone operationis remunerator, qui et inuocandi te magisterium et placendi tibi exemplum sanctorum predicationibus prebuisti : da Ecclesie tue sacerdotum eminentia sustolli et eorum dignitate letari; ut quorum predicatione fidei ueritate inbuitur, eorum dignitate glorie testimonium adsequamur.

Post Nomina.

Conmendabilia tibi, Domine, quesumus, sint munera, fiantque tue institutionis ordine sacerdotes tui, ut et se tibi conmendent, et ut tuis iussis inhereant, uotiua deferre procurrant : ut et que offerunt gratus acceptes, et eis qui offerunt gratanter intendas. — Amen.

Ad Pacem.

Deus, summe pacis bonum, qui quos inpleueris filios efficis pacis, da sacerdotibus tuis, et pacis labiis promere, et pacem cordibus retinere : ut hoc in ministerio oris proferant quod in cordis affectu retineant; nec uerba a meritis dissonent, cum ex pace cordis uerba processerint oris.

Inlatio.

Dignum et iustum est, omnipotens Deus, ut te, in quantum potest, Ecclesia tua sancta catholica et laudibus adtollat, et exultatione concelebret : qui, prospectu dispositionis eterne, cum salutis eius formare decreuisti statum, munitionis etiam sacerdotale prouidisti subsidium : ut, quod tuo uulnere sanasses, ne rursum / suo fedaretur uulnere, fol. 208 sacerdotum seruaretur inspectione; constituens illi presules, quos hec iure paternitatis haberet per totum in uniuersale remedium.

3 *Vide supra, fol. 167 Cod* 4 *Cod* Deus 19 sint *ipse adieci* 21 *Cod* inereant 22 *Cod* uotiui differre 23 eis *ipse adieci* 29 *Cod* horis 37 decreuisti *ipse a lieci.*

Vt enim hec tibi de dispersione gentium in unitate fidei collecta, sine macula aut ruga copularetur Ecclesia, hos illi dedisti prenuntios; qui de penetrale secreti tui, arcanórum tuorum abscondita illi annuntiarent : prouehentes illam sacramentorum misteriis ad gloriam tue dilectionis. Vnde, quia omne salutis eius conmercium per eorum adimpleatur officium, offertur tibi hec sola et solius sancte institutionis oblatio, pro eorum saluationis statu; ut tribuas eis esse in cogitatione innocentes, in sermone sapientes, in opere sanctos, in predicatione sollicitos, in officiis eruditos, in lucro honestos, in prosperis cautos, in aduersis erectos, in actu dispositos, in uoto fixos. Ament animas, oderint uitia[1]; superba temperent, humilia releuent; te intendant, a Sanctorum Sanctis nec mente nec frequentatione recedant : ut, dum sedule seruitutis officia tibi dependunt in hac peregrinatione terrena, ad hoc quandoque perueniant, ut cateruis adgregati celestibus, hunc hymnum tibi intonent atque dicant : Sanctus.

Post Sanctus.

Deus, beatorum exultatio et subleuatio miserorum, in quo et delectantur iusti, et a quo non spernuntur humilitate contriti : adsiste sacris institutionibus, que tibi a nobis et propter nos celebrari sanxisti. / Inueniant per hanc oblationis exhibitionem, fol. 209 et qui ministrant et qui offerunt, gratiam tuam, liberationem sui, locum celi, et participium regni. Habeant horum misteriorum ueram cognitionem; impendant his humilem seruitutem. In hoc tantumdem saluari se credant; hac tantum uictima placari te nouerint, et hoc quotidie pietatis conmercio, per hoc singulare remedium cum saluandis te agere predicent, quod dudum, te moriente, cum his qui saluati sunt te egisse non dubitent.

Quia tu es.

Post Pridie.

Benedicat te, Domine, anima et uita fidelium,

1 *Cod* dispositione gentium 5 *Cod* proueentes 15 *Cod* superua 20 *Cod* ymnum 27 *Cod* exibitionem 33 *Cod* cotidie.

1. « Ament animas, oderint uitia. » Ce passage est à rapprocher des textes suivants : 1° « Oderit [abbas] uitia, diligat fratres » (S. Benedicti Regvla, c. lxiv, *De ordinando abbate*); 2° « Odiant [Episcopi] superbiam, diligant ueritatem » (Sacrament. Gelasian., lib. I, n° 99, *De Episcopis ordinandis*); 3° « Oderint [episcopi] superbiam, humilitatem et ueritatem diligant » (Pontificale Romanvm, *De consecratione elect. in Episc.*).

quem benedictum intonat lingua predicatorum. Benedictionem igitur tibi et gloriam simul dabimus et honorem : qui cum nullorum bonorum egeas, ad profectum tamen salutis sue a mortalibus, et benedici te iubes, et glorificari constituis. Damus ergo et nos tibi gloriam, quia ipse prior diligens nos, dedisti redemtionem, animam propter nos. Conserua itaque redemtionis huius misterium in nos, qui pretium factus es propter nos ; et tanto nos pietas in hac terrena uastitate non deserat, quanto nos eadem pietas uisitasse de gloria celorum exultat.

Lavdes : Suscipiatur, Domine, sacri[ficium].

Ad Orationem.

Simus ad Deum, Fratres karissimi, pro salute nostra solliciti, qui de meritorum nostrorum non sumus felicitate securi. Et quia omnibus opus est indulgentia Redemtoris, ad inpetrandam eius misericordiam omnes unanimiter clamemus e terris : Pater.

Benedictio.

fol. 210 Clementissimus Dominus, in cuius manu est uniuersa prosperitas, karitatis et pacis uobis tribuat incrementa. In bonis actibus unanimes atque concordes sitis, ut a preceptis Domini nullatenus deuitetis. In timore Domini mens uestra firma maneat, et eius uos misericordia perenniter regat.

X. — MISSA PRO SOLO EPISCOPO DICENDA.

Allelvia : Deus meus, in te confido, non erubescam, alleluia, alleluia. — Vers. : Deus meus es tu.

Oratio.

Exaudi, Domine, orationem nostram, et famuli tui patris nostri episcopi uotum clementer accepta. Sicque preces nostras pro eo exaudi benignus, ut et illum Sancti Spiritus tui infusione perlustres, et nobis delictorum omnium indulgentiam prestes ; qualiter et ipse iugiter in te confidendo non erubescat de actibus prauis, et nos cum eo uniri, post transitum, tibi sanctisque omnibus mereamur in celestibus regnis. — Amen.

Lectio Libri Sapientie Salomonis.

In diebus illis, letatus est Dauid rex gaudio magno. Et offerens uota sua Deo, benedixit Domino coram omnem multitudinem populi Israhel, et ait : Domine, Deus Abraham, Ysaac et Israhel patrum nostrorum, custodi in eternum hanc uoluntatem cordis nostri ; quia tu es Deus noster a seculis, et usque in secula seculorum. — Amen.

Psallendvm : Fac mecum, Deus, signum in bono ; ut uideant qui me oderunt et confundantur, quoniam tu, Domine, adiuuisti me et consolatus es me. — Vers. : Inclina, Domine, aurem tuam et exaudi me, quoniam egens et pauper ego sum. Custodi animam meam. Quoniam.

/ **Epistola Pauli apostoli ad Corinthios prime.** fol. 211

Fratres, state succinti lumbis mentis uestre in karitate Dei. Accipite arma fidei ; ut possitis in die malo resistere, et in omnibus perfecti stare in Christo Ihesu Domino nostro.

Lectio sancti Euangelii secundum Lucam.

In illo tempore, Dominus noster Ihesus Christus loquebatur discipulis suis, dicens : Omnia quecumque orantes petitis, credite quia accipietis et erunt uobis. Et quum statis orantes in templo Dei, dimittite si quid habetis aduersus aliquem ; ut Pater uester qui in celis est dimittat uobis delicta uestra.

Lavdes : Alleluia. Dele Domine iniquitates meas, et accepta fiant coram oculis tuis uota mea.

Sacrificivm : Ego seruus tuus et filius [1].

Missa.

Ihesum Christum Dominum nostrum, Fratres dilectissimi, qui est pastor fidelium animarum, sincera cordis intentione precemur ; ut famulum suum *Illum* episcopum, quem ad pontificale culmen dignatus est prouehere, custodia sua super eum pie miserationis inuigilet ; talemque eum reddat sue gratie dono, ut ad instar suorum Apostolorum, et doctrine uerbo sane prepolleat, et uite sancte meritis enitescat. Quique illum cure pastoralis officium suscipere uoluit, hic ei pietatis intuitu prestet, ut a preceptis

[12] *Vide supra, fol. 171 bis Cod* [23] *Cod* hactibus [32] *M (fol. 106)* nostri Illius [37] *Cod* hactibus [39] *M* Amen. Te prestante, Deus noster, qui uibis [40] *Lege* Lectio libri I Paral., xx, 9-10 et 18.

[2] *Cod* Srahel et ayt [6] *Cum notis musicis in B et M* [8] *Cod* adiubisti [12] *Cod* Corintios *Lege* ad Ephes., vi, 13-14 [13] *M* lumbo [17] *Lege* secundum Marcum, xi, 24-25 [23] *M* uestra. Amen. [24] *Cum notis musicis in B et M* [25] *M* uota mea. Alleluia.

1. Dans le Rituel *M :* « Sacrificivm. Ego seruus tuus et filius ancille tue. Dirupisti uincula mea : tibi sacrificabo sacrificium laudis. Alleluia. — II. Credidi, propter quod locutus sum. Ego autem humiliatus sum nimis. Tibi. » Ces deux répons sont accompagnés de notes musicales dans le manuscrit.

eius numquam oberret, nec aliud doceat, et aliud aliquatenus agat. Sed uita eius cum sana doctrina et predicatione concordans, sic nomen et ordinem sacerdotii teneat, ut boni sacerdotis meritum non amittat. — Amen.

Alia [1].

Te inuocamus, excelse deorum Deus, quem unum fol. 212 et uerum Deum ab initio totius / conditionis adtestatur origo; ut placatus aspicias supplices, et tuam illi gratiam conferas, pro quo tibi supplicationes deferimus humillimas. Ob hoc te, quesumus, piissime Pater, et humiles ac deuoti nomen sanctum tuum imploramus; ut omnibus malis famuli tui patris nostri obliuiscens clementer ignoscas, et hoc sacrificium, quod pro eo offerimus, placatus suscipias. — Tu eum, Domine, per suffragia sanctorum tuorum fide repleas, salubritate augeas, misericordia regas, opulentia sustollas, pietate cumules, largitate locupletes, felicis eui prosperitate benedicas, atque ab omni malo eum liberans, annos eius usque ad senectam et senium optata longeuitate perducas, eumque tecum et cum sanctis omnibus hic et in eternum exultare concedas. Sicque illum idoneum plebis tue dispensatorem efficias, ut mereatur etiam domus tue sapiens architectus et uinee Dominice dignus effici cultor. — Amen.

Per ineffabilem bonitatem tuam.

Post Nomina.

Deus, qui miserationes tuas multimoda miseratione gratis omnibus prebes, et ne misereri desinas ipsis miserationibus terminum numquam ponis : adsiste orantibus seruis tuis, et hanc sacram oblationem, quam tibi pro remissione peccatorum patris nostri *Illius*, episcopi, offerimus acceptare digneris propitius. Faue, omnipotens Deus, eius fidelissimis uotis, et eum ab omnibus exterge delictis. Desiderium eius in bono suscipe, opus dirige, exaudi precem, fol. 213 cumula studium, auge profectum, conple / conatum, perfice fructum, et omnen eius spem pius consolator adtribue. Misericordie tue in presentibus capiat fructum, et certam fiduciam de futuris adquirat. Tribue ei etiam, Domine, ut in os eius uerbi tui floreat gratia et in actu polleat humilitatis doctrina. Te duce, et commissa ad celestia trahat, et seipsum a piaculis eruat; ut emundatus ab omni opere criminum, ut a te accepit traditam potestatem, per te etiam uulnera peccatorum reuocet ad salutem, et defunctorum nexus resoluere conpunctionis promereatur prece.

Ad Pacem.

Domine Deus omnipotens, qui famulum tuum patrem nostrum *Illum*, episcopum, sacri pontificatus fecisti subire officium; interna mentis eius discidia tua quesumus dulcedine paciscantur, et odia dilectionis cura sanentur. Dimitte, omnipotens Deus, quicquid fortasse per intemperantiam mordacis lingue incauta oris sui increpatione momordit in subditis, quicquid minus de perfectione peregit, tu parce, quicquid incongruum uel minus temperate protulit, tu ignosce, atque omnia peccata dimitte. Vt dum nos opusque eius, te opitulante, in pace direxeris, illam cum omnibus, te auxiliante, karitatis obtineat dulcedinem; qua cum omnibus sanctis pacificam illam celestem Iherusalem mereatur introire.

Inlatio.

Dignum et iustum est, nos tibi gratias agere, Domine sancte, Pater eterne, omnipotens Deus, qui famulum tuum patrem nostrum antistitem sacerdotali bene/dictione ditasti; fol. 214 a quo omne datum bonum et omne donum perfectum descendit a Patre luminum. Qui Ecclesiam tuam supra petram solidatam et Christi Domini institutione fundatam, per sacerdotes tuos, tamquam per sapientes architectos edificas, et per eos usque ad summa celestium charismatum dispensator adtollis, totumque eius corpus, uelut adpositum capiti, per apicem gratie pontificalis exornas. Supplices itaque te, Deus omnipotens, rogamus et petimus, ut oblationem simul et precem, quam tibi pro remissione criminum et relaxatione delictorum serui tui patris *Illius* nostri episcopi, licet indecenter [offerimus, dignaris]

1 *Cod* aliut... aliut 5 *M* Amen. Ipso auxiliante Deo nostro, qui in Trinitate unus Deus gloriatur 14 *Cod* oblibiscens 15 *M* placatus accipias 21 *Cod* longebitate 24 *Cod* efficiens *M melius* efficias 25 *Cod* arcitectus 27 *M* tuam, Deus noster 31 *M* nusquam ponis 33 *M* famuli tui patris 35 *Cod* fabe.

1. On lit en marge dans le Rituel *M* la formule suivante : « Vt famulum suum a diuersis tribulationibus mundi huius, et a penis eternis propitius liberare dignetur. »

4 *Cod* hactu 5 *Cod* traat 6 *M* a piaculis eluat 10 *M* prece. Amen 15 *Cod* pasciscantur 22 *M* tu dimitte. Vt dum os (*optima lectio*) 26 *M* introire. Amen 35 *Cod* arcitectos *M* architectos 36 *Cod* hedificas 41 *M* relaxatione debitorum 43 offerimus dignaris *in M Cod fert :* indecenter effectum ut digneris, *mala utique lectionem.*

acceptare propitius. Sana itaque, Domine, eius uulnera, tuere uitam et omnia dimitte peccata. Dispone uiam, guberna animam, firma in bono consilium, sanctifica uotum, exaudi precem, inpende salutem, esto illi in protectorem Deum et in munitissimum locum : ut semper ubique te protectorem in omnibus habeat, te per omnia timeat, plus quam omnia te delectetur ac diligat; ut remissionem omnium suorum accipiens delictorum, sicut iam tibi per fidem adhesit, ita per dilectionem roboratus adhereat.

Proficiat ei, Domine, ad exorandam misericordie tue gratiam, ad promerendam presentem copiam et futuram, ad obtinendam remissionem omnium peccatorum suorum, ad placandum te semper atque propitiandum, ad querendum te et inueniendum : fol. 215 ut, dum humilis/pro plebe hostiam salutaris tuo in altare immolauerit, que in illis misticis prefigurata sunt sacramentis, in eius expressa sint meritis; fiatque tibi sanctum lingue eius officium, uelut spiritale tintinnabulum, quod in Ecclesia tua semper exerceatur, et presultet in tabernaculo tue sanctitatis iugiter uox salutis.

Omnis, quesumus, conuersatio et predicatio eius, quasi de extremis uestium sonum reddens suauem, tibi exhibeat fructum : ut inluminatio fiat corporis, inluminante luce capitis, atque ad salutem proficiat gregis conuersatio perfecta pastoris. Sicque, erutus ab omni aduersitate presentium futurorumque malorum, celestis preconii hymnum cum cetibus angelorum, in presentiam tui, perenni iubilatione tibi depromat ac dicat : Sanctus.

Post Sanctus.

Vere tibi, Domine, soli laus glorie celestis debetur, a quo miserationis solacium terrenis inpenditur. Nec enim alio tanta laus decet, nisi a quo pietas tanta procedit : quia incunctanter te esse credimus inconparabiliter pium et inextimabiliter gloriosum. Vnde nos, ex tua pietate confisi et in tuis laudibus deuoti, hanc hostiam inmaculati et sacrificii singularis tibi offerimus, ut serui tui patris nostri *Illius* episcopi iam nunc et orationes exaudias et peccata dimittas; et quicquid a te depoposcerit uelox clementer inpertias, atque, ad instar beatissimi apostoli tui Petri, redemto gregi ducatorem insti/tuas. fol. 216 A te uero predicando sit sermo eius profluus, et predicationis donetur effectus : ut talentum quod a te accepit, non sub otio torporis abscondat, sed multiplicatum tibi restituat.

Christe Domine ac redemtor eterne.

Post Pridie.

Pietatem tuam, eterne omnipotens Deus, efflagitamus adclines, ut omnium malorum serui tui *Illius* obliuiscens propitius, hoc sacrificium acceptes, quod pro eo offerimus placatus. Faciasque cum eo obsecramus, Domine, hanc misericordiam, ut semper illi in Deum protectorem adsistas; tu in omnibus libenter paruitatem eius protegas ac defendas, atque ab omni peccatorum sorde purgatum, perpetuo semper iure possideas : quo regimen pontificatus, quod licet indignis adeptus est meritis, dignis coram te promereatur exercere officiis.

Ad Orationem.

Deus[1], qui bonorum uotorum inspirator et remunerator existis, hoc sacrificium, quod pro delicto famuli tui *Illius*, episcopi, offerimus, acceptum tuis redde in oculis; et qui illum pastorem preelegisti in populis, nunc eum nobiscum purifica a delictis; quo orationem dicturi Dominicam, nullo reatu adstringatur conscientia nostra; sed libero preconio, et cordis et corporis, proclamemus e terris : Pater.

Benedictio.

Omnipotens Dominus acceptabile faciat hoc sacrificium, et patris nostri *Illius*, episcopi, pro quo offertur, soluat uincula peccatorum. — Amen.

Talemque pastorem illum nobis / efficiat, ut pro bene gestis, se iudicante, remuneratione nobiscum sempiterna hereditet. — Amen. fol. 217

Sicque eum, omni aduersitate depulsa, glorificet, ut nos cum eo, et cum omnibus sanctis, in celo faciat coheredes. — Amen.

Prestet ipse Dominus et misericors[2].

[10] *Cod* adesit [18] *Cod* ymolauerit [21] *M* quod in gloria tua semper [22] *M* et persultet [26] *Cod* suabem... exibeat [30] *Cod* ymnum [37] *Cod* incuntanter [43] *Cod* deposcerit.

[1] *M* predicandi [9] *Cod* oblibiscens [17] *M* officiis. Amen. Te annuente, qui in Trinitate unus Deus gloriaris in secula [18] *M* ad orationem dominicam [25] *Cod* set libero [30] *Cod* solbat [36] *Cod* quoheredes.

1. Le Rituel *M* porte en marge le répons noté suivant : « R[ESPONSVM]. Ab ocultis meis munda me, Domine, et ab alienis parce mici seruo tuo. »

2. A la suite de cette bénédiction, le Rituel *M* ajoute en marge cette formule : « COMPLETVRIA. Effunde, quesumus, Deus, in uisceribus famuli tui *Illius* [caritatem], que a te tuoque procedit ex Filio : ut, purgatus

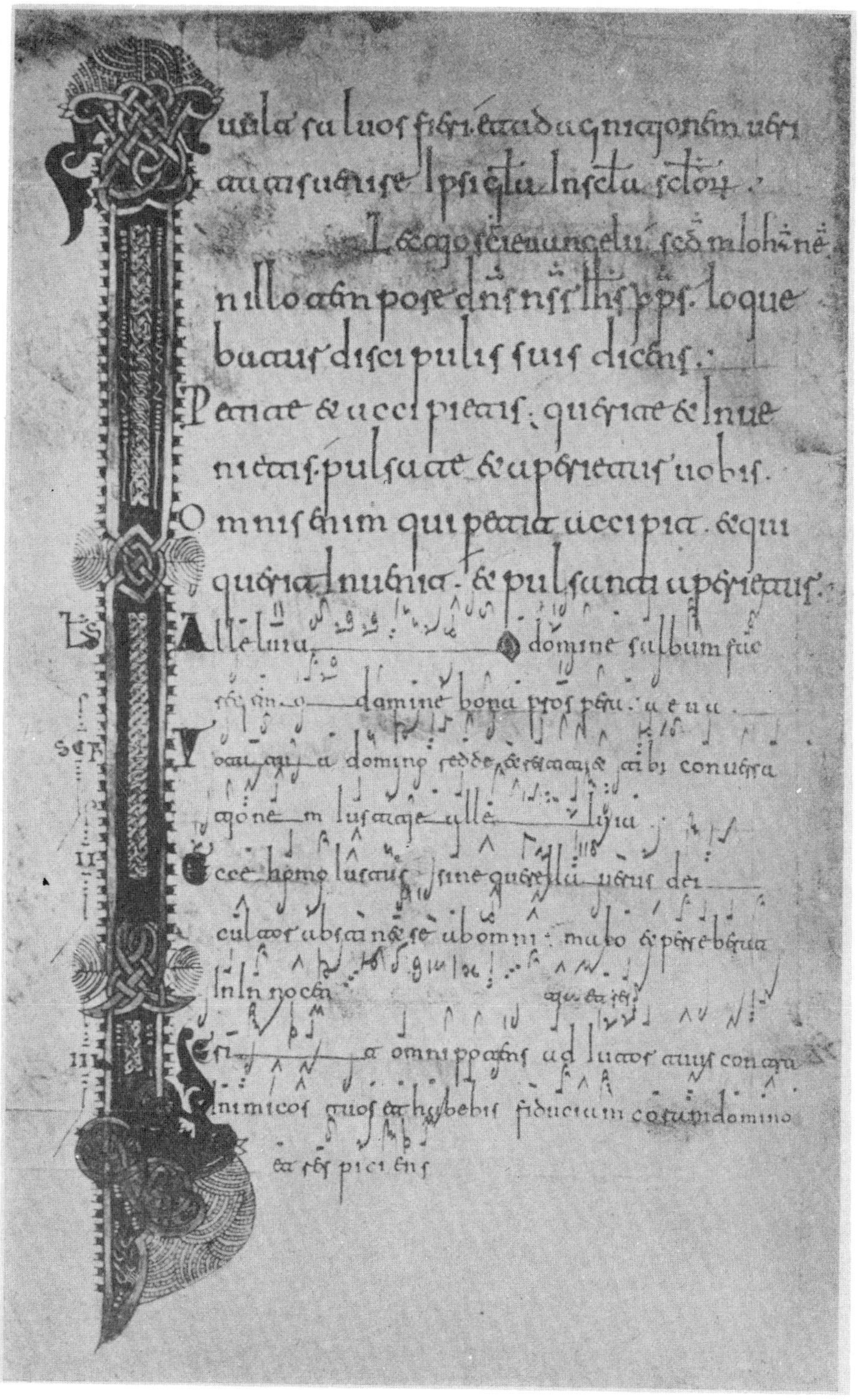

LE "LIBER ORDINUM" DE MADRID (XIe SIÈCLE).

Folio 114, recto.

(Voyez ci-dessus, p. 294.)

XI. — ORDO MISSAE VOTIVE DE REGE[1].

Allelvia : Alleluia. Domine, saluum fac regem : et exaudi nos in quacumque die inuocauerimus te. Alleluia. — Vers. : Deus, in nomine.

Oratio.

Inspirator omnium bonorum, Deus, uotum famuli tui *Illius,* principis, pius ac benignus suscipe : nosque pro eo supplicantes iugiter exaudi propitius, et eum ab omnibus malis defende placatus. — Amen.

Lectio Libri Iheremie prophete.

Ecce dies ueniunt, dicit Dominus, et suscitabo germen iustum, et regnabit rex, et sapiens erit, et faciet iudicium et iustitiam in terram. In diebus illis saluabitur Iuda et Israhel habitabit confidenter. Et hoc est nomen, quod uocabunt eum, Dominus iustus noster.

Psallendvm : Respice in me, Deus[2].

Epistola Pauli apostoli ad Timotheum secunda.

Karissime, hoc preceptum commendo tibi secundum precedentes in te profetias, ut milites in his qui sunt Efese bonam militiam, habentes bonam fidem et conscientiam Obsecro igitur primum omnium fieri obsecrationes, orationes, gratiarum actiones pro omnibus hominibus : pro regibus et his qui in sublimitate sunt, ut tranquillam uitam agant in omni pietate et karitate. Hoc enim preceptum est coram / Saluatore nostro et Domino, qui omnes fol. 218 homines uult saluos fieri, et ad agnitionem ueritatis uenire. Ipsi gloria in secula seculorum. — Amen.

[1] *Cod* uotibe [4] *M* Deus, in uirtute tua. Et ex. [7] *M* principis cum coniuge sua (*Cf. infra orationes* Alia *et* Post Nomina) [9] *M* Amen. Per gratiam pietatis tue, Deus noster [10] Ierem., xxiii, 5-6 [11] *M* ait Dominus [12] *M* Dauid germen [14] *Cod* Srahel hauitabit [19] *Lege* prima *pro* secunda : I Timoth., i, 18-19; ii, 1-4.

a crimine, uas tibi efficiatur placauile; in quibus, sancta Trinitas, digneris in ipso auitare (habitare) perenniter. Per gratiam. »

1. Dans le Rituel *M*, fol. 113-118, cette messe est intitulée : *Ordo pro solo rege.* Elle est plus complète que celle du Rituel *B* et fait plus souvent mention de la reine. — Les diverses formules suivantes : *Alleluia, Psallendum, Laudes, Sacrificium,* sont toutes accompagnées de notes musicales dans les deux manuscrits.

2. Le Rituel *M* complète ce répons et en donne en marge un second. Voici ces textes : « Psallendvm : Respice in me, Deus, et miserere mei. Da potestatem puero tuo, Domine, et salbum fac filium ancille tue. *Versus :* Deduc me, Domine in uia tua, et ingrediar in ueritate tua. Letetur cor meum ut timeat nomen tuum. Et salbum. — Psallendvm. Tribuat tibi Dominus secundum cor tuum et omnem consilium tuum confirmet. *Versus :* Impleat Dominus omnes petitiones tuas. Mittat tibi auxilium de sancto, et de Syon tueatur te. Et omne. »

Lectio sancti Euangelii secundum Iohannem.

In illo tempore, Dominus noster Ihesus Christus loquebatur discipulis suis, dicens : Petite et accipietis, querite et inuenietis; pulsate et aperietur uobis. Omnis enim qui petit accipit, et qui querit inuenit, et pulsanti aperietur. — Amen.

Lavdes : Alleluia. O Domine! saluum fac regem. O Domine! bona prospera. Alle[luia].

Sacrificivm[1] : Quid dignum offeram Domino? Curuabo genua mea Deo excelso. Alleluia. Alleluia.

Missa pro Rege dicenda.

Fundamus ad Deum preces intentione, dilectissimi Fratres, pro incolomitate piissimi principis nostri *Illius :* ut, qui eum ante secula presciuit et in seculo principari constituit, ipse eum principaliter regat. Ipse eis subditos sine culpa regere concedat, ac regiminis ordinem, quem eius adeptus est munere, ipso tuente ualeat coram eo semper bonis actibus decorare.

Alia.

Te inuocamus, Domine, precibus nostris adesse propitius, qui es Rex regum et Dominus dominantium; ut principem nostrum *Illum,* cum coniuge sua *Illa,* de sede tue Maiestatis benignus aspicias,

[7] Matth., vii, 7-8 [13] Laud. *et* Sacrif. *cum notis musicis in Cod et M* [18] *M* omni intentione [20] *M* Illius et coniuge sua [24] *M* ualeant [25] *Cod* hactibus *Ib. M* decorare. Amen. Adiuuante ipsius misericordia Dei nostri, qui.

1. Cette formule est précédée dans le Rituel *M* des trois suivantes. (Le fac-similé de ce folio, 114 *recto,* est donné à la fin de ce volume) : « Sacrificivm. Vota tua Domino redde, et restituet tibi conuersationem iustitie, Alleluia. — II. Ecce homo iustus sine querella, uerus Dei cultor. Abstinet se ab omni malo et perseberat in innocentia. Et res[tituet]. — III. Erit Omnipotens adiutor tuus contra inimicos tuos, et habebis fiduciam coram Domino et respiciens in celo cum gaudio. Et quum oraueris ad eum exaudiet te Dominus, et restitue[t] tibi conuersationem. » — A la suite du *Sacrificium* « Quid dignum » du Rituel *B*, le Rituel *M* en ajoute encore un dernier : « II. Indicabo, homo, quid sit bonum aut quid Dominus querat a te : ut facias iudicium et diligas misericordiam, et sollicite ambulare cum Deo, Alleluia. »

atque in huius oblationis hostiam, quam pro eis offerimus, sanctificator accedas; et quibus dedisti subditam in regimine plebem, tribuas etiam in omnibus tuam facere uoluntatem.

Post Nomina.

fol. 219 / Offerentis gloriosi principis uotiua munera, sereno, Deus, uultu accepta : tribuens eis cum gloriosa coniuge regnum uiriliter regere, et tibi ex bonis actibus complacere. Nobis quoque te orantibus concede propitius, et uiuis optata remedia, et defunctis requiem sempiternam.

Ad Pacem.

Deus, cui subiacent omnia, cui famulantur cuncta, temporibus fidelissimi tui *Illius* regis concede pacifica tempora et amoue barbarica bella : ut quem prefecisti in populo tuo principem, te duce, in cunctis gentibus obtineat pacem. — Amen.

Per auctorem pacis et karitatis.

Inlatio.

Dignum et iustum est nos tibi gratias agere, omnipotens Deus, per Ihesum Christum Filium tuum, Dominum nostrum, qui tecum et cum Spiritu Sancto cuncta regit et omnia moderatur; cuius prouidentia principes ordinantur, cuius dispositione regna constituuntur. Per quem te etiam, summe Pater, exposcimus, ut gloriosum principem nostrum *Illum* regem, quem in presenti seculo regnare fecisti, tuo inuicto semper tuearis auxilio, eiusque uota sint in tuis oculis placabilia. Des in diebus eius pacem, concedas salutem, dones quietem, internos eius aduersarios conteras, externos inimicos dicioni eius subicias, annos eius optata felicitate ac diuturna prolixitate multiplices. Saluberrima eius consilia sensibus semper infundas; te declarante, ei in omnibus pateat luce / fol. 220 clarior iustitia et ueritas. Te quoque eius pectori presidente, sic in cunctis exequatur iustitiam, ut pietatem et clementiam non amittat; tantoque moderamine temporalis regni gubernacula teneat, ut per ministerium regni presentis sempiternam felicitatem et gloriam regni celestis adquirat. Quatenus regnum eius, tam sit stabile semper, ut numquam decidat, sed ad melius transferatur : ut, qui nunc inter homines sublimitatem possidet culminis gloriosi, post longam temporum seriem, de regno terreno ad celeste transeat regnum, atque inter sanctos perenniter regnet, et ymnum debite laudationis tibi cum eis sine cessatione decantet, eo concentu atque affectu, quo angeli et arcangeli tibi perpetim non cessant clamare, ita dicentes : [Sanctus].

Post Sanctus.

Vere sanctus, uere benedictus Dominus noster Ihesus Christus, Deus deorum et Dominus dominorum, princeps principum et imperator regum terre. Cui gentium multitudo famulatur, cui regum celsitudo prosternitur, et quem celestium et terrestrium creaturarum subiecta conditio Dominum Creatoremque suum cognoscens adorat, magnificat et conlaudat, Christum Dominum ac redemtorem uerum.

Post Pridie.

Sanctifica, quesumus, Domine, hec tibi sacrificia delibata, et prebe quibus petimus tue miserationis patrocinium indisruptum, ut que postulant adipiscantur, que in/ fol. 221 quirunt inueniant. Habeant temporibus suis omnia prospera, dum a te cuncta fuerint aduersa abdicata. — Amen.

Ad Orationem.

Domine Deus, Pater omnipotens, qui es Rex regum et Dominus omnium potestatum, ad hec uota gloriosi principis *Illius* dignanter iube respicere; dans ei per hec, et adeptum regnum in pace disponere, et tranquillam uitam cum omnibus ducere : quo, eo regnante, et felicia nobis tempora dones, et ad te nos exaudias semper proclamantes e terris : Pater [1].

Benedictio.

Christus Dominus uota fidelissimi famuli sui *Illius* principis sereno uultu intendat, et regnum eius in pace custodiat. Thronum eius iustitia firmet et

4 *M* uoluntatem. Amen. Per multimodam bonitatem tuam 6 *M* offerentes 9 *Cod* hactibus 11 *M* sempiternam. Amen *Cf. col. 155* 14 *M* Illius cum coniuge sua 15 *Cod* amobe 16 *Cod et M* perfecisti 26 *M* nostrum *et in marg.* cum coniuge sua 40 *pro* et gloriam *quod fert M, male Cod habet* ecclesiam (*Cf. supra, col. 291, l. 21*).

8 *M* dicentes : Sanctus 11 *M* Dominus dominantium 17 *Cod* ac redemptoremque 25 *M* Amen. Largiente clementia diuinitatis tue, Deus noster 26 *M* Ad orationem dominicam 29 *M* gloriosi regis cum coniuge sua 37 *M* sui principis cum coniuge sua 38 *Cod* tronum.

1. Le Rituel *M* ajoute en marge le répons noté suivant : « Resp. Exaudi, Domine, uocem precis mee, dum oro ad te, dum leuabero manus meas ad templum sanctum tuum. »

populos in bono multiplicet. Sit in salutem terre et defensionem patrie sue. — Amen.

Sic potestate culminis polleat feliciter, ut per tumorem subditos non spernat, et ita omnibus gratiosus existat, quo nullum nocendo damnet; sed cunctos diligendo, et rerum munere et principali ditificet pietate. — Amen.

Annuente Domino nostro Ihesu Christo, cuius imperium inexpugnabile permanet per numquam finienda secula seculorum. — Amen[1].

XII. — ITEM MISSA QVAM SACERDOS PRO SE DICERE DEBEAT[2].

Deus, fons bonitatis et pietatis origo, qui peccantem non statim iudicas, sed ad penitentiam miseratus expectas : te queso, ut facinorum meorum squalores abstergas, et me ad peragendum iniunctum officium dignum efficias; et qui altaris tui ministerium suscepi indignus, perago trepidus, ad id peragendum reddar strenuus : ut inter eos qui tibi
fol. 222 placuerunt / inueniar iustificandus, quatenus emundatus ab omnibus sordibus peccatorum, consortium adipiscar tibi placentium beatorum. — Amen.

Alia.

Deus, qui me indignum sacris misteriis delegasti, presta indulgentiam mihi peccatori. Porrige manum lapso, et aperi ianuam regni tui, per quam possim intrare in requiem paradisi : et quia in preceptis tuis preuaricatus extiti, et per delictorum facinus corrui in ruinam, tu me, Domine, erige quem lapsus peccati prostrauit. Inlumina cecum, quem tetre peccatorum caligines obscurauerunt; solue conpeditum, quem uincula peccatorum constringunt : ut a conuersatione carnali et ab inmunditia terrenorum actuum, infusa mihi celitus sanctitate, discernas.

16 *Cod* squalore 22 *Cf.* Muratori, *L. R. V., t. II, col. 192*
30 *Cod* prostrauit 31 *Cod* obscura berunt.

1. On lit en marge du Rituel *M* la formule suivante : « COMPLETVRIA. Effunde, quesumus, Deus, in uisceribus famuli tui regis [caritatem] que a te tuoque procedit ex Filio : ut purgatus a crimine, uas tibi efficiatur placabile. In quibus, sancta Trinitas, digneris in ipso habitare perenniter. Per ineffabilem pietatem tuam, Deus noster, qui cuncta regis in. » Voy. ci-dessus, col. 292, note 2.

2. Voy. plus haut (col. 270) une Messe qui porte le même titre, mais dont le texte est tout différent. Elle est extraite du Rituel *M*.

Post Nomina.

Protector in te sperantium, Deus, multiplica super me misericordiam tuam, ut me a malis omnibus propitiatus eripias et relicum uite mee tempus in pace et tranquillitate disponas : quo, dum me ueritatis tue scuto circumdederis, horrorem eterni supplicii non pauescam; sed sanctorum adscitus agminibus, eternam cum omnibus fidelibus defunctis mansionem obtineam. — Amen.

Ad Pacem.

Deus, qui te precipis a peccatoribus exorari, tibique sacrificium contriti cordis offerri, sacrificium hoc, quod indignis manibus meis offero acceptare dignare, et ut ipse tibi hostiam et sacrificium esse merear, miseratus concede : quo per ministerii huius exhibitionem, / peccatorum omnium remissionem fol. 223
percipiam, donumque pacis et karitatis eterne usquequaque possideam.

Inlatio.

Dignum et iustum est, omnipotens Deus, gloriosum Nomini tuo gratiarum actiones persoluere : qui dissimulatis humane fragilitatis excessibus, sacerdotii dignitatem concedis indignis, et non solum peccata dimittis, uerum etiam ipsos peccatores iustificare dignaris. Cuius est muneris, ut non existentia sumant exordia, exorta nutrimentum, nutrita fructum, fructuosa perseuerandi auxilium. Qui non existentem creasti, creatum fidei ueritate ditasti, fidelem, quamuis peccatis squalentem, sacerdotii dignitate donasti. Tuam igitur Omnipotentiam supplices exoramus, ut me a preteritis peccatis emacules, in mundi huius cursu in bonis operibus corrobores, et in perseuerantie soliditate confirmes; sicque me facias tuis altaribus deseruire, ut ad eorum qui tibi placuerunt sacerdotum consortium ualeam peruenire; et per eum tibi sit meum acceptabile uotum, qui se tibi obtulit in sacrificium. — Quem tecum, Deus Pater, et cum Sancto Spiritu uniuersitas uirtutum celestium non desinunt conlaudare, ita dicentes : Sanctus.

Post Sanctus.

Vere sanctus et benedictus es, Domine sancte, Pater omnipotens, eterne Deus, qui dum libenter nostre penitudinis satisfactionem suscipis, ipse tuo iudicio quod erramus abscondis, et preterita peccata

4 relicum *raro inuenitur pro* reliquum 6 *Cod* errorem
7 *Cod* pabescam ; set 11 *Cod* exorare 12 *Cod* offerre
21 *Cod* hactiones.

fol. 224 nostra dissimulas, ut nobis/sacerdotii dignitatem concedas. Tuum est enim me ad ministrandum altario tuo dignum efficere, quem ad peragendum id officii indignum dignatus es promouere : ut preteritorum actuum meorum mala obliuiscens, presentium ordinem in tua uoluntate disponens, futuris custodiam inponens, per eum uitiorum squaloribus expurger, uirtutum nutrimentis exorner, eorumque sacerdotum consortio qui tibi placuerunt adunes, per eum quem constat esse uerum summumque Pontificem et solum sine peccati contagio Sacerdotem. — Per Christum.

Post Pridie.

Sacrificii presentis oblatio, queso, Domine, mea expurget facinora, per quod totius mundi uoluisti relaxari peccata; illiusque frequentatione efficiar dignus, quod ut frequentarem suscepi indignus.

Ad Orationem.

Indulge, queso, et miserere mei, Domine, et peccata que labentibus uitiis contraxi, pius ac miseratus omitte, locumque et fructum penitentie propitiatus concede : ut libera te semper uoce mereamur appellare : Pater.

Benedictio.

Huius, Domine, sacramenti libatio peccatorum meorum maculas tergat, et ad peragendum iniunctum officium me ydoneum reddat. Occurrat mihi fautrix clementia tua, et ab erumnis seculi me inuicta defende potentia : quatenus, tuo ubique munitus suffragio, et sanctitatis florear ornamento, et sanctorum tuorum merear condignus haberi consortio.

Completuria.

fol. 225 Purificet me diuini sacramenti / oblatio, ut sit mihi et peccatorum remissio, et tue pietatis optata propitiatio : ut per hec, te opitulante, efficiar sacris misteriis dignus, qui de tua pietate confisus frequentare presumo indignus.

XIII. — MISSA VOTIVA QVAM SACERDOS PRO SE ET AMICIS VEL DOMESTICIS DICERE DEBEAT.

Deus, qui instituisti te honorificari sacrificio laudis, per quod inuocantibus nomen tuum ostendas

[6] *Cod* hactuum [13] Sacerdotem *cum notis musicis* [29] *Cod* frautrix [39] *Cod* uotiba *M* (*fol. 94-97*) Missa uotiba, quam sacerdos prosse, amicis domesticisque dicat.

iter tui salutaris : concede nobis ueniam cunctorum peccaminum, tam que per corpus, quam que extra corpus commisisse dinoscimur. Innocentia quoque actionis, tranquillitas et quies mentis, feruor sancte dulcedinis et pondus necessarie grauitatis, patientia, humilitas, contemtus mundi, et constantia uel perseuerantia in bonis actibus, te donante largiantur. — Amen.

Alia.

Tibi Deo nostro immolamus sacrificium laudis et reddimus uota nostre salutis : suppliciter exorantes, ut repulsa omni superbia, uanitatis quoque adpetitu uel affectu expulso, nihil per inanem gloriam operemus, nec aliquando a te Domine reprobemur; sed ire, inuidie, fornicationis quoque atque omnium uitiorum deuictis superatisque stimulis, aduersa omnia per patientiam superemus. Inlatam contumeliam cum summa tolerantia sustinentes, nec cuique uicem contumelie respondentes, cursum uite huius peragere mereamur immobiles. Detractio, contemtio, diiudicatio uel iniusta commotio procul sit a nobis. fol. 226 Maledicta queque, siue a quolibet nobis prolata sunt, seu etiam que a nobis in aliis processerunt, nullius nocibilitatis, tam nobis quam illis offerant grauamentum. Quicquid etiam Deo seruandum promisimus, nec fecimus, ut nobis dimittantur oramus. — Amen.

Post Nomina.

Fac nos, Domine semper tibi uotorum studiis complacere. Adherentium quoque nobis uel obsequentium mentem, atque omnium, quos ad nostrum uoluisti uel permisisti regimen pertinere, disciplinis spiritualibus reple : ut in domo tua sanctificati permaneant, et eruditi de lege tua fructum uite perficientes, atque quandoque coronandi perueniant. Mortuorum sane fidelium spiritus in pace refrigera, et per hec libamina, que tibi offeruntur gratissima, pro fide qua te crediderunt dona eis inconcusse possidere gaudia sempiterna.

[1] *Cod* inter tui salutaris [3] *Cod* omisisse *M* omisiste [4] *Cod* ferbor [6] *M* patientie humilitas [7] *Cod* hactibus [8] *M* largiatur nobis [10] *Cod* ymmolamus [12] *Cod* adpetitum *M* uanitatis quodque appetitum uel affectum expulso, nichil per inanem gloriam operemur, ne aliquando a te Domino reprobemur [14] *Cod* ad te [15] *M* fornicationes [18] *Cod* quum summa [20] *Cod* ymobiles [21] *Cod* iniusti comotio [24] *Cod* nociuilitatis *M* tam illis quam nobis [25] *Cod* grabamentum... seruando [27] *M* oramus. Per tua [30] *Cod* aderentium [31] *Cod* ad nostram [33] *M* ut et in.

Ad Pacem.

Christe Domine, qui nos docuisti pacis eterne commoda, et alterne dilectionis indiscissam habere copulam : presta, ut de nobismetipsis quoque semper humilia sentiamus, mansueti ad omnes simus, pietatis quoque uisceribus abundemus, et humilitatis tue, Christe, uel omnium uestigiorum tuorum exempla sequamur et imitatores tui per omnia simus, et uiuamus in te, et non recedamus a te. — Amen.

Presta, per auctorem.

Inlatio.

Dignum et iustum est, satisque uere pulcrum et dignum est, omnipotens Deus, ut queramus faciem (fol. 227) / tuam semper, uenientes ad te in abundantia bonorum operum cum letitia et exultatione. In hac ergo uita, ita nos tua pietate iustifica et a malis omnibus libera, [ut] et hic tibi seruiamus cum sanctitate et pace, et in futuro sociemur tibi amplexu beatitudinis infinite : dans nobis uel quicquid a te accepimus, ut numquam in confuso fine ueniamus, neque in ipso ueniamus uacationis tempore, aut iniquitas in confessione os nostrum impediat, aut tranquillitas confessionis denegetur nobis optata : sed, malorum angelorum occursione a nobis longe repulsa, bonorum angelorum nos occursio foueat : que et omnem pauorem nostrum atque formidinem ante nostrum transitum salubriter a nobis discutiat, et nos ad conspectum glorie tue coronandos perducat. — Cui merito.

Post Sanctus.

Deus sacrosancte diuinitatis summe bonum, nostrum quesumus sanctifica uotum : sacerdotibus quoque tuis, cunctisque religiosis, copiam prelargire, et omnimode sanctitatis cultum his dignare concedere. Obsecramus demum te, Deus, et petimus pro regibus et potestatibus huius mundi, ut, te ducem atque gubernatorem, quietam et tranquillam uitam mereantur transducere; qui populos subditos iustitia regant, pietate gubernent, pressuris omnibus releuent, et iussu pietatis tue modificent, qui non es passus perire quod feceras. Christus.

Post Pridie.

Fac nos, Domine omnipotens, digne / tue memini (fol. 228) passionis, et uenturum cum gaudio prestolare de celis. Omnibus igitur caris, fida nobis amicitia copulatis, donum indulgentie tribue plenissimum, tui nostrique quotidie caritatem, atque eternum gaudium sine fine. His quoque, qui uel ignorantie cecitate obducti, uel liuore turbati, uel quolibet insano odio nos insequuntur ac detrahunt, tu propitiatus ignosce : conuertens eos ad tuum amorem nostramque dulcedinem; ut nihil de his, que nobis uel intulerunt, uel inferre conati sunt, uel conantur, penaliter inputans, sanctis tuis angelis post huius transitum uite eos participes reddas, et hanc oblationem ita acceptans benedicas, ut et me offerentem, et eos pro quibus offertur, ab omni noxietatis condemnatione reddas inmunes.

Ad Orationem.

Ad te, Christe Domine, quesumus, orationis in tempore, ut nos non dubie opes alleuent; non paupertas humiliet, nec extollant diuitie; non tristitia curuet, non letitia aut temporis prosperitas inflet; sed uirtutem firmissimam diligamus, ut semper cum fiducia proclamemus, dicentes : Pater.

Benedictio.

Deus, qui pro bonitate tua fecisti nos, dum non essemus, fac nos ut eternis bonis tuis et muneribus fruamur. — Amen.

Et qui semper bonus in tua permanes natura, exerce in nobis benedictionis tue munera; ut qui penitudinem commissorum gerimus, ad te/reconci- (fol. 229) liationis gratia per salutarem hostiam redeamus. — Amen.

XIIII. — ORDO MISSAE VOTIVAE SINGVLARIS [1].

Ant. : Inclina, Domine, aurem tuam et exaudi uerba mea. Alleluia, alleluia. — Vers. : O Domine, ego ser[uus tuus : et exaudi].

[3] *Cod* comoda *Ib. Cod male* indicis amabere *sed in M bona inuenitur lectio* [8] *Cod* tibi *M* tui [9] *Cod* ad te [10] *M* a te. Quia tu es [15] *Cod* habundantia [17] *M* nos pro tua [21] *Cod* ad te *M* a te accepimus, ita uigilanter teneamus, ut [22] *Cod et M* uocationis, *forsan* ultimae uocationis *seu* finis mundi [27] *Cod* fobeat... paborem [30] *M* perducat, proclamantes atque ita dicentes [35] *Cod* omnimoda... concede *M recte* omnimode... concedere dignare [37] ut te *Hic deficit textus codicis M, usque ad* Benedictio : Deus qui pro [38] te ducem, *etc., casus accusatiui absoluti* [39] *Cod* qui populo.

[2] *Cod* iusso [3] *Cod* non est passus perire quod fecerat [6] *Cod* tui meminire [10] *Cod* tue nostreque cotidie [12] *Cod* cecitatis [13] *Cod* odii... detraunt [19] *Cod* et ut me [21] *Cod* condemnatio [24] *Cod* dubias opes allebent [26] *Cod* curbent. [36] *Cod* gratiam *M* gratia [42] ser[uus, *etc., ex M.*

1. Cette même messe se trouve aussi dans le Rituel

Oratio.

Inclina, Domine, aurem tuam ad precem nostram, ne nos de manu tue miserationis excludas. Et quia mirabilia tua non in tenebris, sed in lumine cognoscuntur, tetra peccati nostri discute fulgore uirtutis tue, et fac luce radiare iustitie : ut, qui uerbum uite fide inclinabili continemus, in te atque proximum dilectionis tue testimonio fulgeamus. Te prestante.

Lectio Libri Eclesiastes.

Fili, si quid uouisti Deo, ne moreris reddere. Displicet enim ei infidelis et stulta promissio; sed quodcumque uoueris, redde; multoque melius est uotum non uouere, quam post uotum promissa non reddere. Ne dederis os tuum ut peccare facias carnem tuam, neque dicas coram angelo : Non est prouidentia; ne forte iratus Deus super sermone tuo dissipet cuncta opera manuum tuarum. Vbi multa sunt somnia, plurimeque uanitates et sermones innumeri : tu uero Deum time.

Psallendvm : Vota mea Domino reddam in atriis domus Domini. — Vers. : Disrupisti uincula mea : tibi sacrificabo hostiam laudis.

Alivm Psallendvm : Disrumpe, Domine, uincula peccatorum meorum, ut sacrificem tibi hostiam laudis. — Vers. : Tribulationem et dolorem inueni et nomen Domini inuocaui. Obsecro, Domine, libera animam meam. Vt...

Epistola Pauli apostoli ad Romanos.

fol. 230 / Fratres, obsecro uos per Dominum nostrum Ihesum Christum et per karitatem Spiritus Sancti, ut adiuuetis me in orationibus pro me ad Deum; ut liberer ab infidelibus qui sunt in Iudea, et obsequii mei oblatio accepta fiat in Iherosolimam sanctis : ut ueniam ad uos in gaudium per uoluntatem Dei et refrigerer uobiscum. Deus autem pacis sit cum omnibus uobis, in Christo Ihesu Domino nostro. — Amen.

Lectio sancti Euangelii secundum Marcum.

In illo tempore, Dominus noster Ihesus Christus perambulabat Iherico. Et ecce uir nomine Zaccheus, et hic erat princeps publicanorum, et ipse diues erat ualde; et querebat Ihesum uidere quis esset, et non poterat pre turba, quia statura pusillus erat. Et precurrens ascendit in arborem siccomorum ut uideret illum : quia inde erat transiturus. Et cum uenisset ad locum, suspiciens Ihesus uidit illum, et dixit ad eum : Zacchee, festinans descende; quia hodie in domum tuam oportet me manere. Et festinans descendit : et excepit illum gaudens. Et quum uiderent homines, murmurabant, dicentes quod ad hominem peccatorem diuertisset. Stans autem Zaccheus, dixit ad Dominum : Ecce dimidium bonorum meorum, Domine, do pauperibus; et si quid aliquem defraudaui, reddo quadruplum. Ayt Ihesus ad eum : Quia hodie salus domui huic facta est, eo quod ipse filius esset Abrahe. Venit enim Filius hominis querere et saluum facere quod perierat. — Amen.

Lavdes : Alleluia. Dele, Domine, iniquitates meas, et accepta fiant / coram oculis tuis uota mea. Alleluia[1]. fol. 231

Alias : Exaudi Domine orationem meam.

Sacrificivm : Ego seruus tuus[2].

Missa.

Diuina, Fratres karissimi, preceptione commoniti ut inuicem diligamus, si sic proximos, ut nos ipsos diligimus, alterna pro fratribus Deum prece postulare debemus : ut, qui uotiuis oblationibus

5 *Cod* tetram *A* tetra 7 inclinabili *sic omnes codices i. e. non* fragili *sed* docili 10 Eccle., v, 3-6. *In A et M* Lectio libri Sapientie Salomonis 14 *Cod* uobere 15 *M* tuum et 21 *Cum notis musicis in M* 23 *M* laudis. In atriis 72 *Cod* inuocabi... liuera 29 Rom., xv, 30-33 34 *M* Iherosolima 35 *M* in gaudio.

A, fol. 67-69, sous le titre de *Missa uotiba de singularis*, et dans le Rituel *M*, fol. 118-122, sous la rubrique : *Item ordo cuiuslibet singularis*. — Je relèverai, comme d'ordinaire, les variantes de ces deux manuscrits, moins celles qui sont des fautes manifestes du copiste. — Le mot *singularis* indique une messe célébrée pour une seule personne. Voy. à ce sujet le Missel mozarabé imprimé (*P. L.*, t. LXXXV, col. 991).

4 *Lege* secundum Lucam, xix, 1-10 *cum A et M* 6 *Cod* Zacceus *M* Zazeus 13 *Cod* Zacce *M* Zaze 18 *Cod* Zacceus 19 *Cod* dimidio 22 *A et M* filius est 23 *Cod* Abrae 30 *M* missa eiusdem 33 *Cod* diligamus *A* diligimus.

1. Cette première formule ne se trouve pas dans les Rituels *A* et *M;* mais l'antienne suivante, qui complète la seconde, y est accompagnée de notes musicales : « Lavdes. Exaudi, Domine, orationem meam et clamor meus ad te perueniat. » *M* ajoute : « Alleluia. »

2. D'après les Rituels *A* et *M* : « Sacrificivm. Ego seruus tuus et filius ancille tue. Dirupisti uincula mea; tibi sacrificabo sacrificium laudis. Alleluia. » Le manuscrit *M* ajoute le verset suivant : « II. Credidi, propter quod locutus sum. Ego autem humiliatus sum nimis. Tibi sacrificauo. » Ces formules sont notées en neumes.

eum sibi propitiari confidunt, nostris precibus in omnibus adiuuentur. — Ipso prestante.

Alia [1].

Suscipe, Deus, supplicantis famuli tui *Illius* uotiuum tibi munus oblatum, et multiplici ob hoc eum locupleta fenore gratiarum : ut, qui te his honorat spontaneis uotis, te largiente, ditetur premiis infinitis.

Post Nomina.

Faue, Deus, famuli tui *Illius* fidelissimis uotis, et eum ab omnibus absterge delictis : quo huius sacrificii oblatione placatus, et illius pro quo te poscimus uota acceptes, et defunctos fideles in pace refrigeres.

Ad Pacem.

Deus, qui uotiuis semper precibus delectaris, uotum famuli tui *Illius* locupleta fenore pacis : ut per hoc, id quod offert tuis oculis sit acceptum, per quod tue pacis fuerit uinculo premunitum. — Amen.

Inlatio.

Dignum et iustum est, nos tibi omnipotenti Deo uota reddere, qui nobis uotum quo placeris inspiras, et uotiua nos inspiratione remuneras. Te ob hoc rogamus supplici prece, ut hanc serui tui *Illius* oblationem dignanter iubeas acceptare; quo per eam eius humilitatem intendas, uincula soluas,
fol. 232 peccata deleas, orationes accipias : ut, liberatus / ab omni aduersitate, et hic et in eternum sanctificatus, cum angelis te sine fine conlaudet, ita dicens : Sanctus.

Post Sanctus.

Vere sanctus, uere benedictus es, Domine Deus omnipotens, qui salubris inspirator es uoti, et uotiui acceptor es sacrificii. — Christe.

[2] *M* Amen. Prestante ipsius misericordia Dei nostri [4] *Cod* uotibum [5] *M* uotum tibi oblatum [8] *M* Amen. Tua concedente misericordia, Deus noster, qui uiuis. [10] *Cod* fabe [11] *M* exterge delictis [19] *M* uinculis premonitum [22] *M* nos tibi, omnipotens Deus *Cod* nobis uotum quod *M* quo [26] *M* acceptare iubeas [27] *M* adtendas *Ib. Cod* solbas *In A et M non leg.* uincula soluas [30] *M* conlaudet et dicat : Sanctus.

1. Vis-à-vis de cette seconde oraison, on lit en marge du manuscrit *M* : « Oremus, ut famulum suum ab omni infestatione diabolice (*sic*), uel cunctis tribulationibus mundi huius et a penis eternis propitius liberare dignetur. »

Post Pridie.

Sanctifica, Deus, oblatoris serui tui *Illius* tibi hec sacrificia delibata, donans ei, ut remissionem suorum accipiens criminum, indesinenter tibi uotis iugibus famuletur. — Amen.

LAVDES : Querentibus te, Domine, tribue fortitudinem, et querendi te iugiter infunde sanctum amorem.

LAVDES : Si uis, Domine, potes me saluare [1].

Ad Orationem.

Orationem, Fratres, dicturi Dominicam propter hec uotiva, primum nos postulare conuenit sacrificia, ut diuina bonitas oblatorem simul cum oblatis preueniens, in benedictione dulcedinis nos quoque sequenter exaudiat ad se proclamantes e terris : Pater.

Benedictio [2].

Fidelissimi serui sui *Illius* uotum Dominus clementer acceptet, et eum cum omnibus suis a delictis iustificet. Vota eius sanctificando multiplicet, et orationes iubeat exaudire. Quo cum uniuersitate electorum, et pia uota sua Domino reddat, et se in omnibus eidem placiturum exhibeat.

XV. — ITEM ALIA SINGVLARIS.

Spem ac fiduciam Dominum supplicandi in deuotione fidelium atque oblationum dispositu, Fra-

[5] *M* Amen. Per tuam magnam misericordiam [10] *M* ad orationem dominicam [15] *M* ad se exaudiat [20] *M* uotum [22] *M* pie uota [23] *Cod* exibeat *M addit* Amen. Prestet ipse Dominus et misericors [26] *Cod* oblationem dispositum.

1. La première de ces deux formules notées ne se trouve que dans le Rituel *B*. Le manuscrit *M* ajoute à la seconde le répons noté que voici : « *Ad confractionem panis*. RESP. Audi orationem meam, Domine, et clamorem meum exaudi : ad lacrimas meas ne obsurdescas. Parce michi ut refrigerer. »

2. A la suite de cette bénédiction, on lit dans le Rituel *M*, fol. 122 : « COMPLETVRIA. Refecti esca spirituali et salutari poculo recreati, gratias tibi agimus Omnipotenti Deo Patri : precantes hec que de sanctis altaribus tuis sumpsimus, corporis nostri atque uisceribus misceamur (*sic*). Per tuam magnam. — ALIA COMPLETVRIA. Purificent nos, quesumus Domine, sacramenta que sumpsimus et famulum tuum ab omni culpa liuerum esse concede : ut qui de reatu conscientie constri[n]gitur, de celestis remedii plenitudine glorietur. Amen. Te prestante. » Et en marge : « Missa uotiua completa est in nomine Domini nostri Ihesu Christi, cuius supplicatio facta est. Protegat eum angelus salutis et pacis. Deo gratias. »

tres karissimi, concitemur desideriis, amplectamur gaudiis, prosequamur officiis, et ad exaudiendum eos in cunctis ex karitate mentis humillimis precibus innitamur : ut omnipotentis Domini prescientia fol. 233 causam deuotionis intellegat, / et qui dignatur inspirare quod uouitur, dignetur accipere quod offertur. Et quia in precum est ambitione quod queritur, siue in gratiarum actione est quod tenetur : et quesita prestet, et donata conseruet. Ibi spes uacua non labatur, hic prospera non mutentur. Inoffensa sint suffragia ista credentibus : si auctor munerum simplex ac sincera credulitas salubrem effectum deputet et effectum. — Amen.

Alia[1].

Deus, a quo multum utiliter satisque necessarie nascentium dedicantur principia uoluntatum; ut, si placatus mente, aut disponentes aut cupientes adtendas consulto examinatoque iudicio, ut cedant destructa que ledunt, et conualescant firmata que conpetunt : tu, Domine, ad huius famuli tui *Illius* oblationem serena uultus tui inspectione conuertere. Hec consilii cogitare eligat, que arrepta non pigeat; hec negotii agenda preponat, que actu non puniat; motum cordis falsa sapientia non inludat; actum operis intentio peritura non capiat; te inspiratorem tractaturus habeat, te adiutorem laboraturus obtineat. Quod si omnibus nobis ista donaueris, nec diffidentia erit inchoatis, nec penitentia iam peractis. — Amen.

Post Nomina.

Deus, qui in uotiuis oblationibus supplicantum, non rei quantitatem extimas, sed fidei affectum queris; non pretium, non speciem quam offertur intendis, sed contritionem cordis, et magis accipis in humili spiritu parua de modicis, quam in ar/rogante magna de maximis : fol. 234 quia nec dator horum omnium datum expetit pauperis, nec redemtor multarum gentium ad censum diuitis fit uenalis, licet iniquitas rea sit non facultas. Horum igitur, Domine, conscii, te suppliciter postulamus, ut famuli tui grata coram te efficias uota, et hec offerentium nomina in libro uite celestis feliciter contineantur scripta; ut, qui principales cum sanctis paginas non meremur, in ipso tamen numero, uel in posterioribus subiungamur. Quia apud te multe gratie multeque sunt mansiones; in quibus, qui uitale quumque parte simus, uel infimi, qui modo non sumus penitus alieni, eritque nobis inpunitas ipsa precipua, que in beatorum sorte existit eterna. — Amen.

Ad Pacem.

Deus, qui optandi das uotum et clementer inspicis deuotionis affectum, fidelissimi famuli tui suscipe desiderium. Obtineat in prece quod poposcerit ore; exerceat opere quod fruatur in munere; offerat in uotis quod retentet in premiis. Sic eius coram te sit uera deuotio, ut eterne pacis remuneretur ex dono. — Amen.

Inlatio.

Dignum et iustum est, omnipotens Deus, satis, nos tibi gratias agere, quum nec illud semper modum habeat, nec id satis possit efficere, dum infinito finita equare non possint. Tu, Domine, quum bonorum nostrorum non egeas, id tamen quod in bonis nostris ad bonum nostrum esse iussisti, ut tibi / bene offerri debeant imperasti, ex miseri- fol. 235 cordia quod donas expectans; qumque tuum donum si [quis] inpertiri noluerit, ne possit inminui, indiges quod ipsi largiris : cuius munera si quod diriguntur impleant, ne a quo proficiscuntur exhauriant. Respicis quod dedisti, non quasi uacuata suppleas, sed ut feneratu restituas. Vota nostra, testimonium est nostre credulitatis, non tue augmentum dignitatis. Tue uis esse uirtutis, dum non largitorem lucri, sed cultorem diligis sacramenti. Denique tuum imputas quod uni ex minimis tuis largitur, ut

6 *Cod* uobitur 9 *Cod* conserbet 13 *M* (*fol. 123*) Amen. Ipse Dominus et misericors, qui cuncta 19 *Cod* dextructa 22 *M* cogitata 24 puniat *Hic pro* pugnet 28 *Cod* incoatis 29 *M* Amen. Quia tu es bonitatis complementum 31 *Cod* uotibis.

1. Le Rituel *M* porte en marge de cette formule les mots suivants, qui nous font connaître le nom et la qualité du copiste du manuscrit :

DOMINICVS SCRIPTOR
MEMORARE, TV SACRIFICIORVM OFFERTOR
INFIRMITATE SVBIACENS
A MOLE MEORVM PECCATORVM OPPRIMENS
PRESVITER VOCOR
SED INDIGNVM FVNGOR
QVESO ME ADESSE MEMOR

Voilà de la part du scribe un produit spontané, qui nous explique mieux que tout le reste les nombreuses incorrections du manuscrit de Madrid.

3 *Cod* humile 7 *M* facultas, et equitas sit placita, non maiestas 11 *post uocem* ut, *cetera desunt in M, propter ablat. unius folii* 31 *Cod* infinita *pro* finita 35 *Cod* expectas 36 quis *ipse adieci. Sensus hic leuiter obscurus* 38 *Cod* exauriant.

quum tuum sit profecto quod datur, si propter te datur, a te reddendum reputatur. Nec merces incerta est, si fides est certa : ut non sit dubius qui inpendit, quum semper uerus sit qui promisit, Dominus noster Ihesus Christus, Filius tuus.

Cu i me[rito].

Post Sanctus.

Vere sanctus, uere benedictus es, Domine Deus omnipotens, qui uotiuas fidelium preces benignus inspiras et probas, donas et adiuuas, intueris et perficis, uides iugiter et exaudis. Dona igitur nobis et famulo tuo *Illi* sicut oportet orare, sicut oportet exorare. Sanctum desiderium et capiat et effundat, accipiat et offerat, frequentet et impetret, obtineat et exultet. Illud ueniat in affectu deuotionis, quod impleatur in affectu petentis; ut, qui nil plus quam nostram queris salutem, salutiferam nobis inspires et exaudias precem. — Per Christum Dominum.

Post Pridie.

Oblatum tibi, Deus Pater, famuli tui *Illius* suscipe sacrificium et sanctifica uotum. Obsequiis faue,
fol. 236 lacrimas intuere, / benedictionem tribue sacrificiis et sanctificationem uotis. — Amen.

Ad Orationem.

Deum, qui fidelium uotorum est acceptor, mecum, Fratres, intento pie orationis inprecamini officio, ut pro alterutro se orantes acceptet, nec quemquam in suo uoto contristet; quo fidelissimus ante Deum adiutus precibus nostris, ad eum nobiscum repulsis uitiis ualeat proclamare e terris : Pater.

Benedictio.

Christus Dominus, qui uoluntarie pro nobis omnibus suam tradidit animam, uoluntaria uotiua famuli sui *Illius* sanctificet holocausta. Illi semper Domino uotis obsequatur, quibus hic et in perpetuum se Deo exhibeat placiturum : ut uotiuas preces seminando in lacrimis, fructum boni operis in gaudiis colligat cum omnibus uobis. — Amen.

ALIA MISSA SINGVLARIS [1].

Aulam misericordie tue pulsanti pande famulo tuo, eterne omnipotens [Deus], et eius precibus adesto propitius : auge ei fidem et omnia peccata dimitte. Accepta sint in oculis tuis, Domine, uota eius, et oblationem quam tibi offert inspice, et per intercessum sanctorum tuorum imple eius petitiones, et ipsius in omnibus exaudi orationes.

Alia.

Exaudi, Domine, deuotionem famuli tui, et oblationem eius in tua laude amplifica : ut dum tibi debita famulatur, honore mereatur te laudando percipere eterne premium uite.

Gratias tibi agimus, Domine, quia tuo sumus munere et dono repleti. Petimus ergo, Domine Deus, pietatem tuam, ut in nobis conserues gratiam quam dedisti; ut simus semper te propitiante hic et ubique felices. — Amen.

Adiuuante nos dextera diuinitatis tue, Deus.

Post Nomina.

Offerentes famuli tui, Domine, munera, eum in tuo nomine glorifica : ut eius uota propitiatus suscipias et peccata dimittas. Requiem animabus defunctorum fidelium tribuas, et celesti in regno consortes efficias. Salutem quoque corporis et anime ei tribuas, et per hanc oblationem percipiat indulgentie tue miserationis donum : et per intercessionem sanctorum tuorum, beneficium consequatur eternum.

Ad Pacem.

Domine Deus omnipotens, qui dixisti per Filium tuum Dominum nostrum : Pacem meam do uobis, pacem meam relinquo uobis; petimus, Domine Deus, ut pacem, quam in tuo nomine labiis propinamus, fixam in nostris cordibus teneamus : et hanc oblationem uotiuam, quam tibi famulus tuus offert, suscipere digneris, et propitius eius peccata dimittas, et salutem propitiatus concedas, et eius languores placatus semper abstergas. Manus enim tua auxilietur ei, et brachio tuo protectus ab omnibus huius seculi temtationibus liberetur.

Inlatio.

Dignum et iustum est, nos tibi laudes et gratias agere, sacrificia spiritualia celebrare, omnipotens Deus, per Ihesum Christum Filium tuum Dominum nostrum : qui factus est mundi sacrificium, et expiauit effusione sanguinis sui peccata hominum. Ob hoc te deprecamur, omnipotens Deus, per ipsum qui

9 *Cod* uotibas 10 *Cod* adiubas 21 *Cod* fabe 33 *Cod* uolumtaria uotiba 36 *Cod* exibeat 40 *Miss* Aurem misericordie *Cf. supra, col. 97 et infra, col. 316 et 327.*

2 *M* sit 11 *Finis hec orationis legitur in margine* 16 *M* adiubante 33 *M* uotibam 35 *M* langores 39 *Cf. col. 317.*

1. Je donne ici une troisième *Missa singularis,* tirée du Rituel *M*, fol. 143-146. A comparer avec la messe analogue du Missel mozarabe, *P. L.*, t. LXXXV, col. 991.

pependit in ligno propter salutem nostram, ut hec oblatio, que pro indigno famulo tuo a nobis tibi offertur, sanctificare digneris : ut, sicut sanctis profuit ad coronam, ita ei occurrat ad ueniam, ut mereatur per hoc diuinum sacrificium a cunctis emundari sordibus peccatorum, et reconciliatus tibi per Christum, sereno eum uultu respicias, et omnia eius peccata dimittas. Seueritatem quoque iudicii tui ab eo clementer suspendas, et miserationis tue clementiam super eum benignus infundas.

Presta, per Ihesum Christum Filium tuum, Dominum nostrum, quem conlaudant angeli et archangeli, et non cessant clamare, ita dicentes :

Sanctus.

Post Sanctus.

Vere sanctus, uere benedictus Dominus noster Ihesus Christus Filius tuus, cuius gloria pleni sunt celi et terra. Qui pro nobis obtulit moriendo quod accepit ex nobis nascendo. Per quem te supplices deprecamur, ut hanc oblationem famuli tui, cuius tibi cognita est et nota libatio, libens placatus accipias, Domine Deus noster.

Per Christum.

Post Pridie.

Te, omnipotens Deus, petimus et rogamus, ut oblationem hanc, quam tibi offerimus pro famulo tuo, suscipere digneris propitius et eius oblationes libamina ipse tibi facias acceptabilia : ut accepta per misterium Spiritus Sancti nobis sanctificata distribuas; ut, dum corda nostra Christi corporis sanctificatione purificas, et preces nostras exaudias, et holocaustum nostrum in odorem suauitatis accipias.

Oratio Dominica.

Exultet in te, Domine, anima nostra et placabili pietate suscipiantur uota nostra. Sic, quesumus, resurrectio Vnigeniti tui gaudium mentibus nostris tribuat, ut tristitiam auferat de cordibus nostris. Vt cum omni iucunditate et uoce exultationis obsequia deferamus in conspectu tue Maiestatis : ut orationem quam Apostolorum traditio demonstrauit, cum tremore cordis tibi dicere mereamur e terris.

Benedictio.

Vota huius famuli tui, Domine, propitiatus adtende et benedictionis tue gratiam auge. Ad orationes eius adcommoda aurem, et tuam in omnibus faciat uoluntatem. — Amen.

2 *M* pro indignum famulum tuum 4 *M* beniam 31 *M* suabitatis 44 ad *ipse adieci* 45 *M* adcomoda.

Et presta, ut benedictionem, quam in tuo nomine expetet, te in omnibus largiente, perfrui eternam uitam adquirat. — Amen.

Per tuam magnam.

Completuria.

Repletum est gaudio os nostrum, et lingua nostra exultatione. — Corpus et sanguis Filii tui Domini nostri accepta adhereant uisceribus nostris et proficiant ad [uitam] eternam; ut conuersatio nostra permaneat bona in celis. — Amen.

Adiuuante tua dextera, Deus noster, qui uiuis.

Completuria [1].

Celestis doni benedictione percepta, supplices te, Omnipotens, deprecamur, ut hoc idem nobis et sacramenti causa sit et salutis.

Per tuam ma[gnam].

XVI. — ITEM ORDO VOTIVI PLVRALIS [2].

ALLELVIA : Miserere nobis, Do[mine]...

Oratio.

Miserere nobis, Domine, miserere nobis, et auxilium quod rogaris concede : uota uero que in nobis sunt laudationis tue accipe, et lacrimarum nostrarum pius consolator occurre.

Lectio Libri Ihesu.

Sacrificium salutare, adtendere mandatis et discedere ab omni iniquitate, et propitiationis litare sacrificium. Qui facit misericordiam, offerat sacrificium. Beneplacitum est Domino recedere ab omni iniquitate, et deprecatio iusti recedere ab iniustitia. Non apparebis ante conspectum Domini Dei tui uacuus; quia hec omnia propter mandata Domini fiunt. Oblatio iusti inpinguat altare, / et odor sua- fol. 237

5 *Lege* Ad accedentes, *Antiphona :* Repletum est gaudio os nostrum et lingua nostra exultatione. *Completuria :* Corpus, *etc.* 7 *In M textus uitiatus.* Qui corpus et sanguine... adhereat in... et proficiat ad eternam *Cf. supra, col. 242* 18-23 *Cf. supra, col. 231* 24 Eccli., XXXV, 2-9 32 *Cod* suabitatis.

1. Cette dernière formule est empruntée à la Liturgie romaine. Voy. les Sacramentaires léonien, gélasien et grégorien dans MVRATORI, *Liturgia romana uetus,* t. I, col. 327, 548, 708; t. II, col. 29, 49.

2. C'est-à-dire, office votif ou messe dite à l'intention de plusieurs personnes à la fois. Par suite de l'enlèvement d'un feuillet du manuscrit, le Rituel *M*, fol. 121 *bis*, ne commence qu'à ces mots : « uotorum nostrorum » de la formule intitulée *Missa*. Voy. un peu plus loin, après la leçon de l'Évangile.

uitatis est in conspectu Altissimi. Sacrificium iusti acceptum est, et memoria illius non obliuiscetur Dominus.

Psallendvm : Te decet hymnus, Deus in Syon, et tibi reddetur uotum in Iherusalem. — Vers. : Exaudi, Deus, orationem nostram : ad te omnis caro ueniet. In Iherusalem.

Alivm Psallendvm : Mitte manum tuam, Domine, de alto, et libera nos propter nomen tuum. — Vers. : Tu es Deus, et preter te non est alius Deus qui liberet nos. Propter.

Epistola Pauli apostoli ad Corinthios secunda.

Fratres, scitis gratiam Domini nostri Ihesu Christi, quoniam propter uos egenus factus est, quum esset diues, ut illius inopia uos diuites essetis. Et consilium in hoc do. Hoc enim uobis utile est, quia non solum facere, sed et uelle cepistis ab anno priore. Nunc uero et facto perficite : ut quemadmodum est animus promtus uoluntatis, ita sit et perficiendi ex eo quod habetis. Si enim uoluntas promta est; secundum id quod habet, accepta est, non secundum quod non habet. Non enim ut aliis remissio, uobis autem tribulatio, sed ex qualitate, in presenti tempore, ut uestra abundantia illorum inopiam suppleat : ut et illorum abundantia uestre inopie sit supplementum, et fiat equalitas, sicut scriptum est : Cui multum non abundauit, et cui modicum non minorauit. Per fidem que est in Christo Ihesu Domino nostro.

Lectio sancti Euangelii secundum Lucam.

In illo tempore, Dominus noster Ihesus Christus loquebatur discipulis suis, dicens : Quis uestrum habebit amicum, et ibit ad illum media nocte et dicet
fol. 238 illi : / Amice, commoda michi tres panes, quoniam amicus meus uenit de uia ad me, et non habeo quod ponam ante illum; et ille deintus respondens, dicat : Noli mici molestus esse; iam enim ostium meum clausum est, et pueri mei mecum sunt in cubili, non possum surgere et dare tibi. Et ille si perseuerabit pulsans, et si non dabit illi eo quod amicus eius sit, propter inportunitatem autem eius surget et dabit illi quodquod habet necessarium. Et ego uobis dico : Petite et dabitur uobis : querite et inuenietis : pulsate et aperietur uobis. Omnis enim qui petit accipit et qui querit inuenit, et pulsanti aperietur.

Lavdes : Alleluia. O Domine! saluos nos fac. O Domine! bona prospera.

Sacrificivm : Eleuabit sacerdos. — II : Et dum staret. — III : Benedixit sacerdos omnem populum, et dixit : Deus, qui constituit patres electos et sanctificauit eos, aperiat cor uestrum in legem sanctam suam. Quumque benediceret eis ingemuit, dicens : Domine, exaudi et sanctifica.

Missa uotiua pluralis.

Deum fidelium remuneratorem animarum, Fratres karissimi, supplicemus, ut in commemorationem omnium sanctorum suorum sit nobis ueneranda dignitas, et placitura uotorum nostrorum illi consequatur utilitas. — Amen.

Prestante ipsius misericordia Dei nostri.

Alia.

Deus, qui sanctos tuos cum mensura probas et sine mensura glorificas, exaudi per sanctorum tuorum merita preces famulorum tuorum *Illorum,* et tribue ut illorum patrocinia adiuuent eos ad fidei profectum, ad bonorum operum fructum, / ad pro- fol. 239
speritatis bonum, ad salubritatis commodum, ad religionis cultum, ad diuini timoris augmentum. — Amen.

Post Nomina.

Suscipe uota tuorum, Domine, famulorum *Illorum,* et oblatum tibi pro eorum delictorum abolitione uel defunctorum requie pacifici libaminis sacrificium propitiatus intende.

Ad Pacem.

Fidelium tuorum, Domine, uota propitiatus adtende, precibus faue, gemitus intuere. Dona eis fructum boni operis et plenitudinem karitatis : ut, qui tibi uotiuum deferunt sacrificium, eterna a te pace ditentur. — Amen.

[4] *Cod* ymnum *Haec duo* psallenda *cum notis musicis in Cod* [11] *Cod* liueret [13] II Cor., VIII, 9-15 [17] *Cod* utilis [25] *Cod* habundantia [26] *Cod* habundantia [28] Exod., XVI, 18 [31] Luc., XI, 5-10.

[4] Laudes *et* Sacrificium *cum notis musicis in Cod. Vide superius, col. 232, textum integrum* [7] *Cod* omni populum [19] *M addit* Prestet ipse Dominus et misericors, qui uiuit et regnat. [20] *In margine codicis M hic legitur* Oremus, ut nos a flagello ire sue propitius liuerare dignetur [24] *Cod* adiubent [28] *M addit* auxiliante clementia diuinitatis tue, Deus noster, qui uiuis. [33] *M addit* Amen. [36] *Cod* fabe [38] *Cod* uotibum [39] *M addit* Per te, qui es uera pax.

Inlatio.

Dignum et iustum est, nos tibi, Pater omnipotens Deus, gratias agere et fidelium tuorum *Illorum* tibi uota humilia deferre, per Ihesum Christum Filium tuum Dominum nostrum : obsecrantes, ut qui famulos tuos ministerio nostro expectare fecisti, eorum preces uotiuas largitatis tue superabundantem benedictionem obtinere concedas; ut illa que necessaria poscunt saluti obtinuisse se gaudeant, et queque eis aduersantur euasisse se sentiant.

Per ipsum, cui merito.

Post Sanctus.

Vere sanctus, uere pius et admirabilis es, Domine Deus noster, qui uotiuas inspiras et remuneras preces humilium; qui non spernis, sed adiuuas uoluntates fidelium. Tui enim doni est, et quum inspirata uouentur et cum deuota uel promissa soluuntur.

Christe Domine ac redemptor.

Post Pridie.

Sanctifica, Domine, oblatum tibi hoc sacrificium famulorum tuorum *Illorum* et presta, ut per hoc
fol. 240 illis sit remissio criminum, / per quod te sibi propitiari confidunt.

Ad confractionem [1] : Fiat misericordia tua, Domine, super nos, sicut sperauimus in te.

Ad Orationem.

Emunda, Deus, conscientias et labia nostra ab omni malitia : ut, cum nos sanctificatos effeceris, sanctificanda uota famulorum tuorum *Illorum* suscipias e manibus nostris, quo cum ipsis abluti pariter spiritalibus aquis, ad te proclamemus e terris : Pater.

Benedictio.

Votum uestrum Dominus clementer intendat et peccata dimittat. — Amen.

7 *Cod* superhabundantem 14 *Cod* uotibas 15 *Cod* adiubas 17 *Cod* uobentur *Ib. Cod* solbuntur. *Finis sententiae cum notis musicis in Cod* 19 *Cod* ac re 24 *M addit* Amen. Per ineffabilem bonitatem tuam. 26 *Cod* sperabimus 27 *M* Ad Orationem Dominicam 28 *Cod* conscientia.

1. Dans le Rituel *M* ce répons est remplacé par le suivant, qui est noté : « Resp. Suscipiatur, Domine, sacrificium nostrum in conspectu tuo, ut placeat tibi. Et perfice subsequentes te : quoniam non est confusio confidentibus in te, Domine. Alleluia, Alleluia, Alleluia ».

Que optatis adtribuat, et que pauescitis procul repellat. — Amen.

Vt cum uniuersitate fidelium, uouendo et reddendo Deo sacrificium laudis, ad fructum iustitie peruenire possitis. — Amen.

Ipso auxiliante Deo nostro, qui cum Deo Patre et Sancto Spiritu unus Deus gloriatur in secula seculorum [1].

ALIA MISSA PLVRALIS [2].

Aulam misericordie tue pande pulsantibus famulis tuis *Illis*, eterne omnipotens Deus, et eorum precibus adsiste propitius. Auge eis fidem atque eorum omnia peccata dimitte. Accepta sint in oculis tuis, Domine, uota eorum, et oblationem quam tibi offerunt inspice; et per intercessum sanctorum tuorum *Illorum* imple petitiones eorum, et omnes eorum exaudi orationes. — Amen.

Per ineffabilem bonitatem tuam.

Alia.

Pie Domine, ad Maiestatis tue concurrimus thronum precesque fundimus; supplicantes, ut deleantur scelera atque uniuersa peccata famulorum tuorum *Illorum*, et per hanc oblationem sentiant indulgentie tue donum : ut per interuentum sanctorum tuorum, necessaria beneficia consequi mereantur.

Per gratiam pietatis tue.

Post Nomina.

/ Offerimus tibi, Domine, hec munera populi tui, fol. 241
ut in tuo nomine glorificentur, et eorum uota propitius suscipias et peccata dimittas; sanitatem

1 *Cod* pabescitis 9 *M (fol. 122 uerso)* Missa II pluralis. 20 *M* magestatis *Ib. Cod* tronum.

1. Le Rituel *M* fait suivre la bénédiction ci-dessus des deux formules que voici : « Missa acta est in nomine Domini nostri. Quorum postulatio facta est, tueatur eos angelus salutis et pacis. — Completvria. Gratias tibi, Domine, tuis donis repleti referimus, tuamque misericordiam supplices imploramus, ut tua nos gratia a malis omnibus potenter eripiat, et in tuis laudibus exultare faciat. Amen. — Per gratiam pietatis tue, Deus noster, qui uiuis. »

2. Cette messe se trouve aussi, sous le titre de *Missa uotiua singularis*, dans le Missel mozarabe imprimé (*P. L.*, t. LXXXV, col. 992), mais avec de nombreuses variantes, dont quelques-unes importantes pour l'intelligence du texte. Nos Rituels manuscrits y ajoutent trois *completuria*.

corporis et anime condones, requiem defunctorum tribuas, et celesti in regno consortes efficias. — Amen.

Ad Pacem.

Domine Deus omnipotens, qui dixisti per Filium tuum Dominum nostrum : « Pacem meam do uobis, pacem meam relinquo uobis » ; petimus, Domine Deus, ut pacem, quam in tuo nomine propinamus, fixam in nostris cordibus teneamus, et hanc uotiuam oblationem, quam tibi offerunt famuli tui, suscipere digneris, et propitius eorum peccata dimittas; salutem eis anime et corporis concedas, et eorum languores placatus semper abstergas. — Amen.

Inlatio.

Dignum et iustum est, equum uere et salutare est nos tibi laudes et gratias agere, sacrificia spiritualia celebrare, Domine sancte, Pater eterne, omnipotens Deus, per Ihesum Christum Filium tuum Dominum nostrum; qui factus est mundi sacrificium, et expiauit effusione sanguinis sui peccata hominum. Ob hoc te deprecamur, omnipotens Pater, per ipsum qui pependit in ligno propter salutem nostram, ut hanc oblationem, que pro indignis famulis tuis *Illis* a nobis offertur, sanctificare digneris : ut, sicut sanctis peruenit ad coronam, ita eis occurrat ad ueniam; ut mereantur per hoc sacrificium a cunctis emundari sordibus peccatorum; ut, reconciliati tibi per Christum, sereno eos uultu respicias atque eis omnia peccata dimittas; seueritatem iudicii tui ab eis suspendas, et miserationis tue clementiam super eos infundas.

Te prestante, cui merito.

Post Sanctus.

Vere sanctus et uere benedictus Ihesus Christus Filius tuus Dominus noster, Vnigenitus tuus, primogenitus noster : primogenitus in gratia, unigenitus in natura; primogenitus, quia nemo ante ipsum; unigenitus, quia nemo post ipsum.

Christus Dominus ac Redemtor eternus.

Post Pridie.

Recolentes, Domine sancte, Pater eterne, omnipotens Deus, precepta tua, precamur inclitam / tue clementie Maiestatem, per misterium passionis (fol. 242)

10 *M* serui tui *Illi*. 13 langores. 24 *Cod* ut hec oblatio quam 26 *Forsitan leg.* prouenit 33 *Cod* cui me 40 *Cod* ac redemtoremque uerus 43 *Cod* preceptis tuis.

Ihesu Christi Filii tui, ut hic panis quem lignum crucis coxit, et hic sanguis quem torcular passionis expressit, benedictionem tue diuinitatis accipiant ueramque salutem sumentibus prestent : ut quicumque exinde sumserimus, spiritalem gratiam consequi mereamur.

Ad Orationem.

Exultet in te, Domine, anima nostra et placabili pietate suscipiantur a te uota nostra. Sic, quesumus, resurrectio Vnigeniti tui gaudium mentibus nostris tribuat, et tristitiam repellat de cordibus nostris, ut cum omni iucunditate et uoce exultationis obsequia deferamus in conspectu tue Maiestatis; ut orationem, quam nos Dominus noster Ihesus Christus Filius tuus orare precepit, sic dicere mereamur e terris : Pater.

Benedictio.

Vota uestra atque sacrificia clementis Dei gratia in bono suscipiat. — Amen.

Orationes uestras exaudiat, et omnia uestra peccata dimittat. — Amen.

Auferat a uobis omnia mala que gessistis, et tribuat gratiam, quam ab eo deposcitis. — Amen.

Ipse Dominus et misericors, qui in Trinitate unus Deus gloriatur in secula seculorum.

Completuria.

Domine Deus omnipotens, qui es uita et salus fidelium, quem uenturum credimus iudicem uerum, esto nobis propitius, et qui hanc oblationem pro nostrorum salute, uel pro expiatione peccatorum nostrorum tibi obtulimus, misericordie opem in nobis difundi sentiamus : ut, qui per eam refecti sumus ad mense tue conuiuium, dono tui muneris consequi mereamur premium sempiternum. — Amen.

Alia.

Post communionem sacramentorum / tuorum, Domine, fiat in nobis remissio peccatorum : ut, ubi hec pura et sacra ingressa sunt sacramenta, ibidem penitus nulla remaneat macula. — Amen [1]. (fol. 243)

7 *M* Ad orationem Dominicam *Cf. col. 311* 9 *Cod* suscipiatur 13 *M* magestatis. 18 *M* gratia clemens suscipiat. 30 *Cod* nostrorumque 33 *Cod* ad mensam tue conbilium, dono tue muneris 35 *Cf. col. 243.*

1. Voici la formule du Rituel *M*, fol. 124, en marge : « COMPLETVRIA. Repletum est os nostrum, Domine, laude tua, et cor nostrum tue pietatis potentia : ut et uox nostra tuis semper exultet preconiis, et anima repleatur beneficiis indefessis. Per gratiam pietatis. »

XVII. — ITEM ALIA MISSA PLVRALIS PRO EIS QVI IN NATALICIA MARTIRVM VOTA SVA DOMINO OFFERVNT.

Deus, qui hominem ex nicilo plasmas, tua inspiratione uiuificas, imagine consecras, rationis et sapientie thesauro ditas, tibi per intercessionem sancte Ecclesie catholice sollemnes et supplices fundimus preces pro deuotione atque oblatione fidelium tuorum *Illorum;* ut, qui propter Ecclesiam catholicam summis honorant obsequiis, martirum tuorum suffragiis apud clementiam tuam commendentur assiduis : ut, dum sanctos tuos fideliter uenerantur, propitiationis tue isdem intercedentibus indefesso munere protegantur. Tu eos, Domine, per suffragia sanctorum tuorum *Illorum* fide repleas, salubritate augeas, misericordia regas, opulentia sustollas, pietate cumules, largitate locupletes, felicioris eui prosperitate benedicas, atque ab omni malo liberatos, annos eorum usque ad senectam et senium optata longeuitate perducas, eosque tecum et cum sanctis omnibus hic et in eternum exultare concedas.

Alia[1].

Adtende, Domine, propitius oblationem fidelium tuorum *Illorum* eosque sereno uultu in hac sua deuotione aspiciendo ad meliora sustolle. Motuum cordis eorum interior inspirator, tibimet deseruire concede. Votum ipse accepta, opus dirige, desiderium proba, exaudi precem, cumula studium, conple conatum, perfice fructum, auge profectum : ut, dum omnis spes eorum in te conlocatur, / diuitem misericordiam tuam et in presentibus capiant fructum et spem de futuris adquirant : ut in presentis uite spatia, te custodiente, in pace pertranseant et futuri regni beatitudinem, te iuuante atque miserante, bene operando fideles obtineant.

Post Nomina[1].

Auditis nominibus offerentium, deprecamur sanctam clementiam tuam, Domine sancte, Pater omnipotens, eterne Deus, ut uotum famulorum tuorum *Illorum* benigne suscipias, et suscepta multiplicando benedicas : habeasque ea rata, sicut Abel alumni tui habuisti suscepta libamina. Nam, si qua in honore sanctorum tuorum *Illorum* uenerandis tuis altaribus munuscula obtulerunt, tu eis ditiora dona clemens largitor indulge. Oramus te quoque et pro his qui nos in pace unica precesserunt; ut eos tu, Domine, ab extuantibus gehenne ardoribus extraneos reddas, et ad tue promissionis dona perducas.

Ad Pacem.

Deus pacis, immo Pax ipse, quem discordans animus non capit, quem mens cruenta non recipit, presta, ut qui concordes sunt boni perseuerantiam teneant, qui discordes sunt mali obliuione sanentur. Maneat ergo horum famulorum tuorum *Illorum*, quesumus, accepta oratio; oblata adtende benignus, et deuotionem eorum placitam semperque acceptam in conspectu Maiestatis tue clementer adtende : ut, qui in honore sanctorum tuorum tibi offerunt sacrificium laudis, inmensam bonitatem tuam pro se suisque omnibus exaudire digneris; ut, de suis absoluti uinculis delictorum, ad eternam peruenire requiem mereantur.

Presta, per auctorem [2].

Inlatio.

Dignum et iustum est, Domine sancte, Pater eterne, omnipotens Deus, nos tibi gratias/agere per Dominum nostrum Ihesum Christum Filium tuum : cuius imagine decoramur, cuius ordinatione sub-

[1] *Cod* pro eos qui *M* (*fol. 125*) Missa III pluralis *et in margine :* Missa uotiua pluralis [pro his] qui [in] festiuitate suscipere ex bona deuotione cupiunt. [5] *Cod* ymagine [11] *M* aput [13] *Forma antiqua pro* iisdem [22] *M* Amen. Presta, summa et indiuidua Trinitas, Deus noster, qui uiuis et regnas [23] *Cod* Alias.

1. A cet endroit, on lit en marge dans le Rituel *M* la formule suivante : « Redemptorem mundi Dominum nostrum Ihesum Christum cum omni supplicatione rogemus, ut Ecclesie sue sancte catholice fidem augeat, pacem tribuat, nobis remissionem et indulgentiam peccatorum concedat. Infirmis salutem, lapsis reparationem, tribulatis gaudium, captiuis redemptionem, oppressis releuationem, iterantibus prosperitatem, terre sue pacem, et defunctis fidelibus requiem sempiternam propitius donare dignetur. » Voy. ci-dessus, col. 234.

[3] *M* Amen. — Condonante clementia diuinitatis tue, Deus noster [17] *M addit* Amen [26] *M* adtolle *pro* adtende [29] *M* digneris. Amen *et finitur* Inlatio [37] *Cod* ymagine.

1. On lit ici en marge du Rituel *M :* « Gloriose sancte Marie uirginis, Zaccarie, Infantum, Iohannis, Stefani, Petri, Pauli, Andre, Iacobi, Iohannis, Filippus, Bartolomei, Tome, Mathei, Iacobus et Tathei, Simonis, Iudas. »

2. Le Rituel *M* ajoute ici en marge : « Presta, Pater, per auctorem pacis et karitatis Dominum nostrum Ihesum Christum Filium tuum, qui est uere pax nostra et karitas indisrupta, uiuens tecum et regnans cum Spiritu Sancto per infinita secula seculorum. »

sistimus, cuius prudentia gubernamur, cuius muneribus perfruimur, preceptis docemur, beneficiis ampliamur, cuius uocatione adtrahimur, cuius benignitate adhortamur, gratia reparamur, misteriis inbuimur, perficimur sacramentis. Per quem te, Deus Pater omnipotens, supplices deprecamur ac petimus, ut oblationem famulorum tuorum, quam tibi pro eorum salute et uite felicitate in honore sanctorum tuorum offerimus, propitius acceptare digneris. Proficiat eis, Domine, ad exorandam misericordie tue gratiam, ad promerendam presentem copiam et futuram, ad expellendas omnes egritudines cordis et corporis, ad obtinendam omnium peccatorum remissionem, ad placandum te semper atque propitiandum omni tempore, ad querendum et inueniendum : ut, dum fidelia uota persoluunt suisque te cupiunt placare muneribus, et presentibus bonis, te largiente, fruantur, et eterne beatitudinis premia consequantur.

Quia tibi merito omnes angeli atque arcangeli.

Post Sanctus.

Vere sanctus es in excelsis, Domine, et omnium deuotione laudabilis, qui et celestia regis potenter et terrena clementer intendis : qui et in illa gloriosus et in ista mirificus repperiris; ibi laudibus angelorum indesinenter adtolleris, hic uotis fidelium iugiter conlaudaris.

Christe Domine.

Post Pridie.

Credimus, Domine sancte, Pater eterne, omnipotens Deus, Ihesum Christum Filium tuum Dominum nostrum pro nostra salute incarnatum fuisse, et in substantia deitatis tibi semper esse equalem. Per quem te petimus et rogamus, omnipotens Pater, ut accepta habeas et benedicere digneris hec munera et hec sacrificia inlibata, que tibi in primis offerimus pro tua sancta Ecclesia catholica, quam pacificare digneris per uniuersum orbem terrarum in tua pace diffusam[1]. Memorare etiam, quesumus Domine, seruorum tuorum, qui tibi in honore sanctorum tuorum *Illorum* reddunt uota sua Deo uiuo ac uero; pro remissione suorum omnium delictorum. Quorum oblationem benedictam, ratam rationabilemque facere digneris; que est imago et similitudo corporis et sanguinis Ihesu Christi Filii tui ac Redemtoris nostri.

Ad Orationem[1]

Ignosce, Domine, quod dum pro aliis rogare conpellor, per inmunda labia mea tuum sanctum nomen adsumo. Miserere mei, Domine, misterii tui secreta tractanti, nec indignum me tua misericordia iudices, dum pro aliis interpellare permittis : ut, absolutus a meis delictis et famulorum tuorum desideriis inpetratus fiducialiter ad te proclamemus e terris : Pater[2].

Benedictio.

Deuotionem uestram Dominus per intercessionem sanctorum suorum dignanter intendat, et remedia uobis oportuna restituat. Tranquillam uobis conferat uitam, et bonis omnibus abundare uos faciat. Talique uos Dominus subsidio pietatis regat in seculo, ut beatitudinis merito sustollat in celum[3].

3 *M addit* inspiratione uiuificamur 4 *Verba* cuius benignitate adortamur *desunt in M* 7 *Post* tuorum *M addit* Illorum 9 *M addit* Illorum 16 *Cod* persolbunt *In M legitur* tibi persoluunt 20 *In M deest* atque arcangeli 24 *M* qui et illa gloriosus et ista mirificus.

4 *Cod* ymago 6 *M addit* Amen. Per ineffabilem bonitatem tuam, Deus noster 11 *M* misericordia tua 13 *M addit* Illorum 19 *M* uobis Dominus conferat 21 *In M omittitur* Dominus 22 *M* in celum. Amen. Per suam magnam misericordiam, Deus noster, qui uiuit et regnat.

1. En marge du Rituel *M* se trouve la formule que voici : « Presta, Pater, per quem hec tu, Domine, omnia nobis ualde bona creas, sanctificas, uiuificas, benedicis et prestas nobis. Cum quo tibi est una et quoequalis essentia, in unitate Spiritus Sancti regnantis, Deus, in secula seculorum. Amen. »

1. Le Rituel *M* place avant cette prière l'antienne notée suivante : « *Ad confractionem panis.* — Resp. : Querentibus te, Domine, tribue fortitudinem, et querendi te iugiter infunde sanctum amorem. »

2. Rituel *M*, en marge : « Libera nos, Domine, ab omnibus malis preteritis, presentibus et futuris. Obsecramus etiam, Domine, ut Ecclesiam tuam sanctam catholicam, quam pacificare, custodire, adunare et regere dignatus es in toto orbe terrarum diffusa[m], in pace tecum regnare permittas in gloria sempiterna. Per Christum Dominum nostrum, qui tecum et cum Spiritu Sancto regnat Deus. Sancta sanctis et con[iunctio], etc. (Voy. ci-dessus, col. 241 ; cf. le Missel mozarabe, *P. L.*, t. LXXXV, col. 561 et la note du P. Lesley.) — *Conmixtio :* Iunctio corporis et sanguinis Domini nostri Ihesu Christi Filii tui proficiat nobis, et omnibus sumentibus, ad salutem animarum et ad remissionem omnium peccatorum, in uitam eternam. »

3. Vient ensuite dans le Rituel *M* cette formule : « Completvria. Hec, Domine, oratio salutaris famulos tuos ab omnibus tueatur aduersis : quatenus et ecclesiastice pacis obtineant tranquillitatem, et post istius temporis decursu[m] ad eternam perueniant hereditatem. — Per gratiam. »

MISSA III PLURALIS[1].

Deus, omnium fons et origo bonorum, uirtutis dator et gratie distributor : qui tuam potentiam nec largiendo minuis, nec distribuendo confundis, sed tanto profuse pietatis beneficia pandis, quanto pro te nostra a te fidelium corda... conspexeris : te supplices indigni tui famuli poscimus, ut orationem nostre prauitatis exaudias, et famulorum tuorum preces placatus accipias. Desideria in eis bona quotidie multiplicando perficias, et queque a te bona postulant clementer impertias.

Alia.

Scrutator cordis et renum omnipotens, qui fidelium tuorum precamina priusquam ad te profundantur intelligis, et preuenire petentes tue gratie distributione prenoscis : miserere fidelibus famulis tuis, eorumque desideria simulque uota inplendo et perficiendo sanctifica. Aduersantium eorum conamina confringat dextera tua; indulgentiam et gratiam eis conferat tua misericordia : ut, tue potentie defensione protecti, antiqui hostis uirus euadant, et caritate ac felicitate pollentes, nomen tue glorie perpetim benedicant.

Post Nomina.

Misericors ac piissime Deus, postulantibus nobis clementer presta que petimus : ut famulos tuos *Illos*, quos uera trine confessionis fide humili tibi conspicis affectione prosterni, et in presenti seculo gratie tua dono locupletes, et in futuro cum sanctis tuis efficias coheredes. Defunctorum quoque spiritus ab extuantis gehenne ardoribus extraneos reddas, sanctis electisque tuis consortes efficias, et ad tue promissionis donum inmaculatos perducas.

Ad Pacem.

Pacis institutor et caritatis auctor, Domine Ihesu Christe, qui puriflue dilectionis plenitudinem erga tuarum manuum opera conseruas : supplicationem seruitutis nostre exaudi propitius, ac supplicibus famulis tuis *Illis* pacem ac tranquillitatem donare dignare; ut et felicitate presentanea et gloria sublimentur eterna.

14 *Cod* priusquam a te 31 *Cod* gehnne 37 *M* manum.

1. A la suite des trois *Missae plurales* que l'on vient de lire, je donne ci-dessus plusieurs autres messes du même genre, empruntées aux Rituels *M* et *A*.
La première est tirée du Rituel *M*, fol. 128-130.

Inlatio.

Dignum et iustum est, uere dignum et sanctum est nos tibi gratias agere, Domine sancte, Pater eterne, omnipotens Deus, per Ihesum Christum Filium tuum Dominum nostrum : cuius misericordiam petimus, ut fidelibus tuis *Illis* propitius esse dignetur, uotum eorum pia dignatione suscipiat, eorumque delicta propitiatus omittat. Sanctorum suorum eos participes reddat, et in illo beatissimorum spiritualium cetu gloria et inmortalitate ditatos hymnum celestis carminis digne eos concinere concedat ac dicere : Sanctus.

Post Sanctus.

Vere sanctus, uere terribilis et nimium metuendus es, Deus : quem angelorum cunei consonis uocibus laudant; qui tipice legis instructione persolui tibi pro piaculis uotiua libamina iussisti; qui non arietum aut hircorum sanguine delectaris, sed integre confessionis placaris obsequiis. Presta, quesumus, ut ad abluenda seruorum tuorum facinora hec hostia oblationis uotiua proficiat, et ad cauendas delictorum inlecebras perenne eis tue misericordie munimen adquirant.

Per te, Christe.

Post Pridie.

Voluntaria tibi, Christe, uota soluentes, tuam pietatem supplices interuenimus, ut famulos tuos, quos funesta peccaminum atrocitas dedecorat, depulsa ueteris delicti caligine, in nouum hominem tue diuinitatis gratia reformare digneris : quatenus et nuptialem uestem quam amiserunt inueniant, et istorum compares effecti celestis patrie, te largiente, premia sempiterna percipiant. Hec quoque eorum oblata propitiatus sanctifica, et nobis omnibus dona misericordiam copiosam.

Ad Orationem Dominicam.

Reminiscere, quesumus, omnipotens Deus, miserationum tuarum, et tuis supplicibus famulis, ob quorum remedia tibi hanc offerimus hostiam, perpetue remissionis gratiam dignare concedere : ut qui tuam inter innumera suorum gestorum mala non disperant clementiam, concite sibi suffragari sentiant misericordiam copiosam. — Pater.

11 *M* ymnum 13 *M* yrcorum sanguinem 28 *M* quem funesta 30 *M* quatenus ad nuptialem 41 *M* inter in numero.

Benedictio.

Diuina pietas uota famulorum suorum dignanter suscipiat, et hanc plebem propitiatus intendat.

Desideria eorum in bonis ampliet, uotum adcumulet et ab insidiis inimicorum eos dignetur eripere.

Supplicationes omnium placatus intendat, et que ipsi pro delictis famulorum suorum offerimus dignanter suscipiat.

Per Dominum nostrum Ihesum Christum Filium tuum.

Completuria.

Gratias tibi, Domine, donis repleti referimus, tuamque misericordiam petimus et rogamus, ut et nos semper benedictione reficias, per quam placituros tibimet in eternum efficias coheredes.

Per gratiam.

MISSA VOTIVA PLVRALIS[1].

Ant. — Protege nos, Domine, manu tua, Alleluia, et libera nos, Alleluia, Alleluia, Alleluia. — Vers. : Vt confite...

Oratio.

Miserere, quesumus, rogantibus nobis; propitius respicis in aduersis. Qui disperatis cor penitens tribuis, a confessionibus nostris ullo modo auertaris. Et quia contriti cordis placaris sacrificio, tribue nobis hoc tibi offerre quod precipis, et mereri indulgentiam quam promittis.

Lectio libri Ihesu.

Sacrificium salutare... non obliuiscetur Dominus. — Amen. (*Vt in Cod. B. Vide supra, col. 312.*)

Psallendvm : Te decet hymnus. (*Col. 313.*)

Epistola Pauli apostoli ad duodecim tribus.

Fratres, nescitis (*sic*) gratiam Domini... non minorabit. Per fidem que. (*Ibidem.*)

Lectio sancti Euangelii secundum Lucam.

In illo tempore Dominus noster... aperietur. — Amen. (*Ibidem.*)

[12] Completuria *legitur in margine* [18] *M* uotiba [26] *A* placaris sacrificium [32] *A* imnum.

1. Deuxième messe, tirée du Rituel *A*, fol. 47-50. Le Rituel *M*, fol. 130-132, renferme aussi cette messe, sous le titre de *Missa V pluralis;* mais elle ne donne pas, comme le Rituel *A*, les lectures et les antiennes qui précèdent la messe proprement dite. — Dans le manuscrit *A*, les antiennes (*Psallendum, Laudes, Sacrificium*) sont accompagnées partout de notes musicales.

Lavdes : Alleluia. O Domine. (*Vid. col. 314.*)

Sacrificivm : Deprecatus est populus faciem Dei, et exaudiuit illum Dominus et dedit ei salutem. Et inmolauit sacerdos holocaustum matutinum in odorem suauitatis. Alleluia.

Missa.

Redemtor humani generis conditor Deus, da ut famulorum tuorum *Illorum* uota adipe dilectionis tue cumulata proficiant, dum a te inpetrari meruerint quod obtant. — Amen.

Alia.

Deus, qui uulnere passionis et crucis nostrorum omnium uincula soluis, uotiuam hanc seruorum tuorum suscipe precem, in omnibus pro quibus te poposcerint fideli deuotione. — Amen.

Post Nomina.

Christe Ihesu, auctor formationis omnimode, hec nomina coram tuo altario recitata celesti prenotare in pagina. — Amen.

Ad Pacem.

Deus, qui auctor es pacis et pure dilectionis, fac nos ita ab inuicem diligi, ut tibi mereamur per omnia copulari. — Amen.

Inlatio.

Dignum et iustum est nos tibi gratias agere, omnipotens Deus : qui ob hoc peccatorum non renuis postulata, ne opus tuum desperatio prostituat nocitura. Propter quod te, Domine, postulamus, ut horum famulorum delicta detergas, petitiones impleas, et perseuerantiam in eis boni operis atque efficaciam tribuas. — Cui merito.

Post Sanctus.

Vere sanctus, uere benedictus Deus, qui bonorum uotorum incrementa toleraris, qui totum te in uisceribus digne tibi confitentium inicis, cum eos tue non dedigneris reficere uberius passionis. — Christe.

Post Pridie.

Redemtor Christe Ihesu, sanctifica hanc seruorum tuorum uotiuam oblationem; ut per hanc et intime

[9] *M* mereantur quod exobtant. [13] *A* uotibam [14] *M* tuorum *Illorum* [15] *A* fide deuotione *M melius* fideli deuotione [18] *A* celesti renotari *M melius* que coram tuo sunt altario recitata, celesti mereantur prenotari in pagina [21] *M* dilectionis amator [26] *A* rennuis [28] *M* Pro quo [31] *M* efficientiam [34] *M* incrementa largiris [36] *M* refici [38] *M* famulorum tuorum *Illorum*.

quietis potiantur dulcedinem, et uirtutum se bonorum summa gaudeant inuenire.

Oratio Dominica.

Diuino magisterio edocti et salutaribus monitis instituti, audemus dicere, quia iubere dignatus es : — Pater.

Benedictio[1].

Benedicat uos Dominus rector eternus, qui uos redemit pretioso sanguine suo. — Amen.

Benedicat uos et donet uobis perseuerantiam fidei, spectationem spei et dulcedinem caritatis. — Amen.

Vt tali muniti presidio, triumfatores exeatis e mundo. — Amen.

MISSA V[2] PLVRALIS.

Omnipotentem Dominum, Fratres dilectissimi, deprecemur, ut aulam misericordie sue pandat pulsantibus famulis suis, et eorum precibus adsistat propitius. Augeat eis Dominus fidem, salutem ac pacem, et eorum peccata propitius dimittat; acceptaque sint in oculis suis uota eorum, et oblationes quas ei offerent acceptandas suscipiat, et per intercessum sanctorum suorum petitiones eorum adimpleat, atque omnes orationes exaudiat.

Qui in Trinitate.

Alia.

Exaudi, Domine, orationem famulorum tuorum et deuotionem eorum in tua laudatione amplifica : ut, dum tibi debito famulantur honore, mereantur te laudando percipere eterne premia uite, ut presenti seculo perfruantur commodis, et uite eterne percipiant que cupiunt remedia.

Post Nomina.

Offerentes famulos tuos tibi, Domine, munera, eos in tuo nomine glorifica, et eorum uota propitiatus suscipias et peccata cuncta dimittas. Salutem quoque corporis et anime concedas, requiem defunctorum tribuas et celesti regno consortes efficias : ut per hanc uotiuam oblationem percipiant tue indulgentie largitatem, et per intercessum sanctorum tuorum beneficium consequi mereantur eternum

Ad Pacem.

Domine Deus omnipotens, qui dixisti per Ihesum Christum Filium tuum : « Pacem meam do uobis, pacem meam relinquo uobis »; dona, ut pacem quam in tuo nomine labiis propinamus fixam in nostris cordibus teneamus, et hanc uotiuam oblationem, quam tibi propter famulos tuos offerimus, suscipere digneris. Peccata quoque eorum benignus dimittas, et salutem propitiatus concedas, et languores eorum placatus semper abstergas. Manus enim tua auxilietur eis, ut tuo brachio protecti, ab omnibus huius seculi procellis et temptationibus liberentur, et in tua pace cum suis omnibus in temporum longinquitate letentur.

Per auctorem.

Inlatio.

Dignum et iustum est, equum et salutare est nos tibi laudes et gratias agere, sacrificia spiritualia celebrare, Domine sancte, Pater eterne, omnipotens Deus, per Ihesum Christum Filium tuum Dominum nostrum, qui factus est mundi sacrificium et expiauit effusione sanguinis sui peccata omnium. Per eum te igitur precamur, Pater eterne Deus, ut hec oblatio, que propter famulos tuos indignis a nobis tibi offertur, sit in oculis tuis semper accepta. Vt sanctis tuis eorum fides et recta confessio peruenit ad coronam, ita istis sua deuotio occurrat ad ueniam : ut mereantur per hoc sacrificium a cunctis emundari sordibus peccatorum, et reconciliatos tibi per Christum sereno eos uultu respicias, et omnium eorum peccata dimittas. Seueritatem quoque iudicii tui ab eis clementer suspendas, et miserationis tue gratiam super eos benignus infundas.

Per ipsum, cui.

Post Sanctus.

Vere sanctus, uere benedictus Dominus noster Ihesus Christus Filius tuus, cuius gloria pleni sunt celi et terra : qui se obtulit pro nobis moriendo, quod accepit ex nobis nascendo. Per quem te supplices deprecamur, ut hanc oblationem famulorum tuorum, quorum tibi fides cognita est et nota de-

[1] *M* bonorum omnium summa te concedente gaudeant inuenisse [5] *A* qua *M* quia [18] *M* adsitat [22] *M* acceptandi suscipiant [29] *M* deuito.

1. Cette bénédiction est différente de celle du Rituel *M*, qui dit : « Benedictio. Vota uestra, *retro quere* ». Voy. ci-dessus, col. 318.

2. Malgré cette rubrique, il faut lire : *Missa VI*[a]. Plusieurs des formules de cette messe sont les mêmes que celles publiées ci-dessus, col. 310, 311. — Cette troisième messe est empruntée au codex *M*, fol. 132-134.

[10] *M* propinamur [14] *M* langores [16] *M* et tuo brachio [18] *M* in temporibus [32] *M* choronam [46] *M* cuius tibi fides.

uotio, libens ac placatus accipias, oblata tribuas, aduersa repellas, et ab omnibus insidiis diabolicis et humanis tua eos uirtute defendas. — Christe.

Post Pridie.

Te, omnipotens Deus, petimus et rogamus, ut oblationem hanc, quam tibi propter famulos tuos referimus, suscipere digneris propitius, et eorum libamina ipse tibi facias acceptabilia, ut per Spiritum tuum Sanctum sanctifices, et corda simul et corpora a peccatis expurges; ut, dum corda nostra Christi corporis sanctificatione purificas, et preces eorum exaudias et holocaustum nostrum in odorem suauitatis accipias.

Ad Orationem Dominicam.

Exaudi, Deus, supplicantes famulos tuos, et deuotionem eorum benignus adsiste : ut misericordiam tuam nec ab eis exoratus subtrahas, nec a nobis offensus auertas; sed celeriter te placari emendatione concedas, quum ea que Dominus noster Ihesus Christus Filius tuus orare docuit orauerint e terris. — Pater.

Benedictio.

Benedicat Dominus omnipotens famulos suos et pre abundantia misericordie sue cor eorum corroboret, mentem sanctificet, uota multiplicet, castimonia decoret atque sensus eorum in bonis operibus semper edificet.

Prospera tribuat, pacem concedat, salutem conferat, quietem nutriat, caritatem muniat, et ab omnibus diabolicis et humanis insidiis sua semper protectione et uirtute defendat.

Et ita deuotionem eorum semper placatus suscipiat, ut queque ab eo postulauerint clementer concedat.

Completuria.

Deus, qui hoc custodis pro tua pietate quod dederis, custodiendo largiris : presta, ut sanctorum tuorum patrocinio tegamur, et consortio Dominici corporis et sanguinis gratia gratulamur.

Per Dominum.

Completuria[1].

Corporis sacri et pretiosi sanguinis repleti libamine, quesumus, Domine Deus noster, ut quod pia deuotione gerimus certa redemptione capiamus.

ORDO DE PLVRALI[4].

AD PRELEGENDVM, A[ntiphona] : Alleluia. Mitte nobis auxilium de sancto, et de Syon tuere nos, Domine, in quacumque die inuocauerimus te. Alleluia. — VERS. : Domine, in nomine.

Oratio.

Imple, Domine, omnes petitiones nostras, ac mitte nobis auxilium de sancto. Memor esto omnis sacrificii nostri, quod tibi non solum oblationum et orationum, sed etiam afflictionum et gemituum offertur holocaustum; ac preces nostras in quacumque die, tam manu lingue, quam gemitu cordis offerimus, propitius acceptare. — Deo gratias.

Per tuam magnam misericordiam.

De quadragesima[2] : ANT. : Venit super nos misericordia tua, Domine. — VERS. : Salutare tuum super nos.

Oratio.

Veniat super nos, Domine, salutare tuum; ut ex ore nostro ueritatis nunquam decidat uerbum, nec confundamur eloqui testimonia, sed libere fateamur tue legis insignia. — Amen.

Qui eris, Domine, benedictus in secula.

Missa uotiua pluralis.

Deus, restaurator et conditor omnium elementorum, eterne omnipotens Deus, te rogamus, ut uotum famulorum tuorum suscipias, et clementi respectu peccata eorum dimittas.

Alia.

Deus, qui super lignum crucis peccata nostra deportari in corpore tuo iussisti, hanc oblationem famulorum tuorum uotum accipe, et tam corpori quam anime eorum medelam adtribue.

[4] *In codice ita inscribitur :* Post II[e] [12] *M* olocaustum [17] *M* subtraas [18] *M* set celeriter [26] *M* sensos eorum [30] *M* suarum semper.

[3] *M* Ordo de pluralis [10] *M* omne sacrificii [12] *M* gemitum... hac preces [23] *M* ueritas nunquam [24] *M* liuere [29] te rogamus *ipse addidi* [33] *M* deportare.

1. On retrouve plusieurs fois cette seconde collecte dans les Sacramentaires léonien et grégorien. (Voy. MVRATORI, *Liturgia Romana uetus*, t. I, col. 295; t. II, col. 105, 107, 130, 181.) C'est évidemment un emprunt à la Liturgie romaine.

1. J'emprunte cette dernière messe *de plurali* au Rituel *M*, fol. 141-143.

2. Antienne sans Alleluia, conformément au canon XI du 4e concile de Tolède.

Post Nomina.

Christe Deus omnium, qui omnium uotiuam inspirationem credentium tibi multiplicas, offerentium uota accepta, ac defunctorum animas in pace refrigera.

Ad Pacem.

Deus, pacis auctor et instaurator, fac nos semper pacificos, per pacem tuam letantes et in dilectione proximi seruantes, tu, qui es pax nostra : ad te peruenire mereamur sine fine felices.

Inlatio.

Dignum et iustum est, omnipotens Deus, ut fidelium tuorum uotum, et illud munus oblatum, a sede pietatis tue placatus accipias, quem ineffabilis numerus angelorum sine fine conlaudant, ita dicentes : [Sanctus].

Post Sanctus.

Vere sanctus es, omnipotens Deus, qui acceptas oblationes seruorum tuorum, atque peccata eorum solita pietate dimittis.

Christe Domine.

Post Pridie.

Christe Deus omniumque imperator, uotiuam hanc famulorum tuorum acceptam coram te facito oblationem, ut tibi sint per hoc copulati et dextera tua semper muniti.

Oratio Dominica.

Tuo edocti magisterio, Christe, non cessemus dicere quod adiuuare dignatus es : quo te precipiente oramus. — Pater.

Benedictio.

Deus in nobis hilarem faciem suam miserator ostendat, et Omnipotens brachii sui uirtute miserator nos regat. Ipse uos et de presentibus repleat bonis et dignos reddat eternis.

XVIII. — ORATIO POST NOMINA OFFERENTIVM DICENDA IN QVACVMQVE MISSA.

Hec oratio recitata est per ordinationem sancti Iuliani a domno Felice metropolitano Toletane sedis fol. 247 *episcopo, et confirmata est in concilio / a suprafato pie memorie sancto Iuliano iamdicte ciuitatis episcopo. Et preceptum omni Hispanie conciliariter fuit*[1]*, ut ab omnibus sacerdotibus memoriter in omni missa post Nomina Offerentium recenseretur, seu in omni christianitate, ad exorandum Dominum memorie conmendaretur. Inuentum enim in eodem concilio extitit, etiam a peritissimis uiris in oratione expetere que penitus non licet orare. Multi enim, contra precepta diuina, mortes inimicorum, affectiones rerum, conuicia retributionum expectantes, a regno Dei se diuidunt, et in illa sententia pereunt, que dicit : « Neque maledici regnum Dei possidebunt »*[2].

Oratio post Nomina.

Concede nobis, Domine, ueniam famulis tuis cunctorum peccaminum, tam que in corpore, quam extra corpus conmisisse dinoscimur. Innocentia quoque actionis, tranquillitas et quies mentis, feruor sancte dulcedinis et pondus necessarie grauitatis, patientia, humilitas, contemtus mundi, et constantia uel perseuerantia in bonis actibus, te donante, largiatur nobis. Repulsa omni superbia, uanitatis quoque appetitu uel affectu expulso, nicil per inanem gloriam operemus, nec aliquando a te Domino reprobemur; sed ire, inuidie, fornicationis quoque, atque omnium uitiorum deuictis superatisque stimulis, aduersa omnia per patientiam superemus. Inlata contumelia, cum summa tolerantia sustinentes, nec cuicumque uicem contumelie respondentes, cursum uite huius cum iucunditate peragere mereamur inmobiles. Detractio, conmotio, diiudicatio procul sint a nobis. Maledicta quoque,

[2] Qui *ipse addidi* [3] *M* credentes [4] *M* hac defunctorum [9] *M* serbantes [13] *M* uotum illi munus [14] *M habet* que *pro* quem [15] *M* numerum [20] *M* dimitas [23] *M* uotibam [25] *M* copulatio [32] *M* ilarem [33] *M* bracii sui uirtutum [34] *M* de pretibus [39] Toletano sedis.

[11] *Cod* que dicunt I Corinth., VI, 10 [16] *Cod* conmonisse *pro* conmisisse... Innocentie quoque hactionis... ferbor [20] *Cod* hactibus [24] *Cod* set [31] *Cod* procul sit.

1. Les actes des conciles de Tolède tenus sous les évêques Julien et Félix (681-700) ne nous ont conservé aucune trace de l'approbation de cette formule et de l'usage obligatoire qui en avait été imposé à toute l'Église d'Espagne. Mais il faut ajouter que les décisions de ces conciles ne nous sont pas toutes parvenues. — Quant au texte de la formule, cf. col. 300-302.

2. Le 17e concile de Tolède (694) nous donne dans son canon v, intitulé : *De his qui missam defunctorum pro uiuis audent maleuole celebrare*, un exemple frappant des abus signalés et stigmatisés dans cette rubrique. Il s'agit des prêtres qui osaient dire des messes *pro defunctis* pour se défaire de leurs ennemis vivants. Le concile se montre inexorable pour ces indignes ministres de l'autel : il les condamne à la déposition et à la prison perpétuelle. La communion ne leur était accordée qu'au moment de la mort.

siue que a quolibet in nobis prolata sunt, seu etiam fol. 248 que a nobis in aliis processerunt, nullum / nociuilitatis, tam nobis, quam illis afferant grauamentum. Quicquid etiam tibi Domino Deo nostro seruandum promisimus, nec fecimus, ut nobis dimittatur oramus. — De nobismetipsis quoque semper humilia sentiamus, ut mansueti ad omnes simus. Pietatis quoque uisceribus abundemus : et humilitatis tue, Christe, uestigia uel omnium sanctorum exempla sequentes, imitatores tui per omnia simus; ut uiuamus in te et non recedamus a te, sed queramus faciem tuam semper, uenientes ad te in abundantia bonorum operum cum letitia et exultatione. In hac ergo uita ita nos, Deus, pro tua pietate iustifica et a malis omnibus libera, ut et hic tibi seruiamus cum sanctitate et pace, et in futuro sociemur tibi amplexu beatitudinis infinite. Da nos nobis, ut quicquid a te accepimus, multiplicato fenore iustitie, reportemus. Hoc etiam specialiter a te poscimus, Domine, ut nunquam in confuso fine ueniamus; nec in ipso uocationis tempore, aut iniquitas in confessione os nostrum impediat, aut tranquillitas confessionis denegetur nobis obtata; sed malorum angelorum occursione a nobis longe repulsa, bonorum angelorum nos occursio foueat : que et omnem pauorem atque formidinem ante nostrum transitum salubriter discutiat, et nos ad conspectum glorie tue coronandos perducat.

Sacerdotibus quoque tuis cunctisque religiosis religionis copiam prelargire, et omnimode sanctitatis cultum his dignare concedere. Obsecramus demum te, Deus, et petimus pro regibus tibi bene-
fol. 249 placitis / et potestatibus huius mundi, ut te duce atque gubernatore, quietam et tranquillam uitam mereantur transducere, quo et malos populos subditos iustitia regant, bonos pietate gubernent, pressuris omnibus releuent, et iussu pietatis tue utrosque omnes modificent.

Omnibus igitur fida nobis amicitia copulatis donum indulgentie tribue. Plenissimam tue nostreque concordie caritatem atque eternum gaudium sine fine concede. Hii quoque, qui uel ignorantia cecitatis obducti, uel libore turbati, uel quolibet insano odio nos stimulo insecuntur, detrahunt uel subuertunt, tu eis propitiatus ignosce, conuertens eos ad tuum amorem nostramque dulcedinem; ut nicil de his que nobis uel intulerunt, uel inferre conati sunt, uel conantur, penaliter inputans, sanctis tuis angelis eos participes reddas.

² *Cod* nocibilitatis ³ *Cod* grabamentum ⁶ *Cod* semedipsis ⁸ *Cod* habundemus ¹⁰ *Cod* ymitatores ¹¹ *Cod* set ¹¹⁻²⁸ *Cf.* col. 301 ¹² *Cod* habundantia ²⁴ *Cod* occursionis ²⁵ *Cod* fobeat ²⁶ *Cod* paborem ³⁵ *Cod* quo et mali populos... pie a te gubernent... utroque omnes ³⁷ *Cod* relebent ⁴² *Cod* ignorantie ⁴⁴ *Cod* detraunt.

Adherentium quoque nobis uel obsequentium mentes, atque omnium quos ad nostrum uoluisti uel permisisti regimen pertinere, disciplinis spiritualibus reple : ut in domo tua sanctificati permaneant, et eruditi de lege tua fructum uite percipientes, ad te quandoque coronandi perueniant. Mortuorum sane fidelium spiritus in pace refrigera, et per hec libamina que offeruntur, pro fide qua te crediderunt dona eis inconcussa possidere gaudia sempiterna.

XVIIII. — MISSE ORDO VNIVS TRIBVLATI[1].

Allelvia : Alleluia. Libera me, Domine, ab omnibus angustiis meis, Alleluia. — Vers. : Humiliatus sum usquequaque.

Lectio libri Esther.

In diebus illis, orauit Esther Dominum, dicens : Memento, Domine, et ostende te nobis / in tempore fol. 25[0]
tribulationis nostre, et mihi da fiduciam, Rex deorum et uniuerse Domine potestatis. Tribue sermonem conpositum in ore meo in conspectu leonis, et transfer cor illius in odium hostis nostri. Nos autem libera manu tua et adiuua me, nullum aliud habentem auxilium nisi te, Domine.

Psallendvm : Domine, orationem meam exaudi. — Vers. : Quia persecutus est inimicus animam meam uelociter. *Psalmus :* Exaudi.

Epistola Pauli apostoli ad Corinthios secunda.

Fratres : Benedictus Deus et Pater Domini nostri Ihesu Christi, Pater misericordiarum et Deus totius consolationis, qui consolatur nos in omni tribula-

⁶ *Cod* aderentium ¹⁷ *Antiphona cum notis musicis in Cod* ¹⁸ *Cod* umiliatus ²⁰ Esth., xiv, 12-14 ²² *Cod* hostende ²⁷ *Cod* et adiuba me nullum alium. In *A legitur* adiuua nos, nullum alium habentes ²⁹ *Cum notis musicis in Cod* ³¹ *In Cod* P *pro* Psalmus ³² *Cod* Corintios. II Cor., i, 3-11.

1. Le Rituel *A*, fol. 90-95, donne une messe semblable à celle-ci pour les lectures de l'Ancien et du Nouveau Testament; mais, pour le reste, elle se rapproche davantage de la messe intitulée : *Ordo de tribulatis pluralibus*, que l'on trouvera un peu plus loin (fol. 255 du manuscrit) et à laquelle je renvoie.

tione nostra : ut possimus et ipsi consolari eos qui in omni pressura sunt, per exhortationem qua exhortamur et ipsi a Deo. Non enim uolumus ignorare uos, Fratres, de tribulatione nostra, que facta est in Asia : quoniam supra modum grauati sumus supra uirtutem; ita ut tederet nos etiam uiuere. Sed ipsum in nobis ipsis responsum mortis habuimus; ut non simus fidentes in nobis, sed in Deo, qui suscitauit mortuos. Qui de tantis periculis eripuit nos et eruet; in quem speramus quoniam et adhuc eripiet : adiuuantibus et uobis in oratione pro nobis, per fidem que est in Christo Ihesu Domino nostro.

Lectio sancti Euangelii secundum Iohannem.

In illo tempore, Dominus noster Ihesus Christus loquebatur discipulis suis, dicens : Amen, amen dico uobis, tristitia uestra uertetur in gaudium. Mulier quum parit tristitiam habet, quia uenit hora eius; quum autem peperit puerum, iam non meminit pressure propter gaudium, quia / (fol. 251) natus est homo in mundum. Et uos igitur nunc quidem tristitiam habebitis. Iterum autem uidebo uos, et gaudebit cor uestrum, et gaudium uestrum nemo tollet a uobis. — Amen.

LAVDES : Alleluia. Iniqui persequuti sunt me, Domine; auxiliare mici, Deus meus, et libera me. Alleluia.

SACRIFICIVM : Sacrificium Deo spiritus contribulatus; cor contritum et humiliatum Deus non despicit. — II. Benefac, Domine, in bona uoluntate tua Syon, ut edificentur muri Iherusalem. Cor contritum.

Missa uotiua unius Tribulati.

Deum, qui contritorum non despicit gemitum et merentium non spernit affectum, lacrimosis precibus, Fratres dilectissimi, postulemus, ut hanc singularis uictime hostiam, quam pro tribulatione serui sui *Illius* fidenter offerimus, dignetur acceptare propitius : tribuatque, ut quicquid contra eum diabolica atque humana moliuit aduersitas, ad nicilum redigat; ut in nullo de aduersis lesus, eidem mereatur letus offerre sacrificium prosperis restitutus. — Amen.

[2] *Cod* exortationem qua exortamur [5] *Cod* grabati [7] *A* Sed ipsi [11] *Cod* aduc [14] Ioan., XVI, 20-22 [17] *A* uertatur [25] *In Cod cum notis musicis* [33] *Cod* uotiba [37] *M (fol. 147)* quam tribulati serui tui ac relebatione offerimus [40] *M addit* et consilio pietatis allidat.

Ipso prestante, qui in Trinitate unus Deus gloriatur in secula seculorum.

Alia.

O Domine Ihesu Christe, qui nos per multas tribulationes perducis ad regnum tuum, erudiens nos aduersitum iaculis, aduersantium acuens machinamentis, oblatam tibi hanc oblationem, quam tibi Ecclesia tua pro liberatione et consolatione ac releuatione serui tui *Illius* offert, serenus accepta. Non eum fraus humana deiciat, non tua deitas ex iudicio puniat, non castigantis iniustitia usque/ (fol. 252) quaque dimergat, non iniquitas propria, non aduersitas adgrauet aliena. Si quid tibi deliquit ignosce, si quid offendit, in omnibus tu dimitte. Submoue ab eo cruciatus mentis simul et corporis; ut te conpunctus requirat, a te tactus non doleat, per te sustentatus aduersa despiciat, et te correctus diligenter exquirat. — Amen.

Per ineffabilem bonitatem tuam, Christe Domine, qui uiuis.

Post Nomina.

Offerentium tibi, Deus, nominibus recitatis, tue postulamus misericordiam pietatis, ut serui tui *Illius* pressuris interesse digneris; non quo eum uidendo damnes, sed quo eum conpatiendo saluifices : ut, tue roboratus auxilio gratie, ab inminenti liberetur opressione. His quoque a nobis hostiis inuocatus, ut defunctis concedas requiem postulamus. — Amen.

Ad Pacem.

Karitas illa, que per Spiritum Sanctum nostris est diffusa in cordibus, te, Deus Pater, gemebunda lacrymatione exorat, ut famulum tuum *Illum* ab omni periculo, cruciatu uel necessitate exemtum, nobiscum facias in tranquillitatis et pacis semper manere statu.

Inlatio.

Dignum et iustum est nos tibi semper gratias agere, Domine sancte, Pater eterne, omnipotens Deus, per Ihesum Christum Filium tuum Dominum nostrum : qui consolatur nos in omni tribulatione nostra, ut possimus et ipsi consolari eos qui in omni pressura sunt, de illo fidentes et per illum in temtatione non deficientes. Ille nos armis iustitie,

[13] *Cod* deliquid [14] *M* summoue [19] *Pro* Per ineffabilem *in M legitur* Te prestante [25] *M* sed quod [36] *M addit* Amen. Presta [41] II Cor., I, 4.

ille galea salutis munit atque circumdat, ne adtollamur in prosperis, ne deiciamur aduersis, ne inmunfol. 253 dorum spirituum iaculis, / ne aduersantium nobis penetremur sagittis : ut pressure seculi nos ad eternam pertrahant gloriam, et tribulationes mundi dona nobis exactent celestia. Per quem te, summe Deus, rogamus, ut precem Ecclesie tue adtendens, propitiabili dignatione ad hec munera respicere iubeas, que tibi pro uisitatione et releuatione pressure serui tui *Illius* offerimus. Iamiam, Domine, respice super eum uultu placabili et misericordia singulari. Remoue ab eo quod seuitia malorum promittit, quod iniquorum prauitas intulit, quod prauorum in consiliis aduersitas alligauit, quod ex iudicio inminet, quod ex sententia pendit, quod conspiratione machinatum, quod accusatione confictum, quod propriis iniquitatibus gestum, quod alienis est fictionibus alligatum, quod pressuris deicitur, quod cruciatibus premitur, quod congustiis [1] angustiatur.

Non iustitiam tuam in iniustitiam eius exerceas, sed potius pietatem tuam in eius iniustitiis manifesta. Non eum in percussione deicias, non in flagello prosternas, non per murmurationem abicias, non per intolerantiam perdas; sed per tribulationem exerce, per pietatem adtolle, per misericordiam rege : quo per te ab inimicorum iaculis tutus, ac presenti tribulatione exemtus, te Deum unum in Trinitate consono uocis preconio conlaudet atque concelebret, ita dicens : [Sanctus].

Post Sanctus.

Vere sanctus, uere benedictus Dominus noster, fol. 254 / Ihesus Christus Filius tuus, qui sic nos hic tribulationum censura contundit, aduersantium stimulis erudit, lacerantium aduersitatibus frangit, ut post dolores ueniamus ad requiem, post laborem inueniamus mercedem. Hic tibi, Deus Pater, hec sacrificia inferat, hic tibi hec conmendabilia reddat, hic nostris precibus faueat, hic seruum tuum *Illum*,

[1] *M* Ne adtollamur prosperi [9] *Cod* relebatione [14] *Cod* prabitas... praborum [16] *Cod* macinamentum *In M* mancinatum *Cod* confinctum [18] *Cod* finctionibus.

1. Je conserve ici le mot *congustiis*. Il ne me paraît pas une erreur de copiste, bien qu'on ne le trouve pas ailleurs. A rapprocher des mots suivants : « *congustum*, détroit (DVCANGE, *Glossarium*, éd. 1884), *congosto*, et *congostro* (FÉROTIN, *Recueil des chartes de l'abbaye de Silos*, p. 552). Voy. aussi plus loin (col. 362) l'expression *congustatio*.

pro quo hec tibi offerimus dona, ab omnibus pressuris absoluat ac redimat, et gratia tua ei quantotius multiplex solamen inpertiat.

Christus Dominus ac redemtor eternus.

Post Pridie.

Deus, qui tribulatos corde sanas et mestificatos actu iustificas, ad hanc propitius hostiam dignanter adtende, quam tibi pro serui tui offerimus liberatione. Tu et hec benignus accepta, et illius pro quo offertur sana discrimina. Tribulationum eius adtende miseriam, et congustiarum illius submoue pressuram : ut, exutus ab omnibus quibus quatitur malis, in tuis semper delectetur exultare iudiciis. — Amen.

Per gratiam pietatis.

LAVDES : Letifica animam.

LAVDES : Eripe me de inimicis meis, Domine, quoniam ad te confugiui. Educ de tribulatione animam meam, perde omnes qui tribulant me, quia seruus tuus sum ego.

Ad Orationem.

Dimitte, Deus, peccata nostra et tribue nobis misericordiam tuam : quo oris nostri alloquio deprecatus serui tui *Illius* humilitatem adtendas, uincula soluas, delicta deleas, tribulationem inspicias, aduersitatem repellas, effectum petitionis nostre largiens e celis, quum ad te nunc proclamauerimus e terris : — Pater.

Benedictio.

/Christus Dominus, qui uos precepto suo obe- fol. 255
dientes, pro serui sui *Illius* liberatione coram se inspicit gemere, faciat uos et illum inlatis tribulationibus non perire. Frangat inimicorum eius audaciam, et tribulatione atque aduersitate omni exemtum uobis cum eo perducat ad celestia regna. — Amen.

Vt pressure seculi cum illo carentes, et hic et in eternum mereamini esse felices. — Amen.

Prestante ipsius misericordia Dei nostri, qui cum Deo Patre et Sancto Spiritu unus Deus gloriatur in secula seculorum. — Amen.

[2] *Cod* absolbat *M* et gratie tue [4] *M finit cum* Christus [8] *M* serui tui Illius [11] *Cod* submobe [14] *M finit cum* Amen. [16] *Antiphonae cum musica in Cod* [18] *Cod* confugibi [24] *M* seruis tuis [25] *Cod* solbas [31] *Cod* serbi [37] *M* pressuris [41] Amen *omittitur in M.*

XX. — ORDO DE TRIBVLATIS PLVRALIBVS [1].

Allelvia : Protege nos, Domine, manu tua, Alleluia, et libera nos, Alleluia, Alleluia, Alleluia. — Vers. : Deus, in nomine tuo sal[uum me fac et in uirtute tua] libe[ra me] [2].

Oratio.

Manu tua, Domine, misericorditer nos ubique precamur protege, et a cunctis malis clementer erue. Sicque tuo muniti auxilio, ab omnibus presentibus et futuris liberemur erumnis, ut tecum sine fine uiuere mereamur in celestibus regnis. — Amen [3].

Per gratiam.

Lectionem, Apostolum et Euangelium, supra in vno tribvlato *require* [4].

Psallendvm : Da nobis auxilium, Domine, in tribulatione. — Vers. : In Deo faciemus uirtutem, et ipse ad nicilum deducet tribulantes nos. In tri[bulatione].

Lavdes : Alleluia. Miserere nobis, Domine, miserere populo tuo, quia pre timore ire tue conturbati sumus; sed libera nos, Alleluia, Alleluia. — Conuerte, Domine, planctum nostrum in gaudium et dolores nostros in letitia.

/Sacrificivm : Exaudiat nos Dominus in die tri- fol. 256
bulationis; protegat nos nomen Dei Iacob, Alleluia, Alleluia. — II. Det nobis Dominus auxilium de sancto, et de Syon tueatur nos, Alleluia. — III. Memor sit Dominus omne sacrificium nostrum, et holocaustum nostrum pingue fiat : et exaudiat nos in quacumque die inuocauerimus eum, Alleluia, Alleluia [1].

Missa de Tribulatis [2].

Domine Deus, magne et omnipotens, qui sanas contritos corde et alligas contritiones eorum, respice propitius ad officium nostre seruitutis, et hoc sacrificium, quod pro afflictione seruorum tuorum *Illorum* tibi a nobis conspicis offerri, misericors et

³ *M cum quattuor* Alleluia ¹³ *M* Per tuam magnam misericordiam.

1. Cette messe se trouve aussi, avec les différences que nous indiquerons, dans le Rituel *A*, fol. 90-95, sous le titre de *Ordo tribulantis, uotiua dicenda*, et dans le Rituel *M*, fol. 146-151, sous celui de *Missa de tribulatis*.

2. Dans le manuscrit *A*, fol. 90 : « Allelvia. Alleluia. Mitte nobis auxilium de sancto, et de Sion tuere nos, Domine, in quacumque die inuocaberimus te, Alleluia, Alleluia. — Vers. : Vt confiteamur. » Cette antienne est notée en neumes.

3. La première oraison est suivie dans le Rituel *M* de celle que voici : « Alia Oratio. A timore inimici, Domine, liuera animas nostras, et a conuentu malignantium eripe eas : ut qui uulnere passionis tue educta est (*sic*) de lacu miserie, in te credentes perducamur ad eterne glorie liuertatem. — Per gratiam pietatis tue. »

4. Au lieu de cette rubrique, les manuscrits *M* et *A* donnent ici tout au long les trois lectures reproduites plus haut (col. 334). Les antiennes notées, qui viennent à la suite de la rubrique, doivent se distribuer ainsi : Le *Psallendum*, après la leçon de l'Ancien Testament; les *Laudes* et *Sacrificium*, après l'Évangile. Dans le Rituel *M*, le *Psallendum* et les *Laudes* (avec accompagnement de la notation musicale) sont particuliers : « Psallendvm. Domine, protege nos a conuentu malignantium ; et a multitudine operantium iniquitatem defende nos, Deus noster. Vers. : Mitte nobis, Domine, auxilium de sancto et de Sion tuere nos. A con[uentu]. — Alias Lavdes. Alleluia. Conuerte, Domine, luctum nostrum in gaudium et dolores nostros in letitia. Alleluia. » — Quant aux huit formules : *Missa, post Nomina*, etc., celles du Rituel *M* sont identiques aux formules de la messe précédente (col. 335). Toutefois, ce même manuscrit reproduit un peu plus loin (fol. 151-154) les huit formules données pour cette messe par le Rituel *B*.

⁷ *M* luctum *pro* planctum ⁸ *A* in letitiam *In M omittitur* Alleluia ¹⁴ *M* exaudiet.

1. Au lieu du *Sacrificium* ci-dessus, le Rituel *A* donne le suivant : « Sacrificivm. Sacrificium Deo spiritus contribulatus : cor contritum et humiliatum, Deus, non despicis. — II. Benefac, Domine, in bona uoluntate tua Sion, ut edificentur muri Iherusalem. Cor. »

2. Les variantes de cette formule et des suivantes dans le Rituel *A* sont trop importantes et trop nombreuses pour nous dispenser de reproduire ces morceaux en entier à leur place respective : « Missa. Domine Deus noster, magne et omnipotens, qui sanas contritos corde eorumque alligas contritiones : respice pro[pi]tius ad officium seruitutis nostre, et hoc sacrificium, quod pro afflictione nostra tibi a nobis conspicis offerri, e manibus nostris placatus adsumme. Tua te pietas nobis efficiat placabilem, quos conditio fragilitatis humane constituit in merore. Exaudi, Domine, quia pius es, seruorum tuorum preces, et dimitte nobis cunctas nostras offensiones. Manus tue fortitudine a cunctis angustiis liberemur, ut cum tuis sanctis hic et in [e]ternum [iucundari mereamur?]. — Alia : Multe sunt, Domine, consolationes tue, quarum ope letifices nos positos in merore. Preces nostras, quia pius es, placatus adtende, et hoc sacrificium, quod pro famulis tuis *Illis* corde contritis et in angustiis positis tibi omnipotenti Deo offerimus, propitius acceptare digneris. Intret eorum gemitus in tuis sacris auribus, et da eis in tribulatione auxilium tuum, per quod ad letitiam perueniat sempiternam mestus eorum animus. — Amen. — Voy. ci-dessus, col. 280-282.

placatus adsume. Tua te poscimus pietas nobis efficiat placabilem; ut quos condicio humane fragilitatis in merore constituit, indeficiens misericordia tua clementer letificet. Exaudi, Domine, quia pius es, famulorum tuorum preces et cunctas eorum dimitte offensiones. Manu fortitudinis tue eos ab omnibus angustiis erue, et cum tuis sanctis angelis hic et in eternum iucundari concede. — Amen.

Per ineffabilem bonitatem tuam, Deus noster, qui uiuis.

Alia.

Multe sunt, Domine, clementie tue consolationes, quarum ope ut nos letifices precamur positos in dolore. Precamur, preces nostras, quia pius es, placatus intende, et hoc sacrificium, quod contrito corde tibi omnipotenti Deo pro consolatione seruorum tuorum offerimus, dignare propitius acceptare.
fol. 257 Intret eorum / gemitus in conspectu tuo, et da eis in tribulatione auxilium, per quod ad sempiternam letitiam peruenire mereantur et gaudium.

Tua concedente misericordia, Deus noster, qui cuncta.

Post Nomina [1].

Exaudi nos famulos tuos, omnipotens Deus, ad te clamantes in tribulatione, et quesitum nobis prebe solatium magno constitutis in merore. Accepta, piissime Deus, hanc hostiam, quam tibi pro liberatione seruorum tuorum *Illorum* offerimus dedicandam. Concede nobis omnibus in commune uiuentibus bene uiuendi subsidium, et offerentium nomina in libro uite prescribe, ac defunctis fidelibus requiem sempiternam adtribue.

Ad Pacem [2].

Pacem tuam, Domine, quam tuis tenendam conmendasti discipulis, concede nobis seruare miseris seruis tuis; et quia tuum est perceptum ut nos inuicem diligamus, te quesumus et rogamus, ut hoc sacrificium pius suscipias, et famulos tuos pro quibus offertur a cunctis angustiis et tribulationibus eripere digneris propitius. — Amen.

Per te qui es uera pax, perpetua karitas, Deus noster.

Inlatio [1].

Dignum et iustum est nos tibi gratias agere, Domine sancte, Pater eterne, omnipotens Deus, per Ihesum Christum Filium tuum, Dominum nostrum : per quem te supplices exoramus, ut hoc holocaustum quod pro famulis tuis offerimus suscipias pius, et pietatis tue solacium eis inpendas propitius. Tuum est enim, Domine, contritos corde sanare, tuum est ubique merentes consolare. Placeat ergo, Domine, iam tue pietati erigere oppressos, consolare mestificatos, reuocare captiuos, letificare / in tribulatione fol. 258
constitutos. Per ipsum, quem tecum et cum Spiritu Sancto celestia pariter ac terrena conlaudant, hunc hymnum dulci modulatione proclamantes atque ita dicentes : Sanctus.

Post Sanctus [2].

Vere sanctus, uere benedictus Dominus noster Ihesus Christus, Filius tuus, qui factus est uita fide-

[1] *Cod* adsumme [13] *M* nos ut letifices. Precamur *deest in M* [22] *M* qui cuncta regis in secula [32] *M* adtribue. Amen.

[6] *M habet tantum* uera pax et perpetua [18] *M* in tribulationibus [21] *Cod* ymnum.

1. Rituel *A*, fol. 93 : « Post Nomina. Exaudi, omnipotens Deus, nos famulos tuos ad te in tribulatione clamantes, et libera nos de angustiis et de tribulationibus multis. Accepta, piissime Deus, pro nostrorum remedio, hoc sacrificium, et concede his tue pietatis premium sempiternum. Offerentium nomina in libro uite prenota, et defunctorum animas in pace refrigera. — Amen. »

2. Rituel *A*, fol. 93 : « Ad Pacem. Pacem tuam, Domine, quam conmendasti tuis Apostolis concede nobis seruandam miseris seruis tuis : et quia tuum est opus ut nos inuicem diligamus, quesumus te ut hoc sacrificium suscipias pius, et famulos tuos *Illos* pro quibus offertur, a cunctis angustiis et tribulationibus eripere digneris propitius. — Amen. »

1. Rituel *A*, fol. 94 : « Inlatio. Dignum et iustum est tibi gratias agere, spiritualia sacrificia celebrare, Domine Sancte, Pater eterne, omnipotens Deus, per Ihesum Christum Filium tuum, Dominum nostrum. Per ipsum te, omnipotens Pater, suplices exoramus, ut hoc sacrificium quod tibi offerimus pro famulis tuis illis, ut pietatis tue solacium concedas eis propitius. Tuum est enim, Domine, sanare contritos corde; tuum est merentes consolare. Placeat iam pietati tue eripere opressos, reuocare captibos, letiuicare in augustiis constitutos. Per ipsum te oramus, summe Pater, quem tecum et cum Spiritu Sancto conlaudant celestia pariter et terrestria, hunc imnum dulci modulatione proclamantes atque ita dicentes : Sanctus. »

2. Rituel *A*, fol. 94 : « Post Sanctvs. Vere Sanctus, uere benedictus, Dominus noster Ihesus Christus, Filius tuus, qui factus est mundo salus et morti extitit morsus. Per ipsum te petimus, Domine, Deus omnipotens, ut famulos tuos *Illos* in angustia et merore constitutos, eos uelociter respectu letifices, et hoc sacrificium in tui corporis et sanguinis transfiguratione confirmes adque sanctifices. Christus Dominus ».

lium et salus indeficiens animarum. Per ipsum te petimus, Domine Deus omnipotens, ut famulos tuos in angustia et merore constitutos ueloci respectu letifices, et hoc sacrificium tibi oblatum in transformatione corporis et sanguinis Domini nostri Ihesu Christi confirmes atque sanctifices.

Per Christum.

Post Pridie [1].

Deus clemens et misericors, qui tribulantium preces suscipis, et contritorum cordium sacrificio placaris; tu hanc hostiam benignus accipe, et his pro quibus offertur in omnibus tribulationibus pius consolator adsiste : ut, tuo per omnia muniti presidio, et a presentibus liberentur erumnis, et tempore iudicii tui cum sanctis omnibus a te ditentur muneribus sempiternis. — Amen.

Ad confractionem, LAVDES : Placabilis esto, Domine, et ostende te nobis in tempore tribulationis et angustie nostre [2].

Ad Orationem [3].

Scimus, Domine, quod nullus apud te innocens est, quia sepe insidie inimici obsunt humane conditioni. Sed quia fragilitas nostra frequenter se dilatat in culpa, et propria uirtute non potest diaboli uitare muscipula, nisi eam tua eripuerit pietas sancta : proinde petimus omnipotentiam tuam, ut protegas nos miseros gratia tua, et a mundanis peri/culis nos ualenter eruat dextera tua; ut patulo fol. 259
ore et libera uoce ad te proclamemus e terris : — Pater.

Benedictio [1].

Benedicat uobis omnipotens Dominus, et propitius cordis uestri suscipiat gemitum. Petitionibus uestris sue pietatis aurem inclinet, uosque a cunctis meroribus letificet. Mentem uestram miserationis sue subsidio muniat, et remedia uobis oportuna clementer adtribuat. — Amen.

Ipse Dominus et misericors.

XXI. — MISSA OMNIVM TRIBVLANTIVM VEL PRESSVRAM SVSTINENTIVM SIVE MARE TRANSMEANTIVM.

Lectio, Apostolum et Euangelium, de VNO TRIBVLATO *requiretis.* (*Vide supra, col. 334-335.*)

Missa.

Deum Dei Filium internis rugitibus, Fratres dilectissimi, et luctuosis questibus supplices deprecemur, ut hanc singularis uictime hostiam, quam pro animarum nostrarum remedio libantes offerimus, dignetur acceptare propitius : tribuatque in angustiis gaudium, in merore solatium, et in omni pressura seculi sempiternum subsidium; ut, eruti a calamitatibus quibus quatimur malis, suis nos semper faciat parere preceptis. — Amen.

Alia.

Magnificis uocibus nos tui clientuli te Deum inuocamus perpetuum, ut Ecclesie tue pacis tribuas incrementum, infidelibus cor adcumules rectum, indisciplinatis et a fide nutantibus penitentie satis-

7 *M* Per Christum Dominum 16 *M* Amen. Obbitulante (opitulante) clementia diuinitatis tue, Deus noster 22 *Cod* insidias 25 *Cod* nisi ea.

1. Rituel *A*, fol. 94 : « POST PRIDIE. Comprime, Domine, noxios semper incursus et salutarem quietem nostris dona temporibus : ut, qui nostris offensis crebrius fatigamur et merito nostre iniquitatis affligimur, per huius litationem sacrificii pietatis tue gratiam consequi mereamur. — Amen. »

2. Le Rituel *A* donne cette formule sous le titre de *Responsus.* — Quant au Rituel *M*, il ajoute le morceau suivant : « RESP. Defensor iuste, defende nos et libera nos de manu inimicorum nostrorum. « Ces prières sont accompagnées de notes musicales.

3. Rituel *A*, fol. 94 : « AD ORATIONEM DOMINICAM. Scimus, Domine, quod nullus aput te innocens, quia sepe insidia inimici oues conditionis tue persequitur. Set quia humana fragilitas, que frequenter dilabitur in culpa, ex suo merito non potest eorum uitare muscipula, nisi eos tua pietas eripuerit sancta : petimus ergo omnipotentiam tuam, ut protegas nos miseros [per] gratiam tuam, et merore anxios uel in angustia positos liberet nos citius dextera tua; ut libera uoce et mente tibi mereamur dicere : Pater. »

13 *Cod* pressura.

1. Rituel *A*, fol. 95 : « BENEDICTIO. Benedicat uobis Dominus omnipotens, et propitius cordis uestri aspiciat gemitus. Amen. — Petitionibus uestris sue pietatis aurem inclinet, uosque a cunctorum merore letificet. Amen. — Mentem uestram miserationis sue subsidio muniat, et remedia gaudii uobis clementer adtribuat. Amen. » — Le Rituel *M*, fol. 154, fait suivre cette bénédiction des deux prières que voici : « COMPLETVRIA. Precamur, Domine, ut nos famuli tui, qui in hoc seculo super hanc mensam corpori et sanguini tui iubemur esse participes, in regno tuo sub mensam quasi catelli de micis tuis non habeamur extorres. Per gratiam. — COMPLETVRIA. Corporis et sanguinis sacrosancto (*sic*), Domine quesumus, gratia nos sumpta letificet, et quod misticis actionibus pollicetur eternis effectibus largiatur. Amen. — Quia tu. »

factionis remedium. Conferas rogamus animum iustum, et pium ad te clamandi dones deuotionis affectum. Ecce nos, Domine, humiles, potestatis tue precepta timentes. Quid in occultis iudiciis tuis secernatur nescimus; et ideo / quod orare nos oporteat penitus ignoramus. Sed qui ad oculos fidei trepidi et miseri de nostris peccatis, ad hoc altare tuum concurrimus tremebundi : ploramus et gemimus, suspiramus et nostra delicta nutibus tuis, misericordissime, pandimus. Medellam sceleribus nostris exposcimus, et ut infidelibus uerissimam dones fidem expetimus : ut aut conuertantur et uiuant, aut confundantur et amplius de ruina nostra non gaudeant. Iamiam, Domine, respice supplices tuos uultu placabili et misericordia singulari. Emenda nos, Domine, in misericordia et non in ira : nequando dicant gentes : Vbi est Deus eorum? et titubare amplius corda faciant infirmorum. Satis est, Domine, quod sibi hanc fortitudinem gloriantes adscribunt, et de se presumentes sancta secreta despiciunt; in suo sperant arcu, et de tuo nil trepidant brachio. Cesset iam, Domine, ista usque nunc uana exultatio, ut congregatio tua fidelium, que usque nunc male duro suppressa est iugo, gaudeat se funditus a periculo liberatam, dum te Deum sine cuiusquam metu conlaudauerit iucunditer letabunda; ut secura mens tibi seruiat libertate, que in nullo modo hereticorum iam dominari senserit prauitatem. — Amen[1].

fol. 260

Post Nomina.

Accipe, Domine, fidelium defunctorum tuorum nomina, et animas eorum libri uite conscribe in pagina. Nostrorum omnium pro nobis et pro illis ad te clamantium sana discrimina, et non adtendas impie nostra agentium studia : quo et illorum animas in te sperantes in pace refrigeres, et nos[2]....

6 *Cod* Sed quia oculos fidei 22 *Cod* bracio. 28 *Cod* ereticorum.

1. Cette formule, depuis les mots *Ploramus et gemimus* jusqu'à la fin, est très remarquable. Elle se rapporte certainement à l'époque de l'invasion des Barbares et à la chute de l'Espagne romaine. Ceci nous ramènerait aux premières années du cinquième siècle, en tout cas à une date bien antérieure à la conversion des Wisigoths ariens.

2. Ici manquent deux ou trois folios du manuscrit *B*. — D'après la table des matières du manuscrit, cette messe *Omnium Tribulantium* était suivie d'un office intitulé : *Ordo de uno Iterante*. (A noter que nos manuscrits wisigothiques se servent presque toujours du verbe fort peu classique *iterare* au lieu de l'expression bien connue *iter facere*. Le Rituel *M* dit pourtant *iter agere*.) Venait ensuite une série d'autres formules, sous la rubrique : *Item de Iterantibus*. Ces dernières nous sont parvenues en grande partie. Quant à l'office précédent, nous en donnons le commencement, tel qu'il se trouve dans le Rituel *M*. — On peut voir plus haut (col. 93-94) deux formules *Super eum qui in itinere progreditur*.

[XXII.] ORDO ITER AGENTIS[1].

Ad prelegendvm : Alleluia. Dirige me in ueritate tua et doce me, Alleluia. Quia tu es Saluator meus, Alleluia. — Vers. : O Domine, ego... Quia.

Oratio.

Dirige, Domine, famulum tuum in itinere rectitudinis tue, et doce eum uiam mandatorum tuorum infatigabiliter sequi : ut iter quod nunc adgreditur, te duce, cum prosperitate ualeat peragere, et ad propria repulsis incommodis reuertere mereatur uelociter. — Amen.

Lectio libri Regum.

In diebus illis, rogauit Gedeon Dominum, dicens : Obsecro, Domine, ut sis nobiscum, et ostende nobis misericordiam tuam, quam narrauerunt patres nostri. Inueniamus ergo gratiam tuam coram te, ut des nobis quod tu sis qui precedes nos quocumque perrexerimus : et non recedes a nobis, donec ueniamus ad locum sanctum tuum, et portantes sacrificium offerentes tibi. Obsecramus, Domine, ut ueniat nobis angelus tuus et doceat nos quid agere debeamus. Da in manus seruorum tuorum salutem maximam atque uictoriam, regnumque tuum glorific.... tos terminos terre. — Amen.

Psallendvm : Perfice, Domine, gressus meos in semitis tuis, ut non moueantur uestigia mea. Ego clamaui et exaudisti me, Deus. — Inclina aurem tuam mici et exaudi uerba mea. Vt non.

Epistola Pauli apostoli ad Romanos.

Fratres, orate pro nobis, ut sermo Domini currat et glorificetur, sicut et apud uos, et ut liberemur ab inportunis et a [malis] omnibus. Non est enim om-

1 *M* Ordo iter agenti 10 *M* incomodis 12 *Lege* Lectio Libri Iudicum, vi, 13, 18; xiii, 8; xv, 18 25 *Cum notis musicis in M* 29 II Thessal., iii, 1-3, 5 31 *M* aput. 1, *fol. 96*, aput uos est 32 *A* et malis omnibus. Non enim omnium est fides. Fidelis autem Dominus est.

1. La messe suivante est tirée du Rituel *M*, folio 154.

nium fides. Fidelis autem Deus [est], qui confirmabit uos et custodiet a malo. Deus autem dirigat corda uestra in karitate Dei et patientia Christi. Cui est honor et gloria in sec...

Lectio sancti Euangelii secundum Matheum.

In illo tempore, Dominus noster Ihesus Christus loquebatur discipulis suis, dicens : In quacumque[1]...

[XXIIII.] ORDO DE ITERANTIBVS VIA [2].

Allelvia : Protege nos, Domine, manu tua, Alleluia, et libera nos, Alleluia, Alleluia, Alleluia, Alleluia. — Vers. : Vt confiteamur nomini tuo.

Oratio.

Deus, qui diligentibus te misericordiam tuam semper impendis et a seruientibus tibi in nulla es regione longinquus, dirige uiam famuli tui *Illius* in uoluntate tua : quatenus angelorum tuorum presidio fultus, intercessione quoque sanctorum munitus, a cunctis aduersitatibus tua miseratione saluetur ; ut profectionis et reuersionis sue felicitate potius[3] et corpus reddatur istorum uotorum et de suorum reddetur remissione peccatorum. — Amen.

Lectio libri Exodi.

In diebus illis, locutus est Dominus ad Moisen, dicens : Ecce ego mitto angelum meum, qui precedat te et custodiat te in uia, et introducat ad locum quem preparaui tibi. Quod si audieris uocem meam et feceris omnia que loquor, inimicus ero inimicis tuis, et affligam affligentes te, precedetque te angelus meus. — Amen.

1 est *pene erasum* 2 *A* Dominus autem diligat (*sic*) 4 *A* in secula seculorum. Amen. 7 *Vide infra, col. 348* 10 *Cum notis musicis in A* 17 *A* uolumtate 21 *Forte* potitus *pro* potius 22 *Forte* letetur *pro* reddetur 23 Exod., xxiii, 20, 22, 23 28 *A* que locor.

1. Ici finit brusquement le Rituel *M*, auquel il manque cinq ou six cahiers.

2. Cette messe correspond à l'office *Item de Iterantibus*, dont il est question dans la note 2 de la col. 345, et auquel il manque tout ce qui se trouvait avant l'*Inlatio* ou Préface. J'emprunte cette première partie de la messe au Rituel *A*, folio 95.

3. Il manque à cette dernière partie de la phrase quelques mots qu'il n'est pas aisé de suppléer. A remarquer dans cette première oraison que la formule est tantôt au singulier, tantôt au pluriel. Nos textes wisigothiques nous fournissent plus d'un exemple de ces brusques transitions.

Psallendvm : Perfice, Domine, gressus meos in semitis tuis, ut non moueantur uestigia mea. — Vers. : Ego clamaui et exaudisti me, Deus : inclina aurem tuam mici et exaudi uerba mea.

Epistola Pauli apostoli.

Fratres, orate pro nobis, ut sermo Domini currat et glorificatur, *etc.* (*Vide superius, col. 346.*)

Lectio sancti Euangelii.

In illo tempore, Dominus noster Ihesus Christus loquebatur discipulis suis, dicens : In quamcumque ciuitatem aut castellum intraueritis, interrogate qui in ea dignus sit : et ibi manete, donec exeatis. Intrantes autem in domum, salutate eam, dicentes : Pax huic domui. Et si quidem fuerit domus digna, ueniet pax uestra super eam. — Amen.

Lavdes : Alleluia. O Domine, saluos nos fac, o Domine, bona prospera ! Alleluia. Circuibo et immolabo in tabernaculo Dei hostiam iubilationis : cantabo et psallam, Alleluia. — II. Si consistant aduersum me castra, non timebit cor meum : et si insurgat in me prelium, in hoc ego sperabo. Vnam petii a Domino, hanc requiram : ut inhabitem in dono Domini per omnes dies uite mee. — P. Canta...

Missa.

Ihesum Christum[1] Dominum nostrum, qui directa iterantium uia et meantium salus est indefessa, Fratres karissimi, prece flagitemus continua : ut hos famulos suos in hac qua agrediuntur uia et corporali salute pollentes et spiritualibus consiliis efficiantur fortiores, quo et diuinis nutibus placeant et adgressum iter cum prosperitate expediant. — Amen.

Alia Oratio.

Adesto, Domine, precibus nostris et famulorum tuorum *Illorum* iter in pace iube dirigere. Comitetur

1 *Cum notis musicis in A* 8 *Cf.* Luc., ix, 4; x, 5-6 16 *Cum notis musicis in A* 18 *A* ostiam 21 *A* ego sprabo unam peti ad Domino 26 *Miss moz* itinerantium et commeantium 27 *A* fagitemus 30 *Miss moz* efficiat 34 *A* et famulos tuos illi inter in pace *Miss moz* et iter famulorum tuorum in pace.

1. A partir de ce passage, la plupart des formules qui suivent sont à peu près les mêmes que celles du Missel mozarabe imprimé. Voy. *P. L.*, t. LXXXV, col. 995-997. J'indique les principales variantes dans l'apparatus sous la rubrique *Miss moz.* Je néglige toutefois, pour ne pas trop surcharger le texte, d'en signaler les simples erreurs de lecture.

eis gratia tua; infirmitas illis non accidat propria; aduersitas eis non impediat aliena. Sit eis in comitatum uisitatio angelica, que eos et delictis expiet et ab aduersitate conseruet : quo in omnibus tue roborati auxilio gratie, a te instruantur quid agunt, per te acta perficiant, desiderata impleant, ad destinata perueniant, et ad propria iterantium cum prosperitate succedant. — Amen.

Post Nomina.

Deduc, Domine, famulos tuos in uia tua et ambulent in uirtute tua. Non oberrent in malis, neque claudicent a semitis tuis : ut hac oblatione pro eis suscepta, et cum tua perueniat gratia, et sepultis conferat gratiam sempiternam. — Amen.

Ad Pacem.

Domine Deus Patris nostri Abrahe, deduc uiam famuli tui *Illius* in pace et illo caritatis [diuine] eum igne succende, quo pacificus ad destinata perueniat, per pacem cuncta disponat, et ad desiderata pacis tue fultus munimine pergat. — Amen.

fol. 261 / **Inlatio**[1].

Dignum et iustum est nos tibi gratias agere, Domine Deus omnipotens, cuius habitatio in karitate et locus in pace est : per quem nec corporali absentia catena dilectionis scinditur, nec sancti amoris cotidianus ardor, dum deest frater, extinguitur; sed potius in desiderio recordationis augetur. Pro quo te pėtimus ac rogamus, ut in nobis maneat uera puraque indefessa dilectio, que fraterne memorie semper commendet absentes et de corde non excludat longius abeuntes. Dignare, Domine, prosperum facere iter famulorum tuorum *Illorum*, sicut prosperum egit Tobias, quum ei deputasti angelum Rafaelem. Custodi eos ac defende ab omnibus insidiis inimici, sicut Ioseph a fraternis muscipulis eruens, in conspectu regis gratiam tue tuitionis ei misericors condonasti.

[1] *A* haccidat *Miss moz* non accedat [2] *Miss moz* sit eis in comitatu... qui [4] *A* conserbet *Miss moz* custodiat [5] *A* auxilium gretie ad te *Miss moz* gratia a te [7] *Miss moz* ad propria iterum cum [9] *Haec oratio deest in Miss moz* [12] *A* pro eos [16] *A* Abrae [18] *A* quod *pro* quo [20] *Miss moz* tuo fulti animo pergant [26] *A* pro quo te poscimus [33] *Cod* Rafaelum *A* Rafaellum [34] *Cod* Yoseph *A* Iosep.

1. Avec cette formule reprend le texte du Rituel *B*, fol. 261. On y trouve auparavant les derniers mots de l'oraison *Ad Pacem* : « ... et ad desiderata pacis tue fulti munimine pergant ».

Per Ihesum Christum Filium tuum Dominum nostrum. — Cui merito.

Post Sanctus.

Vere sanctus, uere benedictus es, Domine Deus noster, qui nec per spatia locorum, nec per interualla temporum ab his quos tueris discedis. Adesto, quesumus, famulis tuis in te ubique fidentibus, et per omnem quam ituri sunt uiam dux eis atque protector esse dignare. Nihil aduersitatis eis noceat; cuncta sint eis prospera : ut sub ope dextere tue quicquid iusto expetierint desiderio, celeri consequantur effectu. — Christe Domine...

Post Pridie.

Accipe, Deus, hec famulorum tuorum *Illorum* uotiua sacrificia, eosque ubique protege manu tua; et quia tu es uia, ueritas et uita, in ueritate tua facito eos / ambulare, et a uia recta nullomodo declinare. Tribue mansionem, tribue et defensionem, affectum actionis et profectum bone deliberationis : ut nullis scandalis seculi impediantur nullisque aduersitatibus inimicorum frangantur; sed incolumitate omni manente, perueniant ad locum quem desiderant, angelo sancto tuo protegente et precedente. — Amen. fol. 262

Per gratiam pietatis tue, Domine Deus noster, qui cuncta.

LAVDES : Placabilis esto, Domine, et ostende te[1].

Ad Orationem.

Adtende, Domine, nostram propitius precem, et iter famulorum tuorum in prosperitate et salute dignare dirigere : quo et illis et nobis prospera inpetremus, quum ad te proclamauerimus e terris : — Pater.

Benedictio.

Dirigat Dominus uiam famulorum suorum *Illorum* in pace, uosque pro eis exaudiat supplicantes. — Amen.

Habeant iter prosperum et in Domino cor directum. — Amen.

Desiderata bona cum prosperitate expleant, et

[2] *A* cui merito omnes [9] *Cod* Nihil aduersitas [15] *Cod* uotiba [19] *A* effectum petitionis. [22] *Cod* omnia *Forte leg.* per omnia [23] *A* et custodiente [36] *A* exaudiat deprecantes.

1. Rituel *A*, fol. 99 : « Salus nostra in manu tua est Domine. Respiciat nos misericordia tua, ut securi serbiamus tibi. » Cette antienne est notée.

ubicumque perrexerint gratiosi existant. — Amen.

Vt iter quod nunc adgredi in humilitate inchoant, cum prosperitate, Domino miserante, perficiant. — Amen.

Auxiliante ipsius mise[ricordia].

XXIIII. — ORDO DE MISSA VNIVS PENITENTIS [1].

Ant. : Respice in me, Deus, et miserere mei, Alleluia, Alleluia. — Vers. : Viam iniquitatis.

Lectio libri Paralipomenon [2].

In diebus illis, orauit Manasses Dominum, dicens : Peccaui, Domine, peccaui, et iniquitates meas ego agnosco. Ne perdas me cum iniquitatibus meis, neque in finem iratus contineas mala mea, neque condemnaberis me cum his qui sunt in inferiora terre. Tu es enim Deus penitentium, ut in
fol. 263 me ostendas bonitatem tuam. / Indignum me saluabis, secundum multitudinem misericordie tue, et glorificabo nomen tuum in omni uita mea. Quoniam te laudat omnis uirtus celorum, et tibi est gloria in secula seculorum.

Psallendvm : Delicta iuuentutis mee, Deus, et ignorantie ne memineris, Domine. — Vers. : Secundum magnam misericordiam tuam memor esto mei, Domine.

Epistola Pauli apostoli ad Romanos.

Fratres, scimus quod lex spiritalis est; ego autem carnalis sum, uenundatus sub peccato. Quod enim operor non intelligo. Non enim quod uolo, hoc ago; sed quod odii, illud facio. Si autem quod nolo, illud facio; non enim ego operor illud, sed habitat in me peccatum. Condelector enim legi Dei secundum interiorem hominem. Video autem aliam legem in membris meis, repugnantem legi mentis mee, et captiuantem me in lege peccati, que est in membris meis. Infelix ego homo, quis me liberabit de corpore mortis huius? Gratia Dei per Ihesum Christum Dominum nostrum.

Lectio sancti Euangelii secundum Lucam.

In illo tempore, Dominus noster Ihesus Christus loquebatur discipulis suis, dicens : Duo homines ascenderunt in templum ut orarent, unus phariseus et alter publicanus. Fariseus stans, hec apud se orabat : Deus, gratias ago tibi, quia non sum sicut ceteri homines, raptores, adulteri, iniusti; uelut etiam hic publicanus. Ieiuno bis in sabbato; decimas do omnium que possideo. Et publicanus a longe stans, non audebat oculos ad celum leuare; sed percutiebat pectus suum, dicens : / Domine, propitius fol. 264
esto mihi peccatori. Dico uobis, descendit hic iustificatus in domum suam ab illo : quia omnis qui se exaltat humiliabitur, et qui se humiliat exaltabitur.

Lavdes [1] : Alleluia. Miserere mei Domine, quoniam in te con[fidit].

Sacrificivm : Auerte, Domine, faciem.

Missa.

Deus excelse, ad quem melius gemitus cordis quam clamor uocis adsurgit, te deuotis precordiis obsecramus, ut nos et affectu exorationis impleas, et continuo dignas premii exorationes efficias : quatenus inde habeamus futurorum fiduciam munerum, unde nos percepisse presentium cognouerimus dona petitionum. Et, quia supplicatio nunc apud te pro penitentibus inminet, sic in exorando penitentium instrue sensum, ut mox conferas penitentie lucrum.

[1] *Cod* ubique [2] *Cod* incoant *A* in umilitate inquoant. *Miss moz* ut iter quod nunc adgrediuntur, et in humilitate inchoant [11] *Cod* orabit... peccabi [17] *Cod* hostendas [22] *Cod* iubentutis *Antiphona cum notis musicis in Cod* [26] Rom., VII, 14-17, 22-25.

1. Sur les Pénitents et leur réconciliation, voy. ci-dessus, col. 87-100. Cf. Rituel *M*, fol. 18 et suiv.

2. La prière de Manassès, que nous donne la lecture suivante, a été exclue des livres canoniques; mais on la trouve dans beaucoup de manuscrits de la Bible, et plusieurs Pères de l'Église la citent dans leurs écrits. On voit par le passage ci-dessus que les évêques de l'Espagne wisigothique n'hésitèrent pas à la considérer comme faisant partie des Livres saints. On la retrouve parmi les cantiques de la liturgie quadragésimale. (Voy. le Bréviaire, dans *P. L.*, t. LXXXVI, col. 858.) Dans la plupart des Bibles imprimées depuis le concile de Trente, l'*Oratio Manassae* se lit à la suite de l'Apocalypse, avec le troisième et le quatrième livre d'Esdras. — Notre texte présente de nombreuses variantes.

[1] *Cod* illut [2] *Cod* illut [5] *Cod* repugnantem lege mentis [10] Luc., XVIII, 10-14 [14] *Cod* aput [19] *Cod* lebare, set [33] *Cod* cognoberimus [35] *Cod* aput.

1. Le Missel mozarabe nous donne le texte complet de cette antienne et de la suivante : « Lavdes. Miserere mei, Domine, miserere mei : quoniam in te confidit anima mea, Alleluia (*Missa pro seipso sacerdote*). Sacrificivm : Auerte, Domine faciem tuam a peccatis meis, et omnes iniquitates meas dele (*Missa defunctorum*). » Voy. *P. L.*, t. LXXXV, col. 988 et 1011.

Alia.

Deum, quem sola celestis laus et singularis ueneratio decet, Fratres karissimi, uigore quo possumus exoremus : ut quia in officio est quod dependimus, in promtu sit quod rogamus; tamque sit uerum nos inuenisse quod uolumus, quam non est dubium quod humiles in postulatione consistimus. — Amen.

Post Nomina.

Commendentur, quesumus, tibi, Domine, offerentium simul oblationes et uota. Quique cognoscis coram te penitentie deferri lamenta, penitudinis redde solacia : ut et uiuentium lamentatio et fructum habeat de merore, et defunctis sit requies in ea que noscuntur teneri condicione.

Ad Pacem.

Deus, pax sola et solius uere pacis solacium et fol. 265 inconparabile premium, redde / nobis pacem, quam flagitiorum perrumpimus discidio inruente : ut, qui eam delinquendo perdidimus, nunc penitendo recipiamus. Sicque uitiorum in nos extingue bella simul et litem, dum concesseris nobis miserationum tuarum premia simul et pacem.

Presta, quia tu es uera pax.

Inlatio.

Dignum satis et incomparabiliter iustum ac dignum est, multe pietatis Domine, te glorificare, te benedicere : qui caducis ac fragilibus, et in mortis precipitio lapsis, dimersisque hominibus rediendi ad te aditum patefacis. Ostendis quam sit clemens uirtus tue maiestatis, omnipotens Deus, dum perdita sponte requiris, et potenter inuenta restauras. Nam qui condideras cuncta bona, nimium erat opus bonum; sed quia adposuisti reparare humani generis lapsum, totum est excellentium omnipotentie tue indicium : dum qui ubique es uenis, Deus, ad homines, adsumis hominem Deus; adsumtumque tanta persone unione conectis, ut sit alter adsumens et alter adsumtus. Sed agis ista amando hominem, non quemlibet iustum, sed uere illum qui sponte pacis tue federa rumpens, adhesit hostibus tuis, id est demonibus, contemsit monita, contradixit legibus, profanauit sacramenta, spreuit iura. Quem post tanti sacrilegii reatum, non solum a te auersum queris, sed reparas et inuentum; uerum etiam usque adeo uulneratum et mortuum tue passionis morte et uulneribus foues, ut etiam facias / et de malo bonum et de mortale uiuum, de languido fol. 266 sanum. Quia ergo hanc difficultatis penuriam dissipauit pietas aduentus, et patefecit ad te aditum reuertendi : aspice famulum tuum ad te redeuntem, suscipe ad te currentem, incumbe in eius amplexu, quia non desperauit de tue paternitatis affectu. Ne memineris iniquitates eius pristinas, ne commemoreris iuuentutis et ignorantie culpas : hoc tantum adtende, quod penitudinis gemitus pulsat, quod flebile lamentum exorat, quod uox lamentationis expostulat, quod singultus flentis exoptat. Reuertere, quia conuertitur; occurre, quia concurrit; subueni, quia redit; alleua, quia contritus iacet; erige, quia semetipsum penitendo deiecit. Et quia non habet fiduciam, nisi in hoc quod tu tandem es pius, miserere illi, et auerte faciem tuam a peccatis eius, omnesque illius dele iniquitates. Sicut enim uerum est quia tibi peccauit, ita quoque uerum est quia tibi confitens, iniquitatum suarum ueniam petit. Auerte ergo iram ab eo et faciem tuam a delictis eius; ut non ea uideas que ipse fecit, sed eum uideas quem ipse fecisti : ut, remota tandem uindicta pauoris ac resumta spe salutis, post canticum meroris depromat tibi hunc hymnum glorie, dicens :

[Sanctus.]

Post Sanctus.

Vere, Domine, pleni sunt celi et terra gloria Maiestatis tue; dum opus illud nostre redemtionis, quod operatus es in hac regione / nostre mortalitatis, in fol. 267 tantum peruenit, usque ad dignitatem glorie celestis adsumtus homo de massa nature corruptibilis glorietur in sede Patris et regnet. Vnde nos, tante admirationis adminiculante fiducia, te uotiue deposcimus, ut eum recipias in corpore tuo, qui se redisse cognoscat in membris Ecclesie tue : ut quia tu, Domine, non uitiorum, sed nature eius factus es princeps, ille quoque per reconciliationem huius singularis sacrificii, in quo nobis singulariter placari dinosceris, ita post uitiorum sordes tibi inhereat mundus, ut fiat tecum spiritus unus.

Christe

[2] *Cod* Deus quem [3] *Cod* possimus [23] *Cod* P. quia tu es, *etc. Cf. col. 357* [36] *Cod* adsumis homines [37] *Cod* persione [40] *Cod* adesit [42] *Cod* profanabit.

[2] *Cod* fobes [4] *Cod* dissipabit [8] *Cod* desperabit [10] *Cod* iubentutis [15] *Cod* alleba [16] *Cod* semedipsum [17] *Cod* fiducia... quod tantandem [20] *Cod* peccabit [24] *Cod* que ipse fecisti [25] *Cod* paboris [26] *M* hunc ymnum glorie celestis, ita concinens atque dicens [30] *Cod* illut [35] *Cod* uotibe [36] eum *ipse conicio* [41] *Cod* inereat [42] *Finis sententiae cum notis musicis in Cod.*

Post Pridie.

Benedictus es, Domine Ihesu Christe, Filius Dei uiui, ab omni creatura, que te humane redemtionis misterium in proprietate persone tue exercuisse amabili et uera credulitate fatetur. Vnde et nos referentes gratias, benedicere simul et laudare te querimus; sed quantum equiperet non ualemus. At certe, quia in quantum possumus toto te ac pio uoto laudamus, condignam a te nobis laudem tuam percipere gaudeamus.

Ad confractionem : Tu es Deus penitentium.

Ad Orationem.

Deus, qui penitentie das locum, dona penitentibus ueniam ac uere penitudinis fructum; quo in spiritu constitutis humilitatis famulus tuus a suis absoluatur piaculis, cum ad te nunc proclamauerimus e terris : — Pater.

Benedictio.

Deus, qui merentes non despicit, donet famulo suo ueniam, quam penitentibus promisit. Acceptet penitudinis eius lamenta, et peccatorum illi concedat indulgentiam copiosam : ut qui hic admissa fol. 268 / deplorat, neque humano, neque diuino remaneat iudicio puniendus; sed, correctis moribus perueniat ad celestia regna. — Amen.

XXV. — MISSA DE PENITENTIBVS.

ANT. : Alleluia. Deus meus, in te confido.

Lectio libri Esaye prophetae.

In diebus illis, loquutus est Esayas, dicens : Querite Dominum dum inueniri potest; inuocate eum dum prope est. Derelinquat inpius uias suas, et uir iniquus cogitationes suas : et reuertatur ad Dominum et miserebitur eius, et ad Dominum Deum nostrum, quoniam mitis est ad ignoscendum.

PSALLENDVM : Ab occultis meis.

Epistola Pauli ad Galatas.

Fratres, nolite errare : Deus enim noster non inridetur. Quod enim seminauerit homo, hoc et metet. Quoniam qui seminat in carne sua, de carne metet correptionem; qui autem seminauerit in spiritu, de spiritu metet uitam eternam. Bonum autem facientes, Fratres, non deficiamus; tempore enim suo indeficientes metemus. Ergo, dum tempus habemus, operemur bonum ad omnes, maxime ad domesticos fidei.

Per Ihesum Christum Dominum nostrum.

Lectio sancti Euangelii secundum Matheum.

In illo tempore, Dominus noster Ihesus Christus loquebatur discipulis suis, dicens : Petite et dabitur uobis, querite et inuenietis, pulsate et aperietur uobis. Omnis enim qui petit accipit, et qui querit inuenit, et pulsanti aperietur.

LAVDES : Alleluia. Dele, Domine, iniquitates meas [1].

SACRIFICIVM : Sacrificium Deo spiritus.

Missa de Penitentibus.

Si ante oculos tuos, Domine, culpas quas fecimus et plagas quas excipimus conferas, minus est quod pa / timur, maius est quod meremur. Ideoque, fol. 269 tuam bonitatem supplices exoramus, ut his famulis tuis, quos post penitentie lamentationem tuo sacro reconciliamus altario, quique pro expiatione sacrificium tibi laudis offerimus, peccatorum omnium ueniam concede propitius, atque per interuentum sanctorum tuorum *Illorum* gratie tue eis largire donum; ut a te remunerati, recipi mereantur in congregatione iustorum. Nosque famulos tuos ad confitendum tibi dignos efficias, ut percipere mereamur tuorum gaudia beatorum.

Alia.

Christe Deus noster, qui penitentibus ueniam donas, nec letaris in perditione uiuorum; qui in hoc mundo uenisti peccatores saluos facere : obsecramus sanctam clementiam tuam, ut hec oblatio, quam tibi offerimus repleatur sanctificatione tua; ut hii famuli tui *Illi* indulgentiam consequi mereantur delictorum suorum; ut non dominetur eis ultio peccatorum, sed acceptabiles sint orationes eorum in conspectu tuo, ut pium te semper sentiant et placatum. Nobis quoque hec tibi munera offeren-

7 *Cod* set... Ad certe 28 Is., LV, 6-7 34 *Vulgata* quoniam multus est 36 Gal., VI, 7-10 38 *Cod* seminaberit 40 *Vulgata :* corruptionem.

4 Matth., VII, 7-8 20 *Cod* per interuentu 29 *Cod* salbos.

1. Cette antienne, incomplète ici, se retrouve souvent sous diverses formes au Bréviaire mozarabe, en tête du psaume Miserere. (*P. L.*, t. LXXXVI, col. 147, 200, 217, 229, 244, 260, 381, 706.) — Quant au *Sacrificium* qui suit, le Missel imprimé le reproduit plusieurs fois. Le voici sous sa forme la plus complète : « Sacrificium Deo spiritus contribulatus, cor contritum et humiliatum Deus non despicit. *Vers. :* Benefac, Domine, in bona uoluntate tua Syon, ut edificentur muri Hierusalem. P. cor contritum ». (*P. L.*, t. LXXXV, col. 357; cf. col. 988, 992, 999, 1004, 1014.) C'est une antienne essentiellement quadragésimale.

tibus nostrorum criminum tribue ueniam, ut a te mereamur percipere beneficia copiosa.

Post Nomina.

Domine Deus omnipotens, qui plus gaudes super unum penitentem, quam super nonaginta et nouem iustos non indigentes penitentia : exaudi, rogamus, precem famulorum tuorum per interuentum sancti tui; et qui corde contrito tibi offerunt sacrificium, plenum salutis a te consequantur beneficium. De-
fol. 270 functorum quoque fidelium animas a gehenne / ar-
doribus eruas, et in lumine tue claritatis constituas, atque in siun sancti Abrahe patris nostri cum quiete et tranquillitate habitare concedas.

Ad Pacem.

Docuisti, Domine, per discipulos tuos fidelium multitudinem populorum, ut inuicem se diligant et a karitate, que tu ipse es, nullatenus discedant. Tribue ergo, quesumus, nobis tue pacis dona simplicia, per que uitam mereamur percipere sempiternam. Famulis quoque tuis de nequitia presentis seculi fugientibus ad te ueniendi indulgentialem aditum pande placatus; sicque eorum corda in bonis actibus confirmando letifica, ut in dilectionem tui et proximi uiuentes in hoc seculo, ad te, qui es auctor pure dilectionis, quandoque mereantur peruenire felices. — Amen.

Presta, quia tu es uera pax, perpetua karitas, Deus noster.

Inlatio.

Dignum et iustum est, uere equum et salutare est nos tibi gratias agere, Domine Deus, Pater omnipotens, per Ihesum Christum Filium tuum, Dominum nostrum : qui uenit in hunc mundum in se credentes saluos facere, dominatum mortis destruere, uitam morientibus dare, penitentibus clementie bonitate succurrere, atque sacri sanguinis effusione plebem suam ab inimici potestate eripere. In cuius nomine tuam exoramus clementissimam piamque miserationem, ut hos famulos tuos *Illos*, ad te de erumnis huius seculi reuertentes in gremio matris Ecclesie suscipere digneris propitius : ut, absoluti a nexu peccaminum, emundati a sordibus peccato-
fol. 271 rum, locum pristine digni/tatis ualeant obtinere post delicti ruinam, quem dudum meruerunt percipere per sacri babtismatis undam. Quatenus in prima resurrectione, que in hac uita consistit, per humilem confessionem partem habentes, post huius uite terminum cum angelis et archangelis te conlaudare ualeant, ita dicentes : Sanctus.

[5] *Cod* nobem [13] *Cod* abitare [17] *Cod* qua tu ipse es [19] *Cod* per qua [34] *Cod* salbos... dextruere [40] *Cod* reuertentibus.

Post Sanctus.

Vere sanctus es, Domine, qui per Ihesum Christum Filium tuum, Dominum nostrum, populo tuo salutaria remedia contulisti; ut mundares eos qui ad te conuertuntur a uitiis et a contagione sordium, inluminatos gratie tue dono, coheredes efficeres paradiso et celo.

Per Christum Dominum ac redemptorem.

Post Pridie.

Confitemur tibi, Domine Deus noster, pro nostra te uenisse redemtione, atque ad thronum glorie tue remeasse cum sancta exultatione, et uenturum iterum uiuos et mortuos iudicare sine personarum acceptione. Ideo, obsecrantes petimus, ut huius sancti interuentu sacrificii famulos tuos *Illos* ab omni delicto emundes in hoc seculo, et eos in futuro dignos efficias, quum in tuo ueneris regno.

Ad confractionem, Lavdes : Esto nobis, Domine, protector et medicus. Tu peccatorum nostrorum uulneri solicita pietate tribue medicinam. Tu errantibus es uia, et te, Deus pie, querentibus da salutem.

Ad Orationem.

Domine Deus, Pater omnipotens, qui humanum genus per culpam primi hominis dilapsum, interuentu Ihesu Christi Filii tui Domini nostri ad penitentiam prouocatum, misericordie tue dono non fecisti esse indignum : quesumus, ut lamentabilem
precem nostram acceptando propi/tius, horum fa- fol. 272
mulorum tuorum *Illorum* delictum, quod penitendo confessi sunt, iubeas abolere pius; ut indultum eis spatium uite in tua firmiter facias seruitute manere. Vt, sic iam preterita defleant commissa, qualiter ulterius flenda non admittant; sed, societati electorum adiuncti, sine cessatione te exorent e terris :

Pater.

Benedictio.

Christe, Dei Filius, qui in hoc mundo uenire dignatus es, ut nos a mundanis sordibus expiares, hos famulos tuos ad penitentie remedium confugientes

[4] *Cod* arcangelis [12] *Finis sententiae cum notis musicis in Cod* [16] *Cod* tronum [31] tui *ipse addidi.*

ab omni labe criminum abstergas, et in numero electorum miseratus admittas : ut, abluti a sorde peccati per penitudinem sacre confessionis, locum obtinere ualeant post transitum omnibus cum electis. Sicque eos facias correctione morum florere in hoc seculo, ut tecum ouantes ingredi superno mereantur in regno.

XXVI. — ORDO VOTIVVS DE VNO INFIRMO[1].

ALLELUIA : Miserere mei, Domine, Alleluia, quoniam infirmus sum. Sana me, Domine, Alleluia, Alleluia. — VERS. : Deus, in nomine tuo. Sana.

Oratio.

Miserere, Domine, famulo tuo misericors, et ab omni egritudine cordis et corporis sana propitius : sicque corporali correptione eum clementer in presenti erudias, ut ablutum a conluuionibus cunctis futuro in regno tecum sine fine feliciter uiuere concedas. — Amen.

Per ineffabilem bonitatem tuam.

Lectio libri Regum.

In diebus illis, orauit Ezecias Dominum, dicens : Obsecro, Domine, memento mei, quomodo ambulauerim coram te in ueritate et corde perfecto, et
fol. 273 quomodo quod placitum est coram te / fecerim.
Fleuit itaque Ezecias fletu magno, et antequam egrederetur Esayas mediam partem atrii, factus est sermo Domini ad eum, dicens : Reuertere et dic Ezecie duci populi mei : Hec dicit Dominus Deus Dauid patris tui : Audiui orationem tuam et uidi lacrimas tuas et ecce sanabit te, dicit Dominus Deus.

PSALLENDVM : Saluum fac seruum tuum, Domine Deus meus, sperantem in te. — VERS. : Miserere mei, Domine, quoniam ad te clamaui tota die; letifica animam serui tui. Sperantem.

ALIVM : Tu, Domine, conuertere et eripe animam meam. Saluum me fac propter misericordiam tuam, Deus meus. — VERS. : Laboraui in gemitu meo, lauabo per singulas noctes lectum meum, lacrimis stratum meum rigabo; quoniam turbata sunt ossa mea et anima mea turbata est ualde. Saluum.

Epistola Iacobi apostoli ad XII^m Tribus.

Karissimi, tristatur aliquis uestrum? Oret equo animo et psallat. Infirmatur aliquis in uobis? Inducat presbiteres ecclesie, et orent super eum, unguentes eum oleo in nomine Domini. Et oratio fidei saluabit infirmum, et alleuabit eum Dominus; et si in peccatis sit, dimittetur ei.

Lectio sancti Euangelii secundum Iohannem.

In illo tempore, erat quidam regulus, cuius filius infirmabatur Cafarnaum. Hic, quum audisset quia Ihesus ueniret a Iudea in Galilea, abiit ad eum et rogauit eum ut descenderet et sanaret filium eius : incipiebat enim mori. Dixit ergo Ihesus ad eum : Nisi signa et prodigia uideritis, non creditis. Dixit ad eum regulus : Domine, descende priusquam moriatur filius meus. / Dixit ei Ihesus : Vade, filius fol. 274
tuus uiuit. Et credidit omni sermoni, quem dixit ei Ihesus, et ibat. Iam autem eo descendente, serui occurrerunt ei et nuntiauerunt ei, dicentes quia filius eius uiueret. Interrogabat ergo horam ab eis in qua melius habuerat. Et dixerunt ei : Quia heri hora septima reliquit eum febris. Cognouit ergo pater quia illa hora erat, in qua dixit Ihesus : Filius tuus uiuit. Et credidit ipse et domus eius tota[1].

6 *Cod* obantes 8 *Cod* Ordo uotibi *In Rituali A, fol. 74 :* PSALLENDVM. *Cum notis musicis in Cod* 12 Oratio *e Rituali A; deest in Cod* 16 *Cod* conlubionibus 20 IV Reg., XX, 2-5 21 *In A additur I^{us} uersiculus capituli* 30 *In Vulg* Ecce sanaui te 31 *Cum notis musicis in Cod.*

1. Cette messe est en grande partie conforme à la *Missa de uno infirmo* du Missel mozarabe imprimé. (Voy. *P. L.*, t. LXXXV, col. 1003-1007.) — Nous la retrouvons aussi dans le Rituel *A*, fol. 74-79, sous le titre de *Missa uotiba de uno infirmo.* Ce dernier texte nous permettra de suppléer à celui du Rituel *B*, incomplet par suite de la disparition d'un ou de plusieurs folios.

6 Iac., V, 13-15 8 *Cf. infra (col. 372 et 384) eamdem lectionem huius uersiculi* 13 Ioan., IV, 46-53 15 *Cod* cafarnau 27 *Cod* reliquid.

1. Le Missel mozarabe imprimé donne, au lieu de ce passage de saint Jean, les versets 14-16 du chapitre VIII de saint Matthieu, que reproduit en partie le *Sacrificium* de cette même messe dans le Rituel wisigothique *A*.

L'évangile du Rituel *A*, fol. 75, est le suivant, tiré de saint Matthieu, VIII, 6-10 et 13 :

« *Lectio sancti Euangelii secundum Matheum :*

« In illo tempore, Dominus noster Ihesus Christus cum introisset Cafarnaum, accessit ad eum centurio, rogans eum et dicens : Domine, puer meus iacet in domo paraleticus et male torquetur. Et ait illi Ihesus : Ego ueniam et curabo eum. Et respondens centurio, ait : Domine, non sum dignus ut intres sub tectum meum; sed tantum dic uerbo et sanabitur puer meus. Nam et ego homo sum sub potestate constitutus, abens sub me milites, et dico huic : Vade, et uadit, et alio : Veni, et uenit, et seruo meo : Fac hoc, et facit. Audiens

Lavdes : Alleluia. O Domine, saluum me fac. O Domine, bona prospera.

Sacrificivm : Ingressus Ihesus in domum Petri, uidit socrum eius iacentem et febricitantem, Alleluia. Et tetigit manum eius, et dimisit eam febris, Alleluia. Et magnificabat Deum Israhel, Alleluia, Alleluia. — II : Ingressus est Dominus Ihesus in domum et discubuit. Et ecce mulier, habens alabastrum unguenti pretiosi, stans retro secus pedes eius; et osculabat eos, et lacrimis suis rigans, et capillis suis extergebat eos, et ungebat unguento.

Missa de uno Infirmo.

Valde quidem pauescimus, Domine, ne inlata nos temporalis ad purgationem non expiet ultio, dum murmurare non pertimescimus in flagello. Sed, quia peccatis ingruentibus obcecamur, tu corda nostra inradia afflatu intime uisionis; quo et iuste in nobis a te credamus penas infligi, et cruciatione inlati supplicii ab omnibus mereamur criminibus expiari. Specialiter quoque te quesumus, omnipotens Deus, pro famulo tuo *Illo*, ut quia culpas atque erratas sui ante altare tuum aperit criminis, beneficium
fol. 275 / sentiat corrigentis.

Alia.

Ihesu, Saluator humani generis, qui corpus in te suscipiens nostre mortalitatis alios ad purgationem feriendo castigas, alios ad damnationem flagellando reseruas : te suppliciter quesumus et humili deuotione precamur, ut famulum tuum *Illum*, quem egritudinis molestia quassat, pietas tue miserationis resecatum absoluat. Da ei, Domine, ut quicquid pietati tue deliquit in seculo, totum in eo puniat inlata correptio. Dolorum eius ac febrium ita sana discrimina, ut cum his etiam eius aboleantur piacula. Non durando pena coherceat reum, sed absoluat miseratio iam prostratum. Mitiga in eum, pie Pater et Domine, estus febrium, putredines ulcerum, contractiones neruorum atque cunctarum cruciationes infirmitatum. Sit in eo, quesumus, ita respectus pie parcentis, ut nec infirmitatum ulterius saucietur stimulis, nec penam post transitum sentiat de commissis.

[1] *Cum notis musicis in Cod* [6] *Cod* Srahel [7] Est *ipse addidi* [9] *Cod* ungenti [11] *Cod* ungento [13] *Cod* pabescimus [28] *Cod* reserbas [31] *Cod* absolbat [32] *Cod* deliquid [35] *Cod* quoerceat *A* coerceat *Ib Cod* absolbat.

Ihesus, miratus est et sequentibus se dixit : Amen dico uobis, non inueni tantam fidem in Israhel. Et dixit Ihesus centurioni : Vade, sicut credidisti fiat tibi. Et sanatus est puer in illa ora. Amen. Alleluia.

« Lavdes : Miserere mei, Domine, miserere mei, quoniam in te confidit anima mea.

« Sacrificivm : Ingressus Ihesus in domum Petri, uidit socrum eius iacentem et febricitantem. Et tetigit manum eius, et dimisit eam febris, Alleluia, et magnificabat Deum Srahel. Alleluia. Alleluia. Alleluia. »

Post Nomina.

Deus, in cuius libro uite sunt uocabula renotata mortalium, concede nobis omnibus ueniam delictorum : et presta nobis famulis tuis, ut famulum tuum *Illum*, quem inmensus languor excruciat, miseratio tua reparet ad medellam; et cui ambitio piaculi adduxit dolorem, adducat etiam confessio salutis optabilem sanitatem.

Ad Pacem.

Pacem tuam, quesumus Domine, infunde uisceribus nostris, qui eam conmendasti discipulis tuis ascensurus in celis. Quo ita cor nostrum societatis tue abundet dulcedinis, ut karitate / Sancti Spiritus fol. 276
afluentes, tolerabiliter sustineamus in hoc corpore pro nostris criminibus inlata flagella, quum te recogitauerimus sustinuisse pro impiis crucis dura exitia.

Per te, qui es uera pax et perpetua caritas, Deus noster, qui uiuis.

Inlatio.

Dignum et iustum est, nos tibi semper gratias agere, Domine sancte, Pater eterne, omnipotens Deus, qui sic humanum genus in hoc corpore tribulationis censura contundis, ut in edificio illo patrie celestis non securis habeat quod remordeat, non ascia quod contundat, non tribulatio quod exurat, non infirmitas quod excoquat, non adtritio quod deprimat, non molestia quod consumat, non periculum quod perimat, non aduersitas quod distendat, non casus quod diruat, non congustatio quod obstrudat : quo hic diuersis aduersitatibus extra contusus atque piatus homo erroribus meritorum, ita iam ibi purus purum uideat Deum, quo ornamentis ciuitatis ipsius mereatur affigi post transitum, habens locum sibi a Deo solius glorie

[6] *Cod* nec pena [12] *Cod* langor [15] *A* obtabilem [20] *Cod* habundet [21] *A* affluente [24] *A addit* exitia; quique solus ualet (uales) fouere languidis (languida); solare tristitia[m] et sanare infirma [34] *Cod* exquoquat [37] *Pro* coangustatio (*Vide superius, col. 337,* congustiis).

preparatum. Pro quo te poscimus, sancte Pater, omnipotens Deus, ut famuli tui culparum nodositates expurges et cunctas egrimoniorum molestias expies. Renouentur in eo fibre corporum ad salutem, et moriantur in eo uoluptates proprie libidinis ad euacuandam perniciem. Expelle ab eo ferocissimos corporum morbos, egrimoniorum uirulenta pericula, contractiones febrium, atque uniuersarum molestiarum perniciosiora discrimina. Sicque cum eo misericordie consiliis age, ut hec illum infirmitas a lapsibus[1] uitiorum expurget, et reparatio uisitationis tue quantocius corroboret ad salutem. Expolietur criminibus in atritione flagelli, et ornetur uirtutibus in expiatione delicti. Da ei, Domine, ut quicquid temporaliter flagellatur in corpore, perpetuam ei proficiat ad salutem. Da ei, Domine, tolerandi tuis in persecutionibus uotum, ut tolerandi percipiat fructum. Sitque ei amabilius pro admissis criminibus in carne sustinere penuriam, dum hoc sibi opitulare crediderit ad coronam. Vt feliciter peragens huius uite excursum, ad te perueniat in ablutione peccaminum : sortemque capiens in terra uiuentium, preconia tibi depromat laudum, cum omni militia angelorum proclamans, ita dicentes : Sanctus, Sanctus, Sanctus.

Post Sanctus.

Vere sanctus, uere benedictus Dominus noster Ihesus Christus, Filius tuus : qui ideo delinquentibus occasionem tribuit corrigendi, ut non sit in eis quod puniat censura iudicii. Ob hoc te per ipsum, pie Pater, exposcimus, ut hoc accipias pro sacrificio laudis, quod famulus tuus *Ille* adteritus uirga correctionis.

Christe Domine.

Post Pridie.

Sana, quesumus, Domine, uulnera famuli tui *Illius*, egritudinem perime, peccata dimitte. Oblationem suscipe, et sic eum flagella in seculo, ut post transitum sanctorum mereatur adunari consortio. — Amen.

Lavdes : Saluus ero, Domine, si me consolatus fueris : quamuis indignus ego sim, credo quia saluabis me.

Ad Orationem Dominicam.

Deus, in cuius manu est correctionis iudicium et saluationis ac misericordie uotum : quique flagellas peccatores, ut redeant, et occasionem admonendi tribuis, ne recedant, presta nobis, quesumus, supplicibus tuis, ut eo momento famulo tuo *Illi* integritas salutis a te dirigatur e celis, qua fide et quo momento nos clamauerimus e terris : — Pater.

Benedictio.

Omnipotens Deus, qui fidelissimum famulum suum *Illum* corripit uulnere, ipse et illum et uos corporis mentisque egritudinibus expiet. — Amen.

Quique uestram in se suscepit infirmitatem, ipse uobis tribuat et illi tolerantie sine fine mercedem. — Amen.

Sic omnes in commune eius pietas foueat, ut nec corruptioni nostra salus deseruiat, nec desperationi infirmitas inlata subcumbat. — Amen.

Psallendo : Sanctus es, Domine, et in sanctis habitas, Alleluia, et cum sanctis tibi semper gloria, Alleluia, Alleluia. Magnus es, Domine, super omnes gentes, Alleluia. Sitienti populo demonstrasti fontem, Alleluia.

. . . .

XXVIII. — ORDO DE ENERGVMENO[1].

. . . .

. . . .

/ in eternum dulci modulatione hymnum tue laudationis proclamet et dicat : Sanctus. fol. 277

Post Sanctus.

Vere sanctus et uere benedictus Dominus noster Ihesus Christus, Filius tuus, qui ultro ascendit crucis patibulum, ut a nobis procul efficeret auerni supplicium : eiusque momentanea mors ad uitam nobis

4 *Cod* renobentur 8 *A* confractiones 12 *A* quam totius 17 *A* tollerandi 18 *A* Sitque amabilius 21 *A* uius... a te perueniat 23 *A* uibentium 29 *A* sit in ei 38 *A* postransitum 41 *A* Salbus. Laudes *cum notis musicis.*

1. Ici s'interrompt le texte du Rituel *B*, auquel il manque deux ou trois folios. Je le remplace, comme je l'ai annoncé, par celui du Rituel *A*, fol. 78 et 79.

5 *A* salbationis 10 *A* clamaberimus 18 *A* comune... fobeat 19 *A* corruptione... nec disperationi 21 *A* abitas 24 *A* sienti populo demostrasti 35 *Cod* patibolum.

1. Titre tiré de la table des matières du Rituel *B*, fol. 8. Comme on l'a vu par la note précédente, le manuscrit est incomplet en cet endroit. On remarquera que la numérotation de l'index ne correspond pas exactement avec celle des chapitres du texte dans cette deuxième partie du Rituel *B*. — Sur les énergumènes, voy. ci-dessus, col. 73-80.

profuit eternam, qui resurgens a morte post triduum, destruxit mortis imperium, omnesque electos suos secum perduxit ad celum. — Christus.

Post Pridie.

Suscipe, clementissime Deus, nostre seruitutis obsequium, et hunc famulum tuum *Illum*, pro quo hoc tibi holocaustum offerimus, ab omni inlusione demonis erue propitius. Non eum inquietare ultra audeat diabolica malignitas, sed clementer eum uisitare potius iubeat tua alma benignitas : ut, expulsis aduersariorum tormentis subactaque feritate antiqui serpentis, recepta incolumitate cordis et corporis, grates tibi referat pro conlata plenitudine salutis.

Oratio Dominica.

Redemtor noster ac Domine, qui humano generi misertus participem te nostre fragilitatis fieri uoluisti, ut in adsumto homine temporalem susciperes mortem, tibique credentibus ablata morte eterna uitam largireris perpetuam, clemens preces nostras suscipe, et huic famulo tuo miseratus succurre : ut uirtutis tue inuicta potentia confestim diabolicam conterendo superbiam, hunc prostratum seruulum tuum pius ad laudandum te iugiter subleua. Nosque misericorditer exaudi de supernis, quum ad te nunc proclamauerimus e terris:

Pater.

Benedictio.

fol. 278 / Christus Dei Filius, qui uoluntarie pro nobis miseris te permisisti iniuriari ab inpiis, lacrimas nostras pius adtende, et hunc famulum tuum *Illum* a cruciatu demonum eripe. — Amen.

Sicque illum tua pietas clementer ab hostibus eruat, ut libenter tibi hic et in eternum gratias referat. — Amen.

Et ita nostras nunc orationes exaudi placatus, ut et illum erigas feliciter ad salutem, et nobis post transitum tribuas perfrui celestis regni felicitatem.

XXVIIII. — ITEM ORDO VOTIVVS DE ENERGVMENO, ID EST DEMONIA SVSTINENTE.

ANT. : Ne in ira tua arguas me, Domine.

[2] *Cod* dextruxit [3] *In codice finis sententiae cum notis musicis* [7] *Cod* olocaustum... inlusione demo [19] *Cod* ablata mors [23] *Cod* diabolica conterendo superuia [39] *Cod* Item ordo uotibi inergumino... sustinens [41] *In Cod antiphona cum notis musicis.*

Oratio.

Domine, ne in ira tua seruulum tuum *Illum* arguas, neque in furore tuo corripias; sed austeritati uerberis iunge misericordiam lenitatis : ut non in contritione penam, sed in eruditione conferas disciplinam.

Lectio libri Regum.

In diebus illis, misit Saul nuntios ad Isai, dicens : Mitte ad me Dauid filium tuum, qui est in pascuis. Et uenit Dauid ad Saul et stetit coram eo. At ille dilexit eum, et factus est eius armiger. Igitur, quandocumque spiritus malus arripiebat Saul, tollebat Dauid citharam et percutiebat manu sua, et refocilabatur Saul et leuius habebat. Recedebat enim ab eo spiritus malus.

Lectio libri Actuum Apostolorum.

In diebus illis, augebatur fides credentium in Domino, multitudo uirorum ac mulierum : ita ut in plateis eicerent infirmos, et ponerent in lectulis et grabatis, ut ueniente Petro saltem umbra illius obumbraret quemquam eorum. Concurrebant / autem multitudo uicinarum ciuitatum Iherusalem, fol. 279 afferentes egros et uexatos ab spiritibus inmundis. Et curabantur omnes in nomine Domini.

Euangelium de Infirmis. (*Vide infra, col. 372.*)

Missa eiusdem.

Ad tuum accedentes altare, omnipotens Deus clementissime, quamuis indigni et nodis peccatorum adstricti, te auctorem Dominum et saluatorem ac medicum celestem lacrimosis precibus inploramus : ut clementi indulgentia medelam salutis de sede Maiestatis tue effundere digneris super animam famuli tui *Illius*, que a maligni spiritus incursatione assidua fatigatur. Quesumus et rogamus, ut tua, Deus omnipotens, medicina saluetur.

Alia.

Domine Ihesu Christe, medicina Patris et medicus uere salutis, qui uerbo tuo tantummodo sanasti puerum centurionis, dum fidem probares eius confessionis, esto solita pietate indulgens famulum tuum *Illum*, diri predonis uiolentia maceratum : ut, qui innumeras sacri oris imperio sanasti plebiculas,

[3] *Cod* austeritate [7] I Reg., XVI, 19, 21, 23 [12] *Cod* quandoquumque [16] Act., V, 14-16 [25] *Cf.. supra, col. 360, in* ordine uotiuo de uno Infirmo [35] *Cod* salbetur [38] *Cod* tantumodo.

ne hunc tenebrosa diu habeat sibimet addictum potestas, illa miserorum sepius fautrix iam adsistat tua pietas.

Post Nomina.

Agnoscentes, Domine, crimina peccatorum nostrorum, non audemus oculos nostros leuare ad celum; sed cum ingenti conscientie nostre reatu et inprouide mentis timido ausu, coram Maiestatis tue inexpugnabilem pietatem preces fundimus, gemitus atque lamenta producimus, ut quo modo disposito atque imperio tu iuberis uel iusseris, ab inpugnatione hostis teterrimi famulum tuum liberare digneris. Nec obsit ei inpura precatio nostra; sed magis fol. 280 prosit / fides eius et pietas tua.

Indulge etiam, Domine, peccatoribus nobis, qui tot tantisque inplicati sceleribus, ante sacratissimis tuis altaribus inpudica presumtione adsistimus. Nam, nisi pietas tue miserationis nobis occurrerit, et crudelia inimici ora obstruserit, qui tanquam leo rugiens undique nos artibus malignitatis sue circumuenerit, si quo modo quempiam nostrum auidis degluttire faucibus possit, in nullo se miseria nostra saluari confidit. Proinde, quia hanc spem et fiduciam tu dedisti, qui languores nostros et uulnera putrida in corpore tuo portasti : adsiste iam et nunc illa quo semper preditus es potestate, et inimicum animarum nostrarum cum suis agminibus Maiestatis tue fulmine contere, et a uisceribus huius destituti exclude; ut absolutus a nequissimo demone, inlesus inter turmas fidelium semper possit incedere. Quo, dum hunc a tanti predonis ereptum faucibus pristine restitueris sanitati, quiescentium animas iubeas in pacis regione consisti.

Ad Pacem.

Pax tua, Christe, cum abundanti dono Spiritus Sancti maneat in uisceribus famuli tui : ut, expulso diabolo et omne exercitu eius a corpore ipsius, et Deum Saluatorem, lucis auctorem et pacis principem quotidie sentiamus in omnibus adiutorem.

Inlatio.

Dignum et iustum est, uere equum et salutare est, Ihesu Nazarene, Filius Dei Patris ingeniti, nos tibi gratias agere, totumque mentis nostre conatum in tue Maiestatis laudationem conuertere. Qui illum mendacii principem et ab initio ueritatis inculcatorem iustitia magis quam potentia superasti, plusque ueritate quam diuinitate uicisti, / qui ad perniciem fol. 281 mundi liuoris sui faces accendens, quotidie aduersus illam operis tui rationabilem creaturam noua queque et inaudita disponit. Nec satis quidem est, quod promtum paradisi colonum malignitatis sue faucibus circumuentum deiecit, ac totum eius traduce confectam massam inuidie sue fermento corruperit; in eo uidelicet, quod nos uastissimo mortis pondere fascinans, mundi calamitosa discrimina inreparabiliter aduehenda ceruicibus nostris indiderit : sed, ad augmentum sue damnationis quotidie aduersum nos malitie sue accenditur ignis; et in eo se magis solutum arbitratur existere, in quo se cum plurimis ultricem animaduersionis sententiam cognouerit sustinere. Atque inde sibi leuamen remedii affectatur, unde numeroso stipatus agmine perditorum, latam delectationum fluxibus uiam adgreditur.

Adest etiam, Domine, corporibus hominum crudelissimus propulsator, diuersis uexaticos adterens motibus, et horribiles conpediendo miseros nexibus, infestatione qua potest afficit, torquet, distendit ac proterit : ita ut, absumta penitus humani sensus memoria, et totius intellectus uiuacitate mutata, nec te Deum auertere, nec se ualeat condicio miserabilis recognoscere. Neque enim cum tali possessore requies ulla fieri poterat, aut in ceteris pietatem exercere preualeret; quam sibi ipsi conseruare neglexerat. Sed, nec decebat presentiam tetri aduentus sui aliis demonstrare indiciis, nisi balatibus, murmuribus, lugimoniis, blasfemiis et rugitibus; totisque conplicatis nefaria inuasione / conpagibus, fol. 282 agitare stridoribus molas, et fedas per lauabra ructare spumas ; clara contorquere lumina, nec celum, nec terram, eu ! pro dolore, cernentia; occupatis etiam extis fatigare tortionibus uiscera, et quot mille sunt ei effigies, tot in membris hominum debacchetur et cruces. Etenim, cum hec omnia eius sint delectabilia prata, exquisita palestra et gloriosa certamina, plerumque tamen in id tuam explet iussionem fortissimam; quippe qui porcorum gregem nullatenus adtentauit inuadere, quousque diuali preciperes iussione.

[2] *Cod* fauctrix [6] *Cod* lebare [15] *Cod* qui toth [24] *Cod* langores [29] *Cod* dextituti [35] *Cod* habundanti [39] *Cod ueterem formam seruat* cotidie.

[4] *Cod* liboris... cotidie [5] *Cod* noba [12] *Cod* inrepedabiliter [13] *Cod* cotidie [17] *Cod* lebamen [19] *In Cod legitur* latum... uiam [23] *Cod* orribiles [26] *Cod* uibacitate [32] *Cod* ualatibus [35] *Cod* labacris [39] *Cod* quod mille... toth in membris... deuaccetur [44] *Cod* euadere.

Proinde, omnipotens et misericors Deus, quia tu solus es, cuius presentiam ferre nequit isdem infestissimus turbo, presertim cum Maiestatis tue obtutibus territur, te ob sui interitum ante tempus uenisse fatetur : adesto iam pietate solita, et sauciata cogitationibus tanti latronis uitalia inuicta uirtute corrobora. Nec deinceps nocendi ultra truculentissimus fulciatur audacia, quum templi tui munitorem et possessorem egregium extirpatione addiscerit sua. Neque enim domum tuam superueniens habitare oportet : ut iuxta te malignus et iniustus requiescere debeat, qui se super omne quod dicitur Deus incauta presumtione adtollit. Et quia fas non est tuum excellentioris principis solum sub huius caduci raptoris priuilegio sistere addictum, exurge tu, fortissimus propugnator, et eminus pelle tuorum hostium iura ab huius famuli tui interna externaque membranula : ut sit ei iam quies de parte
fol. 283 insidiatoris, / et tranquilla fruatur pace e latere truci predonis. Hoc quoque misterium, quod in prefiguratione tue incarnationis, ob expiationem huius dedicamus obsessi, sereno ac pio intuitu respicere, benedicere et sanctificare digneris : ut, perceptione tanti mysterii, precordia semimortua, anima in spem eterne glorie conualescat, angelorum togis adscitus [1], in hymnis et canticis diuinam potentiam efferat, proclamans et dicens : [Sanctus].

Post Sanctus.

Vere sanctus, uere benedictus Vnigenitus Filius tuus, Dominus et Saluator noster Ihesus Christus. Ille redemtor animarum, ille medicus infirmorum, ille cordis inluminator, ille lugentium consolator, ille sanctorum corona et totius mundi redemtio gloriosa. Per quem te repetita oratione rogamus, clementissime Pater, ut pius atque misericors intendas super famulum tuum *Illum,* quem egritudo inmunda fatigat, quem spiritus nequam obfuscat, quem legio tenebrosa obscurat, quem diabolica uenena aborbitant [1], quem uinculum serpentis strangulat, quem aspidis furor obcecat.

Si ex nimio illi accidit peccato, si iniquitas parentum, si originalis est culpa, si transgressio precepti, si incautus incessus, si incontinentia lingue, [si insidia deceptoris, si presumtiua temeritas satane, si intemperantia lingue], si satietate cibi uel potus, si grauedo somni, si fallacia nocturne temtationis : tu, Creator omnipotens, parce creature tue, tolle quod nocet, concede quod petimus : ut te creatorem sentiamus in omnibus adiutorem.

Per Christum.

Post Pridie.

Offerimus tibi, Domine, has hostias corporis et sanguinis Filii tui Domini nostri, pro redemtione animarum nostrarum : rogantes misericordiam tuam, ut sanitatem / inpertire digneris famulo tuo fol. 284
Illi, quem egritudo horribilis coarctat et uiolentia spirituum inmundorum depopulat. Ob hoc, te Dominum omnium dominatorem supplices deprecamur, ut de sede Maiestatis tue uirtutem Sancti Spiritus summa uelocitate transmittere digneris super hoc tibi preparatum altare, et hunc panem et hunc calicem benedicendo + benedicas + et sanctificando sanctifices + : quatenus ubi hec sacramenta ingressa fuerint, confestim omnis legio et uenena seua demoniorum omnisque exercitus diaboli et inmundi spiritus temtamenta, tremens gemensque discedat et imperio tuo fugam arripiat; nullam deinceps potestatem accipientes in humano genere ingrediendi, sed exteriores tenebras et penas quas merentur accipiant, Christum ubique pertimescant, signum uero sancte crucis metuant et pauescant.

Ad Orationem.

Deus Dei Filius, cuius signaculo cuncta noxia de-

2 *Cod* ferre neque hisdem 12 *Cod* super omnia 13 *Cod* adtollet. Et qui fas 15 *Cod* addicatum 26 *Cod* ymnis.

1. Il manque dans cette partie de la phrase quelques mots, auxquels on pourrait suppléer de la manière que voici : « Vt perceptione tanti mysterii, precordia semimortua *reuirescant,* anima in spem eterne gloria conualescat, *ut famulus tuus* angelorum togis adscitus », etc. Au premier abord il semble que le mot *togis* est mis ici pour *choris;* mais *togis* a un sens très net dans ce passage et d'une bonne saveur classique.

1 *Cod* aborbitat quem uinculis serpentis extranguilat, quem aspidus furor obcecat 3 *Cod* nimia... peccata 5 *Sententia* si insidia... lingue *in margine inuenitur prima manu exarata cum signo relatiuo* 7 *Cod* ciui 11 *In Cod finis sententiae cum notis musicis* 18 *Cod* orribilis coartat 33 *Cod* pabescant 35 *Cod* dextruuntur.

1. Le mot *aborbitare* est extrêmement rare. Je ne sais si on le retrouve ailleurs que dans ce passage et dans les actes du 16e concile national de Tolède, tenu dans la basilique des saints Pierre et Paul, en l'année 693. Il a ici la signification de « dévoyer, faire sortir du sentier, littéralement de l'ornière, *orbita* ». Dans le texte du concile « a fidei suae iuramento aborbitare » veut dire « renier la foi du serment ». Voy. ce passage dans la *P. L.,* t. LXXXIV, col. 544.

struuntur quesumus, ut per huius libationem sacri corporis et sanguinis tui, omnia que sunt aduersa a fidelissimo famulo tuo *Illo* per inuocationem tui nominis effugentur : ut, dum illi in nullo inpedibilia esse potuerint, eique plena salutis integritas a te conlata prouenerit, cum letitia Deum Patrem inuocet, dicens : — Pater.

Benedictio.

Benedic, Domine, famulum tuum *Illum* perenni benedictione, eumque a malis omnibus erue. — Amen.

Tribue ei salutis optatum remedium, et procul ab eo omnes insidias effice inimicorum. — Amen.

Pellatur ab eo omne partis sinistre prestigium, et conferatur in ipso obtutum tue gratie sacramentum. — Amen.

Conpleturia.

Purifica, Domine, famulum tuum ab omnibus
fol. 285 conuitiis demoniorum : ut tanti / misterii perce-
ptione munitum, non eum spiritus inmundus rursus inficiat, sed saluatio sempiterna possideat. Amen.

XXX. — ORDO DE INFIRMIS[1].

Ad Prolegendum, Allelvia : Salua nos, Domine Deus noster, Alleluia, Alleluia, Alleluia. — Vers. : Et congre[ga].

Oratio.

Concede, Domine, ut tuo nobis salus perficiatur in nomine, nosque in uirtute tua libera, quos propriis infirmitatibus prepeditos agnoscis : ut tuum sit omne quod uiuimus, qui fecisti ex nicilo ut essemus. — Amen.

Lectio libri Iheremie prophete.

Hec dicit Dominus : Ecce ego uisitabo uos, et suscitabo super uos uerbum meum bonum, et reducam uos ad locum istum. Ego enim scio cogitationes quas cogito super uos, ait Dominus : cogitationes pacis et non afflictionis, ut dem uobis fidem et patientiam. Et inuocabitis me, et timebitis me, et exaudiam uos. Queritis me et inuenietis : quumque quesieritis me in toto corde uestro, inueniar a uobis, ait Dominus omnipotens.

Epistola Iacobi apostoli ad XII Tribus.

Karissimi, tristatur aliquis uestrum? Oret equo animo et psallat. Infirmatur quis in uobis? Inducat presbiteres ecclesie, et orent super eum, unguentes eum oleo in nomine Domini. Et oratio fidei saluabit infirmum et alleuabit eum Dominus; et si in peccatis sit, dimittetur ei.

Lectio sancti Euangelii secundum Matheum.

In illo tempore, Dominus noster Ihesus Christus circuibat ciuitates et omnia castella, docens in sinagogis eorum, et predicans euangelium regni, et curans omnem languorem et omnem infirmitatem in populo. Videns autem turbas, misertus est eis, qui erant uexati, iacentes sicut oues non habentes pastorem. Tunc dicit / discipulis suis : Messis quidem fol. 286
multa, operarii autem pauci. Rogate ergo Dominum messis, ut mittat operarios in messem suam. Et conuocatis duodecim discipulis suis, dedit illis potestatem spirituum inmundorum, ut eicerent eos, et curarent omnem languorem et omnem infirmitatem in populo.

Lavdes : Alleluia. Saluum, fac, Domine, populum.

Sacrificivm : Ingressus Dominus Ihesus in domum et discubuit, et ecce mulier.

Missa de Infirmis.

Domine Ihesu Christe, qui es uerus medicus et medicina celestis, propitiare nobis et fer opem nobis. Sana omnem languorem et omnem infirmitatem in populo. Aufer a nobis et animarum et corporum morbos; pestes et ualitudines uniuersas absterge, causisque etiam uulnerum propitiatus occurre, ut dum iniquitates auertis, egritudines cures.

Alia.

Corripe nos, Domine, in misericordia et non in furore : qui et corripiendo parcis, et parcendo remittis, qui et flagellando non perdis, et miserando conuertis; ut et correctione tua corrigamur, et indulgentia consolemur; ut et disciplina erudiamur,

[19] *Cod* preceptione [24] *In Cod cum notis musicis* [28] *Cod* ut tua [33] Ier., xxix, 10-14 [36] *Cod* cogitationis [40] *In Miss moz legitur* (*col. 1007*) querite me *In Breu. col. 210 et 975*) queretis me.

[3] Iac., v, 13-15. *Vide supra, col. 273* [6] *Cod* eclesie [8] *Cod* allebabit [10] Matth., iv, 23; ix, 36-38; x, 1 [12] *Cod* et omnes castella [14] *Cod* langorem [22] *Cod* langorem *Vide Miss moz* In cena Domini (*col. 602*) [28-41] *Cf. col. 385* [31] *Cod* langorem.

1. Cet *Ordo pro infirmis* a beaucoup de passages communs avec la *Missa pro infirmis* du Missel mozarabe imprimé. Voy. *P. L.*, t. LXXXV, col. 1007-1010.

et medicina curemur; [ut et uerbere castigemur et pietate sanemur]. Placeat ergo tibi, Domine, liberare nos : placeat corripere, corrigere et non perdere nos. — Amen.

Post Nomina.

Recursis nominibus offerentium, Fratres karissimi, preces fundamus ad Deum, ut oblatio que offertur in sanctis, proficiat ad salutem infirmis babtismate iam recreatis. Tuam uero, Domine, clementiam exoramus, ut omnes metu territos, inopia afflictos, tribulatione uexatos, morbis obrutos, suppliciis deditos, debitis obligatos uel quolibet merore
fol. 287 contritos, cunctos indulgentia / tue pietatis absoluat, morum emendatio releuet, et miseratio quotidiana confoueat. — Amen.

Ad Pacem.

Miserere nobis, Domine, miserere nobis : dum non miseria miseros consumere, sed misericordia liberare festinas; nec uindicta absorbere, sed expiari peccatores intendis. Sentiamus, Domine, manum tuam medentem, potius quam percutientem; fouentem, magis quam ferientem : ut sic presentia adhibeas flagella, ut supplicia arceas sempiterna; atque famulos tuos pietate paterna corripias, non abicias; erudias, non confundas. Tribuasque propitius cunctis temporum pacem ac peccatorum remissionem, et egris integerrimam sanitatem.

Inlatio.

Dignum et iustum est, equum uere et salutare est, nos tibi gratias agere, Domine sancte, Pater eterne, omnipotens Deus, per Ihesum Christum Filium tuum, Dominum nostrum : qui peccata nostra portauit in corpore suo super lignum; cuius uulnere plagarum sanati sumus; cuius adtactu uis febrium mox recessit; cuius sermonem confestim surdus audiuit; cuius iussu mutus fari non distulit, claudus cucurrit, cecus uidit, egrotus releuauit, debilis stetit, languidus sincerauit, fluxauit neruos aridus, aquosum aluum desiccauit hydropicus, lectulum in quo iacebat detulit paraliticus, luridam cutem amisit leprosus, surrexit de sepulcro quatriduanus.

[1] *Cod* et berbere. Vt et... sanemur *in margine legitur prima manu scriptum cum signo relatiuo* [13] *Cod* absolbat [14] *Cod* relebet... cotidiana confobeat [21] *Cod* fobentem [22] *Cod* adibeas [33] *Cod* uulnera [37] *Cod* releuabit [38] *Cod* nerbos aridos [39] *Cod* album desiccauit idropicus [41] *Cod* quadriduanus.

Per ipsum ergo te cum lacrimis postulamus, ut sacrificii huius oblationem placatus suscipias, et pecantibus ueniam, et languentibus conferas medicinam. — / Cui merito. fol. 288

Post Sanctus.

Vere sanctus, uere pius Dominus noster Ihesus Christus, Filius tuus : qui languores nostros in se portauit, et medicamentum nobis ex crucis sue confixione exhibuit; quique solus ualet fouere languida, solare tristia et sanare infirma.

Christus Dominus.

Post Pridie.

Credimus, Ihesu Domine, te esse omnium Saluatorem. Ob hoc petimus et rogamus, ut et sacrificia nostra pius suscipias, et egritudinum morbos propitiabili medicina repellas.

Ad Orationem.

Christe Domine, qui es medicus salutaris, tribue languidis subsidium medicine celestis : ut, dum corde uel corpore ualemus incolumes, cum fiducia tibi dicere mereamur e terris : — Pater.

Benedictio.

Salutiferam uobis Dominus de regnis celestibus dirigat medicinam. — Amen.

Precibus uestris obtimus suffragator occurrat, uestraque desideria pius in bono suscipiat. Omnia mala a uobis auferat et quecumque sunt bona uobis uestrisque concedat.

Conpleturia.

Confirma in uisceribus nostris misericordie tue munera, omnipotens Deus, ad augendam fidem nostram, ad corroborandam spem, ad inluminandam scientiam, ad multiplicandam caritatem, ad conseruandam corporis et anime sanitatem. — Amen.

XXXI. — MISSA GENERALIS DE INFIRMIS.

Omnipotentem Deum, ob accedentem plebis sue ex diuersa corporee fragilitatis occasione languorem, uniuersitas sancta inploret, eumque ad auxilium eorum Ecclesia studio materne pietatis inuitet. Ad eum carorum uita studio religiose deuotionis adclament, eumque spe metuque confusus propin-

[9] *Cod* exibuit [10] *Cod* solare tristitia [29] *Hoc titulum in marg. Cod* [38] *Cod* langorem [40] *Cod* Ecclesie.

quorum beatissimi martiris intercessionem interpellet affectus. Solum uelle eius queramus, quem totum posse confidimus. Summam expectemus remedii in auctoritate precepti; id est enim apud fol. 289 eum agere quod iubere, / nec eget medicaminis potentia profutura sermonis, quia uerbum sui oris est res salutis. Hoc erit in perfectione miraculi, quod fuerit in significatione mandati. Consequens dictum impleuit effectum. Moram, eo imperante, non faciet et discessus egritudinis et reditus sanitatis : quia facile ualet curare languidos, qui potens est uiuificare defunctos.

Alia.

Tu, Domine, singulorum fidelium medicus, tu cunctorum euidenter unde languores curentur intelligis, qui indubitanter unde oriantur agnoscis. Si per ipsum experientia agitur fidei, si infirmatur pená peccati, si discordia luctatur elementi, si patientia inbuitur sustinendi : tu dona quod confortet, tu tempera quo exercet, tu conpone quod dissidet, tu obliuiscere quod offendit. Adsit potens indulgentia, que nos et morbis eripiat et delictis. Nec infirmitas nos faciat miseros, nec sanitas habeat uitiosos. Tribuat pietas tua melius uiuere, ne contingat deterius sustinere. Sit iugis misericordia, non offensa. Deficere nouerit noxa, non uenia. Semper te parcere optamus, quum ledere non uitemus. De presentibus medella, de consequentibus sit tutela. Detur non iterare quod agitur et euadere quod timemus. — Amen.

Post Nomina.

Accipe, Deus, offerentium oblationes, et infirmorum omnium sana languores : quo ad salutem perpetuam et infirmitas inlata proficiat, et sanitas fol. 290 optata proueniat. Dona etiam nobis / exoratus per hec sacrificia, defunctis requiem sempiternam.

Ad Pacem.

Deus, qui tantum optas supplicum misereri, ut desideres exorari; qui ut poscaris rogas, ut queraris inuitas : quia nos et disciplina tua corrigis et indulgentia foues, dum percutiendo sanas et sanando corroboras : da familie tue, ut omnium morborum aduersitate repulsa, fide te poscat, spe accedat, karitate perueniat, perpetua pace fruatur. Concede

[15] *Cod* langores [21] *Cod* oblibiscere [22] *Cod* et morbos [26] *Cod* noberit [33] *Cod* langores [38] *Cod* supplicium.

te ab obsecrantibus inueniri, qui te non querentibus obtulisti.

Inlatio.

Dignum et iustum est, omnipotens Deus, tibi gratias agentes pro infirmorum remediis supplicare, cui singulare ius est naturas condere, sanare, conuertere, dilatare. Cui soli debent facta principium, curata remedium, correcta meritum, amplificata profectum. Cuiusque sit si firma non corrumpantur, si corrupta firmentur, si incolumia uigeant, si debilia conualescant, si positum nascendi uiuendique tempus peccati pena non breuiet, si prefixam moriendi necessitatem nouo spatio etas producta longinquet. Deus, apud quem solum tot sunt curationum genera, quot apud nos sunt infirmitatum incommoda; ut, sicut nicil posset esse uitiabile post peccatum, ita nicil non sanabile possit esse post uitium, quibus corrupte nature contagia transmitteret culpe traducis, desiderate remedia medicine conferret misericordia conditoris; ne humane posteritatis inimicus gauderet auctori eripere quod fecerat, si in pristinum statum / uideret quod ipse fol. 291
infecerat non redire. Sit auxilium periclitantium pius Redemtor adueniens, omnia sanaturus damna uite, qui ipsa dignatus est uulnera sanare nature. Vnde merito tibi, uni Deo in Trinitate regnanti, angelice potestates non cessant clamare, ita dicentes : [Sanctus].

Post Sanctus.

Vere sanctus, uere benedictus es, Domine Deus noster, qui percutis et sanas, uulneras et mederis. Quique nos sic castigas uerbere, ut foueas pietate, sic languoribus tungis, ut sanitatibus consoleris.

Per Christum Dominum ac redem[ptorem].

Post Pridie.

Sanctifica, Domine, hoc sacrificium pro infirmorum tibi releuatione libatum : quo per hoc obtineant et ualidi gratiam et languidi medicinam.

Ad Orationem.

Deus, qui nos in infirmitate releuas et in pressuris exaltas, dona precantibus nobis in tuam plebem euenire obtabilem sanitatem : ut quos infirmitas

[10] *Cod* incolomia [12] *Cod* brebiet [14] *Cod* toth [23] *In Cod* sic auxilium pereclitantium... sanaturus damnauit, et qui *Cf. infra, col. 386* [32] *Cod* fobeas [33] *Cod* langoribus tungis *forte leg.* tundis *uel* tangis *Cf. infra, col. 386.*

curuat, pietas erigat; quos culpa in languorem duxit, miseratio in salutem restituat : quo, animorum uel corporum repulsis morbis, te nobiscum possint exorari e terris : — Pater.

Benedictio.

Christus Dominus, qui est uera redemtio, sanet omnem languorem et omnem infirmitatem in populo suo. A corporibus eorum morbos, et ab animis procul effugiat dolos : ut, abstersis cunctis incommodis, ad eum sanati et corporibus et animis peruenire possitis. — Amen.

ORDO DE INFIRMIS [1].

AD VESPERAM.

Exaudi nos, Deus saluator noster.

Sono : Sana, Domine, omnes languores nostros, Alleluia.

[1] *Cod* curbat..... in langorem [7] *Cod* langorem [15] *Cum notis musicis in A, usque ad Hymnum.*

1. Le Rituel *A*, fol. 50-57, renferme un office pour les infirmes plus complet que les précédents. Nous le donnons ci-dessus, en renvoyant au Bréviaire ou au Missel mozarabe imprimé (*P. L.*, t. LXXXVI, col. 971-976, et t. LXXXX, col. 1007-1010) pour les formules qui ne sont pas propres à notre manuscrit.

Un manuscrit wisigothique de l'abbaye de Silos, qui date du xie siècle (le *Rituale antiquissimum*, dont il est question dans l'Introduction de cet ouvrage), nous a conservé, aux folios 1-12, un ensemble plus complet encore de la partie de l'office pour les infirmes qui précède la messe :

OFFICIVM DE INFIRMIS.

Ad vesperas :

Exaudi nos, Deus saluator noster.

Sono : Sana, Domine, langores nostros. Alleluia. — ꝟ. Redime de interitu uitam nostram. Alleluia, Alleluia.

Antiphona : Salba plebem tuam, Domine, et benedic hereditati tue. — Vers. : Et rege eam.

Antiphona : Salbos fac nos, Domine Deus noster, Alleluia, et congrega nos de nationibus. Alleluia, Alleluia. — Vers. : Vt confiteamur.

Alia ... : Salbum fac, Domine, populum tuum, et benedic ereditati tue ; et rege eos et extolle eos usque in seculum. — Vers. : Vt cognoscamus.

Antiphona : Mitte uerbum tuum et sana nos, Domine. Alleluia, Alleluia, Alleluia. — Vers. : Ad te lebamus.

Imnvs : Christe celestis medicina Patris, etc. (Voy. *P. L.*, t. LXXXVI, col. 972.)

Ostende nobis, Christe, misericordiam tuam, et salutare tuum da nobis.

Oremus Dominum, ut uulnera famulorum suorum omnium fidelium Christianorum propitius sanare et confortare dignetur. — Kyrie eleison, Kyrie eleison, Kyrie eleison.

Completvria : Te inuocamus, Domine sancte, Pater eterne, omnipotens Deus, Pater Domini nostri Ihesu Christi, Deus misericordie, qui dominaris uite et mortis, qui es medicus animarum in egritudinem constitutus. — Respice propitius de preparato habitaculo tuo super famulos tuos, uel qui a diuersa ualitudine continentur. Visita eos uisitatione celesti, sicut uisitare dignatus es socrum Petri et puerum centurionis. Tribue eis, Domine, remedium salutis, qui post passionem tuam corpora iam in conclusione sepulcrorum uetustate consumta ad superos prodire fecisti. — Dona eis, Domine, solatium pietatis, qui mulierem in proflubio sanguinis euolbentem ad unum uerbum omnes maculas sordium eius emundasti. Concede eis, Domine, sanitatem mentis et corporis, qui quadriduanum Lazarum ab inferis suscitasti : ut sani adque incolumes in tua sancta ecclesia presentati, tibi Domino gratias agant. — Pater.

Benedictio : Salutare tuum, Domine, famulis tuis tribuere dignare, orationes suscipe, petitiones supple et peccata dimitte. Amen. — A langoribus cura, et fidelium pectora a delictorum maculis purga.

Alia vespera de infirmis :

Exaudi nos. — Sono : Sana, Domine. — Alio : Sana me, Domine, et sanabor; salbum me fac et salbus ero, quia laus mea tu es. Alleluia.

Antiphona : Salbator noster, salba nos in dilectione tua, et in indulgentia tua libera nos. — Vers. : Vt cognoscamus.

Antiphona : Salba nos, Domine Deus noster. Alleluia, Alleluia, Alleluia. — Vers. : Vt cognoscamus.

Alia vespera :

Antiphona : Visita nos, Domine, in salute tua. — Vers. : Ad uidendum in bonitate.

Antiphona : Visita nos, in salutario tuo. Alleluia. Ad

Ant. : Salua plebem tuam, Domine, et benedic hereditati tue. — Vers. : Et rege eos et.

Allelvia : Saluos nos fac, Domine Deus noster, Alleluia, et congrega nos de nationibus, Alleluia, Alleluia. — Vers. : Vt confiteamur.

Hymnvs : Christe, celestis medicina Patris.

... sidera clament. — Amen. (*Vide P. L., t. LXXXVI, col. 972.*)

Vers. : Ostende nobis.

Oratio.

Vespertinis precibus esto nobis, Domine, protector et medicus. Ille etenim a se tuam misericordiam repellit, qui tibi sua uulnera non ostendit. Sed quia

[1] *A* pleuem [12] *A* tua misericordia.

tu, Domine, omnes infirmos ad sanitatem prouocas, et ulterius nesciunt infirmari quos curas : cura, Domine, uulnera nostra et concede nobis misericordiam tuam. — Pater.

uidendum omnes (*sic*) electorum tuorum. Alleluia, Alleluia, Alleluia. — Vers. : Memento nostri, Domine.

Imnvs : Christe, celestis medicina Patris, etc., *ut supra.*

Oremus Saluatorem, ut uulnera, etc., *ut supra.*

Conpletvria : Exaudi nos, Domine Deus noster, pro diuersis necessitatibus nostris et famulorum tuorum omnium Christianorum infirmorum egritudinum molestias laborantibus succurre propitius. Vt, sicut per Eliam filium uidue Sidonensis, et per Eliseum filium mulieris Sunamitis suscitasti, ita quoque supplicationibus nostris adesse digneris, et famulos tuos omnibus Christianis infirmis medellam corporum [et] salutem animarum largiaris. Amen. — Pater.

Benedictio : Christus Dominus, qui est uera redemtio, sanet omnem langorem et omnem infirmitatem in populo suo. Amen. — A corporibus eorum morbos, ab omnibus effugiat dolos. Amen. — Vt, abstersis cunctis incomodis, ad eum sanati corpore et anima peruenire possitis. Amen.

Alia Conpletvria : Vespertinis precibus esto nobis, Domine, protector et medicus. Ille enim a se tuam misericordiam reppellit, qui tibi sua uulnera non hostendit. Set quia, tu, Domine, omnes infirmos ad sanitatem prouocas, et ulterius nesciunt infirmari quos curas : cura, Domine, uulnera nostra, et concede nobis misericordiam tuam. — Pater.

Benedictio : Benedicat nobis omnipotens Dominus, qui uos dignatus est plasmare de nicilo. Amen. — Ipse sanet langores uestros, qui noster est solus Dominus et redemtor. Amen. — Adque ipsi sit semper cura de uobis, in quo omnis est plenitudo nostre salutis. Amen.

Ad matvtinvm :

De tertio psalmo : Exurge, Domine; salbum me fac, Deus meus. Domine, q[uid multiplicati sunt].

Exurge Domine Deus noster, in ausilium humilium et in exterminium persequentium nos : contere aduersarios nostros, qui nos a tuis preceptis dolosis promissionibus apertisque terroribus auertere moliuntur. In nullo enim eorum proficient insidie, si tuo semper muniamur in omnibus adiutorio gratie. — Amen.

Antiphona : Salbum fac, Domine, populum tuum et benedic hereditati tue : et rege eos et extolle illos usque in seculum. — Vers. : Ostende nobis, Domine.

[Oratio :] Concede, Domine, ut tuo nobis salus proficiatur in nomine : nos quoque in uirtute tua libera, quos propriis infirmitatibus perditos agnoscis; ut tuum sit omne quod uibimus, qui fecisti ex nicilo ut essemus. — Amen.

Antiphona : Salbos nos faciat dextera tua, et exaudi nos, Domine Deus noster. — Vers. : Vt cognoscamus.

[Benedictio :] Benedicat te, Domine, anima nostra, et

Benedictio.

Benedicat uobis omnipotens Dominus, qui uos plasmare dignatus est de nicilo. — Amen.

Ipse sanet languores uestros, qui solus est Dominus et redemptor. — Amen.

omnia interiora nostra in tuis laudibus conclamant. Vt ad sanandum langores nostros audita oratione concurras, et uita nostra de interitu redimas, et in bonis desiderium nostrum saties, uotum perfectionis corones. — Amen.

[Ant. :] Sana, Domine, omnes langores nostros. Alleluia. Redime de interitu uitam nostram. Alleluia, Alleluia. — Vers. : Vt confite...

Sana nos, Domine, dum clamamus ad te : ut, qui morbi disperatione morteque inminenti turbemur, dum per hec lituris audias propitius miseris; adque ab inferno nos libera. Luctum, quesumus, in gaudium muta. — Amen.

Psallendvm : Virtus nostra, Domine, esto firmamentum infirmis : esto refugium et liberator oppressis. — Vers. : Infirmorum adiutor, captiborum redemtor, disperantium consolator : post esto refugium...

Alio Psallendvm : Propitius esto peccatis nostris, Domine, et sana omnes langores nostros, et redime de interitu animas nostras. — Vers. : Adiuba nos, Deus, salutaris noster, et libera nos propter nomen tuum. Et redime.

Exurge, Domine Deus noster, et persecutionis impetu salua nos, quos pretioso sanguine redemisti.

Antiphona : Peccabimus cum patribus nostris : iniuste egimus, iniquitates fecimus; salba nos, Domine Deus noster. — Vers. : Vt confiteamur.

Precamur, Domine Deus, pietatem tuam : nos in ira tua non arguas, neque in tuo furore nos corripias. Set quos cernis proprio turbari peccato... indulgendi. — Amen.

Propitius esto peccatis nostris propter nomen tuum, Domine; nequando dicant gentes : Vbi est Deus eorum? — Vers. : Salbos nos fac.

Domine, qui in eternum permanes, esto refugium pauperum in tribulatione et oportunum nobis auxilium, medicamentum... in labore : et quia tu es merentium consolator, sis etiam omnium infirmorum opitulatur. — Amen.

Antiphona : Mitte uerbum tuum et sana nos, Domine. Alleluia, Alleluia, Alleluia. — Vers. : Ad te lebamus.

In dilectione tua salbas nos, Domine Deus noster, qui facturam tuam multiplici semper pietate custodis. Ad inuocationem nominis tui benignus adsiste, et famulos tuos Christianos infirmos dextera tua erigas, uirtute confirmes, medicinam infer[as], langores sanes. Vitam te ipsis dones, et omnia que ad (a te) expectant, prosperitate salutis statuas. — Amen.

Psallendvm : Qui dat dolorem, ipse refrigerat : percutiet, et manus eius sanitatem prestat. Memores estote, quia nullus iustus periit, nec uerus Dei cultor eradica-

Atque ipsi Deo nostro sit semper cura de uobis, in quo est plenitudo uestre salutis. — Amen.

AD MATVTINVM.

ANT. : Exurge, Domine, saluum me fac, Deus meus. — Domine, quid [multiplicati sunt].

Oratio.

Ad te clamamus, Domine, ut nos exaudias de monte sancto tuo. Exurge et saluos nos fac, Domine Deus noster, ut salus Christi tui regnet in nobis, et super populum tuum maneat benedictio nominis tui. — Amen.

ANT. : Saluum fac populum tuum, Domine, et benedic hereditati tue, et rege eos et extolle illos usque in seculum. — VERS. : Ostende.

Oratio.

Salua, Domine, plebem tuam et benedic hereditati tue, tueque non obliuiscaris Ecclesie, quam a seculo predestinasti in Christo. Atque ad testamentum tuum memor misericordie respice, et promissa nos iugiter tua libertate conplectere. — Amen.

[7] *A* salbum *Cum notis musicis in A* [12] *A* oblibiscaris.

bitur. — VERS. : Quoniam ipse flagellat et salbat, ducit ad infernum et reducit.

Exurge, Domine, salbum me fac, Deus meus. — VERS. : Domine, quid.

Exurge, Domine, non e loco, non tempore, non a somno, immense peruigil eterne. Vt qui tuum pusillum gregem multi deuorant, tu propugnator [esto] adque defensor, spes [in] turbine, umbraculum ab estu. Et insurgentium aduersum nos, quesumus, consilia iniqua despicias, et seuientium in nos dentes agrius (acrius) conteras, et circumdantium milia collectam dispergas. — Amen.

ANTIPHONA : Salbator noster, salba nos in dilectione tua, et in indulgentia tua libera nos. — VERS. : Deus, in nomine. Salba, Domine, plebem tuam et benedic heredi-[tati tue] . . . . oblibiscaris Eclesie, quam a seculo predestinasti in Christo. Adque ad testamentum tuum memor misericordie tue respice : et promissa nos iugiter tua liuertate conplectere. — Amen.

ANTIPHONA : Propitius esto peccatis nostris et sana, Domine, omnes langores nostros. — VERS. : Memento.

Domine, sic esto propitius peccatis nostris, ut eternas penas a nobis abroges. [Et sicut te cre]dimus semper posse donare peccata, sic te mereamur propitium semper reposita culpa. — Amen.

Peccabimus tibi, Deus; fac misericordiam et antequam pereamus, liberet nos manus tua. Alleluia. — VERS. : Memento congregationis... Peccabimus tibi, Domine Deus; iniuste egimus quia [non] ob[ediuimus] mandatis tuis et post cogitationes cordis nostri pessime ambulabimus. Hec digne mereamur audiri, quia transgressores sumus tui precepti. Petimus, omnipotens Deus, ut...

Domine, qui mesereris omnibus, qui omnia regis, qui clamantes ad te benignus exaudis, qui solacium es laborantibus, afflictis corde medellam, egrotantibus medicinam : Domine, sospitator morientium, resurrectio mortuorum, reparator egrorum. Te supplices deprecamur, ut omnes famulos tuos *Illos*, quos grabis iniuria febrium defatigat, egritudo efficit, labor frangit, admonitio deuilitat, propitius aspicere digneris, et des eis fortitudinem corporis, anime stabilitatem, tollerantiam dolorum, prosperam sanitatem : ut inuocatio sancti nominis tui detergat omnem eorum corporis labem, omnes uarias infirmitates, omnes accessus febrium; tribuas eis uite comeatum, sicut Ezecie famulo tuo. Erigas eos de lectulo, quemadmodum filium uidue de loculo suscitasti. Vt, recepta pristina sanitate, ingressi in eclesia tua te Deum Patrem per omnia benedicat. — Pater.

BENEDICTIO : Arceat [in] uobis diuina pietas laudem, et celestibus... animorum temperet ultionem. Amen. — Reddat uobis Dominus solacium post merorem : etiam tristitiam gaudiis reconpenset. Amen. — Vt, inlatis flagellis mens uestra non pereat, set potius ex tollerantia usque ad celos remuneratura perueniat. Amen.

ALIA CONPLETVRIA. Redemtor noster, Domine, fer opem nobis, et qui lectulo doloris peccati adgrabati ualitudine recubamus, indulgentiali medicina sanemur : quique nos cotidie crescentibus delictis occidimur, misericordiarum tuarum abundantia sustentemur. Et quia secularis suasio et inimici deceptio diuerso tempestatum genere nos interimit et occidit, obsecramus te, clementissime Deus, tu nos uiuifica, tu de manu inimici libera, hac (ac) tu semper benedictione sanctifica. — Amen.

BENEDICTIO : Salutiferam uobis Dominus de regnis celestibus dirigat medicinam. Amen. — Precibus uestris obtimis suffragatur (suffragator) occurrat, uestraque desideria pius in bono suscipiat. Amen. — Omnia mala a uobis aufferat, et quecumque sunt bona uobis uestrisque concedat. Amen.

ALIA CONPLETVRIA : Fortitudinem tuam, Domine Deus noster, infirmitate nostra circumferens, non potentissimus iudex in ira arguas quos conscientia offensa conmaculat. Sed quia nullum peccatorem dispicis, quem a te per penitentiam redire cognoscis : tu, Domine, peccatorum nostrorum flagella suspende, et confessionis remedia auge, et ad te perueniendi auditum pande. Et quia in inferno nec reus obsolbitur, nec rei confessio acceptatur : hunc gemitum nostri laboris suscipe, et quos ipse creasti misericorditer redime. — Pater.

BENEDICTIO : Benedicat uobis Dominus et custodiat. Amen. — Ostendat Dominus faciem suam uobis et misereatur uestri. Amen. — Conuertat Dominus uultum suum ad uos : et det uobis salutem et pacem. Amen.

PSALLENDO : Hic curantur languidi et sanantur infirmi, hic resurgunt mortui. Alleluia.

ANT. : Saluator noster, salua nos in dilectione tua, et indulgentia tua libera nos. — VERS. : Vt cognoscamus in terra.

Oratio.

Salua nos, Domine, in tuo nomine, tuaque nos libera in uirtute. Educ de tribulatione et reple iucunditate : ut dum nos salus tua prestatur ex munere, tibi gloriam deferamus et laudem, nobisque libertis contingat in requiem. — Amen.

ANT. : Sana, Domine, omnes languores nostros, Alleluia; redime de interitu uitam nostram, Alleluia, Alleluia. — Vt confite[amur].

Oratio.

Sana nos, Domine Deus noster : et ne iniquitatum nostrarum [multitudo] afferat nobis mortem, sana nos, Domine, et omnes infirmos, ac redime de interitu uitam nostram, ut sanata de culpa, sit tranquilla per gratiam. Effunde medicinam egrotis, et ueniam presta delictis. — Amen

LAVDES : Virtus nostra, Domine, esto firmamentum infirmis, esto refugium et liberator oppressis. — VERS. : Esto brachium nostrum in mane et salus nostra in tempore tribulationis. Esto refugium.

De L. : Auerte faciem tuam a peccatis meis, Domine.

Oratio.

Auerte faciem tuam a peccatis nostris, Domine, et omnes iniquitates nostras dele. Remouè ab oculis tuis nostrarum malarum facinus uoluptatum, nostreque confessioni tuum appone auditum, et uenie nobis largire remedium. — Amen.

De cantico : Domine, miserere nostri, te enim expectauimus. Esto brachium nostrum in mane et salus nostra in tempore tribulationis. A uoce angeli fugerunt populi, et ab exaltatione tua disperse sunt gentes[1]... — Te enim.

BENEDICTIO : Omnia opera Domini benedicite Domino.

[1] *A* salbator noster salba [8] *A* gloria deferamus laudem [9] *A*libertos [10] *A* langores [15] multitudo *ipse conieci* [16] *A* hac redime [17] *A* ut sanatos [20] *Cum notis musicis in A* [22] *A* Esto bracium [24] *Id est* De quinquagesimo psalmo [28] *A* remobe [30] *A* confessionis [32] *In codice* De C [33] *A* Esto bracium [35] *A* fugierunt.

1. Le reste du cantique est conforme à la Vulgate (Isaïe, XXX, 2-10), excepté le ỳ. 6 : « Diuitie salutis imperium sapientia et scientia », et le ỳ. 10 : « nunc exaltabor et nunc sublimabor ».

SONO : Sana, Domine, omnes.

LAVDES : Laudate Dominum in sanctis eius, Alleluia.

[HYMNVS] : Christe celestis... (*Vide supra, ad Vesperam.*)

VERS. : Ostende nobis, Domine...

Oratio.

Sana, Domine, omnes languores nostros et in tuo nos uisita salutari : ut, quia nostris cum patribus coram te inique gessimus, te quesumus, te rogamus, ut de interitu uitam nostram eripias, ac de sede mortis et de damnationis origine et actualis peccati contagione tua duce gratia redimamur. — Pater.

Benedictio.

Salutare tuum, Domine, famulis tuis tribuere dignare, orationes suscipe, petitiones supple et peccata dimitte. — Amen.

A languoribus cura, et fidelium pectora a delictorum maculis purga. — Amen.

AD MISSAM.

ANT. : Sana, Domine, omnes.

ORATIO : Sana nos.

Lectio libri Iheremie prophete.

Hec dicit Dominus : Ecce ego uisitabo uos, et suscitabo super uos uerbum. (*Vide P. L., t. LXXXV, col. 1007.*)

PSALLENDVM : Salua plebem. — VERS. : Et rege eos.

Epistola Iacobi apostoli ad duodecim Tribus.

Karissimi, tristatur aliquis uestrum? Oret equo animo et psallet. Infirmatur quis in uobis? Inducat presbiteros Ecclesie, et orent super eum, unguentes eum oleo in nomine Domini. Et oratio fidei saluabit infirmum, et alleuabit eum Dominus; et si in peccatis sit dimittetur ei. — Amen.

Lectio sancti Euangelii secundum Matheum.

In illo tempore Dominus noster Ihesus Christus circuibat ciuitates omnes et castella, docens in sinagogis eorum, et predicans euangelium regni et curans omnem infirmitatem. Videns autem turbas, misertus est eis, qui erant uexati et iacentes, sicut oues non habentes pastorem. Tunc dicit discipulis

[8] *A* langores [10] *A* gesimus [11] *A* hac de sede [12] *A* hactualis... tue [17] *A* langoribus [18] *A* maculas [22] Ier., XXIX, 10-14 [28] *Vide supra, fol. 273* Matth., IV, 23; IX, 36-38; X, 1 [36] *A* ciuitates omnes castella· *Cf. col. 372.*

suis : Messis quidem multa, operarii autem pauci. Rogate ergo Dominum, ut mittat operarios in domum suam. Et conuocatis duodecim discipulis suis, dedit illis potestatem spirituum inmundorum, ut eicerent eos, et curarent omnem languorem et omnem infirmitatem in populo. — Amen.

Lavdes : Alleluia. O Domine! saluos nos fac, o Domine! bona prospera.

Sacrificivm : Ingressus Ihesus in domum Petri, uidit socrum eius iacentem et febricitantem, Alleluia, et tetigit manum eius et dimisit eam febris, Alleluia, et magnificabat Deum Israhel, Alleluia, Alleluia, Alleluia.

Missa.

Domine Ihesu Christe, qui es uerus medicus, etc. (*Vide supra, col. 372 et P. L., t. LXXXV, col. 1008.*)

Alia.

Corripe nos Domine in misericordia, etc. (*Ibid.*)

Post Nomina.

Recursis nominibus offerentium, etc. (*Ibid.*)

Ad Pacem.

Miserere nobis Domine miserere, etc. (*Ibid.*)

Inlatio.

Dignum et iustum est, omnipotens Deus, tibi gratias agere, pro infirmorum remediis supplicare, cui singulare ius est naturas concedere, sanare, conuertere, dilatare. Cui soli debent facta principium, curata remedium, correcta meritum, amplificata profectum. Cuiusque sit firma non corrumpantur, si corrupta firmentur, si incolomia uigeant, si debilia conualescant, si positum nascendi uiuendique tempus peccati pena non breuiet, si prefixam moriendi necessitatem nouo spatio etas producta longinquet. Deus, apud quem tot sunt curationum genera, quot apud nos sunt infirmitatum incommoda; ut, sicut nicil possit esse uitiabile post peccatum, ita nicil possit esse [non sanabile] post uitium, quibusque corrupte nature contagia transmitteret culpa traducis, desiderate remedia medicine conferret misericordia conditoris; ne humane posteritatis inimicus gauderet auctori eripere quod fecerat, si in pristinum statum uideret quod ipse infecerat non redire. Sit auxilium periclitantium pius Redemptor adueniens omnia sanaturus damna uite, qui ipse dignatus est uulnera sanare nature.

Vnde merito uni Deo in Trinitate regnanti angelice potestates non cessant clamare, ita dicentes : Sanctus, Sanctus, Sanctus.

Post Sanctus.

Vere sanctus, uere benedictus es, Domine Deus noster, qui percutis et sanas, uulneras et mederis. Quique nos sic castigas uerbere, ut refoueas pietate, sic languoribus tangis, ut sanitatibus consoleris. Christe Domine.

Post Pridie.

Sanctifica, Domine, hoc sacrificium pro infirmorum tibi releuatione libatum : quo obtineant et ualidi gratiam et languidi medicinam. — Amen.

Ad Orationem Dominicam.

Deus, qui nos in infirmitate releuas, in pressuris exaltas, dona precantibus nobis in tuam plebem uenire obtabilem sanitatem; ut quos culpa in languorem induxit, miseratio in salutem restituat : quo animorum uel corporum repulsis morbis, te nobiscum possint orare e terris : — Pater noster.

Benedictio.

Christus Dominus, qui est uera redemptio, sanet et omnem infirmitatem in populo suo : a corporibus morbos, ab animis procul efficiat dolos. — Amen.

Vt abstersis cunctis incommodis, ad eam sanati corporibus et animis peruenire possitis. — Amen.

XXXII. — ORDO AD MISSAM IN GRATIARVM ACTIONE PRO EXPVLSA TRIBVLATIONE VEL EGRITVDINE ET REDDITA PROSPERITATE ATQVE SALVTE.

Prolegendvm : Alleluia, Domine Deus meus, clamaui ad te, Alleluia, et sanasti me; et eduxisti ab inferis animam meam : saluasti me, ne descenderem in lacum. Psallite Domino, Alleluia, / Alleluia. fol. 292
— Vers. : Disrupisti uincula mea. P.

Item alivm : Alleluia. Reddam Deo hostiam laudis, Alleluia, Alleluia, Alleluia. — Vers. : O Domine! ego.

[3] *A* xiim discipulis [5] *A* langorem [9] *Cum notis musicis in A* [20] *A* recursibus [29] *A* corrumpatur [31] *A* deuilia... uibendi [32] *A* non debriet... moriendo [34] *A* aput quem toth... quod aput nos [37] non sanabile *ipse addidi ex Cod. Cf. supra, col. 376* [38] *A* transmittere.

[4] *A* huni Deo [11] *A* langoribus *Cf. supra Cod, col. 376* [14-24] *Cf. col. 376 et 379* [15] *A* relebatione liuatum [19] *A* pleuem [20] *A* langorem [22] *A* repulsis moribus [25] *A* sanat [34] *Cum notis musicis in Cod* [39] *Cod* Item alio

Lectio libri Ihesu.

In diebus illis, orauit Ihesus, dicens : Confiteor tibi, Domine rex, et conlaudabo te Deum saluatorem meum. Confiteor nomini tuo, quoniam adiutor et protector factus es mihi; et liberasti animam meam a perditione, a laqueo lingue, et a labiis operantium mendacium, et contra adsistentes factus es mihi adiutor. Et liberasti me secundum multitudinem misericordie tue et nominis tui.

PSALLENDVM : Exaltabo te, Domine, quoniam suscepisti me, nec delectasti inimicos meos super me. — VERS. : Domine Deus meus, clamaui ad te et sanasti me, et eduxisti ab inferis animam meam. Saluasti me a descendentibus in lacum. Nec.

Epistola Pauli apostoli ad Romanos.

Fratres, hoc est uerbum fidei quod predicamus : qua si confitearis in ore tuo Dominum Ihesum Christum, et in corde tuo credideris quod Deus illum suscitauit a mortuis, saluus eris. Corde autem creditur ad iustitiam, oris autem confessio fit ad salutem. Dicit enim Scriptura : Omnis enim qui crediderit in illum non confundetur. Non est enim distinctio Iudei et Greci; nam idem Dominus omnium, diues in omnibus qui inuocant illum. Omnis enim qui inuocauerit nomen Domini, saluus erit. — Amen.

Lectio sancti Euangelii secundum Lucam.

In illo tempore, Dominus noster Ihesus Christus, dum iret in Iherusalem, transibat per mediam Sa-
fol. 293 mariam et Galileam. / Et quum ingrederetur quoddam castellum, occurrerunt ei decem uiri leprosi, qui et steterunt a longe et leuauerunt uocem, dicentes : Ihesu preceptor, miserere nostri. Quos ut uidit, dixit : Ite, ostendite uos sacerdotibus. Et factum est dum irent mundati sunt. Vnus autem ex illis, ut uidit quia mundatus est, reuersus est cum magna uoce magnificans Deum; et cecidit in faciem ante pedes eius, gratias agens. Et hic erat Samaritanus. Respondens autem Ihesus, dixit : Nonne decem mundati sunt, et nouem ubi sunt? Non est inuentus qui rediret et daret gloriam Deo, nisi hic alienigena. Et ait illi : Surge, uade, quia fides tua te saluum fecit. — Amen.

[1] Eccli., LI, 1-4 [2] *Cod* orabit [10] *Cum notis musicis in Cod* [12] *Cod* clamabi [15] Rom., X, 8-13 [19] *Cod* suscitabit [25] *Cod* inuocaberit [27] Luc., XVII, 11-19 [32] *Cod* leuaberunt [34] *Cod* ostendite uobis [40] *Cod* nobem [42] *Cod* ayt.

LAVDES : Alleluia. Ego seruus tuus et filius ancille tue. Disrupisti uincula mea; tibi sacrificabo hostiam laudis.

ALIAS : Expectans expectaui Dominum et respexit me, et exaudiuit precem meam.

SACRIFICIVM : Quid dignum offeram Deo [1].

ALIVM : Introibo in domum tuam.

Missa.

Mecum uniuersitas christiani conuentus exurgere, et in laudibus rerum Parentis conatus tuos exercere. Demus ei gloriam et honorem, qui miserans miserabilem reparauit condicionem, et pene destitutum reformauit potentialiter puluerem, misitque Vnigenitum suum, per quem nostra facta est salus et regnum; quia confusus est accusator fratrum nostrorum. Dabit profecto laudandi affectum, indulget laudationis nihilominus premium, qui contulit post suspiria con/solationis remedium. — Amen. fol. 294

Per Christum.

Alia.

Suscipe, piissime Domine, oblatam tibi hostiam iubilationis et laudis, precesque propitius redemte accipe plebis : et quibus dedisti exobtatam tranquillitatem post luctum, his ne rursus labefactentur dignare existere custos. Me quoque indignum, quem a tantis periculis totque euadere decreuisti miseriis, custodiis tutare angelicis, letaturum perenniter cum omnibus sanctis. — Amen.

Post Nomina.

Sanctorum Patrum recensita uocabula, te Deum, electorum omnium Patrem, prece flagitamus continua, ut reddita letitie tempora, felicitate fruamur perpetua : quo dum me, quem ab inmensis molestiis cordis et corporis liberasti, et a totius contrariorum seu criminum laqueis eruisti, solita pietate protexeris, indulgentiali fauore sepultis omnibus subuenire digneris. — Amen.

[1] *Cum notis musicis in Cod usque ad* Missa [4] *Cod* expectabi... exaudibit [7] *Cod* Alio [11] *Cod* qui miserante miserabilem reparabit condicionem [13] *Cod* reformabit [26] *Cod* tothque [27] *Cod* perhenniter [30] *Duo casus accusatiui absoluti in ista oratione* Post Nomina [35] *Cod* laqueos [36] *Cod* fabore.

1. Nous trouvons cette antienne complète dans le Missel mozarabe (*P. L.*, t. LXXXV, col. 988) : « Quid dignum offeram Domino? Curua Deo excelso. Alleluia » (*Missa pro seipso sacerdote*).

Ad Pacem.

Domine Deus, pax eterna et quies animi indefessa, caritatis et pacis in nobis adauge studia : quo exutos nos ab uniuersis mundi calamitatibus, cunctisque egrimoniorum depulsis languoribus, ita pax uera seruaturos possideat, ne ullatenus tristitia fortuna absumat. — Presta per auctorem.

Inlatio.

Quid dignum tibi, o piissime Domine, retribuere possum, pro tam inmenso clementie beneficio muneris tui largitate mihi conlato : quia liberasti animam meam de morte, oculos meos a lacrimis et pedes meos a lapsu, saluamque fecisti de necessitatibus animam meam, nec conclusisti me in manus
fol. 295 inimici. Sed statuisti in spatioso / loco pedes meos, et misertus es mei, dicens : Ecce iam sanus factus es, noli peccare. Dumque de tribulatione mea clamarem ad te, et sanctum nomen tuum de lacis nouissimis inuocarem, non auertisti aurem tuam a singultu meo et clamoribus; sed protexisti me a conuentu malignantium et a multitudine operantium iniquitatem. Ostendisti mihi tribulationes multas et malas, propter multimodas iniquitates meas, et conuersus consolatus es me, propter miserationum tuarum diuitias copiosas. Et dum insanabilis esset dolor meus, misisti Verbum tuum bonum, quod uitam meam eriperet de interitu, saluaretque a meroribus cor meum, et uulneribus saucium mederet corpusculum. Et ego cognoui quoniam uoluisti me, quia non gaudebit inimicus meus super me. Adesto proinde, sancte Domine, in auxilium mihi, nec ultra iam inpulsionibus tribulationum patiaris elidi, quem ante fragilitati nosti subcumbere, tu etiam propitia bonitate ne funditus periret dignatus es reparare. Omnibus denique tua miseratione saluatis auxilium prebe inuicte potentie, qui merito peccatorum contritis consolationem donasti letitie : ut per hec sacra misteria iugi diuinitatis tue septi custodia, cum sanctis angelis hymnum glorificationis in eterna depromant patria, ita dicentes : [Sanctus].

Post Sanctus.

Agie, agie, Domine Deus eterne, sanctitatis me affectibus reple, ut cum omni munditia cordis et corporis domum / tuam adeam cum holocaustis et fol. 296
reddam tibi uota mea, que distinxerunt labia mea et locutum est os meum in tribulatione mea : prebens mihi et omnibus famulis tuis *Illis,* dextere tue leuamine consolatis, deinceps non prolabi in ruinam, qui nostram, sicut nosti, consolasti miseriam.

Christe Domine et re[demptor].

Post Pridie.

Circumdederat me, Domine, iniquitas calcanei mei; sed eripuit me gratia Christi tui : quoniam, resistente eius potentia, confusi sunt et erubuerunt omnes insurgentes in me. Ipse enim diripuit uincula mea. Ipsi letus sacrificabo hostiam laudis; ipsi dabo gloriam et honorem, ipsique uota mea in exultatione persoluam.

Ad confractionem, LAVDES : Consolationes tue multe, Domine, letifi... *Hunc responsum require in ordine uiatico* [1].

Ad Orationem.

Domine sancte, Pater omnipotens, eterne Deus, qui benedictionis tue gratiam contritis mentibus egrisque infundendo corporibus, facturam tuam multiplici pietate custodis : ad inuocationem nominis tui benignus adsiste, et me famulum tuum egritudine liberatum, tribulatione exemtum, et sanitate ac prosperitate donatum, cum omni cetu catholicorum dextera tua erigas, uirtute confirmes potestate tuearis, et Ecclesie tue sanctisque altaribus cum omni desiderata prosperitate restituere digneris.

Piissime Pater noster.

Benedictio.

Christus Dominus, qui cordis mei contritiones sanando uestrorum ualitudines abstulit corporum, ab omni me et uos labe detersos peccaminum numquam prolabi sinat ulterius in reatum; et ita conlatum in uos / conseruet gratie beneficium, ut num- fol. 297
quam peccandi consuetudo me ad perennem trahat interitum. Quatenus, sacrificium hoc laudis, quod pro expiatione mearum uestrarumque calamitatum exsoluo, uultibus intuens placidis, et uobis perenne

5 *Cod* langoribus 10 *Cod* pro tam immensum... beneficium... conlatum 15 *Cod* set 22 *Cod* Hostendisti 26 *Cod* qui uitam 33 *Cod* noste 39 *Cod* ymnum.

15 *Cod* persolbam 36 *Cod* gratia 37 *Cod* perhennem traat 40 *Cod* perhennem.

1. Cette rubrique se lit en marge du manuscrit. L'antienne commençant par les mots indiqués ne se trouve plus dans ce qui nous reste du Rituel *A*. — Je ne la vois pas davantage dans les autres livres de la liturgie wisigothique.

munimen afferat sospitatis, et mihi eterne preparet receptacula mansionis. — Amen.

XXXIII. — MISSA IN FINEM HOMINIS DIEI[1].

Omnipotentem Deum, qui humanum genus condidit, et post ruinam reparauit ad uitam, Fratres karissimi, humiliter exoremus : ut famulo suo impleat reparationis perfectionem, qui originis condidit dignitatem. — Amen.

Alia.

Deus omnipotens, qui angelicam humanamque naturam creans, aliud presciendo iudicii reprobatione condemnas, aliud predestinando ueritatis adsumtione glorificas : tribue nobis te per redemtionis humane sacramentum habere propitium, et per societatem felicitatis angelice perpetuis laudibus adtollere gloriosum.

Post Nomina.

Accipe, Domine, offerentium munera, et famulum tuum, pro quo hoc tibi offertur sacrificium, in hoc fine uite presentis pia uisitatione letifica : ut, qui tibi id quod te singulariter placare potest confidentia pie seruitutis offerimus sacrificium, ipsius propitiatione et defunctis requiem et nos in tuam redisse gratiam uberius sentiamus.

Ad Pacem.

fol. 298 Deus, perennis pax, cuius electum munus / pacis est premium, quique pacificos esse tuos filios docuisti : infunde in nobis dulcedinem pacis; ut omne quod discordie est funditus euanescat, et omne quod pacis est eterna in nos suauitate dulcescat.

Inlatio.

Dignum satis uere est et omni laude conspicuum, tibi dare gloriam et honorem, omnipotens Deus Pater : qui cum Filio tuo et cum Spiritu Sancto unus in Trinitate equalis Deus existens, unicum Filium tuum Dominum nostrum Ihesum Christum adsumtione carnis eiusdem persone restaurasti perditum hominem, reparator occurrens in eius occasum, qui bone conditionis perdiderat statum. Proinde in hac tantum eadem uictima salutari confidentiam habentes, obsecramus et petimus : ut, quia dies temporis declinat in uesperum, et status mundi properat ad occasum, et uiuere corruptibiliter nostrum tendit ad terminum, sustentes et in defectu mundi per spem beatitudinis repromissam. Concedas et in diem extremum uite presentis peruenire ad indulgentiam consequendam : ut quia, et diei, et mundi, et uite nostre finis in proximo uenit, cunctis hoc sacrificium singulare nobis ad remedium indesinenter digneris obponere; ut nec occasus diei per successionem tenebrarum nos uel polluat, uel anxios reddat, nec proximans finis mundi reos secum ad interitum ducat, / nec breuitas uite nostre fol. 299
inmundos nos usquequaque detineat. Sed et quos defecit dies, in consolationem nostram renouata lux reparet; et quod mundus tendit ad finem, spes futuri regni confoueat; et quod uiuere nostrum resolutionis sue sustinet debitum, famuli tui transitus pacem et letitiam consequatur eterne beatitudinis : ut, dum quicquid in occasu nostro est, hec salutaris uictima interne salutis statum reduxerit, et in nos plenum maneat redemtionis nostre misterium, et nos tibi demus perennis glorie hymnum, ita dicentes : — Sanctus.

Post Sanctus.

Vere sanctus, uere pius et unus Deus : te solum laus, te solum hymnus, te solum gloria decet, Christe Domine; qui pro nobis teipsum in ara crucis Deo Patri ob expiationem peccatorum nostrorum offerri uoluisti, docens nos celebritatem sacramenti huius et pia fide et munda operatione gratissime frequentare. Largire ergo, ut quicquid in occasu diei, quicquid in defectu mundi, quicquid in resolutionis confinio labimur, totum pietas tua et indesinenti consolatione confoueat, et ad eterne exultationis participationem adducat.

Christe Domine.

Post Pridie.

Conpletis, Domine, redemtionis et tue gratie documentis, referentes tibi gratias benedicimus te, Domine Ihesu Christe, Filius Dei uiui : qui sanas uulnera peccatorum nostrorum, qui ad uitam reparas nostrum occasum, qui spem beate resurrectio-

1 *Cod* eterna 11 *Cod* aliut 23 *Cod* sedisse 30 *Cod* suabitate.

1. C'est la messe *in die obitus* ou des funérailles, dont on a vu plus haut, col. 107 et suivantes, tous les détails liturgiques.

1 *Cod* salutaris 16 *Cod* renobata 18 *Cod* confobeat 19 *Cod* transitus pacis et letitia 24 *Cod* perhennis glorie ymnum 28 *Cod* ymnus 29 *Cod* in aram 36 *Cod* confobeat.

fol. 300 nis dedisti nobis in consolationis / pignore Spiritum Sanctum dabis eternam mansionem in regione uiuorum. Dum ergo illa resurgendi tempus adducit, hinc famulum tuum dignare die in nouissimo consolare, in mundi perniciem non perire, et in transitu suo ad te peruenire in tue dilectionis dulcedine, et in tua laude atque benedictione tecum persistere sine fine.

Ad Orationem.

Omnipotentem, Fratres karissimi, deprecemur, ut propinquante seculi [termino] sollicitiores nos efficiat momentum hominis diei; ut, adsumens hostiam, quam ei in hoc fine diei famuli sui *Illius* offerimus, seueritatem ab eo futuri examinis arceat quam timemus, ut fiducialiter ad eum preconio oris et uocis proclamauerimus e terris : — Pater.

Benedictio.

Omnipotens Deus det famulo suo *Illi* misericordiam, que conferat uitam. Inspiret petitionem, que obtineat salutem. Donet dulcedinem sue dilectionis, que eum extollat ad laudem sue eternitatis. — Amen.

Prestet ipse Dominus et misericors, qui in Trinitate unus Deus gloriatur in secula seculorum.

XXXIIII. — ITEM ORDO VNIVS DEFVNCTI.

Allelvia : Anima mea uelut terra sine aqua, Alleluia. Defecit spiritus meus; Domine, exaudi me, Alleluia, Alleluia, Alleluia. — Vers. : Defecit in salutari, Domine.

Oratio.

Deus eterne, quem in ueritate fidei sitiunt anime nostre, sitientem uelut terra animam famuli tui *Illius* celestis roris perfusione refrigera : quo tristis loci habitatione mutata, superne regionis mereatur iucundari in patria.

Lectio libri Iob.

301 In diebus illis, loquutus est Iob, dicens : / Scio enim quod Redemtor meus uiuit et in nouissimo de terra surrecturus sum, et rursus circumdabor pelle mea : et in carne mea uidebo Deum, quem uisurus sum. Ego ipse et oculi mei conspecturi sunt, et non alius. Reposita est hec spes mea in sinu meo, et hereditas mea in Deo meo.

Psallendvm : Domine, exaudi me in tua iustitia, et ne intres in iudicio cum seruo tuo. — Vers. : Expandi manus meas ad te, Domine; anima mea uelut terra sine aqua. Cito exaudi me, Domine. Et ne [intres].

Epistola Pauli apostoli ad Corinthios prima.

Fratres, ecce misterium uobis dico : Omnes quidem resurgimus, sed non omnes inmutabimur. In momento, in ictu oculi, in nouissima tuba, canet enim tuba, et mortui resurgent incorrupti : et nos inmutabimur. Oportet enim corruptibile hoc induere incorruptelam, et mortale hoc induere inmortalitatem. Quum autem mortale hoc induerit inmortalitatem, tunc fiet sermo qui scriptus est : Absorta est mors in uictoria. Vbi est mors uictoria tua? ubi est mors aculeus tuus? Aculeus autem mortis peccatum est; uirtus uero peccati lex. Deo autem gratias, qui dedit nobis uictoriam per Ihesum Christum Dominum nostrum. — Amen.

Lectio sancti Euangelii secundum Iohannem.

In illo tempore, Dominus noster Ihesus Christus loquebatur discipulis suis, dicens : Amen dico uobis, non potest Filius a se facere quicquam, nisi quod uiderit Patrem facientem. Quecumque enim ille fecerit, hec et / Filius similiter facit. Pater fol. 302
enim diligit Filium, et omnia demonstrat ei, que ipse facit; et maiora his demonstrabit ei opera, ut uos miremini. Sicut enim Pater suscitat mortuos et uiuificat, sic et Filius quos uult uiuificat. Neque enim Pater iudicat quemquam, sed iudicium omne dedit Filio, ut omnes honorificent Filium, sicut honorificant Patrem. Qui non honorificat Filium, non honorificat Patrem, qui misit illum. — Amen, Amen, dico uobis, quia qui uerbum meum audit, et credit ei qui me misit, habet uitam eternam et in iudicium non ueniet, sed transiet de morte in uitam eternam.

Lavdes : Alleluia. Miserere ei, Domine, quoniam in te confidit anima eius.

Sacrificivm : Auerte, Domine, faciem tuam a peccatis meis, et omnes iniquitates meas dele, Deus meus.

[4] *Cod* nobissimo [11] termino *ipse conieci* [12] *Cod* momento [26] *A* (*fol. 53*) *Perlegendum, Ant.* Anima, etc. *Cum notis musicis in Cod* [36] Iob., XIX, 25-27. *Vide infra, col. 404 et 405.*

[3] *Cum notis musicis in Cod* [8] I Cor., XI, 51-57 *Cod* Corintios [11] *Cod* hictu [14] *Cod* incorruptela [22] Ioan., V, 19-24 [40] Laudes et Sacrificium *cum notis musicis in Cod.*

II. Miserere mei, Deus, secundum magnam misericordiam tuam, et secundum multitudinem miserationum tuarum dele iniquitates meas. Vsquequaque laua me ab iniustitia mea, et a peccato meo munda me. Deus.

Missa de uno defuncto[1].

Deus, uera pietas et pia ueritas, inuicta clementia et bonitas sempiterna; qui nos a morte uolens eripere, Dominum nostrum Ihesum Christum Filium tuum mortem fecisti subire, ut illius usque ad infernum descensus noster esset ad celum ascensus : te suppliciter postulamus, ut spiritum famuli tui *Illius*, quem de huius seculi erumnosa fol. 303 peregrinatione precepisti uocare / uniuersa delictorum concessa remissione, in Abrahe gremio iubeas conlocari. — Amen.

Alia

Obsecramus, piissime Pater, ut famulum tuum *Illum*, quem superni fontis genitalis abluit unda, edax non audeat contingere flamma : et quem Vnigeniti tui cruor redemit effusus, non sinatur uermis uorare perpetuus. Angelici agminis deductione protectus, feralia ultricium penarum ergastula transgrediatur inlesus, et paradisi tui potiatur suauitate securus.

Post Nomina.

Offerentium nominibus recensitis, te Dominum summe poscimus pietatis, ut hec oblata nostra benigne suscipiens, et sincere pacis dulcedinem tribuere uiuis, et requiem iubeas prestare defunctis. — Amen.

Ad Pacem.

Precamur, Domine, ut animam famuli tui carnis habitaculo absolutam, absolutionis sue in te propitiationem indulte obuiantem cognoscat, et omnes sancti qui eam ab uniuersis nequitiarum perturbationibus tueantur occurrant; ut inpiorum cruciatus euasisse se gaudeat, et conlocata in sinu Abrahe, in refrigerium per ignem et aquam transiens, cum sanctis tuis spem future resurrectionis expectet. Nobisque indignis et peccatoribus concede, ut et in hoc mundo cum odientibus pacem pacifici, et in futuro seculo cum filiis Iherusalem sancta confederante concordia mereamur esse beati. — Amen.

4 *Cod* laba me 24 *Cod* suabitate 35 *Cod* obuiante.

1. Pour cette formule et quelques-unes de celles qui suivent, jusqu'à *Completuria*, voy. dans le Missel mozarabe imprimé (*P. L.*, t. LXXXV, col. 1020) la messe intitulée : *Missa pro diachono uel subdiacono.*

Inlatio.

Dignum et iustum est nos tibi gratias agere, omnipotens Deus, qui benignitate gratuita peccatoribus largiens / ueniam, preparasti mortuis uitam; fol. 304 ne diutius seueritas teneret in pena, quos misericordia liberasset ex culpa. Tibi ergo supplices preces fundimus, tibi famuli tui *Illius* animam, corpus et spiritum conmendamus; ut, receptus inter agmina beatorum, loca nesciat inferorum. Nihil illi noceat, Domine, quicquid adtrahente carnis fragilitate conmisit, aut quod humane cupiditatis consuetudine pregrauatus, actu, uerbo uel cogitatione peccauit : sed sequutus uestigia Saluatoris, potiatur infinita dulcedine presentia ueritatis. Redemtionem corporis sui commonitus fiducialiter expectare, quicquid habuit prius in fide consequatur in munere. Finitoque iam seculo, quum nouissimus dies mortuorum iudicemque uiuorum prodiderit inmutandus, ipse cum sanctis resurgat ad gloriam, et sinistre partis contagione exutus, dexteram teneat coronandus : ut, sine metu, sine corruptione, sine mortalitate, quam diutius concupiuit perductus ad patriam, ibi sit ubi omnis turba iustorum in equalitate permaneat angelorum, indefesse uocis preconio proclamans atque dicens : [Sanctus].

Post Sanctus.

Vere Sanctus, uere benedictus Dominus noster Ihesus Christus, Filius tuus, qui mortem moriens superauit, et resurgendi nobis ianuam patefecit. Christus Dominus.

Post Pridie.

Te, Ihesu Domine, uenisse iam credimus : te quoque uenturum fideliter predicamus. Inde petimus et rogamus, ut famulus tuus, ob cuius memoriam hec sacrificia ueneranda litamus, / quum superni fol. 305 examinis tempore angelicus clangor concusserit mundum, corpus quod corruptibile deposuit recipiat incorruptum, et quod mortale reliquit resumat inmortalitate uestitum.

Glorificate carnis tropheum reuehens, Domino uenienti letus occurrat, et inter uictricium turmarum triumphales cateruas coronatus incedat. A dex-

12 *Cod* adtraente 14 *Cod* prograbatus 19 *Cod* nobissimus 31 *Cod* superabit *Finis sententiae cum notis musicis in Cod* 40 *Cod* reliquid 44 *Cod* caterbas.

tris quoque misericordie tue partem inuenturus adsistat, et sanctorum tuorum consortio deputatus, regnum celeste sine fine possideat.

Oratio Dominica.

Hostiam tibi, Domine, placationis pro spiritu et anima famuli tui *Illius* offerimus, obsecrantes, ut sacri huius libaminis interuentu propitius locum illi lucis et refrigerii beate quietis attribuas, nos quoque ad te proclamantes exaudias : — Pater.

Benedictio.

Dominus Ihesus Christus, qui se a peccatoribus exorari precepit, ipse quod rogetur inspiret; et in hac speciali oblatione famulum suum *Illum* ab inferorum cruciatibus liberet. Illum paradisi amenitate confoueat, et uos morum probitate conponat. Illi post onera carnis tribuat loca beatitudinis, et uobis in longinquitate peregrinationis indulgentiam tribuat criminis. — Amen.

Conpleturia.

Supplices petimus misericordiam tuam, eterne omnipotens Deus, ut famulo tuo *Illi* tribuas requiem eternam, et eum adtrahas ab interitu impiorum, atque digneris propitius conlocare in regione polorum.

XXXV. — ITEM MISSA DE VNO DEFVNCTO.

Deus clementie et pietatis, qui uiuorum dominaris et mortuorum, qui pietatem plus diligis, quam fol. 306 iudicium requiris : / quesumus tuam ineffabilem bonitatem, omnipotens Deus, ut exaudias nostrorum humilium preces, et famulum tuum *Illum*, pro cuius spiritu hec oblatio tibi a nobis offertur, solita pietate eum ab eternis eruas penis, et Abrahe sinu receptum gaudeat se tanti uiri habitaculo fuisse sociatum.

Alia.

Misericordiam tuam, eterne Deus, flagitantes petimus, ut famulo tuo *Illi* requiem eternam tribuas, et quicquid ex fragilitate corporis uel peccatorum uitiis culpa contraxit, tua propitiatione ei ignoscas. — Amen.

15 *Cod* confobeat 16 *Cod* honera 22 *Cod* adtraas 28 *Librarius scripsit primum* nostrorum omnium, *sed hanc ultimam uocem postea cancellauit et supra scripsit* humilium. *Vide infra orationem* Ad Pacem : nostrorumque omnium peccata deleas.

Post Nomina.

Offerentes famuli tui munera, piissime Deus, pro spiritu famuli tui pie suscipere dignare, et per intercessum sanctorum tuorum occurrat ei misericordie tue donum, et anime eius dona requiem gloriosam : sanctisque tuis tribue eum esse consortem et eternam ei concede felicitatem.

Ad Pacem.

Tribue nobis, omnipotens Deus, concordie meritum et pacis premium : famulo quoque tuo *Illi* requiem eternam tribuas, et hanc oblationem, que a nobis tibi offertur, perfecta misericordia sanctifices, nostrorumque omnium peccata deleas et pacis concordiam nobis adtribuas.

Inlatio.

Dignum et iustum est, omnipotens Deus, nos tibi laudes et gratias agere, qui es ante secula et manes in eternum; qui nos Filii tui Domini nostri Ihesu Christi pretioso sanguine redemisti. Supplices deprecamur, omnipotens Deus, ut famulum tuum *Illum*, quem uiuentem babtismi gratia redemisti, morientem etiam consueta miseratione a peccatorum nexibus absolutum in sanctorum tuorum habitatione constituas. — Per ipsum cui me[rito].

Post Sanctus.

Domine Deus Sabaoth, pleni sunt celi et terra gloria maiestatis tue. Osianna [1], fili Dauid, benedictus qui uenit in nomine Domini. — Christus. fol. 307

Post Pridie.

Credimus, Domine Ihesu Christe, quia et tuo uescimur corpore, et tuum corpus effici uis fideles. Fac nobis in remissione peccatorum esse quod sumserimus; ut caro spiritui subdita et in consensu pacifico subiugata obtemperet, non repugnet.

Oratio Dominica.

Deus, qui indiuidua diuisione conecteris et in unum quod non solus es adprobaris triplex, exaudi supplices tuos benignus, et iniquitatis uinculis ligatum saltim gratia confessionis absoluat. — Pater.

39 *Vox non communis pro* saltem, *sed inuenitur etiam apud* Auson., In Cod. Theod., *etc., cf. supra, col. 95 et infra, col. 407, etc.*

1. Je laisse à ce mot l'orthographe du manuscrit. Elle rappelle mieux que notre Hosanna la prononciation de l'original hébraïque.

Benedictio.

Te deprecamur, omnipotens Deus, pro spiritu famuli tui *Illius*, cuius hodie conmemorationem facimus; ut et hos famulos tuos benedicas, et illi tribuas requiem sempiternam. — Amen.

Tu eum facias, Domine, in regno tuo cum sanctis patriarchis et prophetis omnibus exultare. Remitte ei, Domine, omnes offensas : ut, concessa plena indulgentia, a te ueniam se inuenisse gaudeat. — Amen.

ORDO DE DEFVNCTIS[1].

AD VESPERVM.

Eripe, Domine, animas nostras de morte, ut placeamus tibi in lumine uiuentium.

Sono. : Redime, Domine, animas seruorum tuorum, Alleluia.

Ant. : Ego sum resurrectio et uita, dicit Dominus. Qui credit in me, non morietur in eternum; sed dabo ei uitam eternam. — Vers. : Deus deorum.

Ant. : Veniet hora, quando mortui resurgent, Alleluia. Audient uocem Domini et procedent, Alleluia. — Vers. : A solis.

Ant. : Parce nobis, Domine, qui animas amas. — Vers. : Ad te leua[ui].

Ant. : Libera nos, Fili Dei, Saluator noster, Alleluia, Alleluia. — Vers. : De tenebris.

Imnvs : Christe rex, mundi creator, etc. (*Vide. P. L., t. LXXXVI, col. 989.*) — Amen.

Vers. : Animas quiescentium.

[**Oratio.**]

Adesto, quesumus, precibus nostris, eterne omnipotens Deus, quibus tibi humiliter in hoc uespertino tempore supplicamus pro spiritibus famulorum tuorum patrum, fratrum carorumque nostrorum, quos in pace adsumere dignatus es. Dona eis requiem sempiternam, sanctisque tuis apud te uiuentibus et in gloria permansuris presta consortium indiuisum. — Pater.

Benedictio.

Christus Dominus, qui morte sua subuenit mortuis, orantes uos exaudiat pro defunctis : ut uestris precibus et uobis salutem obtabilem prestet, et illis impetretis quietem. — Amen.

Quo fides, qua cum illis simul Domino credidistis, uos iustificet a delictis, et illos liberet a suppliciis. — Amen.

AD MATVTINVM.

Ant. : Super populum tuum benedictio tua. — Domine, quid.

[**Oratio.**]

Super populum tuum, quesumus Domine, descendat benedictio tua, et salus tua credentium sanctificet corda : ut uocem clamantium ad te placatus exaudias et uinculorum nexibus constrictos miseratus absoluas, semperque uiuentes tegas a malo et quiescentes animas eruas ab eterno supplicio. — Amen.

Ant. : Non intres in iudicio cum seruis tuis, Domine. — Vers. : Ne tradas.

[**Oratio.**]

Non intres in iudicio cum seruis tuis, Domine; quoniam nullus apud te per se iustificabitur homo, si nulla per te hominibus tribuatur peccatorum remissio. Non ergo eos tua, quesumus, iudicialis sententia premat, quos tibi uera supplicatio fidei christiane conmendat; sed, gratia tua illis occurrente, mereantur euadere iudicium ultionis, qui dum hic aduiuerent signati sunt signaculo Trinitatis. — Amen.

Ant. : Ne conperdas nos, Domine, cum iniquitatibus nostris, nec in seculum indignans serues mala nostra. — Vers. : Ad te leuamus.

[**Oratio.**]

Ne conperdas, Domine, animas famulorum tuorum cum iniquitatibus eorum, nec mala ipsorum indignando reserues ultionis future uindicte, nec eos cum impiis punias; sed uera fides, que illos dum hic aduiuerent ueraciter in te credere fecit, ipsa eos celestis possessores efficiat paradisi. — Amen.

Ant. : Fac cum seruis tuis, Domine, misericordiam, Alleluia, Alleluia. — Vers. : Memento nostri, Domine.

Oratio.

Fac, quesumus Domine, hanc cum seruis tuis misericordiam, ut factorum suorum in penis non reci-

7 *Cod* patriarcis 20 *A* Venit ora... procedunt 25 *A* filius Dei 36 *A* aput te uibentibus 37 *A* permansuri.

1. Le Rituel *A*, fol. 57-66, renferme deux offices des Défunts beaucoup plus complets que le précédent, et accompagnés de la notation musicale. Il me paraît utile de les publier ici.

14 *A* uibentes 25 *A* gratie tue 27 *A* aduiberent 29 *Cum notis musicis in A* 35 *A* reseruans... uera fides qui 37 *A* ipse eos celesti.

piant uicem, qui tuam in uotis tenuerunt fidei ueritatem. Vt, sicut hic eos uera fides iunxit fidelibus turmis, ita eos illuc tua miseratio consociet angelicis choris. — Amen.

Lavdes. Memento congregationis tue, Domine, quam creasti ab initio. — Vers. : Liberasti uirgam hereditatis tue.

Lavdes : Orietur in tenebris lumen uobis, et tenebre uestre erunt sicut meridies : et requiem uobis dabit Dominus semper. — Vers. : Et eritis sicut hortus inruguus, et sicut fons aquarum, cui non deficient aque. P. Et requiem.

De L° Psalmo : Letentur, Domine, et exultent ossa humiliata.

Oratio.

Exultent, Domine, omnium fidelium defunctorum ossa humiliata, que tue sancte fidei notitiam dum hic uiuerent perceperunt, et nunc anime eorum a tartareis penis liberentur. Et post iudicii tui tempus ab auditu malo liberati, classibus sanctorum tuorum adunati in consortio sine fine letentur in exultatione omnium beatorum. — Amen.

De cantico : Viuent mortui, et interfecti mei resurgent. Domine, dabis pacem nobis, omnia enim opera nostra, *etc.* (*Isai., XXVI, 12-20. Vide P. L., t. LXXXVI, col. 876.*) — *Finit cum uerbis :* transeat indignatio. Viuent.

Benedictio : Filii hominum, Domino benedicite et hymnum dicite. Benedictus.

Sono : Viuent mortui tui, Domine, et interfecti mei resurgent, Alleluia, Alleluia.

Lavdes : Cantate Domino canticum nouum, Alleluia, Alleluia. Laus eius in ecclesiis sanctorum. Letetur, *etc.* (*Ps. CXLIX. Vide ibid., col. 844.*)

Hymnvs : Christe, rex mundi creator, *etc.*, *ut supra.*

Conpleturia.

Christe, uera redemptio mundi, cuius morte et resurrectione sumus redemti, animas quiescentium ne patiaris eterno baratro demergi : sed quesumus, ut quos de manu hostis tui sanguinis pretio redemisti, ab eterna eos liberes damnatione iudicii.

Pater.

Benedictio.

Preces uestras placatus intendat, et requiem famulis suis omnibus fidelibus defunctis largire dignetur; ut, sua miseratione respecti, ablutionem suorum excipiant peccatorum, atque animas eorum ab omni delicto purgatas suo adstari precipiat throno. — Amen.

ORDO DE VNO DEFVNCTO.

Ad Vespervm : Tu inluminas lucernam meam, Domine.

Sono : Ad te, Domine, clamaui. Deus meus, ne sileas a me : exaudi precem deprecationis mee, dum orauero ad te, Alleluia. — Vers...

Ant. : Induta est caro mea putredine et sordibus pulueris : cutis mea aruit et contracta est. Memento mei, Deus.

Ant. : Defecerunt sicut fumus dies mei, et ossa mea sicut in frixorio confrixa sunt. Domine, uelociter exaudi me, Alleluia. — Vers. : Defecit.

Hymnus.

Hic functionis dies est
Credentis in te, rex Deus,
Functi fidelis spiritum
Traduc chorum celestium.

Huius tenebras discute,
Peccata eius disice;
Locetur in celestibus
Iunctus polorum ciuibus.

Serena huic micet dies,
Sidus perenne splendeat,
Nullis tradatur tediis,
Summis feratur gaudiis.

Vt inferorum carceres
Et claustra queque horrentia
Pertransiens in ethera
Celi fruatur patria.

Hinc et recepto corpore
Resurgat hic ad gloriam,
Te mentis auctus gratia
Laudans perennis incola.

2 *A* iuncxit 8 *Cum notis musicis in codice A* 17 *A* notitia... uiberent preceperunt 19 *A* Et post... tempore 23 *A* De C. uibent 28 Benedictio, Sono *et* Laudes *cum notis musicis in A* 35 *A* Imno 39 *A* eterni baratri dimergi 40 *A* tuo sanguine pretio. *Forte melius leg.* tuo sanguine pretioso.

4 *A* ablutionum 6 *A* trono 11 *A* clamabi *Omnes antiphonae cum notis musicis in A* 20 *A* imnus. Hinc 23 *A* Functis fideli 24 *A* corum 26 *A* dissice 28 *A* iunctis 31 *A* nullum tradatur tediis, Summis feratur tediis, 34 *A* orrentia 39 *Ita emendaui (utinam recte) codicem A, qui fert :* Te mentis aucte gratia, Laudes perenes incolas.

Presta....

VERS. : Anima eius.

Conpleturia.

Audi, Pater omnipotens, gemitum supplicantium, et ab hoc famulo tuo *Illo,* cuius non tantum corpus deflemus, quam cineres, penam submoue tartaree ultionis. Dimitte illi, Pater, quod peccauit in seculo, et dona ei quod electis promisisti post transitum. Pater.

Benedictio.

Ob recordationis memoriam famuli sui *Illius*, benedicat uos omnipotens Dominus, et propitietur in omnibus. — Amen.

Illum paradisi amenitate confoueat, et uos sue gratie protectione custodiat. — Amen.

Illi tribuat consortium beatorum, et uobis omnibus indulgentiam peccatorum.

AD MATVTINVM.

Tu autem, Domine, susceptor meus es. — *Require in cotidiano.*

ANT. : Adpropinquauit corruptioni anima mea et uita mea mortiferis. Miserere mei, Deus, et libera me a perditione. — VERS. : Quia repleta est.

Oratio.

Miserere nostri, Domine Deus noster, et libera a perditione animam famuli tui *Illius*, ut sicut iam caro adpropinquauit corruptioni, ita et anima eius societur, te adiuuante, eterne saluationi; et cuius corporalis uita adhesit mortiferis, anima eius societur in etheris cum omnibus sanctis : ut nobis bona petita tribuas, et illi felicitatem inpertias infinitam.

ANT. : Anima mea in dolore turbata est et lingua mea adhesit faucibus meis, et in puluere mortis deduxisti me, Domine. — VERS. : Percussus sum.

Oratio.

Christe, Dei Filius, cuius anima in cruce suspensa, non coacte, sed spontanee, non inuitus, sed uoluntarie pro saluatione mundi in morte est tradita, animam famuli tui *Illius* peccati dolore turbatam ab inferno libera et electis tuis adsocia : ut cuius lingua te Filium Dei confessa est in presenti

[14] *A* confobeat [16] *A* Illum tribuat [21] *Cum notis musicis in A* Adpropinquabit [27] *A* adpropinquabit [28] *A* adiubante... salbationis ... corporali uita adesit [31] *A* felicitate... infinita [32] *Cum notis musicis in A* [37] *A* quoacte.

uita, te laudet in secula post futura cum sanctis angelis perpetim letabunda.

ANT. : Anima mea uelut terra sine aqua, Alleluia. Defecit spiritus meus; Domine, exaudi me, Alleluia, Alleluia, Alleluia. — VERS. : Defecit in salutari.

Oratio.

Deus eterne, quem in ueritate fidei sitiunt anime nostre : sitientem uelut terram serui tui *Illius* animam celestis roris perfusione refrigera; quo, tristis loci habitatione mutata, superne regionis mereatur iucundari in patria. — Amen.

LAVDES : In loco uiridi, Domine, ibi eum conloca; super aquam refectionis educa animam eius ad uitam. — VERS. : Deus, in nomine tuo saluos nos fac, et in uirtute tua libera nos. Et super aquam.

De L° [Psalmo] : A peccato... *Require in cotidiano.*

De cantico : Redemtor meus uiuit, et in nouissimo de terra suscitabit me.

Lectio libri Iob.

Scio enim quod Redemtor meus uiuit, et in nouissimo de terra surrecturus sum. Et rursus circumdabor pelle mea, et in carne mea uidebo Deum, quem uisurus sum. Ego ipse et oculi mei conspecturi sunt, et non alius. Reposita est hec spes mea in sinu meo et hereditas mea in Deo meo.

BENEDICTIO : Spiritus et anime iustorum, benedicite Domino.

SONO : Ad te clamaui.

LAVDES : Cantate Domino.

HYMNVS : Hic functionis... (*Vide supra, col. 402.*)

Completuria.

Domine Deus omnipotens, qui omnium misereri cupis et parcere, aspice propitius lacrimas nostras, et clemens intuere suspiria. Da requiem famulo tuo *Illi* et dimitte peccata; ut, ereptum se ab infernalium tenebrarum caligine glorietur, atque tremendi metuendique aduentus iudicii tui tempore, ad dexteram tuam consistere mereatur inlesus. — Pater.

Benedictio.

Dominus Ihesus Christus, qui est uita et resurrectio mortuorum, propitiatus uos pro anima famuli *Illius* exaudiat placatus. — Amen.

[1] *A* te laudat [3] *Cum notis musicis in A* [9] *A* rore... locis [11] *A* iucundare [13] *A* edoca. Laudes, *etc.*, *cum notis musicis in A* [19] Iob, XIX, 25-27 [20] *A* uibit... nobissimo [22] *A* et in carnem meam [23] *Istae distinctionis notae inueniuntur in A* [28] *A* clamabi [30] *A* imnus [34] *A* famuli tui [37] ad *deest in A*.

Illum Abrahe gremiis foueat conlocatum, et uos sibi mundos faciat a peccato. — Amen.

Illi post onera carnis tribuat loca beatitudinis, et uobis preparet receptacula mansionis. — Amen.

AD MISSAM.

PERLEGENDVM : ANT. : Anima mea uelut.

Oratio.

Deus eterne, quem in ueri... *Require.* (*Vide superius, col. 404.*)

Lectio libri Iob.

Scio enim quod redemtor. *Require.* (*Ibidem.*)

PSALLENDVM : Domine, exaudi me in tua iustitia : et ne intres in iudicio cum seruo tuo. — VERS. : Expandi manus meas ad te, Domine; anima mea uelut terra sine aqua. Cito exaudi me, Domine. Et ne intres.

Epistola Pauli apostoli ad Corinthios.

Fratres, ecce misterium dico uobis, *etc.* (*Vt supra, col. 394.*)

Lectio sancti Euangelii secundum Lucam.

In illo tempore, Dominus noster Ihesus Christus loquebatur discipulis suis, dicens : Amen, Amen, dico uobis, non potest Filius a se facere quicquam, nisi quod uiderit Patrem suum facientem. Quecumque enim ille fecerit, hec similiter Filius facit. Pater enim diligit Filium, et omnia demonstrat ei que ipse facit; et maiora his demonstrabit ei opera, ut uos miremini. Sicut enim Pater suscitat mortuos et uiuificat, sic et Filius quos uult uiuificat. Neque enim Pater iudicat quemquam, sed iudicium omne dedit Filio, ut omnes honorificent Filium, sicut honorificant Patrem. Qui non honorificat Filium, non honorificat Patrem, qui misit illum. Amen, amen, dico uobis, quia qui uerbum meum audit et credit ei qui me misit, habet uitam eternam et in iudicio non ueniet, sed transiet de morte in uitam eternam. — Amen.

LAVDES : Alleluia. Requiem eternam da ei, Deus, et lux perpetua luceat illi, Alleluia.

SACRIFICIVM : Auerte, Domine, faciem tuam a peccatis meis, et omnes iniquitates meas dele, Deus meus.

1 *A* fobeat 5 *A* Ad missa 6 *Cum notis musicis in A* 20 *leg.* secundum Iohannem, v, 19-24 30 *A* iudicio 38 Laudes *et* Sacrificium *cum notis musicis in A.*

Missa.

Deus clementie et pietatis, qui uiuorum et mortuorum dominaris; qui pietatem plus diligis, quam iudicium requiras : quesumus tuam ineffabilem bonitatem, Omnipotens, ut exaudias nostrorum humilium preces, et famulum tuum *Illum*, pro cuius spiritu hec oblatio tibi a nobis offertur, solita pietate eum ab eternis eruas penis, et Abrahe sinu receptum gaudeat se tanti uiri habitaculo fuisse sociatum. — Amen.

Alia.

Misericordiam tuam, eterne Deus, flagitantes petimus, ut famulo tuo *Illi* requiem eternam tribuas, et quicquid ex fragilitate corporis uel peccatorum uitiis culpe contraxit, tua propitiatione ei ignoscas. — Amen.

Post Nomina.

Offerentes famuli tui munera, piissime Deus, pro spiritu famuli tui *Illius* pie suscipere dignare, et per intercessionem sanctorum tuorum *Illorum* occurrat ei misericordie tue donum, et anime eius dona requiem gloriosam, sanctisque tuis tribue eum esse consortem et eternam ei concede felicitatem. — Amen.

Ad Pacem.

Tribue nobis, omnipotens Deus, concordie meritum et pacis premium. Famulo quoque tuo *Illi* requiem tribuas, et hanc oblationem, que a nobis tibi offertur, perfecta misericordia sanctifices, nostrorumque omnium peccata deleas et pacis concordiam nobis adtribuas. — Amen.

Inlatio.

Dignum et iustum est, omnipotens Deus, nos tibi gratias agere, qui es ante secula et manens in eternum; qui nos Filii tui Domini nostri Ihesu Christi pretioso sanguine redemisti. Supplices te deprecamur, omnipotens Deus, ut famulum tuum *Illum* quem uiuentem babtismi gratia redemisti, morientem etiam consueta miseratione peccatorum nexibus absolutum, in sanctorum tuorum gloriosa habitatione constituas. — Cui meri[to].

Post Sanctus.

Domine Deus Sabaoth, pleni sunt celi et terra

1 *Cf. supra, col. 397,* Missa de uno defuncto 2 *A* uiborum 4 *A* requiras 5 *A* exaudiam 20 *A* per intercessio 38 *A* uibentem.

Maiestatis tue. Hosanna in excelsis! Benedictus qui uenit in nomine Domini. — Christus Dominus.

Post Pridie.

Credimus, Domine Ihesu Christe, quia et tuo uescimur corpore, et tuum corpus effici uis fideles. Fac nobis in remissione peccatorum esse quod sumserimus, ut caro spiritui subdita et in concessu pacifico subiugata obtemperet, non repugnet. — Amen.

In loco uiride, Domine...

Ad Orationem Dominicam.

Deus, qui indiuidua [di]uisione conecteris, ut in uno quod non solus es adprobaris triplex, exaudi supplices tuos benignus, et iniquitatis uinculis ligatum saltim gratia confessionis absoluat. — Pater.

Benedictio.

Dominus Ihesus Christus, qui se a peccatoribus exorari precepit, quod ipse uocatur inspiret, et in hac speciali oblatione famulum suum *Illum* ab inferorum cruciatibus liberet. — Amen.

Illum paradisi amenitate confoueat : uos morum probitate componat. — Amen.

Illi post onera carnis det loca beatitudinis; uobis in... peregrinationis indulgentiam criminis. Amen.

Completuria.

Oramus te, Domine sancte, Pater eterne, omnipotens Deus, pro spiritu et anima famuli tui *Illius*, ut eum in locum lucis et refrigerii propitius deputare digneris : ut, cum dies resurrectionis aduenerit, per hanc sanctam communionem non cum impiis et peccatoribus, sed cum sanctis et electis tuis tibi eum adstare concedas. — Amen.

XXXVI. — MISSA DE SACERDOTE DEFVNCTO[1].

Deus, qui uita es et mortuis uitam resurrectionis beneficio donas, te supplici precum intentione rogamus, ut hunc gregis tui temporalem pastorem, quem decursis uite conmeatibus, post prefinitas temporum metas, sanctionis tue auctoritate de hoc ancipiti pugne periculo euocasti, placida facias beatorum in requie amenitate donari; et quem religiosa ecclesiarum sollicitudo quatiebat in / corpore fol. 308
degentem, quies nunc et letitia uirentis paradisi suscipiat triumphantem. Et si quid uitii corporali fragilitate contraxit, quicquid minus incauta prouisione peregit, hoc totum largifluis indulgentiarum muneribus iubeas expiari : ut, quum formidolosus resurrectionis aduenerit dies, de imis terre receptaculis suscitatum eternis censeas angelorum classibus sociari.

Alia.

Obsecramus, piissime Pater, ut quicquid culparum famulo tuo *Illi* lutei carceris angustias insolentis fragilitatis inuexit inluuies, quesumus, ut benignus omittas et dones : quicquid ecclesiastice dispensationis necessitatibus circumactus minus strenue noscitur exsequutus, indulgentialis diluat tue propitiationis affectus. Tu quippe nosti, Domine, quia cum quantalibet semetipsum in hoc studio unusquisque cautione custodiat, et huius uite periculosissimum callem sollicito gressu conmeare contendat : nec certamen sine uulnere peragere, nec uiam possit absque puluere consummare. Superexaltantis igitur misericordie tue solacio subleuatus, iudicis uenturi letus prestoletur examen : nec future retributionis metuat, sed diligat equitatem. Quum autem dominice fulserit claritatis aduentus, et in uoce arcangeli uirtutes celorum ceperint conmoueri, receptoque spiritu de monumentis procedere iussa fuerit uniuersa multitudo cadauerum : corpus eius, quod nunc animale ignobilitate / corruptionis atque infir- fol. 309
mitate peccati merito seminatum est, surgens in incorruptione glorie, uirtute anime letantis spiritale reddatur. Quumque ante tribunal Christi manifestatus adsisterit, dispensationis sue redditurus per omnia rationem, non te inueniat seuum iudicem, sed inueniat piissimum patrem.

Post Nomina.

Huius tibi, Domine, sacrificii libamen offerimus ob accersionis tui antistitis diem, quem perfunctum

[5-14] *Cf. supra, col. 398* [17] *Cf. supra, col. 397* : ipse quod rogetur inspiret [19] *A* cruciantibus [21] *A* prouitate [29] *A* per hac sancta communione.

1. Il s'agit d'une messe pour un évêque défunt, le mot *sacerdos* étant pris ici, comme dans de nombreux passages du Liber Ordinum, dans son acception la plus élevée d'*episcopus*. Pour les funérailles d'un évêque, voy. ci-dessus, col. 140 et suivantes.

Le Rituel *A*, fol. 99-106, renferme une messe très complète intitulée : *Ordo ad Missam de Sacerdote defuncto*. Mais ce titre est inexact. C'est la messe qu'on lira quelques pages plus loin sous la rubrique : *Missa generalis defunctorum*.

[11] *Cod* de ymis [17] *Cod* inlubies [22] *Cod* semedipsum [24] *Cod* sollicitu gressu [26] *Cod* absque uulnere consummare [31] *Cod* conmoberi [43] *Cod* antestis.

sibi credite cure pastoralis officio, et de discriminosis huius uite tandem exemtum ambagibus, ad paradisi tui amena, quesumus, facias uia recta transire : ut in regno celorum cum sanctis mereatur patriarcis et profetis omnibus exultare. Sumto igitur carnis domicilio post soporem, duplam petimus, Domine, redeunti patrifamilias creditorum talentorum exhibeat summam; ut in gaudium Domini intrans, sumat boni dispensatoris obtabilem palmam : quo floridam et inmarcessibilem glorie coronam mereatur accipere, dum Princeps apostolorum ceperit apparere.

Ad Pacem.

Christe, Saluator noster et Domine, qui morte tua donasti mortuis uitam, famulum tuum patrem nostrum, temporalem tui gregis pastorem, eterni refrigerii rore perfunde et letaturum in pace celestis Iherusalem admitte. Nobis quoque pacis et karitatis donum adtribue, ut in illa nunc degustantes fruamur pace, qua eundem famulum tuum letari exoptamus in ueritate.

Inlatio.

Dignum et iustum est nos tibi gratias agere, Domine sancte, Pater eterne, omnipotens Deus, per Ihesum Christum Filium tuum Dominum nostrum : fol. 310 / ex quo, et per quem, et in quo sanctorum anime feliciter uiuunt, et exute corporibus uite detrimenta non sentiunt, sed beatitudinis augmenta conquirunt. Cuius gratia suffragante, iusti presentis eui curriculo subtrahuntur; ut eterni seculi munera sortiantur, qui prius tibi fideliter seruientes ob hoc humanis eximiis fatigatos curas languoribus, ut angelicis iungas glorificatos agminibus. Tibi cum gemitu lacrimas fundimus; te suppliciter internis fletibus exoramus, ut hunc famulum tuum, temporalem sacri agminis ducem, beatum patrem nostrum et sacerdotem *Illum,* pontificalis gloriosa spiritalis militie uexilla portantem, atque ad aulam tue claritatis peracto huius uite certamine redeuntem, angelicis cetibus iungas, et Abrahe gremio letum triumphantemque constituas.

Quia tibi merito omnis angelorum.

Post Sanctus.

Vere sanctus, uere benedictus Dominus noster Ihesus Christus Filius tuus : qui moriens pro mortuis dextruxit dominium mortis, et resurgens fideles suos docuit non timere mortem, quos fecit ad eternam uitam deposita mortalitate transire. Per quem tibi huius sacrificii libamen offerimus ob accersionis tui antistitis diem; pro quo te poscimus, omnipotens Deus, ut neque pro proprio neque pro subditorum reatu confusus, apud clementiam tuam cum tibi placitis sacerdotibus inueniatur adscriptus.

Per Christum Dominum ac re[demptorem].

Post Pridie.

Propitiare, Domine, per hanc hostiam patri nostro famulo tuo *Illi,* qui suscepti regiminis curam nec·digne exercere,/ nec inculpabiliter ualuit reti- fol. 311 nere. Proficiat proinde, quesumus, hec illi oblatio ita ad consequendam beatitudinem summam, ut nec de alienis, nec de propriis ante tue Maiestatis presentiam criminibus erubescat.

Ad Orationem.

Precamur clementiam tuam, Domine, pro patre nostro famulo tuo *Illo,* quem in corpore degentem Christi tui ouibus dignatus es perficere ducem, et post mundi istius labores ad te precepisti transire; ut ei cum primis sacerdotibus in duodecim thronis iudicii tribuas facultatem : quo eum tuis placitum efficiens oculis, nos purifices a delictis, quum ad te nunc proclamauerimus e terris : — Pater.

Benedictio.

Ob recordationem diei famuli sui *Illius* patris nostri, benedicat uobis omnipotens Dominus et propitietur in omnibus. — Amen.

Illum paradisi amenitate confoueat, et uos sue gratie protectione custodiat. Illi tribuat consortium beatorum, et uobis omnibus indulgentiam peccatorum. — Amen.

XXXVII. — MISSA DE PRESBITERO DEFVNCTO[1].

Ad benignitatis fontem Dominum nostrum Ihesum Christum, Fratres karissimi, concurrentes, preces ei fundamus cum lacrimis, ut nobis postulantibus dignetur adesse propitius. Tribuatque famulo suo *Illi* sacerdoti ad se de hoc seculo redeunti

6 *Cod* dupplam 11 *Leg.* Princeps pastorum 28 *Cod* auc menta 30 *Cod* subtrauntur ut eterna 32 *Cod* langoribus.

5 *Cod* antestis 7 *Cod* aput 21 *Cod* obibus 22 *Cod* post... laboribus 23 *Cod* tronis 28 *Cf. supra, col. 138, 147.*

1. On peut voir plus haut, col. 146 et suivantes, le rituel observé pour les funérailles d'un prêtre.

beatitudinis locum, cui presenti in euo sacerdotii gerere concessit officium. Corpus quoque, quod nunc mortale deposuit atque corruptum, ipso ad iudicium ueniente, resumere eum censeat incorruptionis atque inmortalitatis gloria indutum. Illum fol. 312 clemens / suscipiat in numero sanctorum, et nobis omnibus inpertiat indulgentiam peccatorum. — Amen.

Alia.

Ihesu Dei Fili Christe, qui ut morte tua mortuis uitam redderes morti te tradere uoluisti, nostrorum omnium suscipe preces, et animam famuli tui *Illius* presbiteri ab eternis erue tormentis. Et qui in hac erumnosa peregrinatione degens tua fretus misericordia, tibi in sanctuario tuo iugiter obtuli sacrificium, a te se percepisse gratuletur regnum sine fine mansurum.

Post Nomina.

Priorum memoriam recolentes, supplices te quesumus, omnipotens Pater, ut hec nomina que tuo coram altario a nobis indignis inspicis offerri, in pagina libri uite celestis adscribas; quo et uiuis conferendo postulatum remedium, defunctis omnibus fidelibus clemens inpertias gaudium infinitum.

Ad Pacem.

Christe Ihesu, Fili Dei Patris, qui es auctor karitatis et origo pure dilectionis, animam famuli tui *Illius* presbiteri in regione uiuorum suscipias cum electis. Nobis quoque indignis et peccatoribus tribue, ut cum omnibus hominibus dilectionem seruantes in seculo, electorum numero adgregati post transitum, regnum potiri mereamur eternum.

Inlatio.

Dignum et iustum est nos tibi gratias agere, Domine sancte, Pater eterne, omnipotens Deus, et Ihesu Christo Filio tuo Domino nostro, qui passione sua diabolum uicit et morte propria omnibus in se credentibus uitam donauit. Per quem te petimus et rogamus, trina Maiestas simplexque Deitas, fol. 313 / ut huius seruuli tui *Illius* animam ab omni sorde peccaminum diluas, et paradisi amenitate confoueas. Ignosce ei, pie Pater, quicquid ex corporea fragilitate contraxit, aut quod humaniter deceptus actu, uel uerbo, seu cogitatione deliquit. Non eum

[10] *Cod* filius [19] *Cod* memoria [38] *Cod* donabit [41] *Cod* confobeas [44] *Cod* deliquid.

punias pro delictis; sed misericorditer relaxando debita, cum tibi placitis sacerdotibus eternam ei concede perfrui uitam : ut, inter agmina sanctorum angelorum susceptus, celestis regni stola amictus hymnum dulciflue modulationis tibi cum sanctis omnibus proclamet et dicat : Sanctus.

Post Sanctus.

Vere sanctus et gloriosus Dominus noster Ihesus Christus Filius tuus, qui primo aduentu suo mundum inradiauit, tenebrisque inferorum deputatis, salutare lumen effulsit, et iterum iudicare uiuos et mortuos uenturum se esse promisit. Per ipsum ergo te petimus ac rogamus, summe et ineffabilis Trinitas Deus, ut hunc famulum tuum *Illum*, quem tin breuitate uite huius uersantem tibi in altario tuo militare fecisti, nunc facinorum mole demto, ouantem suscipias celesti in regno. Et quia tu solus es, Domine, scrutator mentium et inspector omnium secretorum, si quid famulus tuus culpabiliter quolibet casu tenetur obnoxius, pietas tua diluat ignoscendo propitius : ut, absolutus ab omni nexu peccaminum, laureatus in congregatione ingredi mereatur sanctorum. — Per Christum.

Post Pridie.

Domine Deus omnipotens, dilector in te credentium animarum, spiritum famuli tui *Illius* presbiteri, pro quo hanc tibi hostiam immolantes / offerimus, in electorum numero sacerdotum iubeas fol. 314 deputare placatus : quo ita nunc sacrificium hoc tibi oblatum benedicendo acceptes, ut uiuis ueniam, et omnibus defunctis fidelibus requiem prestes eternam. — Amen.

Quia tu es uita uiuentium et.

Ad Orationem.

Indulgentissime dominator Domine, tuam imploramus misericordiam, ut lacrimas nostras clementer aspicias et famulo tuo *Illi* presbitero requiem eternitatis inpertias. Pius indulgendo errata, benignus ignoscendo facinora, beatam ei concede apud te obtinere uitam. Illum cum electis sacerdotibus tibi adsocies in paradisi deliciis, nosque ad te exaudias proclamantes e terris : Pater.

Benedictio.

Christus Dominus, qui per effusionem sui sanguinis mundum lauit a crimine transgressionis,

[5] *Cod* ymnum [16] *Cod* obantem [27] *Cod* ymolantes [40] *Cod* aput te.

exaudiat uos pro famulo suo *Illo* supplicantes, et eum eruat ab eternis suppliciis. — Amen.

Illi tribuat, ut sedem beatitudinis possideat cum electis, et nobis in hac erumnosa peregrinatione conuersationem potioris uite et remissionem tribuat criminis. — Amen.

Illum faciat inter agmina beatorum eterna perfrui regna, et nobis omnibus delictorum omnium ueniam et gaudia largiatur eterna. — Amen.

XXXVIII. — ORDO MISSAE DE PARVVLO DEFVNCTO [1].

Lectio libri Sapientie Salomonis.

In diebus illis ait Salomon : Reddidit Dominus iustis mercedem laborum suorum et eduxit illos in uia mirabili, et in uelamento diei fuit illis et in luce stellarum tota nocte. Ideo tulerunt spolia in-
fol. 315 piorum / et decantauerunt, Domine, nomen tuum sanctum et uictricem manum tuam laudauerunt pariter. Quoniam sapientia aperuit os mutorum, et linguas infantium fecit disertas.

Psallendvm : Cognoui, Domine, quia dilexisti me. Ideo non permisisti inimicum meum gaudere de me. — Vers. : Propter gloriam nominis tui, Deus meus, suscepisti me, ut non sineres. Inimicum.

Epistola Pauli apostoli ad Corinthios secunda.

Fratres, non potui uobis loqui quasi spiritualibus, sed quasi carnalibus; tanquam paruulis in Christo lac uobis potum dedi, non escam. Itaque, neque qui plantat est aliquid, neque qui rigat, sed cui incrementum dat Deus. Ipsi gloria in secula seculorum. — Amen.

Lectio sancti Euangelii secundum Mattheum.

In illo tempore, offerebant paruulos Domino nostro Ihesu Christo, ut illos tangeret. Discipuli autem cominabantur offerentibus. Quos cum uidisset Ihesus indigne tulit, et ait illis : Sinite paruulos uenire ad me, et ne prohibueritis eos : talium est enim regnum celorum. Amen, dico uobis : quisquis non receperit regnum Dei uelut paruulus, non intrabit in illum. Et conplexans eos et inponens manus super eos, benedicebat eos.

Lavdes : Alleluia. Requiem eternam da ei, Domine, et lux perpetua luceat illi.

Sacrificivm : Sacrificium Deo. (*Vide supra, col. 188, 340, etc.*)

Missa.

Domine Ihesu Christe, qui ad redimendam humani generis condicionem, quam ipse cum Patre et Sancto Spiritu creaueras, humilis in hoc mundo uenire dignatus es : obsecramus ineffabilem pietatem tuam, ut animam famuli tui *Illius* huius paruuli ad te de hoc / seculo redeuntem in sinu fol. 316
Abrahe amici tui conloces ouantem; ut, qui iam renatus extat sacri babtismatis unda, ad te nunc se percepisse gratuletur celesti in regno gaudia sine fine mansura.

Alia.

Christe Ihesu, redemtor et reparator omnium in te credentium animarum, qui nostre conpatiendo fragilitati in tempore nasci dignatus es ex utero Virginis Matris, quum sine tempore unitus semper et coequalis apud Patrem esse cognoscaris, et qui infantiam suscipere non horruisti nostre mortalitatis : nobis te precantibus, huius paruuli *Illius* animam clemens suscipere digneris in gremio tue diuinitatis.

Post Nomina.

Obsecramus immensam bonitatem tuam, eterne omnipotens Deus, ut hunc famulum tuum paruulum, quem sacro rore babtimatis abluisti a primoplastorum [1] delicto, placatus adglomerare iubeas innocentibus pueris in celo : ut illum in ameni-

[12] Sap., x, 17, 19, 20 [13] *Cod* ayt [15] *Cod* in uiam mirabili [20] *Cod* dissertas [24] *Cod* sinires [25] I Cor., iii,1,7 [30] *Vulgata* sed qui [32] Marc., x, 13-16; cf. Matth., xix, 13-15 [36] *Cod* ayt [37] *Cod* proibueritis.

1. Voy. ci-dessus, col. 136 et suivantes, le cérémonial des funérailles d'un enfant.

[14] *Cod* obantem [23] *Cod* quoequalis aput [24] *Cod* non orruisti [31] *Cod* primo plaustorum.

1. Le mot hybride *priomoplastus* (pour l'expression toute grecque *protoplastus*) se rencontre très rarement. On le trouve toutefois dans le *Codex Sacramentorum Ecclesiae Romanae,* lib. I, xlii (Mvratori, *Liturgia Romana uetus,* t. I, col. 564) et dans l'hymne ix du *Cathemerinon* de Prudence (*P. L.*, t. LIX, col. 864). Il est curieux de lire dans le plus ancien manuscrit du Codex Sacramentorum la version *primo plaustro* (Wilson, *The Gelasian Sacramentary*, p. 80-81). Dans le manuscrit de Tolède qui a servi à l'édition du Bréviaire mozarabe (éd. Lorenzana, col. 385), on trouve *primo plausti* (dans l'édition de la *P. L.*, t. LXXXVI, col. 642, *primo plusti*). Le copiste de notre Liber Ordinum n'était pas le premier à se tromper.

tate paradisi uniendo electis, defunctis omnibus requiem prestes.

Ad Pacem.

Fons pacis et origo sincere dilectionis, Christe Ihesu, Saluator omnium Deus, prebe nobis cunctisque famulis tuis tuam atque proximi karitatem ita seruare in hoc seculo, ut inter filios pacis mereamur adnumerari post transitum celesti in regno.

Inlatio.

Dignum uere et sanctum est nos tibi laudes et gratias agere, Domine Ihesu Christe, qui in hoc mundo a Deo Patre missus, humanum genus per transgressionem Ade primi hominis, quod in ergastulo auerni detinebatur obnoxium, per uicto[1]....

. . . .

[XL. ORDO DE DEFVNCTIS SACERDOTIBVS.]

. . . .

fol. 317 [Sacrificivm] : / Offerimus tibi, Domine, sacrificium pro peccatis eorum, qui cum pietate dormitionem acceperunt : ut obtimam habeant repositam apud te gratiam, Alleluia.

II : Sancta et salubris est cogitatio pro defunctis te orare. Vt obtimam.

III : Exoramus te, Domine, ut a peccato soluantur. Qui cum pietate.

IIII : Satis dignum est, Domine, te orare pro defunctis. Qui cum.

Missa de sacerdotibus defunctis.

Eternum atque omnipotentem Deum, Fratres karissimi, supplices exoremus propter animas famulorum suorum *Illorum* fidelium sacerdotum, qui catholicam tenentes fidem et illi ministrantes, de hoc seculo ad eterna secula uocati sunt; ut eorum indulta peccata, uel si qua sunt ab eis contracta uitia, solita pietate indulgeat, et inmarcessibili corona inter sanctos suos iubeat decorari.

Alia.

Deus, in cuius potestate animas hominum esse credimus, deprecamur clementiam tuam, ut antistitum tuorum *Illorum,* animas in locum patriarcarum ac sanctorum uirorum adsocies, et nos pro eis tuam Maiestatem humiliter exorantes propitius exaudias, atque remissionem peccatorum cum eis concedas. — Amen.

Post Nomina.

Ineffabilem, clementissime Pater, tuam deprecamur pietatem, ut animas sacerdotum tuorum *Illorum,* quorum hodierna ante tuum uenerabile altare memoriam facimus, in celestibus libris adscribere digneris; ut eos ab omni scelere criminum purificatos inueniat, uiteque eterne heredes instituat.

Ad Pacem.

Summe atque inuisibilis Deus, qui es karitas firma et uirtus eterna, preeuntium sacerdotum christianorum requiem concede perpetuam, / nobisque pacis concede gratiam, ut unanimes perueniamus ad future beatitudinis premia. fol. 318

Inlatio.

Dignum et iustum est nos tibi in hac die gratias agere omnipotens Deus, qui tibi hoc sacrificium offerimus propter animas sacerdotum tuorum *Illorum,* qui es Sacerdos uerus et Pontifex sempiternus. Obsecramus, eterne Deus, ut sacerdotes tui, emundati ab omni contagione criminum, diem iudicii cum summo letitie gaudio suscipere mereantur.

Quia tibi merito omnes angeli atque arcangeli.

Post Sanctus.

Vere sanctus, uere benedictus tu, Deus omnipotens, qui nobis ineffabilia nostre salutis conferre dignatus es remedia. Presta, quesumus, ut fideles tui *Illi* sacerdotes spem glorie prime resurrectionis apud te consortium mereantur.

Per Christum Dominum.

19 *Cod* pro peccata 21 *Cod* aput *Hae antiphonae cum notis musicis in Cod* 24 *Cod* solbantur.

11 *Cod* uiuorum 42 *Cod* aput te.

1. Ici manquent plusieurs feuillets du manuscrit. Ils contenaient la fin de la messe précédente, puis une autre messe intitulée, d'après l'index du commencement du Liber Ordinum : Missa de qvinqvagenario defvncto.

Ce simple titre est très intéressant. Il nous apprend que le cinquantième jour qui suivait la mort était consacré dans l'Église d'Espagne à des prières liturgiques pour l'âme du défunt. Les Constitutions apostoliques (l. VIII, c. 42) mentionnent le troisième jour, le neuvième, le quarantième et l'anniversaire : de même le Rituel de l'Église grecque (Goar, *Rituale Graecorum,* 1647, p. 540). Saint Ambroise parle aussi du quarantième jour (*De obitu Theodosii,* c. 3). Le Rituel romain a une mémoire spéciale pour les défunts le septième jour et le trentième. Je ne sais si l'usage du cinquantième jour est attesté ailleurs que dans notre Liber Ordinum.

Post Pridie.

Sanctifica, quesumus Deus, hanc oblationem benedictione perpetua : ut quicumque nostrorum ex ea sumserimus, salutem consequamur animarum et corporum, et ueniam mereamur delictorum nostrorum. — Amen.

Ad Orationem.

Nostrum quidem, Domine, non agnoscimus meritum, sed tuum sequimur omnino preceptum; et idcirco audemus dicere, qui adiuuare dignatus es : Pater.

Benedictio.

Deus, qui nos misericorditer uiuificas, te supplices exoramus, ut famulos tuos benedicas atque sanctifices. Da omnibus ueniam peccatorum, quos redemisti sanguine pretioso. Libera eos, Domine, de profundo, qui pro omnibus pependisti in ligno. — Amen.

XLI. — MISSA GENERALIS DEFVNCTORVM [1].

Memores, dilectissimi Fratres, omni humano generi presentis uite meritorum in morte discretio-

[10] *Cod* adiubare [20] *A* omnium *pro* omni [21] *Cod* meritorum mortem *A* uite mortem metarum.

1. Le Rituel *A*, fol. 99-106, nous donne cette même messe, avec la première partie qui manque au Rituel *B*. Voici ce supplément :

[PROLEGENDVM] : Defecerunt sicut fumus dies mei, et ossa mea sicut in frixorio confrixa sunt. Domine uelociter exaudi me, Alleluia. — VERS. : Defecit.

LECTIO LIBRI IHESV.

Laudemus uiros gloriosos et patres nostros in generatione sua. Multam gloriam fecit Dominus, cuius magnificentia sua a seculo : dominantes in potestatibus suis. Omines magni uirtute et prudentia prediti : nuntiantes in dignitate profetarum et inperantes in pres[en]ti populo, et uirtute, prudentia populi[s] sanctisima uerba. In peritia sua requirentes modos musicos et narrantes carmina in scriptura. Homines diuites in uirtute, pulcritudinis studium abentes, paciuicantes in domibus suis. Omnes isti in ge[ne]rationibus gentis sue gloriam adepti sunt, et in diebus suis abentur in laudibus. Qui de illis nati reliquerunt nomen narrandi laudibus (*sic*) eorum. Et sunt corum non est memoria. Perierunt quasi non fuerint; nati sunt quasi non nati, et filii ipsorum cum illis. Set illi uiri misericordie sunt, corum pietates non defuerunt et con (*sic*) semine ipsorum perseuera[n]t bona. Ereditas nebbotum (nepotum) illorum et testamentis stetit semen illorum. Et filii illorum propter illorum (*sic*) usque in eternum manent :

nem disparem, / temporum finem esse commu- fol. 319
nem : pro requie fidelium defunctorum et pro nostrorum societate membrorum deprecandi Dominum quo possumus conatu sumamus affectum. Vt, sicut condicionis eius est factum a se animas hominum esse perpetuas, ita pietatis eius sit se confessas esse securas; et quod habent te creante esse non deficiant, eodem parcente habeant non esse quod lugeant. Detur permansuris gaudere quod sint, non cruciandis flere quod fuerint. Hoc translate

[2] *A* pro requiem [4] quo possumus *e codice A* [6] *A* omnium *pro* hominum [7] *A* et cod habent. te *ipse addidi* [9] *A* quod luent. [10] *A* Hoc translate mereantur a mundo esse, non deletas doleant esse post mundum : et qui.

sem[en] eorum et gloria non derelinquetur. Corpora ipsorum in pace sepulta sunt, et nomen eorum manet in generatione et generationem. — Amen.

[PSALLENDVM] : Domine exaudi me in tua iustitia, et ne intres in iudicium cum serbo tuo. — VERS. : Expandi manus meas ad te, Domine; anima mea uelut terra sine aqua, cito exaudi me, Domine. Et ne intres.

EPISTVLA PAVLI APOSTOLI AD TESSALONICENSES.

Fratres, nolumus uos ignorare de dormientes, ut non contristemini, sicut et ceteri qui spem non abent. Si enim credimus quod Ihesus mortuus est et resurrexit : ita et Deus eos qui dormierunt per Ihesum adducit cum eo. Hoc enim uobis dicimus in uerbo Domini, qui uiuimus, qui residui sumus in aduentum Domini, non preueniemus eos qui dormierunt. Quum ipse Dominus in iussum, et in uoce arcangeli, et in tuba Dei descendet de celo, et mortui qui in Christo sunt ressurgunt primi. Deinde nos, qui uiuimus, qui relinquemur, simul rapiemur cum illis in nubibus obiam Christo in aera semper cum Domino. — Amen.

LECTIO SANCTI EVANGELII SECVNDVM IOHANNEM.

In illo tempore, Dominus noster Ihesus Christus loquebatur discipulis suis, dicens : Amen, Amen dico uobis, quia uenit hora et nunc est, quando mortui audient uocem Filii Dei : et qui audierint uiuent. Sicut enim Pater abet uitam in semetipso, sic dedit et Filio uitam abere in semetipso : et potestatem dedit ei et iudicium facere, quia Filius hominis est. Nolite mirari hoc, quia uenit ora in qua omnes qui in monumentis sunt audient uocem eius : et procedunt qui bona fecerunt in resurrectionem uite; qui bero mala egerunt in resurrectionem iudicii. Non possum ego a me ipso facere quicquam. Sicut audio et iudico, et iudicium meum iustum est. Quia non quero uolumtatem meam, sed uolumtatem eius qui misit me Patris. — Amen.

LAVDES : Alleluia. Miserere mei, Domine, miserere mei : quoniam in te confidet anima mea. Alleluia.

SACRIFICIVM : Auerte, Domine, faciem tuam a peccatis meis, et omnes iniquitates meas dele. Deus meus. Alleluia.

mereantur a mundo, ne se deletas doleant esse post mundum; et que eternaliter uiuunt, non penaliter moriantur. Hanc quoque oblationem, oblatam pro uiuis ac mortuis, ut eam Christus acceptet supplici deuotione precemur; ut, recedentes mansionis iucunditas concessa delectet, et superstites credulitas, tristitia cedente, letificet. Illos indulgentia remissionis confoueat, hos patientia conuersionis conponat. In id quod preuenti sunt illi non sentiant; ut preueniant eum isti non neglegant. Absoluat pietas accersitos; corrigat religiositas secuturos. Opereturque in utrosque gratia Redemtoris, ut sibi pena nihil uindicet in illis, si debuit; istis non debeant. — Amen.

Alia.

Deus, cuius solum potestati hominem nec mors tollit, quia tibi et ipsa subiecta sit : Deus, apud quem bonus gaudebit se uitam inuenisse post mortem, malus dolebit se mortem inuenisse post uitam; dum et hunc affecturus sit cruciatus legis, et illum refecturus sit transitus temporalis : te pro requie fidelium / (fol. 320) defunctorum *Illorum*, presentium immolatione obsecramus libaminum; ut eos a quocumque reatu, in quo carnali crimine decepti incurrerunt, fides qua te agnouerunt, crediderunt, rogauerunt, a laqueis diaboli illos liberet, et hoc sacrificium a mortalibus culpis reos mortalitatis excuset. Ac si eos pro modo animaduersionis sententia uindicantis obnoxiet, et quod preceptum tuum occupati mundi erroribus non inpleuerunt, hoc saltim eis, misericordia parcente, eternum subueniat ad remedium, quo te in ueritate Deum unum in Trinitate confessi sunt.

Post Nomina.

Deus celestium, terrestrium et infernorum; qui superna contines et inferna moderaris, adesto oranti et deprecanti Maiestatem tuam populo tuo, et da ut hec pie oblationis officia et beatitudinem uiuis et remissionem mortuis consequantur.

Ad Pacem.

In hac conmemoratione defunctorum fidelium, pro qua tibi, Deus, hoc sacrificium laudis offerimus, clementiam tuam supplices exoramus : ut illis in illa beatorum gaudia cum sanctis dones premia indeficientia, et nobis inuiolate pacis concordiam conferas obseruandam.

Inlatio.

Dignum et iustum est, omnipotens Deus, nos tibi pro nostra et pro conuiuentium temporali uita, atque illa que defunctis eterna est, mixtas gratiarum actionum preces cum laudibus exhibere, et illam ineffabilem in omni opere uel iudicio tuo gloriose sapientie potestatem in quantum accipientibus datur effari. Quia, quum hominem ex / (fol. 321) finito et infinito constare feceris, apud te procul dubio seruantur in perpetuo qui migrantur e seculo. Nobis sublati, in se translati, ad te prolati, tuo iure uiuunt, qui nostro tempore defecerunt. Sed, quoniam iusti iudicis equitate decretum est, ut qui non moriuntur crimini, moriantur in crimine, si tamen liceat non esse qui sint grauius semper esse, ne habeant finem pene, qui non habuerunt finem luxurie : nescituri in suppliciis terminum, qui peccatis terminum non dederunt. Ergo, quia te, Domine, propheta dicente : Omnes mortui non laudabunt, neque hii qui in infernum descendunt dabunt gloriam nomini tuo, qui perdiderunt causas peccato suo : ob hoc te, Domine, pro defunctis fidelibus patribus uel fratribus nostris *Illis* postulamus prostrati, ac nimium supplices deprecamur, qui te per babtismum renati agnouerunt, qui corpus Filii tui ac sanguinem, quum pro hoc remissionem sperarent, acceperunt; qui Ecclesiam tuam catholicam, cum in te crederent, non reliquerunt; qui tibi cum peccarent ingemuerunt; qui sibi ut parcerentur orarunt, de resurrectione non dubii, de iudicio non securi, de conscientia trepidi, de misericordia non diffisi; qui quotiens uicti, totiens fortasse conpuncti, conscium pectus manibus inliserunt, et uoce cordis miseros se clamauerunt, fragilitate obnoxii, non fidei. His tu, Domine, Mediatoris tui ac nostri miserere per gratiam : ut liberati a culpa, letificati a uenia, inter creature

[6] *Cod* supprestites *A* subprestiter [8] *Cod* confobeat *A* fobeat *Ib. A* conuersatione [10] *Cod* absolbat [11] *A* arcessitos *Ib. Cod* sequuturos [12] *A* in utrumque [21] *A* pro requiem [22] *Cod* ymolatione [24] *A* in co [31] *A* subueniat remedium quod [33] *A addit* Amen [37] *A* pro populo tuo [41] *A* In hanc commemorationem.

[1] *A* ut illis illa [4] *A addit* Amen [7] *A* et pro uiuentium [9] *Cod* exibere [13] *Cod et A* aput te procul... serbantur [15] *A* ad te perlati [19] *Cod et A* grabius [20] *A* qui non habuerunt luxurie [23] *A* neque hii qui inferna descendunt [25] *A* pro peccato suo [26] *A* pro defunctis fidelibus postulamus prostrati cum lacrimis deprecamur, ut animas famulorum tuorum, qui [33] *A* qui siui ut parceretur [34] *A* non duuii [35] *A* qui totiens uicti, totiens [40] *A* letificati ad ueniam inter creature prioris nouitatem et sequentes indulgentie libertatem.

prioris nobilitatem et sequentis indulgentie libertatem, plus te laudent / quod euaserint, quam possent laudare quod fuerint. fol. 322

Te prestante, cui merito

Post Sanctus.

Vere sanctus, uere benedictus es, Domine Deus noster, auctor uite et conditor; qui future resurrectionis es redditor et indultor; qui promisse inmortalitatis dispensator es atque largitor; qui posuisti presentis uite terminum, ut eternitatis resereres introitum, et per finem presentium principia panderes futurorum; qui necessitatem animarum recedentium a corporibus non interitum uoluisti esse, sed somnium, et dissolutio dormiendi roboraret fiduciam resurgendi : dum in te credentium uiuendi usus non amittitur, sed transfertur, et fidelium tuorum mutatur uita, non tollitur [1].

[3] *A* fuerint, ita dicentes : Sanctus, Sanctus, Sanctus [8] *A* es redemtor, reparator et indultor [12] *A* qui necessitatem disolutionis animarum [16] *A* ussus.

1. Comparer ce passage avec la préface qui termine le *Codex Vaticanus* du Sacramentaire grégorien : « Quia misericordie tue munere fidelibus *uita mutatur, non tollitur* (MVRATORI, *Liturgia Rom. uetus*, t. II, col. 290 et 356). Mais le texte le plus ancien où nous lisons cette formule se trouve, si je ne me trompe, dans les Actes de saint Symphorien d'Autun. C'est l'héroïque mère du jeune martyr qui parle : « Nate, nate Symphoriane, in mente habe Deum uiuum... Hodie tibi *uita non tollitur, sed mutatur in melius*. Hodie, nate, ad supernam uitam felici commutatione migrabis » (RVINART, *Acta primorum martyrum sincera et selecta*, 1689, p. 72). Un passage de la *Missa in natale beatissimi Sinfuriani martyris* du Missale gothicum (VIIe siècle) dérive manifestement de cette source : « Et materno conloquio pietate transfertur ad praemium, cum ei insinuatur non debere mortem metuere, quia martyribus *uita non tollitur, sed mutatur* ». (Voy. *P. L.*, t. LXXII, col. 301-302.) A rapprocher de la *Commendatio animae* du Sacramentaire gélasien : « Deus apud quem omnia morientia uiuunt; cui non pereunt moriendo corpora nostra, *sed mutantur in melius* » (MVRATORI, *o. c.*, t. I, col. 752, et GERBERT, *Monumenta ueteris liturgiae Alemannicae*, t. I, p. 313). — Je rappelle enfin les mots suivants de notre Rituel wisigothique pour les funérailles, col. 122 : « Deus apud quem omnia morientia uiuunt, et non pereunt moriendo corpora nostra, *sed mutantur in melius* ». Plusieurs diocèses de France ont gardé jusqu'à nos jours la préface des Morts suivante, qui a une bonne saveur antique : « ... Per Christum Dominum nostrum. In quo nobis spem beate resurrectionis concessisti, ut dum naturam contristat certa moriendi conditio, fidem consoletur future immortalitatis promissio. Piis enim fidelibus, Domine, *uita mutatur, non tollitur* : et dissoluta terrestris huius habitationis domo, eterna in celis habitatio comparatur ».

Cuius institutionem nulla diuersitas mortis, nullum indicium indicte mortalitatis inludit, et ita opera tuorum digitorum perire non pateris : ut quicquid hominum per mortis uarietatem tempus labefecerit, aura dissoluerit, ignis consumserit, auis rapuerit, fera discerpserit, terra obsorbuerit, puluis inuoluerit, gurgis inmerserit, piscis exesserit, uel quicquid in uetustissimum mare fuerit redactum, te iubente terra rediuiuum restituat, induatque incorruptionem, deposita corruptione.

Te exoramus ac supplices petimus, ne spiritus fidelium sepultorum, aut tristibus abyssi tenebris, aut ignitis gehenne caminis, aut perpetuis tartari frigoribus deputati, penalis locus ad habitandum accipiat; sed in sinu Abrahe et in gremio Patriarcharum requiescentes, tempus resurrectionis diemque iudicii cum / gaudio secuture inmortalitatis expectent. fol. 323

Per Christum Dominum ac re[demptorem].

Post Pridie [1].

Domine Ihesu Christe, qui uera es uita credentium, tibi pro defunctis fidelibus patribus uel fratribus nostris seu amicis sacrificium istud offerimus, obsecrantes ut regenerationis fonte purgatos, et temptationibus mundi exemtos, beatorum numero inserere digneris, et quos fecisti esse adobtionis participes, iubeas hereditatis tue esse consortes.

[2] *A* non patieris [5] *Cod* dissolberit *A* consumpserit *Cod* aues rapuerit, ferum decerpserit *A* abes rapuerit, fera descerperit [6] *Cod* pulbis inuolberit [7] *Cod* exciserit *A* exesserit, *quod mihi uidetur bona etsi rarissima lectio pro* exederit. *Cf.* exest *pro* exedit, exesse *pro* exedere. *Post uerba* piscis exesserit, *A addit :* uelua exaserit, *quod legendum puto :* bellua exhauserit (uorauerit?) [8] *Sic in Cod et in A. Forte leg.* uastissimum mare [11] *A* Domine hac supplices [12] *A* aut tristibus tene ribus (*sic*) aut ignibus geenne camino [16] *Cod et A* patriarcarum [17] *Cod* sequuture *A* quum gaudio secuture [22] *A* tibi pro defunctis fidelibus sacrificium istud offerimus [27] *Cod* hereditati tue *Ib. A* consortes. Amen.

1. Cette prière est déjà citée, au VIIIe siècle, par Élipand de Tolède, dans sa lettre *ad Albinum :* « Item in missa defunctorum [dicimus] : Domine Iesu Christe, qui uera es uita credentium, tibi pro defunctis fidelibus sacrificium istud offerimus, obsecrantes, ut regenerationis fonte purgatos et tentationibus mundi exemptos, beatorum numero digneris inserere, et quos fecisti adoptionis participes, iubeas hereditatis tue esse consortes ». Voy. *P. L.*. t. XCVI, col. 875.

Ad Orationem[1].

Presta, Domine, supplicantibus nobis, ut per hec pie oblationis libamina fideles anime defunctorum et a tartareis uinculis absoluantur, et eterne quietis amenitate donentur : quo et sepultis refrigeria, et uiuis impetrantes tutelam, ad te semper fiducialiter proclamemus atque ita dicamus : Pater.

Benedictio.

Christus Dominus, qui morte sua subuenit mortuis, orantes uos exaudiat pro defunctis : ut, uestris precibus exoratus, et uobis salutem obtabilem [prestet] et illis inpetretis quietem. Quo fides, qua cum illis simul Domino creditis, et uos iustificet a delictis, et illos liberet a suppliciis. — Amen. Ipso pres[tante].

Completuria.

Presta quesumus, omnipotens Deus, ut anime famulorum tuorum sacerdotum, in congregatione iustorum eterne beatitudinis iubeas esse consortes. — Amen.

XLII. — MISSA DE SACERDOTIBVS DEFVNCTIS.

Deum, qui es fons misericordie et pietatis origo, Fratres karissimi, unanimes deprecemur, ut famulis suis pro seruitutum obsequio eterne uite tribuat refrigerium, eripiatque a culpe piaculo quos unda sacri babtismatis originali resoluit a uinculo.

Alia.

fol. 324 / Domine Deus omnipotens, qui nos ex nicilo creas, et ut tibi placeamus tue gratie donis amplificas, famulis tuis *Illis* pro seruitute, qua tibi non ualuerunt inculpabiliter deseruire, miserationis gratuite dona concede : ut, liberati ab omni nexu peccaminum, erepti etiam a penis omnibus et miseriis inferorum, cum sanctis omnibus et electis tecum glorientur in celo.

[4] *Cod et A* absolbantur [7] *A* proclamemus e terris : Pater [12] Prestet *legitur in R* [13] *A* credidistis [22] *Cod* Deus, qui es [26] *Cod* resolbit [35] *Cod* in celum.

1. Le Rituel *A*, fol. 106, fait précéder la prière *Ad orationem Dominicam* du répons que voici : « LAVDES. Pro defunctis offerimus tibi, Domine : ut illorum anima[bu]s requiem conced[as] et nobis omnibus indulgentia[m] dones ».

Post Nomina.

Offerentium, Christe, nomina in libro uite scribe, et defunctorum animas eterne quietis amenitate sustolle. Famulos quoque tuos *Illos* patres nostros, pro quibus hoc tibi sacrificii libamen offerimus, ab omni culpe piaculis liberatos in illa tibi placentium sacerdotum numerositate adscribe : ut eorum illic coram te societate letentur, quorum hic paris curam regiminis habuerunt.

Ad Pacem.

Concede, Domine, supplicantibus nobis, ut patres nostri *Illi* famuli tui, quorum hodie coram te commemoratio fit, a delictis omnibus absoluti et liberi, eterna mereantur cum sanctis omnibus pace letari : ut, qui gregis tui degentes in corpore fuere pastores, patriarchis omnibus mereantur esse participes. Nobis quoque ita donum pacis et karitatis adtribue, ut fide, que per dilectionem operatur, et defunctis congrua et nobis apud te inpetremus utilia.

Inlatio.

Dignum et iustum est nos tibi gratias agere, Domine sancte, Pater eterne, omnipotens Deus, per Ihesum Christum Filium tuum Dominum nostrum, qui ut nos a morte redimeret condicionem mortis sponte suscepit. Per eum te, Pater omnipotens, deprecamur, ut sacrificii huius oblatione placatus, famulis tuis *Illis* culparum omnium dimittas excessus : fiatque hoc sacrificium / illis ad fol. 32 requiem, nobis ad ueniam, in quo Vnigeniti Filii tui mortis et resurrectionis fit memoria sempiterna.

Cui merito.

Post Sanctus.

Vere sanctus, uere benedictus Dominus noster Ihesus Christus Filius tuus, qui morte sua mortis principem uicit, et resurrectione sua iustificationem nobis exhibuit. Per hunc te, Deus Pater, oramus, ut patres nostros *Illos,* quorum hodie commemoratio fit, ab inferorum doloribus efficias alienos : ut, qui te pium predicauerunt in populis, misericordem te sentiant post transitum de conmissis. Christe.

[3] *Cod* animabus [8] *Cod* illi coram [12] *Cod* famulis tuis [16] *Cod* patriarcis [38] *Cod* exibuit [41] *Cod* predicaberunt.

Post Pridie.

Aspice, Deus, ad fidelis populi lamentabilem precem et ad hanc que tibi offertur oblationem, et presta ut huius sacrificii interuentu placatus, famuli tui patres nostri *Illi,* qui te dilexerunt in uita, tenuerunt in conscientia, coluerunt in fide, predicauerunt sermone, patriarcarum sinibus recepti, et ab omnium penarum ergastulo segregati ac liberi, presentiam faciei tue indesinenter potiantur securi.

Ad Orationem.

Memorare, Domine, patrum nostrorum de seculo recedentium, qui populo tuo ducatores fuerunt : ut illius uite gaudiis potiantur, quorum dum uiuerent doctrinis gloriam predicauerunt; ut, exauditi pro illis et pro nobis, ad te semper proclamemus e terris : [Pater].

Benedictio.

Christus Dominus, qui morte sua mortuos fecit esse indemnes, exaudiat uos pro defunctis patribus supplicantes. — Amen.

Omittat illis quicquid pastorali minus cauta prouisione egerunt, et uobis det implere quod digne ab illis est predicatum. Sicque eos, omissis culpis, in
fol. 326 suum transferat regnum, / et uos, abluta labe criminum, faciat cum eis exultare post transitum.

Completuria.

Oramus te, Domine sancte, Pater eterne, omnipotens Deus, pro spiritibus et animabus famulorum tuorum patrum nostrorum, ut eos in locum lucis et refrigerii propitius deputare digneris : ut, cum dies iudicii uenerit, per hanc sacrosanctam communionem, non cum inpiis et peccatoribus, sed cum sanctis et electis tuis tibi eos adstare concedas.

XLIII. — ITEM ORDO DEFVNCTORVM[1].

Perlegendvm : Alleluia. Fac cum seruis tuis, Domine, misericordiam, Alleluia, Alleluia. — Vers. : Memento...

[15] *Cod* predicaberunt [20] *Cod* pro spiritus et animas [32] *Cod* per hoc sacrosancto communionem. [36] *Cum notis musicis in Cod.*

1. Dans les *Breues* placés en tête du manuscrit (voy. ci-dessus, col. 6), ce chapitre porte le numéro XLV. Plusieurs autres chapitres sont aussi, je l'ai dit ailleurs, en désaccord avec cette table des matières.

Oratio.

Fac quesumus cum seruis tuis, Domine, fidelibus defunctis hanc misericordiam, ut factorum suorum in penis non recipiant uicem, qui tuam uotis tenuerunt fidei ueritatem : ut, sicut hic uera fides iunxit eos fidelium turmis, ita eos illic tua miseratio consociet angelicis choris.

Lectio libri Esaye prophete.

Hec dicit Dominus : Orietur in tenebris lumen uobis et tenebre uestre erunt sicut meridies. Et requiem uobis dabit Dominus semper, et replebit splendoribus animas uestras, et ossa uestra liberabit a malis. Et eritis quasi hortus inriguus, et sicut fons aquarum, cui non deficient aque, ait Dominus omnipotens.

Psallendvm : Conuertere aliquantulum, Domine. — Vers. : Et repropitiare super seruos tuos, Do[mine].

Alivm : Dona, Domine, requiem famulorum tuorum. — Vers. : Conloca eos, Domine, in loco beatorum tuorum.

Epistola Pauli apostoli ad Romanos.

Fratres, nemo nostrum sibi uiuit, et nemo sibi moritur. Siue enim uiuimus, Domino uiuimus : siue enim morimur, Domino morimur. Siue enim uiuimus, / siue morimur, Domini sumus. In hoc enim fol. 327
Christus mortuus est et resurrexit, ut et uiuorum et mortuorum dominetur. Tu autem, quid iudicas fratrem tuum? aut quare spernis fratrem tuum? Omnes enim stabimus ante tribunal Christi. Scriptum est enim : Viuo ego, dicit Dominus, quoniam mihi flectet omne genu, et omnis lingua confitebitur Deo.

Lectio sancti Euangelii secundum Iohannem.

In illo tempore, Dominus noster Ihesus Christus loquebatur discipulis suis, dicens : Amen, amen dico uobis : quia qui uerbum meum audit et credit ei qui me misit, habet uitam eternam et in iudicium non ueniet, sed transiet de morte ad uitam.

Lavdes : Alleluia. Memento nostri, Domine, in beneplacito populi tui : uisita nos in salute tua.

Sacrificivm : Offerimus tibi, Do[mine]. (*Vide superius, col. 317.*)

[7] *Cod* consotiet angelicis coris [8] Isai., LVIII, 10-11. [12] *Cod* liuerabit [13] *Cod* quasi ortus [16] *Duo* Psallenda *cum notis musicis in Cod* [22] Rom., XIV, 8-11. [24] *Cod* Domine [31] Ioan., V, 24. [39] *Cum notis musicis in Cod.*

Missa de Defunctis.

Domine Ihesu Christe, qui pro reparatione humani generis in hoc mundo a Deo Patre uenire dignatus es : deprecamur sanctam clementiam tuam, ut per hoc sanctum sacrificium, quod tibi a nobis offerre docuisti, animas et spiritus famulorum tuorum *Illorum*, ut eos ab eterne pene interitu eruas, conmendamus; et, si qua in corpore positi delictorum sunt lapsibus maculati, pietate solita eis indulgeas et in requie electorum tuorum manere eos precipias, et omni populo tuo placatus ueniam peccatorum concedas.

Alia.

Omnipotentiam tuam, Domine Ihesu Christe, apud quem multe sunt mansiones, imploramus : ut animas et spiritus famulorum tuorum *Illorum* ab extuantis ignis ardoribus eruas, atque in locum
fol. 328 lucis et refrigerii, / dimissa crimina, heredes constituas.

Post Nomina.

Miserator et misericors, Domine Ihesu Christe, qui cum Deo Patre in sempiterna gloria permanes, gloriam tuam per huius sacrificii interuentum deposcimus : ut animas et spiritus famulorum tuorum *Illorum* Sancti Spiritus tui consolatione reficias, et omnium defunctorum animabus in pacis tue gaudio quiescentibus requiem largiaris eternam.

Ad Pacem.

Pax eterna, Domine Deus noster, pacis nobis copiam placatus concede, atque fructu sempiterne letitie inradia : et famulis tuis omnibus fidelibus defunctis, pro quibus hodie hanc tibi hostiam immolantes offerimus, consolationis tue beneficia conferas, nostrorumque omnium peccata deleas, et pacis concordiam nobis adtribuas.

Inlatio.

Dignum et iustum est nos tibi gratias agere, spiritalia sacrificia celebrare, Domine sancte, Pater eterne, omnipotens Deus, per Ihesum Christum Filium tuum Dominum nostrum : qui pietate summa humanitatem prestitit mundo, et morti extitit morsus, descendit ad inferos, et multorum sanctorum animas eruit de inferno. Per ipsum te, ergo, Pater omnipotens, deprecamur, ut hoc sacrificium, quod pro remedio famulorum tuorum *Illorum* tibi offerimus, suscipere digneris propitius : ut, intercessione sanctorum *Illorum,* eos constituere iubeas in dextere tue partem, nosque omnes, qui te Deum unum confitemur in Trinitate, miserationis tue sentiamus opem.

Quia tibi merito.

Post Sanctus.

Vere sanctus, uere benedictus es, Domine Ihesu
Christe, qui et uiuis prestas salutem / et defunctos fol. 329
perducis ad requiem. Te ergo poscimus mentis intentione, ut hoc sacrificium acceptans digneris sanctificare, et famulorum tuorum *Illorum,* pro quibus tibi offertur, locum lucis eterne tribuas possidere. Nobis quoque te orantibus presentis temporis concede salutem, et eternam fac perfrui lucem.

Quia tu es Christus Dominus.

Post Pridie.

Credimus te, Domine, omnium esse uirtutem. Rogamus, Deus piissime, ut precem nostram iubeas exaudire, omnibus in te credentibus peccata iubeas dimitti, et huius sacrificii munera per manus angeli tui iubeas sanctificare. Defunctis quoque, uel omnibus qui credentes te ab hac discesserunt luce, locum tribue electorum in regione uiuorum.

Per gratiam pie[tatis tue].

RESPONSVS : Orietur in tenebris lumen uobis; et tenebre uestre erunt sicut meridies, et requiem uobis dabit Dominus semper.

Ad Orationem.

Deus, quem scimus uitam esse uiuentium et requiem defunctorum, preces nostras placatus suscipe, et cuncta nobis peccata dimitte. Defunctis fidelibus requiem tribue, et nos ad te conlaudandum idoneos effice. — Piissime.

Benedictio.

Benedicat uobis Dominus Ihesus Christus, qui cunctorum est auctor mirificus. Precibus uestris occurrat placatus, et bona que poscitis de sede Maiestatis sue conferat pius. Vobis, qui uiuitis, ueniam tribuat pro uestris peccatis, et defunctis fidelibus locum perpetuum lucis inpertire dignetur.

18 dimissa crimina *accusatiuus absolutus* 23 *Cod* per... interuentu 26 In *Cod deest* animabus *quod ipse conieci* 32 *Cod* ymmolantes.

25 *Cod* Defunctorum quoque uel omnes 29 *Cum notis musicis in Cod.*

XLIIII. — ITEM ALIA MISSA DE DEFVNCTIS.

Eternam Dei Patris omnipotentis misericordiam, Fratres karissimi, mentis intentione deprecemur pro spiritibus et animabus famulorum suorum *Illorum* : fol. 330 ut, si quid / in huius seculi uita carnis fragilitate, diabolo insidiante, peccauerunt, pietas Domini nostri Ihesu Christi resoluere et condonare dignetur; ut in locum lucis et refrigerii eos transferre atque constituere precipiat.

Alia.

Domine Deus omnipotens, tuam beatitudinem lamentabili et humili prece deposcimus, ut animas famulorum tuorum *Illorum,* quorum hodie in conspectu tuo conmemorationem facimus, in lege iustitie tue pia maiestate conrobores.

Post Nomina.

Hostiam tibi, Domine, placationis pro spiritibus et animabus famulorum tuorum *Illorum* offerimus : obsecrantes, ut sacri huius libaminis interuentu propitius locum illis lucis et refrigerium beate quietis adtribuas. — Amen.

Ad Pacem.

Inuocantes nomen sanctum tuum, Domine, precamur, ut animas famulorum tuorum *Illorum* in pace conlocare digneris, cui soli licet augere merita, pacificare iurgia et delere peccata.

Inlatio.

Dignum et iustum est... per Ihesum Christum Filium tuum, per quem te petimus, infinita Trinitas Deus noster, ut animas famulorum tuorum *Illorum* in pagina libri uiuentis adscribas. Non eos torqueat gehenne calamitas, non includat carcer horrificus inferorum; sed ad uicem Abrahe et Eleazari patriarcharum sinibus refecti, quum ad iudicandum uenerint, recepto corpore, obuiam uenienti Domino, cum sanctis omnibus gratulentur.

Quia tibi merito.

Post Sanctus.

Vere sanctus, uere benedictus tu, Domine Deus, receptor animarum et indultor omnium peccatorum. Tibi enim in conmemoratione famulorum tuorum *Illorum* has offerimus hostias; ut, adscripti in libro iustorum, sortem prime resurrectionis obtineant.

Christe Domine.

Post Pridie.

Obtemperantes talibus institutis, / te poscimus, fol. 331 piissime Pater, ut ad sanctificationem hostie spiritalis Spiritum Sanctum, quem Filius tuus repromisit, inmittas : ut, per eum sanctificati, unius diuinitatis mereamur percipere Trinitatem; ut, quum iustus aduenerit iudex, eos in nobis fructus quibus gloria preparatur inueniat. — Amen.

Ad Orationem.

Te deprecamur, Domine sancte, Pater eterne, omnipotens Deus, ut propitius orationum nostrarum uota respicias, et [animabus] famulorum tuorum *Illorum* refrigerium tue miserationis infundas. — Pater.

Benedictio.

Preces nostras Deus placatus intendat, et requiem famulorum suorum largire dignetur : ut, sua miseratione respecti, ablutionem suorum excipiant peccatorum, atque animas eorum ab omni delicto purgatas suo adstare precipiat throno. — Amen.

Ipse Dominus et.

Completuria.

Post communionem sacramentorum tuorum, Domine, fiat in nobis remissio peccatorum : ut, ubi hec pura et sacra ingressa sunt sacramenta, ibi penitus delictorum nostrorum nulla remaneat macula. — Amen.

Per tuam magnam misericordiam, Deus noster, qui uiuis et regnas in secula se[culorum].

Alia.

Sumsimus, Domine, beate Marie semper Virginis et omnium sanctorum tuorum commemorationem facientes, sacramenta celestia. Presta, quesumus, ut quod temporaliter gerimus eternis gaudiis consequamur. — Amen.

Per Dominum nostrum.

7 *Cod* resolbere 17 *Cod* pro spiritus et anima 25 *Cod* licet augeri 28 *Tria puncta ipse addidi.*

17 animabus *ipse conieci* 24 *Cod* trono.

EXARATVM EST[1] HVNC ORDINEM LIBRVM
PER IVSSIONEM DOMNO DOMINICVS PRESBITER
QVI ET ABBA EX CENOBIO SANCTI PRVDENTII
AMMINICVLANTE SANTIO GARZEIZ
DE MONTE ALBO SIMVL CVM SVA VXORE
BIZINNINA VT FIAT REMEDIO ILLORVM
ANIME EGO BARTOLOMEVS LICET INDIGNVS
PRESBITER TAMEN ORDINE FVNCTVS
HVNC ORDINVM EXARAVI BREBI
FORMVLA COMPACTVM SED VALDE ORDI
NIBVS ECLESIASTICIS ABTVM
fol. 332 / FELICITER CVRRENTE ERA TLXLA
XV KALENDAS IVNIAS VNDE HVMILITER PRECAMVR
PRESENTIVM ET FVTVRORVM PIAM IN CHRISTO
DILECTIONEM QVI IN HOC LIBELLO SACRIFICIVM DEO
OBTVLERITIS PREDICTOS NOS FLAGITIORVM
MOLE GRABATOS MEMORARE NON DESISTATIS
QVALITER ADIVTI PRECIBVS VESTRIS ERVI MEREAMVR
AB ARDORE AVERNI ET VIVERE CVM CHRISTO
IN SECVLIS SEMPITERNIS — AMEN

1. On trouvera le commentaire historique de cette note du copiste du Liber Ordinum dans l'Introduction placée en tête de ce volume, page XVIII. Je reproduis ici cette inscription en latin ordinaire : « Exaratus est hic Ordinum liber per iussionem domini Dominici presbyteri, qui et abbas ex coenobio Sancti Prudentii, adminiculante Santio Garseiz de Monte Albo, simul cum uxore sua Bizinnina : ut fiat remedium illorum animarum. Ego Bartolomaeus, licet indignus, presbyterii tamen ordine functus, hunc Ordinum [librum] exaraui breui formula compactum, sed ualde ordinibus ecclesiasticis aptum, feliciter currente era MLXXXX[a], XV kalendas iunias. Vnde humiliter precamur presentium et futurorum piam in Christo dilectionem, qui in hoc libello sacrificium Deo obtuleritis, praedictos nos flagitiorum mole grauatos memorare non desistatis : qualiter, adiuti precibus uestris, erui mereamur ab ardore Auerni et uiuere cum Christo in seculis sempiternis. Amen. »

Ici s'arrête le Liber Ordinum proprement dit. Les diverses pièces liturgiques qui suivent ont dû être ajoutées à une date de très peu postérieure à l'année 1052. Elles sont vraisemblablement l'œuvre du même copiste, le prêtre Barthélemy. Le rituel des fiançailles et les belles formules de la bénédiction nuptiale sont d'un très grand intérêt. On les chercherait vainement ailleurs.

SVPPLEMENTVM

ORDO AD THALAMVM BENEDICENDVM.

Primum quidem, secundum consuetudinem, die sabbato hora tertia salis adsparsio facienda est in loco domorum uel thalami. Deinde, cum ingreditur sacerdos ad thalamum benedicendum, inponit hunc uersum, et dicit :

VERS. : Respice in seruos tuos et in opera tua, Domine, et dirige filios eorum in benedictionibus.

Deinde hanc orationem :

Oratio.

Domine, cuius benedictione plena consistunt que in tui Nominis inuocatione benedictionem percipiunt, benedicito huic habitaculo solius honestatis nubtui preparato : ut in nullo illud malorum occursus adtingat, sed honestas et munditia coniugalis sola possideat, atque miseratio tua celebritati eius digna sufficienter adsistat. — Pater.

Benedictio.

Omnipotens Dominus huic receptaculo nuptiali copiam benedictionis sue inpendat, et conuenientes in eo sanctificatione perpetua benedicat. — Amen.

Omnis incursio malignorum spirituum ab hoc loco diffugeat, et uisitatio angelica hic obtata proueniat. — Amen.

Ita hic, donante Deo, conubii celebritas habeatur, ut honestas coniugum non turpetur. — Amen.

Sicque hic intrantibus ad nuptialem celebritatem et opus et sermo sit utilis, ut lasciue non perferantur naufragium uoluptatis. — Amen.

Qualiter, et nubentes pudicitie honestas confoueat, et nubentium gaudiis adgregatos pax eterna sustollat. — Amen.

[1] *Cod* talamum [13] *Cod* onestatis... onestas [14] *Cod* illut [21] *In Cod ubique legitur* A. *compleui* Amen. [30] *Cod* confobeat.

ORDO NVBENTIVM.

AD VESPERVM[1].

. . . .

/ coniunctionis sue dedicationem, hoc tibi deferunt fol. 333
uotum. Diligant se, nec recedant a te : quod, in tranquillitate uiuentes tibique fideliter seruientes, nobiscum te exorare non cessent, ita dicentes : — Pater.

Benedictio.

Christus Dominus fidelia famulorum suorum *Illorum* suscipiat uota, et uobis omnibus peccata dimittat. Coniugalem eis gratiam subeuntibus indissolubile fedus caritatis adtribuat, quo seculum istud in pace pertranseant : ut, casti coniugii conubia suscepturi, et corde et corpore omni tempore ante Deum habeantur inlesi. — Amen.

ORDO ARRARVM[2].

Si quis arras uoluerit tradere, accedit ad sacerdotem, et offertur fiala et desuper [*ponit*] *sindonem mundam et duos anulos*[3].

[7] *Cod* nos cum te exorare [17] *Cod* Arrharum [18] *Cod* arrhas [19] *Cod* et desuper sindone munda.

1. Dans le manuscrit, il manque ici au moins un folio. La partie qui fait défaut en cet endroit devait comprendre tout l'office de Vêpres (quelques antiennes, hymne, les oraisons dites *Completuria* et *Benedictio*) et peut-être aussi l'office matutinal de Laudes.

2. A propos de ce chapitre, voy. plus loin, col. 545-547, la *Carta de Arras* du Cid et de Chimène.

3. Voici le même rituel des fiancailles, d'après le manuscrit A, fol. 39 :

« ORDO ARRARVM DE NVBENTIBVS.

Primum quidem tradunt annulos suos ad sacerdotem.

Oratio.

Domine Deus omnipotens, qui in similitudinem sancti conubii Isaac et Rebeccam pro intromis-

[3] *Cod* pro intromissionem arrarum *A* (*fol. 39*) per intromissionem.

Et ponet eos in fiala, et desuper faciale, et sic dicit : Oratio : Domine Deus omnipotens », etc., comme dans le Rituel *B*.

« Benedictio : Benedic, Domine, has arras, quas odie tradet famulus tuus *Ille*, quem[admodum] benedixisti Abraham cum Sarra, Isaac cum Rebecca, Iacob cum Racel. Amen. — Dona super eos gratiam salutis tue, habundantiam rerum et con[st]antie fructum. Amen. — Floreant sicut rosa plantata in Iherico, et Dominum nostrum Ihesum Christum timeant et adorent. — In nomine Domine nostri Ihesu Christi sanctificentur et [re]uertantur in pace.

Post hec accipiant annulos suos. Deinde tradet uiro (*uir*) *ad puellam annulo suo in dextera manu in digiti iuxta pollice. Similiter et mulier tradet illi in extremum dextri, et dat illi obsculo pacis, quod est uerum testamentum.* »

A rapprocher de la bénédiction précédente celle d'un Pontifical de l'église d'Arles (xiiie siècle) : « *Benedicto Arrarum.* Benedic, Domine, arras istas, quas hodie tradet famulus tuus in manus ancille tue, quemadmodum benedixisti Abraham cum Sara, Isaac cum Rebecca, Iacob cum Rachel : ita dignare eos benedicere, et dona eis abundantiam, florescant sicut rosa plantata in Ierico, te Dominum Deum timeant et adorent, teque in bonis operibus possidere merenatur. Per. » (Martène, *De antiquis Ecclesiae ritibus*, éd. de 1736, t. II, col. 363.)

Quelques mots maintenant sur la signification des termes *fiala, faciale, palleo, sipa* et *iugale*, qui se lisent dans la rubrique des fiançailles et celle de la bénédiction nuptiale qui va suivre. *Fiala* est employé pour *filiola* (*hijuela* en castillan) dans une messe mozarabe du xe siècle en l'honneur de saint Pélage. (*Acta SS. Boll.*, t. V Iun., p. 219.) Dans notre texte, l'expression « in fiala » semble indiquer un vase légèrement creux en forme de soucoupe. — Le *sindon*, que le codex *B* appelle *faciale*, est un linge fin destiné à s'essuyer le visage. — *Palleus* indique un voile. Le canon iv du 10e concile de Tolède (656) dit au sujet des veuves vouées au service de Dieu : « Vt autem deinceps nihil reuocetur in dubium, *palleo* purpurei uel nigri coloris caput contegat ab initio susceptae religionis ». Le sens de *sipa* ou *sippa* est malaisé à déterminer. Les Latins se servaient du mot *siparium* pour désigner un voile, plus particulièrement le rideau de la scène d'un théâtre. Saint Isidore emploie le terme de *sipla* avec cette explication : « Tapeta ex una parte uillosa, quasi simpla » (*Etymol.*, l. XIX, c. 26, *P. L.*, t. LXXXII, col. 693). Le *iugale* est le voile rouge et blanc en usage dans la cérémonie du mariage.

sione arrarum famulum tuum Abraham destinare iussisti, ut oblatione munerum numerositas cresceret filiorum : quesumus Omnipotentiam tuam, ut harum arrarum oblatione, quam hic famulus tuus *Ille* dilecte sponse sue *Illi* offerre procurat, sanctificator accedas, eosque cum suis muneribus propitius benedicas. Quatenus, tua benedictione protecti ac uinculo dilectionis innixi, gaudeant se feliciter cum tuis fidelibus perenniter mancipari.

Piissime.

Benedictio.

Repleat uos Dominus dulcedinis sui timoris, et fecundet germine sanctitatis. — Amen.

Odor uite uestre candidum redolescat ut lilium, ut mente semper ascendatis in celum. Oblata quoque arrarum inuicem munera, ita diuino munere conseruetis, ut eodem pignore corde magis coniuncti, uirtutum ubique proles parturiatis. — Amen.

ORDO AD BENEDICENDVM EOS / QVI NOVITER NVBVNT. fol. 334

Quum uenerint hii qui coniungendi sunt, explicita secundum morem missa, antequam absoluat diaconus, accedunt ad sacerdotem iuxta cancellos; et uenientes parentes puelle, aut aliquis ex propinquis si parentes non habuerit, tradit puellam sacerdoti. Ille uero uelans eos de palleo aut sippa, ac posito desuper iugali facto de coccino et albo, dicit hanc prefationem cum duabus sequentibus orationibus [1].

[1] *Cod* Abrae [5] *A* sponse sue *Illi* in uice offerre procurat [6] *A* cum his suis [20] *Cod* nobiter [22] *Cod* absolbat.

1. Voici la rubrique et les formules du Rituel *A*, fol. 39-42 :

« Ordo de Nvbentes.

Quum uenerint hii qui coniungendi sunt, accedunt ad sacerdotem. Ille uero uelat eos de palleo aut sipa, uiro tantum per umera, et mulier super caput eius, hac (*ac*) *posito desuper iugale, facto de coccino et albo. Et dicitur* (*dicit*) *has III orationes :*

Oratio : Deum, qui ad multiplicandum », comme dans le Rituel *B*, avec les variantes signalées à l'apparatus. Puis : « Alia. Deus, qui ac propagandam », etc. (ut supra). Vient ensuite une formule qui est propre au Rituel *A* et que je donne ici :

« Alia : Deus, qui in principio hominem ad ymaginem tuam manibus plasmare uoluisti, et locutus es, dicens : Non est bonum hominem solum super terram : faciamus ei adiutorium. Secundum preceptum tuum, Domine, nos famuli tui humili obsequi[o] ad te deprecamur, ut hunc famulum tuum *Illum* et famulam tuam *Illam*, [quos] coram sacrosancto altario tuo odie conlocasti

Prefatio.

Deum, qui ad multiplicandam humani generis prolem benedictionis sue dona largiri dignatus est, Fratres karissimi, deprecemur : ut hos famulos suos *Illos*, quos ad coniugalem copulam ipse preelegit, ipse custodiat. Det eis sensus pacificos, pares animos, mores mutua karitate deuinctos. Habeant quoque obtatas eius munere suboles; quas, sicut donum ipsius tribuit, ita ipsius benedictio consequatur : ut hii famuli sui *Illi* in omni eidem cordis humilitate deseruiant, a quo se creatos esse non dubitant. — Amen.

Oratio.

Deus, qui ad propagandam generis humani progeniem in ipsis adhuc quodammodo nascentis mundi primordiis ex osse uiri feminam figurasti, ut sincere dilectionis insinuans unitatem, ex uno duos faciens, duos unum esse monstrares; quique, ita prima conubii fundamenta iecisti, ut sui corporis portionem uir amplecteretur in coniuge, nec a se putaret esse diuersum, quod de se cognosceret fabricatum : aspice propitius ab ethereis sedibus et precibus nostris adsiste placatus; ut hos famulos tuos, quos coniugii copula benedicendo coniungimus, benignitate propitia benedicas et propitiatione benigne sustollas. — Amen.

Da eis, Domine, in timore tuo animorum concordiam parem, et in dilectionem sui morum similem bonitatem. — Amen.

/ Diligant se, nec recedant a te. — Amen. fol. 335

Ita sibi coniugale debitum reddant, ne te ullatenus sub hac occasione contemnant. — Amen.

Numquam se extra te diffluant; sed fidem sibimet seruando tibi placeant. — Amen.

[1] *A* Oratio [2] *Cod* Deus qui ad [3] *A* largire.

[1] *A* copulandos *pro* copulam [2] *Cod* sensos *A* sensus [3] *A* motua caritate [4] *A* subuoles [7] *A* humilitatem... se creatos esse hac ditatos [9] *A* Alia [10] *A* humane [11] *A* quodamodo [13] *A* insinuas [16] *A* in coniugem... quod es se [20] *A* tuos Illos [21] *A* propitius benedicas [22] Amen *deest in A in fine tantum orationis legitur* [24] *A* et delectionem sui [27] *A* Ita sui. Te *deest in Cod, sed in A legitur* [29] *A melius* Nunquam extra se difluant [30] *A* seruiendo tibi conplaceant.

socios benedicendo benedicas, sanctificando sanctifices. Et qui in principio manifesto locutus es, dicens : Propterea relinqued homo patrem suum et matrem et aderebit uxori sue, et erunt duo in caritate (*sic*), te, Domine, supplices deprecamur, ut hunc famulum tuum *Illum* et famulam tuam *Illam* sanctificare et clarificare digneris. Infunde in eis, Domine, benedictionis tue [gratiam?], quemadmodum benedicere dignatus es Abraham cum Sarra, Amen, Isaac cum Rebecca, Iacob cum Racel, Amen, Zaccaria cum Elisabet, Amen.

Te Domine, ambo in unum conlaudent. Amen. — Tibi laudes et gratias agant. Amen. — Tibi soli seruiant. Amen. — Tibi offerant sacrificium laudis. Amen. — Et sibi inuicem exibeant caritatis (*sic*). Amen. — Da eis, Domine, unam pudicitiam unamque concordiam. Amen. — Tribue eis, Domine, unam caritatem. Amen.

Respice, Domine, de summis abitationibus tuis super hunc famulum tuum *Illum* et famulam tuam *Illam*, et concede eis benedictionem celestem. Amen. — Vt te Dominum et Redemtorem suum cognoscere mereantur. Amen. — Fac eis, Domine, in unam permanere uoluntatem, ut aduersariam (aduersarius) in eis nullam habeat potestatem, nisi tu solus Dominus et redemtor. Esto eis propitius adque placabilis adesse digneris. — Pater.

Libera nos, quesumus, Domine, ab omnibus malis preteritis, presentibus et futuris, per Dominum nostrum Ihesum Christum, qui tecum uibit et regnat, Deus, in unitate Spiritus Sancti, per omnia semper secula seculorum. — Amen. »

On lit en marge du manuscrit l'antienne notée que voici : « Vos, quos ad coniugale gaudium perduxit Dominus, ipse uobis tribuat longa tempora et perenne gaudium, ut letemini cum filiis, nepotibus, ut sitis exemplum Abrae et Sarre... Isaac cum Rebeca, quos dilexit Dominus et dedit illis conceptum. — Vers. : [Gus]tate...

Comunicat eos et sic legitur hanc (*hec*) *benedictio :*

Benedictio : Benedicat uobis Dominus nostris (nostri oris) alloquio et cor uestrum sincere amoris copulet nexum perpetuum. Amen. — Floreatis rerum presenti[um] copiis, fructificetis decenter in filiis, gaudeatis perenniter cum amicis. Amen. — Tribuat uobis Dominus dona perennia presentibus tempora feliciter dilatura (dilatata), et cunctis diebus gaudia sempiterna. Amen.

Post hec : Ant. : Benedicam uos, dicit Dominus; adscribam super uos nomen meum nobum et nomen ciuitatis magne nobe Iherusalem, Alleluia. — Vers. : Adiciet Dominus.

Benedicat uos trina Magestas et una Deitas, Pater et Filius et Spiritus Sanctus. Amen. — Tales uos dies examinationis inueniat, quales fons regenerationis emisit. Amen.

Explicitis his, tradis puella[*m*] *uiro, dicens :*

In nomine Patris, et Filii, et Spiritus Sancti, Deus Abraham, Deus Ysahac, Deus Iacob sit uobiscum. Amen. — Ipse coniungat uos et adimpleat benedictionem suam in uos. Amen.

Post hec admonet eos pro sancta comunione se custodiant usque ad aliam diem. Et sic absoluit diaconus, dicens :

In nomine Domini nostri Ihesu Christi eamus cum pace. — Deo gratias. »

Tribue eis, Domine, rerum presentium copiam et generis propaginem dilatatam. — Amen.

Ita eorum corda uel corpora tue benedictionis dulcedo circumfluat, ut quicquid eorum fuerit ammixtione progenitum, cunctis sit hominibus placitum et a te benedictum. — Amen.

Da eis, Domine, felicem presentis uite longitudinem, et future desiderium sine fine. — Amen.

Sic temporalia cuncta disponant, ut eterna feliciter concupiscant. — Amen.

Sic bona transitoria diligant, ut mansura perenniter non amittant. — Amen.

Vt se ueraciter diligentes et sincere tibimet seruientes, uideant suorum filios filiorum, et post diuturnum uite huius excursum perueniant ad regna celorum.

BENEDICTIO SOLIVS PVELLE.

Deus, qui tegi Rebeccam palleo cum uidisset Isaac, Spiritu tuo docente, iussisti; qui habere mulierem super caput uelamen per angelos precepisti : dignare benedicere hanc famulam tuam *Illam*, que nubendi animum gerit. Tegatur propria castitate. Pudoris sui uelamen accipiat; habeat pudicitie sue donum. Vni adhereat uiro; uni nubat in Christo : sciat sibi non in fornicatione, sed in ipsa ueritate nubendum. Respiciat ad Abraham patrem suum et ad Sarram matrem suam atque similitudinem, matrem nubentium sanctorum, atque fidelium liberorum procreatione saluetur. — Pater.

Benedictio.

fol. 336 Benedicat uobis Dominus nostri oris alloquio, / et cor uestrum sinceri amoris copulet nexu perpetuo. Floreatis rerum presentium copiis, fructificetis decenter in filiis, gaudeatis perenniter cum amicis. Tribuat uobis Dominus dona perennia, parentibus tempora feliciter dilatata, et cunctis gaudia sempiterna. -- Amen.

His explicitis, tradit sacerdos puellam uiro, admonens eos, ut pro sancta communione a pollutione in ea nocte se custodiant. Et sic conmunicant.

Post hec absoluit diaconus, dicens :

[4] *A* ut quod eorum fuerit admixione [6] *A* a te, Domine [9] *A* fideliter concupiscant [14] *A* diuturnum tempus... ad regna celestia. Amen [20] *Cod* per angelorum *Legendum puto :* propter angelos *cf.* I Corinth., v, 10 [22] *Cod* quem nubendi animum geret [24] *Cod* adereat [26] *Cod* nubendi... Abraam.

In nomine Domini nostri Ihesu Christi missa acta est. — Eamus cum pace.

Et dum per hinc ambulare ceperint ac de ecclesia egredi, decantatur hec antiphona :

Vos, quos ad coniugalis gratia per. — *Supra quere*[1].

Post hec dicit :

Benedictio.

Benedicat uos trina Maiestas et una Deitas. — Amen. Pater, et Filius, et Spiritus Sanctus.

Tales uos dies examinationis inueniat, quales fons regenerationis emisit.

PREFATIO SOLIVS PERSONE, QVE PRIMVM NVBIT CVM EA PERSONA QVE IAM NVBSIT.

Deum, cuius est omne bonum et a quo bonum omne largitur, quod bene optantis uoto requiritur, Fratres karissimi, cum uniuersis fidelibus deuotius exoremus, ut hos *Illos* quos coniugalis federis copulam adire permisit, gratia benedictionis opulentes munificet : quo ualeant et sine culpa obtinere quesitum, et cum diuina benedictione lucrare concessum. — Amen.

Item Benedictio.

Deus, a quo benedictonis origo descendit, et ad quem precatio benedicentis ascendit; qui primordialia humani generis incrementa sacri oris propagasti, sententiam dicens : « Crescite et multiplicamini et replete terram », adsiste precibus nostris, et orantibus nobis clementer porrige que rogaris. Concede, Domine, huic famule tue *Illi*, quam nouello nectitur uinculo coniugali, sinceram gratiose dulcedinis opem / et ueram uiri cui iungitur fol. 337 caritatem. — Amen.

Ita eius inhereat copulo, ne tuo recedat ullatenus a precepto. — Amen.

Ita carne uterque fuctificent, ut spiritu semper que sancta sunt cogitent. — Amen.

Ita munere filiorum tua ditentur ex gratia, ut

[12] *Cod* amisit [13] *Cod* persone qui primum *In A* (*fol.* 42) Preuatio [de per]sona, que non nubsit, cum persona, que iam nubsit [15] *A* Deus cuius [18] *Cod* ut os [23] *A* Alia [31] *Cod* nobello [34] *Cod* inereat. Copulum *pro* copula *rarissime inuenitur*.

1. Cette rubrique du copiste renvoie à la partie placée en tête de l'*Ordo Nubentium*, à la suite du folio 332 du manuscrit, et qui a disparu. Cf. col. 437, note.

post felicia longioris uite curricula ad regna mereantur peruenire celestia. — Piissime.

Benedictio.

Benedicat uobis Dominus glorie celestis et rex omnium seculorum. — Amen.

Det uobiscum sue dulcedinis dulcedinem, uti seculi presentis felicitatem. — Amen.

Conlato etiam gaudio filiorum, post diuturnum tempus conferat habitaculum celestium mansionum.

ITEM ORDO DE SECVNDIS NVBTIIS[1].

Deus, qui multimoda subsidiorum remedia fragilitati humane et propagationis beneficia confers et incremento propagande prolis adtribuis, ut natura non defraudaretur a semine, quod germinata propago crescat in progenies, sic temporibus priscis Ruth Moabitidam benedixisti. — Amen.

Sic in nouissimis per Apostolum tuum secunda matrimonia concessisti. Da eis procreandorum filiorum unanime desiderium, et aufer carnalis libidinis uoluptuosum appetitum. — Amen.

Sit eis ut fuit Ruth suboles ex amore, non luxuria ex ardore. — Amen.

Sit cautus affectus, non lasciuus effectus. — Amen.

Prosequatur hanc illa benedictio, que illam subsecuta est. — Amen.

Vt faciat Dominus hanc mulierem, que ingreditur domum tuam, sicut Rachel et Lia, que edificauerunt domum Israhel. — Amen.

Sit exemplum uirtutis, et habeat celebre nomen in Ecclesia Dei uiui. — Amen.

Benedictio eiusdem.

Te deprecamur, Domine sancte, Pater eterne, omnipotens Deus, super hos famulos tuos *Illos*,
fol. 338 quos / ad secundas nubtias uocare iussisti, qui per

[1] *Cod* ad regnum... celestia *A* (*fol. 43*) ad regna mereantur peruenire celestia. Pater. [6] *A* dulcedinis dilectionem, ut [8] *A* diuturnum nobis tempus [9] *Cod et A* abitaculum [10] *A in fine et hic tantum habet* Amen [11] *Cod* de secundas nubtias *A* Ordo [eius] qui secundo nubit [13] *Cod* conferes *A* conferas [14] *Cod* ut nature [20] *Cod et A* unanimem desiderium [24] *Cod* lascibus [29] *Cod* Racel [30] *Cod* edificaberunt... Srahel.

1. On lit à la suite de cet *Ordo*, après la dernière formule *Benedictio*, quelques lignes tracées en caractères du XIIIe siècle sur un blanc du manuscrit, au bas du

nostram licet indignam precem, tuam desiderant percipere benedictionem. Tribue eis, Domine, fidele consortium caritatis et copiam tue benedictionis : et concede huic famule tue *Illi*, ut induat caritatem Sarre. — Amen.

Sapientiam Rebecce, amorem Rachelis, gratiam et castitatem Susanne. — Amen.

Tribue huic famulo tuo *Illi* benedictionem tuam, sicut benedixisti Abraham, Isaac et Iacob. — Amen.

Descendat, Domine, super hos famulos tuos *Illos* benedictio tua, et gratie tue donum, sicut descendit ros et pluuia super faciem terre. — Amen.

Vt ita eorum corda uel corpora tua benedictio circumfluat, qualiter manus tue sentiant tactum, et per Spiritum Sanctum percipiant gaudium sempiternum. — Pater.

Benedictio.

Benedic, Domine, hos famulos tuos *Illos*, quos secunda coniugalis uelatio ad instar apostolici precepti digno federe matrimonii iungit. Habeant meritum prime coniunctionis. — Amen.

Sit in eis uirtus continentie propter diuinum timorem, et fecunditas prolis propter prestolatam progeniem. — Amen.

Mereantur coniugatorum patriarcharum ditari

[2] *Cod* fidelem consortium [7] *Cod* castitatis Susanne [9] *Cod* Abraam, Ysaac [12] *Cod* plubia [13] *Cod* corpora tue benedictionis *Forte legendum :* tue benedictionis copia [40] *Cod* patriarcarum.

folio 338. C'est une pieuse recette extra-liturgique pour la guérison des énergumènes.

« Quicumque inerguminus est et desiderat sanari, ieiunet XL diebus et cilicio induatur, et abstineat se a uino, et sicera, et azeto, et uua, et oleo, et oua, et caseo, et butiro, et piscatu, et sagina, et carne. In die dominica et sabato, comedat olera cum sale, et poma et legumina : ceteris diebus, solummodo pane et aqua. Duodecim uenias petat ad nocturnos, XII ad Prima, et duodecim ad Tercia, et XII ad Sexta, et XII ad Nona, et XII ad Vespera. Qui legit Euangelium per singulos dies, per tres missas teneat manum dexteram super caput eius, et comunicet eum ad unam missam. Post XL^a dies, dat XL^a libras panum ad pauperes et XII candelas per duodecim altares. Et confidat in Domino et liberabitur. » — Je ne ferai qu'une remarque sur cette pièce ; encore sera-t-elle exclusivement paléographique. Le chiffre, que je transcris par *XL*, et qui revient jusqu'à trois fois dans le texte, y conserve encore la forme X, qu'il a toujours dans les documents en écriture wisigothique et qui disparut bien vite avec l'adoption en Espagne de l'écriture appelée *letra francesa* par les paléographes espagnols.

meritis, et maneat in eis pax, mansuetudo et lenitas sanctitatis. — Amen.

Vt, in unum spiritum atque corpus gratia meritorum redacti, exoptati gaudia consequantur coniugii. — Amen.

fol. 339 / MISSA DE HOSTIBVS.

Humiliemus Deo, dilectissimi Fratres, animas nostras, et in spiritu constituti humiliato seruientes, illi dicamus flentes, ut secundum uoluntatem suam sic faciat nobiscum misericordiam suam : ut, sicut conturbatum est cor nostrum superbia hostium nostrorum, ita etiam de nostra humilitate coram ipso gloriemur. Alterum enim Deum nescimus preter eum : et ideo expectamus consolationem eius humiles, ut exquirat sanguinem nostrum de afflictionibus inimicorum nostrorum, et humiliet omnes gentes quecumque insurgunt contra nos, et faciat illas sine honore Dominus Deus noster. — Amen.

Per ineffabilia mirabilia sua Deus noster qui uiuit.

Alia.

Domine Deus celi et terre, intuere oramus superbiam hostium nostrorum, et respice ad nostram humilitatem, et faciem sanctorum intende; et ostende quia non derelinquis presumentes de te, et presumentes de se et de sua uirtute gloriantes humilias. Tu enim ipse es Dominus Deus noster, qui conteris bella ab initio et Dominus nomen est tibi. Erige brachium tuum, sicut ab initio, et allide uirtutem inimicorum nostrorum in uirtute tua. Cadat uirtus eorum in iracundia tua; ut domus tua in sanctificatione permaneat, et omnes gentes agnoscant quoniam tu es Deus et non est alius preter te. — Amen.

Quia omnia regis in secula.

Post Nomina.

Memores, Domine, Moysi serui tui, qui Amalec confidentem in uirtute sua, et in potentia sua, et in exercitu suo, et in curribus suis, et in clipeis suis, et in equitibus suis, non ferro pugnando, sed precibus sanctis orando deiecit : offerentes hec sacrificia oramus te Deum, ut uisites populum tuum et dirigas uiam nostram ad liberationem populi tui, ut per te ad nicilum redigantur inimici nostri.

[11] *Cod* superuia [21] *Cod* superuiam [28] *Cod* bracium [38] *Cod* clippeis [42] *Cod* liuerationem [43] *Post* per *uocabulum deletum in Cod.* te *ipse conieci.*

Ad Pacem.

Domine Deus Israhel, adaperi cor nostrum in lege tua et in preceptis tuis, et fac pacem, et exaudi /orationes nostras et reconciliare te nobis, ne nos fol. 340 deseras in tempore malo.

Inlatio.

Dignum et iustum est te Deum patrum nostrorum laudare, tibique gratias agere : qui dedisti gladium Simeonis in defensione aliegenarum, qui uiolatores extiterunt incoinquinatione sua, et denudauerunt femur uirginis in confusione; et dedisti mulieres eorum in predam, et filias illorum in captiuitate, et omnem predam in diuisionem seruis tuis, qui zelauerunt zelum tuum. Respice nunc castra hostium nostrorum, sicut olim castra Egyptiorum uidere dignatus es, quando post seruos tuos armati currebant, confidentes in quadrigis, et in equitatu suo, et in multitudine bellatorum. Sed aspexisti super castra eorum, et tenebre fatigauerunt eos; tenuit pedes eorum abyssus, et aque operuerunt eos. Sic fiant et isti, Domine, qui confidunt in multitudine sua, et in curribus suis, et in contis, et sagittis suis, et in lanceis absque te gloriantur; et nesciunt quia tu ipse es Deus noster, cum tu non dinumeras hastas, sed quibus tibi complacet porrigis palmas. Pro quo tibi omnes angeli non cessant clamare, ita dicentes : — [Sanctus].

Post Sanctus.

Vere sanctus, uere pius, uere iustus et potens es, Domine Deus noster, qui concludi facis multos in manu paucorum, et non est differentia in conspectu tuo liberare in multis uel in paucis : quia non in uiribus equi uoluntas tua, nec in multitudine exercitus uictoria tibi, sed in his qui sperant in misericordia tua, ut eripias a morte animas eorum et alas eos in fame. Nec enim in multitudine hominum gloria belli, sed e celo fortitudo est. Nec enim in mul/titudine est uirtus tua, Domine, neque superbi fol. 341 ab initio placuerunt tibi; sed humilium atque mansuetorum semper tibi placuit exoratio. Memento ergo testamenti tui, et in corde nostro consilium conrobora; ut et domus tua a te munita in sanctitate et pace permaneat. — Per Christum.

[2] *Cod* Srahel [5] *Cf.* II Maccab., I, 4, 5 [9] *Cod* in defensione alienarum [10] *Cod* inquoinquinatione [25] *Cod* astas... complacent [31] Est *ipse conieci* [32] *Cod* liuerare [38] *Cod* superui.

Post Pridie.

Tu, Domine, qui misisti angelum tuum sub Ezechia rege Iuda, et interfecisti de castris Senacherib qui uenerat blasfematurus te Deum uiuum; tu, hoc sacrificium accipe, quod tibi libaturus accedit populus nomen sanctum tuum benedicturus : ut, suscipiens ipsum pro uniuerso populo tuo Israhel, custodias partem tuam, et mittas angelum tuum bonum ante nos in timore et tremore et fauore brachii tui, qui et hoc holocaustum acceptum faciat et nos adiuuans paci et tranquillitati conmittat.

Ad Orationem.

Domine Deus, Saluator Israel, qui contriuisti impetum gigantis in manu serui tui Dauid, et tradidisti castra alienorum in manu Ionathe filii Saul et armigeri eius, conclude exercitum tum hominum malignorum, quam aerium nequitiarum in manu... populi tui : dans nobis fortitudinem, et tabefac audaciam uirtutis eorum, et conmoueantur contritione pessima. Deice eos gladio confidentium in te, ut conlaudemus nomen tuum in hymnis uel in uerbis istis, quibus nos docuisti orare semper et dicere : Pater.

Benedictio.

Dominus Ihesus Christus det pacem in finibus uestris, et gladios non militet (immittat?) in terminos uestros. — Amen.

Det Dominus ex inimicis uestris triumphum uobis, corruantque sub pedibus uestris. — Amen.

Per unam uiam uel unanimes si ueniant contra uos, per septem et discordes fugiant a conspectu uestro : ut uiuatis et bene sit uobis, et protelentur
fol. 342 dies uestri / in terra possessionis uestre. — Amen.

ORDO DE PATRIBVS ET FRATRIBVS DEFVNCTIS.

[Antiphona] : Conuertere, Domine Deus, animas nostras in requiem tuam et propitius libera nos de manu mortis et inferni, quia tu dixisti : Omnes qui in me credunt non morientur in eternum. — Vers. : Secundum multitudinem misericordie tue fac nobiscum, Domine, et eripe de interitu animas nostras. Quia tu dixisti.

Oratio.

Conuerte, Domine Ihesu Christe, animas famulorum tuorum patrum uel fratrum nostrorum in requiem tuam, propitius eruendo eas ab interitu mortis et inferni, et clemens introducendo cum electis ad gaudium eterne felicitatis. Et quia, te pollicente, incunctanter credimus et fatemur, quod omnes in te credentes non moriantur in eternum : fidelibus famulis tuis patribus uel fratribus nostris, quorum corpora in his tumulis detinentur sepulta, locum beatitudinis tribue feliciter possidere inter agmina sanctorum, ut ouantes perpetim fruantur regna celorum. Ac, si aliqui ex eis corporea fragilitate grauati, diabolo inliciente, in ergastulo Auerni crudeliter sunt addicti, tu eis solita benignitate sucurre clemens relaxando delicta, piusque resoluendo peccatorum omnium uincula. — Non eis obsit, Domine, si quid incaute deliquerunt, gradientes huius uite erumnosa itinera, sed diluat potius cuncta consueta pietas tua : ut, quum dies illa tui tremendi examinis uenerit ultima, ab omni corruptibilitate mundana exuti, decore inmortalitatis resurgere mereantur induti. Quatenus, patriarcharum et prophetarum adunati consortio, Apostolorum et martirum omniumque sanctorum copulati collegio, celestium angelorum turmis inserti, prime resurrectionis obtineant partem, eternam feliciter capientes hereditatem. Vt, eruti a morte secunda et
liberi a maledictione perpetua, / tecum se sine fine fol. 343
uiuere gratulentur in celestia regna.

Piissime Pater.

Benedictio.

Deus Dei Filius, qui morte sua mortuis prestitit eterne uite perfrui felicitatem, preces uestras pius suscipiat, et defunctis fidelibus, pro quibus nunc supplices exoratis, paradisi ianuam clementer aperiat. — Amen.

Illosque beatorum numero inserat celesti in regno, et uobis omnibus ueniam delictorum ac potioris uite tribuat habere subsidium. — Amen.

Vt illic simul cum ipsis adglomerati post transitum, eternum capiatis presidium, ubi sancti omnes

[2] *Cod* Ezecia... Senacerib [4] *Cod* uibum [7] *Cod* ipsud *pro* ipsum... Srahel [9] *Cod* fabore bracii... olocaustum [11] *Cod* adiubas [13] *Cod* Srahel [17] *Post* in manu *uocabulum deletum* [19] *Cod* conmobeantur [26] *Forte legendum* et gladius non militet in terminis uestris [34] *Titulum hunc ipse conieci ex contextu* [36] *Tota haec antiphona cum notis musicis in Cod* [37] *Cod* liuera.

[15] *Cod* obantes [17] *Cod* grabati [19] *Cod* resolbendo [26] *Cod* patriarcarum [34] *Cod* uibere [35] Benedictio *ego addidi* [39] *Cod* suplices.

cum Christo letantur, accipientes ab eo premium sempiternum. — Amen.

[Antiphona] : In sinu Abrahe amici tui conloca eum, Domine, Alleluia.

Oratio.

Christe, Fili Dei, reparator animarum, liberator credentium, protector fidelium, quesumus te, ut eruas animam famuli tui de ignibus Auerni et conloces eum in sinibus et habitationibus Abrahe amici tui : ut, cum ultima dies uenerit iudicii tui, non punias eum cum impiis a sinistris, sed tecum fac fruere mansionem tuam cum sanctis tuis in celestibus regnis.

Per tuam magnam.

ITEM MISSA VOTIVA DE ANNIVERSARIO DEFVNCTI

Pio recordationis affectu, Fratres karissimi, facientes memoriam carnis nostre, diuinam obsecremus misericordiam, ut quem olim de temtationibus huius seculi adsumpsit, in eterne patrie iucundari permittat. — Amen.

Per suam [magnam misericordiam].

Alia.

Adesto, quesumus Domine, supplicationibus nostris pro anima famuli tui, in cuius depositionis annuali officio conmemorationem inpendimus : ut, si qua ei secularis macula inuasit, aut mundiale uitium infecit, dono pietatis tue indulgeas et abstergas. — Amen.

Post Nomina.

Presta, quesumus Domine, ut animam famuli tui, cuius in anniuersario transitus die memoriam celebramus, his purgata atque mundata sacrificiis, in-
fol. 344 dulgentiam / et requiem capiat eternam.

Ad Pacem.

Propitiare, Domine, supplicationibus nostris pro spiritu et anima famuli tui, cuius hodie annua dies agitur, pro quo tibi, Deus, offerimus sacrificium laudis, ut eam sanctorum tuorum consortiis sociare digneris. — Amen.

Inlatio.

Dignum et iustum est te, Deus Pater, uoto laudationis adtollere per Ihesum Christum Dominum nostrum : per quem salus mundi, per quem uita hominum, per quem facta est resurrectio mortuorum. Per ipsum te, Domine, supplices deprecamur, ut anime famuli tui, cuius hodie anniuersarium diem celebramus, indulgentiam largire digneris perpetuam ; atque contagiis mortalitatis exutam, in eterne locatione patrie restituas : quo electorum omnium togis adscitus, dignis laudationis concentibus Maiestatem tuam indesinentibus adtollat preconiis, ita dicentes : Sanctus.

Post Sanctus.

Vere sanctus, uere benedictus et gloriosus, pius atque misericors es, Domine Ihesu Christe : cuius magnitudo clementie plerumque facilis erga indignos adsistit, et ubique non merentibus propitiatrix occurrit. Propter quod te poscimus, sancte Deus, ut animam famuli tui, cuius annualem obitus diem commemoramus, ab omni criminum labe exutam celesti luce eum adornes. Et si que ei macule de contagiis terrenis leserunt, remissione misericordie tue gratie abluantur.

Per Christum.

Post Pridie.

Hanc igitur oblationem, Domine, quam tibi offerimus pro anima famuli tui, cuius hodie annua dies agitur, quesumus, placatus intende, eamque ab infernalibus tartareis ergastulis absolutam, inter fideles tuos beneplacitos tibi perpetuam habere iubeas hereditatem. — Amen.

Responsvs : In loco uiridi, Domine, ibi eum conloca.

Oratio Dominica.

Accipe, Deus, uotiuum hoc holocaustum. . . . .

. . . .

(*Finis Codicis, cui hic deest unum folium.*)

[3] *Cod* Abre [5] Oratio *ego addidi* [6] *Cod* filius Dei... liuerator [9] *Cod* in sinibus hauitationibus Abrae [14] *Cod* tua magna [15] *Cod* uotiba de anniuersario defuncto [17] *Cod* affectum [22] *Cod* Per sua [25] *Cod* annuale officium [27] *Cod* secularis maculas inuasit aut mundialis uitium [32] *Cod* cuius anniuersario transitus diem memoriam [37] *Cod* odie... pro quod.

[9] *Cod* animam... cuius odie [12] *Cod* locationis [13] *Cod* Magestatem [20] *Cod* adsistis et... occurrat. Pro quod [24] celesti luce eum *ipse suspicor legendum, ubi in Cod legitur* celestes cum adornes. Et si qua [25] *Cod* remissionem [30] *Cod* pro animam... cuius odie [35] *Cod* in loco uiride [38] *Cod* uotibum hoc olocaustum.

APPENDICES

I. ÉTUDE SUR NEUF CALENDRIERS MOZARABES. . . . . page 449

II. LE SACRE DES ROIS DE TOLÈDE. . . . . — 498

III. LA DÉDICACE DES ÉGLISES. . . . . — 506

IV. L'ANNONCE DES FÊTES DANS LA LITURGIE MOZARABE. . . . . — 516

V. UN *HOROLOGIVM* MOZARABE. . . . . — 530

VI. DOXOLOGIES DIVERSES. . . . . — 534

VII. ADDITIONS. . . . . — 542

I

ÉTUDE SUR NEUF CALENDRIERS MOZARABES, dont six publiés pour la première fois.

Avis. — Le lecteur trouvera la préface de ce premier appendice sur les calendriers mozarabes dans l'*Introduction* placée en tête de ce volume, *chapitre troisième* (p. XXX et suivantes). — J'avertis ici que la numérotation des notes, qui se lisent au bas des pages suivantes, renvoie au quantième du mois et embrasse tous les calendriers. Les calendriers fragmentaires **H** et **I** se trouvent à la fin de ce premier appendice.

IANVARIVS.			Codex A (an. 1039).	Codex B (an. 1052).	Codex C (an. 1055).
1	A	Kal.	Circumcisionis Domini S. CR. (secundum carnem).	Circumcisio Domini.	Circumcisio Domini.
2	B	IIII Non.	Ieiunio obseruabitur	Ieiunium in caput anni et ad nona missa. iht (?).	Ieiunium obseruabitur.
3	C	III			
4	D	II			
5	E	Non.			
6	F	VIII Id.	Apparitio Domini.	Apparitio Domini	Apparitio Domini.
7	G	VII	Sanctorum Iuliani et Basilissa.	[Sanctorum Iu]liani et Basilisse et [comitum].	Sancta Iuliani et Basilissa.
8	A	VI	Allisio Infantum.	Alisio Infantum.	Allisio Infantum.
9	B	V	Sanctorum Quadraginta.	Sanctorum XL.	Sanctorum XL.
10	C	IIII		Sancte Serene.	
11	D	III			
12	E	II			

1. La fête de la Circoncision se trouve inscrite en tête de tous nos calendriers mozarabes. Son institution est très ancienne dans l'Église d'Espagne, et c'est de là, semble-t-il, qu'elle a pénétré en Gaule et dans les autres églises d'Occident. Dès le milieu du VIIe siècle, une loi des Wisigoths la range parmi les solennités principales, pendant lesquelles les tribunaux vaquaient. (Voy. *Cod. leg. Visigoth.*, lib. II, tit. 1, l. 11; lib. XII, t. IV, l. 6.) Cependant il semble que l'observance du jeûne ait coexisté assez longtemps encore avec la fête, comme protestation contre les saturnales païennes du 1er janvier. C'est ainsi que le *Libellus Orationum* de Vérone (pag. 46) place « ad Vesperam » la messe, après laquelle les fidèles pouvaient prendre leur repas. Le même usage est attesté d'une façon très nette dans une messe, inscrite aujourd'hui dans le Missel imprimé comme celle du dimanche *ante Epiphaniam Domini,* mais qui est évidemment celle *de initio anni*, qui se disait le 1er janvier : « Principium exorientis anni, quod hodierno die cum ieiunii uoto celebrandum suscepimus », etc., à une époque antérieure au VIIe siècle, date à laquelle elle céda la place à la Circoncision. Voy. *P. L.*, t. LXXXV, col. 225. Cf. le *post Pridie :* « Vespertini huius sacrificii libatione », etc. *Ibid.*, col. 226. Nos textes liturgiques suivent sur ce point le canon XI du 4e concile de Tolède, où nous voyons de plus que le chant de l'alleluia était interdit ce jour-là pendant les offices liturgiques. Cet usage, toutefois, dut disparaître en beaucoup d'églises à une époque très ancienne. Nos calendriers n'en conservent plus trace et renvoient le jeûne aux jours suivants. Saint Isidore, qui parle de ce jeûne, comme d'un usage général, dans le chapitre 41 de son premier livre *De ecclesiasticis officiis,* antérieur à l'année 620, le fait commencer au 2 janvier (post diem Circumcisionis), et cela même pour les ascètes. (*Regula monachorum*, c. XI.) Il paraît évident qu'il exclut par là le jeûne du jour de la Circoncision. — On lit dans le bréviaire imprimé : « Officium ieiunii obseruatur tribus diebus ante festum Epiphaniae ». Les formules du premier et du second jour sont particulièrement dirigées contre les païens. Voy. *P. L.*, t. LXXXVI, col. 150-157.

Il n'est pas inutile de relever ici une erreur de Bianchini (*Libellus Orat.*, p. 47 et CLIII). A propos de la messe *de initio anni* mentionnée ci-dessus, il affirme que l'année commençait chez les Wisigoths, non pas le 1er janvier, mais à la fête de Noël. Il s'appuie pour soutenir cette opinion sur le fait que les *Orationes de initio anni* sont inscrites dans le Libellus de Vérone au *IIII Kal. ian.*. C'est là malheureusement une erreur de lecture, et le manuscrit porte *IIII N*[*onas*] *ian.*. Hernandez a fait remarquer depuis longtemps cette méprise. Voy. *P. L.*, t. LXXXI, col. 269.

C'est bien par les mots « secundum carnem » qu'il faut traduire l'abréviation *S. CR.* du codex **A**. Voyez plus loin (*Appendice IV*, col. 518-520) la formule par laquelle on annonçait au peuple la solennité de la Circoncision.

Les mots du calendrier de Cordoue : *secundum historie legem*, sont assez obscurs par eux-mêmes. Un auteur arabe, qui s'est beaucoup servi de ce calendrier, donne le sens véritable de ce passage. « Et en ce jour (1er janvier) les Mozarabes célèbrent la fête de la Circoncision du Christ, *selon la loi du Pentateuque* ». Manuscrit de l'Escurial, cité par Simonet, p. 15.

2. Nos calendriers wisigothiques marquent ce jeûne soit au 2, soit au 3 janvier. Le fragment publié par Francisco de Pisa nous donne la clef de la difficulté. Il porte au *III° nonas ianuarii :* « Ieiunium obseruatur tribus diebus ». — On remarquera que la messe se célébrait à l'heure de None (calendrier **B**). Pour les jeûnes plus solennels, elle avait lieu seulement *ad Vesperam,* et c'est à la suite de cet office qu'il était permis aux fidèles de prendre leur réfection. C'était le jeûne dans toute sa rigueur. Aussi voyons-nous les conciles de l'Espagne wisigothique ordonner au prêtre officiant de se faire assister par un autre prêtre, pour le cas point du tout chimérique où, pris de faiblesse, il ne pourrait achever les saints mystères.

Au sujet de la fête de sainte Colombe, marquée à ce jour

	Codex D (an. 1066).	Codex E (an. 1067).	Codex F (an. 1072).	G.—Kal. Cordub. (an. 961).
1	Circumcisio Domini.	Circumcisio Domini.	Circumcisionis Domini.	1. — Et in ipso est Latinis festum Circumcisionis Iesu secundum ystorie legem.
2	Ieiunium obseruabitur.	Ieiunium obseruabitur.	Ieiunium obseruabitur.	6. — In eo est Latinis festum baptismi, in quo baptizatus est Christus. Et dicunt quod apparuit super eum in hac nocte stella. Et festum eius est in monasterio Pinamellar.
3				
4				
5				
6	Apparitio Domini.	Apparitio Domini nostri Ihesu Christi.	Apparitio Domini.	7. — In eo est Latinis festum Iuliani et sociorum eius interfectorum, sepultorum in Antiochia, et nominant eos martyres. Et est monasterium Ielinas, cognominatum *Monasterium Album* in monte Cordube : et est quod aggregatum est in eo.
7	Sanctorum Iuliani et Basilisse.	Sanctorum Iuliani et Basilisse et comitum eius.	Sanctorum Iuliani et Baselisse et comitum eius.	
8	Allisio Infantum.	Allisio Infantum Bethlemeticorum.	Allisio Infantum Bethlemeticorum.	8. — In eo est Latinis festum Sanctorum Infantum.
9	Sanctorum XL martyrum.	Sanctorum XL martyrum Christi.	Sanctorum XL.	9. — In eo est Christianis festum Quadraginta martyrum interfectorum in Armenia per manum Marcelli presidis eius a rege Romanorum.
10				
11	Sancti Tipassi.	Sancti Tipasi.	Sancti Tipasi.	
12				

par le calendrier de Pisa, voyez plus loin, au 31 décembre.

6. Au xe siècle, la fête de l'Épiphanie se célébrait à Cordoue avec une solennité toute particulière dans le monastère de Pinamellar ou Peñamelaria, très connu dans l'histoire des Mozarabes de cette époque. Voy. Florez, *España sagrada*, t. X, p. 263-264.— La loi des Wisigoths faisait de l'Épiphanie un jour férié.

7. Les saints Julien et Basilisse, martyrisés à Antioche sous Dioclétien, jouirent d'une grande célébrité dans toute l'Espagne. Une église leur était dédiée dans le monastère *Agaliense,* qui s'élevait sur les bords du Tage, à quelque distance de Tolède, et dont saint Ildephonse fut quelque temps abbé.

Les mots : *et est quod aggregatum est in eo,* signifient que l'assemblée des fidèles ou station liturgique avait lieu ce jour-là dans l'église du monastère de Ielinas, dit *le Monastère blanc.*

8. La fête des saints Innocents est appelée aussi *Natale Sanctorum Infantum* dans le calendrier de Carthage (commencement du vi[e] siècle) et par les livres gallicans; mais elle se trouve marquée au 28 décembre. Dans le *Capitulare euangeliorum* de l'église d'Aquilée, du viiie siècle, on retrouve cette appellation sous la forme barbare : *In nat. Efantorum.* (Voy. *Revue bénédictine,* 1er janv. 1902, p. 4.) Tous les manuscrits mozarabes (sauf le fragment de Pisa) l'inscrivent au contraire au 8 janvier. Pour se conformer au calendrier romain, le compilateur du missel et du bréviaire mozarabes l'a avancée au 28 décembre, sans malheureusement en avertir le lecteur. C'est ce qui a trompé le savant P. Lesley, qui voyant cette fête placée au 8 janvier dans le *Libellus Orationum* de Vérone, n'hésite pas à y découvrir une distraction de copiste. C'est aussi sans doute ce qui a porté Mgr Duchesne à affirmer « qu'on la trouve dans tous les anciens calendriers et livres liturgiques latins depuis le vi[e] siècle, au 28 décembre » (*Origines du culte chrétien*, p. 257). Une distraction a fait commettre la même erreur à D. Morin, l'éditeur du *Liber Comicus* mozarabe. Voy. *Revue Bénédictine*, l. c. — Le calendrier de Cordoue marque deux fois cette solennité : d'abord au 8 janvier, puis au 29 décembre. On peut y voir une indication que l'usage des églises d'Occident tendait à se substituer, parmi les chrétiens de Cordoue du xe siècle, à celui observé jusque-là dans la liturgie mozarabe.

9. Sur les Quarante martyrs, voy. les *Acta Sanctorum,* t. II Martii, p. 25-28.

Le mot *Constantina* du fragment **H** est probablement un nom de lieu mal lu. Peut-être aussi est-il permis d'y voir le nom de Constantia, fille de Constantin, appelée *Constantina* dans beaucoup d'anciens textes, notamment dans les documents d'origine espagnole. Le Sanctoral mozarabe de Paris (ms. 2178, fol. 207-219) nous donne sa vie sous le titre de : *Vita sancte Constantine uirginis*, et ne l'appelle jamais autrement. De même, le ms. **j. a. 13** (fol. 109-124) de la bibliothèque de l'Escurial, écrit en 912 par une religieuse du monastère de Bobatella. Pour les autres textes, voy. *Acta SS.,* t. III Febr., p. 67. Cf., sur les deux autres personnages de ce nom, Marucchi, *Éléments d'Archéologie chrétienne,* t. II (1900), p. 268-272.

10. Le calendrier du Rituel de 1052 et celui de Pisa sont les seuls à mentionner cette sainte, et tous les deux au même jour. Les anciens martyrologes font mémoire au 16 août d'une Serena « uxor quondam Diocletiani Augusti ». Mais le fragment **H** dit : *virg. mart.* Il est aussi question d'une autre Serena, martyrisée à Spolète et transférée à Metz au xe siècle. Voy. sur ce point, les Bollandistes, *Catalogus codicum hagiographicorum Bibliothecae nationalis Parisiensis*, t. I, p. 482.

11. Typasius est ce vétéran de Tigava en Mauritanie, dont les actes ont été récemment découverts et publiés par les Bollandistes dans les *Analecta Bollandiana*, t. IX, p. 116-123.

12. Le fragment **H** est le seul de nos calendriers qui nomme saint Victorianus, fondateur du monastère de *San Victorian* au pied des Pyrénées espagnoles, mort le 12 janvier 561. D'après de récentes recherches, la vraie date de sa mort doit être fixée en 558. Sur ce point, comme aussi sur l'inscription-épitaphe

IANVARIVS.			Codex A (an. 1039).	Codex B (an. 1052).	Codex C (an. 1055).
13	F	Idib.			
14	G	XVIIII Kal.		Obitum Iuliani episcopi, Toleto.	Obitus domni Iuliani.
15	A	XVIII		Sacratio sedis episcopi.	
16	B	XVII		Obitum Quirici episcopi, et	
17	C	XVI		obitum sancti Marcelli. [Depo]sitio sancti Antonii anaco[rete].	
18	D	XV		▨	
19	E	XIIII	Sancti Sabastiani.	Sancti Sabastiani et comitum.	Sancti Sabastiani et comitum.
20	F	XIII	Sanctarum Agnetis et Emerentiane.	Sancte Agnetis et Emerentiane.	Sanctarum uirginum Agnetis et Emerentiane.
21	G	XII	Sancti Fructuosi episcopi.	Sancti Fructuosi▨ Augurii et Eulogii.	Sancti Fructuosi episcopi, Augurii et Eulogii.
22	A	XI	Sancti Vincenti leuite.	[S. Vincentii]▨ Valentia.	Sancti Vincenti leuite.
23	B	X	Obitum Ildefonsi episcopi.	▨ episcopi.	Obitum domni Ildefonsi episcopi.
24	C	VIIII	Sancti Babile episcopi et trium puerorum.	Santi Babile episcopi.	Sancti Babile episc. et trium puerorum.
25	D	VIII			
26	E	VII		Sancte Paule in Betlem.	
27	F	VI			
28	G	V	Sancti Tyrsi et comitum.	Sancti Tyrsi▨	Sancti Tirsi et comitum.

nouvellement rééditée par Hübner (*I. H. C., Supplementum,* 1900, n° 390), voy. Fita, *Boletin de la Academia*, t. XXXVII, année 1900, p. 491-524. Venance Fortunat a aussi composé une épitaphe en son honneur (*Carmina,* IV, 11). Dans le calendrier d'un bréviaire (ms. add. 30.849 du British Museum), qui date de la fin du XIe siècle et qui est certainement d'origine espagnole, il est inscrit au 11 janvier.

14. Il est difficile de dire quel est le *Iulianus* dont il est ici question. Ce ne saurait être saint Julien, évêque de Tolède, mort le 6 mars, d'après des témoignages irrécusables. Nos calendriers eux-mêmes en font foi à cette date. Voy. Florez, *España sagr.*, t. V, 2e édit., p. 288-297, et *P. L.*, t. XCVI, col. 451.

15. Le fragment **H** porte la même mention : *Sacratio*, etc., sans nous éclairer sur la véritable signification de ce texte.

16. Quiricus est le successeur de saint Ildephonse sur le siège de Tolède, de 667 à 679. Florez (*Esp. sagr.*, t. V, p. 275) soupçonnait déjà que ce prélat était mort en décembre ou dans les premiers jours de janvier. Grâce à nos deux calendriers **B** et **I**, nous connaissons désormais la véritable date.

18. Sulpice (surnommé *Pius*, pour le distinguer de son homonyme Sulpice *Sévère*), évêque de Bourges, marqué au 17 janvier dans le Martyrologe romain.

19. A remarquer que la fête de saint Sébastien et celle de sainte Agnès ont été avancées d'un jour. C'est évidemment pour faire place au célèbre martyr de Tarragone, l'évêque Fructueux, et à ses deux diacres.

21. Une inscription du VIe siècle nous apprend que des reliques de ces trois martyrs furent déposées à cette date dans l'autel d'une basilique, élevée en l'honneur de saint Étienne près de Zafra, en Andalousie :

SVNT IN HOC ALTARIO
SACRI ESTEPHA RELIQVIAE
NVM.XV

STEPHANI	BAVDILI
LVCRETIAE	PAVLI.CONF
SATVRNINI	NAZARII
SEBASTIANI	EVLOGII
FRVCTVOSI	TIRSI
AVGVRII	VERISSIMI
EVLALIE	MAXIME
	ET IVLIAE

Fita, *Boletin de la Academia*, t. XXV, 1894, p. 143, cf. 122, et XXX, 1897, p. 418. — Hubner, *I. H. C.*, p. 19, n° 57.

	Codex D (an. 1066).	Codex E (an. 1067).	Codex F (an. 1072).	G.—Kal. Cordub. (an. 961.)
13				
14		Obitum Iuliani, Toleto.	Obitum Iuliani, Toleto.	
15				
16				
17	Depositio sancti Antoni monaci.	Depositio sancti Antoni.	Depositio sancti Antoni.	
18	Sancti Sulpitii episcopi.	Sancti Sulpicii aepiscopi.	Sancti Sulpicii episcopi.	
19	Sancti Sabastiani et comitum.	Sancti Sabastiani et comitum eius martyrum.	Sancti Sabastiani et comitum eius martyrum.	19. — In eo est Latinis festum Sabastiani et sociorum eius, et eorum sepultura est Rome.
20	Sanctarum Agnetis et Emerentiane, Roma.	Sanctarum Agnetis et Emerentiane uirginum.	Sanctarum Agnetis et Emerentiane uirginum.	20. — Et in eo est Latinis festum Agnetis et socie eius.
21	Sancti Fructuosi episcopi, Augurii et Eulogii.	Sanct. Fructuosi episc., Augurii et Eulogi diaconorum martyrum.	Sanctorum Fructuosi episcopi, Augurii et Eulogii.	21. — Et in eo est Latinis festum trium sanctorum interfectorum in Tarracona.
22	Sancti Vincenti leuite, Valentia.	Sancti Vincenti leuite et martyris Christi.	Sancti Vincenti leuite et martyris Christi.	22. — In eo est Latinis festum Vincentii diaconi interfecti in ciuitate Valentia, et festum eius in *Quinque*.
23	Sancti Dionisii episcopi.	Obitum Ildefonsi episc. et confessoris Christi.	Obitum Ildefonsi episc. et confessoris Christi.	23. — In eo est obitus Ildefonsi archiepiscopi Toletani.
24	Sancti Babile episc. et trium puerorum.	Sancti Babile episcopi et trium puerorum mart. Christi.	Sancti Babile episc. et trium puerorum mart. Christi.	24. — In eo est festum Babile episcopi et discipulorum eius trium, interfectorum in Antiochia, et nominant eos *testes* (*id est* martyres).
25				25. — Dies apparitionis Christi in uia Damasci Paulo apostulo, et dixit : « Quare persequaris me, Saule? » Et dixit : « Quis es Domine? » Dixit ei : « Iesus Nazarenus. »
26		Caput februarii, aput Egyptios.		
27				
28		Sancti Tyrsi et comitum eius martyrum.	Sancti Tirsi et comitum eius martyrum.	28. — In eo est Christianis festum Tyrsi et sociorum eius interfectorum in Grecia, et nominant eos *martyres*.

La sainte Lucrecia, dont le nom vient ici, après celui de saint Étienne, est une vierge de Mérida, qui souffrit le martyre sous Dioclétien. On voyait à Mérida, au VIe siècle, une basilique érigée en son honneur. Cf. *Acta SS.*, t. I Nou., p. 325.

22. *Quinque* désigne l'église où se célébrait plus solennellement, dans la chrétienté mozarabe de Cordoue, la fête de saint Vincent. Ce nom lui venait peut-être de ce qu'elle était dédiée à *cinq* bienheureux, de même que l'église des saints Fauste, Janvier et Marcial, située dans la ville de Cordoue, portait le nom de *Basilica Sanctorum Trium*. (Voy. plus loin, au 13 octobre; cf. FLOREZ, *Esp. sagr.*, t. X, p. 258.) Il est plus naturel cependant d'y voir un hameau situé à *cinq* milles de la capitale, comme la « villa » dite *Quartus*, dont il est question plus loin au 23 octobre, devait être au quatrième mille. — Le hameau nommé *Tercios* (appelé *Tarsil* par les Arabes) était à 3 milles de Cordoue (voy. FLOREZ, *Ibid.*, p. 259). Florez (p. 259) cite deux *castillos* des environs de Séville, appelés *Quartos* et *Quintos* pour le même motif. Aussi, ne saurais-je partager l'opinion du chanoine D. Roque Chabas, qui voit dans le mot *Quinque* une allusion au nombre de chapes que l'on portait dans cette solennité. (*Boletin de la Academia*, t. XIX, p. 266 et suiv.; p. 17 du tirage à part, intitulé : *Los mozárabes Valencianos*, 1891.) Ceci a une couleur qui n'est pas du Xe siècle. L'interprétation que semble préférer Gams : « In quinque ciuitatibus, i. e. Valentia, Osca, Caesaraugusta, Hispali et Corduba », est également peu vraisemblable. (Voy. *Die Kirchengeschichte von Spanien*, II, p. 450.)

23. Ce jour est bien celui assigné comme date de la mort de saint Ildephonse par les documents historiques (*España sagr.*, t. V, p. 257 et suiv.), 23 janvier de l'année 667.

24. Saint Babylas, évêque d'Antioche, honoré au 4 septembre chez les Grecs. Ses reliques étaient depuis le IVe siècle à Daphné, où allaient les vénérer les pèlerins se rendant en Palestine. Cf. *Revue des questions historiques*, oct. 1903, p. 373, et sur ses reliques en Espagne, le *Boletin de la Academia*, mai 1896, p. 409.

25. On remarquera que le calendrier de Cordoue est le seul à marquer la fête de la Conversion de saint Paul.

26. Malgré beaucoup d'anciens martyrologes, c'est bien en ce jour que mourut sainte Paule, au témoignage de saint Jérôme lui-même (*Epist. ad Eustochium*, dans *P. L.*, t. XXII, col. 906).

28. Les compagnons de saint Thyrsus sont Leucius et Callinius. Au VIe siècle, on voyait à Mérida une basilique dédiée à saint Thyrse. Voy. *Acta SS.*, t. I Nou., p. 325; cf. l'inscription donnée ci-dessus, au 21 janvier.

Saint Thyrse était à Tolède l'objet d'un culte particulier. En

IANVARIVS.			**Codex A** (an. 1039).	**Codex B** (an. 1052).	**Codex C** (an. 1055).
29	A	IIII			
30	B	III			
31	C	II			

FEBRVARIVS.			**Codex A** (an. 1039).	**Codex B** (an. 1052).	**Codex C** (an. 1055).
1	D	Kal.			
2	E	IIII Non.		Purificatio sancte Marie uirginis.	
3	F	III			
4	G	II			
5	A	Non.	Sancte Agate uirginis.	[Sancte A]gate uirginis.	Sancte Agate uirginis.
6	B	VIII Id.			
7	C	VII	Sancte Dorote uirginis.	[Sancte Doro]te uirginis.	Sancte Dorote uirginis et comitum.
8	D	VI			
9	E	V			
10	F	IIII		...cm (comitum.	
11	G	III		...	
12	A	II	Sancte Eulalie uirginis.	...	Sancte Eulalie Barchinonensis.
13	B	Id.			
14	C	XVI Kal.		Sancti Valentini.	
15	D	XV		Sancti Onesimi, discipuli sancti P[auli].	
16	E	XIIII			
17	F	XIII			
18	G	XII			
19	A	XI	Sancti Pantaleonis.		Sancti Pantaleonis.
20	B	X			
21	C	VIIII			Sancti Ilari episcopi.

pleine domination arabe, l'évêque Cixila y érigea, vers 780, une église en son honneur. Voici l'inscription qu'il composa pour cet édifice :

> Templum hoc, Domine, Cixila condidit.
> Dignam hic habeat sortem in aethera,
> Cum summis ciuibus cantica praecinat,
> Gaudens perpetuis saeculis omnibus.

HVBNER, *I. H. C.*, *Supplementum*, 1900, p. 75, n° 393; cf. *Esp. sagr.*, t. V, 1763, p. 326; t. VIII, 1769, p. 318.

2. Le *Liber Ordinum* est le seul de nos manuscrits mozarabes qui fasse mention de la fête de la Purification dans son calendrier. Elle semble n'avoir pas été connue dans l'ancienne liturgie espagnole, bien que d'institution ancienne tant en Orient qu'en Occident. Les sermons *de Purificatione*, attribués à saint Ildephonse, ne sont pas de cet auteur. Je n'ai trouvé ailleurs aucune trace de la Purification dans les nombreux manuscrits mozarabes qui sont passés entre mes mains.

12. Voy. les *Acta Sanctorum* (t. I Mai., p. 376-379). Le Sanctoral mozarabe de la Bibliothèque nationale de Paris (nouv. acq. lat. 2179) donne les actes de saint Timothée au 12 février.

Il y avait parmi les bourgades qui entouraient Cordoue, un

	Codex D (an. 1066).	Codex E (an. 1067).	Codex F (an. 1072).	G.—Kal. Cordub. (an. 961).
29				
30				
31				

	Codex D (an. 1066).	Codex E (an. 1067).	Codex F (an. 1072).	G.— Kal. Cordub. (an. 961).
1				5. — In eo est Christianis festum Agate, interfecte in ciuitate Catanie : et ibi martirizata est.
2				
3				7. — In eo est festum Dorothee, interfecte in ciuitate Cesarie.
4				
5	Sancte Agate uirginis.	Sancte Agate, uirginis et martyris Christi.	Sancte Agate, uirginis et martyris Christi.	12. — In eo est Christianis festum Eulalie, interfecte in ciuitate Barchinona. Et ibi martyrizata est, et est eius monasterium inhabitatum in Sehelati, et in eo est congregatio.
6				
7	Sancte Dorote uirginis et comitum.	Sancte Dorote, uirginis et martyris Christi.	Sancte Dorote, uirginis et martyris Christi.	
8				
9				
10				
11				
12	Sancte Eolalie Barchinonensis.	Sancte Eolalie, uirginis et martyris Christi, et sancti Timothei et Maure, martyrum Christi.	Sancte Eolalie, uirginis et martyris Christi, et sancti Timothei et Maure, martyrum Christi.	
13				
14				
15				
16				
17				
18				
19		Sancti Pantaleonis et comitum eius martyrum.	Sancti Pantaleonis et comitum eius martyrum.	
20				
21				

hameau qui portait au IXe siècle le nom de « vicus Fragellas ». On y voyait une église consacrée à sainte Eulalie, dans laquelle furent déposées les reliques des saintes vierges et martyres Colombe et Pomposa. (Voy. EVLOGII, *Memoriale Sanctorum*, lib. III, c. 10 et 11.) C'est là le *monasterium Sancte Eulalie in Sehelati,* dont il est ici question. Sehelati (Sahla) signifie *plaine* en langue arabe. — Voy. aussi au 10 et au 26 décembre.

14. Bien qu'il y ait plusieurs saints de ce nom, il s'agit vraisemblablement ici de saint Valentin, martyr romain, dont la mémoire se célébrait en ce jour.

15. Le Ménologe des Grecs marque aussi au 15 février la fête de saint Onésime, que les calendriers de l'Église d'Occident placent au jour suivant.

19. Un manuscrit de Paris (no uv. acq. lat., 2179) marque la passion de saint Pantaléon à ce jour, tandis que les martyrologes la donnent au 27 juillet. — Voy. plus loin au 2 octobre.

21. Il est probablement ici question de saint Hilaire de Poitiers, bien qu'aucun autre calendrier ne le signale à cette date. Plusieurs anciens martyrologes mentionnent à ce jour saint Hilaire pape (*Acta SS.*, t. III Febr., p. 235); d'autres, d'origine allemande, saint Hilaire, évêque de Mayence. (Cf. *Catalogus codd. hagiogr. Paris.*, t. III, p. 623.)

FEBRVARIVS.			Codex A (an. 1039).	Codex B (an. 1052).	Codex C (an. 1055).
22	D	VIII	Katedra sancti Petri apostoli.	Katedra sancti Petri apostoli.	Katedra sancti Petri apostoli.
23	E	VII		[illegible]poli[illegible] episcopi.	
24	F	VI		Inuentio caput sancti Iohannis.	
25	G	V		Sancte Perpetue. — Ieiunium mensualem.	
26	A	IIII			
27	B	III		Sancti [illegible] imp[illegible]	
28	C	II			

MARTIVS.			Codex A (an. 1039).	Codex B (an. 1052).	Codex C (an. 1055).
1	D	Kal.		Sancti Nicefori.	
2	E	VI non.		Bisextus lune adicit.	
3	F	V	Sanctorum Emeterii et Celedonii.	Sanctorum Emeterii et Celedonii, Calagurre.	Sanctorum Emeteri et Celedonii.
4	G	IIII			
5	A	III		Ab hoc die usque in IIII nonas aprilis luna, que nata fuerit, mensis pascalis initium facit secundum Latinos.	
6	B	II			
7	C	Non.		Sanctarum Perpetue et Felicitatis.	
8	D	VIII Id.		Ab hoc die usque in diem nonas aprilis, nata luna facit pasca[lis] mensis initium hoc secundum Grecos.	
9	E	VII			
10	F	VI			
11	G	V			
12	A	IIII			

22. Sur cette fête, ses origines et sa date, voy. Mgr DVCHESNE, *Les origines du culte chrétien*, p. 266.

23. Peut-être faut-il lire : *Sancti Policarpi*, dont la fête ne se trouve pas ailleurs dans ce calendrier. Les Grecs célèbrent en ce jour sa fête. Voy. NILLES, *Kalendarium manuale*, t. I, p. 110.

24. Anniversaire de la première Invention du chef de saint Jean-Baptiste à Jérusalem. Voy. NILLES, *Ibid.*, p. 111.

25. La sainte Perpétue mentionnée ici ne peut être la célèbre martyre de Carthage, dont la fête est marquée, un peu plus loin, au 7 mars.

Ieiunium mensualem (sic). Jeûne *surajouté* (superpositum) une fois par mois au jeûne du vendredi, tel que l'avait ordonné vers l'an 300 le concile d'Elvire (can. XXIII et XXVI). On jeûnait alors le vendredi et le samedi, sauf pendant les mois des grandes chaleurs, juillet et août. Dans nos calendriers nous ne trouvons, en effet, ni jeûne, ni litanies pendant ces mois. D'après le ca-

	Codex D (an. 1066).	Codex E (an. 1067).	Codex F (an. 1072).	G. —Kal. Cordub. (an. 961).
22	Katedra sancti Petri apostoli.	Katedra sancti Petri apostoli.	Katedra sancti Petri apostoli.	22. — In ipso est prepositura Cathedre Symonis apostoli, qui dictus est *Petrus*, Rome.
23				
24				24. — In ipso est festum sancti Mathie.
25		Caput mensis, apud Egyptios.	Caput mensis, apud Egyptios.	
26				
27				
28				

	Codex D (an. 1066).	Codex E (an. 1067).	Codex F (an. 1072).	G. Kal. Cordub. (an. 961).
1		Sancti Nicefori, martyris Christi.	Sancti Nicefori, martyris Christi.	3. — In ipso est Christianis festum Emeterii et Celidonii. Et sepulcra eorum sunt in ciuitate Calagurri.
2				
3	Sanctorum Emeteri et Celedonii, Calagurre.	Sanctorum Emetrii et Celedonis, martyrum Christi, Calagurre.	Sanctorum Emeteri et Celedonis, martyrum Christi, Calagurre.	9. — In ipso est Egyptiis festum Almagre, qui liniunt cum ea portas eorum et cornua uaccarum suarum. Et nominatur *festum Cere*, et est introitus Christi ad altare.
4				
5				12. — In ipso est Christianis festum Gregorii domini Rome.
6		Obitum domni Iuliani episcopi, Toleto.	Obitum domni Iuliani episcopi, Toleto.	
7	Sanctarum Perpetue et Felicitatis.	Sanctarum Perpetue et Felicitatis.	Sanctarum Perpetue et Felicitatis.	
8				
9				
10				
11				
12		Sancti Ruderici presbiteri et Salomonis, Cordoba. Gregorii pape.	Sancti Ruderici presbiteri et Salomonis, Cordoba.	

non VI du 17e concile de Tolède (694), l'on ajouta dans la suite la litanie à ce jeûne mensuel, qui prit dès lors une plus grande solennité et fut prolongé pendant trois jours. Nous trouvons, en effet, dans la messe du jeûne des calendes de septembre (voy. plus loin au 14 septembre) la formule suivante : « Et ideo per singulorum mensium cursum, trium dierum ieiunia deuotis cordibus celebrantes, preoccupemus faciem Domini in confessione, ne ob scelus assiduum fragore celi subruat mundum » (*P. L.*, t. LXXXV, col. 852).

1. Saint Nicéphore d'Antioche, dont la fête se trouve au 9 février dans la plupart des Martyrologes. Voy. *Acta SS.*, t. II Febr., p. 283. Dans le manuscrit 2179 (cité plus haut, 12 févr.) on lit au folio 130 : « Passio sancti et beatissimi martyris Nicefori, qui passus est in partibus Orientis *die kalendas Martias*. »

6. Véritable date de la mort de saint Julien de Tolède. Voy. ci-dessus, au 14 janvier.

9. *Almaghra* signifie *ocre rouge* en langue arabe.

12. Saints mentionnés au 13 mars dans le Martyrologe romain.

MARTIVS.			Codex A (an. 1039).	Codex B (an. 1052).	Codex C (an. 1055).
13	B	III		Depositio beati Leandri episcopi.	
14	C	II			
15	D	Id.			
16	E	XVII			
17	F	XVI			
18	G	XV			
19	A	XIIII		Sancte Clodie. — Sancti Benedicti abbatis.	
20	B	XIII		Conceptio sancte Marie uirginis.	Obitum sancti Benedicti abbatis.
21	C	XII			
22	D	XI			
23	E	X			
24	F	VIIII		Sancte Tecle, Sileucia.	Sancte Tecle.
25	G	VIII		Equinoxius uerni et dies mundi primus, in quo die Dominus et conceptus et passus est.	Equinoxius uerni et dies mundi primus.
26	A	VII		Diuisio lucis et tenebre.	Diuisio lucis et tenebre.
27	B	VI		Diuisio aque et terre.	Diuisio aque et terre.
28	C	V		Luminaria facta sunt.	Luminaria facta sunt.
29	D	IIII		Cete et uolucres.	Cete et bolucres.
30	E	III		Iumenta et homo.	Iumenta et homo.
31	F	II		Requiebit Dominus.	Requieuit Dominus.

13. Cette date de la mort de saint Léandre est d'accord avec celle que portent les anciens calendriers de l'Église d'Espagne. Quant à l'année, tout porte à croire que ce fut en 599. Voy. Florez, t. IX, p. 175-185. Gams (*Die Kirchengeschichte von Spanien,* t. II, p. 41) pense toutefois, non sans quelques bonnes raisons, que saint Léandre mourut le 27 février de l'an 600. S'il était sûr que saint Grégoire lui envoya le pallium au mois d'août 599, il faudrait en effet adopter tout au moins l'année 600.

19. Je n'ai pu découvrir quelle est la sainte Clodia dont il est ici question; mais j'incline à penser qu'on l'a confondue avec saint Claudius, martyr à Léon, signalé *au 19* du mois suivant dans les calendriers **C** et **D** et dans le fragment **I**. Les compilateurs de calendriers ménagent aux érudits plus d'une surprise de ce genre : et il en est de plus étranges que celle-ci.

20. C'est la fête de l'Annonciation, nommée parfois dans les anciens calendriers « Annuntiatio Sancte Marie *de Conceptione* ». Les calendriers **B** et **I** mentionnent, au 20 et au 22 mars, le fait historique de l'Incarnation; mais il est certain que l'ancienne Église d'Espagne en célébrait la fête, non point à cette date, mais au 18 décembre (voy. plus loin). Il est curieux de voir que le calendrier **B** place de nouveau le même fait au 25 mars. Ce jour du 25 mars serait ainsi, d'après l'auteur du calendrier **B** (et c'est une opinion que l'on trouve déjà exprimée au ve siècle), le premier jour du monde, celui de l'Incarnation et celui de la

	Codex D (an. 1066).	Codex E (an. 1067).	Codex F (an. 1072).	G. — Kal. Cordub. (an. 961).
13		Depositio Leandri.	Depositio Leandri.	13. — In ipso est festum sancti Leandri, archiepiscopi Hyspalensis.
14				
15				
16				
17				
18				
19				
20		Sancte Clodie.	Sancte Claudie. — Sancti Benedicti abbatis.	
21				21. — Et in ipso est Christianis festum.
22				22. — In ipso est Christianis festum reuolutionis anni mundi solaris, et est inceptio temporis apud eos, et principium horarum Pasche eorum; non enim precedit ante illud per diem.
23				
24				
25		Equinoxium uerni.	Equinoxium uerni.	
26		Obitum Flabi aepiscopi.	Obitum Fabi episcopi.	
27				
28				
29		Sancti Agacii, martyris Christi, et sanctorum Secundi et Martiniani, martyrum Christi.	Sancti Agacii, martyris Christi, et sanctorum Secundi et Martiniane (*sic*), martyrum Christi.	
30				
31				

Passion. Sur ces deux derniers mystères, voy. Mgr Duchesne, *Les Origines du culte chrétien,* p. 251-254.

21 La *fête* que le calendrier de Cordoue ne désigne pas autrement, doit être celle de l'Incarnation ou Annonciation. On comprend que l'évêque d'Iliberis n'ait pas cru devoir s'exprimer plus clairement dans un écrit destiné au calife.

Nous ignorons sous quelle forme les Mozarabes solennisaient cet anniversaire, dont il ne nous reste aucun vestige liturgique espagnol remontant à cette époque.

22. Ce passage du calendrier de Cordoue veut dire que la Pâque chrétienne ne peut tomber avant ce jour.

25. Sur cette phrase : *dies mundi primus*, etc., du calendrier **B**, voy. ci-dessus la note du 20 mars.

26. Il m'a été impossible de découvrir quel est l'évêque mentionné en ce jour par les calendriers **E** et **F**. Il pourrait se faire cependant que ce fût Flavien ou Fabien (les textes anciens écrivent *Flauianus, Fabianus, Flauius, Fauius*, ce qui explique la variété d'orthographe de nos deux calendriers), évêque d'Eliberi (Elvire), un des prélats qui prirent part vers l'an 300 au concile de ce nom, le premier connu de l'Église d'Espagne. Voy. Florez, *Esp. sagr.,* t. XII, éd. de 1776, p. 114.

30. Sur ces saints on peut consulter les *Acta SS.*, t. III Mart., p. 800-804 et 900. Leurs actes sont donnés au 30 mars dans le Sanctoral mozarabe de la Bibliothèque nationale (cité plus haut, 12 févr.), fol. 136 v° et 141.

APRILIS.			Codex A (an. 1039).	Codex B (an. 1052).	Codex C (an. 1055).
1	G	Kal.		Sanctorum Gregonii, Agape, Cionie et Herene, trium sororum.	
2	A	IIII Non.			
3	B	III		Sancte Teodosie uirginis.	
4	C	II		Obitum domni Ysidori episcopi, Spali, era DCLXL.	
5	D	Non.			
6	E	VIII Id.			
7	F	VII			
8	G	VI			
9	A	V			
10	B	IIII		Ieiunium mensualem.	
11	C	III		Depositio Floresindi episcopi.	
12	D	II		Sancti Victoris, Bracara.	
13	E	Id.		Sancte Eugenie, Cordoba.	
14	F	XVIII Kal.			
15	G	XVII			
16	A	XVI		Sancte Engratie uel XVIII martyrum, Cesaraugusta.	Sanctae Engratie et XVIII martyrum.
17	B	XV			
18	C	XIIII		Sancti Eleuterii, episcopi martyris.	
19	D	XIII			Sanctorum Claudii et Luperci.
20	E	XII			
21	F	XI			
22	G	X			

1. Lire *Cresegonii*, comme les calendriers **E** et **F**, ou mieux *Chrysogoni*, confesseur de la foi martyrisé à Aquilée sous Dioclétien. (Voy. le Martyrologe romain, au 24 novembre.) — Sur les trois sœurs, dont les noms suivent et que l'on a souvent confondues avec leurs homonymes de Salone, on peut consulter FARLATVS, *Illirici sacri*, t. II, p. 425. — Le Sanctoral mozarabe souvent cité (voy. au 12 févr.) intitule leurs actes : « Passio beatissimorum martyrum Cresogoni, Agape, Chionie et Terene (*sic*), trium sororum, qui passi sunt sub Diocletiano imperatore, *die IIII° nonas Apriles.* »

3. Sainte Théodosie, vierge de Tyr, martyrisée à Césarée en 307, marquée aussi en ce jour par le Ménologe des Grecs, et au 2 avril au Martyrologe romain.

4. Au lieu de *era DCLXL* (an. 652), il faut lire : *era DCLXXIIII* (an. 636), en dépit de l'accord de nos deux calendriers **B** et **E**. Voy. sur ce point FLOREZ, *Esp. sagr.*, t. IX, p. 200-205, et l'éditeur des œuvres de saint Isidore, le savant Arévalo (*P. L.*, t. LXXXI, p. 139). — L'éditeur du *Liber Comicus* a cru pouvoir lire : DC 74, ce qui serait assez extraordinaire dans un manuscrit du XIe siècle; mais c'est une simple distraction et rien dans l'original ne justifie cette lecture. Voy. aussi ROSSI, *Inscript. christ. urbis Romae*, t. II (1888), p. 297.

	Codex D (an. 1066).	Codex E (an. 1067).	Codex F (an. 1072).	G. — Kal. Cordub. (an. 961).
1				3. — Festum Theodosie uirginis.
2		Sancti Cresegoni et comitum eius martyrum.	Sancti Cresegoni et comitum eius.	4. — Et festum sancti Isidori, archiepiscopi Yspalensis.
3	Sancte Theodosie.	Sancte Teodosie, uirginis et martyris Christi.	Sancte Teodosie, uirginis et martyris Christi.	20. — Et in ipso est festum Secundini martyris in Corduba, in uico Vraceorum.
4		Obitum domni Isidori, episcopi et confessoris, era DCLXL., Spalensis ecclesie episcopi.		22. — In ipso est Christianis festum Filippi apostoli in domo Almegdis (*id est* Ierusalem).
5		Sancti Ambrosii, episcopi et confessoris.		
6				
7				
8				
9				
10				
11				
12		Sancti Victoris, martyris Christi.	Sancti Victoris, martyris Christi.	
13				
14				
15				
16		Sanctorum Obtati et Frontonis.	Sanctorum Obtati et Frontonis.	
17				
18		Sancti Eleuterii episcopi et comitum eius martyrum.	Sancti Eleuterii episcopi et comitum eius martyrum.	
19	Sancti Claudie (*sic*).			
20				
21				
22				

10. Sur ce *ieiunium mensuale*, voy. ce qui en a été dit ci-dessus, au 25 février, note.

11. Très probablement Floresindus est l'évêque de Séville de ce nom, mort vers 680. Voy. FLOREZ, *Esp. sagr.*, t. IX, p. 224.

12. On sait fort peu de chose sur ce Victor de Braga. Voy. *Acta SS.*, t. II April., p. 78 et *Catalogus Codd. hagiogr. Paris.*, t. III, p. 480.

13. Sainte Eugénie de Cordoue souffrit le martyre sous le calife Abderrahman III, en 923, le 26 mars. Elle ne nous était connue jusqu'ici que par une inscription découverte à Cordoue au XVIe siècle. Voy. FLOREZ, *Esp. sagr.*, t. X, éd. de 1792, p. 472.

18. Sur saint Eleuthère, voy. les *Acta SS.*, t. II April., p. 728. Le Sanctoral mozarabe de Paris dit : « Passio sancti Eleuterii episcopi et Tassie, matris eius, qui passi sunt Roma, die XIIII kal. Maias. »

19. On trouvera dans l'*España sagrada*, t. XXXIV, p. 353 et suivantes, une étude sur les saints léonais Claudius et Lupercus et sur la célèbre abbaye élevée sur leurs tombeaux.

20. Les *Acta SS.*, t. V Mai., p. 6, marquent la fête de saint Secundinus de Cordoue au 21 mai. Le *uicus Vraceorum* (lire *Tiraceorum*) était un faubourg de Cordoue. Voy. ci-dessous, au 27 juin et au 4 novembre.

22 La fête de l'apôtre saint Philippe, placée d'ordinaire au 1er mai, se trouve au 22 avril dans quelques anciens martyro-

APRILIS.			Codex A (an. 1039).	Codex B (an. 1052).	Codex C (an. 1055).
23	A	VIIII		Sancti Victoris et Corone et Longini.	
24	B	VIII	Sancti Georgii.	Sancti Georgii.	Sancti Georgii.
25	C	VII	Sancti Marti (*sic*) euangeliste.	Sancti Marci apostoli euangeliste.	Sancti Marci, apostoli et euangeliste.
26	D	VI		Sancti Timothei.	Sancti Timothei.
27	E	V			
28	F	IIII	Sancti Prudentii.	Sancti Prudentii et sociorum eius.	Sancti Prudentii et sociorum eius.
29	G	III		Sancte Salse.	
30	A	II		Sancti Bartolomei.	

MAIVS.			Codex A (an. 1039).	Codex B (an. 1052).	Codex C (an. 1055).
1	B	Kal.	Sanctorum Torquati et comitum.	Sancti Torquati et comitum.	Sancti Torquati et comitum eius.
2	C	VI Non.		Sancti Felicis, Spali, et obitus sancti Filippi apostoli.	Sancti Filippi apostoli martyris.
3	D	V		Inuentio sancte Crucis, Iherosolimam.	Inuentio sancte Crucis.
4	E	IIII		Sancti Iude episcopi.	
5	F	III		Sancti Trepetis.	

loges. Voy. au 2 mai. La parenthèse est du traducteur latin du XIIIe siècle. Les Arabes appellent Jérusalem *Beit-almaqdis* (la Maison Sainte).

23. Les saints Victor et Corona sont inscrits au 14 mai dans le Martyrologe romain. Voy. *Acta SS.*, t. III Mai., p. 266. — Le saint Longin mentionné par le calendrier **B** est sans doute le *Longinus* fêté au 15 mars (*Acta SS.*, t. II, Mart., p. 370-384).

24. Saint Georges est marqué en ce jour dans le Sanctoral mozarabe de Paris : « Passio sancti Georgii martyris Christi, qui passus est ... die VIII kalendas maias ». Plusieurs martyrologes le placent aussi au 24, bien que l'Église latine et l'Église grecque le fêtent le jour précédent.

Sur le saint Grégoire de Grenade (ou mieux Eliberi), inscrit au calendrier de Cordoue, voy. les *Acta SS.*, t. III April., p. 269, et surtout, FLOREZ, *Esp. sagr.*, t. XII, éd. de 1776, p. 116-141. Il mourut vers 393.

25. Le calendrier de Cordoue veut dire que la fête de Pâque ne peut tomber après le jour indiqué.

26. Il doit s'agir ici de Timothée disciple de saint Paul, fêté au 22 janvier chez les Grecs et au 24 chez les Latins.

27. Il est malaisé de savoir quel est ce Germanus du fragment **I**. Les Mozarabes modernes fêtent au 28 mai saint Germain de Paris. — Sur les *Septem Nuncii*, dont parle le calendrier de Cordoue, voy. plus loin au 1er mai. — Au sujet des mots *festum Bislo,* Libri propose de lire « festum Basilii ». Dans le Martyrologe romain, ajoute Dozy, on le trouve en effet sous le 26 avril. Disons à notre tour que le nom de saint Basile, évêque-martyr d'Amasée, est marqué en ce même jour dans le calendrier de l'Église grecque. Voy. MORCELLI, *Calendarium Ecclesiae Constantinopolitanae,* 1788, t. II, p. 90.

28. Saint Prudence, évêque de Tarrazona, où sa fête se célèbre encore en ce même jour. Voy. LA FVENTE, *España sagr.*, t. XLIX, p. 86.

29. Sur sainte Salsa, voy. au 2 mai.

30. Tous nos autres calendriers placent la fête de saint Barthélemy au 24 juillet. Voy. à ce jour. Du reste, le calendrier **B** lui-même la marque aussi à cette date.

Saint Perfectus, dont parle le calendrier de Cordoue, est bien connu par les écrits de saint Euloge et d'Alvarus. Voy. *España sagrada*, t. X, éd. 1792, p. 368-371. Il était prêtre de l'église de Saint-Aciscle à Cordoue.

1. Saint Torquatus et ses six compagnons, appelés *Septem*

	Codex D (an. 1066).	Codex E (an. 1067).	Codex F (an. 1072).	G. — Kal. Cordub. (an. 961).
23				24. — In ipso est festum sancti Gregorii in ciuitate Granata.
24	Sancte Tecle.	Sancti Georgii, martyris Christi.	Sancti Georgii, martyris Christi.	25. — Est postremus horarum Pasce Christianis, et est maior festiuitatum eorum, et in eo est festum Marchi euangeliste, discipuli Petri, in Alexandria.
25		Sancti Marci euangeliste.	Sancti Marci euangeliste.	
26		Sancti Timothei.	Sancti Timothei.	27. — Et Christiani nominant hanc diem, usque ad septem, *Septem Missos*, Torquatum et socios eius, et dicunt ipsos *Septem Nuncios*. — Et ipso est festum Bislo martiris.
27				
28				
29		Sancti Prudentii et comitum eius.	Sanctus Prudentius episcopus et comitum eius.	30 — Et in ipso est festum sancti Perfecti. Et sepulcrum eius est in ciuitate Corduba.
30				

	Codex D (an. 1066).	Codex E (an. 1067).	Codex F (an. 1075).	G. — Kal. Cordub. (an. 961).
1	Sancti Torquati et comitum.	Sanctorum Torquati, Tisefons, Ysicius, Yndalecius, Secundus, Eufrasius Cecilius, [mart.] Christi. — Transitus sancti Filippi Apostoli.	Sanctorum Torquati, Tisefons, Ysicius, Yndalecius, Secundus, Eufrasius, Cecilius, martyrum Christi.	1. — Et in eo est Christianis festum Torquati et sociorum eius, et sunt *Septem Nuncii*. Et festiuitas eius est in monasterio Gerisset. Et locus eius Keburiene. 2. — Et in eo est Latinis festum Felicis diaconi, interfecti in ciuitate Ispali.
2	Sancti Filippi apostoli.	Sancte Salse, uirginis et martyris Christi.	Sancte Salse, uirginis et martyris Christi.	3. — Et in eo postremus pluuie Nisan, quem nominant Christiani *Septem Nuncios*. — Et in ipso est Christianis festum Crucis; quia in ipso fuit inuenta crux Christi sepulta in Ierusalem. Et festum eius in monasterio Pinnamellar et monasterio Catinas.
3	Inuentio sancte Crucis in monte Caluario.	Inuentio sancte Crucis.	Inuentio sancte Crucis.	
4	Sancti Iude episcopi.	Sancti Iude, episcopi et martyris Christi.	Sancti Iude, episcopi et martyris Christi.	4. — In eo est Latinis festum Treptecis uirginis, in ciuitate Estiia.
5	Sancte Trepetis.			

uiri apostolici, furent, d'après une très ancienne et solide tradition, envoyés de Rome par saint Pierre et saint Paul pour prêcher la foi en Espagne. Ils y fondèrent sept sièges épiscopaux. — Le calendrier de Cordoue nous apprend que les Mozarabes avaient consacré sept jours pour solenniser la fête des sept saints *envoyés, nuncii, missi*, traduction littérale du mot arabe *rosol*), c'est-à-dire du 27 avril au 3 mai. Sur ces saints, voy. *Acta SS.*, t. III Mai., p. 442; Florez, *Esp. sagr.*, t. III, p. 380; Cenni, *De antiquit. Ecclesiae Hispanae*, t. I, p. 39 et suiv. — Le monastère de Gerisset, mentionné par le calendrier de 961, n'est pas autrement connu, pas plus que le lieu dit *Keburiene*.

2. Sur saint Félix, diacre de Séville, voy. Florez, *Esp. sagr.*, t. IX, p. 307. — Sainte Salsa est beaucoup plus connue, depuis la récente découverte de ses actes dans le Sanctoral mozarabe de la Bibliothèque nationale déjà mentionné. Peu après fut retrouvée la basilique élevée sur son tombeau. On peut consulter dans la *Revue des Questions historiques* (oct. 1891) un fort bon résumé des travaux écrits sur la célèbre martyre africaine.

3. L'Invention de la Croix est très ancienne dans l'Église d'Espagne. Le Code des Lois des Wisigoths (lib. XII, t. III, l. 6) la cite parmi les principales. — A Cordoue la fête avait lieu au monastère de Penamelaria, déjà signalé, et au monastère de Catinas, qui nous est par ailleurs inconnu.

4. Saint Jude, évêque et martyr, à Jérusalem. Son histoire donne lieu à beaucoup de difficultés, sur lesquelles on peut voir les *Acta SS.*, t. I Mai., p. 439, et Leqvien, *Oriens Christianus*, t. III, col. 155-156.

4 et 5. D'après le Missel et l'Ordo mozarabes de Tolède, la fête de sainte *Trepes* devrait être au 7 mai; mais ce jour ayant été, à une époque assez récente, assigné à l'*Inuentio clauorum D. N.*, elle est renvoyée plus loin (au 15 juillet d'après l'Ordo de 1896, au 4 d'après celui de 1899).

Mais quelle est cette sainte? Il est malaisé de le savoir. Consulté à ce sujet, un docte chanoine de Tolède, D. Ramiro Fernandez Valbuena, m'écrivait récemment (10 avril 1900) qu'on ne connait autre chose que le nom de la bienheureuse. Les chapelains mozarabes eux-mêmes n'en savent pas plus long et pensent qu'elle « fut inscrite au Sanctoral par le cardinal Cisneros ». On la trouve, en effet, dans le Missel et le Bréviaire publiés par ses ordres en 1500 et 1501. Ils l'appellent tantôt *Tripete*, tantôt *Trepeta*, et lui donnent simplement le titre de *vierge*, auquel l'Ordo moderne ajoute celui de *martyre*. Toutefois nos calen-

MAIVS.			Codex A (an. 1039).	Codex B (an. 1052).	Codex C (an. 1055).
6	G	II		Sancti Concordii.	
7	A	Non.			
8	B	VIII Id.		Sancti Victoris.	
9	C	VII			
10	D	VI		Obitus sancti Iob prophete.	Obitus sancti Iob prophete.
11	E	V			
12	F	IIII		Sancti Pangrati martyris.	
13	G	III		Sancti Mucii.	
14	A	II		Sancti Isidori martyris, in Alexandria.	
15	B	Id.			
16	C	XVII Kal.			
17	D	XVI			
18	E	XV			
19	F	XIIII			
20	G	XIII	Sancti Bauduli.	Sancti Bauduli et comitum, Nimaso.	Sancti Bauduli.
21	A	XII	Sancti Manti, Elbora.	Sancti Manti, Elbora.	
22	B	XI			
23	C	X		Sancti Desiderii episcopi.	Sancti Desiderii episcopi.
24	D	VIIII		Principium estatis.	
25	E	VIII		Hic incipiunt feriarum dies estiuales, in quibus iuramenta quiescunt usque in kalendas augustas.	

driers gothiques prouvent que son culte est beaucoup plus ancien, sans du reste se mettre d'accord sur son nom et sa personne. L'un d'eux la mentionne ainsi : *Sancti Trepetis* (il s'agirait donc d'un saint et non d'une sainte); l'autre : *Sancte Trepetis;* le troisième enfin (celui de Cordoue) : *Treptecis uirginis in ciuitate Estiia.* Évidemment Rabi ben Zaïd désigne par ce dernier mot la ville d'Ecija, en arabe *Astigia* ou *Estigia,* du nom antique *Astigi.* Aucun autre document ne mentionne sainte *Trepes,* pas plus les traditions locales d'Ecija, que l'énorme arsenal des *Acta Sanctorum* ou le Martyrologe espagnol de Tamayo. Simonet pense qu'il faut lire : *Florentine,* au lieu de *Treptecis,* sainte Florentine, sœur de saint Isidore, étant morte à Ecija; mais l'accord de nos trois calendriers ne permet pas cette trop commode solution de la difficulté. Aussi, serait-on tenté de croire en cette circonstance à une légère confusion de nom. La plupart des anciens martyrologes, ainsi que le Martyrologe romain, inscrivent en effet au 17 mai un martyr du nom de *Torpes,* officier de la cour de Néron, mis à mort à Pise le 29 avril : « Pisis in Tuscia, sancti *Torpetis* martyris ». Peut-être faut il chercher là (et l'hypothèse est sérieuse) la solution de ce difficile problème. Saint Torpès, qui a donné son nom à notre petite ville provençale de *Saint-Tropez,* l'aurait passé aussi, mais d'une autre façon, à la vierge-martyre inconnue des calendriers mozarabes. On a vu en hagiographie des choses bien plus extraordinaires, et la supposition, que je donne pour ce qu'elle vaut, n'est pas assurément une pure chimère.

6. Il m'a été impossible d'identifier le saint dont il est ici question dans trois de nos calendriers. Est-ce Concordius, martyr en Numidie, fêté au 30 avril (*Acta SS.*, t. III April., p. 745), ou le saint évêque d'Arles de ce nom, mort en 380? A défaut d'indication plus précise, je m'abstiens de décider.

7. Je pense qu'il faut lire *Esperaïndeo,* nom d'un illustre abbé de Cordoue, mort vers le milieu du IXe siècle. Le martyr saint Euloge, qui fut son disciple, le qualifie de « uir disertissimus, magnum temporibus nostris lumen » (*Memorialis sanctorum,* lib. I, § 7) et de « senex et magister noster, atque illustrissimus doctor, beatae recordationis et memoriae Speraindeo abbas » (*Ibid.*, lib. II, c. VIII, *P. L.*, t. CXV, col. 746 et 839; cf. col. 959-966. Voy. aussi FLOREZ, *Esp. sagr.*, t. XI, p. 3). — Il y a pourtant une grave difficulté à cette opinion, et il faudrait lire : *obitus eius,* au lieu de *interfectio eius,* que porte le texte; car Speraindeo ne fut point martyr. C'est la solution proposée par Simonet. Il n'est pas impossible, du reste, qu'il soit ici question d'une martyre Esperanda, dont on n'aura pas autrement gardé

	Codex D (an. 1066).	Codex E (an. 1067).	Codex F (an. 1072).	G. — Kal. Cordub. (an. 961).
6		Sancti Concordi.	Sancti Concordi.	7. — In eo est Latinis festum Esperende et interfectio eius, et est in Corduba. Et sepulchrum eius in ecclesia Vic Atirez.
7				
8				
9				
10				
11				
12	Sancti Pangrati, martyris Christi.	Sancti Pancratis, martyris Christi.	Sancti Pangratis, martyris Christi.	12. — In eo est festum Victoris et Basilii in Ispali.
13				
14	Sancti Isidori, martyris Christi.	Sancti Ysidori, martyris Christi.	Sancti Ysidori, martyris Christi.	
15				
16				
17				
18				
19				
20	Sancti Bauduli.	Sancti Baudali (*sic*), martyris Christi.	Sancti Baudali (*sic*), martyris Christi.	20. — In ipso est festum Baudili, martiris, in ciuitate Nemesete.
21		Sancti Manti, martyris Christi, Elbora.	Sancti Manti, martyris Christi, Elbora.	21. — In ipso est festum Mantii, in Ispania, in Elbore.
22				
23				
24		Principium estatis.	Principium estatis.	
25				

la mémoire. Comme le remarque Florez (t. X, p. 473), nous n'avons pas les noms de tous les martyrs de Cordoue. — L'église d'Atirez doit être la basilique de Saint-Zoïl, car il semble bien qu'il faut identifier le *Vic Atirez* dont il est ici question avec le *Vicus Tiraceorum*, mentionné au 27 juin par notre calendrier.

8. Saint Victor, martyrisé à Milan le 8 mai 303. Voy. *Acta SS.*, t. II Mai., p. 286.

12. Ces deux saints Victor et Basile, fêtés en ce jour à Séville, nous sont inconnus. Il y a bien au 23 mai les saints « Epitacius et Basileus in Hispania »; mais cela ressemble peu à la notice du calendrier de Cordoue.

13. Saint Mucius de Byzance, martyr sous Dioclétien. Les Grecs célèbrent sa fête le 11, les Latins le 13 mai. Voy. Nilles, *Kalendarium manuale*, t. I, p. 157.

14. Saint Isidore le soldat, marqué au 5 février dans le Martyrologe romain.

20. Le célèbre martyr de Nîmes, très populaire autrefois en Espagne sous le nom de *san Boil*. On remarquera que nos calendriers, sauf celui de Cordoue, l'appellent *Baudulus* (l'orthographe *Baudalus* est peut-être une erreur de copiste qui a confondu l'*u* avec *a*, deux lettres presque semblables dans l'écriture wisigothique). Il en est de même dans le Sanctoral mozarabe et la Bibliothèque nationale. L'inscription citée ci-dessus au 21 janvier l'appelle *Baudilus* (RELIQVIAE BAVDILI); une autre, de la Gaule *marter Baudelius* (ap. Le Blant, *Inscript. chrét. de la Gaule*, t. II, p. 596). Cf. Fita, *Boletin de la Academia*, t. XXV, 1894, p. 143.

21. Saint Mancius est honoré par l'église d'Évora comme son premier évêque, envoyé par les Apôtres. Florez a démontré que c'était un simple laïc, martyrisé près d'Évora par des Juifs au ve ou au vi^e siècle. Voy. l'*España sagr.*, t. XIV, p. 122-127 et (passio eius) p. 396; *Acta SS.*, t. V Mai., p. 31. Les Mozarabes modernes le fêtent en ce jour du 21 mai, bien que son office ne se trouve mentionné nulle part, que je sache, dans les monuments manuscrits ou imprimés de cette liturgie.

23. Saint Didier, évêque de Langres au iiie siècle. Voy. les *Acta SS.*, t. V Mai., p. 242.

25. Le calendrier **B** fait ici allusion à la vacance des tribunaux. D'après une loi édictée par Récarède, les tribunaux civils vaquaient le dimanche, la semaine qui précédait et celle qui suivait Pâques, les fêtes de Noël, de la Circoncision, de l'Épiphanie, de l'Ascension et de la Pentecôte, depuis le 18 juillet jusqu'au 18 août pour les moissons (dans la province de Carthagène du 17 juin au 18 juillet), enfin pour les vendanges, du

MAIVS.			Codex A (an. 1039).	Codex B (an. 1052).	Codex C (an. 1055).
26	F	VII			
27	G	VI			
28	A	V			
29	B	IIII			
30	C	III			
31	D	II			

IVNIVS.			Codex A (an. 1039).	Codex B (an. 1052).	Codex C (an. 1055).
1	E	Kal.			
2	F	IIII Non.			
3	G	III			
4	A	II			
5	B	Non.			
6	C	VIII Id.			
7	D	VII			
8	E	VI			
9	F	V		Ieiunium mensualem.	
10	G	IIII			
11	A	III			
12	B	II			
13	C	Id.	Sancti Quirici et Iulite et comitum.	Sancti Quirici et Iulite.	Sancti Kirici et Iulite.
14	D	XVIII Kal.			
15	E	XVII			
16	F	XVI	Sanctorum Adriani adque Natalie.	Sanctorum Adriani et Natalie, Nicomedia.	Sancti Adriani et Natalie.
17	G	XV		Sancti Amos prophete.	
18	A	XIIII	Sanctorum Siriace et Paule.	Sanctorum Siriace et Paule.	

17 septembre au 18 octobre. (*Legis Wisigoth.* lib. II, tit. I, c. XI.)

29. On peut croire qu'il est ici question d'Eugène II, son homonyme saint Eugène III étant mort, d'après les meilleurs calculs, au mois de novembre. Cette date, il est vrai, dérange assez notablement l'hypothèse de Florez (*Esp. sagr.*, t. V, p. 248), qui recule la mort d'Eugène II jusque vers la fin de l'été. La connaissance de nos calendriers eût sans doute modifié son opinion sur ce point. Eugène II mourut en 636. Il avait été moine du monastère *Agaliense*, d'où devait sortir un peu plus tard saint Ildephonse.

1. Saint Euloge de Cordoue, qu'il ne faut pas confondre avec son homonyme de Tarragone, fut martyrisé le 11 mars, très probablement en 859. Il est célèbre par ses écrits, qui nous font bien connaître l'Église mozarabe de Cordoue à cette époque. (Voy. ses œuvres, *P. L.*, t. CXV, col. 705-937.) La vierge sainte Leocritia, jeune mahométane instruite dans la foi chrétienne par une parente, souffrit le martyre le 15 mars. La translation des reliques de ces deux martyrs eut lieu le 1er juin suivant dans la chapelle principale de l'église de Saint-Zoyl. C'est ce jour-là que l'Église mozarabe célébrait leur fête, le 11 et le 15 mars tombant toujours en Carême. En 883, les deux corps furent enlevés et transportés à Oviedo. Cette circonstance ex-

	Codex D (an. 1066).	Codex E (an. 1067).	Codex F (an. 1072).	G. — Kal. Cordub. (an. 961).
26				
27				
28				
29		Obitum domni Eugenii, Toleto.	Obitum domni Eugenii, Toleto.	
30	Obitum domni Eugenii episcopi.			
31	Data est lex Moisi.			

	Codex D (an. 1066).	Codex E (an. 1067).	Codex F (an. 1072).	G. — Kal. Cordub. (an. 961).
1		Sancti Eulogii presbiteri et sancte Leocritie, Cordoba.	Sancti Eulogii presbiteri et sancte Leocritie, Corduba.	3. — In ipso est Christianis festum traslationis corporis Tome apostoli ex sepulcro eius in India in ciuitate Calamina ad ciuitatem Edessam, que est ex ciuitatibus Sirorum.
2				
3				
4				13. — In ipso est Christianis festum Iulite.
5				
6				16. — In ipso est Latinis festum Adriani et sociorum eius, in ciuitate Nicomedia.
7				
8		Sancti Cirilli, Alexandria.	Sancti Cirilli, Alexandria.	17. — Et in ipso est festum in monasterio Lanitus.
9				18. — Et in ipso est festum Quiriaci et Paule interfectorum in ciuitate Cartagena, et festum utriusque in montanis Sancti Pauli in Vifi Cordube.
10				
11				
12				
13	Sancti Quirici et Iulite.	Sancti Quirici et Iulite, martyrum Christi.	Sancti Quirici et Iulite, martyrum Christi.	
14				
15				
16	Sancti Adriani et comitum, Nicomedia.	Sanctorum Adriani atque Natalie et comitum eorum, martyrum.	Sanctorum Adriani atque Natalie [et] comitum eorum, martyrum.	
17				
18		Sanctarum Syriace et Paule.	Sanctarum Syriace et Paule.	

plique pourquoi leur fête n'est pas mentionnée dans le calendrier de Cordoue de 961. Sur tout cela, voy. FLOREZ, *Esp. sagr.*, t. X, p. 420-481. On peut consulter aussi sur les écrits de saint Euloge la thèse du cardinal Bourret, intitulée : *De schola Cordubae Christiana*, p. 38.

3. Il est remarquable que le calendrier de Cordoue soit le seul de nos calendriers mozarabes à marquer cette translation de l'apôtre saint Thomas. Le Martyrologe romain, ainsi que ceux d'Usuard et du vénérable Bède, la placent au 3 juillet.

8. Les Grecs fêtent saint Cyrille d'Alexandrie le 9 juin.

9. Jeûne mensuel. Sur ce jeûne, voy. ci-dessus, au 10 avril.

13. Tous nos calendriers signalent la fête des saints Cyr et Julita sa mère, deux martyrs autrefois populaires en Espagne, où l'on trouve beaucoup d'églises sous le vocable de *San Quirce*, qui est le nom de saint Cyr en vieux castillan.

17. La fête non spécifiée dans le calendrier de Cordoue doit être celle de saint Adrien. Le monastère de *Lanitus* n'est pas autrement connu.

18. Malgré la plupart de nos calendriers, on doit corriger ainsi : *Sanctorum Syriaci et Paule*. Comme le fait remarquer Simonet, il faut très probablement lire *Carthagine*, au lieu de *Cartagena*, le même mot arabe *Cartageanna* servant à dési-

IVNIVS.			Codex A (an. 1039).	Codex B (an. 1052).	Codex C (an. 1055).
19	B	XIII	Sanctorum Geruasi et Protasi.	Sanctorum Gerbasi et Protasi et Marine.	Sancti Geruasi et Protasi.
20	C	XII			
21	D	XI			
22	E	X		Depositio beati Paulini episcopi.	
23	F	VIIII		Sancti Nicolai episcopi confessoris.	Natiuitas sancti Iohannis Baptiste.
24	G	VIII	Natiuitas sancti Iohannis.	Natiuitas sancti Iohannis Babtiste. — Solstitium stibale, quod *lampadas* dicitur.	
25	A	VII			
26	B	VI	Sancti Pelagii.	Sancti Pelagii, Corduba.	Sancti Pelagii martyris.
27	C	V	Sancti Zoyli.	Sancti Zoyli martyris, Corduba.	Sancti Zolli.
28	D	IIII	Sancta Iuliana.	Sancte Iuliane, uirg. et comitum.	Sancte Iuliane uirginis.
29	E	III	Sanctorum apostolorum Petri et Pauli.	Sanctorum Petri et Pauli, Roma.	Sanctorum apostolorum Petri et Pauli.
30	F	II	Sancte Luci[die et Auce]le.	Sancti Martialis episc. conf. et sancte Lucidie.	Sancte Lucidie uirginis.

gner l'une et l'autre ville. Il n'en subsiste pas moins de très grosses difficultés pour identifier ces deux saints, les compilateurs de martyrologes ayant tout fait pour rendre le problème à peu près inextricable. Voy. FLOREZ, *Esp. sagr.*, t. XII, p. 350-54 et *Acta SS.*, t. V Iun., p. 8.

Il m'a été également impossible d'identifier les *Montana Sancti Pauli,* où les Mozarabes de Cordoue se réunissaient pour célébrer la fête de ces martyrs.

19. Rien à dire des deux saints Milanais bien connus. La sainte Marina, marquée au calendrier **B**, est inscrite au 18 dans le Martyrologe romain, et les *Vitae Patrum* nous ont fait connaître les détails de sa touchante histoire. Voy. dans la *P. L.,* t. LXXIII, col. 691-694.

22. Saint Paulin de Nole.

23. Peut-être faut-il voir dans ce saint Iherontius ou Gerontius un des évêques de Cordoue des premiers siècles, dont le nom serait resté jusqu'ici inconnu. Quant à celui de Séville, voy. au 26 août. — On ne connaît guère de fêtes de saint Nicolas de Myre (le mot *Palestine* est, semble-t-il, une mauvaise lecture) qu'au 6 décembre (au 7 et au 8 dans nos calendriers), date de sa mort, et au 9 mai, date de la translation de ses reliques à Bari, en 1087. Aussi, est-il permis d'émettre l'hypothèse qu'il est ici question de saint Niceas ou Nicetas, dont le nom est marqué à ce jour dans Bède, Usuard, Adon et autres martyrologes, où le collectionneur mozarabe l'aura copié.

24. Le mot *Alhansora*, ou mieux *Alhansara*, est (d'après Simonet) celui dont se servaient les Arabes d'Espagne pour désigner la fête de saint Jean-Baptiste.

26. Saint Pélage, jeune martyr de 13 ans, la plus célèbre des victimes de la persécution musulmane à Cordoue, mis à mort par le trop fameux calife Abderrahman III, en 925. Trois ans à peine après son martyre, plusieurs églises s'élevèrent sous son vocable en Castille et en Galice. Voy. *P. L.*, t. LXXXV, col. 1041-1050 (avec la messe composée en son honneur vers 930)

	Codex D (an. 1066).	Codex E (an. 1067).	Codex F (an. 1072).	G. — Kal. Cordub. (an. 961).
19	Sanctorum Gerbasi et	Sanctorum Gerbasi et Protasi, martyrum Christi.	Sanctorum Gerbasi et Protasi, martyrum Christi.	19. — In ipso est Christianis festum Geruasii et Protasii, interfectorum in ciuitate Mediolani.
20				
21				
22				
23	Sancti Nicolai episcopi, Palestine.	Sancti Iheronti, Cordoba.	Sancti Iheronti, Cordoba.	
24	Natiuitas sancti Iohannis Baptiste. — Solstitium.	Natibitas sancti Iohannis Baptiste.	Natibitas sancti Iohannis Babtiste.	24. — Est dies Alhansora. Et in ipso retentus fuit sol super Iosue filii Nini (Nun) prophete. Et in ipso est festum Natiuitatis Iohannis, filii Zaccharie.
25	Sancti Zoili, martyris Christi, Cordoba. — Caput Iulii mensis apud Egyptios.			
26	Sancti Pelagii.	Sancti Pelagii, martyris Christi, Cordoba.	Sancti Pelagii, martyris Christi, Cordoba.	26. — In ipso est festum Pelagii, et sepultura eius est in ecclesia Tarsil.
27		Sancti Zoyli, martyris Christi, Cordoba.	Sancti Zoyli, martyris Christi, Cordoba.	27. — In ipso est festum sancti Zoili, et sepultura eius est in ecclesia Vici Tiraceorum.
28	Sancte Iuliane uirginis.	Sancte Iuliane uirginis et comitum eius martyrum.	Sancte Iuliane uirginis et comitum eius martyrum.	
29	Sanctorum Petri et Pauli apostolorum.	Sanctorum apostolorum Petri et Pauli, martyrum Christi, Roma.	Sanctorum apostolorum Petri et Pauli martyrum Christi, Roma.	29. — In ipso est Christianis festum duorum apostolorum interfectorum in ciuitate Roma, et sunt Petrus et Paulus, et sepulture eorum sunt illic. Et festum amborum est in monasterio Nubiras.
30		Sancte Lucidie uirginis et Aucele regis Barbarorum et aliorum de populo ciuium Romanorum.	Sancte Lucidie uirginis et Aucele regis Barbarorum et aliorum de populo ciuium Romanorum.	

et Florez, t. XXIII, p. 105. — Tarsil était un hameau situé dans la campagne de Cordoue, à trois milles de la ville. Voy. à ce sujet ci-après au 11 novembre.

27. Sur la vie, le martyre et le culte de saint Zoyl, voy. Florez, t. X, p. 311-328. — Les *Vicus Vraceorum*, le *Vic Atirez* et le *Vicus Tiraciorum*, mentionnés au 20 avril, au 7 mai et au 4 novembre, doivent être un seul et même lieu, c'est-à-dire le *Vicus Tiraceorum*, dont il est fait ici mention et où s'élevait la basilique de Saint-Zoyl. D'après Simonet, ce nom lui serait venu d'une certaine étoffe nommée *tiraz*, qu'on aurait fabriquée dans ce faubourg de Cordoue.

28. Sainte Julienne de Nicomédie, dont les actes se lisent en ce jour dans le Sanctoral mozarabe de Paris souvent cité. On pense que plusieurs de ses reliques furent transportées en Espagne, où des églises assez importantes s'élevèrent en son honneur, entre autres la collégiale de Santillana (Sancta Iuliana) dans l'ancien diocèse de Burgos, aujourd'hui dans celui de Santander. Voy. les *Acta SS.*, au 16 févr., t. II Febr., p. 868.

29. L'église et le monastère de *Nubiras*, où les Mozarabes de Cordoue célébraient au xe siècle la fête des saints Apôtres, ne nous sont pas connus. Simonet pense que Nubiras (et *Anubraris*, dont il est question au 10 août) est la *Colubris* mentionnée par les écrivains chrétiens de Cordoue. C'était un faubourg de la grande ville, dans lequel se trouvait l'église des deux saints frères médecins Cosme et Damien.

30. Rien de moins aisé à débrouiller que les actes de la vierge sainte Lucie et du « roi des Barbares » Auceia, que tous nos documents mozarabes appellent *Lucidia et Aucela*. Voy. les *Acta SS.*, t. V Iun., p. 11-14. — Saint Martial, inscrit au calendrier **B**, est l'évêque de Limoges bien connu. Les Mozarabes modernes de la cathédrale de Tolède font son office au 7 juillet, comme fête de neuf leçons.

IVLIVS.			Codex A (an. 1039).	Codex B (an. 1052).	Codex C (an. 1055).
1	G	Kal.	Sanctorum Simonis et Iude apostolorum.	Sanctorum Simonis et Iude, apostolorum, martyrum.	Sanctorum Simonis et Iude apostolorum.
2	A	vi Non.			
3	B	v		Sancti Bonifacii et comitum.	
4	C	IIII	Translatio sancti Martini episcopi.	Translatio corporis sancti Martini.	Translatio corporis sancti Martini.
5	D	III			
6	E	II			
7	F	Non.			
8	G	VIII Id.			
9	A	VII			
10	B	VI	Sancti Christofori.	Sancti Christofori et comitum, Antiocia.	Sancti Christofori et comitum eius.
11	C	v		Sancti Benedicti abbatis translatio.	
12	D	IIII			
13	E	III			
14	F	II			
15	G	Id.			
16	A	XVII Kal.		Sancti Mames, Cesarea.	Sancti Mames.
17	B	XVI	Sanctarum Iuste et Rufine.	Sanctarum Iuste et Rufine, Spali.	Sanctarum Iuste et Rufine.
18	C	XV	Sancti Sperati et sancte Marine uirg.	Sancti Sperati et Marine, Cartagine.	Sancti Sperati et Marine.
19	D	XIIII			

1. Tous nos calendriers et *Santorales* mozarabes marquent en ce jour la fête des deux Apôtres Simon (de Cana ou le Zélote) et Jude (ou Taddée), tandis que la plupart des martyrologes latins l'inscrivent au 28 octobre. Il est curieux cependant de remarquer que les calendriers **E** et **F** signalent de nouveau saint Simon au 19 octobre, et celui de Cordoue les deux mêmes apôtres au 29. Le Martyrologe hiéronymien porte au 1er juillet : « In Persida, passio sanctorum apostolorum Simonis Cananei et Iude Zelotis » (édit. de Mgr Duchesne, dans les *Acta SS.*, t. II Nov., p. [85] : cf. t. II Oct., p. 421-436).

3. Peut-être saint Boniface d'Adrumète, marqué au 30 août dans le Martyrologe romain.

4. La Translation de saint Martin est inscrite à ce jour dans la plupart des anciens calendriers de l'Église latine.

5. Il ne m'a pas été possible de déterminer parmi les saints du nom de Théodule quel est celui dont il est ici question. Peut-être faut-il le confondre avec le *sanctus Theodorus*, mentionné un peu plus loin (14 juillet).

10. Saint Christophe le célèbre martyr de Lycie, qui a joui en Espagne d'une très grande popularité. Sa fête est marquée d'ordinaire au 25 juillet chez les Latins et au 8 mai chez les Grecs. Voy. *Analecta Bollandiana*, t. I, p. 121-148. Le Sanctoral mozarabe donne ses actes au 10 juillet, avant ceux de sainte Félicité et de ses sept fils, dont la fête est mentionnée par les calendriers **E** et **F**.

A Cordoue, les Mozarabes du xe siècle allaient solenniser la fête de saint Christophe de l'autre côté du Guadalquivir, dans le faubourg appelé « le Jardin de la Merveille » (le *Munia Achab* des écrivains arabes, l'*ortus mirabilis* de notre calendrier), renommé par la douceur et la salubrité de son climat. Là s'élevaient l'église et le monastère de Saint-Christophe, où les chrétiens vénéraient les corps de plusieurs martyrs. Saint Euloge

	Codex D (an. 1066).	Codex E (an. 1067).	Codex F (an. 1072).	G. Kal. Cordub. (an. 961).
1	Sanctorum Simonis et Iude, Apostolorum.	Sanctorum apostolorum Symonis et Iude, martyrum Christi.	Sanctorum apostolorum Symonis et Iude, martyrum Christi.	1. — Et Christianis in eo est festum Symonis et Iude apostolorum, interfectorum in terra Persie.
2				
3		Sancti Bonifatii et comitum eius.	Sancti Bonifatii et comitum eius.	
4		Translatio sancti Martini episcopi.	Translatio sancti Martini episcopi.	
5	Sancti Teodoli.			
6				
7				
8				
9				
10	Sancti Christofori et comitum eius, Antio[cia].	Sancti Christofori et comitum eius martyrum, et sancte Felicitatis, martyris Christi.	Sancti Christofori et comitum eius martyrum, et sancte Felicitatis, martyris Christi.	10. — In ipso est Christianis festum Christofori, et sepulchrum eius est in Antiochia. Et festum eius est in orto mirabili, qui est in alia parte Cordube, ultra fluuium ubi sunt infirmi.
11	Sancte Marciane uirginis, Cesarea.	Sancte Marciane uirginis	Sancte Marciane uirginis.	11. — Et in ipsa est Christianis festum Marciane interfecte, et sepultura eius est in ciuitate Cesarea.
12				
13		Sancti Mutii.	Sancti Mutii.	
14		Sancti Teodori.	Sancti Teodori.	
15				
16				
17	Sanctarum Iuste et Rufine, Spali.	Sanctarum Iuste et Rufine, martyrum Christi.	Sanctarum Iuste et Rufine martyris (*sic*) Christi.	17. — Et in ipso est Latinis festum Iuste et Rufinė, interfectarum in Ispali, et festum ambarum est in monasterio Auliati.
18	Sancti Sperati et Marine.	Sancte Marine, uirginis et martyris Christi.	Sancte Marine, uirginis et martyris Christi.	18. — In ipso est Christianis festum Esparati (*forme arabe de* Sperati), et sepultura eius in Cartagine magna.
19	Dies caniculares incipiunt, qui permanent usque in nou. septembr. dies Lª.	Sancti Sperati et comitum eius martyrum.	Sancti Sperati et comitum eius martyrum.	

(*Memoriale sanctorum*, lib. II, c. 4 et 9) parle de ce monastère, « quod situm est in spectaculum urbis », expression très heureuse, que l'on ne comprend guère, si l'on n'a pas contemplé des jardins de l'Alcazar ou de la *Plaza del Trionfo* la rive gauche de l'antique Bétis.

11. Les Mozarabes modernes célèbrent encore en ce jour, avec la solennité de leurs grandes fêtes (*festum 6 capparum*), la Translation de saint Benoît. — Sainte Marciana, mentionnée par quatre de nos calendriers, est honorée plus communément au 9 janvier et souffrit le martyre, en 303, à Césarée de Mauritanie, aujourd'hui Cherchell. Le Sanctoral mozarabe place sa passion au 11 juillet.

13. Probablement le même Mucius, dont la fête a déjà été signalée ci-dessus, au 13 mai.

16. Saint Mamès de Césarée de Cappadoce, honoré le 17 août, et dont la passion est marquée au 7 du même mois dans le Sanctoral et dans six de nos calendriers mozarabes.

17. Célèbres martyres de Séville. L'église de Tolède placée sous leur vocable est encore une des paroisses mozarabes de cette ville. — Le *monasterium Auliati*, où se rendaient en ce jour les Mozarabes de Cordoue, se trouvait sans doute au hameau appelé *Aulia* par les auteurs arabes et qui était dans la campagne de la grande ville des califes.

18. Saint Speratus et ses compagnons, plus connus de nos jours sous le nom de *Martyrs Scillitains*, dont les actes ont donné lieu à plusieurs travaux récents. (Voy. mon *Histoire de l'abbaye de Silos*, p. 272, note 2.) Leur office est marqué au 21 juillet dans le Bréviaire mozarabe imprimé, au 16 novembre dans le Missel; mais leurs noms sont passés sous silence dans l'Ordo moderne des chapelains mozarabes de Tolède.

IVLIVS.			Codex A (an. 1039).	Codex B (an. 1052).	Codex C (an. 1055).
20	E	XIII			
21	F	XII		Sancti Victoris Massiliensis.	
22	G	XI		Sancti Emiliani, presbiteri et confessoris.	
23	A	X			
24	B	VIIII	Sancti Bartolomei apostoli.	Sanctorum Bartolomei et Iacobi apostoli, et obitus sancte Seculine.	Sancti Bartolomei apostoli.
25	C	VIII	Sancti Cucufatis.	Sancti Cucufati, Barcinona.	Sancti Cucufati.
26	D	VII	Sancte Christine uirginis.	Sancte Christine uirginis.	Sancte Cristine.
27	E	VI	Sancti Felicis, episcopi Nolensis.	Sancti Felicis, Nolensis episcopi, et comitum.	Sancti Felicis Nolensis.
28	F	V		Sancte Mayre, uirginis martyris.	
29	G	IIII		Sancti Simonis confessoris, Anciocia.	
30	A	III		Beati Lupi episcopi.	
31	B	II		Sanctorum Germani et Fabi.	Sancti Fabi.

AVGVSTVS.			Codex A (an. 1039).	Codex B (an. 1052).	Codex C (an. 1055).
1	C	Kal.	Sancti Felicis et Maccabeorum.	Sancti Felicis et Macabeorum, Gerunda.	Sancti Felicis Ierunde, et Makabeorum.

22. Sur saint Emilien, voy. plus loin au 12 novembre. — Quant à Marie Magdeleine, on remarquera que le calendrier de Cordoue est le seul qui en fasse mention.

24. Saint Barthélemy est honoré chez les Grecs le 11 juin, chez les Latins le 24 (c'est la seconde fête assignée par notre calendrier de Cordoue) ou le 25 août, jour de la Translation de ses reliques à Rome. Voy. Nilles, *Kalendarium manuale*, t. I, p. 177 et surtout 256-260. — On voit que la fête de saint Jacques, frère de Jean, est marquée au 24 par le calendrier **B**, tandis que le calendrier **D** et celui de Cordoue la placent au jour suivant. Les Mozarabes modernes la célèbrent encore à cette dernière date. Toutefois, la grande solennité de l'apôtre avait lieu le 30 décembre, jour de la translation de ses reliques.

Quant à sainte *Seculina*, dont la vie la plus complète (publiée par les Bollandistes dans leur *Catalogus codd. hagiogr. Biblioth. Paris.*, t. III, p. 488-504) nous a été conservée dans le Sanctoral mozarabe de Paris, c'est notre sainte Sigolène française, abbesse du monastère de Troclare, au diocèse d'Albi. La date de sa mort se place vers l'an 770. Le titre de *confessor* lui est donné aussi par l'auteur de sa vie : *Vita uel transitus sancte Seguline confessoris Christi*. Sur ce titre, voy. plus loin, au 9 décembre, fête de sainte Eulalie.

25. Saint Cucufat ou saint *Culgat* en catalan, célèbre martyr barcelonais. Voy. Florez, t. XXIX, p. 322 et 500, et Villanveva, *Viage literario*, t. XIX, p. 21-32. — Le calendrier de Cordoue mentionne à ce jour la fête de saint Jacques, sans un mot de plus. Ce silence sur le grand patron des Espagnes et son tombeau en Galice est très remarquable. Simonet l'explique en disant que ce tombeau était trop connu en 961 à Cordoue pour qu'il fût nécessaire d'en parler. Il n'est pas dou-

	Codex D (an. 1066).	Codex E (an. 1067).	Codex F (an. 1072).	G. — Kal. Cordub. (an. 971).
20				
21		Sancti Victoris Massiliensis, martyris Christi.	Sancti Victoris Massiliensis, martyris Christi.	
22				22. — In ipso est Christianis festum sancte Marie Magdalene.
23				
24	Sancti Bartolomei apostoli.	Sancti Bartolomei apostoli, martyris Christi, et sancte Seguline, confessoris Christi.	Sancti Bartolomei apostoli, martyris Christi, et sancte Seguline, confessoris Christi.	24. — In ipso est Christianis festum Bartholomei apostoli, et sepultura eius est in India.
25	Sancti Cucufati, Barcinona. (*En marge*) : **Decollatio sancti Iacobi apostoli, fratris sancti Iohannis apostoli, in Ierusalem.**	Sancti Cucufatis.	Sancti Cucufatis.	25. — In ipso est Christianis festum Cucufati, sepulti in ciuitate Barcinona. — Et in ipso est festum sancti Iacobi et sancti Christophori.
26	Sancte Cristine. Tiro.	Sancte Christine, uirginis et martyris Christi.	Sancte Christine, uirginis et martyris Christi, Tyro.	26. — In ipso est Christianis festum Christine uirginis, et sepultura eius est in ciuitate Sur. Et festum eius est in ecclesia Sancti Cipriani in Corduba.
27	Sancti Felicis, Nola.	Sancti Felicis, episcopi et martyris Christi, Nola.	Sancti Felicis, episcopi et martyris Christi, Nola.	
28	Sancte Mayre uirginis.	Sancte Mayre, uirginis et martyris Christi.	Sancte Mayre, uirginis et martyris Christi.	
29	Sancti Simeonis confessoris.			
30	Sancte Iuliane.	Sancti Simonis [illegible]	Sancti Simonis uite (*sic*).	
31	Sanctorum Germani, episcopi, et Fabi, Cesarea.	Sancti Faui, martyris Christi.	Sancti Faui, martyris Christi, Cesarea.	31. — In ipso est Christianis festum Fabii, et sepultura eius est in ciuitate Cesarea.

	Codex D (an. 1066).	Codex E (an. 1067).	Codex F (an. 1072).	G. — Kal. Cordub. (an. 961).
1	Sancti Felicis, Ierunda, uel Maccabeorum.	Sancti Felicis, martyris Christi, et sanctorum Macabeorum, martyrum Christi.	Sancti Felicis, martyris Christi, et sanctorum Maccabeorum, martyrum Christi.	1. — Et in ipso est Latinis festum Felicis martyris, sepultus in ciuitate Gurinda : et festum eius est in uia Ienisem in monte Cordube. — Et in ipso est festum sancti Petri cum misit Deus Angelum suum.

teux que le fait de la présence du corps de l'Apôtre en Galice ne fût à cette époque également accepté comme certaine par les Arabes et par les Chrétiens.

26. Sainte Christine de Torano (le *Tiro* de nos calendriers), près du lac de Bolsena en Toscane. Sa fête est ordinairement au 24 juillet. Voy. *Acta SS.*, t. V Iul., p. 495-524 et Nilles, o. c., p. 221. — Le calendrier de Cordoue confond le *Tiro* ci-dessus avec *Sur,* la grande Tyr phénicienne. L'église ou basilique de Saint-Cyprien, dans laquelle on se réunissait à Cordoue pour la fête de sainte Christine et qui se trouvait *intra muros,* est mentionnée plusieurs fois par saint Euloge. Voy. *P. L.*, t. CXV, col. 793 et 810. Consulter aussi Florez, t. X, p. 258-259.

28. Cette sainte que le Sanctoral et nos calendriers appellent *Mayra*, est la sainte *Maria ancilla,* dont on peut voir les actes dans les Bollandistes (t. I Nou., p. 194-207).

29. Siméon l'*Ancien*, un des trois Stylites de ce nom.

30. Saint Loup, évêque de Troyes, dont la mort est marquée d'ordinaire au 29 juillet 479.

31. Notre saint Germain d'Auxerre, mort le 31 juillet 448. — Fabius souffrit le martyre à Césarée de Palestine, sous l'empereur Dioclétien. Le Sanctoral mozarabe de Paris le marque aussi à ce jour.

1. Sur le culte des Macchabées, très ancien dans l'Église tant en Orient qu'en Occident, voy. les *Acta SS.*, t. I Aug., p. 5-15. — Quant au célèbre martyr de Girone saint Félix, sa fête se trouve au 1er jour du mois d'août dans tous les anciens manuscrits mozarabes que j'ai pu consulter. C'est à cette date aussi que la place le *Libellus Orationum* de Vérone. Voy. les *Acta SS.*, t. I Aug., p. 22. — L'église où se réunissaient en ce jour les chrétiens de Cordoue est, d'après toute apparence, celle de

AVGVSTVS.			Codex A (an. 1039).	Codex B (an. 1052).	Codex C (an. 1055).
2	D	IIII Non.	Sancte Centolle.		
3	E	III			
4	F	II			
5	G	Non.			
6	A	VIII Id.	Sanctorum Iusti et Pastoris.	Sanctorum Iusti et Pastoris, Compluto.	Sanctorum Iusti et Pastoris.
7	B	VII	Sancti Mammetis.	Sancti Mames, Cesarea, et obitus sancti Felicis episcopi, Toleto.	
8	C	VI			
9	D	V			
10	E	IIII	Sanctorum Sixti episcopi, Laurentii arcidiaconi et Ippoliti ducis.	Sanctorum Sixti episcopi et Laurentii arcidiaconi, Roma.	Sanctorum Xisti et Laurentii arcidiaconi.
11	F	III	Sacratio sancti Martini episcopi.	Sancti Martini sacratio.	
12	G	II		Sanctorum Crisandi et Darie.	
13	A	Id.		Sancti Ypoliti ducis, Roma.	
14	B	XVIIII Kal.			
15	C	XVIII	Adsuntio sancte Marie uirginis.	Adsumtio sancte Marie uirginis.	Adsumtio sancte Marie uirginis.
16	D	XVII			
17	E	XVI			
18	F	XV			
19	G	XIIII			
20	A	XIII			
21	B	XII		Sancti Priuati episcopi martyris.	
22	C	XI			

Saint-Félix. Elle était située dans la montagne, à douze milles de la cité, au lieu dit *Froniano*, dont il est question dans les écrits de saint Euloge. — Le calendrier de Cordoue est le seul du rite mozarabe qui fasse mention de la fête de saint Pierre *ad Vincula*, fête toute romaine et qui était celle de la dédicace de la basilique de l'Esquilin. Voy. sur ce point Mgr DVCHESNE, *Origines du culte chrétien*, p. 269.

2. Sainte Centolla (ou *Centola* en castillan), honorée comme vierge-martyre au 4 août dans le diocèse du Burgos depuis un temps immémorial. Voy. Florez, t. XXVII, p. 357-367; et aussi les *Acta SS.*, t. III Aug., p. 30.

6. Les saints Juste et Pasteur, martyrs bien connus d'Acalá (Complutum). Voy. *P. L.*, t. LXXXV, col. 805, note. — Le monastère mentionné par le calendrier de Cordoue est celui des saints Juste et Pasteur, situé dans la montagne, au lieu dit *Fraga*. C'est de là que partit, en 852, le moine Léovigilde, pour aller souffrir le martyre dans la capitale des califes. Voy. saint Euloge, *Memoriale Sanctorum*, lib. II, c. XI.

7. Au sujet de saint Mamès, voy. ci-dessus au 16 juillet. — La mention de Félix, évêque de Tolède, est importante et nous apprend deux choses ignorées jusqu'ici : le titre de *saint* attaché à son nom, et le jour de sa mort. Voy. sur ce personnage, Florez, t. V, p. 298-301.

10. Au sujet du monastère d'*Anubraris* du calendrier de Cordoue, voy. ci-dessus, au 29 juin.

11. J'avais pensé tout d'abord qu'il s'agissait ici de la consécration d'une basilique en l'honneur de saint Martin (cf. au 29 oct.), la consécration épiscopale du saint ayant eu lieu, d'après presque tous les témoignages, le 4 ou le 5 juillet. L'*Hymnus in diem sacrationis sancti Martini*, qui se trouve

	Codex D (an. 1066).	Codex E (an. 1067).	Codex F (an. 1072).	G. — Kal. Cordub. (an. 961).
2		Sancte Centolle.	Sancte Centolle.	
3				
4				
5				
6	Sanctorum Iusti et Pastoris, Compluto.	Sanctorum Iusti et Pastoris, martyrum Christi.	Sanctorum Iusti et Pastoris, martyrum Christi.	6. — In ipso est Christianis festum Iusti et Pastoris, interfectorum in ciuitate Compluti. Et festum utriusque est in monasterio in monte Cordube.
7	Sancti Mametis, Cesarea.	Sancti Mametis, martyris Christi.	Sancti Mametis, martyris Christi.	7. — In ipso est Christianis festum Mames, sepulti in ciuitate Cesarea.
8				
9				
10	Sanctorum Xisti episcopi, et Laurenti arcidiaconi, et Ipoliti.	Sanctorum Sixisti (*sic*) episcopi, et Laurenti arcediaconi, et Ypoliti ducis, martyrum Christi.	Sanctorum Sixisti (*sic*) episcopi, et Laurenti arcediaconi, et Ypoliti ducis, martyrum Christi.	10. — In ipso est Christianis festum Sixti episcopi, et Laurentii archidiaconi, et Ipoliti militis, interfectorum in ciuitate Roma. Et aggregatum in eo est in monasterio Anubraris.
11	Sacratio sancti Martini, Tornis.	Sacratio sancti Martini episcopi.	Sacratio sancti Martini.	
12				
13	Sanctorum Crisanti et Darie.	Sancti Crisanti et Darie, martyrum Christi.	Sanctorum Crisanti et Darie, martyrum Christi.	
14				
15	Adsuntio sancte Marie uirginis.	Adsumtio sancte Marie uirginis.	Adsumtio sancte Marie uirginis.	15. — In ipso Christianis est festum Assumptionis Marie uirginis, super quam sit salus.
16				
17				
18				
19				
20				
21	Sancti Priuati episcopi.	Sancti Pribati, episcopi et martyris Christi. Et principium autumni.	Sancti Pribati, episcopi et martyris Christi. Et principium autumni.	
22	Sancti Timotei episcopi.			

dans un manuscrit mozarabe du British Museum (add. 30.851, fol. 141 verso) et qui est placée immédiatement avant une hymne en l'honneur de l'Assomption de Notre-Dame, ne laisse aucun doute au sujet de cette fête. C'est bien de l'élévation de Martin à l'épiscopat qu'il s'agit. Voici la strophe principale de cette hymne, publiée récemment par le P. Clément Blume, *Hymnodia gotica*, 1897, p. 218 :

Cui mercedem Dominus
Pro paucis reddit plurima,
Episcopatum accepit,
Nolentes multos inuidos.

On remarquera que l'auteur se sert de la même expression (*sacratio*) pour la dédicace de la basilique de Sainte-Léocadie, à Tolède (29 octobre).

12-13. Les martyrs Chrysante et Darie sont inscrits au 25 octobre dans le Martyrologe romain et au 19 mars dans les Ménées des Grecs. Voy. sur ces deux saints, les *Acta SS.*, au 25 octobre.

15. Tous nos calendriers sont d'accord pour placer au 15 août la fête de l'Assomption. Sur ce point, comme sur beaucoup d'autres, ils s'éloignent de l'usage gallican, qui mettait cette fête en janvier. Voy. *P. L.*, t. LXXXV, col. 819. — Un calendrier astronomique arabe conservé à l'Escurial (sous le n° **932**) et cité par Simonet, porte au 15 août les mots suivants : « Fête du *transitus* et mort de Marie, et fin de son jeûne ». Cette mention du jeûne qui précédait l'Assomption, comme chez les Grecs, est intéressante à constater.

21. Saint Privat, évêque-martyr du Gévaudan (Mende), mort en l'année 265. Voy. *Acta SS.*, t. IV Aug., p. 433.

22. Sur ce saint Timothée, voy. la longue note que lui a consacrée Baronius dans son édition du Martyrologe romain, à ce jour, et les *Acta SS.*, t. IV Aug., p. 530.

AVGVSTVS.			Codex A (an. 1039).	Codex B (an. 1052).	Codex C (an. 1055).
23	D	X		Sancti Abundi. — Principium [autumni].	Principium autumni.
24	E	VIIII		Sancte Tecle, uirginis et martyris, et sancti Censuri et comitum eius.	Dies V intercalares.
25	F	VIII	Sancti Genesi.	Sancti Genesi, Arelato.	Sancti Genesi.
26	G	VII	Sancti Victoris.	Sancti Geronti confessoris, et sancti Victoris et Corone.	
27	A	VI			Sancti Agustini episcopi.
28	B	V	Obitum sancti Agustini episcopi.	Sancti Agustini, episcopi et confessoris.	
29	C	IIII		Sancti Elissei prophete. — Sanctorum trium uirginum Fidei, Spei et Caritatis, et matris eorum Soffie.	
30	D	III	Sancti Felicis episcopi.		
31	E	II			

SEPTEMBER.			Codex A (an. 1039).	Codex B (an. 1052).	Codex C (an. 1055).
1	F	Kal.	Sanctorum Vincenti et Leti.	Sancti Vincenti et Leti.	Sancti Vincenti et Leti.
2	G	IIII Non.	Sancti Antoni.	Sancti Antonini martyris.	Sancti Antonini.

23. On trouve un saint Abundius au 26 aout dans le Martyrologe romain; un autre plus connu, au 16 septembre. — Le saint Matthias signalé par le calendrier **D**, est peut-être le huitième évêque de Jérusalem, qui vivait sous Adrien. Sa fête est marquée d'ordinaire au 30 janvier. Voy. *Acta SS.*, t. II Ian., p. 1025. — Sur saint Claude et ses compagnons, voy. *Ibid.*, t. IV Aug., p. 571.

24. Nos divers calendriers mozarabes marquent la fête de saint Barthélemy au 24 juillet. Voyez à cette date. Simonet pense que le nom de *Esturis*, qui se lit dans le calendrier de Cordoue, est la forme arabe de la ville de *Daras*, en Mésopotamie, où une superbe basilique renfermait le tombeau de l'Apôtre. — Sur Censurius, ou Censurinus, et ses compagnons, voy. *Acta SS.*, t. II Sept., p. 518.

25. De tous les saints Genès du Martyrologe, celui d'Arles est le seul dont l'ancienne liturgie espagnole ait célébré la fête. Prudence (*Peristephanon*, hymn. 4) le chantait déjà au IVe siècle :

Teque praepollens Arelas habebit
Sancte Genesi.

Les chrétiens de Cordoue célébraient la fête de saint Genès dans l'église élevée en son honneur dans la bourgade appelée *Tercios* (le *Tercis* du calendrier). Voy. au 11 novembre. Alvarus et Euloge mentionnent plusieurs fois cette basilique, où se trouvaient les corps de plusieurs martyrs et près de laquelle était un monastère. Voy. Florez, t. X, p. 259.

26. Saint Géronce est le premier évêque d'Italica, près de Séville. Sur l'époque où il vécut, voy. la dissertation de Florez, t. XII, p. 263-270. — Le nom de Victor, qui se trouve tantôt isolé, tantôt accolé au nom de Géronce dans nos calendriers, est celui d'un martyr de Césarée. Ses actes, jusqu'ici inédits, ont été publiés récemment, d'après le Sanctoral mozarabe de

	Codex D (an. 1066).	**Codex E** (an. 1067).	**Codex F** (an. 1072).	G. — **Kal. Cordub.** (an. 961).
23	Sancti Matthie episcopi.	Sanctorum Claudii, Asteri, Neonis, Domnine et Teomile, cum infante, martyrum Christi.	Sanctorum Claudii, Asteri, Neonis, Domnine et Teomile, cum infante, martyrum Christi.	
24				24. — In ipso est Christianis festum sancti Bartholomei, sepulti in ciuitate Esturis.
25	Sancti Genesi, Arlato.	Sancti Genesis et (*sic*) martyris Christi.	Sancti Genesis et (*sic*) martyris Christi.	25. — In ipso est Christianis festum Genesii, sepulti in ciuitate Arelatensi. — Et festum eius est in Tercis planiciei.
26	Sancti Victoris et Geronti.	Sancti Victoris et Corone, martyrum Christi. Item et sancti Victoris, martyris Christi, et sancti Ieronti, confessoris Christi.	Sancti Victoris et Corone, martyrum Christi. Item et sancti Victoris, martyris Christi, et sancti Ieronti, confessoris Christi.	26. — In ipso est festum Geruncii, episcopi in Talica.
27				
28	Sancti Agustini episcopi, Hipona.	Obitum sancti Agustini, episcopi et confessoris Christi.	Obitum sancti Agustini, episcopi et confessoris Christi.	28. — In ipso est festum Augustini philosophi.
29	Sanctorum Spei, et Fidei, et Caritatis, et matris earum Sapientie, Rome.	Sanctarum uirginum Fidei, Spei et Cari[tatis]	Sanctarum uirginum Fidei, Spei et Karitatis, et matris earum Soffie.	
30		Sancti Felicis	Sancti Felicis, episcopi et martyris Christi.	30. — In ipso est Christianis festum Felicis episcopi, sepulti [in] ciuitate Nola.
31				

	Codex D (an. 1066).	**Codex E** (an. 1067).	**Codex F** (an. 1072).	G. — **Kal. Cordub.** (961).
1	Sanctorum Vincenti et Leti.	Sanctorum Vincenti et Leti et comitum eorum martyrum.	Sanctorum Vincenti et Leti et comitum eorum martyrum.	1. — In ipso est Christianis festum Rectiniani (*leg.* Terentiani) episcopi et sociorum eius martyrum. Et estimant quod in eo est assumptio Iosue filii Nini (*leg.* Nun) prophete.
2	Sancti Antonini martiris.	Finiunt dies caniculares.	Finiunt dies caniculares.	

Paris, qui place en ce jour la date de son martyre. Voy. *Catal. Codd. hag. Biblioth. Paris.*, t. III, p. 504. Il y a pourtant au 26 août un autre saint Victor. D'après des documents récents et peu autorisés, ce saint aurait, au IXe siècle, souffert pour la foi à *Cerezo* (singulière coïncidence avec *Cesarea*), au diocèse de Burgos. Voy. Florez, t. XXVII, p. 367. — Quant aux saints Victor et Corona, voy. les *Acta SS.*, t. III Mai., p. 266.

28. Saint Augustin, † le 28 août 430.

29. Le Martyrologe romain inscrit le nom de sainte Sophia au 30 septembre; les trois autres saintes au 1er août. Voy. *Acta SS.*, t. I Aug., p. 266.

30. Ce Félix n'est pas, comme le pense l'auteur du calendrier de Cordoue, saint Félix de Nole, dont nous avons vu la fête ci-dessus au 27 juillet, mais saint Félix, évêque-martyr de Tubzac en Afrique, † le 30 août 303, et dont le Sanctoral mozarabe de Paris nous donne les actes à ce jour. Il semble bien toutefois qu'on ait substitué à Cordoue le culte de Félix de Nole à celui du Félix d'Afrique, par suite de la célébrité du premier, si connu dans tout l'Occident.

1. Saint Vincent, qu'une ancienne légende très probablement erronée fait évêque de Dax, et Letus, prêtre de la même église, martyrisés vraisemblablement sous l'empereur Julien. Voy. *Analecta Bolland.*, année 1899, p. 283, et les *Acta SS.*, t. I Sept., p. 200. — Le calendrier de Cordoue mentionne la fête de saint Terentianus, évêque de Tudertum (Todi), inscrit à ce même jour au Martyrologe romain, ainsi que la mémoire de Josué, chef des Hébreux. Sur ce dernier et son culte, voy. les *Acta SS.*, *ibid.*, p. 6-77.

2. Saint Antonin, † à Pamiers au VIe siècle, honoré à Palencia en Espagne. La légende fabuleuse de sa passion se trouve dans les *Acta SS.*, au 4 juillet. Cf. *Catal. Codd. hag. Bibl. Paris.*, t. I, p. 131-139.

SEPTEMBER.			Codex A (an. 1039).	Codex B (an. 1052).	Codex C (an. 1055).
3	A	III			
4	B	II			
5	C	Non.		Caniculares dies finiunt.	
6	D	VIII Id.			
7	E	VII			
8	F	VI			
9	G	V			
10	A	IIII	Letanie celebrande sunt : aut finiant in uespera, aut in dominico.	Letanie celebrande sunt ante diem sancti Cipriani.	Litanie celebrande sunt.
11	B	III			
12	C	II			
13	D	Id.			
14	E	XVIII Kal.	Sancti Cipriani episcopi.	Sancti Cipriani episcopi.	Sancti Cipriani episcopi.
15	F	XVII			
16	G	XVI	Sancte Eufimie uirginis et comitum.	Sancte Eufimie uirginis et comitum.	Sancte Eufimie uirginis.
17	A	XV			
18	B	XIIII		Sancte Iustine.	
19	C	XIII			
20	D	XII		Sancti Leonti, et obitus Metopi abbati[s].	

6. Deux saints du nom d'Eleuthère sont marqués à ce jour dans le Martyrologe romain.

8. La fête de la Nativité de la Sainte Vierge a dû s'introduire dans le calendrier mozarabe après la chute du royaume wisigoth. Les anciens manuscrits de ce rite ne la renferment pas et le calendrier de Cordoue est le seul qui la signale.

13. Nous ne savons quel est le *Teuderedus* dont la mort est marquée en ce jour par le codex **D**. Un certain *Teudefredus*, évêque de Viseo, souscrit en 693 au 16e concile de Tolède.

14. Le calendrier de Cordoue qualifie saint Cyprien de *episcopus Tasie*. Nous retrouvons ce même titre dans l'hymne que la liturgie mozarabe a consacrée au grand évêque-martyr de Carthage : *Vrbis magister Tascie, — Tu, Cypriane pontifex*... On s'expliquera sans peine ce mystère, ou plutôt cette méprise, si l'on se rappelle que notre saint s'appelait *Tascius Caecilianus Cyprianus*.

La fête de saint Cyprien, qui avait lieu à Cordoue dans l'église de ce nom (voy. au 26 juillet), était précédée chez les Mozarabes d'un jeûne de trois jours. Ce jeûne n'était pas une préparation proprement dite à cette fête, mais une forme plus solennelle du jeûne mensuel ordonné par le 17e concile de Tolède et que nous avons noté déjà plusieurs fois (25 février, 10 avril, 9 juin). Outre la mention précise de nos calendriers, nous le trouvons signalé dans les rubriques du Missel mozarabe, qui lui consacre une messe propre, et du Bréviaire : « Incipit officium ieiuniorum kalendarum septembrium, quod obseruatur tribus diebus ante festum sancti Cypriani ». Cf. saint Isidore, *De ecclesiasticis Officiis*, lib. I, c. 39. Le P. Lesley

	Codex D (an. **1066**).	**Codex E** (an. **1067**).	**Codex F** (an. **1072**).	**G.—Kal. Cordub.** (an. **961**).
3				8. — In ipso est Natiuitas Marie uirginis.
4				
5	Finiunt dies caniculares.	Finiunt dies caniculares.	Finiunt dies caniculares.	14. — In ipso est Christianis festum Cipriani, sapientis episcopi Tasie, interfecti in Africa. Et festum eius est in ecclesia sancti Cipriani in Corduba.
6	Sancti Eleuteri.			
7	Letanie, que pro principio mensum celebrare decretum est, ita celebrentur, ut prope uespera aut in uespera sancti Cipriani finiantur. (*Cette rubrique se trouve entre le 7 et le 11.*)			15. — Et in ipso est festum Emiliani. 16. — Et in ipso est Christianis festum Eufemie uirginis, interfecte in ciuitate Calcidona.
8				
9				
10		Litanie celebrande sunt.	[illegible]ie celebrande sunt.	
11				
12				
13	Obitus domni Teuderedi episcopi.			
14	Sancti Cipriani episcopi, Cartagine.	Sancti Cipriani, episcopi et martyris Christi.	Sancti Cipriani, episcopi et martyris Christi.	
15				
16	Sancte Eufimie et comitum, Calcidona.	Sancte Eufimie uirginis et comitum eius martyrum.	Sancte Eufimie uirginis et comitum eius martyrum.	
17				
18	Sancte Iustine et comitum.	Sancte Iustine uirginis, et Cipriani, episcopi et martyris Christi.	Sancte Iustine uirginis, et Cipriani episcopi, martyrum Christi.	
19				
20		Sancte Candide, uirginis et martyris Christi.	Sancte Candide, uirginis et martyris Christi.	

(*P. L.*, t. LXXXV, col. 850, note) pense qu'il faut rapporter à ce jeûne ce que le canon I du 4e concile de Tolède dit du jeûne des ides de décembre. D'après lui, les mots « a die id. decembrium » seraient une mauvaise leçon pour « a die id. septembrium ». Le texte de nos calendriers (voy. plus loin, au 13 et 15 décembre) ne permet pas cette hypothèse.

On remarquera que la fête de l'Exaltation n'est pas mentionnée. Elle n'a été introduite dans l'office mozarabe qu'à une date relativement récente. De nos jours, les Mozarabes renvoient la fête de saint Cyprien au 20 septembre.

15. Saint Emila et saint Jérémie appartenaient à deux des plus nobles familles de Cordoue. Élevés à l'école de la basilique de Saint-Cyprien, ils étaient très versés dans la connaissance de la langue arabe. Ils eurent le courage de venir prêcher la foi devant le tribunal du juge lui-même et souffrirent le martyre le 15 septembre 852. Voy. saint Euloge, *Memoriale sanctorum*, lib. II, c. 12; et Florez, t. X, p. 405. Saint Emila était diacre.

16. Sainte Euphémie de Chalcédoine, fêtée encore en ce jour par les Mozarabes de Tolède.

18. Justine de Nicomédie et Cyprien, magicien, puis évêque d'Antioche de Pisidie. Le Sanctoral mozarabe de Paris place leur passion à cette date (XIIII° *kal. oct.*), tandis que le Martyrologe romain l'inscrit au 26 septembre et la liturgie de l'Église grecque au 2 octobre.

20. Il n'est pas aisé de choisir parmi les saints du nom de Leontius, inscrits aux divers martyrologes latins. Aucun ne répond à la date indiquée par le codex **B**.

L'abbé *Metopius*, dont l'*obitus* est marqué en ce jour, est

SEPTEMBER.			Codex A (an. 1039).	Codex B (an. 1052).	Codex C (an. 1055).
21	E	XI	Sancti Mathei, apostoli et euangeliste.	Sancti Mathei, apostoli et euangeliste.	Sancti Mathei, apostoli et euangeliste.
22	F	X		Sanctorum Acaunensium martyrum.	
23	G	VIIII		Sancti Leti.	
24	A	VIII	Decollatio sancti Iohannis Babtiste.	Decollatio sancti Iohannis. Et equinoxium estibale.	Decollatio sancti Iohannis Babtiste.
25	B	VII			
26	C	VI		Sancti Eusebii episcopi confessoris.	
27	D	V			
28	E	IIII			
29	F	III	Dedicatio sancti Micaeli arcangeli.	Dedicatio sancti Micaelis arcangeli.	Dedicatio sancti Micaelis arcangeli.
30	G	II	Obitum domini Iheronimi presbiteri.	Obitus sancti Iheronimi presbiteri.	Sancti Iheronimi presbiteri.

OCTOBER.			Codex A (an. 1039).	Codex B (an. 1052).	Codex C (an. 1055).
1	A	Kal.	Sancti Luce. Et sanctorum Verissime	Sanctorum Verissimi, Maxime et Iulie	
2	B	VI non.			
3	C	V			
4	D	IIII			
5	E	III			
6	F	II			

plus difficile encore à identifier. Tout ce que je puis faire est de constater que ce nom n'est pas entièrement inconnu en Espagne. Parmi les prélats qui souscrivent au 4e concile de Tolède (633), nous relevons la signature de Metopius, évêque de Britonia, aujourd'hui Mondoñedo.

Sainte Candida est la vierge martyre, inscrite à ce même jour dans le Martyrologe romain et aussi dans le Sanctoral mozarabe de Paris.

23. Peut-être faut-il lire *Lini* (pape martyr) au lieu de *Leti*, que porte le calendrier **B**. — Quant à sainte Thècle, déjà marquée dans nos calendriers au 24 mars, au 24 avril et au 24 août, elle est honorée aussi le 23 septembre chez les Latins; le 24, dans l'Église grecque.

24. Les Grecs célèbrent encore aujourd'hui la Conception de saint Jean-Baptiste au 24 septembre, fête inscrite également dans les Martyrologes latins antérieurs au XVe siècle. Voy. NILLES, *Calendarium manuale*, t. I, p. 282. Dans les anciens documents du rite mozarabe, nous trouvons partout ce jour consacré à la Décollation du Précurseur. Nos calendriers sont également unanimes sur ce point; mais les Mozarabes modernes se sont rangés à l'usage ordinaire, qui met cette fête au 29 août. Voy. *P. L.*, t. LXXXV, col. 837, note.

26. Il y a deux saints du nom d'Eusèbe à ce jour dans le Martyrologe romain, un pape et un évêque. Voy. *Acta SS.*, t. VII Sept., p. 265 et 271.

27. Les saints frères Adulfus et Jean souffrirent le martyre dans les premières années du règne de l'émir de Cordoue Abderrahman II, le 27 septembre 824. Leur vie, écrite par le saint abbé Speraindeo, dont il a déjà été question (voy. au 7 mai), n'a pas encore été découverte. Sur ce que nous savons

	Codex D (an. **1066**).	**Codex E** (an. **1067**).	**Codex F** (an. **1072**).	**G. — Kal. Cordub.** (an. **961**).
21		Sancti Mathei apostoli et euangeliste martyrum (*sic*) Christi.	Sancti Mathei apostoli et euangelista (*sic*) martyris Christi.	21. — In ipso est Christianis festum Mathei, apostoli et Euangeliste, quem interfecit Aglinus, rex Ethiopie.
22	Sancti Maurici et comitum.	Sanctorum Agaonensium, martyrum Christi.	Sanctorum Agaonensium martyrum Christi.	
23	Sancte Tecle.			
24	Decollatio sancti Iohannis Babtiste.	Decollatio sancti Iohannis Babtiste. Et equinoxium autumnale.	Decollatio sancti Iohannis Babtiste. Et equinoxium autumnale.	24. — In ipso est Latinis festum decollationis Iohannis, filii Zaccharie.
25	…ri…			
26	Sancti Eusebi confessoris…			
27				27. — In ipso est festum Adulfi et Iohannis in Corduba.
28				
29	Dedicatio sancti Migaelis arcangeli.	Dedicatio sancti Micahelis arcangeli.	Dedicatio sancti Micahelis arcangeli.	29. — In ipso est festum Michaelis arcangeli.
30	Obitum domni Iheronimi presbiteri.	Obitum domni Iheronimi presbiteri, Iherusalem.	Obitum domni Iheronimi presbiteri, Iherusalem.	30. — In ipso est obitus Yeronimi, presbiteri, in Bethleem. Et festum Luce, euangeliste.

	Codex D (an **1066**).	**Codex E** (an. **1067**).	**Codex F** (an. **1072**).	**G. — Kal. Cordub.** (an. **961**).
1	Sancti Verissimi, Maxime et Iulie. Sancti Luce, euangeliste et confessoris.	Sancti Luce, euangeliste : et sanctorum Verissimi, Maximi et Iulie, martyrum Christi.	Sancti Luce, euangeliste : et sanctorum Verissim., Maximi et Iulie, martyrum Christi.	1. — Et in ipso est Christianis festum Iulie et sociorum eius, interfectorum in Vlixisbona, super mare Oceanum.
2	Sancti Pantaleonis et comitum.			
3				
4				
5				
6				

de ces saints et de leur sœur sainte Aurea, voy. Florez, t. IX, p. 291-296. Les corps de deux frères étaient vénérés dans l'église de Saint-Cyprien de Cordoue.

29. Fête solennelle et générale dans la liturgie gothique.

30. Outre la fête de saint Jérôme, le calendrier de Cordoue marque à ce jour celle de saint Luc, placée d'ordinaire au 18 octobre, tant en Orient qu'en Occident. Le même calendrier fait de nouveau mention de saint Luc au 6 novembre. Quatre ou cinq autres calendriers mozarabes l'inscrivent au 1er octobre, tandis que les deux calendriers de 1052 et de 1055 se rangent à la date commune du 18 octobre. Le calendrier bien connu de Carthage le met au 13 octobre.

1. Saint Vérissime et ses deux sœurs Maxima et Julia, morts martyrs en 303 à Lisbonne « sur la mer Océane », comme s'exprime le calendrier de Cordoue. Une inscription, que je donne plus haut au 21 janvier, fait mention de reliques de ces trois martyrs : Reliqviae... Verissimi, Maximae et Ivliae. Deux de nos calendriers et plusieurs anciens martyrologes portent *Maximi* au lieu de *Maxime*. Le Missel mozarabe imprimé a adopté la première version, le Bréviaire et l'Ordo ou « Directorium Annuale » la seconde. Il est étonnant qu'on n'ait pas remédié à cette confusion. Sur ces martyrs, voy. Florez, t. XIV, p. 198 et 397. — Pour saint Luc, inscrit à ce jour sur trois de nos calendriers, voy. au 30 septembre.

2. Nous avons vu la fête de saint Pantaléon de Nicomédie marquée ci-dessus au 19 février par cinq calendriers mozarabes et le Sanctoral, au 18 par le fragment de Pisa. Les livres mozarabes modernes l'inscrivent au 17 du même mois; mais ils nous donnent au 28 juillet (les Grecs et les Latins en général la mettent au 27) une seconde fête d'un saint Pantaléon, lequel, quoique figurant en compagnie des saints Nazaire et Celse de Milan, a tout l'air d'être le même célèbre martyr de Nicomédie.

OCTOBER.			Codex A (an. 1039).	Codex B (an. 1052).	Codex C (an. 1055).
7	G	Non.		Sancti Eutici et Iuliani : et sancti Sergi et Baci.	
8	A	VIII Id.		Sancte Pelagie, in Antiocia.	
9	B	VII		Sancti Dionisi, episcopi, et comitum.	Sancti Dionisii, episcopi, et comitum eius.
10	C	VI		Sacratio sancti Iohannis Baragine; et Afre et comitum.	Sancte Afre et comitum.
11	D	V			
12	E	IIII			
13	F	III	Sanctorum Fausti, Ianuarii et Martialis.	Sanctorum Fausti, Ianuarii et Martialis, Cordoba.	Sanctorum Fausti, Ianuarii et Martialis.
14	G	II			
15	A	Id.		Sancti Foce, episcopi martyris.	
16	B	XVII Kal.		Sancti Melani et Encauristi, Caurio (?) et Leonti presbiteri.	
17	C	XVI			
18	D	XV		Sancti Luce euangeliste.	Sancte Luce et (*sic*) euangeliste.
19	E	XLIII			
20	F	XIII	Sancti Caprasi.		Sancti Caprasi.
21	G	XII	Sanctarum Nunilo et Elodie.	Sanctarum uirginum Nunilo et Elodia.	Sanctarum Nunilonis et Elodie uirginum.
22	A	XI	Sanctorum Cosme et Damiani.	Sanctorum Cosme et Damiani.	Sanctorum Cosme et Damiani.

7. Il ne m'a pas été possible d'identifier les deux saints Euticus (ou Euthycius) et Iulianus mentionnés par le calendrier **B**. — Quant aux saints Sergius et Bacchus, martyrisés à Rasaphe en Syrie, ils sont bien connus.

8. Sainte Pélagie d'Antioche, qui mourut à Jérusalem, vers le milieu du ve siècle.

9. Saint Denys de Paris, comme le marque le calendrier **D**.

10. Sainte Afra, † à Augsbourg, le 5 août 304. — La consécration de l'église de Saint-Jean, dont nous parle le calendrier **B**, et le nom de *Baragine* sont pour moi deux mystères, sur lesquels aucune recherche — et je ne les ai pas épargnées — n'a pu jeter la moindre lumière. Même en lisant *Cartagine*, il n'est pas possible d'arriver à une solution passable.

13. Ces trois martyrs de Cordoue, victimes de la persécution de Dioclétien (c'est l'opinion de Florez et des Bollandistes), ont été l'objet d'une grande vénération dans la plupart des églises d'Occident. Une inscription de l'an 622, découverte aux environs de Séville, fait mention de la dédicace d'une église consacrée aux saints martyrs par l'évêque Honoratus : *Trium Sanctorum iure dicauit*. C'est sous ce titre seulement qu'ils sont désignés. Je donne ici cet important document, de découverte assez récente, et qui nous apprend, détail jusqu'ici inconnu, que les trois saints martyrs étaient frères :

« Fundauit sanctum hoc Christi et uenerabile temp[lum] | antistes Honoratus, honor de nomine cuius | pollet in aeternum et factis celebratur in istis. | Hic aram in medio sacrans altare recondit | tres fratres sanctos, retinet quos Cordoba passos : | aedem deinde trium sanctorum iure dicauit | uersibus, aera sub est annos per saecla resignans. | Era DCLX. »

FITA, *Boletin de la Academia*, t. X, 1887, p. 342. HVBNER, *Inscript. Hispaniae Christ.*, Supplementum, 1900, p. 48, n° 363, avec fac-similé. — Une autre inscription encore plus ancienne (VIe siècle) nous apprend que plusieurs fragments de leurs reliques furent placés dans l'autel d'une église consacrée à cette époque en l'honneur des saints Apôtres sur le territoire de Loja, à l'ouest de Grenade :

	Codex D (an. 1066).	Codex E (an. 1067).	Codex F (an. 1072).	G. — Kal. Cordub. (an. 961).
7	Sanctorum Sergii et Baci.	Sanctorum Sergi et Bacci, martyrum Christi.	Sanctorum Sergi et Bacci, martyrum Christi.	13. — In ipso est Christianis festum trium Martyrum interfectorum in ciuitate Corduba. Et sepultura eorum est in uico Turris, et festum eorum est in Sanctis Tribus. 22. — Et in ipso est Christianis festum Cosme et Damiani medicorum, interfectorum in ciuitate Egea per manus Lisie prefecti a Cesare.
8				
9	Sancti Dionisii et comitum, Lutecie.	Sancti Dionysy aepiscopi et comitum eius martyrum.	Sancti Dionysi episcopi et comitum eius martyrum.	
10	Sancte Afre et comitum, in Creta (*leg.* Retia?).	Sancte Afre et comitum eius martyrum.	Sancte Afre et comitum eius martyrum.	
11				
12				
13	Sanctorum Fausti, Ianuarii et Martialis, Corduba.	Sanctorum Fausti, Ianuarii et Martialis, martyrum Christi.	Sanctorum Fausti, Ianuarii et Martialis, martyrum Christi.	
14				
15				
16				
17				
18				
19		Sancti Symonis, apostoli et martyris Christi.	Sancti Symonis, apostoli et martyris Christi.	
20	Sancte Erene uirginis, in Scallabi Castro.			
21		Sanctarum Nunilonis et Alodie, martyres (*sic*) Christi.	Sanctarum Nunilonis et Alodie, martyres (*sic*) Christi.	
22	Sanctorum Cosme et Damiani, Egea.	Sanctorum Cosme et Damiani, Antemi, Leonti et Euprepii, martyr. Christi.	Sanctorum Cosme et Damiani, Antemi, Leonti et Euprepii, martyr. Christi.	

« In quorum basilica, requiescunt reliquiae..., Domnorum Trium (Voy. plus loin l'Appendice III, *La dédicace des églises*, col. 509).

A Cordoue même, une des principales églises s'élevait en l'honneur de ces trois saints martyrs. Elle était connue au IXe et au Xe siècle sous le nom de *basilica Sanctorum Trium*, titre que lui donnent saint Euloge dans son *Memoriale sanctorum* (lib. II, c. IX) et l'auteur des Annales de Compostelle. C'est cette église que désigne le calendrier de 961, quand il écrit que la fête des martyrs se célébrait le 13 octobre *in Sanctis Tribus*. Voy. Florez, t. X, p. 258 et 328, et *Acta SS.*, t. VI Oct., p. 187. Au VIIe siècle, une église de Saint-Faustus s'élevait près de Mérida. Voy. *Vitae Patrum Emeritensium*, cap. VII.

15. Nous croyons pouvoir identifier ce saint avec Phocas, évêque-martyr de Sinope dans le Pont, mis à mort sous l'empereur Adrien. Les Grecs vénèrent sa mémoire le 22 septembre et les Latins le 14 juillet. Voy. *Acta SS.*, t. III Iul., p. 600.

18. Sur la fête de saint Luc, voy. au 30 septembre.

19. Sur l'apôtre saint Simon, mentionné aussi un peu plus loin au 29 octobre, voy. ce qui en a été dit au 1er juillet.

20. Saint Caprais, martyrisé à Agen le 20 octobre 303. Voy. *Acta SS.*, t. VIII Oct., p. 815. — Sainte *Erena* ou Irène est la vierge martyre portugaise, qui a donné son nom à la ville actuelle de Santarem (Sancta Irena), la *Scallabis* de l'époque romaine. Sainte Irène vivait, croit-on, vers le milieu du VIIe siècle. Voy. Florez, t. XIV, p. 201, et les *Acta SS.*, t. VIII Oct., p. 809.

21. Nunilo et Alodia, deux sœurs nées à Huesca, mises à mort pour la foi le 21 octobre, vers le milieu du IXe siècle. Leur vie a été écrite par un contemporain, Euloge de Cordoue, qui en avait connu les détails de la bouche de l'évêque de Complutum. Voy. *P. L.*, t. CXV, col. 774, avec les notes de Morales, col. 885-890; cf. *Acta SS.*, t. IX Oct., p. 624, et *España sagrada*, t. XXXIII, p. 415.

22. Sur saint Côme et saint Damien, voy. le Martyrologe romain à ce jour. — Dans l'Église wisigothique d'Espagne, il était d'usage, en cette fête des deux saints médecins, de bénir de

OCTOBER.			Codex A (an. 1039).	Codex B (an. 1052).	Codex C (an. 1055).
23	B	x	Sanctorum Seruandi et Germani.	Sanctorum Seruandi et Germani, Emerita.	Sanctorum Serbandi et Germani.
24	C	VIIII			
25	D	VIII			
26	E	VII			
27	F	VI			
28	G	V	Sanctorum Vincenti, Sabine et Christete.	Sancti Vincenti, Sabine et Christete.	Sanctorum Vincenti, Sabine et Christete.
29	A	IIII	Sancti Marcelli, Tinci.	Sancte Leocadie sacratio.	
30	B	III	Sanctorum Claudii et Luperci.	Sancti Marcelli, Tangi.	Sancti Marcelli, Tangi.
31	C	II		Sanctorum Claudii et Luperci [et] Victorici.	

NOVEMBER.			Codex A (an. 1039).	Codex B (an. 1052).	Codex C (an. 1055).
1	D	Kal.	Translatio corporis sancti Saturnini episcopi.	Translatio corporis sancti Saturnini, uel Omnium Sanctorum.	Translatio corporis sancti Saturnini.
2	E	IIII Non.			Letanie canonice.
3	F	III			

l'huile parfumée ou *unguentum* pour les malades. Cette bénédiction était donnée par l'évêque lui-même. Voy. le *Liber Ordinum*, ci-dessus, col. 69-71.

23. Notre calendrier de Cordoue donne comme un résumé du martyre des saints Servandus et Germanus. Il est en parfait accord avec ce que l'on sait de sérieux sur leur légende, dont la source principale est l'office que lui consacre en ce jour la liturgie mozarabe, tant au missel qu'au bréviaire. Voy. *P. L.*, t. LXXXV, col. 884 et t. LXXXVI, col. 1232; Florez, t. XIII, p. 308 et p. 410; *Acta SS.*, t. X Oct., p. 25. Il semble bien, toutefois, que seul le corps de saint Servandus demeura *in littoribus Gadis*; celui de saint Germanus fut rapporté à Mérida. — A Cordoue, leur fête avait lieu dans le hameau dit *Quartus*. Voy. ci-dessus, au 22 janvier.

28. Saint Vincent et ses deux sœurs, martyrisés en 305 à Avila, où leur culte est encore en grand honneur et où s'élève sur leur tombeau une très intéressante basilique.

29. Le calendrier **A** place à ce jour saint Marcel *le Centurion*, originaire de la cité de Léon, que quatre autres de nos calendriers marquent au jour suivant. Ces derniers ont raison, car il souffrit le martyre à Tanger, le 30 octobre 298. Voy. *Esp. sagr.*, t. XXXIV, p. 336, et *Acta SS.*, t. XIII Oct., p. 274. — Le calendrier **B** signale à ce jour la dédicace de *Sainte-Léocadie*, et le calendrier **D** ajoute : *à Tolède*. Il s'agit de la célèbre basilique élevée sur le tombeau de la sainte, hors les murs de la ville, et où se tinrent les conciles de Tolède 4, 5, 6 et 17. Elle fut construite en 618, sous l'épiscopat de saint Helladius, par Sisebutus roi des Wisigoths. « Aera DCLVI, Toleto beatae Leocadiae aula miro opere, iubente praedicto principe (Sisebuto), culmine alto extenditur. » (D'après saint Euloge, *Apologetic.*, dans *P. L.*, t. CXV, col. 859.) On ignorait jusqu'ici la date de sa consécration. C'est dans cette basilique que voulut être enseveli saint Ildephonse (janvier 667). Il n'en reste plus aujourd'hui que quelques débris de murailles et des colonnes, éparses sur la rive droite du Tage, dans la *Vega* de Tolède. Elles confirment ce que saint Euloge de Cordoue nous dit de sa magni-

	Codex D (an. 1066).	Codex E (an. 1067).	Codex F (an. 1072).	G. — Kal. Cordub. (an. 961).
23	Sanctorum Seruandi et Germani.	Sanctorum Serbandi et Germani, martyrum Christi.		23. — In ipso est Christianis festum Seruandi et Germani monacorum, interfectorum martyrum per manus Viatoris euntis ex Emerita ad terram Barbarorum (*chez les Berberes*). Et sepulcra eorum sunt in littoribus Cadis. Et festum eorum est in uilla Quartus, ex uillis Cordube.
24				
25				
26				
27				
28	Sanctorum Vincenti, Sabine et Christete, Abula.	Sanctorum Vincenti, Sabine et Christete, martyrum Christi.	Sanctorum Vincenti, Sabine et Christete, martyrum Christi.	28. — In ipso est Christianis festum Vincentii et Sabine et Cristete, interfectorum in ciuitate Abule per manus Daciani, prefecti Ispaniarum.
29	Sacratio sancte Leocadie, Toleto.			29. — In ipso est festum Symonis Cananei et Tadei, apostolorum.
30	Sanctorum Claudii et Luperci et Victorici.	Sancti Marcelli, martyres (*sic*) Christi.	Sancti Marcelli, martyres (*sic*) Christi.	30. — In ipso est Latinis festum Marcelli, interfecti per manus Daciani in ciuitate Tange.
31	Sancti Marcelli.	Sanctorum Claudii, Luperci et Victorici, martyrum Christi.	Sanctorum Claudii, Luperci et Victorici, martyrum Christi.	

	Codex D (an. 1066).	Codex E (an. 1067).	Codex F (an. 1072).	G. — Kal. Cordub. (an. 961).
1	Translatio corporis sancti Saturnini episcopi, Tolosa.	Translatio corporis sancti Saturnini, episcopi et martyris Christi.	Translatio corporis sancti Saturnini, episcopi et martyris Christi.	1. — Et in ipso est Christianis festum Translationis corporis Saturnini, episcopi martyris, in ciuitate Tolosa.
2				
3	Letanie canonice tribus diebus celebrari debent post kalendas nouembres, nulla intercurrente festiuitate			

ficence. Sur son emplacement on a élevé une *ermita,* qui fut pendant longtemps le *Campo Santo* ou cimetière des chanoines de la cathédrale.

30. Saint Claude et ses deux compagnons étaient fils du Centurion Marcel, dont nous avons parlé au jour précédent. Près de leur tombeau s'éleva dès le temps des Wisigoths le monastère de *San Claudio*, détruit vers le milieu du XIXe siècle.

1. A ma connaissance, aucun ancien calendrier ne marque la fête de la Translation de saint Saturnin, si ce n'est nos calendriers mozarabes manuscrits, qui tous, y compris celui de Cordoue, en font mention en ce jour. Peut-être s'agit-il ici de la translation dans la basilique élevée à Toulouse au Ve siècle par l'évêque saint Exupère, et sur l'emplacement de laquelle on admire aujourd'hui la célèbre église romane de *Saint-Sernin*. Le culte de ce saint était et est encore très populaire en Espagne, spécialement dans la Navarre.

A remarquer dans le calendrier **B** la mention de la fête de tous les Saints, à la suite de la Translation de saint Saturnin. C'est le seul indice de cette solennité dans nos calendriers mozarabes. Instituée au VIIIe siècle, elle fut fixée au 1er novembre dans la première moitié du siècle suivant.

3-7. Il s'agit ici des deuxièmes *litanies* instituées (ou tout au moins confirmées) en l'année 517 par le IIIe canon du concile de Gérone. Les premières avaient lieu les trois derniers jours de la semaine qui suivaient les fêtes de la Pentecôte. Celles-ci duraient aussi trois jours : commencées le jeudi, elles se terminaient après la messe qui se disait le samedi au coucher du soleil. Comme nous le dit le calendrier **D**, elles avaient lieu après les calendes de novembre, au cours de la première semaine, dont les trois derniers jours n'étaient pas pris par une fête. S'il se présentait quelque solennité, on renvoyait les litanies à la semaine suivante, de façon toutefois à ne pas dépasser la fête de saint Martin. — Le Bréviaire mozarabe imprimé a conservé l'ancienne rubrique : « Incipit officium ieiuniorum kalendarum nouembrium, quod obseruatur tribus diebus ante festum sancti Martini » (*P. L.*, t. LXXXVI, col. 724 et 1240). Mais ce jeûne, même chez les Mozarabes de Tolède n'est plus qu'un simple souvenir historique.

NOVEMBER.			Codex A (an.1039).	Codex B (an. 1052).	Codex C (an. 1055).
4	G	II			
5	A	Non.			
6	B	VIII Id.			
7	C	VII	Letanie canonice.	Letanie canonice celebrande sunt.	
8	D	VI			
9	E	V			
10	F	IIII			
11	G	III	Obitum sancti Martini episcopi.	Obitum sancti Martini episcopi, in Turnis.	Sancti Martini episcopi.
12	A	II	Obitum sancti Emiliani presbyteri.	Obitus sancti Emiliani presbiteri.	Sancti Emiliani presbiteri.
13	B	Id.		Sancti Minati.	
14	C	XVIII Kal.			
15	D	XVII			
16	E	XVI			
17	F	XV	Sancti Acisclì et comitum eius. Et initium Aduentus.	Sancti Acisclì et comitum, Corduba.	Sancti Acisclì et comitum eius.
18	G	XIIII	Sancti Romani et comitum eius.	Sancti Romani et comitum eius, Antiocia.	Sancti Romani et comitum.
19	A	XIII			
20	B	XII	Sancti Crispini.	Sancti Crispini episcopi, Astigii.	

4. La Translation de saint Zoyl, dont nous parle le calendrier de Cordoue, est sans doute celle qui eut lieu vers 613, lors de l'invention de ses reliques. On connaissait par Usuard, qui visita Cordoue en 858, la date de la découverte du corps saint (27 juillet); mais la date de sa Translation dans l'église de Saint-Félix était restée inconnue. Cette église prit bientôt le vocable de Saint-Zoyl. et saint Euloge, qui y était attaché comme prêtre, la mentionne plus d'une fois dans ses écrits. Voy. *P. L.*, t. CXV, col. 773, 774, 792, 793; cf. Florez, *España sagr.*, t. X, p. 256, 318, et t. XI, p. 309. — Sur le *uicus Tiraciorum*, voy. ci-dessus, au 27 juin.

6. Sur saint Luc, marqué à ce jour par le même calendrier, voy. ci-dessus, au 30 septembre.

7. Alvare de Cordoue, *Paulus Aluarus Cordubensis*, écrivain du IXe siècle, ami de saint Euloge. Il mourut quelques années après le martyre de ce dernier, vers 861. Le calendrier de Cordoue de 961 est le seul document connu qui range Alvare au nombre des saints et nous apprenne que les Mozarabes célébraient sa fête en ce jour. Tamayo, il est vrai, avait inséré le nom de ce personnage dans son Martyrologe espagnol (au 4 mai); mais il s'appuyait uniquement sur le *Chronicon Luitprandi*, écrit composé vers la fin du XVIe siècle dans l'atelier du célèbre inventeur de fausses chroniques Román de la Higuera. L'imposture du reste n'eut pas sur ce point beaucoup de succès. — Sur la vie et les écrits d'Alvarus, il faut consulter Florez, t. XI, p. 10-299 et la *P. L.*, t. CXXI, col. 387-566; cf. t. CXV, col. 706, 734, 959.

11. Dans le calendrier de Cordoue, le mot *alatus* peut aussi, comme le soupçonne Simonet, représenter une fausse interprétation du mot arabe *iladatan*, le *natalis* des martyrologes latins.

A Cordoue, la fête de saint Martin avait lieu à la campagne, nous dit le calendrier, au lieu dit *Tarsil*, à trois milles de la ville, ce qui a fait donner à ce hameau le nom de *Tercios* par les écrivains mozarabes. (Voy. ci-dessus, au 26 juin et au 25 août.) Au 30 novembre, ce lieu est appelé : *Villa Tarsil, filii Mughisa*. Simonet pense que ce Mughisa n'est autre que Moguitz ou Mugueiz el Rumi, qui s'empara de Cordoue à l'époque de la conquête musulmane.

12. Saint Émilien, fondateur de la célèbre abbaye appelée de son nom *San Millan* dans la Rioja, près de Berceo (le *Vergegium* du calendrier **D**).

13. Le saint marqué en ce jour dans les calendriers **B** et **D**, est sans doute Miniatus (saint Miniat, titulaire et patron du célèbre couvent de *San Miniato*), martyrisé à Florence en 250. Il est inscrit au Martyrologe romain au 25 octobre.

	Codex D (an. 1066).	Codex E (an. 1067).	Codex F (an. 1072).	G. — Kal. Cordub. (an. 961).
4				4. — In ipso est Latinis festum translationis Zoili, ex sepulcro eius in uico Cris, ad sepulcrum ipsius in ecclesia uici Tiraciorum, in Corduba.
5				
6				6. — Et in ipso est festum Luce apostoli et euangeliste, discipuli Iesu.
7		Letaniae canonicae.	Letanie canonice.	7. — In ipso est festum Albari, in Corduba.
8				
9				
10				
11	Sancti Martini episcopi, [Tu]ronis.	Obitum sancti Martini, episcopi et confessoris Christi.	Obitum sancti Martini, episcopi et confessoris Christi.	11. — In ipso est festum alatus (obitus?) Martini, episcopi magnifici. Et sepultura eius est in Francia, in ciuitate Turoni. Et festum eius est in Tarsil Alcanpanie.
12	Sancti Miliani presbiteri. Vergegio.	Obitum sancti Emiliani, presbiteri et confessoris Christi.	Obitum sancti Emiliani, presbiteri et confessoris Christi.	12. — In ipso est festum obitus Emiliani sacerdotis.
13	Sancti Minatis.			
14				
15				
16				
17	Sancti Aciscli et comitum, Corduba.	Sancti Aciscli et comitum eius martyrum. Cordoba.	Sancti Aciscli et comitum eius martyrum, Cordoba.	17. — In ipso est Latinis festum.
18	Sancti Romani et comitum eius, Antiocia.	Sancti Romani et comitum eius martyrum.	Sancti Romani et comitum eius martyrum.	18. — In ipso est Christianis festum Aciscli, interfecti per manus Dionis prefecti Cordube. Et sepultura eius est in ecclesia Carceratorum : et per illud nominatur ecclesia. Et festum eius est in ecclesia facientium pergamena in Corduba et in monasterio Armilat.
19				19. — Et in ipso est Christianis festum Romani monachi, interfecti in ciuitate Antiochia.
20	Sancti Crispini episcopi, Astigi.	Sancti Crispini, [episc.] et martyris Christi. Astigi.	Sancti Crispini, [epis.] et martyris Christi, Astigi.	20. — In ipso est Christianis festum Crispini, sepulti in monasterio quod est in sinistro ciuitatis Astige.

17. Le calendrier de Cordoue indique cette date comme un jour de fête et renvoie saint Aciscle au jour suivant. Peut-être célébrait-on le 17 la fête de sainte Victoire, qui souffrit le martyre en même temps que saint Aciscle, en réservant le 18 à la mémoire de ce dernier.

17-18. La fête de saint Aciscle, martyrisé à Cordoue en 303, est marquée au 17 par six de nos calendriers mozarabes et la plupart des martyrologes, au 18 par le calendrier de Cordoue et le Martyrologe hiéronymien. La plupart des manuscrits de ce dernier ajoutent : « Rosae ibidem colliguntur », ce que le Martyrologe d'Adon explique par ces mots : « Vbi (Cordubae) ob commendationem mortis eorum (Aciscli et Victoriae) eodem die rosae ortae diuinitus florentes colliguntur ». — Sur saint Aciscle et ses reliques nous renvoyons à Florez, t. X, p. 295 et 255. Voy. aussi saint Isidore, dans *P. L.*, t. LXXXIII, col. 1070.

La très intéressante notice du calendrier de Cordoue semble trancher la question de savoir s'il y avait dans cette ville une ou deux églises dédiées à saint Aciscle. Deux basiliques sont ici mentionnées. L'une était appelée *ecclesia Carceratorum* (la *Canisat alasra* des écrivains arabes), et renfermait le tombeau du saint. Elle était plus connue sous le nom de *basilica sancti Aciscli*, que lui donnent saint Euloge, l'abbé Samson, etc. L'autre se trouvait dans le quartier des parcheminiers (le *Rabadh Arraccaquin* des auteurs arabes), ce qui la fait appeler par notre calendrier : *ecclesia facientium pergamena*. C'est dans cette dernière église que la plupart des chrétiens se réunissaient pour célébrer la fête du saint martyr. D'autres se rendaient dans ce but jusqu'au monastère d'Armilat, situé dans la partie la plus sauvage des montagnes voisines, au nord de la grande ville.

A remarquer les mots *Initium Aduentus*, qui suivent dans le calendrier **A** la mention de saint Aciscle. C'est vers le 15 que commençait le premier des six ou cinq dimanches avant Noël. C'était le commencement de l'année liturgique, ce qui fait que dans la plupart des manuscrits mozarabes l'office de saint Aciscle est le premier parmi les fêtes des saints.

18-19. Saint Romain, diacre de Césarée, martyrisé à Antioche sous Dioclétien. Son culte était un des plus célèbres et des plus répandus en Espagne avant l'invasion arabe et même au moyen âge. Voy. les savantes notes que Lesley a jointes au texte de son office, dans *P. L.*, t. LXXXV, col. 914-926. Quoique la date de son martyre se place au 17 novembre, il est signalé dans presque tous les martyrologes au 18, de même que dans nos calendriers mozarabes. Celui de Cordoue le marque au 19 seulement.

20. Saint Crispinus, premier évêque connu d'Astigi (aujourd'hui Ecija, entre Cordoue et Séville), souffrit le martyre sous la persécution de Dioclétien. Voy. Florez, t. X, p. 83 et 482. — Le calendrier de Cordoue nous apprend que son corps reposait

NOVEMBER.			Codex A (an. 1039).	Codex B (an. 1052).	Codex C (an. 1055).
21	C	XI		Sancti Longini, militis et martiris.	
22	D	X	Sancte Cecilie, uirginis, et comitum eius.	Sancte Cecilie, uirginis, et comitum, Roma.	Sancte Cecilie, uirginis, et comitum eius.
23	E	VIIII	Sancti Clementis aepiscopi.	Sancti Clementis, episcopi, et comitum.	Sancti Clementis episcopi.
24	F	VIII		Sancta Anastasia.	
25	G	VII	Sancti Saluatoris.	Sancti Saluatoris.	Sancti Saluatoris. — Yems inquat.
26	A	VI			
27	B	V	Sanctorum Facundi et Primitibi.	Sancti Cassiani, Facundi et Primitibi.	Sancti Facundi et Primitiui.
28	C	IIII		Sancti Caprasii.	
29	D	III	Sancti Saturnini episcopi.	Sancti Saturnini episcopi, Tolosa.	Sancti Saturnini episcopi, Tolosa.
30	E	II	Sancti Andre apostoli.	Sancti Andre apostoli, Patras.	Sancti Andre apostoli, Acaya.

DECEMBER.			Codex A (an. 1039).	Codex B (an. 1052).	Codex C (an. 1055).
1	F	Kal.			
2	G	IIII Non.			
3	A	III			
4	B	II			
5	C	Non.			
6	D	VIII Id.			

au xe siècle dans un monastère, situé « à gauche de la cité d'Ecija ». Simonet pense qu'il faut lire « au nord d'Ecija », le mot arabe *ximal*, traduit par *sinistra*, signifiant aussi *pars septemtrionalis*. Les martyrologes inscrivent saint Crispinus au 19 novembre, de même que le Bréviaire et l'Ordo des chapelains mozarabes modernes.

21. Il semble bien qu'il est ici question (et au 2 décembre dans le calendrier de 1066) de Longin, le *soldat* qui perça de sa lance le côté du Sauveur, et dont la fête est inscrite au 15 mars dans le Martyrologe romain. Toutefois, on trouve au 22 novembre un saint Longin et ses compagnons martyrs dans le Martyrologe hiéronymien. — Un bréviaire de Séville, du xve siècle, aujourd'hui à la Bibliothèque nationale (fonds Saint-Germain *1234*) porte au 21 novembre la fête de saint Longin.

22. Rien à noter sur la fête de sainte Cécile, sinon que, à Cordoue, elle avait lieu avec concours du peuple dans l'église du monastère de Saint-Cyprien. Voy. ci-dessus, au 26 juillet.

23. A Cordoue, la fête de saint Clément se célébrait au hameau appelé *Ibtilibes* par le calendrier de 961 et qui ne nous est pas autrement connu.

24. C'est la même sainte Anastasie marquée au 25 décembre dans la plupart des martyrologes. Adon en parle au 24 novembre, jour du martyre de saint Chrysogone, dont les actes sont communs avec ceux de notre sainte. — Le calendrier de Cordoue inscrit à ce jour la fête de sainte *Innucericia* martyre. C'est vraisemblablement une mauvaise leçon du nom d'Anastasia, mentionnée par trois de nos calendriers.

25. Cinq des calendriers mozarabes portent la mention : *Sancti Saluatoris*. S'agit-il d'un saint ou de la dédicace d'une basilique placée sous ce vocable? Il n'est pas aisé de le dire. La dédicace de l'église du Latran (Sancti Saluatoris) est marquée au 9 novembre. En Espagne, la célèbre *basilica Sancti Saluatoris* d'Oviedo fut plusieurs fois reconstruite. Fondée dans la seconde moitié du VIIIe siècle par le roi Fruela, nous ignorons

	Codex D (an. 1066).	Codex E (an. 1067).	Codex F (an. 1072).	G. — Kal. Cordub. (an. 961).
21		Sancti Longini, militis et martyris Christi.	Sancti Longini, militis et martyris Christi.	
22	Sancte Cecilie et comitum.	Sancte Cecilie et comitum eius martyrum.	Sancte Ceciliae et comitum eius martyrum.	22. — Et in ipso est festum Cecilie et sociorum eius, in ciuitate Roma. Et festum eorum est in monasterio Sancti Cipriani, in Corduba.
23	Sancti Clementis episcopi, Ro[ma].	Sancti Clementis, episcopi et martyris Christi.	Sancti Clementis, episcopi et martyris Christi.	23. — In ipso est Christianis festum Clementis, episcopi Romani tercii post apostolum Petrum, quem interfecit Traianus Cesar. Et festum eius in villa Ibtilibes.
24		Sancte Anastasie et comitum eius martyrum.	Sanctae Anastasie et comitum eius martyrum.	24. — In ipso est festum Innucericie martyris.
25		Sancti Salbatoris.	Sancti Salbatoris.	
26				
27	Sancti Facundi et Primitibi.	Sanctorum Facundi et Primitibi, martyrum Christi.	Sanctorum Facundi et Primitibi, martyrum Christi.	27. — In ipso Latinis est festum Facundi et Primitiui, sepultorum in eo quod est circa Legionem.
28		Sancti Kaprasi, [episcopi] et martyris Christi	Sancti Kaprasi, [episcopi] et martyris Christi.	
29	Sancti Sat[...]	Sancti Saturnini, episcopi et martyris Christi.	Sancti Saturnini, episcopi et martyris Christi.	29. — In ipso Christianis est festum Saturnini martyris. Et festum eius est in Candis in uilla Cassas Albas, prope uillam Kerillas.
30	Sancti Andre apostoli[...]	Sancti Andre, apostoli et martyris Christi.	Sancti Andre, apostoli et martyris Christi.	30. — Et in ipso est Latinis festum apostoli Andree martyris, interfecti in ciuitate Patras, ex regione Achagie, de terra Romanorum. Et festum eius est in uilla Tarsil filii Mughisa.

	Codex D (an. 1066).	Codex E (an. 1067).	Codex F (an. 1072).	G. — Kal. Cordub. (an. 961).
1				
2	Sancti Longini militis.			
3				
4				
5				
6		Sancti Apollonii et comitum eius martyrum.	Sancti Apolloni et comitum eius martyrum.	

la date de sa consécration. Elle fut détruite peu après par les Arabes. Alfonse le Chaste la réédifia dans les premières années de son règne, et cette nouvelle église fut consacrée le 13 octobre 802. Voy. *España sagrada*, t. XXXVII, p. 111 et 143. — Quelques martyrologes font aussi mention au 18 décembre d'un saint Salvator, martyr en Afrique.

27. Le calendrier de Cordoue fait allusion au tombeau des saints Facundus et Primitivus, autour duquel s'élevèrent le célèbre monastère bénédictin et la ville de Sahagun (*Sancti Facundi*), au royaume de Léon. Sur leur histoire et leur culte voy. Perez-Escalona, *Historia del real monasterio de Sahagun*, 1782. Cette abbaye n'est plus aujourd'hui qu'un monceau de ruines. — Le saint Cassien mentionné par le calendrier **R**, est probablement saint Cassien de Capoue, inscrit au 28 novembre dans quelques martyrologes, ou saint Cassien de Tanger, beaucoup plus connu que le précédent et qui est honoré au 3 décembre.

28. Saint Caprais d'Agen, martyrisé le 20 octobre 303.

29. Sur saint Saturnin, voy. au 1er novembre. — A Cordoue, on célébrait sa fête aux *Maisons Blanches*, près du hameau de Kerillas. Peut-être faut-il voir dans ces *Cassas Albas* le *monasterium Album*, dont il est question au 7 janvier dans le calendrier de Cordoue. Au lieu de *Kerillas* du texte arabe, la version latine porte *Berillas*.

30. Les mots *de terra Romanorum* du calendrier de 961 doivent être lus : *de terra Graecorum*, le mot arabe *Rum* pouvant également s'appliquer à l'un ou l'autre de ces deux peuples. — Sur la *villa Tarsil*, voy. ci-dessus, au 11 novembre.

2. Voy. sur le saint Longin du calendrier de 1066 ce qui a été dit ci-dessus, au 21 novembre.

6. Les saints martyrs Apollonius et ses compagnons, dont nous parlent les calendriers **E** et **F**, ne peuvent être identifiés avec quelque certitude. Peut-être faut-il y voir le saint Apollonius de Terni en Ombrie, mis à mort le 14 avril 272.

DECEMBER.			Codex A (an. 1039).	Codex B (an. 1052).	Codex C (an. 1055).
7	E	VII			
8	F	VI		Sancti Nicolai, episcopi confessoris.	
9	G	V	Sancte Leocadie uirginis.	Sancte Leocadie uirginis.	Sancte Leocadie uirginis.
10	A	IIII	Sancte Eolalie uirginis.	Sancte Eulalie, uirginis et martyris.	Sancte Eolalie uirginis.
11	B	III		Obitum sancti Pauli, confessoris Christi.	
12	C	II		Sancte Lucie, uirginis et martyris Christi.	
13	D	Id.			Letanie celebrande sunt tribus diebus pro aduentu Angeli.
14	E	XVIIII Kal.		Sanctorum Iusti et Habundi, martyrum Christi.	
15	F	XVIII		Letanie celebrande sunt tribus diebus.	
16	G	XVII			
17	A	XVI			
18	B	XV	Sancte Marie uirginis.	Sancte Marie uirginis.	Sancte Marie, uirginis e genetricis Dei.

7-8. Saint Nicolas de Myre, en Lycie, inscrit au jour précédent dans la plupart des anciens martyrologes grecs et latins. Voy. ci-dessus, au 23 juin.

9. Sainte Léocadie, la célèbre vierge-martyre de Tolède, où trois églises s'élevèrent en son honneur. Au sujet de la *basilica Sanctae Leocadiae*, dans laquelle s'assemblèrent plusieurs conciles, voy. ci-dessus, au 29 octobre. Sur la vie et le culte de cette sainte, on peut consulter Florez, t. VI, p. 309-314 et 318-323. — A Cordoue, d'après le calendrier de 961, la fête de la sainte se célébrait alors dans l'église de Saint-Cyprien, dont il a été plusieurs fois question. (Voy. ci-dessus, au 26 juillet, 14 septembre et 22 novembre.) — Le titre de *confessor*, que le calendrier de 1072 donne à sainte Léocadie, n'est pas un fait isolé. Il lui est donné aussi par les Pères des 4e et 5e conciles de Tolède (réunis en 633 et 636 dans sa basilique *de la Vega*), par l'office antique du bréviaire et du missel, par plusieurs manuscrits liturgiques mozarabes, notamment par le *codex 30* de la Biblioteca nacional de Madrid (du XIe siècle, non du VIIIe, comme dit le catalogue) et par le *Libellus Orationum* de Vérone. Il a ici son acception antique de *martyr*. (Nous avons vu plus haut, 24 juillet, le nom de *confessor* appliqué à une vierge, l'abbesse sainte Seculina.) L'Ordo mozarabe moderne conserve à sainte Léocadie ce titre et, chose curieuse, qui vient peut-être d'une méprise, indique pour ce jour la couleur blanche, comme couleur liturgique. La sainte est cependant vraiment martyre, étant morte en prison pour la foi. Le Missel imprimé (*P. L.*, t. LXXXV, col. 940) qualifie plusieurs fois Eulalie de *confessor*. De même sainte Marie-Madeleine (*Ibid.*, col. 791).

10. Après sainte Léocadie de Tolède, vient sainte Eulalie de Mérida, que Prudence a si merveilleusement chantée dans un de ses plus beaux hymnes du Peristephanon. Cet hymne III (*Germine nobilis Eulalia*) du poète espagnol est le meilleur document que nous ayons sur son histoire. Comme celle de Léocadie, sa fête est une des plus anciennes de la liturgie mozarabe. — A Cordoue elle avait lieu, au Xe siècle, dans un hameau du nom de *Careilas*. Simonet pense qu'il faut lire *Fragellas*, bourgade mentionnée par saint Euloge et où se trouvait une basilique en l'honneur de sainte Eulalie. Cordoue aurait donc eu deux églises sous ce vocable : l'une dédiée à sainte Eulalie de Barcelone, située dans la plaine (voy. au 12 février et au 26 décembre); l'autre à sainte Eulalie de Mérida, dont il est ici question.

11. Saint Paul ermite, mort le 10 janvier 341 et dont la fête est renvoyée au 15 dans l'office romain.

	Codex D (an. 1066).	Codex E (an. 1067).	Codex F (an. 1072).	G. — Kal. Cordub. (an. 961).
7		Sancti Nicolay, episcopi et confessoris Christi.	Sancti Nicolai, episcopi et confessoris Christi.	
8				
9	Sancte Leocadie, uirginis, et comitum.	Sancte Leocadie, uirginis et martyris Christi.	Sancte Leocadie, uirginis et confessoris Christi.	9. — Et in ipso est Latinis festum Leocadie, sepulte in Toleto. Et festum eius est in ecclesia Sancti Cipriani, in Corduba.
10	Sancte Eolalie uirginis, Emerita.	Sancte Eulalie, uirginis et martyris Christi.	Sancte Eulalie, uirginis et martyris Christi.	10. — In ipso est Christianis festum Eulalie interfecte, et sepulchrum eius est in Emerita. Et nominant eam *martyrem*. Et festum eius est in uilla Careilas, prope Cordubam.
11		Obitum sancti Pauli, confessoris Christi.	Obitum sancti Pauli, confessoris Christi.	
12	Letanie tribus diebus ante solemnitate sancte Marie celebrande sunt.	Sancte Lucie, uirginis et martyris Christi.	Sancte Lucie, uirginis et martyris Christi.	
13		Sancti Nazari.	Sancti Nazari.	
14		Sanctorum Iusti et Abundi, martyrum Christi.	Sanctorum Iusti et Abundi, martyrum Christi.	14. — In ipso est Latinis festum Iusti et Habundi martyrum, interfectorum in Ierusalem.
15		Letanie canonice.	Letanie canonice.	
16				
17	Sancti Alexandri et comitum, Africa.	Sancti Alexandri episcopi et Teudoli, martyrum Christi.	Sancti Alexandri episcopi et Teudoli, martyrum Christi.	
18	Sancte Marie, uirginis et genetricis Dei.	Sancte Marie, uirginis et genetricis Domini nostri Ihesu Christi.	Sancte Marie, uirginis et genetricis Domini nostri Ihesu Christi.	18. — In ipso est festum Apparitionis Marie matris Iesu, super quam sit salus. Et festum eius est in Catluira.

12. Sainte Lucie, dont la fête est marquée au jour suivant dans le plus grand nombre des martyrologes.

12-15. Les Litanies des ides de décembre furent instituées par le 5e concile de Tolède, tenu à la fin du mois de juin 636. Le canon I ordonne en effet d'observer à jamais et partout la pratique religieuse de célébrer les Litanies pendant trois jours, à partir du 13 décembre. Dans le cas où il se rencontrerait un dimanche du 13 au 15, il faudrait renvoyer la cérémonie à la semaine suivante. Ce canon fut confirmé par un décret du roi Chintilla daté du 30 juin de la même année, par lequel il ordonne à ses officiers et à ses sujets de sanctifier ces trois jours de prière et de pénitence. Le canon II du 6e concile de Tolède (638) constate que ces litanies étaient déjà en usage dans tout le royaume. — Il ne semble pas qu'elles aient été considérées comme une préparation à la solennité du 18, la fête de Notre-Dame n'ayant été définitivement fixée à ce jour que vingt ans après leur institution, comme on le verra. Aussi, ne faut-il attacher aucune importance au témoignage d'un bréviaire de Tolède du XVe siècle, cité par Florez (t. V, p. 264) et d'après lequel saint Ildephonse aurait institué trois jours de jeûne avec Litanies avant la fête du 18. Quant au témoignage de Cixila (*Ibid.*, p. 488), il confirme que les Litanies avaient lieu du 13 au 15 : « ante tres dies tribus diebus Letanias peregit » (c'est la véritable leçon du texte que n'a pas compris Florez).

Sur les Litanies mensuelles, voy. ci-dessus, au 25 février, au 10 avril et au 9 juin.

13. Je ne pense pas qu'il soit possible d'indiquer, parmi les six ou sept saints du nom de Nazaire, celui dont il est question dans nos calendriers **E** et **F**.

14. Plusieurs auteurs espagnols ont attribué à l'église de Baeza les saints Iustus et Abundius, que ne réclamait aucune autre église. Ici, comme dans beaucoup d'autres circonstances, l'*exécrable audace* (le mot est de Florez) de Roman de la Higuera joua le rôle principal et enrichit Baeza de nos deux saints et de plusieurs autres illustres personnages. Son *Chronicon Iuliani* suppléa au silence de l'antiquité. (Voy. *España sagrada*, t. VII, p. 110-117.) — Le calendrier de Cordoue, d'accord en ceci avec plusieurs autres témoignages, place à Jérusalem le martyre de nos deux saints.

17. Sur ces deux saints, voy. les *Analecta Bollandiana*, t. I, p. 506, et le *Catalogus Codicum hagiogr. Bibliothecae Bruxell.*, t. I, p. 218.

18. Cette fête est la grande solennité instituée par l'Église gothique d'Espagne en l'honneur de la Vierge. Elle était des-

DECEMBER.			Codex A (an. 1039).	Codex B (an. 1052).	Codex C (an. 1055).
19	C	XIIII		Sancte Alexandrie et Cecilie.	
20	D	XIII			
21	E	XII	Sancti Tome apostoli.	Sancti Tome apostoli.	Sancti Tome apostoli.
22	F	XI	Translatio sancti Isidori.		
23	G	X			
24	A	VIIII	Sancti Gregorii.	Sancti Gregorii, Roma.	
25	B	VIII	Natiuitas Domini nostri Ihesu Christi.	Natiuitas Domini.	Natibitas Domini nostri Ihesu Christi.
26	C	VII	Sancti Stefani leuite.	Sancti Stefani leuite.	Sancti Stefani leuite.
27	D	VI	Sancte Eugenie, uirginis, et comitum eius.	Sancte Eugenie, uirginis, et comitum.	Sancte Eugenie, uirginis, et comitum eius.
28	E	V	Sancti Iacobi, fratris Domini.	Sancti Iacobi apostoli, fratris Domini.	Sancti Iacobi apostoli, fratris Domini.
29	F	IIII	Sancti Iohannis euangeliste. Adsuntio eius.	Sancte Iohannis apostoli et euangeliste.	Adsuntio sancti Iohannis apostoli.

tinée à honorer spécialement la maternité divine de Marie. Ne pouvant célébrer dignement au 25 mars l'anniversaire de l'Incarnation — ce jour tombait toujours en Carême — les diverses églises en étaient venues, au VIIe siècle, à suivre chacune leur usage particulier. C'est pour obvier à ces divergences, que le 10e concile de Tolède (vers 656) fixa par un décret solennel cette fête au 18 décembre, en lui donnant en importance le même rang qu'à la Nativité même du Sauveur.

De même que nos calendriers, les manuscrits liturgiques mozarabes appellent simplement cette fête *Sancta Maria.* La dénomination de *Expectatio Partus* que Lesley croit ancienne, est d'un usage assez récent et ne répond pas au texte de l'office de ce jour. (Voy. à l'*Appendice* IV la formule par laquelle était annoncée aux fidèles l'approche de cette solennité.) — Le calendrier de Cordoue lui donne le nom de *Apparitio Marie,* qu'il faut interpréter : *Apparitio Gabrielis angeli uirgini Marie.* Les Mozarabes de Cordoue célébraient cette fête à *Catluira,* qui est vraisemblablement le lieu appelé *Cathlabira* par les auteurs arabes. Simonet est d'avis que ce pourrait bien être le hameau de *Cuteclara*, situé près de la ville, et où se trouvait, à côté d'un monastère de Vierges, une église sous le vocable de Sainte-Marie. Saint Euloge la mentionne dans son *Memoriale Sanctorum* (*P. L.*, t. CXV, col. 815; cf. Florez, t. X, p. 265).

19. Il semble évident que le copiste du calendrier **B**, en indiquant à ce jour une sainte *Alexandria*, qui n'a probablement jamais existé, et une sainte *Cecilia*, a commis une méprise. Tout porte à croire qu'il s'agit ici des saints *Alexandri et comitum,* inscrits au 17 dans les calendriers **D**, **E** et **F**.

21. Saint Thomas apôtre, martyrisé à Calamine (*in India,* dit le calendrier de Rabi ben Zaid). — Le calendrier **F** marque en ce jour la vierge sainte Thècle, que nous trouvons en effet au 21 décembre dans le Martyrologe hiéronymien. Le Sanctoral mozarabe de Paris, que j'ai souvent cité, place à la même date le martyre de la sainte. Voy. ci-dessus, au 23 septembre.

22. La translation du corps de saint Isidore, de Séville à Léon, eut lieu le 22 décembre 1062. Nous avons sur ce fait des détails circonstanciés, que l'on trouvera dans Risco, *Esp. sagr.*, t. XXXVI. Dans les calendriers **A** et **E** l'indication de cette fête est d'une autre main que celle du copiste primitif, mais encore du XIe siècle. Saint Dominique, abbé de Silos, joua un rôle dans cette translation, et ceci explique le soin que prit un contemporain de la signaler dans les manuscrits liturgiques de ce monastère. Je renvoie sur ce point de détail à mon *Histoire de l'abbaye de Silos*, p. 58-60.

24. Quoique le calendrier **B** identifie le *Gregorius* marqué en ce jour avec saint Grégoire de Rome, on est tenté de croire qu'il y a ici une confusion. Beaucoup de martyrologes anciens inscrivent, en effet, au 24 décembre le martyre d'un saint Grégoire, prêtre, qui souffrit à Spolète en 303. Le calendrier de Cordoue serait donc le seul à signaler (au 12 mars) la fête de saint Grégoire le Grand, qui fut pourtant en relation si intime avec saint Léandre de Séville.

25. Aussi haut que l'on peut remonter à l'aide des documents, l'Église d'Espagne a toujours fêté au 25 décembre la naissance du Sauveur. C'est cette pratique que constate, en 656, le canon I du 10e concile de Tolède, à propos de la fixation de la fête de la Vierge au 18 décembre. Voy. à l'*Appendice* IV les for-

	Codex D (an. 1066).	Codex E (an. 1067).	Codex F (an. 1072).	G.—Kal. Cordub. (an. 961).
19				
20				
21	Sancti Tome apostoli.	Sancti Tome apostoli.	Sancte Tecle uirginis et sancti Tome apostoli.	21. — Et in ipso est festum Thome apostoli. Et interfectio eius in India.
22		Translatio corporis sancti Isidori.	Translatio corporis sancti Isidori.	
23				
24				
25	Natiuitas Domini in Bethlem.	Natiuitas Domini nostri Ihesu Christi.	Natiuitas Domini nostri Ihesu Christi.	25. — In ipso est Latinis festum Natiuitatis Christi, super quem sit salus. Et est ex maioribus festiuitatibus eorum.
26	Sancti Stefani leuite, in Ierusalem.	Sancti Stefani, leuite et martyris primi.	Sancti Stefani, leuite et martyris primi.	26. — In ipso est festum Stephani, diaconi et primus martyr (*sic*). Et sepulchrum eius est in Ierusalem. Et festum eius est in ecclesia Alseelati, id est planiciei.
27	Sancte Eugenie et comitum[illegible]	Sancte Eugenie uirginis et comitum eius martyrum.	Sancte Eugenie uirginis et comitum eius martyrum.	27. — In ipso est festum Assumptionis Iohannis, apostoli et euangeliste.
28	Sancti Iacobi, fratris Domini, Ierusalem.	Sancti Iacobi, fratris Domini, apostoli et martyris Christi.	Sancti Iacobi, fratris Domini, apostoli et martyris Christi.	28. — In eo est Latinis festum Iacobi apostoli, qui dictus est frater Christi. Et sepulchrum eius est in Iherusalem.
29	Adsuntio sancti Iohannis, apostoli et euangeliste.	Adsuntio sancti Iohannis, apostoli et euangeliste.	Adsuntio sancti Iohannis, apostoli et euangeliste.	29. — In ipso est Latinis festum interfectionis Infantium, in ciuitate Betleem, per manus Herodis regis, cum peruenit ad eum de Natiuitate Christi Domini. Cogitauit ergo per interfectionem eorum interficere eum inter eos.

mules en usage dans l'Église mozarabe pour faire connaître au peuple l'approche de la fête de Noël.

26. Rien à remarquer à propos de la fête de saint Étienne, marquée au 26, en Espagne comme ailleurs. A Cordoue, les Chrétiens se réunissaient en ce jour dans la basilique de Sainte-Eulalie (la martyre de Barcelone), située dans la *Sahla*, c'est-à-dire dans la plaine. Voyez ci-dessus, au 12 février et au 10 décembre.

27. On ne sait rien de parfaitement authentique sur le martyre de sainte Eugénie († à Rome, le 25 déc. 258); mais son culte est très ancien. En Espagne, la liturgie wisigothique lui a de bonne heure consacré un office propre, encore en usage de nos jours. Tous les manuscrits anciens du rite mozarabe fixent cette fête au 27 décembre, bien que le Bréviaire et le Missel modernes l'aient avancée au 12, sans doute pour célébrer l'apôtre saint Jean à la même date que l'Église romaine. Lesley, qui n'a connu que les textes imprimés, est bien à tort surpris que le *Libellus Orationum* de Vérone mette la fête de notre sainte au « VI kalendas ianuarias ».

Le Sanctoral mozarabe de Paris donne également les actes de sainte Eugénie « die VI kal. ianuarias ». — Les Bollandistes (*Catalogus Codd. hagiogr. Bibliothecae Paris.*, t. II, p. 476 et suiv.) ont imprimé *VII° kal.;* mais par erreur, erreur très explicable, du reste, dans ces volumes qui renferment un nombre de dates vraiment effrayant. [Ce n'est pas la seule méprise. En voici quelques autres — je relève uniquement celles qui intéressent nos calendriers mozarabes : — fête de l'apôtre saint Jean, au lieu de *III° kal. ian.*, lire *IIII°*; les XL martyrs, *VI° id. ian.*, lire *V°*; sainte Théodosie, *II° non. april.*, lire *III°*; saint Adrien, *XV° cal. iul.*, lire *XVI°*; saint Speratus, *XIII° cal. aug.*, lire *XIIII°*; sainte Foi, *III° cal. sept.*, lire IIII°.]

28. Saint Jacques le Mineur, inscrit au 27 décembre dans le Martyrologe hiéronymien, sous ce titre : « Ordinatio episcopatus sancti Iacobi fratris Domini, qui ab apostolis primus ex Iudeis Hierosolimis est episcopus ordinatus ». Nos calendriers et les deux Sanctoraux mozarabes de Paris (mss. 2179 et 2180) placent au 28 la fête de saint Jacques.

29. La fête de saint Jean est inscrite au 27 dans presque tous les martyrologes. Dans la liturgie mozarabe, elle a cédé le pas à sainte Eugénie et a dû être renvoyée au 29. Seul le calendrier de Cordoue, qui n'a pas le nom de sainte Eugénie, l'a maintenue à la date commune. C'est également au 29 que les deux Sanctoraux, cités au jour précédent, placent la passion de l'Apôtre. Le Martyrologe hiéronymien et plusieurs autres documents anciens se servent pour indiquer la fête de saint Jean de la même formule que la plupart de nos calendriers : « Adsumptio sancti Iohannis euangeliste, apud Ephesum ». On remarquera que, contrairement à cette dernière indication : *apud Ephesum*, le calendrier de Cordoue met son tombeau à Jérusalem. Voy. sur ce point et sur le mot *Assumptio*, la note de Baronius au Martyrologe romain. La messe mozarabe imprimée, qui est du reste celle des manuscrits, renferme le passage suivant : « Offeramus... hostiam ob ipsius sancti apostoli *sacratae assumptionis* memoriam ».

Sur la fête des Innocents, mentionnée à cette date dans le calendrier de Cordoue, voy. ci-dessus, au 8 janvier.

DECEMBER.			Codex A (an. 1039).	Codex B (an. 1052).	Codex C (an. 1055).
30	G	III	Sancti Iacobi apostoli, fratris Iohannis apostoli euangeliste.	Sancti Iacobi, fratris sancti Iohannis.	Sancti Iacobi, fratris sancti Iohannis.
31	A	II	Sancte Columbe uirginis.	Sancte Columbe uirginis. — Sancte Melanie▒ et confessoris Christi.	Sancte Columbe uirginis, Senonas.

30. Il n'est pas douteux que l'Église gothique d'Espagne n'ait célébré en ce jour la mémoire du martyre de saint Jacques le Majeur, frère de l'apôtre saint Jean. Tous les monuments anciens de la liturgie mozarabe sont d'accord sur ce point. Par contre, la plus grande confusion règne dans les livres imprimés de ce rite, tant dans l'édition de Ximénès que dans les suivantes. Le calendrier placé en tête du Missel fixe au 30 (*P. L.*, t. LXXXV, col. 104) la Translation de saint Jacques (le Majeur). Puis, à ce même jour, le même Missel nous donne la messe de saint Jacques le Mineur (*Ibid.*, col. 211); ce qui fait dire au P. Lesley qu'il *ne peut y avoir le moindre doute* sur la célébration en ce jour de la fête de saint Jacques le Mineur, malgré les deux calendriers du Bréviaire et du Missel. Pour mettre le comble à la confusion, le Bréviaire place la mémoire de saint Jacques le Majeur au 30, et il a raison; mais l'Ordo, qui fait loi pour les Mozarabes modernes de Tolède, indique qu'il faut célébrer en ce jour la Translation de l'apôtre.

D'autre part, le Missel nous donne l'office de notre saint au 25 juillet, d'accord en ceci avec l'Ordo, tandis que le Bréviaire ne le mentionne même pas à cette date et se contente de la fête du 30 décembre. — Sur l'indication de cette fête au 25 juillet par le calendrier de Cordoue, on peut voir ce qui a été dit ci-dessus à cette même date.

31. Il s'agit bien dans nos calendriers de sainte Colombe de Sens, martyrisée le 31 décembre 273. Sauf le calendrier publié par Francisco de Pisa (qui l'inscrit au 2 janvier), tous les textes anciens de la liturgie mozarabe placent à ce jour la fête de cette sainte. Aussi n'y a-t-il pas lieu de penser, comme

---

H. FRAGMENT DE CALENDRIER MOZARABE

(publié en 1595 par Francisco de Pisa).

Ianuarius.

1. Circumcisio Domini nostri Iesu Christi.
2. Sancte Columbe uirginis, Senonas.
3. Ieiunium obseruatur tribus diebus.
6. Apparitio, quod est Epiphania.
7. Sancti Iuliani uel comitum mart., Antiocia.
8. Sancti Luciani presbiteri mart., Eliopoli (*leg.* Helenopoli).
9. Sanctorum XL. mart., Constantina.
10. Sancte Serene, uirg. mart.
14. Sancti Felicis, Nola.
17. Policarpi et Antonii.
19. Sancti Sebastiani et comitum, Roma.
20. Sanctarum Agnetis et Emerentiane, Roma.
21. Sanctorum Fructuosi episc., [Augurii] et Eulogii diaconorum, Tarracona, mart.
22. Vincentii leuite mart., Valentia.
23. Obitum domni Ildefonsi episc., Toleto.
24. Sancti Babile episcopi et trium puerorum, Antiocia.
26. Caput Februarii apud Egyptios.
28. Sancti Tyrsi, uel comitum mart., Grecia.

Februarius.

5. Sancte Agate, uirg. mart., Catania.
7. Sancte Dorotee uel comitum mart., Cappadocia.
8. Sancti Marci▒ euang. mart.
18. Sancti Pantaleonis.
22. Cathedra sancti Petri apostoli.
24. Sancte Iuliane uirg. et mart.

(*Caetera desiderantur.*)

	Codex D (an. 1066).	Codex E (an. 1067).	Codex F (an. 1072).	G. — Kal. Cordub. (an. 961).
30	Sancti Iacobi, fratris sancti Iohannis, Ierusalem.	Sancti Iacobi apostoli, fratris sancti Iohannis, et comitum eius martyrum.	Sancti Iacobi apostoli, fratris sancti Iohannis, et comitum eius martyrum.	30. — In ipso est Latinis festum Eugenie interfecte. Et sepulchrum eius est Rome.
31	Sancte Columba uirginis, Senonas.	Sancte Columbe, uirginis et martyris Christi, et sancti Policarpi, episcopi et martyris Christi.	Sancte Columbe, uirginis et martyris Christi, et sancti Policarpi, episcopi et martyris Christi. — Sancte Melanie [...] confessoris Christi.	31. — In ipso est Christianis festum Columbe, interfecte in ciuitate Rubucus, in alio Senonia, et est martyr. Et festum eius est in Casis Albis prope Kerilas, in monte Cordube.

le font Bianchini et Lesley, que la rubrique *II kal. ian.* du *Libellus Orationum* de Vérone soit une addition sans autorité.

C'est à cette sainte Colombe de Sens, et non à son homonyme de Cordoue (martyrisée le 17 septembre 853), qu'il faut reporter le culte et la popularité extraordinaire de ce nom en Espagne. Malgré l'opinion de Morales et l'autorité de Florez (t. X, p. 413 et suiv.), il est impossible de garder le moindre doute à cet égard. Tous les anciens documents liturgiques en font foi. Il est à noter qu'aucun de nos calendriers mozarabes ne mentionne le culte de la sainte Colombe de Cordoue, pas même celui écrit en cette ville par l'évêque Rabi ben Zaid en 961. Chose remarquable : le 31 décembre, les chrétiens de Cordoue du xe siècle se réunissaient pour fêter sainte Colombe de Sens dans l'église de Sainte-Eulalie de Kerilas (ou *Fragellas*), dans laquelle reposait, depuis plus de cent ans, le corps de leur compatriote sainte Colombe.

Rien de plus authentique toutefois et de plus touchant que les actes de la martyre de Cordoue, écrits moins de trois ans après sa mort par un témoin, dont la véracité est au-dessus de tout soupçon. Cet écrivain n'est autre que saint Euloge, à la fois docteur, historien et protecteur des Mozarabes de Cordoue. Quelques années plus tard (859), il versa généreusement son sang pour la foi du Christ. Voy. *P. L.*, t. CXV, col. 705-959. Pour la vie de sainte Colombe, *ibid.*, col. 806-812.

La sainte Mélanie, marquée à ce jour par les calendriers **B** et **F**, est sainte Mélanie la Jeune, qui mourut à Jérusalem le 31 décembre 439.

I. FRAGMENT DE CALENDRIER MOZARABE DE LA FIN DU XIe SIÈCLE.

Ianuarius.

1. Circumcisio Domini.
2. Ieiunium, caput anni.
6. Apparitio Domini.
7. Sanctorum Iuliani et Basilisse.
8. Allisio Infantum.
9. Sanctorum XL.
12. Sancti Victoriani presbiteri.
15. Sacratio sedis episcopi Christi.
16. Obitum Quirici episcopi et S. Marcelli.
17. Depositio sancti Antoni monaci.
18. Sancti Sulpicii episcopi.
19. Sancti Sebastiani et comitum.
20. Sancte Agnetis et Emerentiane.
21. Sanctorum Fructuosi episc., Augurii et Eulogii.
22. Sancti Vincentii leuite.
23. Obitum domni Ildefonsi episcopi.
24. Sancti Babile episc. et trium puerorum.
26. Caput Februarii.
28. Sancti Tirsi et comitum eius.

Februarius.

5. Sancte Agate uirginis.
7. Sancte Dorote.
12. Sancte Eolalie uirginis, Barzinone.
19. Sancti Pantaleonis et comitum eius.
21. Sancti Ilari episcopi.
22. Katedra sancti Petri apostoli.
25. Caput mensis apud Egiptios.

Martius.

1. Sancti Nicefori.
3. Sanctorum Emeteri et Celidonis.
7. Sanctarum Perpetue et Felicitatis.
13. Depositio beati Leandri episcopi.
19. Sancti Teodori.
20. Obitum sancti Benedicti abbatis.
22. Conceptio sancte Marie uirginis.
24. Sancta Tecla.
25. Equinoxium uerni.
26. Diuisio lucis et tenebre.
27. Diuisio aque et terre.
28. Luminaria facta sunt.
29. Zete et uolucres.
30. Iumenta et homo.
31. Requieuit Dominus ab opere suo.

Aprilis.

3. Sancte Teodosie uirginis.
4. Obitum domni Isidori episcopi.
12. Sancti Victoris.
13. Sancte Eugenie uirginis.
16. Sanctorum Engratie [et comitum] martyrum.
18 Sancti Eleuteri episcopi.
19. Sancti Claudii, Lupercii et Victoris.
23. Sancti Victoris et Corone.
25. Sancti Marci euangeliste.
26. Sancti Timothei.
27. Sancti Germani Preusb. (presbiteri?).
28. Sancti Prudentii episcopi.
29. Sancte Salse uirginis.

(*Caetera desiderantur.*)

APPENDICE II

L'*ORDINATIO REGIS*,

ou

LE SACRE DES ROIS WISIGOTHS DE TOLÈDE AU VIIe SIÈCLE.

Trois fonctions épiscopales très importantes ne se trouvent pas dans notre *Liber Ordinum :* la consécration d'un évêque, le couronnement du roi, la dédicace d'une église. — On a pu lire plus haut (col. 60-62) quelques notes sur l'*Ordinatio episcopi*. Je vais suppléer ici, dans la mesure du possible, à ce que nos divers manuscrits nous laissent ignorer touchant les deux dernières cérémonies.

On n'a rencontré jusqu'ici dans aucun manuscrit mozarabe le rituel du sacre des rois wisigoths catholiques. C'était une cérémonie d'une grande importance, dont il nous reste heureusement plus d'un vestige dans les textes anciens. Il n'est pas possible de fixer la date de son institution; mais il semble bien que ce rite solennel n'était pas en usage sous Récarède et ses premiers successeurs. Tejada (t. II, p. 17), et il ne fait en cela que copier d'Aguirre, veut que Récarède ait reçu l'onction royale, ainsi que ses successeurs. Il pense même que tous les rois chrétiens d'Espagne étaient sacrés. Tout ce passage du compilateur des conciles espagnols fourmille d'erreurs du même genre.

Le 4e concile de Tolède (633), qui dans son canon LXXVe règle le mode d'élection du prince, ne parle pas de l'onction royale. Saint Isidore, le président de ce grand concile national, où assistaient les six métropolitains d'Espagne et soixante-deux évêques, n'y fait pas la moindre allusion dans son histoire des rois wisigoths, non plus que dans ses autres ouvrages.

Wamba, monté sur le trône en 672, est le premier monarque dont l'*ordinatio* nous soit connue avec quelques détails. Nous les devons à la plume de saint Julien, évêque de Tolède, alors simple membre du clergé de la cathédrale et témoin oculaire de cette cérémonie. Il ressort clairement de son récit que le roi, en cette circonstance, ne fit que se conformer à un rite usité avant lui. Résumons ce passage, qui se trouve en tête de son *Liber de Historia Galliae* (*P. L.*, t. XCVI, col. 765-766), dans lequel il raconte l'expédition du roi Wamba contre les Goths révoltés de la Septimanie. Élu par les grands du royaume, et acclamé par le peuple dans le hameau de Gerticos *in Salmanticensi territorio*, où venait d'expirer Réceswinthe, il ne voulut pas être sacré hors de sa capitale : « Vngi se per sacerdotis manus ante non passus est, quam sedem adiret regiae urbis, atque solum peteret paternae antiquitatis, in qua sibi opportunum esset et sacrae unctionis uexilla suscipere et longe positorum concensus in electione sui patientissime sustinere ». Il se rendit donc bientôt à Tolède, pour y recevoir l'onction royale des mains de l'évêque Quiricus. Cette cérémonie eut lieu dans la basilique des saints Pierre et Paul, plus connue sous le nom de *ecclesia praetoriensis*, ou église palatine. (Voy. ci-dessus, col. 150-151, note.) Mais il importe de laisser ici la parole à l'écrivain contemporain : « At ubi uentum est quo sanctae unctionis susciperet signum in Praetoriensi ecclesia, sanctorum scilicet Petri et

Pauli, regio iam cultu conspicuus ante altare diuinum consistens, ex more fidem populis reddidit. Deinde curuatis genibus, oleum benedictionis per sacri Quirici pontificis manus uertici eius refunditur, et benedictionis copia exhibetur ». — C'est aussi dans cette basilique des Apôtres que, d'après une chronique anonyme du commencement du VIIIe siècle, le roi Egica fut sacré en 687 : « Vnctus est autem dominus noster Egica in regno in ecclesia sanctorum Petri et Pauli Praetoriensis, sub die VIII kal. decembris, die dominico, luna XV, aera DCCXXV » (*Chronica regum Wisigothorum*, dans *P. L.*, t. CXXI, col. 812). Sur l'onction du roi Witiza, en 701, voy. *Ibid.*

Nous trouvons dans ce rite solennel deux parties bien distinctes :

1° La *professio fidei*, ou serment prêté par le prince à Dieu et aux peuples qu'il allait régir. Nous n'en avons plus la formule; mais il serait assez aisé de la reconstituer, grâce aux textes des conciles de Tolède. Un des plus remarquables est le solennel avertissement donné au roi Sisenandus par les Pères du grand concile national de 633. Les assemblées conciliaires n'ont pas toujours osé tenir aux rois un aussi fier langage : « Te quoque praesentem regem futurosque aetatum sequentium principes humilitate qua debemus deposcimus, ut moderati et mites erga subiectos existentes, cum iustitia et pietate populos a Deo uobis creditos regatis, bonamque uicissitudinem qui uos constituit largitori Christo respondeatis, regnantes in humilitate cordis cum studio bonae actionis : nec quisquam uestrum solus in causis capitum aut rerum sententiam ferat, sed consensu publico cum rectoribus ex iudicio manifesto delinquentium culpa patescat, seruata uobis inoffensis mansuetudine, ut non seueritate magis in illis quam indulgentia polleatis; ut, dum omnia haec, auctore Deo, pio a uobis moderamine conseruantur, et reges in populis, et populi in regibus, et Deus in utrisque laetetur. Sane de futuris regibus hanc sententiam promulgamus : Vt si quis ex eis contra reuerentiam legum superba dominatione et fastu regio in flagitiis et facinore siue cupiditate crudelissimam potestatem in populis exercuerit, anathematis sententia a Christo Domino condemnetur, et habeat a Deo separationem atque iudicium, propter quod praesumpserit praua agere et in perniciem regnum peruertere » (*P. L.*, t. LXXXIV, col. 385-386). Le canon III du 6e concile de Tolède dit à son tour : « Sancimus, ut quisquis succedentium temporum regni sortierit apicem, non ante conscendat regiam sedem, quam *inter reliqua conditionum sacramenta* pollicitus fuerit hanc se catholicam non permissurum eos (Iudaeos) uiolare fidem », etc. (*Ibid.*, col. 396). Un texte également important est le canon X du 8e concile de Tolède, qui règle le mode d'élection du roi et lui dicte ses devoirs (*Ibid.*, col. 425-426). — D'après le récit de Julien de Tolède, cité plus haut, le prince lisait cette formule du serment debout devant l'autel dans tout le faste et la pompe de ses vêtements royaux.

2° L'*onction* venait ensuite. Le monarque s'agenouillait et l'évêque lui versait sur la tête l'huile sainte. Cette seconde partie du sacre royal était accompagnée d'une *Benedictio* ou prière solennelle, par laquelle l'évêque appelait sur le prince les bénédictions célestes. Le canon I du 12e concile de Tolède (681) fait mention expresse du sacre du roi Ervige, en 680 : « Etenim sub qua pace uel ordine serenissimus Eruigius princeps regni conscenderit culmen, regnandique per sacrosanctam unctionem susceperit potestatem... ». Isidorus Pacensis, dans son *Chronicon* écrit en 754, mentionne aussi le sacre du roi Ervige : « Gothorum Eruigius consecratus est in regno » (dans l'*España sagrada*, t. VIII, p. 294). Les Pères du 12e concile de Tolède disent aussi que le roi Ervige leur présenta un écrit, par lequel Wamba le désignait pour lui succéder et demandait pour lui l'onction royale : « Eruigium post se praeelegit regnaturum et *sacerdotali benedictione ungendum* » (*P. L.*, t. LXXXIV, col. 471). La pièce était sans doute fausse, je veux dire forgée par Ervige lui-même (cf. TAILHAN, *L'Anonyme de Cordoue*, p. 102); mais elle n'en est pas moins un véridique témoignage du sacre des rois de Tolède. — Il est important de noter que le premier exemple de l'onction royale, après ceux que nous fournit la Bible, est celui du sacre des rois wisigoths d'Espagne. C'est par inadvertance que M. Charles Diehl, d'ordinaire si exact dans ses remarquables travaux sur l'histoire byzantine, mentionne l'effusion de l'huile sainte comme un des rites du couronnement des empereurs de Constantinople au VIe siècle. (Voy. *Justinien et la civilisation byzantine au VIe siècle,* Paris, 1901, page 93.) La cérémonie ne fut introduite à Constantinople que fort longtemps après cette date. Corippus (*De laudibus Justini*, lib. II, vers. 160-165), auquel renvoie M. Diehl, parle du couronnement, mais ne fait nulle part la moindre allusion à l onction de l'huile.

On voit par les quelques détails précédents que l'*Ordinatio regis* diffère complètement des rites analogues du Pontifical romain. — Espérons que le *Liber Ordinum,* dans lequel tout le cérémonial de cette solennelle fonction religieuse était consigné, n'est pas perdu à jamais. En attendant cette découverte, il faut s'en tenir aux textes auxquels nous renvoyons ci-dessus. Voy. aussi Cajetano Cenni, *De antiquitate Ecclesiae Hispanae,* t. II, 1741, p. 5.

Deux manuscrits mozarabes de la cathédrale de Léon nous donnent, l'un (le *Liber Antiphonarius,* fol. 271) l'antienne chantée *In ordinatione siue in natalicio regis : Sono :* Domine Deus... »; l'autre (le *Libellus Comicus*) les leçons de l'Ancien et du Nouveau Testament : *Lectio de ordinatione regis.* Cette derniere citation, dont on trouvera le texte dans le *Comes* de la Bibliothèque nationale de Paris (publié par D. Morin, *Liber Comicus,* p. 301-303), semble prouver que le sacre était accompagné d'une messe propre à cette circonstance. De son côté, le Bréviaire mozarabe renferme une hymne *In ordinatione regis,* commençant par ces mots : *Inclite Rex magne regum.*

Je cite, d'après l'édition du P. Blume (*Hymnodia gothica,* p. 269), la deuxième strophe, qui fait allusion à l'onction du prince :

« Prouehe regnum fidelis principis ad gloriam,
Vnguine sacro nitescat, sanctitate floreat,
Fulgeat uitae corona, polleat clementia [1] ».

On peut considérer comme une exhortation aux rois wisigoths le jour de leur sacre, et c'est l'avis de Florez (*Esp. sagr.,* t. VI, p. 37), le discours tiré de deux manuscrits wisigothiques du xe siècle et que nous trouvons imprimé dans la plupart des collections conciliaires sous le titre de *Via regia uel exhortatio ad principem.* C'est un résumé des devoirs du prince envers Dieu et envers ses peuples. Cette piece est trop longue et trop connue pour être reproduite ici. On la trouvera dans Loaisa, *Collectio conciliorum Hispaniae* (1593), p. xxxiv-xxxix, et dans Agvirre, *Collectio maxima conciliorum Hispaniae,* t. I, p. 232.

Un autre texte non moins intéressant, mais plus ancien, et qui semble reproduire les paroles mêmes de l'évêque *in Ordinatione regis,* est celui que nous lisons dans l'*Ordo de celebrando concilio,* document d'origine manifestement espagnole, comme le précédent. (Voyez Loaisa, p. xxix, et Aguirre, t. I, p. 229; cf. Tejada, t. III, p. 9.) Je crois utile de donner ici ces prières, avec les rubriques qui les accompagnent : « Postquam [rex] expleuerit exhortationem suam [ad concilium], a diacono dicitur : *Oremus.* Tunc, rege conuerso ad orientem, omnes sacerdotes in terra pariter prosternantur, sicque dicatur haec Oratio Dominica : *Rex Deus, a quo regum regitur regnum : quo gubernante sublime, quo deserente fit fragile, famulo tuo illo solers miserator adsiste. Da ei, Domine, fidei rectitudinem firmam et legis tuae custodiam indefessam : ita morum honestate praepolleat, ut tuae Maiestati complaceat; ita nunc praesit populis, ut coronetur post transitum cum electis. — Pater noster.*

« Benedictio : *Benedicat tibi, serenissime Princeps, uirtutum Dominus et omnipotens Deus. — Amen.*

« *Inspiret tibi facere misericordiam et temperare iustitiam. — Amen.*

« *Qui tibi tribuit regnum, ipse cor tuum conseruet inlaesum a nociuitate omnium populorum. — Amen.*

« *Et qui conuentum nostrum pro Domino uenerari, cum tuis omnibus post longa saecula coroneris. — Amen.*

« *Per Dominum nostrum Iesum Christum, qui cum Deo Patre et Sancto Spiritu, unus Deus gloriatur per saecula saeculorum.*

« Qua benedictione suscepta, dicitur illi a diacono : *In nomine Domini nostri Iesu Christi, ite cum pace.* Sicque cunctis respondendum est : *Deo gratias.* »

Voilà à peu près tout ce que l'on trouve, pensons-nous, sur le sacre des rois wisigoths. Cette cérémonie fut-elle reprise et renouvelée, lors de la restauration de l'Espagne chrétienne? Je ne puis établir sur ce point une thèse générale; mais il semble bien qu'elle ne fut pas complètement oubliée. Voici ce qu'on lit dans une note, écrite en 1055 sur un livre liturgique ayant appartenu à Ferdinand le Grand, roi de Castille (manuscrit de la Bibliothèque de l'Université de Santiago de Compostela, *cod. I,* non paginé) : « Ordinatio domini Ferdinandi regis in Leyone (Legione), x kalendas iulias, era TLXXVI^a » (22 juin 1038). Est-il ici question d'un rite religieux, semblable à celui qui avait lieu au viie siècle dans

1. D'après le manuscrit du British Museum, au lieu de « polleat clementia », il faudrait lire : » clementia placita ».

la basilique palatine de Tolède? On ne saurait l'affirmer; mais le zèle de Ferdinand pour les anciennes coutumes du temps des Wisigoths porterait à le croire. — Cette cérémonie est également mentionnée par un chroniqueur qui vécut dans l'intimité des amis du roi de Castille : « Era MLXXVI, X kalendas iulii, consecratus [est] Dominus Fernandus in ecclesia beate Marie Legionensis, et unctus in regem a uenerande memorie Seruando eiusdem ecclesie catholico episcopo » (*Chronicon Silense*, dans FLOREZ, *España sagrada*, t. XVII, p. 307).

Avant le sacre du premier roi de Castille, le moine de Silos, auteur de la chronique anonyme citée ci-dessus, avait déjà signalé, en l'an 914, celui du fondateur du royaume de Léon, Ordoño II : « Omnes Hispaniae magnates, episcopi, abbates, comites, primores, facto solemniter generali conuentu, eum acclamando sibi constituit : impositoque ei diademate a duodecim pontificibus in solium regni Legione perunctus est » (*Ibid.*, p. 287).

Le même chroniqueur mentionne enfin le sacre du jeune prince Asturien, qui devint si célèbre dans la suite sous le nom d'Alphonse le Grand et qui pendant un règne de quarante-trois ans (866-909), mena à bonne fin trente campagnes contre les émirs de Cordoue. « Igitur, XIII etatis sue anno unctus in regem, commissam suscepti regni administrationem disponere strenue inchoauit » (*Ibid.*, p. 284).

APPENDICE III

LA DÉDICACE DES ÉGLISES CHEZ LES WISIGOTHS.

A la suite de la bénédiction des divers objets qui servaient aux fonctions sacrées ou à l'ornementation du sanctuaire (voy. ci-dessus, col. 157-165), on pouvait s'attendre à rencontrer dans le Rituel wisigothique les cérémonies de la consécration ou dédicace d'une basilique. Notre manuscrit du *Liber Ordinum* n'en dit pas un mot. Les autres documents mozarabes que j'ai pu étudier sont également muets sur ce point.

Je dois donc me contenter d'énumérer ici quelques textes canoniques et épigraphiques dans lesquels il est question de la dédicace des églises, à l'époque où le rite wisigothique était encore en usage en Espagne[1].

1. — En 538, le pape Vigile dans sa lettre à Profuturus de Braga donne quelques instructions à ce sujet.

« *De ecclesiarum restauratione in fabricis uel dedicatione quid sit obseruandum :* De fabrica uero cuiuslibet ecclesiae, quae diruta fuerat, restauranda, et si in eo loco consecrationis solemnitas debeat iterari in quo sanctuaria non fuerunt, nihil iudicamus efficere, si per eam minime aqua exorcidiata iactetur; quia consecrationem cuiuslibet ecclesiae, in qua sanctuaria non ponuntur, celebritatem tantum scimus esse missarum. Et ideo, si qua sanctorum basilica a fundamentis etiam fuerit innouata, sine aliqua dubitatione, cum in ea missarum fuerit celebrata solemnitas, totius sanctificatio consecrationis implebitur. Si uero sanctuaria quae habebat ablata sint, rursus eorum repositione et missarum solemnitate reuerentiam sanctificationis accipiat » (*P. L.*, t. LXXXIV, col. 832; Tejada, *Colección de Cánones*, t. II, p. 1022).

2. — En 561, le 1er concile de Braga, s'appuyant sur les anciens canons, interdit à un simple prêtre, sous peine de déposition, de bénir le chrême et de consacrer une église ou un autel : « XX. *De benedictione chrismatis :* Item placuit, ut si quis presbyter post hoc interdictum ausus fuerit chrisma benedicere, aut ecclesiam aut altarium consecrare, a suo officio deponatur : nam et antiqui hoc canones uetuerunt » (*P. L.*, *Ibid.*, col. 267; Tejada, t. II, p. 617).

3. — En 572, le 2e concile de Braga défend à l'é-

1. Les églises qui remontent au temps des Wisigoths sont aujourd'hui fort rares. Aussi, n'est-il pas sans intérêt de signaler ici celle de Baños, construite en 661 par le roi Réceswinthe en l'honneur de saint Jean-Baptiste. C'est un édifice à trois nefs assez bien conservé et que la Commission des Monuments historiques a fait restaurer avec soin. A l'intérieur de l'abside se trouve gravée en caractères de l'époque l'inscription que voici. Elle n'est pas inédite : mais je la donne ici d'après une photographie prise récemment (1901) par un artiste de mes amis.

+ PRECVRSOR DNI MARTIR BABTISTA IOHANNES
POSSIDE CONSTRVCTAM IN ETERNO MVNERE SEDEM
QVAM DEVOTVS EGO REX RECCESVINTHVS AMATOR
NOMINIS IPSE TVI PROPRIO DE IVRE DICAVI
TERTII POST DECM. REGNI COMES INCLITVS ANNO
SEXCENTVM DECIES ERA NONAGESIMA NOBEM.

Un peu au-dessous, se voit une croix du temps. Toutefois, aucune inscription n'y mentionne le rite de la dédicace proprement dite.

vêque d'exiger quoi que ce soit pour la consécration d'une église. Il ne doit pas non plus procéder à ce rite avant que l'église ait été convenablement dotée et qu'il tienne en main la charte de dotation. — « *Vt pro consecratione basilicae episcopus nihil exigat :* Placuit ut, quoties ab aliquo fidelium ad consecrandas ecclesias episcopi inuitantur, non quasi ex debito munus aliquod e fundatore requirant : sed, si ipse quidem aliquid ex suo uoto obtulerit, non respuatur; si uero aut paupertas illum aut necessitas retinet, nihil exigatur ab illo. Hoc tantum unusquisque episcoporum meminerit, ut non prius dedicet ecclesiam aut basilicam, nisi antea dotem basilicae et obsequium ipsius per donationem chartulae confirmatum accipiat : nam non leuis est ista temeritas, si sine luminariis uel sine sustentatione eorum qui ibidem seruituri sunt, tanquam domus priuata, ita consecretur ecclesia » (*P. L.*, t. LXXXIV, col. 572; Tejada, t. II, p. 626). Suit un décret, interdisant aux évêques de consacrer certaines églises, élevées par des particuliers, qui n'avaient d'autre but que de s'enrichir de l'offrande des fidèles.

4. — En 592, le 2e concile de Saragosse ordonne de consacrer de nouveau une église dont la dédicace aurait été faite par un évêque arien « sub nomine catholicae fidei », avant que celui-ci n'eût reçu la bénédiction des mains d'un évêque catholique. « Statuit sancta synodus, ut episcopi de Ariana haeresi uenientes, si quas ecclesias sub nomine catholicae fidei consecrauerint, necdum benedictione percepta, a catholico sacerdote consecrentur denuo » (*P. L.*, *Ibid.*, col. 517-518; Tejada, t. II, p. 130).

5. — En 619, le 2e concile de Séville déclare que les lois ecclésiastiques réservent aux évêques seuls le droit d'ériger un autel, de le bénir et de l'oindre : « altaris constitutio, benedictio uel unctio ». Il appartient aussi aux évêques de consacrer une église ou un autel : « ecclesiam uel altarium consecrare » (*P. L.*, *Ibid.*, col. 596; Tejada, t. II, p. 670).

J'ajoute ici que l'*onction* est aussi signalée dans l'inscription de 622 mentionnée un peu plus loin. Dans sa lettre *ad Leudefredum*, saint Isidore écrit : « Ad episcopum pertinet basilicarum consecratio, unctio altaris », etc. (*P. L.*, t. LXXXIII, col. 994; cf. col. 771, où se lisent quelques mots d'un sens général très vague sur la dédicace).

6. — En 691 enfin, le 3e concile de Saragosse condamne avec sévérité la pratique suivie par certains évêques, qui consacraient des églises un autre jour que le dimanche, contrairement à l'usage général et aux règles canoniques. « Nulli penitus pontificum in quibuscumque prouinciis constituto amodo liceat, praeter certos dies dominicos, ecclesias sanctas consecrare » (*P. L.*, t. LXXXIV, col. 319; Tejada, t. II, p. 133).

Voici maintenant quelques inscriptions relatives à la consécration des églises, à l'époque où le *Liber Ordinum* était encore le rituel officiel de cette fonction liturgique. Ces documents lapidaires suppléeront sur certains points au texte que je n'ai encore pu découvrir dans les manuscrits wisigothiques. Je les emprunte presque toujours au grand recueil de Hvbner, *Inscriptiones Hispaniae christianae*, publié en 1871, et à l'important *Supplementum*, paru en 1900. J'adopte d'ordinaire la lecture qu'en a proposée le docte épigraphiste allemand.

1° — ve ou vie s., à Cehegin (Murcia) : « + In nomine Domini Acrusminus Bigastrensis ecclesie episcopus sacrauit anc baselicam sancti Vincentii anno iii pontificatus sui. » (Hvbner, *I. H. C., Supplem.*, p. 80, n° 406.)

2° — Même date, même lieu : « + In nomine Domini Vitalis episcopus consecrauit hanc baselicam. » (Hvbner, *I. H. C., Supplem.*, p. 80, n° 407.)

3° — vie s., près de Loja (Grenade) : « In nomine Domini Hiesu Christi consecratio domnorum Petri et Pauli, die xiii kal. iunias, in quorum basilica requiescunt reliquiae sanctorum, id est : domne Mariae, domni Iuliani, domni Istefani, domni Aciscli, domni Laurenti, domni Martini, domne Eulalie, domni Vincenti, domnorum trium. » (Hvbner, *I. H. C., Supplem.*, n° 374.)

4° — 556, à Jeréz de los Caballeros : « + Die viiii kal. Ianuarias era dlxxxxiiii dedicata est hec eclesia Sancte Marie : » (Fidel Fita, *Boletín de la Academia*, t. XXX, 1897, p. 348; Hvbner, *I. H. C.*, p. 18, n° 50; *Supplem.*, n° 357.)

5° — 577 (mieux 607), à Grenade : « In nomine Domini nostri Ihesu Christi consecrata est eclesia Sancti Stefani primi martyris in locum Natiuola a sancto Paulo Accitano pontifice, die... anno... domini nostri gloriosi Wittirici regis era dcxv. — Item consecrata est ecclesia sancti Iohannis Babtiste. » (Hvbner, *I. H. C., Supplem.*, p. 58; Fita, *Boletín*, t. XXI, 1892, p. 11, où il montre qu'il faut lire dcxlv au lieu de dcxv, année qui ne répond pas au règne du roi Witericus.)

6° — 587, à Tolède : « + In nomini Domini consecrata eclesia Sancte Marie in catolico die pridie idus Aprilis, anno feliciter primo regni domini nostri gloriosissimi Fl. Reccaredi regis, era DCXXV. » (HVBNER, *I. H. C.*, p. 49, n° 155; *Supplem.*, p. 74.)

7° — 594, à Grenade : « Consecrata est ecclesia Sancti Vincentii martyris Valentini a sancto Lilliolo Accitano pontifice, XI kal. Febr., anno VIII gloriosi domini Reccaredi regis, era DCXXXII. Hec tria tabernacula in gloriam Trinitatis... cohoperantibus sanctis aedificata sunt ab inlustri Guduliu cum operarios uernolos et sumptu proprio. » (HVBNER, *I. H. C.*, p. 35, n° 115; *Supplem.*, p. 58.)

8° — 622, près de Séville. On peut voir cette inscription de la dédicace d'une église dite *Trium Sanctorum* dans notre Appendice sur les calendriers mozarabes, p. 482, note au 13 octobre.

9° — VIe ou VIIe s., à la Morera (Andalousie) : « Sunt in hoc altario sacri Estepha[ni] reliquiae num. XV : Stephani, Lucretiae, Saturnini, Sebastiani, Fructuosi, Augurii, Eulalie, Baudili, Pauli conf., Nazarii, Eulogii, Tirsi, Verissimi, Maximae et Iuliae. » Voy. ci-dessus, p. 452, note.

10° — VIe ou VIIe s., ruines de Carixa (Andalousie) : « Hic reliquiae sanctorum martirum i[llustrium] sancti Tome, sancti Dionisi, sanctorum Cosme et Damiani, sancti Sabastiani, sancte Afre, sancti Sabe. » (HVBNER, *I. H. C.*, p. 26, n° 90.)

11° — VIe ou VIIe s., à Escalada (Léon) : « + Hic sunt reliquie recondite sancte Marine, et sancte Cecilie, et sancti Aciscli, et sancti Cristofori, et sancte Columbe. » (HVBNER, *I. H. C., Supplem.*, n° 382.)

12° — VIe ou VIIe s., au même endroit : « Hoc in altare sunt reliquie sancti Emiliani presbiteri, sancti Bartolomei apostoli, sancti Stefani Leuite, sancti Martini episcopi. » (HVBNER, *Ibid.*, n° 383.)

13° — 630-660 (?), à Zambra près de Cabra (Andalousie) : « + Ara sancta Domini. + Fundauit eam Altissimus per Eulaliam et filium eius Paulum monachum. + Dedicauit hanc aedem Dominus Bacauda episcopus. + Consecrata est baselica haec Sancte Mariae II kalendas Iunias, era DCLXVIII. » (HVBNER, *I. H. C.*, p. 28, n° 100; *Supplem.*, p. 54.) — Le P. Fita, dans le *Boletín de la Academia*, t. XXVIII, 1896, p. 414, donne la date de 660.

14° — 630, à Médina Sidonia (Andalousie) : « Hic sunt reliquiarum condite, id est : sancti Stefani, Iuliani, Felici, Iusti, Pastoris, Fructuosi, Auguri, Eulogi, Aciscli, Romani, Martini, Quirici et Zoili martyrum. Dedicata hec basilica die XVII kalendas Ianuarias, anno secundo pontificatus Pimeni, era DCLXVIII. » (HVBNER, *I. H. C.*, p. 24, n° 85.)

15° — 642, à La Higuera (Andalousie) : « + Reliquie sanctorum ill[ustrium] Ioanni Babtiste, Eulalie, Iuste, Rufine et Felici martirum. Dedicata est hec basilica a Pimenio antistite sub die VIII kalendas Iunias era DCLXXX. » (HVBNER, *I. H. C.*, p. 23, n° 80.)

16° — 644, à Vejer de la Miel (Andalousie) : « In nomine Domini nostri Ihesu Christi. Hic sunt reliquie sanctorum Vincenti, Felicis, Iuliani martirum. Dedicatio illius basilice sub die kal. Decembres, anno sexto decimo Pimeni episcopi, era DCLXXXII. » (HVBNER, *I. H. C.*, p. 32, n° 111; FITA, *Boletín*, t. XXVIII, 1896, p. 416-419.)

17° — 652, à Guadix (à l'est de Grenade) : « In nomine Domini sacrata est eclesia domne Me... sancte Crucis, die tertio idus Maias anno undecimo et quarto regno gloriosissimorum dominorum nostrorum Chindasuindi et Reccisuindi regum, quintodecimo pontiuicatus sanctissimi Iusti episcopi. — Recondite sunt ic reliquie de cruore Domini, sancti Babile, sancte Crucis, de pane Domini, sancte Paule, sancti Estefani, de Cruce Domini, de sepulcro Domini, de ueste Domini, sancte Crucis, sancti Iusti, sancti Felicis Gerundensis, sancti Andree, sancti Vocati, sancti Clementi, sanctorum Fausti, Ianuarii et Martialis, septem Dormientes in Efeso, Geruasi et Protasi, sancte Crucis, sancti Iu..., sancti Saturnini, sancte [Ius]tine, sanctorum Ferreoli et Eulalie, sancti Iusti et Pastori, sanctorum Facundi, Primitiui, sancte Leucadie, sancti Saturnini, sancti Iusti et Pastori, sancti [Vic]tori. » (FITA, *Boletín*, t. XXVIII, 1896, p. 403-412; HVBNER, *I. H. C.*, p. 56, n° 175. J'ai suivi la version du P. Fita.)

18° — 657, à Alcalá de los Gazules (Andalousie) : « Reliquie sanctorum Ioanni Babtiste, Eulalie, Iuste, Rufine et Felici martirum. Dedicata est hec basilica a Pimenio antistite, sub die VIII kalendas Iunias, era DCLXXXXV. » (HVBNER, *I. H. C.*, p. 26, n° 89.)

19° — 662, à Medina Sidonia (Andalousie) : « + In nomine Domini hic sunt recondite reliquie sanctorum Seruandi, Germani, Saturnini, Iuste, Rufine martir. et Ioani Babtiste, sub die nonas iunias, anno XXXIII domini Pimeni pontificis, era DCC. » (HVBNER, *I. H. C.*, p. 25, n° 88.)

20° — 674, près de Vejer de la Miel (Andalousie) : « In nomine Domini nostri huc condite sunt reliquie sanctorum... Seruandi, Germani, Rufine martirum, sub die xviii kalendas Februarias, anno vii domini Theoderacis episcopi. » (Hvbner, *I. H. C.*, p. 32, n° 110; Fita, *Boletín*, t. XXVIII, 1896, p. 416; t. XXIX, p. 436.)

21° — 682, à Alcacer do Sal (Portugal) : « + Hunc denique edificium sanctorum nomine ceptum Iusti et Pastoris martirum, quorum constat esse sacratum. Consumatum est oc opus era dccxx. » (Hvbner, *I. H. C.*, p. 3, n° 1.) — Trois ans plus tard (685), saint Valérius mentionne la consécration d'une église à San Pedro de Montes (Asturies) : « In nomine sancte Crucis et sancti Pantaleonis ceterorumque sanctorum martyrum... sacrum Domino constructum est templum, quod a uiro Dei reuerentissimo Aurelio episcopo est cum omni diligentia Domino consecratum : simulque huius aedis opificem Saturninum ope Domini sacrauit presbyterum. » (Florez, *España sagrada*, t. XVI, 2e éd., p. 409.)

22° — 691, à Baylén : « + In nomine Domini, Locuber acsi indignus abba fecit et duos coros ic construxit. Et sacrate sunt sanctorum Dei eglesie pridie idus Maias, era dccxxviiii, quarto regno gloriosi Domini nostri Egicani. » (Hvbner, *I. H. C.*, p. 55, n° 172; *Supplem.*, n° 401.)

23° — viie s., à Zahara (Andalousie) : « ... Baudili, Fructuosi, Auguri,... sculptum... » (Fita, *Boletín*, t. XXV, 1894, p. 143.)

24° — 737, à Cangas de Onis (Asturies) :

Resurgit ex preceptis diuinis hec macina sacra
Opere exiguo comtum fidelibus uotis.
Perspicue clareat oc templum, obtutibus sacris
Demonstrans figuraliter signaclum alme crucis.
Sit Christo placens ec aula sub crucis tropheo sa-
[crata,
Quam famulus Fafeila sic condidit fide promta
Cum Froiliuba coniuge ac suorum pignora nata :
Quibus, Christe, tuis muneribus pro hoc sit gra-
[tia plena
Ac post uius uite decursum preueniat misericor-
[dia larga.
Hic uate Astemo sacrata sunt altaria Cristo
Diei reuoluti temporis annis ccc
Seculi etate porrecta per hordenem sexta,
Excurrente era septingentesima septagesima
[quintaque.

(Hvbner, *I. H. C.*, *Supplementum*, n° 384.)

Les dédicaces d'églises d'une date plus récente n'ont plus la même importance pour la liturgie. Je me borne à signaler les suivantes. En 893, église de Valdedios (Hvbner, n° 261). Plusieurs des prélats présents à cette dédicace se retrouvèrent, en 899, à la consécration de la basilique de Saint-Jacques de Compostelle, qui eut lieu le dimanche 6 mai (*España sagrada*, t. XIX, p. 95-100). — En 919, église de San Pedro de Montes (*Ibid.*, t. XVI, p. 132). Sur la dédicace de trois églises à Léon peu avant cette date, voy. *ibid.*, t. XIV, p. 462. — En 920, église de San Adrian, près de Léon (Hvbner, n° 243). — En 931, église de Priesca (*Ibid.*, n° 272). — En 952, église de Castañeda (*Ibid.*, n° 275). — En 993, église de Castiello (*Ibid.*, n° 267).

Pour exprimer le rite de la dédicace d'une église, je remarquerai que, sur les vingt-quatre inscriptions rapportées ci-dessus, cinq emploient le mot *sacrare* (nos 1, 17, 21, 22, 24), cinq le mot *consecrare* (nos 2, 3, 5, 6, 7), six le mot *dedicare* (nos 4, 13, 14, 15, 16, 18). Sept font simplement mention de la pose des reliques (nos 9, 10, 11, 12, 19, 20, 23 incomplète). Outre ces dernières, sept autres inscriptions renferment une liste de reliques (nos 3, 8, 14, 15, 16, 17, 18).

Dans la mesure où le permet la lecture parfois douteuse de ces documents, j'ai voulu rechercher en quels jours avait eu lieu la cérémonie de la dédicace des églises signalées ci-dessus. Disons tout d'abord que, sur vingt-quatre inscriptions, quatre se contentent de faire mention de l'année (nos 5, 8, 21, 24); douze signalent l'année et le jour (nos 4, 6, 7, 13, 14, 15, 16, 17, 18, 19, 20, 22); une seule le jour sans autre indication (n° 3). Cinq sont une simple liste de reliques (nos 9, 10, 11, 12, 19, 20, 23 celle-ci incomplète). Autres catalogues de reliques, nos 3, 8, 14, 15, 16, 17, 18. Parmi les églises dont l'année et le jour de la dédicace sont marqués, je trouve que sept ont été consacrées le dimanche (nos 4, 13, 14, 17, 19, 20, 22), deux le samedi (nos 6, 15). — A noter que lorsque la dédicace avait lieu le dimanche, une partie notable du rituel était avancée au samedi; — une le mercredi (n° 16), une le jeudi (n° 18), une le vendredi (n° 7). L'observance des règles canoniques, qui voulaient que cette cérémonie eût lieu un dimanche, est loin, on le voit, d'être rigoureusement observée. Le 3e concile de Saragosse lui-même, qui la rappelle avec tant de force en 691 et que j'ai cité plus haut, ne changea que dans une très faible mesure la liberté que prenaient sur ce point les évêques espagnols.

On serait curieux de savoir quelle est la dernière église qui a reçu la consécration d'après l'ancien rite national. Je n'ai pu la découvrir. Une des premières, en Castille du moins, dont la dédicace ait été faite avec le rituel nouveau, apporté de France par les bénédictins de Cluny, est sans doute la cathédrale de Tolède, l'ancienne capitale des Goths, reconquise en 1085 par l'armée chrétienne. Elle fut consacrée le 18 décembre 1086, en présence d'Alphonse VI, de nombreux évêques et de toute la noblesse du jeune royaume de Castille[1]. Il faut aussi mettre de ce nombre celle de l'abbaye bénédictine de Silos, au diocèse de Burgos. Restaurée dans la seconde moitié du XIe siècle par saint Dominique, elle fut consacrée en 1088 par Pierre, archevêque d'Aix, en présence du cardinal Richard, légat de saint Grégoire VII[2]

1. Tejada, t. II, p. 627, donne la charte de dotation octroyée en cette circonstance par le roi à la nouvelle cathédrale.

2. Qu'on veuille bien me permettre de renvoyer ici à mon *Histoire de l'abbaye de Silos*, p. 71-73. Il y est aussi question (p. 73 et 218) de la dédicace de deux autres églises de moindre importance : celle de Rabanera en 1087, par l'évêque de Burgos, et celle de San Frutos en 1100, par Bernard d'Agen, premier archevêque de Tolède redevenue chrétienne. — Je reproduis ici l'inscription de cette dernière dédicace, d'apres le *titulus* original que j'ai eu sous les yeux en 1886 :

HEC EST DOMVS DNI IN HONOREM SCI FRVCTI C
EDIFICATA AB ABBATE FORTVNIO EX SANCTI SEBASTIANI
EXILIENSI REGENTE ET HOC CENOBIO DOMINANTE
ET AB ARCHIEPISCOPO BERNARDVS DIECESIS TOLE
TANE DEDICATA SVB ERA T^a^ C^a^ XXXVIII
ET AD DOMNO MICHAEL EST FABRICATA.

Mais ceci n'est plus de notre sujet. Retournons un instant encore au rite purement mozarabe.

Le *Comes* manuscrit de la cathédrale de Léon (XIe siècle) renferme les passages de l'Ancien et du Nouveau Testament qui se lisaient pour la fête de la dédicace : *Lectiones de sacratione baselice, die sabbato quando sal adspargitur* (suivent la leçon, l'épître et l'évangile). Puis : *In sacratione baselice, ad missam die dominico* (autres lectures). Ce *Comes* fut écrit en 1071 par ordre de Pélage, évêque de Léon. Il a dû servir pour la dédicace de la cathédrale de cette ville, faite le 10 novembre 1073 par Pélage lui-même, en présence du roi Alphonse VI et d'une nombreuse assistance. (Voy. le P. Risco, *España sagrada*, t. XXXV, p. 115.) — Le *Comes* de Silos (aujourd'hui à la Bibliothèque nationale de Paris) a les mêmes leçons : *Legendum die sabbato, quando sal adspargitur in templo nouo.* (Voy. D. Morin, *Liber Comicus*, p. 303-306. Suivent les lectures *in restauratione baselice.*

De son côté, le Bréviaire mozarabe nous fournit trois hymnes pour cette cérémonie : 1° *Imnus in sacratione baselice;* 2° *Imnus in anniversario sacrationis baselice;* 3° *Imnus in restauratione baselice* (Voy. *P. L.*, t. LXXXVI, col. 913-916, et Cl. Blvme, *Hymnodia Gothica*, p. 263-265). Puis un cantique : *Canticum Salomonis in sacratione baselice* (col. 872), et un autre *canticum in restauratione baselice* (col. 873). J'ai retrouvé ces mêmes cantiques, sous les mêmes titres, dans le manuscrit mozarabe **2. j. 5** de la bibliothèque privée du roi, à Madrid (*Cant. LVIII* et *LVIIII*).

APPENDICE IV

L'ANNONCE DES SOLENNITÉS RELIGIEUSES DANS LA LITURGIE MOZARABE

On trouve dans les vieux textes liturgiques deux genres de formules destinées à faire connaître aux fidèles les fêtes diverses de l'année ecclésiastique. Les unes servaient à annoncer l'approche d'une solennité ou d'une observance imposée par l'Église; les autres étaient réservées plus spécialement à la proclamation de la Pâque.

1. Formules des fêtes ordinaires.

Les premières formules sont à la fois les plus anciennes et les plus simples. Ce sont celles des manuscrits de l'office mozarabe : de notre Liber Ordinum, de l'Antiphonaire de Léon et du Comes de la Bibliothèque nationale de Paris. On y annonçait à l'assemblée chrétienne, vraisemblablement le dimanche à la suite des saints mystères, qu'à tel jour de la semaine ou le dimanche suivant, les fidèles devraient se réunir à l'église pour la célébration de telle ou telle fonction religieuse. Quand il y avait lieu, on y indiquait aussi la date de la station prochaine, les jeûnes à observer, les anniversaires des évêques, les jours de litanies, etc. Dans les églises cathédrales, c'était l'archidiacre lui-même qui annonçait aux fidèles ces diverses observances, après en avoir averti l'évêque. Telle était la coutume des églises d'Espagne au VIe et au VIIe siècle, au témoignage de saint Isidore : « Ipse [archidiaconus] denuntiat sacerdoti in sacrario ieiuniorum dies atque solemnitatum : ab ipso publice in ecclesia praedicantur ». (*Epistola ad Leudefred. episc., P. L.,* t. LXXXIII, col. 896.)

Nous trouvons plusieurs exemples de l'annonce des fêtes au IVe siècle dans l'église de Jérusalem. En voici deux, empruntés au récit récemment découvert d'une grande dame espagnole, qui visita les lieux saints sous le règne de Théodose. C'est dans l'église de l'*Anastasis,* le dimanche des Palmes, vers la fin de la cérémonie. L'archidiacre élève la voix (mittet uocem) et dit : *Ista septimana omni, id est de die crastino, hora nona, omnes ad Martyrium conueniamus* (*id est in ecclesia maiore*). Puis il ajoute : *Hodie omnes hora septima in Eleona.* (ecclesia montis Oliueti) *parati simus* [1].

Le Sacramentaire gélasien renferme aussi quelques formules, qui se rapprochent beaucoup plus que les précédentes de celles de nos manuscrits mozarabes. Citons la première des trois, d'après l'édition de Tommasi (*Opera omnia,* t. VI, p. 127) : *Nouerit uestra deuotio, sanctissimi fratres, quod beati martyris illius anniuersarius dies intrat, quo diaboli tentationes exuperans, uniuersitatis Creatori gloriosa passione coniunctus est.* A la fin de la seconde : *In* illo *igitur loco, uel in* illa *uia,* illa *feria, hanc eandem festiuitatem solita deuotione celebremus.*

Saint Léon le Grand termine plusieurs de ses sermons, en avertissant ses auditeurs des jours de jeûne qu'ils devront observer au cours de la semaine et du lieu de la station. La formule est

1. *Siluiae peregrinatio ad loca sancta,* p. 83 (cf. 82, 85, 94) de l'édition de P. Geyer, la plus récente et la meilleure, publiée en 1898 dans les « Itinera Hierosolymitana » du *Corpus Script. E. L.* de l'Académie de Vienne (t. XXXIX). — J'ai prouvé ailleurs que l'auteur de ce récit était l'espagnole Éthéria. Voy. plus loin. col. 543, *Appendice VII,* addition à la col. 62.

simple et ne varie guère : *Quarta igitur et sexta feria ieiunemus; sabbato autem apud beatissimum apostolum Petrum uigilias celebremus; qui et orationes, et ieiunia, eleemosynas nostras precibus suis dignabitur adiuuare* [1].

Après avoir exhorté son peuple à l'aumône, saint Augustin l'invite à célébrer avec lui l'anniversaire de l'ordination du vieil évêque Aurelius par ces mots d'une touchante délicatesse : *Quod nouit charitas uestra, suggerimus. Dies anniuersarius domni senis Aurelii illucescit; rogat et admonet per humilitatem meam charitatem uestram, ut ad basilicam Fausti deuotissime conuenire dignemini. Deo gratias* [2].

Ces exemples, qu'il serait aisé de multiplier, aideront à mieux comprendre les formules suivantes de l'antique liturgie d'Espagne. Elles se lisent aux feuillets 4 et 5 de notre Liber Ordinum. Nous les compléterons par les formules propres à l'Antiphonaire de Léon et au Comes de Paris, auxquels il y aura lieu aussi d'emprunter quelques variantes. Dans les renvois je désigne par *Ant.* l'Antiphonaire de Léon, par *Com.* le Comes de Paris.

ADNVNTIATIONES FESTIVITATVM [3].

(Fête de Notre-Dame, 18 décembre.)

Adueniente die *Illo* [4], sollemnitas nobis erit sancte Marie, uirginis et genetricis Domini nostri Ihesu Christi [5]. — Proinde admonemus caritatem uestram [6] atque uniuersitatem plebis, ut omnes ad ecclesiam Dei ad uigilias et ad missam in unum conueniamus [7].

1. « De jejunio decimi mensis ». Voy. *P. L.*, t. LIV, col. 172.
2. *P. L.*, t. XXXVIII, col. 643.
3. Ce titre manque dans le Liber Ordinum, mais il se trouve dans les deux autres manuscrits. — Pour le Comes, je renvoie à l'édition souvent citée de D. Germain Morin : *Liber Comicus* (Maredsous, 1893). Les *Formulae annuntiandarum festiuitatum* se trouvent aux pages 381-392.
4. Ce mot écrit d'ordinaire *il.* (avec *l* barrée), est en toutes lettres dans le codex de Léon.
5. Les manuscrits de Léon et de Paris ajoutent : *secundum carnem.* — La fête du 18 décembre est la plus solennelle des fêtes de Notre-Dame dans le rite mozarabe. Voy. ci-dessus, p. 491 et 492.
6. « Beatitudinem uestram, fratres dilectissimi », d'après le codex de Léon. Ce manuscrit et celui de Paris n'ont pas les mots : *atque uniuersitatem plebis.*
7. « Deuotissime conueniamus. Resp. Deo gratias. » (*Ant.* et *Com.*). Je trouve dans un manuscrit liturgique de la cathédrale de Tolède (**35,7**), qui date du IXe siècle, peut-être du Xe, une annonce toute particulière de la fête de l'Assomption. Elle est inscrite avant l'office de cette solennité, dont elle ne semble pas faire partie intégrante. C'est une antienne qu'on chantait sans doute au moment où les fidèles entraient dans la basilique. Son titre : *Ad accedentes*, qu'il ne faut pas confondre avec celui de l'antienne mozarabe de la Communion : *Gustate et uidete,* semble l'indiquer clairement. Elle n'est pas sans rappeler notre antienne matutinale de l'Invitatoire. Voici ce texte « Ad Accedentes : Alme Virginis festum aduenit, gaudete omnes simul in unum ».

(Fête de Noël, 25 décembre.)

Ecce annuntio uobis gaudium magnum, quod erit omni populo. Adueniente die *Illo,* sollemnitas erit Natiuitatis Domini nostri Ihesu Christi ac Saluatoris [1] secundum carnem. — Proinde admonemus, etc. [2].

(La Circoncision, 1er janvier.)

Adueniente die *Illo,* festiuitas nobis erit, Circumcisio [3] Domini nostri Ihesu Christi ac Saluatoris secundum carnem. — Proinde, etc.

(Jeûne des calendes de janvier.)

De capvt anni. — Crastina die omnes ieiunemus, ad exorandum Dominum nostrum Ihesum Christum pro peccatis nostris, uel pro errore gentilium abdicanda. Ecclesiam Domini iugiter frequentemus [4].

1. Ce mot n'est point dans les deux autres manuscrits.
2. « Proinde admonemus beatitudinem uestram, dilectissimi fratres, adque uniuersitatem plebis ut omnes ad ecclesiam », etc. (*Com.*). — Le manuscrit 30 853 du Musée britannique a conservé une formule plus solennelle. Elle était lue aussitôt après le sermon, qui suivait l'évangile du dernier dimanche de l'Avent : « Ne uero tante sollemnitatis memoriam preterisse uideamur, adiubante Domino, adnuntiamus dilectioni uestre gaudium magnum quod est sanctum in omnem terram. Erit itaque Natiuitas Domini et redemtoris nostri Ihesu Christi secundum carnem die *Illo.* Quam pius et misericors Deus pro sua pietate nos et omnem populum suum cum gaudio et letitia celebrare permittat. Prestante », etc. Cf. D. Morin, *Liber Comicus,* p. 407.
3. « Solemnitas erit Circumcisionis », etc. (*Com.*).
4. « Adueniente die crastina, omnes ieiunemus, ut misericordiam Domini consequi mereamur. Deo gratias » (*Com.*). — Die crastina... (*Ant.*). — Sur le jeûne des calendes de janvier, voy. ci-dessus les Calendriers mozarabes, p. 450.

(Épiphanie, 6 janvier.)

Adueniente die *Illo,* sollemnitas erit Apparitionis Domini nostri Ihesu Christi secundum carnem. — Proinde, etc.

(Les Saints Innocents, 8 janvier.)

Adueniente die *Illo,* festiuitas erit nobis Alisione Sanctorum Infantum Bethlemiticorum[1]. — Proinde admonemus, etc.

(L'Invention de la Croix, 3 mai.)

Adueniente die *Illo,* festiuitas erit, Inuentio Sancte Crucis[2]. — Proinde admonemus, etc.

(L'Ascension.)

Adueniente die *Illo,* sollemnitas erit Ascensionis Domini nostri Ihesu Christi secundum carnem. — Proinde, etc.

(La Pentecôte.)

De pentecosten. — IIII feria, V feria, VI feria et sabbato omnes ieiunemus, ad exorandum Dominum nostrum Ihesum Christum pro peccatis nostris, siue ut Dominus iram suam a nobis auferat, ac pro pace impetranda, uel pro sacris lectionibus audiendis, et ut adueniens Spiritus Paraclitus, nostra munda reperiet (*sic*) abitacula, ecclesiam Domini iugiter frequentemus[1].

(Saint Jean-Baptiste, 24 juin.)

Adueniente die *Illo,* festiuitas erit[2], natiuitas sancti Iohannis Babtiste et precursoris Domini nostri Ihesu Christi. — Proinde, etc.

(Saint Pierre et saint Paul, 29 juin.)

Adueniente die *Illo*, festiuitas erit sanctorum Petri et Pauli apostolorum et martirum. — Proinde, etc.[3].

1. Cette fête se célébrait au 8 janvier dans le rite mozarabe. Voy. ci-dessus, p. 451. — Il est à remarquer que les deux autres manuscrits n'ont pas l'annonce de cette solennité. Par contre, ils donnent les deux formules suivantes que l'on ne trouve pas dans le Liber Ordinum : 1. *Les fêtes Pascales.* « Erit igitur anno presenti per misericordiam Dei, discurrente era *Illa*, initium beate Quadragesime (*Com.* quoto ill.) ; Cena Domini *quoto* (*Com.* quoto ill.) ; Passio Domini *quoto* (*Com.* quoto ill.); Resurrectio uero eiusdem Domini nostri Ihesu Christi (*Ant.* secundum carnem) *quoto* (*Com.* quoto ill.). — 2. *Réunion pour les néophytes :* « Crastina die pro his qui de aqua suscepti sunt ad ecclesiam sanctam Iherusalem omnes in unum ad missam conueniamus ». L'*ecclesia sancta Iherusalem,* dont il est ici question, désigne la cathédrale. Voy. ci-dessus, col. 56, note 2. — Cet avertissement devait se faire le lundi de Pâques, car c'est le jour suivant qu'avait lieu la cérémonie de la déposition de l'habit blanc, reçu par les néophytes le samedi saint. Voy. ci-dessus, col. 35. — L'Antiphonaire de Léon annonce aussi, avant le Carême, la fête « Sancti Petri apostoli, Rome », c'est-à-dire celle du 22 février, la seule marquée au calendrier mozarabe.

2. « Adueniente die *Illo*, sollemnitas erit dieī Inuentio sancte crucis » (*Com.*). — Ce manuscrit et celui de Léon placent cette annonce après celle de l'Ascension.

1. Le Liber Ordinum est le seul des trois manuscrits à donner cette formule. Les deux autres disent simplement : « Adueniente die dominico, sollemnitas erit nobis sanctum Pentecosten. Proinde », etc. — Il est à remarquer que l'institution de ces quatre jours de jeûne avant la Pentecôte est relativement récente dans l'Église gothique d'Espagne. Saint Isidore dit clairement que les Espagnols ne jeûnaient point entre Pâques et la Pentecôte, pas même les moines (Voy. *de Off. eccl.*, lib. I, c. 33; *Reg. mon.*, c. xi). Les litanies et les trois jours de jeûne étaient fixés au jeudi, au vendredi et au samedi qui suivaient les fêtes de la Pentecôte, comme l'ordonne le canon ii du concile de Gérone de 517. Plus tard cet ordre fut changé, sans doute, comme le suppose Lesley, en raison du baptême qui se conférait la veille de la Pentecôte. Un manuscrit mozarabe du xie siècle (aujourd'hui au British Museum, cod. addit. 30 844, fol. 167-173) nous donne l'office « de letania ante Pentecosten ». Le *Breuiarium gothicum* imprimé, qui semble en cette circonstance avoir copié assez fidèlement la rubrique des anciens manuscrits, porte avant l'office du mercredi une formule presque semblable à celle de notre Liber Ordinum : « Incipit officium ieiuniorum : obseruatur 4 feria, et 5 feria, et 6 feria, et sabbato ante sanctum Pentecosten, ad exorandum Dominum nostrum Iesum Christum pro peccatis nostris, ac pacem impetrandam, uel pro sacris lectionibus audiendis; et, ut ueniat Spiritus Paraclitus et munda nostra reperiat habitacula, ecclesiam Domini frequentemus » (*P. L.*, t. LXXXVI, col. 662). — Le *Directorium annuale*, ou Ordo à l'usage de la chapelle mozarabe de Tolède (j'ai sous les yeux l'Ordo de 1896 et celui de 1899), ne signale plus qu'un jour de jeûne, celui du samedi. — Le P. Lesley suppose que l'usage de Milan était semblable à celui d'Espagne, et dit : « In Ecclesia Mediona-lensi *quatriduo* ante Pentecosten ieiunant, ut ex missali Ambrosiano anni 1548 eruitur ». Sa mémoire l'a mal servi, car d'après ce missel que j'ai sous les yeux (au folio 94), les litanies avaient lieu, ainsi que le jeûne, le lundi, mardi et mercredi avant la Pentecôte. Voy. aussi *Beroldus*, édition Magistretti, 1894, p. 220.

2. « Erit nobis » (*Com.*).

3. A la suite de la fête des saints Apôtres, se lisent dans les manuscrits de Léon et de Paris quelques for-

(Jeûnes et Litanies [1].)

Illo, Illo et *Illo* [die], omnes ieiunemus, ad exorandum Dominum nostrum Ihesum Christum pro

mules communes qui manquent dans le liber Ordinum. Les voici :

« Adueniente die *Illo*, festiuitas erit sacrationis sancti *illius* (*Com.*).

« Adueniente die *Illo*, festiuitas erit, translatio corporis sancti *Illius* (*Ant.* et *Com.*).

« Adueniente die *Illo*, festiuitas erit sancti *Illius* episcopi et confessoris Christi (*Com.*).

« Adueniente die *Illo*, festiuitas erit sanctorum *Illorum* martyrum Christi (*Com.*). — ... festiuitas... sancti martiris *Illius* (*Ant.*).

« Adueniente die *Illo*, festiuitas erit sanctarum uirginum *Illarum* et martyrum Christi.

« Adueniente die *Illo*, obitus beate memorie *Illius* episcopi (*Ant.*).

« Adueniente die *Illo*, festiuitas erit dedicatio sancti Micahelis archangeli uel sociorum eius » (*Com.*).

1. Les trois jours indiqués marquent qu'il s'agit du jeûne des Litanies ou Rogations. Les deux autres manuscrits sont plus explicites : « Quarta feria, quinta feria, sexta feria, dies erunt nobis letaniarum » (*Ant.*). — « IIII[a] feria, V feria, VI feria, dies erunt nobis letaniarum. Proinde admonemus karitatem uestram, dilectissimi fratres, atque uniuersitatem plebis, ut omnes ieiunemus et exoremus Dominum nostrum Ihesum Christum pro peccatis nostris, siue ut Dominus iram a nobis aufferat : et ecclesiam Domini iugiter frequentemus, Amen » (*Com.*). Il se peut toutefois que ces deux textes se rapportent au jeûne de la Pentecôte; car les autres jeûnes des Litanies étaient fixés d'ordinaire non pas à tel et tel jour de la semaine, mais à telle date du mois. Voy. le concile de Gérone, canon III; 5e conc. de Tolède, canon VI; 6e conc. de Tolède, canon II; 2e conc. de Braga, canon IX. Voy. aussi les calendriers ci-dessus.

A la suite des *Adnuntiationes festiuitatum* et de l'évangile des Rogations, une main du XIIIe siècle a inséré dans le Liber Ordinum l'exorcisme suivant, écrit dans ce latin rustique ou populaire que les plus ignorants pouvaient comprendre sans peine. Il se rapproche du castillan de cette époque, au point de devenir parfois du pur *romance* ou langue vulgaire :

« A[duersus] demones +. Coniuro uos, demones, per Deum Patrem omnipotentem, qui fecit celum et terram, mare et omnia que in eis sunt. Si uos coniuro per sancta Maria, mater Domini nostri Ihesu Christi. Si uos coniuro per sancti Micael arcangeli et omnes sancti Dei angeli et àrcangeli Dei. Si uos coniuro per sancti Petri apostoli et omnes sanctos apostolos Dei. Si uos coniuro pelas tres (*pour :* per los tres, *par les trois*) patriarcas Abraham, Isaac et Iacob. Si uos coniuro per quatuor euangelistas, Marcus, et Matheus, Lucas et Iohannes. Si uos coniuro per Innocentes, qui propter Deum martirio acceperunt. Si uos coniuro per illas nupcias, qui fuerunt facta in Cana Galilee. Si uos coniuro per sancti Stefani primus martir, et omnes sancti

peccatis nostris, siue ut Dominus iram suam a nobis auferat : ac pro pace inpetranda, uel pro sacris lectionibus audiendis, ecclesiam Domini iugiter frequentemus.

Cette dernière formule est suivie de l'évangile des Rogations, le même que celui du Missel romain. Nous le donnons ici, en raison du texte, qui n'est pas celui de la Vulgate :

« In illo tempore, dominus noster Ihesus Christus loquebatur discipulis suis, dicens : Petite et dauitur uobis, querite et inuenietis, pulsate et aperietur uobis. Omnis enim qui petit accipit, et qui querit inuenit, et pulsanti aperietur. Aut, quis ex uobis homo quem si petierit filius suus panem, numquid porrigit illi lapidem? Aut si piscem petit, numquid serpentem porriget ei? Aut si petierit obum, numquid porriget illi scorpionem? Si ergo uos, cum sitis mali, nostis bona dare filiis uestris, quanto magis Pater uester, qui in celis est, dabit bona petentibus se. — Amen.

2. L'Annonce solennelle des fêtes Pascales.

Il est temps d'arriver aux formules par lesquelles était annoncée aux fidèles, avec l'obligation du jeûne quadragésimal, l'approche de la Pâque. Cette proclamation avait lieu d'ordinaire le jour de l'Épiphanie, après la lecture de l'Évangile. Son usage remontait sans doute à une date reculée, au plus tard au IVe siècle, à une époque où l'on ne distinguait pas encore, en Espagne du moins, la fête de l'Épiphanie de celle de Noël. C'est ce qui nous explique pourquoi quelques églises, notamment

martires Dei. Si uos coniuro per sancti Martini, et omnes sancti confessores Dei. Si uos coniuro per sancta Maria Magdalene, et omnes sanctas uirgines Dei. Si uos coniuro per illum qui tonat in oriente et resonat in occidente : Vt non habeatis licencia in isto famulo (*seu* ista famula) Dei; non uigilando, non dormiendo, non manducando, non bibendo, non tacendo, non loquendo, non sedendo, non stando, non iacendo, non currente. Christus uincit. Christus regnat. Christus imperat, ego super euangelierat (?). A et Ω, alfa et o, primus et nouissimus. +++. +++. +++. Pater noster. Inicium sancti euangelii secundum [Iohannem] : In principio erat Verbum », *etc.*

Le mot *si* au commencement des phrases pourrait bien être le *si* castillan (si, os conjuro). M. Morel-Fatio, que j'ai consulté sur ce point, y voit plutôt le *sic* latin. L'exorcisme se terminait par neuf signes de croix et la lecture de l'Évangile de saint Jean.

celles du nord-ouest de l'Espagne[1], annonçaient la Pâque le 25 décembre, tandis que les autres le faisaient au sixième jour de janvier. Un sermon attribué à saint Augustin, et dont il convient de citer les dernières lignes, place également au jour de Noël l'annonce pascale. Voici ce passage : « Ipse enim (Christus) qui reparator extitit saeculi, hodie natus est in nobis, uita et resurrectio ostensus est. Cuius resurrectionis sanctum Paschae diem nuntiamus uobis, dilectissimi Fratres, quod occurrit a die *Isto,* luna *Illa;* dies quoque sanctorum ieiuniorum similiter : quos digne celebrantes, conlaudemus ingenitum Patrem per Christum eius, et nunc, et in aeterna saecula saeculorum. — Amen[2] ». — Mais ce sont là des exceptions : le jour ordinaire des *Adnuntiationes* est celui de l'Épiphanie, au 6 janvier. Nous n'avons pas à rechercher ici quels étaient sur ce point les usages particuliers des diverses Églises d'Occident[3]. Tenons-nous-en à l'Espagne.

1. Les églises de la province ecclésiastique de Braga, c'est-à-dire : Braga (la métropole), Viséo, Coïmbre, Egitania (Guarda), Lamego, Magneto (Porto), Lugo, Iria, Auria (Orense), Astorga, Tuy, Britonia (Mondoñedo). Voici le texte du concile de Braga, tenu en 572 sous la présidence de saint Martin : « Placuit ut postquam omnia in concilio sacerdotum fuerint ordinata, illud omnismodis obseruetur, ut superuenturum ipsius anni Pascha, quoto calendarum die uel quota luna debet suscipi, a metropolitano episcopo nuntietur : quod ceteri episcopi uel reliquus clerus breuiculo subnotantes unusquisque in sua ecclesia, *aduenïente Natalis Domini die, adstanti populo post lectionem euangelicam nuntiet*, ut introitum quadragesimae nullus ignoret » (2ᵉ concile de Braga, canon IX, dans TEJADA, *Colección de Cánones de la Iglesia de España,* t. II (1861), p. 629).

2. MAII, *Noua Patrum Bibliotheca*, t. I, p. 462.

3. Il est bon toutefois de noter le canon II du concile d'Auxerre de 578, qui ordonne « ut omnes presbyteri ante Epiphaniam missos suos dirigant, qui eis de principio quadragesimæ nuntient, et in ipsa Epiphania ad populum indicent » (SIRMOND, *Concilia antiqua Galliae,* t. I, p. 362). Près de quarante ans plus tôt, le canon I du 4ᵉ concile d'Orléans promulgue ce qui suit : « Festiuitas (Paschae) annis singulis ab episcopo Epiphaniorum die in ecclesia populis denuntietur » (*Ibid.,* p. 261). — Inutile de mentionner l'usage de Rome. Celui de Milan est signalé dans les termes suivants par Bérold, au commencement du XIIᵉ siècle : « In Epiphania, post lectum euangelium, debet diaconus qui legit euangelium in pulpito adnunciare Pascha, primicerio clericorum apud eum stante et sibi indicante, sic dicendo : Nouerit caritas uestra, Fratres carissimi, quod annuente Dei et D. N. J. C. misericordia, tali et tali die Pascha Domini celebramus » (*Beroldus,* ed. Magistretti, p. 80). C'est encore de nos jours la même formule, ou à peu près, dans le *Missale Ambrosianum* (p. 45 de l'édition de 1831 ; p. 49 de l'édition de 1902).

Les canons des conciles ne nous apprennent rien ou presque rien à ce sujet. On en est réduit à une simple allusion du canon V du 4ᵉ concile de Tolède (633), qui ordonne aux évêques métropolitains de s'entendre entre eux sur la date pascale trois mois avant l'Épiphanie, de manière à pouvoir en avertir leurs suffragants en temps opportun et à fêter tous le même jour la Résurrection du Christ. D'autre part, le Missel mozarabe, aujourd'hui en usage à Tolède, ne porte aucune trace de l'annonce pascale au 6 janvier, pas plus du reste que l'Ordo ou *Directorium annuale.*

Nous avons mieux, heureusement, que ce que pourrait nous donner le *Missale gothicum* imprimé, dont les rubriques et le texte sont trop souvent en désaccord avec les anciens manuscrits. Les manuscrits wisigothiques du Musée britannique nous ont conservé trois formules liturgiques de l'annonce des fêtes de Pâques. Elles se trouvent placées au jour de l'Épiphanie (*in die Apparitionis Domini*), à la fin du sermon, qui suivait la lecture de l'Évangile et avec lequel elles sont intimement unies. Nous allons publier non seulement le texte de l'annonce pascale, mais encore celui du sermon, jusqu'à ce jour inédit, qui l'accompagne dans le manuscrit du Xᵉ siècle (codex additionnel 30 844)[1]. Ce passage commence au folio 131 v°, aussitôt après l'Évangile de saint Matthieu qui raconte la visite des Mages à Bethléem et la fuite en Égypte : « In illo tempore, cum natus esset Ihesus in Behtlem » etc., jusqu'à ces mots : « ut adimpleretur quod dictum est a Domino per prophetam dicentem : Ex Egypto vocavi filium meum ». — On remarquera que le sermon suivant est consacré aux cinq événements dont se composait dans les premiers siècles de l'Église la fête de l'Apparition du Christ : 1, la Naissance du Sauveur; 2, l'Adoration des Mages; 3, le Baptême de N.-S. ; 4, les Noces de Cana ; 5, la Multiplication des pains. Les prières de la messe mo-

1. Ce manuscrit porte le titre moderne de *Officia Toletana.* Il renferme divers offices et des messes de la liturgie mozarabe, à partir de la fête de la Vierge (18 décembre) jusqu'à la fête *In cathedra Sancti Petri* (22 février). A la fin se trouvent l'office de l'Ascension, l'office *de Letania ante Pentecosten* et des *Lectiones de Letanias canonicas* (sic). Volume in-4°, en parchemin, de 177 folios.

zarabe au jour de l'Épiphanie renferment encore des allusions à chacun de ces mystères.

Malgré ce signe d'antiquité et des oppositions de mots, qui font parfois songer au style oratoire de saint Augustin, ce discours ne peut être antérieur à la seconde moitié du ve siècle. La doctrine de la distinction des natures et de l'unité de personne dans le Christ y est exprimée en des termes tels, que seul un théologien postérieur aux conciles d'Éphèse et de Chalcédoine était capable de leur donner cette netteté et cette rigoureuse précision.

Sermo.

« Dies iste, karissimi Fratres, Epiphanie, id est Apparitionis Domini, pro cunctis Dei eclesiis[1] ritu catholice traditionis inpensius celebratur. Etenim, postquam Dominus noster Ihesus Christus natiuitatis sue aduentu mundum istum iulustrare dignatus est, Dominus apparuisse dicitur : / dum ab oriente Magis uenientibus stella indice demonstratur, et Redemptor gentium in Iudea quidem natus, alto condam (quodam) misterio gentibus sic ostenditur. Ecce puer parbus et Dominus magnus : pro nobis utique parbus, in se autem permanens magnus. Iacet et regnat, plorat et iudicat, eiulat et triunfat. A terrenis nutritur, a celestibus adoratur. Suggit uuera, cui seruiunt sydera : deget in antris, imperat astris. Vide ergo parbulum in gremio matris, sed crede perfectum ineffabili manentem in sinu Patris : ad nos procedentem, sed numquam exinde recedentem : ibi inuisibilem, hic conspicabilem : ibi inextimabilem, hic temporarem (temporalem) : ibi inmensum, hic pusillum. Illic nempe permanet, hic crescit : illic semper est, hic nouus est : illic Verbum, hic infans : illic ineffauiliter sine temporibus sillauisque personat, hic humiliter secundum etatis infantiam ore balbuttit. Et tamen non duos (duo) sed unus Christus : nec diuiditur locis, nec confusus est in naturis. Vnus ergo in utraque substantia, naturarum proprietatem in una persona conserbat.

Audistis, Fratres dilectissimi, Verbum Dei descendentem (*sic*) de celo. Audistis, imo potius et credidistis, Patris eterni Filium, adsumtam carnem[2], Virginis procedentem ex utero. Hunc uero cognoscite quibus eius natiuitas signis toto claruit mundo. Dudum namque ad[1] Sraheli[ti]cis pastoribus angelorum monitu eius exordia patuerunt. Hodierno uero die, nouo splendore stelle fulgentis indicio, gentium reges a solis ortu uenientes, natum in terris Regem prostratis uultibus adorauerunt; offerentes de thesauris suis aurum, thus et mirra[m] : aurum quippe Regi, thus Deo, mirra sepulture.

Sed neque hic dies lucifluo tantum fulgore sideris Magorum uultibus claruit; sed etiam multis Christi signorum uirtutibus coruscauit. Hoc die namque Christus, fluenta Iordanis ingrediens, fluminis undas corporis sui tinctione sacrauit : non ut ip[s]e [per] lauacrum carnis purificationem indigeret, sed potius ut sanctificaret diuino spiramine aquas, in quibus pollutum uitiis mundum babtismate sacro ablueret.

Hoc die festis (festiuis) talamorum conuibiis, poculis penitus iam consumtis, fatuos fontis latices in uini sapore conuertit : ut agnoscatur [potestas] imperii cui elementa deseruiunt, ut iussis eius pareant sue nature oblita uel nominis, in alteros usus transeant. Hodie namque quinque panuum (*sic*) fragmine quinque milium ieiuna uirorum turba refecta est : ut qui olim sub legis umbra Sraheliticam plebem paberat celesti manna in eremo, nunc paucis panibus sub Euangelii ueritate[2] innumeram satiaret multitudinem potiori miraculo.

(*Annonce de la Pâque.*)

Ob hoc, Fratres carissimi, post reuelatum in corpore nascentis Domini nostri Ihesu Christi misterium, post tantorum eius denuntiationem[3] signorum, uestris Deo deuotis mentibus etiam Pasce sollemnia pronuntiamus.

Nunc igitur, dilectissimi Fratres, qui adfuistis eclesie Dei, diem Apparitionis Domini nostri Ihesu Christi agnoscere meruistis, [diem] quoque Passionis eius ipso iubante cognoscite.

Erit igitur anno presenti, sub era *Illa*, initium beate Quadragesime die *Illo*, luna *Illa*. Cena uero Domini nostri Ihesu Christi die *Illo*, luna *Illa*. Pas-

1. Il faut lire : « per cunctas Dei ecclesias ».
2. Cette forme de l'accusatif absolu se rencontre dans plus d'un écrivain ecclésiastique du haut moyen âge. Voyez les exemples notés dans l'*Index philologique,* à la fin de ce volume.

1. Mot ajouté sans doute au texte par le copiste du xe siècle, qui avait à la pensée la forme du langage vulgaire en pleine formation à cette date. Il en est vraisemblablement de même du *pro* (signalé plus haut) substitué à *per*.
2. Le manuscrit porte : *sub Euangelii ueritatem.*
3. Dans le manuscrit : *post denunciatione.*

sio quoque ipsius Domini nostri Ihesu Christi die *Illo*, luna *Illa*.

Idcirco ortor uos, dilectissimi Fratres, ut ita iuste et pie, caste et sobrie uiuere studeamus, ut ad eandem sanctam sollemnitatem, absque ullo crimine et cum abundantia bonorum operum pertingere mereamur. A cunctis mortalium inlecebris uoluptatum, tam corda, quam corpora nostra mundemus. Per confessionem peccatorum, iram Domini mitigemus, preteritas iniquitates non iteremus[1], in nobis subiectis misericordes simus, sincera mente concordiam amplectamus : ut sacratissime Passionis [mysteria] socios nos faciant dominice Resurrectionis. Non inueniat[2] quemquam in nobis Christus regrediens quem damnare, sed reperiat in cunctis quos clemens adque misericors iubeat coronare.

Qui uiuit cum Patre et regnat cum Spiritu sancto unus Deus in secula seculorum. Amen[3]. »

Voici maintenant les deux autres formules tirées d'un Homiliaire mozarabe du XIe siècle, aujourd'hui au Musée britannique (addit. nº 30853, fol. 28 et 280). On constate dans la première que la coutume de proclamer l'approche de Pâques était déjà très ancienne.

1. *Interemus*, d'après le texte du manuscrit.
2. Dans le manuscrit : *Hec inueniat*.
3. Le sermon et l'annonce pascale sont suivis des *Laudes*, *Alleluia*, *Sacrificium* et autres pièces liturgiques de la messe de l'Épiphanie.

I. « Et quia ecclesiastica consuetudo compellit odie uobis pascalis festi gaudia nuntiare, memorie uestre cupio tenaciter inerere ea que de ipsa uobis fuerim intimatus sollemnitate. — Erit igitur per misericordiam Dei, anno presenti, sub era *Illa*, initium beate Quadragesime die *Illo* : Cena uero Domini nostri Ihesu Christi, die *Illo* : Passio quoque ipsius Domini nostri Ihesu Christi die *Illo* : Resurrectio uero eiusdem Domini nostri Ihesu Christi die *Illo*. Vnde ortor ut ita iuste, caste, sobrie et pie uibere studeamus, ut ad eandem sanctam sollemnitatem absque ullo crimine et cum habundantia bonorum operum pertingere mereamur. Amen. »

II. La seconde se trouve à la suite d'un sermon, qui n'est que la copie de celui transcrit plus haut. Elle est rédigée dans les mêmes termes que la formule ci-dessus (celle qui suit le sermon) depuis : « Nunc igitur, dilectissimi Fratres », jusqu'à : « Idcirco ortor uos » ; mais elle a de plus cette phrase, oubliée sans doute dans la première : « Resurrectio eiusdem Domini nostri Ihesu Christi die *Illo*, luna *Illa* », phrase peu nécessaire du reste, puisque les fidèles connnaissaient déjà la date précise du vendredi saint[1].

1. Ces deux dernières formules ont été publiées par D. Germain Morin dans son édition du *Liber Comicus*, p. 409 et 424.

APPENDICE V

UN *HOROLOGIVM* MOZARABE.

ORELEGIVM[1].

[1] Ianuarius et December				[4] Aprilis et September			
Hora	I et XI	Pedes	XXVIII	Hora	I et XI	Pedes	XXIIII
—	II et X	—	XVII	—	II et X	—	XIIII
—	III et VIIII	—	XIIII	—	III et VIIII	—	X
—	IIII et VIII	—	XI	—	IIII et VIII	—	VII
—	V et VII	—	VIIII	—	V et VII	—	V
—	VI	—	VIII	—	VI	—	IIII
[2] Februarius et Nouember				**[5] Maius et Agustus**			
Hora	I et XI	Pedes	XXVII	Hora	I et XI	Pedes	XXIII
—	II et X	—	XVII	—	II et X	—	XIII
—	III et VIIII	—	XIII	—	III et VIIII	—	VIIII[2]
—	IIII et VIII	—	X	—	IIII et VIII	—	VI[3]
—	V et VII	—	VIII	—	V et VII	—	IIII
—	VI	—	VII	—	VI	—	III
[3] Martius et October				**[6] Iunius et Iulius**			
Hora	I et XI	Pedes	XXV	Hora	I et XI	Pedes	XXII
—	II et X	—	XV	—	II et X	—	XII
—	III et VIIII	—	XI	—	III et VIIII	—	VIII
—	IIII et VIII	—	VIII	—	IIII et VIII	—	V[4]
—	V et VII	—	VI	—	V et VII	—	III
—	VI	—	V	—	VI	—	II

1. Ce titre se lit dans le manuscrit du *Comes*. Il n'est point dans les deux autres manuscrits cités dans cette notice.

2. Le manuscrit *Codex* **B** porte X au lieu de VIIII.
3. Le même manuscrit porte VII au lieu de VI.
4. Le même porte VII au lieu de V.

Parmi les manuscrits wisigothiques auxquels sont empruntés nos divers calendriers mozarabes, il s'en trouve trois (les mss. **B, E, F**) qui renferment un document assez curieux. C'est une sorte d'horloge solaire pour les douze mois de l'année, d'une très grande simplicité, mais aussi d'une notable imperfection. Il me semble que ce tableau d'astronomie populaire, qui est sans doute d'un usage aussi ancien que le monde, est encore inédit, je veux dire en tant que d'origine espagnole. Il servait à calculer l'heure du jour par la longueur de l'ombre que projette au soleil un corps humain de taille moyenne.

Le moine allemand Wandalbertus de Prüm, qui vivait vers 850, nous a laissé une description poétique de cette horloge sous le titre de : *Horologium per duodecim mensium punctos*. On peut la lire dans la *Patrologie latine* de Migne (t. CXXI, col. 631-634). L'heure ainsi obtenue était très approximative, et le moine du IXe siècle a grand soin de nous en avertir par les deux vers suivants :

Horarum iam nunc texemus in ordine metas,
Humani ignari monstrat quas corporis umbra.

Les *horologia* de nos manuscrits espagnols du XIe siècle, sauf sur quelques points signalés en note, sont d'un accord assez remarquable. Je prends pour type celui du *Comes* mozarabe de la Bibliothèque nationale de Paris (fol. 23). Sur ce manuscrit, voyez ce qui a été dit dans l'*Introduction*, p. XXXII-XXXIII. Dans le tableau ci-dessus, j'imprime *hora* là où le manuscrit donne un simple *o* ponctué au milieu, et *pedes* là où le manuscrit donne un *p* surmonté de la lettre *s*.

Le tableau du *Comes* porte, en outre, les indications suivantes qu'il convient de signaler. Après le carré [1], on lit : « Tolle decem » ; après le carré [2] : « tolle IIII^{or} » ; après le carré [3] : « tolle III » ; après le carré [4] : « tolle duos » (*sic*) ; après le carré [5] ; « tolle unas » ; enfin, après le carré [6] : « et inuenies orarum rationem ».

Un *horologium* de ce genre, mais composé en Angleterre et beaucoup moins complet, a été publié par M. Warren dans son édition du Missel d'Exeter[1]. Il indique l'heure pour la troisième, la sixième et la neuvième heure seulement. On y remarque de notables divergences avec celui que nous publions ci-dessus, divergences qui s'expliquent en grande partie par la différence de latitude de l'Angleterre et de l'Espagne. — Voici ce petit *horologium* :

« Inchoat en hic oralogium. Horarum breue ad tertiam, ac sextam nonamque diei horam absque ulla ambiguitate pedum mensura probandam. *Ianuarius et Decembris :* hora tertia et nona pedes XVII, hora sexta pedes undecim. — *Februarius et Nouember :* hora tertia et nona pedes XV, hora VI pedes VIII. — *Martius et October :* hora tertia et nona pedes XIII, hora sexta pedes VII. — *Aprelis et September :* hora tertia et nona pedes XI, hora VI pedes V. — *Maius et Agustus :* hora tertia et nona pedes nouem, hora VI pedes IIII. — *Iunius et Iulius :* hora III et nona pedes VII, hora VI pedes II ».

Un tableau semblable au précédent, et comme lui d'origine anglo-saxonne, se trouve dans un manuscrit du Xe siècle, aujourd'hui au Musée britannique de Londres (*Titus*, D.XXVII, fol. 12 v°). C'est le codex décrit à la page 567 du *Catalogue of the manuscripts in the Cottonian Library deposited in the British Museum* (1802).

Le Glossaire de Ducange (au mot *Pes*, dans l'éd. Didot, 1845) cite un missel donné à l'abbaye de Jumièges vers 1150 par Robert, évêque de Londres, et dont l'*horologium* semble différer fort peu des deux précédents : « *Ianuarius :* nox horarum XVI, dies VIII ; hora III et IX, pedes XVII ; hora VI, pedes XI. *Februarius :* nox horarum XIII, dies X ; hora III et IX, pedes XV ; hora VI, pedes IX ».

1. *The Leofric Missal, as used in the cathedral of Exeter, during the episcopate of its first bishop* (1050-1072), Oxford, 1883. L'horologium se trouve à la page 58.

APPENDICE VI

DOXOLOGIES DIVERSES.

Je donne ici la série alphabétique des formules ou doxologies, par lesquelles se terminent un très grand nombre de pièces renfermées dans ce volume. Ces doxologies sont sans comparaison plus variées que celles des autres liturgies. Il importait de rassembler à part les plus complètes, afin de permettre au lecteur de suppléer à celles, de beaucoup les plus nombreuses, qui sont simplement indiquées par un commencement de phrase, quelquefois par un simple mot.

1. — Adiuratus in nomine Patris et Filii et Spiritus Sancti, cuius est hoc dignum et nomen inuictum. Col. 74; cf. 78.

2. — Adiuuante clementia. 121, 224. *Voy.* Annuente clementia.

3. — Adiuuante Domino nostro. 246; cf. 221. *Voy.* Annuente Domino, et : Auxiliante Domino.

4. — Adiuuante ipsius misericordia Dei nostri qui [est benedictus et uiuit et omnia regit in secula seculorum. Amen]. 294. (*Les mots entre crochets sont empruntés au Missel mozarabe imprimé, P. L.*, t. LXXXV,col. 153).

5. — Adiuuante nos dextera diuinitatis tue, Deus. 310.

6. — Adiuuante tua dextera, Deus noster, qui uiuis. 312.

7. — Annuente clementia diuinitatis tue, Domine Deus noster, qui omnia regis in secula seculorum. 182.

8. — Annuente Domino nostro Ihesu Christo, cuius imperium inexpugnabile permanet per numquam finienda secula seculorum. Amen. 297.

9. — Auxiliante clementia diuinitatis tue, Deus noster, qui uiuis. 314; cf. 263.

10. — Auxiliante Domino nostro Ihesu Christo, cuius arma uictricia permanent per numquam finita secula. 248.

11. — Auxiliante ipsius misericordia Dei nostri, qui in Trinitate. 152; cf. 351.

12. — Auxiliante ipsius misericordia Domini nostri, qui omnia regit in secula seculorum. 260.

13. — Christe Deus noster, qui cum Deo Patre et Spiritu Sancto gloriosa diuinitate uiuis et dominaris per infinita semper secula seculorum. 214.

14. — Christe Domine ac Redemptor eterne, 238, 292; cf. 246, 257, 315, 321, 326, 326, 331, 350, 355, 363, 386, 390, 392, 424, 430.

15. — Christe Domine Deus meus, qui es uera pax, perpetua caritas, uiuens et regnans in secula seculorum. 271.

16. — Christe, qui uiuis cum Patre et Spiritu Sancto, in Trinitate unus Deus et gloriaris in secula seculorum. 272.

17. — Christus Dominus et Redemptor eternus. 261, 317, 338; cf. 189, 269, 276, 296, 302, 342, 374, 396, 407.

18. — Concedente clementia pietatis eius, cuius regnum manet in secula seculorum. 223.

19. — Concedente misericordia tua. 135. *Voy.* Annuente, et *P. L.*, t. LXXXV, col. 186, 187.

20. — Cui est honor et gloria in secula seculorum. Amen. 347; cf. 219.

21. — Cui merito tibi omnes [angeli non cessant clamare ita dicentes : Sanctus]. *Passim.* Cf. *P. L.*

t. LXXXV, col. 237, 309, 142, 150 (très complet), 157, 249, 255, etc.

22. — Cui merito [exercitus militie celestis non cessant clamare, ita dicentes : Sanctus]. *P. L., ibid.,* 548, etc.

23. — Cuius regnum. 220.

24. — Cum quo tibi est una et coequalis essentia, in unitate Spiritus Sancti regnantis Deus in secula seculorum. Amen. 321.

25. — Gloria et honor Patri et Filio et Spiritui Sancto in secula seculorum. Amen. 121. Cf. Gloria et honor Patri et Filio et Spiritui Sancto. Amen. 242.

26. — In ipsius nomine, qui iudicaturus est uiuos et mortuos in Spiritu Sancto, et seculum per ignem. 24.

27. — In nomine Dei Patris omnipotentis, et Ihesu Christi Filii eius, et Spiritus Sancti, qui in Trinitate. 12.

28. — In nomine Dei Patris omnipotentis, et Ihesu Christi Filii eius, et Spiritus Sancti, regnantis in secula seculorum. 23.

29. — In nomine Domini nostri Ihesu Christi, cuius commemoratio facta est anima eius requiescat in pace. 149; cf. 126.

30. — In nomine Patris, et Filii, et Spiritus Sancti, cuius est hoc signum et nomen inuictum. 27.

31. — In nomine Patris, et Filii, et Spiritus Sancti, qui est omnipotens Deus et Dominus dominantium, permanens in gloria sua, per infinita secula seculorum. 18.

32. — In nomine Patris, et Filii, et Spiritus Sancti regnantis in secula seculorum. Amen. 12, 26, 71, 83, 173; cf. 28, 41, 44, 45, 70.

33. — In nomine Patris, et Filii, et Spiritus Sancti regnantis Deus in secula seculorum. Amen. 31.

34. — In nomine sancte Trinitatis, in hoc domicilio habitent angeli salutis et pacis. 22.

35. — Ipse Dominus et misericors qui cum Deo Patre et Sancto Spiritu uiuit et regnat in secula seculorum. Amen. 183; cf. 282, 344.

36. — Ipse Dominus et misericors, qui cum Deo Patre et Sancto Spiritu unus Deus gloriatur in secula seculorum. 148. *Voy. plus loin, la doxologie :* Prestet ipse, etc.

37. — Ipse Dominus et misericors, qui in Trinitate unus Deus gloriatur in secula seculorum. 318.

38. — Ipse Dominus et misericors, qui uiuit et cuncta regit per infinita semper secula seculorum. 241.

39. — Ipse Dominus et Redemptor eternus. 121, 284.

40. — Ipse Dominus et Redemptor noster, qui uiuit. 270.

41. — Ipso auxiliante Deo nostro, qui cum Deo Patre et Sancto Spiritu unus Deus gloriatur in secula seculorum. 316; cf. 284.

42. — Ipso auxiliante, qui in Trinitate unus Deus gloriatur in secula seculorum. Amen. 186; cf. 289.

43. — Ipso prestante, qui in Trinitate unus Deus gloriatur in secula seculorum. 336; cf. 305, 423. *Voy. plus loin, la formule :* Prestante.

44. — Iustificante Domino nostro Ihesu Christo et Saluatore, qui uenturus est iudicare seculum per ignem. Amen. 26.

45. — Largiente clementia diuinitatis tue, Deus noster. 296; cf. 119. *Voy. la formule :* Annuente clementia.

46. — Missa acta est. In nomine Domini nostri Ihesu Christi, eamus cum pace. 71. — Missa uotiua acta est... Deo gratias. 243.

47. — Opitulante clementia diuinitatis tue, Deus noster. 343.

48. — Per auctorem pacis et caritatis. 295; cf. 260, 328.

49. — Per Christum Dominum et Redemptorem. 170, 358, 376, 422; cf. 299, 343, 370, 388, 410, 412, 416.

50. — Per Christum Dominum nostrum, qui tecum Deus Pater et cum Sancto Spiritu uiuit et regnat gloriosus, pius et misericors, unus in Trinitate Dominus, per infinita secula seculorum. Amen. 241.

51. — Per Christum Dominum nostrum, qui tecum et cum Spiritu Sancto regnat Deus. 322; cf. 309, 311, 448.

52. — Per Dominum nostrum Ihesum Christum Filium tuum. 325; cf. 329.

53. — Per Dominum nostrum Ihesum Christum, qui cum Deo Patre et Sancto Spiritu in unitate gloriatur in secula seculorum. 223; cf. 503.

54. — Per Dominum nostrum Ihesum Christum, qui tecum et Spiritu Sancto unus Deus gloriatur in secula seculorum. Amen. 126; cf. 24, 108.

55. — Per Dominum nostrum Ihesum Christum, qui tecum uiuit et regnat : cuius regnum inuiolabile permanet in secula seculorum. 272.

56. — Per Dominum nostrum, qui tecum uiuit et regnat Deus in unitate Spiritus Sancti per omnia semper secula seculorum. Amen. 437.

57. — Per Dominum nostrum Ihesum, qui uiuit. 29; cf. 156, 220, 249, 273, 430.

58. — Per gratiam pietatis tue, Deus meus, qui uiuis et cuncta dominaris in secula seculorum. 249; cf. 71, 258, 262, 265, 274.

59. — Per gratiam pietatis tue, Deus noster, qui omnia regis in secula seculorum. 221, 350 (Domine Deus noster qui cuncta); cf. 168, 204, 243, 258, 293, 428.

60. — Per gratiam pietatis tue, Deus noster, qui uiuis. 316; cf. 322, 325, 339, 344.

61. — Per Ihesum Christum Dominum nostrum. 356.

62. — Per inclitam bonitatem. 267. *Voy.* Per ineffabilem.

63. — Per ineffabilem bonitatem tuam, Deus noster, qui uiuis et cuncta dominaris in secula seculorum. 276; cf. 122, 222, 266, 289, 315, 316, 336, 341, 359.

64. — Per ineffabilem pietatem tuam, Deus noster, qui cuncta regis. 297.

65. — Per ineffabilia mirabilia sua, Deus noster qui uiuit. 443.

66. — Per ipsum cui merito. 315, 398. *Voy.* Cui merito.

67. — Per multimodam bonitatem tuam. 295.

68. — Per omnipotentem Patrem, cum quo eternus uiuit et regnat per infinita secula seculorum. 14.

69. — Per signaculum gloriose crucis Domini nostri Ihesu Christi regnantis cum Deo Patre et Sancto Spiritu in secula seculorum. 177.

70. — Per suam magnam misericordiam, Deus noster qui uiuit et regnat. 322; cf. 100, 113, 447.

71. — Per te, Christe. 324.

72. — Per te, Deus meus, qui uiuis et regnas in secula seculorum. Amen. 230, 249.

73. — Per te Dominum et Redemptorem nostrum, qui uiuis cum Patre et regnas cum Sancto Spiritu per numquam finienda semper secula. 243.

74. — Per te, piissime Pater. 100.

75. — Per te, qui es pius et misericors, Domine Deus noster uiuens et regnans in secula seculorum. Amen. 180; cf. 276.

76. — Per te qui es uera pax et perpetua caritas. 283; cf. 275, 314. (Per te, qui uera et firmissima pax es, peruenire mereamur ad paradisi gaudium sempiternum. Amen. *P. L.*, t. LXXXV, col. 148.)

77. — Per te, qui es uera pax et perpetua caritas, Deus noster qui uiuis. 362; cf. 342.

78. — Per tuam et largam. 31.

79. — Per tuam magnam misericordiam, Deus noster, qui uiuis et regnas in secula seculorum. 430; cf. 39, 122, 123, 161, 226, 266, 280, 284, 300, 306, 312, 330, 339, 447. *Voy. P. L.*, t. LXXXVI, col. 612.

80. — Piissime Pater, qui in Trinitate unus Deus gloriaris in secula seculorum. Amen. 49; cf. 42, 111, 125, 145, 151, 156, 189, 390 (piissime Pater noster), 428, 436, 446.

81. — Precedente lumine diuinitatis tue, Deus noster, qui uiuis et cuncta regis in secula. 235.

82. — Presta hoc, piissime Pater, per Vnigenitum Filium tuum, cum quo regnas cum Sancto Spiritu per infinita semper secula seculorum. Amen. 177.

83. — Presta, Pater, per auctorem pacis et karitatis Dominum nostrum Ihesum Christum Filium tuum, qui est uere pax nostra et karitas indisrupta, uiuens tecum et regnans cum Spiritu Sancto per infinita secula seculorum. 320.

84. — Presta per auctorem pacis et caritatis Dominum nostrum Ihesum Christum Filium tuum, cum quo tibi est una et coequalis essentia in unitate Spiritus Sancti regnantis Deus in secula seculorum. 236; cf. 215, 267, 301, 389.

85. — Presta per auctorem pacis... Filium tuum, qui tecum uiuit in secula seculorum. 236; cf. 247, 254, 320.

86. — Presta per Ihesum Christum Filium tuum Dominum nostrum, quem conlaudant angeli et archangeli, et non cessant clamare, ita dicentes : [Sanctus]. 311; cf. 215.

87. — Presta, quia tu es uera pax, perpetua caritas, Deus noster. 357; cf. 254, 281, 286, 301, 353.

88. — Presta, summa et indiuidua Trinitas, Deus noster qui uiuis et regnas. 319.

89. — Presta, summe Pater, per Ihesum Christum. 80; cf. 145.

90. — Prestante Domino nostro Ihesu Christo. 153; cf. 54, 261, 273, 305. *Voy.* Annuente Domino.

91. — Prestante ipsius misericordia Dei nostri, qui in Trinitate unus Deus uiuit et gloriatur in secula seculorum. Amen. 276; cf. 305, 314.

92. — Prestante ipsius misericordia... unus Deus gloriatur... 156.

93. — Prestante ipsius misericordia Dei nostri, qui cum Patre et Sancto Spiritu unus Deus glo-

riatur in secula seculorum. Amen. 338; cf. 39, 133.

94. — Prestante lumine diuinitatis tue, Deus noster. 231.

95. — Prestet ipse Dominus et misericors, qui in Trinitate unus gloriatur in secula seculorum. 393. — Prestet... qui uiuit et regnat. 314; cf. 120, 219, 261, 262, 306.

96. — Prestet ipse Dominus et misericors, qui cum Deo Patre et Sancto Spiritu, unus Deus gloriatur in secula seculorum. Amen. 111, 149. — *Variante :* Dominus et Redemptor, 100; Redemptor noster, 137.

97. — Protegente. 118. *Voy.* Auxiliante.

98. — Quem tecum, Deus Pater, et cum Sancto Spiritu, uniuersitas uirtutum celestium non desinunt conlaudare, ita dicentes : Sanctus. 298.

99. — Qui eris, Domine, benedictus in secula. 330; cf. Qui est. 76.

100. — Qui in Trinitate unus Deus gloriatur in secula seculorum. Amen. 258; cf. 327.

101. — Qui in Trinitate unus Deus uiuis et cuncta dominaris per infinita semper secula seculorum. 31.

102. — Qui nunc et in eternum gloriaris. 272.

103. — Qui regnas in secula. 273.

104. — Qui solus in Trinitate. 73, 91; cf. 94.

105. — Qui uiuis cum Deo Patre et Sancto Spiritu unus Deus regnans in secula seculorum. 199.

106. — Quia Deus es. 37. (*Voy.* Quia Deus es benedictus in secula seculorum. — pius in secula seculorum. — clemens in secula seculorum. *Libellus Orationum* de Vérone, éd. Bianchini, p. 100-102.)

107. — Quia Deus es pius et misericors. 263.

108. — Quia Deus est misericors et regnat in secula seculorum. 222; cf. 223.

109. — Quia multe miserationis es, Deus noster, qui omnia regis per infinita secula seculorum. Amen. 14; cf. 277.

110. — Quia multe miserationis es, Domine, et regnas in secula seculorum. 223.

111. — Quia multe misericordie es, Deus noster. 274; cf. 270.

112. — Quia multe pietatis et bonitatis es Deus noster in secula. 253; cf. 40.

113. — Quia omnia regis in secula. 443.

114. — Quia te conlaudant celestia atque terrena, hunc hymnum dulci modulatione ita dicentes : Sanctus. 278; cf. 281.

115. — Quia te iubente dicimus : Pater. 147, 154, 170, 183.

116. — Quia tibi merito omnes angeli [et archangeli non cessant clamare ita dicentes : Sanctu]. 245; cf. 321, 409, 428, 429.

117. — Quia tu es bonitatis complementum. 307.

118. — Quia tu es Christus Dominus. 428.

119. — Quia tu es Deus inseparabilis Trinitas, qui regnas a cunctis seculis et nunc et semper et per inmortalia secula seculorum. Amen. Amen. Amen. 11.

120. — Quia tu es uera pax nostra. 254; cf. 281, 286. *Voy. P. L.*, t. LXXXV, col. 546, 145, 1015, etc.

121. — Quia tu es uita uiuentium, [sanitas infirmorum ac requies omnium fidelium defunctorum in eterna secula seculorum. Amen]. 253; cf. 412. *Voy. P. L.*, t. LXXXV, col. 545, 115.

122. — Quo iubente [dicimus e terris]. 38. *Voy. Libellus Orationum*, p. 54, 63, 67.

123. — Saluator mundi, qui in Trinitate. 94.

124. — Sua nos protegente gratia diuinitatis sue, qui uiuit. 22.

125. — Subsequente lumine diuinitatis tue. 252; cf. Precedente lumine.

126. — Te annuente, qui in Trinitate unus Deus gloriaris in secula. 292.

127. — Te annuente, Saluator. 55.

128. — Te prestante, cui merito. 317, 421.

129. — Te prestante, Deus noster, qui uiuis. 287; cf. 16, 23, 68, 112, 121, 124, 157, 162, 303.

130. — Te prestante, summe Deus, qui in Trinitate unus Deus gloriaris in secula seculorum. Amen. 180, 239, 242; cf. 123, 226, 306, 336.

131. — Tu es enim Dominus Saluator meus et Redemptor eternus. 279.

132. — Tua concedente misericordia, Deus noster, qui uiuis. 305.

133. — Tua nos protegente gratia diuinitatis tue. 181.

134. — Tua protegente misericordia. 159.

APPENDICE VII

ADDITIONS.

Col. 32, note 1.

Cette formule d'interrogation au catéchumène, tirée du Rituel de Madrid, a été citée par le Dr C. P. Caspari dans son ouvrage intitulé : *Ungedruckte, unbeachtete und wenig beachtete Quellen zur Geschichte des Taufsymbols und der Glaubensregel*, t. II, Christiania, 1869, p. 293-294.

Col. 41, note, ligne 6.

On trouvera dans Hübner (*Inscr. H. C., Supplementum*, n° 214) l'épitaphe d'un *cantor* vraiment mozarabe, mort en 958 à Comares, près de Malaga.

Col. 54.

A propos de l'ordination d'un prêtre, il convient de rappeler le canon v du deuxième concile de Séville (619) intitulé : *Ne presbyter diaconum aut presbyterem ordinare praesumat* : « Ad cognitionem nostram Aniani Egabrensis diaconi relatu deductum est de quibusdam ipsius Ecclesiae clericis, quorum dum unus ad presbyterium, duo ad leuitarum ministerium sacrarentur, *episcopus eorum*, oculorum detentus dolore, *fertur manum suam super eos tantum promisse, et presbyter quidam illis contra ecclesiasticum ordinem benedictionem dedisse*... etc. » (*P. L.*, t. LXXXIV, col. 595). Le concile condamne avec une juste sévérité un pareil abus.

Col. 61, ligne 2.

On lit dans la vie de saint Julien de Tolède, écrite au VIIe siècle par un contemporain : « Post sanctae memo riae Quiricum idem egregius Iulianus praefatae urbis (Toleti) est *unctus* primatu » (*P. L.*, t. XCVI, col. 446).

Col. 61, note.

On trouve encore le mot de *pontifex* dans les canons du troisième concile de Saragosse, tenu en 691 (*P. L.*, t. LXXXIV, col. 319), dans une inscription wisigothique de 594 (Hübner, *I. H. C.*, n° 115) et dans une autre de 662 (*ibid.*, n° 88).

Col. 62, note 1, et col. 517.

La récente découverte de l'auteur du récit connu jusqu'à ce jour sous le titre de *Peregrinatio Silviae* nous permet de faire remonter jusqu'au IVe siècle (350-460) l'existence de monastères de vierges en *la* Espagne. Voy. M. Férotin, *L'auteur véritable de « Peregrinatio Silviae », la vierge Espagnole Éthéria*, dans la *Revue des Questions historiques*, numéro d'octobre 1903, pp. 367-397. — Il s'agit évidemment, d'après le récit même d'Éthéria, d'une communauté de vierges, au sens le plus large que comporte ce mot.

Col. 102, note, ligne 12.

Ce dernier renvoi se réfère à la lettre du pape Sirice (384-399) à Himérius de Tarragone. En voici le passage principal : « Ariani... quos nos... per inuocationem solam septiformis Spiritus, episcopalis manus impositione catholicorum conuentui sociamus, quod etiam totus Oriens Occidensque custodit » (*Epistola 1*[a], dans *P. L.*, t. XIII, col. 1133).

Col. 103, note, à la fin du paragraphe.

Saint Isidore nous fait connaître que telle n'avait pas été d'abord la conduite de Léovigilde envers ses sujets catholiques. Je donne ici ce passage si tristement curieux, dans lequel nous voyons un évêque catholique apostasier et recevoir le baptême des Ariens. « Ausus quoque inter caetera haeresis suae contagia etiam rebaptizare catholicos, et non solum ex plebe, sed etiam ex sacerdotalis ordinis dignitate, sicut Vincentium Caesaraugustanum, de episcopo apostatam factum, et tanquam a caelo in infernum proiectum » (*Historia de rebus Gothorum*, nº 50, *P. L.*, t. LXXXIII, col. 1071).

Col. 107, chapitre XXXIX.

Saint Julien, évêque de Tolède, qui vivait au VIIᵉ siècle, a dans son *Prognosticon* un passage intéressant sur la prière pour les mourants : « Cum extrema debiti finis imminet hora, oratio nos debet iuuare continua. Si enim ad ignota uel longe posita loca in hoc mundo transire disponimus, modo nos fratrum orationibus commendamus, modo nos ipsos in ipso profectionis articulo continua lacrymarum inundatione perfundimus, precantes a Domino ut placidis itinerum gressibus properemus. (*Vide superius*, col. 93, 151 et 346-351.) Et si haec tam studiose, manente adhuc complexu corporis et animae, inter cognita saeculi agimus, quanto studiosius in fine nostro facere debemus, cum ad illam regionem transitum facimus, ubi peracta separatione animae et corporis, tam incogniti peruenimus, ut nulla nobis hic dum uiuimus cognitio maneat, utrum nos post mortem beata uita recipiat, an rapiamur exeuntes de corpore ad tormenta? Nam, quia et diabolus extrema uitae nostrae suis laqueis innectere nititur, *si in ipso exitu piis fratrum precibus et sedulis psalmodiae officiis muniamur*, longe ille semper repellitur, nec audet se nociturum diuinis castris ingerere, ubi audit nomen Domini per ora concinentium fideliter resonare. Quosdam enim legimus in hora exitus sui, ab assistente diabolo et insidiante *fraternis precibus et psalmodiae* frequenter liberatos. Vnde non est dubium, quia cum pii fideles et uerissimi christiani ex hoc seculo transeunt, *si sedula et frequens fratrum adiuuerit oratio*, non eos audeat contingere malignorum spirituum cruenta incursio » (*P. L.*, t. XCVI, col. 472-473). — A noter au début de cette citation la prière pour les voyageurs.

Col. 154, à la fin de la note.

Aussi saint Julien de Tolède, qui est ici un témoin oculaire, nous parle-t-il de l'impression de tranquillité et de paix qu'on éprouvait dans la capitale après le départ de ces masses tapageuses. C'était en 688; le roi Egica et son armée venaient de partir pour la guerre : « Bellica profectio gloriosi principis ab urbe regia turbulentos cuneos populorum secum abegit, quo credo actum esse, ut salum mentis nostrae post turbines aurarum flatibus inciperet reserenari » (*Epistola Iuliani ad Idalium Barcin. episc.*, dans *P. L.*, t. XCVI, col. 456).

Col. 165, note.

Parmi les couronnes votives aujourd'hui perdues, il convient de mentionner celle que le premier roi catholique Récarède offrit au martyr saint Félix. Elle était toute en or. Trouvée en 673 par Wamba, parmi les dépouilles du comte rebelle Paul, elle fut restituée par ce roi au tombeau du saint (vraisemblablement saint Félix de Gérone). Voy. S. Julien, *Historia rebellionis Pauli aduersus Wambam*, dans *P. L.*, t. XCVI, col. 792.

Col. 238, ligne 17.

Les mots *in claritate de celis* peuvent être considérés comme un de ces nombreux *agrapha* ou paroles attribuées soit au Seigneur, soit à ses Apôtres, et qui ne sont pas consignées dans les saintes Écritures. Il est à noter qu'elles ne se lisent pas dans le passage correspondant de l'épître aux Corinthiens reproduit dans le *Liber comicus* (éd. D. Morin, p. 150). — Sur les *Agrapha*, consulter D. Cabrol, *Dictionnaire d'archéologie chrétienne et de liturgie*, à ce mot.

Col. 433-436.

Au sujet des arrhes offertes à la fiancée, il est intéressant de remarquer que c'était parfois une véritable dotation, consignée dans un acte solennel. La pièce la plus curieuse que je connaisse à ce sujet et qui remonte à une date où la liturgie mozarabe était encore en usage en Castille, est la *Carta de Arras* (ou contrat de mariage), octroyée par le Cid Campeador à sa femme Chimène, le 19 juillet 1074. L'original de cette charte fameuse est arrivé jusqu'à nous et se trouve dans les archives de la cathédrale de Burgos. Je donne ici la partie principale du texte, d'après Risco, *La Castilla y el mas famoso Castellano*, 1792, p. 6-9 de l'appendice.

Charta Arrharum, quas Rodericus Didaci Scemenae uxori suae, Ouetensis Comitis filiae, in die nuptiarum spopondit. Anno 1074.

« In nomine sanctae et indiuiduae Trinitatis, Patris quoque ac Filii, uidelicet, Spiritus Sancti, qui omnia cunctaque creauit uisibilia et inuisibilia, unus et admirabilis extans, inseparabilis Trinitate : cuiusque Regnum, et Imperium permanet in secula, Amen. A multis quidem manet notissimum, et a paucis declaratum.

« Ego uero denique RODERICO DIDAZ accepi uxorem, nomine SCEMENA, filia Didago Ducis de terra Asturiensis. Dum ad diem nuptiarum ueni, promisi dare praefatam ipsam Scemenam uillas super notatas et facere scripturam firmam per manum fideiussores comes Petro Assuriz et comes Garsia Ordoniz, de omnes ipsas hereditates, quae sunt in territorio..... (*Suit une longue énumération de bourgades, hameaux, etc.*) — Et dono tibi istas uillas, quae sunt supra scriptas, pro ipsas uillas, quae mihi sacarunt Aluaro Fanniz, et Aluaro Aluariz sobrinis meis : praeter ipsas, dono tibi istas quae superius diximus ab omni integritate terras, uineas, arbores senris, pascuis, seu paludibus aquis, aqua, pomiferum, defensas, et in molinarium, siue exitus etiam et regressus.

« Et sunt quidem istas Arras tibi, uxor mea Scemena, factas in foro de Legione. Et de hinc placitum fuit inter me Ruderigo Didaz, et tibi uxor mea Scemena, et facimus titulum scripturae profiliationis. Igitur dono tibi illas alias meas uillas cunctas qui non sunt in tuas Arras, ubique eas de meo directo inuenire potueris ab omni integretate propter profiliationem, tum ipsas quae modo habemus, etiam et quae augmentare potuerimus deinceps. — Si autem fuerit transmigrationis obitus mei, de me Roderigo Diaz, ante te uxor mea Scemena Didaz, et tu quidem remanseris post me, et capum feceris, et alium uirum accipere nolueris, habeas uillas iam suprodictas in profiliationem, siue tuas Arras, et alia omnia : uillas etiam et ganatum, siue cauallos etiam, et mulos, siue loricas, quam et armis, et omnia ornamenta, quae infra domus nostra est : et absque tua uoluntate non dones de omni re, nec ad filios et nec ad aliquis homo, qui ex carne fabricatum fuerit, nisi uero fuerit uoluntas tua; et post obitum tuum redeant omnia ad filiis tuis, qui ex me nascantur, et ex te. Si ergo taliter acciderit, ut ego Scemena alterum uirum accepero, taliter dimittam istam totam profiliationem quae hic resonet in scripturis, siue huc, siue illuc, et Arras cunctas ad filiis qui fuerint ex te et ex me. Ego quoque Scemena Diaz similiter faciam tibi uir meus Roderigo Diaz profiliationem de meas Arras, et ex mobile uero meo, et ex omnia mea haerentia, sicut supra diximus saepe, id est : uillas, et aurum, et haereditates, atque argentum, equas et mulas, tam loricas, quam armis, atque ornamenta domus nostrae ab omni integritate. — Si quis tamen euenerit mors mea Scemena Didaz ante te uir meus Roderico Diaz, omnia mea haerentia sicut dixi, tua fiat, et iuri tuo sit confirmatum; et licentiam habeas, ubi fuerit uoluntas, dare et praestare, post obitum tuum uir meus Roderigo Diaz haereditent omnia filii tui et mei, qui ex te et me nati sunt.

« Sic omnia ista spopondi, et pactiui roborare, praedictus ego Roderigo Diaz ad praefata uxor mea Scemena Didaz ob decorem pucritudinis, et foedere matrimonii uirginalis connubii. Nos etiam iam dictus comes Petro Assuriz prolis, seu comes Garsea Ordoñiz prolis, qui fideiussores fuimus, et ita erimus : obinde quoque iam saepe dictum Roderigo Diaz facio tibi Scemena Didaz scripturae firmitatis, de ipsas omnes haereditates, quod superius resonant simul, et de profiliatione firmitatem facio; et tu uero similiter mihi habeas eas, et possideas, et facias ex eas quod tua fuerit uoluntas.

« Si quis tamen ab hodierno die, tam ex me, quam de propinquis, aut filiis, uel nepotis, sed de extraneis atque haeredibus meis, contra hanc scripturam uel cartulam infringere uel tentare uoluerit : qui talia egerit pariet tibi, uel uoci tuae, quantas in contentione minuerit duplatas, uel triplatum, et quantus ad usum fuerit melioratum : et ad partem Regis auri talenta II, et tibi sint omnia perpetim habituram aeuo perenni et saecula cuncta »...... (*Suivent les signatures* [1].)

1. Le style de cette pièce est fort curieux; mais il ne surprendra point le lecteur tant soit peu initié aux documents hispano-latins de cette époque. Celui qui voudrait avoir une idée de la charte originale et des *signa* du Cid et de Chimène, peut voir dans mon *Histoire de l'abbaye de Silos*, planche III, le fac-similé d'une *carta donationis*, octroyée en 1076 par ces deux personnages. On ne connait pas d'autres documents originaux du célèbre Rodrigo Diaz.

INDEX

I

INDEX BIBLIQUE

Genesis.

I........................ 216 l. 1
26.............. 133 l. 33
28.............. 440 l. 27
II........................ 217 l. 9
18.............. 436 note
24.............. 437 note
III......19....... 118 l. 24, 125 l. 28, 146 l. 11
V........................ 177 l. 17
31.............. 220 l. 7
XIV.....3,15............. 11 l. 35
XXI...................... 162 l. 43
XXII....1................ 221 l. 5
XXIV.................... 162 l. 39
65.............. 439 l. 18
XXVI..................... 163 l. 3-7
XXVII..1................. 222 l. 3
XXIX....9-11............. 163 l. 8-10
XLII....25............... 350 note
XLVII...9................ 110 l. 4

Exodi.

II......16-21............ 163 l. 15
XII.....1................ 222 l. 18
13.............. 20 l. 10
XIII....18............... 220 l. 24
22.............. 213 l. 36
XIV.....22............... 76 l. 40
28.............. 80 l. 8
XV.....1................. 220 l. 25
XVI.....18............... 313 l. 28
XIX.....4................ 184 l. 4
XXII...29................ 169 l. 30
XXIII..20, 22, 23........ 347 l. 24
XXV....9................. 157 l. 30
XXVIII..33............... 169 l. 18
XXXIV..26................ 168 l. 6

Leuitici.

XXIII...15-16............ 168 l. 26

Numerorum.

X.......2................ 160 l. 5
XIII....23, 24........... 169 l. 19

Deuteronomii.

XV.....4................. 168 l. 7
XXXI...28................ 221 l. 26
XXXIII..29............... 152 l. 27

Iosue.

III...................... 163 l. 24
VI......17............... 94 l. 14
20.............. 80 l. 9

Iudicum.

IV....................... 68 l. 7
VI......13, 18........... 346 l. 13
XIII....8................ 346 l. 13
XV.....18................ 346 l. 13

I Regum.

XIV...................... 445 l. 15
XVI.....19, 21, 23....... 366 l. 8
XVII....4................ 255 l. 34
XVIII...18...... 265 l. 22, 269 l. 19

II Regum.

XII.....13............... 97 l. 25

III Regum.

II......2................ 110 l. 1
VIII....38, 39........... 259 l. 4

IV Regum.

II......20, 21........... 12 l. 12
XX.....2-5............... 359 l. 21

I Paralipomenon.

XXIX...9, 10............. 287 l. 41
17.............. 188 l. 22
17, 18.......... 251 l. 29

Tobiae.

III......1-6, 13......... 250 l. 6
V.......21...... 121 l. 20, 151 l. 8, cf. 349 l. 32 et 93 l. 32

Iudith.

XIII..................... 68 l. 14

Esther.

VII.....10............... 68 l. 16
XIV...................... 273 l. 28
12-14........... 334 l. 21

Iob.

III......8............... 80 l. 9
VII.....5.......... 127 l. 9, 402 l. 14
VIII....3................ 80 l. 9
IX......13, 34........... 97 l. 6
X.......2-4, 6-9......... 97 l. 8
XV......15............... 249 note
XVII....3, 11, 14.... 127 l. 6, 112 l. 24
XIX.....25-27...... 393 l. 37, 404 l. 20 et 405 l. 11, cf. 121 l. 9 et note
XXIV...23................ 89 l. 1

Psalmorum.

III...... 108 l. 6, 379 note, 400 l. 8
4............... 403 l. 19
IV....................... 108 l. 7
9........ 123 l. 21, 137 l. 20, 144 l. 5
9, 10........... 119 l. 8
V.......2, 3............. 273 l. 24
VI......1, 3, 4, 5....... 71 l. 32
2......... 365 l. 41, 366 l. 1
3............... 359 l. 9
VII.....10............... 323 l. 13
IX....................... 108 l. 8
XII...................... 108 l. 9
XVI.....5................ 346 l. 25
XVII..................... 108 l. 11
29.............. 402 l. 9
XVIII...13, 14.... 250 l. 21, 251 l. 24, cf. 99 l. 20
XIX.....2................ 188 note
2, 5-10.. 340 l. 9, cf. 339 note
3, 4, 7......... 330 l. 4
5, 7............ 293 note
10.............. 293 l. 2
XXI.....12............... 126 l. 20

13 .... 79 l. 17
16 .... 403 l. 32
24 .... 295 l. 26
XXII .... 108 l. 12, 137 l. 11 et 404 l. 12
1-6, 1-7 .... 133 l. 7, 123 l. 32 et 124 l. 1
2 .... 121 l. 23, 448 l. 35
XXIII .. 1 .... 125 l. 13, 137 l. 22
5 .... 20 l. 36
XXIV .... 108 l. 13, 121 l. 11, 287 l. 28, 248 l. 37, 355 l. 27
5 .... 346 l. 2
7 .... 351 l. 22
16 .... 321 l. 8
XXV .... 6 .... 230 note
XXVI .... 109 l. 1
3, 4, 6 .... 348 l. 17
XXVII .... 109 l. 2, 295 note, 402 l. 11
9 .... 232 l. 1 et 21, 232 note, 372 l. 24, 377 note, 379 note
XXIX .... 109 l. 3, 387 l. 10
3-5 .... 386 l. 34
12 .... 274 l. 9, 340 l. 7
XXX .... 109 l. 4
9 .... 389 l. 15
11 .... 51 l. 11
XXXII .. 22 .... 315 l. 25
XXXIII .. 1-10 .... 132 l. 20-41
2, 3, 9 .... 241 l. 40
12 .... 184 l. 5
23 .... 242 l. 4
XXXV ... 10 .... 211 l. 1
XXXVI .. 5 .... 233 note
XXXIX .... 109 l. 5, 388 l. 4
1-4 .... 144 l. 8
XL ..... 12, 13 ...... 136 l. 6, 389 l. 29, 413 l. 21
XLI .... 19 l. 24, 109 l. 6
XLV .... 2, 3 .... 233 note
XLVI .... 20 l. 5
XLVIII .. 16 .... 130 l. 12
XLIX .... 20 l. 10, 72 l. 4, 137 l. 10
24 .... 299 l. 43
L ... totus .. 90. cf. 109 l. 42, 201 l. 31, 395 l. 1
4 .... 192 l. 25
9 .... 230 note
10 .... 401 l. 13
11 .... 288 l. 24, 383 l. 24, 394 l. 24, 405 l. 40, 304 l. 25, 418 note
12 .... 162 l. 6
19 .... 274 l. 10
19-21 .... 188 note, 335 l. 28, 340 note
LIII .... 293 l. 4, 339 l. 4, 404 l. 14
LIV .... 109 l. 7
23 .... 233 note
LV .... 109 l. 9
13 .... 389 l. 11
LVI .... 109 l. 11, 259 l. 23, 352 l. 24, 361 note, 394 l. 40, 418 note
LIX ..... 13-14 ...... 232 note, 339 l. 16
LX .... 109 l. 13
LXII .... 5, 6 .... 205 note
LXIII ... 3 .... 339 note, 839 l. 20
LXIV ... 2, 3 .... 313 l. 4, 325 l. 32
LXV .... 12 .... 395 l. 39
13, 14 .... 390 l. 2
LVXII ... 1-17 .... 128 l. 15, 129 l. 1
2 .... 118 l. 1
32 .... 163 l. 30
LXVIII .. 3, 4 .... 79 l. 15
17, 19, 30 .... 259 l. 10
LXX .... 109 l. 15
8 .... 318 note
20 .... 389 l. 22
23 .... 206 note
LXXIII .. 2 .... 401 l. 5
LXXVIII . 8, 9 .... 233 note, 380 note
LXXIX ... 9 .... 167 l. 3
LXXXIII .... 109 l. 16
LXXXIV .... totus .... 83 l. 19-21
5 .... 83 l. 15
LXXXV .... 109 l. 17, 302 l. 41
1, 2, 17 .... 288 l. 6
4 .... 110 l. 13
11, 16 .... 244 l. 2 et 293 l. 7 et note
13 .... 122 l. 30
LXXXVII .... 109 l. 18
49 .... 120 l. 10
LXXXIX . 1, 16 .... 232 note
7 .... 232 note
13 .... 96 l. 2, 426 l. 16
16 .... 433 l. 7
XC .... 19 l. 20, 118 l. 17
XCIII ... 19 .... 390 l. 16
CI .... 109 l. 19, 244 l. 9 251 l. 20, 304 l. 28
4 .... 402 l. 17, 417 note
28 .... 121 l. 31
CII .... 109 l. 21
1, 2 .... 206 note
1-6 .... 130 l. 27
3, 4 .... 71 l. 38
3-5 .... 73 l. 5
4 .... 91 l. 16
15 .... 121 l. 28
CIII .... 190 l. 22
33 .... 206 note
CV ...... 4 .... 378 note, 426 l. 39
6 .... 380 note
47 .... 347 l. 12, 377 note, 348 l. 3
CVI ..... 9 .... 91 l. 16
CVII .... 109 l. 23
CVIII .... 191 l. 31
CXII .... 1, 2 .... 206 note
CXIII .... 205 l. 5, 345 l. 17
13 .... 20 l. 29
17 .... 420 l. 23
CXIV .... 109 l. 24
3 .... 250 note
8 .... 121 l. 15
CXV .... 109 l. 25
1, 7, 8 .... 259 l. 25
3, 14, 16 .... 303 l. 21
CXV ..... 10 .... 304 note
16 .... 250 note, 288 l. 26. 304 l. 29, 386 l. 38, 388 l. 1
CXVII ... 13, 14 .... 188 l. 19
19 .... 110 l. 12
25 .... 314 l. 4, 326 l. 1, 348 l. 16, 361 l. 1, 385 l. 7
CXVIII .... 20 l. 5, 192 l. 28
41 .... 330 l. 19
57 .... 119 l. 11, 153 l. 23, 137 l. 20
57-64 .... 129 l. 22
86 .... 335 l. 25
107 .... 334 l. 18
116 .... 86 l. 6
165 .... 260 l. 28
CXIX .... 109 l. 27, 274 l. 3
CXX .... 109 l. 29
3-8 .... 152 l. 32
7 .... 124 l. 25
CXXI .... 109 l. 30
CXXV .... 242 l. 7, 312 l. 6
CXXIX .... 251 l. 22
CXXXI .. 14 .... 125 l. 16
CXXXII .. 2, 3 .... 70 l. 11
CXXXIV . 6 .... 205 l. 4
10 .... 75 l. 41
CXXXV .. 1. 2 .... 206 note
12 .... 224 l. 25
CXXXVII .... 109 l. 31
CXXXVIII .... 109 l. 33, 122 l. 31
1-7 .... 131 l. 34
5 .... 123 l. 2, 146 l. 12
8 .... 122 l. 28, 132 l. 31, 137 l. 18, 153 l. 34
10 .... 123 l. 1
CXXXIX .... 109 l. 34
1, 2, 9 .... 273 l. 29
CXL .... 176 note
CXLI .... 109 l. 36
8 .... 117 l. 18
CXLII .... 109 l. 38
1, 3 ...... 344 l. 29, 394 l. 4, 400 l. 17, cf. 187 l. 16
1, 2, 6 .... 418 note
6, 7 .... 393 l. 26, 394 l. 5, 404 l. 3
9, 11, 12 .... 338 l. 17
11 .... 120 l. 12, 130 l. 13
CXLIII .... 109 l. 39
7 .... 117 l. 22. 121 l. 19, 131 l. 32, 313 l. 8
CXLV .... 122 l. 12, 137 l. 13
1-3 .... 131 l. 9
7, 8 .... 72 l. 5
CXLVI .. 1-3 .... 206 note
3 .... 280 l. 13, 340 l. 18
CXLIX .... 400 l. 32

Prouerbiorum.

XII ..... 11 .... 168 l. 15
XXV .... 5 .... 155 l. 23

Ecclesiastes.

V .... 3 .... 243 l. 24
3-6 .... 303 l. 11

Sapientiae.

V.......18-20.............. 152 l. 17
VI......4................. 152 l. 21
X.......17, 19, 20......... 413 l. 13
XI......27................ 399 l. 23
XII.....10................ 355 l. 13
13................ 89 l. 4
XIV.....17................ 194 t. 13

Ecclesiastici.

XXXV...2-9....... 312 l. 25, 325 l. 30
11, 13............ 170 l. 12
XLIV....1-14............. 417 note
L.......8................. 435 note
LI......1-4............... 387 l. 1
32................ 393 l. 31

Isaiae.

VI......3................. 237 l. 17
6................. 230 l. 7
XI......2................. 102 l. 29
XIV.....13, 14............ 27 l. 7
XXVI....19, 20............ 401 l. 23
XXXIII..2................. 31 l. 10
2-10.............. 373 l. 32
XLIX...2.................. 16 l. 31
L.......6................. 201 l. 13
LIV.....6, 7.............. 355 l. 30
LV........................ 217 l. 25
1................. 19 l. 22
LVIII...10, 11...... 401 l. 9. 426 l. 9, 428 l. 29
11................ 112 l. 31

Ieremiae.

XVII....14................ 378 note
XXII....11, 12............ 187 l. 6
29....... 125 l. 13, 132 l. 17, 137 l. 22
XXIX....10-14..... 371 l. 34, 384 l. 24

Threnorum.

V....... 21.............. 83 l. 13

Ezechielis.

XVIII...23................ 17 l. 13
XXXIII..11................ 17 l. 13

Danielis.

II......37................ 294 l. 28
III.....23................ 75 l. 43
VI......22................ 75 l. 45
XIV....................... 255 l. 24

Ionae.

I......................... 97 l. 28
II-III.................... 255 l. 36, 38

Michaeae.

VI......3................. 200 l. 12
6........ 244 l. 12, 265 l. 23, 294 l. 15, 328 l. 5
8................. 294 note

II Machabaeorum.

I.......4................. 284 l. 30
4, 5.............. 444 l. 2
VII....................... 132 l. 12
XII.....45................ 415 l. 19

Matthaei.

II......16................ 136 l. 24
IV......10................ 74 l. 25
23...... 372 l. 11, 384 l. 32
V.......13................ 11 l. 40
VII.....7................. 174 l. 37
7, 8....... 294 l. 8, 356 l. 5
VIII....2................. 306 l. 9
6-10, 13.......... 360 note
31................ 368 l. 43
IX......35................ 16 l. 3
36-38...... 372 l. 15, 384 l. 38
X.......1......... 372 l. 20, 385 l. 3
XI......30................ 230 note
XIV.....30, 31............ 173 l. 19
XVIII...28................ 146 l. 8
XIX.....13-15............. 413 l. 33
XXVI...26-28.............. 238 l. 5
38........ 190 l. 15, 192 l. 1
XXVIII..2, 3.............. 242 l. 24
18-19............. 205 l. 14

Marci.

VII.....34, 37............ 27 l. 7
X...... 14................ 137 l. 8
XI......10................ 237 l. 19
24................ 251 l. 18
24, 25............ 288 l. 18
XIV.....3................. 361 l. 8
XVI.....17, 18............ 72 l. 2

Lucae.

I.......68................ 178 l. 19
I-III..................... 27 l. 10, 28
II......36................ 81 l. 3
IV......38, 39...... 361 l. 3, 385 l. 9
V.......6................. 174 l. 14
VII.....38................ 361 l. 9
VIII....25................ 18 l. 4
36................ 79 l. 21
IX......4................. 348 l. 9
X.......5, 6.............. 348 l. 9
15................ 20 l, 26
XI......5-10...... 313 l. 32, 325 l. 37
9................. 9 l. 6
XV......5................. 91 l. 5
7................. 357 l. 5
XVII....7-10.............. 251 l. 6
11-19............. 387 l. 28
XVIII...1....... 174 l. 37, 251 l. 17
10-14............. 352 l. 11
13................ 94 l. 5
14................ 94 l. 12
XIX.....1-10.............. 304 l. 2
XXII....15................ 191 l. 17
XXIII...42........ 110 l. 3, 201 l. 29, 202 l. 8

Ioannis.

I.......9................. 210 l. 32
29........ 163 l. 27, 225 l. 11
48................ 105 l. 23
III.....17................ 103 l. 3
IV......46-53............. 360 l. 14
V.......14................ 389 l. 16
19-24..... 394 l. 23, 405 l. 21, 426 l. 34
25................ 399 l. 21
25-30............. 418 note
VI......35................ 242 l. 11
17................ 242 l. 13
IX......7................. 163 l. 34
X.......11................ 202 l. 12
XI................ 76 l. 11, 255 l. 41
25, 26..... 399 l. 17, 445 l. 38
28................ 242 l. 16
39................ 135 l. 3
55................ 184 l. 7
XII..... 13, 15........... 180 l. 5, 27, 182 l. 5, 3
XIII....5................. 190 l. 6
14................ 192 l. 30
27................ 190 l. 4
XIV.....2................. 20 l. 46
6................. 94 l. 7
12-14............. 9 l. 2
27........ 191 l. 6, 310 l. 29, 317 l. 6, 328 l. 8
XV......7.......... 244 l. 8, 259 l. 20
7-11.............. 232 l. 9
13................ 260 l. 42
XVI.....20-22............. 335 l. 15
24................ 9 l. 6
29-32............. 188 l. 9
32........ 190 l. 11, 191 l. 28
XX......22................ 72 l. 1

Actuum.

II......21................ 17 l. 11
IV......32................ 102 l. 8
V.......14-16............. 366 l. 17
XIV.....21................ 336 l. 4

Ad Romanos.

V.......5................. 336 l. 31
VII.....14-17, 22-25....... 351 l. 27
X.......8-13.............. 387 l. 16
10................ 183 l. 20
XII.....1................. 244 l. 6
XIV.....8-11.............. 426 l. 23
XV......13................ 232 l. 5
30................ 259 l. 16
30-33............. 303 l. 30

I ad Corinthios.

III.....1, 7.............. 413 l. 26
VI......10................ 332 l. 12
X.......13................ 95 l. 25
XI......25-26............. 238 l. 11, 16
51-57............. 394 l. 9

II ad Corinthios.

I.......3-11.............. 334 l. 33
4................ 336 l. 41
VIII.....9-15....... 31 3l. 14, 325 l. 34

Ad Galatas.

VI......7-10.............. 355 l. 38

Ad Ephesios.

VI......13, 14............ 288 l. 13

Ad Colossenses.

II...... 15................ 153 l. 17
III......1-3............... 205 l. 8
IV......6................. 12 l. 16

I ad Thessalonicenses.

IV......12-16............. 418 note

II ad Thessalonicenses.

III......1-3, 5............ 346 l. 30

I ad Timotheum.

I.......18-19............. 293 l. 20
II......1-4............... 293 l. 20
VI......15................ 155 l. 14

Ad Hebraeos.

XIII.....15-18............. 250 l. 27

Iacobi.

I.......6................. 244 l. 16
IV......7, 8............... 74 l. 11
V.......13-15....... 360 l. 7, 372 l. 4, 384 l. 28
14-15............ 9 l. 8

I Petri.

II.......21-25............. 187 l. 18
24............... 373 l. 33

I Ioannis.

I.......8................. 161 l. 12
II.......9................. 184 l. 6

Apocalypsis.

I.......9, 10, 17, 18....... 204 l. 31
16................ 16 l. 31
III......5................. 137 l. 37
7.......... 76 l. 25, 230 l. 5
V.......5................. 74 l. 26
8, 9.............. 111 l. 1
XII.....10................ 388 l. 15
XIX.....15................ 16 l. 31
XX.....6.......... 111 l. 13, 358 l. 2

Oratio Manassae.

351 l. 11

IV Esdrae.

II......33-35..... 124 l. 24, 137 l. 25, 148 l. 16, 405 l. 28, 414 l. 3
34, 35............ 112 l. 30

II

INDEX PHILOLOGIQUE

Les quelques notes qui suivent sont destinées à faciliter aux philologues leurs recherches à travers les nombreuses formules dont se compose cet ouvrage. Elles n'ont en aucune manière la prétention de les dispenser d'avoir directement recours au texte lui-même. D'ailleurs, je n'ai pu tout relever, tout noter, et telle tournure de phrase, telle forme orthographique, dont l'importance m'a échappé, sont peut-être dignes d'attirer leur attention. C'est pour eux surtout qu'a été rédigé l'apparatus placé au bas des pages du texte. Ils y retrouveront la physionomie primitive des divers manuscrits wisigothiques auxquels sont empruntés les documents inédits de ce volume.

J'avertis le lecteur que lorsque la pagination n'est pas indiquée après les mots dont je signale la forme irrégulière ou inusitée, il doit chercher ces mots à leur rang alphabétique dans le Lexique proprement dit, col. 565 et suivantes. Par exemple : mutation du *t* en *d, faciad* pour *faciat,* voy. au mot *faciad* du Lexique, col. 570.

Masculin pour féminin. — Ei qui se immaculatam seruauerit, 64; Anna uidua quem, *ib.;* deouota qui, *ib.;* missa quem, 243; mei necessitatis, 256; sapientia qui, 266; fides qui, 400.

Masculin pour neutre. — Corpora qui, 119; depositum fidelem, 123; scutum inexpugnabilem, 157; signus, 190; donum qui, 250; cor qui timeat, 266; unanimem desiderium, 441; fidelem consortium, 442; mundialis uitium, 447; uerbum descendentem, 526. — Per hunc signum, 18; in eum (unguentum), assez rare, 71; indumentum nuptialem, 98; depositum fidelem, 110; talem subsidium, 241; hoc utilis est, 313; cf. *pedules.*

Féminin pour masculin. — Limphos fidei, 39; amor sincera, 437.

Féminin pour neutre. — Femoralias, 146, cf. 141; chrismam, 143; donum tue muneris, 273, 318; generis humane, 438.

Neutre pour masculin. — Per umera (humeros), 436; exorcismum, partout.

Nominatif pour génitif. — Noxas uenia, 103; liber Sancia regina, XXXII.

Nominatif pour ablatif. — Liberati ab hec omnia mala, 11; ex loca fluminum, 15; a monita oberrare, 98; missa de singularis, 303; de dormientes, 418; pro spiritus et anima, 429; cum omnis multitudo, 148; ante Vespera, XXX; a monacus, XXX.

Nominatif pour accusatif. — Porta ista custodiant, 19; dicit hec antifona, 44; eripe anima mea, 71; qui das indulgentia, 91; benedictio oblate que benedicunt, 94; futura pena non sentiant, 96; dele mortis causa, 96; non habens fiducia, 104; repleat anima tua, 112; dicit hec antiphona, 117; dicit hec oratio, 118; crux tenentes, 127; per uia, 128; ad sinistra, 128; ad panis, 231; pressura sustinere, 344; per intercessio, 406; per hec communio, 407; per sancta Maria, 522.

Datif pour ablatif. — Cum generi humano, 75. Mieux : mutation de l'*i* en *e*.

Génitif pour accusatif. — Propter illorum, 417.

Ablatif pour accusatif. — Per eodem loco, 16; secundum more, 43; decore seruantes, 66; ad fonte, 68; post uirginibus, 81; per manu, 86; propter preteritis peccatis, 93; eternis transeant conclauis, 116; supra pectore, 142; ante rege, 151; super circulo, 168; per iugi meditatione, 175; super hac specie 176; ecclesiam decorasti ut turre, 177; ad septimo, 190; ingredi in thesauro, 208; cereo accendere, 208; dimidio do pauperibus, 304; per interuentu, 356; post tempore, 401; post mundi istius laboribus, 410; post matutino, xxx; per hoc sacrosancto, 425; tradet annulo, 435; iuxta pollice, 435; dat illi osculo, 435; apud monacis, xxx.

Génitif. — A noter les expressions suivantes : Benedictio de area noua, 168; benedictio de uaso, 171 et xxvi; benedictio area noua, 168 et xxviii; benedictio pane nouo, 169; corpus de una uirgine, xxviii; hunc ordinem (pour ordinum) librum, 431, xviii, etc.

Accusatif pour nominatif. — Clamorem personatur, 112; nulla uim, 118; sacrum sanguinem adhereat uisceribus nostris, 242; quia insidias inimici obsunt, 343; legitur hanc benedictio, 437; paruulus quem detunditur, xxv.

Accusatif pour ablatif. — De hac aquam, 18; de locum, 146; ordo de nubentes, 436; de caput anni, 519; oratio de manipulos, 168; de corda fidelium, 178; ordo de nubentes, xxviii; ordo de secundas nuptias, 441; de insidias defende, 240; aliquid de nos, 240; in hac domum, 22; in hoc tabernaculum habitare, 176; a luporum rabiem, 105; a delictorum maculas, 384; ex tura timiama, 178; ex ea (epulae), 226; manum crucem facit, 74; uestitus pedules, femoralias, 146; uestiri femoralia et pedules, 141; pro annua gaudia, 95; pro gratiam, 147; pro eos, 319; pro uasa uel uestimenta, 157; pro eos, 349; pro beneficium, 389; pro requiem, 418, 419; pro peccata, 415; pro spiritus et animas, 425; pro intromissionem, 435; pro animam, 448, pro uasa, xxviii; cum ereses suos, 178; cum operarios, 510; cum pignora, 512.

Accusatif absolu. — Assez fréquent dans nos textes. Voy. col. 9, ligne 12-13; 18, l. 43: 78, l. 42; 192, l. 19 et 21; 193, l. 10; 197, l. 35; 202, l. 13; 266, l. 34; 301, l. 37-38; 427, l. 18; 526, l. 40.

Transmutation de lettres. — Voy. plus loin au Lexique les mots suivants : Fraglantium, suppresstis, subprestitio, preceptio, arcessitus; cf. desinteria.

Lettre mise pour une autre, ajoutée, *etc.*

a *pour* **e** : adspargere, editus (aditus), catazizatus, Sabastianus, Alaxander.

ae *pour* **e** : aepiscopus.

b *pour* **u** *ou* **v** : très commun.

— *pour* **p** : babtismus, abtus, adobtio, obtima, abtata, brauitas, obbitulante, nebbetes, nubsit.

— *pour* **bv** : obiam, obient.

— *ajouté* : obsculo.

c *pour* **cc** : Eclesia, acersire.

— *pour* **g** : Aucmenta, neclegere, Acaunenses; Tinci, 484.

— *pour* **h** : nicil; cf. Coreph pour Horeb.

— *pour* **qu** : Relicum.

— *pour* **t** : Negligencia, abrenuncias, iusticia, confirmacio, contricio, gracia.

— *ajouté* : Prescentia, nichil, nichilum, fauctrix, fauctor, contrictio, iuncxit, deuictores (debitores).

— *omis* : Incuntanter.

cc *pour* **ct** : Paccio.

ce *pour* **chi** : Arcediaconus.

co *pour* **quo** : Licor, in co (*et* corum), cotidie, condam, relinco, locor, cod.

d *pour* **t** : Semedipsum, memedipsum, deliquid, capud, conueniad, placidus (placitus), faciad, quodquod, debed, inquid, ad (at certe), reliquid, quadriduanus, cadedralis, Crisandus.

— *ajouté* : Ad te (a te), 355; quotdidianus.

— *omis* : A te (ad te), 326.

di *pour* **z** : Exorcidiare, baptidiatus.

e *pour* **a** : Labentes (lauantes), exuberens.

— *pour* **i** : Arcediaconus, baselica, desinteria, paraleticis, indesicabilis, hordenem, intuere, ingemesco, osteum, letania, seliqua. Cf. Dicet (dicit), adtollet 369, confidet 418, etc., et les adjectifs à l'ablatif : ineffabile pietate, etc.

— *ajouté* : Estephanus, Esperatus, Emikael. Cf. Esperanda, 464; Esperaindeo, 464, 465, 480.

— *omis* : Elemosina, gehnna, sprabo, Milianus (ou mieux « ae » omis : Aemilianus; cf. stiuale).

f *pour* **v** : Referentia, Paracefen.

— *pour* **ph.** Très commun.

g *pour* **c** : Grassa, agrius, Migael, eglesia, Pangratius.

— *pour* **i** (*j*) : Magestas, gecoris.

— *répété* : Suggit.

h *ajoutée* : Habundantia, hymis, inimichi, husus, hactio, perhactum, perhacta, chorona, archana, his, perhennis, hostendere, perhunctum, honus, honerata, huniuersi, hac, hactus, hedificare, hodor, heremus, haccidere, toth, hunus, hictus, hordenem, Hisrael.

h *omise* : Abitus, eresis, exibere, macinamenta

abitaculum, bracium, macina, crisma, oc (ex oc), anc, adpreendere, abere, scisma, ebitudo, oneste, corus, proueere, adibere, onestas, exortatio, ospitalitas, traere, adtraere, contraere, detraere, pertraere, subtraere, dracma, patriarca, orror, orrendus, orrida, exorruit, ospitium, olocausta, aduc, aderere, aborrere, ymnus, Cerubim, Ezecias, Racel, Cristus, Senacerib, pasca, pasce, arcipresbiter, arcidiaconus, ora, ostis, coibere, odie, odierna, caos, uius (huius), umare, tronus, iacintini lapides, erba, orreum, ebdomada, aurire, Abraam, exibitio, pulcerrime, ortans, tesaurus, incoare, coerens, inianter, actenus, Melcisedhec, ysopo, ortodoxus, esitare, proibere, adibere, eredem, inerere, arcitectus, Zacceus, ilaris, umilitas, ostia, idropicus, omines, umera, astas, talamus, monacis.

i *pour* **e** : Inerguminus, desinteria, dimergere, rupis, plinus, ebitudo, ascisterium, obripere, saltim, pinna, decorari, racimus, disperare, benificientia, ponderi, efficeris, dispicere, ut non sinires 413, Euphimia (Euphemia) 478 et 479.

— *pour* **g** : Iemuit, ienua, Ierontius.

— *pour* **ii** : Deicio, cum reliquis (reliquiis).

— *ajouté :* Guila, ispiritus, Istefanus, iera, benificientia, discordiantibus, extranguilat.

— *omis :* Scariot (Iudas Iscariotes).

— *pour* **y**. Très fréquent.

k *pour* **c** : Karitas, kari, karissimi.

— *pour* **qu** : Kiricus.

l *pour* **r** : Diligat corda uestra Deus 347.

— *redoublée :* Sepelliendus, tollerantia.

m *pour* **n** : Volumtas, uolumtaria.

— *omise :* Flamiuoma, amitteret (admitteret ou ammitteret), adcomoda, comendare, tantumodo, imobiles, comotio, comoda, comunis, comunio, quodamodo.

— *redoublée :* Immitatrix, ammittere (quod uouerunt nunquam ammittant 81), imma, adsummere.

n *omise :* Conexa, geena.

— *ajoutée :* Pinguendo, finctio, confinctus, rennuere, cruciantus, Barnaban, Mathian, Nasmodeus.

o *pour* **au** : Clodis.

— *pour* **u** : Vestibolum, monitio, commonitus, scopolis, anolum, orto, abondanti, presoles, con semine eorum, incolomis, iusso, premonitum, sensos, patibolum, aridos (aridus) 373, edocare, Eolalia; cf. inquatur (inchoatur) xxx.

p pour **ph** : Iosep 349. — Pour le *p* changé en *b*, voy. la lettre **b**.

— *pour* **pp** : Suplici, oprobria.

— *redoublé :* Suppremus, repperire, clippeus.

ph pour **b** : Caleph.

qu *pour* **c** : Loquo, quomodum, quoopertum, quoeternus, sequuturus, inquoinquinatio, quur, quoecere, persequutor, quoagulatus, quoequalis, quum filiis tuis, quoheredes, exquoquere, quandoquumque, quoacte.

— *pour* **ch** : Inquoat.

r *pour* **l** : Temporarem.

— *ajoutée :* Frautrix, pour fautrix.

s *pour* **ss** : Indesicabilis, scisum.

— *pour* **sc** : Agnose.

— *pour* **x** : Ausilium, es se (ex se) 438.

— *pour* **z** : Euangelisare.

— *pour* **aes** : Stiuale.

— *pour* **his** : Spalis.

— *ajoutée :* Soscordia, uixsit, pasciscantur, dissertus, ussus.

— *omise :* Abba.

t *pour* **d** : Illut, aput, ipsut, set, at liberationem (ad liberationem), Dauit, aliut.

— *pour* **ch** : Bratium (brachium).

— *pour* **tt** : Dimite.

— *omis :* Posquam, postransitum (post transitum) 363, admixio.

u *pour* **o** : Custus, tactu, tunditur, adulescentior, responsurium, diacunus, conspectu, exclusu, scutu, suffragatur, epistula, Leucadia, scripturi, inquat (inchoat); cf. tonsuriis, 41, 82.

— *ajouté :* Mutuorum, peduum, canuum, urguere.

— *omis :* Langor, licor, ungentum, qum, gemitum (pour gemituum) 330, manum (pour manuum) 323, Agustini.

v *omis :* Obient (obvient).

— *pour* **f** : Velle (pour felle), letivicare, pacivicantes, prevatio, pontivicatus.

x *pour* **s** : Dextruere, inextimabilis, sinixtro, dextitutus, Exter.

— *pour* **ch** : Xristus.

y *pour* **i** : Introytus, yma, hymis, ymago, laycalis. ymolare, ydola, ylaris, ymmo, ayt, ymitabilis, ymitator, ymobilis, Ysaac, ydoneus.

— *pour* **hi** : Yrcus.

z *pour* **ch** : Catazizatus, Zazeus.

— *pour* **th** : Eziopia, Eziopissa.

LEXIQUE

Abba pour *abbas,* 57, 58, 512, cf. XIV.
abere pour *habere,* 36, 360, 417, 418.
abitaculum pour *habitaculum,* 19, 30, 441, 521.
abitare pour *habitare,* 132, 176, 293 (digneris in ipso *auitare*), 364.
abitatio pour *habitatio,* 437.
abitus pour *habitus,* 3, 80, 82.
abondanti pour *abundanti,* 167.
aborbitare, dévoyer, mot très rare, 370.
aborrere pour *abhorrere,* 105.
Abraam pour *Abraham* 21 et passim.
Abre pour *Abrahe,* 447.
abrenuncias pour *abrenuntias,* 32.
absoluere (diaconus), quid sit, 45.
abtata pour *aptata,* 63.
abtus pour *aptus,* 14, 23.
Acaunensis pour *Agaunensis,* 480.
accersire (i. e. accersere), 116, 131, 134, 136, 263.
acersire pour *accersiri* (i. e. accersi), 87, 131, 134 (arcessire).
actenus pour *hactenus,* 225.
ad pour *at,* 355.
ad te pour *a te,* 19, 262.
adcomoda pour *adcommoda,* 115, 311.
aderere pour *adherere,* 98, 242, 291, 300, 334, 353, 403, 439.
adesse pour *esse,* XXIV.
adibeo pour *adhibeo,* 49, 256, 265, 283, 373.
adipiscere pour *adipisci,* 147.
admixio pour *admixtio,* 439.
adobtio pour *adoptio,* 22.
adpreendere pour *adprehendere,* 36.
adspargere pour *adspergere,* 12, 13, 14, 17, 18, 19, 118, 143, 230, 515.
adsummere pour *adsumere,* 272, 340.
aduc pour *adhuc,* 95.
adulescentior pour *adolescentior,* 49.
aepiscopus pour *episcopus,* 453, 459, 488.
agnauus (palleus), quid sit, 142, note.
Agne pour *Agnetis,* 229.
agnose pour *agnosce,* 123.
agrius pour *acrius,* 381.
Agustinus pour *Augustinus,* 476, 477.
Agustus pour *Augustus,* 531.
Alaxander pour *Alexander,* 229; cf. *Alexandrus,* XIX.
alium pour *aliud,* 233, 251 (alium sacrificium), 250, 273, 303 (alium psallendum).
aliut pour *aliud,* 289, 391.
amitteret pour *admitteret,* 103.
ammittere pour *amittere,* 81.
anc pour *hanc,* (post anc) 35.
anolus pour *anulus* ou *annulus,* 42, 43, 98.
antestis pour *antistitis,* 408, 410.
aput pour *apud,* 67, 149, 175, 203, 211, 319, 343, 346, 385, 399, 410, 412, 414, 415, 416, 420, 453, XXX.
arcangeli pour *archangeli,* 110, 176, 358, XXV.
arcediaconus pour *archidiaconus,* 2, 46, 475; cf. *arcediaconatus,* 51.
arcessitus pour *accersitus,* 419; cf. *arcessire,* 134.
archana pour *arcana,* 39.
arcidiaconus pour *archidiaconus,* 474.
arcipresbiter pour *archipresbyter,* 2, 56, 192.
arcitectus pour *architectus,* 289, 290.
arta pour *arcta,* 96.
ascisterium pour *asceterium,* 69.
aspidus (aspidis?) furor, 370.
astas pour *hastas,* 444.
aucmenta pour *augmenta,* 409.

auiciat pour *abiiciat*, 59.
aurire pour *haurire,* 171; cf. *austa,* 172; *exaurire,* 308.
ausilium pour *auxilium,* 379.
ayt pour *ait,* 184 et passim.

Babtismus pour *baptismus,* 14, 24, 25, etc.
baptidiatus pour *baptizatus*, 135.
Barnaban pour *Barnaba,* 229; cf. *Mathian.*
baselica pour *basilica,* 159, 509, 510, 515.
benificientia pour *beneficentia,* 250.
bibere pour *uiuere,* 45-46, note.
botrui pour *botryos*, 169.
bracium pour *brachium,* 10, 33, 99, 224, 231, 248, 310, 331, 345, 383, 443, 445; cf. *braciis*, 31.
bratium pour *brachium*, 33.
brauitas pour *prauitas,* 247.
breues, id est *indices*, 1.

Cadedralis pour *cathedralis,* XXX.
Caleph pour *Caleb,* 169.
canuum pour *canum,* 10.
caos pour *chaos,* 134.
capud pour *caput,* 112.
capulare barbam, quid sit, 45.
catazizatus pour *catechizatus,* 106.
cereus et *cereum,* indifféremment, 209, 210, etc.
Cerubim pour *Cherubim,* 110.
cespitare, trébucher, mot rare, 106.
chorona pour *corona,* 38, 271, 328.
chrismam pour *chrisma,* 143.
clippeus pour *clipeus,* 443.
clodis pour *claudis,* 10, 76.
co pour *quo*, 23, 24, 132 (co ibo), 176, 177, 417 (sunt corum non est memoria), 419.
cod pour *quod,* 418.
coerens pour *coherens,* 217.
coibe pour *cohibe,* 120.
comendare pour *commendare,* 147.
commonitus pour *communitus,* 7.
comoda pour *commoda,* 301; cf. *incomoda,* 346.
comotio pour *commotio,* 300.
completuria pour *completoria,* 72, 73, 83, 110.
comunio pour *communio,* 3, 91, 99, 100; cf. *comunis,* 364.
con pour *cum* (con semine eorum), 417.
condam pour *quondam,* 77, 78, 158, 164, 210, 265, 526.
conexa pour *connexa,* 65, 217, 262.
confinctus, voy. *finctio.*
confirmacio pour *confirmatio,* 237.
confugiui, rare pour *confugi,* 338.
congustatio pour *coangustatio,* 362.
congustie pour *angustie,* 337, 338.
conspectu pour *conspecto* (conspectu lumine), 106.
contraere pour *contrahere,* 283.
contricio pour *contritio,* 280.
contrictio pour *contritio,* 256, 266.
conueniad pour *conueniat,* 139.
copulum, mot assez rare pour *copula,* 440.
Coreph pour *Horeb,* 157; cf. *Caleph.*
corus pour *chorus,* 41, 67, 73, 74, 86 105, 142, 147, 152, 198, 208, 211, 216, 402, 426.
cotidie, forme archaïque pour *quotidie,* 64, 68, 92, 227, 236, 286, 302, 367, 368, 373, 382; cf. XVI.
Crisandus pour *Chrysantus,* 474.
crisma et *crismare* pour *chrisma* et *chrismare,* 33, 34, 102, 167, 218.
Cristus pour *Christus,* 114, 115, 116, 191, 194, 196, 197, 198.
cruciantus pour *cruciatus,* 407.
custus pour *custos,* 43.

Dactili palmarum, i. e. *rami,* 183.
Dauit pour *Dauid,* 237, 249.
debed pour *debet,* 262.
decoopertus pour *discoopertus,* 33.
decorari pour *decorare,* 158.
defensatio pour *defensio,* 118.
deicio pour *deiicio,* 14.
delinquentia, mot rare, 262.
deliquid pour *deliquit,* 95, 120, 136, 361, 411.
deposcerit pour *depoposcerit,* 291.
designare, signification de ce mot 74; 17, 26, 27, 76. — On trouve encore ce mot dans Priscillien : « Symbolum enim signatura rei uera est, et *designare symbolum* est disputare de symbolo malle, quam credere » (*Tract.* IV, ed. Schepss, PRICILLIANVS, *Corp. script. eccl. latin.*, t. XVIII, 1889, p. 49). Saint Ambroise se sert du mot *resignare* dans le sens de *uiolare* (*de Fide,* l. III, c. 15); cf. PRVDENTIVS, *Contra Symmach.* l. I, versus 90.
desinteria pour *dysenteria,* 10.
deuictores pour *debitores,* 93.
dextitutus pour *destitutus,* 367.
dextruere pour *destruere,* 21, 159, 204, 307, 365, 370.
diacunus pour *diaconus,* 135.
dicet pour *dicit,* 102.
dictione pour *ditione,* 121.

dimergere pour *demergere*, 29.
dimite pour *dimitte*, 115, 331.
discordiantibus pour *discordantibus*, 265.
dispargo, forme assez rare pour *dispergo*, 191.
disperare pour *desperare*, 201, 324; cf. *disperatio*, 257, 364.
dispicere pour *despicere*, 270.
dissertus pour *disertus*, 413.
dracma pour *drachma*, 73.

Ebdomada pour *hebdomada*, 168.
ebitudo pour *hebetudo*, 37.
Ebrei, ebrayci, pour *Hebrei, hebrayci*, 21, 181, 250.
eclesia pour *ecclesia*, XIX, 217, 219, 334, 372, 381; cf. *eclesiasticus*, 7, 49.
editus pour *aditus*, 43.
edocare pour *educare*, 404.
efficeris pour *effeceris*, 260.
eglesia pour *ecclesia*, 512.
egredere pour *egredi*, 46.
egrotans et *egrotus*, pour « a spiritu immundo uexatus », 73, 74.
elaudatio, forme rare pour *laudatio*, 205.
elemosina pour *eleemosyna*, 222, 241.
Emikael pour *Michael*, XXV.
emitte pour *et mitte*, 110.
Eolalia pour *Eulalia*, 490, 491, 495.
epistula, archaïque pour *epistola*, 418.
erba pour *herba*, 167.
eredem pour *heredem*, 258; cf. *ereditas*, 417.
eresis pour *heresis*, 3, 178; cf. *eretici*, 345.
erratas pour *errata*, 361.
esitare pour *hesitare*, 244, 272.
Esperatus pour *Speratus*, 471; cf. *Esperanda* ,464.
Estephanus pour *Stephanus*, 510, 511.
euangelisare pour *euangelizare*, 242.
exclusu pour *excluso*, 192.
exercitus, avec la signification d'*exercice* (exercitatio), 145.
exesserit, rare pour *exederit*, 422.
exibere, archaïque pour *exhibere*, XXX, 13, 245, 291, 306, 309, 374, 409, 420, 424, 437; cf. *exibitio*, 174, 260, 276, 286.
exorcidiare pour *exorcizare*, 1, 4, 12, 22, 23, 63, 142, 157; cf. *baptidiatus*.
exorcismum pour *exorcismus*, partout.
exortatio pour *exhortatio*, 59.
expedibilis, i. e. *utilis*, rare, 214.
exquoquere pour *excoquere*, 362.
Exter pour *Esther*, 273.
extranguilat pour *extrangulat*, 370; cf. *guila*.
exuberens pour *exuberans*, 210.
Ezecias pour *Ezéchias*, 359, 381, 445.
Eziopia pour *Ethiopia*, 163.
Eziopissa pour *Éthiopissa*, 163.

Faciad pour *faciat*, 190.
fascis pour *facibus*, 183.
fauctor pour *fautor*, 245.
fauctrix pour *fautrix*, 245, 252, 367.
femoralias pour *femoralia*, 146; cf. uestiri femoralia, 141.
finctio pour *fictio*, 118, 337; cf. *confinctus*, 337.
flamiuoma pour *flammiuoma*, 68.
fluxim pour *fluxum*, 169.
fonte pour *fontem* (uenit ad fonte), 28.
fraglans pour *flagrans*, 36, 211, 217.
frautrix pour *fautrix*, 299.
fugare pour *fugere*, 75.
fugierunt pour *fugerunt* ou *fugiuerunt*, 383.
furua pour *antra furua* (nequitie furua), 253.

Gabata, mot rare, sorte de vase, 70, et la note.
gecoris pour *iecoris*, 176.
geena pour *gehenna*, 75, 422.
gehnna pour *gehenna*, 323.
gracia pour *gratia*, 283.
grani, mot très rare, 43, et la note.
grassa pour *crassa*, 105.
guila pour *gula*, 30, 257, 268; cf. *extranguilat*.

Habundantia pour *abundantia*, 7, 21, 105, 169, 176, 221, 301, 313, 435, 529.
habundare pour *habundare*, 49, 245, 313, 315, 333, 362, 367; cf. XIV.
hac pour *ac*, 134, 273, 330, 331, 382, 383, 436, 438.
haccidere pour *accidere*, 349.
hactio pour *actio*, 298.
hactualis pour *actualis*, 138.
hactus pour *actus*, 178, 245, 287, 290, 294, 295, 299, 300, 332.
hedificare pour *edificare*, 168, 290.
heremus pour *eremus*, 257.
hictus pour *ictus*, 394.
his pour *is*, 48, 54, 80, 101, 105; cf. *hisdem*, 369.
Hisrael pour *Israel*, XXV.
hodierna, substantif, 416.
hodor pour *odor*, 177; cf. *hodorare*, 178.
honera pour *onera*, 53, 261, 265, 269, 397; cf. *honere*, 108, et *honerata*, 94.

hordenem pour *ordinem*, 512.
hostendere pour *ostendere*, 64, 113, 252, 334, 389.
hostis pour *hostiis*, 250.
huniuersi pour *uniuersi*, 108.
hunus pour *unus*, 386.
husus pour *usus*, 52, 221.
hymis pour *imis*, 11.

Iacintini pour *hyacinthini* (lapides), 164.
ic pour *hic*, 512; cf. *ec*, *oc*, 512.
idropicus pour *hydropicus*, 373.
iemuit pour *gemuit*, 147.
ienuarum pour *genuorum*, 10.
iera pour *era*, 136.
ilaris pour *hilaris*, 331.
ilico pour *illico*, 197.
illut pour *illud*, 11, 139, 354, 433.
imaginarie, i. e. *allegorice*, 225.
imma pour *ima*, 78.
immitatrix pour *imitatrix*, 64, 81.
imnus pour *hymnus*, 401, 402, 404.
imobiles pour *immobiles*, 300.
in obuiam emittere, 123.
incoare pour *inchoare*, 216, 307, 351.
incolomis pour *incolumis*, 376.
incuntanter pour *incunctanter*, 291.
indesicabilis pour *indissicabilis*, 36.
indulgere aliquem (alicui), 366.
inerere pour *inherere*, 285, 354, 440.
inerguminus pour *energuminus*, 6, 365.
inextimabilis pour *inestimabilis*, 36, 526.
ingemesco pour *ingemisco*, 94.
inianter pour *inhianter*, 224.
inimichi pour *inimici*, 13.
inonesta pour *inhonesta*, 68.
inquat pour *inchoat*, 488.
inquatur pour *inchoatur*, xxx.
inquid pour *inquit*, 197.
inquoat pour *inchoat*, 38.
inquoinquinatio pour *incoinquinatio*, 444.
introytus pour *introitus*, 4, 105, 176.
intuere pour *intueri*, 118.
inuestita (ferula), i. e. ornata panno, 57.
ipsud, archaïque pour *ipsum*, 119, 142, 199, 200, 263, 445.
ipsut pour *ipsud*, 70, 117, 199, 263.
ispiritus pour *spiritus*, 135.
Istefanus pour *Stefanus*, 509.
iterare, i. e. *iter facere*, 5, 234, 345, 348, 349, 540.
iuncxit pour *iunxit*, 401.
iusso pour *iussu*, 302.
iusticia pour *iustitia*, 188.

Karitas pour *caritas*, 47; cf. *kari*, 197; *karissimi*, 89, 184, 200, 201, etc.
Kiricus pour *Quiricus*, 466.

Labentes pour *lauantes*, 111.
langor pour *languor*, 1, 7, 16, 17, 21, 23, 24, 70, 71, 72, 73, 94, 130, 177, 236, 244, 252, 258, 266, 270, 272, 274, 310, 317, 328, 362, 367, 372, 374, 375, 380, 383, 384, 385, 386, 389, 409.
largienter, rare pour *largiter*, 219.
laycalis pour *laicalis*, 82.
letania pour *litania*, 155, 478, 484, 485, 490, 491, 522.
letiuicare pour *letificare*, 342.
Leucadia pour *Leocadia*, 511.
librum pour *liber*, 59, cf. 431 et xviii.
licor pour *liquor*, 1, 14, 15, 23, 30, 70, 107, 163, 171.
limphos pour *lymphas*, 39.
locor pour *loquor*, 347.
loquo pour *loco*, 12.

Macina pour *machina*, 179, 198, 512.
macinamentum pour *machinamentum*, 15, 18, 337.
magestas pour *maiestas*, 316, 318, 437, 448.
marmorare sepulchrum, quid sit, 145, et la note.
martyrumlegium pour *martyrolegium*, xxiii.
Mathian pour *Mathia*, 229; cf. *Barnaban*.
me ego metipsum pour *ego memetipsum*, 253.
medella et *medela*, 71, 72, 91, etc.
Melcisedec pour *Melchisedech*, 148, 228.
memedipsum pour *memetipsum*, 253.
meminere pour *memini*, 302.
mendacius pour *mendax*, 77.
mici pour *mihi* ou *michi*. Passim.
Migael pour *Michael*, 481.
milia, bonne version pour *milla*, 141.
Milianus pour *Emilianus*, ou mieux *Aemilianus*, 487.
mitella, i. e. *mitra*, 67.
monacis pour *monachis*, xxx.
monitio pour *munitio*, 17.
more pour *morem*, secundum more, 43.
moriens pour *mortuus*, 141.
mulciscatus, mot très rare, 192.
multitudo peccati (i. e. peccatorum), 255.
mutuorum pour *mutorum*, 10.

Nasmodeus pour *Asmodeus*, 80.
nebbotum pour *nepotum*, 417.

neclegere pour *negligere,* ou mieux *neglegere,* 61.
negligencia pour *negligentia,* 134.
nichil pour *nihil,* 15; cf. *nichilum,* 12.
nicil pour *nihil,* 23, 80, 93.
nubsit pour *nupsit,* 440, XXIX.

Obbitulante pour *opitulante,* 343.
obiam pour *obuiam,* 418; cf. *obient* pour *obuient,* 116.
Oblata, au singulier, rare : *benedictio oblate, portio oblate,* 94, 95; cf. 16e concile de Tolède, can. VI.
obripere pour *obrepere,* 77.
obsculo pour *osculo,* 435.
obsenus pour *obscenus,* 209.
obtima pour *optima,* 52.
oc pour *hoc,* 35 (ex oc), 418, 512.
odie pour *hodie,* 147, 435, 436, 447, 448, 529; cf. *odierna,* 134.
offerent pour *offerrent,* 157.
offeret pour *offert,* 165, 166, note.
olocaustum pour *holocaustum,* 91, 188, 206, 271, 329, 365, 445, 448.
omines pour *homines,* 417.
onestas pour *honestas,* 58, 433; cf. *onesta,* 68; *onestissime,* 38, 60.
opprimens pour *oppressus,* XXIV.
oprobria pour *opprobria,* 196.
ora pour *hora,* 118, 140, 361, 399, 532, XXX; cf. *orelegium,* XXIII, 531; *oralegium,* 532.
ordinum pour *ordo* (alium *ordinum,* i. e. alius liber *Ordinum*), 227, XVII, XIX.
Orep pour *Horeb* (mons), 157.
ornato, pour la forme ordinaire *ornatu,* 164.
orrere pour *horrere,* 107, 414; cf. *orrendus,* 77, 87, 116; *orrentia,* 402.
orreum pour *horreum,* 168, 169, 170.
orror pour *horror,* 298; cf. *orrida,* 197; *orribilis,* 368, 370.
orto suo pour *ortu suo,* 78.
ortodoxus pour *orthodoxus,* 240.
ortor pour *hortor,* 197, 263; cf. *adortor,* 321.
os pour *hos* (ut os gratia munificet), 440.
ospitalitas pour *hospitalitas,* 59.
osteum pour *ostium,* 149, 152, 192, 208, 210, 216.
ostia pour *hostia,* 348; cf. *ostis* pour *hostis,* 119.

Paccio pour *pactio,* 86.
paciuicantes pour *pacificantes,* 417.
palliare (sacro palliamus uelaminis tegumento), 65.
Pangratius pour *Pancratius,* 464.
pani pour *panis,* 265 (huius *pani*).
Paracefen pour *Parasceuen,* 4, 193.
paraleticus pour *paraliticus,* 10, 360.
Pasca (*pasce*) pour *Pascha,* 1, 4, 36, 189, 192.
pasciscantur pour *paciscantur,* 290.
patibolum pour *patibulum,* 364.
patriarca, patriarce, patriarcis, pour *patriarcha,* etc., 76, 116, 117, 119, 122, 125, 126, 133, 134, 136, 228, 399, 424, 442, 446.
pausantes, rare pour *defuncti,* 223; cf. 134.
pedules (cf. le mot classique *pedule,* pluriel *pedulia*), 58, 60, 141 (uestiri pedules), 146.
peduum pour *pedum,* 10.
perditata pour *perdita,* 98.
perhactum pour *peractum,* 35, 168, 192, 219.
perhennis pour *perennis,* 64, 85, 120, 388, 390, 392.
perhunctus pour *perunctus,* 71.
persequutor pour *persecutor,* 80, 264.
pertrait pour *pertrahit,* 72.
pinguendo pour *pinguedo,* 23.
pinna pour *penna,* 128.
pintura pour *pictura,* 170, note.
placidus pour *placitus,* 174.
plinus pour *plenus,* 35.
ponderi pour *pondere,* 257.
pontiuicatus pour *pontificatus,* 511.
posquam pour *postquam,* 224.
preceptio pour *perceptio,* 371
premonitum pour *premunitum,* 305.
prescentia pour *presentia,* 10.
presoles pour *presules,* 219.
preuatio pour *prefatio,* 440.
proibere pour *prohibere,* 254, 262, 413, XIX.
prosse pour *pro se,* 252, 262, 280, 299.
proueere pour *prouehere,* 47, 49, 138, 286.
pugnaculum, assez rare pour *propugnaculum,* 79.
pulcerrime pour *pulcherrime,* 181.

Quadriduanus pour *quatriduanus,* 373.
quamdiu, dans le sens de *donec,* 153 (2 fois).
quandoquumque pour *quandocumque,* 366.
quattuor, bon, mais assez rare pour *quatuor,* 111.
quicquic pour *quicquid,* 84.
quoacte pour *coacte,* 403.
quoagulatus pour *coagulatus,* 129.
quod pour *que* (cibus et potus quod), 22.
quodamodo pour *quodammodo,* 438.
quodquod pour *quotquot,* 228.
quoequalis pour *coequalis,* 193, 236, 414.
quoercere pour *coercere,* 79, 361.

quoeternus pour *coeternus,* 36.
quoheredes pour *coheredes,* 292.
quomodum pour *commodum,* 14.
quoopertum pour *coopertum,* 35.
quotdidiano pour *quotidiano,* 248.
qum pour *quum,* 42.
quum pour *cum,* 258 (quum filiis), 300.
quur pour *cur,* 75.

Racel pour *Rachel,* 163, 435, 437, 441.
racimus pour *racemus,* 170.
referencia pour *reuerentia,* 52.
relicum pour *reliquum,* 298.
relinco pour *relinquo,* 191.
reliquis pour *reliquiis,* 194.
remediabilis pour *remedialis,* 24.
rennuere pour *renuere,* 326.
repperire pour *reperire,* 111, 256.
rescutere, rare pour *recuparare,* 105.
residere asellum, rare (pour *residere super asellum*), 182.
responsurium pour *responsorium,* 83, 88, 97.
romensis, assez rare pour *romanus,* 227, 235.
ruitus, très probablement pour *rugitus,* que porte un autre manuscrit, 114
rupis pour *rupes,* 30.

Sabastianus pour *Sebastianus,* 158, 452, 453, 510.
sacre pour *sacer* ou *sacrate,* 153.
salis pour *sal,* 16.
saltim pour *saltem,* 95, 398, 407, 419.
sata, pour le mot classique *satus,* 168.
Scariot pour *Iscariot,* XIII, note.
sceptra pour *septa,* 56.
scisma pour *schisma,* 37, 102; cf. 105.
scisum pour *scissum,* 196.
scopolis pour *scopulis,* 29.
scutu pour *scuto,* 247, 250.
scripturi pour *scriptori,* XXVIII.
sedere pour *esse,* 218.
seliqua pour *siliqua,* 99.
semedipsum pour *semetipsum,* 93, 198, 333, 354, 408.
sensos pour *sensus,* 329, 438.
sentibus pour *sensibus,* 209.
sepelliendus pour *sepeliendus,* 142.
sequuturus pour *secuturus,* 419, 422.
set pour *sed,* 92, 93, 292, 298, 329, 332, 333, 344, 355, 380, 389, 417, XXX.
silentium pour *silenter,* 35, note.

sinixtro pour *sinistro,* 43.
Smael pour *Ismael,* 162.
soscordia pour *socordia,* 254.
Spalis pour *Hispalis,* 460, 461, 470, 471.
sprabo pour *sperabo,* 348.
Srahel pour *Israel,* 27, 68, 79, 128, 152, 167, 181, 205, 213, 255, 288, 294, 361, 441, 444, 445, 526.
ste pour *iste,* 135; cf. *sta,* 132.
stiuale pour *estiuale* ou *aestiuale,* 468.
suboles, archaïque pour *soboles,* 438, 441.
subprestitio pour *superstitio,* 78.
suffragatur pour *suffragator,* 382.
suggit pour *sugit,* 526.
summouere, peu commun pour *submouere,* 336.
suplici pour *supplici,* 137, 204, 446.
suppreme pour *supreme,* 108.
supprestis pour *superstitis,* 87 419.

Tabernaculum pour *habitatio,* 7.
tactu pour *tacto,* 10.
talamus pour *thalamus,* 527.
tangere barbam, quid sit, 43 et la note; cf. XXV.
tantumodo pour *tantummodo,* 253, 366.
temporarem pour *temporalem,* 526.
tesaurus pour *thesaurus,* 199; cf. XIV.
timiama pour *thymiama,* 176, 178.
tollerantia pour *tolerantia,* 381.
toth pour *tot,* 367, 368, 376, 385, 388.
traere pour *trahere,* 290, 390; cf. *subtraere,* 113, 329, 409; *detraere,* 302, 333; *adtraere,* 245, 396, 397.
tronus pour *thronus,* 155, 268, 296, 316, 358, 402.
tunditur pour *tonditur,* 39.
tus, assez rare pour *thus,* 178; cf. *turibulum,* 178.

Vates, expression poétique pour *episcopus,* 67.
ueementer pour *uehementer,* 187.
uelle pour *felle,* 64.
uestibolum pour *uestibulum,* 7.
uestimenta, singulier féminin, 63 (2 fois).
uius pour *huius,* 135, 363.
uixsit pour *uixit,* 135.
umare pour *humare,* 143.
umera pour *humeri,* 436.
umilitas pour *humilitas,* 334, 351.
ungentum pour *unguentum,* 40, 70, 71, 361.
ungueo pour *ungeo,* 23.
uolumtas pour *uoluntas,* 347, 418; *uolumtaria,* 309.
urguere pour *urgere,* 76, 77, 261.
ussus pour *usus,* 421.

Ydola pour *idola,* 107.
ydoneus pour *idoneus,* 245.
ylaris pour *hilaris,* 170.
yma pour *ima,* 408.
ymago pour *imago,* 30, 98, 319, 320, 322; cf. *ymaginarie,* 225.
ymitator pour *imitator,* 333; cf. *ymitabilis,* 193.
ymmo pour *immo,* 183.
ymmolari pour *immolari,* 225.
ymnus pour *hymnus,* 99, 281, 291, etc.; cf. *imnus.*
ymobiles pour *immobiles,* 300.
ymolare pour *immolare,* 93, 254, 257, 260, 291, 300, 412, 419.
yrcus pour *hircus,* 324.
Ysaac pour *Isaac,* 20.
ysopo pour *hyssopo,* 230.

Xristus pour *Christus,* 33, 196, 198.

Żazeus et *Zacceus* pour *Zaccheus,* 304.

III

INDEX ALPHABÉTIQUE DES FORMULES

Le lecteur trouvera dans les pages suivantes la liste alphabétique de toutes les formules liturgiques dont se compose le *Liber Ordinum*. J'y ai joint le catalogue des pièces diverses renfermées dans le *Missel* et le *Bréviaire* mozarabes, ainsi que dans le *Libellus Orationum* de Vérone. Cet ensemble constitue en somme un répertoire complet de tous les textes connus de l'ancien rite mozarabe. Je l'offre aux érudits, plus particulièrement aux liturgistes, comme un instrument de travail qui leur épargnera de longues et parfois fastidieuses recherches. Il m'en a coûté quelque chose pour mener à bonne fin cette entreprise : alors encore j'ai hésité à la livrer au public. — Et pourtant, c'est par une série de travaux de ce genre, appliqués à toutes les formules des diverses liturgies, que l'on peut arriver à jeter un peu de lumière dans un domaine d'une exploitation particulièrement difficile. M. Wilson, fellow de Magdalen College à Oxford, l'a déjà fait pour les Sacramentaires romains dans un petit livre intitulé : *A classified index to the leonine, gelasian and gregorian Sacramentaries, according to the text of Muratori's Liturgia romana uetus* (Cambridge, 1892). J'apporte aujourd'hui ma pierre à cet édifice, que d'autres voudront peut-être continuer et achever.

EXPLICATION DES ABRÉVIATIONS

1° Renvois aux sources :

B = Bréviaire mozarabe, éd. de Migne dans la *Patrologia latina*, t. LXXXVI, Paris, 1862, in-4°.

M = Missel mozarabe, *Ibidem*, t. LXXXV, Paris, 1862, in-4°.

V = *Libellus Orationum* mozarabe, publié d'après le manuscrit de Vérone par Bianchini (*Thomasii opera*, t. I, seul publié, page 1-136, Rome, 1741, in-folio).

Les formules imprimées en *italiques* sont celles du *Liber Ordinum*. — J'avertis, enfin, que pour les formules un peu longues, on trouvera d'ordinaire non seulement l'*incipit* de la prière, mais encore le mot final : ce qui permettra de distinguer les formules qui, tout en étant différentes, commencent par les mêmes mots.

2° Noms des formules :

A = *Antiphona* (y compris les pièces suivantes : *Psallendum, Officium, Sono, Sacrificium*).

B = *Benedictio* (presque toujours l'oraison de ce nom, dite vers la fin de la messe).

H = *Hymnus*.

L = *Lauda* (sorte d'antienne-répons, d'ordinaire précédée de l'Alleluia).

M = *Missa* (oraison de ce nom, à la messe).

O = *Oratio* (y compris la formule appelée *Capitula*, ou mieux *Completoria*).

P = *Preces* ou *Supplicationes*.
R = *Responsus* ou *Responsorium*.

AO = *Alia oratio* (prière qui suit, à la messe, la formule dite *Missa*).
AP = *Ad Pacem* (à la messe).
OD = *Ad Orationem Dominicam*.
PN = *Post Nomina*.
PP = *Post Pridie*.

d. n. = Deus noster.
d. f. = Dei filius.

d. frs = Dilectissimi fratres.
dne = Domine.
dni = Domini.
dns = Dominus.
e. = Eterne.
frs c. = Fratres carissimi.
i. x. = Iesus Christus, Iesu Christe, etc.
n. = Noster, nostri, etc.
o. = Omnipotens omnipotentis, etc.
p. = Pater, patris, etc.
q. = Quaesumus.
s. = Sempiterne.

INDEX ALPHABÉTIQUE

L A dextris tuis dne *M* 173.
A A labiis iniquis et a lingua *M* 997.
A A laqueo lingue inique *B* 588.
A malo nos libera et in *B* 76, 77, 78... 622, 940, 980.
A malo nos libera d. n. *B* 62.
H A Patre Vnigenite... prebe deificum *B* 74.
L A peccatis nostris munda *B* 193, 290.
H A solis ortu cardine... damnum inferens *B* 1298.
H A solis ortu cardine... resoluit crimina *B* 1291.
L A solis ortu cardine usque ad *B* 45, 65, 68, 71, 74, 76, 79, 83, 87, 90, 97, 100.
A A te creata sunt dne *V* 117.
PN A te Deus piissime... prestet *M* 382.
O *A timore inimici dne... libertatem* 339.
A A timore imimici libera *B* 535, *V* 80.
O — inimici... glorie *B* 535, *V* 80.
A A uigilia matutina usque *B* 326; cf. 940.
A *Ab absconsis meis munda me* 251.
A ꝩb homine iniquo et doloso *B* 517; cf. *V* 77.
Ab illo benedicatur... cremabitur *M* 529.
Ab illo benedicatur... ferebatur *M* 527.
O Ab iniquitatis uia... uiuifica *B* 439, 477, 484.
A Ab initio *V* 64.
A *Ab ocultis meis munda me* 250; cf. 292, 35; *M* 637.
O *Ab ocultis nostris munda nos... et dicere* 99.
O Ab ocultis nostris munda nos... dominatum *B* 150, 204, 222, 255, 277, 291, 295, 386, 661, 708.
L Ab omni uia mala *B* 240, 329, 386, 398, 404, 526.
O Ab omni uia mala... complacere *B* 329, 386, 398, 404.
A Ab omnibus persequentibus dne d. *B* 517.
L Ab omnibus persequentibus libera *B* 458.
H *Ab ore uerbum prolatum... per secula* 195-199.
O Abiecti et humiles... eternam *M* 468.
OD *Ablue nos dne a nostris... capientes* 284.
Abrenuncias tu famule Dei 32.
Abrenuntias heresim Arrianorum 100.
Abrenuntiat hic famulus 32.
R Absconde me in tabernaculo *B* 198.
A Absorta est mors in uictoria *B* 620, *V* 109.
A — — preualens *B* 626, *V* 111.
R Abundauerunt iniquitates *B* 188.
O Abundet q. dne in diebus... effectum *B* 181, *V* 50.
O Accedam ad te dne... preconio resonet 230, 249.
O Accedam ad te dne... preconium *M* 113, 538.
Accede ad nos spiritus... celi *V* 118.
M Accedentes ad dni mysterium... contumaces *M* 259.
M Accedentes ad dni nostri... consortes *M* 658.

M Accedentes ad mensam terribilis... gratiosa *M* 123.
A Accedentes sacerdotes *M* 639.
R Acceperunt prudentes *V* 126.
A Accepit librum Moyses *M* 275, 285.
O Acceptabile Deo nobis... opulentiam *B* 993.
A *Acceptabilis sacrificium iustitie* 188.
O — sit maiestati tue... cultoribus *M* 112, 536.
O Acceptabilis sit maiestati... ascendat *M* 528.
PN Acceptum habe pie Pater... eternam *M* 633.
OD Accepturi frs c. intra... copuletur *M* 650.
O Accessuri d. frs ad dominicam... passionis *B* 602.
M Accessuri in crastinum... passionis *M* 404.
Accipe baculum 60.
A — *de manu dni pro galea* 152.
PN — d. Ecclesie... absoluas *M* 653.
PP *Accipe d. hec famulorum... precedente* 350.
OD Accipe d. nostrorum... ampliemur *M* 940; cf. *B* 1273.
PN *Accipe d. offerentium... sempiternam* 375.
PN *Accipe d. piissime tuorum... angelorum* 235.
OD *Accipe d. uotiuum hoc holocaustum* 448.
Accipe documenta apostolica 47.
PN *Accipe dne fidelium... refrigeres* 345.
PP Accipe dne hec famulorum... precedente *M* 996.
PN — offerentium... exultemus *M* 646.
PN *Accipe dne offerentium... sentiamus* 391.
O Accipe dne sacrificium... dilectione *M* 956.
Accipe hunc librum Regularum 60.
Accipe signum crucis, serua 26.
Accipe tibi uestem candidam 35, note.
PN Accipe uenerabilis martyr... solicita *M* 793.
L Accipite iocunditatem glorie *B* 1234.
A Accipite Spiritum Sanctum *V* 117.
Acclines mente et corpore... cristiana *V* 21.
P Acclines te oramus... tua dextera *B* 669.
P Acclines te oramus... ut iudices *B* 512.
Acuerunt dne contra te... contigi *V* 85.
A Acuerunt linguas suas *B* 562, *V* 85.
R Ad adiuuandum nos festina *B* 210.
L Ad annuntiandum mane *B* 58, 193, 198, 1008, 1016.
M *Ad benignitatis fontem... peccatorum* 410.
H Ad breuem se mortis usum... cutis tegi *B* 900.
M Ad confitendum nomini... capiamus *M* 688.
O Ad defendendam hereditatem... perueniamus *B* 533.
Ad defensionem Ecclesie... canis *V* 74.
O Ad defensionem familie tue... nobis *B* 516, *V* 73.
A Ad defensionem meam attende *B* 498, *V* 73.
A — — meam respice *B* 516, *V* 74.
A — — nostram *B* 206, 277, 340, 387.
O Ad defensionem nostram... cura *B* 206, 277, 430, *V* 36.
M Ad Deum frs c. puras mentes... consortes *M* 178.
B Ad Dominum ascendat... induci *B* 228.
A *Ad Dominum cum tribularer* 274, *B* 556.
OD Ad fontem lucis... de celis *M* 328.
M Ad misericordie opera... mundamur *M* 814.
M Ad obtinendam dne... redemit *M* 254.
O Ad presepe tuum... Christus *B* 142, *V* 45.
A Ad similitudinem hominis *B* 655.
OD *Ad te Christe dne q. orationis... diligamus* 302.
Ad te Christe reuertentes... absoluamur *V* 111.
O *Ad te clamamus dne ut... nominis tui* 382.
P Ad te clamamus dne... tribue *B* 269.
P Ad te clamamus dne miserere *B* 157.
P Ad te clamamus dne precamur ut exaudias *B* 158, 275.
P Ad te clamamus dne precamur ut parcas *B* 169.
P Ad te clamamus dne... indulgentiam *B* 284.
P Ad te clamamus dne... uiuamus *B* 454.
P Ad te clamamus omnes... uiuamus *B* 500.
P Ad te clamantes d. exaudi... corde *B* 437.
A *Ad te clamaui d. m. ne sileas* 402.
A Ad te de luce uigilo *B* 528.
O Ad te dne clamorem... tua *B* 237, 1131.
— diem festum... eredes *V* 64.
O — effundimus... dona *B* 946.
O — formam... suescat *B* 210.
O — leuantes... nobis *B* 211.
R — leuaui animam *B* 191; cf. 210.
O — oculos nostros... edoceat *B* 386, 433.
O — oculos nostros... eripias *B* 157, 241, 294, 338, 667, 712.
O Ad te dne proprie uocis... confirmat *B* 278, 307.
O Ad te dne tribus tua... liberare *B* 106, *V* 12.
O Ad te Dominum dum... incurues *B* 556.
A Ad te leuamus oculos *B* 294, 372; cf. 728.
P Ad te pie exclamamus *B* 678.
P Ad te redemptor omnium *B* 534.
OD Ad terribilem tronum... mereamur *M* 497.
PP Ab tumulum uigilantes... possidendum *M* 519.
M *Ad tuum accedentes... saluetur* 366.

M *Ad tuum altare concurro... postulatam* 277, *M* 988.
O *Ad uenerabilem salutis... percipiant* 218.
O Ad uespertinum dne... seruire *B* 203.
A Ad uesperum demorabitur *B* 186, 236; cf. 228.
A P Ad uiuentis Iesu sepulcrum... nostris *M* 512.
A Addent mites in Domino *B* 102.
M Adest Christe reducto... participes *M* 796.
H Adest diei Christe consecratio... perpetim *B* 916.
H Adest dies sanctissima... populi *B* 1268.
M Adest d. frs famosum... angelorum *M* 707.
O Adest dne beate Eulalie... celum *B* 1100.
O — clara et enitens... regnum *B* 1115.
— dies illa... exaltas *V* 50.
— famosi tui... flamme *V* 127.
O — famosissimi athlete... confessionum *B* 1197.
Adest dne illa tui martyris... admittere *V* 39.
O — oculis... beati *B* 1177, *V* 130.
O — secundi illius... uitam *B* 622, *V* 104.
O — testis tui... proueniant *B* 1068, *V* 58.
O Adest fulgidum diei... delictis *B* 633, *V* 106.
M — ieiunium... dimittat *M* 653.
A — lumen tuum *B* 183.
H — miranda passio... seculis *B* 1066, 1078.
Adesto, adesto Iesu bone *M* 116, 124, 550 [cf. *Liber Ordinum*, 238].
A P Adesto d. p. o. precibus... uiuamus *M* 255.
O Adesto dne celebrantibus... dignitatem *B* 994, 1174.
A O *Adesto dne precibus... succedant* 348, *M* 995.
P N Adesto dne supplicibus... requiem *M* 255.
O — — tibi supplicantibus et *B* 1032, 1050.
O Adesto nobis dne... maiestatis *B* 468.
P N — — o. d... propositum *M* 715, *B* 1061.
H Adesto nostris precibus... carmine *B* 203, 295, 355.
M Adesto nunc precibus... gloriam *M* 786.
H — plebs fidissima... uiduis *B* 1092.
A O *Adesto q. dne supplicationibus... abstergas* 447.
O Adesto q. dne supplicibus... consolationis 209.
O *Adesto q. precibus... indiuisum* 399.
A P Adestote Dei testes... plenitudo *M* 896.
A O — nunc... custodiat *M* 729.
O *Adgredimur aduersum te immunde* 176.
O *Adgredimur aduersus te diabole* 75-78.
L Adhesi testimoniis tuis *B* 341, 439, 477, 484.
L Adhesit pauimento anima *B* 224.
A Adhuc modicum et *B* 72, *V* 30.
O Adiice manum tuam... efficias *B* 85, *V* 22.
A Adiiciet dns manum *B* 85, *V* 22.
A Adimple nos letitia *B* 200, 275.
O *Adiuro te nequissime... intellectu* 159.
O *Adiuro te nequissime... salutem* 156.
R Adiutor et liberator *B* 200, 941; cf. 940.
A — et protector factus *B* 624, 633; cf. 644.
A — et protector mihi *B* 644; cf. 624.
O — et protector noster Domine... patefactum *B* 624.
O Adiutor et redemptor... exalta *B* 340, 1314.
A — et susceptor meus *B* 558.
A Adiutor meus es tu *M* 263.
A Adiutor meus esto *M* 253.
R Adiutorium nostrum in *B* 204; cf. 346.
O — nostrum... defendas *B* 338, 346.
R Adiuua me dne *B* 206.
A Adiuua nos Deus *B* 681.
L Adiuua nos Deus salutaris *B* 298, 307, 371, 941.
O Adiuua nos Deus salutaris... gaudeamus *B* 491.
Adiuua nos dne patrocinio... auxilium *V* 41.
Adiuuate me fratres *M* 537.
O *Adiuuate me in orationibus... consueuerat* 100.
O Admirabile satis... de premio *B* 1058, *V* 56.
O Admirabile satis... letari *B* 608, *V* 92.
Admirabilis Christe et... introduci *V* 125-126.
O — dne, tuum.. plenitudo *B* 645, 647.
O Adorabunt te dne... prestas *B* 180, *V* 49.
L Adorent eum omnes *B* 175.
M Adriani beatissimi... plage *M* 748.
M *Adsiste dne clementissime d.* 252, 274.
M Adsit d. frs pretiose... perueniat *M* 683.
B — misericordia tua... angelorum *M* 1016.
A Adsparges nos dne hyssopo *B* 405.
A Adspersit me dns d. *B* 1292.
P N Adspira dne offerentium... benignus *M* 639.
O Adspirat ecce dne dies... contaminet *B* 1242, *V* 136.
P P Adsunt dne d. dies illi... loquela *M* 295.
O Adsunt dne principia... promissa *B* 1134, *V* 120.
H Adsunt o populi festa celebria... transeant *B* 1183.
H Adsunt punicea floscula uirginum... perennia *B* 1159.
H Adsunt tenebre prime... Christe *B* 928, 965.
O D *Adtende dne nostram... inpetremus* 350, *M* 997.
A O *Adtende dne propitius mee... perueniant* 235.
A O *Adtende dne propitius oblationem... obtineant* 319.
B Adueniat super uos placidus... matris *M* 136.

R Adueniens dns abstulit *B* 150.
Adueniente die crastina omnes 519.
Adueniente die illo solemnitas 518, seq.
M Aduentum dni n. i. x... uenturum *M* 113.
M Aduentum dni et redemptoris... agamus *M* 133.
B Aduentus sui uos... aduentum *M* 139.
C — tui gloriam... efficias *B* 83, *V* 3.
A — tuus mihi *B* 1279.
A Aduersum me exercebantur *B* 542, *V* 83.
O Aduersus te inimici... preces *B* 579.
O Aduersus te Christe... protectorem *B* 502, *V* 70.
O — tuam Christe... iudicii *B* 593, *V* 92.
A Afferentur regi uirgines *M* 978.
P P Agentes itaque pietati... largiaris *M* 642.
Agie, agie, agie 186, 191.
P S *Agie, agie dne Deus... miseriam* 389.
A Agyos, agyos, agyos... gratias *M* 114, 540; cf. 1030.
H Agne sepulcrum est Romulea in domo... dedit *B* 1050.
H Agni genitor dne... Trinitate *B* 146.
O D *Agnoscens o. d. flagitia... crimine* 279, *M* 990.
M Agnoscentes dilectissimi... castitatis *M* 669.
P N *Agnoscentes dne crimina... consisti* 367.
A O Agnoscentes dne quid... triumphum *M* 895.
O — iniquitates... mereamur *B* 604.
O Agnoscentibus nobis... indulgentia *B* 449, 485, 590, 708; cf. 204.
O D *Agnosco dne quod abiectus... offerri B* 269.
B Agnus Dei qui olim... habeamus *B* 74, *V* 33.
P Alius non est qui rogetur *B* 194.
O Alleluia in celo... uiuendo *B* 259, *V* 63; 64.
Alleluia nomen magnum... capiamus *V* 64.
B Alleluia nomen pium... fructificet *B* 263, *V* 65.
O Alleluia nomen quod... amplectemur *B* 263, *V* 65.
H Alleluia piis edite laudibus... perenne *B* 259.
A Alleluia quasi carmen musicum *M* 504.
B Alleluia que ineffabiliter... mansioni *B* 259, 263, *V* 63.
Alleluia que nominis... capiatis *V* 65.
O Alme p. o. rerum... liberare digneris *M* 392.
O *Alme p. o. rex omnium... timoris* 180.
H Almi prophete progenies pia... amor *B* 1212.
O Alpha et omega... infernorum *B* 182, *V* 49.
O Alpha et omega... sentiaris *B* 176, *V* 47.
P P Altare tuum dne... consolare *M* 755.
H Altissimi Verbum Patris... perpetim *B* 190, 698.
O Alumni tui Christe... indefesso *B* 1046.
O Amabilis serui beati... pissime *B* 1249; cf. *V* 6.
P P Amator et conseruator... indemnes *M* 891.
L Ambulabunt sancti gaudentes *M* 208, 796, 872, 960.
L Ambulabunt sancti in albis *M* 748.
A Ambulate per portas *B* 74.
Amen, amen, amen ad te descendat 215.
A Amen dico uobis ego sum panis *M* 377.
A — — quia inter *V* 123.
A — — si manducaueritis *M* 359.
A Amici mei et proximi *B* 475.
O Amoue a nobis... et dicere *B* 968.
A Ananias, Azarias et Misael serui *B* 1058, *V* 56.
A — — timentes Dominum *B* 1058, *V* 56.
A Ananias, Azarias et Misael benedicite *B* 1057, 1227, *V* 55.
O Ananias, Azarias et Misael tres... pace *B* 1057, 1217, *V* 55.
A Angelus dni bonus comitetur *M* 994, *B* 263, *V* 25.
A Angelus dni descendit *M* 472, 477, *B* 614, *V* 107.
A — dixit mulieribus *V* 107.
R — locutus est *V* 35.
— similiter descendit *M* 533.
R — uenit ad Mariam *V* 26.
A Anima mea completa est *B* 480, *V* 77.
A *Anima mea in dolore* 403.
A *Anima mea uelut terra* 404, 405.
A Anima nostra patiens *B* 282, 341, 396, 666, 714.
A Anima nostra sicut passer *M* 884.
A *Anima nostra uelut terra* 393.
R Animam meam dilectam *B* 574, *V* 78.
L — quiescentem *M* 1014, 1018, 1021, 1024.
B Animarum uestrarum... conseruet *M* 703, *B* 1093.
A Animas nostras humiliemus *B* 505.
A — pauperum tuorum *B* 985.
L — quiescentes *M* 1029.
M Anniuersaria beati Andree... sempiterna *M* 159.
Anniuersaria frs d. festa uotis... dignatus es *V* 100.
O *Anniuersaria frs d. festiuitatis est* 216.
M Annua celebritatis recursio... permittamus *M* 918.

A Annuntiabitur dno generatio *B* 566.
A Annuntiate Deum in *B* 87.
A — uocem iucunditatis *V* 5.
Annuntiatum te Deum... oraculo *V* 5.
A Annuntiauerunt celi *V* 31.
L Annuntietur in Sion *B* 141, 145, 1089; cf. *V* 7.
A Ante colles ego *B* 118, *V* 35.
O *Ante conspectum diuine... in celis* 249.
A Ante lucem preparatus *V* 23.
A Ante me non est factus *V* 36.
A Ante omnem creaturam *B* 118, *V* 25.
A Ante solem permanet *B* 175.
PP Ante te dne effundentes... inardescant *M* 364.
A — omne desiderium *B* 736.
L Antequam firmos pararet *B* 115, 123.
R Aperi dne oculos tuos *B* 264.
L Aperiam in parabolis os *M* 632, 635.
O Aperiat q. dne os nostrum... suscipiat *B* 175.
A *Aperiat dns paradisi* 123, 137.
O Apostole Dei b. Petre... introducas *B* 1105, *V* 63.
OD Apostolo tuo Iacobo... didicimus *M* 559.
H Apostolorum passio... gentium *B* 1144.
PP Appare dne... mysteria *M* 237.
O Appareat q. dne mentibus nostris... incrementis *B* 342.
A Apparebit nobis Saluator *B* 97, 99, 100.
A — tibi dns *M* 137.
L — uobis Saluator *B* 107.
A Apparuit angelus Marie *B* 1290
A — angelus Zacarie *B* 1135.
R — claritas Dei *B* 174.
A — de monte Pharan *B* 1217, 1248.
L — dns Iesus discipulis *M* 572.
L — Iesus ianuis clausis *B* 638, 641, 642.
R — uir in maiestate *B* 179.
M Approbate consuetudinis... sobrii *M* 845.
A Appropiate ad me populi *B* 1071.
M Appropinquantes ad sacrosanctum... regnum *M* 623, 630.
M Appropinquantibus... mereamur *M* 292.
A *Appropinquauit corruptioni animá* 403.
L Appropinquet oratio mea *B* 323.
A Apud dnum est misericordia *B* 294, 355.
L Apud te est dne fons uite *B* 193, 232, 695, 698, 702.
L Apud te propitiatio *B* 90.
B *Arceat in uobis diuina... perueniat* 381.
L Ascendam ad Patrem meum *B* 654, 657.
A Ascendens in altum *M* 600.
PN Ascendisse te in celos... impertias *M* 608.
L Ascendit Deus in celos et *B* 657.
L Ascendit Deus in iubilatione *M* 601; *B* 657, 661, 953, *V* 114.
A Ascendit in altum *V* 114.
A *Ascendit sacerdos* 188.
A Ascendit Saluator *B* 90, *V* (ascendet) 12.
L Ascendite ad Ierusalem filie *B* 650.
A Ascendo ad Patrem *V* 115.
O Ascensionis tue festa suscipientibus... credimus *B* 654, *V* 114.
A Ascensor celi auxiliator noster *B* 653.
A Asperges me dne hyssopo *B* 507; cf. Adsparges nos *B* 405.
A Aspexi et uidi *M* 595.
PP *Aspice d. ad fidelis populi... securi* 425.
OD *Aspice dne quod abiectus... offerre* 269.
A Aspiciebam et ecce *B* 116, *V* 24.
Aspicientes ad te Deum... tormentis *V* 24.
O Aspicimus dne et purgato... iustificet *B* 96, 1248, *V* 14.
O Assiduis orationibus... dignetur *B* 702.
AP Assistite nobis sancti... exultant *M* 873.
A Astiterunt reges terre *B* 448, 574, *V* 69.
A Attende celum et loquar *B* 567.
PN Attende d. o. deuotionem populorum... defunctorum *M* 248.
R Attende dne ad me *B* 475.
AO — dne propitius... perueniant *M* 984.
L — popule meus *M* 301.
Attendimus dne et desiderantes... possimus *V* 117.
A Attendite ad me populus *B* 106.
OD — d. fratres quid sanctorum... nostri *M* 931; cf. *B* 1253.
R Attendite et auscultabitis *B* 354.
A — gentes et audite *B* 112.
O Auctor lucis, fons... piissimus *B* 1085.
H Auctor luminis filius Virginis... clarificauit *B* 323, 328.
H Auctor perennis glorie... secula *B* 937.
A Audi Daniel uerba *B* 59, *V* 31.
AO *Audi d. meus, audi lumen... expeto* 277, *M* 989.
PP Audi d. p. o. preces... gloriosa *M* 961.
R Audi dilecta mea *V* 20.
A — dne deprecationem *B* 704, 738.
O — d. o. uocem nostri clamoris... confundamur *B* 1151.
O Audi et suscipe precantium uota... sempiternis *B* 1281, *V* 20.

A Audi filia et uide *M* 165, *V* 27; cf. *M* 782, *B* 1158.
Audi filia et uide que... ueniamus *V* 27.
L *Audi orationem meam* 257; cf. 306.
O *Audi p. o. gemitum... transitum* 403.
A Audi populus meus et loquar *B* 701, 737.
R Audiam dne uocem *B* 202.
O Audiant simul te... plenitudo *B* 287, 400, 409, 675, 688, 706.
O Audiant te dne omnes... suscipiat *B* 260.
A Audiat terra uerba *B* 52.
A Auditam fac mihi mane misericordiam *B* 518, 558.
A Auditam fac mihi mane potentiam *B* 242.
R Audite, audite me populus *B* 92.
A — domus Dauid *B* 113, *V* 25.
A — me diuini fructus *B* 1051.
R — me rectores *B* 331.
R — obsecro omnes *M* 350.
A — populi omnes *B* 47, 1247.
A — reges auribus *B* 1157.
R — signum a dno *B* 1295.
PN *Auditis nominibus offerentium... perducas* 320.
PN Auditis nominibus... peruenire *M* 483.
PN — — ... pulsantibus *M* 977.
A Auditui meo dona gaudium *B* 518, 535.
A Auditum faciet dns *V* 23.
R Audiui uocem de celo *B* 1039.
A — — magnam in celo *B* 650.
L — — turbarum *B* 653.
O Audiuimus Christe... pietate *B* 49, 1247, *V* 5.
AO — et cognouimus... peruenire *M* 368.
V Aue in euum sanctissima *M* 120, 566.
O — celestis potus *M* 120, 566.
A Aue Maria gratia plena *B* 213, 1292.
— uerbum diuinum *M* 528.
A — uirginum speciosa *M* 1032.
Auerte captiuitatem... celorum *V* 4.
A *Auerte dne faciem* 352, 394, 405, 418, *M* 992, 1014, *B* 258, cf. 194.
A *Auerte faciem a peccatis* 383.
A *Auerte faciem tuam* 90, *B* 162, 247, 296, 356, 412, 422, 468, 570, 662, 671, 679, 686, 725.
O Auerte faciem tuam... peccatis *B* 151, 162, 247, 296, 570, 662, 671, 679, 696.
V Auerte faciem tuam... promittis *B* 356, 412, 422, 527.
O *Auerte faciem tuam a peccatis... remedium* 383, *B* 330, 386.
Auerte impietates a domo... corones *V* 7.
O Auerte inimicos nostros... ueniam *B* 196.
P — iram furoris... nocere *B* 160, 283, 685.
P — iram tuam... dne *B* 330, 448.
P — iram tuam... Ecclesie tue *B* 202, 264, 376, 506.
R Auerte iram tuam a nobis *B* 284, 956.
L — oculos meos *B* 330, 359, 366; cf. 348.
O — oculos nostros dne... Christum *B* 330, 359, 366.
A Auertisti dne faciem *B* 229, 727.
O Aufer a nobis q. dne cunctas... introire *M* 526.
A Auge dne populum tuum *B* 366.
O — populum tuum nimis... constemus *B* 366, 594.
A Augeat dns plebem suam *B* 794.
Augeatur in nobis spes... faciendum *V* 34.
M *Aulam misericordie tue... orationes* 309, 316.
M Aurem misericordie tue... orationes *M* 992.
Aures ad Dominum 211, 236, *M* 547.
Auribus tuis dne... contemplatio *V* 67; cf. *B* 197.
O Auribus tuis o. d. ... matutino *B* 197; cf. *V* 67.
H Aurora iam spargit polum... concrepat *B* 897.
H — lucis rutilat... tempore *B* 943.
O Auxiliare dne et... sempiternum *B* 463, *V* 72.
OD *Auxiliare mihi o. Ihesu... exaudiri* 258.
O — dne... plenitudo *B* 448, 470.
O Auxiliare nobis dne... remedium *B* 292.
R Auxiliator meus es tu *B* 196.
O Auxilio tuo dne... superante *B* 1283; cf. *V* 22.
A Auxilium meum a dno *B* 458; cf. 958.

B Babile precibus soluantur... obsequium *M* 688.
B — — — participes *B* 1081.
H Barchinon leto Cucufate uernans... canorem *B* 1170.
O Beata Dei uirgo... indemnes *B* 1150, 1271, 1283, *V* 15.
AO Beata ergo dni Mater... ueniamus *M* 846.
O — est Christe gloriosa... ueniamus *B* 1300, *V* 29.
H Beata nobis gaudia... secula *B* 693, 695.
L Beata sum que credidi *B* 1300.
O Beatam dne illam... possideat *B* 143; cf. 1089, *V* 44.
Beatam satis dne... interesse *V* 15.
M Beate Agate uirginis... iustificet *M* 701.
H Beate martyr propera... adhere *B* 1073.
A Beati et multo honore *B* 1024, 1114, 1232.
L — mundo corde *B* 1004, 1083.

R Beati oculi qui uident B 1061.
A — omnes qui timent B 167, 313, 363, 676, 718.
A Beati qui ad cenam V 109.
R — qui habent partem B 1005.
L — qui habitant M 918.
A — serui illi quos B 1247.
O — uere dne et nimio... adiungat B 1024, 1113.
O Beati uere dne serui... iram B 1248.
O Beatissime Stephane... mirificus B 127, V 41.
M Beatissimi Aciscli... aduentum M 912.
B — Iacobi... ualeamus B 137, 139
O — martyris... coronam M 666, 954, B 1049.
O Beatissimi martyris... digneris B 991.
B — martyris... dimittat B 1306.
O D — martyris... repromissa M 955.
O Beatissimorum episcoporum... inimici B 1024.
O — martyrum... adiuuemur M 958, B 1000, 1040.
B Beatissimorum martyrum... omittat B 1082.
O — memoriam... inimici B 1022.
B Beatissimus Ioannes... delictis M 843, 1213.
O Beatum satis dne... interesse B 1020, 1199, 1200, 1223.
A Beatus cuius Deus Iacob B 1116.
A — es Simon B 1104, V 62.
O — est dne... mereamur B 1240, V 135.
L — homo quem tu M 212, 951; cf. 832.
A — homo qui spem B 1258.
L — seruus ille B 1116.
L — uir Alleluia qui B 996; cf. V 127
A — uir cuius est B 1116.
A — uir qui miseretur M 811.
A — uir qui non abiit M 191, 943.
A — uir qui non est lapsus B 1116, V 128.
A — uir qui timet B 136, 138, 1171; cf. 125, 127, 1195, 1202.
O Bellantium mucrones... conscribas B 467, 512, V 86.
A Bene nuntiate de B 170, 312, 404, 429, 686.
A — nuntiaui iustitiam B 996.
A O Benedic anima mea... medicinam M 482.
L *Benedic anima mea* 206, B 698; cf. 996.
A P Benedic dne coronam... redundemus M 225.
O — coronam... uirtutibus B 116, V 47.
O — creaturam... comedentes M 529.
O *Benedic dne creaturam... percipiat* 169.
O Benedic dne d. Israel... subueniat B 428.
A *Benedic dne domum istam* 20.
B *Benedic dne famulum... sacramentum* 371.
B Benedic dne hanc plebem... conuiue B 705.
B *Benedic dne has arras... adorent* 435.
A Benedic dne hereditatem B 237, 731.
B — hos famulos... caritatis M 967.
B *Benedic dne hos famulos... coniugii* 442.
P P Benedic dne huic hostie... uoluntatem M 633.
B *Benedic dne hunc famulum... adsistat* 38.
A Benedicam enim uobis B 191, 265.
A — te dicit dns B 718.
A — te Domine B 228, 1130.
A *Benedicam uos dicit dns* 437.
A Benedicamus te dne B 1032.
A *Benedicat dns corda* 20.
B *Benedicat dns huic famulo... sanctificationis* 85.
B *Benedicat dns famulos... concedat* 329.
O *Benedicat et sanctificet... dignetur* 22.
B *Benedicat nobis o. d... adtribuat* 282.
A Benedicat nos Deus B 721.
A — dns d. noster B 294, 671.
B — dns rector... celis B 945.
B — dns... lucis M 1031.
B — dns... passionis B 960.
B — dns... possimus B 966.
B — trina maiestas... emisit B 948.
B Benedicat o. dns presentem... pacis B 190, 193, 288, 404.
B *Benedicat te dne anima nostra... corones* 379, B 315, 362.
P P *Benedicat te dne anima... exultat* 286.
O Benedicat te dne omni... dulcedinem B 341, 396, 728.
B *Benedicat tibi dns... infinitum* 39.
B Benedicat uobis Alpha... eternitatis B 177, 185, V 47.
B *Benedicat uobis dns et... pacem* 382.
B *Benedicat uobis dns ex.. deterreat* 22, 175.
B *Benedicat uobis dns glorie... mansionum* 441.
B *Benedicat uobis dns i. x... dignetur* 428.
Benedicat uobis dns i. x... malo V 34.
B *Benedicat uobis dns i. x...* peruenire 183.
B Benedicat uobis dns et... pacem M 642.
B Benedicat uobis dns et... passionis M 267.
B *Benedicat uobis dns nostri oris... sempiterna* 437, 438.
B *Benedicat uobis o. dns... adtribuat* 344.
B *Benedicat uobis o. dns qui... salutis* 379, 380, B 232, 244, 624, 698, 706.
B Benedicat uobis o. dns... portetis M 830.

B Benedicat uos de excelsis... custodiat *B* 421.
B Benedicat uos dns noster... infantiam *B* 115, 123.
B Benedicat uos dns noster... lucis *M* 986.
B Benedicat uos dns... sitis *B* 699.
B Benedicat uos dns... suorum *B* 1009.
B *Benedicat uos dns rector... mundo* 327.
B Benedicat uos o. Deus Ihesus... sitis *M* 883.
B Benedicat uos o. d. sanctorum... mereamini *B* 1021.
B *Benedicat uos o. dns qui ad... fructum* 134.
B Benedicat uos o. dns sanctorum... caritatis *B* 1049.
Benedicat uos pater et doceat *B* 969.
B Benedicat uos pater qui... requieuit *B* 467.
B *Benedicat uos trina... emisit* 437, 440.
A Benedicimus te dne *B* 650, 1217.
O Benedicimus te o. Deus... ualeamus *B* 1069, *V* 61.
A Benedicite dnum in omnibus *B* 232.
A — — pusilli *B* 70, 89, 109.
O Benedicta igitur tu uirgo... prepolleant *B* 1101.
A — igitur tu Deo *B* 1101.
A — tu a Deo *B* 211, 1272.
A — tu a Deo altissimo *B* 1153, 1186.
A O Benedicte Deus et Pater... coronati *M* 582.
A Benedicti Patris mei *B* 564.
A Benedictio Domini in mercedem 126, 131, 138, 992, 995, 998, 1015, 1018, 1020, 1072, 1105, 1137, 1259, 1264.
A Benedictio dni super uos *B* 294, 348, 372, 682.
Benedictio d. p. o... descendat super hanc hostiam... *M* 527.
L Benedictio eius sicut fluuius *B* 1117.
A — et honor *B* 1298.
B — uos dni comitetur... coheredes *M* 256.
B — uos dni comitetur... reportetis *M* 911.
B Benedictionis dni gratia... attribuat *M* 377, 755.
B Benedictionum suarum super uos... inimicus *B* 703, 968.
A *Benedictum est lignum* 194, *B* 610.
A Benedictum nomen glorie *B* 218.
O *Benedictus dns d. Israel... finis* 27.
Benedictus dns d. Israel *M* 751.
A — — qui induit *B* 1028.
A — — qui te *V* 62.
A Benedictus es Deus et benedictum nomen glorie tue *B* 55, 82, 99, 148, 182, 188, 242, 374, 1157.
A Benedictus es dne d. patrum nostrorum *M* 297, 460, 479, 533.
P P *Benedictus es dne i. x. f. d. uiui... gaudeamus* 355.
Benedictus es dne i. x. qui... participes *V* 62.
A *Benedictus es in ciuitate* 46.
Benedictus qui uenit... sentiamus *V* 34.
A Benedictus qui uenit *M* 183.
A *Benedixit sacerdos omnem* 314.
A Benefac dne bonis *B* 158, 339, 667, 683, 712.
O — bonis... frena *B* 339, 353, 667, 683, 713.
A *Benefac dne in bona uoluntate* 188.
B Benefaciat uobis Deus *B* 283, 679, 718, 725.
L Benefacit dns cum anima *B* 997.
H Benignitatis fons Deus... dato *B* 152, 161, 163, 169, 172, 248, 663, 670, 672, 678, 680, 685, 709, 715, 716, 721, 722, 724, 725, 732, 734, 949, 951.
R Bethlehem ciuitas Dei *B* 98, *V* 27.
A — domus Ephrata *B* 1265, *V* 26.
R — non es minima *B* 85.
H Bis nouem noster populus sub uno *B* 901.
A Bona crux accipe me *B* 1264.
O — est dne proxima... beati *B* 1311, *V* 43.
A *Bone magister laua me* 192, *M* 420, *B* 603.
L Bonitatem et disciplinam *B* 187, 228.
O — et disciplinam... ignauos *B* 380, 433, 429.
L Bonitatem fecisti cum seruo *B* 380, 421, 423, 429.
A Bonum est confiteri *B* 355, 420; cf. 942.
O Bonum est nos tibi... exhibeat *B* 355, 420.
L Bonum mihi est, Alleluia *B* 229, 700.
L Bonum mihi est quod *B* 379.
R Bonus est dns sustinentibus *B* 222.
R Boues mee et oues *B* 567.

A Caligauit ab indignatione *V* 73.
A — pre amaritudine *B* 454, *V* 69.
L Candidati sunt Nazarei *B* 133, 136, *V* 53.
L Cantabiles erant mihi *B* 190, 220, 239.
A Cantabimus et psallemus *B* 204, 708.
O — tibi dne... predicanda *B* 622.
A Cantabo dno Deo meo *B* 198.
L *Cantabo dno in uita mea* 206, *B* 206, 942.
A Cantabo dno qui bona *M* 634.
— nunc dilecto *M* 454.
A — uirtutem tuam *B* 1204.
L Cantate Deo alleluia *B* 645.

A Cantate dno canticum nouum... terra *B* 645; cf. 643, 645, 647, 702.
L *Cantate dno canticum... sanctorum* 401, *B* 127, 189, 219, 224, 227, 231, 235, 239, 243, 705.
L Cantate dno et benedicite *B* 110.
A Cantemus dno de canticis *B* 348
A — dno gloriose *B* 621, 630, 640, 1122; cf. 452.
O Cantemus tibi dne... precedis *B* 643.
O Cantet tibi dne omnis... exsultemus *B* 646.
A — tibi gloria mea *B* 189.
O — tibi nouum... perstrepentes *B* 170.
A P *Caritas illa que per... statu* 336; cf. *M* 999.
O Caritas inclita... presidium *B* 1047.
A P Caritatis tue dne... locupletant *M* 142.
A Caro mea requiescet *B* 129, 1012, *V* 72.
H Caterua matrum personat... sumpseris *B* 135.
M Catholicam dilectissimi... perfecti *M* 208.
M — fidem... inlesi *M* 398.
A Catulus leonis Iuda *B* 120.
L Celebrabitis diem istum *B* 641.
A Celebrauerunt filii Israel *M* 623.
A Celebrauit Dauid Pasca *M* 572.
A O Celesti cibo satiari cupientibus occurre... diuine *M* 689.
M *Celesti frs c. perceptione... muniatur* 259.
O *Celestis doni benedictione... salutis* 312.
A O Celestis gratie largitor... digneris *M* 658.
O *Celestium et terrestrium... renati* 223, *V* 102.
L Celi celorum et aque *B* 367, 548.
H — Deus sanctissime... criminum *B* 925.
L — enarrant gloriam *M* 766; cf. 737.
Centuplum accipies *M* 529.
A Certamen bonum certaui *B* 1193, 1207.
M Certatricis beate Dorothee... effectus *M* 704.
O *Certi de promissione... mereantur* 222, *V* 102.
H Certum tenentes ordinem... premiis *B* 936, 947.
O D Christe amator castitatis... uerba *M* 661.
H *Christe celestis medicina Patris* 378, 379, 384, *B* 207, 210.
O Christe cui consepulti... pietatis *B* 632, *V* 112.
A P — cuius doctrina... succedant *M* 357.
A P — cuius magnitudo... solemnitate *M* 677.
O — cuius uirtus... honorat *M* 531, 539.
O — d. f. ad quem... exemplo *B* 1279.
O — d. f. ad quem... solatio *V* 19.
O — d. f. aduersus quem... deitatis *B* 521.
O — d. f. aspice humilitatem nostram... hostes *B* 483.
O *Christe d. f. cui et celestia... sanctis* 122.
— d. f. cui et inferna... preparata *V* 84.
O — *d. f. cuius anima... letabunda* 403.
O — d. f. cuius animam... terram *B* 507, *V* 71.
O — d. f. cuius facies... iudicem *B* 607, *V* 96.
O — d. f. cuius facta... insistamus *B* 596.
P N — d. f. cuius incarnatio... beatorum *M* 128.
O Christe d. f. cuius locus... conlauderis *B* 441, *V* 96.
Christe d. f. cuius morte... capiamus *V* 111.
O — d. f. cuius ossa... futura *B* 453, *V* 69.
— d. f. cuius resurrectionem... plenitudo *V* 107.
Christe d. f. cuius uias .. penis *V* 92.
O — d. f. cuius uitam... laureandos *B* 503, *V* 70.
Christe d. f. cum quo... miseros *V* 8.
O — d. f. de quo Ioannes filium... intremus *B* 1211, *V* 133.
O Christe d. f. Dei uirtus... peccati *B* 1192.
O — d. f. discerne causam... sepulturam *B* 558.
Christe d. f. dux uerus... solacium *V* 91.
O — d. f. gloria... patriam *B* 1226.
O — *d. f. gloriosum... adipiscatur* 53, 56.
— d. f. in cuius compraehensione *V* 97.
O — d. f. in cuius nomine... accedamus, *M* 740, 849, *B* 1121, *V* 113.
O Christe d. f. nostrarum... consolemus *B* 638, 643, 645, 648, 650, *V* 107.
O Christe d. f. Patris... substantia *B* 604, *V* 83.
O — d. f. quem atrox... extorres *B* 584, *V* 94.
— d. f. quem cum sanctis omnibus... preparentur *V* 7.
Christe d. f. quem Deus Pater... ueniamus *V* 121.
O Christe d. f. quem hominem... inimici *B* 475, *V* 74.
Christe d. f. quem Ioannes... consortes *V* 133.
O — d. f. quem Ioannes... uiuamus *B* 1211, *V* 133.
P P Christe d. f. quem olim... cenam *M* 400.
O — d. f. quem uox... felices *B* 615.
O — d. f. quem zelus... laureari *B* 541, 558, *V* 84.
O Christe d. f. qui a Patre... hereditatis *B* 97.
— d. f. qui ab omnibus... famulatum *V* 93.
— d. f. qui ab utero... dono *V* 122.
O — d. f. qui aduersum te cogitantes... expiemur *B* 600, *V* 96.

Christe d. f. qui aliis in ruinam... credituris *V* 44-45.
O Christe d. f. qui ascendens... maiestatem *B* 656.
— d. f. qui beatum V. ... sustollat *V* 58.
— d. f. qui deceptoris... hostes *V* 71.
AP — d. f. qui dissidium... manere *M* 880.
O — d. f. qui es gloriosus... digneris *B* 1039.
— d. f. qui et in nube... maiestate *V* 115.
O — d. f. qui et olim... mercedem *B* 64, *V* 7.
O — d. f. qui et tribus in camino... gaudeamus *B* 1065, *V* 57.
AP Christe d. f. qui examine... potiamur *M* 707.
O — d. f. qui exortum... sentiamus *B* 636, *V* 106.
Christe d. f. qui factus ex muliere... felices *V* 44.
Christe d. f. qui gratuito... eternum *B* 1141.
O — *d. f. qui in hoc mundo... regno* 358.
O — d. f. qui in monte... liberatis *B* 94, *V* 8.
O — d. f. qui in mundo... caritatis *B* 94, *V* 4.
O — d. f. qui inter iniquos... crucifixum *V* 108.
O Christe d. f. qui iustis iudex... consequamur *B* 1262, *V* 10.
O Christe d. f. qui mortuus... mereamur *B* 624, *V* 108.
Christe d. f. qui nasciturus... impetremus *V* 123.
O Christe d. f. qui natus ex... felices *B* 143.
PN — d. f. qui non uictima... sepultorum *M* 970.
AP Christe d. f. qui obseratis... mereamur *M* 573.
O — d. f. qui occisus... prauitatis *B* 648, 650, *V* 112.
O Christe d. f. qui opprobrium... mites *B* 517.
— d. f. qui ostentione noui sideris... inlustremur *V* 51.
O Christe d. f. qui oues tuas... paradisi *M* 725, *B* 1104, *V* 62.
O Christe d. f. qui paruulos... coniungas *B* 134, *V* 54.
AD Christe d. f. qui per angelum tuum... omnimoda *M* 929.
OD Christe d. f. qui per apostolos... mereamur *M* 971.
O Christe d. f. qui per Spiritum Sanctum... manifesta *B* 692, *V* 117.
AP Christe d. f. qui per supplicium... concedas *M* 286.
AO Christe d. f. qui per totum... nostra *M* 737.
O Christe d. f. qui precedentibus... hereditatem *B* 1147.
O Christe d. f. qui precursorem tuum... claritati *B* 1136, *V* 122.
Christe d. f. qui precursorem... liberari *V* 122.
O — d. f. qui sanctificatum... dono *B* 1137.
O — d. f. qui sanctos... mereamur *B* 1025; cf. 1114.
O Christe d. f. qui sine causa... felices *B* 585, *V* 97.
O Christe d. f. qui specialiter... subsidio *B* 601.
AP — d. f. qui stigmata... mereamur *M* 798.
O — d. f. qui stridentium... mites *B* 466, *V* 76.
O Christe d. f. qui supra petram edificaturus... introire *B* 1103, *V* 62.
Christe d. f. qui te principium... munera *V* 43.
O — d. f. qui transiturus... premia *B* 597, *V* 98.
O Christe d. f. qui uenerabilis... piaculo *B* 619, 644, 647, 649, 652, *V* 103.
O Christe d. f. qui ueniens... uiderimus *B* 52, *V* 7.
Christe d. f. qui Verbum... munifices *V* 121.
O — d. f. qui Virgini... accedamus *B* 129, *V* 42.
O Christe d. f. qui ultimo... repromissam *B* 575, *V* 81.
Christe d. f. qui unum ex... deseruire *V* 77.
O — d. f. qui uoluntarie pro nobis... obsequamur *B* 639, *V* 112.
PN Christe d. f. quo docente... locus *M* 293.
O — d. f. quo moriente... liberemur *B* 629, *V* 109.
Christe d. f. respice nos... mitte *V* 73..
— Dei hominisque... insistamus *V* 78.
O — Dei patris f. qui ueniens... lauderis *B* 108.
O Christe Dei patris indiuidua... gloriosa *B* 588, *V* 69.
Christe Dei patris ineffabile... fructum *V* 77.
O — — ineffabile... inuicta prepolleat *B* 441, *V* 68.
O Christe Dei patris ineffabile... uidere *B* 547.
O — — sapientia... appareas *B* 98, 1297.
O — — uirtus... curramus *B* 593, *V* 73.
O — — uirtus... gaudiorum *B* 657, 679, *V* 116.
O Christe Dei uirtus... timoris *B* 670.
O *Christe Deus a cuius... libertatem* 80.

O Christe Deus a quo mors... beatiores *B* 627, *V* 111.
O Christe Deus apud quem... coronetur *B* 574.
— cuius locus... conlauderis *V* 96; cf. *B* 441.
Christe Deus cuius Patris... manifestus *V* 4.
— d. f. quem... crucifixum *V* 98.
A P — eterne saluator... condigni *M* 701.
O — fac nos semper... consortes *B* 325.
O — f. Patris... illesi *B* 99.
— ingeniti luminis lumen... maiestate *V* 107.
O Christe Deus ingeniti luminis... sempiterna *B* 533, *V* 82.
O Christe Deus luminis... premium *B* 323, *V* 66.
— noster cuius... ueritatis *V* 11.
— noster et dne per... professionis *V* 40.
O Christe Deus noster et dne qui... impleatur *B* 632.
Christe Deus noster fac nos... consortes *V* 82.
— — qui b. A... peruenire *V* 11.
O — — qui contumacis... credimus *B* 457, *V* 72.
Christe Deus noster qui firmamentum *V* 3.
— — qui impiorum *V* 74.
O — — qui in assumpta *B* 101.
O — — qui in corpore... destinatam *B* 480.
O Christe Deus noster qui inter... dissocies *B* 500, *V* 74.
O Christe Deus noster qui manus beati martyris *B* 1181, *V* (b. Martini) 135.
A O *Christe Deus noster qui penitentibus* 356.
O Christe Deus noster qui pro nobis... promissum *B* 501, *V* 89.
O Christe Deus noster qui secundo *B* 623, *V* 104.
— — qui uirtute Patris... dulcescat *V* 110.
O Christe Deus nostre salutis qui... aggregari *B* 580, *V* 68.
Christe Deus o. qui multis... coheredes *V* 59.
P P — *omniumque... muniti* 331.
O — omniumgratiarum *M* 156, *B* 1261.
P N — *omnium... refrigera* 331.
A O — qui ascendendo in celos... sanctum *M* 607.
Christe Deus qui grati roris... iudicii *V* 3.
— qui humanitatis nostre... repleamur *V* 97.
O D Christe Deus qui ieiunii non renuis... pulsauerimus *M* 383.
A O *Christe Deus qui in hoc... possideat* 260.
O — *qui in te... accipiat* 106-107.
O — qui iniuriam mortis et... gratiam *B* 585, *V* 95.
A O Christe Deus qui inter iniquos suspendi... membra *M* 583.
O Christe Deus qui mundum... perueniat *B* 589, 606, *V* 86.
Christe Deus qui nasciturus... redemptorum *V* 5.
O Christe Deus qui per apostolum... mereamur *B* 1016.
O D Christe Deus qui uirginali... oraculis *M* 238.
O — rex sanctorum... efficias *B* 1168.
Christe Deus sapientia... appareas *V* 28.
P N Christe dne attributor... saluationem *M* 705.
O — *auctor uirginitatis* 65.
P P — cuius passionis... nostris *M* 288.
A P — Dei atque... perenniter *M* 742.
— d. o. qui sanctum martyrem... fauoribus *V* 131.
Christe dne et sanctorum... passionum *V* 120.
A P — in cuius aduentu pax... custodire *M* 134.
O Christe dne o. qui sanctum martyrem... erigamur *B* 1185.
O *Christe dne qui es bonorum... peccato* 163.
B — *qui es caput... sanctificet* 44.
O — qui es Ecclesie tue caput... felicius *B* 1260, *V* 60.
O D *Christe dne qui es medicus... incolumes* 374.
O D — qui es medicus... ualemus *M* 1010; cf. *B* 206.
A P *Christe dne qui nos docuisti... a te* 301.
— qui pro nobis... sempiterna *V* 73.
O — qui sacre... decipiant *M* 927.
O — qui sacris... decipiant *B* 1028.
A P — qui spiritus... sociari *M* 853.
Christe f. d. cuius uirtus... presentia *V* 74.
O — eripe animam... inferis *B* 579.
— patris qui Bethlem... inlesi *V* 27.
O — protector... penam *B* 1069, *V* 60.
O — qui ad oues... inimici *B* 567, *V* 91.
— qui b. martyrem... coronam *V* 40.
P P — qui eleuatus... fratres *M* 204.
O — qui martyres tuos ut aurum... felicitatis *B* 1060, *V* 57.
Christe f. d. qui minister... iucundari *V* 46.

Christe f. d. qui nostris... mala V 85.
— qui notis tuis longe... substantia V 83; cf. B 604.
Christe f. d. qui processione... redemptorem V 48.
Christe f. d. reparator... regnis 447.
PN — f. d. uiui, cuius uirtute M 302.
O — f. d. quem Petrus B 1105, V 62.
AO — f. d. qui apostolum M 721.
AP — finis ad iustitiam... placabili M 221.
— gloria nostra... intremus V 114.
PN — *Ihesu auctor... pagina* 326.
OD — Ihesu bone qui... precepisti M 486.
O — Ihesu d. f. admirabilis cui nullus... uiuamus B 404, 427, V 3.
O Christe Ihesu d. f. qui custodisti B 1013.
AP — *f. d. patris qui es... eternum* 411.
PN — qui es resurrectio... indefessa M 341.
AO Christe Ihesu qui mentes... peruenire M 790.
O — qui mortalitatis nostre... inimici M 745, B 1122.
PN Christe Ihesu qui uirginali... ostensa M 759.
AO — *redemptor et reparator* 414.
O — *redemptor humani generis* 181.
O — terribilis... placere B 679, V 35.
H Christe immense dominator sancte B 379, 384.
O Christe inenarrabile lumen B 133, V 52.
H — lumen perpetuum B 199, 287, 348, 404.
H — lux lucis Deus angelorum B 1096.
H — lux mundi salus et potestas B 215, 229, 240.
O Christe lux uera sanctorum B 1255, V 8.
H — precamur annue B 314, 372, 429.
AP — qui ad humana... es M 234.
OD — qui beatissimis... effecti M 192.
O — qui de patibulo ad Patrem... concede B 601, 206, V 99.
O Christe qui de patibulo ad Patrem... restitue B 206, 725; cf. 601.
O Christe qui diuersis beatorum... famulatum B 1126, V 119.
PN Christe qui es Alpha... mereamur M 225.
AP — qui es certa... immolemus M 518.
O — qui es Dei... digneris B 999.
O — qui es Ecclesie... felicius B 995.
OD — qui es omnium... gaudiis M 359.
AP — qui es origo... copulemur M 387.
AO — qui incursionem... uitiorum M 387.
H Christe qui lux es et dies... illumina B 929, 966.
PN Christe qui moriens... christianis M 596.
O — qui multiplici diuersitate... ueniam B 1125; cf. V 1119
O Christe qui olim... crucis B 620, V 103.
PP — qui pro nobis... medicinam M 579.
O — qui propter incredulitatem B 566, V 91.
H — qui regis omnia... dne B 306, 366, 421.
O — qui resurgens a mortuis... liberemur B 630, V 110.
PN Christe redemptio nostra... defunctis M 473.
PP — redemptor nostre mortalitatis M 922.
P — redemptor pius... debitum B 338, 682.
P — redemptor pius... gloria B 532.
P — redemptor pius... ueniam B 418.
H *Christe rex mundi creator* 390, 401, B 989.
Christe rex noster et dne... peccatis V 48.
O — noster qui dura B 542, V 83.
— unigenite... sempiternam V 17.
O *Christe rex unigenite... terris* 148.
O Christe saluator noster... conscientia B 474, V 76.
Christe saluator noster... perire V 37.
AP — *saluator noster... ueritate* 409.
H — saluator omnium B 195, 277, 341, 396.
— salutis nostre... inuenisse V 28.
O — susceptor noster... tuo B 526.
H — tu rerum opifexque operum B 905.
O — *uera redemptio... iudicii* 401.
O — uera redemptio... munere B 615, V 107.
AP — Verbum summi Patris M 175; cf. 847.
— unicum Patris Verbum V 9.
H Christi caterua clamitet B 48, 58, 68, 71, 79, 83, 87, 90, 97, 100, 107, 110.
O Christi dni n. gratia... illesi M 267, 273, 567, 625, 630.
A Christi generatio sic erat M 170.
OD Christum d. f. cuius... precepta M 882.
O Christus cuius uirtus... honorat B 1308.
B — d. f. a quo b. martyr... uoce B 1085.
B — d. f. a quo cuncta constat... peccatorum M 801.
B Xrs. d. f. cuius fides... ditet B 1261, V 10.
— cuius resurrectio... creditis V 104.
B — cum quo... miseros B 1256.
B — labores... illustret B 380, V 67.
B — ob cuius... saluationis M 383
— pro cuius nomine... christianis V 127.
B — pro cuius nomine... exorabat M 199

Xrs. d. f. quem et Petrus... aduersantis *B* 125.
— quem uenturum... capiatis *V* 5.
B — qui cum Patre... promissionis *M* 709, 715, 716, 722, 855.
Xrs. d. f. qui deuicta... libertatis *V* 105.
— qui ductus est... promissa *V* 95.
B — qui examine... angelorum *B* 1101.
B — qui in b. Petro apostolo... inferni *B* 1103, *V* 62.
B Xrs. d. f. qui in confessione *M* 941, *B* 1273.
— qui in corpore... mansionis *V* 104, *B* 623, 625; cf. 637.
B Xrs. d. f. qui in corpore... passionis *B* 637; cf. 623.
B Xrs. d. f. qui in hoc die... sustollat *B* 637, 641, 643, 645, 648, 650, 652, *V* 607.
B Xrs. d. f. qui Ioannem... perpetue *B* 1140.
B — qui mediante... obsequia *M* 359.
— qui nouo est ostensus *V* 51.
— qui olim ad... exultetis *V* 46.
B — qui olim mediante... accedatis *B* 448, *V* 68.
B Xrs. d. f. qui pacificauit... felices *B* 1121.
B — qui quaterdecies *M* 295.
B — *qui sua uos morte* 229, *M* 514.
O — qui te principium... munere *B* 131.
B — qui tribus... uiuentium *B* 1056, *V* 55.
B — qui triumphali iubilo ascendit... homine *B* 659, 661, *V* 116.
B *Xrs. d. f. qui uoluntarie... felicitatem* 365.
B — unici Patris... promptiorem *B* 1216.
B Christus Dei Patris unicus... gaudeatis *M* 892.
B — Dei Patris unigenitus... gaudeatis *B* 1238.
B Christus Deus d. p. f. quem... passionis *M* 563, *B* 1308.
B Christus Deus n. qui in humilitate... sui *V* 94.
— — qui ueniens ad templum... comproberis *V* 13.
B Christus dns ac redemptor... attollat *M* 509.
B — ad uota... suffragio *B* 1183.
B — cuius caput... felices *V* 88.
— cuius latus... carne *V* 94.
— cuius nomen... solemnia *M* 158.
B — cuius passionis *B* 439, *V* 67.
B — ex cuius latere... inlesi *M* 497.
B — *fidelia famulorum... inlesi* 434.
B — nos custodiat *B* 225, 579.
O — noster qui b. A... felices *B* 1263.
— ob cuius aduentus *V* 4.
B Christus dns oblatam... securus *V* 1019.
B — *preces fidelissimi... sue* 155.
B — quem et uirtus Petri... obclaudatur *B* 1145.
B Christus dns quem predicare inter... passionis *M* 217.
B Christus dns qui ad hoc... conscientia *B* 63, *V* 32.
B Christus dns qui ad redemptionem... donet *B* 50, 58, 90.
Christus dns qui animam... penam *V* 87.
B — qui apostolo suo Thome... muneremini *M* 182.
B Christus dns qui ascendit patibulum... uexillo *M* 475, *B* 615, 619, 644.
B Christus dns qui assumptum... secreta *B* 654, *V* 114.
B Christus dns qui beatum Clementem... infinita *B* 1257.
B Christus dns qui b. confessorem... celo *B* 1017, 1019, 1198, cf. 1270, *M* 792, *V* 15.
B Christus dns qui b. Cyprianum... eterna *B* 1202, *V* 132.
B Christus dns qui b. Genesium... locum *B* 1195.
B — qui b. hunc martyrem... oblectet *B* 1116, *V* 127.
B Christus dns qui b. Ioannem... redemptoris *B* 1210, *V* 132.
B Christus dns qui b. Leocadiam... celo *B* 1270, *V* 15.
B Christus dns qui b. Mariam... celo *M* 792.
B — qui b. Martinum... egenorum *B* 1241, *V* 135.
Christus dns qui clausis... celo *V* 107.
B — *qui cordis... mansionis* 390.
B — qui cum Patre et Spiritu... celebretis *B* 153, 163, 169, 172.
Christus dns qui detraentis... inimici *V* 87.
B — qui diem istum... gaudetis *B* 620, 642, 545, 647, 649, 650.
B Christus dns qui dilectum... consortio *B* 128, 131, *V* 42.
B Christus dns qui elinguem... indulgentiam *B* 1249, *V* 6.
B Christus dns qui erraticam... beatorum *B* 221, 224.
B *Christus dns qui est uera redemptio... possitis* 377, 379, 386.
B Christus dns qui est uita mortalium... hereditatem *M* 633.

B Christus dns qui Eulaliam... solemnitatem *M* 713, *B* 1102.
B Christus dns qui exaltandus... creditis *M* 598.
B — qui extensis... saluemini *M* 744.
B — qui Fructuosum... refectionem *B* 1065, *V* 58.
B Christus dns qui innocens, expansis manibus *B* 957, *V* 88.
B *Christus dns qui innocens pertulit mortem* 111.
B — qui inter Iulianum... mundissima *B* 1038, *V* 52.
B Christus dns qui inuictus... habeatis *M* 898.
B — qui iustificatorum... perpetua *M* 974, *B* 1023, 1025.
B Christus dns qui martyres... transitum *M* 982.
B — qui martyri... gaudeatis *M* 668, 953, *B* 997, 1049.
B Christus dns qui matrem... regna *B* 1188.
— qui morsu... mansionis *V* 89.
B — *qui morte sua mortuos* 425.
B — qui morte sua quadriduanam *B* 458, 501, *V* 90.
B *Christus dns qui morte sua subuenit* 399, 423, *B* 980.
B *Christus dns qui nasci... sanctis* 66.
B Christus dns qui octauo... felices *M* 575.
— qui odierni diei... gloriam *V* 103.
— qui passione... passionem *V* 86.
B — qui per confessorem suum... oraculis *M* 905.
B *Christus dns qui per effusionem* 412.
B Christus dns qui per martyrem... imperium *B* 1192.
B Christus dns qui per suscepte *B* 59, 83, 101, 110, *V* 31.
B Christus dns qui pergenti... futurorum *V* 42.
B — *qui pro nobis omnibus iniuriam* 149; cf. 208.
B *Christus dns qui pro salute* 190, *M* 417.
B Christus dns qui pro se morientium *V* 54.
— qui pro totius... inferni *V* 96.
— qui pro uobis... accipitis *V* 97.
— qui pro uobis... uiuatis *V* 99.
B — qui salutis sue signo... excludat *B* 568, *V* 91-92.
B Christus dns qui sanctos... effectum *B* 1126, *V* 119.
B Christus dns qui sanctos suos... manifesta *B* 1231, *V* 133.
Christus dns qui se ipsum... decipula *V* 86.
B Christus dns qui septeno... ualeatis *M* 739.
— qui sic matrem... exuberet *V* 29.
— qui sustulit... sua *V* 93.
— qui tenet clauem Dauid... edulium *V* 89.
Christus dns qui terribilis... oblectet *V* 33.
— qui triduano dierum... sepulturam *V* 89.
B Christus dns qui uirginem... gaudiis *M* 788.
B — *qui uirgineo ortus... eripiet* 147.
B — qui uirgines suas Agnetem... gaudiis *B* 1050; cf. *M* 788.
B Christus dns qui uiriliter... regnis *B* 1068, *V* 58.
B — *qui uoluntarie... uobis* 309.
B — *qui uos precepto suo obedientes... felices* 338, *M* 1001.
B Christus dns qui uos redemit... peccato *M* 593.
B — sit auxiliator *M* 608, *B* 661.
B — uos custodiat... benignus *B* 1130.
B — uos sibi... suffragia *M* 784.
B — *uota fidelissimi... pietate* 296.
B — uota uestra... suffragio *M* 818.
H Christus est uita ueniens in orbem *B* 124, 127.
H — uirtus, Patris sapientia *B* 1220.
B Christus filius Dei qui Samaritane *M* 304.
A — Iesus qui cum in forma *B* 1122.
A — Iesus secundum tempus *B* 632.
L — pro nobis passus *B* 629.
— qui diem istum... gaudetis *M* 104.
O — qui nasciturus... redemptorum *B* 71.
Christus qui se pro impiis... capiatis *V* 98.
A — resurgens a mortuis *B* 630.
A — surgens a mortuis *B* 621, *V* 103.
H Christus uerus rex sanctorum... gaudium *B* 1233.
H Cibis resuntis congruis... gloriam *B* 927, 960.
A Circumdabo altare tuum *M* 643.
O Circumdantes animam tuam Christe... doctrinam *B* 533, 569.
P P *Circumdederat me dne... persoluam* 390.
L Circumdederunt me aque *B* 1066, 1072, *V* 58.
A — — dne uituli multi *B* 473, *V* 85; cf. 74.
R Circumdederunt me inimici *B* 557; cf. 533, 569.
R — nos mala *B* 355.
O Cito anticipet nos... nomine *B* 295, 416, 733.
A — nos preueniat *B* 295, 416.
A Clamabo ad d. altissimum *B* 147, 229, 704, 706.
A — ad Dominum *B* 260.

P Clamamus ad te... ablue B 166, 293.
O — — dimittas B 518.
P — — extinguat B 601.
P — — peregrinis B 173, 302.
P — — subueniret B 472.
P — — totius tue B 303, 666.
O Clamantes ad te... redemisti B 237, 239, 732.
L Clamauerunt iusti B 1044, 1056.
A Clamaui ad te dne M 1011, B 546.
A Clamemus ad Dominum B 96.
O — ad te dne... euadamus B 96.
P — omnes... de celis B 167, 194.
P — omnes... ueniam B 482.
A Clamo ad Deum altissimum B 244.
R Clamor factus est ecce B 104.
A — noster ad te B 161, 198, 362, 421.
R — noster ad te... dicentes B 303.
O Clamoris nostri... custodiat B 384.
H Clange lyram Zacarias B 1138.
H Clara sanctorum una Ierusalem B 136, 138.
R Clarificatum est nomen B 1086.
P N *Clarissima per sanctorum... adcommoda* 253.
P N Clarum nobis dne... quietem M 489.
P N Clemens et clementissime Deus... peccatorum M 147.
O D Clemens et immense... iustorum M 150.
A P — mitissime... sempiternum M 147.
B — piissimus... triumpho M 151.
H Clementis festum celebratur hodie B 1256.
P N Clementissime creaturarum M 815.
O — *d. cuius inenarrabilis* 11.
A P — d. qui in pacis M 179.
O — dne audi... possideat B 987.
O — dne qui es animarum... impendamus B 69, 221.
O *Clementissime dominator dne tuam* 83.
P P — et sanctissime... peccata M 150.
O Clementissimo et per... attolli M 147.
M Clementissimum et... supplicium M 146.
B *Clementissimus dns...* regat 287, M 273.
B — dns... sempiternam B 240.
A Clude sermonem B 106, V 31.
O Coeterna Dei sapientia... remuneres B 147, V 35.
O Cogitantes et delicta... terris B 602.
O D Cogitationes et delicta... uitiis M 417.
A *Cogitauerunt aduersum me* 273, M 402; cf. B 473, 601.
R Cogitauerunt iniqui B 468.
A — mala aduersus B 593, V 92.
L Cognoscamus in terra B 87.
O Cognoscant gentes... gloria B 157, 303, 418, 560, V 89.
A Cognoscant gentes... B 156, 303, 418, 721.
R Cognoscat plebs mea B 92.
A Cognosce popule (plebs) V 45, 46.
O Cognoscens itaque uir... tuam B 138.
Cognoscentibus nobis... iudicem V 26.
A Cognoscetur dns ab Egypto B 95.
O Cognoscimus te dne... manifestes B 95.
O Cognoscitur dne manus... regno B 1039.
A *Cognoui dne quia dilexisti* 413.
Cognouimus Saluator... requiem V 45.
R Collocauerunt me quasi B 580.
A Columba speciosa perfecta B 1311; cf. B 1274.
L Columnam ignis ducem B 1055, 1225.
P P Commemoramus dne... sacramenta M 584.
P N *Commenda tibi Deus Pater... abolitis* 206.
P N *Commendabilia tibi... intendas* 285.
O Commendamus tibi... adorauit B 980.
P N *Commendentur q. tibi... condicione* 353.
O *Commune uotum... eluceat* 49.
M Communi uoto et... populorum M 878.
M *Compellor ab officio... ignosce* 262.
O *Comple nunc dne... sanctifica* 55.
P P Complentes igitur... medicina M 650.
P P *Completis dne redemptionis... fine* 392.
P P Completis nostre redemptionis... fine M 647.
M Completo dilectissimi... subministret M 572.
A Completur hodie Pentecostes M 616.
Comportauerunt dne... recompenset V 39.
P P *Comprime dne noxios... mereamur* 343.
B Concedat nobis... futuro B 203, 205, 236.
O Concede dne omnes... maculent M 470.
A P — *supplicantibus... utilia* 424.
O — *ut tuo... essemus* 371, 379, B 402.
P P Concede nobis dne interuentu M 182.
O — — ob amorem B 191.
— — per fidem... felices V 109.
O — — sic in te firmiter B 675.
— — tua... capiamus V 63.
P N — — *ueniam... sempiterna* 332.
— — uere innocentia V 54.
— — ut adnuntiatum V 7
O Concede nobis dne ut mortis... presidia B 626 V 109.
O *Concede nobis dne ut qui sanctis altaribus* 231.
O Concede o. d. ut gloriosissimus M 725.
O — o. d. ut sicut... prouentum B 991.
O — p. o. cunctos... gaudium M 455.

P P Concede tuis pro delictis... penis *M* 681.
H Concentu parili Iustam canamus *B* 1157.
A Concilium fecerunt in unum *B* 547.
L Concinat Dei genitricis *M* 1033.
L Concluserunt me aque *B* 1258.
A Conclusit inimicus uiam *B* 593; cf. *V* 72.
R — uias meas *B* 583, *V* 92.
O Concupiscat anima... munere *B* 375.
L Concupiuit anima mea *B* 221.
P N Conditor et redemptor... plenitudo *M* 404.
P N — et reparator... saluationem *M* 670.
L Confessio eius super *B* 131, 1015, 1019, 1020.
L Confessionem et decorem *B* 127, 1010, 1016, 1019, 1269.
O Confessionem nostram... consurgat *B* 589.
O Confessoris tui b... intuitu *M* 968, *B* 1018.
P P — dne... attollas *M* 971.
M Confessorum Deoque... confesse *M* 973.
P N — offerentium... defunctis *M* 973.
O *Confirma in uisceribus... sanitatem* 276, 374.
L — super nos *B* 334, 341; cf. 981.
O — super nos... eternum *B* 334.
A Confirmauit dns brachia *B* 1160.
B Confirmet dns in timore... portatis *M* 309.
A Confiteamur dno misericordias *B* 373.
O — tibi... coniungis *B* 373.
O Confiteantur tibi... gratia *B* 671, 721.
O Confitebimur tibi... delictorum *B* 682, 724.
A — tibi *B* 295, 340, 410, 682, *V* 15.
L Confitebor dno alleluia *B* 203, 1016, 1269.
L — dno nimis *M* 340, 346, 351, *B* 1020.
A — tibi dne *V* 16; cf. *B* 186.
A — tibi dne in toto *B* 127, 1010, 1019, 1269, *V* 15, 16.
A Confitebor tibi dne in uasis psalmorum *M* 789, 938, 968, *B* 1017, 1018.
A Confitebor tibi dne quia liberasti *B* 1013.
A — tibi dne quoniam exaudisti *B* 1016.
L — tibi dne rex *B* 1010, 1269.
A — tibi in populis *B* 1020, 1131.
A Confitebuntur celi mirabilia *M* 876.
A Confitemini dno in *B* 278, 393, 395, 666, 714.
L *Confitemini dno quoniam bonus* 206, *M* 398, 534, *B* 377, 429.
P P Confitemur dne... accipias *M* 590.
P P — nomini... mereamur *M* 835.
P P — *tibi dne... regno* 358.
O Confitentes tibi dne... corones *B* 1009.
O — tibi dne... indepte *B* 295, 411.
Confiteor omnipotenti Deo *M* 525.
O Conforta me rex... circumstantibus *M* 528.
L Confortabitur puer *B* 1139.
A *Confortamini et estote perfecti* 206.
A Confortamini et iam nolite *M* 173.
A — in dno *B* 63.
O D — manus... illuminabit *M* 124.
A — manus fatigate *B* 108, *V* 13.
A — pusillanimes *B* 67, *V* 13.
R Confortare in aduentu Domini *B* 102.
L Confortentur manus Domini *B* 197.
M — queso dne... coronati *M* 128.
Confundantur et... suis *V* 75; cf. *Ant. V* 75.
A — omnes *B* 450, *V* 93.
O — omnes dne qui persequuntur... coniungat *B* 450, *V* 93.
L Confundantur superbi *B* 440.
O Congrega dne dispersionem... presidio *B* 77.
A — — inimicos *B* 589, *V* 93.
O — — inimicos... nostri *B* 589, *V* 93.
R Congregati sunt aduersus *B* 570, *V* 77.
O D — uniuersi fratres... probitas *M* 492.
A Congregauit dns dispersionem *B* 77.
A Consepulti enim sumus *B* 625, 632.
A — estis Christo *V* 112.
P P Conserua dne in nobis... impendas *M* 216.
A P — dne in pace... conlocemur *M* 596.
O D — nos Deus... instituisti *M* 874.
O — nos dne in timore... adsocies *B* 288.
A — nos dne quoniam *B* 288.
M Considerantes... habere *M* 202.
A Consilium fecerunt *V* 97.
Consistenti peccatori... oportunis *V* 77.
R Consolabitur nos dns Deus noster *B* 67.
A Consolamini, consolamini *B* 63.
O *Consolare dne animam serui tui... sempiterna* 144, *M* 1012.
A Consolare dne contritos *V* 47.
O — — expectantium... munerentur *B* 108, 111.
O Consolare Iesu per donum... instructi *B* 689, *V* 117.
O Consolare nos dne... delectemur *B* 382.
Consolator ecce iam... uictoria *V* 53.
L Consolatus est pauperem *B* 1179.
L *Consolationes tue multe* 390.
O *Consolationis tue o. Deus... eternam* 80.
H Consors paterni luminis... psallimus *B* 935.
A P *Consternatus puluere... munifica* 254.
A Constitue populum tuum *B* 308.
A Contempserunt sancti uitam *B* 1083.

O Contristamur ecce... potentia *B* 578, *V* 78.
Contristatur ecce... gaudium *V* 79.
A Contristatus sum *V* 78; cf. 79.
P P Contueri tuam... perlustres *M* 608.
R Contumelias et improperium *B* 485.
A Conturbatus sum a uoce *B* 578.
P P Conualuisti dne... pueri tui *M* 761.
R Conuertamur ad Dominum *B* 269; cf. 278, 338.
A Conuerte dne captiuitatem *B* 166, 346, 372, 676, 718.
O *Conuerte dne i. x. animas... regna* 446.
L — *dne luctum nostrum* 339, *M* 999.
L — *dne planctum* 274.
A O — *me ad te... eripias* 270.
— *nos Deus ad te* 83; cf. *B* 302.
— *nos d. Saluator* 83, *B* 225.
A Conuerte nos d. salutaris *B* 244, 261, 381, 707.
O — nos d. salutaris... suscipiat *B* 226, 244, 261, 306, 707.
O Conuerte nos d. salutaris... ultionem *B* 381.
A *Conuertere aliquantulum* 426, *M* 983.
A O Conuertere dne ad preces... iudicium *M* 676.
O — dne captiuitatem *B* 166, 346, 372, 676, 718.
A *Conuertere dne d. animas nostras* 445.
A Conuertere dne eripe animas *B* 188, 209, 252.
R Conuertimini ad me *B* 308, 342, 721.
H Conuexa solis orbita... secula *B* 938, 959.
Conuiuifica nos Deus... corones *V* 111.
Conuiuificati Christe... salutem *V* 112.
A — estis Christo *V* 113.
B Copulet sibi dns animas... celebratis *M* 672.
A Cor contritum et humiliatum *B* 315, 373, 429, 597, 982.
A *Cor mundum crea in me* 98, *B* 558.
A Cor mundum crea in nos *B* 566.
P N Coram altario tuo... beatitudinis *M* 308.
O Cordis nostri secreta... consolator *B* 273, 430, 558, 597, 982.
L Corona gratiarum coronauit *B* 1301.
L — sanctorum timor *B* 1126.
A Coronam glorie ponam *B* 991, 1192, 1196, 1207.
L Coronam splendidam sempiternam *B* 1078.
A Coronauit eum dns *B* 991, 1193, 1207, 1301.
A Corpora sanctorum flamma *B* 1255.
L — — quescentium *B* 1119, 1161.
O *Corporis Christi tui... animarum* 272.
O — *et sanguinis... largietur* 344.
O — *sacri et pretiosi... capiamus* 329.
O — *sanguinisque... meis* 258.
O Corpus dni n. i. x. quod... eternam *M* 418, 476, 567, 987, 991, 994, 997, 1001, 1004, 1010.
O *Corpus dni n. i. x. quod... nostre* 242.
O Corpus et sanguis d. n. i. x. custodiat *M* 120, 566.
O *Corpus et sanguis filii tui... in celis* 312.
O — *et sanguis tuus... redemptio uera* 231.
— *tuum dne sit saluatio* 231.
A O *Corripe nos dne... perdere nos* 372, 385, *M* 1008.
Corroboret dns sensum *M* 528.
Crastina die omnes ieiunemus 519.
O *Creator omnium... conlauderis* 166.
A Creauit dns nouum super *V* 25.
L — in illis gratiam *B* 1023.
P P Credentes dne... coronam *M* 272.
Credet ille in Deum 29.
A *Credidi propter quod* 288, 304.
P P *Credimus dne i. x. quia... repugnet* 398, 407.
A O — dne i. x. unigenite... ueneris *M* 500.
O — dne Iesu... statuas *M* 756, *B* 1131.
O — dne in carne... sempiterna *B* 528
P P — *dne sancte... nostri* 321.
P P — *i. x. te esse omnium... repellas* 374, *M* 1009.
Credimus in Deum *M* 557.
— in unum Deum *B* 945.
P P — *o. d. filium tuum... credimus* 271.
P P — pariter et fatemur *M* 162.
A — quia redemptor *B* 978.
O — te dne indebita... sentiamus *B* 514, 633, *V* 109
P P *Credimus te dne omnium... uiuorum* 428, *M* 1031.
P P Credimus te dne nostram... fine *M* 986.
Credit ille in Dominum 28.
R Credite Saluatorem *B* 91.
Credo in Deum Patrem 185.
A — *quia redemptor* 121.
A Crescite in gratia *V* 5.
O Crucis tue dne... liberare *B* 1264, *V* 11.
H *Crux benedicta nitet... saluas* 195.
B Crux d. n. i. x. a timore... mereamur *B* 977.
B — d. n. i. x. sit... sempiterna *B* 579, *V* 114.
H — *fidelis inter omnes* 194.
H Cultor Dei memento *B* 927, 962.
A Cum appropinquaret *M* 391.
A — audissent turbe *M* 392.
A — Christus apparuerit *B* 66.
A — circumcideretur *V* 46.
R — essem clausus *B* 1211.
O D — ex lege tua. . uocis *M* 668, 952, *B* 1049.
O — exultatione... premio *B* 1246.

OD Cum in ecclesia tua... uocis *M* 952; cf. 668.
A — inducerent parentes *B* 141, 1089.
O — inuocamus... indulgentiam *B* 455.
A — inuocarem te *B* 455.
A — lapidaretur Stephanus *V* 40.
L — letitia ingrediemur *B* 652.
A — mihi molesti essent *B* 484.
A — operantibus iniquitatem *B* 569, *V* 75.
O — operantibus... exsortes *B* 569, *V* 75.
A — Patre meo eram *V* 36.
O — *sacrificio a te... percipere* 248.
L — senioribus iuniores *B* 486.
A O — tibi o. p. omne... manifestam *M* 596.
R — uenerit dns exercituum *B* 95.
A — uidisset Mariam *B* 1136, *V* 121 (Maria).
H Cunctarum rerum Omnipotens *B* 61, 90.
O *Cuncti Dominum pariter... aurem* 209.
M Cunctorum licet... concedas *M* 675.
O — penitentiam... liberentur *M* 458.
H — rex Omnipotens... gloria *B* 57, 71, 83, 99, 110.
H Cunctus mundus patule triumphat *B* 1305.
R Curuati sunt celi *V* 115, *B* 655.
A Custodi corpus meum *B* 129.
A — dne animas... nos *B* 967.
R — dne animas... tuum *B* 737.
A — me dne de manu *B* 575.
A — me dne ut pupillam *B* 123, 126, 200.
O — nos dne a generatione... absterge *B* 274, 338; cf. 198.
D Custodi nos dne ab omni *B* 193.
O — nos dne de manu... sempiternam *B* 575.
O Custodi nos dne in generatione... absterge *B* 198; cf. 274, 388.
O Custodi nos dne sicut... inimicus *B* 968.
O — nos dne ut pupillam... mereamur *B* 200; cf. 964, 968.
O Custodi nos quiescentes... cruce *B* 968.
B Custodiat nos ubique... letari *B* 949.
B — uos dns ... sancti *B* 1158.
M Custodientes ordinem... clementia *M* 281.
A Custodietis custodienda *M* 653.
A Custodisti corpus meum *B* 1013, 1199, 1224.
R Custodite uos a murmuratione *B* 296.

O Da dne uirtutem populo... maiestati *B* 237, 278, 732.
L Da eis intellectum *B* 569, 599.
A P — fidelium tuorum... instructi *M* 642.
A Da mihi dne clipeum *B* 467, *V* 73.
A *Da nobis auxilium dne* 232, 339, *M* 867, 998, *B* 348, 401; cf. 946.
Da nobis d. o. spiritum... examine *V* 118.
O Da nobis dne auxilium... inimicos *B* 348, 401.
O Da nobis dne clipeum salutis tue... inimicum *B* 467, *V* 73.
O Da nobis dne felicitatis... sentiamus *B* 75.
O — gaudia... sentiamus *B* 1289, *V* 5.
L — letitiam *M* 616.
O — non solum... laudem *B* 651.
O — peccatorum remissionem... sentiamus *B* 381, 704.
O Da nobis dne possibilitatis... gloriosa *B* 534, *V* 83.
L Da nobis dne sic diligere legem tuam... opere *B* 386, 414, 421.
Da nobis dne Spiritum... perpetuamur *V* 118.
O — ut mortificationem... acceptam *B* 484, *V* 76.
L Da nobis dne ut nos... conuenire *B* 404.
A Da nobis letitiam *B* 133, 1000, 1005, 1009, 1022, 1030, 1081, 1169, 1246.
A P Da nobis q. o. d. ieiuniorum magnifica... celebrare *M* 351.
A Da uirtutem dne *B* 237, 732.
A Dabis eum dne in benedictione *M* 956.
A Dabit nobis dns signum *B* 1290, *V* 25.
A Dabo in Sion salutem *B* 84.
A — sanctis in gloria *B* 1250.
A — sanctis meis primam *B* 206, 655, 866, 888; cf. *M* 764, 795, 871, 875, 893, 906, 958, 972.
A Dabo sanctis meis regnum in Hierusalem *B* 1229, 1250, 1306.
A Dabo uos nominatos *M* 746, 962, 978.
P P *Damus tibi dne i. x. gloriam... sociares* 207.
A Date magnitudinem *B* 188.
A Datio Dei permanet *B* 1127.
A O Dator et inspirator... regnis *M* 862.
A De lacu inferni *V* 82.
— inferni... supplicii *V* 92.
O De longe incarnationis... sentiamus *B* 91, *V* 6.
De manu inferni d. libera 120, 130.
A De manu mortis liberabo *B* 626, 631.
A De necessitatibus nostris *B* 321, 373.
O De necessitatibus nostris... serenitate *B* 321, 373.
O De nocte uigilantem ad te... hereamus *B* 238, 242, 326, 697, 701, 704.

A De nocte uigilat spiritus *B* 238, 697, 1132.
R De ore iusti procedit doctrina *B* 941.
A *De profundis clamaui* 251, *M* 143, 146, 673, *B* 1259.
A De quo locuti sunt *B* 142.
A De Sion exiet lex *B* 80, *V* 8.
A — perfecta decore *V* 13.
De trono crucis uos... efficiat *V* 88.
A De uentre matris mee *B* 1133.
O Debitas tibi dne eterne... martyrium *M* 155, 861, *B* 1202.
Debitum satis premio... iudicis 207.
O Decantet tibi dne... incrementa *B* 1297, *V* 25.
O — tibi ecclesia... sanctis *B* 219.
O Declaratio sermonum... sumamus *B* 565.
O Decurso Christe dne... cultum *B* 640, *V* 107.
H Decus sacrati nominis... patriam *B* 1262.
A Dederunt fel in escam *B* 575; cf. *V* 81.
A — hostiam pro Iesu *B* 1090, *V* 46.
A Dedi eis precepta mea *B* 1141.
A Dedi te plebi murum *V* 60.
A Dedit ei dns thronum *V* 37.
A — eis dns potentiam *B* 1234, 1308.
A — illi dns sapientiam *B* 1294.
P N *Deduc dne famulos... sempiternam* 349.
O — nos dne in bonis... expedito *B* 194.
R Deducant oculi mei *M* 312.
A Deduxit eos dns in uiam *M* 884.
A *Defecerunt sicut fumus* 402, 417.
L Defecit in salutari *B* 380.
O — tuo... premio *B* 380.
O Defensio nostra dne... hauriamus *B* 232, 244, 706.
R *Defensor iuste defende nos* 343; cf. *M* 997, *B* 946, 1314.
P P Deferentes altaribus... obtineat *M* 277.
L Defunctorum animas *B* 980.
O Dei filius Christe qui... largiantur *B* 1234.
O — qui in cruce... efficaces *M* 837.
— qui in cruce... profundum *V* 88.
O *Dei o. misericordiam... dignetur* 234.
Dei p. f. qui tertio... incolitis *V* 104.
B — qui uestra... mercredem *M* 522.
O Dei patris unigenite filius cuius... eterne *B* 454, *V* 69.
Dei patris unigenite filius loquere... conmenta *V* 80.
O Dei patris unigenite filius qui passione... redemptionis *B* 557, *V* 78.
L *Dele dne iniquitates* 232, 288, 304, 356; cf. *B* 147, 200, 217, 229, 244, 260, 381, 706.
A *Delicta iuuentutis mee* 351, *M* 641, 988.
O — — et... celestis *B* 984.
A Delicta nostra tu solus *B* 220, 255.
A — qui solus *B* 150, 204, 277, 388, 662.
A — quis intelligit *B* 708.
Deo ac dno n. i. x. f. d. qui est 211.
— *patri et filio* 236.
Deo gratias 126, 153, 172, 210, 211, 241, 243, 306, 503.
O *Deprecamur dne clementiam* 172.
O — *immensam pietatem* 130.
B Deprecamur o. p. ut hos seruos... uictores *B* 702.
O — te dne pro his... premiorum *M* 454.
O — te pater... ueniam *M* 449.
A *Deprecatus est populus* 326, *M* 265, 995, 1004.
R Deprecemur dnum dicentes *B* 315; cf. 666, 733.
R — — et placabilis *B* 712, 946.
P — — ut nos a flagellis *B* 608.
P — — ut remissionem *B* 612; cf. 604, 605, 606.
O *Deprehense sunt insidie... honorem* 74.
A Descendant sicut ros *B* 89.
O Descendat dne ad nos... facinora *B* 663, 672, 680.
O Descendat dne ad nos... nobis *M* 612.
P P — de sedibus... sumantur *M* 352.
O — ut pluuia *B* 188, 218.
A Descendit angelus de celo *B* 1060, *V* 57.
A Desideramus te dne *B* 402.
O Desiderate cunctis... condemnes *B* 52, *V* 7.
O *Desideratum lucerne splendorem* 209.
A *Desiderio desideraui* 191.
A Desiderium anime nostre *B* 225, 255.
A — bonum iustis *B* 1123.
L — iustorum omne *B* 1123.
A — pauperum exaudit dns *B* 196, 217, 252, 269, 337.
O Desiderium tuorum dne pauperum... eternorum *B* 196, 217, 220, 253, 337.
Destrue dne inimicum... laudem *V* 70.
A — inimicum *V* 70.
M Deum a quo auerti... inserat *M* 270.
O — *cuius est omne... concessum* 440.
O D — cuius magnitudo... sancti *M* 176; cf. 488.
M — *Dei filium internis... preceptis* 344.
M — Dei f. qui amore... introducat *M* 577.
M — *fidelium remuneratorem* 314.
M — frs c. prece... postula *M* 639.
O — *fructuum largitorem* 221, *V* 101.

M *Deum generali cunctarum... specie* 206.
O — *immortalium... regnum* 219.
O — *iudicii eterni... gratulentur* 223, *V* 102.
O — *p. o. agentes ipsi... misceantur* 220, *V* 101.
O — *p. o. pro sacris uirginibus* 221, *V* 101-102.
A O — *quem sola celestis... consistimus* 353.
O — *qui ad multiplicandum* 437.
M — qui Ecclesie... introducat *M* 632.
M — qui est eternitas... postulamus *M* 276.
M — *qui est fons misericordie* 423.
M — qui immortales... salutem *M* 960.
M — *qui solus nobis... largitatem* 285.
M — regem omnipotentem... celo *M* 331.
O D — uite nostre auctorem... faciat *M* 256.
O D Deuotione geminata... reportemus *M* 521.
B *Deuotionem huius famuli... eterne* 42.
B — *huius famuli... stolam* 39.
B — *uestram dns clementer... delectet* 241.
B — uestram dns dignanter intendat... celum *B* 237.
B *Deuotionem uestram dns per... impertias* 322.
M Deuotissimam sanctarum... sanguine *M* 782.
A Deus a Libano ueniet *B* 81, 99.
B — *a quo benedictionis origo* 440.
O D — a quo docente... ingredi *M* 794.
A O — *a quo multum... peractis* 307.
O — a quo unicus filius... uocibus *B* 1266.
O D — a quo unicus tuus... meritis *M* 162.
O — *Abraham, Deus Isaac... abscedat* 18.
O — ad adiuuandum... diuinitate *B* 945.
O — ad quem oculi... supplicium *B* 102.
— adiutor et protector... coheredes *V* 72.
A — adiutor noster *B* 302.
P N — amplius ineffabilis... conlocari *M* 742.
O — ante cuius conspectum... inimici *B* 475.
— ante cuius faciem... uniuersis *V* 9.
O — apud quem animarum... repromissa *B* 979.
O — — est fons uite... restituas *B* 689.
B — — est misericordia *M* 370, *B* 557.
O — — *omnia morientia* 122.
P N — — perfecta... inlabere *M* 967.
O Deus auctor felicitatis... capiamus *B* 1118, *V* 128.
O Deus auctor luminis... uitiorum *B* 224, 246, 579, 589, 1130.
P P Deus auctor omnium... immolaris *M* 222.
A — autem noster in celis *B* 168.
P S — *beatorum exultatio... dubitent* 286.
O — *benedictionis auctor... defendat* 21.
A P — bonorum omnium copia *M* 249.
O D Deus bonorum omnium delectatio *M* 961.
O — caritatis et concordie... largiaris *M* 898.
P N — *celestium, terrestrium... consequantur* 419.
P P — *clemens et misericors qui* 343.
O — *clemens qui transgressiones* 173.
M — *clementie et pietatis... sociatum* 397, 406.
A O — conditor et reparator uite... prestolemur *M* 357.
B Deus conditor uester... condemnet *M* 281.
O — conlator iustitie... conlaudent *B* 1092.
P D — conlator iustitie... effice *M* 703.
A — contere dentes *B* 492; cf. *V* 80.
H Deus creator omnium... Domine *B* 318, 375, 433.
H Deus creator omnium... Trinitas *B* 924.
O *Deus creator omnium bonorum... amplifices* 221, *V* 101.
A P Deus cui acceptissima... sanctorum *M* 960.
A O — cui cor mundum... perfruamur *M* 382.
O — *cui ea que nobis sunt... perfruantur* 220, *V* 101.
O Deus cui Ecclesia... exemplo *V* 39, *B* 124.
O — *cui et per quem deebriauit* 169.
O — cui humane fragilitatis cura *B* 331.
A O — cui militare... rogamus *M* 331.
O — cui omnia uiuunt... indulgendo *B* 986.
O — cui omnis terra... adquiramus *B* 720.
O — cui omnis terra... premio *B* 65, 68, *V* 32.
A P — *cui subiacent... pacem* 155, 295.
— cuius ab initio... capiamus *V* 64.
— cuius animam... eripiat *V* 77.
— cuius ante lucem... uenire *V* 23.
O — cuius arbitrio... metamus *B* 205.
P P — cuius beneficii... uestigia *M* 897.
O — cuius dilectionem... possimus *M* 568.
O Deus cuius eternitas... ditet *B* 58, 83, 90, 100, 110.
O Deus cuius faciem... ardores *B* 66, *V* 32.
O — filii id est angeli... ascendas *B* 675.
— gloria... immensum *V* 118.
O — honor... ad coronam *M* 801, *B* 1174, 1199, 1208.
O Deus cuius in regno... eripiat *B* 160, 313.
A O — ineffabilis... admitti *M* 255.
L — *ire nemo resistere* 97.
— iustitiam... supplicium *V* 31.
— laus semper immensa *V* 63.
O D — magnitudinis... sufficiat *M* 691.
O D — magnitudo... accepimus *M* 176.
O — misericordia... purgatorum *M* 208.

O Deus cuius nomen a solis ortu... solemnitatem *B* 185.

O Deus cuius nomen est... lauderis *B* 47, 79, 97.

P N — nomen magnum est... sempiterne *M* 346.

O Deus cuius nunquam fulgor... obruamur *B* 243.

O — oculi in pauperem... liberemur *B* 457, *V* 71.

P N Deus cuius operatio... quietem *M* 517.

— pedibus caterue... peruenire *V* 81.

— quedam membra... excipiat *V* 71.

O — cuius sedes manet... patiaris *B* 401, 715, 1031.

A O *Deus cuius solum... confessi sunt* 419.

O — sunt eloquia casta... iustitie *B* 346, 421, 1032.

A P Deus cuius tunica... indisrupta *M* 678.

O — *uerbo et potentia... regnum* 159.

O — unum hunc... requiem *B* 620, 642 645, 647, 650, *V* 103.

O Deus Dei f. aduersus... admitti *B* 583, *V* 76.

— ante quem omnes... nostra *V* 22.

O — Christe qui... effugiat *B* 480.

— cuius eternum permanet *V* 7.

O — cuius in... gratulemur *B* 50, 51, 59, 63 66, 74, 77, 86, 93, 94, 95, 96, 102, 103, 105, 106, 112.

O Deus Dei f. cuius inter homines... potiamur *B* 178, *V* 50.

O Deus Dei f. cuius mors mortem *B* 626, *V* 109.

P N Deus Dei f. cuius nomen... postulantes *M* 737.

O D — *cuius signaculo... letitia* 370.

O — lumen astrorum, fulgor... liberi *B* 1024, 1114.

O Deus Dei f. patris ineffabilis *B* 178, *V* 48.

O — quem Gerontius antistes... sentiamus *M* 836, *B* 1199; cf. 1019.

O Deus Dei f. quem ille confessor *B* 1019.

— quem Leocadia uirgo *V* 16.

O — quem Lucas *B* 1224.

O — quem sancti... patria *B* 1247.

Deus Dei f. qui a Deo Patre... hereditatem *V* 110.

O Deus Dei f. qui auditum... numeremur *B* 59, 112, *V* 9.

O Deus Dei f. qui cruce... efficaces *B* 1210.

O D — qui cum ad Patrem *M* 698.

O — qui diligens oderis... claritatem *B* 582, *V* 94.

Deus Dei f. qui extendens... ueritatis *V* 123.

O Deus Dei f. qui hominem... iudicii *B* 634, *V* 106.

— qui in carnis... adgregemur *V* 69.

O — qui in morte... glorie *B* 95.

O — qui in suscepta ueri hominis... tormentis *B* 575, *V* 93.

O Deus Dei f. qui in te solidissima *M* 719, *B* 1104,

B — *qui morte sua mortuis* 446.

— qui passione... decipula *V* 85.

B — qui patibulo... gaudia *B* 635, *V* 106.

O — qui primus... requiem *B* 98, *V* 18.

O — qui pro impiis... nostre *B* 576.

B — qui resurrectionis sue... exemplum *B* 656, 628, *V* 105.

O Deus Dei f. qui uoluntarie decipulam uenantium *B* 447, *V* 68.

Deus Dei f. super quem exurgentes... admitti *V* 76; cf. *B* 583.

B Deus Dei patris f. qui olim prophetarum... cumulemus *B* 68, 71, *V* 32.

A Deus deorum dns *B* 87, 90.

— et dns *B* 322.

A O Deus desperantium salus... corona *M* 704.

O — — liberi *B* 1098.

A Deus d. meus ad te *B* 223, 331, 486, 483, 716.

A — d. noster respice *B* 206, 226, 340, 391, 725, *V* 73.

A Deus docuisti me *M* 240.

A — dns et illuxit *B* 76.

— et homo unigenite Dei... filii *V* 92.

P P — eterne cui... introducas *M* 706.

A P — eterne cuius gratia... properemus *M* 168.

O *Deus eterne quem in ueritate... patria* 393, 404, 405, *M* 1017.

O D Deus eterne qui b. martyres... compuncti *M* 717.

Deus eterne qui idem ipse... prouentus *V* 47.

P N — te quesumus... ueritatem *M* 929.

H Deus eterni luminis *B* 197, 281, 343, 398.

L — exaudi orationem *B* 947, 1314.

M — *excelse ad quem... lucrum* 352.

O — *exercituum... restituat* 151.

O — exultatio et palma sanctorum *M* 795, *B* 1022, 1163, 1169.

A Deus fidelis in quo nulla est *B* 222.

O — in quo nulla est... enutrias *B* 222.

A O — qui fidelia... alto *M* 399.

O Deus filius Christe qui melius *M* 888.

O — filius qui in cruce... efficaces *M* 837.

M — *fons bonitatis... beatorum* 297.

O — *humilitatis adiutor... gratulentur* 94.

H Deus ignee fons animarum *B* 978.

H Deus immensa Trinitas... corona *B* 912, 1015.

H Deus immensa Trinitas... unitas *B* 911, 1019, 1020.

O Deus immense et... inueniamus *M* 830, *B* 1192, 1196, 1203, 1207.

PN Deus immortalis... plenitudo *M* 387.

A — in adiutorium meum *B* 493, 939, *V* 81.

A — in adiutorium nostrum *B* 712.

O — in adiutorium nostrum... optamus *B* 945.

O — in adiutorium nostrum... sentiamus *B* 493, *V* 81.

O Deus in cuius conspectu... caritatis *B* 1245.

O — in cuius conspectu... eterna *B* 1232.

— in cuius iudiciis... expiemur *V* 126.

O — in cuius laude... exoluamus *B* 1140

— in cuius laudibus... resurrectionis *V* 65.

P — *in cuius libro uite sunt uocabula .. sanitatem* 362, *M* 1005.

O D *Deus in cuius manu est correctionis* 364; cf. *M* 1006.

O *Deus in cuius meditatione... translatos* 174.

A O — *in cuius potestate... concedas* 416, *M* 1014.

B — *in nobis hilarem eternis* 331.

A — in nomine tuo *B* 344, 402, 953.

A P — in quo est omnium... terris *M* 961.

A — in te speraui dne *B* 219, 699.

— *indulgentissime... debitores* 93.

O — *inestimabilis maiestas... Ecclesia* 97-98.

A — iniusti insurgunt *B* 578, *V* 82.

O — *institutor et conditor... auxilium* 19.

R — Israel propter te *B* 558, *V* 84.

A — iudex iustus *M* 279.

— iuste qui iustum... triumphemus *V* 79.

O — iustitie nostre... perueniamus *B* 500.

P N — lactentium fides... dulcedine *M* 809.

O — largitor diuitiarum *M* 978, *B* 1028, 1155.

L — laudem meam *M* 414, *B* 595; cf. *V* 84.

O — lumen eternum, lucerna... consolentur *B* 1289; cf. 1229.

O Deus lumen eternum, lucerna... mereamur *B* 1229; cf. 1289.

B Deus lumen eternum... suscipiat *M* 682, *B* 1079.

O — lumen eternum splendor *B* 967.

M — *magne et terribilis... delectem* 280.

A — manifeste ueniet *B* 69, 73, 74, 76, 77, 79, 91, *V* 2; cf. *B* 59, 62, 65, 66, 68, 74.

O Deus medicina languentium *B* 1230, *V* 133.

A — memor fuit nostri *B* 721.

— meus adiutor *V* 72, *B* 513.

A Deus meus eripe me de manu *B* 483, *V* 82.

L — meus es tu *M* 201, 789, 939, 970; cf. *V* 16.

A *Deus meus in te confido* 248, 287, 355; cf. 243.

A Deus meus et Dominus *V* 76.

A — ne elongeris... eternum *B* 562.

R — ne elongeris... respice *B* 481.

A — pone illos *V* 83.

A — pone inimicos *B* 527, *V* 82.

A — salua me de inimicis *B* 468, *V* 73.

R — salua me de manu *B* 499; cf. *V* 82.

A Deus misereatur nobis *B* 235, 245, 289, 686, 707.

R — n. et parcat *B* 321, 662, 708.

A — nostri *B* 247.

P Deus miserere, d. miserere... defunctis *B* 940.

P — *d. miserere... delictum eius* 114.

P — d. miserere... heu me *B* 981.

P — d. miserere... indemnes *B* 970.

P — d. miserere... preces *B* 981.

P — d. miserere... succurre *B* 940.

P — *miserere illi... uitam* 116-117.

O Deus misericordiarum... concede *B* 244.

O — *misericors, d. clemens... admitte* 92.

O — — *d. clemens... saluandum* 103.

— — et pie... copiosam *V* 17.

O Deus noster eripe... sepulturam *B* 483, *V* 82.

O — esto... redemptorem *B* 284, 724.

O — et dne... passionis *B* 485, *V* 76.

A — *in celo* 205, *M* 498.

O — ne elongeris qui longe... triumphas *B* 562, *V* 81.

O Deus noster salua nos... mundus *B* 468, *V* 73.

A *Deus nostrum refugium et* 233, *B* 284, 396, 724.

Deus o. atque sanctissime... coniungant *V* 64.

A — benedicat nobis *B* 296, 679.

O — cuius continuo filii... repromissum *B* 183, *V* 48.

O Deus o. eterne Christe... dissoluantur *B* 1040.

P N — eterne quo... eternis *M* 659.

A — nomen est *B* 196.

P P — qui ad saluandum... sanctitatem *M* 738.

A O — *qui angelicam... gloriosum* 391, *M* 646.

O — qui angelum... languorem *B* 86, *V* 13.

A O — *qui creando... sacramentum* 206.

O — qui cuncta... angelorum *B* 705.

O — *qui diuersam humani generis* 86.

A P — qui docuisti... compone *M* 244.

O — *qui omnia... sanctificata* 171.

O — qui sine... tergatur *B* 229.

— qui spiritum tuum... recedat *V* 117.

O Deus o. qui unigenito filio... liberes *V* 1.
P N Deus omnipotentie... impetretur *M* 209.
M *Deus omnium fons et origo... impertias* 323.
A P *Deus pacis auctor et instaurator... felices* 331.
A P — conditor... conuertant *M* 261.
A — eduxit *V* 112.
A P — *immo pax ipse... mereantur* 320.
A — sanctificet *B* 101.
A — sanctificet uos... ipsius *M* 130.
O *Deus Pater ingenite qui per... regna* 63.
O Deus p. o. qui ab oriente... mereamur *B* 89; cf. 111, *V* 10.
O Deus p. o. qui Eliam... uiuamus *B* 67.
B — qui fons est... nominis sui *B* 1245.
O D — qui in expiatione... tui *M* 946.
O — qui in principio... accendat *B* 696, 697, 699, *V* 116.
O *Deus p. o. qui miseratus... inducunt* 70.
P P Deus p. o. qui misisti... sanctitatis *M* 514.
O — qui nobis... ueniamus *B* 81, *V* 51.
A O — qui super... peruenire *M* 945.
A P — qui tanta... secunde *M* 506.
— qui uera laude... premium *V* 84.
O — qui uoce... redundet *B* 117.
O Deus pater qui ab oriente... mereamur *B* 111; cf. 89.
Deus pater qui auditam... infinitum *V* 23.
A — qui Dominum *V* 110.
— qui eduxisti... sepulcro *V* 110.
O — qui filium... adipiscatur *B* 111.
O — qui filium... damnabiles *B* 87, *V* 1.
O — qui Iesum... participes *B* 106, 119; cf. *V* 13.
Deus pater qui in populis... exultemus *V* 111.
— qui per mysterium... felices *V* 30.
— qui prophetam... participes *V* 13; cf. *B* 106.
O Deus pater qui uiam unigeniti... gaudens *B* 83; cf. *V* 13.
O Deus pater qui unctionis tue... sempiternum *B* 1132, *V* 122.
O Deus pater unigeniti... coronetur *B* 449, *V* 69.
Deus patris f. qui aduentu... fidem *V* 32.
A Deus patris nostri erit *B* 342, 671, 725.
A P — *pax et solius... pacem* 353.
A — percussisti omnes aduersantes *B* 596.
A P — *perennis pax cuius... dulcescat* 391, *M* 646.
O — *perennis salus... mereantur* 273, *M* 905.
A — plasmator animarum *M* 1025.
A — precinxit me uirtutem *B* 990, 1130.

O Deus probator iusti... manifestam *V* 93; cf. *B* 597.
O D Deus probator... mundemur *M* 1027.
A — propter te a peccatis *B* 590.
O — quem cordium... libera *B* 669.
O — quem fidelium lingua... cognoscere *B* 1200, 1224, *V* 16.
O D *Deus quem nemo nisi per caritatem* 261.
A O Deus quem omni tempore colere... apostolorum *M* 243.
O D *Deus quem scimus uitam... effice* 428.
O Deus quem totius opificem... impertias *B* 229, 501, 706.
O Deus qui ad iudicium... exultes *B* 565.
O — *ad propaginem... celorum* 438.
O D — ad salutem... exaudiri *M* 870.
O — adsupplementum... recedant *B* 1229.
O — admirabili... documenta *B* 492, *V* 80.
O D — animam uiri... felices *M* 904.
P N — apostolis tuis... existant *M* 767.
A P — ascendisti... infundi *M* 608.
A P — assumptum... sacramentum *M* 603.
A P — *auctor es pacis... copulari* 326.
P N — auctor felicitatis... martyrio *M* 803.
O — beatam Columbam simplicitate... conlocari *B* 1310, *V* 43.
B Deus qui beatam Columbam uirginem... imperio *B* 1311, *V* 43.
Deus qui b. Eulaliam... flammas *V* 19.
O D Deus qui b. Eulaliam... uerbis *M* 713, *B* 1102.
A O — b. Felicem... terris *M* 802.
A P — b. Iacobum... pacis *M* 214.
O — b. Ioannem... uiuamus *B* 1212, *V* 133.
— b. Leocodie... patriam *V* 16.
A P — b. leuite tui... recreari *M* 815.
O D — b. Marie Magd... emundemur *M* 791.
— b. martyrem... consequamur *V* 60.
A P — b. martyres tuos... pace *M* 749.
A D — b. martyris tui... felicitatis *M* 919.
O — b. N. confessionem acceptans... patriam *B* 1020, 1224.
O Deus qui b. Romano... famuletur *B* 1250, *V* 6.
O — beatorum gaudio... electorum *B* 1126.
O — beatorum tuorum... habeamus *B* 1008.
O — *bonorum es saluator omnium* 266.
O D — *bonorum uotorum inspirator* 292.
O — breuissimum... salutis *B* 179, *V* 51.
A P — *caritatis es auctor et pure pacis... confoueat* 236, *M* 984.
H Deus qui certis legibus... somniet *B* 328.

O D Deus qui *concedis orandi... rogamus* 239.
B — confessione... perpetui *B* 1273, *V* 18.
O — confessorem... gloriam *B* 1199, 1223, *V* 15.
A O Deus qui confessorum... ueniam *M* 970.
O — confitentium... corporibus *B* 209.
A P — confitentium... dignitate *M* 970.
O — consecratum... liberi *B* 1258, *V* 58.
M — *contritorum... restitutus* 335.
M — contritorum... sacrificium *M* 999.
O — *cordium arcana... percipiat* 39.
O — corpus b. martyris *B* 1259, *V* 59.
O — Danieli illi... labe *B* 59, *V* 31.
R — *das locum penitentie* 89, *B* 24.
A — das salutem *B* 1210.
O — de indignis... pontifex *M* 525.
— de Syon perfecta *V* 13; cf. 107.
O — *decorasti Ecclesiam... domum* 177.
A O — delicta nostra... mirabile *M* 517.
— dies seculi creans... penam *V* 94.
O — *diligentibus te... peccatorum* 347.
A P — dissidentes... demus *M* 957.
A — diues es in misericordia *B* 642, *V* 111.
A O — diuinitatis... mereamur *M* 814.
A O — dominice... seruasti *M* 495.
— domui Dauid... gratulemur *V* 25.
A P — dum sublimia... conscendamus *M* 754.
— dum una festiuitate iungis... uictoriam *V* 129.
B Deus qui Ecclesiam suam... celestia *B* 565, *V* 90.
O *Deus qui Ecclesiam tuam... rescutiat* 104-105.
Deus qui Ecclesiam tuam et... sacramentis *V* 129.
A O Deus qui Ecclesiam tuam... unitati *M* 632.
O — *Ecclesie tue... donasti* 217, *V* 101.
O — eleemosinam... gratie *B* 261, *V* 64.
O — *eleemosinis extingui peccata docuisti* 222, *V* 102.
A O Deus qui es conlator... introire *M* 684.
B — es fons indulgentie... adimplere *B* 950.
A P — es omnium spirituum *M* 1021.
A P — *es pacis auctor et caritatis... consortio* 278 *M* 989.
P P Deus qui es sanctificator *M* 382.
O — es sanctorum... largiaris *M* 965.
O — es uirtus... sanctitatem *M* 956.
O — es uirtutum... complexi *B* 1287.
A P — es unitas sancta... eterne *M* 399.
O — exercitatione... possidere *B* 518.
P P Deus qui feruens supplicium plumbi... medicinam *M* 169.
A P Deus qui fideles semper... amplietur *M* 496.
O — *fidelium pace letaris... compone* 220, *M* 624, *V* 101.
O D *Deus qui fidelium uotorum... uitiis* 309.
O — *filios Israel educis* 213, *M* 442, *V* 100.
— fontem signatum *V* 27.
— gaudio beatorum... electorum *V* 119.
O — gloriantem contra te *B* 481, *V* 78.
A — glorificaris in concilio *B* 1082.
O — gressus s. Iuste... impone *B* 1158.
O — harum uirginum *B* 1050, *V* 127.
— has uirgines *V* 127; cf. *B* 1050.
O — *hoc custodis... gratulemur* 329.
— hominem ad tue... exemplo *V* 28.
M — *hominem ex nicilo... concedas* 319.
A P — honorem pristinum.. uiuamus *M* 490.
O — horarum tempora... transitum *B* 955.
O — humanarum animarum... consortiis *B* 983, *V* 136.
A O Deus qui humanarum mentium *M* 321.
O — Iacob patriarche... labe *B* 1254.
A O — idem ipse es... obsequamur *M* 225.
A P — ieiunantium... consequamur *M* 346.
O — Ierusalem... manifestas *B* 107; cf. *V* 13 (Deus qui de Syon).
O Deus qui illuminasti primum... locum *B* 239.
P P — in corde mulieris Samaritane... sempiterna *M* 304.
O Deus qui in cordibus harum... possideat *B* 1051, 1156, *V* 126.
Deus qui in cruce... efficaces *V* 85.
P N — in electis... ostendat *M* 582.
— in exercitatione... possidere *V* 78.
O — in expiatione parientium... propagare *B* 1090, *V* 46.
O *Deus qui in fide tua... coronetur* 103.
O Deus qui in hac uespertini... auctorem *B* 421, 484.
O Deus qui in loco sanctificationis *B* 1254, *V* 31.
O — in omnium... liberari *B* 1003.
O — in operatione quinti diei... unitam *B* 631, *V* 106.
O *Deus qui in principio... digneris* 436.
A O — in sanctis... confirmes *M* 957.
A O — in sanctis... exemplis *M* 728, 957.
O D — in ueri holocausti... accende *M* 808, *B* 1183.
O Deus qui in uirtute... munere *B* 694, *V* 117.

P N *Deus qui in uotiuis oblationibus* 307.
O D — *indiuidua diuisione... absoluat* 398, 407.
O Deus qui ineffabili splendore *B* 1061, *V* 57.
O — ineffabilibus angelorum... permulceant *B* 328, 447.
A O Deus qui infirmitatis... glorie tue *M* 636.
M — *instituisti te honorificari* 299.
O — Ioannem precursorem... consoleris *B* 1136, *V* 123.
O *Deus qui ita corporis diligis... amittat* 64.
P N — iustitie uindex... redemit *M* 807.
B — *iustos semper dilexisti* 269.
B — *iustos semper diligis* 276.
B — iustus coronator... in celo *B* 1177, *V* 130.
A D Deus qui laus es confessorum... opere *M* 973.
O O — leuitam tuum Vincentium... orantem *M* 682, *B* 1078.
O Deus qui ligare... tristificet *B* 180; cf. *V* 9.
— magos errorum principes *V* 48.
— manifeste ad iudicium *V* 2.
O — manifeste uenturus ad... sentiaris *B* 69; cf. 78, *V* 34.
Deus qui manifestus... exultes *V* 90.
O — martyrem tuum... penam *B* 1174.
A P — martyrio Innocentium *M* 209.
A P — martyrum... caritatis *M* 886.
A O — *me indignum... discernas* 297.
B — *merentes non despicit... regna* 355.
O — ministerio descendentis... coronandos *B* 1060, *V* 57.
O *Deus qui ministros tabernaculo* 47.
— mirabiliter uincenti... fine *V* 60.
P N — mirabilis es... suscitare *M* 902.
P N — *miserationes tuas... prece* 289.
O — *Moysi famulo... consecretur* 157.
O — *multimoda subsidiorum* 441.
O — multiplicem... assistere *B* 106, *V* 31.
O — multis passionum... iudicii *B* 1066, *V* 58.
O *Deus qui mutare sententiam... crediderunt* 222, *V* 102.
M Deus qui mystico olim... retentemus *M* 374.
O — nauem Ecclesie... celum *B* 1272.
A P — neophitos tuos... attribue *M* 473.
— niuem ut lanam tribuis... tormentorum *V* 24.
A O Deus qui nobis ad reuelandos... iustitia *M* 234.
M — nobis id... mereamur *M* 220.
A P Deus qui nobis per... antiquis *M* 760.
O D — nolentes preuenis fide 835.
O — nos a principio... succurrat *B* 93, *V* 12.
O Deus qui nos ante tempus iudicare *B* 93, *V* 24.
P S — nos celestium... uiuamus *M* 793.
— nos elemosinam... gratia *V* 63, *B* 261.
O D — *nos in infirmitate releuas* 376, 386.
O — nos in natiuitate precursoris... colletemur *B* 1133, *V* 122.
B *Deus qui nos misericorditer... ligno* 417.
P N Deus qui nos per apostolum tuum *M* 783.
O — nos sanctorum... gaudere *M* 972.
O D — nos spe... aurem *M* 347.
O — notum fecisti in populis... consolemur *B* 144, *V* 45.
A O Deus qui nudatum... adipiscatur *M* 670.
O — odio habes... mendacium *B* 449, *V* 69.
A O — olim hoc... ruina *M* 653.
O — omnem mundum complexum *B* 233.
O — omnem uirginum gloriam *M* 982, *B* 1157, *V* 126.
P N Deus qui omnium nomina... mereamur *M* 375.
A P — *optandi das uotum... dono* 308.
O — os beati Martini... iocundari *B* 1203, 1261, *V* 136.
Deus qui os Zaccarie... compotes esse *V* 121.
P N — *pacificorum hostiis... copiosam* 260.
O — panem celi filiis *B* 302, 369, 412.
O D — peccatores sine merito... succende *M* 751; cf. *B* 1128.
O D *Deus qui penitentie das locum* 355.
O — per angelicos choros... permaneat *M* 109, 125, 130, 139, 531.
O D Deus qui per b. Iohannem precursorem... exemplum *M* 762.
A O Deus qui per b. Sebastianum... adfige *M* 663.
A P — *per sanguinem crucis... letari* 206.
B — pius redempti... uestrarum *M* 810.
A O — presentium... naufragium *M* 753.
B — pro bonitate tua... redeamus 302.
— pro impiis passus... nostra *V* 93.
O — pro mundi saluatione *B* 959.
O Deus qui probatione solita *B* 1060, 1070, 1182, 1228, *V* 57.
O Deus qui prouida... commissa *B* 225, 703.
O *Deus qui renuntiantibus seculo... opere* 175.
O — sacra omnium... dilectio *M* 893.
A O — salutem tuis tribuis... malis *M* 977.
P N — sanare omnibus... mereamur *M* 351.

O Deus qui sanas contritos... exaltari *B* 378, 437.
A O — sanctam martyrem tuam *M* 793.
O — sanctam nobis... applicemur *M* 949.
M — sanctam Virginem tuam... mereamur *M* 977.
O Deus qui sancte... in requie *B* 1093, *V* 16.
O — sanctis apostolis... effectum *M* 888, *B* 1237.
O Deus qui sanctis gloriosisque... sempiterna *B* 1235.
O Deus qui sanctis tuis... documentis *M* 866, *B* 1231.
O Deus qui sanctis tuis... preparare *M* 884, 885, *B* 1234, 1287.
P N Deus qui sancto ac... mercedem *M* 667, 954.
A P — sancto apostolo... uisionis *M* 828.
O — sanctorum confessorum *M* 1021.
O — sanctorum martyrum *B* 1004.
A O — *sanctos tuos cum mensura* 314.
O — sanctos tuos multiplicibus... introducat *B* 1061, *V* 57.
P P Deus qui sanctos tuos placita *M* 967.
O — sanctos tuos unica dilectione... connecti *B* 1029.
O Deus qui scelera nostra... tuam *M* 937, *B* 405, 508, *V* 134.
M Deus qui se inuicem... concedas *M* 939.
O — semper que uera sunt... uisceribus *B* 1292.
O *Deus qui seniorum ordinem... instituat* 54.
P P — sic dilexisti... expiemur *M* 124.
P N — solus es... refrigerii *M* 853.
B — solus habes immortalitatem *M* 465.
A P — Stephanum... nutrimenta *M* 196.
O Deus qui sterili Elisabeth... gloriam *M* 763, *B* 1136, *V* 121.
A O *Deus qui super lignum crucis... adtribue* 330.
O — superbis resistis et linguam... retineamus *B* 217, 253.
A P Deus qui tanta pace... amplectamus *M* 322.
P N — tanta seueritate... sepulcrum *M* 689.
A O — tantum... ex uoto *M* 701.
A P — *tantum optas supplicium* 375.
A P — *te precipis a peccatoribus* 298.
O — *tegi Rebeccam palleo... saluetur* 439.
O — *templi tui ministerium... idoneus* 49.
O — timentes te... recondantur *B* 167, 313, 363, 676, 718.
B Deus qui Torquati et... retinere *B* 1113.
A P — transferendus... occurras *M* 294.
P P *Deus qui tribulatos corde sanas... iudiciis* 338, *M* 1000.
P P Deus qui tuam in die ... ad requiem *B* 215, 657, 1130.
O Deus qui tubam in Sion... nostri *B* 77, 79.
P N — tuum Thomam... prestes *M* 179.
A O — uastatoris... refrenentur *M* 281.
O — *ubique es... complacuerunt* 20.
B — uenit ut liberet... in celum *B* 107, *V* 3.
O — uicissitudinem... permittas *B* 221.
O — uincenti Vincentio *B* 1071, *V* 59.
O — *uineam in Egypto... regnis* 167.
O — uirginalem pudicitiam *M* 978.
O — uirginalis pudicitie titulo *B* 1154.
A P — uirginis tue... locupletemur *M* 705.
A P — uirginitatem diligis *M* 981.
O D — uirginum agmine septus *M* 982.
A P — uirginum uotis... protulisti *M* 793.
O — uirtutem sanctis et *B* 1005.
M — *uita es et mortuis... sociari* 407.
O — uitam sancti tui... sociemur *B* 1304.
A P — unanimitatem... factorem *M* 266.
O — unigenitum tuum... cernamus *M* 133.
O — *unita uirtute... christiani* 33.
B — unitate et... nostre *B* 1312, *V* 44.
P N — unum in Trinitate... quietem *M* 873.
O — uolentes preuenis fide *B* 1197.
A P — *uotiuis semper precibus* 305, *M* 1002.
A O — *uulnere passionis... deuotione* 326.
A Deus quis similis tibi *B* 169, 354, 418, 527, *V* 82.
O Deus quis similis tibi... terram *B* 169, 468, 721.
A — refugium nostrum *B* 225.
O — refugium nostrum... recognoscat *B* 396.
M — *restaurator et conditor... dimittas* 330.
P S — *sacrosancte diuinitatis... feceras* 301.
A — saluator ac dns... abstinentiam *M* 347.
B — saluator noster... incentiuis *B* 1152.
A — omnium tu es *B* 703.
A — salutaris noster *B* 725.
A O — sanator noster... coronandos *M* 868.
O — sanator noster... medicina *M* 871, *B* 1231.
A O — *sancte religionis constitutor* 285.
B — sanctificationum... seculorum *B* 1168.
O — sanctificator diei... nomine *B* 181, *V* 50.
O — sanctorum gloria... ducamus *B* 1082, 1236; cf. 1004.
O Deus sanctorum omnium... ducamus *B* 1004; cf. 1082, 1236.
H Deus sanctorum psallimus *B* 132.

A Deus sapiens corde et *B* 215.
A — scientiarum dns *B* 226.
O — sempiterne salus... mereantur *M* 568.
O — sine initio... fulgeamus *B* 147, 150, *V* 47.
A O — sine principio... inuenias *M* 248.
O — Spiritus Sancte a *B* 696, 698, *V* 117.
O — suauis ac mitis *B* 306, 703, 704, 733.
O — sub cuius altare *M* 892, *B* 1237.
A — sub umbra alarum *B* 700.
A P — summe pacis bonum... oris 285.
B — summus atque... cruore *M* 944.
B — summus atque... laureari *B* 1287.
— summus qui illos... supplicio *V* 129; cf. *B* 1173.
B Deus summus qui illum... ...*B* 1173; cf. *V* 129.
L — summus terribilis *B* 69, 71.
O D — te scimus uitam... effice *M* 1031.
A — tu conuertens *B* 306, 372.
H Deus tuorum militum... seruulis *B* 911, 993, 997, 998.
P N Deus tuorum supplicum uota *M* 984.
N *Deus uera pietas et pia ueritas* 395, *M* 1021.
A — uera sunt opera *B* 218.
A — ueritatem diligis *B* 704.
O — uirtus et refugium... domum *B* 225, 344.
A — uirtutum conuertere *M* 274, 283.
A — uirtutum conuerte nos *V* 23.
A O — uirtutum corona... quietam *M* 708.
O — uirtutum cuius... persoluant *B* 304.
L — uirtutum nobiscum *B* 100.
B — uirtutum per quem... ad ueniam *B* 1278.
O — uirtutum qui cum esses *B* 545; cf. *V* 82.
— uirtutum qui dum esses *V* 82; cf. *B* 545.
— uirtutum qui sanctam... ueniam *V* 19.
O D — uirtutum sponse... digneris *M* 1036.
P N — uirtutum uite dator... confoueri *M* 1018.
A — uitam meam annuntiaui *B* 490, *V* 79.
O — uitam nostram... fructum *B* 490, *V* 79.
O — *uiuorum et mortuorum* 115, 127.
A O — une et immense... obtineat *M* 276.
A P — unus et trine... mereamur *M* 715.
O — *uniuersitatis auctor uite* 49.
B — unus et trinus... attributa *M* 718.
A — ut liberes nos *B* 241, 733.
L Dextera dni fecit uirtutem *M* 275, *B* 942.
A — tua dne glorificata *B* 660.
L Dexteram tuam d. notam *B* 58, 65, 74, 76.
A Dic anime mee dne *B* 516.
O — nostre... expugna *B* 534, 957, *V* 87.
O — nostre peccata *B* 516.
A Dicam Deo meo : susceptor *B* 526.
H Dicamus laudem Domino *B* 955, 956.
P Dicamus omnes : dne exaudi... auertat *B* 605.
P — dne exaudi... cruore *B* 605.
P — dne exaudi... egestatis *B* 606.
P — dne exaudi... merentes *B* 604.
P — dne exaudi... nostre *B* 605.
P — dne exaudi... scelerum *B* 606.
P — dne miserere... succurre *B* 339, 683.
P — et... penitentiam *B* 312.
P — miserere... concede *B* 345, 712.
P — miserere... irridetur *B* 463.
P — miserere... mundi *B* 355, 721.
P — miserere... postulamus *B* 371, 724.
P — miserere... sanguine *B* 563.
P — misericors... glorifices *B* 522.
P — misericors... tribue *B* 321, 688.
P — parce... dele *B* 313, 676.
P — preces nostras... penitentium *B* 667, 675.
P — propitiare... dne *B* 346, 713.
L Dicant qui redempti sunt *M* 471, 476, *B* 614.
P N Dicato solemniter... consecrata *M* 244.
A Dicite Deo quam terribilia *B* 287, 404, 720.
L — in gentibus dns regnauit *B* 634.
A — in nationibus *M* 487, 493, 498, 503, 509, 515, 539, 569, 575, 585, 593, 605, 849.
R Dicite in nationibus alleluia *B* 942.
L Die mandauit dns *B* 215, 236, 657, 1129.
M Diem hunc carissimi... coronam *M* 970.
M — hunc dilectissimi... precordia *M* 637.
M — in quo beato... introducat *M* 721.
O Dies dominicus... gaudeamus *B* 231.
M Dies festos et... promissa *M* 307.
— *iste c. frs, id est Apparitionis* 526.
P N — istos dne quos... fidelibus *M* 573.
— *mei transierunt* 112, 127.
A — sanctificatus *V* 50.
O — tuus dne ecce... sempiterna *B* 96, *V* 30.
A Diffusa est gratia in labiis *B* 1153.
A O Digna dne d. m. laus... tuarum *M* 873.
A O Dignanter ad te dne... tuearis *M* 910.

B Dignare dne hanc familiam *B* 195, 198, 220.
O — mundare... ualeam *M* 527.
A Dignos eos fecit *M* 965.

Dignum et iustum est, etc.
(*Illationes*) :

— a quo b. Andreas... recipitur *M* 161.
— a quo indigni digne protegimur *M* 286.
— aduentum glorie... luminata *M* 128.
— completisque erga nos *M* 513.
— *consolationem expetere* 247.
— cuius diuinitatis... mundissimo *M* 649.
— cuius gloriosi nominis fidem *M* 738.
— *cuius habitatio in caritate* 349; cf. *M* 996.
— *cuius imagine decoramur* 320.
— cuius incarnatio salus... *M* 138.
— *cuius in quantum nos munere* 214, *M* 443.
— cuius ineffabilibus diuitiis *M* 214.
— cuius iuuamine fessum corpus *M* 387.
— *cuius misericordiam petimus* 324.
— cuius munere postquam uirgo *M* 981.
— cuius nec fides necessitate *M* 790.
— cuius nos humanitas colligit *M* 415; cf. 189.
— cuius nos humanitas 189; cf. *M* 415.
— cuius ob amorem martyr *M* 786.
— cuius potentia mundum *M* 808.
— cuius suscepte in carne *M* 209.
— cuius temporalem heri *M* 659.
— *debitum satis premio saluationis* 207.
— dum martyres tuos mirabiliter *M* 156.
— *et condecet nobis ut possumus* 245.
— et si potentes adsumus... festo *M* 823.
— *ex quo et per quem... constituas* 409.
— *humiles agere gratias... concordes* 254.
— ille etenim discipulos *M* 341.
— ille quippe diei... nostre *M* 357.
— in cuius nomine... delictis *M* 547.
— in depositione anniuersarie *M* 903.
— in honore sanctorum... passione *M* 834.
— in quo fidens predicta *M* 705.
— in quo ieiunantium fides *M* 332.
— in quo nihil suum princeps *M* 309.
— ineffabiliter conlaudare *M* 180.
— *multe pietatis dne... glorie* 353.
— nos confessione pectoris *M* 588.
— nos dominice potestatis *M* 596.
— nos incessabiliter... frequentia *M* 853.
— nos te magnificare in diebus *M* 382.
— nos te semper laudare tibique *M* 255.
— nos tibi in die martyris tui *M* 196.
— *nos tibi pro nostra et pro* 420.
— *nos tue glorie... tibi pandere* 271.
— nos tue pietatis semper... terrena *M* 249.
— *obsecrantes ut qui... sentiant* 315.
— omnipotentiam tuam per uite *M* 235.
— omnium magistrum et formam *M* 573.
— *per ipsum o. pater supplices* 342.
— *per ipsum te pater... constitutum* 281.
— per quem gratia tua... tuetur *M* 967.
— per quem maiestatem tuam *M* 642.
— *per quem te petimus... gratulentur* 429.
— pietatem tuam omni *M* 473.
— pro cuius confessione beati *M* 730.
— pro cuius nomine ille *M* 678.
— pro electorum tuorum *M* 815.
— *pro infirmorum remediis* 385.
— pro multiplici apostolorum *M* 768.
— pro possibilitate carnali *M* 618.
— pro quo beati martyres *M* 886.
— quamuis etenim humano *M* 1019.
— quem inter homines nasciturum *M* 124.
— quem Ioannes fidelis amicus *M* 116.
— quem omnes martyres *M* 964.
— quem tu clementissime Pater *M* 399.
— qui ad saluationem humani *M* 302.
— qui Agatham uirginem *M* 702.
— qui ante tempus natus *M* 225.
— qui b. Clementi... electorum *M* 148.
— qui b. martyrem *M* 945; cf. 977.
— qui beato Adriano... sanctis *M* 749.
— qui beatum Tyrsum... laudaret *M* 690.
— *qui benignitate gratuita* 396.
— *qui caritatis es auctor... felices* 260.
— *qui consolatur nos* 336; cf. *M* 1000.
— *qui contriuit laqueos... in me* 275.
— qui cum dno nostro *M* 989.
— qui cum filio tuo... misterium 391.
— qui cum Spiritu sancto *M* 583.
— qui das escam omni carni *M* 294.
— qui discretis flammis... celum *M* 710.
— *qui dissimulatis humane* 298.
— qui Ecclesiam tuam sanctam *M* 276.
— qui eousque descendens *M* 490.
— *qui es ante secula et manes* 398, 406.
— qui es corona iustitie, arbor uite *M* 970.
— qui es laus perpetua *M* 687.
— qui est admirabilis in sanctis *M* 921.
— qui est ueritas, uita, principium *M* 352.

— qui est uita pereuntium *M* 327.
— *qui ex te natus de uerbo... tua* 254.
— *qui facis angelos tuos... ipso* 283.
— *qui factus est* 310, 317, 328, *M* 993.
— *qui famulum tuum patrem* 290.
— qui gloriari se in corona *M* 829.
— qui gloriosum de diabolo *M* 369.
— qui hoc sacrum ieiunii tempus *M* 375.
— qui homo factus quod homo *M* 266.
— qui huic uirgini et martyri *M* 671.
— *qui humanas mentes... coheredem* 278.
— qui humane salutis *M* 760.
— *qui illum mendacii principem* 367-369.
— qui in se credentes efficit *M* 930.
— qui in uia discipulos *M* 496.
— qui inluminatione sue fidei *M* 322.
— *qui ita dignus es... sanes eas* 267.
— qui ita martyrem tuam *M* 943.
— qui laborantem animam *M* 754.
— qui lauit nos a peccatis *M* 984.
— qui martyres tuas Iustam et R. *M* 783.
— qui nobis ideo presentiam *M* 608.
— *qui nobis notum... sanctificatus* 305.
— qui non continues... conseruas *M* 654.
— qui nos sui... impetremus *M* 1026.
— qui nos tam... tegmine uelant *M* 518.
— *qui ob hoc peccatorum... tribuas* 326.
— qui paras adinuentiones *M* 346.
— *qui passione sua... uitam* 411.
— qui pati pro impiis *M* 404.
— *qui peccata nostra portauit* 373, *M* 1008.
— qui per ieiunium... preceptis *M* 363.
— *qui pietate summa... opem* 427, *M* 1030.
— qui pietati tue... crismate *M* 507.
— qui pietatis tue... reconciliaret *M* 142.
— qui post multa tempora *M* 188.
— qui post secunde... inclinauit *M* 603.
— qui posteaquam... pauisset *M* 314.
— qui sacras sanctorum tuorum *M* 896.
— qui sanctis gloriosisque *M* 869.
— qui sanctum martyrem *M* 859.
— qui semper impari numero *M* 873.
— *qui sic humanum genus* 362, *M* 1005.
— qui sic os martyris... tribue *M* 664.
— qui tam prudentem uirginem *M* 168.
— qui tanto luminis... aula *M* 799.
— qui tantum fidei... celis *M* 910.
— *qui tecum et cum Spiritu* 293; cf. *M* 890.
— qui tecum in origine *M* 261.
— qui tecum simul... proclamant *M* 484.
— qui tibi credulitatem *M* 244.
— *qui tibi hoc sacrificium* 416.
— *qui uenit in hunc mundum* 357.
— qui uerbum caro... coronam *M* 974.
— *qui ut nos a morte... sempiterna* 424.
— *quo mihi tribuas* 212, *M* 441.
— quorum equalis fides, similis... *M* 715.
— *quum nec illud... promisit* 308.
— receptor animarum... expectet *M* 1021.
— regem sempiternum... eternam *M* 578.
— *sed quid tibi dignum* 263.
— si debitoribus qui *M* 175; cf. 847.
— si tamen fueris dignatus *M* 803.
— te cum filio tuo... sustinentis *M* 500.
— *te Deum patrem nostrum... palmas* 444.
— *te Deum patrem uoto laudationis* 448.
— te dne orare... interpellat *M* 271.
— te et terrestrium... participes *M* 639.
— te in tuis operibus... exoraris *M* 777.
— te inconfusa Trinitas... redemit *M* 726, 684, 951, 957.
— te indiuisa Trinitas... celis *M* 880.
— te ineffabilis immenseque *M* 221.
— teque mirabilem... conseruat *M* 841.
— tibi dare gloriam... hymnum *M* 646.
— *tibi gratias agentes... nature* 376.
— tibi in honorem... transitum *M* 940.
— tibi in omnibus... refulgens *M* 203.
— tibi laudis hostias... personant *M* 624.
— tibi sacrificiorum... suscipias *M* 743.
— tuam nos clementiam *M* 134.
— uel in hoc die... intrepidus *M* 1015.
— *uerum pontificem... sanctificati* 237.
— uerum eternumque *M* 633.
— una diuinitas... agnosceris *M* 281.
— uota reddere quo... angelis *M* 1002.
— ut exaltet te... Saluatoris *M* 723.
— ut fidelium tuorum... accipias *M* 331.
— ut pro uirtutibus *M* 667, 954.
— ut queramus faciem tuam 301.
— ut te Deum et ecclesia *M* 612.
— *ut in quantum potest... recedant* 285.
(Cf. Equum et iustum est *M* 636, 793, 913, 961, 1023.)

P S Dignus es dne Ihesu ab omnibus... tradidisti *M* 508.
X S Dignus es dne i. eterne... perueniant *M* 496.
A P Dilatetur o. d. anima... dono *M* 469.
A Dilectione eterna dns *B* 1027.

O Dilectissimi fratres. qui omnia... dicentes *B* 152, 161, 163, 169, 172.
A Dilectus a Deo testimonium *V* 43.
O — a te dne... confitemur *B* 129, *V* 43.
L Diligam eum ex toto *B* 127, 990, 1103, 1207, 1210, 1212.
L Diligam te Domine *B* 403.
M *Diligamus et sequamur fratres... festinemus* 188, *B* 602, *M* 415.
O D Diligentes Deum fratres... salutis *M* 245.
A Diligentes te Domine sicut *B* 1001, 1032, 1041, 1052, 1062, 1082.
R Diligentibus Deum omnia *B* 1178.
A Diligite iustitiam qui iudicatis *B* 699.
O Diluculo egressum tuum... saluemur *B* 111, *V* 23.
O D *Dimitte d. peccata nostra... celis* 338, *M* 1001.
A O — *quicquid per intemperantiam* 283.
A Directa facta est uia *B* 78, 397.
L Dirigam uias tuas *B* 258.
L Dirigantur uie nostre dne *B* 277, 670.
O — uie nostre... ad premia *B* 267, 324.
B Dirigat dns uiam... perficiant 350, *B* 997.
R Dirigatur dne oratio mea... meis *B* 732.
O — oratio nostra... orare *B* 186.
O *Dirige dne famulum... uelociter* 346.
A — *me in ueritate tua* 346.
O — nos in uia tua... hauriamus *B* 473.
O Discedant a te dne... submittant *B* 464, *V* 70.
O *Discede immunde... erit* 173.
O — *immunde... inducas* 13.
O — *immunde... innocentes* 29.
A Discedite a me maligni *B* 464, *V* 70.
A Discerne causam meam *B* 556, *V* 78.
L Disciplina et sapientia *B* 1111, 1144; cf. *V* 116.
Disciplina et sapientia... infundit *V* 116.
A Disciplina pacis nostre *V* 112.
O — tua dne... concede *B* 251, 264.
O Discute a nobis... atrahe *B* 147, 260, 700.
A Disperdat dns uniuersa *B* 502, *V* 72.
O Disperde dne uniuersa... dispereat *B* 502, *V* 72.
A Dispersit et dedit pauperibus *B* 1178.
R Disrumpam uincula populi *B* 84.
A Disrumpe dne uincula *B* 169, 355; cf. 678.
— *dne uincula peccatorum* 250, 303.
M *Diuina fratres carissimi preceptione* 304; cf. *M* 1001.
B Diuina nos benedictione... supplicium *M* 288.
B — *pietas uota... suscipiat* 325.
B — uestris precibus... possidere *M* 870.
O D *Diuino magisterio edocti... dignatus es* 327. *M* 642, 964.
A Dixerunt apud se cogitantes *B* 600, *V* 96.
A Dixit auditor sermonum *B* 181, *V* 49.
A — insipiens in corde *B* 507, *V* 71.
A — Moyses ad populum *B* 500.
O Doctrina Dei sapientia... sustollas *B* 118.
A P *Docuisti dne per discipulos... felices* 357.
O Dominator desiderabilis... festinent *B* 76, *V* 33.
O — dne qui... manifestes *B* 72, *V* 9.
O Domine ad quem uigilat de luce... lucis *B* 398.
O — admirabilis *B* 650, 651, 652.
O — ante te omne *B* 700, 702, 737.
O — apud quem est fons uite *B* 88, 175, 252, 281, 343, 695, 698, 702.
O Domine apud quem est salus *B* 264.
— audiui auditum tuum et timui *M* 456.
O — clementissime d. tribue *B* 1078, *V* 61.
O — contra multiplicationem *B* 527.
O — cuius animam... eripiat *B* 476.
O — *cuius benedictione... adsistat* 433.
O — cuius est regnum *B* 110; cf. *V* 3.
— cuius eternitas temporum... ditet *V* 31.
O — cuius munere gemino *B* 1161, *V* 22.
— cuius regnum est potentia... redemptorem *V* 3; cf. *B* 110.
O Domine Deus apud quem confitentes *B* 217, 381, 566.
O Domine Deus apud quem delicta... respiciat *B* 507.
O Domine Deus beatus martyr tuus... uoluntatem *B* 995.
A O *Domine Deus celi et terre intuere* 443.
O — *Deus cui placitum est... populorum* 148.
O — Deus fortis qui de patrio... prestolemur *B* 98, 101, *V* 7.
A O Domine Deus Ihesu Christe... obsequela *M* 777.
A P — *Deus Israel adaperi cor... malo* 444.
O — Deus Israel te rogamus... persoluere *B* 678.
M *Domine Deus magne et omnipotens qui* 340.
A — *Deus meus clamaui ad te* 386.
O — Deus meus da mihi corpus... noster *M* 120, 566.
A Domine Deus meus in te speraui *B* 441, 464, 527, *V* 69, 70.
O Domine Deus meus Pater *M* 120, 567.
O — *Deus miserator et misericors* 94.
A — Deus noster exaudi *B* 241, 733.
A — Deus noster pacem tuam *B* 704.

A Domine Deus noster pone inimicos *V* 82.
— Deus noster posside nos *B* 701.
A — Deus noster quam admirabile *B* 645, *M* 570.
O Domine Deus noster qui es et qui eras... munere *B* 635, *V* 109.
Domine Deus noster qui pro nobis *V* 112.
M — *d. o. ad quem accedere... iudicii* 282.
A P — d. o. Christe rex glorie... exultationis *M* 128.
Domine d. o. creator collium *V* 35.
O — *cui adstat exercitus* 177 (et note).
P P — *dilector in te credentium* 412.
O — pater benedic... mea *M* 528.
O — *pater qui populo... donum* 224.
O — pater qui regnos *B* 1303.
O — qui angelos... sociari *B* 1217.
O — qui conuertis... inhabitat *M* 801.
O — *qui cuncta regis, contines... custodias* 180.
A P *Domine d. o. qui dixisti per filium... abstergas* 317, *M* 992.
A P *Domine d. o. qui dixisti per filium... letentur* 328; cf. 310, 317.
A P *Domine d. o. qui dixisti per filium... liberetur* 310; cf. 317, 328.
O *Domine d. o. qui es uita et salus fidelium* 270, 272, 318, *M* 568, 662, 666, 669, 672, 682, 688, 692, 703, 707, 713, 718, 728, 739, 751, 792, 794, 836, 925, 932, 941, 958, 962, 968, 975.
A P *Domine d. o. qui famulum tuum patrem* 290.
O — qui glorioso... bonorum *B* 1245.
O — *qui in similitudinem* 435.
— qui inter natos... fidem 123.
A O — *qui nos ex nicilo creas... celo* 423.
O — *qui omnia munda elegit* 171.
O — *qui omnium misereri* 404.
O — *qui per Moysen deputetur* 157.
P N — *qui plus gaudes super unum* 357.
O — *qui precipisti famulo... futura* 168.
A P — qui pro humani *M* 115, *B* 70.
O — qui uespere...eternum *B* 50, 1012.
O — *sanctifica huius aquam... uitam* 30.
O — *sanctifica hunc famulum* 47.
A O — *tuam beatitudinem* 429, *M* 1024.
O — tuorum ante mundi *B* 1086.
O *Domine Deus p. o. creator omnium* 136, 138.
O — p. o. creator omnium... sempiternam *B* 1215.
O Domine Deus d. p. o. inspirator... perducas *B* 88, 237, 324, 565, 1131.
O D *Domine Deus p. o. quies rex regum... dones* 296.
O D — *p. o. qui humanum genus* 368.
O — *p. o. qui ueteris legis... inlesi* 181.
O — *p. o. statutor et conditor* 14, 19.
O Domine Deus p. qui b. genitrici *B* 1294.
A — patris nostri Abraham et Deus *B* 328, 703, 706.
A P *Domine Deus patris nostri Abrahe deduc uiam* 349; cf. *M* 996.
O Domine Deus patrum... letemur *B* 188, 223, 230, 701, 707.
A P *Domine Deus pax eterna et quies* 389.
O — presta propitius ut beatus *M* 953.
O Domine Deus presta propitius... uoluntatem *M* 673, *B* 1071, *V* 61 (uoluptatem).
A O Domine Deus qui a nobis... omnibus *M*. 271.
O — qui ad impendendum... postulatum *B* 229, 709.
O Domine Deus qui aduentum... contristemur *M* 751, *B* 177, 1130.
O Domine Deus qui beatum Clementem *B* 1258.
O — qui beato confessori *B* 1012.
O — qui beato martyri *B* 992.
— qui nouissimum *V* 12.
— qui nullis naturarum *V* 36.
— qui olim benedictionem *V* 12.
O — qui omne masculinum... cognoscant *B* 1090, *V* 46.
O Domine Deus qui prophetali *B* 1280, *V* 126.
— qui salutem regibus *V* 60.
O — qui super Cherubim... impetremus *B* 218, 226, 704.
O Domine Deus qui te in igne... hauriamus *B* 94.
O — qui uirginibus tuis... mercedem *M* 780, *B* 1156, *V* 126.
O Domine Deus retributionis... complaceat *B* 75, *V* 9.
P S *Domine Deus Sabaoth pleni sunt celi... Domini* 398, 406.
O D *Domine Deus Saluator qui contriuisti* 445.
O — saluum fac populum... equitatis *B* 454, *V* 71.
A Domine Deus saluum me fac *B* 454, *V* 71.
O — scientiarum *B* 226, 230.
O — speranemm in te... iocundetur *B* 464, *V* 70.
O Domine Deus sperantem in te... potestate *B* 527, *V* 70; cf. *V* 69 et *B* 441.

O Domine Deus suscita in nobis... exuberet *B* 697, *V* 118.
A *Domine Deus uirtus salutis* 153.
O — uirtus... diuitiis *B* 526.
A O — uirtutum... triumpho *M* 602.
O — uita mortalium... illesi *B* 705.
P Domine exaudi et salua... protegat me *B* 595.
A — *exaudi me in tua iustitia* 405, 418, *M* 1013, 1017, 1020, 1023.
A *Domine exaudi orationem meam* 251, *M* 264, 983, *B* 500.
O Domine exaudi orationem... desideria *B* 161.
O — exaudi orationem... paucitate *B* 500.
O — firmamentum... associa *B* 202.
O — fortis et potens... percipere *B* 210.
O — gloria nostra... salutis *B* 596.
O — i. x. a quo pie anime *B* 1156.
— i. x. a quo sancte immaculate *V* 20.
— — ante quem nullus *V* 36.
O — — celestis gratie... digneris *B* 1039.
O — — creator astrorum *B* 656, *V* 115.
O — — cui beata Eulalia *B* 1284, *V* 19.
O — — cui reges *B* 179, *V* 49.
O — — cui sancta uirgo... coniungi *B* 1098.
O — — cui uirgo... recedamus *M* 775, 785, 788, *B* 1096, 1160, *V* 20.
O D Domine i. x. cuius imperio... alienus *M* 779, *B* 1149, 1159.
O D Domine i. x. cuius in fame pascimur *M* 364.
O — — cuius potentia... coronam *M* 875; cf. *B* 1061, 1227 (consortium), *V* 57.
Domine i. x. ecce insanientium *V* 41.
O — — *exaudi me orantem* 132.
P — — exaudi nos dne : bellis *B* 206.
— — exemplo uel suffragio *V* 125.
O — — fac nos accedere *B* 112.
O Domine i. x. fili d. p. qui hora diei... benedicas *B* 947.
O Domine i. x. fili d. p. qui hora diei... Saluatorem *B* 952.
O *Domine i. x. fili d. p. qui es Agnus immaculatus... perueniant* 226.
O Domine i. x. fili d. p. qui in tempore... animabus *B* 604.
O *Domine i. x. fili d. p. qui in tempore... celorum* 193; cf. *B* 604.
O *Domine i. x. fili Dei uiui qui ad sepulcrum* 135.
P P Domine i. x. fili Dei uiui qui tantam *M* 944.
— — gloria terre nostre *V* 28.
O *Domine i. x. gloriose conditor mundi... mundus* 199.
P P Domine i. x. hanc hostiam... fine *M* 117.
O — — in cuius uirtute *B* 1155.
A P — — ineffabilis pulcritudo *M* 777.
O — — infunde spiritum sanctum... uirtutis *B* 694, *V* 118.
Domine i. x. laudabilis nimis... statue *V* 17.
A O — — *medicina Patris... pietas* 367.
O — — non infirmetur quesumus... inimici *B* 472, *V* 75.
O Domine i. x. noster conditor... eternam *B* 1121.
— — per quem sanctarum... deprecantem *V* 21.
Domine i. x. perfice in nos... perducis *V* 36.
A O — — pro cuius amore... commenta *M* 942.
O Domine i x. pro cuius testamento... segregemur *B* 1059, *V* 56.
Domine i. x. quem dns misit... exultat *V* 36.
O — — quem filie Tyri in muneribus... execquamur *B* 1156, *V* 126.
O Domine i. x. quem martyres tui... uestigia *B* 1059, *V* 56.
Domine i. x. quem mouentes capita... angelorum *V* 84.
O Domine i. x. quem seculorum et regem... permaneat *B* 727.
O Domine i. x. quem uenisse... statuas *B* 100, 688, *V* 2.
P N Domine i. x. quem uenturum esse credimus... prenotari *M* 123.
M Domine i. x. qui ad agnitionem tui.... inlesi *M* 790.
O Domine i. x. qui ad interrogationem... presidio *B* 179, *V* 49.
M *Domine i. x. qui ad redimendam* 414.
O — — qui ad uocem conquirentis... promisso *B* 1141, 1145.
O Domine i. x. qui aduersus potestates... potestas *B* 1147, *V* 125.
O Domine i. x. qui animam... aula *B* 1281, *V* 21.
O — — qui animam... in pace *B* 126, *V* 40.
O — — *qui ante mundi... peruenire* 182.
O — — qui ante mundi principium... mereantur *M* 389.
O Domine i. x. qui ante omnem... cognoscaris *B* 119, *V* 35.
Domine i. x. qui apostoli tui... uincamus *V* 124.

Domine i. x. qui apostolo tuo... particulam *V* 125.

O Domine i. x. qui ascendisti... exaltas *B* 659.

O — — qui assumpto homine... splendore *B* 76.

O Domine i. x. qui beate martyris... inradias *B* 1281, *V* 21.

Domine i. x. qui beatam... perueniat *V* 42.

O — — qui beatam... remoueat *B* 1278, *V* 21

Domine i. x. qui beatam... triumphum *V* 20.

P N — — qui beatissimo... Iudeorum *M* 195.

O — — qui beato Iuliano... regna *B* 1037, *V* 52.

O Domine i. x. qui beatum Ioannem... possideat *B* 129, *V* 42.

O Domine i. x. qui beatum Ioannem... tartarum *B* 1210, *V* 132.

O Domine i. x. qui b. Laurentium... agnoscis *B* 1180, *V* 130.

O Domine i. x. qui b. Laurentium... clarificant *M* 818, *B* 1180, *V* 131.

O Domine i. x. qui b. Laurentium... consummamur *M* 811, *B* 1180, *V* 130.

O Domine i. x. qui b. Marcianam... triumphum *M* 779; cf. *B* 1160.

O Domine i. x. qui b. martyri tuo... passionem *B* 1070, *V* 59.

Domine i. x. qui b. Paulum apostolum... superno *V* 125.

Domine i. x. qui b. Petri apostoli... circumuallant *V* 124.

Domine i. x. qui b. Stefanum... credentium *V* 41.

O Domine i. x. qui b. tuam Rufinam... triumphum *B* 1160.

Domine i. x. qui b. uirgines Iustam... festinemus *V* 127.

O Domine i. x. qui b. uirgines Iustam... sanctitatis *B* 1162, *V* 125.

O Domine i. x. qui carnis uirginitatem *B* 1027, 1154, 1160.

O Domine i. x. qui castimoniam... sanctis *M* 975, *B* 1027.

Domine i. x. qui claues regni... relinquas *V* 124.

O Domine i. x. qui conuenientibus... ueniamus *B* 1238.

O Domine i. x. qui corpus b. Laurentii... supplicia *B* 1181, *V* 131.

O Domine i. x. qui credentes... tua *B* 51, 187, 325, 696.

O *Dñe i. x. qui cum Patre... infinita* 147.

O — *qui dignatus es... aspiciat* 131.

B — qui discipulis... peccatorum *M* 143.

O — *qui dixisti discipulis... coronam* 39.

O — *qui dixisti discipulis... infinitum* 42.

O D — qui elegisti tua ex... conseruemus *M* 865; cf. *B* 1206.

O *Dñe i. x. qui es caput... perueniat* 38.

O — qui es ineffabile... regnas *B* 119, *V* 36.

P N — qui es ineffabilis... defuncti *M* 155.

O — qui es ineffabilis... iustifica *B* 1261.

O — *qui es memor... introeat* 118, 129.

— qui es mons altissimus *V* 30.

— qui es pax, cuius... inlesos *V* 38.

O — qui es redemptio... confirmes *B* 143, 1090, *V* 37.

B *Domine i. x. qui es spes et resurrectio* 126.

O — qui es sponsus uirginum... supplicium *B* 1270, *V* 14.

O Dñe i. x. qui es supra... laudare *B* 1272.

— qui es testis fidelis... gratiam *V* 111.

P N — qui es testis fidelis... transferas *M* 500.

M *Domine* i. x. *qui es uerus medicus... cures* 372, 385, *M* 1008.

O Dñe i. x. qui et meritis... iustificemur *B* 1027.

O — qui ex Patre... donum *B* 122 *V* 36.

A P — qui ex Virgine... dignitate *M* 823.

— qui ex Virgine... perueniat *V* 38.

O — *quifacis mirabilia, te supplices... benedictionibus* 73.

O Dñe i. x. qui figuris... pacis *B* 142, *V* 46.

O — qui hodie a deserto... induci *B* 1188.

O — *qui humano generi... perpetuum* 137.

— qui ideo uerus dies... absoluat *V* 28.

— qui in adsumpto homine *V* 34.

O — qui in concilio... attolli *B* 126.

A O — qui in patibulo... conserues *M* 950.

— qui in tantum... adstringat *V* 124.

O — *qui in utero Virginis... perueniat* 167.

— qui ingenti pietate... participes *V* 124.

O — *qui in similitudinem nauis... illesi* 173.

— qui Iordanis alueum... salutis *V* 48.

O — qui ita in spiritu... obtinemus *B* 1094, 1101; cf. *V* 21.

O Dñe i. x. qui ita munere... desit *B* 125, *V* 40.

— qui ita Spiritu sancto tuo... defende *V* 21.

Dne i. x. qui ita Spiritu tuo... obtinemus *V* 21; cf. *B* 1094.
O Dñe i. x. qui Iulianum... regna *B* 1042.
— qui ligandi... ignoscat *V* 124.
— qui magnum in... genetricis *V* 28.
O — qui magorum... incensum *B* 175, *V* 51.
— qui martyrum tuorum... sanes *V* 41.
O — qui mirabiliter... iocundemur *B* 1074, 1197, *V* 59.
P N Domine i. x. qui mortalitatis... perducas *M* 220.
O — qui mortem moriens... angelorum *B* 988.
O Domine i. x. qui natiuitatis... Deum *B* 113.
O — qui nomine... iustificari *B* 1155.
O — qui non solum in natiuitate... consortio *B* 1131, *V* 123.
A O Dñe i. x. nos per multas... exquirant *M* 999.
O — *qui os mutorum... referat* 38.
O — *qui per apostolum... confidentes* 23.
O — qui per Moysen famulum... perueniamus *M* 477.
O *Dñe i. x. qui per seruum tuum Salomonem* 170.
O — qui Petrum et Paulum... celi *M* 773, *B* 1146.
Dñe i. x. qui Petrum et Paulum... munere *V* 124.
— qui piissimum Stefanum *V* 41.
O — qui posuisti... confundamur *B* 1304.
O — qui primum... exemplis *B* 1144.
O D — qui pro nobis carnem... muniamur *M* 129.
O Domine i. x. qui pro nobis soporem *B* 615, 626, 629, 632, 634, 639, 643, 645, 648, 650, 655, 659, 1121, *V* 134.
O Domine i. x. qui pro nobis traditus... semper *B* 605.
O Domine i. x. qui pro nostre... construas *B* 294, 371, 683.
M *Domine i. x. qui pro reparatione... concedas* 427, *M* 1030.
Dñe i. x. qui sanctam .. superetur *V* 21.
O — qui sancte... probetur *B* 1285, *V* 21.
Dñe i. x. qui sancte Marie arcana *V* 27.
— qui sancto apostolo... premium *V* 62.
O — qui sanctos tuos in... effici *B* 1057; cf. 1227.
O Domine i. x. qui sanctos tuos in... existere *B* 1227, *V* 55.
O Domine i. x. qui sermonibus Columbe... gaudiorum *B* 1312, *V* 44.
O Dñe i. x. qui sic uirginem... contagiis *B* 1190.
O D Dne i. x. qui sic uirginem... regnis *M* 825.
— qui sine manibus... gloria tua *V* 37.
O — qui singulari... terra *B* 1143.
O — qui solus nominis tui... inueniamus *B* 1254; cf. *V* 45.
Domine i. x. qui solus nominis... perueniamus *V* 45; cf. *B* 1294.
O Domine i. x. qui specie... salutem *B* 1149, 1160, *V* 20.
Domine i. x. qui Spiritu sancto... populorum *V* 117.
O Domine i. x. qui sublimius exaltasti... sempiterne *B* 661; cf. *V* 114.
O Domine i. x. qui summos apostolos... coronandos *B* 1142.
O Dñe i. x. qui tantam... gloriantes *B* 1184, *V* 131.
— qui traditionis tue... aduocatus *V* 98.
O — qui traditurum te morti... animam *B* 449, *V* 93.
O Dñe i. x. qui traditus es... subsidio *B* 607.
O — qui tuum esse... extinguas *B* 1070, *V* 60.
P P *Dñe i. x. qui uera es uita credentium* 422.
— qui ueteribus... reuerentiam *V* 129.
A O — qui uiuificaturus... potiamur *M* 577.
O — quo ita Verbum... digneris *M* 174.
— quo oriente uisitati... liberemur *V* 49.
O — *redemptor humani... eternum* 124.
O — *redemptor mundi... perueniat* 35.
— rex eterne qui pulcritudinem *V* 20.
A P — sanctorum claritas... careamus *M* 483.
O — uerus Deus... approbaris *B* 646.
O — *unigenite f. d. p.... percipiat* 63.
Domine Iesu cuius caro... potestate *V* 72.
Domine Iesu o. et immense... pium *V* 28.
— quem o. misit Pater *V* 38.
— qui ascendisti... exaltas *V* 114.
— qui dolorem Ecclesie... placere *V* 95.
P P Domine Iesu fili Dei... sempiternis *M* 342.
R — indulge peccatis *B* 396.
R — inique egimus *B* 234.
R — iudica nocentes me *B* 513.
P — miserere mei et libera... mee *B* 608.
R — miserere nobis, te enim *B* 344.
P — misericordiarum... coronam *B* 501.
P — misericordiarum... expectes *B* 440.
P — misericordiarum... genitus *B* 324.
A O — misericordiarum... misericordia tua *M* 327.

P Domine misericordiarum... pertulisti *B* 380.
P — misericordiarum... populos *B* 260.
R — ne despicias cor *B* 226.
O — *ne in ira tua...disciplinam* 366, *B* 194.
R — ne intendas in delicta *B* 671.
A — ne ponas mala *M* 990.
O — neque in ira... disciplina *B* 188.
L — *non ponas mala* 265, *M* 1001, 1002.
P N — offerentium uota et... sempiterna *M* 942.
Domine o. p. ecce agnus tuus... captiuorum *V* 34.
O Domine o. qui uisitasti... liberemur *B* 148.
R — omnis conscientia *B* 230.
A — *orationem meam exaudi* 334.
A — probasti me *V* 110.
O — probator iuste... manifestam *B* 597, *V* 93 (probator iusti).
A *Domine protege nos a conuentu* 339.
O — quem ex homine... inhabites *B* 140.
O — quem hominem natum... inhabites *B* 1087, *V* 45; cf. *B* 140.
O Domine quem inclinato...expectat *B* 179, *V* 50.
O — qui ascendisti in altum... participes *B* 661, *V* 114.
A O Domine qui b. apostolos... uiperas *M* 767.
O — qui b. Clementem... beati *B* 1258.
R — qui consoletur me *B* 522, *V* 75.
R — qui das salutem *V* 60.
O — *qui dixisti : iugum... gratiam* 230.
A — qui dixisti mihi : reuertere *B* 200.
O — qui domus Dauid... ex ore *B* 113.
O — qui educens nubes ab extremo... benedicas *B* 160, 377.
Domine qui electos tuos... obtineat *V* 22.
O — qui erigis elisos... uiuimus *B* 378.
A O — qui es iustus... consortes *M* 807.
O — qui es magnus... explere *B* 1270, *V* 18.
O — qui es supra... laudare *B* 174, *V* 18.
— qui et in celo ascensum... liberi *V* 115.
O — qui fecisti luminaria *B* 648.
O — qui fortitudine indueris *B* 660.
O — qui in altis habitas *B* 659, 660, 662.
— qui in cruce pro nobis *V* 114.
O — *qui in eternum permanes* 380.
O — qui Israeliticam uineam *B* 388.
O — qui iustorum gaudium *B* 395, 666, 688, 714.
O D Domine qui magnus dies es... immolari *M* 226.
O — qui manifestus... pertrahat *B* 701.
A Domine qui me persequuntur *B* 475.
O — *qui misereris omnibus... benedicat* 381.
— qui nauem Ecclesie tue... celo *V* 17; cf. *B* 1272.
Domine qui non spernis tuorum preces *V* 22.
— qui nos consoletur non est *V* 75.
O — qui nos iustitiam... lingua *B* 400.
O — qui nos preuenire dignatus *B* 204, 222.
A — qui nutriunt *V* 50; cf. *B* 179.
O — qui olim in corpore nostro... dirigantur *B* 470, 530, *V* 87.
O Domine qui olim uenisti... oppressione *M* 128.
O — qui populo tuo... beatitudine *B* 546.
O — qui posuisti Ierusalem *B* 438.
— qui pro nobis soporem *V* 134, *B* 615.
O — qui semper inuocantibus *B* 187, 191.
O — qui soluis uerbi... intromittas *B* 437.
O — qui sursum in celestibus... conlaudemus *B* 156, 165, 170.
A Domine qui te diligunt *B* 1022.
A — qui te nutriunt *B* 179; cf. *V* 50.
O — qui timentes te... recondantur *B* 167.
P N — qui uirtute... equalis *M* 617.
A — quid multiplicati sunt *B* 51, 59, 72, 83, 91, 95, 101, 104, 11, 187, 216, 324, 380, 440, 484, 496.
A Domine quis habitabit *B* 203.
A — *refugium factus es* 233, *B* 306, 420.
O — refugium nostrum... recognoscat *B* 402.
A — retribue pro me *B* 555.
O — rex glorie qui patefactis... celis *B* 657, *V* 115; cf. *M* 602.
P N Domine rex glorie qui patefactis... consoleris *M* 602; cf. *B* 657.
P P Domine sacrificia dependentes... gaudeamus *M* 245.
A Domine salua me a contradictionibus *B* 457, *M* 72.
A *Domine saluum fac regem* 293, *B* 662.
P N — s. p. e. o. d. in cuius nomine *M* 167.
O — — *qui per i. x. f. t. d. n. cuncta ex nicilo* 179.
O *Domine s. p. o. d. qui Abraham* 173.
O D — — *qui benedictionis* 390.
A Domine si uis potes me saluare *M* 1006.
O — *sic esto propitius peccatis... culpa* 381.
A — uim patior, responde *B* 580.
R — uirtutum cum tranquillitate *B* 238.
O — uirtutum orationes... contemplemur *B* 68, 733, *V* 33.

A Domini est salus *B* 80, 97, 108, 116, 141, 177, 241, 1089.
L Domini est terra *M* 270, *B* 651.
O D — memores frs c. orationis *M* 251.
M Dominicos dies d. frs... promisit *M* 242.
O D Dominum d. n. frs c. toto corde *M* 830, 956.
M — i. x. auctorem iustitie *M* 806.
M — perditorum quesitorem *M* 499.
A Dominus ab utero formauit me *V* 122.
A — adiutor meus et *B* 1314.
A — adiutor noster *B* 412.
A — ascendit in celos *B* 656.
A — conterens bella *B* 646.
— *custodiat te ab omni malo* 57.
A — dat sapientiam *B* 699.
L — de celo parauit *B* 1216.
R — de Sina ueniet *B* 1217; cf. 1246, *V* 2.
A — Deus celi benedicat *B* 211, 214, 1028, 1091, 1186.
A Dominus Deus dabit benedictionem *V* 12.
A — Deus germinabit iustitiam *B* 75.
A — Deus noster ipse pro nobis *V* 112.
A — Deus patrum nostrorum *B* 634.
A — dixit ad me *M* 185, *B* 122.
L — enim dabit benedictionem *B* 68.
A — *erigit elisos* 72.
A — fortis egredietur *V* 7.
A — humilem facit *B* 230.
— i. x. ad cuius aduentum *V* 2.
O — *i. x. animam famuli... eternum* 137.
B — cui b. Laurentius *B* 1180, *V* 130.
B — cui paruulorum... iustificet *M* 210.
— cuius aduentum... iungat *V* 4.
B — *det pacem in diebus uestris* 445.
B — qui a peccatoribus *M* 1022.
B — qui ad confirmandas promissiones *B* 141, 145, *V* 44.
B Dominus i. x. qui aduentu suo *B* 79, 83, *V* 3.
B — *qui animam... eternum* 136.
B — qui apostolorum *M* 725.
B — qui est confessorum... promissum *M* 972, *B* 1200, 1223; cf. 1019 (premium), 1020, 1200, 1223.
Dominus i. x. qui est corona... inlesi *V* 47.
B — *qui est omnium bonorum... in regno* 279; cf. *M* 991.
L Dominus i. x. qui est testis fidelis *B* 623, 634, 1121; cf. *V* 111.
B *Dominus i. x. qui est uita et resurrectio* 404.
— qui hodie apparitionis *V* 51.
B Dominus i. x. qui hora diei tertia *B* 953.
— qui in concilio lapidantium *V* 39.
B — qui in natiuitate precursoris... ubertas *M* 762.
B Dominus i. x. qui in seculorum... perueniatis *M* 176.
B Dominus i. x. qui ingenti... incremento *M* 855, *B* 1206.
Dominus i. x. qui linguam b. Martini... capiatis *V* 136.
B Dominus i. x. qui martyrem suam... delictis *M* 978.
B Dominus i. x. qui nos redemit... nostra *B* 967.
B — qui olim ex... transitum *M* 848, *B* 212, *V* 24, 1291, 215.
B Dominus i. x. qui olim pro... uescendus *M* 189.
B Dominus i. x. qui per elemosynam... eterna *B* 314.
B Dominus i. x. qui per legem... eterno *M* 390.
B Dominus i. x. qui post resurrectionem... ueritatis *B* 670.
B Dominus i. x. qui potenter... supplicii *B* 1078, *V* 61.
B Dominus i. x. qui primum redemptionis *B* 125, 127, *V* 39.
B Dominus i. x. qui pro delictis... habere *M* 502.
B — qui pro totius mundi *M* 486.
B — qui sanctam Eulaliam... periculi *B* 1285, *V* 22.
B *Dominus i. x. qui se a peccatoribus... criminis* 397, 407.
B *Dominus i. x. qui se a peccatoribus... felicitatis* 121.
Dominus i. x. qui se pro nobis circumcidi... corpore *V* 46.
Dominus i. x. qui sua uos natiuitate redemit... offensam *V* 39.
Dominus i. x. qui uenit de incorrupte matris... adcumulet *V* 3.
B Dominus i. x. qui uirginem suam... sponsam *B* 1027, 1029, 1152, 1154; cf. 1030, 1032, 1034.
B *Dominus i. x. qui uite et mortis... presentiam* 113, 127.
B *Dominus i. x. qui uos lauit... karitatis* 35.
B — qui ut legem adimpleret... circumcisionis *M* 222.
A Dominus i. x. surrexit a mortuis *B* 622, 642, 644.
A Dominus Ihesus misit discipulos *M* 416, *B* 602.

Dominus Ihesus qui ad redemptionem... donet *V* 1.
L Dominus illuminatio mea *B* 207, 306, 366, 421, 484, 546, 678.
L Dominus in celo parauit sedem *B* 659, 661, 662, 663, 672, 679, 680.
L Dominus in circuitu populi *B* 88.
A — in nobis est *V* 112.
A — in Sion magnus *B* 170.
A — *locutus est* 72, *B* 691, *V* 117.
A — mecum est quasi bellator *B* 590.
A — memor fuit nostri *M* 510, *B* 177, 306, 363, *V* 112.
A Dominus mihi adiutor est *B* 585.
A — mihi dat linguam *B* 1151.
B — nos sua benedictione... bono *B* 199, 201, 224.
O Dominus noster i. x. f. tuus qui solus uerbo *M* 477; cf. *B* 614.
Dominus noster i. x. in qua nocte tradebatur 238.
O *Dominus noster i. x. quem illi secuntur... eternum* 138.
B Dominus noster i. x. qui est corona... illesi *B* 147, 150.
R Dominus o. audiuit uocem *B* 242.
R — o. suscitabit nobis *B* 89, 90.
A — orationem meam suscepit *B* 441, *V* 70.
A — possedit me *B* 147, *V* 35.
A — regit me *M* 408.
A — regnauit a ligno *M* 704, *B* 952.
A — regnauit, decorem *M* 217, 222, 239, 245, 252, 256, 263, 268, 273, 278, 282, 621, 628, 630, 634, 637, 640, 643, 648, 751.
A Dominus sapientia fundauit terram *B* 240.
L — sicut fortis egredietur et *B* 97.
A — sicut fortis egredietur sicut *B* 98, *V* 2.
— *sit semper uobiscum* 231, 241, 243.
— *sit uobiscum* 239.
A — soluit compeditos 957.
A — uirtutem populo *M* 503, *B* 278, 675.
A — uirtutum ipse est *B* 210.
A — uirtutum nobiscum *B* 344, 402.
— *uobiscum* 242-243; cf. 239.
O Domus tue dignitas... offeramus *B* 671.
A *Dona dne requiem famulorum* 426.
A Dona dne requiem famulis *M* 1029.
O — *dne sacerdotibus tuis... honore* 220, *V* 101.
O — nobis dne peccatorum... sentiamus *B* 738.
O — nobis dne sapientiam, per *B* 1192, 1207.
O Dona nobis dne ut nos... conuenire *B* 287.
A P — nobis o. d. martyris tui *M* 667, 954.
A Dorsum meum posui ad flagella *B* 607, *V* 92.
Dulce nobis dne quum... plenitudo *V* 64.
Dulcis satis est dne Sion... preceptis *V* 10.
L Dum complerentur dies Pentecostes *B* 694.
A Dum congregarentur omnes *B* 555, *V* 75.
A Dum consistit peccator *B* 521, *V* 77.
A Dum conuenirent ad circumcidendum *B* 142.
A Dum succenderetur fornax *B* 1054, 1056, 1225, *V* 55.
O Dum te o. d. nostre... gradiamur *B* 251.
A Dum uenerit Paraclitus *B* 689.

O Ecce ad instar trium illorum puerorum... liberari *B* 1058, 1228, *V* 56.
A Ecce agnus Dei qui *M* 481, *M* 34.
Ecce annuntio uobis gaudium 519; cf. *B* 116, *V* 34.
P N Ecce antistes uerissimus... futuris *M* 685.
A — clamat custos *M* 224, 243.
— coeterna Dei sapientia... pace *V* 35.
A — Deus excelsus in fortitudine *B* 86, *V* 8.
A — Deus magnus *B* 60.
A — Deus noster, ecce Dominus *V* 6.
M — dil. frs antiqui... peccamina *M* 852.
M — dil. frs audiuimus... superna *M* 340.
O D — dil. frs fide... sermonibus *M* 157.
O D — dil. frs mecum... expurgare *M* 739.
O — dne apostoli tui... sociari *B* 1193.
O — dne clara est uox... mereamur *B* 1041.
P P — dne dilecti tui... sumpturi *M* 661.
O — dne dilecti tui... uiuamus *B* 1039.
— dne Ihesu quem Ioannes... gloriam *V* 123.
R — dne in toto corde *B* 1013, 1241.
O — dne in toto corde suo *B* 1241, *V* 15.
O — dne nostrorum... dignatus es *B* 1113.
O — dne positi in perturbatione *B* 491, *V* 79.
O D — dne redemptor... inlustras *M* 860.
O — dne sicut cedrus... gloriemur *B* 1189.
O — dne supra Ecclesie tue *B* 484, 580, *V* 84.
O — dne uenturam... infinita *B* 566, *V* 91.
O — dne uesperum quarti diei... coronam *B* 628, *V* 105.
O Ecce dne ueteres sunt... passionis *B* 521, *V* 77.
A Ecce dns ascendet *B* 104.
A — dns auditum fecit *V* 9.
R — dns d. n. egredietur *B* 92.
O — dns d. n. satis pulchri... felices *B* 84.
R — dns in igne ueniet *B* 94.

A Ecce dns retributionis *V* 9.
A — dns tuba canet in Sion *B* 77.
A — dns ueniet de longe *B* 91.
R — dns ueniet et non mentietur *B* 104.
R — dns ueniet et omnes *B* 1250.
R — dns ueniet redemptor *B* 92, 948.
A Ecce ego adducam filium meum *B* 111.
— ego deprecabor Deum et *M* 326.
A — ego mittam uobis *B* 67.
A — ego mitto ad gentes *B* 86, *V* 1.
A — *ego uiam uniuerse carnis* 110, 126.
A Ecce elongaui fugiens *B* 491, *V* 79.
A — enim Deus adiuuat me *B* 491.
A — enim Deus saluator *B* 73, 91.
R — factus sum omnibus *B* 593, *V* 75.
A — festinus uelociter *V* 9.
O — *fili Euangelium... adtribuam* 50.
— filia Sion ad te... liberator *V* 15.
— *frater accipe ferulam* 52.
— *frater factus es ad docendum* 55.
A O — fratres car. solemnitas... creatori *M* 879.
A — *homo iustus sine querela* 294.
M — iam in proximo sunt... esse *M* 285.
O — iam prope es dne... inlesi *B* 94, *V* 30.
P N — *Iesu bone de tua misericordia* 244.
O D — Iesu bone qui nos... uestigiis *M* 509.
P N — Iesu his diebus... eterna *M* 357.
A O — Iesu mediator... libertatem *M* 511.
A Ecce in excelsis est iudex *B* 485.
— in Ierusalem dne apparet *V* 51.
R — inimicus meus circumdedit *B* 532.
A — intelligens puer meus *B* 1185.
A — intelliget puer meus *B* 997, 1196.
A — iste religiose femine *B* 1029.
O — laus tua Deus... facies tua *B* 263, *V* 65.
O — letatur in te dne... mereamur *B* 1047.
A — *lignum gloriosum* 194.
R — maiestas Dei uenit *B* 103.
A — mittam ego in fundamentis *B* 94.
— natum te Christe... finis *V* 37.
A — nomen dni uenit *B* 80, *V* 6.
R — non est auxilium *B* 555.
M — nunc tempus... seculorum *M* 186.
R — nunc uenit in me dolor *V* 95.
— o dne d. n. satis... felices *V* 2; cf. *B* 84.
R — occupauerunt animam *V* 82.
A — oculi Domini super *B* 230, 666, 728.
A — odor filii mei *B* 181, 679.
A — odor sanctorum meorum *B* 1244.
R — orietur nobis princeps *B* 112.
A Ecce ostendit mihi angelus Iesum *M* 133.
R — per omnes semitas *B* 563.
A — procedet uerbum *B* 112, *V* 8.
H Ecce quem uates uetustis... sternitur *B* 898.
R — quomodo moritur iustus *B* 1018.
L — recordatus est *B* 628.
A — reuelabitur gloria *M* 125, *B* 68.
O D — sacrorum fratrum *M* 733; cf. *B* 1108.
O D — Saluator noster... inchoemus *M* 295.
H — Saluator omnium *B* 73, 76, 91.
L — seruus meus *M* 536, 956, *B* 998.
R — Sion dominator *B* 72.
A — stella quam uiderant Magi *B* 180.
A — super montes pedes *M* 109, 130.
O — super nubem te... gloriosus *B* 104.
H — te Christe tibi cara semper *B* 913.
L — tempus dicit dns *B* 1292, 1300.
O — tu dne d. n. qui olim *B* 105; cf. *V* 6.
A — uenerunt noua *V* 24.
R — uenient dies Domini *B* 261, 949.
A — ueniet dies Domini *M* 921.
A — ueniet dns et non *V* 9.
A — ueniet dns et saluos *B* 108.
R — ueniet nobis salus *B* 93.
R — ueniet spiritus ueritatis *B* 692.
A — ueniet uir cuius Oriens *B* 105.
— uenimus ad te... supplicii *V* 109.
A *Ecce uenit hora ut dispargamini* 190, 191, *B* 601.
A Ecce uenit tempus fortitudinis *V* 9.
A — ueteres posuisti dies *B* 521, *V* 77.
R — uir impius graditur *V* 69.
A — ut facta est uox *V* 121.
O Ecclesia tua Christe... populus *M* 451.
O Ecclesiam sanctam catholicam *M* 114, 540; cf. 1030.
O *Ecclesiastica unitate connexi* 217, *V* 100.
M Ecclesie tue preces... libertate *V* 642.
P N — quesumus... accumula *M* 235.
Edifica dne muros Ierusalem *V* 134.
O — super aquam refectionis... beatorum *B* 565: cf. 582.
R Edificabit dns in celo *V* 115.
A Edificauit Abraham altare *M* 254.
A — Gedeon altare *M* 270.
A — Moyses altare *M* 258; cf. 414.
A — Noe altare *M* 248.
O Educ dne animam nostram *B* 522, *V* 86.
A — *de carcere animam meam* 117, *M* 837, *B* 1211.

O Educ dne de carcere... assidua *M* 843, *B* 1211.
O D — de carcere... nunciati *M* 842, *B* 1213.
O — de tribulatione... laude *B* 477, *V* 85.
L Educ eos dne de tenebris *B* 978.
O Educa dne super aquam... beatorum *B* 582; cf. 565.
L Eduxit dns populum *M* 995.
A *Effeta, effeta cum Spiritu sancto* 27.
A P Effice nos dne filios... celestia *M* 281.
L Effundam de Spiritu meo super *B* 691, 694, 695, *V* 118.
A Effundam dicit dns de Spiritu meo *B* 693.
Effunde caritatem... hauriamus *V* 118.
— dne de Spiritu... manifestus *V* 118.
— dne super inimicos *B* 555, *V* 81.
O — dne super nos aquam... concedas *B* 504.
O — *queso Deus in uisceribus... habitare* 273; cf. 272, 297.
O Effundentibus nobis coram te *B* 234, 261, 730.
O — nobis in conspectu tuo *B* 493.
A Egens ego sum *V* 83.
O Egenti et in laboribus consistenti... remuneres *B* 578, *V* 83.
A Ego ad te dne clamaui *B* 450, 508.
A — ante te ibo *B* 72, 91.
A — autem cantabo uirtutem *B* 597.
A — Daniel intellexi *M* 194, 721.
A — clamaui quia exaudisti me *B* 200, 995, 1185, 1195.
A Ego cognoui quam magnus *B* 377; cf. 165.
L — dedi eis sermonem *B* 568.
A — dne cum mihi molesti *B* 574, *V* 76.
A — dns creaui te *M* 813.
A — dns primus et nouissimus *B* 98, *V* 18.
A — dormiui et quieui *M* 493, *B* 617, 633, 640, 646, 649, 651.
A Ego dormiui et resurrexi *B* 622, 623, 625, 626, 627, 629, 632, 635, 636, 639, 643, 644, 645, 648, 650, 655, 659, 691, 1121.
A Ego elegi uos ut fructum *B* 1141.
A — enim per legem *B* 1262.
A — filia fortissimi *V* 27.
A — Iesus mitto angelum *B* 86, 1216; cf. *V* 13.
A — in dno gloriabor *B* 1091, 1264.
A — in iniquitatibus *B* 468.
A — in laboribus multis *B* 1066, *V* 59.
A — in secula gaudebo *V* 15.
A — iniquitatem meam *B* 604.
A — locutus sum *B* 83, *V* 13.
A — occidam et uiuere *B* 209, 331.
A Ego primogenitus exiui ante omnem *B* 117.
A — quasi catulus leonis *V* 13.
A — quasi de somno *V* 110.
A — *seruus tuus et filius ancille* 259, 288, 304, 388, *B* 832, 954.
A Ego stigmata Iesu *V* 11.
A — sum Alpha et Omega *B* 182, 183, *V* 49.
R — sum Deus et non mutor *B* 646.
R — sum dns d. uester *B* 649; cf. *V* 12, 18.
R — sum lux mundi *B* 992.
A — sum ostium dicit dns *M* 324.
L — sum primus et ego nouissimus *M* 472, 476, *B* 614, 623, *V* 36.
A *Ego sum resurrectio et uita* 399.
L — sum uox clamantis *B* 1133.
A — uidi in medio candelabrorum *V* 113.
L — uidi uirum splendidum *B* 661.
R Egredere intra lilia *B* 1094, 1102.
A — post uestigia *B* 1283.
A — quasi aurora *B* 1272, *V* 16.
A — tanquam sponsa *B* 1280.
A Egredietur uirga de radice *B* 103.
Electum Christe dne de plebe... iungamur *V* 40.
R Elegi uirum de plebe *V* 40.
A Elegit nos hereditatem *B* 643.
R Elemosina et fides *V* 64.
A Eleuate signum *B* 113.
L Eleuatio manuum mearum *B* 185; cf. 189.
A Eleuauerunt ad Dominum manus *B* 1043.
A *Eleuauit sacerdos munera super* 232; cf. 314, *M* 983.
A O Eminentissimum nobis... propriis *M* 901.
A O Emissa celitus consolationum *M* 247.
A Emitte agnum dne *B* 119.
P P — x. f. d. de sanctis... uirtutis *M* 328.
O — dne lucem tuam... munere *B* 227.
A — dne manum *B* 1258.
P N — dne spiritum... occurramus *B* 611.
A — lucem tuam dne... sancte *B* 218, 704.
A — lucem tuam dne... tua *B* 64, 171, 316.
A — lucem tuam dne... tuum *B* 388, 503.
O — lucem tuam et ueritatem *B* 318, *V* 29.
A — *manum tuam* 117, *B* 541, *V* 85.
— manum tuam dne... abire *V* 85.
— manum tuam dne... celi *V* 85.
O Emitte o. p. de summis... restituat *B* 61, *V* 31.
A Emitte Spiritum tuum *M* 614.
Emmanuel nobiscum... premio *V* 25.
O D *Emunda dne conscientias... aquis* 315.
O D — dne conscientias... e celis *M* 400.

O D *Emunda nos Deus a commissis piaculis* 246.
H En euangeliste adest... cordibus *B* 1222.
H En festum prodiit uirginis inclite *B* 1204.
H En martyris Laurentii... proroga *B* 1179.
O Equitatem testimoniorum... destinata *B* 569, 599.
B *Equum et iustum est... annorum* 214, *M* 443.
Equum et iustum est (*Inlationes*) *M* 636, 793, 913, 961, 1023.
L Erat aspectus eius *M* 477, *B* 614.
M Erigamus queso dilectissimi frs corda... cecitatis *M* 321.
O D Erigamus queso frs c. in sublime... redemit *M* 174.
M Erige nos ante conspectum... mereamur *M* 598.
O D Erigite fratres oculos... pietatem *M* 666.
Erigite uos, orate, flectite genua *M* 427, 609.
Erigite uos 211, 231, 235.
O Eripe animam nostram... inferis *B* 512, *V* 74.
A — Deus a framea *B* 512, 579, *V* 74.
A — *dne animas nostras de morte* 399, *B* 976.
O — dne animas nostras ut non... decantemus *B* 235.
O Eripe dne gregem... pertimescat *B* 562, *V* 85.
L *Eripe me de inimicis meis* 338, *B* 500, 956; cf. 526, 533, *V* 80.
L Eripe me dne a calumniis *B* 447.
L — me dne ab homine *M* 374, 381, 386; cf. 500, 557, 595, 951, *V* 85.
O Eripe me dne ab homine... impiis *B* 500; cf. *V* 85.
O Eripe nos de inimicis nostris... usquequaque *B* 526, *V* 80.
A Eripe pauperem et egenum *V* 82.
A Erit dns gloria corone *B* 71, *V* 3.
A — dns sicut ros *B* 100, *V* 3.
L — firmamentum in terra *B* 101; cf. *V* 3.
A — germen dni in die *V* 9.
A — hic uobis dies *M* 499.
A — lumen lune *B* 180.
A — lux magna in tempore *B* 107.
A — omnipotens adiutor 294.
A — opus iustitie pax *B* 60.
R — tanquam lignum *V* 113.
O Erubescant dne impii... labia *B* 466, *V* 75.
O — et confundantur omnes... confundatur *B* 441, *V* 70.
A Erubescant impii et deducantur *B* 466, *V* 75.
O Erubescimus dne te Patrem *B* 248, 724, 726, 731, 734.
O D Erubescimus dne te Patrem *M* 655; cf. *B* 248.
Erue, libera, protege, muni *M* 986.
O Eruti a malo, stabiliti semper in bono *M* 435, *B* 613; cf. Liberati a malo.
A Est Deus in celo cui nos seruimus *B* 701.
A Estimatus sum cum descendentibus *B* 575.
Esto custos librorum 43.
— *custos sacrorum* 43.
O — dne in Deum... dederis *B* 238.
A — dne memor nostri... deuotos *V* 112.
L — *dne protector et medicus* 358.
O — in nobis dne Deus Israel... terram *B* 166, 676, 712; cf. 322.
A Esto mihi in Deum *V* 74.
A — nobis dne corona glorie *B* 72, 103, *V* 3.
A — nobis dne in Deum *B* 238, 732.
O — nobis dne in Deum... dederis *B* 732.
— nobis dne in Deum... inlesi *V* 74.
R — nobis dne protector... pastorem *B* 704.
O — refugium nostrum... beneficia *B* 306, 420.
A O Esurientes corpus tuum... corruptum *M* 473.
A *Et accedens reuoluit lapidem* 242.
A *Et dum staret* 314.
Et ego te babtizo 32.
Et ego te chrismo 102.
B Et qui Simeonis iusti... munificet *B* 1088.
P N Et te altissime redemptor... consortia *M* 709.
H Eterna Christi munera *B* 909.
M *Eternam Dei p. o. misericordiam* 429, *M* 1024.
H Eterne lucis conditor... diem *B* 310, 369, 423.
O D Eterne d. f. d. Ihesu quem... postulare *M* 198.
P N — d. f. qui pro nobis... euanescat *M* 506.
P N — d. f. qui uirginee matris *M* 175; cf. 847.
P N — Deus summe... exoptata *M* 822.
A O — et inestimabilis... plenitudo *M* 749.
O — o. d. a quo omne... possideant *B* 1017.
O — *o. d. qui nobis a te conditam* 14.
O — o. d. qui sanctum pontificem... inuicti *B* 1013, 1019.
H Eterne rerum conditor *B* 50, 69, 79, 88, 97, 108, 147, 187, 216, 221, 225, 229, 233, 237, 240, 244, 260, 324, 380, 440, 501, 565, 691, 696, 700, 703, 706, 1131.
H Eterne rex altissime *B* 653, 657.
M — tue uirtutis... coequari *M* 964; cf. 827, *B* 998.
Eterni Patris sapientia... ampliares *V* 38.
H Eterni proles Patris et inclite *B* 1191.
M *Eternum atque o. d. frs c. supplices* 415.
O — nomen uirtutis *B* 998; cf. *M* 964.

O Eternum te auctorem *B* 51, 80, 187, 696.
PN — te Deum et... concelebret *M* 276.
O — te Deum rerumque... officiis *B* 691; cf. 69, 216, 380, 440.
O Eternum tue uirtutis... coequari *M* 827, 856; cf. 964, *B* 998, 1193, 1196, 1203, 1207.
B Eternus dns qui humilitate... attribuat *B* 216, 219.
L Euge serue bone et fidelis *B* 1265.
O Ex latere Domini... dignetur *M* 527.
A Ex ore infantium *M* 206, *V* 54.
O Ex radice Iesse exiens... ostendas *B* 112, *V* 7.
B Ex Sion Dominus ueniens... puniat *B* 97, 100, *V* 2.
L Ex utero matris *B* 1135, 1136, *V* 122.
R Exacerbauimus nomen tuum *B* 404.
O Exalta cornu nostrum *B* 158, 314, 355, 667, 683, 719.
O Exalta nos dne de portis... intentio *B* 269.
A *Exaltabo te dne quoniam* 387, *M* 1004.
O Exaltamus te dne... mirabilia tua *B* 230.
O Exaltare dne qui iudicas... impiis *B* 563, *V* 89.
A — super celos *B* 69, 221.
L Exaltate sunt filie Ierusalem *B* 1030, 1032, 1050, 1054.
A Exaltatio iusti multa *B* 1128.
A Exaudi de celo dne *B* 241, 733.
— d. orationem Ecclesie *V* 80.
A — d. orationem nostram *B* 405; cf. *V* 80.
O — d. orationem... desideria *B* 362, 421.
OD — *d. supplicantes... concedas* 329.
A — dne de templo *B* 471, *V* 73.
O — — de templo... gratia tua *B* 472, *V* 73.
AO — — deuotam... assume *M* 639.
AO — — *deuotionem famuli... felices* 310.
O — — has familie tue... suffragio *B* 1306.
O — — lamentabilem *B* 573, *V* 92.
AO — — *orationem famulorum* 327.
L — — *orationem meam* 251, 304.
O — — *orationem nostram... regnis* 287.
P — — preces nostras... conferat *B* 557.
P — — preces nostras : et miserere... peccatis *B* 363, 719.
O *Exaudi dne preces nostras... seculorum* 93.
O — — *supplicum preces... absoluat* 90, 204, 273, *V* 99.
A Exaudi dne uocem meam *B* 988.
O — — uocem nostram *B* 1314.
R — — *uocem precis mee* 296.
OD — — uocem precis... habeamus *M* 352.
A *Exaudi me dne quoniam benigna est* 259.
O — nos d. clamantes... iustitie *B* 200.
P — nos d. exaudi *B* 198.
— nos d. Saluator noster 377.
A — nos d. salutaris *B* 287, 404, 718.
O — nos d. salutaris... ad requiem *B* 287, 404, 405.
O Exaudi nos d. salutaris... apicem *B* 670, 718.
O — nos d. salutaris... periculis *M* 527.
O — nos dne de monte *B* 474, 517.
AO — nos dne d. n. et humane *M* 266.
O — *nos dne d. n. pro diuersis* 379.
P — nos dne exaudi... audi *B* 372.
P — nos dne exaudi... munda *B* 253.
AO — nos dne sancte... inlesi *M* 308.
PN — *nos famulos tuos... adtribue* 341.
A — nos in die *B* 204, 277, 387, 708.
O — *nos lumen indeficiens* 209, *M* 437, *V* 99.
PN — *o. d. me indignum* 280; cf. 341.
O — orationem nostram dne... dignare *M* 298, 319, 336, 355, 373, *B* 260, 264, 324, 380, 506, 950.
O Exaudi uocem deprecationis... sustollas *B* 711.
A — uocem orationis *B* 542.
B Exaudiat nos dns et benedicat *B* 968.
A — *nos dns in die* 340; cf. 188.
A — dns uocem fletus *B* 455.
L — pauperes dns et compeditos *B* 650.
O Excellentissimam in hac... subleuemur *B* 614.
OD — in hac... surgamus *M* 475, 477.
PP Excellentissimam tue maiestatis imploramus... sumamus *M* 946.
PP Excelse celorum Deus... nostris *M* 931.
O — d. esto adiutor... libertatis *B* 303, 412.
PP — dne qui beate... medicinam *M* 702.
O — dne qui humilia... permaneat *B* 660.
AP Excelsum te Deum... pacis *M* 187.
A Excelsus dns et humilia *B* 660.
A — dns in celis *B* 661.
L Excipe seruum tuum *B* 352, 355.
A Excita potentiam tuam *M* 121.
O — potentiam... ultionem *B* 90, *V* 4.
O Exclamamus ad te... lumine *B* 501, 506, 509.
L Exclamaui in toto corde *B* 501, 506, 509, 517.
R Exclamemus omnes ad Dominum *B* 362.
O Exemplis et meritis... facultatem *B* 1018.
PP Exemplo b. uirginis... copiosam *M* 672.
A Exiet uirga (Iesse) de radice *B* 112, *V* 7.
OD Eximio eminentie... habere *M* 800.
A Exitus matutini et uespere *B* 230.

O *Exoramus inuisibilem tuam clementiam* 129.
A — *te dne ut a peccato* 415.
B Exoratu uirginis sacre Marie... possitis *B* 1191, *M* 826.
O Exorcizo te creatura aque... adscribi *M* 464.
O — — *aque... passionis* 18.
O — — *aque... Spiritus sancti* 30.
O — — *salis in... temtationes* 12.
O — — *salis per... sancto* 15.
O *Exorcizo te immunde spiritus... peccatorum* 22, 23, 25.
O *Exorcizo te immunde spiritus... templum* 24.
O *Exorcizo te omnis spiritus... agnoscis* 24.
L Exortum est in tenebris *B* 131, 151, 671, 734, 998, 1004, 1008, 1021, 1023, 1043, 1078.
L Expecta me dicit dns *B* 607.
A — reexpecta dicit *B* 94.
A Expectabam Deum qui me *M* 752.
A Expectabo nomen sanctum *B* 1246.
O Expectamus te dne... consortes *B* 104, *V* 9.
Expectantes aduentum... concelebret *V* 1.
M — beatum... passionis *M* 357.
B — se Spiritus... expectamus *M* 612, *B* 663.
O *Expectati temporis dil. fratres... adspiret* 215, *M* 445, *V* 100.
A Expectatio gentium *V* 91.
O — salutis nostre dne uerba... succurrat *B* 328, *V* 66.
M Expectationi nostre... capiamus *M* 758.
R Expectatur dns ut misereatur *B* 78.
O Expectemus te dne... misericorditer *B* 94.
A Expectetur sicut pluuia *B* 70.
A O Expia quesumus dne nostrorum... inlustrari *M* 420, *B* 603.
O Expletis dne in hac sacra... concedas *M* 487, 493, 497, 503, 509, 515, 568, 579, 585, 598, 598, 609; cf. *B* 616.
A Extendit dns manum *V* 123.
A P Extingue in nobis... sempiterna *M* 309.
H Extremum uestis sacrate... uestigiis *B* 898.
H Exulta nimium turba fidelium *B* 1083.
A Exulta satis filia *B* 1269, 1271, *V* 15.
O — satis filia Sion quia... indulgentiam *B* 1271, *V* 15.
L Exultabit iustus *M* 194, 726, 827, 954.
A Exultabunt omnia ligna *M* 130.
R — sancti cum fiducia *B* 1047; cf. 1046, *M* 973.
P N Exultans plebs tua... declaretur *M* 213.
O Exultans plebs tua... sectatores *B* 138.
O D Exultantes de tuorum... bono *M* 810.
O — gaudio... gaudeamus *B* 189.
O Exultare sanctos in gloria... testantur *B* 1046.
A Exultate Deo adiutori *B* 156, 303, 417.
A — in letitia *B* 103.
O Exultatio sanctorum tuorum *B* 1009.
A Exultationes Dei in faucibus *B* 1047.
O — tue dne... intercessor *B* 1047.
A Exultauerunt filie Iude *V* 126.
A Exultauit spiritus meus *B* 121.
O Exultemus tibi dne... premia *B* 355, 417.
O Exultent dne labia *B* 125, 137, 991, 995, 1027.
L — et letentur *B* 71.
O D — in te dne anime... tue *M* 994.
O — in te dne labia... induci *B* 212, 1188.
O — in te dne labia nostra... propitium *B* 1135, 1155.
H Exultet aula celica... gloria 1268.
O D — *in te dne anima... demonstrauit* 311.
O D — *in te dne anima... precepit* 318.
A *Exurgat Deus et dissipentur* 118.
B — in uobis... capiatis *M* 493.
O Exurge d. et miserere... precem *B* 315, 362.
O — d. et misericorditer iudica... confitentur *B* 593, *V* 96.
A Exurge d. et pereant *V* 90.
A — d. iudica terram *V* 66.
O — d. qui iudicas... consortes *B* 169.
O — d. qui iudicas... uenturum *B* 62, 71, 721, *V* 32.
A Exurge dne adiuua *B* 284, 396; cf. 939.
O — adiuua nos... uirtutis *B* 284, 396, 700, *V* 66.
A Exurge dne d. et exaltetur *V* 67.
A — d. et libera plebem tuam *B* 151.
— d. in precepto... suscipias *V* 67.
O — *d. n. in auxilium humilium... gratie* 379, *B* 411, 448, 458, 579, *V* 134.
Exurge dne dispargantur... preparata *V* 90.
— et corda nostra... gloriam *V* 66.
A — et intende in iudicium *B* 484, 579, *V* 90; cf. *M* 802.
Exurge dne et intende... passionis *V* 90.
O D — et preuale... pietatem *M* 143.
— exaltetur manus... possideas *V* 67.
A — exurge *V* 66.
— Iesu qui pro nobis... uiam *V* 68.
— in occursum... inimicis *V* 90.
A — in requiem *V* 66.

R Exurge dne miserere nobis *B* 252, 294.
O *Exurge dne non a loco, non tempore... dispergas* 381; cf. *B* 569.
O Exurge dne non a somno... disperdas *B* 569.
— non preualeat... regnum *V* 67.
O — preueni inimicos... infideles *V* 68.
O — qui iudicas... collocemur *B* 353, 381, 417, *V* 66.
A Exurge dne salua me *B* 579.
A *Exurge dne saluum me fac* 379, 381, *B* 448, 458, 569.
A Exurge gloria mea *B* 422.
— gloria nostra Deus... celo *V* 17.
A — in occursum mihi *V* 90.
O — ne taceas neque... terram *B* 354, 418.
A — qui obdormis *V* 68.
A Exurgentes in me testes... me *B* 532.
O Exurgentes testes iniqui... humiliabar *B* 583, *V* 76.
O *Exurgentibus nobis dne... adgregare* 117, 128.

A *Fac cum seruis tuis* 400, 425, *M* 1028, *B* 978.
A — *mecum d. signum* 288, *B* 992, 994.
P — nobiscum dne misericordiam... ablue *B* 362, 718.
P Fac nobiscum dne misericordiam... ueniam *B* 576.
Fac nobiscum dne signum... munere *V* 96.
— nos bone dne iuste... hereditatem *V* 5; cf. *B* 62.
Fac nos x. dne laudes... mereamur *V* 112.
Fac nos d. p. in gratia et in agnitione... puniat *V* 5; cf. *B* 74.
Fac nos d. p. in Iesu Christi... premio *V* 11.
O — nos d. p. ita tibi fructificare... hereditatem *B* 632, *V* 111.
O Fac nos dne beate... genitricem *B* 177, *V* 48.
O — nos dne beate... redemptis *B* 117.
O — nos dne beatissimi... uiuorum *M* 953, *B* 997; cf. *B* 1196.
O Fac nos dne beatissimi... uiuentium *B* 1196.
O — nos dne d. noster portionem... mereamur *B* 503.
O Fac nos dne d. noster ut nec... libera *B* 518.
O — nos dne diligere iustitiam... castitatis *B* 284, 344, 396.
O Fac nos dne i. x. ad te conuerti *B* 1097.
O — nos dne i. x. ut oleum letitie... adnumeremur *B* 1051, 1157, *V* 126.
O Fac nos dne in preceptis... liberemur *B* 563.
O Fac nos dne innocentes... participes *B* 1178, *V* 54.
O Fac nos dne intentis... donis *B* 1242, *V* 136.
O — nos dne iuste, sobrie... hereditatem *B* 62, 63; cf. *V* 5.
O Fac nos dne iuste, sobrie... possimus *B* 103; cf. 62, 63.
P P *Fac nos dne o. digne tue memini passionis* 302.
P N — *nos dne semper tibi uotorum* 300.
O — nos dne sicut lilia... electis *B* 1246.
— nos dne sub ara tua... occisorum *V* 53.
— nos dne tuis preceptis... aspectus *V* 50.
O Fac nos dne ut salutare tuum... redemptorum *B* 1090, *V* 45.
O D Fac nos eterne Deus... gloriam *M* 784.
A P — nos eterne Deus... prestolemur *M* 920.
O — nos Pater in gratia... puniat *B* 74, *V* 5.
O — *q. dne hanc cum seruis tuis... choris* 400, 426, *M* 1028, *B* 984.
A Faciam uos ut in preceptis *B* 563.
A Faciem meam conspuere *B* 607, *V* 96.
O Facientes commemorationem b. apost. *M* 114.
P P Facientes commemorationem passionis *M* 1027.
A Facies tua tanquam (aqua) munda *B* 129, 1013, 1224.
P P Facimus dne commemorationem dni *M* 574.
P P Facimus dne filii tui dni nostri commemorationem *M* 135.
P N Facito nos o. d. ut carnali... mansionem *M* 588.
P P Facta dne commemoratione martyrum *M* 870.
A — est hereditas mea *B* 596.
R — est lingua iniquorum *B* 547.
A — est pars Domini *B* 503.
R — est super me manus dni *B* 697.
R — est Sion sicut auis *B* 441, *V* 96.
R Facti sumus dne tanquam *B* 349.
A Factus est dns refugium *M* 631.
A — est in pace locus *M* 200.
A — sum in derisum *B* 493, 518, 570.
R — sum omni populo *B* 535.
A P Familie tue q. o. d. absolue... mereamur *M* 332.
P P Famuli ergo tui exigui... attribuas *M* 964.
P N Famuli tui indigni... iustorum *M* 187.
Famulo tuo dne prestitisti... salutis *V* 61.
P N *Faue d. famuli tui... refrigeres* 305, *M* 1002.
H Fauens redemptis uota (uoto) abstinentie *B* 896.
A Fauum mellis *V* 64.
L Feci iudicium et iustitiam *B* 506, 539, 546, 552, 557, 560.
A Fecisti dne in mari *B* 1081, 1256.

A Fecit celos dns in uirtute sua *B* 644.
A — dns luminaria magna *B* 648.
L — lunam in tempora *B* 322, 438.
A — mihi magna *B* 214, 1297.
A Felices *V* 50.
B Felices uos dns... occurrat *M* 805.
Felix dne martyr tuus iste *V* 128; cf. *B* 1173.
— ecce martyr tuus est... decoremur *V* 128.
O — est dne martyr tuus... colletemur *B* 1173, *V* 128.
O Felix est dne quem ita tuo munere... perficere *B* 1117, *V* 128.
Felix homo quem tu erudisti... regnum *V* 129.
A — in gloria est *B* 1117.
O — martyr qui testificatus... felices *B* 1174, *V* 129.
O Felix martyr tuus dne... absoluat *V* 128.
O — martyr tuus dne... eternum *B* 1116, *V* 127.
O Felix martyr tuus dne... perpetue *B* 1117, *V* 128.
— martyr tuus dne... succrescat *V* 129.
O — martyr tuus dne... triumphantes *B* 1173, *V* 129.
A Felix qui in sensu *V* 128.
A — qui non habuit *B* 1117, *V* 128.
A — qui potuit transgredi *B* 1117, *V* 128.
A — qui pronus est *V* 127.
R — quia deiecisti *V* 128.
— satis ille dne... eternorum *V* 128.
H Felix Tarraco Fructuoso uestiris *B* 1062.
— tuus dne quem utique... perpetuo *V* 128; cf. *B* 1117.
A Felix uir iste qui iustificatur *V* 128.
R — uir qui inuentus est *B* 1118, *V* 128.
H Feno iacere pertulit... omnium *B* 889.
H Festum Christe rex per orbem *B* 1301.
H Festum insigne prodit coruscum *B* 1094.
O Fiat cor nostrum dne... confundat *B* 440.
A *Fiat misericordia tua dne* 315, *B* 341, 392, 662, 679, 715, *M* 309, 315, 323, 328, 333, 342, 347, 392, 655.
O Fiat misericordia tua... largitatem *B* 230, 341, 392, 662, 715, 728.
O Fiat super nos dne misericordia *B* 690, *V* 116.
M Fide pleni, spe robusti... quesitus *M* 832.
A P Fidei nostre o. d. crescit... terris *M* 275.
L Fideles in dilectione *B* 1254.
B Fideli sermone serui... exhibeat *M* 1002.
P N Fidelis dne in uerbis... sanctis *M* 889.
A Fidelis erit domus *B* 64, 94.
B *Fidelissimi serui sui uotum... exhibeat* 306; cf. *B* 1002.
A P *Fidelium tuorum dne uota... ditentur* 314.
Fidem quam corde credimus *M* 556.
B Fides qua creditis... sanctorum *M* 637.
Fides uestra Deo fructificet *V* 86.
A Filia Ierusalem intra *V* 20.
A — Sion benedic *B* 214, 1028, 1157, 1161, 1272, 1283.
R Filia Sion consecrabis dno *B* 1294, *V* 26.
A — Sion ego dilexi te *B* 1270, *V* 15.
R — Sion facta est ut tugurium *B* 293.
R — Sion habitabo *V* 28.
R — Sion quiescat uox tua a ploratu *B* 1161.
L — Sion usque ad te *B* 1274, *V* 15.
R Filie Ierusalem si inueneritis *V* 126.
L Filie tue Ierusalem in latere *B* 1029, *V* 126.
Filii accipite regulam fidei *M* 394.
A — hominum benedicite *B* 235, 245, 262.
A — hominum diues et pauper *B* 706, 707.
— *hominum Domino benedicite* 401.
A — hominum in protectione *B* 283, 393, 715.
A — hominum simul in unum *B* 260.
R Filii Sion conuertimini *B* 682.
A — Sion exultate *B* 695.
A Filius accrescens et decorus *B* 148.
A Filius Dei letatus est super iustos *B* 1009, 1039, 1164, 1177; cf. 1169.
A Firmamentum meum et refugium *B* 498, *V* 81.
O Firmamentum nostrum atque refugium... statuas *B* 499, *V* 81.
Firmamentum nostrum Christe Deus... adsignes *V* 81.
L Firmetur manus tua *M* 258.
H Fit porta Christi peruia... crimina *B* 889.
B Flammam benedictionis... maiestas *B* 187.
A Florete sancti sicut rosa *B* 1009, 1040, 1098.
A Floruerunt sicut lilia *V* 30.
A Fluctus tui dne super me *B* 1259.
H Fons uite Deus perennis... gaudeat *B* 1171.
L Fons hortorum, puteus *B* 652.
L — iste uite nobis *B* 198.
A L — *pacis et origo sincere... regno* 415.
A L — pacis origo dulcedinis... diffundat *M* 808.
O D — uite perennis... iussisti *M* 304.
A Formauit dns Deus *M* 242.
A P Fortis est ut mors... laudemus *M* 686.
R Fortissime Deus, Spiritus uniuerse *B* 688.
M Fortissimum auxiliatorem *M* 776.
O *Fortitudinem tuam... redime* 382.

A *Fortitudo mea et laus mea Dominus* 188.
O — nostra dne... gaudeat *B* 202; cf. 150.
O — nostra dona... gaudeat *B* 150; cf. 202.
A L Foueat o. d. charitas... carnis *M* 382.
O Fragrat Christe tuus... iustorum *B* 1248, *V* 6.
A L *Fraterna permoti dilectione* 247.
O D Fratres c. martyrum... celum *M* 210.
— c. rogo uos... perducat *B* 255.
P P — commemorationem... concedas *M* 267.
A Fremebant cordibus *M* 190.
H Frenentur ergo corporum cupidines *B* 270.
A Fructicemus Deo ut simus *B* 632, *V* 111.
A Fructum inimicorum dne *B* 463, *V* 72.
O Fructum inimicorum... coniungat *B* 463, *V* 72.
A Fuit homo missus *B* 1132, *V* 122; cf. 123.
A Fulgebit iustus sicut splendor *M* 146, 159, 178, 536, 951.
H Fulgentis auctor etheris *B* 192, 267, 334.
R Fulget celum et terra *B* 182, *V* 49.
O Fulget dne celum rutilum *B* 182, *V* 49.
H Fulget hic honor sepulcri *B* 1099.
M *Fundamus ad Deum preces... decorare* 294.
L Fundasti terram et permanet *B* 236, 386, 411.
H Fundere preces tempus est *B* 938, 958.

A Gaude et letare filia *B* 1273.
O — et letare filia Sion... passionum *B* 1273, 1281, *V* 19.
A Gaude et letare in omni corde *B* 1281.
A — filia Syon dicit dns, Spiritus *M* 844; cf. *B* 1028, 1312.
A Gaude filia Sion, iubila *B* 1285, *V* 19.
L — filia Sion, letare *B* 211, 1153, 1186.
R — filia Sion quia ueniet *B* 102.
A Gaude uirgo filia Sion *B* 1280.
A Gaudeamus et letemur *V* 111.
H Gaudeat cuncta pia plebs... sanctos *B* 1309.
L Gaudebat populus Israel *B* 645, 647.
A Gaudebunt campi et omnia que in eis *B* 68, 70, 71, 84, *V* 10.
L *Gaudebunt labia mea dum cantauero* 206, *M* 356, 363, 367, *B* 194.
Gaudemus dne et letamur... sentiamus *V* 111.
— dne qui mundum... dominaris *V* 115.
Gaudens gaudebo in dno *B* 75, 109.
O Gaudent campi utique aduentus *B* 85, *V* 10.
A Gaudeo in passionibus *V* 40.
H Gaudet caterua nobilis... conferat *B* 1225.
R Gaudete et exultate omnes *V* 36.
H — flores martyrum... cetui *B* 887.
A Gaudete in Domino semper *V* 5.
L — iusti in Domino *M* 658, 895, 963, *B* 1004, 1043, 1082.
A *Gaudete populi et letamini* 242, *M* 476, 486, 493, 497, 503, 509, 514, 575, 579, 585, 593, 598, 609, 745, 751.
A Gaudete quia nomina uestra *B* 1248.
A — quia uici mundum *V* 115.
B Gaudio aduentus sui... tabescat *B* 77, *V* 34.
A Gaudium et letitiam tenebunt *B* 1247.
O — iustorum quod... expurget *B* 278.
A — magnum erit *B* 1246, 1252.
O — nostrum et salus... decantare *M* 962, *B* 1000, 1164, 1169.
L Gaudium sempiternum super caput *B* 999, 1008, 1021, 1081, 1169.
A Gelauerunt tanquam murus *B* 651.
R Gemitus populi tui *B* 253.
M Generalibus sanctorum... coronas *M* 909.
P N Generose uirginis tue... sustollat *M* 701.
O Genite ingeniti f. Dei... possessionis *M* 202.
A Genua mea infirmata sunt *M* 336, *B* 574, *V* 84.
L Germinabunt ossa tua *B* 131, 1012, 1016, 1019, 1020, 1199, 1270.
A Germinabunt sancti sicut lilium *B* 1098.
A Germinauerunt campi *B* 175, 30.
H Germine nobilis Eulalia... modulis *B* 1274.
Gloria et honor Patri 124, 242.
A Gloria et honore coronasti *B* 123, 136, 994, 1178.
Gloria in excelsis Deo *M* 531, *B* 942, *V* 35; cf. *M* 392.
L Gloria iustorum timor *B* 1128.
R — magna est sequi dnum *B* 958.
A — mea Deus *B* 88, 237, 502.
A — mea dns noster *B* 404.
A — mea et exaltans *B* 225, 421, 467.
A — mea exaltans *B* 288, 348, 507.
O — nostra Deus noster... gloriari *M* 144, *B* 152, 158, 163, 177, 532.
O Gloria nostra Deus noster, da... mereamur *B* 288, 348, 404, 421, 467, 507, *V* 134.
O Gloria tibi Deus, tibi semper gloria *M* 171.
L Gloriabuntur in te *B* 199.
A *Gloriam et magnum decorem* 46, *M* 152, 177, 199, 211, 826, 830, 837, 856, 947.
L Gloriemur dne in laude *B* 281, 288.
A — in cruce Domini *B* 1119.
M — in cruce... reformauit *M* 849.
Glorificamus te x. in... accumulet *V* 14.

O Glorificetur dextera tua dne... dimergat *B* 649.
Gloriosa est x. memoria... electorum *V* 120.
O — est palma uictorie *B* 1048.
O — facta est uirgo... exhibemus *B* 1272, 1280, *V* 16.
M Gloriosa martyrum Seruandi... ampliari *M* 885.
O Gloriose ac misericors Domine... consequi *B* 1272, *V* 18.
O Gloriose ac misericors Domine... efficaciam *B* 1019, 1020.
O Gloriose d. p. et dne qui unigenito... pronuntias *B* 181, *V* 35.
O Gloriose omnium rex... dono *B* 1040.
O — potens ac... concede *B* 194, 458, 515, 517, 546, *V* 86.
O Gloriose rex Christe cui... dona *B* 1031.
O — sancte o. d.... mereamur *B* 185, *V* 51.
Gloriose sancte Marie perpetue uirginis 235.
A P Gloriosum precursoris... morte *M* 841.
A Gloriosus dns in sanctis *B* 1010.
A — est aspectus eius *B* 177, *V* 50.
M Grandi nobis fide... ornamentum *M* 839.
O Grandis itaque pulchritudo... gaudere *B* 1101.
A — pulchritudo eius *B* 1101.
H Grates tibi Iesu nouas... redditam *B* 1129.
B Gratia Christi qui b. Genesium... tempestate *M* 835, *B* 1197.
A Gratia Dei data est nobis *B* 635.
Gratia d. p. o. pax ac dilectio dni... nobis 236, *M* 115, 546.
B Gratia que nos per fidem... remunerationis *B* 632, 634, *V* 106.
O Gratiam plenam habere... dulcedinem *B* 1292; cf. 213.
O Gratiam plenam habere... introducat *B* 213; cf. 1292.
A Gratias agamus Deo Patri *V* 108.
R — agimus Deo *B* 1105.
O — agimus tibi Deus Pater... sempiterna *B* 635, *V* 108.
A Gratias agimus tibi dne Deus *B* 635.
A — ago Deo qui me *V* 40.
L — Deo qui dedit... equitate *B* 635, *V* 108.
L — Deo qui dedit... fecit *B* 632, 635, 636.
— tibi agimus dne Ihesu Christe ... admitti *V* 40; cf. 109.
O Gratias tibi agimus... populo tuo *M* 177, 190, 205, 217, 222, 226, 567, 605, 621.
O Gratias tibi agimus o. d. ... christiano *B* 997.
O D — tibi agimus o. e. d. ... ueniret *M* 744.
O *Gratias tibi dne donis repleti... coheredes* 325.
Gratulamur dne quod confortare *V* 13.
A *Gregem tuum dne ne deseras* 20.
B — dne... permanere *B* 963; cf. 964.
B — pastor bone... deuota *B* 968.
R Gressus eorum dirige *B* 594.
O — nostros dne... confusione *B* 595.
A Gubernasti iustitia tua *B* 649.
O *Gustantes dne suauitatis... mentium* 273, *M* 199, 230, 256, 296, 567, 613, 640, 944.
A *Gustate et uidete quam suauis* 241, *M* 119, 564, 613, 624, 630, 633, 637, 640, 643, 647, 656, 662, 666, 669, 672, 682, 688, 692, 703, 707, 713, 718, 715, 728, 733, 739, 756, 762, 773, 779, 785, 788, 792, 794, 801, 805, 810, 818, 826, 830, 835, 843, 850, 856, 861, 866, 871, 875, 883, 887, 892, 896, 905, 912, 914, 925, 932, 958, 962, 967, 972, 975, 978, 982, 987, 891, 894, 897, 1001, 1003, 1006, 1010, 1036.
A Gyrum celi circuiui sola *B* 1296.

M Habeant dil. frs uota cautelam... orare *M* 504.
R — dne finem peccata *B* 218, 686.
A Habebis fiduciam reposita tibi spe *B* 1018.
P P Habemus quidem dne... eterna *M* 262.
P P Habentes ante oculos... confirmet *M* 474.
R Habete fiduciam coram *B* 275.
Habete osculum dilectionis *M* 546.
A *Habitaculo isto circumda* 19.
O *Habitantibus dne in hoc tabernaculo* 176.
R Habitatores Ierusalem *V* 96.
P P *Hanc igitur oblationem... hereditatem* 448.
O D — oblationem... uitam *M* 1019.
O Hanc oblationem quesumus Domine... indulge *M* 112, 528, 536.
O *Hanc oblationem q. o. d. ... dimittas* 231.
P P Has tibi dne in solemnitate... copiosam *M* 750.
R Hec dicit dns : Afflixi populum meum *B* 325.
R — dns : Dilectione *B* 1281.
A — dns : Ego tuli te *M* 530, 953.
A — dns formans me ex utero *M* 675.
R — Dns meus es tu *V* 60.
R — dns : Preuaricati *V* 72.
A — dns : Priusquam te formarem *B* 1137.
A — dns qui erat *M* 581, 741, 849.
R — dns : Suscitabo *B* 70.
R — dns : Visitabo (*et in V* : uiuificabo) *B* 1040, 1057, *V* 55.
P P Hec dne dona tua... reuiuiscat *M* 189.

O *Hec dne oratio salutaris hereditatem* 322.
A — est dies quam fecit dns *M* 480, 489, *B* 641.
M — est dies quam fecit... libertati *M* 587.
A O — est dne d. n. deuota... superno *M* 797.
O — est dne gloriosa illa... uirgo *B* 1188.
O — est dne nouelle... mysteria *B* 568, *V* 91.
A P — est frs c. Ecclesie lex... maneamus *M* 786.
L Hec est generatio querentium dnum *B* 565, 582, 589, *V* 91.
P P Hec est pia et salutaris... die *M* 597.
A — que ascendit *V* 28.
A — que ingreditur *V* 28.
P P *Hec hostia panis et uini... placitas* 279, *M* 990.
P P — igitur precepta seruantes... perpetuum *M* 794.
Hec requies mea in seculum 125.
P P — *sunt uerba, hec sunt sancta... meorum* 281.
P S — te nox (uox) dne mixta... restitutam *M* 501.
P P — tibi dne tua seruantes... sanctificet *M* 727, 952, 864.
A O Helena tamen regina... cruces *M* 742.
L Hereditate adquisiui testimonia *B* 699.
A Herodes occulte *V* 48.
R Heu me quia peregrinatio *B* 480, *V* 84.
A Hi dies exorationis *M* 321, 648; cf. 292.
A — dies orationis *M* 292; cf. 321, 648.
R — ostenderunt cerimonias *B* 1146.
O — sunt x. dne amici tui... coheredes *M* 764.
O — sunt dne apostoli... conseruemus *B* 1146.
— sunt dne filii quos... exsultare *V* 91.
O — sunt dne septem... efflagitat *M* 735, *B* 1113.
O — sunt dne ueridici... adipisci *B* 1238.
A — sunt filii *V* 91.
A — sunt qui missi sunt *B* 1024, 1113, 1143.
A — sunt qui mortales *B* 1022, 1177.
L — sunt qui non inquinauerunt... Deo *B* 132.
R — sunt qui non inquinauerunt uestem... mecum *B* 134; cf. *V* 54.
A Hi sunt qui sequuntur *B* 132.
A — tres missi sunt in medium *B* 1056, *V* 55.
O — tres pro tuo nomine... liberi *B* 1057, *V* 55.
A *Hic curantur languidi* 382.
H Hic duorum cara fratrum... gaudiis *B* 1109.
H Hic est dies uerus Dei... gemat *B* 618, 620, 622, 623, 625, 626, 628, 631, 633, 634, 636, 640, 644, 647, 649, 652.
O Hic est iustus noster... totus *M* 222, 226, *B* 148.
A — est panis de celo *M* 343.
A — est panis uerus *M* 475; cf. *B* 614.
R — est precursor qui *B* 1136.
H *Hic functionis dies... incola* 402, 404, *B* 923.
H — Ioannes natus est... patriam *B* 1209.
A — qui aduenit *V* 45.
A — uir iustus et fidelis *B* 990.
Hierusalem, *uide* Ierusalem.
P N Hilares dne celebramus... conlocare *M* 939.
A O — dne celebramus... gloriosa *M* 964.
M Hilarescite queso d. frs... sempiternis *M* 137.
H Hinc functionis dies, *uide* Hic functionis.
P N His nostris quesumus... prestes *M* 649.
P P Hoc agentes apud te... effusus *M* 491.
P S — cantant angeli... excelsis *M* 399.
R — etiam tertio manifestatus *B* 951.
P P — sacrificium ieiunii... uirtutum *M* 388.
O — *secundum petitionem... celorum* 93.
— *tibi sacramentum sit* 144.
O Hodie lumen mundi... dulcescant *B* 118.
O — nobis thesaurus natus *M* 183, 200, 206, 211, 217, 532.
A Homo Dei ostendit *B* 1203.
A — iste glorificatus... mandatis *B* 138.
A — iste perfecit omnia *B* 1203.
A — iustus erit quasi flos *B* 995, 1173.
O — missus a te Christe... reddidisse *B* 1132, *V* 123.
Homo uerus et o. d. cuius... dextera *V* 37.
A Honorati sunt amici tui *B* 1145, 1237.
H Honore sancte Eugenie... sedibus *B* 1285.
H Horis peractis undecim... recrea *B* 938.
H Hortator ille primus et doctor noue *B* 271.
A Hortus conclusus soror mea *M* 163; cf. *V* 27.
O D *Hostiam tibi dne placationis... attribuas* 397, 429; cf. *M* 1022.
O D Hostiam tibi dne placationis pro... indulgeas *M* 1022.
H Hostis Herodes impie... reddidit *B* 184.
H Huc uos gratifice plebs pia conuocat *B* 1235.
B *Huius dne sacramenti... consortio* 299.
O — mici dne sacramenti... indignus 280.
H Huius supplicium pestis amare *B* 921.
P N — *tibi dne sacrificii... apparere* 408.
Humiles agere gratias... concordes 254.
A Humiliata est in puluere anima *B* 700, 737.
Humiliate uos benedictioni 153, 241, *M* 553.
R Humiliatus sum et curuatus *B* 464.
A Humiliaui in ieiunio *B* 483.
M *Humiliemus Deo d. frs animas... noster* 443.
Humilitas passionis... christiano *V* 87.
M *Humo prostratus tuo... reuiuescat* 252.
O Hunc psalmum medicaminibus *B* 315, 535.

H Hymnum Marie uirginis... precibus *B* 1190.
O — nouum et dulce canticum... firmissimos *B* 564.
O Hymnum nouum et dulce... seruiamus *B* 729.

A *Iacta in dno cogitatum* 233, *M* 995.
R Iam adspirat dies *V* 28.
H — cursus hore sexies... secula *B* 937; cf. 955.
H — dena nos preceptio... secula *B* 938.
O — fulget Oriens, iam properat... defensorem *B* 235, 708, 1133.
H Iam legis umbra clauditur... sanguinis *B* 595.
H — lucis orto sidere... secula *B* 942.
H — meta noctis transiit... effice *B* 939.
O — nos dne nocturne... predicatur *B* 231.
H — nunc ad illum properare conuenit *B* 1047.
H — passionis inchoande gloria *B* 1034.
H — surgit hora tertia... chorum *B* 953.
L Ibis, Alleluia, prosperum iter *B* 259, 263.
A Idola gentium iam non erunt *B* 165.
M Ierosolimis inuentio sancte crucis *M* 741.
R Ierusalem aspice *B* 96; cf. *V* 14.
R — cito ueniet salus *B* 111.
— *ciuitas sancta suscipe me, quia* 138, *M* 1027.
R Ierusalem ciuitas sancta exaltabitur *V* 114; cf. 8.
A Ierusalem ciuitas sancta ornamento *B* 1153.
R — ciuitas sancta ultra non eget *B* 170.
A — descenderint *V* 48.
R — ecce apparuit *B* 178, *V* 48.
R — erit tibi dns lex *B* 161.
H Ierusalem gloriosa... ad gloriam *B* 1123.
R — hodie natus est *B* 117.
— illa dne que... reformet *V* 8.
A — in te apparebit *B* 177.
R — letare in aduentu *B* 92, 954.
A — uide claritatem *B* 567, *V* 14.
P P *Iesu Christe dne altissimi f. natus... efficiat* 257, 276.
O Iesu Christe f. d. uiui qui cecidisti... concede *B* 606.
A L Iesu collatio uite perennis... obtineat *M* 314.
H — corona uirginum... uulnera *B* 913, 1030, 1032.
H Iesu defensor omnium... concinere *B* 931.
— d. f. ad quem martyr... adsignet *V* 40.
O — d. f. quem impia... gaudium *B* 547, *V* 97.
O Iesu d. f. quem uox angelica... felices *B* 621; cf. *V* 112.
O Iesu d. f. qui b. Mariam... generasse *B* 1296, *V* 25.
Iesu d. f. qui ea crucis... uenire *V* 12.
A P — qui felices animas beatorum... deportemus *M* 803.
O Iesu d. f. qui hortum electorum... nesciamus *B* 1150, 1278, *V* 20.
P P Iesu d. f. qui noster factus es... exoptata *M* 358.
— qui passionis tue... accedamus *V* 95.
P N — qui pro nobis... ruinam *M* 495.
— qui uino illo passionis *V* 110.
— testis fidelis primogenitus *V* 113.
P N Iesu d. p. f. qui es et uictoria martyrum *M* 749.
— d. p. f. qui te post uulnera crucis *V* 115.
O Iesu d. p. ineffabile Verbum *B* 507, *V* 71.
O — Deus noster et dne qui illustrem *B* 1181, 1241, *V* 135.
Iesu d. n. et dne qui uerba inimici *V* 76.
O — qui facte de resticulis *B* 535, *V* 81.
O — qui maxillam prebuisti *B* 605, *V* 96.
— qui offensam ligni *V* 113.
O Iesu Domine cuius admirabile nomen... pius *B* 141, 1088, *V* 44.
B *Iesu dne in quo est gratie plenitudo* 174.
O Iesu Domine qui dolorem Ecclesie tue... placere *B* 486, 608.
O *Iesu dne qui es corona sanctorum* 165.
— qui es eterni Patris... possideas *V* 37.
O — qui nasciturus ex Virgine... possideat *B* 1295, *V* 26.
O Iesu dne qui natiuitate diuina... filium *V* 27; cf. *B* 1285.
A O *Iesu f. d. x. qui ut morte tua mortuis* 411.
A O — f. d. qui contriti... condigni *M* 363.
A P — f. d. qui Petro apostolorum omnium... exemplo *M* 722.
Iesu fons et origo nostre salutis *V* 76.
O — Nazarene qui a Iudeis suspensus... pietatis *B* 1122.
O D Iesu preceptor occurre... petitionis *M* 323; cf. *B* 329.
P N Iesu redemptor humani generis... fine *M* 321.
— redemptor inclite... resurgamus *V* 108.
A O — redemptor noster et dne... lucis *M* 301.
P N — redemptor noster et dne... suffragiis *M* 980.
Iesu redemptor noster omnipotens qui... conlocemur *V* 96.
H Iesu redemptor omnium... largius *B* 901.
O D — redemptor piissime cura uulnera *M* 405.

A D *Iesu saluator humani generis... commissis* 361, *M* 1005.
O Iesu saluator noster et dne aduersus quem *B* 570, *V* 77.
O *Iesu saluator n. et dne qui es uera salus* 72.
O — saluator n. et dne iugum legis *B* 72, *V* 30.
O — saluator n. et dne qui primatum *B* 1104, *V* 62.
P P Iesu saluator omnium... preparemur *M* 508.
A P — uirtus infirmitatis... pena *M* 124.
O — uirtutum omnium Deus... ueniamus *B* 1274, *V* 26.
M *Iesum x. d. n. frs d. qui est pastor* 288.
M — x. d. n. qui directa... expediant 348, *M* 995.
R Iesum Nazarenum quem unxit *B* 1122.
B Iesus x. dns qui martyrem... sempiternum *M* 170.
B Iesus x. dns pacem quam ad celos... requiem *M* 605, *B* 658, *V* 116.
B Iesus x. f. Dei qui mortuum... sempiterna *M* 342, *B* 385
B Iesus x. rex noster... columbam *M* 238.
— d. f. quem deuotis cordibus... uestra *V* 33.
Iesus d. f. qui inlate mortis... illius *V* 95.
O — d. n. et dne qui inlustrem... uindictam *M* 899.
B Iesus d. n. qui est panis uiuus *M* 333.
P N — rex noster et dne... incorruptum *M* 202.
B — saluator ac Deus noster... abstinentiam *B* 278, 474.
L Igne me examinasti *B* 1158, 1183.
A Ignem quem tu rex *B* 1059, *V* 56.
O Ignis qui sanctis tuis... regni *B* 1059, 1128, *V* 56.
O *Ignosce dne lapsis et confitentibus... sentiant* 96.
O — *dne lapsis et... recognoscant* 99.
O D — dne qui dum pro aliis rogare... digneris *M* 986.
O D *Ignosce dne quia cum rogare te... ualeo* 272; cf. 322.
O D *Ignosce dne quia dum pro aliis... impetratus* 322; cf. 272.
A O *Ignosce dne quod maculate uite... officium* 263.
O Illius dne iustitia manet... impendamus *B* 1181, 1241, *V* 135.
A Illumina dne uultum... nos *B* 209, 308, 350.
A — dne uultum... notitia *B* 87, 290, 310, 352.
L Illumina dne uultum... paruulis *B* 564.
A — dne uultum... salutare tuum *B* 78.
O — dne uultum... sumamus *B* 564.
L — oculos meos dne *B* 219, 220, 239.
O — oculos nostros Domine... concludat *B* 220, 239.
H Illuminans altissimum... uiri *B* 176.
A — tu mirabiliter... cogitatis *B* 238.
A — tu mirabiliter... notus *B* 342.
L Illuminare Ierusalem *B* 1291.
O Illuminas nos dne requiescentes *B* 240.
A — tu mirabilis *B* 68.
L Illuminatio mea et salus *B* 191, 287, 348, 404, 467, 526, 588.
O Illuminatio mea salusque... credentes *B* 195, 220.
B Illustret nos unigenitus... proprii *M* 119.
A Illuxit in cordibus nostris... ei *B* 1051, *V* 126.
O Immane satis facimus... arescat *B* 101, *V* 23.
Immensa Dei sapientia... pauescimus *V* 37.
O — Dei sapientia... seculorum *B* 119; cf. *V* 37.
O *Immensam bonitatem... regnum* 243.
H Immense celi conditor... comprimat *B* 925.
M Immensum preclarumque... largiatur *M* 900.
O Immolantes tibi dne... custodias *B* 703.
A P Impetret quesumus dne fidelibus... participes *M* 945, 977.
A Impetum fecerunt *B* 125, *V* 40.
O Impetus factus a persequentium turba... supplicia *B* 126, *V* 40.
O *Imple dne omnes petitiones... acceptare* 330.
O — dne omnes... attendas *B* 204, 222, 277, 387; cf. 255.
A O Imple nos d. Spiritu sancto... habitare *M* 611.
A Implebitur uisio dicit dns *B* 1254.
A Improperium et miseriam *B* 583; cf. *V* 80.
Improperium et miseriam... consortes *V* 80.
A In adiutorium nostrum intende *B* 288, 348, 366.
O In adiutorium nostrum... fragilitas *B* 348, 712.
In aduentu tuo dne... mundum *V* 30.
A In aduertendo dns captiuitatem *B* 199, 275.
A In carne mea uidebo Deum *B* 527.
In celo et in terra... consortium *V* 64.
A In congregatione sanctorum *B* 1126, 1160, 1188,
A In conspectu angelorum *B* 1015, 1016, 1020, 1217; cf. 941.
A In conuertendo dns captiuitatem *B* 404.
L In corde meo abscondi *B* 220.

L In cymbalis bene sonantibus *B* 388.
A In Deo laudabo uerbum *B* 557, *V* 79.
A In die illa inclinabitur *B* 101.
A In die insignis solemnitatis *B* 116.
L In die resurrectionis *M* 517.
O In die tribulationis... potentia *B* 487, *V* 88.
A In diebus Herodis regis *B* 178, *V* 47.
O In dilectione tua Deus... perducamur *B* 506.
O *In dilectione tua nos... statuas* 380.
A In doctrinis glorificate *V* 14.
A In Domino confidit anima *B* 457, *V* 71.
A *In Domino laudabitur anima* 242.
In domo tua d. orantes... ecclesia tua *V* 64.
O In duobus ecce famulis... impleamus *B* 1142.
O In eternum dne uerbum... indefessa *B* 386, 407, 411.
M In eternum d. frs parmanet... potestatem *M* 489.
A In eternum misericordia dni *B* 312.
A In excelsis apparuit *V* 51.
L In excelsis laudate Dominum *B* 442.
O In excelso dne contra te peccatores... adquiescant *B* 532, *V* 81.
A P *In hac commemoratione defunctorum* 419.
O D — tuorum martyrum... postulata *M* 887, *B* 1234.
A *In hoc cognoui quoniam* 136, 138, *V* 75.
In honore tuo dne filie... admitti *V* 126.
A O In honorem b. martyris... adiuuemur *M* 726, 951.
P N In honorem martyris... demonstras *M* 828.
P N — *sanctorum tuorum... impertias* 271.
A In Ierusalem eum maximo solatio *B* 1161.
A In illa die de tenebris *B* 85, *V* 9.
A — erit lux *V* 9.
A — repleta erit terra *B* 63.
A In iniquitatibus ego conceptus *B* 485.
R In ista die prodiit *B* 118; cf. *V* 50.
R In labiis iusti herebit gratia *B* 1305.
A In laboribus multis *V* 40.
L In lege Domini alleluia *B* 194.
A In lege Domini sit uoluntas *B* 264.
L *In loco uiridi dne ibi eum conloca* 404, 448.
A In manibus portabunt te *M* 720, 820.
A In matutinis meditabor in te Domine *B* 226, 397, 640, 570, 590.
O In matutinis meditamur... perfruamur *B* 334.
H In matutinis surgimus... inuidum *B* 205, 298, 359.
O In matutinis temporibus... adoremus *B* 243.
A In me spes omnis uite *B* 1293.
A In medio Ecclesie laudabo *B* 206.
A O In memoria eterna... indisruptum *M* 828.
L In memoria eterna erit iustus *B* 136, 1191, 1205; cf. *M* 831, 956.
L In mente habete diem istum *B* 631.
A In mente habete dies seculi *B* 261.
H In Niniuitas se coactus percito... eiulantes femine *B* 272.
L In noctibus extollite manus *B* 224, 243, 263, 384, 699, 705; cf. 568.
O In noctibus manus nostras... concedas *B* 224, 263, 384, 706.
In nomine d. n. i. x. anima eius requiescat 111, 126, 134, 146.
In nomine d. n. i. x. christianus uerus perficiatur 35; cf. 36.
In nomine d. n. i. x. cuius commemoratio 149.
— *d. n. i. x. eamus cum pace* 71.
— *d. n. i. x. ite cum pace* 503; cf. 153.
— *d. n. i. x. lumen cum pace* 211.
— *d. n. i. x. sanctificatum permaneat in pace* 226.
In nomine d. n. i. x. sanctificentur 435; cf. 172.
A In nomine dni omne genu *V* 113.
In nomine p. et f. et s. s. Deus Abraham 438.
— *p. et f. et s. s. regnantis* 7, 12, 41, 70, 71, 83, 173.
In nomine Patris fiat tibi indumentum 58.
— *sancte et indiuidue Trinitatis* 15; cf. 39, 73, 120, 130.
A In omnem terram *M* 637, 765, *B* 1023, 1111, 1142.
R In omni loco dominationis eius *B* 954.
A — opere suo *M* 788, 937, 968.
O — tempore... coniungantur *B* 669, 715.
O In ore inimicorum... sepulcrum *B* 449, *V* 69.
A In pace dormiam et *B* 1018, 1020.
A — *in idipsum obdormiam* 119, 123, 129, 137, 144.
In pace in idipsum in te... exaltes *V* 70.
R In paradiso Dei requiescunt *B* 1082.
A — deliciarum *B* 992.
A In Pascha dni erit uobis solemnitas *M* 489.
A In petra exaltasti me *B* 1152, *V* 63.
L In potestatibus eius *B* 163, 331.
R In principio erat Verbum *V* 35; cf. 116.
O In protectione alarum tuarum dne... auxilio *B*, 283, 393, 715.
A *In protectione Dei celi* 118, 129.
O In proximo quidem est... condemnes *M* 138.

L In psalterio et cythara *B* 342, 508, 993, 996, 1186.

A In puluerem mortis deduxerunt *B* 472, *V* 73.

L In sanctis eius laudate eum *B* 151, 197, 201, 248, 279, 374, 450, 536, 558, 590, 662, 671, 679, 707, 722, 725.

L In sanctis laudate Dominum *B* 430, 716.

L In sanctis tuis dne omnes *B* 205.

A In semita iudiciorum *B* 84.

A *In simplicitate cordis* 188, 206, 251.

O In spiritu humilitatis... preparati *M* 112.

A In splendoribus sanctorum *B* 113.

In te x. dne qui es firmissima petra... triumphum *V* 63.

O *In te x. dne qui es pax... sine fine* 123.

A In te confidit anima *B* 51, 66, 77, 85, 103, 106, 187, 217, 325, 696.

R In te confidunt omnes *B* 244, 707.

— Deum Verbum Patris... homo *V* 79.

A — dne omne desiderium *B* 700.

A — dne sperauerunt patres *B* 233, 729.

— nos x. dne et surgere... exsuscita *V* 110.

A In templo sancto glorie *B* 622, 625, 627, 630, 633, 636.

A In tempore illo proximum *M* 398.

L In toto corde meo exquisiui te *B* 215, 324, 369, 372, 467, 685.

A In toto corde meo dne narrabo *M* 629.

O — nostro... collauderis *B* 196.

A — uestro conuertimini *B* 174.

A In tribulatione mea *B* 467, *V* 68, 72.

A — nostra *B* 187, 251, 326.

— nostra d. n... copiosam *V* 68.

O — sua te... premissa *B* 468, *V* 72.

A In tua iustitia libera me *B* 542.

A In tuo, Christe, corpore crucis tue... passionem *B* 1265, *V* 12.

O In tuo conspectu q. dne... glorie *M* 527.

A — Deus lumine *B* 61, 205, 279, 679, 722.

O — *nomine d. o. et i. x.... sempiternas* 8.

A In tympano et choro *B* 356.

R In uia qua ambulabam *B* 493.

O — testimoniorum tuorum... cognoscimus *B* 324, 369.

A In uita sua fecit mirabilia *B* 1211.

A In umbra alarum tuarum *B* 97, 241, 566.

A In uniuersis solemnitatibus *M* 632.

O Incarnationis tue x. dne... beatos *B* 102, *V* 30.

A Incerta et occulta *B* 80, 87, 108, 241.

O Inclina cor nostrum dne *B* 569, 592.

A Inclina dne aurem tuam ad me *B* 512.

O — *dne aurem tuam ad precem... fulgeamus* 303.

A *Inclina dne aurem tuam et exaudi* 302.

A Inclinate aurem uestram *B* 302, 412.

OD Inclinemus Deo... obseruatione *M* 624, *B* 698.

H Inclite rex magne regum... munere *B* 917.

H Incliti festum pudoris... dextera *B* 1252.

O Incomparabilis x. d.... patiaris *B* 621, *V* 103.

Increpet Dominus in te Satan 74.

A *Indicabo homo quid sit bonum* 294.

PP Indicauimus plane... salutem *M* 604.

O Indigentie nostre inopiam bone Christe... letemur *B* 499, *V* 83.

O *Indignum et peccatorem... carne* 261.

PP Indiuisa Trinitas et una... oblata *M* 874.

O *Indue me dne uestimentum* 230, *M* 523.

O Indue nos dne candore... delictis *B* 1177, *V* 53.

— dne uestimentis... ueneris *B* 1102.

L Induit eos alleluia stolam *B* 1147.

PN *Indulge dne quod supplicare adtribue* 263.

OD — *queso et miserere... concede* 299.

P *Indulgentia! dicamus omnes Domine... ueniam* 114, 127.

Indulgentia! similiter et omnis clerus *M* 428.

Indulgentiam a dno postulemus 202.

P — postulamus... commisimus *M* 298, *B* 252, 377.

P Indulgentiam postulamus... iam respice *B* 480.

OD *Indulgentissime dominator... deliciis* 412.

A *Induta est caro mea* 402.

A Induta est uestimentis glorie *B* 1101, 1294.

O Ineffabile satis est dne mysterium... immortalitatis *B* 1123, *V* 113.

O Ineffabile unigenitum Patris *B* 1296; cf. *V* 25.

PN *Ineffabilem clementissime... instituat* 416.

PN — clementissime... inueniat *M* 1014.

O — satis Christe... pertranseat *B* 1143.

PS — *uere d. f. tue diuinitatis* 256.

O Ineffabili dne enituisti... nostris *B* 555, *V* 75.

O Ineffabilia sunt dne... efficiat *B* 128, *V* 42.

AP Ineffabilis bonitatis auctor... nostris *M* 974.

O *Ineffabilis d. p. unigenite... deducas* 119, 130.

OD Inestimabilem tue magnificentie *M* 591.

A Infirmatus est in paupertate *B* 472, *V* 75.

A Infirmi uirtute precincti *B* 132.

L Infixus sum in limum profundi *B* 1256, 1259, *V* 58, 59.

AO Ingenite Pater summe... iocundari *M* 822.

O — summe Pater... beati *B* 91.

O Ingeniti d. p. filius alme... coronam *B* 1128, *V* 120.
Ingeniti d. p. unigenite... expeditos *V* 75.
A O — genitoris genite qui... sacramentum *M* 572.
A P Ingeniti Patris unigenite Iesu... contemplari *M* 737.
O Ingeniti Patris unigenite... officio *B* 1164.
O — *Patris unigenite Christe... subleuemur* 202, *B* 608, *V* 99.
O Ingeniti Patris unigenitum... accepta *B* 480, *V* 78.
A Ingrediente dno in sanctam ciuitatem *M* 391.
O *Ingressi uestibulum caritatis... tue* 7.
O *Ingressum gloriosi principis... futuro* 156.
A *Ingressus dns Ihesus in domum et* 372, *M* 403, *B* 602.
A *Ingressus est dns i. in domum Petri* 361, 385.
A — est Daniel *M* 127.
A — sum in tabernaculum *B* 1183.
A Inimici mei aduersum me *V* 76.
A — mei animam meam *B* 507, *V* 71.
A — mei dixerunt *B* 541, *V* 77.
A — mei uiuent *B* 546, *V* 77.
O — tui dne aduersus te conuenerunt... peccata *B* 457, *V* 76.
O Inimici tui dne cupientes... inimicus *B* 541, *V* 77.
O Inimici tui dne uiuent in penis... conquirant *B* 546, *V* 77.
L *Iniqui persecuti sunt me Domine* 335.
A Iniquitates ego agnosco *B* 708.
A — meas tu dele *B* 203.
R — nostre et peccata *B* 366.
L Iniquos odio habui *B* 448, 470.
L Initium sapientie timor *B* 267, 278.
P P Inlabere dne his sacrificiis... triumpho *M* 957.
P N — dne oblatis... defunctis *M* 636, 1026.
P P — q. o. d. super sacrificii... beatorum *M* 854.
Inlares, *uide* Hilares.
P N Inluminatorem diei... largiaris *M* 578.
P P Inlustratione tua... digneris *M* 1035.
M Inlustrem atque triumphalem passionis diem... positum *M* 872.
A Innocentes *V* 54.
O Innox dne etas abscinditur... sacro *B* 138.
A Innuebant Zaccarie *V* 121.
L Inquirentes Dominum non deficient *B* 565, 573, 579.
O Inquirentes te dne... conuerte *B* 669, *B* 230, 283, 393, 565, 573, 718.
O Inquirentes te dne... erubescant *B* 80.
P Insidiati sunt mihi aduersarii *M* 372.
H Insigne festum Iuliani martyris *B* 1033.
H Insignem Christi Crispinum laudemus martyrem *B* 1251.
H Insignem Christi martyrem *B* 990, 994.
O *Inspirator omnium bonorum... placatus* 293.
A Intellige clamorem *B* 193.
A Intemerata uiscera Marie *M* 1032.
B Intendat dns ad orationem *M* 650.
R Intendat ad orationem meam *B* 542.
A — anime mee *B* 467, 533.
A — dne procede et regna *B* 146, 149.
O — et exaudi nos *B* 538, *V* 88.
O — in adiutorium... remuneratio *B* 288.
H — nostris precibus... glorie *B* 924.
P P — pie Pater... holocausta *M* 887.
A — *uoci orationis* 273.
O D Intendite fratres c. sacerdotis... fugiamus *M* 688, *B* 1080.
O Intenta fratres c. Dominum oratione... delictorum *B* 1018.
M Inter b. martyrum gloriosas... cessant *M* 980.
A O — laudes tuas... perdere *M* 759.
A — medios cleros penne *M* 819, 975.
P N — patriarcarum inclite... possideat *M* 577.
— sacra mysteria... gaudeamus *M* 649.
— *uos pacem tradite* 191.
B Intercessu martyris sui... gloriam *M* 861.
B — martyrum suorum Fausti... corones *M* 874.
A Interrogabat magos *B* 179; cf. *V* 49.
O Interueniente beato martyre tuo... emundes *B* 994, 995.
B Interuentu sanctorum... celebratis *B* 1087.
A Intrate portas Domini *B* 228, 243, 566.
Introibo ad altare Dei *M* 547; cf. 425.
A — *in domum tuam* 388.
A O *Intuere celum oculis non ualeo* 253.
P N Intuere piissime dne... impertiat *M* 327.
P P — propitius summe... sanctifica *M* 733.
R Inueni unum iustum *B* 1304.
Inueniamus te dne... nuntiatur *V* 35.
A Inueniatur manus tua *B* 512, *V* 73.
O — manus tua... regnis *B* 512, *V* 73.
H Inuentor rutilis dux bone luminis... seculis *B* 186, 224, 236, 244, 703, 706.
A Inuoca me in die tribulationis *B* 588.

L Inuocabant dnum et ipse *B* 1008, 1021, 1163.
O *Inuocamus diuine maiestatis* 18.
O — te dne in die... nominis *B* 737.
A P *Inuocantes nomen... peccata* 429, *M* 1024.
R Inuocaui altissimum potentem *B* 1185, 1196.
R Inuocaui proximum *V* 19.
A Ioannes digito ostendens *V* 123.
A — erat lucerna *V* 123.
A — erit gaudium et exultatio *V* 123, *B* 1131.
H — huius artis haud minus potens... ueritas *B* 270.
A Ioannes predicabat *V* 123.
A — testimonium *V* 48.
H Ionam prophetam mitis ultor excitat... specu *B* 271.
A Ipsi soli sum desponsata *B* 1296.
Ipsis dne et omnibus... deprecamur 228.
H Iram qua merito sternimur auctor... uigorem *B* 920.
L Irascimini et nolite peccare *B* 199, 246, 248, 706, 708, 724, 725, 732, 734.
O Irruentes in me fortes... surrexeris *B* 482, *V* 80.
A Irruerunt in me fortes *B* 481, *V* 80.
A Israel me non cognouit *B* 438, *V* 92.
P P Ista sunt dne holocausta... medicinam *M* 724.
M Istam noctem qui tenebris... nesciret *M* 472.
H Iste confessor dni sacratus... euum *B* 1016.
A — Deus meus et honorificabo *B* 616, 627, 636.
H — electus Ioannes diligendi promptior... caritas *B* 128, 131.
A Iste homo honorificatus *B* 137, 1203.
A — in certamine *B* 997, 1173.
R — in professione sua *B* 1020.
R Iste qui aduenit nemo scit nomen *B* 1255.
R — qui natus est *B* 143, 1090, *V* 37.
A — sanctus clamauit *B* 138, 1185, 1195.
A Isti sunt amici tui *B* 1146, 1237.
O — Christe dne amici... coheredes *B* 1146.
— Christe dne qui non inquinauerunt... famulentur *V* 54.
A Isti sunt dies festi dno alleluia *M* 511.
O — dne qui non... felices *B* 134, *V* 54.
R — qui non polluerunt *V* 54.
A — sancti pleni innocentia *B* 1032.
L — sancti qui in isto *B* 1033.
R — sancti qui pro testamento Dei ad mortem *B* 1059, *V* 56.
A Isti sunt uiri nominati *B* 1023, 1111, 1143.
— uiri sancti *B* 1038, 1143.

A Ite ad ciuitatem *V* 98.
A *Iter facimus ligno portante nos* 194; cf. *B* 610.
A O Iterata legatione... conserues *M* 649.
A O Iteratis precibus... coronam *M* 667, 954.
H Itote populi psallite prepetes *B* 1236.
A Iubilate Deo omnis terra *M* 495, 580, 593, 643, *V* 45; cf. *M* 577, 634.
O Iubilet te dne omnis terra... futurum *B* 643, *V* 45.
O Iubilet te dne omnis terra... intemerata *B* 660.
L Iucundare celum et exsulta *B* 634.
O Iucundatur dne et tripudiat terra *M* 123.
H Iucundum nobis hunc diem *B* 906.
O Iucundus satis est dne homo qui te... coronandi *B* 1241, *V* 135.
A Iuda quid gloriaris in malitia *B* 480.
A Iudica dne nocentes *B* 466, 484, 533, *V* 75.
O Iudica dne nocentes nos... tuo *B* 466, *V* 75.
A Iudica me Deus et discerne *B* 558.
A Iudicate pupillo et egeno *B* 325, 381.
A Iudicium datum est sanctis *B* 1123, 1213.
O Iudicium et iustitiam... electorum *B* 352, 355, 506, 539, 552.
R Iudicium rectum iudicate *B* 405.
O Iugum tuum dne suaue est... gratiam *M* 524.
H Iuliani uita martyris... glorie *B* 1041.
Iunctio corporis et... eternam 322.
O *Iungentes nostros cum fletibus fletus* 89.
A Iusta cognouit iustitiam et uidit *B* 1155.
R Iusta cum dno gloriatur *B* 1155.
A Iuste, confessorum opera *B* 1021.
O Iuste dne a quo iustus... indulgentiam *B* 139.
A — et pie uiuamus *V* 5.
A — iudicans peccata *B* 639, 1122, *V* 108.
R — locutus est *V* 11.
O — quidem dne iudicans... uiuamus *B* 639, 1122, *V* 108.
L Iusti confitebuntur nomini *B* 996.
A — epulentur et exultent *B* 1000, 1040, 1043, 1079.
A Iusti et sacerdotes sancti *B* 1022.
A — in perpetuum uiuent *B* 131, 1008, 1098, 1162; cf. 1164.
L Iusti iocundentur alleluia *B* 1079.
R — omnes quasi uirens *B* 1127.
A — quorum opera *B* 1231.
A — susceperunt mortem *B* 1041.
A Iustitia de celo prospexit *V* 28.
A — plena est dextera tua *B* 139, 145, 1029, 1032, 1087, 1091.

A Iustitiam tuam dne *M* 212, 839, 956.
A Iustitias dni non repuli *B* 1155.
A Iustorum anime in manu *B* 131, 998, 1039, 1043.
A Iustum adiutorium meum *B* 194.
A — in uinculis *V* 42.
A Iustus dns alleluia *B* 198, 269, 337; cf. 203.
L — es dne alleluia *B* 703.
O — es dne et iustitiam diligis... consummare *B* 198, 269, 337.
O Iustus es dne qui pro nobis... nostro *B* 592, *M* 95.
R — iustificetur *B* 138, 995.
R — meus hic est *B* 148.
A — miseretur et commodat *B* 1181.
R — si morte preoccupatus *B* 998.
L — ut palma *B* 137, 139, 994.
A Iuxta est dns his qui *B* 230, 728.
A — est iustitia mea *B* 98.
O — est dne dies... sustollas *B* 63, 71, *V* 24.

Karissimi, accipite regulam fidei 185.
Karissimi hodie dns noster in statera 200.
Vide Carissimi.

L Labia mea dne aperies *B* 125, 129, 137, 212, 991, 995, 1012, 1017, 1027, 1069, 1093, 1131, 1135, 1150.
L *Labia mea laudabunt te* 205.
R Labia sacerdotis custodiunt *B* 1203.
A Laboraui in gemitu meo *B* 455, *V* 69.
O *Laboriosam quoque serui tui tribue* 241.
A Lapidabant Stephanum *B* 126, *V* 39.
A Lapidauerunt me *B* 125.
L Lapidem quem reprobauerunt *B* 637.
A Laqueus contritus est *B* 166, 322, 338, 676, 712.
Largire nobis dne ut sermo... preparetur *V* 64.
O — sensibus nostris... uirtutum *M* 523.
B Largitor gratiarum... regnum *M* 278.
M Largitorem eterni muneris... attribuat *M* 726, 951.
R Laua a malitia cor *B* 402.
A — me dne ab iniustitia *B* 51, 63, 74, 84, 96, 102, 105, 112, 187, 221, 324, 440, 696.
A Lauabis me ab iniquitate *B* 69.
A *Lauabo inter innocentes manus* 230; cf. *V* 54.
— inter innocentes... meam *M* 529.
R Lauamini, mundi estote *B* 288.
A Lauauit uino stolam *V* 110.
L Lauda anima mea *M* 786, 821, 839.
L — filia Ierusalem *M* 976.
L — filia Sion *M* 166, 928.
L Lauda Hierusalem *M* 280, 630, 648.
A Laudabit anima mea *B* 997.
A — usque ad mortem *B* 1158.
A Laudabo dnum in cubili meo *B* 99, 702.
L — nomen Dei mei *M* 254, 331, 983, 988, 1014.
L Laudabo nomen dni cum cantico *M* 327.
A Laudamini in nomine *B* 320, 427.
O Laudamus te dne cum... assensum *M* 190, 532, 907.
O Laudamus te dne quia... adglomeres *B* 166.
O — te dne quia... pacem *B* 168.
A Laudans inuocabo dnum *B* 202.
Laudant te dne celi... ultionem *V* 31.
O — te dne omnes... uitare *B* 619, 631, 634, 637, 642, 644, 645, 647, 650, 652, 658, 661, 1087.
L Laudate Deum omnes *B* 405.
L — *dno quoniam bonus* 206.
L Laudate dnum de celis *B* 55, 70, 76, 78, 82, 90, 99, 109, 122, 126, 131, 135, 138, 145, 149, 184, 188, 214, 218, 223, 227, 231, 235, 238, 242, 246, 262, 326, 570, 580, 622, 625, 627, 630, 633, 636, 640, 644, 649, 656, 660, 693, 697, 707, 996, 998, 1002, 1007, 1010, 1025, 1028, 1032, 1062, 1072, 1091, 1105, 1114, 1118, 1122, 1132, 1137, 1142, 1147, 1151, 1157, *M* 611, 653, 852.
L Laudate dnum de celis omnes stelle *B* 382, 618.
L — dnum de terra *B* 503.
L — *dnum in sanctis* 384, *B* 51, 64, 68, 77, 192, 205, 296, 413.
L Laudate dnum in tympano *M* 248.
L — dnum omnes angeli *B* 422.
L — dnum omnes gentes *B* 209.
L — *dnum qui timetis* 205, *M* 313, 1029.
L — dnum quia benignus est *M* 242, 595, *B* 365, 436.
L Laudate dnum quoniam bonus *M* 307.
L — dnum sol et luna *M* 233.
L — nomen dni montes *B* 350, 528.
L — *pueri dnum* 206, *B* 189.
L Laudauerunt te dne omnes *B* 139, 146, 619, 622, 625, 628, 631, 634, 637, 641, 642, 644, 645, 646, 650, 652, 658, 661, 1029, 1049, 1087, 1119, 1213.
H Laudem beate Eulalie... Spiritum *B* 1284.
L — dicunt Deo nostro *B* 652.
L — dni loquetur os meum *M* 753, 1130.
O Laudemus dne nomen... manifesta *B* 312.

O Laudemus te dne quia benignus... adglomeres *B* 365, 436.
L Laudent nomen dni *B* 328, 447.
O Laudent te dne celi... manifestes *B* 142.
H Laudes sanctorum martyrum *B* 910, 1003.
A O Laudes tuas sancte... confessio *M* 960.
O Laudet te dne lingua... heredes *M* 789, *B* 129, 997, 1012, 1017, 1020.
P P *Laudis quidem dne tibi hostiam* 257.
L Laus dni in Ecclesia *B* 1082, 1086, 1165, 1288.
L — eius in Ecclesia *B* 328, 384, 447.
L — tibi dne rex *B* 956, 957, 960.
L — tibi, laus tibi *B* 210, 949, 961, 964.
O — tibi o. d. quoniam... reposcat *B* 216.
A — tua Deus *M* 223, 979.
O — tua dne in ecclesiis... impetremus *M* 917, *B* 328, 384, 447.
L Legem pone eis dne uiam *B* 568, 592.
A Legem tuam splendide docuerunt *B* 1024, 1114, 1147.
O Leo de tribu Iuda, radix... tuo *B* 639, 642.
A Letabitur deserta *B* 77, 147, 153, 161, 163, 169, 172, *V* 29.
L Letabitur in salutari *B* 79, 83.
A Letabor ego super eloquia *M* 785.
A Letabor et exultabo *B* 196.
A Letabuntur omnes *B* 144.
R Letamini celi quoniam *B* 142.
R — cum Ierusalem *B* 107.
R — gentes et exultate *B* 758.
A — in dno et exultate *B* 1047.
A Letare filia Sion *B* 1271, *V* 15.
O — filia Sion... fructificat *B* 1271, *V* 15.
— Ierusalem... decantemus *V* 65.
A — letare Ierusalem *B* 146, *V* 111.
M — sterilis... corone *M* 212.
O Letatur ecce dne Ierusalem *B* 633, *V* 111.
A Letentur dne super eloquia *B* 594.
O Letentur dne super... perducant *B* 594.
L Letentur filie Sion *M* 980.
M Letetur celum et exultet... liceat *M* 482.
Letetur dne deserta... opulenti *V* 29.
O Letetur in te dne q. uirginitas *M* 166.
L *Letifica animam* 338.
O — dne populum in hac... consolemur *M* 871, *B* 1227.
O *Letifica pater bonitatis... decantare* 98.
A Letificauerunt te dne *V* 126.
A Letitia sempiterna erit electis *B* 1143.
L Letitia sempiterna erit uobis *B* 1144.
A Letor in sanctitate tua *B* 992, 1174.
A Letus erit iustus cum *B* 513, *V* 79.
A Leuemus corda nostra *B* 279, 413.
A Lex dni immaculata *B* 563.
O — tua indificiens... illuminet *B* 201.
O — tua irreprehensibilis... illuminet *B* 407, 563.
O — tua uerbum... et pius *B* 80, *V* 8.
L — ueritatis habitauit *B* 1148.
A *Libera me dne ab omnibus* 334.
A Libera me dne de ore leonis *B* 562, 583.
A — me de sanguinibus *B* 580.
A — me dne de luto *B* 1066, *V* 58.
O — nos dne a labiis... bonitate *M* 997.
O — nos dne a labiis... exurge *B* 451, 509, *V* 86.
Libera nos dne ab omnibus malis preteritis 239; cf. 437.
Libera nos dne ab omnibus... sempiterna 322.
O — nos dne de contristatione *B* 517.
O — nos dne de ore... mortis *B* 583, *V* 73.
— nos dne de uiris sanguinum *V* 134.
O — nos dne in tua iustitia *B* 542.
A — nos dne propter *B* 371, 428.
A — *nos fili Dei Saluator* 399; cf. *M* 478.
R Liberabit nos dns a potentatu *B* 106.
Liberati a malo *M* 119, 559; cf. *M* 49, 57, 59, 87, 986, etc. Cf. Eruti a malo.
A Liberator meus Deus *B* 464.
O Liberator noster et dne... saluemur *B* 464.
A Liberet nos dne dextera *B* 312, 421, 686.
O Liberet nos dne dextera... suscipiant *B* 312, 421, 685, 686.
A Lignum uite planta dne *B* 330.
A Lingua mea adhesit *V* 74.
A Lingua mea meditabitur *B* 490, *V* 82.
A Lingua nostra dne meditabitur... laudemus *B* 491, *V* 82.
A Liuore eius sanati sumus *B* 639, *V* 108.
A Locuti sunt aduersum me... mea *B* 579.
A Locuti sunt aduersum me... tua *B* 546, *V* 84.
O Locuti sunt aduersum te... preces *B* 547, *V* 84.
L Locutus est angelus dni *M* 477, *B* 616.
A Locutus est Daniel *B* 872.
A Locutus est dns discipulis *B* 692; cf. 601.
A Longe fecisti notos meos *B* 604, *V* 83.
A Loquebar de testimoniis tuis *M* 159, 178, 926, 941, *B* 1262.
R Loquere pro me *V* 80.
R Luce clara fulgebis *B* 181.
L Lucerna pedibus meis *B* 448, 452, 458, 996.

O Lucidi exortus diei... gratulemur *B* 631, *V* 105.
O Lucidum diei tertii... muniamur *B* 625, *V* 104.
H Lucis auctor clemens, lumen immensum... nobiscum *B* 930, 966.
H Lucis creator optime... pessimum *B* 924.
O Lumen tuum dne legis... festinemus *B* 448, 452.
A *Lumen uerum qui inluminat* 210; cf. *M* 439.
O Luminosa diei quarti... sentiaris *B* 628, *V* 105.
O Lux angelorum... consumat *B* 1184, *V* 131.
O — aurore oriente sole *B* 162.
H — Deus Christe pietas redundans *B* 1200.
L — iustorum letificat *B* 1129.
L — orta est iustis *B* 1043, 1082.
A — percepta tua *B* 242.
R — tua dne luceat *B* 941.
H — uera lucis claritas... seculis *B* 924.

A Magister bone *V* 99.
A O Magister omnium apostolorum... ueniamus *M* 889.
Magna est Christe dne Adriani... optatam *V* 120.
O — est dne Bethlehem... salutem *B* 1295; cf. *V* 27.
Magna est dne claritas... requiem *V* 14.
O — est dne sanctis tuis *B* 1060, 1227, *V* 57.
R — et mirabilia opera *B* 627.
O — et mirabilia... osculandi *B* 627.
A — facta es et preclara *M* 776.
A O — nobis hodie... reddamur *M* 714.
A — opera dni exquisita *B* 648, *V* 16.
O — opera tua dne... faciamus *B* 648.
H Magne Deus potentie... corruat *B* 926.
O Magne Deus ualdeque laudabilis... tua *B* 161, 163.
A Magnificat anima mea *B* 213, 1296.
O Magnificat ecce te... singularis *B* 1298, *V* 25.
O Magnificata sunt opera... nostra *B* 636.
A Magnificate dnum mecum *B* 283, 393, 669, 715.
A Magnificauit dns sanctum *M* 158.
O Magnifice dne dilata... laudem *B* 679.
O Magnificent te Deus... partum *M* 1032.
A O *Magnificis uocibus nos... prauitatem* 344.
Magnificus es dne... donum *V* 17.
O Magno te dne clamore... tormentum *B* 1177, *V* 53.
M Magnorum apostolorum... gratulentur *M* 766.
Magnum Christe nomen... reseretur *V* 121.
O — dne pietatis... excipere *B* 1261, *V* 10.
A — miraculum iam uidimus *B* 213, 1292.
M Magnum nobis semper... crederetur *M* 155.
A — odorem dederunt *B* 1232.
O — ualde miraculum uidimus... remedium *B* 213, 1292.
A Magnus dns et laudabilis *B* 161.
A — dnus n. et magna *M* 488, *B* 198, 947.
A — dns n. et terribilis *B* 174.
— es dne Bethlehem ciuitas *V* 27; cf. *B* 1295.
Magnus es dne et admirabilis ualde *V* 54.
R — es dne et preclarus *B* 621.
L — est dns super omnes *B* 205.
— satis dne atque ineffabile donum *V* 59.
M *Maiestatem tuam cum tremore... infundas* 246.
O Maiestati tue o. d. salutari... aduersantes 203.
Maledictus est utique... leteris *V* 98.
A — homo *V* 98.
O D Malorum nostrorum... liberi *M* 633.
O *Manda Deus benedictionem... origo* 40.
O Mandata iudiciorum tuorum... tormentis *B* 84.
L Mane apud nos hodie *B* 263.
A — astabo tibi *B* 382, 468.
— x. d. clamores... inardescant *V* 66.
R — consurgit *V* 97.
O — dne oratio nostra *B* 58, 193, 994, 996, 1008, 1016.
Mane exaudies uocem dne *B* 197, 265, 548.
H — nobiscum dne... lubricum *B* 76, 78.
L — nobiscum dne quoniam *B* 626, 958.
A Manifesta sunt dona *B* 1180.
O *Manu tua dne misericorditer... regnis* 339.
R Manum suam aperuit inopi *B* 1181.
B Manus d. p. o. auxilietur... Christus *B* 967.
A — *tua Deus deducet me* 123.
L — tue fecerunt me *B* 355, 386, 433.
A Maria et flumina benedicite *B* 230.
H Martine confessor Dei... intimis *B* 1240.
H Martyr Dei qui unicum... Dei *B* 911.
H Martyris festum rutilat beati *B* 1238.
H — gestans Zoili coronam *B* 1140.
B — Hippolyti det... uotis *B* 1184.
A P — tui Sebastiani... felicitatis *M* 664.
P N Martyrum tuorum dne... refrigeres *M* 910.
A Mater Sion dicet *M* 172.
O Matutinis precibus te... regnis *B* 214, 1190.
L Me expectauerunt peccatores *B* 505.
A Me insule expectant *B* 88.
M *Mecum uniuersitas christiani conuentus* 388.
Memento congregationis tue Domine 401, *M* 1031, *B* 161, 295, 409, 482, 983.

O Memento congregationis tue... complectere *B* 295, 410, 724.
O Memento dne congregationis tue... perueniat *B* 161, 682.
A O Memento dne miserationum tuarum... dissimiles *M* 346.
A Memento dne quia uentus est uita *B* 982.
A — dne quod terra sumus *B* 982.
O D — dne quod terra... surgamus *M* 388.
O — *etiam dne famulorum... paradisi* 240.
Memento etiam dne famulorum famularumque... somno pacis 228.
Memento mei dne dum ueneris 89, 201, 202.
O — nostri dne et sicut... futuris *B* 1000, 1041, 1164, 1169.
L *Memento nostri dne in beneplacito* 426, *M* 292, 400, 511, 586, *B* 97, 100, 321, 349.
O Memento nostri dne in beneplacito... liberemur *B* 321, 349, 428.
L Memento uerbi tui seruo tuo *B* 440, 484, 488.
R Mementote patres nostros *B* 651.
P P Meminimus quidem... impertias *M* 744.
O Memor esto dne Ecclesie tue... prestoletur *B* 73, 91, *V* 33.
O *Memor esto dne fragilitatis... placatus* 122.
O — esto nobis dne... contagione *B* 263.
A — *esto nostri x. in regno* 191, *M* 417.
A — esto nostri dne in beneplacito *B* 428.
A — *esto sacrificii nostri dne* 188.
L — fui iudiciorum *B* 440, 496.
O Memorare dne inuictissimorum *B* 134, *V* 53.
— dne mortes inuictissimas... dimittas *V* 53; cf. *B* 134.
O D *Memorare dne patrum nostrorum* 425.
O — dne quemadmodum *B* 651.
A — *dne quoniam puluis* 121.
M Memores delictorum... percipere *M* 482.
M — *d. frs omni humano... debeant* 417.
O D — d. frs Romani... intentione *B* 923.
P N — *dne Moysi serui... nostri* 443.
A — erunt nominis tui *B* 396.
P P — mirabilium... sumantur *M* 818.
O — preceptorum tuorum... consequamur *B* 130, *V* 41.
P P *Memores sumus eterne... coheredem* 265.
A — sumus nominis tuis *B* 284.
O — tui in nocte... perdurent *B* 440, 496.
A Memoria eius in benedictione *B* 1155.
A — Iuste cum laudibus *B* 1152.
O Memorie sancte... uiuentium *B* 1097.
O Merear queso dne... accipiam *M* 524.
B Meritis sanctorum... adipiscamini *B* 1163.
B — sanctorum... in uitam *B* 999.
R Metuentes dnum sustinete *B* 92.
A Meum est consilium et equitas *B* 699.
A Mihi absit gloriari *B* 1263, *V* 11.
A — autem nimis honorificati *B* 1141.
A P — *et omnibus offerentibus* 254, 275.
Mira satis dne arbor... et sobrii *V* 20.
O — satis dne quod... et sobrii *B* 1279, 1293; cf. *V* 20.
O Mira satis dne radix... fugiamus *B* 212.
O — satis dne tuorum trium... copulari *B* 1056, *V* 55.
O Mirabilem te in sanctis... dignaris *B* 1431.
P P — te in sanctis... liberos *M* 911.
O Mirabilia sunt testimonia tua... collocemur *B* 644, *V* 45.
L Mirabilia testimonia tua *B* 385, 389.
P N — tua quesumus... sunt *M* 642.
A Mirabilis d. in sanctis *M* 748, 895, 963, 965.
— dne Ioannes... *V* 124.
A P — es d. mirabilis... coniungi *M* 869.
O — es dne et... iugiter *B* 1163.
O — in sanctis tuis dne... mereamur *M* 926, *B* 1013, 1224.
A P Mirabilium tuorum dne... tui *M* 618.
H Miracula primeua hymnorum modula clara *B* 885 (*Prologus hymnorum*).
H Miratur hostis posse limum tabidum *B* 273.
O Misce q. dne in calice... nostrorum *B* 527.
O Miserationes tue multe... perducant *B* 501.
O Miserator dne et... dilata *B* 244, 315, 325, 366.
O — dne secundum... adducas *B* 349.
P N — *et misericors... eternam* 427, *B* 1030.
A — et misericors dns longanimis *B* 244, 325, 366, 409.
L Miserere d. omnium et respice *B* 108, 110.
A — d. omnium quoniam *B* 244.
O — dne ad te... sentiamus *B* 418, 685.
R — dne contritis corde *B* 356.
O — *dne famulo tuo... concedas* 359.
O — dne his quos... sanas *M* 456.
P — dne miserere... nostris *B* 969.
O Miserere dne miseris et quia... precepta *B* 264, 289, 331.
O *Miserere dne misero miserere... offensam* 95.
P — dne qui potens es... requiem *B* 1314.
P — dne supplicantibus, tu dona... pluuiam *B* 393, 732.

P Miserere dne supplicantibus et dona... regnum celi *B* 499.
L *Miserere ei dne quoniam in te* 394.
P — et parce clementissime dne... adesto *B* 255, 392.
P Miserere et parce clementissime dne... dno *B* 555.
P Miserere et parce clementissime dne... exime *M* 318.
P Miserere et parce clementissime dne... lapsibus *B* 401, 728.
R Miserere et parce nobis dne *B* 371, 675.
A O *Miserere mei Deus et ne... ostendat* 249.
L — *mei d. miserere mei* 361, *B* 88, 237.
A O — *mei d. quia peccaui... sana* 267.
L — *mei d. quoniam in te* 352.
A — mei d. secundum magnam *B* 191, 264, 289, 331, 487, 716.
O Miserere mei dne... merear *B* 991.
A — mei dne alleluia miserere *M* 991.
A — mei dne alleluia quoniam *M* 1003.
R — *mei dne miserere et ne* 257.
L — *mei dne miserere quoniam* 259, 418, *M* 988.
P Miserere mei dne qui potens es... uiuamus *B* 492.
A *Miserere mei dne quoniam infirmus* 359.
A P — *mei dne redintegra cor* 267.
P N — *mei ne despicias... ostendat* 267.
O — mihi dne... delictis *M* 1003.
A — mihi dne et uide *B* 507, *V* 71.
A — mihi dne quoniam *B* 523; cf. *V* 79.
P — miserator et esto... requiem *B* 969.
P — miserere Deus... altare *B* 986.
P — miserere dne... postulamus *B* 970.
P — miserere... amenitatis *B* 981.
P — miserere... caterue *B* 970.
P — miserere... dolorosa *B* 984.
P — miserere... gubernabat *B* 987.
P — *miserere... implorantes* 115, 127.
R — miserere, miserere *B* 954.
A — nobis d. magne *B* 384.
P — nobis d. miserere... clemens *B* 969.
O — nobis d. miserere... crucis *B* 541, 951, *V* 88.
P Miserere nobis d. quia omnia potes *B* 613.
A — *nobis dne alleluia* 231; cf. 312.
L — *nobis dne* 340, *M* 982, *B* 167, 310, 315, 318, 676.
O Miserere nobis dne... auxilio *B* 704, 739.
A Miserere nobis dne... celis *B* 704, 738; cf. 718, 959.
O Miserere nobis dne... clementer *B* 459.
O — nobis dne... delictis *B* 252, *V* 134.
O — nobis dne... dona *B* 971.
O — nobis dne... ignoscas *B* 191, 387, 716.
L — *nobis dne... libera nos* 232.
O — nobis dne... mereamur *M* 1007.
O — *nobis dne... occurre* 231, 312.
O — nobis dne... precepta *B* 200.
O — *nobis dne... presta* 231.
O — nobis dne... rogamus *M* 982, *B* 960.
A P — *nobis dne miserere... sanitatem* 373, 385, *M* 1008.
O — *nostri dne Deus... infinitam* 403.
O — nostri dne et ne... procellas *B* 523.
O — nostri dne et uide... digneris *B* 507, *V* 71.
Miserere nostri dne ne... tuam *V* 78.
— nostri dne nec... procellas *V* 79.
O D — nostri fili Dauid... confessionis *M* 333.
A P — plebis tue... gaudere *M* 1034.
O — *quesumus rogantibus... promittis* 325.
R — quia Deus es *B* 478, 667, 712, 950.
A Misericordia dni a seculo *B* 315.
R — dni facit ut *B* 392.
A — et ueritas *V* 26.
A — tua dne subsequatur *B* 233, 729.
R Misericordiam et iudicium *B* 946.
O — et iudicium... absoluas *B* 433.
O — et iudicium... errata *B* 359.
A O — *tuam e. d. flagitantes* 397, 406.
O — *tuam o. d. supplices* 171.
P N *Misericors ac piissime d. postulantibus* 323.
B — d. per illam caritatem *M* 1036.
O — dne et iuste... protegamur *B* 322.
O — dne et iuste... statuas *B* 247, 377.
P — dne exaudi... surgis *B* 523.
P — dne exaudi... uitam *B* 402, 730.
O — dne tu principium es... consumma *B* 267.
A Misericors dns et iustus *B* 322, 429.
A — et miserator *B* 247, 377.
R Miseriis afflictus sum *B* 449.
A Misit de celo et liberauit *B* 691.
A — dns angelum *V* 77.
L — ex alto et accepit me *M* 607.
R — me dns sanare *V* 121; cf. *B* 177, 185, 1130.
Missa acta est 45, 68, 71 (integra), 316, 440.

Missa uotiua completa est 243; cf. 277, 306.
R Missus est a Deo angelus B 1293.
A — est Gabriel B 1297, V 25.
A Mittam in uobis spiritum B 688.
A Mitte de celo et libera B 225, 233.
A — *manum tuam dne* 313.
A — *nobis auxilium de sancto* 330, 339, B 48, M 112.
O Mitte nobis d. clemens... contineat B 1216.
A — nobis dne... dni B 74.
A — nobis dne... Iacob B 222, 255.
O — uerbum tuum dne... tua B 373.
A — *uerbum tuum et sand nos* 373, 377, 380.
A — uerbum tuum o. d. de sedibus B 105.
O Montes cantate nobis... largire B 262, 331.
O — cantent nobis... largire B 151.
A — et colles cantabunt B 72.
A — et colles clamabunt V 9.
L — et omnes colles, ligna B 289, 469, 686; cf. 734.
A Montes exultabunt ante faciem V 9.
R — filie Sion ramos B 92, 941.
O Mortifica q. super... sempiternam B 91, V 14.
A Mortificate nunc membra B 91, V 14.
B Mortis Christi admirabile... angelorum B 951, V 88.
O Mortuum te peccato... sempiternis B 623, 624, V 108.
A Mortuus est x. propter peccata B 624, V 108.
O Multa quidem erant... doctrinis M 213.
R Multa sunt peccata nostra B 683.
P P Multe sunt auersiones... emundes M 654.
A O *Multe sunt dne clementie tue* 341.
A O — *sunt dne consolationes* 280, 340.
O — sunt dne iniquitates... dnum B 557.
A Multi dicunt anime mee B 69, 221, 546.
O — dicunt anime nostre... matutinum B 704.
R — dne gemitus mei B 717.
A — in natiuitate eius B 1133, V 122.
A — insurgunt in me B 526.
L — persequentes me B 501.
Multimoda in laudum... concinamus V 65.
A P Multiplica nos... iustitie M 636.
A Multiplicauit uos dns M 301.
Multiplicasti dne... ostendere V 16.
L Multiplicata est super me B 438.
O Multiplicati sunt dne... gratia B 59, 83, 104, 111, 112, 341, 366, 484, 526, 546.
R Multiplicati sunt super... oderunt B 707.
A — sunt super... respice B 480.
O Multiplices nos dne turba... dona B 606.
— nos dne turba... regnis V 83.
B Multiplicet uos dns... placeatur M 246.
A P Multis coram te... exemplo M 902.
O — te pro nobis... mercedem B 496, V 94.
O Multum peregrinantem... beati B 558.
A — peregrinata est anima B 558.
Munda cor meum corpusque M 528.
O D — *dne a cunctis piaculorum* 258, 276.
L Mundauit nos dns ab omnibus B 695.
A Munera accepta erunt M 789, 939.
R Muscipula parauerunt V 81.
M Mysterio resurrectionis... promisit M 607.
H Mysticum melos persoluat B 907.

H Nardus Columbe floruit B 1310.
O Narrantes mirabilia... gaudere B 320, 427.
A Narrate laudes dni V 112.
H Natiuitatem pueri B 1134.
A Nazareus uocabitur B 1139, V 124.
R Ne abstuleris dne misericordiam B 701.
L — auferas de ore meo B 329, 343, 348.
A — comperdas nos dne 400.
O — *comperdas dne animas... paradisi* 400.
A — derelinquas me M 372, B 474.
A — despicias partem tuam B 289, 430.
A — *elongas a me* 126.
A — extermines plebem B 204, 686, 708, 716.
A — extermines populum B 247, 315, 662.
A — *in ira tua arguas me* 365, B 194.
A — *memor fueris Deus iniquitates* 233, M 297, 648; cf. B 243, 706, 724.
R Ne obduraueris B 459; cf. V 92.
O — obdures dne aurem... consoletur B 459, V 92.
A Ne obliuiscaris dne uocem B 262.
O — obliuiscaris dne uocem... infinitum B 568, V 91.
A Ne perdas cum impiis V 74.
A — proiicias nos Deus a facie tua B 955.
A — proiicias nos dne B 170, 208, 721, 733.
O — proiicias nos dne... absolutos B 170, 208, 721, 733.
A Ne recordaueris peccatum M 1022.
— repellas q. dne orationem V 83.
A — simul tradas me B 500, V 74.
A — tradas dne desiderio B 447; cf. V 85.
— tradas Domine in persequentium V 74; cf. B 527.
A Ne tradas me dne in manu V 74.

O Ne tradideris dne Ecclesiam *B* 569, *V* 74.
A — tradideris me dne in *B* 569, *V* 74.
O — tradideris dne in persequentium... redemptorum *B* 527, *V* 74.
B *Necessariam mihi d. p. ueniam* 258.
H Necnon et ipsos protegit aduenas *B* 1052.
O *Nemo dne mortalium exultet* 120.
L Nequando rapiat ut leo *M* 776.
A Nisi dns adiuuisset *V* 83.
A Nobis adherere Deo *B* 349, 409, 678, 724.
O — adherere Deo bonum est... perduret *B* 349, 678, 724; cf. 409.
O Nobis adherere tibi... perduret *B* 409; cf. 349.
Nobis quoque peccatoribus 229.
O Noctem nostram illumina... mereamur *B* 967.
A Noctes et dies lux *B* 226.
H Noctis tempus iam preterit *B* 446, 451, 461, 470, 477, 487, 496, 505, 509, 519, 530, 538, 552, 560, 573, 582, 591, 599.
H Noctis tetre primordia *B* 929, 965.
A Noli flere Maria *V* 103.
O — nos dne nostris... precipuum *B* 1081.
A — nos relinquere dne *B* 986.
A Nolite ante tempus *B* 93, *V* 24.
A Nomen dni inuocaui *B* 126.
O — tuum dne credere... potiantur *B* 275.
P N Nominibus sanctorum... tribuantur *M* 160.
P N Nominis tui Christe... iustorum *M* 798.
O Nominis tui Deus... uirtutum *B* 439.
A Non a principio in abscondito *B* 93, *V* 12.
O D — agnoscentes dne meritum *M* 977.
A — auertas aurem tuam *B* 589.
O — auertas aurem... consoletur *B* 589.
R — auferetur sceptrum *B* 75.
A — deficiet princeps *B* 1254.
A — erubescant in me *B* 490; cf. 454, 523, *V* 85.
O Non erubescant in nobis... sinat *B* 490, 523, *V* 81.
Non erubescant in nostrorum operum *V* 85.
A — est alius Deus *B* 219.
P — est alius nisi tu Deus *B* 210.
R — est Deus preter te *B* 738.
A — est Deus sicut homo *B* 162, 356.
A — ex uoluntate uiri *V* 37.
A — fuit contumax *V* 95.
A — infernus confitebitur *B* 234.
A — intres in iudicio *B* 978.
O — *intres in iudicio cum seruis... Trinitatis* 400; cf. *B* 987, *V* 136.
L Non nobis dne non nobis *M* 639, 642.
A O — nos abiicias Iesu... caritatis *M* 404.
A — obliuiscar tui Ierusalem *V* 8.
O — reppellas dne plebem... seculo *B* 307, 356, 420, 686.
A Non repellet dns plebem *B* 307, 355, 420, 685.
O — secundum peccata nostra facias nobis *B* 947, 950; cf. 418.
A Non sedi in consilio eorum *B* 596, *V* 95.
— sinas dne plebem tuam... ueniam *V* 120.
A — sis mihi formidini *B* 468.
A — ueniat mihi dne pes superbie *B* 513.
O — ueniat nobis dne... potemur *B* 475.
O — ueniat nobis pes... perpetuam *B* 513.
H Non usitatis ortus hic natalibus *B* 270.
O Nonarum horarum spatiis huius diei... protectorem *B* 314, 372, 429.
A Nos ingredientes uidebimus *B* 75.
R — inique egimus et ad *B* 701.
R — omnes ambulabimus *B* 109, *V* 29.
O — omnes ambulantes in nomine tuo... ostendas *B* 109, *V* 29.
Nos omnes qui tuo... uirtutem *V* 112.
A — omnes redempti *V* 112.
A — omnes reuelata facie *B* 1051, *V* 126.
O D *Nostrum quidem dne non agnoscimus* 417.
O Notam nobis fac... heredes *B* 568.
A Notas fac mihi uias *B* 458.
O — fac nobis uias... constitue *B* 199, 200.
A Notum facimus rex *V* 56; cf. *B* 1058.
O — factum est... peruenire *B* 145, *V* 46.
L — feci eis dne *B* 568.
A — fecit dns salutare suum *M* 218, *B* 140, 1087, *V* 45.
A Notum tibi facimus rex *B* 1058; cf. *V* 56.
O Noua et inaudita sunt... impleatur *B* 89, *V* 24.
Nouimus dne quod festinus... adsigna *V* 9.
A P — dne quod pax... benedictionis *M* 202.
O — dne quod traditoris tui *B* 447, *V* 97.
A O Nouimus, nouimus, o summe pietatis dne... obtineant *M* 852.
A Nullus bibendi nullus uescendi memor *B* 273.
R Numquid in eternum continebis *B* 427.
R — in eternum repellet *B* 417.
R — in nostra iustitia *B* 729.
R — non ualet manus *B* 428.
R Nunc dne dabis populo *B* 1091, *V* 45.
R — ecce dirident me *M* 380.
R — ecce oppressit me dolor *M* 368.
A — reges intelligite *B* 191, 264, 981.

H Nunc sancte nobis Spiritus *B* 936, 953.
R — uenit in me dolor *B* 534.
PP Nuntiamus Domine quod credimus... prestent *M* 176; cf. 847.
O Nuntiatam esse uocem... tua *B* 60, *V* 5.

H O beata Ierusalem... munera *B* 915.
H — beate mundi auctor... dulciter *B* 1166.
O — beatissimi martyres Christi... continua *B* 1058, *V* 56.
A O bona crux que decorem *B* 1119.
O — bone Iesu amabilis... gratulemur *B* 385.
— bone magister Iesu... redimentis *V* 99.
PN — bone redemptor... celestis *M* 790.
H — celorum alme princeps... lumine *B* 1213.
H — Christi martyr et inclita *B* 1266.
A — *crux uiride lignum qui* xxv.
O — decus orbis, o doctor *B* 1202, *V* 132.
H — decus sacrum uirginum *B* 211, 214, 1186.
— Dei p. Verbum aduersus... seculo *V* 73.
H — Dei perenne Verbum *V* 1175.
H — Dei Verbum Patris ore proditum *B* 1306.
AO — *dne i. x. qui nos per multas* 336.
L — *dne saluos nos fac o dne* 232, 314, 348, 385, *M* 885, 1007.
L *O dne saluum me fac* 361.
O — filiorum Dei b. sanguis *B* 1178, *V* 53.
O — gaudium magnum letitie *B* 1247.
O — gloriose ac misericors... consequi *B* 1198.
OD — Iesu bone amabilis *M* 342.
O — illibatum donum... nostrum *B* 1187.
H — lux beata Trinitas *B* 220, 232, 695, 699.
O — lux luminis splendor *B* 1220.
H — magne rerum Christe rector inclite *B* 1242.
O — Michael princeps... eternum *M* 875, *B* 1216.
H O Nazarene lux Bethlehem *B* 269, 275, 277, 284, 287, 293, 294, 302, 304, 312, 321, 322, 338, 339, 340, 345, 346, 348, 354, 355, 362, 363, 366, 371, 372, 377, 378, 392, 393, 402, 404, 410, 411, 417, 418, 420, 429, 436, 438, 450, 455, 463, 464, 466, 472, 473, 480, 482, 484, 491, 492, 513, 517, 522, 524, 533, 534, 541, 546, 556, 557, 563, 564, 575, 576, 578, 584, 588, 593, 595, 601.
O O perennis salus, beatitudo 279.
H — Petre petra Ecclesie *B* 1103.
PN — quam admirabilis... nostra *M* 913.
PS — quam gloriosum est... infudit *M* 665.
A — quam magnum miraculum *B* 1300.
— quam suauis est... repromissa *V* 64.

H O rerum dne conditor omnium *B* 1194.
H — sacerdotum inclita corona *B* 1079.
O — sacratissima Verbi ancilla... eternum *B* 214, 1300, *V* 29.
O O sancta crux... ueniam *M* 421, *B* 610.
O — sanctissime Gabriel... incolatum *B* 1293.
O — Spiritus sancte... caritate *M* 612, *B* 691, 692, 695, *V* 116.
H O triplex honor, o triforme lumen *B* 1055.
— Verbum quod fuisti a principio *V* 35.
H — uerum regimen Christi fidelium *B* 918.
AP — uirtus et refugium... tuam *M* 341.
R — uos omnes qui transitis *B* 562.
A — uos qui in puluere estis *B* 108.
PP Ob arcana mysterii... munitione *B* 771.
PP Ob honorem passionis... populorum *M* 784.
B *Ob recordationem diei famuli sui* 138, 147, 410; cf. 403, *M* 1028.
B *Ob recordationem die patris nostri* 145.
H Obduxere polum nubila celi *B* 922.
PP Oblatas tibi o. d. ob honorem *M* 955.
A Oblatio dni est odor suauissimus *M* 645.
PN Oblationem familie tue... eterna *M* 266.
M Oblatis super aram... passionem *M* 868.
PP — tibi dne libaminibus *M* 370.
PP *Oblatum tibi d. p. famuli... uotis* 309.
PP — tibi hoc sacrificium *M* 157; cf. 914.
PN *Obsecramus immensam... prestes* 414.
AP — misericordiam... consortio *M* 1018.
O — *pietatem... permittas* 114.
AO — *piissime Pater ut famulum... securus* 395, *M* 1021.
AO *Obsecramus piissime Pater ut quicquid* 408.
A Obseruabit peccator iustum *B* 481, *V* 76.
O Obseruat dne peccator... es *B* 481, *V* 76.
H Obsidiones obuias... protege *B* 928, 964.
PP *Obtemperantes talibus... inueniat* 430, *M* 1025.
B Obtentu martyrum... regna *B* 1229, 1289.
O Occupantes animam... doctrinam *B* 493, *V* 80.
A Occupauerunt animam *V* 80.
M Occurramus omnes... deuotio *M* 495.
Occurre nobis Saluator... plenitudo *V* 53.
AO Occurrentes cum cetu totius... conuiuio 189, 192, *M* 415.
H Octaue ore circulus... conloca *B* 938.
L Oculi nostri ad dnum *B* 90, 157, 338, 378, 667.
— omnium in te sperant *B* 971.
A Oculus Dei adspexit *B* 136, 994.
A Odisti dne omnes qui *B* 449, *V* 69.
L Odor sanctorum tuorum *B* 201.

A *Offeramus dno sacrificium laudis* 233.
M Offerentes dilectissimi fratres panes... concordet *M* 581.
PN *Offerentes famuli tui munera... eternum* 310; cf. 327.
PN *Offerentes famuli tui munera... felicitatem* 398, 406.
PN Offerentes famulos tuos tibi... eternum 327; cf. 310.
PP Offerentes tibi Deus sacrificium... sanctifices *M* 639.
M *Offerentes tibi dne hostiam... consueta* 280.
P — tibi dne oblationum uota... adquirat *M* 309.
PN Offerentibus nobis ob... ueniam *M* 957.
PN *Offerentis gloriori principis uotiua* 295.
PN *Offerentium Christe nomina in libro* 424.
PN — d. p. quesumus... eterna *M* 281.
PN — dne suscipe uotum nostrumque... letifices *M* 331.
AP Offerentium eterne d. susceptis... celis *M* 612.
PN — *nominibus recensitis... defunctis* 395, *M* 1021, 1024.
PN Offerentium pius Christe suscipe uota *M* 624.
PN — q. dne uota multiplica... eternam *M* 399.
PN *Offerentium tibi d. nominibus recitatis... postulamus* 336, *M* 999.
PN Offerentium tibi d. p. uota... locus *M* 363.
A Offerentur regi uirgines *B* 1031, 1156, *V* 125.
PN Offerimus dne hec munera... efficias *M* 992.
O — *sal ante conspectum... recedat* 11.
O — tibi dne calicem ad benedicendum... ascendat *M* 112, 536.
O *Offerimus tibi dne huius rutilantis* 210, *M* 439, *V* 99.
PP *Offerimus tibi dne has hostias corporis* 370.
PN — *tibi dne hec munera* 316.
A — *tibi dne sacrificium* 415, 426, *M* 1029.
Offert Ecclesia Dei sancta catholica 235.
— *famulus tuus ille* 235.
— *uniuersus populus* 235.
A *Offerte dno holocausta* 782.
A — dno mundum sacrificium *M* 307, 313, 327, 331, 346, 351, 363, 368, 381, 386, 993, 1021, 1029.
A Offerte sacerdotes ad altare *M* 642.
O Offerunt d. dno oblationem sacerdotes *M* 114.
— pro se et pro uniuersa *M* 543.
— *sacerdotes d. n. oblationem* 235.
A Offerunt sacerdotes super *M* 630.
M Omne dil. frs in laudem... perfidia *M* 233.
L — donum optimum *M* 647.
R Omnes aduersarii mei *B* 589, *V* 76.
A — amici mei dereliquerunt *V* 93.
R — amici mei illuserunt *B* 472.
R — amici mei obliti sunt *B* 541, *V* 79.
L — benedicite dnum *B* 628.
A — de Saba uenient *M* 233.
M — filii Dei et... triumphum *M* 663.
OD — fratres c. qui conditos... imploremus *M* 376.
A — gentes plaudite... exultationis *B* 679.
A — gentes plaudite... letitie *B* 220.
A — gentes plaudite manibus... psallite *B* 631, 650, 652.
A Omnes montes et colles *V* 22.
OD — nos qui terribilem *M* 914.
R — persequentes me *V* 74.
B — qui b. martyris Acisli *M* 914.
O — qui huic tante... iocundari *M* 568, 826.
B — qui initium presentis anni *M* 226.
AO — qui redemptionis... habere *M* 505.
OD — *qui redemptionis... nostris* 207.
M — qui secularium... intremus *M* 861.
M — qui septiformis... sacrificiorum *M* 517.
M — qui sub impugnantium... *M* 166.
A — sancti in manu Dei sunt *B* 1005.
— tuam x. persequentes... exquirant *V* 74.
A — uiri atque mulieres *M* 658, 796.
M Omni cura frs c. ieiuniorum *M* 368.
M — cura, omni studio omnique *M* 802.
M — studio omnique mentis *M* 821.
A Omnia mandata tua *M* 774, 785.
A — ossa mea dicent *B* 526.
A — quecumque uoluit *B* 160.
O Omnipotens ac mirabilis... delectemur *B* 624.
AO O. adorande tremendeque *M* 1034.
O — *x. dne, a quo est omnis uera* 59.
O — x. f. d. p. altissimi qui in *B* 1117, *V* 128.
AP — conditor et redemptor... remotos *M* 768.
O — d. f. x. cuius uerba stylo ferreo *B* 590, *V* 80.
B — d. ad quem b. Emeterius *M* 733, 1108.
B — *d. aperiat cor uestrum... inlesi* 284.
O — *d. benedic et sanctifica... sanitatis* 71.
B — d. cui ob indictum... coronam *M* 655.
B — *d. det famulo suo misericordiam* 393; *M* 647.
B — d. det uobis misericordiam *M* 647.
B — d. in cordibus uestris... uirtutem *M* 965.
B — *d. in cuius sanctuario... potiatis* 170.

B O. d. incdiam uestram... deposcitis *M* 328.
— d. n. et dne qui missum... requiem *V* 122.
O — d. p. et dne largire credenti... sentiatur *B* 1089, 1091, *V* 45.
O O. d. p. glorie qui... deuicit *B* 653; cf. *V* 110.
O — d. p. qui die tertio... consolari *B* 626, *V* 105.
— d. p. qui dnum nostrum suscitasti... deuicit *V* 110; cf. *M* 653.
PP O. d. p. qui filium... perlustret *M* 332.
O — d. p. qui nos dni... protegamur *B* 639, *V* 108.
O — *d. p. qui per Ade primi hominis* 118.
PP — d. p. qui post oblationem *M* 198.
B — d. p. qui unigenito suo nascituro... ueritatis *B* 1135, *V* 121.
B O. d. per obseruantiam horum dierum... coheredes *B* 324, *V* 66.
O. d. princeps omnium sanctorum *V* 17.
O — d. qui b. Clementem... conferatur *B* 1257.
B — d. qui b. Rufinam... paradiso *B* 1159.
B — d. qui b. Tirsum... obsequium *M* 692.
— d. qui b. Vincentium... conferatur *V* 61; cf. *B* 1071, 1196, 1257.
O O. d. qui bonitate inenarrabili *B* 1054.
— d. qui captiuitatem... corrigantur *V* 10.
O — *d. qui creaturam... oblineant* 23.
OD — d. qui diuersitatem gratiarum in Ecclesia *M* 974; cf. *B* 1023, 1025.
B O. d. qui es lumen... effuga 968.
B — d. qui eterna dispensat *M* 584.
— d. qui fabricam mundi... salus *V* 38.
B — *d. qui fidelissimum famulum... subcumbat* 92, 364, *M* 1006.
B O. *d. qui gressus uestros... peragatis* 154.
— d. qui Ierusalem... libertate *V* 14.
PP — d. qui inlibatam... perlustret *M* 713.
B — d. qui inter Valerianum *M* 932, *B* 1254.
B — d. qui Iulianum... patronos *M* 661.
B — d. qui Iustam et... celorum *B* 1162, *V* 125.
O — d. qui martyrem... cognoscant *B* 996.
O — d. qui martyrem... decoris *B* 1069, *V* 61.
O — d. qui martyrem Thomam... penam *B* 1304.
AO — *d. qui nos humilitatis formam* 244.
B — d. qui ob indictum... coronam *B* 248.
O — d. qui oculos tuos... sociemur *B* 1081.
B — d. qui omne remedium *M* 772, *B* 1148.
AO — d. qui per abstinentiam *M* 375.
O — d. qui per b. Romanum *B* 1249, *V* 6.
— d. qui perpetuum lumen.... succende *V* 18.
PP — d. qui sanctis tuis... incentiua *M* 717.
B — d. respiciat uota... participes *M* 751.
O O. d. te supplices petimus... nunciati *B* 1139.
M — d. tibi supplices fundimus... ruinam *M* 313.
O — d. tuam indigni... in melius *B* 199, 224.
AP O. dne a quo est humilitatis *M* 271.
O — cui in celestibus rite offertur... subuenias *B* 225, 440.
O. dne cuius magna sunt opera *V* 16.
O — *dne apud quem non... coronanda* 67.
O — *dne qui precepisti Moysi* 160.
O — *Ihesu et Christe Deus... uictum* 168.
OD — qui es auctor... celebramus *M* 805.
B *O. dns acceptabile faciat... coheredes* 292.
B — *d. ueniam famulo concedat* 100.
B — *hos pro quibus oblatum... exoblat* 261.
B — huic receptaculo nuptiali 433.
B — *hunc locum... uiuitura* 119, 120, 130.
B — in quo est pietatis... redempti *B* 231.
B — peccatorum uestrorum *M* 263
B — qui animam... promissa *B* 1263, *V* 11.
B — qui b. Marcianam uirginitatis... paradiso *M* 779, *B* 1149.
O O. dns qui b. Vincentium... conferatur *B* 1071; cf. 1196 et *V* 61.
B *O. dns qui fidelissimum... succumbat* 92; cf. 364 et *B* 208.
O O. dns qui mentem... incentiua *V* 131.
B — qui nos per abstinentiam... passiones *M* 388; cf. *B* 956.
B O. dns respiciat uota... participes *B* 1128.
AP O. et immense Deus... potiamur *M* 790, 939.
O — *et misericors d. miserere* 90.
M O. eterne d. et conditor... munda *M* 1026.
O — d. et misericors qui temporum... commissa *B* 147; cf. 700.
OD O. eterne d. qui filium... redemit *M* 584.
PN — d. qui nos ad eternam *M* 261.
O — misericors d. qui temporum *B* 700; cf. 147.
O. Iesus Christus qui Stefano *V* 42.
B — qui uirtute *M* 323, B 329.
O O. immense et misericors *B* 302.
O O. pater et dne i. x. largire *B* 141.
O *O. pater et misericors dne tuam* 249.
O — *pater omnium d. qui populi* 79.
O — pater qui b. apostolo *B* 137.
— pater qui b. Vincentio... impendat *V* 60.
O — *sancta Trinitas d. une totius* 162.
O — sancte atque ineffabilis d. *B* 1127, *V* 119.
O — *sancte d. a quo omnia* 157.
PN O. sempiterne d. adesto... requiem *M* 271.

M O. sempiterne d. cui nunquam *M* 1018.
O — d. cuius precepto *B* 190.
P N — d. fidelium lumen... nos *M* 142.
O — *d. i. x. dne esto propitius* 284.
O — d. inclina aurem *B* 208, 404.
O — d. presta nobis ut *M* 747.
O — d. qui b. Columbam *B* 1311.
O — d. qui bonitate *B* 1030.
A O — d. qui nos humilitatis *M* 351.
A O — d. qui nos sacra *M* 642.
M — d. tuam clementiam *M* 1014.
M — d. tue glorie maiestatem *M* 983.
M — *d. tue glorie pietatem* 234.
O — *p. et dne qui es summe* 174.
A O O. unigenite d. f. p. qui ad *M* 929.
A O — x. f. d. p. qui tam uiris *M* 980.
— f. d. qui uincenti *V* 10.
O *Omnipotentem d. bonum et pium* 100.
M — d. frs c. deprecemur ut illam... remuneret *M* 636.
O D Omnipotentem d. frs c. deprecemur ut propinquante... uocis *M* 647.
M Omnipotentem d. frs c. in honorem *M* 858.
M — *d. ob accedentem* 374.
M — *d. qui humanum* 391, *M* 645.
O — *d. qui sacerdotes* 219, *V* 101.
M — *dnum frs c... exaudiat* 327.
O D — *frs c. deprecamur... uocis* 393.
M Omnipotenti Deo frs c. totis sensibus *M* 327.
B — dno sociemini *M* 364.
H — Domino... multitudine *B* 1264.
A O Omnipotentiam tuam... constituas 427, *M* 1030.
M Omnipotentis d. ineffabilem *M* 714.
B — d. n. benedictionibus *M* 251.
B — d. uos gratia protegat... beatificari *B* 307, 341.
B Omnipotentis dni uos gratia... repleri *M* 352.
O D Omnis conuentus dominice... crucis *M* 574.
M — conuentus dominice plebis... tribulationis *M* 363.
D D Omnis conuentus Ecclesie... celis *M* 891.
A — gloria eius filie *B* 1031, 1156, *V* 126.
A — lex et prophete *B* 1131.
A — qui me confessus *M* 201, 970.
L — qui uicerit faciam *B* 1201, 1260, *V* 60.
L — spiritus laudet *B* 171, 493, 988.
A — terra adoret *M* 231, *B* 165, 348, 396, 670, 720, *V* 50.
O Omnis terra adoret... imperio *B* 165, 670, 720.
— terra dne letatur... declarato *V* 50.
M Omnis unitas Ecclesie... sponsa *M* 945.
O Omnium rerum creator *B* 692, *V* 117.
M — sanctorum prelatis... uenia *M* 895.
A O Opitulare Iesu precibus supplicantium... aduersantis *M* 341.
A Opprobrium insipientium *B* 517.
A O Oramus indefessis precibus *M* 617.
A L — *te dne d. o. ut nos quos* 263.
O — *te dne sancte... concedas* 425; cf. 407.
O — te dne sancte, Pater eterne... precipias *M* 1025, 1028, 1032.
A Orate ad Dominum *B* 1119.
O D *Orationem frs dicturi dominicam* 306, *M* 1002.
O — dicturi nihil nostris *M* 755.
A Oraui Deum meum *M* 726, 827.
Oremus auctorem lucis *B* 174, 185; cf. 176.
— *d. o. clementiam* 97.
Oremus d. p. o. misericordiam 72, 129, 130, *B* 115, 123, 124, 128, 690.
O D Oremus Deum d. frs ut nos efficiat *M* 639.
Oremus dnum nostrum ut 119, 133, 145, 377; cf. 72, 146.
Oremus immensam et inef. Trinitatem *B* 696.
O D — Patrem d. frs sicut magister *M* 787.

Oremus pium et exaudibilem Deum,
ut animam famuli sui 125.
— et spiritum et animam *B* 981.
— nobis gratiam *B* 947
— nobis penitendi uotum *B* 959.
— nobis salutem anime *B* 190.
— nos gloria Ascensionis *B* 953; cf. 654.
— nos gratia Aduentus *B* 949.
— nos in hac nocte *B* 963.
— nos per stigmata passionis *B* 951, 957.
— nostri agonis *B* 945.
— sicut in hac hora *B* 952.

Oremus Redemptorem mundi Dominum...
ut Ecclesie sue sancte *B* 146, 186, 216, 219, 220, 221, 223, 224, 227, 229, 231, 232, 235, 236, 239, 240, 243, 244, 246.
ut nobis auxilium de celo *B* 955.
— nos gloria Ascensionis *B* 654; cf. 953.
— nos gloria Resurrectionis *B* 619, 620, etc.
— nos gratia Aduentus *B* 49, 57, 58, 61, 62, 65, 66, 68, 71, 73, 74, 76, 78, 79, 83, 87, 90, 91, 97, 99, 100, 107.
ut nos gratia Circumcisionis *B* 141.
— nos gratia ipsius *B* 152, 161, 169, 172, 212, 214, 248, 259, 267, 274, 275, 277, 281, 288,

307, 310, 314, 996, 1023, 1088, 1130, etc.
ut nos per gratiam Natiuitatis eius *B* 133, 136; cf. 139.
ut nos per stigmata passionis *B* 439.
— nos uexillo crucis sue *B* 1121.
— per gratiam ipsius *B* 193, 195, 197, 199, 201, 202, 203, 205, 991, 999, 1011, 1017, 1021, 1026, 1030.
ut per intercessionem sancti Iuliani *B* 1037.
— spiritus et animas *B* 979, 989.
— uulnera famulorum suorum *B* 208.

Oremus ut animam famuli sui 112, 120, 126, 136, 137, 146, 148.
Oremus ut famulum suum 305; cf. 274.
— *ut hos ramos palmarum* 182.
— *ut huic famulo suo* 83, 89.
A Orietur in diebus *V* 50.
L — *in tenebris lumen* 401; cf. 428.
R — timentibus Deum *B* 104.
O Orire in cordibus uestris *B* 105.
Oris apostolici desiderabile *V* 11.
A Os iusti meditabitur *M* 211, 726, 827.
A Osanna, benedictus qui uenit *B* 107.
O — filio Dauid... perducas *B* 107.
— *in excelsis* 237.
PS — in excelsis... animarum *M* 817.
PS — in excelsis... interuentor *M* 245.
PS — in excelsis... nobis *M* 281.
PS — in excelsis... obtineat *M* 1024.
PS — in excelsis... patefecit *M* 1022.
PS — in excelsis... prestitutum *M* 770.
PS — in excelsis... protestauit *M* 1016.
PS — in excelsis... reddit *M* 1027.
B Ostende dne misericordiam... sanctum *B* 239.
A — mihi faciem tuam *B* 1026.
— *nobis x. misericordiam tuam* 377, 388.
A — nobis dne misericordiam tuam *M* 126, *B* 208, *V* 203.
O Ostende nobis dne... fruamur *B* 725.
— nobis dne... gloriosum *V* 23.
O — nobis dne... operias *B* 234.
A Ostendisti in populis *V* 111.
Oues mee *V* 91.

AP *Pacatum redde d. nostrorum cordium* 283.
AP Pace tua dne... facinoris *M* 363.
O *Pacem dominicam... seruiamus* 220, *V* 101.
R — meam do uobis *M* 484, 546.
AP — *meam mici dne... seculorum* 271.
A *Pacem relinquo uobis* 192.
AP — tuam apostolis... teneamus *M* 964.
AP — *tuam dne quam conmendasti* 341; cf. 281.
AP Pacem tuam dne quam tenendam *M* 1026.
AP — tuam dne quam tuis 281; cf. 341.
AP — *tuam q. dne infunde uisceribus... exitia* 362, *M* 1005.
L Pacificauit omnia per sanguinem *B* 1119.
AP *Pacis institutor et caritatis* 323.
AP — tue d. nobis... predicemus *M* 859.
A Palme fuerunt in manibus sanctorum *B* 1009, 1038, 1164, 1169.
R Pande manum tuam super seruos 363.
Panem celestem de mensa *M* 565.
A — celi dona nobis *B* 302, 412.
H (Pange lingua gloriosi *B* 609, 1119).
OD Paraclite Spiritus qui... nobis *M* 620.
A Paraclitus Spiritus quem mittet *B* 689.
A Parata sedes tua Deus ex tunc *B* 659.
A Paratum cor meum *B* 440.
O — cor nostrum... letemur *B* 423.
A — panem de celo *M* 225.
R Paratus esto Israel *B* 86.
A Paraui lucernam Christo *B* 113.
A *Parce dne quia spreui* 91; cf. *M* 429, *B* 613.
O — dne pauperibus *B* 293, 405.
P — Ihesu redemptor... nostra *B* 585.
P — Ihesu redemptor... reficiamur *B* 584.
A — *nobis dne qui animas* 399, *B* 985.
A — pauperi et inopi *B* 292, 405.
A Pars bona mulier bona *B* 1126.
O — hereditatis nostre... attollas *B* 275.
A Paruulus natus est *M* 186, *B* 120, *V* 36.
O — natus est... redimens *B* 120.
PP Pascalium gaudiorum... saluemur *M* 497.
B Passio nos conseruet iure *B* 596, *V* 97.
O Passionis dominice calicem *M* 278, 282, 568.
O — tue festum... presidio *B* 439, *V* 67.
O Pateant aures tue... adsumas *B* 294.
L Pater clarifica me claritate *B* 565, 568.
A — glorie suscitauit Ihesum *B* 652.
— noster qui es in celis *M* 559.
R — peccaui in celum *M* 524.
A — sancte quos dedisti *B* 568.
Patientiam habe in me 146, *M* 994.
B Patrocinio sancti sui... ueniam *B* 994, 996.
A Pauper sum ego et in laboribus *B* 578.
AP Pax dne quesumus... celebremus *M* 913.
— *Ecclesie tue catholice* 215.

A P *Pax eterna dne d. n. pacis nobis* 427, *M* 1030.
— *in celo, pax in terra* 215, *M* 445.
A P — indeficiens Christe... beati *M* 890.
A P — indiscissa et... sempiterna *M* 276.
A P — *multa dne diligentibus legem* 260.
A P — *nostra o. x. sincere... discipuli* 189.
A P — omnium x. et cunctorum *M* 863.
— *regibus et potestatibus* 215.
A P — superna que exuperas... habitando *M* 730.
A P — *tua x. cum abundanti dono* 267.
R Peccantem me quotidie *B* 981.
R Peccata nostra dominantur *B* 372.
Peccatis nostris da gaudium *M* 560.
A Peccatores iniquitatem *B* 532, *V* 81, 92.
A — tetenderunt arcum *B* 502, *V* 70.
A Peccatori dicit dns *B* 532.
O D Peccatorum nostrorum... auxilio *M* 911.
Peccaui quid faciam *M* 344.
A *Peccauimus cum patribus nostris* 380.
A — *tibi Deus fac misericordiam* 381, *B* 377.
P Peccauimus tibi Deus recedentes *B* 612.
O — *tibi dne d. iniuste* 381.
A Pedes impiorum ueloces *B* 457.
P P Pelle dne a corde... dignitatem *M* 315.
P Penitentes orate *M* 307, 313, 321, 331, 340, 346, 361, 363, 368, 374, 381, 386, 427, 611.
A O Penitentia tuarum dne martyrum *M* 783.
P Penitentiam agimus pro malis *B* 409; cf. 542.
Per gloriam nominis tui *M* 530.
B — interuentum b. antistitis *B* 1012, 1016.
— legem legi mortuos... inferni *V* 11.
— misericordiam tuam *M* 541.
O — uirtutem sancte crucis... gaudentes *M* 527.
O Perarma dne os nostrum ad predicande... ueniam *B* 1185, *V* 131.
O Peregrinantis Ecclesie... intentio *B* 348, 366.
A O Perfecta ingeniti sapientia *M* 220.
A Perfectio et doctrina uiro *B* 1070, 1304.
H Perfecto trino numero *B* 960.
A *Perfice dne gressus meos* 346, 348.
H Perfusa non sic amne flamma extinguitur... centuplex *B* 274.
A Perscrutemus uias dni *B* 379.
A Persecuti sunt hominem *B* 606.
A — sunt me inimici *B* 608.
O Petimus dne misericordiam... iustorum *B* 985.
O — dne misericordiam tuam... suscitentur *B* 982.
B Petitiones uestras superna diuinitas *M* 955; cf. *B* 991, 993.
B *Petitionibus nostris d. faue... letus* 248.
A O Pie dne ad maiestatis... eternum *M* 992.
A O — *dne ad maiestatis tue... mereantur* 316; cf. *M* 992.
O *Pie uoluntatis retributorem* 222, *V* 102.
O D Pietate d. p. poscamus... est *M* 263.
P N Pietatem tuam petimus... eterna *M* 726, 951.
B — *tuam petimus... libera me* 258; cf. 266 et 270.
B *Pietatem tuam dne peto... constitue* 266; cf. 258, 270.
B *Pietatem tuam dne ut supplex* 272.
P P — *tuam e. o. d. efflagitamus* 292.
O *Pietatis immense... exultet* 145, 146.
O — immense... sacramenti *M* 1017.
P N *Pietatis tue Christe dne rogamus... salutem* 189, *M* 415.
A P *Piissime d. arentes ieiunio... sociemur* *M* 327.
A P — redemptor... pacis *M* 783.
M *Pio recordationis affectu frs* 447.
O *Placabilem semper ac mitem* 98.
A P Placabilis es dne... perpetuam *M* 649.
L *Placabilis esto et ostende* 343; cf. 350 et *B* 339, 715, 956.
R Placabilis Ierusalem ueniam *B* 103.
O Placare dne per hoc incensum *M* 529.
M Placeat dilectissimi frs secularium *M* 602.
A — tibi dne liberare me *B* 546.
O — tibi dne liberare nos de manu... passionis *B* 546.
P P Placeat tibi dne quod offerimus *M* 904.
H Placet frementem publicis ieiuniis *B* 272.
R Placuit Deo castitas *B* 214, 1297.
H Plasmator hominis Deus *B* 926.
M Plasmatorem generis humani *M* 792.
L Platee tue Ierusalem *B* 643.
H Plebs Deo dicata pollens *B* 1229.
O Plena sunt dne... supplicium *B* 1135, *V* 122.
A Pone dne custodiam *M* 268.
O — finem peccatis... tempore *M* 119.
A — finibus nostris *B* 437.
O — galeam salutis in capite *M* 523.
O — in conspectu tuo *B* 588, *V* 79.
A — lacrymas meas *B* 588, *V* 79.
O — Spiritum tuum in medio... contristet *B* 697, *V* 118.
O Pone dne Spiritum tuum in nos *B* 692.
O Ponentes spem nostram... reficias *B* 412.

A Ponet dns in terra *B* 83.
A Ponite corda uestra *B* 679.
A *Popule meus* 200, *B* 610, *M* 421.
A Populi confitebuntur *B* 344, 401, 715.
A Populus qui sedebat *B* 148.
A O Portamus dne onera..: innocentes *M* 261.
L Portio mea dne dixi *B* 328.
A Positi sunt throni *B* 655, 1217.
A Positus est hic in ruinam *V* 44.
O Post celebratam sanctam Pasche 224.
O *Post communionem sacramentorum... macula* 243, 318, 430.
O Post gallorum canorum concentus... absolui *B* 80, 97, 108, 240.
P N Post martyrum preconia... benignus *M* 964.
O — piceum fusce noctis *B* 1186, *V* 132.
H — ut occasum resoluit... seculis *B* 900.
A Postquam consummati sunt *B* 143, *V* 44.
A — resurrexit dns *B* 637, 641.
B Postulationes uestras... capiatis *B* 1175.
R Posuerunt me inimici in angustia *B* 490.
L — peccatores laqueos *B* 448, 461, 467.
A Posui faciem meam ut petram *B* 589.
A Posuisti super caput eius *M* 153, 157, 191, 534, 857, 950, *B* 1201, 1304.
L Potestas eius et pax *B* 114.
A Potestatis eius *V* 36.
P N *Prebe d. aurem his sacrificiis... pace* 283.
— nobis dne annum placabilem *V* 47.
O D *Precamur clementiam tuam delictis* 410.
O — *dne d. pietatem tuam* 380.
P N — dne sancte... altaris *M* 754.
O D — dne sancte... habuit *M* 1016.
O — *dne tue clementie... manciceptur* 91.
A P — *dne ut animam famuli... beati* 395.
O — *dne ut nos famuli... extorres* 344.
O — dne ut nos... indulgendo *B* 208.
O — dne ut tua nos non repellas... sempiternum *B* 160, 411, 684.
P P Precamur nunc dne sancte... indefessam *M* 485.
O Precamur te d. o. ut defuncti anima... teneatur *M* 1020; cf. *V* 103.
O *Precamur te d. ut defunctorum anime... teneantur* 223, *V* 103, *B* 985; cf. *M* 1020.
P N Precanti mihi aurem appone 277, *M* 989.
A Precedens (stella?) *V* 48.
B *Precem famuli sui... celestis* 246.
P — populi tui dne attende... uinctos *B* 574.
O D Preceptionis diuine... discipulos *M* 637.
Preceptis salutaribus moniti 229.
O D Preceptorum suorum... discipulis *M* 281.
P P — tuorum... delictum *M* 143.
A Preceptum dni lucidum *B* 201, 405.
B *Preces nostras d. placatus... throno* 402, 430.
O Preces nostras ne despexeris Domine... custodi *B* 57, *V* 2.
M Preces nostra q. dne propitiatus... digneris *M* 966.
B Preces uestras dns cui... regnetis *B* 243.
P P Precibus confessoris tue M. Magdalene... consueta *M* 791, 940.
B Precibus iusti nos dns... solemnitatem *M* 958.
O *Precinge me cingulo fidei... castitatis* 230; cf. *M* 524.
O Precinge nos dne uirtute... gloria *B* 1171.
P P Preclaro Christe illo... resurrectionis *M* 800.
H Preclarum Christi militem *B* 1206.
P P *Predicamus dne nec tacemus* 189, *M* 416.
A O Predicetur Domine credentibus... expectemus *M* 939.
A Preoccupemus faciem Dei *B* 307, 421, 526, 685, 946.
O Preoccupemus faciem tuam... posuisti *B* 685.
O Preoccupantes faciem tuam dne... posuisti *B* 246, 307, 356.
A P Prepara nos tibi Saluator *M* 404.
A Preparate uos hostiam uiuam *B* 688.
Prepone nos dne in principio... alienas *V* 8.
A O Prespicui excelse dne... impleamus *M* 858.
O Presta dne o. ut qui per fiduciam *M* 647, 650.
O D — *dne supplicantibus... tutelam* 423.
O — dne ut dum sanctorum *B* 1081.
O — nobis Deus b. martyris... preliantem *M* 830, 946.
O Presta nobis Deus ut b. martyr... preliantem *B* 992; cf. 997, 1174, 1195, *M* 830, 946.
O Presta nobis dne intellectum *B* 386.
O — nobis o. d. b tui Felicis *M* 806, *B* 1174; cf. 992, 997, 1305.
O Presta nobis o. d. ut beatus martyr... preliantem *B* 997; cf. 992, 1174, 1195.
Presta, Pater, per quem hec tu dne 321.
— *queso, o. d. ut sicut hic... regnare* 83.
P N — *quesumus dne ut animam famuli tui... eternam* 447.
O *Presta q. o. d. ut anime... consortes* 423.
O Pretiosa est dne... cesset *B* 1211, *V* 133.
O — est tuo dne... uiuamus *B* 1308.

O D Pretiosam in conspectu tuo dne... effectum *M* 772, *B* 1148.
M Pretiosissimam martyris... ualeamus *M* 828.
A Preuaricatione preuaricata est *B* 523.
Preuaricatos in te Christe... perueniat *V* 72.
A Preuenerunt oculi mei *B* 940.
L Preueni in maturitate et clamaui *B* 939.
A O Pridie te dne ab inferis *M* 489.
Prima tibi et principalia 211, *V* 100; cf. *M* 440.
H Primo dierum omnium *B* 933.
M Primum licet hominibus... et patrono *M* 194
L Principes persecuti sunt *B* 506.
M Principium exorientis anni... complacere *M* 225.
L Principium uerborum tuorum *B* 703.
P N *Priorum memoriam recolentes* 411.
A Priusquam te formarem *B* 1133.
Pro abundantia frugum 221.
— *defunctorum requie* 223.
— delictis nostris ieiunio... salutis *M* 369.
— egrotis *M* 456.
— *his qui elecmosinas faciunt* 222, *M* 454.
— *his qui huic sancte sollemnitati* 220.
Pro his qui uariis necessitatibus *M* 449.
A — iustificationibus *V* 109.
— *pace ecclesiarum* 217.
— pace populi et regum *M* 460.
— *penitentibus et confitentibus* 222, *M* 458.
— *peregrinantibus et nauigantibus* 223, *M* 455.
Pro prosperitate principium 220.
O — regibus seculi... populorum *M* 461.
— *sacerdotibus et ministris* 219, *M* 450.
— *solemnitate pascali* 217, *M* 448; cf. *ibid.*
— *uirginibus et continentibus* 221; cf. *M* 453.
— unitate fidei catholice *M* 451.
A Probasti me dne quasi aurum *B* 1069, 1181.
A — me dne sicut probatur argentum *B* 1069; cf. 1182.
R Probasti nos d. igne nos *B* 1060, *V* 57.
O Probata satis est... gloriam *B* 1055, *V* 55.
R Procede inter lilia *B* 1279.
O Procedens de throno Dei *B* 112, *V* 8.
M Procellosum mare... expiemur *M* 511.
A Proiecerunt me in medio *B* 1072.
H Prompta cuncta catholice *B* 1219.
Prope d. p. iustus tuus... pietate *V* 10.
— es ut uenias d. noster... subleues *V* 30.
A — est dies Domini *M* 142, *B* 96, *V* 30.
— est dne ut uenias... largitatem *V* 30.
A Prope est dns, nihil solliciti *V* 30.
A — est iustus meus *V* 10.
A — est ut ueniat et dies *V* 30.
A — est ut ueniat Saluator *V* 30.
A — esto dne inuocantibus *B* 366, 436.
O — est dne... surgamus *B* 366, 436.
O D — sunt ecce frs c. dies... manemus *M* 288.
A — timentes Deum *B* 1000, 1040.
O Propera in occursum... liberator *B* 1271.
O Propinqua passionis tue solemnia... inflammemur *B* 596, *V* 97.
R Propitiare dne peccatis nostris *B* 156.
P P — *dne per hanc hostiam* 410.
R — dne populo tuo *B* 247, 701.
O — dne supplicationibus nostris... concede *M* 966.
A P *Propitiare dne supplicationibus... digneris* 447.
O — *dne supplicationibus... intende* 92.
O — dne supplicationibus... participes *M* 912, *B* 1022.
A O Propitiare q. dne anime... futura *M* 1018.
P N — supplicationibus... propitius *M* 996,
B *Propitietur dns cunctis... pacis* 73, 99.
B — *dns cunctis... referas* 91.
R Propitius esto iniquitatibus... nobis *B* 411.
— esto iniquitatibus... tuos *B* 959.
A — *esto peccatis* 380, 381, *M* 651, *B* 322.
O — esto peccatis... procedat *B* 241, 298, 307, 315, 371, 681, 711.
A Propter gloriam nominis tui *M* 610, 651, 851.
A — honorem nominis tui *B* 711.
L — miserias inopum *B* 83, 217, 253.
R — peccata nostra *B* 412.
A — Sion non tacebo *V* 10.
A — timorem tuum dne *B* 692.
P P Prospiciens de excelso... exeamus *M* 691.
P N *Protector in te sperantium... obtineam* 298.
A — noster adspice *B* 303.
O — noster dne... tuam *B* 325.
A — tuus ego sum *B* 1069, 1681, *V* 60.
A *Protegat me semper angelus* 277.
A Protege me dne a conuentu *B* 492, *V* 81.
O — nos dne... morsu *B* 492, *V* 81.
A — *nos dne manu tua* 325, 339, 347.
A Protexisti eum dne a conuentu *B* 1304.
L Prouidebam Dominum *B* 1154.
A Psallam et intelligam *B* 430, 476, 536.
A — nomini tuo *B* 502, *V* 70; cf. *B* 1026.
H Psallat altitudo celi *B* 641, 645, 647, 650, 652.
O — semper Ecclesia... gloriosa *B* 502, *V* 70.

Psallimus tibi dne... gloriam *V* 109.
L Psallite Deo alleluia qui ascendit *B* 657.
A — Deo nostro : psallite regi *M* 576, 585, *B* 651 ; cf. 650, 652.
A Psallite Domino in uoce psalmi *V* 109.
A Psalmum dicam nomini *M* 775.
H Puer hic sonat Ioannes... hostis *B* 1139.
O Purifica dne d. p. o. pectorum arcana *M* 114.
O — *dne famulum tuum... possideat* 371.
O *Purificet me diuini sacramenti* 299.
O *Purificent nos q. dne sacramenta* 306.

A Quadraginta annis proximus fui *B* 546.
A Quam admirable est *B* 194.
A — bonus Israel Deus *B* 293, 411, 678.
L — dulcia faucibus *B* 314, 1152.
A — dulcis est *V* 64.
A — magnificata sunt opera tua *M* 515.
A — magnificata sunt... et magna *B* 646.
O — magnificata sunt... immittas *B* 239.
— magnificata sunt... misericordia eius *B* 960.
O Quam magnificata sunt... nostra *B* 646.
R — magnificata sunt... terra *B* 635.
A — pretiosa est misericordia *M* 318.
O — pulchri sunt dne... copiosa *B* 86, *V* 14.
A — pulchri sunt super montes *B* 110, *V* 14.
O Quamdiu sumus... emundet *B* 350.
O Quamuis dne plurima *B* 150, 170, 264, 295, 330, 373, 386, 492, 537, 557, 661, 670, 679, 685, 708, 715, 724, 733, *V* 97.
O *Quamuis flagitiorum squalore... felices* 31.
A Quando firmos ponebant *V* 35.
A Quanta malignatus est inimicus *B* 1005, 1061.
P S — nobis o. pater... interuentor *M* 245.
M — possumus frs... supplicamus *M* 616.
A P — sit dilectio... requiescat *M* 671.
O — tibi sanctissima... deifica *B* 213, 1296.
A — uoui reddam *B* 535.
O Quantam tibi dne... tripudiet *B* 223.
Quantum x. dne b. Marie... nostris *V* 103.
A O — nos diuina clementia frs... gaudiis *M* 285.
O *Quantum superat uires... coniungi* 161.
A Quare dne abiicis animam *B* 499, *V* 83.
A — dne repellis orationem *V* 83.
A — fremuerunt gentes *B* 441, *V* 68.
A — me repulisti *B* 442.
R — persequimini me *V* 80.
R — tardas Deus? ueni et libera *B* 92, 948.
A Quare tristis es... epulatis *B* 473, *V* 76, 97.
A — tristis es... illi *B* 492.
O Quarti nunc et decimi... participes *B* 379, *V* 66.
H Quarto die iam fetidus *B* 385.
O Quas tibi dne gratias referre... emolumentum *B* 635, *V* 108.
O *Quas tibi dne i. x. pro cruce lacrymas* 203, *M* 419, *B* 603.
O Quasi agnus mansuetus... uiuamus *B* 596.
A — diluculo preparatus est *B* 111, *V* 23.
A — inundantes aque *B* 349.
A Que est ista que progreditur *B* 1279.
A — prima fuerat ecce ueniet *B* 89.
A Quem scripsit Moyses *V* 45.
O *Quemadmodum dne... mereatur* 121, 130, 146.
L *Querentibus te dne tribue* 306; cf. 322.
O Querentibus te dne tribue... beatos *B* 247, 325, 366, 427.
R Querentibus te dne... prosequuntur *B* 288.
R Querite dnum dum *B* 312.
A Querite dnum et confortamini, querite *B* 247, 325, 366, 427.
A Querite dnum et uiuet anima *B* 288.
A — omnes mansueti *B* 80.
R Querite me in angustia *B* 373.
R Querite primum regnum Dei *B* 941.
R Quesiui in oratione mea *V* 64.
A P Quesumus unigenite d. f... mereamur *M* 578.
H Qui amne nunc quadrifluo *B* 936.
A Qui ascendit super celos *B* 658.
A — confidunt in dno *B* 353, 675.
A — custodiebant animam meam *B* 545.
L — das salutem regibus *B* 474, *V* 85.
A — *dat dolorem ipse refrigeret* 380.
R — dat escam omni carni *B* 971.
A — dat niuem sicut lanam *M* 110, *V* 24.
A — diligitis dnum, odite *B* 160, 313.
R — edebat panes meos mecum *B* 601, *V* 77.
L — emittit fontes *M* 504.
A — erigit elisos dns *B* 378, 437.
A — extendit celos sicut pellem, qui tegit *B* 695, 697, 698.
L Qui fecit luminaria magna *B* 258.
A — fecit solem in splendorem *B* 175.
A — habet aurem audiat *B* 1070, *V* 59.
A — insurgunt in me *V* 84.
— insurgunt in nos... sempiterna *V* 84.
A — iurat proximo suo *V* 71.
A — *manducat meam carnem* 242.
R — mecum, ait, manum miserit *B* 597.

A Qui mihi ministrat *B* 1265.
A — obtinet sapientiam *B* 1179.
A — oderunt me gratis *B* 474, *V* 76.
L L — *passionem tuam... uictorie* 248.
A — persequebantur iustos *B* 1000.
L — posuit fines tuos *M* 645.
A — propria uoluntate obtulistis uos *B* 1025, 1114, 1147, 1309.
L Qui regis Israel intende *M* 95, 107, 109, 110, 133, *V* 23.
O Qui regis Israel... exaudis *B* 241, *V* 32.
— regis Israel... exerceas *V* 2.
O — regis Israel... restituas *B* 95, *V* 23.
A — reminiscimini dnum *B* 79, 82, 83, 109.
A — sanas contritos corde *B* 378, 437.
L — sedes super cherubim *B* 50.
R — sedes super thronum *B* 346.
P N — *suo pro auxilio sanctorum... ueritatis* 247.
L — timent te uidebunt *B* 386, 429.
H — tot libri per Moysen *B* 937.
A — tribulant me inimici *B* 517.
O — tribulant nos dne... gloria tua *B* 517.
A *Qui uenit ad me non esuriet* 242, *B* 304, 315, 328, 333, 348, 364, 370, 383, 388, 406, 725, 1017, 1025, 1028.
A Qui uicerit et seruauerit *B* 1071; cf *V* 59.
A — *uiuit et credit in me* 242.
A Quia non est in ore inimicorum *B* 449, *V* 69.
A — tu dne suauis *B* 306, 418, 685.
— tu es uera pax nostra *M* 546.
— tu es uita uiuorum *M* 545.
A Quibus non est narratum *B* 103.
O — non est narratum... donis *B* 103.
A Quibus non est nuntiatum *B* 101; cf. 103, V 23.
A *Quid dignum offeram dno* 388, *M* 988.
A O — dignum tue clementie *M* 832.
— *dignum tibi o piissime dne* 389 (Inlatio).
A — gloriaris in malitia *B* 481, *V* 78, 80, 98.
O Quid poterit, o piissima Trinitas *B* 709, 715, 716, 721, 722, *M* 855.
O Quid tibi dne a te... dimergi *B* 485, *V* 94.
H Quieti tempus adest *B* 929, 965.
A Quieui et resurrexi *V* 110.
O Quinquagesimum psalmum... delicta *B* 547.
A Quis ascendet crucem pro impiis *B* 606.
A — consurget mihi (mecum) *B* 534, *V* 83.
R — dabit capiti meo aquam *M* 306.
A — dabit mihi pennas *M* 606; cf. *B* 953.
A — det ut ueniat petitio mea *B* 459.
L Quis Deus magnus sicut *M* 499; cf. 581, *B* 160, 411, 628, 633, 647, 650, 684.
A Quis Deus preter Deum *B* 202; cf. 150.
L — *ego aut que cognatio* 265, 269.
R — est homo ut immaculatus sit *M* 330.
A — est iste cuius stelle *B* 186.
R — est iste formosus *B* 92.
A — est iste qui uenit *V* 110.
O O — loquetur potentias... excelsis *M* 605.
O — poterit Deus Dei filius... tuis *B* 86, *V* 8.
A — sicut dns d. noster *B* 660.
R — te consolabitur *B* 382.
H Quod conuolutis artubus *B* 931.
A — Iesus mortuus est peccato *B* 624, *V* 108.
O D — uia ut requeremur... instituit *M* 189.
H Quodquod diem determinant, *uide* Quotquot.
A Quomodo ad latronem *M* 419, *B* 603.
— adstatis pacem facite *M* 484, 546.
L Quomodo dilexi legem tuam dne *B* 237, 306, 386, 411, 421, 546.
L Quoniam apud te est fons uite *B* 689, 694.
A — iniquitatem meam *B* 449.
P Quos redemisti sanguine *B* 473, 738.
R Quot sunt dies serui tui *B* 463, 950.
A P Quoties in tuis laudibus *M* 910.
H Quotquot diem determinant *B* 939.

A Radix iustorum proficiat *B* 1127.
L Rami mei rami honoris *B* 212, 215, 1160, 1198, *V* 20.
P N Recensita dne tuorum... caligine *M* 286.
P N — dne tuorum... sempiternam *M* 880.
P N Recensitis nominibus... eternorum *M* 786.
O D Recensito simbole nostre credulitatis *M* 170.
P P Recitatis dne unigeniti... uitam *M* 376.
P P Recolentes x. d. gloriose passionis *M* 882.
P P *Recolentes dne s. p. e. o. d. precepta... mereamur* 317; cf. *M* 993.
P P *Recolentes dni n. i. x. b. passionem* 269.
R Recordamini qualiter locutus *B* 958.
Recordare dne Iesu absintii *V* 95; cf. *B* 525.
O — dne Iesu quoniam passus *B* 580.
A — dne quid uenerit *B* 405.
— nobis dne... felices *B* 548.
O — *Satanas que... designabis* 27.
O — *Satanas que... inuictum* 74.
P N Recte dne per hos martyres *M* 868.
A Recte iudicate filii *B* 346, 400, 421.
H Rector potens uerax Deus *B* 954.
H — redemptor et conditor *B* 909.

P N *Recursis nominibus... absoluat* 385, *M* 1108.
P N — *nominibus... confoueat* 373.
A *Reddam Deo hostiam laudis* 386.
Redde mici dne stolam 230, *M* 524.
A — mihi letitiam salutaris tui *M* 622, *B* 527, 691.
O Redde nobis letitiam... salutem *B* 134, 1000, 1009, 1022, 1169, *V* 134.
A Redemisti nos dne *V* 113.
A Redemit nos d. de maledicto *V* 112.
L — nos dns et liberauit *B* 626; cf. *V* 111.
P P Redempti Christe tui... salutis *M* 842.
P N Redemptio nostra et salus... penis *M* 512.
L Redemptionem misit *M* 186, 481.
P N *Redemptor x. i. sanctifica hanc... inuenire* 326.
O D — fortissime... promereamur *M* 315.
M — *humani generis conditor* 326.
O — humani generis dne Deus bellator *M* 590, *V* 95.
O D *Redemptor noster ac dne... supernis* 365.
B Redemptor noster ac dns Dorothee... gratia *M* 706; cf. *B* 1097.
B Redemptor noster ac dns... martyrio *M* 924.
O — noster dne amoue *B* 436.
O — noster dne fer opem 382.
O — noster dne qui super *B* 170.
O D — noster et conditor *M* 579.
A P — noster et dne o. *M* 160; cf. *V* 113.
Redemptor noster et dne, cuius uestimentum... innouemus *V* 110.
O Redemptor noster et dne pone inimicos... mansionis *B* 527, *V* 83.
Redemptor noster et dns... eternam *V* 105.
B — noster et dns qui nascendo... exultemus *B* 66, 68, *V* 32.
Redemptor noster et dns... prepolleant *V* 67.
A O *Redemptorem mundi... dignetur* 319.
O D Redemptos primitus dne... consequamur *M* 514.
A *Redime dne animas seruorum* 399, *B* 977.
O — dne in te sperantium *B* 1009.
A *Redimat dns animas seruorum* 242, *B* 341, 396, 669, 717, 963.
Refecisti nos dne in factura *B* 972.
A Refecti Christi corpore *M* 120, 476, 493, 497, 503, 509, 515, 567, 579, 585, 593, 598, 605, 609, 613, 621, 624, 630, 633, 637, 640, 647, 650, 656, 662, 666, 669, 671, 682, 688, 692, 703, 707, 713, 718, 725, 728, 733, 739, 745, 751, 756, 762, 773, 779, 785, 788, 792, 794, 801, 806, 810, 818, 826, 830, 835, 843, 850, 856, 861, 866, 871, 875, 883, 887, 892, 898, 901, 912, 914, 925, 958, 962, 968, 972, 975, 978, 982, 987, 991, 994, 997, 1001, 1003, 1006, 1010.
O Refecti Christi corpore et sanguine... percipiamus *M* 120, 246, 252, 288, 575, 633, 637, 643, 656, 856, 948.
O *Refecti esca spirituali et salutari poculo* 306.
H Referre prisci stemma nunc ieiunii *B* 271.
A Refugium meum Deus *B* 224.
O — nostrum... mercamur *B* 202, 275.
A Regem cum claritate *V* 14.
A Reges Tharsis et insule *B* 178, *V* 49.
A Regna terre cantate Deo *B* 656, 658, *V* 114.
A Regnabit dns in Hierusalem *M* 113.
A Regnauit dns d. n. o. gaudeamus *B* 645.
R — dns omnis terre *B* 643.
A Regnum et potestas *M* 748, 878, 918.
Reminiscentur et conuertentur *B* 566.
O D *Reminiscere quesumus o. d. miserationum* 324.
O Remitte dne impietatem *B* 278, 392.
A Renoua dne annos *V* 47.
O Repelle a nobis dne... eterne *B* 627.
A Reple d. gaudio os n. *B* 314, 363, 685, 715.
O — dne gaudio os nostrum... iustitie *B* 363.
O Reple dne cor nostrum letitia *M* 304, 310, 316, 324, 328, 333, 343, 348, 352, 359, 364, 370, 377, 383, 388, 400, 568.
A P Reple nos dne tue pacis et *M* 726, 951.
— nos dne uirtute... permanet *V* 118.
B Repleat uos dns donis... habitare *B* 229.
B — *uos dns dulcedinis sui timoris* 436.
L Replatur os meum *B* 1140.
O — *os nostrum laude... donis* 243; cf. 318.
L Repleti sunt omnes Spiritu *V* 117.
O Repletum est dne gaudio... inretiri *V* 111.
A *Repletum est dne gaudio os* 242, 312, *M* 304, 316, 324, 344, 348, 352, 359, 364, 370, 377, 383, 388, 400, 406, 567, 725, 733, 991, 994, 1001, 1017, 1020, 1022, 1025, 1028, 1032.
O *Repletum est os nostrum dne laude* 318, cf. 312.
L *Requiem eternam det tibi* 112, 124, 148; cf. 405, 414; *M* 1016, *B* 980.
O Requies angelorum... eternum *B* 123, *V* 38.
O *Rerum conditor et o. dne... existat* 50.
H — creator optime... peccauimus *B* 935.
H — Deus fons omnium... munere *B* 926.
H — Deus tenax uigor... gloria *B* 940.
A *Resistite diabolo et fugiet* 74.

A Respexit Deus *V* 26.
L — eos dum tribularentur *B* 1004, 1009.
L Respice de celo *M* 137, 285, 878.
O — dne in populum tuum *V* 89, *B* 557.
B — dne propitius... permanere *B* 794.
O — dne super famulos... dignare *B* 210.
O — *dne super huius uitis... distribue* 169.
O — dne super nos... nostris *B* 963.
OD — dne tuorum fidelium multitudinem... mercedem *M* 502.
Respice et exaudi me *B* 962.
O Respice et exaudi nos dne... incipere *B* 198, 218, 253.
A *Respice in me Deus et miserere* 243, 250, 293, 351, *M* 987, *B* 473.
O Respice in nos dne... gaudere *B* 206, 226, 233, 340, 391, 729.
O Respice in nos dne... sentiamus *B* 473.
— *in seruos tuos et in opera* 433.
L — inimicos meos *B* 534.
P — placabilis... crimina *B* 417.
B Respiciat uos placata... ostendat *M* 400.
A Resurgant mortui tui *B* 986.
P P Resurgente Christo... efficias *M* 502.
A Resurrexit dns i. x. a mortuis *B* 621; cf. 951, *V* 103, 108, 110.
A O Resuscita nos dne... beate *M* 587.
L Retribue seruo tuo *B* 375.
L Reuela oculos meos *B* 385.
O Reuelata facie... regnemus *B* 1051, *V* 126.
A Reuertatur impius a uia *B* 234, 729.
A Reuertentur filie Sion *B* 93.
O *Rex d. a quo regum regitur... electis* 154.
— d. gloriose atque sanctissime *V* 120.
— d. immensus cui... dignetur *V* 120.
O — d. noster qui mandas... exurgas *B* 373.
H — eterne d. fons pietatis *B* 919.
H — gloriose martyrum *B* 909, 1008, 1023, 1025.
O — magne et terribilis... uiuamus *B* 643, 645.
A — magnus apparuit in Israel *B* 175.
A — magnus natus est *V* 51.
A — meus et Deus meus *B* 192, 296, 580.
O — noster et d. noster depelle a cordibus... sacramentum *B* 193, 267.
R Rex noster et dne... impetremus *M* 920.
O Rex omnium seculorum... instanter *M* 230, *B* 178, *V* 47.
O *Rex regum cuius administratione* 155.
O Rex regum immense... gloria tua *B* 654, 655, 658, *V* 51.
A Rigans d. montes de superioribus... tua *B* 647.
L — montes de superioribus... aque *B* 201.
P P *Rogamus gloriam tuam... efficias* 246.
O *Rogamus sanctam clementiam tuam... obtinere* 113, 127, *B* 989.
O Rogamus te dne Pater... dextris *M* 458.
P P — te o. d. per... opulentiam *M* 977.
P — te rex seculorum d. sancte... piissime *M* 336; cf. *B* 427, 491.
M Rogaturi Deum secretorum... uideri *M* 265.
H Romane Christe fortis adsertor Dei *B* 1249.
A Rorate celi desuper *B* 114.
O — celi desuper... sentiamus *B* 115.

H Sacer octauarum dies... condidit *B* 140, 145.
H — puritatum dies... docerent *B* 1088.
A Sacerdos Zacharias fuit *M* 758.
A Sacerdotes dni et Leuite *M* 280.
A — dni offerunt incensum *M* 636.
A — eius induam *M* 972.
A — qui appropinquant *M* 517.
A — serui Dei excelsi *B* 238.
L — tui induantur iustitia *M* 973.
O — tuos dne... famulentur *M* 450.
P P Sacrarum uirginum excolentes *M* 981.
O Sacrata Christi tempora *B* 658, 661.
H Sacrate ueni Spiritus... proprium *B* 690.
A O Sacratissimam passionem... uocatis *M* 786.
H Sacratum Christi antistitem *B* 1198.
H Sacre triumphum martyris *B* 1148.
A Sacrificate sacrificium *B* 191, 264, 379, 500.
P P *Sacrificii presentis oblatio* 299.
A *Sacrificium Deo Spiritus contribulatus* 188, 274, 335, 340, 356, 414, *M* 357, 983, 992, 999, 1004, 1014, *B* 547.
H Sacrum tempus in calculo... uirtutibus *B* 903.
R Sagitta uulnerans *V* 71.
O Salua dne de necessitatibus *B* 523, *V* 87.
O — *dne plebem tuam... complectere* 382.
A — *nos dne d. noster* 371, 378.
O — *nos dne in tuo nomine* 383, *B* 345.
O — nos dne propter... perueniat *B* 455.
O — nos dne qui auctor *B* 321, 371.
L *Salua plebem tuam dne et benedic* 232, 378, 384, *M* 1007, *B* 161, 277, 340, 670, 711, 724.
B Salua plebem tuam... seculi *B* 959.
A Saluabit nos dns *B* 67.
O Saluasti nos dne... tempore *B* 964, 968.
Saluator x. dne... beatiores *V* 115.
O — d. qui in monte *B* 65, 66, *V* 12.

O Saluator et dne quem iniuste... celum *B* 578.
L — faciens signa *B* 658.
AP — mundi Verbum... eterne *M* 302.
AP — *mundi Verbum... famulatum* 245.
B — noster ac dns... celebratis *M* 666.
O — noster et dne... presentia *B* 536.
— noster et dne... ad celum *V* 82.
O Saluator noster et dne... aspiciat *M* 599, *B* 655, *V* 114.
Saluator noster et dne... beatitudinis *V* 135.
— noster et dne... caritatis *V* 98.
— noster et dne... iungamur *V* 112.
— noster et dns... expurget *V* 33.
— noster et dns... malis *V* 93.
A — *noster salua nos* 378, 381, 383, *B* 208.
— omnium i. x. qui noue... *V* 25.
A — ueniet Deus *V* 12.
O *Saluatorum mundi... dignetur* 20.
M Saluatoris nostri et... ipsius *M* 386.
A Salue crux accipe *V* 11.
A — crux preciosa *M* 526.
— crux quam et dominici *V* 12.
A — crux que diu *B* 1263, *V* 11.
A — regina misericordie... Maria *B* 529.
A Saluos fac dne quietos *B* 411, 732.
A — faciat dextera *M* 1007.
A *Saluos nos fac dne Deus* 378, *B* 83, 202, 207, 208, 210.
O Saluos nos fac... hereditas *B* 281, 288, 371, 429.
O — nos fac seruos... consolando *B* 738.
A *Saluos nos faciat dextera tua* 379, *B* 79, 207, 287, 292, 666, 718.
A Salus iustorum a dno *B* 135, 1002, 1021, 1142, 1164, 1169..
L *Salus nostra in manu tua* 350.
A — tua dne super *B* 147, 229, 244, 260, 706.
OD Salutare orandi preceptum *M* 724.
B — *tuum dne famulis tuis* 378, 384, *B* 955.
AO Salutaris uie initia... institutum *M* 293.
B *Salutiferam nobis... concedat* 374, 382, *M* 1010.
AB Salutis nostre compendium *M* 689.
L *Saluum fac dne populum tuum* 232, 372, 377, 379, 382.
O Saluum fac populum... caritatem *B* 458, *V* 70.
O Saluum fac populum... introducas *B* 543, 580, 666, 718, *V* 88.
A *Saluum fac seruum tuum* 359.
A Saluum me fac d. meus quoniam *B* 458, 589; cf. *M* 144, 675, *V* 70.
L *Saluus ero dne si me consolatus* 363, *B* 957.
A *Sana dne omnes languores nostros* 71, 377, 380, 383, 384, *B* 207.
O *Sana dne omnes languores... redimamur* 384.
A — *me dne et sanabor* 378.
A — *me dne, turbata sunt ossa* 71, *B* 453, *V* 69.
O — *me dne Deus et ne iniquitatum* 383, 384.
O — *nos dne dum clamamus* 380, *B* 228.
O — nos dne et sanabimur *B* 508.
PP — q. dne uulnera famuli tui 363, *M* 1006.
A Sancta crux antequam te dns *M* 158.
Sancta cum sanctis : coniunctio 241 ; cf. *M* 119.
O — Dei genitrix... inlesos *B* 1297, *V* 25.
A — *et salubris est cogitatio* 415.
— sanctis et coniunctio *M* 119, 125, 561.
L Sanctam Ierusalem nouam *B* 644.
O Sancte Dei apostole *B* 1264, *V* 11.
Sancte Dei uirgines... introire *V* 127.
PS Sancte Deus cui omnia uiuunt *M* 1019.
O — dne in cuius honore *B* 1008, 1250.
PN — dne qui apostolorum *M* 722.
O — *dne qui in sanctuario... perueniat* 156.
O — et misericors d. qui glorificaris *B* 1308.
O — martyr Hippolyte *B* 1185, *V* 131.
O — *Spiritus o. d. qui es... uiuant* 36.
O — Spiritus qui es... felices *B* 1293.
A Sancti ab hominibus *V* 57.
A Sancti et humiles corde *B* 135, 1002, 1007, 1010, 1025, 1041, 1114, 1142, 1147.
R Sancti iter fecerunt *B* 1235.
A — omnes per fidem *V* 57; cf. 53.
R — qui certamen *B* 1000, 1309.
R — qui in iustitia *B* 1024, 1114, 1142.
R — qui per fidem uicerunt regna *B* 1009, 1058, 1169, 1331, *V* 56.
A Sancti sicut rose germinant *B* 1004, 1038.
O — tui dne Iulianus... digneris *B* 1038.
A — tui dne mirabile *B* 1234, 1287.
A — tui dne quasi oues *B* 1005, 1061.
A — tui dne sicut palma *M* 894, 909, 959.
O — tui itaque dne... consortes *M* 657, *B* 1038.
PP Sanctifica d. oblationem *M* 1002.
PP — *Deus oblatoris serui* 306; cf. *M* 1002.
PP — Deus quod offerimus *M* 829.
— dne famulos... benedictus *V* 100.
O — *dne famulos tuos... seruiamus* 217.
PP — dne hanc nostre oblationis *M* 665.
B — dne hanc escam *B* 972.
PP — *dne hec tibi sacrificia* 238.
PP — *dne hoc sacrificium* 376, 386.
PP — dne ministerium, exhilara *M* 281.

P P Sanctifica dne oblata tibi ab infimis *M* 860.
P P — dne oblate hostie munus *M* 255.
P P — *dne oblatum tibi hoc* 315.
P P — dne quod per manus *M* 347.
P P — *q. dne hanc oblationem* 417.
P P — *q. dne hec tibi sacrificia* 296.
P P — summe d. hec libamina *M* 405.
A Sanctificabunt omnes *B* 102.
O *Sanctificare per Verbum Dei* 30.
O *Sanctificator animarum... possideat* 44.
P S *Sanctificatorum Christe Deus et dne* 248.
B Sanctificet dns corda... peccatis *M* 315.
P P Sanctificetur q. dne... eternam *M* 637.
I Sanctis preparatum est *B* 1232.
A Sanctis tuis dne magna erat lux *B* 1005, 1060, 1061, *V* 57.
H Sanctissime Leocadie... indulgentia *B* 1269.
M Sanctorum apostolorum... Ecclesiam *M* 888.
P N — memoratis nominibus 253, 274.
H Sanctorum meritis inclita gaudia... fulgidis *B* 908, 999, 1004, 1021, 1043.
B Sanctorum meritis tribuat *M* 962.
O — omnium decus... sociatos *B* 1237.
A Sanctorum ossa germinabunt *B* 1008, 1098, 1231, 1308.
L Sanctorum ossa pullulent *B* 1161.
P N — *patrum recensita uocabula* 388.
B Sanctorum precipuorum martyrum... triumphum *B* 1004, 1008; cf. 1043, 1236.
B Sanctorum suorum... triumphum *B* 1043, 1236; cf. 1004, 1008.
P N Sanctorum tuorum dne communicantes *M* 133.
O Sanctos tuos dne martyres... patroni *B* 1005.
B Sanctus Andreas... conculcetis *M* 162, *B* 1266.
— Deus qui sedes super Cherubim *M* 479.
A — dns d. o. qui erat *M* 139.
A — *es dne et in sanctis* 364, *B* 202.
R — Felix dum uapularet *B* 1174.
A — iste quem elegisti *M* 674
Sanctus, Sanctus, Sanctus, dns Deus 191, 237; cf. 20, *M* 116, 484, 549.
A Sanctus tuus induit iustitiam *B* 1183.
L Sanguinem sanctorum requiram *B* 999, 1043.
A — iustorum requiram ego *M* 914.
Sanguis Christi qui pro uobis *V* 87.
A — filiorum Dei *V* 53.
O — innocens... perdurat *B* 1178, *V* 54.
L Sapientia a dno Deo est *B* 648, 649, 650.
A — aperuit os mutorum *B* 134, *V* 54.
L — Dei super lapides *B* 643, 644, 645.
A Sapientia iustum a pereuntibus *B* 1196.
R Sapientiam suam Deus reuelauit *B* 165.
O D Satia nos Deus iustitie... sentiamus *M* 706.
R Satiati sumus misericordia *B* 945.
A *Satis dignum est dne te orare* 415.
O D — dulcis est dne solemnitas *M* 370.
O D *Scientes frs c. acceptabile... oculis* 266.
O D *Scimus dne quod nullus apud te* 282, 343.
A P Scindentes corda nostra... exusta *M* 653.
R Scio dne quia morti *V* 93.
R — dne quia nihil in terra *B* 981.
H Scripta sunt celo duorum *B* 1106.
O Scrutantes dne testimoniorum *B* 385, 389, 396.
A O *Scrutator cordis et renum... benedicant* 323.
A *Scuto circumdabit te* 20, *B* 966; cf. 967.
B Sebastiani martyris... obtinere *B* 1046.
H — martyris sollemne est festum... gaudium *B* 790.
A Secundum magnam misericordiam *B* 195, 233, 279, 342, 459; cf. 232, 244.
O Secundum multitudinem... sanctum *B* 195, 279, 308, 342, 367, 397, *V* 134.
A Secundum multitudinem magnitudinis eius *B* 265, 460.
A Secundum multitudinem miserationum tuarum *B* 308, 367, 349.
H Sed cur uetuste gentis exemplum loquor *B* 273.
H — mox in auras igneis iugalibus *B* 270.
A Sedebit singularis et tacebit *B* 605, *V* 96.
A Sedentes in tenebris *B* 984.
L Sederunt principes et aduersum me *B* 439.
R Sedet rex *V* 51.
M Semper quidem dil. frs... caritatem *M* 611.
M — quidem dil. frs... presentior *M* 595.
A — uidebo uindictam *B* 593.
A O Sempiterna atque in sanctis *M* 912.
L Seniores cum iunioribus *B* 308.
Sepe expugnatam a iuuentute... regnis *V* 84.
A — expugnauerunt me *B* 579, *V* 84.
A Septies in die laudem *B* 995, 998, 1118.
B Seruandi prece... gladium *M* 887, *B* 1234.
R Serui Dei benedicite *B* 941, cf. 704, 1132.
P — tui dne adclines... criminibus *B* 428.
P — tui dne adclines... redemptis *B* 464.
A *Seruiamus dno Deo nostro* 206, *M* 340.
O Seruientes tibi dne... beati *B* 187.
O — tibi dne... infinita *B* 566.
O — tibi dne... transferamur *B* 191, 331.
O Seruis tuis hec est dne uita... perpetuo *B* 307. 341, 348, 366.

A Seruite dno Deo uestro *B* 174.
A — dno in timore *B* 187, 251, 331.
A Si abiero Paraclitus ueniet *V* 115.
A — ambulauerimus in medio tribulationis *B* 588.
R Si ambulauerimus in uiis eius *B* 393.
M *Si ante oculos tuos dne culpas... beatorum* 356.
A — ascenderis in celum *V* 84.
A — *ascendero in celum* 122, 131, 137.
M — credimus frs c. diuinum esse quod... ualemus *M* 248.
A Si credimus quod Iesus *B* 624.
A — diligis me Simon *B* 1104, *V* 62.
A — diligitis me, mandata *B* 689, 694, *V* 118.
A — dixerimus quia peccatum *B* 258, 387.
A — *ego dns et magister* 192.
M — gustatis dilectissimi... acceptare *M* 346.
A — *hec scitis beati* 192.
A — in preceptis meis *M* 852.
OD — *licet frs c. peccatorum... omnes B* 267.
A — locutus fuero non quiescam *V* 94.
A — mortui sumus cum Christo *B* 629, *V* 109.
PN — nos dne in oratione... quietem *M* 896.
OD — nostis frs c. Deum... insistentes *M* 309.
R — oblitus fuero tui Ierusalem *B* 437; cf. *V* 14.
O — qua dne in die peccata *B* 967.
O — quantam ab originis... nuntiauit *B* 236.
A — resurrexistis cum Christo *B* 629; cf. 637.
A — uere utique iustitiam... lingua *B* 307.
L — *uis dne potes me saluare* 306.
Sic credimus dne Ihesu 238.
A Sic eum uolo manere donec ueniam *B* 127.
M Sicque desiderio conpuncta... in celo *M* 942.
A Sicut cedrus exaltata sum *M* 166, *V* 29.
L — lilia munda floruerunt *B* 1177.
R — onus graue grauate sunt *B* 608.
L — palma exaltata sum *B* 1027, 1029, 1278.
A — parturiens proxima *B* 382.
A — *pastor portabat perditum gregem* 20.
A — pater miseretur *B* 362.
O Sicut seruorum in manibus... uulneratis *B* 310, 315, 372, 378.
A Sicut turris Dauid *M* 821, 928, 976.
O — *unguentum a capite... decoretur* 44.
A — *unguentum in capite* 70; cf. 44.
A Signum habentes ad commemorationem *B* 610.
A — habentes salutis 194.
A — magnum uisum est in celo *B* 181.
B — *salutaris claui... receptemus* 153.
A — *salutis pone dne* 20.
Signum uite eterne quod dedit Deus pater 33.
A Silebit omnis caro *B* 97; cf. *V* 24.
Silentium facite 232.
A Simeon in templo *B* 143, 1089, *V* 44.
R Simile est regnum celorum decem uirginibus *B* 1031, 1051, 1156.
A Simul in unum diues *B* 287, 400, 675.
A Simulacra gentium opera *B* 156.
OD *Simus ad Deum frs c... misericordiam* 287.
OD — ad Deum frs c... redemptoris *M* 273.
O Sincera nos quesumus... inimicus *M* 142.
PP Singularis uictime oblatione *M* 974.
O Singulariter in spe... consummet *B* 264.
A *Sinite paruulos uenire* 39, 41, 137, 138, *V* 54.
A — infantes uenire *B* 134; cf. *V* 54.
A Sion consurge *V* 16.
OD Sit Christe Deus Iacobus... uerbis *M* 216.
— *Deus in itinere uestro* 151.
M — dies hec nobis festa... uocis *M* 729.
O — dne precedente... caritatis *M* 836, *B* 1195.
O Sit festum ieiunium nostrum apud te... letifices *B* 278, 295, 355, 411, 474, 534.
A Sit gloria dni in seculum *B* 650.
OD — iugis ad Deum frs c. nostre *M* 278.
OD — nobis ad Deum frs c. deprecandi *M* 672.
O — *nobis ad Deum frs... obtineat* 54.
A — splendor dni *B* 73, 374, 413, 662, 708, 725.
O — splendor tuus dne... dirige *B* 375, 414.
— *tibi hoc simbolum in confirmatione* 28.
B — ueritas et misericordia *B* 946.
B — uestri dns adiutor... repellat *M* 639.
A *Sitientes uenite ad aquas* 19.
L Sol cognouit occasum *B* 314, 372, 429, 557, 685, 732.
H Sol angelorum respice *B* 927, 961.
L — cognouit occasum *B* 169, 721.
Solare dne expectantium te corda *V* 13.
H Solemne festum plebs benigna promite *B* 1044.
H — rutilat ac uenerabile *B* 1208.
A Solemnem habebitis istum diem *M* 495.
M Solemnia tui aduentus *M* 142.
M Solliciti queso dil. frs... parituris *M* 301.
AP Solue Christe Deus... connexos *M* 639.
PN — Saluator noster... fructum *M* 664.
H — uocem mens sonora... Deo *B* 900.
H Somno refectis artubus... perpetuum *B* 934.
A Sonus suauis est *V* 64.
A Specie tua et pulcritudine *M* 976, *B* 1026.
O Speciosa x. d. f. in oculis fidelium *B* 1150, *V* 16.
L — facta es et suauis *B* 1026, 1149, *V* 16.

M *Spem ac fiduciam Dominum... effectum* 306.
A — dedisti mihi *M* 781.
O — quam dedisti... plenitudo *B* 440, 488.
A Sperantes in Domino *B* 278, 392, 669.
O Sperantes in te dne... psallamus *B* 513.
A Sperate in Deum omne *B* 261, 707.
H Sperati sancti martyris... premio *B* 1162.
L Sperauit anima mea in Domino *B* 990, 1025, 1078, 1091, 1152, 1158.
A Speret Israel in Domino *B* 158, 313, 355, 667, 683, 718.
A Spes mea tu es, portio mea *B* 1066, 1078.
R — nostra in Deo est *B* 959.
Spiritu et intellectu reple cor... fide *V* 118.
— tuo adnuntiante Christe... sacramentum *V* 110.
R Spiritum dedi *V* 117.
A — meum ponam in *V* 118.
— paraclitum... impetremus *V* 117.
A — paraclitum quem mittam *V* 117.
A — paraclitum quem mittet *V* 117.
L — tuum dedisti eis *B* 695; cf. *V* 118.
O *Spiritus bonus Dei per diuinitatis* 151.
B — Dei bonus deducat *B* 695, *V* 119.
B — dni repleuit orbem *B* 697.
A — dni spiritus uite *B* 688.
R — dni super me *B* 1132, *V* 122.
A — dni superueniet in te *B* 1293.
L — est Deus et eos *B* 689.
— *et anime iustorum benedicite* 404.
A — meus erit in medio uestri *B* 697.
B Spiritus paraclitus qui olim in discipulos... requiem *B* 690, 694, *V* 116.
A Spiritus qui a Patre *V* 116.
P P Spiritus sancte qui a Patre... expectare *M* 612.
O — sancte qui ex Patre... sanctum *B* 691.
R — sanctus de celo *V* 118.
O — sanctus dne deducat nos in uiam... redundet *B* 695, *V* 119.
B Spiritus sanctus qui olim... indultor *M* 620.
B Spiritus sanctus qui repente... peccatorum *B* 696, 698, *V* 118.
L Spiritus tuus bonus *B* 698, 1213.
O — tuus bonus... redundet *V* 119, *B* 695.
L — tuus dne deducat *M* 623.
A — ueritatis quem mittet *B* 694.
R Splendet hodie Sion *B* 941.
A Splendor lucis illuminat *B* 171.
H Splendor paterne glorie *B* 149, 189, 219, 223, 227, 231, 235, 239, 243, 246, 698, 702, 705, 708, 935.
O Sponsa Christi f. d. in oculis fidelium *B* 1280.
O Sponsa Christi uirgo Eulalia... persequentium *V* 19.
O Sponsa Christi uirgo Eulalia... seculorum *B* 1280, *V* 19.
H Squalent arua soli puluere multo *B* 921.
R Stabat Maria ad monumentum *B* 616.
A Stans sacerdos ad altare *M* 154, 858.
A State super uias et uidete *B* 409.
Statera crucis que ruituro... miseris *V* 86.
L Statuis dns supra petram *B* 991, 994.
O Stella illa dne... repromissa *B* 180, *V* 50.
— quam uiderant *V* 50.
A Stephanus plenus gratia *V* 40.
R — uidit celos *V* 41.
A Stetit angelus ante aram Dei *M* 586.
A Stolam glorie induit *B* 138, 1160.
A Stridebant in me dentibus *B* 466, *V* 76.
L Suauis sit Deo laudatio mea *M* 758.
A Sub ara Dei *V* 52.
— ara tua dne pro Verbo... christiano *V* 52.
R Subito uulnerauit me inuidus *B* 585.
O Subiuga clementissime... delictis *B* 1307.
P P Subiuga Deus nostras tuo leui iugo ceruices... huius *M* 553.
O Sublatum te dne a sepulcro *B* 616, *V* 110.
P Subueniat nobis dne... refugium *B* 513.
P — nobis dne... suffragium *B* 378.
H Suetus antro bustualis... uitalia *B* 899.
A Sumite psalmum et date tympanum *B* 354.
A O Summe atque ineffabilis... sancti *M* 623.
A P — *atque inuisibilis... premia* 416.
H Summe confessor sacer et sacerdos... bearis *B* 912, 1011.
H Summe Deus clementie... affatim *B* 934.
O D — summe et o. d. p. ingenitus *M* 135.
B Summus excelsus dns... presentiam *M* 1025.
O Sumpsimus dne tui corporis *M* 1036.
O *Sumsimus dne b. Marie semper uirginis... consequamur* 243, 430.
R Super aceruum lapidum *B* 126, *V* 40.
A P — corpus beneuoli... recreari *M* 588.
A — flumina Babilonis *B* 366, 436.
A — montem altissimum ascende *M* 121, 136.
A — montem excelsum *B* 79, *V* 14; cf. *V* 30.
O — montem excelsum Aduentus... nostris *B* 79; cf. 67, *V* 14.
A *Super populum tuum benedictio* 400; cf. *B* 566.

O *Super populum tuum quesumus... supplicio* 400.
L Super salutare tuum *B* 71.
L Super Sion alleluia *V* 14.
Super Sion dne montem sanctum tuum... absoluamur *V* 14.
M *Supplicandi officium fratres... habere* 244.
O *Supplices petimus misericordiam* 397.
O D — te o. Domine... dignaris *M* 967.
O — te rogamus clem... sortiamur *M* 160.
O — *te rogamus o. d... repleamur* 228.
O — *tibi dne fundimus preces... non deseras* 223, *V* 102.
A Supra dorsum meum fabricauerunt peccatores *B* 483, *V* 84.
A Supra thronum regni *B* 223, 660.
R Surgam et ibo ad Patrem *B* 980.
A Surge d. iudica terram *B* 169, 353, 417, 721.
O — d. iudica... adglomeres *B* 556, *V* 89.
A — propera sponsa *B* 1278, *V* 19.
H Surgentes ad te dne... rabies *B* 931.
A — in me testes *V* 75.
O Surgentes in te dne testes iniqui... declarare *B* 532, *V* 75.
Surgentibus nobis e cubilibus *V* 136.
L Surrexit Christus a mortuis *B* 619, 622, 623, 625, 628, 631.
A Surrexit dns a monumento *B* 615.
A — enim sicut dixit *B* 621; cf. *V* 112.
Sursum corda 236.
R Susceperunt me sicut leo *B* 462; cf. 512, *V* 72.
A Suscepimus Deus misericordiam *M* 220, 980.
O Susceptor noster dne... templo *B* 233, 502.
P P *Suscipe clem. Deus nostre seruitutis* 365.
P P — *d. gratuita huius sacrificii* 261.
P P — *d. horum libaminum* 284.
B — *d. piissime in sinu* 126.
A O — *d. supplicantis famuli... infinitis* 305.
O *Suscipe dne animam famuli tui... beatorum* 112, 126.
O Suscipe dne animam famuli tui... agnoscat *M* 1022.
O *Suscipe dne animam serui tui... adorauit* 123.
O — *dne animam serui tui... inueniat* 110.
O — dne animam... mereatur *B* 986.
O — dne precem populi... assume *M* 810.
A O — dne supplicantem... infinitis *M* 1002.
P P — et sanctifica... proueniat *M* 1016.
A P — Iesu bonus in hoc natali *M* 545.
— *me dne secundum eloquium tuum* 86.
P P Suscipe o. d. sacrificium... dignare *M* 624.
O — piissime Deus in sinu Abrahe *B* 985.
A O — *pissime dne oblatam... sanctis* 388.
O — propitius orationem... nobis *M* 1023.
O — *queso dne hunc famulum tuum* 86.
P P — quesumus Spiritus... patiaris *M* 620.
P N — *uota tuorum dne... intende* 314.
R Suscipiamus regnum Dei *B* 119.
A Suscipiant dne montes et colles *M* 140.
A — montes pacem *B* 678.
O — montes pacem... meritorum *B* 678.
L *Suscipiatur dne sacrificium* 239, *M* 986.
P N Suscipite gloriosissimi martyres *M* 730.
Suscitabit dns celi regem *B* 80, 119.
A — dns celi prophetam *V* 13.
A Suscitabo eum ad iustitiam *B* 106, *V* 10.
A Suscitauit dns ab oriente *B* 111, *V* 10.
A Susurrabant aduersum me omnes inimici *B* 521; cf. *V* 77, 78.

A Tamquam aurum in fornace *B* 1059, *V* 56.
A — lugens et contristatus *B* 517.
A Tamquam unum ex principibus elegit me dns *B* 1069, 1104, 1180.
P P Tange q. Iesu f. d. tenebras... nostris *M* 323.
O Te amplissime largitatis... laudemus *B* 374.
— celestem principem... perueniat *V* 26.
H Te centies mille legionum angeli *B* 637, 643, 645, 648, 650.
O Te Christe dne catulum leonis... repromissam *B* 121, *V* 13.
Te Christe dne pro totius mundi *V* 113.
A — *decet hymnus Deus* 313, *B* 215, 240.
H — decet hymnus in Sion, Omnipotens, *B* 894.
P — deprecamur dne: indulgentiam *B* 612-613.
O — *deprecamur dne sancte... angelorum* 193.
O *Te deprecamur dne sancte... animarum* 116, 128, 133.
O Te deprecamur dne sancte... celorum *M* 467.
O — deprecamur dne sancte... deficiat *B* 702.
O D — *deprecamur dne sancte... infundas* 430.
B — *deprecamur dne sancte... sempiternum* 441.
B — *deprecamur o. d. pro. spiritu* 399.
O D — deprecamur o. d. ut propitius *M* 1025.
O — *deprecor dne sancte... detergas* 16.
O N Te Deum filium Dei... largiaris *M* 1034.
— laudamus *B* 944.
O — psallendo... sentiamus *B* 312, 404.
O — redemptorem... sentiamus *B* 113.
O Te dne ab inferis resurgentem *B* 621.

O Te dne de Sina cum sanctorum *B* 1246, *V* 2.
O — fauente... associat *B* 116, *V* 34.
O — fideliter in amore sanctorum *B* 1250.
O — i. x. benedicimus... orabat *M* 194.
A O — i. x. te Deum pluraliter *M* 187.
O — inspirante atque... capiamus *B* 265.
O — *petimus et rogamus... perducas* 167.
O — *sancte p. o. e. d. supplices* 124.
O — *supplices exoramus... redundent* 169.
Te dnum regem in claritatem uidere *V* 14.
O Te excelsa laus... uoces *M* 240, 252, 256, 263, 268, 273, 278, 282, 479, 487, 503, 509, 515, 621, 628, 630, 634, 637, 640, 643, 648.
O Te expectantes quesumus... obtinere *B* 74, *V* 33.
P P Te Iesu bone uenisse... possideat *M* 1022.
P P — *Iesu dne uenisse... possideat* 396; cf. *M* 1022.
O — Iesu pro impiis laborasse *B* 455; cf. *V* 69.
O — in excelsis dne laudent... obsequiis *B* 641.
O — *inuocamus dne precibus* 155, 294.
O — *inuocamus dne sancte... agant* 378.
O — *inuocamus dne sancte... uite sue* 168.
O — *inuocamus eterne... adscribas* 37.
A O — *inuocamus excelse... cultor* 289.
M — *inuoco eterne o. Deus... me doceat* 266.
L — laudant montes *B* 597.
P S — laudat dne omnis... eterne *M* 624.
H — lucis ante terminum *B* 927.
H — lucis auctor personet *B* 897.
H — maiestatis Domine *B* 936, 948.
P — misericors dne eripe... reatum *B* 715.
— nostris q. dne precibus... interuentu *V* 22.
O — o dnum omniumque... peruigilet *B* 221.
P P *Te o. d. petimus et rogamus... accipias* 311, 329, *M* 778, 787.
Te precor dne auctor lucis et diei *B* 962.
O — prestante sancte dne... seculorum *M* 554.
P N Te quesumus dne Iesu ut dilectio... orbem *M* 114.
A P Te quesumus Iesu Deus... uisionis *M* 138.
A P — supplices deprecamur... maiestatem *M* 1015.
O — te igitur summe... congaudeant *M* 179.
O Tecum nos x. iam... felices *B* 629, *V* 109.
L Tedium tenuit me *B* 501.
H Telluris ingens conditor... nesciat *B* 925.
O *Temeritatis quidem est... coronandus* 125, 130.
O — *quidem est... potestatem* 133.
A Temporibus illis, postquam *M* 577.
Tempus fortitudinis... consoleris *V* 9.
H — sopori congruum... conferas *B* 930.
M Tendamus ad omnipotentis... digneris *V* 1033.
A Tenebre non obscurabuntur *B* 232, 702.
A Terra dedit fructum 620.
A — ne abscondas sanguinem meum *B* 123.
A — nostra dabit *V* 28.
A — *terra, audi uerbum* 125, 133, 137.
O Tertia iam dne diei... mereamur *B* 949.
O Testamentum eternum disponam *B* 1249.
A Testimonia tua dne credibilia *B* 650.
— tua dne que... efficiant *B* 651.
O Testimoniorum tuorum... auditores *B* 594.
A Testimonium tuum dne *B* 594.
L Tetigit labia mea *B* 123.
A Thronum glorie hereditas *B* 130, 995, 998, 1105, 1118.
A Thronus tuus Deus inestimabilis *B* 702, 1213.
O Tibi adherere bonum... decantemus *B* 293.
O — adiutori nostro... coronam *B* 156 174, 303.
A O — *Deo nostro immolamus sacrificium* 300.
A — derelictus est pauper *B* 196, 331.
— *dicitur Satanas : Vade* 74.
O — dne commendamus... absterge *B* 981.
P P — dne commendamus... ignem *M* 1019.
O — dne confitemur... sustollant *B* 377, 429.
O Tibi dne in ecclesia sanctorum... obtinere *B* 189, 227, 231, 236, 239, 242, 246, 702, 705, 708, 726, 734.
O Tibi dno patiens est... preueniat *B* 282, 341; cf. 343, 667, 715.
O Tibi dno Patri cogitatio... solemnia *B* 411.
O Tibi dno placens sit anima nostra... preueniat *B* 393; cf. 282.
O Tibi dno soli subiacet... effice *B* 706, 707.
O Tibi gloriam concinimus... exemplum *M* 479, 493, 498, 532, 569, 579, 585, 593, 605.
O Tibi gratias agimus... illesi *B* 972.
A — sancte p. o. e. d. hostias *M* 1033.
— semper gloria... deitatis *V* 34, 44.
O — semper gloria... largiaris *B* 532, 819.
P P — soli Christe dne a... uiuamus *M* 210.
A — soli Deo et gloria et uirtus *B* 617; cf. 122.
A Tibi soli Deo honor *B* 122, 145, 183; cf. 640, 644, 646, 649, 651, 692, 697, 1122.
A Tibi soli peccaui *B* 88, 225, 237, 475, 493, 502, 700.
O Tibi soli peccauimus... creauit *B* 475, 493.
A Timebunt gentes nomen tuum *M* 225, *B* 315, 362, *V* 4.
A Timebunt qui ab occidente *B* 88; cf. *V* 4.
A Tollam uos de gentibus *B* 563.

O Tolle Deus gladium de manu... pacis *B* 1043.
A Tollite hostias et introite *M* 607, 611.
R Tota die contristatus *B* 455.
Tota die dne inimicorum... sustollis *V* 79.
Tota die dne iustus tuus... participes *B* 1181, 1241, *V* 135.
A Tota die exprobrauerunt me *B* 585.
A — iniustitiam *V* 79.
A Tractauerunt *V* 97.
R Tradiderunt in manus impiorum *B* 527.
A Tradidit in morte animam *B* 628, *V* 108.
A Traditus sum usque in mane *B* 605.
O Transacto diei çurriculo... expectemus *B* 699.
A Transierunt mare rubrum *B* 1081.
A Transiuimus per ignem et aquam *M* 657, 795, 872, 917, 963.
H Transmissa raptim preda cassos dentium... stupet *B* 272.
Tres pueri Babylonico camino... mundo *V* 55.
A Tres pueri iussu regis *B* 1057, 1062, *V* 55.
A *Tribuat tibi dns secundum cor* 293.
Tribue dne nobis scire... perducamus *V* 46.
O — *etiam dne requiem eternitatis* 240.
Tribue his dne Pater sancte peruenire... exuberet *V* 102.
O Tribue nobis dne adiutorium .. promereri *B* 448, 461, 467.
O D Tribue nobis dne ueritatis... insinuas *M* 897.
A P Tribue nobis dne pacis tue... beati *M* 633.
O — *dne p. s. peruenire* 221; cf. *V* 102.
A P — *o. d. concordie meritum* 398, 406.
O Tribulationes cordis nostri... intromittas *B* 150, 662, 708.
A P Trinitas uera... coronemur *M* 659.
O — uera indiuisa... coronemur *B* 1041.
B Trinitatis alme ineffabile *B* 1227.
A *Tristis est anima mea ualde* 190, 192.
A Tu autem dne serua nos *B* 338, 373, 429, 492.
Tu autem dne susceptor 403, *B* 150, 161, 170, 233, 246, 264, 296, 315, 330, 355, 534, 557, 662, 670, 708, 715, 724, 733.
A Tu autem puer propheta *B* 1136.
A Tu Bethlehem *V* 27.
A — d. m. et fortitudo *V* 78.
O — d. n. et fortitudo... dilatari *B* 472, *V* 78.
O — d. n. libera nos... destinatam *B* 517.
A — *dne conuertere et eripe* 359.
— dne cuius uerbum... sanctificet *V* 38.
A — dne da escam nobis *M* 358, 364, 370, 376, 383, 388, 400, 405.
A Tu dne demonstrasti *B* 596, *M* 385.
A O — dne i. x. in precursoris... oramus *M* 840.
— dne Ihesu uere es A et Ω, initium *V* 36.
O — dne in cithara... et actibus *B* 475, *V* 94.
A — dne in eternum permanes *B* 367, 722, 733.
A — dne propter peccatores *B* 245, 707.
P P — *dne qui misisti angelum... committat* 445.
A — dne refugium *V* 75.
A — dne seruabis nos *B* 198, 269.
A O — *dne singulorum fidelium medicus* 375.
L — es crux fidelis *M* 741, 849.
A — es Deus et in te est Deus *B* 141.
O — es Deus et in te... coniungamur *B* 142.
— *es Deus penitentium* 355.
R — es Deus qui facis mirabilia *B* 624, 630.
O — es Deus qui facis... potentia *B* 630.
O — es dne d. et non est... ad requiem *B* 649.
— es dne d. et non est... coniungas *V* 18.
— es dne d. et non est... gloriosus *B* 442.
A — es dne qui eduxisti *M* 657.
O — es dne salus... letitie *B* 116, 141 177.
O — es dne salus... iustitie *B* 1089, *V* 90, 134.
O Tu es dne stella ueritatis... consolemur *B* 162, 181, 356, *V* 49.
A Tu es patientia mea *M* 354.
A — es Petrus et super *B* 1102, *V* 62.
A — es portio mea *M* 1011, 1017, 1020, 1023.
A — es rex regum cui Deus *B* 647.
L — es sacerdos in eternum *M* 154, 720, 858.
A *Tu illuminans lucernam* 402, *B* 194, 277, 340, 496, 458, 517, 579.
O Tu in nobis es dne et testis *V* 112.
L Tu mandasti mandata *B* 169, 216, 225, 287, 404, 579, 678, 721.
A Tu mihi es refugium *B* 484.
P Tu misericors dne eripe... reatum *B* 354.
A — nobis es dne refugium *B* 381, 704, 738.
O Tu nobis es dne refugium a pressura... muscipula *B* 484, *V* 75.
A Tu nosti dne quia non *B* 1282.
P *Tu pastor bone animam tuam* 202, *M* 428, *B* 612, 613.
P Tu pastor bone qui pro... deuicisti *B* 593.
O — paterne diuinitatis... natiuitatem *B* 1011.
A — Petre cum esses iuuenior *V* 62.
H — rex redemptor omnium *B* 934.
A — scis dne quia sustinui *V* 94.
A — scis dne, recordare *B* 547.
A — solus dns, quia non est *B* 138, 1197.
H — Trinitatis unitas... actibus *B* 933.

A Tu turris regis nebulosa *B* 1295, *V* 27.
A Tua est dne magnificentia *B* 373.
A O — sunt dne omnia... gratia *M* 1026.
O Tua super nos misericordia dne... concedatur *B* 330, 343.
O Tuam clementissime Pater... largiaris *M* 883, 972, *B* 1017, 1018, 1217.
P N Tuam dne in hac... tinctione *M* 833.
O Tuam d. o. clementiam... subiugati *B* 296, 679.
P N Tuam proni dne... defunctis *M* 858.
H Tuba clarifica plebs Christi reuoca *B* 922.
A Tulerunt dnum meum *B* 616, 620, *V* 110.
A Tulerunt Iesum in Ierusalem *B* 1090, *V* 46.
O Tuo dne uerbo celi facti sunt *B* 696, *V* 116.
O D — *edocti magisterio... oramus* 331.
O Turba Innocentium... mereamur *B* 136, *V* 54.
— paruulorum in Sion... penas *V* 52.
A Tuum dne regnum, tu es super B 236.

A Vade Maria, nuntia fratribus *B* 615.
M Valde quidem pauescimus dne... corrigendi *M* 1004.
M *Valde quidem pauescimus... corrigentis* 361; cf. *B* 1004.
A Vana locutus est unusquisque *B* 462; cf. *V* 71.
O — satis dne de te... discipline *B* 462, *V* 71.
A Vbi est mors uictoria... eo *B* 627, *V* 109.
A — uictoria... exurgam *B* 619.
A Vbi sunt misericordie tue *M* 257.
R Ve nobis quoniam peccauimus *B* 422.
A O *Vel si indignus hec offero... ignoscas* 274.
A Venantes captati sunt *B* 584.
A — ceperunt *V* 98; cf. *B* 584.
M Venerabilem hunc diem... mortem *M* 929.
A Veni ad liberandum nos *B* 69, *V* 23.
A O — ad liberandum... deliquit *M* 314.
O — ad liberandum... iudicio *B* 69, V 23.
R — clementissime dne succurre *B* 52.
O — clementissime dne, ueni... mentes *B* 52.
A — columba sponsa B 1311.
R — dne ad liberandum *B* 60.
L — dne et appare *B* 948.
— dne et esto Saluator... maiestatis *V* 12.
A — dne et noli tardare *B* 70; cf. 953, *V* 23.
P P — dne et noli... sustinere *M* 129.
O — dne et salua nos... perducas *B* 108, *V* 13.
O Veni dne noli tardare, relaxa... complementum *B* 70, *V* 23.
P P Veni dne, relaxa facinora *M* 138.
O Veni dne sicut promisisti *B* 105, *V* 18.
H — redemptor gentium *B* 114, 123.
A — sponsa a Libano *B* 1028, 1150; cf. *V* 19.
A — sponsa ad preparatum *B* 1281.
R — sponsa mea quam *B* 1280.
R Veniam ad Sion, dicit dns *B* 105; cf. *V* 18.
L Veniant mihi miserationes *B* 232, 709, 715, 716, 721, 722.
O Veniat q. o. d. super hoc incensum *M* 438.
O — super me... iudicem *M* 987.
L — super me misericordia *M* 1004, 1023.
O Veniat super nos dne donum misericordia *B* 93; cf. 91.
O Veniat super nos dne misericordia *B* 330, 341.
L — super nos dne miser. *B* 161, 588, *V* 23.
O — *super nos dne salutare tuum* 330.
L — super nos misericordia *B* 295, 330, 372, 715, 724.
A Venient ad te populi *M* 123.
O Venientes ad te benedicti... seculorum *B* 1085.
O — ad te sancte... terra *B* 1086.
O — ad te sancti... eterno *B* 1085.
A Veniet ad locum sanctum *B* 52; cf. *V* 7.
A — desideratus cunctis *B* 52, *V* 7.
R — dies dni magnus *B* 94; cf. *V* 7.
A — dns ad templum *V* 13.
A — dns cum senibus *B* 58, 65, 74, *V* 7.
L — dns Deus et omnes *B* 1252.
R — dns et apparebit *B* 64, 948.
A — dns et saluos *V* 13.
A — dns in regem *B* 52, *V* 7.
A — dns in Syon *V* 7.
A — hora quando mortui 399.
O Venisse nomen tuum *B* 79, 80, 83.
O D — te dne pro nostra *M* 139.
— te dne tua copiosius *V* 36.
O Venisse te dnum in Sion cum laude... purgemur *B* 78, *V* 7.
O Venisse te dnum cum sanctorum *B* 1007.
R Venisti dne et a facie tua *V* 36.
A Venit Iesus a Galilea *V* 48.
A — *super nos misericordia* 330.
A Venite ad me omnes *B* 1022, 1086, 1234, 1308.
A — ad me sancti mei *B* 1085.
A — adoremus et prosternamus *B* 246.
A Venite benedicti Patris *M* 766; cf. 737, 885, 960, 1022, 1086.
A Venite et uidete : angelus *B* 625, 645, 647.
A — et uidete ubi positus *V* 107.
A — exultemus dno *B* 47, 55, 58.

L Venite exultemus in dno M 141.
A — *filii* 184.
A — reuertamur V 109, 111.
A — uenite filii... in unum M 394.
O Vera Dei sapientia... illesus B 117.
O — Dei sapientia... laudemus B 134, V 54.
— est Dei felicitas... presta V 129.
P S Veram tue Trinitatis... concinere M 142.
A Verba inimici iniquitas V 76.
A — inimicus et dolos B 474.
A — mea auribus percipe B 188, 701.
L Verbo dni celi firmati... creata sunt B 696, 698.
A — celi firmati... meo B 698; cf. 696.
A — celi firmati... terra B 696, V 116.
O Verbum ante secula ineffabiliter... humilis M 239, B 97, 241.
A Verbum mittit dns in Iacob B 105.
— Patris altissimi... ditet V 33.
P — Patris altissimi... indulgentiam B 322.
P — Patris altissimi... sanguine B 455, 737.
O D — Patris quod caro factum M 118.
— Patris quod in suscepto homine V 89.
H Verbum Patris quod prodiit factum caro... incolas B 438, 447, 458, 474, 484, 501, 506, 517, 526, 534, 546, 557.
B Verbum quod matrem fecit B 1300, V 29.
H — supernum prodiens B 62, 65.
O — uirtutis et sapientia B 1290, V 26.
P S Vere admirabilis... sanctorum M 363.
P S — benedictus et gloriosus M 342.
P S — benedictus et sanctus M 687.
P S — bone Deus, uere... adducet M 647.
P S — dies sempiternus... mortem M 323.
— dignum... adorant M 1034 (*Inlatio*).
P S — *dne pleni sunt celi et terra* 354.
P S — gloriosus et pius... mereamur M 405.

P S : Vere sanctus, uere benedictus dns n. i. x.
a quo et abstinentium... immolare M 369.
a quo et Seruandus... mercedem M 886.
a quo gloriosis... liberauit M 702.
a quo Stephanus... pretiosum M 198.
auctor uita et conditor... expectent 421.
cui inumerabilis... adunari M 881.
cui oblate uirgines... sanat M 981.
cuius confessionem... mortem M 157.
cuius doni est... subrideret M 712.
cuius gloria pleni sunt... defendas 328.
cuius gloria pleni sunt... noster 311.
cuius gloriosum passionis triumphum M 817.
cuius magnitudo clementie 448.
cuius melior est... subministrat M 247.
cuius potentia... terris M 660.
cuius presentia... placatum M 303.
cuius uestigia... acceperunt M 874.
Deus deorum et dominus... conlaudet 296.
huius ecce uirtute... eterni M 619.
idem excelse in excelsis M 770.
ille patriarcharum... offerri M 250.
ille redemptor animarum... adiutorem 369.
in assumptionem humanitatis M 490.
in cuius manu... acceptetur M 654.
in cuius nomine... benedicas M 633.
in quo crucifixo... condonaret M 597.
ipse est qui castitatem M 176; cf. 847.
ob cuius fidem... insinuat M 922.
per quem nobis... Patris M 520.
per quem tibi Deus Pater M 755.
pro cuius nomine... coheredes M 169.
pro quo Ioannes... monstraret M 842.
pro quo predicti... augetur M 931.
propitiatio fidelium... respectum M 732.
que in celestibus... misisti M 376.
quem angelorum cunei... adquirant 324.
que celestia... mundi M 639.
quem celestium... fidelium M 255.
quem conlaudat... sempiternam M 940.
quem die tertia... patefecit M 485.
quem hodierno die... postulamus M 859.
quem Iacobus relicto Zebedeo M 549.
quem olim credimus incarnatum M 116.
quem predictus... accepit M 834.
quem preuidebant sancte M 778, 787, 911.
quem sane uirgines... largitur M 784.
qui acceptas... dimittis 331.
qui Agnetem sponsam... beatorum M 671.
qui amarum passionis... prouocaret M 161.
qui angelorum... Patris M 608.
qui apostolum et martyrem M 829.
qui apostolum tuum Petrum M 724.
qui ascendit patibulum crucis M 474.
qui assumpta humane fragilitatis M 294.
qui b. martyrem suum... inchoare M 914.
qui b. martyrem tuum... celis M 804.
quem b. martyrem... uindictam M 691.
qui bonorum uotorum... passionis 326.
qui celestium... uiuamus M 791.
qui certatricem... gloria tua M 946.
qui clausa ostia... persona M 574.
qui concludi facis multos 444.

qui cum in forma... eternus *M* 124.
qui cum omnium... uindictam 264.
qui cum Patre manens... commemorat *M* 277.
qui daturum te... existere *M* 612.
qui discreta terris... deuoti *M* 738.
qui diuino Spiritu... seruaret *M* 642.
qui dono pietatis... expectamus *M* 332.
qui dum libenter... sacerdotem 298.
qui es corona... angelorum *M* 967.
qui es martyrum uita *M* 974.
qui es rector animarum *M* 1024.
qui est custos uirginitatis *M* 943.
qui est filius tuus... adoratur *M* 181.
qui est gloria... plenitudo *M* 681.
qui et celestia regis 321.
qui et consolatio nobis... uiuam *M* 387.
qui et iuste... mundissima *M* 854.
qui et iustos eternitatis 278, *M* 990.
qui et uiuis prestas... lucem 428.
qui ex omnibus... operationem *M* 800.
qui ex ore infantium... nescirent *M* 210.
qui factus est mundi... sanctifices 281, 342.
qui factus est uita... sanctifices 342.
qui glorificas peccatores... iustorum 271.
qui hec celestium... misceamur 207.
qui hodierna die... confitendi *M* 971.
qui hodierno die animam *M* 727, 864, 952, 957.
qui ideo delinquentibus occasionem 363, *M* 1006.
qui inestimabili... salutem *M* 150.
qui ita feruore... exhibuit *M* 750.
qui iustificas peccatores... tua 246.
qui languores nostros... infirma 374, *M* 1009.
qui martyri suo... mereamur *M* 668.
qui martyri suo... fructum *M* 955.
qui matris sanctissime *M* 1035.
qui moriens pro mortuis... adscriptus 409.
qui moriens seua auerni *M* 584.
qui morte sua mortis principem 424.
qui mortem moriens superauit 396, *M* 1022.
qui nec per spatia... effectu 350, *M* 996.
qui nobis ineffabilia... mereantur 416.
qui nobis precepta... seruiremus *M* 352.
qui nobis salutaris fons *M* 1027.
qui non ex uirili semine natus *M* 129.
qui nos et prioris... repromisit *M* 138.
qui nos et uitiis... plenitudo *M* 382.
qui nos per penitentiam *M* 287.
qui obseruantiam... claritatem *M* 237.
qui omnium sanctorum... salutem *M* 897.
qui paruulorum... celebramus *M* 809.
qui passione crucis... peruenire *M* 358.
qui per Ihesum... celo 358.
qui percutis et sanas... consoleris 376, 386.
qui plasmasti... ascendens *M* 514.
qui potentissimus... celis 256, 276.
qui predictos... gauderent *M* 869.
qui primo aduentu... sanctorum 412.
qui pro nobis teipsum... adducat 392.
qui pro redimendis... lucem *M* 891.
qui profluentibus... mansionem *M* 204.
qui promissionum suarum *M* 1016.
qui quadraginta diebus *M* 309.
qui repudiata... offerre *M* 272.
qui salubris inspirator es 305; cf. *M* 1002.
qui sanat contritos corde... ruina *M* 328.
qui sancte tue... fortitudo *M* 977.
qui se in corda nostra... caritatis 261.
qui se pro peccatis... precepit *M* 743.
qui sic nos hic tribulationum 337, *M* 1000.
qui solus est... redemptorum *M* 636.
qui solus magisterii... demonstrauit 284.
qui solus seruientium... insignem *M* 904.
qui solus uerbo... inlustrauit *M* 589.
qui sub hodierne... miraretur *M* 604.
qui subsistendi... administrat *M* 315.
qui tam iustus es... coronas *M* 961.
qui tam uisibilia... filiis *M* 824.
qui te in his tribus sanctis *M* 716.
qui traditus ac mortuus 189, *M* 416.
qui uenit e celis... nobis *M* 189.
qui uenit in nomine... redemit *M* 135.
qui uiuis prestas... luce *M* 1031.
qui ultro ascendit... celum 364.
qui uoluntatem... corona *M* 706.
qui uotiuas fidelium... precem. 309.
qui uotiuas inspiras... soluuntur 315.
quia multum es... concedas 237, *M* 985.
quia pleni sunt celi... Domini *M* 964.
quo inspirante... seculorum *M* 226.
receptor animarum et indultor 429.
te in celestibus... mortem *M* 262.
te inuoco eterne... angelorum 268.
tibi dne soli laus... restituat 291.
unigenitus tuus, primogenitus 347, *M* 267, 993.
unitas distinctibilis... persoluimus *M* 761.

A Veritas de terra orta *V* 37.
— d. qui semper in celo... restauret *V* 37.
A Versus sum in eorum canticum *B* 606, *V* 96.
B Verus Dei agnus qui... fine *B* 629, 631, *V* 105.

P Verus Dei filius x. exaudi... perpetuum B 562.
P — Deus f. d. x. exaudi... propitius B 436.
P — Deus misericors... largam B 411.
P — Deus misericors... mundo B 541.
H Verus redemptor, Christe, lumen luminis... conferens B 916.
L Vespere et mane et meridie B 50, 160, 203, 294, 355, 411, 474, 534, 595, 670, 715, 724, 1012, 1020.
P P Vespertini huius sacrificii M 226.
O Vespertinis laudibus... gloriam B 113.
O — precibus... fulgeamus B 228.
O — *precibus esto... tuam* 378, 379.
A Via iustorum (regia) facta est B 1007, 1010, 1023, 1041.
O D *Via que nos duxit ad te* 189.
O — *sanctorum omnium... introire* xxv.
P N — ueritas et uita... iudicem M 863.
O Viam iniquitatis amoue... tribuas M 994.
A Vias tuas dne pronuntiaui M 780.
Vicit leo de tribu Iuda 74, M 486, 493, 497, 502, 509, 514, 521, 568, 575, 579, 584, 592, 598, 605, 608, 739, 744, 751; cf. 639.
O Vide dne et audi... hilarescat B 1178, V 53.
— dne et considera M 361; cf. V 53.
P — dne humilitatem meam M 354.
— dne quoniam tribulatur V 95.
A Vide humilitatem meam B 210, 501, 506, 519, 526, 530, 534.
O Vide humilitatem nostram... excipimur B 501, 506, 517, 530.
O D Vide, uide Deus quibus... occultum M 205.
L Videant pauperes et letentur M 813.
R Videbitis hodie mirabilia V 45.
A Videbunt cum exultatione B 1247.
A — gentes iustum B 1260, V 4.
L — me et mouerunt B 557, V 84.
A Viderunt oculi mei B 140, 1087, 1090, V 45.
A — omnes fines terre B 140, 1087, V 45.
A Videte quoniam ego sum B 441.
OD Videte uidete dilectissimi... clamoris M 944; cf. B 1286.
A Vidi agnum quasi occisum B 648, 652, V 113.
A — angelum uolantem B 1216.
L — aquam egredientem B 628.
L — et audiui uoces angelorum B 648.
A — in Sion V 52.
A — lapidem V 37.
A — nubem candidam V 115.
A — portam in domo dni B 1290, V 26.
A Vidi sedem magnam alleluia M 598.
A — sub ara Dei M 208, 966, V 53.
L — turbam angelorum B 631.
A — uirum ascendentem V 115.
A Vidimus gloriam dni B 143, 1089.
O Vidimus gloriam tuam... remunerator B 143, V 39.
A Vigilabant ante lucem B 367.
A Vincenti dabitur corona B 1071.
— dabo coronam B 1072, V 59.
A — dabo manna V 60.
A Vincentius sanctus ut solis B 1078.
R Vincula sanctorum iam soluta B 941.
R Vindica causam meam dnc B 523.
— d. effusum pro te... ultionem V 52.
O Vir Dei Andreas... et prece B 1263, V 12.
R — iste in populo B 130; cf. V 12.
A — iste sustulit mortuos V 42.
A — misericordia inuenit B 1180.
A Vir qui pronus est B 1179.
R — sanctus Dei, dum aspiceret B 1264.
O Virga equitatis uirga... castitatis B 1031.
H Virginis proles opifexque matris... hymnum B 913, 1026, 1029.
H Virginis sacre triumphum — Plebs alumna parili B 1153.
H Virginis sacre triumphum — Prosequamur laudibus B 1165.
O Virgo Christi Agatha... benedicti B 1093.
O Virgo Christi Eulalia... fulgeamus B 1279; cf. V 19.
O Virgo Christi genitrix... saluatorem B 212, 1291, V 24.
O Virgo Christi Maria... benedictionem B 1189.
O — Maria... celebremus B 1294.
P P — Maria... regnis M 825.
A Virgo Israel expandi B 1094.
A — ornaberis timpano B 1281.
L — ornare tympanis B 211, 1186, 1290.
O — que utique obtinere... B 211, 1290.
A — reuertere B 1295, V 26.
A Virgo prudentissima quo B 1026, 1091, 1093.
A — sapiens benedicetur B 1093.
O — tua x. Agatha... exhibemus B 1093.
A Viri Galilei quid statis B 655, V 114.
R — impii dixerunt B 502; cf. V 70.
A — iusti germinate sicut rose B 998.
R — sancti uobis apertus est B 1022, 1041.
A — sublimes ad te B 180, V 49.
A Viriliter certati sunt B 1146.

O Virtus immensa... sempiterna *B* 255, 708.
A — mea dne diligam *B* 202.
Virtus nostra dne esto firmamentum 380, 383; cf. *B* 209, *M* 1009.
O *Virtutis tue inuictam... prestet* 13.
A *Visita nos dne in salute tua* 378; cf. seq.
A *Visita nos dne in salutario tuo* 378; cf. *B* 321, 371, 428.
A Visitauit dns, o. populum *B* 148.
A — nos Oriens *V* 49, *B* 146.
O Vita sanctorum... confirmes *B* 1250.
P P Vitam nostram dne... sacrificio *M* 250.
P N Viuant in nobis i. dne... uiuamus *M* 545.
A *Viuent mortui tui dne* 401, *B* 977, 987, 988.
R Viuit anima mea *B* 957; cf. 958.
A Vna est proxima mea *B* 1028, 1311.
O — et bona est dne... beati *B* 1150.
O — et perfecta uirgo... peruenire *B* 1311, *V* 43.
O — nec diuisa proxima *B* 1311, *V* 43.
R Vnde mihi adfuit *V* 123.
A Vngeatur Sanctus sanctorum tibi *V* 31.
M Vngentes oleo misericordie *M* 351.
B Vnicus filius Dei... sentire *B* 88, 90, *V* 4.
Vnigenite x. f. d. quis similis *V* 82.
O — d. f. cuius oculi... tuam *B* 101.
A P — d. f. ex cuius latere *M* 833.
P N — d. f. quem b. Ioannes *M* 841.
P N — d. f. qui b. famulam *M* 777.
— d. f. qui b. Vincentium *V* 59.
O — d. f. qui corpora *B* 1255.
O — d. f. qui de tenebris *B* 85, 88, *V* 9.
O — d. f. qui deuicta morte *B* 655, *V* 115.
O — d. f. qui habitantibus *B* 148.
O — d. f. qui in carne *B* 596, *V* 95.
P N — d. f. qui melius contritione *M* 886.
O D — d. f. qui nos non carne *M* 222.
O — d. f. qui passiones *B* 505, *V* 90.
O — d. f. qui subeunde *V* 79.
O — d. p. f. qui pro mundi salute *M* 420; cf. *B* 603.
P P Vnigenite d. n. qui pro b. militis *M* 805.
O — f. d. cuius genua *V* 84; cf. *B* 574.
O — f. d. cuius in ieiunio *B* 574; cf. *V* 84.
O — f. d. p. cuius caro preciosa... uictoriam *M* 428, *B* 612.
O Vnigenite f. d. p. cuius deitas *V* 113.
O — f. d. p. de quo ante *B* 613.
O — f. d. p. quem insule *B* 88, 91.
O — f. d. p. qui aspiciente *B* 116, *V* 24.
O — f. d. p. qui b. Vincentium *B* 1071.
O Vnigenite f. d. p. qui celum *M* 429.
O — f. d. p. qui tantam *B* 612.
A P — f. d. qui pro nobis *M* 500.
B Vnigenitus d. f. qui assumptum *B* 506.
O — d. f. qui b. athletam *B* 1194.
O — d. f. qui b. Petrum *V* 63.
O — d. f. qui iniuriam *V* 106.
O — d. f. qui iustos tuos *V* 56, *B* 1059.
O — d. f. qui patienter *V* 92.
O — d. f. qui uenit saluare *V* 106.
B — d. f. qui uirginem *M* 946.
B — d. f. quo nascente *B* 133, *V* 52.
B — d. p. f. qui in aduentu *V* 8.
— d. p. f. qui incarnationis *V* 11.
— d. p. f. qui uirtute *V* 43.
B — f. d. p. hodie uos sibi *M* 405.
B — f. d. qui incarnatus *M* 125.
— f. d. qui se humanitati *V* 38.
O Vniuerse carnis spiritui... locupleta *B* 315, 662.
L Vniuersi qui te expectant *B* 111.
M Vniuersitatis potentissimum... offerre *M* 753.
R Vniuersus populus *V* 64.
R Vnusquisque se a proximo suo *B* 576.
O Vocantem nos ad se... cognouimus *M* 540.
H Vocaris ad uitam sacrum Dei genus *B* 564, 568, 579, 589.
A Vocaui te nomine tuo *B* 1070; cf. 1071.
A Voce mea ad dnum *B* 278, 307, 366, 396, 474, 517, 721, 1131.
Voce nostra ad te... exaltemur *V* 25.
R Vocem audiui flentis *B* 429.
A — meam precor de monte *B* 700.
O — nostram exaudi... rogamus *B* 721.
A — sanguinis ad te clamantis *B* 134, *V* 53.
H Vocis audite nouitas refulsit *B* 1260.
A Volucres celi et pisces *B* 651.
L Voluntaria oris mei *B* 240.
P P — *tibi Christe uota soluentes* 324.
L Vos estis genus electum *B* 564.
L Vos estis uasa sancta dni *B* 1024, 1025, 1113, 1145, 1237.
A Vos qui in Christo baptizati *M* 230, 613.
A — *quos ad coniugale gaudium* 437, 440.
B *Vota huius famuli... adquirat* 311.
A — *mea dno reddam* 303.
A — *tua dne redde et restituet* 294.
B — *uestra atque sacrificia* 318, *M* 994.
B *Votum uestrum dns clementer* 315.
— *uestrum sit acceptum in pace* 441.
L Vox clamantis in deserto *B* 1134, *V* 121.

A Vox clamantis in eremo *M* 753.
H — clara ecce intonat... protegat *B* 65, 68.
R — de celo facta est *B* 1189.
A Vox Domini reddentis retributionem *B* 117, *V* 36.
H Vox ecce uatum uiuida personat *B* 1288.
R — filie Sion *V* 53.
— funeris in excelso... infinitum *V* 53.
R — in Rama *V* 53.
L — letitie et salutis *B* 205, 972.
A P — testimoniorum... unitatem *M* 943.
A — turturis audita est *B* 1279.
O — Verbi amicus sponsi *B* 1135, *V* 121.
H Vrbis magister Tascie *B* 1201.
H — Romulee iam toga candida *B* 1112.
O Vrbs fortitudinis... permanere *B* 397.
L Vsque ad uesperum *B* 189, 328, 447, 505.
A — in consummationem *V* 64.
O Vsquequo dne exaltabitur inimicus... immerge *B* 459, *V* 71.
A Vsquequo dne exaltabitur *B* 459, *V* 71.
A — dne obliuisceris *B* 217, 253, *V* 71.
O — dne obliuisceris... culpas *V* 71.
A Vt aurum igne probati sancti *B* 1055, 1060, 1225, *V* 57.
A Vt columbe mansuete plaudebant *B* 1031; cf. 1156.
Vt famulum suum liberare dignetur 289.
L — inhabitet gloria *B* 136, *V* 28.
R — quid dne repulisti nos *B* 436.
P S Vtinam ad hoc opus... uerus *M* 650.
L — dne dirigantur *B* 267, 324.
A Vulneratus est propter iniquitates *B* 639.

A Zaccarias sacerdos *V* 121, 122.
A Zelus domus tue comedit me *B* 534, 541.

IV

INDEX GÉNÉRAL

Aaron, 44, 63, 160 summus pontifex.
Abbas, forme ordinaire *abba*, ordinatio abbatis, 57; officium abbatis, 59; 69, 86, 192, 193, 512; importance des abbés sous les Wisigoths, 57, note.
Abbatissa, 64; ordinatio abbatisse, 66-68; le titre *abbatissa* en Espagne, 66-67, note.
Abderrahman II, émir de Cordoue, 480, note.
Abderrahman III, premier calife de Cordoue, 468, note.
Abecedaria, quid sit, 113, note; 128, 133.
Abel, famulus Dei, 158; iustus, 227; alumnus Dei, 320.
Abluere peccatorum crimina, 18; *abluti* uulnere crucis, 207; *ablutio* animarum, 30, note, — lacrymarum, 175, — peccatorum, 402, 430. Voy. Baptême.
Abraham, patriarcha, 11, 125, 162, 188, 221, 228, 319, 435, 439; — Isaac et Iacob, 17, 21, 111, 173, 288 et Israel, 442, 522; Abrahe sinus, 115, 119, 121, 122, 125, 126, 131, 133, 134, 146, 357, 395, 397, 406, 414; — gremia 405; — beati senis gremium, 136, 137, 236, 409, 422, 429, 447; — fidei gloriosa uestigia, 193.
Abrenuntiatio, in baptismo, 32; Arriani, 100.
Absolutio: diaconi, id est: missa acta est, ite in pace, etc., 45, 111, 53, 436, 438, 439; — mortis, 26; — omnium delictorum, 223; *absolutor* confessionis Deus 94. Absoute ou *clamor*, 142, note; voy. Clamor.
Abula, Avila, 485.
Abundius, sanctus, 476 et la note.
Abundus, voy. Iustus.
Acaunenses (et *Agoonenses*) *martyres*, saint Maurice et ses compagnons, 480, 481.
Accedentes (antiphona ad), 85 et note, 191, 241 et la note; pour l'annonce d'une fête, 519.
Acceptabilem tibi deferat laudem, 168.
Accersionis dies, id est, obitus; *accersiti*, id est, mortui, 419.
Accessus ad altare sanctum, id est, Eucharistia, 100.
Accitanus pontifex, voy. Paulus, Lilliolus.
Acevedo, liturgiste du XVIIIe siècle, x, XIV.
Acisclus et comites, martyres, 486, 487; Aciscli basilica, 509; Aciscli reliquie, 510.
Acolythi, 40, note; 70, note.
Acrusminus, episcopus Bigastrensis, 509.
Acta belli ualenter exercere, 151.
Actu, uerbo uel cogitatione peccare, 396, 411.
Actuale peccatum, 95, 384.
Adam, primus homo, 30, 118, 415.
Adnotatione nominis stabilitatem professionis firmare, 85.
Adnotetur celestibus in paginis, 31.
Adnuntiationes festiuitatum, formules et notes, 518-529.
Adoptio spiritualium filiorum, 22; adoptionis spiritus, 75; adoptionis participes, 422; adoptiuum brachium Dei, 99.
Adorant episcopum diacones, 215.
Adrianus, Natalia et comites, martyres, 466, 467; San Adrian, église près de Léon, 513.
Adsparsio salis super tumulum, 119, cf. 16; — in domo et thalamo die sabbato, 433.
Adsumptio sancte Marie, 474, 475; — Iosue prophete, 477: — sancti Iohannis apostoli, 492, 493; — carnis in celum, 78; — corporis et sanguinis Christi, 284; — carnis a Christo, 391, 526. *Adsumpta* humanitas a Christo, 70; — caro fragilitatis nostre, 137; — caro immaculata, 199; — humanitatis species, 206; — carnis ueritas a Christo, 207. *Adsumit* hominem Deus, 353, 354; in assumpto homine temporalem Christus suscipit mortem, 365.
Aduentus initium, 486, 487 et note; aduentus maiestatis, 28.
Aduersitas uentorum, 173.
Adulfus et Iohannes, martyres, 480, 481.
Aelafius, vicaire d'Afrique, 105, note.
Aerium potestates, 119; aerie potestates, 181; aeria nequitia, 16, 445; aeris inundatio, 167, note.
Afflictio corporis Christi (cruci), 161.
Afflictionum et gemituum holocaustum, 330.
Afra et comites, martyres, 482, 483; reliquie, 510.
Agacius, martyr Christi, 459.
Agaliense monasterium, près de Tolède, 451, 466.
Agape, Cionie et Herene sororum festiuitas, 460.
Agar ancillula, 162.
Agate uirginis festum, 454, 455, 494; cf. 229.
Agde (concile d'), 62, 88.
Agie, 186, 191; Agios, agios, agios, 63.
Aglinus, rex Ethiopie, 481.
Agmina beatorum, 110, 235, 396, 446.
Agnabus palleus, quid sit, 142, note.
Agnetis et Emerentiane festiuitas, 452, 453, 494, 495; cf. 229.
Agnile, lieu où les Néophytes attendaient avant l'administration du baptême, 218.

Agnitionis ac remunerationis magnus dies, 134.
Agnus Dei, Christus, 28; — immaculatus, 76, 225, 226; agni benedictio in die Pasche, 224 et note; Christi figura, 225; Pascha nostrum agnus insons, 225.
Agonis pugna, 64.
Aguirre, cardinal espagnol, 33, note.
Aix, en Provence, voy. Pierre.
Alba : episcopi, 141; presbiteri, 146, 230; diaconi, 149, 208; clerici, 40, 151, 208. Albarum benedictio in baptismo, 35; — depositio, 36 et note. Cf. Albus (Iudeus conuersus) uitreo latice benedicti liquoris, 107.
Albelda, monasterium, XVIII, XIX, 431.
Alcacer do Sal, en Portugal, 135, 512.
Alcalá de los Gazules, Andalousie, 511.
Alcalá del Rio, l'antique Ilipa, Andalousie, 134, 142.
Alcanpania (ailleurs on lit : Alseelati et Sehelati), la Vega ou plaine de Cordoue, 487; cf. 455, 493.
Alcuin, comment il juge la « simplex mersio », 33, note.
Alexander papa, sanctus, 229.
Alexandre II, pape, approuve le Liber Ordinum, XIX.
Alexandria Egypti, 463; usage, à Alexandrie, de l'huile dans le rituel de la sépulture, 143.
Alhecam II, calife de Cordoue, XXXIII.
Alhansora dies, quid sit, 469.
Alleluiaticum, 46; quid sit, 46, note.
Allisio Infantum (Innocentium), 450; date de la fête, erreurs à ce sujet, 451; cf. 493, 495; annonce de la fête, 520.
Alma Dei benignitas, 365.
Almagre festum, in Egypto, 457, et note.
Alodia, voy. Nunilo.
Alpha et omega, 41, 88, 523.
Alphonse le Grand, roi des Asturies, 505.
Alphonse VI, roi de Castille, 514.
Alseelati, la plaine de Cordoue, 493; voy. Alcanpania.
Altare, 11, 49, 54, 56, 67, 70, 73, 74, 86, 97, 99, 100, 152, 157, 166, 170, 179, 189, 190, 191, 192, 194, 202, 204, 211, 212, 216, 231, 249, 253, 257, 270, 277, 297, 299, 320, 361, 366, 370, 416. — *Altarium*, 43, 49, 56, 98, 157, 158, 174, 230, 236, 248, 249, 252, 258, 262, 271, 283, 291, 326, 345, 355, 411, 412.
Aluarus, Cordubensis, eius festum, 487; cf. 486.
Amalec, 443.
Aman infestus, 68.
Ambrosius, episcopus Mediolanen ; cf. 143, 185. Rite ambrosien, 185, 199, 521.
Amen, amen, amen, 11.
Amenitas eterne quietis, 423, 424; voy. Paradisus.
Amicis (missa pro) uel domesticis, 299.
Amictus sacerdotis, 230.
Amoris sinceri nexus perpetuus, 439.
Amos, propheta, 466.
Ampliata gratia, 166.
Ampulla, in manu episcopi defuncti deposita, 141.
Ampurias, Emporia, en Catalogne, 108.
Anamnèse, 269.
Anastasia, martyr, 229.
Anastasis, église de la Résurrection, à Jérusalem, 517.
Andreas, apostolus, 2, 235, 320; eius festum, 488, 489; eius reliquie, 511.
Angelus : percutiens, 20; — sanctus, 20, 116, 119, 130; — sanctus et bonus, 21; — pacis, 22, 118, 131; pacis et patientie, 131; — salutis et pacis, 22, 130, 316; — custos, 20, 21, 80; — custodiens, 167; — lucis amicus, 21; cf. 257; — precessor, 121; — mitis et misericors, 131; — benedictionis, 168; — sanctitatis, 265; — gloriosus, 279.
Angeli, 10, 11, 15, 268, 270, 296, 302, 305, 321, 347; — salutis et pacis, 22; — Christi, 76; — sancti, 110, 116, 120, 123, 159, 261, 404; — lucis, 111; — celestes, 119, 206; — teterrimi, 121; — mali, 201; — boni, 301. *Angelorum* custodia, 15; — societas, 75; — gaudium, 97; — caterue, 148, 149; — militia, 363; — sideree mansiones, 174; — exercitus, 177; — celica potestas, 180; — agmina, 197, 409, 412; — cetus, 236; — turbe, 256; — celestium collegium, 206; — lumen Deus, 209; — corusca celsitudo, 256; — cunei, 324; — classes, 408; — turme, 446. (Voy. Archangeli, Dominationes, Potestates, Principatus, Sedes, Throni.)
Angelica custodia, 151, 388; — societas, 207; — felicitas 361; — uisitatio, 433. — *Angelicum* agmen, 395; angelicus clangor, 396.
Angustiis (Missa pro sacerdote in), 277.
Anima fidelis, 78; anime sancte, 68; anime sunt perpetue, 418; — eternaliter uiuunt, 419; animarum sanctificator Deus, 49; — receptor Deus, 429.
Animalium morbus, 16.
Anna, uidua, 64, 81.
Anni initium apud Hispanos, 450; *anniuersarium* defuncti, 447; annua, annualis dies, 447, 448.
Annonce des fêtes dans le rite mozarabe, 516-529.
Annonciation, 458, et la note.
Annulus, sacriste traditus, 42; — ad claues, 42, note; — custodis librorum, 43; — in desponsaliis, 434, 435; — aureus, 45; — sanctificationis, 98.
Antemius, Leontius et Euprepius, martyres, 483.
Antiochia (et Antiocia, Anciocia), 451, 470, 471, 472, 482, 486, 487, 494.
Antiphone, 19, 20, 39, 41, 44, 46, 70, 71, 72, 74, 83, 85, 89, 91, 117, 118, 120, 121, 122, 123, 125, 128, 129, 131, 132, 133, 137, 138, 139, 142, 143, 144, 152, 153, 190, 191, 192, 193, 194, 211, 231, etc, etc. — *Antiphonarium*, voy. Liber Antiphonarius.
Antistes, 290, 408, 410, 416, 51. Cf. Episcopus.
Antoninus, martyr, 476, 477.
Antonio, Nicolas, érudit espagnol, 59.
Antonius, sanctus, anachoreta, 452, 453, 494, 495.
Antra, ex antris demonia, 15.
Anubaris, voy. Nubiras.
Apes cerei speciem producentes, 210; apis uirgo, 214; apum more, 175; apis elogium, 214.
Apollonius et comites, martyres, 489.
Apostoli, 10, 23, 36, 37, 49, 76, 102 (apostolorum doctrina), 110, 116, 132, 174. Apostolus uas electionis, 12. *Apostolica* documenta, 47; — fides, 240; — auctoritas, 243; missa omnimoda apostolica, 233.
Apparitio Domini, i. e. Epiphania, 450, 451, 494, 495, 520 (adnuntiatio), 525, 526; Apparitio Marie matris Iesu, 491.
Aqua, voy. Exorcismus, Benedictio, Commixtio, Mixtio. Aqua maris Rubri solidata, 75; — salutaris, 219, cf. 29; aque de fluminibus pro baptismo, 217; — gratie, 163; — in uini saporem mutate, 257; per aquas gentes crediture, 163; aquis populus saluandus, 214; aquis spiritualibus abluti, 315; aquarum merita, 30.
Aquilée, le *Capitulare Euangeliorum* de cette église, 185, 451.
Ara altaris, 194.
Arahel, en Andalousie, 135.
Arbor uite, 202; cf. 212, 213.
Arca, in similitudinem Ecclesie Christi facta, 173; cf. 255.
Arcangeli, 10, 110, 268, 296, 321, 358; arcangelus Rafael, 176; in arcangeli uoce, 408.
Arcanum et ineffabile mysterium, 262.
Archidiaconatus dignitas, 51. *Archidiaconus*, 2, 46; eius ordinatio, 50; ministeria, 52, cf. 50, 51; electio, 51.
Archipresbiter, 50, 51, 192; eius ordinatio, 56.
Architectus sapiens episcopus, 289, 290.

Arcta itinera conseruare, 97.
Ardeant, non cinerescant lucerne (anime) nostre, 209; ardens fides, 80.
Ardor. Ardoris locus (purgationis), 134; ardores gehenne, 320; ardor auerni, 432.
Aree noue benedictio, 168; cf. area uel circulus, 168.
Arelatum, (et *Arlatum*), Arles, 476, 477; son Pontifical, 435.
Ariditas fidei, 23.
Ariens, voy. Arriani.
Arjona, près de Cordoue, 88.
Arlanza, abbaye de Bénédictins, diocèse de Burgos, 164.
Armenia, martyres quadraginta, 451.
Armilat, monasterium porpe Cordubam, 487.
Aromata sanctitatis, 71; aromatum fiale, 178.
Arrarum (i. e. desponsalium) ordo, 434; — oblatio, 436; — carta, voy. Cid et Chimène.
Arriani : Arrianorum reconciliatio, 100; — baptismum, 100, 101, 103, 544.
Artes diabolice, 19.
Articulum Christi, 10.
Ascensio Domini, 36, 167, 238 (in missa secreta), 265, 269, 520 (annuntiatio).
Asmodeus, demon, 80.
Assumptio, voy. Adsumptio.
Astemus, uates, id est, episcopus, 512.
Asterus, voy. Claudius.
Astigi, Ecija en Andalousie, 486, 487; cf. 463.
Atirez, faubourg de Cordoue, 465, 469.
Atria Domini, 67; atrium ecclesie, 192.
Auerni metus, 111; — captiui, 122; — supplicia, 197, 364; auerni ardor, 432; — ergastulum, 446; — ignes, 447. Voy. Infernus.
Auguriorum maleficia, 11.
Augurius, voy. Fructuosus.
Augustinus (et *Agustinus*), episcopus Hiponensis, 477.
Aula indulgentie, 97; aula misericordie, 316, 327; aula claritatis Dei, 409.
Auliati monasterium, prope Cordubam, 471.
Aurarum moderator Deus, 221.
Aurelius, episcopus, 512, 518.
Aures. Aurium unctio in baptismo, 27; aures Dei pulsare, 277; aurem adcommodare, 121, 252, 274, 311.
Autumni principium, 475, 476.

Babilas, episcopus, et tres pueri martyres, 452, 453, 494, 495, 511.
Bacauda, episcopus, 510.
Baccus, voy. Sergius.
Baculus, abbati ab episcopo traditus, 59, 60; — abbatisse traditus, 68; — episcopi debet esse archidiaconus, 51.
Baeza, en Andalousie, 51; Baeza et les saints Iustus et Abundius, 491.
Balsamon, patriarche d'Antioche, 144.
Bandi (militares) a sacerdote dati, 152, 153.
Baños, église et inscription du VIIe siècle, 506.
Baptême, rites, 24-37; huit rites principaux, 25, note; — en Espagne, 24, 25; une seule immersion, 32; — des Ariens, 100, 101, 103, 544; — la vigile de Pâques, 217.
Baptismatis sacri emundatio, 95, cf. 527; baptismi gratia, 98, 107, 136; — mysterium, 106; candor sacri baptismatis, 138; cf. 163; baptismi profunditas reserati misterii, 163; baptismatis sacri unda, 358, 414, 423; cf. 213; baptismus salutaris, 219; in baptismum commori, 219; baptismate recreati infirmi, 373; sacro rore baptismatis ablutus, 414; baptismi gratia redemptus, 398, 406. Cf. Vitreus latex benedicti liquoris, 107; fluenta Iordanis, 163; iste Siloa (id est baptisma), 163; superni fontis genitalis unda, 395.
Baptismus Christi, illius festum, Cordube, 451.
Baptistère, 19, 218; scellé durant tout le Carême, 218.
Baptizatus in heresi, 102.
Baragine (Sancti Ioannis)?, 482. — Peut-être faut-il lire tout simplement : « Sancti Ioannis Baptiste ».
Barathrum eternum, 401.
Barba : barbae benedictio, 43; barbam tangere, quid sit, 43; — radere, 46; — alienam bibere, quid sit, 45.
Barbare gentes, 220; cf. 345; barbarica bella, 155, 295; barbarorum terra (le pays des Berbères), 485.
Barchinona, et Barcinona, Barzinona, Barcelone, 455, 472, 473, 495; voy. Eulalia, Cucufatus.
Barnabas, sanctus, 229.
Bartholomeus, apostolus, 472, 473; cf. 320, 462; eius reliquie, 510; — presbiter, *Libri Ordinum* scriptor, 431; cf. XVIII.
Basilica : signum basilice, 159; basilica sancte Leocadie, apud Toletum, 481, note.
Basilissa, voy. Iulianus.
Basilius, voy. Victor.
Baudulus, et Baudilus, martyr, Nimaso, 464, 465; reliquie, 452, 512.
Baylén, en Andalousie, 512.
Beatificatus, 126.
Beatitudinis infinite amplexus, 301, 333; — eterne pax et letitia, 392; cf. 423; — loca, 397.
Beatus, moine Asturien, 29, 185, 233.
Béja, en Portugal, 134.
Benedictio olei, 7, 23; — corporalis, 11; — salis, 13, 14; — aque, 14, 18; — domus noue, 22; — fontis baptismalis, 23, 30; — de albis, 29, 41; — super paruulum qui ad ministerium detonditur, 39; — barbe, 43; — ad ordinandum subdiaconem, 46; — ad ordinandum archidiaconum, 50; — ad consecrandum primiclericum, 53; — uestis Deo uote, 62; — uirginis, 64; — ad uelandas Deo uotas, 64; — super uiduas, 80; — patene, 157; — calicis, 157; — oblate penitentibus dande, 94; — super munus ecclesie oblatum, 158; — noui fontis seu baptisterii, 161, 162; — crucis, 163; — corone, 165; — seminis, 166, 167; — granorum, 167; — nouarum falcium uinearum, 167; — primitiarum, 168; — aree noue, 168; — panis noui, 168; — ad omnia, 169; — uue, 169; — pomi, 170; — super aliquid liquoris pollutum, 171; — uasi, 171; — putei noui, 172; — nauis, 173; — retis, 171; — incensi, 176; — lucerne in sacrario, 209; — lucerne, ad altare, 212; — cerei in sacrario, 210; — cerei, ad altare, 214; — agni, 224.
Benedictio leuitica, 49; benedictionis auctor, 21; — gratia, 167.
Benedictus, abbas, eius festum, 458, 459, 496; eius translatio, 470; eius regula, 59 (in Hispania), 80, 82, 85, 286.
Bergomensis, voy. Codex Sacramentorum.
Bernardus, archiepiscopus Toletanus, 515; cf. XXII.
Bersabe puteus.
Bethleem, 481, 493; Bethlemitici pueri sancti, 136, 520; Bethlemitici infantes, 520.
Bianchini, éditeur du *Libellus Orationum* mozarabe, XVI.
Bigastrensis ecclesia, 509.
Bishop, Rev. W. C., son projet de publication, XVI.
Bishop, Mr. Edmond, XXXV.
Bislo, martyr? 463.
Bizinnina, uxor Sanctii Garzeiz, 431; étymologie de ce nom, XVIII, note.
Blasphemie spiritus, 257.
Blume, Clément, son *Hymnodia gothica*, 155, 475, 502, 515.
Bobatella, monastère de vierges, Bobadilla, 451.

Bobbio, son Sacrementaire, 12, 68, 171, 184, 185, 224, 227, 229.
Bonifacius et comites, martyres, 470, 471.
Bonitas profunda Dei, 277; bonitatis actio, 246; bonorum omnium summa, 327.
Botri uinearum, 167: cf. 169, humor botri, passionis Christi figura.
Bourret, cardinal, son livre *De schola Cordubensi Christiana*, 38, 467.
Bracara, Braga en Portugal, 460, 461; calice de la cathédrale, 158; son évêque Profuturus, 506; églises suffragantes de Braga, 524.
Braulion, évêque de Saragosse, 15, 34, 54.
Bréviaire mozarabe, ses diverses parties, éditions, xv, xvi; cf. 101, 107.
Brightman, son ouvrage : *Liturgies easter and western*, 86.
Brunechilde ou Brunehaut, fille d'Athanagilde, roi des Wisigoths, 101.
Burriel, Andres, liturgiste espagnol, x, 224.

Cabra, en Andalousie, 135.
Cabrol, Rme Dom, abbé de Farnborough, 545.
Cadauerum uniuersa multitudo, 408.
Cadis, Cadix, 485.
Cagin, Dom Paul, bénédictin de Solesmes, 234, 265.
Calagurra, ciuitas, Calahorra, 456, 457.
Calamina, in India, 467.
Calcidona, Chalcédoine, 479.
Caldeorum maleficia, 11.
Caleb, seruus Dei, 169.
Calendrier de Cordoue, de l'an 961, notice, xxxiii, xxxiv.
Calendriers mozarabes, notice, xxx et suivantes; texte et notes, 450-497.
Caligo eterna, 78; caligo mortis, 252.
Calix, 46, in ordinatione subdiaconi; calicis benedictio, 157; oratio quando sacerdos ponit calicem super altare, 231. Cf. 248.
Calix preclarus, 99; — pretiosus passionis corda credentium deebrians, 170.
Calices du temps des Mozarabes, 158.
Callidus hostis, 51.
Cana Galilee, 522.
Cancelli, 43, 113, 436.
Candela?, 127, note.
Candida, uirgo et martyr, 479; candida festa, voy. Lauacri.
Candis, locus prope Cordubam, 489.
Cangas de Onis, en Asturies, 512.
Caniculares dies, 471, 478, 479.
Canon du Sacramentaire romain, 227.
Canora laudatio Ecclesie, 212; canora uociferatio, 16.
Cantorum princeps, 41; cf. 113, 122, 152; chantre mozarabe, épitaphe, 542
Canula?, 127.
Capax dominice protectionis, 13; capax preceptionis, 29.
Capellum, super caput episcopi defuncti positum, 141; quid sit, 141, note.
Capillorum tonsura in sola fronte; 37, 38.
Capitalia peccata, 249.
Capitulare Euangeliorum de l'église d'Aquilée, 185, 451.
Capitulum, formule liturgique d'invocation, 74.
Cappadocia, 494.
Caprasius, episcopus et martyr, 482, 488, 489.
Captiui, 30, 342; — ante baptisma, 234; preces pro captiuis, 240; captiuorum gemitus, 263; *captiuitas*, 231.
Captores hominum apostoli, 174.
Caput nostrum Christus, 38, 40; — uirorum Christus, 44; caput Ecclesie gloriosum Christus, 54, 56.
Caracter impressum nominis Christi, 79.
Carcer tenebrarum, id est, purgatorium, 117.
Carceratorum, ecclesia dicta, Cordube, 487.
Careilas, prope Cordubam, 490, 491.
Caritas, uirgo, voy. Fides. — Caritatis fidele consortium, 442.
Carixa, en Andalousie, 510.
Caro et sanguis Christi, 189; caro immaculata Christi, 199; in carne uenit Christus, 249; carnis *huius* resurrectio (in symbolo), 186; carnis onera, 405; carnis fragilitas, 396; glorificate carnis tropheum 396; carneum uinculum, 136; carnea claustra, 138; carnalia desideria, 269.
Caris omnibus indulgentie tribue donum, 302; cf. 374, 399.
Cartago, 470, 379.
Caspari, C. P., 185, 542.
Cassas Albas, prope Cordubam, 489; Case Albe, 495.
Cassianus, Capuensis?, 488, 489.
Castañeda, monastère, son église, 513.
Castiello, son église, 513.
Castigatio, id est, admonitio, sacerdotis ad penitentem, 92.
Castimonie custodia, 68.
Castitatis uirtus, 230; tenor totius castitatis, 230; castitatis spiritus, 277.
Castra. Militare in castris Domini, 96.
Casulla uel planeta sacerdotis, 54, 146, 230; — episcopi, 141.
Catanie ciuitas, 455, 494.
Catechizatus a Christo Nicodemus, 106.
Catena delictorum, 262; — peccati, 263.
Cathedra sancti Petri apostoli, voy. Petrus.
Cathédrale de l'église métropolitaine, appelée en Espagne : *Ecclesia sancte Ierusalem*, 56, note; ecclesia principalis, 194, 199, 204; senior, 140. Cf. Cathedralis ordo, xxix, xxx.
Catholica Ecclesia, 28, 39, 42, 100, 420; — toto orbe diffusa, 103, 322; — per uniuersum orbem terrarum in tua pace diffusa, 321; — de dispersione gentium in unitate fidei collecta, 286; Ecclesia que nunc est catholica, 160; Ecclesia sancta catholica, 234, 235, 240, 268, 285, 286, 321; per intercessionem sancte Ecclesie catholice, 319.
Catholica fides, 50, 55, 416; — et uera fides, 103; catholice fidei candor 163; catholica pascua, 105; catholice ueritatis documentum, 39; catholici duces, 220.
Catinas, monasterium prope Cordubam, 463.
Catluira, prope Cordubam, 491, 492.
Cauris, Coria?, 482.
Cause Ecclesie : missa pro his qui causas ecclesiarum exsequuntur, 246.
Cecilia, martyr, 229; eius festum, 488, 489; reliquie, 510.
Cecilius, martyr, 463.
Cehegin, dans la province de Murcia, dédicace, 509.
Celebrare missam, voy. Missa; — sacrosancta misteria, 158; celebrare sacrificia, 276.
Cellaria, 168.
Cellule fratrum consecrande, 174.
Celum, voy. Paradisus. Cf. : celestium et terrestrium Deus, 223; celica potestas, 180; celicum indumentum, 148; celicoli, 148.
Cena Domini, officium huius diei, 187-193; adnuntiatio, 527, 529. Cene sacrificium, 189; sacratissima Cena, 192.
Cenni, érudit italien, son livre sur l'Église d'Espagne, 57.
Cenobium monachorum, 85, 451; cenobium uirginum, 68; cf. cenobio astans cum uirginibus sacris, 135, note.
Censurius et comites, martyres, 476.
Centola, sancta, 474, 475.
Cera, 45; cuius ortus ex uirgine (ape), 214; cere festum in Egypto, 457.
Cereus, in uigilia Pasche, 208, 219; cerei benedictio in sa-

crario, 210, 211; — ad altare, 214; cereus foliis circumdatus et coronis, 216; cerea benedicta, 216; cerei, 67, 191; cereus benedictus in benedictione barbe, 43; barbam et ceram capulare, quid sit, 45, et note.
Ceruus : populus Dei sicut ceruus sitiens ad fontes aquarum, 28; cf. 19.
Césaire d'Arles, saint, 62, 94.
Cesar, voy. Traianus.
Cesaraugusta, Saragosse, 460, 514.
Cesarea (et Cesaria), Césarée de Cappadoce, 455, 471; — de Palestine, 473.
Chabas, Don Roque, 453.
Chaos et caligo mortis eterne, 134.
Charismata celestia, 290; carismatis effusio, 36.
Cherubim, xxv, 110.
Chevalier, M. le chanoine Ulysse, 195.
Chimène, voy. Cid.
Chorus, 41, 67, 74, 86, 151, 152, 211, 216; — ecclesie, 142; duo chori clericorum et presbiterum, 73; chorus, id est unitas Ecclesie, 105.
Chrisma, 141, 218; — Christi, 34; — pro infirmis 69; — in os episcopi defuncti effusum, 143; — benedictionis, 218.
Chrismare, in baptismo, 33, 34; — in reconciliatione heretici, 102.
Chrismatio, dans les rites du baptême, son histoire, 34, note. Voy. aussi Vnctio.
Chrismon, ou monogramme du Christ, sur les pierres tombales en Espagne, 118.
Christianitas omnis, id est, tota Hispania, 332.
Christeta, voy. Vincentius.
Christina, uirgo et martyr, 472, 473.
Christoforus et comites, martyres, 470, 471, 473; eorum reliquie, 510.
Christus, redemptor mundi, 35, cf. 200; — factor seculi, 78; — dux regni, 78; — princeps lucis, 78; — auctor salutis, 78; — Deus angelorum, 193; — omnipotens, 189, 193, 207; — salus, gloriatio, uita, regnum, refectio, 198; — gloriosus conditor mundi, 199; — equalis Patri Sanctoque Spiritui, 199; — uictima pro omnibus, 201; — sapientia et ueritas, 201; — uita moritur pro mortuo, 201; — ante secula uerus Deus, 203; — homo uerus, 203; — omnium rerum Dominus, 207; — in paterna equalitate et in Sancti Spiritus unitate manens, 207; — coeternus ex Patre, 213; — Deus noster, 214; — uerbum, sapientia et uirtus Dei, 219; — uerus Deus, uerus homo, 254; cf. 203, 225; — una et coequalis essentia cum Patre, 236; cf. 321; — uerus pontifex et sine peccati macula sacerdos, 237; — natus de Deo, 254; — uerus cum Patre et Sancto Spiritu unus in Trinitate Deus; — omnium seculorum et creaturarum conditor, 264; — pax mea et ueritas incorrupta, 271; — equalis cum Patre et eternus, immensus in eternitate Sancti Spiritus, 272; — Altissimi filius, natus per essentiam, cum Patris omnipotentia sempiternus, 276; — unigenitus Patris, primogenitus noster, 317; — Deus omniumque imperator, 331; — humane redemptionis mysterium in proprietate persone exercuit, 355; — propugnator fortissimus, 369; — cum Patre et Spiritu Sancto creator, 414; — saluator omnium Deus, 415; — puer paruus et Dominus magnus, 526.
Chronicon Biclarense, 57, 103; *Chronicon monachi Silensis*, 89, 504, 505.
Chrysogoni martyris festum, 460, 461.
Cibus uite et anime nostre Deus, 224; cf. cibus malitie, 189.
Cicatrices conscientiarum, 72.
Cid Campeador (Le) et Chimène, leur acte de mariage, 545-547; cf. 434; deux chartes authentiques, 517, note.
Cilicium, 88, et note, 89, 91.
Cinamomi suauitas, 214.
Cingulum, oratio ad cingulum sacerdotis, 230; — fidei, 230.
Cinis (sacerdos) cinerem Deo conmendans, 125, 133.
Ciprianus, episcopus Antiochie Pisidie, voy. Iustina.
Ciprianus, episcopus Carthaginensis et martyr, 478, 479; ecclesia sancti Cipriani in Corduba, 473, 479, 481, 491; monasterium, 489.
Circumcisio Domini; festum, 450, 451, 494, 495; son antiquité en Espagne, 450, note; annonce solennelle, 519.
Cirilus, episcopus Alexandrinus, 467.
Cisdawinthe, roi des Wisigoths, 159, 511.
Cisneros, voy. Ximénès.
Cisternarum aque : leur usage interdit pour le baptême, 217; cf. xxii.
Cixila, évêque de Tolède, 454.
Clamor, pro defunctis, 111, 112, 148 et la note; — diaconi, 217; — triplex, id est, Sanctus, 256.
Clangor. Quum superni examinis tempore angelicus clangor concusserit mundum, 396.
Claritas Dei, 9; claritas (charitas?) inenarrabilis Christi, 204; cum dominice fulserit claritatis aduentus, 408; *in claritate de celis*, 545; cf. 238.
Classis Ecclesie, 245; classes sanctorum, 401; classes eterne angelorum, 408.
Claudia, sancta, 458, 459 (Claudius martyr?).
Claudius, Asterus, Neon, Domnina, Teomila et infans, martyres Christi, 477.
Claudius et Lupercus, martyres, 460, 461, 497 (et Victor); — et Victoricus, 484, 485.
Clauis Dauid, 76, 249; claues regni celestis, 116; cf. annulus ad claues, 42, note 2.
Claustri dedicatio, 67.
Clauus. Salutaris claui signum, 153.
Clemens, episcopus et martyr, 488, 489; reliquie, 511.
Clerici, 73, 74, 139, 146, 208; eorum ordinatio, 40; clerici cantores, 113, 122, 152; clericorum collegium, 240. — Cléricature conférée à des enfants, 41, note.
Clerus, 46, 141, 142, 192, 199, 210, 216; clerus in albis, 151; primus in clero, 53, 56.
Clientuli Dei, 344.
Cloche, voy. Signum.
Cluny, Bénédictins de, xxvii, xxxv, 514.
Codex Pauli apostoli, 47; *codex Sacramentorum Bergomensis*, 26; cf. codex sit uobis uestra memoria, 184. Voy. au mot Manuscrits.
Cogitationis praue intentio, 256; cogitationes malas de corde abstergas, 269.
Cogolla (San Millan de la), Abbaye de Bénédictins, xiv, xxiv, xxxv, 69, 148, 486.
Collegere orationem, 70, 144, 182, 192.
Collegium beatorum, 278; — clericorum, 240; — monachorum, 240; — iniquitatis, 13, 29.
Colonus paradisi, 368.
Coluber uetus, voy. Diabolus.
Colubris, prope Cordubam, 469.
Columba, uirgo Cordubensis, 123; — uirgo Senonensis, 494, 495; eius reliquie, 510.
Comares, près de Malaga, 542.
Comes et *Comicus*, voy. Liber comicus.
Comeatibus uite decursis, 408.
Commemoratio defuncti, 145, 149, 429; — uiuorum, 235.
Commendatio corporis defuncti, 107, 126; — paruuli, 136; — presbiteri, 145, 146; — uirginis, 147. Cf. commendare spiritum, 135.
Comminutio capitis diaboli per fidem, 78.

Commixtio aque et olei, 31; — corporis et sanguinis Christi, 322.

Communio, 91, 92, 108, 189, 258; — post baptismum, 35, cum formula: — post penitentiam, 99, 100; — sancta, 85; — sacra, 218; — sacrosancta, 425; — dominici corporis et sanguinis, 87; — sacramentorum, 243, 318, 430; pro communione sponsi se custodiant, 439; *communicare*, 35, 70, 140, 437, 439. Cf. Communio Ecclesie Dei, 102; — dilectionis; — demonum, 13, 19.

Compago fraterne caritatis, 175, 261.

Complet diaconus, 224; voy. Absolutio.

Completa, officium, xxx.

Completuria, 38, 39, 47, 50, 72, 113, 119, etc.

Complutum, Alcalá, 474, 475.

Compostelle (Saint-Jacques de), sa basilique, 513; codex Compostellanus, 61, 603, voy. Manuscrits.

Conceptio sancte Marie, id est, Annuntiatio, 458, 496.

Concitus ad indulgentiam Deus, 98.

Conclaui eterni, id est, infernus, 116.

Concordet uita cum nomine, 175.

Concordius, sanctus, 464, 465.

Concupiscentia oculi, 93; concupiscentie lutum in plateis huius seculi collectum, 175.

Conditio mortis, 115; conditionis nostre auctor Deus, 262.

Confessio peccatorum humillima, 161; confessionis affectus, 161, 528. [Cf. ce que Félix de Tolède dit du diacre Gudila, au VIIe siècle : « Digna confessione Dei clausit supremum curriculum ». *P. L.*, t. XCVI, col. 446.]

Confessionis penitentia, 264; — tranquillitas optata, 300; — integre obsequiis placatur Deus, 324; — sacre penitudo, 359; — gratia absoluat, 407. *Confesse anime*, 418. Cf. le titre de *confessor* donné à une vierge, 490, 495.

Confirmation, histoire de ce sacrement en Espagne, 31, note.

Confirmatio (post ordines), 47, 50, 55; — (in conuersione Arrianorum), 102; — symboli, 28, note.

Confitentes : preces pro confitentibus in uigilia Pasche, 222; confitens latro, 255.

Confractio panis, 191, 269, 306, 315, 322, 343, 355, 358, 390.

Coniugalis gratia, 434, 440; — honestas, 433; — uelatio, 442; coniugale fedus, 440; — debitum, 438; — uinculum, 440.

Conubia casti coniugii, 434.

Conscensorium, mot rare, 208.

Conscientia maculate uite, 363; conscientia prohibente, 262; — testante, 161.

Consecratio primiclerici, 53; — noui sepulchri, 117; — signi basilice, 159; — ecclesiarum, 506-515; voy. Églises.

Consepultus Redemptori, 219.

Consortium sanctorum angelorum, 120, 138; — beatorum, 138, 258, 299; — resurrectionis Christi, 207; *consortes* diuinitatis, 213.

Constantia (Constantina?), uirgo, 451, 494.

Consubstantialis, voy. Spiritus Sanctus.

Continentia carnis, 65; preces pro continentibus, 221.

Contractiones neruorum, 362; — febrium, 363.

Contributor eterne gratie Deus, 174.

Contritio peccatoris, 256; contriti cordis hostias immolare, 254; contriti cordis sacrificium, 298; cf. 308.

Conueniens in doctrina, 84, et la note.

Conuentus fraternitatis, 52.

Conuersatio spiritualis; conuersationis sancte studium, 241.

Conuersi et *conuerse*, 82, eorum uestitio; conuersus ex seculari uita, 39.

Conuersio Iudei, 105; — ad penitentiam, 81; conuersionis amor, 251.

Conuiuium mense Domini, 270, 273; — celeste, 189; — salutare, 192; — filiorum (eucharistia), 99; — sanctum Dei, 99.

Conuolare ad Dei misericordiam, 223.

Cordis socordia, 254; — tenebre, 209, 250, 267; — tribulationes, 274; — egritudines, 321; — egritudo, 359; — incolumitas, 365; — inluminator Christus, 369; — et renum scrutator Deus, 323. Cf. Cordis interioris mundatis oculis, 266; cor fractum redintegra, 267. Voy. Decbriare.

Corduba, Cordoue, son Église mozarabe, 124, 135, 136, 194, 451, 453, 454, 457 et suiv., jusqu'à la fin des Calendriers.

Cornelius, centurio, 256.

Corona, martyr, voy. Victor.

Corona sanctorum omnium Christus, 38, 369; — eternitatis, 39, 42; — sexagesimi fructus, 221. *Corone uotiue* benedictio, 165; cf. 545; corone quibus ornantur cereus et altare, 216.

Corporalis benedictio, 11.

Corpus et sanguis Christi, 228, 231, 236, 237, 242, 258, 262, 272, 322, 329, 344, 420; — corporis et sanguinis Christi hostia, 370; — libatio, 371; corpore Christi uescimur, 398; hoc holocaustum in tui corporis et sanguinis transformatione confirma, 281, 343; corpus sacrum Domini, 100; corpus Christi, 311, 312, 329, 407; — Dei, 11; — et calix Dei, 100. Cf. Corpus nostre mortalitatis induit Christus, 111.

Correptor et corrector (esse debet archidiaconus), 52.

Cosma et Damianus, martyres, 69, 70, 71, 482, 483; eorum reliquie, 510.

Cotidiana frigora, 10; cf. Frigora; cotidiana miseratio, 236, 373; cotidianum sacrificium, 248. Voy. Missa.

Creans omnia ex nicilo Deus, 255; creatio noua, in baptismate, 219.

Credo, voy. Simbolus. Credentes, 16; credentes anime, 148; credentium uita Christus, 422.

Credulitas uera, 28; — sincera, 307; — amabilis et uera, 355; cf. 419 : fides qua te agnouerunt, crediderunt.

Cresegoni, voy. Chrysogoni.

Cris, uicus Cordubensis territorii, 487.

Crisantus et Daria, martyres, 474, 475.

Crispinus, episcopus et martyr, Astigi (Ecija), 486, 487.

Crosse, voy. Baculus.

Crux sacra ad caput lectuli (pro defuncto), 112; — in processione funebri, 113, 127; — ante regem ferenda, 151, 153; — aurea cum ligno beate crucis, 152; — tonsionis, 83; — simplex et crux cum ornatu, 161; — tropheum uictorie Christi, 164; — alma, 198; — inclita, 198. *Crucis* alme tropheum, 196; — arbor, 162; — mors indebita, 116; — uexillum, 163; — statera, 200; — uictoria, 153, 203, 207, 255; — iniuria, 208; — presidium, 254. Cf. sancte crucis signaculo totus uictor muniatur homo, 160. *Crucem facere*, 31, 41, 70, 73, 74. Voy. Signum crucis.

Crucis benedictio, 163. (Croix uotives en Espagne, 163, note, Oviedo, Fernan Gonzalez, Ferdinand Ier.) Ecclesia sancte Crucis, XXII, 194, 199, 511, 512.

Crucis inuentio in monte Caluario, 493; adnuntiatio huius festi, 520.

Cruore Domini (Reliquie de), 511; cruoris effusio, 35.

Cucufatus, martyr Barcinonensis, 472, 473.

Culpa praue cogitationis, 162; culpe mortales, 419; culpe piaculum, 423.

Cultor Dei uerus, 291.

Cultus religionis, 42, 314.

Cuncta creauit Deus, 206; cuncta regit, continet et disponit Deus, 180; cunctarum redemptor animarum, 108; cunctorum auctor mirificus Deus, 428.

Curricula longioris uite felicia, 411.

Currus abundantie, 7.

Custodia sanctorum angelorum, 15; custos angelus pietatis, 80.

Custos librorum, 43, illius ordinatio; custos sacrorum, 43.
Culeclara, prope Cordubam, eius titulo sancte Marie ecclesia, 492.

Dacianus, prefectus Ispaniarum, 485.
Damianus, voy. Cosma.
Damnationis supplicium, 257.
Daniel propheta, 75; Danielus, 255.
Dapes sacre altaris, 99; dapes spirituales, 224.
Daras, ville en Mésopotamie, 476.
Dauid, 37, 97, 132, 176, 237, 249, 255, 398; clauis Dauid, 230; filius Dauid, 230.
Dax, martyrs de cette ville, 477.
Debbora bellatrix, 68.
Debitum mortis soluere, 145; — coniugale, 438.
Decedens episcopus, 139.
Decima, Vndecima et Duodecima, officium, xxx,
Decimarum benedictio, 170.
Decollatio, voy. Ioannes Baptista.
Dedicatio claustri, 67; — sepulchri, 119; — signi, 160. Voy. Micael archangelus. — Dédicace des églises chez les Wisigoths, 506-515; cf. 21.
Decbriare corda fidelium, 170.
Defensores rerum Ecclesie, 247, preces pro eis.
Defuncti. Ordo de defunctis, 107-149; 399-410, 425; missa in die obitus, 391; ordo de uno defuncto, 402. Missa pro sacerdote defuncto, 407; — de quinquagenario, 415; — generalis defunctorum; — alia, 429; — de anniuersario, 447; cf. Preces pro defunctorum requie et quiete, 223; omnes fideles defuncti, 231, 235, 237, 253, 254, 275, 298, 412, 415, 426; defunctorum nexus prece resoluere, 290; missa defunctorum inique pro uiuis celebrata, 332.
Delisle, M. Léopold, xvi, xxxiii.
Demonica temptatio, 79; demonice potestatis formido, 120. Voy. Diabolus.
Deo uota uirgo, 62, 64, 65, 66, 67; forme *deuota*, 65, note, 147; *deuote benedictio*, 62.
Départ d'un roi wisigoth pour la guerre; cérémonial et prières 149-153, et la note.
Depositionis annuale officium, 447; depositio in sepulchro (depositum corpus), 119, 122, 131; deposita mortalitate, 410.
Desiderius, évêque de Langres, 464, 465.
Dotonsio eius qui penitentiam accipit 87.
Deuotio supplex, 419; deuotio sancta largiendi, 222; *deuotus* famulus Christi, 156.
Deuota, voy. Deo uota.
Dextera Dei consolatrix, 68.
Diabolus, 15, 16, 17, 18, 22, 26, 32, 74, 75, 76, 86, 118, 119, 131, 145, 160, 164, 175, 343, 367, 411, 419, 429, 446; — maledictus, 18; — fallens, 122.
Autres noms : Demon, 11, 12, 13, 15, 21, 29, 63, 76, 80, 119, 354, 365, 367; demonium, 76, 78, 370, 371, cf. omne genus demoniorum, 176, note; spiritus immundus, 11, 12, 13, 14, 19, 22, 23, 24, 25, 28, 73, 76, 157, 159, 176, 337, 370, 371; spiritus nequam, 171, 369; spiritus nequissimus, 17, 156, 159; nequissimus, 16; maligni spiritus, 16, 17, 118, 366, 433; inimicus, 11, 22, 65, 75, 78, 79, 97, 176, 252; inimicus serpens, 18; inimicus animarum, 367; serpens, 30, 196; serpens horrendus, 76; serpens antiquus, 177; uetus coluber, 162; draco, 199; aspis, 370; exercitus diabolicus, 11; exercitus diaboli, 26; inimicus humani generis, 65, 77, 251; hostis humani generis, 25, 177; inimicus humane posteritatis, 385; aduersarius, 22; Satan, 24, 26, 68, 74, 370; Satanas, 74, 76; angeli diaboli, 32; hostis improbus, 36; hostis antiquus, 75, 196, 239, 254, 255, 323; hostis teterrimus, 40, 367; hostis callidus, 51, 59, 119; hostis malignus, 178; hostis subdolus, 78; inimicus insidians, 118, cf. lemorum insidie, 118, note; callidus inimicus, 262; hostis superbus, 244; artifex nocendi, 65; zabulus, 74, 76, 199; insanabilis, 75; miser, 75, 76, 78; legio, 76, 370; legio tenebrosa, 369; maledictus, 76; criminum auctor, 76; celi refuga, 76; animarum infelicium paricida, 76; temptator seculi, 76; iustorum inuidus, 76; castitatis inimicus, 76; spiritus multiformis, 76; malorum caput, 77; mentium illusor, 77; fictor omnium criminorum, 77; temptator audax, 77; uiuens in fetoribus, 77; habitans in sordibus, 77; quondam angelus, 77; tortor, 78; ereptor improbus, 79; lupus uorax, 79; insidiator infestus, 79, cf. 369; fur importunus, 79; persecutor fidelium, 80; tenebrarum princeps, 123, cf. 110; tyrannus antiquus, 117; angelus teterrimus, 121; dirus predo, 366, 367, 369; tenebrosa potestas, 367; mendacii princeps, 367; infestissimus turbo, 369; truculentissimus, 369; caducus raptor, 369; latro, 369; fratrum accusator, 388; aerie potestates, 119, 181.
Diabolica temptatio, 172, 173; — malignitas, 365; — superbia, 365; — iacula, 244; — uenena, 370; cf. Demonica.
Diaconatus ministerium, 48.
Diaconii officium, 49; diaconii honor, 54, note.
Diaconus, eius ordinatio, 48. Cf. 43, 45, 66, 68, 69, 71, 73, 74, 77, 83, 86, 111, 112, 126, 127, 145, 152, 153, 170, 182, 183, 194, 202, 209, 211, 212, 214, 217, 219, 220, 221, 222, 436; diaconus minister Dei, 77.
Diacones, 73, 141, 142, 143, 146, 149, 151, 191, 192, 200, 201, 208, 210, 115, 216, 218, 235.
Diehl, M. Charles; son opinion sur le *sacre* des empereurs de Byzance, 501.
Dies hominis, id est, mors, 107, 391; momentum hominis diei, finis diei, 393; dies iudicii, 75; dies nostros in tua pace disponendo letifica, 231.
Dignitatis eminentia sacerdotalis, 220.
Dilectionis tue testimonio fulgeamus, 303; dilectionis catena, 349; origo pure dilectionis Christus, 411.
Diluuium inundans, 173.
Dionis, prefectus Cordube, 487.
Dionisius, episcopus, et comites, 482, 483; reliquie, 510. Cf. 143, note, et 453.
Distributor gratie Deus, 323.
Diualis iussio, 368.
Diuersoria sale adspersa, 17.
Diuinitate propitia, 173; diuinitatis consortes fideles, 213; diuinitatis plenitudo, 265.
Diuinorum incantationes, 11.
Diuinus liber, id est, electorum liber, 100.
Doctor plebium, presbiter, 55; doctores heretici, pastores improbi, 163.
Doctrina humilitatis, 290; doctrine celestes, 244, cf. 425; paruulus ad doctrinam oblatus, 38.
Documentum bone actionis, 159; documenta redemptionis et gratie (Eucharistia), 392.
Domesticis (Missa pro) et amicis, 299.
Dominationes, angeli, 209, 268, 271; cf. xxv.
Dominatus eterne mortis, 137.
Dominica dies, 94, 95. Cf. 509 et 513 (dimanche réservé pour la dédicace des églises).
Dominicus, abbas Silensis, xx, 158, 492, 514; — abbas Sancti Prudentii, 431; — scriptor, xxiv, 307.
Dominus et saluator, 39.
Domnina, voy. Claudius.
Domus almegdis (beit-almaqdis), la maison sainte, c'est-à-dire, Jérusalem, 461, 462.

Domus nouae benedictio, 7, 20, 21; domus sale adspersa, 16; — sanctuarii, 17; oratio in introitu domus, 176.

Donatiste reconciliatio, 103, 104. — Les Donatistes en Espagne, 105, note.

Donum pie remissionis, 161.

Dormitio mortis, 123; — Marie Virginis, xxvii.

Dorotee uirginis festum, 454, 455, 494, 495.

Dozy, savant hollandais; son édition du calendrier de Cordoue, xxiii, xxiv.

Draco, voy. Diabolus.

Duchesne, Mgr Louis, 25, 82, 143, 161, 199, 216, 451.

Dulcedo totius diuinitatis, 173; — gratiosa caritatis, 68, 290, cf. 327; — totius uirtutis et sanitatis, 172; — gratie et benedictionis, 183; — nostra, 302; — pacis, 391; — pacis sincere, 395; — dilectionis Dei, 393; — infinita, 396. *Dulcedinis* caritas, 254; — gratia, 258; — inspirator Christus, 261; — suauitas, 273; — sancte feruor, 300; — benedictio, 306; — dilectio, 441. Cf. utrosque in tuam conecte dulcedinem, 240; dulcis ac iugis apud Deum oratio, 175.

Dumium, monastère, 143.

Dux noster Iesus, 163; — temporalis sacri agminis episcopus, 409; — ouium Christi episcopus, 410.

Duces (Gothorum) fidi, 151; duces catholici, 220.

Dysenteria laborantes, 10.

Ecclesia omnis, 98, 160; — sancta, 39, 99, 100, 257; — primitiuorum, 136; — Christo socianda, 162; — nigra de gentibus, coniux Christi, 163; — Dei uiui, 411; *Ecclesie* Dei communio, 102; — corporis unitas, 104, cf. 217; — Dei chorus, 105; — membra, 160; — matris sinus, 247; — defensores, 217; — sancte pulcritudo, 257; *Mater Ecclesia*, 28, 102; — sancta et uera, 39; — sancta, 98, 162, 186; matris Ecclesie casta ubera, 106; — sinus, 247; — gremium, 357. *Ecclesia catholica*, voy. Catholica. Ecclesia senior, id est, cathedralis, 140; ecclesia principalis, 191, 199, 201. Voy. Églises.

Ecclesiastica unitas, 217; — dignitas, 49; — functio, 216; — dispensatio, 408; ecclesiastice pacis tranquillitas, 322.

Echevarría, Rodrigo, abbé de Silos, xxix.

Ecija, Estiia ciuitas, 463, 486, 487.

Écoles cléricales, en Espagne, 38, note.

Ecphonèse, à la fin de l'oraison « Post Sanctus », 265, note.

Edessa, ciuitas Sirorum, 467.

Effeta, 27; *effetatio*, id est, apertio aurium pro catechumenis, 27, note; cf. 73 et la note.

Effusio cruoris, 35.

Egbert, évêque d'York, son Pontifical, 49, 54, 159.

Egea ciuitas, 483.

Egicanus, rex Gothorum, 512, 545.

Egidius (Gilus, cf. Gil, en castillan), saint, honoré à Silos, 2.

Églises (Consécrations des) en Espagne du ve au viiie siècle, 509-512; termes pour désigner ce rite, 513; jours de la consécration, 513.

Egritudo episcopi ultima : quid agendum, 139; missa pro sacerdote in egritudine posito, 280; egrotans penitentiam petens, 87; egrorum uisitatio, 115; egrotantium sanator Deus, 97; egrotantibus medella salutis, 237; egrotus frater, 108; egritudines cordis et corporis, 321, 359; egritudinum diuersis generibus afflicti, 220.

Egyptus, 75, 163, 167, 205, 213, 224; *Egyptii*, 453, 457, 469, 494, 495.

Elbora, Evora en Portugal, 464, 465; cf. 135.

Eleazar, filius Aaron, 63; — patriarcha, 429; cf. 125.

Electio archidiaconi a subiectis, 51; — archipresbiteri ab episcopo, 56. *Electorum* uniuersitas; — societas, 358; — numerus, 359; — omnium Pater, 388.

Eleemosynas facientibus (Preces pro), 222; eleemosynas accepit presbyter ad exorandum, 241.

Elementorum omnium conditor Deus, 19.

Elenus abba, Toletanus, codicum scriptor, xiv.

Eleona, ecclesia montis Olіueti, 517.

Eleuterius, episcopus et martyr, 460, 461, 497; alius, 479.

Elias, propheta, 28, 125, 379.

Eliopoli, pour *Helenopoli*, 494.

Élipand, évêque de Tolède, xii, 233, 422.

Elisabeth, uxor Zaccarie, 437; — prior et mater cenobii, 66.

Eliseus, propheta, 12, 379; eius festum, 476.

Elodia, voy. Nunilo.

Elvire, son concile, 57, note.

Embolismus, post orationem Dominicam, 239, note.

Emerentiana, voy. Agnes.

Emerita, voy. Mérida.

Emeterii et Celedonii martyrum festiuitas, 456, 457, 496.

Emila (Emilianus), martyr de Cordoue, 479.

Emilianus, presbyter et confessor, 472, 486, 487; reliquie, 510. Voy. Cogolla.

Emissio Sancti Spiritus, 158.

Emmanuel fortissimus, Christus Deus, 106.

Encauristus, voy. Melanus.

Eneco Garsiani, presbyter et scriptor codicis, 69.

Energumeni : ordo de energumeno, 364, 365; cf. 72-80, et 442 (recette pieuse pour guérir les énergumènes).

Engratia, uirgo et martyr Cesaraugustana, 460, 497.

Enubilare mentem, 230, 249.

Ephesus, voy. Septem Dormientes.

Epiclèse, exemple remarquable, 265; cf. 430.

Epiphania Domini, voy. Apparitio Domini.

Episcopus : Note sur l'ordination des évêques, 60-62; titres divers donnés aux évêques, 61, note.

Ritus pro ultima egritudine et functione episcopi, 139-145; missa pro episcopo, 287. Episcopus pater noster, 145, 240, 289, 290, 425; — sapiens architectus et uinee dominice cultor, 289, 290; — lux corporis (fidelium) et pastor gregis, 291; — gregis Dei temporalis pastor, 407, 409; — temporalis sacri agminis dux, 409, cf. 410; — ducator gregis, 291; — ducator populi Dei, 425. Voy aussi : 42, 43, 47, 48, 50, 52, 54, 55, 56, 57, 58, 59, 60, 62, 63, 65, 66, 67, 68, 69, 70, 74, 152, 153, 179, 182, 183, 191, 192, 193, 200, 201, 202, 208, 209, 210, 211, 212, 213, 215, 216, 217, 218, 243, 509, 510, 511, 512. Cf. Antistes, Sacerdos. — Évêque apostat devenu Arien, 544.

Era, ère espagnole, de 38 ans antérieure à l'ère chrétienne; cf. xviii, xxviii, xxxii, 41, 42, etc., etc. *Era*, avec la signification de *canon*, 139 et la note.

Erebi antra, 196; Erebi supplicium, 198; cf. 117.

Erena uirgo in Scallabi castro, 483.

Erepti a dominio mortis, 162; *ereptor* improbus diabolus, 79.

Ernulphe, évêque de Rochester, 44, note.

Error hominis uniuersus. 95; errantium gressus firmis precipe inherere uestigiis, 263; error tenebrarum, 26; erroris occasus, 249.

Eruigius, rex Gothorum unctus, 501.

Esca spiritualis, 306; « esca » avec la signification d'amorce, 208; cf. le castillan *yesca*, amadou.

Escalada, au royaume de Léon, 510.

Esperanda, martyr?, 464.

Esperaindeo, martyr Cordubensis?, 464, 465, 480.

Estatis principium, in calendariis, 464, 465.

Esther humilis, 68.

Estiia, ciuitas, voy. Ecija.

Esturis, ciuitas, Daras en Mésopotamie?, 476, 477.

Eternitas beatitudinis, 162; eternitatis premium, 261; cf.

eternum premium, 261; eterna damnatio, 80; eterna suauitas, 391; eterna consolatio defunctis fidelibus, 254; eternum supplicium, 148; cf. eternam noctem cruenta secula timuerunt, 204.
Ethera (Sedes Dei super), 180; cf. etheree sedes, 438; etheree arcis sedes, 215.
Éthéria, pèlerine espagnole du IVe siècle, 543; cf. XVIII.
Éthérius, évêque d'Osma, 29, 38, 185, 233.
Ethiopia, 163; voy. Aglinus. — *Ethiopissa* Sefora, 163.
Étymologies de saint Isidore, manuscrit, XXXIII, 532.
Euangelium, diacono datum, 50; euangelium plenarium supra pectus episcopi defuncti positum, 142, 143; euangeliorum liber supra pectus diaconi defuncti, 112; euangelium legitur, 200; cf. euangelicus gladius, 106.
Eucharistie sacramenta, 95. Voy. Accessus ad altare, Calix, Caro, Cibus, Communio, Conuiuium, Corpus et sanguis Christi, Dapes sacre, Esca spiritualis, Hostia, Libamen, Mensa celestis, Medicamentum celeste, Munus celicum, Panis, Poculum, Vinum.
Eufimia, uirgo et martyr, 478, 479.
Eufrasius, martyr, 463.
Eugenia, uirgo et martyr Cordubensis, 460, 461, 497; Eugenia et comites, Rome, 492, 493, 495; Eugenia uirgo, uirginum mater, Emerite, 67.
Eugenius, Toletanus episcopus, 466, 467; cf. 54, 142.
Eulalia, uirgo et « confessor » Emeritensis, 490, 491; reliquie, 509, 511 (cf. 176, note, et 452); — uirgo Barchinonensis, 454, 455; eius ecclesia et monasterium in Corduba, 45, 495; Eulalia et filius eius Paulus monachus, 510.
Eulogies, distribuées aux pénitents, 95, note.
Eulogius, martyr Cordubensis, 466, 467, 483, 495; cf. 66, 123. Voy. Fructuosus.
Evora, en Portugal, 135; cf. 464, 465.
Euprepius, voy. Antemius.
Eusebius, episcopus, 480, 481.
Euticius et Iulianus, illorum festum, 482.
Examinis supremus dies, 149; examinis dies tremendus, 446; examinationis dies, 438, 440; cf. 119.
Exaudibilis Dominus, 125.
Excussorium, pièce de métal pour tirer le feu du silex, 208.
Exercitatio spiritualis, 175.
Exercitus Gothorum ad prelium egrediens, 149.
Exiliensis, de Silos, voy. le mot Silos.
Eximius, Auccensis episcopus, XIX.
Exitialis interitus, 97.
Exorcismus aque, 13, 18, 30; — olei, 7, 22, 23, 24; — salis 11, 12; — immundi spiritus, 73-80; — uasorum altaris, etc., 157; — de his que in sanctuario offeruntur, 156; — ad consecrandum signum basilice, 159; — in baptismo, 25, 26, 28, 29, 30.
Exorcismi quid sint, secundum sanctum Ildephonsum, 25.
Exorcismi formula seculi XIII, 522.
Exorcista, secundum Isidorum, 40, note.
Expoliatio altaris, in Cena Domini, 190.
Expurgatio diaboli, 18.
Exsufflatio, 29; cf. 28, note.
Extorres de micis mense Christi, in regno Dei, 344.
Ezechias, rex Iuda, 381, 445.

Fabius, episcopus Eliberitanus? 459; — martyr, 472, 473.
Fabrica Dei est homo, 76; cf. *factura Dei*, homo, 252, 390.
Faciale, quid sit, 435, note.
Facundus et Primitiuus, martyres, eorum festum, 488, 489; eorum reliquie, 511.
Fafeila, famulus Dei, 512.
Falces uinearum, earum benedictio, 167.
Fames iniqua, 169; cf. fames, 231; egestas, 253.
Famulus Dei, 40, 41, 54, 88, 134, 135, cf. 512; — Christi, 75, 134, 135; *famula Dei* deuota, 65; — Christi, 67. (Expressions : « famulus tuus, famula tua », très fréquentes dans les formules du Liber Ordinum.)
Fantasia, 13; fantasie diaboli, 177.
Fantasma, 13; — cecum, 22, 26; — satane, 24, cf. 30.
Faustus, Ianuarius et Martialis, martyres Cordubenses, 482, 483; reliquie *domnorum trium*, 309, 511.
Fautrix gratia, 245; — misericordia, 252, 274; — clementia, 299; — pietas, 367; cf. *fautor* auxilium, 245.
Febres, 10, 16, 17, 72, 361, 362, 363, 373, 381. Voy. Frigora.
Felicitas (cum septem filiis), 471. Voy. Perpetua.
Felicitas perpetua, 149; — eterna, 398, 406, 446; — iucunda, 253; — optata, 295; — sempiterna, 295; — infinita, 403; — uite, 321; — seculi presentis, 441.
Felix, episcopus et martyr (in Africa), 476, 477.
Felix, Gerundensis martyr, 472, 473, 515; reliquie, 510, 511.
Felix, Hispalensis diaconus, 463.
Felix, Nolensis episcopus, 472, 473, 494; cf. 377.
Felix, Toletanus episcopus, 331, 474.
Femoralia, 141, 146.
Fenus gratiarum, 305; — pacis, 305.
Feralia ultricium penarum ergastula, 395.
Ferculum pretiosum corporis Christi, 157.
Ferdinand Ier, roi de Castille et de Léon, XXXI, XXXII, 89, 158, 164; son *ordinatio*, 503.
Feretrum, 112, 142.
Fernan Gonzalez, comte de Castille, sa croix d'or, 164, note.
Ferreolus, sanctus; eius reliquie, 511.
Ferula archidiacono tradita, 52; — archipresbiteri, 57; — inuestita, 57.
Festiuitatum adnuntiationes, 518 et seq.
Fiala aromatum, 178; — in benedictione nuptiali, 434; quid sit, 435, 436.
Fidei candor in margaritis significata, 164; — sacre stigmate, 181; — ordo, 245; — tenerrime uoces, 181; — operibus decorati, 181; — sancte plenitudo, 257; — sancte notitia, 401; cf. quorum tibi *fides* cognita est et nota deuotio, 328; *fidelis* deuotio, 219; fidelissima uota, 305; *fidelissimus* seruus Dei, 306; — rex, 295; — famulus Dei, 155, 296, 308, 364, 370.
Fides, Spes, Caritas, uirgines et martyres, 476, 477.
Figuli miserantis affectus, scilicet Dei, 212.
Filiola, palle du calice, en castillan *hijuela*, 435.
Filius Dei, equalis Patri, 101.
Finito et infinito constat homo, 420.
Firmamentum Ecclesie Deus, 247.
Fissuris (In) petrarum demones, 15.
Fita, R. P. Fidel, 45, 65, 176, 452, 465, 482, 509-512.
Flagella peccatorum, 17, 161.
Flagrantia spirituali peruigilem deuotionem succendere, 211.
Flamma edax, 395; flamma penarum, 120; cf. flammiuoma nubes, 68.
Flebilis confessio, 91.
Florei ruris ingressus, 30; *florentes* triumphorum tituli, 153.
Florentia, uirgo Christi; eius epitaphium, 135.
Florentina, soror santi Isidori, eius epitaphium, 65.
Floresindi episcopi depositio, 460.
Focas, episcopus martyr, 482; cf. Vocatus.
Fomentum salutis, 178.
Fons baptismalis; eius benedictio, 23, 30; cf. 29, 31, 217, 218; fons sacer, 107; fons uenerabilis salutis eterne, 218; fontis superni genitalis unda, 395. *Fontis noui*, id est, bap-

tisterii, benedictio, 161, 162. *Fontes aquarum* (ceruus sitiens ad), 28. Fons regenerationis, 422, 438, 440.
Fons pietatis et bonitatis, 24, 297; cf. 37; — luminis, 111, 209; — luminis perpetui, 147; — misericordie, 120, 245, 423; — et origo omnium bonorum, 323; — benignitatis Christus, 410; — pacis et origo sincere dilectionis, 415; — sanctus uita eterne, 110, cf. 214.
Fores ecclesie, 112.
Fortunius, Alabensis episcopus, XIX; — abbas Silensis, 514.
Fournier, M. Paul, 139, note.
Fraga, in monte Cordube, 474, 475.
Fragellas, uicus Cordubensis, 455.
Fragores uite, 113; suaui perstrepentes fragore angeli, 256.
Francia (Sepultura sancti Martini in), 487.
Fraternitas uniuersa, 235; fraternitatis conuentus, 52.
Fratres (religionis), 43, 56, 60, 86, 107; — cellule fratrum, 174.
Frictosus, pictor codicis Compostellani, XXXII.
Frigora quartana, tertiana, cotidiana, nocturna uel diurna, 10; frigora perpetua tartari, 422. Cf. Frigores, 17.
Froiliuba, uxor Fafeile, 512.
Froniano, locus in monte Cordube, 474.
Fronto, voy. Optatus.
Fructi (Ecclesia Sancti), eius dedicatio, 514.
Fructuosus, episcopus Bracarensis, 82, 85.
Fructuosus, Augurius et Eulogius, martyres, 452, 453, 494, 495; reliquie, 510, 512.
Frugum (Preces pro abundantia), 221.
Frumentationis uictus, 168.
Fulgentius monachus, eius epitaphium, 135.
Fulgor uirtutis Dei, 303.
Funalibus crebris ecclesia resplendens, 215.
Functio, id est, obitus episcopi, 140; functionis dies, 402; cf. *functus* fidelis, 402; functa caro, 119, 134. Functionis ecclesiastica officia, 216.
Fundamenta domorum sale adsparsa, 16.
Furor mali desiderii, 110, 123; furor ire Dei, 231.
Futura examinatio, 119.

Gabriel, arcangelus, XXV.
Galea boni operis, 244.
Galilea, 197.
Gallicans (Les rites) du baptême, 25, 32; voy. Missale gallicanum.
Galsuinthe, fille du roi arien Athanagilde et sœur de Brunehaut, 101, note.
Garzeiz, voy. Santius.
Gaudium infinitum, 42; — sempiternum, 442; gaudia eterna, 260, 430; gaudia sempiterna, 437.
Gehenna, voy. Infernus; cf. gehenne ignitis caminis deputati spiritus, 422.
Gélasien, le Sacramentaire, 103, 110, 184, 273, 286, 414, 421, 517.
Generatio terrena, id est, genus humanum, 204.
Genesius, martyr Arelatensis, 476, 477.
Genitrix Christi, 66, 68, 239. Voy. Maria.
Gentes barbare, 220; — crediture, 163; gentium perditarum bella, 160; cf. gentilium error abdicanda, 519; gentilitatis impia necessitas, 172.
Genua flexa, 40, 160; — fixa, 54, 56, 65, 83, 86, 97, 114, 198.
Genuinum uulnus, id est, originale peccatum, 37.
Georgius, martyr Christi, 462, 463.
Gerisset, monasterium prope Cordubam, 463.
Germanus, voy. Seruandus; — Antissiodorensis episcopus, 472, 473; — presbyter, 462, 497.
Germen prauum presumptionis, 161.
Gerontius (et Ierontius), à Italica, 476, 477; cf. Iherontius.
Geruasius et Protasius, martyres, 468, 469; reliquie, 511.
Getarum linea, 135, note.
Gilus, voy. Egidius.
Gladius, id est, bellum, 231; — acutus, 16; — euangelicus, 106.
Gloria et honor Patri, etc., 124, 242; cf. 44, 46, 70, 83, 86, 137, 144, 146, 152, 153, 190, 192, 211.
Golie (Goliath) audacia, 255.
Gomez y Salazar, archevêque de Burgos, 164, note.
Gosuinde, reine des Wisigoths, 103, note.
Grafium, cum quo episcopus crucem facit, 70.
Granata, voy. Grenade.
Grando, 168; grandinis percussione flagellata uinea, 167.
Granorum benedictio, 167.
Gratia secunde originis, 106; — sacramenti, 145; — spiritualis, 215; — salutaris, 219; — multiplex ac multimoda, 245; — consolatrix, 252; — bonitatis et pacis, 275; — uerbi Dei, 290; — episcopalis, 290; *gratie* plenitudo copiosa in Ihesu Deo, 171; — donum, 190; cf. gratia Dei reparamur, 321; multiplex fenus gratiarum, 305.
Gratis corda dirigit Deus, 161.
Grauedines, 13.
Grauitatis necessarie pondus, 300.
Grecia, 453, 491; terra Grecorum, 489; *Greci*, 456; Greci sale non utuntur in baptismo, 25.
Gregorius, papa I, eius festum, 457; cf. 497 et 101; — papa VII, 514; — Cordubensis episcopus, XXXIV; — Granatensis episcopus, 462, 463; — famulus Dei, episcopus Hispanus, 131, 142. Cf. *Sacramentaire grégorien*, 169, 171, 227, 329, 421.
Gremium uirginitatis Christi, 63; — sancte Ecclesie, 100.
Grenade, Granata, 463, 509, 510.
Grex Dei, 105; grex donatista, 105; gregi redempto ducator episcopus, 291.
Guadix, en Andalousie, 511.
Guarrazár, couronnes votives de, 165, note.
Guduliu inlustris, ecclesiam edificat, 510.
Guépin, Rme Dom Alphonse, abbé de Silos, XXI, XXIV.
Guéranger, Dom, abbé de Solesmes, 84.
Gurinda, Gerunda, Gerona, 473.

Habitus laycalis, 82; — religiosus, 80.
Hebrei, 196; Ebreorum populi, 29; Ebreorum pueri, 182; Ebraici pueri, 181.
Helenopolis, 494.
Hélinard ou Halinard, évêque de Lyon, son Pontifical, 12.
Hereditas eterne uite, 266; — perpetua, 448.
Hereses diaboli, 178. Heresis, voy. Arriani, Donatiste.
Heretici, fornicatores, adulteri, parricide uocati, 102; — pastores improbi, 163; hereticorum prauitas, 247, 345; — damnatio, 104; heretice prauitatis fomenta, 257; heretici reconciliatio, 100-105.
Hernandez, Gregorio, bénédictin de Silos, XXIX.
Herodex, rex, 493.
Hilaria Pasche (Missa in), 224; cf. hilares uigilie Paschalis festiuitatis 215.
Hilarius, Moguntinensis episcopus, 455; — Pictauiensis episcopus, 455; cf. 454.
Hilda, sancta, 141.
Himerius, Tarraconensis episcopus, 513.
Hipona, ciuitas, 477.
Hippolytus, voy. Ippolitus.
Hispalis, Spalis, Ispalis, Séville, 460, 463, 465.
Holophernes, Olofernes, 68.
Homo Deus, « mors perdidit hominem reum propter hominem Deum », 162.
Honestas et munditia coniugalis, 433.

Honoratus, episcopus, 482.
Honorius, abbas, 58.
Horeb, mons, 157.
Horologium mozarabe, sa signification, 530-533.
Horontius, uates, id est, episcopus, 67.
Horror eterni supplicii, 298; cf. horrenda mors, 87.
Hortus mirabilis, prope Cordubam, 470, 471.
Hospitalitate precipuus abbas esse debet, 59.
Hostia panis et uini, 269; — immaculati et sacrificii singularis, 291; — singularis uictime, 335, 344; — oblationis, 295; — pacificorum, 260; — iubilationis, 270; — placationis, 237, 324, 397; — contriti cordis, 254; — salutaris 291, 302; — spiritalis, 430; hostie huius interuentu, 261; hostie Patrum, 265. — Fraction de l'hostie, 239, note.
Hostibus (Missa de), 413.
Hübner, « Inscriptiones Hispaniae Christianae, » 40, 41, 54, 58, 61, 64, 65, 67, 88, 108, 118, 121, 134, 135, 142, 166, 176, 194, 452, 454, 482, 509-512, 542, 543.
Humaniter moriens Christus, 122; cf. humana morte uniuersum mundum redemit Christus, 200.
Humare corpus, 143.
Humilitas spiritus, 230; humilitatis gloria, 203; humilitatis forma, 244; — doctrina, 290.
Hyacinthini lapides, 164.
Hyemis principium, in calendario, 488.
Hymnaire mozarabe, xv.
Hymni : « Crux fidelis », 194; « Ab ore Verbum prolatum », 195; « Crux benedicta nitet », 195; « Hic functionis dies », 402. Cf. 377, 378, 381.

Iacere in oratione, 97.
Iacob, patriarcha, 17, 20, 163, 205, 435; voy. Abraham.
Iacobus, frater Domini, apostolus, 320, 492, 493; — frater Ioannis, apostolus, 2, 235, 320, 472, 473, 494, 495. (Erreurs sur le jour de sa fête, 494, note.)
Ianitor adituum, sacrista, 43.
Ianua misericordie, 97; — uite, 114; — uite eterne, 246; — regni Dei, 297.
Ianuarius, Cordubensis martyr, voy. Faustus.
Iaspidini lapides, 164.
Ibarreta, bénédictin de Silos, x.
Ibtilibes, prope Cordubam, 489.
Idalius, Barcinonensis episcopus, 454.
Idola derelicta, 77; idolorum spurcitie, 107.
Ieiunium : jeûne du 1er janvier, 522, puis des jours suivants, 450, 451, 494, 495, 519; jeûne mensuel, 456, 460, 461, 466; — de l'Assomption, 475; — de saint Cyprien, 478, 479; — de la Pentecôte, 521; cf. ieiuniorum dies sacri, 224.
Ielinas, seu monasterium Album, Cordube, 451.
Ienissen, ecclesia in monte Cordube, 473.
Ierico, urbis ruina, 80.
Ierontius, voy. Gerontius.
Ierunda, Girone, 473; cf. Gurinda.
Ierusalem, 74, 138, 182, 188, 481, 491, 493, 495; — celestis, 111, 290, 409; Iherosolima, 180, 181, 182. Ecclesia sancte Ierusalem (cathedralis), 56, 520.
Iesus, Ihesus, omnipotens Dominus et Christus Deus, 168, 281; Ihesu Deus, 174; Ihesu omnipotens, 253, 257; Ihesu Nazarene, 367; Ihesus imperator regum terre, 296; cf. 331; Ihesus dux noster, 163. Ihesus (Iosue), 49; Ihesu Naue, 169; cf. Ihesu duce nostro, 163.
Ignatius, martyr, 229.
Ignis de petra, in uigilia Pasche, 208, 210; — gehenne, 75; — eternus, 76; — ardor, 427; — caritatis et pacis, 278; cf. igniti solis radius, 167.
Iheronimi presbiteri obitus, 480, 481.
Iherontius, Cordubensis episcopus ?, 468, 469; cf. Gerontius.
Ildefonsi, episcopi Toletani, obitus, 452, 453, 494, 495.
Illuminatio corporis (fidelium), lux, caput, episcopus, 291; illuminans Deus, 68, 209.
Imago et similitudo corporis et sanguinis Ihesu Christi est oblatio fidelium, 322.
Immaculata uirgo, 64, 65; — hostia, 228; — aqua, 18; immaculatum sacrificium, 243. Cf. Agnus.
Immarcessibilis corona, 66.
Immensus Deus, 245; immensa clementia, 221; — bonitas, 243, 420, 414; — pietas, 249; immensum criminum pondus, 253.
Immersio baptismi, triplex et simplex, 32, 33.
Immissiones inimici, 17.
Immolatica (et *immolaticia*) caro, 172; cf. immolatio libaminum, 419.
Immortalitas promissa, 421; immortalitatis decus, 446; cf. Immortale gaudium et perenne triumphum, 181; immortalium munerum Deus, 219; immortaliter in anima simul et corpore permansurus paruulus, 137.
Immutabilis Deus, 17.
Imperator omnium Christus, 331; — regum terre, 296.
Impietatis duritia, 254.
Impositio manus (uel *manuum*), 27 et note, 28, 31, 33, 36, 37; — in ordinatione presbiteri, 54, 542; — in ordinatione abbatis, 59, note; — in ordinatione abbatisse, 68; — pro conuersis Arrianis, 102; — pro baptizatis in heresi, 103.
Impositio antiphone, 190, 191, 192, 200; — uersus, 200; — psalmi, 201; — benedictionis, 212; imponere clara uoce, 212. Cf. Impositio orarii, 48; — nominis, 26, 32.
Improuide mentis timidus ausus, 367.
Impudicā, id est, superba, presumptio, 367.
In claritate de celis, 238.
Incantantium uerba pessima, 174.
Incensum, 142, 143, 146, 149; — tritum, 70; incensi consecratio, 176; incensi benedictio, 176; cf. incensare, 112, 122, 127, 131, 146.
Incentiua caro, 64.
Incursiones maligni spiritus, 17.
Indalecius, martyr, 463.
India, 467, 473, 493.
Indignus et peccator, 234.
Indissecabilis, voy. Spiritus Sanctus.
Indulgentia, supplicatio pro mortuis, 111, 114, 117, 128; indulgentie clauibus fons signatus, 218; — donum plenissimum, 302; — saturitas, 98; indulgentia remissionis, 419; indulgentiarum preces (in Parasceue), 202; largiflua indulgentiarum munera, 408. Cf. *Indulgentialis* aditus, 357; — medicina, 382; — fauor, 388; — propitiationis affectus, 408. Indultor omnium peccatorum Deus, 429.
Ineffabilis Filius Dei, 119; cf. 256; ineffabilis bonitas, 406; ineffabilis, potestas, 420.
Inestimabilis maiestas, Deus, 97.
Infantes, in baptismo, 24, 29, 31, 32, 35, 218; noui infantes, 219; infans ecclesie oblatus, 38. Innocentes infantes, 235, 320. Infantum allisio, voy. Allisio.
Infantiam nostre mortalitatis non horruit Christus, 414.
Infernus, 11, 78, 446; inferni carcer, 96; — tormentum, 125; — manus, 130; — porte, 202; — pene non habent finem, 420; in infernum descensus, 395; inferni claustra, 199.
Inferi, 78, 122, 257, 427; inferorum tenebre, 76, 412; — porte, 124, 131; — ergastula, 113; — carceres, 402; — tormenta, 124; — dolores, 138; — pene, 236; — loca, 396; — cruciatus, 397, 407; — carcer horrificus, 429. Cf. infernales tenebre, 404; infernalia tartarea ergastula, 418.
Autres noms : *Gehenna*, 11, 257; gehenne ardores, 320, 323,

357, 422; — truce incendium, 125; — calamitas, 429; *Tartara*, 77, 78, 196, 198; tartarea claustra, 78; — imma, 78; — ultio, 120, 403; — tormenta, 279; uincula, 423, etc.; voy. Tartara. Auernus, 111, 122, 197, 415, voy. le mot Auernus. *Erebus*, 117; erebi supplicium, 198; erebi antra, 196; conclaui eterni, 116; locus ardoris, 146; barathrum eternum, 401; supplicium eternum, 298; supplicia eterna, 413; ergastulum omnium penarum, 425.

Infestatio diabolica, 305.

Infidelitatis turbo, 244; cf. 247; infidelibus cor adcumules rectum, 344.

Infirmorum uisitatio et unctio, 71; cf. 544; uiatica super infirmum iuuenem, 86; completuria ad infirmam mulierem, 73; ordo uotiuus de uno infirmo, 359; ordo de infirmis, 371, 377; missa generalis de infirmis, 374. Cf. 231, 234, 235, 240.

Infusio Sancti Spiritus, 65.

Ingenitus Pater, 63.

Inguinarum morbus, 16.

Ingonde, reine des Wisigoths, 33.

Innocens pro impiis passus, 202; Innocentes pueri, 414; voy. Allisio Infantum.

Innocentia Christus pro reo damnatur, 201.

Innouator fortissimus creature Deus, 279.

Innox etas, 138.

Innucericie festum?, 489.

Inscriptions : 1° Épitaphes : d'un lecteur, 40; d'un maître de chœur, 41; d'un prêtre, 54, 134; d'un abbé, 28; d'une *Deo uota*, 64, 65; d'une vierge, 135; d'une vierge cénobite, 135; d'une abbesse (mater uirginum), 67; d'un pénitent, 88; d'une pénitente, 88; d'un évêque, 134; d'un diacre, 135; d'un moine, 135; d'un simple fidèle, 135; d'un enfant baptisé, 135; d'une vierge mozarabe de Cordoue, 135. — 2° Inscriptions : d'un baptistère, 19; en l'honneur de la croix, 117, 194; avec citation biblique, 121; avec allusions liturgiques, 135, n° 10; des reliques déposées dans un autel, 452, 481; de Saint-Thyrse, à Tolède, 454; des trois frères martyrs de Cordoue, 482; de San Juan de Baños, 506; de San Frutos, 514; de diverses consécrations d'églises (vingt-quatre, du ve au viiie siècle), 509-512.

Inspector hominum Deus, 39.

Inspiramen Christi uia salutis, 113.

Insufflatio in baptismo, 24.

Integritatem uouent uirgines, 221.

Intelligibiles omnes, id est, omnes spiritus celestes, 209.

Interrogationes : in baptismo, 31, 32; in reconciliatione Arriani, 100, 101.

Inueterata diaboli malitia, 177.

Iob inexpugnabilis patientia, 193; — obitus, 464.

Iohannis Baptiste natiuitas, 468, 469; decollatio, 480, 481; — sacratio, 482; reliquie, 511; — ecclesia apud Baños, 506; — apud Natiuolam, 509. Inuentio capitis sancti Ioannis, 456. Adnuntiatio natiuitatis illius, 521. Sanctus Iohannes, id est, baptisterium, 218. Iohannes nobilissimus uates, 225; cf. 2, 28, 162, 163, 320.

Iohannis Apostoli adsumptio, 492, 493; cf. 522.

Iohannes, presbyter, scriptor codicis, cui titulus : « Ritus et Missae », xxviii.

Ionas, orans de uentre ceti, 255.

Ionathas, filius Saul, 415.

Iordanis fluenta, id est, aque baptismi, 163, 527.

Ioseph, patriarcha, a fraternis muscipulis liberatus, 255, 349.

Iosue, filii Nun, prophete, assumptio, 477.

Ippolitus dux et miles, martyr Christi, 474, 475.

Iraze monasterium, Hirache, en Navarre, xix.

Irena, voy. Erena.

Isaac, 17, 20, 222, 435; voy. Abraham.

Isicius, martyr, 463.

Isidori, Hispalensis episcopi, obitus, 460, 461, 497; — translatio, 492, 493. Collégiale de San Isidoro, à Léon, 158.

Isidorus, martyr Alexandrinus, 464, 465.

Ismael, figure du néophyte, 162.

Ispalis, voy. Hispalis.

Ispaniarum prefectus, 485.

Israhel, 27, 79, 128, 152, 160, 167, 205, 213; Israheliticus populus, 68, 160, 255; cf. Israhelitica plebs, 181.

Italica (et *Talica*), près de Séville, 476, 477.

Iter agente (Oratio pro), 93, 151; — missa, 346; cf. *Iterantes*, 5, 231, 345, 348, 349, 544; itineris ductor Deus, 152.

Iucunditas mansionis (celestis), 419; — sempiterna, 181; cf. iucunda felicitas, 253.

Iudas apostolus, voy. Simon; — episcopus et martyr, Ierosolymis, 462, 463; — apostolus traditor Domini, 189.

Iudeus : oratio pro Iudeo conuertente, 105; terror sit Iudeis signum basilice, 160.

Iudicii eterni Deus, 223.

Iudith, uidua, 68.

Iugale nuptiarum, 436; quid sit, 435.

Iugia uota, 306.

Iugulat noctis cecitatem cereus (paschalis), 210.

Iugum iniquitatis, 257.

Iulia, voy. Verissimus.

Iuliana, uirgo et martyr, 468, 469, 494.

Iuliani et Basilisse festum, 450, 451, 494, 495; cf. 509, 510.

Iulianus, Toletanus episcopus, 154, 542, 544; oratio post Nomina Offerentium ab ipso ordinata, 331; eius obitus, 457; cf. 452, 453. — Voy. Euticius.

Iulita, voy. Quiricus.

Iuramenta quiescunt; vacance des tribunaux, 464, 465, note.

Iussio fortissima Dei, 368.

Iusta et Rufina, martyres Christi, 470, 471; reliquie, 511.

Iusta, famula Dei; eius epitaphium, 121.

Iustina uirgo et *Ciprianus* episcopus, martyres, 478, 479; reliquie, 511.

Iustitie libertas, 257; iustitia Christus pro iniquo damnatur, 201.

Iustus, episcopus sanctissimus, 511; — *et Abundus*, martyres, 490, 491; — *et Pastor*, martyres, 474, 475; eorum reliquie, 510, 511, 512.

Iuuenilis etas, 44.

Iuuenis infirmus, 86; penitentiam accipiens, 87; cf. iuuenum suspiria, 263.

Jeréz de los Caballeros, en Estremadure, 509.

Kattenbush, « Das apostolische Symbol », 185, 187.

Keburiene, uicus Cordubensis, 463.

Kerillas, uilla in monte Cordube, 489, 495.

Kuypers, Dom A. B., éditeur du « Book of Cerne », xxxv.

Kyrie, 20, 38, 39, 86, 111, 114, 115, 116, 129, 133, 182.

La Higuera, en Andalousie, 511.

Labia sordentia emundet Deus, 230, 249.

Lac et mel fluens terra, 28.

Lacryme interne, 277; lacrymarum riuuli, 252; parturi in corde meo innumerabiles lacrymas, 277; lacrymarum nostrarum pius consolator Deus, 312; cf. 231, 289. Lacrymose preces, 335; lacrymatione gemebunda exorare, 336.

Lamentabilem precem nostram acceptando, 358; cf. 425, 429

Lanitas, Cordubense monasterium, 467.

Lanthechilde, sœur de Clovis, 101.

Lapsi. Alia gratia lapsis post baptismum, 98; lapsis reparatio, 234, 319; preces pro lapsis, 240.
Lasciuia lingue, 93.
Latex uitreus benedicti liquoris, id est, baptismus, 107.
Latini, id est, Christiani catholici, 451-495.
Latro, moriens et confitens, 201; — paradisi ciues, 203; — absolutus, 208.
Lauabra. Fedas per lauabra ructare spumas (energumeni), 368.
Lauacrum, 14, 34, 95; — uite, 31; — aque, 76; — regenerationis, 104; — uitale, 219; lauacri festa candida, 36; cf. 163; lauacri salutaris fluentum, 213; in lauacro consepulti Redemptori, 219.
Lauatum corpus defuncti, 112; — episcopi, 141.
Laudationis officia, 181; laudationis uota, 231; — debite hymnus, 296.
Laudis concentus, 180; laudis sacrificium, 249; laudes sempiterne, 11.
Laurentius, archidiaconus, 474, 475, 509.
Layci omnes ab ecclesia eiecti, quum episcopus pedes lauat, in feria v^a, 192.
Lazarus, frater Marthe, 76, 255, 373, 378.
Leandri, Hispalensis episcopi, depositio, 458, 459, 496.
Le Blant, Edmond, 465.
Lectoris epitaphium, 40.
Lectulus defuncti, 112; ordo ante lectulum, officium pro monachis, xxx.
Lectures du samedi saint dans le rite wisigothique, 215, note.
Legio, Léon en Espagne, voy. Léon.
Legio, diabolus, 76; legio diabolica, 79.
Legis in lapide scripte duritia, 163; — ueteris obscuritas, 254.
Lenitas gratissima Dei, 125; — sanctitatis, 443.
Leo de tribu Iuda, Christus, 74.
Leo, D^r, éditeur de Venance Fortunat, 194.
Leocadie uirginis festum, 490, 491; reliquie, 511; Sancte Leocadie basilica, Toleto, 142, 143, 151; — sacratio, 484, 485.
Leocritia, uirgo et martyr Cordubensis, 466, 467.
Léofric, évêque d'Exeter, son Missel, 8, 533.
Léon (Legio et Leyo), 489, 503; calice de Léon, 158; églises, 513. Voy. Liber Antiphonarius.
Léon XIII, pape, 164.
Léonien (Sacramentaire), 273, 329.
Leontius, presbiter, 482; cf. 478; voy. aussi Antemius.
Léovigilde, roi des Wisigoths, 103, 513.
Lesley, Jésuite, auteur d'une édition annotée du Missel mozarabe, xiv, 451.
Letale uirus, 23.
Letanie, voy. Litanie.
Letitia infinita, 261; — sempiterna, 310, 341, 426.
Letus, sanctus, 480; voy. Vincentius.
Leui, eius electio, 49. Cf. leuitarum ordo, 49; leuitarum ministeria, 237.
Lia, uxor Iacob, 411.
Libamen sacrum, 260, 397; — pacificum, 314; — sacrificii, 421; libamina sancta, 169; — sacrificii, 264; — oblata sacrificii, 261; — pie oblationis, 423; libaminum uota, 284; — immolatio, 419.
Libani incensus siue thus, 178.
Libellum officiale, quid sit, xvii.
Libellus orationum, de Vérone, xv, xvi; voy. aussi Liber orationum.
Libellus testamenti, voy. Pactio.
Liber Antiphonarius, quid sit, xv; — de Léon, xiii, xxxii, 61, 502, 516, 518-522; liber antiphonarum, 193.
Liber comicus, quid sit, codices, xiii, xiv, 515; — a Domno G. Morin editus, xiii, xxxv, 27, 56, 61, 142, 184, 204, 216, 451, 502, 515, 518-519, 532, 545.
Liber manualis, 55, 112; quid sit, 55, note.
Liber orationum, xv, xvi, 56, 202, 204, 208, 210, 211, 213, 215, 216, 217, 450, 451, 473, 490, 493, 495; — archipresbitero ab episcopo traditus, 57.
Liber ordinum, xvi et suiv.; cf. 1, 7, 431; appelé simplement *Ordo* ou *Ordinum,* 5, 27, 431, xviii.
Liber regularum, abbati ab episcopo traditus, 59, 60.
Libri, bibliophile, et le calendrier de Cordoue, xxxiv.
Librorum custos, eius ordinatio ab episcopo, 43. — Cf. libri uiuentis pagina, 429; liber iustorum, 430; liber uite eterne, 236, etc.
Libertas eterne glorie, 339.
Lignum sancte crucis, in cruce aurea inclusum, 152; — a fidelibus osculatum, 194, 199; — a diacono leuatum, 200; — in altari reconditum, 511. Lignum crucis adorandum, xxv; — nauicule comparatum, 194. Cf. 317.
Lilia sacri altaris uernantia, 49; cf. odor uite uestre candidum redolescat ut lilium, 436.
Lilliolus, Accitanus episcopus, 510.
Limpha fidei, 39; lympharum secura miracula, 214.
Linteamen, id est, corporalis, 11; linteum, cum quo succingit se episcopus, 192.
Liquoris polluti benedictio, 171.
Lisbonne, Vlixibona, 481.
Lisias, preses a Cesare, 483.
Litanie canonice, mensuales : mensis februarii, 456, 457; — mensis septembris, 478, 479; — mensis nouembris, 484, 485, 486, 487; — mensis decembris, 490, 491; — ante Pentecosten, 522, 525. Dies letaniarum, 155.
Litatio sacrificii, 343; cf. sacrificia ueneranda litare, 396.
Littere, id est, psalmus cxviii alphabeticus, 192.
Locuber abba, 512.
Locus lucifluc pascue, 129; — lucidus refrigerii et quietis, 124, 237; cf. 134, 137, 228; — refrigerii et lucis, 134, 137, 237, 397, 407, 409, 425, 427, 429; — lucis eterne, 129, 428; — refrigerii, lucis et pacis, 228, 241, 254, 275; — perpetuus lucis, 428; — patriarcharum et sanctorum uirorum, 416; — beatitudinis, 148, 411, 416; cf. loca beatitudinis, 405.
Loja, en Andalousie, son église, 509.
Longinus, miles et martyr, 488, 489; cf. 462.
Lorenzana (Le cardinal) et le rite mozarabe, xiv, xv, xvi.
Lucas, euangelista, 238, 522; eius festum, 480, 481, 482, 487.
Lucerne benedictio, ab episcopo in sacrario, 209; — a diacono in ecclesia, 212. Cf. 208, 211. Lucerne Dei sunt anime nostre, 209.
Lucia, uirgo et martyr, 229; eius festum, 490, 491.
Lucianus, presbiter et martyr, 494.
Lucidia uirgo *et Aucela* rex Barbarorum (Lucia et Auceia), 468, 469.
Lucretia, uirgo et martyr; eius reliquie, 452, 510; sancte Lucretie basilica apud Emeritam, 453.
Lues indigesta mortalium, diuino soluta antidoto, 30.
Luitprand, évêque de Crémone, xxxiii.
Lumen indeficiens Deus, auctor luminum, lumen angelorum, 209; — cum pace, 211; — diuinitatis, 252; — oculorum meorum Deus, 277; luminis laudes, 368. Cf. clara contorquere lumina, id est oculos, solet energumenus, 368. Sine lumine matutinum celebratur feria vi^a et sabbato ante Pascha, 204.
Luminaria, in sepultura episcopi, 142; — in Cena Domini extinguuntur, 204.
Lupercus, voy. Claudius.
Lupus, Trecensis episcopus, 472, 473.

Lutecia (Parisiorum), Paris, 483.
Lux angelorum Christus, 148; cf. 209; — (Christus) ad lucernam (Iohannem) properans, 163; — salutis de ligno genita, 213; — sempiterne fidei, 210; — noua Euangelii, 251; — iustitie, 303; — celestis, 448. Lucis amicus angelus, 21; lucis auctor Deus, 147; lucis auctor Christus, 367. Voy. Locus, Mansiones.
Lyon, voy. Hélinard.

Maccabei, martyres Christi, 472, 473.
Machinamenta demonum, 15.
Macona, deuota, famula Dei; eius epitaphium, 65.
Maculosa corda, 161.
Madianite pastores, 163.
Mafors, seu uelum uiduarum, 80, 81.
Magi, a solis ortu uenientes, 527.
Magnificas grates Deo referre, 209.
Magnitudo suauitatis, 256. Cf. Magnus ille dies, voy. Resurrectio, Agnitio.
Maiestatis aduentus, id est, incarnatio, 20; — imperium, 30.
Mala preterita, presentia et futura, 231, 322, 437.
Maledictio perpetua, 446.
Maleficia Caldeorum et auguriorum, 11.
Maligne cogitationis accessus, 219.
Maliuola mens, 240.
Malnory, M. l'abbé, 63.
Mames, martyr, 470, 471, 474, 475.
Manassae regis Iuda oratio, 351.
Manda, Deus, benedictionem, 40.
Mandatum, ou lavement des pieds, le jeudi saint, 191-193.
Manipulorum noue messis benedictio, 168.
Mansio eterne uite. 117; — in celo, 175; — eterna, 393; — patriarcharum, 117; mansionis eterne receptacula, 391, 405; mansiones lucide, 129; — celestes, 261; — sanctorum, 125; — siderec angelorum, 174, 193; mansionum celestium habitaculum, 441.
Mantius, martyr Euorensis, 464, 465.
Manuale, seu manuale Ordinum, xvi, xvii; cf. manualis, Liber manualis.
Manualis, voy. Liber manualis.
Manus uel manuum impositio. Voy. Impositio. Cf. ministerium ad manus lauandas subdiacono ab archidiacono datum, 46; manus lote, 152; manus episcopi osculate, 193.
Manuscrits (cités dans le Liber Ordinum).
1. Escurial, Codex Aemilianus conciliorum, xx; ms. de Bobatella, 451 (au lieu de la cote *j. a. 13*, il faut lire : *a I 13*); ms. arabe, 475.
2. Léon, Liber Antiphonarius, xxxi; cf. xiii, 61, 502, 516, 515, 518-529; Liber Comicus, xiii, xiv, 515.
3. Londres, Psalterium et Orationes, xv, 155; Liber Orationum, xv, xvi, 203, 204, 208, 211, 213, 215, 216, 217, 222; Breuiarium, 452; Homiliae, 519, 528; Officia Toletana, 521, 525; ms. anglo-saxon du xe siècle, 533.
4. Madrid, Liber Ordinum, xxiv-xxvii, 30, 31, 35, 37, 39, 45, 69, 86, 87, 89, 92, 93, 107, 110, 112, 113, 115, 116, 117, 118, 121, 124, 139, 147, 171, et passim, jusqu'à 364. Cf. la concordance avec le manuscrit de Silos, xxv-xxvii; Regula sancti Benedicti, 69; Psalterium cum canticis, 61; Liber Comicus, xiv; Missale, xxxv; cf. xxiv, 490; Liber Canticorum, 61, 515.
5. Paris, Liber Comicus, voy. ci-dessus, au mot *Liber comicus*; Etymologiarum liber, xxxiii; Vitae Sanctorum, 451; Aliae uitae Sanctorum, 451, 455; Breuiarium Hispalense, 488.
6. Santiago de Compostela, Psalterium cum canticis, xxxi, xxxii, 61, 503.
7. Silos. Sur les manuscrits de l'abbaye de Silos, voy. l'*Introduction*, passim. Cf. xvii, xx, note, xxvii, xix.
8. Tolède, Missae et officia, 107, 108, 519; Missae, id est, sacramentarium, xiv, 227, 229; Missae et officia, 238; Liber comicus, xiii; Missae, 224.
Marcellinus, sanctus, 229.
Marcellus, centurio et martyr, 484, 485.
Marcellus, sanctus; eius obitus, 452, 495.
Marcellus, romanus preses in Armenia, 451.
Marchena, en Andalousie, 121.
Marciana, uirgo, 471.
Marcus, euangelista, 238, 522; eius festum, 494, 497.
Mare Rubrum, 75; missa pro mare transmeantibus, 344.
Maria, uirgo, 15, 66, 320; semper uirgo, 239, 243, 430; uirgo alma, 195; uirgo perpetua, 235; uirgo et mater, 193, 414; uirgo et genetrix, 518; genitrix Christi, 66, 68, 518; genitrix Dei, 239: Virginis sugit ubera Christus, 254; cf. sugit ubera cui seruiunt sidera, 526. Marie uirginis festiuitas (xviii dec.), 490, 491, 492, 518; — reliquie, 509. Voy. Purificatio, Conceptio (Annuntiatio), Assumptio, Natiuitas, Apparitio. Ecclesia beate Marie, apud Legionem, 504; aliae, 509, 510.
Maria Magdalena, 2, 523; eius festum apud Cordubenses, 473, cf. 472. — Cf. in Maria Magdalene opera potentialiter ostendit Christus, 79.
Maria, fidelis Christi, penitens; eius epitaphium, 88.
Maria, ancilla, voy. Mayra.
Marina, sancta, 468; eius reliquie, 510.
Marinis fluctibus nauigantes, 17; marini gurgites, 174.
Marispalla, Deo uota; eius epitaphium, 64.
Martialis, episcopus (Lemouicensis), 468, 469; — Cordubensis, voy. Faustus.
Martini, episcopi Turonensis, translatio, 470, 471; sacratio, 474; 475; — obitus, 486, 487; — reliquie, 509, 510. Cf. 2, 523. — Martinus, Bracarensis episcopus, 33, 143.
Martinianus, martyr, 459.
Martires, 10, 39; missa pluralis pro eis qui in sanctorum martyrum natalicia uota sua Domino offerunt, 319.
Martos, en Andalousie, 19.
Masona, évêque de Mérida, 176.
Massilia, Marseille, 472, 473.
Mater uirginum, abbatissa, 67; materna pietas, 68. Mater Ecclesia, voy. Ecclesia.
Matrimonium, voy. Nuptie. — Matrimonia secunda, 441; matrimonii dignum fedus, 442; matrimonii uirginalis conubium, 517; an matrimonii usus penitentibus permittitur, 87.
Mattheus, euangelista, 238, 320, 522; publicanus, euangelii promulgator clarus, 256; eius festum, 480, 481.
Matthias, apostolus, 229; Matthias episcopus (Ierusalem?), 477; cf. 476.
Maturitas plenissima, 167.
Matutinum, in feria via Paraceues, 193; in sabbato sancto, 204; cf. xxix, xxx.
Mauricius et comites, martyres, 481.
Maurus, voy. Timotheus.
Maxima, voy. Verissimus.
Maximus, christianus, eius epitaphium, 108.
Mayra, uirgo et martyr, 472, 473.
Meantium et iterantium salus indefessa Christus, 348.
Medella uniuersis ualitudinibus baptisma, 219; — salutis, 237; sanitatis, 71; — gratie, 72; — cordis et corporis, 91, etc.; cf. medentem manum Domini, 373; medicamentum celeste (Eucharistia), 245.
Mediatoris Dei et hominis gratia, 420.
Medicina Deus, 72, 279, 381; — gratie, 37; — celestis Chri-

stus, 372, 374; — Patris Christus, 366, 377; — languentium, 79; — sanitatis, 71; — salutis, 95; — uirtutis Dei, 10; — emendationis plenissima, 172. *Ars medicina*, 267. Voy. Medella.
Medicus peritissimus Deus, 10; cf. 279, 358, 378; — animorum, 378; — fidelium, 375; — pius lapsorum, 97; — et refectio animarum, 272; — celestis, 366; — uere salutis, 366; — infirmorum, 369; — uerus, 372; — salutaris, 374. Cf. Deo medicante, 236.
Medina Sidonia, en Andalousie, 135, 510, 511.
Mediolanum, Milan, 469. Voy. Ambrosien.
Meditatoria pacis, 7.
Mel diuini eloquii, 175.
Melania (iunior), confessor Christi, 494, 495.
Melanus et Encauristus, Cauris?, 482.
Melchisedec, sacerdos, 158, 228.
Meliton, évêque de Sardes, XXVII.
Membra Christi mundum redimentia, 194; membra mortua Ecclesie, 105.
Menéndez y Pelayo, D. Marcelino, 105.
Mense celestis cibus, 98; cf. 224, 341; mense Dei conuiuium, 270, 273, 318.
Mentium scrutator Deus, 49.
Mentum, 43.
Mérida, Emerita, 88, 135, 154, 175, 453, 483, 484, 485, 491; son baptistère, 218.
Mertola, en Portugal, 40, 41.
Metallum signi basilice, cui Deus condens indidit sonum et fortitudinem, 159; uas concretum generibus metallorum, 160; metallum crucis, 165.
Metopius, abbas, eius obitus, 478.
Michael, archangelus, XXV; dedicatio eius, 480, 481; adnuntiatio dedicationis, 522.
Michael, ecclesie sancti Fructi fabricator, 515.
Micrologue, sur l'agneau pascal, 224.
Migrare a seculo, 110; — de hac luce, 241.
Millan (San), voy. Cogolla.
Minatus, sanctus, 486, 487.
Ministerium sacrum, 47; — diaconatus, 48; — subdiaconii, 47; — altaris, 177, 297.
Ministri Dei sumus (diaconi), 77; ministri diaboli, 18.
Miseratio gratuita Dei, 255.
Misericordie studium, 222; — munera, 241; — multe Deus, 261.
Missa, 29, 43, 45, 65, 68, 70, 71, 85, 140, 178, 182, 186, 187, 190, 191, 204, 224, 243, etc.; missam celebrare, 141, 142, 146.
Missa romensis, 227; — omnimoda, 229; — uotiua, 259, 277, 302, 312, 314; — uotiua omnimoda, 230; — secreta, 238; — singularis, 302, 306, 309; — pluralis, 312, 316, 319, 323, 325, 327, 330, 339; — cotidiana, 227; cf. hoc cotidie pietatis commercio, 286, et : quotidianum sacrificium, 248. Messes votives mozarabes, leur perfection d'après saint Eugène de Tolède, XXIII.
Missale : Francorum, 49; — gallicanum, 53, 184, 185, 216, 219; — gothicum, 185, 227, 421; — mozarabicum, eius partes et editiones, XIII, XIV, XV. Missel de Stowe, 74, 227.
Mitra religiosa (uirginum), 67.
Mixtio salis et aque, 14; permixtio, 14; voy. Commixtio.
Moderamen Dei : tuo me moderamine contine, 258.
Monacus in ecclesia catholica iugiter deseruiens, 42; si monacus radet barbam; — in cenobio uiuens, 85; monaci epitaphium, 135; monachorum collegium, 239. Voy. Religiosi
Monastères en Espagne, sous les Wisigoths, 57; cf. XXI; leur liturgie, XXIX; leur règle, 59; — de vierges, 62, 66, 543.
Mons Albus, voy. Albelda.
Monstra, omnia monstrorum genera, 13; cf. monstruosorum dolor, 10.
Montanus, Toletanus episcopus, 141.
Montes (San Pedro de), abbaye bénédictine, 512, 513.
Montoro, en Andalousie, 135.
Monumentum, id est, sepulcrum, 112, 116, 118, 130.
Morera, en Andalousie, 510.
Mores mutua caritate deuincti, 438; morum similis bonitas, 438; morum emendatio, 236.
Morin, Dom G., voy. Liber Comicus.
Mors eterna, 226; — perpetua, 267; — secunda, 117, 125, 134, 446; mortis uastissimum pondus, 368; morte sua Christus mundum reseruauit ad uitam, 255.
Morsus antiqui serpentis, 177; — bestiarum, 177.
Mortalitatis erumna, 144; cf. ubi nos conletari os nostre mortalitatis exobtat, 261.
Mortales culpe, 419; mortalium restituta libertas, 164.
Morticinum comedentes (Oratio super), 172; uas ubi morticinum fuit, 173.
Mortificatio uitiorum omnium, 221.
Mortuorum spes et resurrectio Christus, 126.
Moyses, 49, 125, 157, 163, 167, 168, 169, 181, 222, 225, 443, 467; — fidelissimus famulus Dei, 224.
Mozarabe, signification de ce mot, XII.
Multimodus imber, 21; multimoda miseratio, 289 : multimode occupationes, 240.
Munda oratio nostre humilitatis, 162.
Mundi machinam uariis creaturis perarmauit Deus uirtute Spiritus Sancti, 179; cf. mundiale uitium, 447; mundialia delicta, 193.
Munio, Calagurritanus episcopus, XIX.
Munus celicum, id est, Eucharistia, 256.
Muscipula diaboli, 343; cf. 271, 282; a muscipulis fraternis Ioseph liberatus 255, 349.
Musique mozarabe, XXVII; voy. Neumes.
Mutabilitas infima nature diaboli, 24.
Mutatur uita, non tollitur (per mortem), 421, et note; cf. sententiam mutat Deus per misericordiam, 222.
Mutorum ora resoluat, 10.
Mutius, sanctus, 471; cf. 465,
Mysterium baptismi, 106, 163; — arcanum (misse), 262; mysteria, 269; — sacra, 297, 299; mysterii Dei secreta, 322; reuelato mysterio ad nos in carne uenisti, 530, 249; mysterium (ministerium?) orandi, 239.
Mystica sacramenta, hostia altaris, 291.

Narbonne, Pontifical de son église, 21.
Narium tactus, in baptismo, eius significatio, 27.
Nastule, id est, linteola, 141.
Natalia, voy. Adrianus.
Natanahel, 105.
Natiuitas Domini, 492, 493; eius adnuntiatio, 519; Natiuitas Marie Virginis, 478, 479.
Natiuola, eius ecclesia consecrata, 509.
Nauis benedictio, 173; cf. Arca; preces pro nauigantibus et peregrinantibus, 223.
Nazarius, sanctus, 491; eius reliquie, 452.
Neon, voy. Claudius.
Neumes, ou notation musicale, 19, 27, 33, 41, 44, 46, 70, 89, 110, 112, 116, 117, 118, 120, 126, 127, 129, 132, 136, 188, 191, 194, 195, 201, 206, 210, 232, 241, 243, 244, 248, 250, 251, 265, 273, 288, 293, 294, 299, 303, 304, 306, 313, 314, 315, 325, 334, 335, 338, 339, 343, 348, 351, 354, 358, 359, 361, 363, 365, 370, 382, 383, 385, 386, 387, 388, 393, 394, 396, 399, 400, 401, 402, 403, 404, 405, 415, 425, 426, 428, 445. Cf. XXVII.

Nicephorus, martyr, 456, 457, 496.
Nicetas, ou Niceas, saint, 468.
Nicodemus, titubans doctor, 106.
Nicolaus, episcopus, 468, 490, 491.
Nicomedia, ciuitas, 466, 467.
Nili accole, id est, Aegyptii, 29.
Nimasus, Nîmes, 464; in ciuitate Nemesete, 465.
Niniue populus, 255; Niniuite, 97.
Nixis precibus exorare, 158.
Nocturnis (Ordo in), officium, xxx.
Nodi peccatorum, 366; nodositates culparum expurgare, 363.
Nola, in Campania, 472, 473, 494.
Nomen inuictum Christi, 74. *Nomina* recitata, 189, 283; — sacerdoti data, 240; — adnotata et super altare posita, 241; — memorata sanctorum, 253, 271; — defunctorum, 345. Voy. Offerentium nomina.
Nominis impositio, in baptismo, 26, 32.
Nona, officium, 199, 200; cf. xxx.
Notation musicale des manuscrits mozarabes, xxvii; voy. Neumes; — d'Aquitaine, 140, 136; cf. xxvii.
Nouitatis monumentum, id est, monumentum nouum, 118, 130, 131.
Noua creatio, in baptismo, 219.
Nox ueneranda (uigilia Pasche), 211; — dominicis sanctificata uictoriis, 212, 213; — criminis de arbore paradisi creata, 213; noctis horrende statio, 116; noctis horrende pondus, 213; resurrectionis arcanum uotiue noctis, 215; noctis iugulat cecitatem cereus, 210.
Nubentes, voy. Nuptiae.
Nubiras, Anubraris, Cordubensis uicus, 469, 475.
Nunilo et Alodia, uirgines, 69, 482 (Elodia).
Nuptiae, benedictio, 433; secunde nuptie, 441; nubentium ordo, 434 et seq.; cf. nubentium sanctorum mater Sarra, 439; nuptialis celebritas, 433; solius honestatis nuptui preparatum habitaculum, 433.
Nuptiale indumentum (baptismi), 98; nuptialis uestis amissa, 324; nuptialis uestis penitentie, 35, note.

Obitus, missa in die obitus, 391.
Oblate benedictio, 94; oblate portio, 95.
Oblatorum sanctificatio, 189; 306.
Oblatio uotiua, 531, 249, 280, 304; cf. 235 (oblationis uerba); — pro uiuis ac mortuis, 419; — sancte Ecclesie, 237; — sanctificatorum, 248; — sacrificii, 299, 305; — sacrificiorum, 261; — diuini sacramenti, 299; — benedicta, rata, rationabilis, 322; oblationis hostia, 295.
Oblationes in ecclesia facte, 155, 158; — fidelium, 158; — offerentium, 236, 237, etc. Voy. Offerentium
Oblatorem simul cum oblatis preuenit Deus, 306.
Obsequelle suscipe uotum.
Obsessa a diabolo corpora, 75, 78.
Occidens. Ad occidentem, uel contra occidentem *exorcizat* sacerdos, 12, 13, 15, 18, 26, 28, 30, 73, 74. Voy. Oriens.
Oceanum mare, 481.
Oculi fidei : sinagoga uideat fidei oculis aquas gratie, 163; ad oculos fidei trepidi de peccatis nostris, 345.
Offerentium uotum, 156, 157; — uota, 247; — fides, 161; — anime deuotissime, 161; — ignita sinceritas, 164, 165; — salus, 165; — nomina, 186, 263, 280, 308, 340, 424; — nomina recitata, 336; — nomina audita, 320; — nomina recursa, 373; — munera, 251, 277, 327; — oblationes, voy. Oblationes; — oblationes et uota, 353. Oratio post nomina offerentium dicenda in quacumque missa, 331. *Offertor* sacrificiorum, 307; cf. Oblator, 306.
Officium in cena Domini dicendum, 187; cf. officiis sacris deseruire, 144; officium pontificatus, 290.
Officialis liber, 55, note. — Office monastique mozarabe, xxix, xxx.
Olearum fasces, eorum mystica significatio, 183.
Oleum letitie, 28; oleum peccatoris, 37.
Olei benedictio, 7, 23; — exorcismi, 7-24; commixtio aque et olei, 31; olei sacra perunctio, 73. *Oleum benedictum*, in baptismo, 27, 31; — pro infirmis, 71-73. Cf. huile répandue sur les défunts, 144, note.
Oliua pacificum uenisse germen fecundis frugibus denuntiat, 170, note.
Oliva, bourgade en Andalousie, 88.
Omnimoda missa, 229, 230; — discretio, 53; — intentio, 237; — sanctitas, 301, 333; — salus, 71; omnimode fraternitatis auctor Deus, 326.
Omnium Sanctorum festiuitas, 484, 485, note.
Omnium bonorum creator Deus, 221; — conditor, 200; — creator creaturarum, 166; — munerum bonorum conlator, 163, 279; — rerum creator et conditor, 136, 179, 180; — saluator et sanctificator, 172, 173, 374; cf. pro omnium salute moritur Christus, 216; pro omnibus in ligno pependit, 417.
Omnium peccatorum remissio, voy. Peccata.
Onesimus, sancti Pauli discipulus, 454, 455.
Opitulante clementia, 168.
Optati et Frontonis festum, 461.
Orarium, id est, stola, in ordinatione diaconi, 48; — in ordinatione presbyteri, 54; — supra pectus episcopi defuncti, 141; — supra pectus presbyteri defuncti, 146. Cf. Stola.
Oratio, de domo noua, 7, 20, 21; — de fonte baptismi, 30; — manus impositionis, 36; — super eum qui capillos tondere uult, 37; — super paruulum ad doctrinam oblatum, 38; — de ueste religiosa sanctificanda, 80; — uiatica super infirmum, 86; — super eum qui in itinere progreditur, 93; — super penitentes, 94, 95; — super reuertentem ad communionem, 100; — ad Arrianum reconciliandum, 100; — super conuertente Iudeo, 105; — ad commendandum corpus deuote uirginis, 147; — de regressu regis; — de susceptione regis, 155; — ad uasa altaris uel uestimenta sacranda, 157; — de manipulis, 168; — de decimis; — super uas pollutum, 171; — super morticinum uel suffocatum comedentes, 172; — de puteo nouo, 172; — ad consecrandas cellulas fratrum, 174, 175; — in introitu domus, 176; — ad consecrandum incensum, 176. — *Oratio dominica*, 70, 85, 87, 91, 93, 99, 138, 174, 187, 239. Cf. Orationem colligere uel collegere, 70, 141, 182, 192.
Ordinatio clerici, 40; — sacriste, 42; — librorum custodis, 43; — subdiaconi, 46; — diaconi, 48; — archidiaconi, 50; — presbiteri, 54 (missa, 243; cf. 512); — archipresbiteri, 56; — abbatis, 57; — abbatisse, 66; — regis, 498-505.
Ordines ecclesiastici, 7, 431, 432; Ordinum liber, voy. Liber Ordinum.
Ordo, quando sal ante altare ponitur, 11; — babtismi, 24-27; — ad ordinandum clericum, 40; — in ordinatione sacriste, 42; — in ordinatione custodis librorum, 43; — super eum qui barbam tangere cupit, 43; — de archipresbitero ordinando, 56; — in ordinatione abbatis, 57; — ad benedicendum uirginem, 63; — ad uelandas Deo uotas, 64; — ad ordinandam abbatissam, 66; — ad unguentum conficiendum, 69; — ad uisitandum uel perungendum infirmum, 71; — super eum qui ab spiritu inmundo uexatur, 73; — conuersorum conuersarumque, 82; — penitentie, 87-96; — in finem hominis diei, 107; — ad comendandum corpora defunctorum, 107; — ad consecrandum nouum sepulchrum, 117; — ad commendandum corpus defuncti, 126; — ad corpus paruuli commendandum, 136, 138; —

quum episcopus in ultima egritudine positus fuerit, 139; — obseruandus in functione episcopi, 140; — in conmendatione presbiteri, 146; — super sepulcrum, quando clamore proclamatur, 148; — quando rex ad prelium egreditur, 149; — in Ramos palmarum, 178; — de vi^a feria in parasceue, 193; — die sabbato celebrandus, 204; — in uigilia Pasche, 208; — babtizandi, 217; — ad thalamum benedicendum, 433; — nubentium, 434; — arrarum de nubentibus, 343; — ad benedicendum eos qui nouiter nubunt (id est, pro prima uice), 436; — ad benedictionem solius persone que primum nubit cum persona que iam nubsit, 440; — de secundis nuptiis, 441; — de patribus et fratribus defunctis, 445. — Cf. *Ordo* Patrum, 1; — peculiaris monasticus, xxx; — regiminis (regalis), 294. Ordines minores in Hispania, 40.

Ordoño II, roi de Léon, 504.

Oriens. Ad orientem conuersus *benedicit* sacerdos, 13, 14; — rex benedictionem accipit, 503.

Originale peccatum 162; — uinculum, 423; originalis culpa, 370; originalis noxa, 14; cf. genuinum uulnus, 37.

Oris tactus in baptismo, 27; chrismatis infusio in os episcopi defuncti, 143; cf. ora crudelia inimici (diaboli), 367.

Osanna, 180, 181, 182, 183; cf. Osyanna, 182, 398; — in excelsis, 237.

Osculum pacis, quod uerum est in nuptiis testamentum, 435; pro osculo pacis oratio, 236; cf. 189; — archipresbytero ab episcopo datum, 57; — episcopo et fratribus ab abbate datum, 60; — abbatisse ab episcopo, 68; — fratribus ab abbate, 86; — morienti fratri, 108.

Osculum episcopo datum a diaconibus, 50, 215; — presbitero ab episcopo, 55; — *capitis* episcopi ab illis, quorum pedes ipse lauit, 193; — *pedum* eorum, ab episcopo, 193; — *pedis* episcopi ab ordinatis sacrista et custode librorum, 43; — a uelatis Deo uotis, 66; — *manuum* episcopi ab omnibus, 193.

Osculum ligni sancte crucis, 194, 199.

Ossa reuirescentia, 149.

Ostiarius, 40; cf. Ianitor, 43.

Oviedo, les deux croix *de los Angeles* et *de la Victoria* du trésor de la cathédrale, 164.

Ouis amissa, 79; ouicula Dei, 105; oues domus Domini, 80; oues conditionis Dei insidia inimici persequitur, 343. *Ouilia* Dei, 102; voy. Grex.

Pacianus, episcopus Barchinonensis, 34.

Pacificum germen, voy. Oliua.

Pactionis seu testamenti libellus, 85.

Palleus, voile, 435, 436, 439; voy. Agnabus.

Pallium, cum quo abbatissam episcopus cooperit, 67; cf. sacro palliamus uelaminis tegumento, 65.

Palma : ordo in Ramos palmarum, 178; huius diei antiquitas, 179; dies palmarum, 73. — Cf. palma glorie, 248; palme uictoriarum, 180; spatule palmarum, 181; palmarum dactili, quid sit, 183.

Palmites extendens in botros, 167.

Palomero, Don Francisco, et le manuscrit wisigothique du Liber ordinum, xx, note.

Pampliega, monastère, 151.

Pancratius, martyr, 464, 465.

Panis, uinum (Eucharistia), 99, 248; — celestis, 189; — et calix, 265, 370; — perceptio, 190; — confractio, 191; — et uini hostia, 269; — uinique substantia, 265; — quem coxit lignum crucis, 318; oratio ad panem, 231; panes primitiarum, 169. Panis noui benedictio, 169; *reliquie* de pane Domini, 511.

Pantaleo, martyr, 454, 455, 481, 494, 495; eius reliquie, 512.

Papa romensis, 235.

Papyrus, res nutrita gurgitibus, eius elogium, 214.

Paracliti dona, 37; — caritatis donum, 225; voy. Spiritus.

Paradisus, 30, 116, 118, 193, 194, 201, 264, 358, 368, 400; *paradisi* amenitas, 121, 134, 138, 145, 147, 397, 403, 407, 410, 411, 415; — amena, 409; — ianua, 123, 124, 133, 148, 162, 202, 213, 446; — rutili lapides, 110; — letitia, 115, 126, 131; — letitia perennis, 119; — sinus, 116; — requies, 240, 297; — suauitas, 395; — gaudia, 180, 197; — rura uernantia, 149; — habitatores, 241; — uirentis quies et letitia, 408.

Autres noms : *Locus* lucifluus pascue; — lucidus refrigerii et quietis; — lucis eterne; — refrigerii et lucis; — superne beatitudinis. Voy. Locus. — *Mansio* eterne uite, voy. Mansio. — *Regnum* celeste, 116, 125, 145, 149, etc.; infinitum, 122; — perpetuum, 159; — eternum, 244; — sine fine mansurum, 149, 411; — supernum, 125, 359; — Dei, 136, 256; — infinitum celeste, 243, 295; — futurum, 359. Regna celestia, 441, 446; — celorum, 175; — siderea, 244. — *Patria*, 396, 404; — celestis, 124, 149, 324, 362; — perennis, 125; — eterna, 389, 447. — *Sedes* celestis, 122; — eterne, 122; — beatorum, 126; — beatitudinis, 413. — *Regio* uiuorum, 149, 411; — pacis, 367; — polorum, 397. — *Terra* uiuorum, 198. — *Congregatio* electorum, 113. — *Habitacula* celestia, 113. — *Consortium* sanctorum angelorum, 120. — *Senatus* superne curie, 181. — *Ierusalem* celestis, 111, 290, 409. — *Receptacula* eterna, 408. — *Hereditas* eterna, 322. — *Beatitudo* eterna, 260.

Parasceues (Officii ordo in die vi^e ferie), 193-204.

Parentales Iudeorum tenebre, 107.

Parietes sale asparsa, 16.

Paris, voy. Lutecia.

Parsini lapides, 165.

Participium eternum, 241.

Paruulus ad doctrinam oblatus, 38; — in ecclesia detonsus, 39; paruuli defuncti conmendatio, 136; ordo misse de paruulo defuncto, 413.

Pascha, 1, 4; manus impositio in uigilia pasche, 36; uigilia pasche, officium, 204-225; cf. adnuntiatio solemnis pasche, 523-529; paschalis solemnitas, 168, 220; pascalis festi gaudia, 529; annua festiuitatis huius gaudia, 95; pasche sollemne initium, 189, 192; paschatis sacri solemnia, 215, 527; hilaria pasche, 224. Voy. Resurrectio.

Pascha (id est *refectio*), pascha serotina, 200.

Pascua catholica, 105; cf. 200; pascue locus lucifluus, 121.

Passionis stola candida, 169; — signum, id est, crucis, 107; — et resurrectionis uirtus admirabilis, 203; — gloriosissime memores. Passionis adnuntiatio, 527, 528, 529.

Pastor, martyr, voy. Iustus.

Pastor bonus Dominus, 20, 105, 278; — pius, 79; — gregis episcopus, 424; cf. 291, 292; — temporalis, episcopus, 407, 409. Pastores improbi, id est heretici doctores, 163; pastoralis cure officium, 409; pastoralis prouisio, 425.

Patena, in ordinatione subdiaconi, 46; patene benedictio, 157. Vas, 216.

Pater animarum, Deus, 116; beatus pater, episcopus, 409. Patrum recensita uocabula, 388. Pater noster, voy. Oratio dominica.

Patras, in regione Achagie, id est, Achaiae, 488, 489.

Patria celestis, 124, 149, 324, 362; cf. 392, 404; — eterna, 389, 447, 488; — superne regionis, 393. Patrie defensio, 155, 297.

Patrocinium celeste, 7; — sanctorum Dei; — miserationis indisruptum, 296; patrocininia sanctorum, 22.

Pauimenta sale adsparsa, 17.

Paula, uidua, illius festum, 452, 453; — reliquie? 511. Voy. Siriacus.

Paulinus, episcopus Nolensis, 468.

Paulus, apostolus, 2, 177, 205, 235, 238, 257, 320; illius conuertionis festum, 453; montana Sancti Pauli, prope Cordubam, 467. — Accitanus pontifex, 509; — eremita, 490, 491; — monachus, Eulalie filius, 510; — gothus comes, 154, 545; — famulus Dei, eius epitaphium, 135. Pauli confessoris reliquie, 452.

Pauperes, preces pro eis, 240; pauperum substantia Ecclesie bona, 247.

Pausantium spiritus, 223; cf. pausationis bone locus, 134.

Pax, 20, 21; — uera, 56; — angelorum Deus, 123; — iugiter quieta, 175; — nostra Christus, 189; — in celo, pax in terra, 215; — ecclesiarum, 217; — ecclesiastica, 322; — dominica, 220; — pura et perpetua, 254; — uera perpetua, 271; — ipse Deus, 320; — eterna Deus, 389, 426; cf. 423. *Pacis* discipuli, 189; — solatium, 176; — somnus, 228, 241. — bonum, 231; — osculum, 189, 236, — pure et dilectionis amator Deus, 236; — auctor Deus, 236, 278, 320; — disciplina, 237; — supereminens caritas, 265; — eterne commoda, 301; cf. 308; — uinculum, 305; — institutor Christus, 323; — auctor et instaurator, 331; — dona simplicia, 357; — regio, 367; — concordia, 406, 427; — inuiolate concordia, 420; — Dei gaudium, 427. Cf. Deus pacis, immo pax ipse, 320. *In pace* obdormiuit Iesus, 135; dies nostros in tua pace disponendo letifica, 231; cf. 240; preces pro his qui in pace unica precesserunt, 320. Cf. *pacem* propinare, 317.

Peccaminum remissio, 245, 300; cf. 260; — funesta atrocitas, 324; — nexus, 412; — nexu absoluti, 357; — labe detersi, 390; — sordes diluere, 411. Cf. In peccatoribus pius Dominus, 256; peccatoris oleum, 37.

Peccatum actuale, 95; peccati labes, 33; peccati tetra, 303. *Peccata* capitalia, 249; — propria non habens Christus tulit aliena, 201.

Peccatorum omnium remissio, 23, 26, 28, 92, 99, 102, 104, 177, 185 (in symbolo, *uide* notam), 207, 208, 231, 243, 253, 290, 291, 298, 316, 317, 318, 321, 327, 328, 332, 356, 427, 429, 446; cf. 113, 114, 116, 180, 223, 260, 273, 274, 278. *Peccatorum* sordes, 78, 292, 297; — uincula, 182, 278, 292, 297, 320; — spinas et tribulos euellit Christus, 203; — nostrorum cecitas, 210; — ueterum sub umbraculo dormientes, 212; — sarcina diuinitus exurenda, 253; — crassa nubes, 279; — uulnera, 290; — tetre caligines, 297 : — nexus, 398.

Pectus proprio tundere pugno, 253; — conscium manibus inlidere, 420; pectora Christo dicata, 75.

Pedes episcopi defuncti ligati; 141; ritus ad pedes lauandos, feria quinta, 190-193, Voy. Osculum.

Pedules, 58; quid sint, 60, 141, 146.

Pelagia, Antiochensis, 482.

Pelagiani in Hispania, 186.

Pelagius, Legionensis episcopus, 515; donatio libri Comici, XIV; — martyr Cordubensis, 468, 469.

Pene eterne, 289, 305, 381, 397, 406, 420, 426; penarum atrocitas inferni, 113; cf. 120; penalis locus, 422.

Penitentia. Ordo penitentie, 87-93; oratio super penitentes in dominicis, 94, 95; benedictio oblate penitentibus dande, 94; ordo ad reconciliandum penitentem, 96-100; oratio super penitentes, in parasceue, 204; alia oratio in uigilia Pasche, 222; *missa* unius penitentis, 351; — de penitentibus, 355; penitens iuuenis, 87.

Cf. Penitentium tonsura, 83; penitentia in extremis, 87, 88 (j'ajoute ici l'exemple du roi Ervige en 687, *P. L.*, t. XCVI, col. 812); accepta penitentia, 88; cf. 92, 93; pro penitentibus inuocatio, 115; penitendi locus, 134; penitentie locus et fructus, 299; — lamenta, 353; — lamentatio, 356; — sacramentum, 189; — iugum, 87, 95; — remedium, 89, 95, 344, 385; — donum, 96; — fructus, 222.

Penitudo sacre confessionis, 359; penitudinis satisfactio, 298; — solacia, 353; cf. 302; — gemitus, 354; — lamenta, 355; — fructus, 355.

Pentecostes, festiuitatis adnuntiatio, 520.

Peñamelaria, ou Pinamellar, Pinamalariense cenobium, monastère mozarabe de Cordoue, 66, 451, 463.

Percussura unguento sanata, 24.

Peregrinatio, Etherie uirginis, XVIII, 543; — erumnosa huius seculi, 295, 411, 413; peregrinationis longiquitas, 397.

Peregrini; preces pro peregrinantibus, 223, 240; peregrinorum necessitates, 263.

Perennis uita, 64; — benedictio, 371; — Dominus, 115; — iubilatio, 291; — letitia paradisi, 119; — patria, 125; — memoria, 215; — incola, 402; — interitus, 390; — pax Deus, 391; — gloria, 392; — regni premia, 40. *Perenne* triumphum, 181; — munimen sospitatis, 391; — sidus splendens, 402. Cf. Perenniter, 120, 296.

Perfectus, Cordubensis presbyter, 462, 463.

Perfidis terrificatio ualida signorum sonus, id est, hereticis, 160; cf. 159. Cf. perfidie nigror infidelium, 163.

Perfurens insania diaboli, 75.

Permixtio, voy. Mixtio.

Perpetua et Felicitas, martyres, 229, 456, 457, 496; cf. Perpetua, die 27 februarii, 456.

Persie terra, 471.

Persone unitas in Christo, 207; — proprietas, 355.

Peruigil eternus Deus, 381.

Perunctio, voy. Vnctio.

Pestis et interitus, 253; pestes et ualetudines 372; pestiferum, 13; pestilentiam a nobis elonga, 231.

Petra, pro igne nouo, in uigilia Pasche, 208, 210.

Petrus, apostolus, 2, 116, 173, 235, 256, 291, 320; missa sancti Petri romensis, 227; catedra Petri apostoli, 456, 457, 494, 495, 520, 525; sanctus Petrus ad Vincula, 473, 474. *Petri et Pauli* apostolorum festiuitas, 468, 469, 521; — ecclesia, 509. Voy. Pretoriensis ecclesia. — Petrus (exorcista), in Missa romensi, 229. — Petrus, scriptor codicis Compostellani, XXXII.

Pharaonis contumaciam fluctus rediens inmersit, 80.

Philippus, apostolus, 461, 462, 463; cf. 320.

Physica et typica pericula, 72.

Piamina uulnerum nostrorum, 262.

Piatus homo erroribus, 362.

Pietas paterna Dei, 172; — inexpugnabilis, 367; — eterna et iustissima, 176; — Christus, 201; — Dei larga, 213; — glorie Dei, 234; — summa, 427; — immensa, 429; — placabilis, 270, 318; — uera et ueritas pia Deus, 395; — aduentus Christi, 354; — materna Ecclesie, 374; — principalis (regis), 296. — *Pietatis* origo Deus, 297, 424; — profuse beneficia, 323; — et clementie Deus, 406; — summe indultor, 174; — immense pater et dominus, 145, 146; — remedium, 207, 221; — solatium, 378; — munera, 221; — indulgentia, 236; — gloria, 237; — gremium, 240; — Dei munimina, 255. *Pietate* ineffabili plenus Christus, 180; de pietate Dei sperantes anime, 223; de pietate fidus, 272. — *Pius* medicus lapsorum, 97; — miserator Deus, 95; — opifex, 214; — consolator lacrymarum 231; cf. 289, 343; — Deus omnipotens, 240; — et misericors, 241; piissimus Pater, 289, 408; piissimus princeps noster, 294. Cf. incomparabiliter pius Christus, 237, 291. *Pia* fides, 71; — bonitas Dei, 125; — disciplina, 245; — dignatio, 270; — miseratio, 288; — uota, 306; pie deuotionis indu-

menta, 80; pie uoluntatis retributor Deus, 222; pius recordationis affectus, 447.
Pierre, archevêque d'Aix, 514. — Voy. Petrus.
Pigmenta suauia, 71.
Pilatus, 196; Pontius Pilatus, 202.
Pimenus, episcopus, 511.
Pinamelariense cenobium, voy. Peñamelaria.
Pinguedo celestis, 169.
Pisa, Francisco de Pisa, XXXIV.
Piscines baptismales, 161.
Pisinnus, signification de ce mot, XVIII.
Placabilis Deus, 340, 341, etc.; — mens, 40; — pietas, 311; — uultus, 345; — miseratio, 220; cf. 274.
Placida amenitas, 408; cf. placide et benigne suscipias, 234.
Placitum episcopo ab ordinando abbate traditum, quid sit, 58.
Plasma, 26; — Dei 24, 177. Cf. Plasmatus homo, 79.
Plebiculas sanat Christus sacri oris imperio, 366.
Plorat et iudicat Christus natus, 526.
Poculum salutare, 306; poculo amaro potatus Christus, 229.
Policarpus, episcopus, 456, 494.
Pollices episcopi defuncti institis ligati, 141.
Polorum regio, 397; — ciues, 402.
Pomi benedictio, 170; cf. 167, 168; pomorum acerbitate male saturati homines, 30; pomorum antiquorum suauitas amara, 212.
Pontifex. Sur ce titre, voy. 61, 513. Pontifex uerus Christus, 237; pontifex uerus summusque Christus, 299. Cf. Pontificale culmen, 288; pontificalis gratie apex, 290; pontificatus regimen, 292; pontificatus sacri officium subire, 290.
Pontifical romain, 29, 49, 286; voy. aussi : Hélinard, Narbonne, Egbert, Arles.
Portus tranquillissimus, 174; — uictorie, 248.
Post pridie, absence de la formule « qui pridie quam pateretur » dans le rite mozarabe, 227.
Potestates, angeli, 209, 271, XXV; — angelice, 115.
Prata diuersis coloribus pinguntur, 170.
Precamina orationis fundere, 264.
Preces, uel supplicatio, 113, 114, 115, 116.
Preconia dominice passionis, 215; preconium uite eterne, 220, 249; preconiis tuis exultet uox nostra, 243.
Prefatio, ad ordinandum diaconem, 48; — ad ordinandum presbyterem, 54; — in nuptiis dicenda, 437, 440.
Prelium, voy. Rex.
Preparatorium, id est sacristia, 42, 43, 56, 191, 224.
Prepositus ostiariorum, 43.
Presbyteri ordinatio, 54; missa in ordinatione, 243; cf. 542; — commendatio, 146; missa pro presbytero, 410. Cf. 62, 69, 86, 109, 112, 127, 134, 141, 142, 190, 192, 194, 200, 212, 216, 218, 237, 243, 431; presbyter senior, 202. (In codicibus legitur : presbiteres, 73, 140, 208, 210, 235; presbiterem, XXVI, 54; presbiterum, 55, 112, etc.)
Presbyterium, id est dignitas sacerdotalis : presbiterii honor, 54; — castitas, 55; — grex commissus, 56.
Prescientia Dei omnipotentis, 307.
Presentanea felicitas, 323.
Prestigia inimici, 13.
Presules ecclesiarum, 219.
Pretoriensis ecclesia, apud Toletum, 53, 151, 499, XXII; quid sit, 150, XXI. — Le *pretorium* des rois wisigoths, à Tolède, 53, 150.
Priesca, son église, 513.
Prima et Secunda, office monastique, XXX.
Primatus dignitatis : primiclerici, 53; — archipresbiteri, 56.
Primiclericus, eius benedictio, 53; cf. 50, 51.
Primitiarum benedictio, 168; cf. 169.
Primitiuus, voy. Facundus.
Primoplastorum delictum, 414.
Principatus, angeli, 209, XXV.
Principum (Preces pro prosperitate), 220.
Priuatus, episcopus et martyr, 474, 475.
Probatio carnis, sal, 11.
Procellere diabolicas artes, 19.
Proclamatio clamoris, quid sit, 148; cf. nunc proclamantes e terris, 149.
Procreauit cuncta ex nicilo Deus per Filium, 179.
Professio fidei in unctione regis, 500; — Arriani conuersi, 101; professio monastica, 85. Cf. professio sentiatur in opere, 175.
Profuturus, Bracarensis episcopus, 506.
Promissor indulgentie Deus, 96.
Promptio bellica, quid sit, 153.
Propagator uictoriarum Deus, 151.
Propinare pacem, 328.
Propugnator fortissimus Christus, 369.
Prostratio regis in ecclesia, 150.
Protasius, voy. Geruasius.
Prudentius, évêque de Tarrazona, 462, 463, 497; sancti Prudentii cenobium, XIX, 431.
Psalterium cum canticis, 61; cf. XV; psalmi alphabetici, 114; psalmi subsalmati, 201.
Pudicitia carnis, 65; — corporis, 66; — cordis, 66.
Puelle sapientes, 221; — Dei, id est uirgines sacre, 62; — benedictio nuptialis, 439.
Pugna aduersus diabolum gesta, 145.
Pulpitus, pro episcopo, 200, 202.
Puluis humanus : cf. de hoc puluere humano reuertenti succurre Deus, 122; puluerem potentialiter reformauit Deus, 388.
Puniet, Dom P. de, bénédictin de Solesmes, 25, 74.
Punitor diaboli, Christus, 75.
Purgatio locorum per aquam benedictam, 18.
Purificatio sancte Marie uirginis, 454.
Puriflue dilectionis plenitudo, 323.
Puritas gurgitis, id est baptismus, 30.
Purus homo purum uideat Deum, 362.
Putei noui benedictio, 172; — ubi aliquid inmundum ceciderit benedictio, 173. Cf. puteus mistice figuratus, 162, 163; puteus federis, 173.

Quadraginta martyrum festiuitas, 450, 494, 495.
Quadragesime initium, 527, 529.
Quarta et Quinta, office monastique, XXX.
Quartus, una ex uillis Cordube, 485; cf. 453.
Quies securitatis, 175; *quietis* somnus, 10; — eterne placabilitas, 126; — eterne amenitas, 423; — intime dulcedo, 327.
Quiescentes in tumulo, 119; cf. 135, 10; — in Christo, 241, 254, 275; — anime, 400; quiescentium anime, 367, 401.
Quinigia, famula Dei, eius epitaphium, 135.
Quinquagenario defuncti (Missa de), 415.
Quinque, ecclesia et uicus prope Cordubam, 453.
Quiricus, episcopus Toletanus, 452, 495; regem Wambanum ungit, 499; — et Iulita, martyres, 466, 467; reliquie, 510.
Quotidianum sacrificium misse, 248, voy. Missa; cf. quotidiana miseratio Dei, 373.

Raab, alienigena, 94.
Rabanera, consécration de son église, 514.
Rabi ben Zaid, ou Recemundus, évêque d'Elvire, XXXIII.
Rabies canum, 10, exorcismus.
Rachel, sponse Christi figura, 163; cf. 432, 437, 441, 442.
Rami palmarum, voy. Palma. Cf. *Rami* palmarum, salicum, oliuarum, 180, 182; — olearum, 183.

Raphael, arcangelus, xxv, 176; angelus, 349.
Rebecca spiritualis, id est Ecclesia, 162; cf. 435, 437, 439, 442.
Récarède, roi des Wisigoths, 57, 154, 510, 545.
Reccisuintus, rex Gothorum, 88, 154, 165, 506; « Reccisuinthus diacunus », eius epitaphium, 135.
Recompensare, id est reddere, magna pro paruis, 158-159.
Reconciliatio penitentis, 69, 356; — Arriani, 100; — Donatiste, 103. Cf. — in gremio sancte Ecclesie, 100; reconciliationis sacramentum, 104.
Rector primus in clero, 53, 56; rector subiectorum, 55; rector eternus, 327.
Redempti, id est baptizati, 162.
Redemptor mundi, Christus, 35.
Refrigerii locus, voy. Locus et Paradisus. Cf. Refrigerium eterne uite, 423; — beate quietis, 429; — miserationis Dei, 430. Refrigera conflictum mei cordis, 254, 257; fidelium mortuorum spiritus refrigera, 300; celestis roris perfusione animam famuli tui refrigera, 393, 404; defunctos fideles in pace refrigeres, 305, 331; cf. 334, 340, 345; refrigetur cor meum in te, 278.
Regalis solii habitator altissimus, 215.
Regenerationis lauacrum, 104; — stola, 136; — fonte purgati, 422. Cf. Regenerandi mentes, 23; regenerandi hominis sacramentum, 33; cf. 101.
Regimen animarum, 68, 300; — sanctum, 59; — pontificatus, 291; regiminis cura, 410; regiminis regalis ordo, 294.
Regnum, voy. Paradisus.
Regula Christi, 39; — sancta ecclesiastici ordinis, 57; — sanctorum Patrum, 58; Regularum liber, quid sit, 59; regule liber, 68. Voy. Benedictus. Cf. Placitum de honestate uite regularis, 58.
Religio romana, id est, catholica, 103; — sacramenti, 29; religionis ordo, 82; religiosi, 143, 200, 301, 333, voy. Monachus. — Religiositas, 419. Religiosus habitus, 80.
Reliquie sanctorum in altaribus deposite, 452, 509, 510, 511; — in cruce aurea, 194.
Remedium anime est corpus Christi, 242.
Renasci per baptismum, 26, 162; renascentium numerus, 162; — cetus, 162; renatus, 30, 37, 223, 420; cf. gurgite renati christiani, 163; renatus sacri baptismatis unda, 414.
Renotata uocabula mortalium, 362.
Reparator animarum, Christus, 447; cf. reparatio salutis, 103, 256; — humani generis, 427.
Requies omnium electorum Deus, 123, 427, 428; — beata, 125; — gloriosa, 406; — paradisi, 240; sempiterna, 111, 117, 235, 245, 263, 275, 295, 375, 399; — perpetua, 236; — eterna, 111, 112, 124, 133, 137, 148, 149, 320, 397, 398, 406, 426, 447; — eternitatis, 114.
Resquiescat in pace, 111, 134; cf. 241.
Respectio Dei : « quemcumque tetigerit respectio tua, mox humilem facit contritio sua », 256.
Responsiones, in baptismo, 32; responsiones in reconciliatione Arriani, 101.
Restaurator omnium elementorum Deus, 330; cf. potenter inuenta restaurat Deus, 353.
Resurrectio Domini, 265, 269, 271, 311, 318; adnuntiatio illius, 529. Cf. Resurrectionis festiuitas, 181; — dies sacra, 183; — sancte letitia, 183, 208; — dies magnus, 116, 131, 407; — prime locus (que in hac uita consistit, 358), 117, 207, 416, 446; — prime sors, 430; — gaudia, 203; — claritas, 203; — gloria, 207; — sacre arcanum, 215; — sancta sollemnitas, 224; — spes beata, 392; — future spem expectet defunctus, 395; — formidolosus dies, 408. Resurrectio felicissima in fine mundi, 113; — omnium christianorum Deus, 115, 134; cf. 121.
Retis benedictio « coram sacro Dei altario », 174.
Regis ad prelium egressus, 149; — regressus, 154; — susceptio, 155; — electio et ordinatio, 498-505; missa pro rege, 293; cf. regum et protestatum contine corda, 240; regum et principum salus, 269.
Rex Gothorum : fidelissimus rex, 295; princeps religiosus, 151; — sacer, 153; — noster, 155; — gloriosus, 155, 156, 295, 296; — piissimus, 294; fidelissimus famulus Dei, 155, 296, 306.
Riaño, Don Juan Facundo, xxvii.
Richard, cardinal, légat de Grégoire vii, 514.
Rituel mozarabe (Étude sur le), xvii-xxx; Rituel d'Aniane, 83, 84; — romain, 11.
Robert, évêque de Londres, 533.
Rodericus Didaz, le Cid Campeador, voy. Cid.
Rodriguez, Don Alejandro, chanoine-archiviste de la cathédrale de Léon, xxxii.
Rogations ou Litanies, 522.
Rohaut de Fleury, archéologue, 158.
Roma, 453, 457, 468, 469, 474, 475, 477, 488, 489, 492, 494, 495; romana religio, id est catholica, 103; Romanorum rex, 451.
Roman de la Higuera, célèbre inventeur de fausses chroniques, 491.
Romanus, martyr Antiochenus, 486, 487; reliquie 510.
Rore celesti animata uitis, 167; celestis roris perfusione refrigerata anima, 393, 404.
Roulin, D. Eugène, 158.
Rubucus, id est Senonia, 495; voy. Senonas.
Rudericus et Salomon, Cordubenses, 457.
Rufina, voy. Iusta.
Rugitus cordis, 107; — interni, 344; cf. rugitum nostrum pius intende, 114.
Rura paradisi uernantia, 149.
Ruth, Moabitida, 441.
Rutibantis cerei species, 210.

Sabaoth, 30; cf. gloria Trinitatis Sabaoth, 106; uinea Sabaoth, 169.
Sabastianus, voy. Sebastianus.
Sabbatum, in uigilia Pasche, 204, 208.
Sabe (Reliquie sancti), 510.
Sabeica nemora, 214.
Sabina, uirgo, voy. Vincentius.
Sacerdos, id est, episcopus, 24, 26, 31, 32, 33, 35, 36, 40, 41, 42, 63, 82, 86, 87, 89, 92, 96, 139, 140, 141, 144, 145, 146, 147, 216, 219, 220, 289, 409; sacerdos christianus, 416; sacerdotes Dei nostri, 235. Missa pro sacerdote defuncto, 407; missa pro sacerdotibus defunctis, 415, 423. Sacerdotii, id est episcopatus, nomen et ordo, 289.
Sacerdos, id est, presbyter, 55, 108, 128, 152, 153, 160, 179, 230, 249, 410, 412, 434. Sacerdotii, id est presbyteratus, ordo, 243.
Sacerdos, episcopus uel presbyter, 10, 71, 117, 170, 234, 268, 270, 248, 259, 273, 277, 280, 282, 286, 297, 300, 301, 423, 436, 439.
Sacerdotes, id est episcopi et presbyteri, 219, 237. Cf. Sacerdotalis ordo, 112, 245; — cultus, 245; — id est episcopalis benedictio, 290. Sacerdotes fideles, 10; presules ecclesiarum, 219.
Sacramentaire mozarabe, xiv; voy. Bobbio, Codex Gélasien, Grégorien, Léonien.
Sacramentum corporis et sanguinis Christi, 236, 258; cf. 280; sacramentorum communio, 243, 430; sacramenta celestium misteriorum, 202; cf. 306; — mystica, 291; — pura et sancta, 430; — celestia, 243, 430; — sacra et pura,

318; sacramenti libatio, 299; — diuini oblatio, 299; — gratia, 145, 147; — confirmatio, 237.
Sacramentum sancte Dei dispensationis, 268; — reconciliationis, 92, 104; — benedictionis, 229; — fidei, 106; — gratie, 371; — pietatis, 144; — redemptionis, 206, 391; — regenerationis, 33, 104. Sacramenta spiritualia, 165; — prisce legis, 180; sacramentorum celestium agnitio, 204; sacramentis Dei perficimur, 321; sacramenti cultorem diligit Deus, 308; sacramenti causa sit et salutis donum celeste, 312.
Sacrarium, sacristie, 43, 58, 66, 94, 208, 209, 210. L'église elle-même : cf. in Dei sacrario die noctuque persistere, 47; altaribus et sacrariis restitutus infirmus, 91.
Sacratio sedis episcopi, 452, 495; — baselice, voy. Consécration; — uasorum altaris, 157. Sacrationis adnunciatio, 522. Cf. Martinus, Leocadia, Iohannes Baptista.
Sacre des Rois de Tolède, au VIIe siècle; ce que nous savons de ce rite, 498-505.
Sacrificium (misse) offerre, 142; — immaculatum, 243; — quotidianum, 248; — laudis, 249, etc.; — diuinum, 311; — Cene, 189; — pacifici libaminis, 314; cf. 408; — penitentie soluere, 189; — mundi Christus. *Sacrificia* celebrare spiritualia, 278, 310, 317, 328; cf. 276, 427; — munda, 229; — delibata, 306; — inlibata, 321; — ueneranda litare, 396; sacrificiorum oblatio, 261. Voy. Hostia. Sacrificium pietatis, 7; — contriti cordis, 298.
Sacrista, eius ordinatio, 42.
Sahagun, abbaye bénédictine, 489.
Sal benedictum, voy. Benedictio, Exorcismus, Mixtio.
Sal non usitatum in baptismo apud Hispanos, 25; — super uestem uirginis iactatur, 63; — super tumulum adsparsum, 119; — in domo et thalamo, 433. Cf. sal celeste, 254; salsa soliditas, 14.
Salazar (D. Manuel et D. Francisco Gomez y), 164.
Salicum rami, 180; mystica significatio, 183.
Salive, dans le rite du baptême, 27.
Salomon, rex, seruus Christi, 170; cf. 178; Salomon Cordubensis, 457.
Salsa, uirgo et martyr Christi, 462, 463, 497.
Saluatoris (Sancti) dedicatio? 488, 489; cf. Dominus noster Ihesus Christus et Saluator, 26.
Salustius, infans, eius epitaphium, 135.
Salutatio, id est : Dominus sit semper uobiscum, 41, 66, 68, 83, 112, 117, 127, 128, 138, 146, 215; non dicitur in feria sexta et sabbato ante Pascha, 204.
Salutis origo Deus, 21; — pretium Christus, 200.
Saluus, Albeldensis abbas, XII, XIX.
Samuel, propheta, 37, 49, 255.
Sancia, regina (Sanche de Castille, femme de Ferdinand Ier), XXXI, XXXII, 164.
Sanctus (trisagion), 20, 191, 261, etc. Cf. agie, 186, 191; agios, 63, carmen pretiosissimum, 271; carmen celeste, 324.
Sanctorum omnium commemoratio, 243; 314; sanctorum lumen creauit Deus, 209; — suffragia, 254, 289; cf. 406, etc.; — nomina memorata, 274; — classibus adunati, 401. Cf. sancti amoris affectum, 159; sanctificator animarum, 44; sanctificatorum oblatio, 248; sanctuarium Dei, 156.
Sanctorum Trium basilica, à Cordoue, 483.
Sanguis Christi, 35, 228, 231; — pecunia pro nobis data, 201; — quem torcular passionis expressit, 318; — pretiosus, 327; pretium sanguinis pro debitoribus, 201; redempti sanguine sacro, 138; redempti sanguine pretioso, 177; 406, 417; sanguinem innoxium dedit Christus, 200; sanguinis sui poculo nos propinat Christus, 203.
Santillana, église collégiale, 469.
Santius Garzeiz de Monte Albo, XVIII, 431.
Sapientia interminabilis Christus, 260; — Christus pro stulto illuditur, 201.
Sara, uxor Tobie, obsessa, 79.
Saragosse, concile de 380, 62.
Sarra, Abrahe coniux, 435, 442; mater nubentium sanctorum, 439.
Saturnini, episcopi Tolosani, festum, 488, 489; — translatio, 484, 485; — reliquie, 452, 511.
Saturninus, penitens, eius epitaphium, 88; — opifex et presbyter, 512.
Saul, rex, 445.
Scallabis, Santarem en Portugal, 483.
Schismatum prauitas, 37; schismatici adulteri, 102; schismaticorum conuenticula, 105.
Scillitani martyres, voy. Speratus.
Scorpionum dolor, 10.
Scribarum senior, eius ab episcopo ordinatio, 43.
Scutum fidei, 244; — ueritatis et fidei, 250, 267.
Sebastianus, martyr, eius festum, 452, 453, 494, 495; reliquie, 452, 510; apud Silos honoratus, 2.
Secreta sancta despiciunt gentes, 345.
Secta abominabilis Arianorum, 102.
Secula eterna (uocati ad), 416; cf. secularis macula, 447.
Seculina, uirgo, confessor Christi, 472.
Secunda uita, baptismus, 107.
Secundinus, martyr Cordubensis, 461.
Secundus, martyr, unus ex « septem uiris apostolicis », 463; — et Martinianus, martyres, 459.
Sedes, angeli, 209. Sedes episcopi, 208, 212; cf. sedilia, 192.
Sefora, Ethiopissa, 163.
Sehelati, la *Vega*, ou plaine de Cordoue, 455; voy. Eulalia.
Seixas, près de Lamego, 135.
Seleucia, 458.
Seminis benedictio, 166, 167.
Semipes, monendum signum ad sex semipedes? 190.
Senacherib, 445.
Seniores uiginti et quatuor, 111; — populi, in uigilia Pasche, 211; seniorum ordo, 54; seniorum testimonium, 47; cf. scribarum senior, 43.
S nonas, Senonia, Rubucus, Sens en France, 494, 495.
Seposito carnis onere, 108.
Septem Dormientes, in Epheso, 511; Septem Nuncii uel Missi, 463; septenarius numerus, 49; septiformis Spiritus, 39, 162, 245; — gratia, 39, 40.
Septima et Octaua, office monastique, XXX.
Sepulchri noui consecratio, 117; oratio post sepulchrum clausum, 135; ordo super sepulchrum, 148; cf. 118, 119, 120, 122, 125, 128, 131, 138, 142, 145, 148, 149. Sepulchra sale adsparsa, 16, 17; sepulchrum marmorare, quid sit, 145; sepulchri sanctificatio, 136; fetentem de sepulchro suscitat Deus, 277; sepulchrorum conclusione consumpta corpora, 378. *Reliquie de sepulcro Domini*, 511.
Sepulture ritus, 108-148; sepultura in ecclesiis, 142; sepultura religiosa, 147; cf. sepultorum spiritus, 422.
Seraphin, 110, 230, 249; cf. XXV.
Serene uirginis festum, 450, 451, 494.
Serenus uultus, voy. Vultus.
Sergius et Baccus, martyres, 482, 483.
Sermo de symbolo, 184; — in parasceue, 200, 201; — in Epiphania, 526.
Serpens, voy. Diabolus; cf. serpentium dolor, 10; serpentium uenena, 36.
Seruanda, uirgo, eius epitaphium, 135.
Seruandus et Germanus, monachi et martyres, 484, 485; reliquie eorum, 511. Seruandus, Legionensis episcopus, 504
Seruitanum monasterium, prope Valentiam, 57, 59.

Seruitus; cf. per manus seruitutis nostre, 183.
Seuerus, presbiter famulus Christi, eius epitaphium, 134.
Sexta, office monastique, xxx; sexta feria in Parasceue, 193.
Sideree mansiones angelorum, 174.
Sidonensis mulieris filius, 379.
Signaculum crucis, 79, 80, 160, 370; — gloriose crucis, 177; — alme crucis, 512; — imaginis Dei, 98; — Trinitatis, 400; signacula sacra crucis, 79. Voy. Signum.
Signare, 70; — nomine Christi, 35; — signo salutis, 17; — signo sacratissimo, 76; — ore proprio, 224. Signari signo Saluatoris, 26; signatum uas Christianus, 27; signatus fons, 218.
Signum crucis, 13, 26, 33, 71, 74, 117, 370; — sacratissime crucis, 80; — sacratissimum 76; — salutiferum, 78; — insuperabile, 163; — Ihesu Christi, 8; — Christi, 78; — in fronte infantis, 26, 33; — in fronte et pectore, 118; — et potentia Christi, 7; — uite eterne, 33; — fidei, 228, 241; — salutis, 17, 18, 20, 194; — dominice passionis, 18, 107; — salutaris claui et ligni, 153; — unctionis sacre, 78.
Signum, id est campana, 190, 193; — sonare, 140, 199, 208; cf. 112, 141, 160; — basilice, eius consecratio, 159; signa sonantia, 112, 140; tinnientibus signis, 160. Voy. Metallum.
Siloa, fons, baptismi figura, 163.
Silos, abbaye bénédictine : ses manuscrits de liturgie mozarabe, xvii et suiv.; ses patrons, 2; son calice ministériel, 158; dédicace de son église, 514. Cf. xxxvii.
Simeon, 125; — id est Simon Macchabeus, 444; — Antiochensis confessor, 472, 473; Burgensis episcopus, xx.
Simon et Iudas, apostoli, eorum festum, 470, 471; Simon, 320, 483; Simon Cananeus et Tadeus, 485.
Simonet, Don Francisco, arabisant espagnol, xxxiv; cf. xxxiii.
Sinagoge populus, 106; cf. 162; sinagoge amplexus, 106; — fetor, 107.
Sindon, in nuptiali ritu, 434; quid sit, 435.
Singularis missa; voy. Missa.
Sinticio, famulus Dei, eius epitaphium, 135.
Sippa, in nuptiali ritu, quid sit, 435, 436.
Siriacus et Paula, 466, 467.
Sirice, pape, sa lettre à Himérius de Tarragone, 543.
Sisare hostilis cuneus, 68.
Sisenandus, rex, et Patres Toletani concilii, 500.
Sitientes uenite ad aquas, 19, 218, 219; cf. populus sitiens fidem, 219; sitienti populo demonstrati fontem, 364; sitientibus dulcissimum aque poculum impertias, 219; sitientibus calicem porrigit diaconus, 50.
Sixtus, episcopus, id est papa, 474, 475.
Socelli abbatis, quid sit, 58.
Soffia, mater trium uirginum, 476, 477.
Solesmes, abbaye, 19, 26, 86; cf. xxxvii.
Solstitium estiuale, 468.
Soluendus a penitentia, 96.
Somnium est recessio animarum, non interitus, 421; cf. somnus pacis, 228, 241.
Sonus in signum fidelibus, 160; cf. sonare signum, 112, 140, 141, 160, 199, 208.
Sorbaces, ecclesia Sancte Marie, 165.
Spagnolo, Don Antonio, xvi.
Spalis, voy. Hispalis.
Speciosa, mater Tranquille uirginis, eius epitaphium, 136.
Spei bone uiror uel uigor in lapidibus iaspidinis significata, 164, 165; — adminuculo fultus, 253; — spectatio, 327; in spem eterne glorie, 369.
Speraindeo, voy. Esperaindeo.
Speratus et Marina, martyres, 470, 471.
Spiramina sacra, 81.
Spiritalia certamina, 67; — bella, 68; spiritalis exercitatio, 175. Voy. Tintinnabulum.
Spiritualis esca, 306; spirituales filii, 22; — dapes, 224.
Spiritus Sanctus, consubstantialis Patris et Filii, 24; — equalis Patri et Filio, 101; — consocius cum Patre, 248; — omnipotens Deus, Patri et Filio indissecabilis substantie maiestate unitus, 36; — septiformis, 39, 162, 245; Spiritus Sancti incomprehensibilis maiestas, 265; — succensione ardere, 284; Spiritus Dei adipe uegetatus, 23; Spiritus Sancti uelocitas, 10; — uigor, 23.
Spiritus mortuorum apud Deum uiuunt, 108. Spiritus immundus, voy. Diabolus.
Splendor Christi, 229; splendoris Dei radium, 250, 267.
Squalores facinorum, 297; — uitiorum, 299.
Stabilitas professionis monastice, 85.
Staminia, in abbatis ordinatione, 59; quid sit, 60.
Stationes : sal benedictum in stationibus adspársum, 17.
Statuta Ecclesie antiqua, quid sint, 50.
Statutor et conditor omnium elementorum Deus, 14.
Stephanus, leuita, diaconorum exemplar, 50; corona in eius honore dicata, 166; eius festiuitas, 492, 493. Cf. 229, 235, 320, 522; eius reliquie, 452, 509, 510, 511.
Sterquilinia sale benedicto adsparsa, 17.
Stigmata sacre fidei, 181.
Stipendium uite, 87.
Stola sacerdotis, 230; voy. Orarium. Cf. Stola repromissionis, 39; — regenerationis, 136; — prima post perditam uestem baptismi recuperata, 98; stole albe 271.
Subdiaconus, eius ordinatio, 46; officium, 47. Les sous-diacres en Espagne, 46, note.
Subexpurgere, 23.
Subiugata peccatis oratio sacerdotis, 263.
Sublimitas culminis gloriosi, id est regie potestatis, 296.
Subsalmatus psalmus, 201.
Sudarium, pro defuncto, 141.
Suffocatum comedentes, 172; cf. suffocatica caro, 172.
Suintilanus, rex Gothorum, 145.
Sulpitius, episcopus, eius festum, 452, 453, 495.
Sumentes, id est, communicantes, 189.
Sunamitis mulieris filius, 379.
Supplicii eterni horror, 298.
Supreme salutationis ualefactio, 108.
Sur, voy. Tiro.
Susanne gratia et castitas, 442.
Symboli traditio et confirmatio, 28; de symbolo interrogationes, 32; de symboli apostolici traditione et redditione, 184, 185; symbolum in missa, 191; textus symboli, 185.
Symphorianus, martyr; formule liturgique de ses actes, 421.
Syriens maronites, 51.

Tacite orare, id est, submissa uoce, 83, 249.
Tactus : benedictio uestimentorum per manus tactum, 80.
Tailhan, docte jésuite, 38, 154.
Talica, voy. Italica.
Tangi, Tanger en Afrique, 481.
Tarracona, Tarragone, 453, 494, 543.
Tarsil Alcampanie, ou de la Vega, hameau de Cordoue, 469, 487, 489.
Tartara, 77, 78, 196, 198. — Cf. tartari perpetuis frigoribus deputati, 422; tartarei cruciatus, 119; tartaree pene, 401; *tartarea* claustra, 78; — imma, 77; — tormenta, 279; — uincula, 423; — ultio, 120, 403.
Tasia, et Tascia, quid sit, 478, 479.
Tassia, martyr, mater Eleuterii episcopi, 461.
Tecla, uirgo et martyr, 458, 476, 480, 481, 493, 496.
Tediorum tenebre, 148.

Telemacio, presbiter, eius epitaphium, 54.
Templa diaboli deserta, 77.
Temptationes diabolice, 253; tentationum malarum improbitas, 256; fallacia nocturne temtationis, 370.
Tenebre cordis nostri, 209, 250, 267; tenebre eterne, 267; uie tenebrarum, 131.
Tentamenta malorum, 22.
Teodolus, sanctus Theodorus? 471.
Teodomirus, penitens, eius epitaphium, 88.
Teodosia, uirgo, eius festum, 460, 461, 497.
Teodorus, sanctus, eius festum, 471, 496.
Teomila, voy. Claudius.
Tercios, uicus Cordubensis, 476, 477.
Terentianus, episcopus et martyr, 477.
Terra uiuorum, id est, celum, 198.
Terrificatio ualida Iudeis signorum sonitus, 160.
Tertia, office monastique, xxx.
Tertullien, 156.
Testamenti libellus, 85.
Teterrimus hostis, id est, diabolus, 40.
Teuderedus, episcopus, eius obitus, 478, 479.
Thaddeus, Tadeus, Tatheus, apostolus, 320, 485.
Thalamus monumenti, id Christi sepulchrum, 209. Ordo ad thalamum benedicendum, 433; cf. talamorum festiua conuiuia, in Cana, 527.
Theodorax, episcopus, 512.
Théodore de Cantorbéry, 144, 172; son Pénitentiel, 60.
Theodosius, abba, coronam offert, 166; — imperator, xxxiv.
Thesaurus ecclesie, id est sacristia, 199, 208. Cf. *Thesaurarius*, 208.
Thomas, apostolus, eius festum, 492, 492; eius translatio ex India, 467; eius reliquie, 510. Cf. 2, 320.
Thronum regis iustitia firmet, 155. Cf. *Throni*, angeli, xxv, 267.
Thuribula Ecclesie, 178.
Thymiama boni odoris, 178.
Timotheus, sanctus, eius festum, 462, 463, 497; Timotheus episcopus, 475; Timotheus et Maurus, martyres, 455.
Tinci, pour *Tingi*, Tanger, 484.
Tinctio : fluminis undas corporis sui tinctione sacrauit Christus, 527; cf. *tinctus*, id est baptizatus, 33.
Tintinnabulum spiritale est episcopi lingua, 291.
Tipasius, martyr, eius festum, 451.
Tiraceorum uicus, prope Cordubam, 461, 469, 487.
Tiro, Tirano, près du lac de Bolsena, 473.
Tisefons, id est Ctesiphon, martyr, 463.
Tituli, uel longe posite ecclesie, 187; tituli infra ecclesiam principalem constituti, 204.
Tobias, 93, 176, 349; Tobie imitabilis misericordia, 193.
Togis angelorum adscitus, 369; electorum omnium togis adscitus, 448. Quid sit, 369, nota. Cf. Turme.
Toletum, Tolède, 452, 453, 457, 485, 491, 494, 510, 514; sa liturgie, xxii. Voy. Pretoriensis ecclesia.
Toletana sedes, voy. Felix, Iulianus.
Tolosa, Toulouse, 485, 488.
Tonsionis crux in capite, 83; egrotantem, penitentiam accipere cupientem, detondit sacerdos, 87; cf. 88.
Tonsura capillorum, 37, 38, 39; pro conuersis, 85.
Tonsurie, 41, 82; quid sit, 82, nota.
Tormenta eterna, 411.
Tornis, voy. Turonis.
Torpes, martyr, eius festum, 462, 463, 464.
Torquatus et comites eius, 462, 463.
Traditio beati baptismatis, 33-34; traditio symboli, voy. Symbolum.
Traianus, Cesar, 489.
Tranquilla, sacra uirgo, eius epitaphium, 136.
Transfiguratio corporis et sanguinis Christi, in sacrificio misse, 342; cf. Transformatio.
Transformatio corporis et sanguinis Christi, 281, 343.
Transitus, 148, 149, 154, 240; transitus anniuersarium, 447.
Translatio, voy. Benedictus, Isidorus, Martinus, Saturninus, Zoilus. Adnuntiatio translationis, 522.
Transmigratio anime e corpore, 114.
Tremebundus inimicus diabolus, 18.
Trepetis (et *Treptecis*), pour Torpetis, voy. Torpes.
Tres pueri, Antiochie, 494; — in camino ignis, 75.
Tres sancti, voy. Faustus, etc.; cf. 482; eorum reliquie, 509.
Tribulati : preces pro tribulatis, 240; missa unius tribulati, 334; missa de pluralibus tribulatis, 339; missa omnium tribulantium, 344.
Trinitas diuina, 186; - unius essentie, 101; — unius diuinitatis, 430; — sanctissima, 186; — inseparabilis, 11; — sempiterna, 252; — Deus, 268. Trinitatis sacramentum, 186; gloria Trinitatis Sabaoth, 106; Deus in Trinitate, 110; Deus unus in Trinitate, 419, 428; fide Trinitatis plantata uinea, id est Ecclesia, 167; indiuisa parilisque diuinitas in Trinitate, 102.
Cf. Deus Pater cum Verbo et Spiritu Sancto in unitate essentie et substantie, 181; indiscreta, equalis et unita Maiestas, 255; trina Maiestas simplexque Deitas, 411; Deus unus, non solitarius, trinus, non triplex, 255; cf. 398, 407; trine confessionis fides, 328; trine sanctificationis inuocatio, 18.
Triumphatores exeatis de mundo, 327.
Tuba : tubarum ductilium opus, 160; perstrepentibus tubis, 160; uos tubarum terribili clangore celitus sonans, 198.
Tumulus, 54, 135; ad tumulum corpus ducitur, 117, 128; cf. tumulis ruptis perpetuam surgant ad uitam, 116; tumuli benedictio, 119; in tumulo quiescens, 129; deponitur terra in tumulo, 132; in tumulo corpus contentum, 149; corpora in tumulis sepulta, 446; rudi tumulo iacens, 135.
Tunica clericus a secerdote indutus, 40; tunica episcopus defunctus induitur, 141; tunica presbyter indutus, 146.
Turme angelorum celestium, 446; turme uictricie, 396; — fidelium, 426; — sanctorum, 138. Cf. Toge.
Turonis, Turnis, Tornis, Tours en France, 475, 486, 487.
Turris, uicus Cordubensis, 483; cf. Ecclesia ut turris decorata, 177.
Typica et physica pericula, 72; typica prefiguratio legis, 180; typice legis umbra, 225; cf. 324.
Tyrsus et comites, martyres, eorum festum, 452, 453, 494, 495; ecclesia sancti Tyrsi apud Toletum, 454.

Vacance des tribunaux sous le roi Récarède, 465.
Valdedios, son église, 513.
Valefactio supreme salutationis, 108; cf. rex episcopum uale facit, 153.
Valentia, in Hispania, 139, 452, 453, 494.
Valentinus, martyr? 454, 455.
Valerius, abbas, 512.
Vasconcellos, Leite de, archéologue portugais, 41.
Vasis benedictio, 171; cf. uasa altaris sacranda, 157; uasa celestia, 158; uas uitiorum ruina confractum (sacerdos peccator), 253; uas placabile (episcopus, rex), 293, 297; cecidi de manu tua uitio meo, potens es artifex tibi iterum uas placitum figurare in melius, 279.
Vates, id est episcopus, 512; — beatissimus, Dauid? 106.
Vbertas benedictionis, 155; ubertas diuini muneris, 156.
Vejer de la Miel, en Andalousie, 511.
Velamen capiti uirginis ab episcopo imposito, 65; uelamen

abbatisse, 68. Cf. uelamina sacri altaris, 253; uelamen spiritalis scientie reseratum, 204.
Velatio capitis : uirginis, 65; cf. 63; — abbatisse, 67; — puelle nubentis, 436; — infantis in baptismate, 35.
Velle et posse mihi concede, 254.
Velocitas Spiritus Sancti, 10.
Velum ostii in sacrario, 210; uela altaris exorcizanda et sacranda, 157.
Venenose res, 10.
Vepres peccatorum, 278.
Veremundus, rex Gothorum, 64.
Verbera iusti furoris Dei concitare, 161.
Vergegio, Berceo, 486, 487.
Veressimus, Maxima et Iulia, martyres Christi, 480, 481; eorum reliquie, 452.
Vermis perpetuus, 395.
Verus Dei cultor, 294.
Vespera, officium, xxx.
Vestibulum caritatis ingredi, 7.
Vestimenta lini et lane, pro uirgine, 63; — altaris sacranda, 157; — religiosa benedicta, 80; — sacerdos accipiens quid facere debet, 231.
Vestis religiosa, 62, 63, 80 (benedictio), 97; — religionis, 63, 66, 82, 85; — celestis, 110; — defuncti, 112; — altaris, 192; — sacerdotis, 230. Vestes albe, 137; oratio ad sacerdotis uestes, 230. Reliquie de ueste Domini, 511.
Vestitio altaris, in uigilia Pasche, 204, 216.
Vexati ab inmundo spiritu, 73; uexati a demonio, 76; cf. *uexatici,* 368.
Vexillum celestis regni, 145; uexillo Christi ad tutelam salutis notari, 76; potestatis Christi uexillum insigne, 77.
Viatica oratio super infirmum, 86; cf. uiatica professio, 87.
Viator, iudex, 485.
Victima pro omnibus solus cecidit Christus, 201; uictima salutaris Christus, 392.
Victor, Bracarensis martyr, 460, 461, 497; cf. 511; Victor martyr Mediolanensis, 464, 465; Victor de Cerezo ou de Césarée? 476, 477; Victor de Marseille, 472, 473.
Victor et Basilius, Hispalenses, 465.
Victor et Corona, 462, 476, 477, 497. — Voy. l'expression : uictor muniatur homo, 160.
Victorianus, fondateur du monastère de San Victorian, 451, 495.
Victoricus, voy. Claudius.
Victricia arma aduersus hostem improbum, 36; uictricium turmarum triumphales caterue, 396.
Vicus Vrraceorum, prope Cordubam, 461, 469.
Viduarum benedictio, 80; — lamenta, 263; uidue seculares et uidue sanctimoniales, earum uestes, 81, note.
Vigilia Pasche, ritus diuersi, 208-223; impositio manuum in uigilia Pasche, 36; cf. uigilie sollemnitas, 204; uigilias celebrare, 518.
Vigilius, papa, epistola ad Profuturum, 506.
Villanueva, son projet de publication liturgique, x.
Vincentius, leuita, eius festum, 452, 453, 494, 495; reliquie, 509, 511; ecclesia, 509, 510; Vincentius Cesaraugustanus episcopus, apostata, 544.
Vincentius et Letus, martyres, 476, 477; Vincentius, Sabina et Christeta, martyres Abulenses, 484, 485.
Vinculum caritatis, 262; uincula malorum, 234; uincula reatus, 262; preces pro uinculatis, 240.
Vindemie maturitas, 167.
Vinea : fide Trinitatis plantata uinea, id est Ecclesia, 167; uinee dominice cultor episcopus, 289. Cf. Vinearum falces benedicte, 167.
Vinum, id est sanguis Christi, 99; — quod putrida purget, 51.
Viperarum dolor, oleo lenitus, 10.
Virga indisciplinatis debet esse archidiaconus, 51.
Virgo : benedictio uirginum, 62-64; earum sepultura, 147; uirginum monasteria in Hispania, 62, 135, 543.
Cf. *Virgo* dicata Deo, 147; — Deo uota, 62-67; deuota, 65, 147; — et mater, 193, 414; corpore uirgo, 135; *uirginum* grex sacrosanctus, 68; — chori, 147; — cetus, 148; — sanctarum agmina, 147; — uota, 67, 263; — pudicitia, 147; *uirgines* sacre, 135, 221; — stulte, 221; preces pro uirginibus sacris, 221.
Virginitatis auctor Christus, 65; — et castitatis amator Christus, 147; — decus, 66.
Virginalis partus Marie, 26; uirginalis matrimonii connubium, 547; ex uirginali utero homo nasci uoluit Christus, 183; uirgineo ortus ex aluo Christus, 147.
Virtus inenarrabilis Dei, 11; uiriditas et flos uirtutum, 183.
Visionis gratia in regione uiuorum, 149.
Visitationum Sancti Spiritus benedictio, 36; infirmorum uisitatio, 71.
Vita secunda, id est, baptismus, 107; — Christus moritur pro mortuo, 201; — beata, 229, 253; — eterna, 230, 231, etc. (cf. eterne uite liber, 236; hereditas, 238; heres, 258; premium, 327; preconium, 230); — maculata peccatoris, 263; — et salus fidelium Deus, 270, 272, 318, 343; — uiuentium Deus, 428; — et resurrectio mortuorum Christus, 404; *uite* secularis tentatio, 59; — perpetue gaudium, 149; — celestis ianua, 149; — remedium, 158; cf. uitam bonus inuenit post mortem, mortem malus inuenit post uitam, 419.
Vitalis, episcopus, 509.
Vitiorum sepulchra, 119; — fomes, 264; — bella, 353; — sordes, 354.
Vitis germen, 167; uitis propago, 178; uitis nouelle germina fecunda, 212.
Viuificator animarum Deus, 97.
Vlixibona, Lisbonne, 481.
Vltrices pene inferni, 134.
Vnctio regum, 498-505; — crismatis in baptismo, 34; — in Arrianorum reconciliatione, 101, 102; — infirmorum, 71. Cf. unctionis signum, 78; unctionis crismate delibuti, 37; perunctio, perunguere, peruncti, 71, 73, 167.
Vnda celestis (fontis sacri), 29; — sacri baptismatis, 423; superni fontis genitalis unda, 356.
Vnguentum in die sanctorum Cosme et Damiani benedictum, 69-71; cf. 10, 40, 44. Vnguentum sanitatis et suauitatis, 23; — remediabile, 24; celestis unguenti odor, 55.
Vnigenitus Saluator, 26.
Vnitas corporis Ecclesie, 92.
Vniuersitas fidelium, 316; — electorum, 306; uniuersitatis auctor Deus, 49; uniuerse conditor creature Trinitas sempiterna, 162; cf. 200, 203; uniuersi mundi redemptor Christus, 200.
Vocatio fidelium, 24.
Vocatus, sanctus, 511. Cf. Focas, episcopus.
Vorago huius mundi, 125; uoragines huius seculi, 124, 131; cf. turbines seculi, 134.
Votiua missa, voy. Missa; — nox, uigilia Pasche, 215; — inspiratio, 305; — oblatio, 317, etc.; — hostia, 324; — holocausta, 309; libamina, 324; uotiue preces, 305, 309, 315; uotiue oblationes, 307, 310; *uotiuum* munus, 305; — sacrificium, 305, 306, 314. Cf. uotiue deposcere, 354.
Vox diuinitatis intonans, 219.
Vrraca, l'infante, 158.
Vulnus, voy. Originale.
Vultus serenus Dei, 295, 296, 311, 217, 319, 328; — serenissimus, 252, 274; — placidus, 277; — placabilis, 279; serena

uultus Dei inspectio, 307; cf. sereno ac pio intuitu, 369.
Vue benedictio, 169.

Wamba, rex Gothorum, XXI, XXXII, 53, 151, 154, 499, 545; eius electio et sacratio, 499.
Wandalbertus de Prüm, son « horologium », 530.
Warren, F. E., son édition du Missel de Leofric, 8; édition de la liturgie celtique, 74, 227, 533.
Wilson, H. A., son édition du Sacramentaire gélasien, 104; index des Sacramentaires, 579.
Wisigoths ariens, voy. Ariens.
Witericus, rex Gothorum, 509.

Ximénès, cardinal Ximénès de Cisneros, son édition du Missel et du Bréviaire mozarabes, XIV, XVI.

York, pontifical de cette église, voy. Egbert.

Zabulus, voy. Diabolus.
Zaccarias et Elisabeth, 437; Zacarias sacerdos, 178, 235, 320, 481.
Zahara, en Andalousie, 512.
Zambra, en Andalousie, son église, 510.
Zelus : subditas sibi spiritali zelo coerceat abbatissa, 68.
Zoilus, martyr Cordubensis; eius festum, 468, 469; translatio, 487; reliquie, 510.

FINIT

DEO GRATIAS.